www.ingramcontent.com/pod-product-compliance
Lightning Source LLC
Chambersburg PA
CBHW081412230426
43668CB00016B/2210

بسم الله الرحمن الرحیم

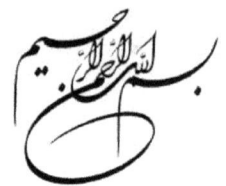

ناهید عبقری

شرح
مثنوی
معنوی
دفتر سوم

با نگاهی تطبیقی به مبانی عرفان نظری

سرشناسه : عبقری، ناهید، ۱۳۳۱ -
عنوان قراردادی : مثنوی. شرح
عنوان و نام پدیدار : شرح مثنوی معنوی (با نگاهی تطبیقی به مبانی عرفان نظری) /ناهید عبقری.
مشخصات نشر : مشهد: بانگ نی، ۱۳۹۴ -
مشخصات ظاهری : ج.
شابک : دوره 978-600-95302-6-7: ؛ 978-600-95302-2-9: ج. ۳ ؛
وضعیت فهرست‌نویسی : فیپا
موضوع : مولوی، جلال‌الدین محمد بن محمد، ۶۰۴ - ۶۷۲ ق. مثنوی -- نقد و تفسیر
موضوع : شعر فارسی -- قرن ۷ ق. -- تاریخ و نقد
شناسه افزوده : مولوی، جلال‌الدین محمد بن محمد، ۶۰۴ - ۶۷۲ ق. مثنوی. شرح
رده‌بندی کنگره : ۱۳۹۴ ۴ش ۲۶ ع/۵۳۰۱ PIR
رده‌بندی دیویی : ۸فا۱/۳۱
شماره کتابشناسی ملی : ۴۱۰۶۸۲۸

نام کتاب : شرح مثنوی معنوی (با نگاهی تطبیقی به مبانی عرفان نظری) دفتر سوم
نویسنده : ناهید عبقری
ویراستار : عفت‌السّادات شهیدی
ویراستار : زهرا رحمانی
ویراستار : نسیم نیک‌پور
حروف‌چینی و صفحه‌آرایی : اسد احمدی
طراح جلد : نسیم نیک‌پور
چاپ : دقت
نوبت چاپ : اول / ۱۳۹۵
شمارگان : ۲۰۰۰
شابک : ۹۷۸-۶۰۰-۹۵۳۰۲-۲-۹
شابک دوره : ۹۷۸-۶۰۰-۹۵۳۰۲-۶-۷
تعداد صفحات : ۷۰۴ صفحه وزیری
بها : ۶۳۰۰۰ تومان (دورهٔ ۶ جلدی: ۳۵۰۰۰۰ تومان)
ناشر : بانگ نی e-mail : info@bangeney.ir

مرکز پخش: انتشارات بانگ نی، مشهد، هنرستان ۵، پلاک ۲۴، تلفن ۳۸۶۷۳۳۱۳ ۰۵۱ تلفکس ۳۸۶۷۳۱۲۹ ۰۵۱
سایت: bangeney.ir کانال در تلگرام: @bangeney ارتباط با ما در تلگرام: @bangeney2

فهرست اجمالی حکایات و قصص و مطالب

دفتر سوم

۱ ـ دیباچهٔ عربی .... ص ۱۱

۲ ـ ترجمهٔ دیباچهٔ عربی .... ص ۱۲

عنوان **شماره بیت**

۳ ـ مجلّد سیم از کتاب مثنوی ۱

۴ ـ قصّهٔ خورندگان پیل بچّه از حرص و ترک نصیحت ناصح ۶۹

۵ ـ بیان آنکه خطای محبّان بهترست از صواب بیگانگان بَرِ محبوب ۱۷۲

۶ ـ امر حق به موسی(ع) که مرا با دهانی خوان که... .... ۱۸۰

۷ ـ بیان آنکه الله گفتن نیازمند عین لبّیک گفتن حق است ۱۸۹

۸ ـ فریفتن روستایی شهری را... .... ۲۳۶

۹ ـ قصّهٔ اهل سبا و طاغی کردن نعمتْ ایشان را... .... ۲۸۲

۱۰ ـ جمع آمدن اهل آفت هر صباحی بر در صومعهٔ عیسی... .... ۲۹۸

۱۱ ـ دعوت باز بطّان را از آب به صحرا ۴۳۲

۱۲ ـ قصّهٔ اهل ضَروان و حیلت کردن ایشان... .... ۴۷۴

۱۳ ـ نواختن مجنون آن سگ را که مقیم کوی لیلی بود ۵۶۷

۱۴ ـ افتادن شغال در خُمّ رنگ و... .... ۷۲۱

۱۵ ـ چرب کردن مرد لافی لب و سبلت خود را هر بامداد... .... ۷۳۲

۱۶ ـ ایمن بودن بلعم باعور که امتحان‌ها کرد حضرت او را... .... ۷۴۷

۱۷ ـ دعوی طاووسی کردن آن شغال که در خم صبّاغ افتاده بود ۷۶۶

۱۸ ـ تشبیه فرعون و دعوی الوهیّت او بدان شغال که دعوی طاووسی می‌کرد ۷۷۸

۱۹ ـ تفسیر «وَ لَتَعْرِفَنَّهُمْ فِي لَحْنِ الْقَول» ۷۹۰

۲۰ ـ قصّهٔ هاروت و ماروت و دلیری ایشان بر امتحانات حق تعالی ۷۹۷

۲۱ ـ قصّهٔ خواب دیدن فرعون آمدن موسی را(ع) و... .... ۸۴۰

۲۲ ـ حکایت مارگیر که اژدهای فسرده را مرده پنداشت و...	۹۷۶
۲۳ ـ تشبیه کردن قرآن مجید را به عصای موسی...	۱۱۹۸
۲۴ ـ اختلاف کردن در چگونگی و شکل پیل...	۱۲۶۰
۲۵ ـ توفیق میان این دو حدیث که «الرضا بِالکُفرِ کُفرٌ» و...	۱۳۶۳
۲۶ ـ مثل در بیان آنکه حیرت مانع بحث و فکرت است...	۱۳۷۷
۲۷ ـ داستان مشغول شدن عاشقی به عشق نامه خواندن...	۱۴۰۷
۲۸ ـ حکایت آن شخص که در عهد داوود علیه السّلام شب و روز دعا می‌کرد...	۱۴۵۱
۲۹ ـ بیان آنکه علم را دو پر است و گمان را یک پر است...	۱۵۱۱
۳۰ ـ مثال رنجور شدن آدمی به وهم تعظیم خلق و...	۱۵۲۳
۳۱ ـ عقول خلق متفاوت است در اصل فطرت و نزد معتزله متساوی است...	۱۵۴۰
۳۲ ـ در وهم افکندن کودکان اوستاد را...	۱۵۴۷
۳۳ ـ در بیان آنکه تن روح را چون لباسی است و...	۱۶۱۱
۳۴ ـ حکایت آن درویش که در کوه خلوت کرده بود و...	۱۶۱۵
۳۵ ـ دیدن زرگر عاقبت کار را و سخن بر وَفقِ عاقبت گفتن...	۱۶۲۵
۳۶ ـ تشبیه بند و دام قضا...	۱۶۵۱
۳۷ ـ حکایت استر پیش شتر که من بسیار در رو می‌افتم...	۱۷۴۷
۳۸ ـ اجتماع اجزای خر عُزَیر علیه السّلام بعد از پوسیدن به اذن الله...	۱۷۶۴
۳۹ ـ جَزَع ناکردن شیخی بر مرگ فرزندان خود...	۱۷۷۳
۴۰ ـ قصّۀ خواندن شیخ ضریر مصحف را...	۱۸۳۶
۴۱ ـ صبر کردن لقمان چون دید که داوود حلقه‌ها می‌ساخت...	۱۸۴۳
۴۲ ـ صفت بعضی اولیا که راضی‌اند به احکام و...	۱۸۷۹
۴۳ ـ سؤال کردن بهلول آن درویش را...	۱۸۸۵
۴۴ ـ قصّۀ دقوقی رحمة الله علیه و کراماتش...	۱۹۲۵
۴۵ ـ سرّ طلب کردن موسی خضر را(ع)...	۱۹۶۳
۴۶ ـ بیان اشارت سلام سوی دست راست در قیامت...	۲۱۶۸
۴۷ ـ تصوّرات مرد حازم...	۲۲۰۳
۴۸ ـ گواهی دادن دست و پا و زبان بر سرّ ظالم هم در دنیا...	۲۴۵۶
۴۹ ـ بیان آنکه نفس آدمی به جای آن خونی است...	۲۵۰۵
۵۰ ـ گریختن عیسی علیه السّلام فراز کوه از احمقان...	۲۵۷۱
۵۱ ـ قصّۀ اهل سبا و حماقت ایشان...	۲۶۰۱
۵۲ ـ شرح آن کور دوربین و آن کر تیزشنو و آن برهنۀ دراز دامن...	۲۶۲۹

۵۳ ـ حکایت خرگوشان که خرگوشی را پیش پیل فرستادند...	۲۷۳۹
۵۴ ـ بیان آنکه هر کس را نرسد مَثَل آوردن...	۲۷۸۶
۵۵ ـ حکایت آن دزد که پرسیدند که چه می‌کنی...	۲۸۰۰
۵۶ ـ معنی حزم و مثال مرد حازم...	۲۸۴۲
۵۷ ـ وخامت کار آن مرغ که ترک حزم کرد...	۲۸۶۳
۵۸ ـ حکایت نذر کردن سگان هر زمستان...	۲۸۸۶
۵۹ ـ منع کردن [منکران] انبیا را...	۲۹۰۱
۶۰ ـ حکمت آفریدن دوزخ آن جهان...	۲۹۸۴
۶۱ ـ بیان آنکه حق تعالی صورت ملوک را...	۲۹۹۹
۶۲ ـ قصۀ عشق صوفی بر سفرۀ تهی...	۳۰۱۵
۶۳ ـ مخصوص بودن یعقوب علیه السَّلام به چشیدن...	۳۰۳۱
۶۴ ـ حکایت امیر و غلامش که نمازباره بود...	۳۰۵۶
۶۵ ـ بیان آنکه ایمان مقلّد خوف است و رجا...	۳۰۹۴
۶۶ ـ بیان آنکه رسول علیه السَّلام فرمود:...	۳۱۰۵
۶۷ ـ حکایت مندیل در تنور...	۳۱۱۱
۶۸ ـ قصۀ فریاد رسیدن رسول علیه السَّلام کاروان عرب را...	۳۱۳۱
۶۹ ـ بیان آنکه حق تعالی هر چه داد و آفرید...	۳۲۰۵
۷۰ ـ آمدن زن کافر با طفل شیرخواره...	۳۲۲۱
۷۱ ـ ربودن عُقاب موزۀ مصطفی علیه السَّلام و بردن بر هوا و نگون کردن و...	۳۲۳۹
۷۲ ـ استدعای آن مرد از موسیٰ زبان بهایم با طیور...	۳۲۶۷
۷۳ ـ حکایت آن زنی که فرزندش نمی‌زیست...	۳۴۰۰
۷۴ ـ درآمدن حمزه رَضِیَ اللهُ عنه در جنگ بی‌زره...	۳۴۲۰
۷۵ ـ حیلۀ دفع مغبون شدن در بیع و شرا...	۳۴۹۵
۷۶ ـ وفات یافتن بلال رَضِیَ اللهُ عنه با شادی...	۳۵۱۸
۷۷ ـ حکمت ویران شدن تن به مرگ...	۳۵۳۶
۷۸ ـ تشبیه دنیا که به ظاهر فراخ است و به معنی تنگ...	۳۵۴۶
۷۹ ـ بیان آنکه هرچه غفلت و غم و کاهلی و...	۳۵۶۷
۸۰ ـ تشبیه نصّ با قیاس...	۳۵۸۴
۸۱ ـ آداب المستمعین و المریدین...	۳۶۰۳
۸۲ ـ شناختن هر حیوانی بوی عدو خود را و...	۳۶۱۹
۸۳ ـ فرق میان دانستن چیزی به مثال و تقلید و...	۳۶۳۶

۸۴ - جمع و توفیقِ میان نفی و اثبات...	۳۶۵۹	
۸۵ - مسألهٔ فنا و بقایِ درویش	۳۶۷۰	
۸۶ - قصّهٔ وکیلِ صدرِ جهان...	۳۶۸۷	
۸۷ - پیدا شدن روح القُدُس به صورتِ آدمی بر مریم...	۳۷۰۱	
۸۸ - پرسیدن معشوقی از عاشق غریب خود که...	۳۸۰۹	
۸۹ - صفت آن مسجد که عاشق‌کش بود و آن عاشق مرگ‌جوی...	۳۹۲۳	
۹۰ - عشق جالینوس برین حیوةِ دنیا بود که...	۳۹۶۱	
۹۱ - گفتن شیطان قریش را که به جنگ احمد آیید که...	۴۰۳۷	
۹۲ - تمثیل گریختن مؤمن و بی‌صبری او در بلا	۴۱۶۰	
۹۳ - تمثیل صابر شدن مؤمن چون بر شرّ و خیرِ بلا واقف شود	۴۱۹۷	
۹۴ - ذکرِ خیالِ بداندیشیدنِ قاصرْ فهمان	۴۲۲۸	
۹۵ - تفسیر این خبرِ مصطفی علیه السّلام که...	۴۲۴۵	
۹۶ - بیان آنکه رفتنِ انبیا و اولیا به کوه‌ها...	۴۲۵۱	
۹۷ - تشبیه صورتِ اولیا و صورتِ کلام اولیا...	۴۲۵۹	
۹۸ - تفسیر «یا جبالُ أوِّبی مَعَهُ و الطَّیْر»	۴۲۶۹	
۹۹ - جواب طعنه زننده در مثنوی از قصورِ فهم خود	۴۲۸۳	
۱۰۰ - مَثَل زدن در رمیدن کرّهٔ اسب از آب خوردن...	۴۲۹۳	
۱۰۱ - تفسیرِ آیتِ «وَ أَجْلِبْ عَلَیهِم بِخَیْلِکَ و رِجْلِک»	۴۳۲۷	
۱۰۲ - جذبِ هر عنصری جنسِ خود را که...	۴۴۲۲	
۱۰۳ - مُنْجَذِب شدنِ جان نیز به عالم ارواح...	۴۴۳۶	
۱۰۴ - فَسْخِ عزایم و نَقْض‌ها...	۴۴۶۳	
۱۰۵ - نظر کردنِ پیغامبر علیه السّلام به اسیران و...	۴۴۷۴	
۱۰۶ - تفسیر این آیت که: «إنْ تَسْتَفْتِحُوا فَقَدْ جاءَکُمُ الْفَتْحُ»...	۴۴۸۷	
۱۰۷ - سرّ آنکه بی مراد بازگشتن رسول علیه السّلام از حدیبیّه...	۴۵۰۴	
۱۰۸ - تفسیر این خبرِ مصطفی علیه السّلام فرمود: «لا تَفَضَّلُونی عَلی ...»	۴۵۱۳	
۱۰۹ - بیانِ آنکه طاغی در عینِ قاهری مقهورست و در عینِ منصوری مأسور	۴۵۶۲	
۱۱۰ - جذبِ معشوق عاشق را...	۴۶۰۲	
۱۱۱ - داد خواستن پشه از باد به حضرت سلیمان علیه السّلام	۴۶۲۵	
۱۱۲ - حکایتِ عاشقی درازِ هجرانی و بسیار امتحانی	۴۷۵۰	

بسم الله الرّحمن الرّحيم

اَلْحِكَمُ جُنُودُ اللهِ يُقَوّي بِها أَرْواحَ الْمُريدينَ وَ يُنَزِّهُ عِلْمَهُمْ عَنْ شائِبَةِ الْجَهْلِ وَ عَدْلَهُمْ عَنْ شائِبَةِ الظُّلمِ وَ جُودَهُمْ عَنْ شائِبَةِ الرِّياءِ وَ حِلْمَهُمْ عَنْ شائِبَةِ السَّفَهِ وَ يُقَرِّبُ إِلَيْهِمْ ما بَعُدَ عَنْهُمْ مِنْ فَهْمِ الآخِرَةِ وَ يُيَسِّرُ لَهُمْ ما عَسُرَ عَلَيْهِمْ مِنَ الطّاعَةِ وَ الاجْتِهادِ وَ هِيَ مِنْ بَيِّناتِ الأَنْبياءِ وَ دَلائِلِهِمْ تُخْبِرُ عَنْ أَسْرارِ اللهِ وَ سُلْطانِهِ الْمَخْصُوصِ بِالعارِفينَ وَ إِدارَتِه الفَلَكَ النُّورانِيَّ الرَّحْمانِيَّ الدُّرِّيَّ الحاكِمَ عَلَى الفَلَكِ الدُّخانِيِّ الكُرِيِّ كَما أَنَّ العَقْلَ حاكِمٌ عَلَى الصُّوَرِ التُّرابِيَّةِ وَ حَواسِّها الظّاهِرَةِ وَ الباطِنَةِ فَدَوَرانُ ذٰلِكَ الفَلَكِ الرُّوحانِيِّ حاكِمٌ عَلَى الفَلَكِ الدُّخانِيِّ وَ الشُّهُبِ الزّاهِرَةِ وَ السُّرُجِ الْمُنيرَةِ وَ الرِّياحِ الْمُنْشَئَةِ وَ الأَراضِي الْمَدحِيَّةِ وَ المِياهِ الْمُطَّرِدَةِ نَفَعَ اللهُ بِها عِبادَهُ وَ زادَهُمْ فَهماً وَ إِنَّما يَفْهَمُ كُلُّ قارِءٍ عَلىٰ قَدْرِ نُهْيَتهِ وَ يَنْسِكُ النّاسِكُ عَلىٰ قَدْرِ قُوَّةِ اجْتِهادِهِ وَ يُفْتِي الْمُفْتِي مَبْلَغَ رَأيِهِ وَ يَتَصَدَّقُ الْمُتَصَدِّقُ بِقَدْرِ قُدْرَتِهِ وَ يَجُودُ الباذِلُ بِقَدْرِ مَوْجُودِهِ وَ يَقْتَني الْمَجُودُ عَلَيْهِ ما عَرِفَ مِنْ فَضْلِهِ وَ لٰكِنْ مُفْتَقِدُ الماءِ في الْمَفازَةِ لا يَقْصُرُ بِهِ عَنْ طَلَبِهِ مَعرِفَتُهُ مافى البِحارِ وَ يَجِدُّ فى طَلَبِ ماءِ هذهِ الْحَياةِ قَبْلَ أَنْ يَقْطَعَهُ الْمَعاشُ بِالاشْتغالِ عَنْهُ و تُعَوِّقَهُ العِلَّةُ وَ الحاجَةُ وَ تَحُولَ الأَغْراضُ بَيْنَهُ وَ بَيْنَ ما يَتَسَرَّعُ إِلَيْه وَ لَنْ يُدْرِكَ العِلْمَ مُؤثِرُ هَوىً وَ لا زاكِنٌ إِلىٰ دَعَةٍ وَ لا مُنْصَرِفٌ عَنْ طَلَبِهِ وَ لا خائِفٌ عَلىٰ نَفْسِهِ وَ لا مُهْتَمٌّ لِمَعيشَتِهِ إِلاّ أَنْ يَعُوذَ بِاللهِ وَ يُؤْثِرَ دينَهُ عَلىٰ دُنْياهُ وَ يَأْخُذَ مِنْ كَنْزِ الحِكْمَةِ الأَمْوالَ العَظيمَةَ الّتى لا تُكْسَدُ وَ لا تُورَثُ ميراثَ الأَمْوالِ وَ الأَنْوارَ الجليلَةَ وَ الجَواهِرَالكَريمَةَ وَ الضِّياعَ الثَّمينَةَ[1] شاكِراً لِفَضْلِهِ مُعَظِّماً لِقَدْرِهِ مُجَلِّلاً لِخَطَرِهِ وَ يَسْتَعيذَ بِاللهِ مِنْ خَساسَةِ الحُظُوظِ وَ مِنْ جَهْلٍ يَسْتَكْثِرُ القَليلَ مِمّا يَرىٰ في نَفْسِهِ وَ يَسْتَقِلُّ الكَثيرَ العَظيمَ مِنْ غَيْرِهِ وَ يُعْجِبُ بِنَفْسِهِ بِما لَمْ يَأْذَنْ لَهُ الحَقُّ وَ عَلَى العالِمِ الطّالِبِ أَنْ يَتَعَلَّمَ ما لَمْ يَعْلَمْ وَ أَنْ يُعَلِّمَ ما قَدْ عَلِمَ وَ يَرْفُقَ بِذَوِي الضَّعْفِ فى الذِّهْنِ وَ لا يُعْجِبَ مِنْ بَلادَةِ أَهْلِ البَلادَةِ وَ لا يُعَنِّفَ عَلىٰ كَليلِ الفَهْمِ، كَذٰلِكَ كُنْتُمْ مِنْ قَبْلُ فَمَنَّ اللهُ عَلَيكُم سُبحانَهُ وَ تَعالىٰ عَنْ أَقاويلِ الْمُلْحِدينَ وَ شِرْكِ الْمُشرِكينَ وَ تَنْقيصِ النّاقِصينَ وَ تَشْبيهِ الْمُشَبِّهينَ وَ سُوءِ أَوْهامِ الْمُتَفَكِّرينَ وَ كَيْفيّاتِ الْمُتَوَهِّمينَ، وَ لَهُ الحَمْدُ وَ الْمَجْدُ عَلىٰ تَلْفيقِ الكِتابِ الْمَثْنَوىِّ الالٰهِيِّ الرَّبّانِيِّ وَ هُوَ الْمُوَفِّقُ وَ الْمُفْضِلُ وَ لَهُ الطَّوْلُ وَ الْمَنُّ لا سِيَّما عَلى عِبادِهِ العارِفينَ يُريدُوْنَ أَنْ يُطْفِئوا نُورَ اللهِ بِأَفْواهِهِمْ وَاللهُ مُتِمُّ نُورِهِ وَ لَوْ كَرِهَ الكافِرُونَ، إِنّا نَحْنُ نَزَّلنا الذِّكرَ وَ انّا لَهُ لَحافِظُونَ، فَمَنْ بَدَّلَهُ بَعْدَ ما سَمِعَهُ فَإِنَّما إِثْمُهُ عَلَى الّذينَ يُبَدِّلُونَهُ إِنَّ اللهَ سَميعٌ عَليمٌ.

---

۱ - «الثّمينه» در هامش افزوده شده است.

بسم الله الرّحمن الرّحیم

حکمت‌ها، سپاهیان پروردگارند که خداوند جان‌های مریدان را به وسیلهٔ آن‌ها نیرو می‌بخشد. دانش‌شان را از عیب نادانی و عدلشان را از پلیدی ستم و بخشندگی‌شان را از نقص ریا و بردباری‌شان را از شائبهٔ بی‌خردی پاک می‌گرداند. اسرار جهان آخرت را که از ادراک آنان به دور مانده است به فهمشان نزدیک می‌سازد و اطاعت و کوششی را که بر آنان دشوار می‌نماید سهل می‌کند. حکمت‌ها، از سخنان روشن پیامبران و دلایل آن‌هاست که در مورد اسرار الهی و چیرگی خاصّ پروردگار نسبت به عارفان خبر می‌دهد.

حکمت‌ها، ما را از استیلای خداوند بر فلک نورانی رحمانی که چون مرواریدی درخشان است و بر فلک کروی دُخانی[1] تسلّط دارد، آگاه می‌سازد همچنانکه عقل بر صور خاکی و حواسّ ظاهری و باطنی آن‌ها تسلّط دارد، گردش این فلک روحانی نیز بر فلک دُخانی و شهاب‌های درخشان، چراغ‌های فروزان، بادهای سازنده، زمین‌های هموار و آب‌های روان مسلّط است. خداوند بندگانش را از این حکمت‌ها بهره‌مند گرداند و بر قدرت و درک و دریافتشان بیفزاید.

بی‌شک هر خواننده‌ای به اندازهٔ توانمندی خرد خویش می‌فهمد و هر زاهدی به اندازهٔ توانِ خود زهد می‌ورزد و هر فقیهی به میزان اندیشه‌اش فتوا می‌دهد و هر صدقه دهنده‌ای به اندازهٔ وسعش صدقه می‌دهد و هر بخشنده‌ای به قدر مُکنتش می‌بخشد و هر بخشوده‌ای به میزان شناختش از صاحب فضل، بخشش می‌بیند.

امّا نیازمند آب در بیابان برهوت اگر از آب دریا آگاه هم باشد، این آگاهی او را از طلب آب باز نمی‌دارد و با سعی و تلاش در جست‌وجوی آب حیات است پیش از آنکه تأمین

---

۱ - **دُخان:** دود، در اینجا به معنی تیره است.

معاش، او را از این خواسته باز دارد و علّت و نیازی او را واپس دارد و غرض‌ها میان او و آنچه در طلبش شتاب می‌کند حائل شود.

هرکس که نفس را برگزینَد و تن‌آسایی کند و از طلب روگردان باشد و بر جانش ترسان و همهٔ همّتش را بر زندگی دنیوی‌اش مصروف دارد، به علم دست نیازد، جز کسی که به خداوند پناه بَرَد و دینش را به دنیایش برتری نهد و از گنجینهٔ حکمت الهی به اموال کلان دست یازد که نقصان و کساد نمی‌پذیرد و مانند حُطام دنیوی میراث میراث‌خواران نگردد. [طالب گنجینهٔ الهی] به انوار گرانقدر و جواهرات گرانبها و آبادی‌های پرناز و نعمت دست می‌یابد، [در حالی که] خداوند را به خاطر بخشش‌هایش سپاس می‌گوید و مقامش را بزرگ می‌دارد و عظمتش را می‌ستاید. از پستی لذّات دنیوی و از سفاهتی که [عبادت] اندکِ خود را بسیار بیند و بسیار دیگری [عبادت‌ها] را اندک شمرد و از تکبّر و غرور که خداوند اجازه نفرموده است، به خداوند پناه می‌برد.

بر دانای جویای حق است که آنچه را نداند، بیاموزد و آنچه را داند، بیاموزاند و با کندذهنان با نرمی رفتار کند و از کودنی آنان [به فهم و درک خود] نبالد و نسبت به آنان درشتی نکند، «شما نیز پیش از این چنان بودید، ولی خدا بر شما منّت نهاد»[1]، و خداوند متعال از سخنان کافران و شرک مشرکان و از نقصی که ناقصان به او نسبت می‌دهند و از تشبیه تشبیه‌کنندگان و از پندارهای ناروای اندیشمندان و از چگونگی‌های پندارگرایان پاک و منزّه است.

سپاس و بزرگی خدای را سزاست که مثنوی الهی ربّانی گرد آمد و توفیق دهنده و بخشنده اوست و قدرت و نعمت از آنِ اوست، به‌خصوص نسبت به بندگان عارفش، علی‌رغم میل کسانی که «می‌خواهند نور خدا را با دهان‌های خویش خاموش سازند، [در حالی که] خدا کامل کنندهٔ نور خویش است، اگرچه کافران را ناخوش آید» و «بی‌شک ما خود قرآن را نازل کردیم و خود نگهبان آن هستیم»[2] و «هرکس که پس از شنیدن آن، بخواهد آن را دگرگون سازد، گناهش بر آن کسانی است که آن را دگرگون می‌سازند و خدا شنوای داناست»[3].

---

۱ - قسمتی از آیهٔ ۹۴ سورهٔ نساء.   ۲ - صف : ۸/۶۱   ۳ - بقره : ۱۸۱/۲.

مقدّمه

در دفتر سوم که احتمالاً شروع آن در سال ۶۶۴ بوده، قریحهٔ شاعرانهٔ مولانا در اوج تابناکی خویش است و نکات ناب دلنشینی را در قصّهٔ «مسجد مهمان‌کش و عاشق لاابالی» و «وکیل صدر جهان» مطرح می‌کند و روح عاشق وی با شورانگیزترین پیام‌ها، به نمایش می‌آید و همگان را به ملکوت عشق فرا می‌خواند.

ابیات آغازین دفتر سوم حاکی از بیماری و نالانی حُسام‌الدّین است که ضعف جسمانی و ملالت خاطر ناشی از امراض وی را از درخواست دفتری دیگر و توجّه به مثنوی باز داشته است. مولانا در این ابیات می‌کوشد تا بروز بیماری‌های جسمانی را نزد وی کم اهمّیّت جلوه دهد و به او خاطرنشان می‌کند که قوّت مردان حق نشأت گرفته از قدرت الهی است نه از عروق و حرارت جسمانی و در تبیین آن به شرح این امر می‌پردازد که علی‌رغم آنکه دنیای محسوسات، عالم آکل و مأکول است و در این جهان هر مزاجی از عناصری طبیعی مایه گرفته؛ امّا مزاج تو در «ولادتی ثانی» روحانی شده و اینک به قوّت روح زنده است و تحت تأثیر عناصر و تبدّل و انحراف آن‌ها نیست.

همچنین به تقریر این نکته می‌پردازد که میان طیّ مراحل رشد جسمانی و طیّ مراتب روحانی مشابهتی موجود است و در تبیین تشابه آن‌ها متذکّر این امر می‌گردد که در دنیای آکل و مأکول هرگونه تبدیل مزاجی سبب می‌شود تا موجود زنده از غذایی که در مرتبه پایین‌تر برخوردار بوده است فطام یابد و به غذایی برتر که متناسب با مزاج اوست خو بگیرد. همان‌گونه که جنین در بطن مادر از خون تغذیه می‌کند و با تولّد از خون باز گرفته می‌شود و شیر را مناسب مزاج خود می‌یابد و پس از دوران شیرخوارگی، از شیر مادر فطام می‌جوید و مزاج او مبدّل می‌گردد و با انواع اغذیه و اشربه تناسب پیدا می‌کند. تبدیل مزاج در طیّ مراتب روحانی نیز همانند آن است. مزاج آدمی در عالم کثرت به شیر دنیوی «شهوات و

مشتهیّات دون» خوگر شده است و تا از آن فطام نیابد، مزاج وی که عنصری و تحت تأثیر عناصر است مبدّل نمی‌گردد و روحانی نمی‌شود و در صورت حصول آن در همین عالم محسوس، ولادتی ثانی می‌یابد و جزو ابدال حق محسوب می‌گردد.

ابدال حق که مزاجی روحانی یافته و به ادراکات عالی عوالم روحانی نایل گشته‌اند از سر شفقت، عام خلق را به ارتقای جان و شهود حقایق فرا می‌خوانند؛ امّا آنان که همانند جنین در زهدان مادر، به تنگنای ادراکات حقیر خویش مألوف شده‌اند از قبول پند ناصحان تن می‌زنند و احوال این سرکشان، جرّ جرّار کلام را تداعی‌گر قصّهٔ «خورندگان پیل بچه» می‌دارد که با ترک نصیحت ناصحان، عاقبتی شوم را نصیب می‌یابند.

مجلّد سیم از کتاب مثنوی

۱ **ای ضیاء الحق حُسام الدّین! بیار — این سوم دفتر، که سُنّت[1] شد سه بار**

ای ضیاءالحق، حُسامالدّین، در اوجِ همّتِ روحانی خود پرواز کن تا باز هم پیشاهنگِ باطن ما به اهتزاز آید و دفتر سوم مثنوی نیز تقریر گردد؛ زیرا رعایت سنّت، مقتضیِ آن برای دو دفتر نخستین است.

۲ **برگشا گنجینهٔ اسرار را — در سوم دفتر، بِهِل اَعذار[2] را[3]**

در این دفتر، در گنج‌خانهٔ اسرار را بگشا و عذر و بهانه را کنار بگذار.

۳ **قوّت از قوّتِ حق می‌زَهَد — نه از عروقی کز حرارت می‌جهد**

قوّت و قدرت تو از قدرت الهی سرچشمه می‌یابد، ارتباطی به عروق و حرارت جسمانی ندارد.

---

۱ - اشاره به روایات مختلف که پیامبر(ص)، هرگاه سخن می‌گفت آن را سه بار تکرار می‌فرمود تا آن را خوب دریابند و هرگاه به جمعی وارد می‌شد، سه بار سلام می‌کرد و یا دعا و طلب مغفرت را سه بار تکرار می‌داشت: احادیث، ص ۲۴۶.

۲ - **اَعذار :** جمع عذر، بهانه.

۳ - چنانکه از ابیات آغازین دفتر سوم بر می‌آید و شارحان و محقّقان نیز بدان اشارت کرده‌اند، به نظر می‌رسد امراض جسمانی و ضعف و نالانی ناشی از آن، حُسام‌الدّین را از توجّه به مثنوی و درخواست برای ادامه تقریر آن باز داشته است و مولانا که خواستار آهنگ درونی او برای اهتزاز پیشاهنگ باطن خویش است در این ابیات می‌کوشد تا بیماری‌های جسمانی را در نظر وی ناچیز جلوه دهد و از وی می‌خواهد تا برای شروع این دفتر عذر و بهانه را به کناری نهد.

این چراغِ شمس کو روشن بُوَد   نه از فتیل و پنبه و روغن بُوَد ۴

خورشید هم که بسان چراغی همواره درخشان است، به فتیله و پنبه و روغن نیازی ندارد.

سقفِ گردون کو چنین دایم بُوَد   نه از طناب و اُستُنی قایم بُوَد[۱] ۵

آسمان هم که همانند سقفی بر فراز سر ما افراشته است به امداد طناب و یا ستونی برپا نیست.

قوّتِ جبریل از مَطبَخ نبود   بود از دیدارِ خَلّاقِ وُجود[۲] ۶

قدرت و قوّت جبرئیل از خوردن و آشپزخانه نیست، از دیدار خالق هستی است.

همچنان، این قوّتِ ابدالِ[۳] **حق   هم ز حق دان، نه از طعام و از طَبَق** ۷

به همین ترتیب قدرت و قوّت ابدال حق هم از قدرت الهی سرچشمه می‌یابد نه از غذا و سفره.

جسمشان را هم ز نور اِسرشته‌اند   تا ز روح و از مَلَک بگذشته‌اند ۸

جسم مردان حق نیز در پرتوِ انوارِ جان منوّرشان، چنان نورانی شده است که گویی قالب خاکی آنان را نیز با نور در آمیخته‌اند. این بزرگان غرق در انوار الهی‌اند و در تقرّب از جبرئیل و فرشتگان فراترند.

چونکه موصوفی[۴] **به اوصافِ**[۵] **جلیل   ز آتشِ امراض بگذر چون خلیل**[۶] ۹

چون تو به اوصافِ خداوند جلیل وصف شده‌ای، همانندِ ابراهیم خلیل الله(ع) که از آتش نمرودیان نهراسید و رهایی یافت، از آتشِ امراضِ جسمانی بیمناک نباش و از آن به قوّتِ روحِ منوّرِ خویش به سلامت بگذر.

گردد آتش بر تو هم بَرْد و سلام[۷] **   ای عناصر مر مِزاجت را غلام** ۱۰

ای حُسام‌الدّین، به سببِ کمال معنوی‌ات، عناصر اربعه و همهٔ جهان، غلامِ حلقه به‌گوش ارادهٔ تواَند. این آتش بر تو هم سرد و سلامت خواهد شد.

---

۱ - اشارتی قرآنی؛ رعد : ۲/۱۳ : اللهُ الَّذي رَفَعَ السَّمَواتِ بِغَيْر عَمَدٍ تَرَوْنَها...: خداوند است که آسمان‌ها را بی‌ستون چنانکه می‌بینید برافراشت... .

۲ - اشارتی قرآنی؛ تکویر : ۱۹/۸۱ و ۲۰ : إِنَّهُ لَقَوْلُ رَسُولٍ كَرِيمٍ ذِی قُوَّةٍ عِندَ ذی ٱلْعَرْشِ مَكِينٍ: بی‌شک آن گفتار پیام‌آوری گرامی است. نیرومندی که نزد [خداوند] صاحب عرش، دارای مقام است.

۳ - **ابدال** : ر.ک: ۱۴۴۰/۱ و ۳۴۲۳/۱. ۴ - **موصوف** : وصف شده. ۵ - **اوصاف** : جمع وصف: ستودن.

۶ - اشارتی قرآنی؛ انبیاء : ۶۸/۲۱ و ۶۹ : ر.ک: ۵۵۱/۱. ۷ - **برد و سلام** : سرد و سالم.

۱۱ **هر مزاجی[۱] را عناصر مایه است وین مزاجت برتر از هر پایه است**

هر مزاجی از عناصر مادّی مایه یافته و در عالم حسّی این امر طبیعی است؛ امّا مزاجِ تو تبدیل یافته و قوّتِ روح زنده است و اینک تابعِ عناصر نیست.

۱۲ **ایـن مـزاجت از جـهانِ مُـنبسط وصفِ وحدت را کنون شد مُلتقِط[۲]**

مزاجِ تو از «جهانِ منبسط» یا «هستیِ محض» نشأت گرفته است و اکنون این مزاجِ روحـانی، نشانه‌ای از توصیف وحدت است.

۱۳ **ای دریـغا عـرصهٔ اَفـهامِ خـلق سخت تنگ آمد، ندارد خلق حلق[۳]**

امّا دریغ که عرصهٔ درک و فهم خلق، سخت تنگ است و مردم استعداد و قابلیّتِ درک و هضمِ این معانی را ندارند.

۱۴ **ای ضیاء الحق! به حِـذْقِ[۴] رایِ تـو حلق بخشد سنگ[۵] را حلوایِ تـو[۶]**

ای ضیاءالحق، اندیشهٔ زیرکانه و همّتِ روحانیِ تو، می‌تواند به هر کس متناسبِ با وضع او فیض برساند و بدین سان به دلِ چون سنگ خاره نیز، استعداد و قابلیّت لازم برای درکِ معانی را عطا کند.

۱۵ **کوهِ طور[۷] اندر تجلّی حـلق یـافت تا که مِیْ نوشید و مِیْ را بر نتافت[۸]**

کوه طور در اثر تجلّی، انوار الهی را جذب کرد؛ امّا شرابِ شهود از تحمّل او خارج بود.

۱۶ **صـارَ دَکّاً مِـنْهُ وَانْشَـقَّ الجَـبَلْ هَلْ رَأَیْتُمْ مِنْ جَبَلْ رَقْصَ الجَـمَلْ؟**

در اثر تجلّی حق، کوه شکافت و پاره‌پاره شد، آیا هرگز دیده‌اید که کوه همانند شتر به رقص آید؟

۱۷ **لقمه بخشی[۹] آید از هر کس به کَس حلق بخشی، کارِ یزدان است و بس**

هر کس به دیگری لقمه‌ای می‌بخشد و از رزق دنیوی و یا معنوی او را بهره‌مند می‌کند؛ امّا عطایِ قابلیّت و استعدادِ درک و هضمِ معنویّات، کار یزدان است و بس.

---

۱ - **مزاج** : ر.ک: ۵۰۵/۱. ۲ - **مُلتقِط** : برچیننده و بردارنده.

۳ - **خلق حلق ندارد** : خلق قابلیّت جذبِ مفاهیم معنوی را ندارند.

۴ - **حِذْق** : مهارت، زیرک شدن در کاری. ۵ - **سنگ** : کنایه از دلِ سنگ.

۶ - **حلوای تو** : کنایه از لطف و بهرهٔ معنویِ تو. ۷ - **کوه طور** : ر.ک: ۱۳۳۵/۲.

۸ - اشارتی قرآنی؛ اعراف : ۱۴۳/۷ : ر.ک: ۲۵/۱.

۹ - «لقمه‌بخشی» در تعبیر عرفانی آن، تعلیم علوم و اسرار و حکمت الهی است و «حلق‌بخشی» استعداد و قابلیّتی است که با حصول آن علوم الهی در جان حامل آن تحقّق یابند و جزو وجود او گردند.

حـــلق بـخشد[1] جســم را و روح را حلق بخشد بهرِ هر عـضوت جـدا ۱۸

خداوند به جسم آدمی گلو می‌بخشد تا از رزق مادّی بهره‌مند شود و به روح او گلویی روحانی عطا می‌کند تا رزقِ معنوی را دریافت نماید و هریک از اعضایِ او گلویی ویژه دارند.

این گهی بخشد که اجـلالی[2] شـوی وز دَغـا[3] و از دغـل خـالی شـوی ۱۹

هنگامی این استعداد و قابلیّت را عطا می‌کند که ارتقا یابی و در وجودت اثری از مکر و نیرنگ که نشانِ نَفْسِ امّاره و عدم تسلیم است، نباشد.

تـا نگـویی سِـرِّ سـلطان را بـه کس تـا نـریزی قـند را پـیشِ مگس[4] ۲۰

تا به مرتبه‌ای از مراتبِ کمال برسی که دریابی سخن گفتن از اسرار و علوم الهی جز با اهل آن روا نیست، همان‌گونه که ریختن قند برای مگس شایسته نیست.

گوشِ آن کس نوشد[5] اسـرارِ جـلال کو چو سوسن[6] صد زبان افتاد و لال[7] ۲۱

گوش کسی اسرارِ جلالِ الهی را می‌شنود که همانندِ گلِ سوسن خاموش باشد و علی‌رغم سخنوری، سکوت اختیار کند.

حلق بـخشد خـاک را لُـطفِ خـدا تـا خـورَد آب و بـروید صـد گـیا ۲۲

لطف خداوند به خاک قابلیّتی می‌دهد که آب را جذب کند و گیاهان گونه‌گون را برویاند.

باز خاکـی را بـبخشد حـلق و لب تـا گـیاهش را خـورَد انـدر طـلب ۲۳

باز خداوند به حیواناتی که از خاک آفریده شده‌اند، حلق و دهان می‌بخشد تا در طلب غذا، گیاهان را بخورند.

چون گیاهش خوَرْد حیوان، گشت زفت[8] گشت حـــیوان، لقـمهٔ انســان و رفت ۲۴

هنگامی که حیوان گیاهان را خورد و فربه شد، خوراک آدمی می‌شود و از میان می‌رود.

---

۱ - **حلق بخشد** : قابلیّت جذب عطا می‌کند.

۲ - **اجلال** : بزرگ داشتن، بزرگ‌قدر گردانیدن، «جلالی شوی»: شایستهٔ عنایت حق شوی.

۳ - **دَغا** : دَغَل، ناراست.

۴ - **مگس** : رمزی از پلیدی و پلید زیستن، کسی که جز ارضای هوای نفس رزقی برای خویش نمی‌شناسد.

۵ - **نوشد** : مخفّف نیوشد، بشنود.

۶ - **سوسن** : گلی با گلبرگ‌های فراوان. در ادبیّات فارسی رمز خاموشی است و کنایه از وجود کسی که علی‌رغم سخنان بسیاری که در دل دارد، خاموش است. ۷ - اشاره به حدیث: مَنْ عَرَفَ اللهَ کَلَّ لِسانُه: ر.ک: ۳۰۲۱/۲.

۸ - **زَفت** : بزرگ، فربه.

بـاز خـاک آمـد، شـد اَکّـالِ[1] بشـر   چون جدا شد از بشر روح و بَـصَر ۲۵

و زمانی که روح و بینش از انسان جدا می‌شود و مرگ او فرا می‌رسد، خاک او را می‌بلعد.

ذرّه‌هـا دیـدم دهـانْشان جـمله بـاز   گر بگویم خُـوردِشان[2]، گـردد دراز ۲۶

ذرّه‌هایی را دیده‌ام که همگی دهانشان باز بود. اگر در ارتباط با رزقی که دریافت می‌دارند بخواهم سخن بگویم، رشتهٔ کلام به درازا می‌کشد.

بـــرگ‌ها[3] را، بـــرگْ از اِنـــعامِ او   دایگـــان[4] را، دایـــه لطـفِ عـامِ او ۲۷

همهٔ چیزهایی که به مخلوقات امکان زیستن می‌دهد، از رحمت واسعهٔ پروردگار که شامل همهٔ اجزای هستی است، ساز و برگ حیات می‌یابند و این لطف عام اوست که عوامل حیاتی رشد و پرورش مخلوقات را [دایگان]، از سر کَرَم دایگی می‌کند و می‌پروراند.

رزق‌هـــا را، رزق‌هـــا او مـــی‌دهد   زانکه گندم بی‌غذایی چون زَهَـد[5] ؟ ۲۸

روزی دهندهٔ رزق‌ها هم اوست؛ زیرا به عنوان مثال، اگر گندم از تغذیهٔ مناسب بهره‌مند نباشد، چگونه بروید؟

نیست شرح ایـن سـخن را مـنتَهیٰ   پـــاره‌یی گـــفتم بـدانـــی پـــاره‌ها ۲۹

شرح و تفصیل این سخن را پایانی نیست، جزئی را گفتم که اجزای دیگر را دریابی.

جـمله عـالَم آکِـل[6] و مأکـول[7] دان   بـــاقیان[8] را مُـــقبل[9] و مـــقبول دان ۳۰

مثال‌هایی آوردیم تا به این نکته توجّه کنی که عالَم، عالَم «آکل و مأکول» است و به جز کاملان واصلی که به مقام «بقای بالله» رسیده‌اند، همه چیز مشمول این نظام هست و هر پدیده‌ای خوراک پدیدهٔ دیگری محسوب می‌شود که از پدیدهٔ قبلی در مرتبهٔ کامل‌تر و یا نیرومندتری قرار گرفته است.

این جهان و سـاکـنانش مُـنتشِر[10]   وآن جهان و سـالکانش مُستَمِر[11] ۳۱

«عالَمِ کثرت» و ساکنان آن در تفرقه، تخالف و تضادّ با یکدیگرند؛ امّا «عالَمِ وحدت» و ساکنانش در تجمّع و توافق‌اند.

---

۱ - **اَکّال** : بسیار خورنده.   ۲ - **خوردشان** : خوراکشان.   ۳ - **برگ‌ها** : ساز و برگ حیات و امکان زیستن.
۴ - **دایگان** : مجموعهٔ عواملی که موجبات حیات و رشد موجودات‌اند.
۵ - **زَهَد** : از زَهیدن به معنی زاییدن، جوشیدن و بیرون آمدن.   ۶ - **آکل** : خورنده.
۷ - **مأکول** : خورده شده.   ۸ - **باقیان** : کسانی که به مقام «بقای بالله» رسیده‌اند.
۹ - **مقبل** : دارای بخت و اقبال.   ۱۰ - **منتشر** : پراکنده.   ۱۱ - **مُستَمِر** : پایدار، دائمی.

۲۲ شرح مثنوی معنوی

این جهان و عاشقانش مُنقطع[1] اهلِ آن عالم، مُخلَّد[2]، مجتَمع ۳۲

«جهان محسوس» و آنان که دلبستهٔ این ظواهرند با یک‌دیگر اتّحاد و وحدتی ندارند؛ امّا جهان ماورای حس و اهلِ آن وجودی واحدند که اجتماع و وحدت آنان جاوید است.

پس کریم آن است کو خود را دهد آبِ حیوانی[3] که مانَد تا ابد ۳۳

نهایتِ بخشندگیِ انسان در حقّ خود او ست که بتواند هستی موهومی خود را ببازد و سیرِ استکمالی را طی کند و به مقام «بقا» برسد.

باقیاتُ الصّالحات[4] آمد کریم رَسته از صد آفت و اَخطار[5] و بیم ۳۴

وجودِ انسانِ کریم که تعلّقات و هستی خود را در راه حق، باخته است، همان «باقیات الصّالحات» است که از جمیع آفات، خطرها و بیم رهایی یافته است.

گر هزاران‌اند، یک کس بیش نیست چون خیالاتی، عددْ اندیش نیست ۳۵

آنان که به مقام «بقا» رسیدند و به حق پیوستند، علی‌رغم کثرت ظاهری و تعدّدی که در ظاهر ایشان دیده می‌شود، همگی محلّ ظهور و تجلّی حقیقت واحدی بیش نیستند؛ پس بر حسب معنا، هزاران تن از آنان، یک تن محسوب است و تعدّدی که به نظر می‌رسد، ناشی از «خیالی عدداندیش» و پندار است.

آکل و مأکول را حلق است و نای غالب و مغلوب را عقل است و رای ۳۶

در «عالمِ حس» که عالم «آکل و مأکول» است، هر خورنده و هر خورده شده‌ای، دارای حلق و گلو [استعداد و قابلیّت] است و همچنین هر یک، چه در غالب و چه در مغلوب، بر حسب مرتبه‌اش در مراتبِ هستی، از عقل و رأیِ ویژهٔ آن مرتبه برخوردار است.

حلق بخشید او، عصایِ عدل را خورد آن چندان عصا و حَبْل[6] را[7] ۳۷

حق تعالی به عصای عدل موسی(ع) قابلیّتی عطا کرد که چندین عصا و طناب را ببلعد.

واندر او افزون نشد زآن جمله اَکْل[8] زانکه حیوانی نبودش اَکل و شکل ۳۸

عصای موسیٰ(ع)، چندین عصا و طناب را بلعید و حجمش افزوده نشد؛ زیرا آنچه که رخ داد، مادّی و همانند خوردنِ جانوران و یا انسان نبود.

---

۱ - **منقطع**: از هم گسیخته، جدا شده. ۲ - **مُخلَّد**: جاودان. ۳ - **آب حیوان**: ر.ک: ۵۷۸/۱.
۴ - «باقیات الصّالحات»، مقتبس است از قرآن، مریم: ۷۶/۱۹: و خداوند بر هدایت ره‌یافتگان بیفزاید و کارهای ماندگار شایسته در نزد پروردگارت خوش پاداش‌تر و خوش عاقبت‌تر است. ۵ - **اخطار**: جمع خطر.
۶ - **حَبْل**: طناب، ریسمان. ۷ - ر.ک: ۸۴۰/۳ ۸ - **اَکل**: خوردن.

مر یقین[1] را، چون عصا، هم حلق داد تـا بـخورد او هـر خـیالی[2] راکـه زاد ۳۹

مرتبهٔ «یقین» نیز، همانند عصای موسی(ع) دارای استعداد و قابلیّتی است که می‌تواند هر «خیال» و هر «ظنّ و گمان» را که نزدِ سالک موقن حاصل می‌شود، هضم کند.

پس معانی[3] را چو اعیان[4] حلق‌هاست رازقِ حـلقِ مـعانی هـم خـداست ۴۰

بنابراین «معانی» یا «امور باطنی» هم مانند «اشیا»، قابلیّت و استعدادِ خاصّ خود را دارند و خداوند متناسب با قابلیّتِ ویژه‌شان، رزقِ مخصوص آن‌ها را تأمین می‌کند.

پس ز مَهْ تا ماهی هیچ از خلق نیست که به جذبِ مایه او را حلق نیست ۴۱

پس، از آسمان تا زمین هیچ مخلوقی نیست که قابلیّت و استعدادِ جذبِ رزقِ خاصِّ خود را اعمّ از مادّی یا معنوی نداشته باشد.

حلقِ جان از فکرِ تن[5] خالی شـود آنگـهان روزیش اجـلالی شـود ۴۲

اگر جان آدمی از فکر تعلّقات و سرشتِ بشری رهایی یابد، رزقِ الهی را نصیب می‌یابد.

شـرط، تـبدیلِ مزاج آمد، بـدان کـز مـزاجِ بـد[6] بُـوَد مـرگِ بَـدان ۴۳

شرطِ دریافتِ رزقِ الهی، تبدیلِ مزاجِ آدمی از **مزاجِ عنصری** به **مزاجِ روحانی** است؛ زیـرا مزاج عنصری به علّت گرایشی که به مادّه دارد، مزاج بدی به شمار می‌آید که سببِ «مرگِ بد» یا «مرگِ قوایِ روحانی» است.

چون مزاجِ آدمی گِـلْ[7] خـوار شـد زرد و بدرنگ و سقیم[8] و خوار شد ۴۴

چون مزاجِ آدمی به دنیادوستی و برآوردن خواسته‌های نفسانی عادت کرد، رنگ و روی او زرد و بد و خودِ او بیمار و خوار می‌شود.

چـون مـزاجِ زشت او تـبدیل یـافت رفت زشتی از رُخش، چون شمع تافت ۴۵

اگر «مزاجِ بد» او مبدّل گردد و از گِل‌خواری «شهوات و تمایلات دون» پالایش یابد، زشتی از وجودش رخت بر می‌بندد و رخساره‌اش همچون شمع تابناک می‌شود.

---

۱ - **یقین** : تصدیق قطعی. ۲ - **خیال** : اینجا پندار. ۳ - **معانی** : حالِ باطنی، احوال درونی، امور باطنی.
۴ - **اعیان** : اشیا. ۵ - **فکرِ تن** : خواسته‌های نَفسانی و تعلّقات.
۶ - **مزاجِ بد**: نَفسی که به دنیاپرستی گرایش می‌یابد. ۷ - **گِل** : کنایه از توجّه صِرف به بهره‌های دنیوی.
۸ - **سقیم** : بیمار.

۴۶ **دایه‌یی کو طفلِ شیرآموز[1] را   تا به نعمت خوش کند پَدفوز[2] را**

دایه‌ای که ذائقهٔ کودکِ شیرخواره را با نعمت‌های گوناگون شیرین می‌کند و او را به مهر می‌پرورد،

۴۷ **گر ببندد راهِ آن پستان بر او   بر گشاید راهِ صد بُستان بر او**

اگر طفل را از شیرِ پستان باز دارد، راه صد باغ و بستان را به روی او می‌گشاید.

۴۸ **زانکه پستان شد حجابِ آن ضعیف   از هزاران نعمت و خوان و رَغیف[3]**

زیرا آن کودک ناتوان به سببِ وابستگی به شیرِ پستان از هزاران نعمت و خوراک باز می‌مانَد.

۴۹ **پس حیاتِ ماست موقوفِ فِطام[4]   اندک اندک جهد کن، تَمَّ آلکلام**

پس برای استمرارِ «حیات روحانی» باید «جان» را از «شیرِ دنیا»، یعنی «شهوات و تعلّقات و سرشت طبیعی» باز گیریم و مزاجِ عنصریِ خود را ارتقا دهیم. چنین تبدیل و تبدّلی مستلزم **ولادتی روحانی** است که در طیّ آن مزاج، روحانی شده و از روح قوّت می‌گیرد و تقریباً از غذای عناصر انقطاع می‌یابد. جهد کن که به چنین مرتبه‌ای برسی و آرام آرام سیر کمال را طی کنی، تمام سخن این است.

۵۰ **چون جنین بُد آدمی، بُد خون غذا   از نجس پاکی بَرَد مؤمن، کذا[5]**

آدمی در مرحلهٔ جنینی از خون تغذیه می‌کند و این تغذیه که از دیدگاه مرحلهٔ بالاتر، یعنی زندگی دنیوی ناپاک محسوب می‌شود، بهترین بهره را در جهت رشد و کمال می‌برد. مؤمن نیز در «زهدانِ دنیا» چنین وضعی دارد و از تمتّعات این جهانی بهترین بهره را در جهتِ رشدِ معنوی خود می‌بَرَد.

۵۱ **از فطامِ خون، غذااَش شیر شد   وز فطامِ شیر، لقمه‌گیر شد**

پس آدمی در سیر کمال جسمانی، ابتدا از خون خوردن و مدّتی پس از تولّد از شیر باز گرفته می‌شود و در هر مرحله مِزاج او کمالی می‌یابد و بر حسب آن کمال از تغذیه مناسب آن مرتبه برخوردار می‌گردد.

---

۱ - طفل شیرخواره، نمادی است از «سالکِ مبتدی» که به شیرِ شهوات و تمایلات نازل خو گرفته است و دایه، نمادی از «مرشد روحانی» است که در طیّ سلوک، سالک را از شیرِ تعلّقات باز می‌گیرد و راه ورود به باغ و بوستانِ علوم و معارف عالم معنا را به وی می‌نماید.   ۲ - **پَدفُوز**: لب و دهان و ذائقه.   ۳ - **رَغیف**: قرص نان.

۴ - **فِطام**: بازگرفتن از شیر، مفارقت از هر چیز.   ۵ - **کذا**: این و چنین.

وز فطامِ لقمه، لقمانی[1] شود طالبِ اِشکارِ پنهانی شود ۵۲

اگر طریق کمال را به همین ترتیب طی کند و بتواند «جان» را از لقمهٔ «خواهش‌هایِ نَفْسانی» باز گیرد، با تبدیلِ مزاج، حکمتی الهی می‌یابد، همان‌گونه که لقمان حکیم چنین نصیبی یافت. در این مرتبه، سالک، طالبِ شکارِ نهانی، یعنی «علوم و معارف» می‌شود.

گر جنین را کس بگفتی در رَحِم هست بیرون، عالمی بس منتظِم ۵۳

اگر کسی به جنین در زهدان مادر می‌گفت: بیرون، دنیای فراخ و منظّمی وجود دارد،

یک زمینی، خرّمی، با عرض و طول اندر او صد نعمت و چندین اُکُول[2] ۵۴

زمینِ سرسبز و عریض و طویلی که در آن نعمت‌ها و خوردنی‌های متنوّع دیده می‌شود،

کوه‌ها و بحرها و دشت‌ها بوستان‌ها، باغ‌ها و کِشت‌ها ۵۵

کوه‌ها، دریاها، دشت‌ها، بوستان‌ها، باغ‌ها و کشت‌های خرّمی است،

آسمانی بس بلند و پُر ضیا آفتاب و ماهتاب و صد سُها[3] ۵۶

آسمانی رفیع و پرنور، آفتاب، مهتاب و ستارگان فراوان،

از جنوب و از شمال و از دَبور[4] باغ‌ها دارد عروسی‌ها و سُور ۵۷

از جنوب، شمال و غرب بادها می‌وزند، باغ‌ها، عروسی‌ها و جشن‌ها دارند،

در صفت ناید عجایب‌هایِ آن تو در این ظلمت چه‌ای در امتحان[5]؟ ۵۸

شگفت‌انگیزیِ دنیا غیر قابل وصف است. تو چرا در این تاریکی به چنین محنت و سختی گرفتار آمده‌ای؟

خون خوری در چارمیخِ تنگنا در میانِ حبس و اَنْجاس[6] و عَنا[7] ۵۹

در این تنگنا به چهار میخ کشیده شده‌ای و در این زندان، غوطه‌ور در پلیدی، خون می‌خوری.

او به حکم حالِ خود منکر بُدی زین رسالت مُعْرِض[8] و کافر شدی[9] ۶۰

او بنا به حالی که در زهدان دارد، مُنکر این سخنان می‌شود، روی می‌گرداند و آن را نفی می‌کند.

---

۱ - **لقمان :** ر.ک: ۱۹۷۱/۱ و ۳۵۹۸/۱. ۲ - **اُکُول :** جمع اُکُل، خوراکی‌ها، طعمه‌ها.

۳ - **صد سُها :** مقصود ستاره‌های بسیار است. **سها :** ر.ک: ۱۶۲۷/۲.

۴ - **دَبُور :** بادی که از مغرب می‌وزد، در تقابل با باد صبا که از مشرق وزان است.

۵ - **امتحان :** آزمایش، آزمون، در محنت افتادن. ۶ - **اَنْجاس :** جمع نجس، پلیدی. ۷ - **عَنا :** رنج.

۸ - **مُعْرِض :** روی‌گردان.

۹ - احوال آنان که در زهدان دنیا اسیر شهوات و مشتهیّات دون مانده و تولّد ثانی نیافته‌اند نیز چنین است.

۶۱ **کین مُحال است و فریب است و غُرور[1] زانکه تصویری ندارد وَهْمِ کور**

می‌اندیشد: این غیر ممکن است، فریب و گمراهی است؛ زیرا او چیزی را ندیده است که از آن تصوّری ذهنی داشته باشد.

۶۲ **جنسِ چیزی چون ندید ادراکِ او نشنود ادراکِ منکِرناکِ او**

چون تا کنون ادراک او چنین چیزی را در نیافته است؛ پس ادراکِ انکارگرِ او، مرتبه‌ای بالاتر را نمی‌پذیرد.

۶۳ **همچنانکه خلقِ عام، اندر جهان زآن جهان، اَبْدال[2] می‌گویندشان**

این همان وضعی است که عام خلق در جهان دارند و آنچه را «انسان‌های تبدیل یافته» و متّصل به حق، در ارتباط با «عالم معنا» و «عوالم روحانی» می‌گویند، نمی‌پذیرند و باور نمی‌کنند در ماورای این عالم که در تقابل با عالم غیر مادّی، همان تنگنایِ زهدان مادر را دارد، عوالمی فراخ و روشن و پرنعمت وجود دارد.

۶۴ **کین جهان چاهی‌ست بس تاریک و تنگ هست بیرون، عالمی بی‌بو و رنگ**

مردان حق به عام خلق می‌گویند: «جهان حس» در مقام مقایسه با جهان ماورای آن، همانند چاهی تنگ و تاریک است و در ورای آن عالمی «بی‌بو و رنگ»، یعنی دنیایی عاری از صفات مادّی، وجود دارد.

۶۵ **هیچ در گوشِ کسی ز ایشان نرفت کین طمع آمد حجابِ ژرف و زَفت**

امّا هیچ یک از آنان این حقایق را نمی‌پذیرند؛ زیرا حرص و طمعی که به بهره‌مندی از جهان مادّی دارند، همانند حجابی سخت و محکم چشم و گوشِ ادراک آنان را بسته و تیره و تار کرده است.

۶۶ **گوش را بندد طمع، از استماع چشم را بندد غرض، از اطّلاع**

طمع، گوش را از شنیدن حقایق باز می‌دارد و غرض‌ورزی، چشم را بر آگاهی می‌بندد.

۶۷ **همچنانکه آن جنین را طمْعِ خون کآن غذایِ اوست در اَوطانِ دون[3]**

همان‌طور که آن جنین را طمع تغذیه از طریق خون در زهدان مادر که به نسبت این جهان، جایگاهی پست به شمار می‌رود،

---

۱ - **غرور**: فریب. ۲ - **ابدال**: ر.ک: ۱۴۴۰/۱ و ۳۴۲۳/۱. ۳ - **اوطان دون**: وطن‌های پست، اینجا رحم.

۶۸ از حدیثِ این جهان محجوب کرد غیرِ خون، او می‌نداند چاشت خَورد

از پذیرفتن توصیف راستین این جهان باز می‌دارد؛ زیرا او غذایی را جز خون نمی‌شناسد.

قصّهٔ خورندگانِ پیل بَچّه از حرص، و ترکِ نصیحتِ ناصح [1]

خردمندی از سرزمین هندوستان با گروهی از دوستان مواجه شد که از سفری بس دراز آمده بودند و بی‌برگ و عور و گرسنه به نظر می‌رسیدند. مهر و شفقت خردمند جوشید و به آنان اندرز داد و تأکید کرد که هرچند رنج بسیار برده‌اید؛ ولی به‌هوش باشید که از این سو که می‌روید پیل‌بچگان بسیاری با گوشت لطیف می‌بینید. از صیدشان برحذر باشید که مادری بس غیور دارند که به انتقام خون فرزند صد فرسنگ راه را نیز طی می‌کند تا کین سِتانَد؛ پس پند ناصحانهٔ مرا بشنوید و با گیاه و برگ‌ها قانع شوید «**هین مباداکه طمع رهتان زند**»؛ امّا مسافران پند ناصح را به فراموشی سپردند و با دیدن بچه پیلی فربه، چون گرگان مست در وی افتادند و کبابی مهیّا کردند و خوردند جز یک تن از ایشان که پند ناصح را آویزهٔ گوش کرده بود و از آن کباب نخورد. شبانگاهان پیلی سهمناک رسید، اوّل به سوی نگهبانی که بیدار بود و از کباب نخورده بود، رفت و چون بویی از فرزند خویش در وی نیافت او را رها کرد و به سراغ خُفتگان رفت و دهان آنان را بویید و چون بوی فرزند را از دهان همه دریافت، همگان را درید و کُشت.

در این لطیفه که صورت ظاهر آن تحذیری است از حرص و طمع و لزوم پند نیوشیدن از ناصحان خردمند، سِرّ قصّه در تعظیم و بزرگداشت اولیای حق و عارفان است: «هان و هان این دلق‌پوشان من‌اند» که برای امتحان خلق چند صباحی در این جهان خوار و یتیم‌اند و اگر کسی قصد ایشان کند، از حق کیفری بسزا می‌یابد.

---

۱ - مأخذ این قصّه را حکایتی در حلیةالاولیاء، ج ۱۰، ص ۱۶۱-۱۶۰ دانسته‌اند که ماجرای کرامتی است از ابوعبدالله قلانسی که در سفری دریایی با توفانی سهمناک مواجه شد و برای رهایی از خطر نذر کرد که هرگز گوشت فیل نخورد، از قضا کشتی به ساحلی فرود آمد و بچّه فیلی ظاهر شد، مسافران کشتی که سخت درمانده و گرسنه بودند، او را صید کردند و خوردند؛ امّا ابوعبدالله به پیمان خود وفادار ماند. شبانگاهان ماده فیلی رسید و با بوییدن خُفتگان همه را زیر دست و پای خود له کرد و با بوییدن ابوعبدالله دریافت که او از گوشت فرزندش نخورده است؛ پس با بلند کردن پا و دمش به اشاره از ابوعبدالله خواست تا بر پشتش بنشیند و به سرعتی تمام شبانه او را به سرزمینی حاصلخیز رساند که ساکنان آن به وی گفتند که هشت روزه راه را یک شبه پشت سر گذاشته است. جوامع‌الحکایات آن را به ابراهیم خواص و ابن بطوطه به ابوعبدالله خفیف منسوب می‌دارد: احادیث، صص ۲۴۹-۲۴۶.

پیل بچّه نمادی است از خاصّان حق و خاصّ الخاصان که معاندان و ستمکاران به پنداری واهی قصد در هم شکستن آنان و تعالیم عالیه‌شان را در سر می‌پرورند غافل از آنکه، «کوکَشد کین از برای جانشان».

همچنین بوییدن دهان، نمادی است از بوی پلیدی‌های درون که بوی گناه است و نشانی است از حق‌ستیزی، که بر آسمان می‌رود تا به بوگیران گردون برسد و سبب می‌شود تا دعای آدمی ردّ باب گردد.

رشتهٔ ظریف نهانی که این قصّه را به ابیات آغازین مجلّد سوم که همچنان حُسام‌الدّین مخاطب اصلی آن است مرتبط می‌دارد، تکریم و تعظیمی است در حقّ او در مقام ابدال حق که پاره‌ای از آن در قطعه آغازین تبیین می‌گردد و ادامهٔ آن در این حکایت استمرار می‌یابد، گویی که حسد حاسدان اندکی موجبات دل‌مشغولی مولاناست و آنان را بر حذر می‌دارد که حدّ خود را مرعی دارند: «اولیا اطفال حق‌اند، ای پسر»

۶۹ **آن شنیدی تو؟ که در هندوستان   دید دانایی گروهی دوستان**

شنیده‌ای که دانایی، گروهی از دوستان خود را در هندوستان دید؟

۷۰ **گرسنه مانده، شده بی‌برگ و عور   می‌رسیدند از سفر از راهِ دور**

آنان گرسنه مانده بودند و آذوقه‌ای نداشتند و از سفری دور و دراز می‌آمدند.

۷۱ **مِهرِ دانااییش جوشید و بگفت   خوش سلامی‌شان و چون گلبُن شکفت**

محبّت خردمندانهٔ او به جوش آمد، با خوشرویی سلام کرد و مانند گُل شکفته شد.

۷۲ **گفت: دانم کز تَجَوُّع[1]، وز خلا[2]   جمع[3] آمد رنجتان زین کربلا[4]**

گفت: می‌دانم که از گرسنگی و تهی ماندن شکم، سخت آزرده و رنجیده هستید.

۷۳ **لیک، اللّه اللّه،[5] ای قومِ جلیل[6]!   تا نباشد خوردتان فرزندِ پیل**

امّا ای گروه محترم، شما را به خدا مواظب باشید که مبادا بچّه فیل بخورید.

۷۴ **پیل هست، این سُو که اکنون می‌روید   پیل زاده مشکنید و بشنوید**

در راهی که در پیش دارید، فیل هست. حرف مرا بپذیرید و از شکار بچّه فیل بپرهیزید.

۷۵ **پیل بَچّگان‌اند اندر راهتان   صیدِ ایشان هست بس دلخواهتان**

سر راه شما بچّه فیلان هستند که مسلّماً شکار آنان دلخواه شماست.

---

۱ - **تَجَوُّع**: گرسنگی. ۲ - **خَلا**: خالی شدن، اینجا خالی شدن معده.
۳ - **جمع**: اینجا جمع شما، همگی. ۴ - **کربلا**: مقصود حدّ اعلای رنج است.
۵ - **اللّه اللّه**: شما را به خدا، شما را به خدا. ۶ - **جلیل**: بزرگ، شکوهمند.

دفتر سوم ۲۹

بس ضعیف‌اند و لطیف و بس سَمین[1] لیک مادر، هست طالب در کمین ۷۶

آن‌ها بسیار ناتوان و لطیف و بسی فربه‌اند؛ امّا مادر آن‌ها در کمین است.

از پیِ فرزند، صد فرسنگ راه او بگردد در حَنین[2] و آه آه ۷۷

مادر بچّه فیل‌ها، نالان و آه‌کنان صد فرسنگ راه را جویای آن‌ها طی می‌کند.

آتش و دود آید از خرطومِ او اَلْحَذَر[3] زآن کودکِ مرحومِ[4] او ۷۸

از خرطوم او آتش می‌بارد و دود بر می‌خیزد، از خوردن بچّهٔ مورد علاقه‌اش پرهیز کنید.

اولیا اطفالِ حقّ‌اند ای پسر! غایبی و حاضری بس با خبر ۷۹

ای پسر، «اولیا»، همانند فرزندان حق‌اند؛ زیرا جانِ آنان از شیرِ «شهوات و تعلّقات دنیوی» بریده شده و مزاجِ روحانی‌شان از شیرِ فیوضات ربّانی و نور حق تغذیه می‌یابد و چون به حق اتّصال یافته‌اند، دانش آنان از علم الهی نشأت می‌گیرد؛ بنابراین چه جسم عنصری ایشان حاضر و چه غایب باشد، بسی باخبرند و به سبب غیبتِ ظاهر، نمی‌توان آنان را نسبت به امری ناآگاه دانست.

غایبی، مندیش از نُقصانشان کو، کَشد کین از برای جانشان ۸۰

اگر جسم عنصری آنان نزد ما حاضر نباشد، نشان عدمِ آگاهی‌شان به امور نیست، هرگز آن‌ها را غایب نپندار؛ زیرا روح والایِ این بزرگان همواره حضور دارد و اگر کسی به آنان نسبت نقصان بدهد، حق تعالیٰ از او انتقام می‌گیرد.

گفت: اطفالِ من‌اند این اولیا در غریبی فرد از کار و کیا[5] ۸۱

خداوند فرمود: اولیا به منزلهٔ فرزندان من‌اند و در این جهان که حقایق نهان‌اند، غریب و تنها به نظر می‌رسند و ممکن است از حشمت دنیوی برخوردار نباشند؛ امّا نزد حق از شکوه و جلال برخوردارند.

از برای امتحان، خوار و یتیم لیک اندر سِر، منم یار و ندیم ۸۲

بنا بر مصلحتِ تقدیر، آنان برای آزمون‌های الهی در عالم محسوس به ظاهر خوار و بی‌کس‌اند؛ امّا باطناً من یار و همدم آن‌ها هستم.

---

۱ - **سمین**: فربه. ۲ - **حنین**: ناله. ۳ - **الحذر**: دوری کن.

۴ - **کودک مرحوم**: بچّه‌ای که مورد رحم و محبّت اوست. ۵ - **کار و کیا**: جلال و شکوه.

پُشت‌دارِ[1] جُمله، عصمت‌هایِ[2] من گـوییا هستند خـود اجـزایِ مـن ۸۳

حامی و پشتیبانِ آنان، محافظتِ من است، چنان از آن‌ها حراست و حمایت می‌کنم که گویی جزوی از من‌اند.

هان و هان! این دَلق‌پوشانِ مـن‌انـد صد هزار اندر هـزار و یک تـن‌انـد ۸۴

هشیار باش و بدان که این خرقه‌پوشان به من تعلّق دارند، آنان به ظاهر صدها هزار تن‌اند؛ امّا جانِ واحدی دارند. این تعدّد فقط در ظاهر هست و در معنا، وحدت حاکم است.

ور نه کِی کردی به یک چوبی هنر[3] مـوسیی فـرعون را زیـر و زبـر؟[4] ۸۵

اگر این چنین نبود، چگونه موسیٰ(ع) می‌توانست با یک تکّه چوب چنان هـنر عـظیمی داشته باشد و دستگاه حکومتی فرعون را زیر و زبر کند؟

ورنـه کِی کـردی بـه یک نـفرینِ بـد نوح، شرق و غرب را غرقابِ خَود؟[5] ۸۶

وگرنه چگونه نوح(ع) می‌توانست با یک نفرین شرق و غرب را در آب غرق کند؟

بـر نکـندی یک دعـایِ لوطِ راد[6] جـمله شـهرستانشان را، بی‌مُراد ۸۷

لوط(ع) جوانمرد، نمی‌توانست علی‌رغم میل قوم، با نفرین شهرهای آنان را زیر و زبر کند.

گشت شهرستانِ[7] چون فردوسشان دجـلهٔ آبِ سـیه، رو، بـین نشـان ۸۸

شهرِ آنان که مانندِ باغِ بهشت بود، به رودی سیاه مبدّل شد، برو و آثار بر جای ماندهٔ آن را ببین.

سویِ شام[8] است این نشان و این خبر در رهِ قُـدسش بـبینی درگـذر ۸۹

نشانه‌هایِ این واقعهٔ بیدارکننده نزدیکِ شهرِ شام است که هنگامِ رفتن به بیت‌المقدّس در کناره‌های راه می‌بینی.

صـدهزاران[9] ز انـبیایِ حـق پَـرَست خود به هر قرنی[10] سیاست‌ها بُـده‌ست ۹۰

علاوه بر این وقایع، در تاریخِ پیامبران حق‌پرست از این موارد بسیار بوده است و هر قوم کیفری خاصّ یافته‌اند.

---

۱ - **پشت‌دار:** حامی. ۲ - **عصمت:** نگاه‌داریِ نَفْس از گناه.

۳ - عصای موسیٰ(ع) : ر.ک: ۲۷۹/۱ و ۱۶۲۵/۱.

۴ - بیانِ معجزات پیامبران در تأیید این نکته که علم و قدرت اولیا از حق نشأت گرفته است.

۵ - نفرین نوح(ع) : ر.ک: ۱۴۱۰/۱ و ۳۱۳۶/۱. ۶ - **راد:** جوانمرد.

۷ - شهری که قوم لوط در آن می‌زیستند در نزدیکی بیت المقدّس و در فلسطین است.

۸ - **شام:** در قدیم شامل اردن، سوریه، لبنان و فلسطین بوده است. ۹ - **صدهزاران:** نشان کثرت است.

۱۰ - **قرن:** صد سال، نسل.

۹۱ **گـر بگـویم، ویـن بـیان افـزون شـود خود جگر چه بْوَد؟ که کُه‌ها خون شود**

اگر به شرح آن وقایع بپردازم و سخن به درازا بکشد، نه تنها جگر، بلکه کوه‌ها نیز خون می‌شوند.

۹۲ **خون شود کُـه‌ها و بـاز آن بِـفْسُرَد[1] تو نبینی خون شدن، کوری[2] و رَد[3]**

کوه‌ها خون می‌شوند و باز به صورت جمادی باز می‌گردند؛ امّا تـو کـه چشـم حـقیقت‌بین نداری و مردود درگاه حق هستی، خون شدن را که ناشی از تجلّیِ قدرتِ حق است، نمی‌بینی.

۹۳ **طُرفه[4] کـوری، دُوربـینِ[5] تـیزْچَشم لیک از اُشـتر نـبیند غـیرِ پَشـم**

کورِ شِگفت‌آوری که با چشمی تیزبین دوردست‌ها را می‌بیند؛ امّا از شتر و جثّهٔ عظیمش، پشم و ظاهرِ آن را می‌بیند.

۹۴ **مو به مو بیند ز صـرفه حـرص ِ اِنس رقص ِ بی‌مقصود دارد همچو خِرس[6]**

حرص ِ آدمی، مو به مو جزئیّاتِ منافع خود را مـی‌توانـد بـبیند. جـهدِ او بـرای مـطامعِ دنیوی، همان قدر بی‌حاصل است که رقصیدن خرس به فرمان صاحبش برای اجری که از بینندگان دریافت می‌دارد و خرس را از آن نصیبی نیست.

۹۵ **رقص آنجا کن که خـود را بشکَـنی پنبه را از ریش ِ شـهوت بـر کَـنی[7]**

هنگامی که بتوانی «انانیّت» خود را در هم شکنی و آن قدر متعالی شوی کـه زخـم‌هایِ جانت را که ناشی از شهوات است، درمان کنی، وقت شادی و رقصیدن است.

۹۶ **رقص و جولان بر سرِ میدان کـنند رقص اندر خونِ خود، مردان کـنند**

مردان حق که با مجاهدت و ریاضت در خونِ دل خود غـلتیده و بـه مـقامات روحـانی رسیده‌اند، در میدان جولان می‌کنند و با چـرخش شـادمانی خـود را از درکِ بـرتر عـرضه می‌دارند.

---

۱ - **بِفْسُرد :** اینجا تبدیل به جماد شود. ۲ - **کور :** کوردل. ۳ - **رد :** مردودِ درگه حق.

۴ - **طُرفه :** شگفت، عجیب.

۵ - **دوربین :** اینجا کسی که به امور واهی و دور از حقیقت توجّه دارد، دنیاپرست.

۶ - **خرس :** چارپای گوشتخوار که نوع قهوه‌ای رنگ آن در شمال اروپا و آسیا و آلاسکا وجود دارد، خیلی زود تربیت می‌پذیرد و گاه دیده می‌شود که این حیوان به دستور مربّی و با شنیدن نوایی می‌رقصد.

۷ - **پنبه را از ریش شهوت برکندن :** التیام یافتن زخم شهوات در جان آدمی، پس از بهبود جراحت پنبه را بر می‌دارند.

۹۷ **چون رهند از دستِ خود دستی زنند　　چون جهند از نقص ِ خود رقصی کنند**

دست‌افشانی آنان به سبب رهیدنِ از خود است، چون از نقایص و کاستی‌های نَفْس ِ دون رهایی یافته‌اند، می‌چرخند و می‌گردند.

۹۸ **مـطربانْشان از درون دف مـی‌زنند　　بحرها در شورشان کـف مـی‌زنند**[1]

شادیِ مردان حق از درون پاکشان نشأت می‌یابد و چنان حقیقی است که دریاها را نیز به جوش و خروش وامی‌دارد، چنانکه کف بر لب می‌آورند.

۹۹ **تـو نـبینی، لیک بـهرِ گـوششان　　برگ‌ها بر شـاخه‌ها هـم کـف زنـان**

تو نمی‌توانی این را ببینی؛ امّا بدان که برگ‌های درختان هم بر شاخه‌ها، با آنان کف می‌زنند.

۱۰۰ **تـو نـبینی بـرگ‌ها را کـف زدن　　گوش ِ دل باید، نه این گوش ِ بـدن**

تو نمی‌توانی کف زدن برگ‌ها را ببینی؛ زیرا باید آن را با گوش دل یـا گـوش حـق‌نیوش شنید، نه گوش سر.

۱۰۱ **گوش ِ سـر بـربند از هَـزل و دروغ　　تـا بـبینی شـهرِ جـانِ بـافروغ**

گوش ِ ظاهری را از شنیدن سخنان هرزه و دروغ ببند تا شهرِ جان را نورانی ببینی.

۱۰۲ **سِر کشـد گـوش ِ مـحمّد در سـخُن　　کِش بگوید در نُبی حـق: هُـوَ اُذُن**[2]

محمّد(ص) سِرِّ حقایق را درکلام در می‌یابد؛ زیرا حق تعالیٰ در قرآن، او را «گوش» خوانده است.

۱۰۳ **سر به سر گوش‌است و چشم است این نَبی　　تازه زو ما ، مُرضِع**[3] **است او، مـا صَـبی**[4]

تمام وجود پیامبر(ص) گوش حق‌شنو و چشم حق‌بین است. طراوتِ جان ما از اوست که شیرِ معارف را به ما می‌نوشانَد.

۱۰۴ **ایـن سـخن پـایان نـدارد بـاز ران　　سـویِ اهـلِ پـیل، و بـر آغـاز ران**

این سخن پایان‌ناپذیر است، به قصّهٔ پیل بازگردیم و آن را دوباره آغاز کنیم.

---

۱ - مُراد آنکه: دریاها و هستی با شور آنان به شور می‌آیند.

۲ - **هُوَ اُذُن** : او (همه)گوش است. اشارتی قرآنی؛ توبه: ۶۱/۹: و بعضی از ایشان پیامبر را می‌آزارند و می‌گویند که او به سخن هر کس گوش می‌دهد. بگو: او برای شما شنوندهٔ سخن خیر است. به خدا گرویده است و سخنان مؤمنان را باور دارد و رحمتی است برای آنان که ایمان آورده‌اند. و آنان که رسول خدا را بیازارند به شکنجه‌ای دردآور دچار خواهند شد.　۳ - **مُرْضِع** : زنی که طفلی را شیر می‌دهد.　۴ - **صَبی** : طفل.

بقیّهٔ قصّهٔ متعرّضانِ پیل بچگان

هـر دهـان را، پـیل بـویی مـی‌کند گِـردِ مـعدهٔ هـر بشـر بـر مـی‌تَنَد[1] ۱۰۵

فیل هر دهانی را می‌بوید و اطراف شکم هر انسانی می‌گردد.

تـا کـجا یـابد کـبابِ پـورِ خـویش تـا نـماید انـتقام و زورِ خـویش[2] ۱۰۶

تا هر جا بوی کباب گوشت فرزند را بیابد، انتقام بگیرد و قدرت خود را نشان دهد.

گوشت‌هایِ بـندگانِ حـق خـوری[3] غِـیبت ایشـان کـنی کـیفر بَـری ۱۰۷

از دیگران که بدگویی می‌کنی، گویی گوشتِ بندگان حق را می‌خوری و کیفرِ آن را می‌بینی.

هان! که بویایِ دهـانْتان خـالق است کِی بَرَد جان غیرِ آن کو صادق است؟ ۱۰۸

هشیار باشید که خداوند دهان شما را می‌بوید، چه کسی جز صادقِ خالص نجات می‌یابد؟

وای آن افسـوسیی[4] کِش بـوی گـیر باشد اندر گـور، مُـنکَر[5] یـا نکـیر[6] ۱۰۹

وای به حال آن فریب خوردهٔ گمراهی که دو فرشتهٔ «نکیر» و «منکر» درگور دهانش را بو کنند.

نه دهان دزدیدن اِمکان، زآن مِهان[7] نه دهان خوش کردن از دارُو دِهان ۱۱۰

نه می‌توان بوی دهان را از آن دو فرشتهٔ بزرگ پوشاند و نه با دارو دهان را خوشبو کرد.

آب و روغن[8] نیست مر روپوش را راهِ حیلت نیست عـقل و هـوش را ۱۱۱

نه می‌توان با مکر واقعیّت را نهان داشت و نه برای عقل و هوش چاره‌ای مانده است.

---

۱ - **می‌تَنَد** : از تنیدن: می‌پیچد، می‌گردد.

۲ - در حاشیه در ارتباط با مصراع دوم نوشته‌اند: «تا زند اندر جزا صد زخم و نیش»

۳ - **گوشت بندگان حق خوردن** : بدگویی از دیگران در غیاب ایشان. اشارتی قرآنی؛ حُجُرات : ۱۲/۴۹ : ای مؤمنان، ازگمان فراوان بپرهیزید؛ زیرا پاره‌ای از گمان‌ها در حدّگناه است و درکارهای پنهانی یک‌دیگر جست‌وجو مکنید و از یک‌دیگر غیبت نکنید. أَيُحِبُّ أَحَدُكُمْ أَنْ يَأْكُلَ لَحْمَ أَخِيْهِ مَيْتاً فَكَرِهْتُمُوهُ...: آیا هیچ یک از شما می‌پسندد که گوشت برادر مردهٔ خود را بخورد، البتّه که آن را ناپسند خواهید داشت... .

۴ - **افسوسیٔ** : فریب خورده وگمراه. ۵ - **مُنْکَر** : کاری که شرع مقدّس اسلام آن را حرام کرده است.

۶ - **نکیر** : انکارکردن. **نکیر و منکر** : نام دو فرشته‌ای که از مرده در قبر سؤال می‌کنند.

۷ - **مِهان** : جمع مِهْ: بزرگ. ۸ - **آب و روغن** : آب و روغن در هم آمیختن مجازاً به معنی مکر انگیختن است.

چند کوبد زخم‌های گُرزشان — بر سرِ هر ژاژخا[1]، و مُرزشان[2] ۱۱۲

آن دو فرشته چند ضربهٔ گرز بر سر و تن یاوه‌گویان می‌کوبند.

گُرزِ عزرائیل[3] را، بنگر اثر — گر نبینی چوب و آهن در صُوَر ۱۱۳

عزرائیل هم با گرزِ گران بر سر آدمی می‌کوبد، اگر گرز او از چوب و یا آهن نیست، به فعل او که مرگ است، بنگر.

هم به صورت می‌نماید گَه گَهی — زآن همان رنجور، باشد آگَهی ۱۱۴

گه‌گاه اثرات گرز او را در ظاهر هم می‌توان دید؛ امّا تنها بیمار از آن آگاه می‌شود.

گوید آن رنجور: ای یارانِ من! — چیست این شمشیر بر سارانِ[4] من؟ ۱۱۵

بیمارِ مُحْتَضر به اطرافیان می‌گوید: ای یاران، این شمشیر بالای سر من چیست؟

ما نمی‌بینیم، باشد این خیال — چه خیال است این؟ که این هست ارتحال[5] ۱۱۶

می‌گویند: ما چیزی نمی‌بینیم، خیالات است. چه خیالی؟ هنگامِ کوچیدن است.

چه خیال‌است این؟ که این چرخِ نگون[6] — از نهیبِ[7] این، خیالی شد کنون ۱۱۷

این چه خیالی است که چرخ گردون هم از بیمِ مهابت آن چون خیال باریک و محو می‌شود.

گُرزها و تیغ‌ها محسوس شد — پیشِ بیمار و، سرش منکوس[8] شد ۱۱۸

گرزها و شمشیرها در نظرِ محتضر محسوس‌تر می‌شود و سر او به پایین می‌افتد و می‌میرد.

او همی بیند که آن از بهرِ اوست — چشمِ دشمن بسته زآن، و چشمِ دوست ۱۱۹

او می‌بیند که گرز و شمشیر برای اوست؛ امّا چشمِ دشمن و دوست نمی‌بینند.

حرصِ دنیا رفت و چشمش تیز شد — چشمِ او روشن، گَهِ خون‌ریز[9] شد ۱۲۰

اینک که هنگام وداع با دنیاست، حرص و طمع از وجود او رخت بربسته و چشمانش به حقایق بینا شده است. این چشم روشن را بسیار دیر و در زمان مرگ به دست آورده است.

---

۱ - **ژاژخا** : یاوه‌گو. ۲ - **مُرز** : اسافل بدن، سُرین. ۳ - **عزرائیل** : ر.ک: ۱۳۶۴/۱.
۴ - **ساران** : جمع سار: سر. ۵ - **ارتحال** : رحلت، مرگ. ۶ - **چرخِ نگون** : چرخِ گردون.
۷ - **نهیب** : ترس و بیم. ۸ - **مَنْکوس** : سرنگون. ۹ - **گه خون‌ریز** : هنگام مرگ.

مرغِ بی‌هنگام[1] شد آن چشمِ او از نتیجهٔ کبرِ او و خشمِ او ۱۲۱

تکبّر و غضب، مانندِ پرده روی چشمِ حقیقت‌بینِ او کشیده شده بود که حقایق را نمی‌دید، کار که از کار گذشت، می‌بیند، مثلِ مرغِ بی‌هنگام که بی‌وقت می‌خوانَد.

سر بُریدن واجب آید مرغ را کو به غیرِ وقت جنباند دَرا[2] ۱۲۲

«مرغ بی‌وقت» را باید سر برید؛ زیرا بی‌موقع بانگ بر می‌آوَرَد.

هر زمان نزعی[3] است جزوِ جانت را بنگر اندر نزعِ جان ایمانت را ۱۲۳

در هر لحظه جزوی از جانت در حال نزع است و ادامه می‌یابد تا نزع کلّی فرارسد؛ پس در این جان کندن‌های لحظه‌ای و مستمر مراقب ایمان خود باش.

عُمرِ تو مانندِ همیانِ[4] زر است روز و شب، مانندِ دینار اِشْمَر است ۱۲۴

عمر، مانند کیسهٔ زرّ است و روز و شب هم مانندِ کسی است که سکّه‌های آن را می‌شمارَد.

می‌شمارد، می‌دهد زر بی‌وقوف[5] تا که خالی گردد و آید خُسوف[6] ۱۲۵

بدون وقفه سکّه‌ها را می‌شمارد و می‌دهد تا کیسه خالی شود و مرگ فرارسد.

گر زِ کُه بستانی و نَنْهی به جای اندر آید کوه زآن دادن ز پای ۱۲۶

اگر از کوه پیوسته برداشت کنی و چیزی را به جای آن نگذاری، از بین می‌رود.

پس بنه بر جای، هر دم را عوض تا ز وَٱسْجُدْ وٱقْتَرِب[7] یابی غرض ۱۲۷

بنابراین به جایِ هر لحظه از عمر چیزی به جای آن بگذار تا به غَرَضِ آیهٔ: «وَٱسْجُدْ وٱقْتَرِبْ» دست یابی.

در تمامی کارها چندین مکوش جز به کاری که بُوَد در دین، مکوش ۱۲۸

در هیچ کاری بجز آنچه که مربوط به دین و ایمان توست، کوششِ زیاد نکن؛ زیرا امور دنیوی شأنی ندارد که جدّ و جهد راستین را به خود اختصاص دهد.

---

۱ - **مرغ بی‌هنگام**: مرغی که بی‌وقت می‌خواند، می‌گویند که شوم است و باید سرش را برید.

۲ - **درا**: مخفّف «درای»: زنگ بزرگ، جرس. ۳ - **نزع**: جان کندن. ۴ - **همیان**: کیسهٔ پول.

۵ - **بی‌وقوف**: بدون وقفه. ۶ - **خسوف**: گرفتگی ماه، کنایه از فرارسیدن مرگ.

۷ - اشارتی قرآنی؛ عَلَق: ۱۹/۹۶: کَلاّ لا تُطِعْهُ وَٱسْجُدْ وَٱقْتَرِبْ: حاشا، از او پیروی مکن، و سجده کن و تقرّب بجوی.

عاقبت، تو رفت خواهی ناتمام کارهات اَبْتَرْ[1] و نانِ تو خام ۱۲۹

سرانجام، روزی کوچ می‌کنی، با جانی کمال نیافته و کارهایی ناتمام، بی‌آنکه رزقِ معنوی دریافت کرده‌باشی.

و آن عمارت کردن گور و لحَدْ نه به سنگ است و به چوب و نه لُبَد[2] ۱۳۰

مراد از آبادان کردن گور و لحد، به کار بردن سنگ و چوب و ابزار مادّی نیست.

بلکه خود را در صفا گوری کَنی در مَنیِ او کنی دفنِ منی ۱۳۱

بلکه مقصود آن است که در صدق و صفا، «خودبینی» را رها کنی و «هستیِ موهومی» خود را در «هستی حقیقی» محو کنی.

خاکِ او گردی و مدفونِ غمش تا دَمَت یابد مددها از دَمَش ۱۳۲

اگر بندهٔ متواضع، افتاده و خاکِ راهِ حق باشی و در غمِ او غرق شوی، نَفَس‌ات از نَفَسِ رحمانی امداد می‌یابد.

گورخانه و قُبّه‌ها و کُنگره نَبْوَد از اصحابِ معنی[3] آن، سَره[4] ۱۳۳

اهلِ معنا از مقبره و گنبد و بارگاه بی‌نیازند.

بنگر اکنون زنده اطلس پوش را هیچ اطلس دست گیرد هوش را؟ ۱۳۴

به کسی که لباسی از حریر گرانبها بر تن دارد بنگر که آیا این جامه بر عقل و هوش او می‌افزاید؟

در عذابِ مُنْکَر است آن جانِ او کژدُمِ غم در دلِ غَمْدانِ او ۱۳۵

جان او در عذابِ دردناکی است و غم، مانندِ عقرب در دل اندوه‌زدهٔ او که شادیِ حقیقی عالم معنا را نمی‌شناسد، لانه کرده است.

از برون بر ظاهرش نقش و نگار وز درون ز اندیشه‌ها او زار زار ۱۳۶

ظاهرش رنگ و نقش زیبایی دارد؛ ولی در باطن اندیشه‌هایش که نشأت گرفته از جانی تیره است، زار و خوارند.

و آن یکی بینی در آن دلقِ کهن چون نبات اندیشه و شکّر سُخن[5] ۱۳۷

امّا دیگری را می‌بینی که با خرقهٔ کهنه و ژنده، اندیشه‌ای چون نبات و سخنانی شکرین دارد.

---

۱ - **اَبْتَر** : ناقص. ۲ - **لُبَد** : فراوان، بسیار. در قرآن کریم سورهٔ بَلَد هم به همین معنی آمده است.
۳ - **اصحابِ معنی** : اهلِ معنا. ۴ - **سَره** : اصل، پسندیده.
۵ - در این ابیات اهل ظاهر و اهل معنا در تقابل با یک‌دیگرند.

بازگشتن به حکایتِ پیل

گفت ناصح: بشنوید این پندِ من　　تا دل و جانْتان نگردد مُمْتَحَن[۱] ۱۳۸
مرد نصیحت کننده گفت: این اندرز مرا بپذیرید تادل و جانتان گرفتار محنت نشود.

با گیاه و برگ‌ها قانع شوید　　در شکارِ پیل بَچْگان کم روید ۱۳۹
به خوردن گیاه و برگ‌ها قناعت کنید و هوس شکار فیل بچّه‌ها به سرتان نزند.

من برون کردم ز گردن وامِ نُصح[۲]**　　جز سعادت کِی بود انجامِ نُصْح؟** ۱۴۰
من حقّ نصیحت را ادا کردم، نتیجهٔ پذیرفتن آن جز نیکبختی چیست؟

من به تبلیغِ رسالت آمدم　　تا رهانم مر شما را از نَدَم[۳] ۱۴۱
من برای ابلاغ رسالتی که در این باب داشتم آمدم تا شما را از پشیمانی بعدی برهانم.

هین! مبادا که طمع رهْتان زند　　طَمْعِ برگ از بیخ‌هاتان بر کَنَد ۱۴۲
هشیار باشید که حرص شما را گمراه نکند و طمعِ برگ و نوا، بیخِ هستی‌تان را بَر نَکَند.

این بگفت و خیر بادی کرد و رفت　　گشت قحط و جُوعشان در راه زفت ۱۴۳
این را گفت و خداحافظی کرد و رفت؛ امّا مسافران کمبود و گرسنگی شان در سفر افزون شد.

ناگهان دیدند سویِ جاده‌یی　　پورِ پیلی فربهی نوزاده‌یی ۱۴۴
به ناگاه بر سر راه خود بچّه فیل نوزاد و فربهی را دیدند.

اندر افتادند چون گرگانِ مست　　پاک خوردندش، فرو شستند دست ۱۴۵
همانند گرگ‌های گرسنه به او حمله کردند و خوردند و دست‌ها را شستند.

آن یکی همره نخورد و پند داد　　که حدیثِ[۴]** آن فقیرش بود یاد** ۱۴۶
یکی از آنان که اندرزِ درویش را به خاطر داشت، از گوشت بچّه فیل نخورد و به دیگران هم پند داد که نخورند.

از کبابش مانع آمد آن سخن　　بختِ نو بخشد تو را عقلِ کهن[۵] ۱۴۷
کلامِ مردِ خردمند مانع خوردن کباب شد. عقلِ غایت‌اندیش برایِ تو اقبالی مساعد را هدیه می‌آوَرَد.

---

۱ - **مُمْتَحَن**: دچار محنت.　۲ - **وامِ نُصح**: حقّ نصیحت.　۳ - **نَدَم**: پشیمانی.　۴ - **حدیث**: سخن.
۵ - **عقل کهن**: عقل کامل.

پس بیفتادند و خُفتند آن همه　　و آن گرسنه چون شُبان اندر رمه ۱۴۸

سپس همهٔ آنان که سیر شده بودند، خوابیدند و آن که گرسنه بود، مانندِ چوپانِ گلّه بیدار ماند.

دید پیلی سهمناکی می‌رسید　　اَوّلا آمد، سویِ حارس[1] دوید ۱۴۹

دید فیلِ وحشتناکی نزدیک شد و ابتدا به سوی نگهبان شتافت.

بوی می‌کرد آن دهانش را سه بار　　هیچ بویی زو نیامد ناگوار ۱۵۰

سه بار دهان او را بویید؛ امّا بوی ناگواری به مشامش نرسید.

چند باری گِردِ او گَشت و برفت　　مر وَرا نآزرد آن شه پیلِ زفت ۱۵۱

آن فیل عظیم چندین بارگرد او چرخید، رفت و به او آزاری نرسانید.

مر لبِ هر خفته‌یی را بوی کرد　　بوی می‌آمد وَرا زآن خُفته مرد ۱۵۲

لب و دهان هر یک از خُفتگان را بویید، از دهان هر یک از آنان بویی به مشامش رسید.

از کبابِ پیل زاده خورده بود　　بردرانید و بکُشتش پیل زود ۱۵۳

هر کس از کباب بچّه فیل خورده بود؛ به سرعت او را پاره‌پاره کرد و کشت.

در زمان او یک به یک را زآن گروه　　می‌درانید و نبودش زآن شکوه[2] ۱۵۴

فیل فوراً افراد آن گروه را یک به یک از هم درید و هراسی نداشت.

بر هوا انداخت هر یک را گزاف　　تا همی زد بر زمین، می‌شد شکاف ۱۵۵

هر یک از آنان را به شدّت به هوا پرتاب می‌کرد و بر زمین می‌زد تا پاره‌پاره شود.

ای خورندهٔ خونِ خلق از راهْ بَرد[3]　　تا نه آرَد خونِ ایشانت نَبرد ۱۵۶

ای کسی که خون خلق را می‌خوری، از راه مخلوق خدا دور شو تا خون آنان تو را به نبرد با حق مبتلا نکند؛ زیرا حق حافظ جان و مال آنان است.

مالِ ایشان، خونِ ایشان دان یقین[4]　　زانکه مال از زور آید در یمین ۱۵۷

به یقین اموالِ آنان، مانندِ خون آن‌هاست؛ زیرا مال هم با صرفِ جان و تن حاصل می‌شود.

---

۱ - **حارس** : نگهبان، محافظ.　۲ - **شکوه** : بیم و ترس.　۳ - **بَرد** : دورشو، از فعل «بَرْدیدن».

۴ - اشاره به حدیث: مالِ مسلمان، همانندِ خونش حرام است: احادیث مثنوی، ص ۷۲.

مــادرِ آن پـیل بَـچْگان کـین کَشـد   پــیلْ بــچّه خــواره را کـیفر کُشـد ۱۵۸

مادر آن بچّه فیل‌ها انتقام می‌گیرد و کسی که فرزند او را خورده است، کیفر می‌دهد.

پیل بچّه می‌خوری ای پاره‌خوار[1] !   هم بر آرد خصمِ[2] پیل از تـو دَمـار ۱۵۹

ای حرام‌خوار، بچّه فیل را می‌خوری و نمی‌دانی که صاحبِ آن دمار از روزگار تو بر می‌آوَرَد.

بــویْ رسـوا کـرد مکـر انـدیش را   پــیل دانـد بـویِ طـفلِ خـویش را ۱۶۰

بوی، کسانی را که به پندارِ خود تدبیری اندیشیده و بچّه فیل را خورده بودند، رسوا کرد. فیل بوی فرزند را می‌شناسد.

آنکـه یـابد بـویِ حـق را از یَـمَن[3]   چُـون نـیابد بـویِ بـاطل را ز مـن؟ ۱۶۱

کسی که بوی حق را از یمن در می‌یابد، چگونه بویِ باطل را از درون من در نمی‌یابد؟

مصطفی چون برد بـوی از راهِ دور   چُــون نـیابد از دهـانِ مـا بُـخور؟ ۱۶۲

مصطفیٰ(ص) از راه دور رایحهٔ رحمانی را در می‌یافت، چگونه بویِ خوشِ دهان ما را در نیابد؟

هــم بـیابد، لیک پـوشانَد ز مـا   بویِ نیک و بـد بـر آیـد بـر سَـما[4] ۱۶۳

مسلّماً می‌تواند؛ امّا از ما نهان می‌دارد. بوی نیک و بد به آسمان می‌رود.

تو همی خُـسبی، و بـویِ آن حـرام   مــی‌زند بــر آسـمانِ سـبزفام ۱۶۴

تو می‌خوابی؛ ولی بویِ بد چیزهای ناروایی که خورده‌ای، به آسمان سبزفام می‌رسد.

هــمرهِ اَنــفاس[5] زشــتت مـی‌شود   تــا بــه بُــوگیرانِ گَـردون مـی‌رود ۱۶۵

بویِ گناه و پلیدیِ درون همراه نفسِ زشتت بالا می‌رود و به فرشتگانِ بوشناس می‌رسد.

بویِ کبر و بویِ حـرص و بـویِ آز   در سـخن گـفتن بـیاید چـون پـیاز ۱۶۶

بوی تکبّر، بوی طمع و حرص، هنگام سخن گفتن همان قدر آشکار است که بوی پیاز از دهان.

گر خوری سوگند:من کِی خورده‌ام؟   از پــیاز و سـیر تـقوی کـرده‌ام ۱۶۷

اگر سوگند بخوری که من پیاز نخورده‌ام و از خوردنِ آن دوری می‌کنم،

---

۱ - **پاره‌خوار**: رشوه‌خوار، حرام‌خوار. ۲ - **خصم**: مالک، صاحب.

۳ - اشاره به حدیث نبوی: ر.ک: ۴۴۴/۱ و ۱۲۰۶/۲. ۴ - **سَما**: آسمان. ۵ - **انفاس**: جمعِ نَفَس.

آن دمِ سوگند غَمّازی[1] کند   بر دَماغِ همنشینان بر زند ۱۶۸

نَفَسِ تو هنگام سوگند، در مشامِ همنشینان، حقیقت را برملا می‌کند.

پس دعاها رد شود از بویِ آن   آن دلِ کژ می‌نماید در زبان ۱۶۹

رد شدن دعاها به سبب بوی بدِ دهان و دل و جان است و پلیدیِ دل در زبان جلوه‌گر می‌شود.

اِخْسَئُوا[2] آید جوابِ آن دُعا   چوبِ رَدْ باشد جزایِ هر دَغا[3] ۱۷۰

پاسخ این دعا، «خاموش شوید» است. کیفرِ هر مکّار چوب رد است.

گر حدیثت کژ بُوَد معنیت راست   آن کژیِّ لفظ مقبولِ خداست ۱۷۱

اگر سخن تو آراسته نباشد؛ ولی دل و جانت با حق و مشتاق او باشد، خداوند به فضل خویش آن لفظ کژ را می‌پذیرد.

بیان آنکه خطایِ مُحبّان بهتر است از صوابِ بیگانگان بَرِ محبوب[4]

بلال بن رِباح حبشی مؤذّن و از اصحاب باوفای پیامبر(ص) بود که به سبب لکنت زبان نمی‌توانست «حَیَّ» را هنگامِ اذان به خوبی ادا کند و این امر موردِ ایرادِ اهلِ ظاهر قرار گرفت.

آن بلالِ[5] صدق در بانگِ نماز   حَیَّ را هَیَّ همی خواند از نیاز ۱۷۲

بلالِ با ایمان و صادق، هنگامِ اذان کلمهٔ «حَیَّ» را «هَیَّ» ادا می‌کرد.

تا بگفتند: ای پیمبر! راست نیست   این خطا، اکنون که آغازِ بناست ۱۷۳

ظاهربینان گفتند: ای پیامبر، اینک که آغازِ بنای اسلام است، چنین خطایی روا نیست.

ای نَبی و ای رسولِ کردگار!   یک مؤذّن کو بُوَد اَفصح، بیار ۱۷۴

ای پیامبر و ای رسولِ خدا، مؤذّن دیگری با زبانی فصیح بیاورید.

---

۱ - **غمّازی :** خبرچینی، اینجا آشکار می‌کند. ۲ - اشارتی قرآنی، مؤمنون : ۱۰۸/۲۳. ۳ - **دَغا :** حیله‌گر.

۴ - مأخذ این قصّه راکه در ردّ کلام اهل ظاهر است، حدیثی در اللؤلؤ، ص ۴۰ دانسته‌اند، که در آن اشاره به تلفّظ «سین» است که گویا بلال «شین» ادا می‌کرده و به موجب حدیث مذکور، «سین» بلال نزد خداوند «شین» محسوب است. ۵ - **بلال :** ر.ک: ۱۹۹۷/۱.

عیب باشد اوَّلِ دین و صلاح   لحنِ خواندن لفظِ حَیَّ عَلْ فَلاح ۱۷۵

در آغازِ کارِ دین و صلاح، این‌گونه تلفّظ کردنِ «حَیَّ عَلَی اَلْفَلاح» عیب به شمار می‌آید.

خشمِ پیغمبر بجوشید و بگفت   یک دو رمزی از عنایاتِ نهُفت ۱۷۶

پیامبر(ص) خشمگین شد و شمّه‌ای از عنایات الهی را نسبت به او بیان داشت.

کِای خَسان! نزدِ خدا هَیِّ بلال   بهتر از صد حَیّ و خَیّ و قیل و قال ۱۷۷

فرمود: ای فرومایگان، در پیشگاهِ خداوند «هَیِّ» بلال، بهتر از صد «حیّ» و «خَیّ» و قیل و قال شماست.

وامشورانید،[1] تا من رازتان   وانگویم، آخر و آغازتان ۱۷۸

مرا خشمگین نکنید تا مبادا اسرار نهانی شما را از آغاز تا پایان بگویم.

گر نداری تو دَمِ خوش در دُعا   رو دُعا می‌خواه زِ اِخوانِ صفا[2] ۱۷۹

اگر تو برای دعا، دمِ گرم و نَفَسِ پاک نداری، از اهلِ دل دعای خیر بخواه.

امر حق به موسی علیه السَّلام[3] که:
مرا به دهانی خوان که بدان دهان گناه نکرده‌ای[4]

حضرت باری به موسیٰ(ع) امر فرمود: با دهانی پاک و عاری از گناه مرا بخوان و به من پناه آور. موسیٰ(ع) در پاسخ عرض کرد که او را چنین دهانی نیست و حق تعالیٰ فرمود: مرا با دهان دیگران بخوان.

---

۱ - **وامشورانید**: خشمگین نکنید.

۲ - **اِخوان صفا**: گروهی از علما که در اواسط قرن چهارم هجری انجمنی مخفی را تشکیل دادند با هدف پاک‌سازیِ دین از خرافات به کمک فلسفه، اینجا برادران اهل دل، سالکانِ مصفّا.

۳ - «علیه السَّلام» بعداً اضافه شده است.

۴ - مأخذ آن را که در اصل منسوب به موسیٰ(ع) نیست، روایتی از رسول خدا(ص) دانسته‌اند، تفسیرِ فخر رازی: پیامبر(ص) به یاران فرمود: خدا را با زبانی که عصیان نکرده‌اید، بخوانید. اصحاب گفتند: ما چنین زبانی نداریم. فرمود: بعضی از شما گروه دیگر را دعا کنید؛ زیرا شما با زبان آنان عصیان نکرده‌اید و آن‌ها هم با زبان شما عصیان نورزیده‌اند: احادیث، صص ۲۵۲-۲۵۱.

گفت: ای موسی! ز من می‌جو پناه   با دهانی که نکردی تو گناه ۱۸۰

خداوند فرمود: ای موسیٰ، با دهانی پاک و عاری از گناه به من پناه آور و دعا کن.

گفت موسی: من ندارم آن دهان   گفت: ما را از دهانِ غیر خوان ۱۸۱

موسیٰ(ع) گفت: من چنین دهان پاکی ندارم. خداوند فرمود: ما را با دهان دیگران بخوان.

از دهانِ غیر کِیْ کردی گناه؟   از دهانِ غیْر برخوان: کای اِلٰه! ۱۸۲

با دهان دیگری که گناهی نکرده‌ای، با دهانِ غیر مرا بخوان و بگو: پروردگارا!

آنچنان کن که دهان‌ها مر تو را   در شب و در روزها آرد دعا ۱۸۳

چنان زندگی کن که با حُسن خلق دل خلق را به دست آوری تا روز و شب دعاگوی تو باشند.

از دهانی که نکردستی گناه   و آن دهانِ غیر باشد، عذرخواه ۱۸۴

با دهانی که مرتکب گناه نشده‌ای، عذرخواه باش، آن دهان متعلّق به دیگری است.

یا دهانِ خویشتن را پاک کن   روحِ خود را چابک و چالاک کن ۱۸۵

راه دیگری نیز هست. می‌توانی دهان خویش را پاک کنی و جان خود را چابک و چالاک سازی.

ذکرِ حق پاک است، چون پاکی رسید   رَخت بربندد، بُرون آید پلید ۱۸۶

«یادِ خدا»، عینِ پاکی است و هنگامی که پاک فرا رسد، پلید دور می‌شود.

می‌گریزد ضدّها از ضدّها   شب گریزد، چون برافروزد ضیا ۱۸۷

این یک اصل کلّی است که اضداد از یک‌دیگر می‌گریزند، همان‌طور که با طلوعِ خورشید، شب می‌گریزد.

چون در آید نامِ پاکْ اندر دهان   نه پلیدی مانَد و نه اندُهان ۱۸۸

پس بنا بر این اصل، چون نام پاک حق بر زبان جاری شود، پلیدی و اندوه که نشأت گرفته از نَفْسِ ناپاک‌اند، برجای نمی‌مانند.

بیانِ آنکه: الله گفتنِ نیازمند، عینِ لبّیک گفتنِ حقّ است

زاهدی صوفی، همه شب ذکرِ **الله** را بر زبان می‌راند که با آن نام پاک اندرونش مصفّا گردد و از پلیدی و اندوه نشانی برجای نمانَد. ابلیس بر وی ظاهر شد که ای بسیارگو! «**این همه الله را لبیک کو؟**» زاهد، اندوهگین سر بر بالین نهاد و در خواب خضر(ع) را دید که از وی می‌پرسید: چرا از ذکر وامانده‌ای و چرا پشیمانی؟ زاهد گفت: زیرا لبّیکی از حق نمی‌شنوم و می‌ترسم که ردّ باب باشم. خضر(ع) پاسخ داد: آن اللهِ تو، لبّیک ماست، «**و آن نیاز و درد و سوزَت پیکِ ماست**». آری، جانِ جاهلِ مُنکر از دعا کردن دور است؛ زیرا یا ربّ گفتنش دستور نیست.

در این حکایت سِرّ قصّه در تقریر این معناست که دعای خالصانهٔ بندهٔ مؤمن به اجابت مقرون است.

۱۸۹ **آن یکـــی اَلله مـــی‌گفتی شـــبی ‌ ‌ ‌ تا که شیرین می‌شد از ذِکرش[۱] لبی**

شبی شخصی نام پاک «الله» را بر زبان می‌آورد تا کام جانش را شیرین سازد.

۱۹۰ **گفت شیطان: آخـر ای بسیارگو[۲]! ‌ ‌ ‌ ایـــن هـــمه اَللّـــه را لبّـیک کـو؟**

شیطان گفت: ای بندهٔ پرگو که دائماً الله الله می‌گویی، چرا ذکرِ تو پاسخی ندارد؟

۱۹۱ **می‌نیاید یک جواب از پیش ِ تخت ‌ ‌ ‌ چند اللّه مـی‌زنی بـا رویِ سـخت؟**

چقدر با پررویی «الله» می‌گویی، از پیشگاه حق، حتّی یک پاسخ هم به تو داده نمی‌شود.

۱۹۲ **او شکســته دل شـد و بـنهاد سـر ‌ ‌ ‌ دید در خواب او خَضِر را در خُضَر[۳]**

او با دلی شکسته سر نهاد و در خواب خضر(ع) را در سبزه‌زار دید.

۱۹۳ **گفت: هین! از ذکر چون وامانده‌ای ‌ ‌ ‌ چون پشیمانی از آن کِش خوانده‌ای**

خضر(ع) گفت: چرا از ذکر گفتن باز مانده‌ای؟ چرا از خدا ناامید شده‌ای؟

۱۹۴ **گــفت: لبّــیْکم نــمی‌آید جــواب ‌ ‌ ‌ ز آن همی ترسم که بـاشم ردِّ بـاب**

گفت: در پاسخِ ذکر، جوابی نمی‌آید، بیمناکم مبادا مردودِ حق باشم.

۱۹۵ **گــفت: آن اَللهِ تــو لبّــیْکِ مــاست ‌ ‌ ‌ و آن نیاز و درد و سوزت پیکِ ماست**

گفت: «الله» گفتنِ تو، عین پاسخ ماست، نیاز و درد و سوزِ تو پیکِ حق است.

---

۱ - **ذکر** : ر.ک: ۲۷۰/۲. ۲ - در مصراع نخست، بالای «بسیارگو» سخت‌رو نوشته‌اند.

۳ - **خُضَر** : سبزه و سبزه‌زار.

حـــیله‌ها و چـــاره‌جویی‌هایِ تـــو   جذبِ ما بود و گشاد این پـایِ تـو ۱۹۶

اینکه برای تقرّب چاره‌جویی می‌کنی و تدبیری می‌اندیشی، ناشی از جذبِ حق است که تو را به راه قُرب می‌برد.

ترس و عشق تو کمندِ لطفِ ماست   زیـرِ هـر یـاربِّ تـو لبَّـیک‌هاست ۱۹۷

«ترس و عشقِ» تو مانندِ کمند، لطفِ الهی را شامل حالت می‌کند، در پسِ هر «یاربِّ» تواجابت‌هاست.

جانِ جاهل زین دعا جز دُور نیست   زانکه یارب گفتنش دستور نـیست ۱۹۸

اگر انسان جاهل دعا نمی‌کند و «یاربّ» نمی‌گوید، بدین سبب است که مُجاز نیست.

بر دهان و بر دلش قفل است و بند[1]   تـا نـنالد بـا خـدا وقتِ گـزند[2] ۱۹۹

بر دهان و دلِ او قفل و بندِگرانی است که نتواند هنگام درماندگی به خدا روی آوَرَد.

داد مر فرعون را صد مـلک و مـال   تـا بکـرد او دعـویِ عـزّ و جـلال ۲۰۰

حق تعالیٰ به فرعون، متاع دنیوی را در حدِّ کمال داد و او مدّعیِ عزّت و شوکت شد.

در هـمه عـمرش نـدید او دردِ سر   تـا نـنالد سـویِ حـق آن بـدگـهر ۲۰۱

در تمام ایّام عمرش حتّی یک بار به سردرد مبتلا نشد تا از آسیب آن به حق ننالد.

داد او را جـمله مُـلکِ ایـن جـهان   حق نـدادش درد و رنـج و انـدهان ۲۰۲

خداوند تمام مواهب این جهانی را به او بخشید؛ امّا هیچ درد و رنج نداد.

درد آمـــد بـــهتر از مـــلکِ جـــهان   تـا بـخوانـی مـر خـدا را در نـهان ۲۰۳

«درد و رنج» از سلطنتِ دنیا بهتر است؛ زیرا به سببِ آن در نهان خدا را می‌خوانی.

خوانـدنِ بـی درد از افسـردگی‌ست   خواندنِ با درد از دل بُـردگی‌ست[3] ۲۰۴

خواندن حق و دعایی که از دردِ حق‌جویی نباشد، دعایِ جانی افسرده و بی‌ذوق است؛ ولی دعایی که در آن، دردِ حق‌خواهی موج می‌زند، برخاسته از دل و جانی است که از حق انجذاب و بُردگی یافته است.

---

۱ - اشارتی قرآنی، بقره: ۷/۲. ۲ - **وقتِ گزند** : وقتِ آسیب و صدمه.

۳ - به کار بردن لفظ «درد» در ابیات پیشین تداعی‌گر آن است که رشتهٔ سخن به «درد حق‌جویی» که درد راستین است، کشیده شود، دردی که اگر در وجود طالب باشد او را به سرمنزل مقصود می‌رساند.

آن کشیدن زیرِ لب آواز را   یاد کردن مَبْدأ و آغاز را ۲۰۵
آن دردی که موجب می‌شود بنده زمزمه کند و زیر لب مبدأ هستی را یاد کند،

آن شده آواز صافی و حزین   ای خدا وِی مُسْتغاث[1] و ای مُعین[2]! ۲۰۶
با آن آوای صاف و حزین که می‌گویی: ای خدا، ای فریادرس فریادخواهان و ای یاری کننده.

نالۀ سگ در رهش بی جذبه نیست   زانکه هر راغب اسیرِ رَه‌زنی‌ست ۲۰۷
در راه حق، نالۀ سگ نیز از جذبۀ الهی است؛ زیرا هر مشتاقِ حق، در پنجۀ ره‌زنی اسیر است که او را از مطلوب دور می‌کند؛ یعنی سالک، اسیرِ نفسِ امّارۀ سگ‌صفتی است که از او به حق می‌نالد.

چون سگِ کهفی که از مردار رَست   بر سرِ خوانِ شهنشاهان نشست ۲۰۸
همان‌گونه که سگ کهف که اسیر مردارخواری بود، همراه اصحاب کهف روانه شد و بر سر خوانِ شاهان عالم معنا نشست.

تا قیامت می‌خورَد او پیش ِ غار   آبِ رحمت عارفانه بی‌تَغار[3] ۲۰۹
تا رستاخیز از آبِ رحمتِ الهی، عارفانه می‌نوشد، بی‌آنکه ظرفی در میان باشد.

ای بسا سگ پوست کو را نام نیست   لیک اندر پرده بی آن جام[4] نیست ۲۱۰
چه بسا کسانی که در نظرِ اهلِ ظاهر، بی‌قدر و خوارند؛ امّا در پس پردۀ حق، از جامِ الهی برخوردارند.

جان بدِه از بهر این جام ای پسر!   بی جهاد و صبر کِی باشد ظفر[5]؟ ۲۱۱
ای پسر؛ جان را فدای دریافت این جام کن که آن را بدون مجاهده و صبر نمی‌توان یافت.

صبر کردن بهر این نَبْوَد حَرَج[6]   صبر کن، کالصَّبرُ مِفتاحُ الفَرَج[7] ۲۱۲
«صبر» برای این جام سخت نیست؛ زیرا هدفی والاست. شکیبا باش که صبر کلید گشایش است.

زین کمین بی‌صبر و حزمی[8] کس نَرَست   حزم را خود صبر آمد پا و دست ۲۱۳
از کمینگاهِ عالمِ حس، بی‌شکیبایی و غایت‌اندیشی نمی‌توان رهایی یافت. «صبر» به منزلۀ دست و پا سببِ استمرارِ عاقبت‌اندیشی است.

---

۱ – **مُسْتغاث** : فریادرس. ۲ – **معین** : یاری‌کننده. ۳ – **تَغار** : ظرف سفالین و یاگلین.
۴ – **آن جام** : رحمت و عنایتِ الهی. ۵ – **ظفر** : پیروزی. ۶ – **حَرَج** : تنگی، سختی.
۷ – مَثَل: صبر، کلید گشایش است. ۸ – **حزم** : عاقبت‌اندیشی.

حزم کن از خورد، کین زهرین گیا[1]ست　　حـزم کـردن زور و نـورِ انـبیاست ۲۱۴

مطامعِ دنیوی و شهوتِ آن، مانندِ گیاه زهرآگین، خورنده را به هلاکت می‌رساند، عاقبت‌اندیش باش و از آن بپرهیز؛ زیرا انبیا به قوّتِ پرهیز به قدرتِ معنوی و نور رسیدند.

کاه باشد کو به هر بادی جَهَد　　کوه کِی مر باد را وَزنی نهد؟ ۲۱۵

کاه که سبک است به هر باد از جای می‌جهد؛ امّا کوهِ باوقار چه اهمیّتی به وزش باد می‌دهد؟

هر طرف غولی همی خوانَد تو را　　کِای برادر! راه خواهی؟ هین! بیا ۲۱۶

وزش بادهای نفسانی و یا سخنان فریبندهٔ «اهل دنیا» از هر سو، مانند غولی تو را به سوی خود فرامی‌خوانند که ای برادر، بیا که راه نجات این است.

ره نمایم، همرهت باشم، رفیق　　من قلاووزم[2] در این راهِ دقیق ۲۱۷

بیا که راه را نشان دهم و رفیق تو باشم، من راهنمایِ این راه باریک‌ام.

نه قلاووز است و نه ره دانَد او　　یوسفا! کم رو سویِ آن گرگْ‌خو ۲۱۸

او نه راهنما و نه راه‌دان است، ای یوسفِ عصر خویش، به سوی این گرگ‌صفتِ وسوسه‌گر و فریبنده نرو.

حزم این باشد که نفریبد تو را　　چرب و نوش و دام‌هایِ این سرا ۲۱۹

غایت‌اندیشی این است که جاذبه‌های دنیوی فریبت ندهد.

که نه چَرْبِش دارد و نه نوش، او　　سِحر خوانَد، می‌دمد در گوش، او ۲۲۰

زیرا دنیا و بهره‌هایِ آن در حقیقت، این جاذبه را ندارند، هرچند که در ظاهر چنین می‌نمایند و این به سبب افسونی است که در گوش می‌دمد.

که بیا مهمانِ ما ای روشنی!　　خانه آنِ توست و تو آنِ منی ۲۲۱

می‌گوید: ای روشنی چشمم، بیا که خانه به تو تعلّق دارد و تو از آن منی.

حزم آن باشد که گویی: تُخْمه‌ام[3]　　یا سَقیمم[4]، خستهٔ این دَخمه‌ام[5] ۲۲۲

عاقبت‌اندیشی حکم می‌کند که بگویی: معده‌ام پر است، بیمارم یا بگویی: این سیاهچال مرا از پای افکنده و خسته کرده است.

---

۱ - **زهرین گیا** : گیاه زهرآگین، کنایه از افراط در بهره‌مندی از تمتّعاتِ دنیوی.　۲ - **قلاووز** : راهنما.
۳ - **تُخْمه** : دچار امتلاء معده و پرخوری.　۴ - **سقیم** : بیمار و دردمند.
۵ - **دخمه** : کنایه از دنیا.
مُراد آنکه: برای مهمانیِ دنیا بهانه پیدا کن و نرو.

یـا سـرم درد است، دردِ سـر بـبر   یا مرا خـوانـده‌ست آن خـالوپسر [۱] ۲۲۳

یا بگویی: سرم درد می‌کند، رفع مزاحمت کن. یا بهانه بیاور که پسر دایی مـرا بـه خـود خوانده است.

زانکه یک نوشَت [۲] دهد با نـیش‌ها [۳]   که بکـارد در تـو نـوشش ریش‌هـا ۲۲۴

زیرا، دنیا تو را از نوشی موقّتی برخوردار می‌کند که همراهِ آن باید نیش‌های بسیاری را تحمّل کنی.

زر اگر پـنجاه اگـر شـصتت دهـد   ماهیا ! او گوشت در شَستت [۴] دهـد ۲۲۵

اگر تو را از پنجاه یا شصت سکّه یا ثروت برخوردار کند، در واقع پاره‌گوشتی در قلاّب نهاده است تا تو را در دام آوَرَد.

گر دهد، خود کِی دهد آن پُر حِیَل؟   جـوزِ پـوسیده‌ست گـفتارِ دغـل ۲۲۶

اگر آن مکّار به تو وعدهٔ برخورداری بدهد، به آن عمل نمی‌کند؛ زیرا گفتارِ دغلباز، مانندِ گردوی پوسیده است.

ژَغـژَغ [۵] آن، عـقل و مـغزت را بَـرَد   صـد هـزاران عـقل را یک نشـمرد ۲۲۷

صدایِ آن دغل‌باز که عقل و هوش‌ات را می‌رباید، عقلِ صدهزار آدمی را به هیچ می‌شمارد.

یارِ تو خُرجینِ تـوست و کـیسه‌ات   گر تو رامینی، مجو جز ویسـه‌ات [۶] ۲۲۸

دنیایِ مکّار یارِ کسی نیست، یارِ تو کیسهٔ پرهیز و عاقبت‌اندیشیِ توست که بدانی در این دامگاه چگونه باید زیست. اگر عاشقِ رسیدن به حقایق هستی نباید جز معشوق را بجویی.

ویسه و معشوق تو هم ذاتِ توست   وین بـرونی‌ها هـمه آفـاتِ تـوست ۲۲۹

ویس و معشوق حقیقی تو، ذات توست و هرچه جز آن، آفت و زیان است.

حزم آن باشد که چون دعوت کنند   تو نگویی: مست و خواهانِ من‌انـد ۲۳۰

عاقبت‌اندیشی آن است که با دعوتِ «اهلِ دنیا»، نپنداری مست و خواهان توأند.

---

۱ - **خالوپسر**: پسردایی.   ۲ - **نوش**: اینجا خوشی.   ۳ - **نیش**: رنج.   ۴ - **شست**: قلاّب ماهیگیری.

۵ - **ژَغْژَغ**: صدای شکستن گردو و یا بادام.

۶ - **ویس و رامین**: منظومه‌ای عاشقانه از فخرالدّین اسعد گرگانی شاعر قرن پنجم. اصل این داستان عاشقانه مربوط به عهد ساسانیان است و فخرالدّین اسعد آن را از پهلوی به فارسی برگردانده است.

دعــوتِ ایشــان صــفیرِ مـرغ دان کــه کـند صـیّاد در مَکـمن[1] نـهان ۲۳۱

دعوتِ اهلِ دنیا و وسوسهٔ عوامل گمراه کننده مانندِ صفیرِ مرغ است که صیّاد از کمینگاه بر می‌آوَرَد.

مــرغِ مُـرده پـیش بـنهاده کـه ایـن می‌کند ایـن بـانگ و آواز و حـنین ۲۳۲

شکارچی در کمینگاه است و در بیرون مرغ مُرده را نهاده تا بپندارند که آوازِ اوست.

مـرغ پـندارد کـه جـنسِ اوست او جمع آیـد بـر دَرَدْشـان پـوست، او ۲۳۳

پرندگان به پنداری واهی می‌اندیشند که این بانگ از مـرغ هـمجنس آنـان است و گـرد می‌آیند، آنگاه صیّاد پوست آنان را بر می‌کَنَد.

جز مگر مرغی که حزمش داد حق تــا نگــردد گـیجِ آن دانـه و مَـلَق[2] ۲۳۴

فقط پرنده‌ای که حق به او دوراندیشی داده است، فریب دانه و چاپلوسی را نمی‌خورد.

هست بــی‌حزمی پشــیمانی یـقین بشنو این افسـانه را در شـرحِ ایـن ۲۳۵

به یقین عدمِ عاقبت‌اندیشی پشیمانی است، اینک به داستانی در شرحِ بی‌حزمی توجّه کن.

فریفتن روستایی شهری را و به دعوت خواندن به لابه و الحاح بسیار[3]

مرد شهرنشینی به سبب آشنایی دیرینه‌ای که با مردی روستایی داشت، همواره با آمدن مردِ روستایی به شهر پذیرای او می‌شد و دو یا سه ماه به بهترین وجه، حقّ دوستی می‌گزارد و میهمان‌نوازی خالصانه به جای می‌آورد. سال‌ها بر این منوال گذشت و هر بار روستایی به الحاح از وی خواست که همراه خانواده در روستا میهمان ایشان گردند. باری پس از ده سال

۱ - **مکمن** : کمینگاه. ۲ - **مَلَق** : چاپلوسی.

۳ - مأخذ آن حکایتی است در کتابُ البُخَلاء تألیف جاحظ، ص ۱۷، طبع مصر، که در طیّ آن مردی از اهالی مرو با مردی عراقی دوستی دیرینه دارد. عراقی به مرو می‌رسد و به خانهٔ مروی می‌رود؛ امّا بیگانگی می‌بیند، می‌اندیشد شاید لباس سفر باعث شده که مروی او را نشناسد و شروع به کندن البسه می‌کند، مروی می‌گوید: اگر از پوست خود هم به در آیی تو را نمی‌شناسم.

که شهری همچنان دفعِ وقت می‌کرد، تسلیم وعده‌هایِ شکرین روستایی شد و به اتّفاق خانواده عازم روستا گردید و در نهایت خستگی و بینوایی، با ستورانی که درمانده و بی‌علوفه بودند، به باغ مورد نظر رسید؛ امّا روستاییِ بدطینت ادّعا کرد که او را نمی‌شناسد و در را به رویِ او نگشود. از قضا بارانی سخت بارید و شبی سرد و هولناک در پیش بود. شهریِ ساده‌دل، مضطر و درمانده، به الحاح از روستایی گوشه‌ای را طلبید تا خود و خانواده‌اش از باران و سرما بیاسایند و از سرِ درماندگی اتاقکی را که در کُنجِ باغ بود و محلّ استقرار باغبان و حراست باغ از گرگ، پذیرفت.

شهری که بنا بر سفارش اکید روستایی این کُنج را در عوضِ نگهبانی شب دریافت داشته بود، تیر و کمان بر کف، ناگهان تمثال گرگی را که از فراز پُشته‌ای سر بر آورده بود، دید و تیر را از چلّهٔ کمان رها کرد. حیوان به پشت افتاد و بادی از وی جهید. روستایی های و هویی کرد که ای ناجوانمرد، کُرّه خرِ مرا کُشتی. شهری با اصرار گفت: کُرّهٔ تو نبود، بلکه گرگی اهریمنی بود، او را از ظاهر و شکلش شناختم. روستایی مدّعی شد که یاوه می‌گویی؛ زیرا من بادی را که از فرج وی جهید، می‌شناسم، همان‌گونه که آب را از مِیْ. شهری پاسخ داد که شب است و باران سنگین و ابری غلیظ، نیکوتر تفحّص کن. احتمالاً اشتباه کرده‌ای. روستایی گفت: هرچند شب است؛ امّا برای من مثل روز روشن است که این بادِ کُرّه خرِ من بوده، «**در میان بیست باد آن باد را / می‌شناسم چون مسافر زاد را**». خواجهٔ شهری برجهید و گریبان روستایی را گرفت و گفت: ای ابله طرّار[1]، شید[2] آورده‌ای، «**در سه تاریکی شناسی باد خر / چون ندانی مر مرا ای خیره‌سر**»؟ کسی که نیم‌شب گوساله را در میانِ تاریکی می‌شناسد، «**چون نداند همره ده‌ساله را؟**».

این قصّه تقریری است از پشیمانی ناشی از ترکِ حزم. داستان از بیت ۲۳۶ تا ۷۲۰ به درازا می‌انجامد و به سبک و سیاق مولانا که قصّه در قصّه است، تداوم می‌یابد. در پایان حکایت، «لاف‌زنان اهل دعوی» که روستایی بدطینت «نمادی» از آنان است، به باد انتقاد گرفته می‌شوند که آنان نیز همچون روستایی خود را واله و شیدای حقایق می‌نمایند و از بی‌خویشی و جذبهٔ حق دم می‌زنند؛ امّا در عرصهٔ حقایق رسوا می‌شوند.

«در این حکایت نیز جنبه‌های مستهجن و الفاظ لغو وجود دارد که مولانا به این سخنان عامیانه و این گونه ظرافت‌های خشن، هرچند جایگاه رفیع وی را با آن قیاس نمی‌توان کرد، با نظر تسامح می‌نگرد و در واقع به نظر می‌رسد که چنین الفاظ و امثالی نزد وی، نوعی همدلی و تفاهم با مستمعان تلقّی می‌گردد، که چون مجلس بی‌چنین پَیغاره نیست، «از حدیث پست نازل چاره نیست»[3]. همچنین در این قصّه، شهر نمادی از «عقل» و ده، نمادی از «نَفْس» است که همواره عقل در حیطهٔ تصرّف نفسانیّات، بی‌قدر و خوار می‌شود.»[4]

---

۱ - **طرّار**: دزد. ۲ - **شید**: حیله و نیرنگ. ۳ - ر.ک: ۱۲۴۶/۶. ۴ - با استفاده از سرّ نی.

۲۳۶ **ای بـرادر! بـود انـدر مـا مَـضیٰ[1] شـــهری بــا روســتایی آشــنا**

ای برادر، در روزگار پیشین، مردی شهرنشین با یک روستایی آشنا بود.

۲۳۷ **روستایی چون سـوی شـهر آمـدی خـرگه انـدرکـوی آن شـهری زدی**

روستایی که هر وقت به شهر می‌آمد، در منزل آن مرد شهرنشین اقامت می‌کرد.

۲۳۸ **دو مـه و سـه مـاه مـهمانش بُـدی بـر دکـانِ او و بـر خـوانش بُـدی**

اقامتش دو، سه ماه به درازا می‌کشید و در دکّان و منزل او رفت و آمد داشت.

۲۳۹ **هر حَوایج[2] راکه بـودش آن زمـان راست کردی[3] مردِ شـهری رایگـان**

هر حاجتی که داشت، مرد شهرنشین به رایگان برآورده می‌کرد.

۲۴۰ **رُو به شهری کرد و گفت: ای خواجه! تو هیچ می‌نایی سوی دِه، فُـرجـه جُـو[4] ؟**

مرد روستایی به شهرنشین گفت: ای آقا، چرا برای رفع خستگی و تفریح به ده نمی‌آیی؟

۲۴۱ **اَللَّـه اَللَّـه جـمله فـرزندان بـیار کـین زمـانِ گـلشن است و نـوبهار**

تو را به خدا بیا و فرزندانت را نیز بیاور؛ زیرا اینک بهار است و فصل رفتن به گلشن.

۲۴۲ **یـا بـه تـابستان بـیا، وقتِ ثـمر تـا بـبندم خـدمتت را مـن کـمر**

یا اگر اکنون نمی‌توانی هنگام تابستان بیا که فصل میوه است تا به تو خدمت کنم.

۲۴۳ **خـیل و فـرزندان و قـومت را بـیار در دِهِ مـا بـاش سـه مـاه و چـهار**

تمام فرزندان و اقوامت را بیاور، سه، چهار ماه در ده اقامت کن.

۲۴۴ **کـه بـهاران خِـطّهٔ[5] دِه خـوش بُـوَد کشتْ‌زار و لالهٔ دلکش بُـــوَد**

زیرا، در فصل بهار دهستان خوش و خرّم است با کشتزار و لاله‌های دلکشی که دارد.

۲۴۵ **وعده دادی خواجه او را دفعِ حال[6] تا بـر آمـد بـعدِ وعـده هشت سـال**

هر بار مرد شهرنشین دفع وقت می‌کرد و بهانه‌ای می‌آورد تا هشت سال گذشت.

۲۴۶ **او به هر سالی همی گـفتی کـه کِـی عزم خـواهـی کـرد؟ کآمـد مـاهِ دی**

روستایی در هر سال می‌گفت که پس کی عزم راه خواهی کرد؟ زمستان فرا رسید.

---

۱ - **ما مضیٰ** : زمانِ گذشته. ۲ - **حوایج** : جمع حاجت. ۳ - **راست کردی** : برآورده می‌کرد.
۴ - **فُرجه جو** : برای تفرّج. ۵ - **خِطّه** : سرزمین. ۶ - **دفعِ حال** : دفع وقت.

او بـهانه سـاختی کِـامسالْ مـان   از فـلان خـطّه بـیامد مـیهمان ۲۴۷
او بهانه می‌آورد و می‌گفت: امسال از فلان جا برای ما میهمان آمده است.

سـالِ دیگـر، گـر تـوانـم وارهـید   از مُهمّات[1]، آن طرف خواهم دوید ۲۴۸
سال آینده، اگر بتوانم کارهای مهم را سامان بدهم، حتماً به آنجا خواهم آمد.

گـفت: هسـتند آن عـیالم مُـنتظِر   بـهرِ فـرزندانِ تـو، ای اهـلِ بِـر[2] ۲۴۹
روستایی گفت: ای مردِ نیکوکار، خانوادهٔ من منتظرِ اهلِ بیت و فرزندان تو هستند.

باز هر سـالی چـو لکـلک، آمـدی[3]   تـا مـقیمِ قـبّهٔ شـهری شـدی ۲۵۰
و به همین ترتیب هر سال مانند لک‌لک می‌آمد تا مقیم منزل خواجهٔ شهرنشین شود.

خواجه هر سالی ز زرّ و مالِ خویش   خرجِ او کردی، گشادی بالِ[4] خویش ۲۵۱
مرد شهرنشین هر سال از پول و طلای خود هزینه می‌کرد و او را زیر بال و پر می‌گرفت.

آخرین کرّت[5] سـه مـاه آن پـهلوان   خـوان نـهادش بـامدادان و شـبان ۲۵۲
آخرین بار، آن شهرنشینِ جوانمرد، سه ماه روز و شب از او پذیرایی کرد.

از خجالت باز گفت او خـواجـه را   چـند وعـده؟ چـند بـفریبی مـرا؟ ۲۵۳
مرد روستایی خجالت‌زده به مردِ شهرنشین گفت: چقدر وعده می‌دهی و می‌فریبی؟

گفت خواجه: جسم و جانم وصلْ جوست   لیک هـر تـحویل انـدر حکـمِ هـوست ۲۵۴
گفت: با جسم و جان مشتاقِ سفر و دیدار هستم؛ امّا هر تغییر و تحوّل بنا بر مشیّت است.

آدمی چـون کشـتی است و بـادبان   تـا کِـی آرد بـاد را آن بـادْران؟ ۲۵۵
حرکتِ انسان، مانند کشتی بادبانی وابسته به ارادهٔ کسی است که باد را می‌رانَد.

باز سوگندان بـدادش، کِـای کـریم!   گـیر فـرزندان، بـیا، بـنگر نـعیم ۲۵۶
روستایی باز هم او را سوگند داد که ای کریم، فرزندان را بردار، بیا و نعمت را بنگر.

دستِ او بگرفت سه کرّت به عـهد   کَـاللّه اَللّـه زو[6] بـیا، بـنمای جَـهْد ۲۵۷
دست خواجه را گرفت و سه بار او را سوگند داد که تو را به خدا سعی کن زودتر بیایی.

---

۱ - **از مُهمّات**: از کارهایِ مهم. ۲ - **اهل بِر**: نیکوکار. ۳ - **چو لکلک آمدی**: سرِ سال می‌آمد.
۴ - **بال می‌گشاد**: او را پناه می‌داد. ۵ - **کرّت**: نوبت. ۶ - **زو**: زود.

بعدِ ده سال و به هر سالی چنین لابه‌ها و وعده‌هایِ شکّرین ۲۵۸

بعد از ده سال و در هر سال با لابه‌هایی این چنین و وعده‌های خوشایند و دلپذیر،

کودکانِ خواجه گفتند: ای پدر ماه و ابر و سایه هم دارد سفر ۲۵۹

فرزندان خواجه گفتند: ای پدر، ماه و ابر و سایه هم سفر می‌کنند.

حقّ‌ها بر وی تو ثابت کرده‌ای رنج‌ها در کارِ او بس برده‌ای ۲۶۰

ای پدر، تو حقّ بسیاری بر گردن او داری و برای او رنج فراوان کشیده‌ای.

او همی خواهد که بعضی حقّ آن واگزارد، چون شوی تو میهمان ۲۶۱

او می‌خواهد که تو را میهمان کند و جزوی از دِین را که بر گردن دارد، ادا کند.

بس وصیّت کرد ما را او نهان که کشیدش سویِ دِه لابه‌کنان ۲۶۲

او ما را در نهان سفارش‌ها کرده است که پدر را لابه‌کنان بکشید و به دِه بیاورید.

گفت: حقّ است این، ولی ای سیبوَیْه[۱] اِتَّقِ مِنْ شَرِّ مَنْ أحْسَنْتَ اِلَیْهِ[۲] ۲۶۳

مردِ شهرنشین گفت: سخن شما صحیح است؛ ولی از شرّ کسی که به وی نیکی کرده‌ای، بترس.

دوستی تخمِ دمِ آخر[۳] بُوَد ترسم از وحشت[۴] که آن فاسد شود ۲۶۴

دوستی، مانند بذرِ آخرین روزهای فصلِ کِشت است و بیمناکم که به سببِ دوریِ دوستان از یک‌دیگر نابود شود.

صُحبتی باشد چو شمشیرِ قَطوع[۵] همچو دی در بوستان و در زُروع[۶] ۲۶۵

بعضی از دوستی‌ها، مانندِ شمشیر برّان همه چیز را از بین می‌بَرد، همان‌گونه که فرارسیدن دی‌ماه و زمستان، بوستان و کشتزار را تباه می‌کند.

---

۱ - **سیبویه**: اصل این واژه به قول ابن ندیم «سیب + بویه» است به معنی سیب کوچک یا بوی سیب. «**سیبویه**» عمرو بن عثمان بن قنبر، از مردم شیراز، دانشمند ایرانی که «الکتاب» در علم نحو اثر اوست. در سال ۱۷۷ هجری وفات یافت.

۲ - اشاره به حدیث: اِتَّقِ شَرَّ مَنْ أَحْسَنْتَ إِلَیْه: بترس از شرّ کسی که به او نیکی کرده‌ای.

از گفتار علی(ع) است؛ امّا در مجمع الامثال میدانی، طبع تهران، ص ۱۳۰ جزو امثال آمده است: احادیث، ص ۲۵۳.

۳ - **تخم دم آخِر**: تخمی که مایهٔ حیاتِ ناچیزی دارد. ۴ - **وَحشت**: بیگانگی، دوری.

۵ - **قَطوع**: بُرنده. ۶ - **زُروع**: کشتزار.

صحبتی باشد چو فصلِ نوبهار زو عمارت‌ها و دخلِ بی‌شمار ۲۶۶

بعضی از دوستی‌ها، مانند فصل بهار، زنده کنندهٔ دل و جان است و به سببِ آن همه‌جا آباد می‌شود و بهره فراوان می‌دهد.

حَزم آن باشد که ظنِّ بد بَری تا گریزی و شوی از بد، بَری ۲۶۷

چون دوستی انواع گوناگون دارد؛ پس به سببِ عاقبت‌اندیشی ساده‌دل و خوش‌باور نباش و به دوستی به دیدهٔ سوء ظن بنگر تا از بدی بگریزی و در امان باشی.

حَزْمُ سُوءُ الظَنّ [1] گفته‌ست آن رسول هر قدم را دام می‌دان ای فضول ۲۶۸

پیامبر(ص) گفته است: «دوراندیشی، همان بدبینی است». ای نادان، هر گام، دام است.

رویِ صحرا هست هموار و فراخ هر قدم دامی‌ست، کم ران اُوستاخ [2] ۲۶۹

بیابان به ظاهر هموار و وسیع است؛ امّا در هرگام دامی نهان است، بی‌پروا و گستاخ در آن وارد نشو.

آن بُزِ کوهی دَوَد که: دام کو؟ چون بتازد، دامش افتد در گلو ۲۷۰

بز کوهی این طرف و آن طرف می‌دود که دام کجاست؟ هنگامی که به تاخت می‌دود، دام گلویش را می‌گیرد.

آنکه می‌گفتی که کو؟ اینک ببین دشت می‌دیدی، نمی‌دیدی کمین ۲۷۱

ای آنکه می‌گفتی دام کو؟ اینک آن را ببین، دشت را می‌دیدی؛ ولی دام را نمی‌دیدی.

بی‌کمین و دام و صیّاد ای عیار [3] ! دنبه کِی باشد میانِ کشتزار؟ ۲۷۲

ای کسی که خود را زیرک می‌پنداری؛ بدون کمین و دام و شکارچی، چگونه دنبه میان کشتزار باشد؟

آنکه گستاخ آمدند اندر زمین استخوان و کلّه‌هاشان را ببین ۲۷۳

استخوان و جمجمه‌هایِ آنان را که گستاخانه و بی‌پروا در زمین زیستند، ببین.

چون به گورستان روی ای مرتضا [4] ! استخوانشان را بپرس از ما مَضیٰ ۲۷۴

ای که رضایِ الهی را به دست آورده‌ای، به قبرستان که می‌روی، از استخوان‌هایِ آنان سرگذشتشان را جویا شو.

---

۱ - اشاره به حدیث: اَلْحَزْمُ سُوءُ الظَّنِّ : احادیث، ص ۲۵۴. ۲ - **اوستاخ** : گستاخ.
۳ - **عیار (عیّار)**: زیرک. ۴ - **مرتضیٰ** : برگزیده، کسی که رضای الهی را به دست آورده است، پسندیده.

تا به ظاهر بینی آن مستانِ کور   چون فرو رفتند در چاهِ غرور ۲۷۵

تا آشکارا ببینی که آن کوردلانی که از بادهٔ غفلت مست بودند، چگونه در چاهِ غرور فرو رفتند.

چشم اگر داری تو، کورانه میا   ور نداری چشم، دست آور عصا ۲۷۶

اگر چشمی بصیر داری، مانندِ کوران گام برندار و اگر فاقد آن هستی، عصایی به کف آور.

آن عصایِ حزم و استدلال را   چون نداری دید، میکن پیشوا ۲۷۷

غایت‌اندیشی و استدلال می‌تواند عصای تو باشد. اگر عاقبت‌بین هم نیستی، باید راهنمایی راه‌دان را برگزینی.

ور عصایِ حزم و استدلال نیست   بی عصاکَش[1] بر سرِ هر ره مه‌ایست ۲۷۸

اگر عصای غایت‌بینی و احتیاط نداری، بدون راهنما بر سرِ هر راه توقّف نکن.

گام زآن سان نِهْ، که نابینا نهد   تا که پا از چاه و از سگ وارهد ۲۷۹

همان‌طور با احتیاط و آرام گام بردار که نابینا می‌رود تا به سگی برنخورَد و یا به چاهی نیفتد.

لرز لرزان و به ترس و احتیاط   می‌نهد پا، تا نیفتد در خُباط[2] ۲۸۰

فردِ نابینا، با ترس و لرز و احتیاطِ فراوان گام بر می‌دارد تا مبادا به لغزش افتد.

ای ز دودی جَسته در ناری شده   لُقمه جُسته، لُقمهٔ ماری شده ۲۸۱

ای کسی که از دود گریخته و به آتش گرفتار شده‌ای، لقمه‌ای را که جُستی، ماری شده است.

قصّهٔ اهلِ سبا و طاغی[3] کردنِ نعمتْ ایشان را، و در رسیدنِ شومیِ طغیان و کفران در ایشان، و بیان فضیلت شکر و وفا[4]

قصّهٔ اهل سبا که وفور نعمت آنان را به طغیان می‌کشانَد، در میان قصّهٔ «فریفتن روستایی شهری را» به مناسبت تحذیر از ترک حزم و استدلال، مطرح می‌شود؛ امّا تداعی موجب تقریرِ معانی دیگری می‌گردد و آنچه که به قصّهٔ اهل سبا ارتباط دارد، مجدّداً در اواسط دفتر سوم مجال حضور می‌یابد.[5]

---

۱ - **عصاکش** : راهنما، مُرشدِ روحانی، پیر. ۲ - **خُباط** : لغزش. ۳ - **طاغی** : سرکش.

۴ - قصّهٔ اهل سبا به اجمال و ایجاز در قرآن کریم آمده و داستان سیل بنیان‌کن عَرِم که با شکستن سدّ مأرب باغ و بیشه‌های خرّم سبائیان را در گل و لای فرو پوشانید و بسیاری از ایشان را به هلاکت رسانید از جهت تحذیر از ناسپاسی نقل شده است، سبأ: ۳۴/۱۹-۱۵، و این قوم که بعد از آن همه نعمت به کیفر ناسپاسی دارایی‌شان بر باد رفت و شهرهایشان به ویرانه مبدّل گردید، نماد و ضرب‌المثلی شدند برای پریشانی و پراکندگی.

۵ - ر.ک: ۲۶۰۱/۳.

خداوند به اهل سبا اکرام بسیار داشت؛ امّا آنان در برابر حق که آسایش و نعمت فراوان به آن‌ها عطا کرد، ناسپاس بودند و وفور نعمت در آنان ملالت خاطر ایجاد کرد به حدّی که خواستار زوال آن نیز بودند.

احوال این قوم که وفور نعمت و آسایش موجب ملال و کفر و عصیانشان می‌شود، نمادی است از ناسپاسی و عصیان طبقات ممتاز و مرفّه هر عصر و جامعه.

در ادامهٔ قصّهٔ اهل سبا، رشتهٔ سخن به حکایت «جمع آمدن اهل آفت بر در صومعهٔ عیسی(ع) را» می‌رسد و ضمن آن به شرحِ این معنا می‌پردازد که مبتلایان به آفات تن بر نقص و کاستی خود وقوف دارند و بر درِ اهلِ حق شفا می‌طلبند؛ امّا مبتلایان به آفات جان از آفت جان خویش غافل‌اند و با طبیبان الهی از سر احتجاج و عصیان بر می‌آیند.

مفسّران و مورّخان[1]، سبا را از آبادترین و پربارترین سرزمین‌های یمن شمرده‌اند؛ امّا این سرزمین حاصلخیز سیل‌گیر نیز بود و ساختن سدّ در آن اجتناب‌ناپذیر، بنا بر سنگ‌نوشته‌های کتیبهٔ خود سدّ، آغاز بنای آن در سدهٔ هفتم پیش از میلاد بوده و چندین بار و در آخرین بار در سال ۵۴۳ میلادی به کلّی ویران و منهدم شده است. این سدّ را بزرگ‌ترین طرح آبرسانی در سرزمین‌های عرب دانسته‌اند که در اثر ویرانی آن بسیاری از قبایل عرب که در سرزمین‌های مأرب می‌زیستند ناگزیر به سرزمین‌های میانی و شمالی عرب کوچ کردند و در آن زمان بود که اوس و خزرج به یثرب و جُرهُمی‌ها به مکّه رفتند.

۲۸۲ **تو نخواندی قصّهٔ اهلِ سبا — یا بخواندی و ندیدی جز صدا**

آیا قصّهٔ قوم سبا را نخوانده‌ای؟ و یا خوانده‌ای و جز بانگی از آن در نیافته‌ای.

۲۸۳ **از صدا آن کوهْ خود آگاه نیست — سویِ معنی هوش ِکُه را راه نیست**

کوه هم همین‌طور است، از بازتابِ صوت بی‌خبر است و معنیِ آن را نمی‌داند.

۲۸۴ **او همی بانگی کند بی‌گوش و هوش — چون خمش کردی تو، او هم شد خموش**

کوه بدون آنکه گوش و یا هوش داشته باشد، صوت را باز می‌گرداند، اگر تو سکوت کنی او هم خاموش می‌شود.

۲۸۵ **داد حق اهلِ سبا را بس فراغ — صد هزاران قصر و ایوان‌ها و باغ**

خداوند به قومِ سبا انواع نعمت‌ها و امنیّت خاطر و قصر و کاخ و باغ عطا کرد.

۱ - بررسی تاریخی، صص ۲۸۵-۲۵۶ با تصرّف و تلخیص.

شکر آن نگزاردند آن بَدرَگان[1]   در وفا بودند کمتر از سگان ۲۸۶

آن قوم ناسازگار که در وفا پست‌تر از سگ بودند، شکر این همه نعمت را به جای نیاوردند.

مر سگی را لقمهٔ نانی ز در   چون رسد، بر در همی بندد کمر ۲۸۷

سگ اگر لقمهٔ نانی از درگاهی دریافت بدارد، هر بار که بدان در برسد کمر خدمت می‌بندد.

پاسبان و حارسِ[2] در می‌شود   گرچه بر وی جور و سختی می‌رود ۲۸۸

هرچند که برای او موجبِ آزار و سختی باشد، تحمّل می‌کند و پاسبانِ آن در می‌شود.

هم بر آن در باشدش باش و قرار   کفر دارد، کرد غیری اختیار ۲۸۹

سگ باوفا، قرارگاه و اقامتگاه خود را آستانهٔ آن در می‌شمارد و ننگ دارد که غیری را برگزیند.

ور سگی آید غریبی روز و شب   آن سگانش می‌کنند آن دَم ادب ۲۹۰

اگر سگِ بیگانه‌ای در روز یا شب به آنجا بیاید، سگ‌های محلّه فوراً او را تأدیب می‌کنند.

که: برو آنجا که اوّل منزل است   حقّ آن نعمت گروگانِ دل است ۲۹۱

و با رفتار خود به او می‌فهمانند که باید به جایگاهِ خود بازگردد و حقّ ولی نعمت را به جای آورد.

می‌گزندش که: برو بر جایِ خویش   حقّ آن نعمت فرو مگذار بیش ۲۹۲

او را گاز می‌گیرند که برو به قرارگاه خودت و بیش از این ناسپاسی نکن.

از درِ دل وَاهْلِ دل آبِ حیات   چند نوشیدی و واشد چشم‌هات[3] ۲۹۳

از آستانهٔ صاحبدل و اهل عالم معنا، بسی آبِ پاکِ علوم و معارف را نوشیدی تا بصیرت یافتی.

بس غذایِ سُکر و وَجْد و بی‌خودی   از درِ اهلِ دلان بر جان زدی ۲۹۴

پرتو مستی و وجد و استغراقِ اهل دل بر جانت خورد و به برکت آن رزق روحانی یافتی.

باز این در را رها کردی ز حرص؟   گِردِ هر دکّان همی گردی ز حرص ۲۹۵

به سبب حرص و طمع، درگاهِ اهلِ دل را رها کردی و گِرد دکانِ لاف‌زنانِ مدّعی می‌گردی.

---

۱ - **بدرگ** : ناسازگار، بدرگ و ریشه.   ۲ - **حارس** : نگهبان.

۳ - تأدیب و هشداری است به آنان که از محضر بزرگان عالم معنا کسب فیض کرده‌اند؛ امّا رعایت حقوق صحبت و همنشینی با مردان حق را در نیافته‌اند و چون سگانِ بیگانه قرارگاه خویش را رها می‌کنند و پرسه می‌زنند.

بـــر درِ آن مُـــنعمان[1] چـربْ دیگ　　　مـــی‌دوی بـهرِ ثَـریدِ[2] مُـرده‌ریگ[3] ۲۹۶

به آستانهٔ ثروتمندان می‌شتابی که دیگ‌های چرب و رنگینشان پُر از ترید و چیزهای بی‌قدر است.

چربِش اینجا دان که جان فربه شود　　　کـــارِ نـــااومـــید ایـــنجا بِـــهْ شـود ۲۹۷

غذاهای چرب و رنگین که جانت را فربه می‌کند تا کمال یابد، درگاهِ «اهلِ دل» است که آنجا کارِ ناامیدان به امید می‌انجامد.

جمع آمدنِ اهل آفت[4] هر صباحی بر درِ صومعهٔ عیسی علیه السَّلام، جهتِ طلبِ شفا به دعایِ او[5]

در ابیات پیشین سخن از درک محضر اهل دلان و کسب فیض از ایشان بـود و تأکـیدی بـر رعایت حقوق ولی‌نعمت. اینک در تأیید همان معنا این قصّه به تقریر آمده است و از عیسی(ع) به عنوان نمونهٔ والای برگزیدگان و اهل دلان یاد می‌شود که اهل آفت هـر صـباحی بـر در صومعهٔ او جمع می‌آمدند و به دعای خیر استدعای شفا داشتند.

صومعهٔ عیسی‌ست خـوانِ اهـل دل　　　هان و هان ای مبتلا ! این در مـهِل ۲۹۸

عبادتگاهِ عیسی(ع) سفرهٔ معنویِ اهل دل است، ای گرفتارِ بلا، بهوش باش و این درگاه را رها نکن.

جمع گشتندی ز هـر اطـرافْ خَـلق　　　از ضَریر[6] و لنگ و شَلّ و اهلِ دَلْق ۲۹۹

مردم کور، لنگ و افلیج و ژنده‌پوش از هر سو آنجا گرد می‌آمدند.

بـر درِ آن صـومعهٔ عـیسی صَـباح[7]　　　تا به دَم، اوشـان رهـاند از جُـناح[8] ۳۰۰

هر روز صبح نیازمندان بر در عبادتگاه عیسی(ع) جمع می‌شدند تا به دم مسیحایی او از بیماری و رنج رهایی یابند.

---

۱ - **مُنعم** : صاحب نعمت.　۲ - **ثَرید** : ترید.
۳ - **مُردَریگ** : میراث، کنایه از چیزی بی‌قدر و بی‌ارزش است.　۴ - **اهلِ آفت** : مبتلایان و گرفتاران.
۵ - در مآخذ قصص و تمثیلات مثنوی، قصّه بدان گونه که در مثنوی روایت می‌شود، نیست؛ امّا مضمون کلّی که شفابخشی عیسی(ع) است مورد تأیید و تأکید منابع اسلامی و مسیحی است.　۶ - **ضریر** : کور.
۷ - **صباح** : بامداد.　۸ - **جُناح** : گناه یا رنج و عذابِ محصول آن.

او چو فارغ گشتی از اورادِ خویش　　چاشتگه بیرون شدی آن خوب کیش ۳۰۱

بامداد هنگامی که آن حضرت از اوراد و خواندن دعاها فارغ می‌شد، از صومعه بیرون می‌آمد.

جوق جوقی[1] مبتلا دیدی نزار　　شِسته بر در در اُمید و انتظار ۳۰۲

گروه گروه مبتلایان رنجور را می‌دید که در آستانهٔ صومعه به امید و انتظار نشسته‌اند.

گفتی: ای اصحابِ آفت! از خدا　　حاجتِ این جملگانْتان شد روا ۳۰۳

عیسی(ع) به آنان می‌گفت: ای دردمندان، نیاز همهٔ شما در درگاه الهی برآورده شد.

هین! روان گردید بی‌رنج و عنا　　سویِ غفّاری و اِکرامِ خدا ۳۰۴

بدون رنج و زحمت به سوی درگاه بخشایش و احسان الهی روانه شوید.

جملگان چون اُشترانِ بسته پای　　که گشایی زانویِ ایشان به رای ۳۰۵

دردمندان، مانند شترهایی که به اراده و رأی خود بند از پایشان می‌گشایی،

خوش دوان و شادمانه سویِ خان　　از دعایِ او شدندی پادوان ۳۰۶

به برکتِ دعایِ او خوش و شادمان می‌دویدند و عازم خانه و کاشانهٔ خویش می‌شدند.

آزمودی تو بسی آفاتِ خویش　　یافتی صحّت از این شاهانِ کیش ۳۰۷

تو نیز، مانندِ این دردمندان بارها این امر را آزموده‌ای و از برکتِ انفاس این شاهان دین و ایمان از آفات و بلایا رسته و صحّت یافته‌ای.

چند آن لنگیِّ تو رهوار شد　　چند جانت بی غم و آزار شد ۳۰۸

بارها با پناه بردن به آنان پای لنگت رهوار شده و جانِ اندوهگینت، از غم رها شده است.

ای مغفَّل[2]! رشته‌یی بر پای بند　　تا ز خود هم گم نگردی[3] ای لوَند[4] ۳۰۹

ای غافل، ای بدکار، ریسمانی به پای خود ببند تا خود را گم نکنی.

ناسپاسی و فراموشیِّ تو　　یاد ناورد آن عسل نوشیِ تو ۳۱۰

به سببِ ناسپاسی و فراموشکاری، عسل و شهدی را که از کف آنان نوشیده‌ای، از خاطر می‌بری.

---

۱ - **جوق جوق**: دسته، گروه.　۲ - **مغفَّل**: غفلت زده، غافل.

۳ - مراد آن است که: علی‌رغم آنکه بارها با پناه بردن به مردان حق صحّت ظاهری و باطنی یافته‌ای، باز سررشته را گم می‌کنی و از روی غفلت، صحّت آفات خود را از در دیگری می‌طلبی.　۴ - **لوَند**: عشوه‌گر، بدکار.

لاجـــرم آن راه بـــر تـــو بســـته شُـــد چون دلِ اهلِ دلْ از تو خســـته شـــد ۳۱۱

ناگزیر، دلِ اهلِ دل از ناسپاسیِ تو خسته می‌گردد و راه کسبِ فیض از آنان به رویت بسته می‌شود.

زودشــــان دریـــاب و اســـتغفار کـــن هـــمچو ابـــری، گـــریه‌هایِ زار کـــن ۳۱۲

به سرعت آنان را بیاب و طلب مغفرت کن و همانند ابر به زاری تمام اشک بریز.

تـــا گـــلستانْشان ســـویِ تـــو بشکـــفد مـــیوه‌هایِ پُـــخته بـــر خـــود واکَـــفد ۳۱۳

تا گلستانِ وجود سرشار از معارفشان، برایت راهی بگشاید و از میوه‌هایِ علوم و اسرارِ الهی آنان بهره‌مند شوی.

هم بر آن درگـرد، کـم از سگ مـباش با سگِ کهف ار شدستی خواجه‌تاش[1] ۳۱۴

اگر با سگ کهف که شاهان عالم معنا را رها نکرد، همخو هستی، گردِ آستانهٔ مردان حق بگرد تا از سگ کمتر نباشی.

چون سگان هم مر سگان را ناصح‌اند کـــه: دل انـــــدر خـــانهٔ اوّل بِـــبَند ۳۱۵

زیرا سگ‌ها هم یک‌دیگر را با رفتار اندرز می‌دهند که دلبستهٔ درگاهی باشند که از آنجا نوش دریافت کرده‌اند.

آن درِ اوّل کـــه خـــوردی اســـتخوان سخت گیر و حق‌گزار، آن را مَمان[2] ۳۱۶

و به همجنس خود می‌گویند که اوّلین درگاهی را که به تو استخوانی داد، سخت بگیر و حقِّ نعمت را به جای آور و آن در را رها نکن.

مـــی‌گزندش تـــا ز ادب آنـــجا رود وز مـــــقامِ اوّلیـــــن مُـــفلِح شـــود ۳۱۷

سگ‌های محلّه، سگ غریبه را گاز می‌گیرند تا آداب درگاه را بداند و به آستانهٔ در اوّل باز گردد و از آنجا رستگاری یابد.

می‌گزندش کـای سگِ طـاغی! بـرو بـــــا ولیِّ نـــــعمت یـــاغی مشـــو ۳۱۸

او را گاز می‌گیرند که ای سگ سرکش و عصیانگر برو، با ولی‌نعمت خود سرکشی نکن.

بر همان در همچو حلقه بسته باش پاسبان و چابک و بـرجسـته بـاش ۳۱۹

همانندِ حلقه‌ای بر درگاه نخستین بمان، نگهبان و چابک و نمونه باش.

---

۱ - **خواجه تاش**: دو نفر غلام که ارباب واحدی دارند. ۲ - **مَمان**: آنجا را فرو مگذار و ترک مکن.

صورتِ نقضِ وفایِ ما مباش — بی‌وفایی را مکن بیهوده فاش ۳۲۰

نگذار که وجود بی‌وفای تو تصویری از عهدشکنی ما باشد، بیهوده بی‌وفایی و عهدشکنی را رواج نده.

مر سگان را چون وفا آمد شعار — رو، سگان را ننگ و بدنامی میار ۳۲۱

وفا شعار سگ‌هاست، برو و ننگ و بدنامی را برای ما به ارمغان نیاور.

بی‌وفایی چون سگان را عار بود — بی‌وفایی چون روا داری نمود؟ ۳۲۲

چون بی‌وفایی و عهدشکنی برای سگ‌ها ننگ است، تو چگونه بی‌وفایی را جایز می‌شماری؟

حق تعالیٰ فخر آورد از وَفا — گفت: مَنْ اَوْفَیٰ بِعَهْدٍ غَیْرُنا؟[1] ۳۲۳

حق تعالیٰ به وفاداری مباهات کرد و فرمود: «چه کسی در وفای به عهد بالاتر از خداست؟»

بی‌وفایی دان وفا با ردِّ حق — بر حقوقِ حق ندارد کس سَبَق[2] ۳۲۴

وفاداری نسبت به کسانی که مردود درگاه حق‌اند، عین بی‌وفایی به حق است؛ زیرا هیچ حقّی از حقوقِ الهی برتر نیست و وفاداری به آنان پایمال کردن این حقوق است.

حقّ مادر بعد از آن شد، کآن کریم — کرد او را از جنینِ تو غریم[3] ۳۲۵

بعد از حقوق الهی، حقِ مادر است که عدم توجّه به آن، دلِ اهل دل را به روی آدمی می‌بندد؛ زیرا خداوندِ کریم برای او از دورانِ جنینی‌ات حقّی قرار داد.

صورتی کردت درونِ جسمِ او[4] **— داد در حملش ورا آرام و خو** ۳۲۶

از تو صورتی در میان جسم او بر آورد و مادر را برای بارداری‌ات آرامش و بردباری بخشید.

همچو جزوِ متّصل دید او تو را — متّصل را کرد تدبیرش جدا ۳۲۷

مادر در تمام دوران بارداری، تو را جزوِ پیوستهٔ خود می‌دانست و تدبیرِ الهی در پایانِ دورانِ حمل، این جزو پیوسته را منفصل کرد.

---

۱ - اشارتی قرآنی؛ توبه: ۱۱۱/۹: ...وَ مَنْ أَوْفٰی بِعَهْدِهِ مِنَ اللهِ...: وکیست وفادارتر از خدا به عهد و پیمان خویش؟
۲ - **سَبَق**: پیشی گرفتن. ۳ - **غریم**: وام‌دار، وام‌خواه، از اضداد است، دارای حق.
۴ - اشارتی قرآنی؛ آل‌عمران: ۶/۳: هُوَ الَّذِي يُصَوِّرُكُمْ فِي الْأَرْحامِ...: اوست کسی که صورت بخشید شما را در زهدان مادران.

حق هزاران صنعت و فن ساخته‌ست تا که مادر بر تو مِهر انداخته‌ست ۳۲۸

حکمت الهی هزاران تدبیر و مقدّمات اندیشیده است تا مادر با تو مهربان باشد.

پس حقِ حق سابق از مادر بُوَد هر که آن حق را نداند خر بُوَد ۳۲۹

پس رعایت حقوق الهی به حقوق مادر تقدّم دارد و هر کس که حقّ حق را نشناسد، احمق است.

آنکه مادر آفرید و ضَرع[1] و شیر با پدر کردش قرین، آن خود مگیر ۳۳۰

خدایی که مادر را آفرید و به او پستانی با چشمه‌های شیر بخشید و او را با پدر قرین کرد که چندان مهم نیست؛ زیرا این قِران همواره در جهت اهداف الهی نیست و اغراض شهوانی هم دارد.

ای خداوند، ای قدیم احسانِ تو آنکه دانم، وانکه نه، هم آنِ تو ۳۳۱

ای خداوند، ای آنکه احسان تو ازلی و قدیم است، نعمت‌هایی را که می‌شناسم و آنچه که نمی‌دانم، همه از آنِ توست.

تو بفرمودی که: حق را یاد کن[2] زانکه حقِّ من نمی‌گردد کهُن ۳۳۲

ای خداوند، تو فرمودی که حق را یاد کن؛ زیرا حقّ من فناپذیر نیست.

یاد کن لطفی که کردم آن صبوح[3] با شما از حفظ در کشتیِّ نوح ۳۳۳

تو گفتی که لطف مرا در آن بامدادی که شما را در کشتی نوح حفظ کردم، به یاد آور.

پیله باباتانتان[4] را آن زمان دادم از طوفان و از موجش امان ۳۳۴

در آن هنگام که اجدادتان را از توفان سهمگین و امواج غول‌آسا در امان خویش داشتم.

آبِ آتش خو[5] زمین بگرفته بود موجِ او مر اوجِ کُه را می‌ربود ۳۳۵

در آن توفان که آب با خروشی دهشتناک زمین را فراگرفته و امواج غول‌پیکر آن قلّهٔ کوه‌ها را نیز در نوردیده بود.

حفظ کردم من، نکردم ردّتان در وجودِ جدِّ جدِّ جدِّتان ۳۳۶

من شما را در وجودِ اجدادتان مصون نگه داشتم و رد نکردم.

---

۱ - **ضَرع** : شیر. ۲ - اشاره به فرمان الهی «اُذْکُرُوا اللهَ» که در قرآن مکرّر است. ۳ - **صبوح** : بامداد.

۴ - **پیله بابایان** : پیله به معنی بزرگ، پیله بابایان: باببزرگ‌ها، اجداد. ۵ - **آتش خو** : تند و تیز، خشمگین.

چون شدی سر، پُشت پایت چون زنم؟ کـارگاهِ خـویش ضـایع چُـون کـنم؟ ۳۳۷

اینک که به کمال رسیده‌ای، چگونه سرنگونت کنم و کارگاه صنع الهی را ضایع گذارم؟

چـون فـدایِ بـی‌وفایان مـی‌شوی؟ از گـمانِ بـد بـدان سـو مـی‌روی؟ ۳۳۸

چرا با پنداری ناصواب به سوی بی‌وفایان می‌روی و خود را فدای جهلِ ایشان می‌کنی؟

مـن ز سـهو و بـی‌وفایی‌ها بـری سـویِ مـن آیـی گـمانِ بـد بـری؟ ۳۳۹

به سوی من بیا که خالق توأم و از هر خطا و بی‌وفایی مبرّا هستم. آیا تردید داری و بدگمان هستی که به درگاه حق روی آوری و وفا و امان ببینی؟

ایـن گـمانِ بـد بـر آنـجا بـر کـه تـو می‌شوی در پیشِ همچون خود دو تُو ۳۴۰

این تردید و بدگمانی را آنجا داشته باش که در برابر مخلوقی مانندِ خود تعظیم و کُرنش می‌کنی.

بس گـرفتی یـار و هـمراهـانِ زَفت[1] گر تو را پرسم که:کو؟گویی که: رفت ۳۴۱

چه بسا یاران و همراهان به ظاهر برجسته‌ای را برگزیدی، اکنون اگر بپرسم چه شدند؟ پاسخ می‌دهی: سرایِ فانی را ترک کردند و رفتند.

یـارِ نـیکت رفت بـر چـرخِ بـرین یـارِ فـسقت رفت در قـعرِ زمـین ۳۴۲

دوستی که نیک بود، به اعلی‌علّیّین رفت و دوستِ پلیدت در اسفل‌السّافلین جای گرفت.

تـو بـماندی در مـیانه آنـچنان بـی‌مدد، چـون آتشی از کـاروان ۳۴۳

و اینک تو مانده‌ای بی‌یار و یاور، همانند آتشی که از کاروان بر جای می‌ماند.

دامـنِ او گـیر، ای یـارِ دلیـر! کـو مـنزّه بـاشد از بـالا و زیـر ۳۴۴

ای دوست دلیر، دامن عنایت و فضل کسی را بگیر که از مکان منزّه است.

نه چو عیسی سویِ گردون بر شـود نه چـو قـارون در زمـین انـدر رود ۳۴۵

کسی که نه مانند عیسی(ع) بر فراز گردون می‌رود و نه همانندِ قارون به اعماقِ زمین فرو می‌شود.

با تو باشد در مکـان، و بـی مکـان چـون بـمانی از سـرا و از دکـان ۳۴۶

کسی که لامکان است و همه جا حضور دارد و هنگامی که از خانه و دکان جدا می‌شوی و دنیای فانی را رها می‌کنی، در کنار توست.

---

۱ - **زفت** : بزرگ، عظیم.

او بـــر آرد از کـــدورت‌ها صـــفا　　مــر جــفاهایِ تــو را گــیرد وفــا ۳۴۷

او، کدورتِ اعمالِ بدت را به صفا مبدّل می‌کند و جفایِ تو را به عنوان وفا می‌پذیرد.

چــون جـفا آری فـرستد گـوشمال　　تـا ز نـقصان وا روی سـویِ کـمال ۳۴۸

اگر مرتکب جفا و ستم شوی، تو را تأدیب می‌کند تا از نقصان و کاستی‌ها بِـرَهی و در مسیر کمال گام برداری.

چون تو وِردی ترک کردی در رَوِش　　بر تو قبضی[1] آید از رنج و تَـبِش[2] ۳۴۹

اگر در راهِ حق، اوراد یا اذکاری را که بدان مأمور هستی، رها کنی، دچار قبض و دلتنگی می‌شوی و رنجور و مضطرب می‌گردی.

آن ادب کـردن بُـوَد، یـعنی: مکـن　　هـیچ تـحویلی از آن عـهدِ کـهُن[3] ۳۵۰

فرارسیدن «قبض و رنج» به مفهوم تأدیب توست؛ یعنی به هوش باش و در عهدی که روز ازل بسته‌ای، تغییری نده و پیمان شکن نباش.

پیش از آن کین قبض زنجیری شود　　این که دلگیری است، پاگیری شود ۳۵۱

پیش از آنکه این قبض، چون زنجیر پای جانت را درگیر کند، معنیِ این «قبض و رنج» را دریاب و خاضعانه استغفار کن.

رنج معقولت[4] شود محسوس و فاش　　تا نگیری این اشارت را به لاش[5]! ۳۵۲

پیش از آنکه رنج درونی به رنج محسوس و کیفری آشکار مبدّل شود، اشارات حق را دریاب و آن را هیچ نشمار.

در مــعاصی قــبض‌ها دلگـیر شـد　　قـبض‌ها بـعد از اجـل زنـجیر شـد ۳۵۳

با ارتکابِ گناهان، دلتنگی و پریشانی بر آدمی مستولی مـی‌شود کـه پس از مـرگ بـه زنجیری مبدّل می‌شود.

نُـعْطِ مَـنْ اَعْـرَضْ هُـنا عَـن ذِکْـرِنا　　عِـیشَةً ضَـنْکاً وَ نَـجْزی بـالعَمیٰ[6] ۳۵۴

هر کس که در این دنیا از یاد ما روی‌گردان باشد، زندگی‌اش تنگ می‌شود و در قیامت نابینا برانگیخته خواهد شد.

---

۱ - **قبض** : گرفتگی، ر.ک: ۲۹۶۹/۲. ۲ - **تَبِش** : اضطراب. ۳ - **عهد کهن** : میثاق روز اَلَست.

۴ - **رنج معقول** : رنج معنوی. ۵ - **لاش** : ناچیز، بی‌قدر.

۶ - اشارتی قرآنی؛ طَه : ۱۲۴/۲۰ : وَمَنْ أَعْرَضَ عَنْ ذِکْري فَإِنَّ لَهُ مَعيشَةً ضَنْکاً وَ نَحْشُرُهُ يَوْمَ الْقيامَةِ أَعْمیٰ : هرکس از یاد من اعراض کند، زندگی‌اش تنگ می‌شود و روز قیامت نابینا محشورش کنیم.

دزد چون مالِ کسان را می‌بَرَد قبض و دلتنگی دلش را می‌خَلَد[1] ۳۵۵

دزد که مال مردم را می‌بَرَد، گرفتگی و دلتنگی، مانند خار جانش را می‌آزارَد.

او همی گوید: عجب! این قبض چیست؟ قبضِ آن مظلوم کز شَرَّت گریست ۳۵۶

دزد می‌اندیشد: این گرفتگی و دلتنگی از چه روست؟ از اشک‌هایِ مظلومی که از شرّ تو گریسته است.

چون بدین قبض التفاتی کَم کُند بادِ اِصرار آتشش را دَم کند ۳۵۷

اگر به این گرفتگی و دلتنگی توجّه نکند و جویای علّت آن نباشد، پافشاری در گناه، مانندِ بادی می‌وزد و آتش این دلتنگی و خلافکاری را افزون می‌کند.

قبضِ دل قبضِ عوان شد لاجرم گشت محسوس آن معانی زد عَلَم ۳۵۸

ناگزیر، قبضِ دل به قبض عوان بدل می‌شود، مأمور او را می‌گیرد و رنجی که در دلش نهان بود، به رنجی آشکار تبدیل می‌شود.

غُصّه‌ها زندان شده‌ست و چارمیخ[2] **غصّه بیخ است، و بروید شاخ بیخ** ۳۵۹

اینک غصّه و دلتنگیِ درونی به زندان و عذاب و شکنجه بدل شده است. غم و غصّه، مانند ریشه سبز می‌شود و شاخه می‌رویاند.

بیخْ پنهان بود، هم شد آشکار قبض و بسطِ[3] **اندرون بیخی شمار** ۳۶۰

همان‌طور که ریشهٔ نهان، آشکار می‌شود، نتایجِ قبض و بسط درونی هم نهان نمی‌مانَد.

چونکه بیخِ بد بُوَد، زودش بزن تا نروید زشت خاری در چمن ۳۶۱

اگر ریشه بد بود، زود آن را قطع کن تا در چمن خاری زشت نروید.

قبض دیدی، چارهٔ آن قبض کن زانکه سرها جمله می‌روید ز بُن ۳۶۲

اگر دچارِ گرفتگی و دلتنگی شدی، در پی چاره باش؛ زیرا شاخ و برگ از ریشه می‌روید.

بسط دیدی بسطِ خود را آب دِه چون بر آید میوه، با اصحاب دِه ۳۶۳

اگر دل و جانت را شکفته و گشاده یافتی، این بسط را آبیاری کن. هنگامی که میوه داد، به دیگران هم ببخش.

---

۱ - **می‌خَلَد**: فرو می‌رود. ۲ - **چارمیخ**: عذاب و شکنجه. ۳ - **بسط**: شکفتگی و انبساط درونی.

باقیِ قصّهٔ اهلِ سبا

آن سبا ز اهلِ صِبا[1] بودند و خام کارشان کُفرانِ نعمت با کِرام ۳۶۴

قوم سبا نادان و خام بودند و با کریمان ناسپاسی می‌ورزیدند.

باشد آن کفرانِ نعمت در مثال که کنی با محسنِ خود تو جدال ۳۶۵

ناسپاسی و کفران نعمت در مثال آن است که کسی در حقّ تو نیکی کند و تو با او به جدال برخیزی.

که نمی‌باید مرا این نیکویی من برنجم زین، چه رنجم می‌شوی؟ ۳۶۶

که من این خوبی و نیکی را نمی‌خواهم، از این کار ناراحتم، چرا مرا می‌آزاری؟

لطف کن، این نیکویی را دور کن من نخواهم چشم، زودم کور کن ۳۶۷

لطف کن و این نیکی را در حقّ من نکن. من چشم نمی‌خواهم، زود کورم کن.

پس سبا گفتند: باعِد بَینَنَا شَینُنا خَیرٌ لَنا، خُذْ زَیْنَنا[2] ۳۶۸

قوم سبا گفتند: خدایا، ما را از یک‌دیگر دور کن. زشتی بهتر است، زیورها و خوبی‌های ما را بگیر.

ما نمی‌خواهیم این ایوان و باغ نه زنانِ خوب و نه امن و فراغ ۳۶۹

ما این ایوان و باغ را نمی‌خواهیم و به زنان خوب و امنیّت و آسایش هم نیازمند نیستیم.

شهرها نزدیک همدیگر بد است آن بیابان است خوش، کآنجا دَدْ است ۳۷۰

خوب نیست که شهرهای ما نزدیک یک‌دیگر باشد، بیابان پُر از جانوران وحشی بهتر است.

یَطْلُبُ الانْسانُ فی الصَّیفِ الشِّتا فَاِذا جاءَ الشِّتا، اَنْکَرَذا ۳۷۱

انسان در تابستان، زمستان را می‌جوید و با فرارسیدن زمستان، از آن بیزار می‌شود.

فَهُوَ لا یَرْضیٰ بِحالٍ اَبَدا لا بِضِیقٍ، لا بِعَیْشٍ رَغَدا ۳۷۲

انسان به هیچ حالی خرسند نیست، نه با زندگی سخت خشنود است و نه با زندگی مرفّه.

---

۱ - صِبا : کودکی.

۲ - اشارتی قرآنی؛ سبا : ۱۹/۳۴ : مردم سبا گفتند: پروردگارا، میان منازل سفر ما دوری افکن و بر خود ستم کردند. آنگاه همچون افسانه‌شان گردانیدیم و پاره و پراکنده‌شان ساختیم، بی‌گمان در این، برای هر شکیبای شاکری مایه‌های عبرت است.

قُتِلَ ٱلانْسانُ ما اَکْفَرَهُ[1] **کُلَّما نالَ هُدیً أنْکَرَهُ** ۳۷۳

مرگ بر آدمی که چقدر ناسپاس است. هرگاه که به راهی راست دست یافت، منکر آن می‌شود.

نَفْس، زین سان است، زآن شدکشتنی **اُقْتُلُوا انْفُسَکُمْ گفت آن سَنی**[2] ۳۷۴

نفس آدمی نیز همین گونه سزاوارِ کشتن است. از این‌روی آن مرد والا گفت: «نَفس‌هایتان را بکشید».

خارِ سه سویه‌ست، هر چون کِش نهی **در خَلَد، وز زخمِ او تو کِی جهی؟** ۳۷۵

نَفْسِ امّاره، همانند خارِ سه‌پهلو در هر حال در تو می‌خَلَد و از زخم آن در امان نیستی.

آتشِ تَرکِ هوا در خار زن **دست اندر یارِ نیکوکار زن** ۳۷۶

با ترک هوا و هوس، آتشی در این خار برافروز و دست نیاز به سوی یار خیرخواه دراز کن.

چون ز حد بردند اصحابِ سبا **که به پیشِ ما وبا بِهْ از صبا** ۳۷۷

چون قوم سبا ناسپاسی را از حدّ گذراندند، گفتند: برای ما وبا بهتر از نسیم صبح است.

ناصحانْشان در نصیحت آمدند **از فسوق و کُفر مانع می‌شدند** ۳۷۸

نصیحت‌کنندگان با اندرز می‌کوشیدند این قوم ناسپاس را از تباهکاری و کفر باز دارند.

قصدِ خونِ ناصحان می‌داشتند **تخمِ فسق و کافری می‌کاشتند** ۳۷۹

امّا، قوم سبا آهنگ جان آنان می‌کردند و بذر تباهی و ناسپاسی می‌افشاندند.

چون قضا آید، شود تنگ این جهان **از قضا حلوا شود رنجِ دهان** ۳۸۰

هنگامی که قضای الهی فرارسد، جهان با همهٔ فراخی برای آدمی تنگ می‌گردد و حلوا سبب آزارِ دهان می‌شود.

گفت: اِذا جاءَ ٱلقَضا ضاقَ ٱلفَضا[3] **تُحْجَبُ ألابْصارُ اِذْ جاءَ ٱلقَضا** ۳۸۱

گفته‌اند: با فرارسیدن قضا، فضا تنگ می‌گردد و چشم‌ها پوشیده می‌شود.

---

۱ - مصراع اوّل، آیه ۱۷ سورهٔ عَبَس است.

۲ - **سَنی**: بزرگ، عالی. اشارتی قرآنی؛ بقره: ۵۴/۲: و یاد آور زمانی را که موسیٰ به قومش گفت: ای قوم، شما با پرستش گوساله بر خود ستم کردید. پس به سوی پروردگارتان بازگردید و نَفْس‌های خود را بکشید.

۳ - مصراع اوّل از امثال عرب است: احادیث مثنوی، ص ۷۴.

چشـــم بسـته مـی‌شود وقتِ قـضا تــا نـبیند چشـمْ کُـحْلِ[1] چشـم را ۳۸۲

چشم بصیرتِ آدمی بسته می‌شود تا نتواند سود و زیانِ خود را دریابد و نفهمد کـه بـه سببِ قضای الهی چنین شده است.

مکرِ آن فارِس[2] چو انگـیزید گـرد[3] آن غُــبارت ز اِسـتغاثت دور کـرد ۳۸۳

هنگامی که قضا، از مکر گرد و غبارِ وسوسه‌ها را بر انگیزد، چنان تو را گمراه می‌کند که خود را برحق می‌یابی و از استغاثه و یاری خواستن باز می‌مانی.

سویِ فارِس رو، مـرو سـویِ غـبار ورنـه بـر تـو کـوبد آن مکـرِ سـوار ۳۸۴

هنگامی که گرد و غبارِ خواهش‌های نَفْسانی را دیدی، به سوی «قضا و قدرتِ الهی» بشتاب؛ یعنی با تهاجم وسوسه‌ها به درگاه حق روی آور و از او یاری بخواه که تو را از شرّ نَفْس در امان بدارد، و گرنه مکرِ قضا، با شکل شدّت یافتنِ این خواسته‌ها، چشمِ حقیقت‌بین تو را به کلّی کور می‌کند و گمراه می‌شوی.

گفت حق: آن راکه این گرگش بخَورد دید گَردِ گـرگ، چـون زاری نکـرد؟[4] ۳۸۵

حق گفت: گوسفندی که گرگ او را درید، چرا هنگامی که گَرد و غبار گرگ را دید، زاری نکرد؟

او نـــمی‌دانست گَــردِ گــرگ را؟ با چنین دانش چرا کـرد او چَـرا؟[5] ۳۸۶

مگر او گرد و غبار گرگ را نمی‌شناخت؟ چرا با این آگاهی باز هم به چریدن مشغول شد؟

گــوسفندان بُـویِ گـرگِ بـا گـزند[6] می‌بدانـند و بـه هـر سـو مـی‌خزند ۳۸۷

گوسفندان، بوی گرگ درنده را در می‌یابند و به هر سو پناه می‌برند.

مــغزِ حــیوانــات، بــویِ شیر را مــی‌بدانــد، تـرک مـی‌گوید چَـرا ۳۸۸

مغزِ حیوانات، بوی شیر درنده را می‌شناسد و جویای محلّ امن می‌گردد.

---

۱ - **کُحْل** : سرمه، کُحْل چشم : تقویت کنندهٔ نیروی باصره، کنایه از قدرت حق تعالی که به عنایت او چشم حقایق و سود و زیان را در می‌یابد. ۲ - **فارِس** : سوار، سوار بر اسب.

۳ - در این تمثیل، قضای الهی به سوارکاری مانند شده که با تاخت و تاز، گرد و غباری را کـه نـمادِ وسوسه‌هایِ نفسانی است، بر می‌انگیزد، به نحوی که آدمی متوجّه گرد و غبار می‌شود و از فارِس باز می‌مانَد.

۴ - در این تمثیل، قضای الهی به گرگ مانند شده و آدمی که مقهور قهر و غضب الهی است به گوسفند.

۵ - هنگامی که انسان آثار و علائم قهر و غضب الهی را می‌بیند، راهی جز توبه و بازگشت به سوی حق ندارد، باشد که به فضل خداوندی مورد مغفرت قرارگیرد و کمند قضا از وجودش برداشته شود. ۶ - **گزند** : آسیب.

بویِ شیرِ خشمْ دیدی، بازگرد / با مناجات و حذر[1] انباز[2] گرد ۳۸۹

هنگامی که بوی شیر خشمِ الهی را حس کردی، از راهی که رفته‌ای، بازگرد و با نیایش و پرهیز از دنیا به حق روی آور.

وانگشتند آن گروه از گَردِ گُرگ / گُرگِ محنت بعدِ گَرد آمد سُترگ[3] ۳۹۰

آن قوم، گَرد و غبار گرگِ خشمِ الهی را مشاهده کردند؛ امّا دست از ناسپاسی و حق‌ستیزی برنداشتند تا گرگِ غضب و محنتِ رسید و آثارِ درونیِ قهر به آثارِ برونی مبدّل شد.

بر درید آن گوسفندان را به خشم / که ز چوپانِ خِرَد بستند چشم ۳۹۱

گرگ قضا، آن قوم را که در مرغزارِ دنیا به چریدن مشغول بودند، بر درید و عواقبِ شومِ نادیده انگاشتن خرد و عاقبت‌اندیشی، دامنشان را گرفت.

چند چوپانْشان بخواند و نامدند / خاکِ غم در چشمِ چوپان می‌زدند ۳۹۲

چوپان این رمه، یعنی پیامبران بزرگواری که به سوی قوم سبا فرستاده شدند، آنان را به سوی حق فراخواندند؛ امّا ایشان با جواب‌های گستاخانه، پیامبران را اندوهگین می‌کردند.

که: برو، ما از تو خود چوپان‌تریم / چون تَبَع گردیم، هر یک سرْوَریم ۳۹۳

می‌گفتند: بروید که ما نیازی نداریم و از شما داناتریم، چرا پیروی کنیم؟ هر یک از ما سروریم.

طعمهٔ گرگیم و آنِ یار نه / هیزمِ ناریم و آنِ عار نه ۳۹۴

هنگامی که پیامبران آنان را اندرز می‌دادند که از قهر الهی بیمناک باشید، قوم سبا می‌گفتند: ما حاضریم گرفتار خشم خداوند بشویم؛ ولی از شما متابعت نکنیم. هیزم آتش شویم؛ امّا ننگ را نپذیریم.

حَمْیتی[4] بُد جاهلیّت در دِماغ[5] / بانگِ شُومی بر دِمَنْشان[6] کرد، زاغ ۳۹۵

غیرت و تعصّب جاهلانه چنان بادی در فکر و مغز آنان افکنده بود که پیروی از پیامبران را عار و ننگ می‌شمردند؛ بنابراین قهر الهی منازل و بوستان‌شان را ویران کرد که زاغ بر بقایای آن، بانگِ شوم سر داد.

---

۱ - **حذر**: پرهیز. ۲ - **انباز**: شریک، همراه. ۳ - **سُتُرگ**: بزرگ.

۴ - **حَمْیت**: غیرت و ننگ و عار. اشارتی قرآنی، آیهٔ ۲۶ از سورهٔ فتح «حَمِیَّةَ الْجاهِلِیَّةِ».

۵ - اشارتی قرآنی؛ فتح: ۲۶/۴۸: یاد آر زمانی را که کافران در دل‌های خویش غیرت جاهلی بنهادند؛ پس خداوند بر دل رسول و مؤمنان آرامش فرو فرستاد... .

۶ - **دِمَن**: آثار خانه و بقایای برجای مانده و حاصل از ویرانی.

بهرِ مظلومان همی کندند چاه　　در چَهْ افتادند و می‌گفتند: آه ۳۹۶

آن قوم برای پیامبرانِ خیرخواه چاهی از جهل و تعصّب خویش کنده بودند و حرمت آن بزرگواران را زیر پا می‌نهادند، عاقبت خود در آن چاه سرنگون شدند و افسوس می‌خوردند.

پوستینِ یوسفان بشکافتند　　آنچه می‌کردند، یک یک یافتند ۳۹۷

آن قوم گمراه در آزار پیامبران که همانند یوسف(ع) تحت ستم قرار گرفته بودند، می‌کوشیدند؛ امّا پاسخ اعمال زشت خویش را یک به یک دریافت داشتند.

کیست آن یوسف؟ دلِ حقْجویِ تو[1]　　چون اسیری بسته اندر کویِ تو ۳۹۸

یوسف، همان دلِ جویای حقّ توست که بسان اسیری در تنت محبوس است.

جبرئیلی را بر اُستن بسته‌ای　　پرّ و بالش را به صد جا خَسته‌ای ۳۹۹

جانت را که اگر ارتقا و تکامل یابد، می‌تواند همانند جبرئیل در عالم مجرّدات جای داشته باشد، بر ستون خواهش‌هایِ «تن» بسته‌ای و پر و بالِ پروازش را در اثر غفلت از حق خسته و آزرده ساخته‌ای.

پیشِ او گوساله بریان آوری؟[2]　　گه کَشی او را به کَهْدان آوری؟ ۴۰۰

نزد او گوسالهٔ بریان می‌نهی؟ به او رزقِ نَفْسانی می‌دهی و به کاهدان دنیا می‌کشانی؟

که بخور این است ما را لوت و پوت[3]　　نیست او را جز لقاءُ اللهْ، قوت[4] ۴۰۱

بخور که خوردنیِ ما همین است، در حالی که رزقِ جانِ آدمی فیض الهی و لقای حق است.

زین شکنجه و امتحان، آن مُبتلا　　می‌کند از تو شکایت با خدا ۴۰۲

روح انسانی‌ات از آزار و رنجی که به او می‌رسانی، از تو به خداوند شکوه می‌کند.

کِای خدا ! افغان از این گرگِ کُهُن[5]　　گویدش: نَک، وقت آمد، صبر کن ۴۰۳

می‌گوید: ای خدا، داد از این گرگ پیر، خداوند می‌گوید: صبر کن که زمان آن فرا رسیده است.

---

۱ - در این تمثیل سرّ سویدای دل انسان که قابلیّت دریافت علوم و اسرار الهی را دارد به یوسف(ع) مانند شده که در چاهِ تن، اسیرِ سرشتِ بشری و نَفْس است.

۲ - این بیت ناظر است به مضمون آیه ۶۹ از سورهٔ هود که در آن ابراهیم(ع) برای فرشتگانی که از سوی پروردگار نازل شده بودند، گوسالهٔبریان نهاد. «عِجْلٍ حَنِیذٍ»　۳ - **لوت و پوت** : انواع خوردنی.

۴ - در آیهٔ ۷۰ از سورهٔ هود، ابراهیم(ع) متوجّه شد که میهمانان به سوی طعام دست دراز نمی‌کنند، دچار وحشت شد و فرشتگان گفتند که فرستادگان خداوند یکتا هستند.　۵ - **گرگ کهن** : کنایه از نَفْسِ امّاره.

دادِ تـو وا خـواهـم از هـر بـی‌خبر داد کِـه دْهَـدْ جـز خـدایِ دادگـر؟ ۴۰۴

داد تو را از هر غافلی می‌گیرم. جز خداوندِ دادگر، چه کسی می‌تواند داد بستاند؟

او هـمی گـوید کـه صـبرم شـد فـنا در فـــراقِ رویِ تـــو یـــا رَبَّـنا ! ۴۰۵

روح انسانی یا جان آدمی، می‌گوید: پروردگارا، صبرم در فراق شهود و لقای تو تمام شد.

احــمدم، درمـانده در دستِ یـهود صالحم، افـتاده در حـبس ِ ثَـمود[1] ۴۰۶

روح انسانی می‌نالد که پروردگارا، وجه الهی من همان احمد(ص) است که در دست یهود گرفتار آمده یا صالح(ع) است که محبوس حق‌ستیزی ثمودیان شده است.

ای ســـعادت‌بخش ِ جـــانِ انــبیا یـا بکُش، یـا بـاز خـوانـم، یـا بـیا ۴۰۷

ای خدایی که جان پیامبران را سعادت بخشیده‌ای، یا مرا بکش، یا به خود بخوان یا بر من تجلّی کن.

بـا فـراقت کـافران را نـیست تـاب مــی‌گُوَد: یــا لَـیْتَنی کُـنْتُ تُـراب[2] ۴۰۸

حتّی کافران تاب و توان دوری تو را ندارند و می‌گویند: ای کاش، خاک بودم.

حالِ او این‌است کو خود زآن سو است[3] چون بود بی‌تو، کسی کآن تو است؟ ۴۰۹

کافرِ گمراه چنین حالی دارد؛ پس حالِ کسی که به تو تعلّق دارد چگونه می‌تواند باشد.

حق هـمی گـوید کـه آری ای نَـزِه[4] لیک بشـــنو صـــبر آر و صـــبر بِـهْ ۴۱۰

حق می‌گوید: ای جان پاک، همین است؛ امّا بشنو و صبور باش؛ زیرا بردباری بهتر است.

صبحْ نزدیک است، خامش،کم خروش من هـمی کـوشم پـیِ تـو، تـو مکـوش ۴۱۱

به طلوع خورشید حقایق چیزی نمانده است، خاموش باش و فریاد نکن. من برای تو می‌کوشم، تو آرام باش.

---

۱ - **ثمود** : ر.ک. ۲۵۱۹/۱.

۲ - اشارتی قرآنی؛ نَبَأ : ۴۰/۷۸ : شما را از عذابی نزدیک می‌ترسانیم، روزی که آدمی هر چه را پیش فرستاده است می‌نگرد. وَ یَقُولُ الْکافِرُ یا لَیْتَنِی کُنْتُ تُراباً : و کافر می‌گوید: ای کاش که من خاک بودم.

۳ - **زآن سو است** : گمراه است، در راه حق نیست. ۴ - **نَزِه** : منزّه، پاک.

بقیّهٔ داستانِ

رفتنِ خواجه به دعوتِ روستایی سوی ده

شد ز حد، هین! باز گرد ای یارِ گُرد — روستایی خواجه را، بین خانه بُرد ۴۱۲

ای یار دلاور، سخن از حد گذشت، باز گرد و ببین که آن روستایی، خواجه را به خانهٔ خود برد.

قصّهٔ اهلِ سبا یک گوشه نِهْ — آن بگو کآن خواجه چون آمد به دِه؟ ۴۱۳

قصّهٔ قوم سبا را کنار بگذار و بگو که آن مرد شهرنشین چگونه به سوی ده آمد؟

روستایی در تَملُّق شیوه کرد — تا که حزمِ خواجه را کالیوه[1] کرد ۴۱۴

مرد روستایی به حدّی تملّق گفت که توانست عاقبت‌اندیشیِ خواجه را زایل و او را گیج کند.

از پیام اندر پیام او خیره شد — تا زُلالِ حزمِ خواجه تیره شد ۴۱۵

از پیام‌هایِ محبّت‌آمیز و پی‌درپی او به حدّی حیرت‌زده شد که عاقبت‌نگری خود را از دست داد.

هم از اینجا کودکانش در پسند — نَرْتَع[2] و نَلْعَب[3] به شادی می‌زدند ۴۱۶

از طرف دیگر، فرزندانِ او هم که مشتاق بودند، با خوشحالی می‌گفتند که می‌رویم، گردش و بازی می‌کنیم.

همچو یوسف کِش ز تقدیرِ عجب — نرتع و نَلعَب[4] ببُرد از ظِلِّ اَب ۴۱۷

همانند یوسف(ع) که به سبب تقدیرِ حیرت‌انگیز، «نَرْتَعْ و نَلْعَبْ» او را از سایهٔ پدر دور کرد.

آن نه بازی بلکه جانبازی‌ست آن — حیله و مکر و دغاسازی‌ست آن ۴۱۸

چیزی که آنان می‌گفتند، بازی نبود، جانبازی بود، حیله‌گری و فریب و نیرنگ بود.

هر چه از یارت جدا اَندازد آن — مشنو آن را، کآن زیان دارد، زیان ۴۱۹

به هر چیزی که تو را از یارِ حقیقی دور کند، توجّه نکن که زیانبار است.

---

۱ - **کالیوه :** گیج و گُم. ۲ - **نَرْتَعُ :** گردش می‌کنیم. ۳ - **نَلْعَبُ :** بازی می‌کنیم.

۴ - اشارتی قرآنی؛ یوسف : ۱۲/۱۲ : أَرْسِلْهُ مَعَنَا غَداً يَرْتَعْ وَ يَلْعَبْ وَ إِنَّا لَهُ لَحَافِظُونَ: [برادران یوسف(ع) به پدرشان یعقوب(ع) گفتند:] او را فردا با ما بفرست تا بگردد و بازی کند و ما او را نگهداریم.

۴۲۰ **گر بُوَد آن سودِ صد در صد، مگیر بهرِ زر مَگسِل ز گنجورِ فقیر** [۱]

اگر آن چیز صد در صد هم منافع دنیوی‌ات را تأمین کند، نپذیر، برای بهره‌هایِ دنیا از مردِ حق که ظاهراً فقیر به نظر می‌رسد؛ امّا نگهبان گنج الهی است، دوری مکن.

۴۲۱ **این شنو که چند یزدان زجر کرد** [۲] **گفت اصحابِ نبی را گرم و سرد**

این سخن را بشنو که خداوند یاران پیامبر را آزرد و سرزنش کرد.

۴۲۲ **زانکه بر بانگِ دهل در سالِ تنگ جمعه را کردند باطل** [۳] **بی‌درنگ**

زیرا، آنان با شنیدن بانگ طبل در سالِ تنگ و قحط نماز جمعه را رها کردند.

۴۲۳ **تا نباید** [۴] **دیگران ارزان خرند زآن جَلَب** [۵] **صرفه ز ما ایشان برند**

مباداکه دیگران، اجناس را ارزان‌تر بخرند و به سبب خرید ارزان بیشتر از ما سود ببرند.

۴۲۴ **ماند پیغمبر به خلوت در نماز با دو سه درویشِ ثابت، پُر نیاز**

پیامبر(ص) در نماز تنها ماند و کنارِ او فقط دو، سه مردِ فقیرِ ثابت‌قدم نیازمند ماندند.

۴۲۵ **گفت: طبل و لهو و بازرگانیی چونتان بُبرید از ربّانیی؟**

حق تعالیٰ گفت: چرا آوایِ طبل و لهو و تجارت شما را از چنین مرد ربّانی دور کرد؟

۴۲۶ **قَدْ فَضَضْتُمْ** [۶] **نَحْوَ قَمْحٍ** [۷] **هٰایِماً** [۸] **ثُمَّ خَلَّیْتُمْ** [۹] **نَبِیّاً قٰایِماً**

دیوانه‌وار و سرگشته به سوی گندم دویدید و پیامبر را در حالی که ایستاده بود، تنها گذاشتید.

۴۲۷ **بهرِ گندم تُخمِ باطل کاشتید و آن رسُولِ حقّ را بگذاشتید**

به طمعِ گندم، بذر تباهی را در جان خود افشاندید؛ زیرا رسول خدا را تنها گذاشتید.

---

۱ - **گنجور فقیر** : مرد خدا، درویش اهل دل. ۲ - **زجر کردن** : آزردن، سرزنش کردن.

۳ - اشارتی قرآنی؛ جمعه : ۱۱/۶۲ : وَ إِذَا رَأَوْا تِجارَةً أَوْ لَهْواً ٱنْفَضُّوا إِلَیْهَا وَ تَرَکُوكَ قٰائماً قُلْ ما عِنْدَ اللهِ خَیْرٌ مِنَ ٱللَّهْوِ وَ مِنَ ٱلتِّجَارَةِ وَاللهُ خَیْرُ ٱلرّٰازِقینَ : [آنان که ایمانشان تام نیست] هرگاه داد و ستد و یا بازیچه و لهوی ببینند، بدان سو شتابند و تو را در حالی که ایستاده‌ای رها کنند. بگو آنچه در نزد خداست نکوتر از سودا و لهو شماست و خداوند برترین روزی دهندگان است.

در ارتباط است با خطبهٔ نماز جمعه که رسول خدا(ص) در حال ایراد آن بود و مردم که صدای ورود کاروانیان را شنیدند، صفوف نماز را ترک کردند و به سوی داد و ستد شتافتند. ۴ - **نباید** : مبادا.

۵ - **جَلَب** : کشاندن چهارپایان از جایی به جایی به منظور تجارت. ۶ - **فَضَضْتُمْ** : پراکنده شدید.

۷ - **قَمْح** : گندم. ۸ - **هایم** : سرگشته. ۹ - **خَلَّیْتُمْ** : خالی گذاشتید.

صحبتِ او خَیْرٌ مِنْ لَهْو است و مال   بین که را بگذاشتی؟ چشمی بمال ۴۲۸

درکِ محضر او بهتر از بازی و ثروت است. توجّه کن که چه کسی را رها کرده‌ای؟

خود نشد حرص ِ شما را این یقین   که منم رزّاق و خَیْرُ الرّازقین؟ ۴۲۹

آیا نَفْسِ حریصِ شما، یقین نداشت که روزی دهنده منم و بهترینِ روزی‌دهندگانم؟[1]

آنکه گندم را ز خود روزی دهد   کِی توکُّل‌هات را ضایع نهد؟ ۴۳۰

خدایی که گندم را که روزیِ توست، رزق می‌دهد تا نشو و نما یابد، چگونه به خودِ تو روزی نرساند و توکّل و اعتمادت را به حق ضایع گذارد؟

از پیِ گندم، جدا گشتی از آن   که فرستاده‌ست گندم ز آسمان[2] ۴۳۱

برای گندم از کسی جدا شدی که فرستندهٔ گندم از آسمان به سوی توست.

دعوتِ باز بطان را از آب به صحرا[3]

در این قصّه، «باز» از «بط» می‌خواهد تا آب را رها سازد و در آسمان پرواز کند و دشت‌های خرّم را ببیند؛ امّا بط که عاقل است و آرزوهای بیخردانه را در سر نمی‌پرورد، به خوبی آگاه است که آب مایهٔ حیات و مأمن اوست و از باز می‌خواهد تا از وی دست بردارد.

در این قصّهٔ تمثیلی «باز»، نمادی است از «اهل دنیا» و «بط»، نمادی از «اهل دل» که به دریایِ معارف راه یافته است.

باز گوید بط[4] را کز آب خیز   تا ببینی دشت‌ها را قندْ ریز ۴۳۲

باز به بط می‌گوید: آب را رها کن تا دشت‌ها و صحراها را دلپذیر و دلکش ببینی.

بطِّ عاقل گویدش: ای باز! دور   آبْ ما را حِصن[5] و امن است و سرور ۴۳۳

بطِ عاقل می‌گوید: ای باز، از من دور شو؛ آب برای ما حصاری امن و مایهٔ شادی است.

---

۱ - ر.ک: ۴۲۲/۳.

۲ - اشارتی است به ارادهٔ کلّی حق تعالیٰ در مدیریّت نظام هستی، که باران ببارد و زمین آن را دریافت کند و گیاهان و تخم‌ها را برویاند.

۳ - ظاهراً مأخوذ از نظامی گنجوی است؛ امّا ریشهٔ عامیانه دارد: بحر در کوزه، ص ۲۸۷.

۴ - **بط** : مرغابی.

۵ - **حصن** : حصار.

دیو چون باز آمد، ای بطّان شتاب   هین! به بیرون کم روید از حصنِ آب ۴۳۴

ای مرغابی‌ها، هنگامی که شیطان باز آمد، بشتابید و آگاه باشید که از حصار آب خارج نشوید.

باز را گویید: رو رو، باز گرد   از سرِ ما دست دار ای پایْ‌مَرد[1] ۴۳۵

به باز می‌گویند: ای مددکار، باز گرد و برو، دست از ما بدار.

ما بری[2] **از دعوتت، دعوت تو را   ما ننوشیم**[3] **این دَمِ تو کافرا!** ۴۳۶

ما از دعوت تو بی‌نیاز هستیم، دعوتت مال خودت. ای کافر، ما گول نمی‌خوریم و به این افسون گوش نمی‌دهیم.

حِصنْ ما را، قند و قندستان[4] **تو را   من نخواهم هدیه‌ات، بِستان، تو را** ۴۳۷

حصار امن برای ما کفایت می‌کند، شِکَر و شکرستان از آنِ تو. بگیر، هدیه‌ات مالِ خودت.

چونکه جان باشد، نیاید لوت[5] **کَم   چونکه لشکر هست، کَم ناید عَلَم** ۴۳۸

چون جان هست، رزق می‌رسد؛ زیرا خداوند رزّاق است. چون لشکر هست، پرچم کم نخواهد آمد.

خواجهٔ حازم[6] **بسی عذر آورید   بس بهانه کرد با دیوِ مَرید**[7] ۴۳۹

خواجهٔ عاقبت‌اندیش عذرها آورد و چه بهانه‌ها برای آن روستاییِ شیطان‌صفت گفت.

گفت: این دم کارها دارم مُهِم   گر بیایم، آن نگردد مُنتظِم[8] ۴۴۰

گفت: فعلاً کارهای مهمّی دارم که اگر بیایم به انجام نمی‌رسد.

شاهْ کارِ نازکم[9] **فرموده است   ز انتظارم شاه، شب نغنوده است**[10] ۴۴۱

شاه به من کار مهمّی را سپرده و در انتظار به پایان رسیدن آن، شب را نخوابیده است.

من نیارم[11] **ترکِ امرِ شاه کرد   من نتانم شد بَرِ شه رویْ زرد**[12] ۴۴۲

من نمی‌توانم فرمان شاه را ندیده بگیرم و شرمسار باشم.

---

۱ - **پایْ مرد**: میانجی، واسطه، مددکار.   ۲ - **بری**: برکنار، دور.   ۳ - **ننوشیم**: نمی‌شنویم.
۴ - **قند و قندستان**: کنایه از فریبندگی‌های دنیای مادّی.   ۵ - **لوت**: غذا، اینجا رزقِ معنوی.
۶ - **حازم**: عاقبت‌اندیش.   ۷ - **دیو مَرید**: شیطان سرکش.
۸ - **نگردد منتظم**: انتظام نمی‌یابد، به انجام نمی‌رسد.   ۹ - **کارِ نازک**: کار حسّاس.
۱۰ - **نغنوده است**: نخوابیده است.   ۱۱ - **نیارم**: نمی‌توانم.   ۱۲ - **رویْ‌زرد**: شرمنده.

هر صباح و هر مَسا،[1] سرهنگِ خاص   می‌رسد، از من همی جوید مَناص[2] ۴۴۳

هر صبح و شب، سرهنگ ویژهٔ او می‌آید و خواهان اتمام کار است.

تو روا داری که آیم سوی دِه   تا در ابرو افکَنَد سلطان گِره؟ ۴۴۴

آیا تو روا می‌داری که من به دهستان بیایم و شاه خشمگین شود؟

بعد از آن درمانِ خشمش چون کنم؟   زنده خود را زین مگر مدفون کنم ۴۴۵

بعد از آن، برای خشم او چه چاره‌ای بیندیشم؟ مگر اینکه خود را پس از این کار زنده به گور کنم.

زین نمط[3] او صد بهانه باز گفت   حیله‌ها با حکم حق نَفْتاد جُفت ۴۴۶

به این ترتیب، خواجهٔ شهری صد جور بهانه آورد؛ امّا تدبیر او با حکم حق موافق نبود.

گر شود ذرّاتِ عالم حیله پیچ   با قضایِ آسمان، هیچ‌اند، هیچ ۴۴۷

اگر ذرّات عالم جمع شوند و حیله‌ای بیندیشند، در برابر قضای الهی هیچ و پوچ هستند.

چون گریزد این زمین از آسمان؟   چون کند او خویش را از وی نهان؟ ۴۴۸

چگونه زمین می‌تواند از آسمان بگریزد و یا خود را از وی نهان دارد؟

هر چه آید ز آسمان سوی زمین   نه مَفَر دارد، نه چاره، نه کمین ۴۴۹

هر چیزی که از آسمان به زمین نازل شود، می‌پذیرد؛ زیرا نه راه فرار دارد و نه پناهگاه.

آتش اَرْ خورشید می‌بارد بر او   او به پیشِ آتشش بنهاده رُو ۴۵۰

اگر خورشید آتش بر سرِ زمین فرو بارد، زمین در برابرش سرِ تسلیم فرود می‌آورد.

ور همی طوفان کند باران بر او   شهرها را می‌کند ویران بر او ۴۵۱

اگر باران ببارد و توفان برپا کند و شهرها را ویران سازد،

او شده تسلیمِ او، ایّوب‌وار   که اسیرم، هرچه می‌خواهی ببار ۴۵۲

زمین، همانند ایوّب(ع) در برابر او صبور و تسلیم است و به زبان حال می‌گوید: من اسیر تو هستم، هر قدر می‌خواهی ببار.

ای که جزوِ این زمینی! سر مکش   چونکه بینی حکمِ یزدان، در مکش ۴۵۳

ای انسان که از خاک در وجود آمده‌ای، تو نیز مانندِ زمین تسلیم حُکمِ حق باش و سرکشی نکن.

---

۱ - **صباح و مَسا**: صبح و شب. ۲ - **مَناص**: پناه بردن و گریختن، گریزگاه. ۳ - **نمط**: راه و روش.

چون خَلَقْناکُمْ شنودی مِنْ تُـراب[۱] خاکْباشی[۲] جُست از تو، رُو متاب ۴۵۴

آیهٔ «شما را از خاک آفریدیم» را شنیدی، پس باید بدانی که از تو فروتنی خواسته‌اند، سرپیچی نکن.

بین که انـدر خـاک تـخمی کـاشتم گَـردِ خـاکـی[۳] و مَـنَش افـراشـتم[۴] ۴۵۵

توجّه کن که برای خلقت آدمی، آفرینش او را بسان تخمی که درخاک می‌نهند، از خاک مقرّر داشتم؛ بنابراین «وجه عنصری یا خلقی» تو گَردِ خاکی بیش نیست که من بـا دمـیدنِ روحِ خویش در آن، تو را به داشتن «وجه ربّی» مفتخر ساختم.

حملهٔ دیگر،[۵] تو خاکی پـیشه گـیر تـا کـنم بـر جـمله مـیرانت امـیر ۴۵۶

بار دیگر فروتنی و خاکساری را پیش گیر تا تو را امیرِ فرمانروایان دنیوی کنم.

آب از بــالا بــه پســتی در رَوَد آنگــه از پســتی بــه بـالا بـر رَوَد ۴۵۷

آب از بلندی به پستی جریان می‌یابد، سپس با تابش خورشید به آسمان بالا می‌رود.

گـندم از بـالا بـه زیـرِ خـاک شـد بعد از آن او خوشه و چـالاک شـد ۴۵۸

گندم از بالا در خاک نهاده شد، سپس نشو و نما کرد و خوشه‌ای شد و سر بر کشید.

دانـهٔ هــر مــیوه آمــد در زمــین بعد از آن سرها بـر آورد از دفـین[۶] ۴۵۹

دانهٔ هر میوه همین‌طور است، ابتدا در خاک نهان می‌شود، سپس از آنجا سر بر می‌آوَرَد.

اصلِ نعمت‌ها ز گردون تا به خاک زیـر آمـد، شـد غـذایِ جـانِ پـاک ۴۶۰

اصلِ نعمت‌ها که باران است با تواضع از آسمان به زمین آمد و غذایِ جانِ پاکِ آدمی شد.

از تواضع چون ز گردون شد به زیر گشت جــزوِ آدمـی حَـیِّ دلیـر ۴۶۱

چون باران با فروتنی از آسمان به زیر آمد، جزوی از انسان زندهٔ دلیر شد.

پس صـفاتِ آدمی شـد آن جـماد بــر فـرازِ عـرش پَـرّان گشت شـاد ۴۶۲

بدین سان، آن جماد جزو جسم انسان شد و صفات او را یافت و بر فراز عرش شادمانه پرواز کرد.

---

۱ - اشاره به آیاتی که ناظر است بر آفریده شدن انسان از خاک، به عنوان مثال: انعام: ۲/۶، حج: ۵/۲۲، مؤمنون: ۱۲/۲۳ و... ۲ - **خاک‌باشی** : فروتنی، تواضع. ۳ - **گَردِ خاک** : اشاره به «وجه خلقی».
۴ - **مَنَش افراشتم** : افراشتن به «وجه ربّی» اشاره دارد. ۵ - **حملهٔ دیگر** : بار دیگر. ۶ - **دفین** : مدفون.

کز جهانِ زنده ز اوّل آمدیم   باز از پستی سویِ بالا شدیم ۴۶۳

از جهان زنده یا «عالم مجرّدات» در ماورایِ عالم محسوس آمده‌ایم و باز از پستی می‌رهیم و به عالمِ بالا می‌رویم.

جمله اجزا در تحرُّک در سُکون   ناطقان که اِنّا اِلَیْهِ رٰاجِعُون[1] ۴۶۴

اجزای جهان در حال حرکت و سکون به زبانِ حال می‌گویند: ما به سوی او باز می‌گردیم.

ذکر و تسبیحاتِ اجزایِ نهان   غلغلی افکند اندر آسمان ۴۶۵

ذکر و نیایش اجزای نهانی، غلغله‌ای در آسمان افکنده است.

چون قضا آهنگِ نارنجات[2] **کرد   روستایی شهری را مات کرد** ۴۶۶

چون قضای الهی قصدِ مکر و نیرنگ داشت، روستایی خواجهٔ شهری را مغلوب کرد.

با هزاران حزم، خواجه مات شد   زآن سفر در مَعرض ِ آفات شد ۴۶۷

خواجه با هزاران تدبیر و عاقبت‌اندیشی مغلوب شد و در آن سفر صدمه و زیان دید.

اعتمادش بر ثباتِ خویش بود   گرچه کُه بُد، نیم سیلش در رُبود ۴۶۸

او به ثبات رأی خود اعتماد داشت، مانند کوهی بود که سیلابی نه چندان تند او را در ربود.

چون قضا[3] **بیرون کند از چرخْ سر   عاقلان گردند جمله کور و کَر** ۴۶۹

چون قضای الهی از چرخ گردون سر بر آوَرَد، عاقلان هم کور و کر می‌شوند.

ماهیان[4] **افتند از دریا برون   دام گیرد مرغِ پَرّان را زبون** ۴۷۰

ماهیان از دریا بیرون می‌افتند و پرنده در حال پرواز به خواری اسیر دام می‌گردد.

تا پری و دیو[5] **در شیشه شود   بلکه هاروتی**[6] **به بابل در رود** ۴۷۱

این مکرها که دامِ ناپیدای حق [استدراج] است، برانگیخته می‌شود تا «پری و دیو» در شیشه زندانی شوند و «هاروت و ماروت» که بر امتحان حق دلیری ورزیدند، در چاه بابل سرنگون گردند.

---

۱ – اشارتی قرآنی، بقره: ۱۵۶/۲.   ۲ – **نارنجات** : نیرنگ‌ها.   ۳ – **قضا** : ر.ک: ۹۱۵/۱.

۴ – ماهی، تمثیلی است از اهل معارف الهی و پرنده، تمثیلی از سالک.

۵ – به مضمون روایتی اشاره دارد که سلیمان(ع) پریان متمرّد را در شیشه کرد و به دریا افکند: حکایت الف لیل و لیلة: شرح مثنوی مولوی، ج ۳، ص ۱۰۵۵.   ۶ – **هاروت و ماروت** : ر.ک: ۵۳۹/۱.

جز کسی، کاندر قضا اندر گریخت   خونِ او را هیچ تربیعی[1] نریخت ۴۷۲

از قضای الهی فقط کسی که عاجزانه در قضا می‌گریزد و تسلیم می‌شود و روی به درگاه باری تعالی می‌آورد، نجات می‌یابد و خون او را هیچ طالع بدی نمی‌ریزد.

غیرِ آن که درگریزی در قضا   هیچ حیله ندهدت از وی رها ۴۷۳

هیچ چیزی تو را از قضا نمی‌رهاند، مگر آنکه تسلیمِ قضایِ الهی شوی.

قصّهٔ اهلِ ضَروان و حیلت کردنِ ایشان تا بی‌زحمتِ درویشان باغ‌ها را قِطاف[2] کنند

قصّهٔ اهل ضَروان که در دفتر سوم به اجمال اشارتی بدان می‌شود و تفصیل آن در دفتر پنجم[3] می‌آید، حکایت نیک‌مردی است که از محصول باغ خویش همواره سهم درویشان را منظور می‌دارد؛ امّا فرزندان او را از این کار منع می‌کنند و حیله‌ها می‌اندیشند تا روزیِ چند مسکین را قطع کنند.

سرانجامِ آنان و قهرِ الهی را که گریبانگیرشان می‌شود به‌طور مشروح در دفتر پنجم می‌آوریم.

قصّهٔ اصحابِ ضَروان خوانده‌ای؟   پس چرا در حیله‌جویی مانده‌ای؟ ۴۷۴

داستان اهل ضروان را که دهستانی در دوازده مایلی صنعای یمن بود، خوانده‌ای؟ پس چرا همچنان به فکر حیله و نیرنگ با حق و خلق هستی؟

حیله می‌کردند کژدُمْ نیشِ[4] چند   که بُرَند از روزیِ درویش، چند ۴۷۵

چند نفر بدنهاد، مکر می‌انگیختند تا روزی تعدادی فقیر را قطع کنند.

شب همه شب می‌سگالیدند[5] مکر   روی در رُو کرده چندین عَمْرو و بَکر[6] ۴۷۶

هر شب چندین عَمْرو و بَکر روبروی یک‌دیگر می‌نشستند و در فکرِ نیرنگ بودند.

---

۱ - **تربیع**: طالع بد، تقسیم بروج به چهار برج سه‌تایی و قرارگرفتن کواکب در حالت تربیع برای تشخیص طالع.
۲ - **قطاف**: هنگام انگور درودن، چیدن میوه. ۳ - ر.ک: مثنوی ۱۴۷۳/۵.
۴ - **کژدم نیش**: کسی که مانند نیش عقرب دیگران را می‌گزد و آزار می‌رساند. ۵ - **سگالیدن**: اندیشیدن.
۶ - **عَمرو و بکر**: اشاره به آدم‌های عادی مثل فلان و بهمان.

دفتر سوم ۷۹

خُـفیه مـی‌گفتند سِـرها آن بَـدان[1] تـا نـباید کـه خـدا دریـابد آن! ۴۷۷

در ارتباط با نیرنگ خود آهسته سخن می‌گفتند تا مبادا خداوند آن را دریابد.

بـا گِـل انـدایـنده[2] اِسگـالیدْ گِـل! دست، کـاری مـی‌کند پـنهان ز دِل! ۴۷۸

آدمی که با قدرتِ حق از گِل آفریده شده است، با خالق مکر ورزید، آیا دست کـه در سیطرهٔ دل است، می‌تواند پنهان از دل، کاری کند؟

گفت: اَلاٰ یَعْلَمْ هَواٰکَ مَـنْ خَـلَق؟[3] اِنَّ فـی نَـجْواکَ صِـدْقاً اَمْ مَـلَقْ[4]؟ ۴۷۹

خداوند گفت: آیا کسی که تو را آفرید، از خواستهٔ تو خبر ندارد؟ او نمی‌داند که در آنچه می‌گویی صدق است یا تملّق؟

گفت: یَغْفُلْ عَـنْ ظَـعینٍ[5] قَـدْ غَـدا مَـنْ یُـعایِنْ[6] أَیْـنَ مَـثْواهُ[7] غَـدا؟ ۴۸۰

گفت: کسی که فردایِ مسافر را به چشم می‌بیند، چگونه از حال او بی‌خبر بماند؟

أَیْـنَماٰ قَـدْ هَـبَطاٰ[8] اَوْ صَـعِداٰ[9] قَـدْ تَـوَلاّٰهُ[10] وَ اَحْـصیٰ[11] عَـدَداٰ ۴۸۱

هر جا که آن مسافر فرود آید یا سوار شود، خداوند بر او ولایت دارد و حساب کارش را می‌داند.

گوش را اکنون ز غفلت پـاک کـن اسـتماعِ هـجرِ آن غـمناک کـن[12] ۴۸۲

گوش را از غفلت پاک کن و نالهٔ هجرانِ غمناکی که آرزوی لقای حق را دارد، بشنو.

آن زکاتی دان کـه غـمگین را دهـی گوش را چون پیشِ دستانش نـهی ۴۸۳

اینکه به سخنان آن مهجورِ غمناک گوش دهی، زکاتی به غمگینی داده‌ای.

---

۱ - اشارتی قرآنی؛ قلم: ۲۳/۶۸: فَانطَلَقُوا وَ هُمْ یَتَخافَتُونَ: [آن انجمن] بدان سوی رفتند و با هم آهسته سخن گفتند.

۲ - **گل انداینده:** کسی که گِل کاری یا گِل مالی می‌کند، مجازاً حضرت حق تعالی که آدمی را از خاک آفرید.

۳ - مصراع اوّل ناظر است به سورهٔ ملک: ۱۴/۶۷: أَلاٰ یَعْلَمُ مَنْ خَلَقَ وَ هُوَ اللَّطیفُ ٱلْخَبِیْرُ: آیا آن کس که همه چیز را آفریده، از آن آگاه نیست، در حالی که اوست دانا به دقایق امور و آگاه از همه چیز.

۴ - **مَلَق:** چاپلوسی، تملّق. ۵ - **ظَعِیْن:** کوچ کننده، مسافر. ۶ - **عایَنَ:** نگاه کرد، معاینه کرد.

۷ - **مَثویٰ:** جایگاه، مکان همیشگی، منزل. ۸ - **هَبَطَ:** فرود آمد. ۹ - **صَعِدَ:** بالا رفت.

۱۰ - **تَوَلّیٰ:** به عهده گرفت، به عنوان ولی و پیشوا پذیرفت. ۱۱ - **أَحْصیٰ:** شمرد و کنترل کرد.

۱۲ - از این بیت تا بیت شماره ۴۸۷، قصّهٔ اهل ضروان به کناری نهاده می‌شود و جان کلام در بیانِ این معناست که اگر اهل دنیا به قصّهٔ هجران کسانی که رنج دیده‌اند یا «اهل معنا» گوش فرا دهند، این همدلی، مانند زکاتی است که به غمگینان پرداخت شده و گامی به قرب حق است.

بشـــنوی غـــم‌هایِ رنـــجورانِ دِل فـــاقهٔ جـــانِ شـــریف از آب و گِـل ۴۸۴

اگر به قصّهٔ غم‌های آنان که دلی رنجور دارند و جان شریفشان از آب و گِل در عـذاب است، گوشِ جان بسپاری، گویی زکات پرداخته‌ای.

خـــانهٔ پُـــر دود دارد پـــر فـــنی مـــر وَرا بُگشـــا زِ اِصـــغا[1] روزنـی ۴۸۵

دل او، مانند خانه‌ای پر از دود و دردِ غمِ لقایِ حق و احوال روحانی است، سخنانش را بشنو و دریچه‌ای بر آن خانه بگشا.

گـوشِ تـو، او را چـو راهِ دَم شـود دودِ تـلخ از خـانهٔ او کـم شـود ۴۸۶

به سخنانش که گوش می‌دهی، دود تلخ از روزن خارج می‌شود و راه نَفَسی برای او می‌گشایی.

غمگساری کن تو با مـا ای رَوی[2]! گـر بـه سـویِ ربِّ اَعْـلیٰ مـی‌روی ۴۸۷

ای سالک راه حق، با ما غمگسار باش، اگر به سوی پروردگار بلندمرتبه می‌روی.

این تـردّد[3] حـبس و زنـدانی بُـوَد که بـنگذارد کـه جـان سـویی رود ۴۸۸

تردید و دودلی، مانند زندان جان را محبوس می‌کند و نمی‌گذارد به سویی برود.

این بدین سو، آن بدان سو می‌کشد هـر یکـی گـویا: مـنم راه رَشَـد[4] ۴۸۹

این یکی آدمی را به این سو و آن یکی به دیگر سو می‌کشانَد و هر یک مدّعی‌انـد کـه وجود من راه رسیدن به کمال و رستگاری است.

ایـن تـردّد عـقبهٔ[5] راهِ حَـق است ای خُنُک آن راکه پایش مُطلق است[6] ۴۹۰

این «تردید» گردنهٔ خطرناکِ راهِ حق است، خوشا به سعادت کسی‌که پای جانش از دودلی رهاست.

بـــی‌تردّد مـــی‌رود در راهِ راست ره نمی‌دانی، بجو گـامش کـجاست ۴۹۱

او بدون تردید در راه راست گام بر می‌دارد. تو ای طالب، اگر راه را نمی‌شناسی، جویایِ گام و ردّ پای او باش.

گـامِ آهـو را بگـیر و رو مُـعاف تا رسی از گـامِ آهـو تـا بـه نـاف[7] ۴۹۲

جایِ پایِ آهو را بیاب و با خیالی آسوده در آن گام بگذار و برو تا از «گامِ آهو» به «نافِ آهو» برسی.

---

۱ - **اِصْغاء** : گوش دادن. ۲ - **رَوی** : سالک، روندهٔ راه حق. ۳ - **تردّد** : دودلی، تردید.
۴ - **رَشَد** : راه راست. ۵ - **عقبه** : گردنه. ۶ - **پایش مطلق است** : پای جانش مقیّد به دنیا و عقبیٰ نیست.
۷ - در این تمثیل، «آهو» نمادی از مردان حق است. «گام آهو»، مسیر سیر و سلوک ایشان و دستورات طریقت به شمار می‌آید که سالک را بدان موظّف می‌دارند، و ناف آهو نمادی از ادراک حقایق و اتّصال بدان است.

زین رَوِش بـر اوجِ اَنـور[1] مـی‌روی　　　ای بـرادر! گـر بـر آذر[2] مـی‌روی ۴۹۳

ای برادر، اگر رنجِ تهذیب را بپذیری، با این سلوک به اوجِ انوارِ حقایق راه می‌یابی.

نه ز دریا ترس، نه از مـوج و کَـف　　　چون شنیدی تو خطابِ لا تَـخَفْ[3] ۴۹۴

هنگامی که خطابِ «بیمناک نباش» را شنیدی، نه از دریا وحشت داشته‌باش و نه از هیچ چیز دیگر.

لا تَخَفْ دان چونکه خوفت[4] داد حق　　　نان فـرستد چـون فـرستادت طـبق[5] ۴۹۵

هنگامی که خداوند در دل بنده‌ای خوف از حق را قرار می‌دهد، عین **لاتَخَفْ** است؛ زیرا گِرد معاصی و خطا نمی‌گردد؛ این کار مانندِ درمانِ دردی است که می‌تواند عارض شود. کسی که طبق بفرستد، نان هم می‌فرستد.

خوف آن کس راست کو را خوف نیست　　　غصّه آن کس راکِش اینجا طوف نیست ۴۹۶

کسی باید بترسد که از حق بیمناک نیست، غصّه از آن کسی است که در راه حق سیر نمی‌کند.

روان شدنِ خواجه به سویِ ده

خواجه درکار آمد و تجهیز سـاخـت　　　مرغِ عزمش سویِ دِهْ اِشتاب تاخت[6] ۴۹۷

خواجه دست به کار شد و تجهیزاتی آماده کرد، مرغ عزم او با شتاب به سوی دهستان به پرواز آمد.

اهـــل و فـرزندان سـفر را سـاختند　　　رَخت را بـر گـاوِ عـزم انـداخـتند[7] ۴۹۸

اهل بیت و فرزندان او آمادهٔ سفر شدند و وسایل سفر را با تصمیمی که گرفتند، مهیّا کردند.

---

۱ - **انور** : نورانی‌تر.

۲ - **بر آذر رفتن** : بر آتش راه رفتن، کنایه از تحمّل مشقّت و رنج ریاضت و تهذیب است.

۳ - اشارتی قرآنی؛ طه : ۶۸/۲۰ : قُلْنا لاٰ تَخَفْ إِنَّكَ أَنْتَ ٱلْأَعْلىٰ : گفتم: مترس که تو برتری.
در ارتباط است با رفتن موسی(ع) به سوی فرعون. در دیگر آیات نیز مکرّر است، به عنوان مثال، طه: ۲۱/۲۰، قصص: ۳۱/۲۸، نمل: ۱۰/۲۷.　　۴ - **خوف** : ر.ک: ۳۶۲۹/۱.

۵ - **طَبَق** : خوانچه، در اینجا نمادی است از قابلیّت ادراک معانی، نان هم نمادی از رزق معنوی است.

۶ - مصراع دوم: عزم را جزم کرد که به ده برود.

۷ - مصراع دوم: وسایل را بر گاوِ تصمیم بار کردند؛ یعنی تصمیم گرفتند.

شـــادمانان و شـــتابان سـوی دِه   کـه بَـری خـوردیم از دِهْ، مـژده دِه ۴۹۹

شادمان و شتابان به سوی ده می‌رفتند و می‌اندیشیدند: مژده که ما هم از مزایای رفتن به دهستان برخوردار شدیم.

مقصدِ ما را چـراگـاهِ خـوش است   یارِ مـا آنـجا کـریم و دلکش است ۵۰۰

مقصد ما چراگاهی خوش است. دوستی که در آنجا داریم، بخشنده و نیکوست.

با هـزاران آرزومـان خـوانـده است   بهرِ ما غَرْس[1] کَـرَم بـنشانده است ۵۰۱

با هزاران امید و آرزو دعوتمان کرده و سخاوتمندانه آمادهٔ پذیرایی از ماست.

مـــا ذخـــیرهٔ دَه زمســـتانِ دراز   از بَـرِ او سـویِ شـهر آریـم بـاز ۵۰۲

ما از میوه‌های بوستانِ او توشه و ذخیرهٔ دَه زمستان طولانی را از ده به شهر می‌آوریم.

بـــلکه بـاغ ایـثارِ راهِ مـا کـند   در مـیانِ جـانِ خـودْمان جـا کـند ۵۰۳

حتّی ممکن است باغ خود را به ما ببخشد و در نهایت لطف ما را در میان جان جای دهد.

عَـجِّلُوا أصْـحٰابَنٰا کَـیْ تَـرْبَحُوا   عقل می‌گفت از درون: لاٰ تَـفرِحُوا[2] ۵۰۴

آنان به یک‌دیگر می‌گفتند: یاران بشتابید تا بهره ببرید؛ امّا عقل از درون می‌گفت: شادمانی نکنید.

مِـــنْ رَبـاحِ اللهِ کُـونُوا رٰابـحین   اِنَّ رَبّـــی لا یُـحِبُّ اَلفَـرِحین[3] ۵۰۵

از بهره‌های الهی سود ببرید که پروردگار من آنان را که به دنیا دلخوش‌اند، دوست ندارد.

اِفْــرَحُوا هَـــوْناً بِـــما آتاکُـمُ   کُـــلُّ آتٍ مُشْـــغِلٍ اَلْـــهاکُـمُ ۵۰۶

از آنچه که خداوند به شما بخشیده است، چنان شاد باشید که سرمست و مغرور نشوید. هر چیزی که به دستتان برسد و شما را سرگرم کند، از خدا بازتان می‌دارد.

شاد از وی شو، مشـو از غـیرِ وی   او بـهار است و دگـرها مـاهِ دِی ۵۰۷

از حق شاد شو، نه غیر از او. خدا مانند بهارِ خرّم است و دیگران زمستان سرد.

---

۱ - **غَرس** : کاشتن.

۲ - اشارتی قرآنی؛ حدید : ۲۳/۵۷ : ...لاٰ تَفْرَحُوا بِمٰا آتٰاکُمْ...: شادی سرمستانه مکنید بدانچه خداوند به شما بخشیده است.

۳ - اشارتی قرآنی؛ قصص : ۷۶/۲۸ : ...إِنَّ اللهَ لاٰ یُحِبُّ اْلْفَرِحِیْنَ : خداوند سرمستان را دوست ندارد.

۵۰۸ **هر چه غیرِ اوست، استدراجِ[1] توست گرچه تخت و مُلکت‌است و تاجِ توست**

آنچه در جهان است، یعنی «ما سوی الله»، دامِ نهان حق است، هرچند که تخت و تاج و سلطنت باشد.

۵۰۹ **شاد از غم شو، که غم دامِ لقاست اندر این ره سویِ پستی ارتقاست**

از غم شادمان باش که تو را به سوی او می‌کشاند، از دنیا دور می‌کند و دام وصال حق است. در راه حق هر کس که پستی و خاکساری گزینند، ارتقا می‌یابد.

۵۱۰ **غم یکی گنجی‌ست، و رنج تو چو کان لیک کِی در گیرد این در کودکان؟[2]**

غم، مانندِ گنج نهان است و رنج، مانندِ معدن؛ امّا این سخن کی در کودکان تأثیری دارد؟

۵۱۱ **کودکان چون نامِ بازی بشنوند جمله با خرگورْ هم تَک می‌دوند**

چون کودکان نام بازی می‌شنوند، سرمست می‌شوند و چنان به سوی آن می‌دوند که گویی با گورخر مسابقه می‌دهند.

۵۱۲ **ای خرانِ کور! این سو دام‌هاست در کمین، این سوی خون‌آشام‌هاست[3]**

ای خران نابینا، در این راه، دام‌ها در کمین‌اند و خون‌آشامان در انتظارند.

۵۱۳ **تیرها پَرّان، کَمان پنهان، ز غیب بر جوانی می‌رسد صد تیر شَیْب[4]**

در دنیایی که از کمانِ نهانِ تقدیر، همواره تیرِ حوادث می‌رسد و جوانی را در معرضِ کاستی و پیری قرار می‌دهد، نمی‌توان برای تعالی و تکامل جان به امید آینده نشست، هم‌اکنون باید به فکر چاره بود.

۵۱۴ **گام در صحرایِ دل باید نهاد زانکه در صحرایِ گِل نَبْوَد گشاد**

راه نجات از ورطهٔ فریبندگی دنیا، توجّه به «عالم معنا» و گام نهادن در «صحرای دل» است که در آن وسعت و گشایش است؛ زیرا صحرایِ گِل که همان دنیا و مافیهاست برای جان آدمی گشایشی در پی ندارد.

---

۱ - **استدراج** : ر.ک: ۲۳۰۳/۲.

۲ - اهل دنیا همان اطفال‌اند که به بازی و سرگرمی اشتغال دارند و به حقایق که در ورای عالم محسوس و تمتّعات دنیوی می‌توان جویای آن بود، وقعی نمی‌نهند.

۳ - در این تمثیل، اهل دنیا به خرانِ کوری مانند شده‌اند که قادر به رؤیت دام‌هایِ نهانِ دنیا که فریب و غرور است، نیستند. ۴ - **شَیْب** : پیری.

آمِـنْ آبـاد است دل، ای دوسـتان! چشـمه‌ها و گُـلْسِتان در گُـلْسِتان ۵۱۵

ای دوستان، دل سرزمین امنیّت و آرامش است که در آن چشمه‌های معارف و گلستان حقایق با گلبوته‌های اسرار الهی به ودیعه نهاده شده است.

عُجْ اِلَـی اَلقَـلْبِ وَ سِـرْ یـا سـارِیَه! فـیـه اَشْـجارٌ وَ عَـیْنٌ جـارِیَه ۵۱۶

ای شب‌رو، به سوی دل بیا و تفرّج کن که در آنجا درختان و نهرهای جاری است.

دِه مـرو، دِه مـرد را احـمق کـند عـقل را بـی‌نور و بی‌رونق کـند[1] ۵۱۷

به ده نرو؛ زیرا روستا آدمی را احمق می‌کند، عقل او را تاریک می‌سازد و جلوه‌اش را می‌ستاند.

قـولِ پـیغمبر شـنو ای مـجتبی[2] **! گـورِ عـقل آمـد وطـن در روسـتا**[3] ۵۱۸

ای انسان برگزیده، سخن پیامبر(ص) را بشنو که فرمود: اقامت در روستا عقل را مدفون می‌کند.

هر که در رُسـتا بـود روزی و شـام تـا بـه مـاهی عـقلِ او نَـبْوَد تـمام ۵۱۹

هر که یک روز یا یک شب در روستا زندگی کند، عقلِ او تا یک ماه به جای نخستین باز نمی‌گردد.

تـا بـه مـاهی احـمقی بـا او بُـوَد از حشیشِ[4] **دِه جز این‌ها چه دْرَوَد؟** ۵۲۰

تا یک ماه این حماقت با او خواهد بود، از خار و خس روستا، چه چیزی جز این را می‌توان درو کرد؟

وانکـه مـاهی بـاشد انـدر روسـتا روزگـاری بـاشدش جـهل و عَـمیٰ ۵۲۱

و آن کسی که یک ماه در روستا باشد، مدّت‌ها جهل و کوری همراه وی هست.

دِه چـه بـاشد شـیخِ واصـل نـاشده دست در تـقلید و حـجّت در زده ۵۲۲

مقصود از «ده» چیست؟ «ده» که این همه از مضارّ آن گفته شد، شیخ ناقصی است که به کمالِ الهی نرسیده است، امّا ادّعایِ ارشاد دارد و دانشِ او از طریق تقلید و استدلال است که پایی چوبین و غیر قابل اعتماد دارد، می‌خواهد طالبان را به سرمنزلِ مقصودی که خود بدان دست نیازیده است، برساند.

---

۱ - ده نمادی از نفس امّاره است که عقل و خرد آدمی را در سیطرهٔ خود می‌آورد و عاقبت‌اندیشی او را زایل می‌سازد. ۲ - **مجتبی** : برگزیده.

۳ - اشاره به حدیث: در روستا منزل مگزین که ساکن روستا همانند ساکن قبر است: احادیث مثنوی، ص ۷۵.
اگر به ظاهر این قول توجّه کنیم و برای آن تفسیر یا تأویل نیز قائل نشویم، طبیعی است که مزایای شهرنشینی که فرهنگ و تفکّر آدمی از آن نشأت می‌یابد با روستا قابل قیاس نیست. ۴ - **حشیش** : گیاه خشک.

۵۲۳ **پیش ِ شهرِ عقلِ کُلّی این حواس   چون خرانِ چشم بسته در خَراس[1]**

«حواسِ ظاهری» آدمی در مقایسه با «عقلِ کُلّ» که به «شهر» مانند شده است، شبیه چهارپایان چشم بسته‌ای است که حولِ محورِ آسیا در گردش‌اند.

۵۲۴ **این رها کن صورتِ افسانه گیر   هِل تو دُردانه[2]، تو گندم دانه گیر**

شرح معانی و مفاهیم والا را رها کنیم و صورت قصّه را بگوییم، فعلاً مروارید گرانبهای معارف را رها کن و به ظاهر داستان گوش فراده.

۵۲۵ **گر به دُر[3] رَه نیست، هین بُر[4] می‌ستان   گر بدان ره نیستت، این سُو بران**

اگر راهی به «عالم معنا» نداری؛ پس «ظاهر» را بشنو. اگر بدان سو نمی‌توانی بروی، به این سو بیا و به صورت و ظاهرِ قصّه توجّه کن.

۵۲۶ **ظاهرش گیر، ارچه ظاهر کژ پَرَد   عاقبت ظاهر سویِ باطن بَرَد**

ظاهرِ قصّه را گوش کن، هرچند که ظاهر قصّه کج می‌رود؛ امّا سرانجام همین ظاهر، تو را به باطن رهنمون می‌شود.

۵۲۷ **اوَّلِ هر آدمی خود صورت است   بعد از آن جان، کو جمالِ سیرت است**

هر انسان در آغاز صورت بود، بعد از آن، جان که «صورتِ سیرت» ماست، بدان تعلّق یافت.

۵۲۸ **اوَّلِ هر میوه جز صورت کِی است؟   بعد از آن لَذّت که معنیِّ وی است**

هر میوه نیز در ابتدا جز صورت چیزی نیست، بعد از آن طعم و مزه که معنیِ آن است، بدان افزوده می‌شود.

۵۲۹ **اوَّلا خرگاه سازند و خرند   تُرک[5] را زآن پس به مهمان آورند**

ابتدا خیمه و چادری می‌خرند و برپا می‌دارند، بعد تُرک را میهمان می‌کنند.

۵۳۰ **صورتت خرگاه دان، معنیت تُرک   معنیت مَلّاح دان، صورت چو فُلک[6]**

«صورت و ظاهر» خود را همان «خیمه و خرگاه» بدان و معنایِ خود را «تُرک»، یا می‌توانی چنین بیندیشی که ظاهرِ تو کشتی است و معنایت کشتیبان.

---

۱ - **خَراس** : آسیایی که با چهارپایان آن را می‌گردانند. در این دو بیت، «ده» و «شهر»، یعنی «شیخ واصل ناشده» با «شیخ کامل واصل» در تقابل با یک‌دیگرند، که همجواری و همصحبتی با انسان ناقص، آدمی را احمق و کودن می‌کند و درک محضر کاملان او را به سوی سیرِ استکمالی سوق می‌دهد.   ۲ - **دردانه** : مروارید، کنایه از عالمِ معنا.

۳ - **دُر** : دُرّ: مروارید.   ۴ - **بُر** : گندم، کنایه از «ظاهر» یا «صورت».

۵ - **ترک** : مرد نیرومند، زیباروی، مجازاً معانی و معارف.   ۶ - **فُلک** : کشتی.

بهرِ حق این را رها کن یک نَفَس   تا خرِ خواجه بجنباند جَرَس[۱] ۵۳۱

به خاطر خدا، دمی معانی را رها کن تا به داستان خواجه بپردازیم که خرش به حرکت آید.

رفتنِ خواجه و قومش به سویِ ده

خواجه و بَچْگان جهازی[۲] **ساختند   بر سُتوران جانبِ دِهْ تاختند** ۵۳۲

خواجه و فرزندانش آماده شدند و سوار بر چهارپایان به سوی دهستان راه افتادند.

شادمانه سویِ صحرا راندند   سافِرُوا کَیْ تَغْنَمُوا[۳] **برخواندند** ۵۳۳

با شادی به سوی صحرا رفتند و می‌گفتند: سفر کنید تا به غنیمت دست یابید.

کز سفرها ماهْ کیخسرو[۴] **شود   بی‌سفرها ماهْ کِی خسرو شود** ۵۳۴

ماه هم در اثر سفر کامل می‌شود، اگر به دور زمین نگردد، هلال ماه کامل نمی‌گردد.

از سفرْ بیدق[۵]**، شود فرزینِ**[۶] **راد   وز سفر یابید یوسف صد مراد** ۵۳۵

مهرهٔ پیاده اگر تمامِ صفحه را تا انتها طی کند، به مهرهٔ وزیر بَدَل می‌شود.[۷] یوسف(ع) هم با سفر به درجات عالی رسید.

روز، روی از آفتابی سوختند   شب ز اختر راه می‌آموختند ۵۳۶

قافلهٔ خواجه روزها چهره‌شان از آفتاب می‌سوخت و شب‌ها از طریق ستارگان راه را می‌یافتند.

خوب گَشته پیشِ ایشان راهِ زشت   از نشاط دِهْ شده رَهْ چون بهشت ۵۳۷

راه سخت و ناهموار را خوب می‌دیدند و از شادیِ رفتن به دهستان، راه مانندِ بهشت خوشایند می‌نمود.

---

۱ - **جَرَس** : درآی، زنگ، زنگوله‌ای که برگردن چهارپایان می‌آویزند.   ۲ - **جهاز** : اسباب خانه یا اسباب سفر.

۳ - اشاره به حدیث: سافِرُوا تَصِحُّوا و تَغْنَمُوا: سفرکنید تا تندرست بمانید و غنیمت یابید: احادیث مثنوی، ص ۷۶. این بیت و چند بیت پس از آن تأکیدی است بر سیر و سفرکه صوفیّه بر آن دقّت و مراقبت داشته‌اند و آن را «سیر آفاق و اَنْفُس» ظاهری و باطنی نامیده‌اند.   ۴ - **کیخسرو** : شاه، اینجا مراد کمال یافتن است.

۵ - **بَیْدَق** : مهرهٔ پیاده در شطرنج.   ۶ - **فرزین** : مهرهٔ وزیر در شطرنج.

۷ - و در این حالت بازی کننده‌ای که مهرهٔ وزیر خود را از دست داده است، می‌تواند وزیر را به جای مهرهٔ پیاده بنشاند.

تلخ از شیرین لبان خوش می‌شود   خـــار از گـلزار دلکش مـی‌شود ۵۳۸

همواره چنین است، سخن تلخ از دهان شیرین لبان خوش است و تحمّلِ خار برای رسیدن به گلزار دل‌انگیز می‌نماید.

حنظل[1] از معشوق خرما می‌شود   خـانه از هـمخانه صـحرا می‌شود ۵۳۹

میوهٔ تلخی که از دست معشوق می‌رسد، مانندِ خرما شیرین می‌نماید. همان‌طور که خانه با وجودِ همخانهٔ دلنشین، چون صحرا وسیع به نظر می‌رسد و آدمی در آن دلتنگ نمی‌شود.

ای بسـا از نـازنینان، خـارْکَش[2]   بـر امـیدِ گُـل‌عذارِ[3] مـاه‌وَش[4] ۵۴۰

چه بسیار نازنینانی که به امیدِ وصل یار، رنجِ سختی‌ها و بلایا را تحمّل می‌کنند.

ای بسـا حـمّال گشـته پشتْ ریش   از بـرای دلبـرِ مَـهْرویِ خـویش ۵۴۱

چه بسیار کسانی که پشتشان از کشیدنِ بار برای دلبرِ ماهرو، آزرده و زخمی است.

کـرده آهـنگر جـمالِ خـود سیاه   تا کـه شب آیـد، ببوسد رویِ مـاه ۵۴۲

آهنگر به این امید روی خود را سیاه می‌کند تا شب فرارسد و بتواند رویِ ماهِ یار را ببوسد.

خواجه تا شب بر دکـانی چـارمیخ   زانکه سروی در دلش کرده‌ست بیخ ۵۴۳

مردِ بازرگان از صبح تا شب در دکان میخکوب می‌شود تا وسایل آسایش سروقامتی را که مهرِ او در دلش ریشه دارد، فراهم کند.

تـاجری دریـا و خشکـی مـی‌رود   آن بـه مِـهرِ خـانه‌شینی[5] مـی‌دَوَد ۵۴۴

مردِ تاجر که دریا و خشکی را طی می‌کند، به امید و مهر کسی است که در خانه نشسته است.

هـر کـه را بـا مـرده سـودایی بُـوَد   بـر امـیدِ زنـده سـیمایی بُـوَد ۵۴۵

هر کس که با جماد سروکار دارد، آن کار را به امید محبوبی خوش آب و رنگ انجام می‌دهد.

---

۱ - **حَنْظَل** : خربزهٔ تلخ، میوهٔ تلخ.   ۲ - **خارکش** : اینجا کسی که رنج و سختی را تحمّل می‌کند.
۳ - **گل‌عِذار** : گل‌رو، زیبارو.
۴ - در این قطعه که از این بیت به بعد شروع می‌شود، جان سخن در بیانِ این معناست که در این جهان هرکس به امید بهره‌مندی از کسی یا چیزی می‌کوشد و می‌جوشد و از آنجا که دنیا و اهل آن، همه موجوداتِ امکانی و عدمی‌اند، این اجتهاد و مجاهده را باید ارتقا داد و از فانی به باقی روی آورد.   ۵ - **خانه‌شین** : خانه نشین.

آن دروگـــر روی آورده بـــه چـــوب   بـــر امـیدِ خـدمتِ مَـهْروی خـوب ۵۴۶

نجّار که ابزار کارش چوب است، به امیدِ ماهرویِ خوبِ خود بدان کار روی آورده است.

بـــر امـــید زنـــده‌یی کـــن اجـــتهاد   کـــو نگـــردد بـعدِ روزی دو جـماد ۵۴۷

به امیدِ کسی که زنده یا «حیّ» است، مجاهده کن تا بعد از دو روز به جسمی بی‌روح مبدّل نشود.

مونسی مگزین خسی را، از خسـی   عـــاریت بـاشد در او آن مـونسی[1] ۵۴۸

از فرومایگی آدمی به جای حق، با فرومایه‌ای همدم می‌شود؛ زیرا دوستیِ او غیر حقیقی است.

اُنس ِ تو با مـادر و بـابا کـجاست؟   گر بجز حق مـونسانت را وفـاست ۵۴۹

مگر طفل که بودی با پدر و مادر اُنس نداشتی؟ آن اُنس چه شد؟ اگر کسی بجز حق وفا دارد، اکنون کجاست؟ جز این است که از جهان رخت بربسته است؟

اُنس ِ تـو بـا دایـه و لالا چـه شـد؟   گر کسی شاید به غیرِ حق، عَـضُد[2] ۵۵۰

اگر تکیه بر دوستیِ با دیگران شایسته است، اُنس ِ تو با دایه و لله چه شد؟

اُنس ِ تو با شیر و بـا پسـتان نـماند   نـفرتِ تـو از دبـیرستان نـماند ۵۵۱

اُلفت تو با شیر و پستانِ مادر نماند، نفرت از درس و دبیرستان هم پایدار نبود.

آن شـعاعی بـود بـر دیـوارشـان[3] **   جانبِ خورشید وارَفت**[4] **آن نشـان** ۵۵۲

آن اُنس، پرتوِ عشق ِ حق بود که بر وجودشان می‌زد و موقّتی بود و به اصل خود بازگشت.

بر هر آن چیزی که افـتد آن شـعاع   تو بر آن هم عاشق آیی ای شُـجاع! ۵۵۳

ای جوانمرد، آن پرتو بر هر چیز بتابد، تو عاشق ِ آن می‌شوی.

عشقِ تو بر هر چه آن موجود بـود   آن ز وصـــفِ حـــقّ زَرْاَنـدُود بـود[5] ۵۵۴

به هر چیزی که عشق می‌ورزی، به سببِ پرتوِ تجلّیِ حق است که خداوند مانندِ «زر» آن را اندوده و جلوه داده است.

---

۱ - این بیت و چند بیت پس از آن در تقریر این معناست که دنیا و اهل دنیا را بقایی نیست و دل بستن به آن حاصلی جز یأس و تباهی ندارد.   ۲ - **عَضُد** : بازو، تکیه‌گاه.   ۳ - **دیوارشان** : کنایه از دیوارِ وجود، وجود.

۴ - **وارَفت** : بازگشت.

۵ - یکی از اوصاف حضرت باری «حیّ» است، یعنی زندهٔ جاوید و هنگامی که این وصف حق در موجودی پرتو می‌افکند، او حیات موقّت می‌یابد، مثل همهٔ انسان‌ها؛ امّا حیات او همان روکش زرّ است نه خودِ آن.

چون زَری با اصل رفت و مِس بماند طـبعْ سـیر آمـد طـلاقِ او بـرانـد ۵۵۵

هنگامی که روکش طلا برداشته شود و مس بمانَد؛ یعنی حیات موقّت را از دست بدهد، طبیعتِ آدمی از آن سیر می‌شود و رهایش می‌کند.

از زرانـــدودِ صِـــفاتش پـــا بکَش از جهالت قلب را کم گوی خَـوش ۵۵۶

از چیزهایی که به‌طور موقّت با صفاتِ حق جلوه یافته و خوشایند شده‌اند، دست بردار، از جهل طلایِ تقلّبی را خالص ندان.

کآن خوشی در قلب‌ها عاریَّت است زیـرِ زیـنت، مـایهٔ بـی‌زینت است ۵۵۷

زیرا، آن زیبایی و خوشی عاریه است. در پسِ این زینتِ ظاهری، زشتی نهان است.

زر ز رویِ قـــلب در کـــان می‌رود سویِ آن کان رو تو هم، کآن می‌رود ۵۵۸

عاقبت زرّ خالص از روی طلایِ تقلّبی کنار می‌رود و به معدن باز می‌گردد، تو هم همان جا برو که او می‌رود.

نـــور از دیـــوار تـــا خـــور مـی‌رود تو بدآن خور رو که در خور می‌رود ۵۵۹

نوری که بر وجودِ موجوداتِ امکانی می‌تابد، روزی به مبدأ هستی باز می‌گردد، تو هم به سوی آن خورشید حقیقی برو که به خورشید آسمان روشنایی و گرمی داده است.

زین سپس بِستان تو آب از آسمان چـــون نـدیدی تـو وفـا در نـاودان ۵۶۰

چون این ناودان، یعنی دنیا و اهلِ دنیا بقا و وفایی ندارند؛ پس چیزی را که مایهٔ حیات ابدی است [آب حیات]، از منبع اصلی آن بخواه.

مـــعدنِ دنـــبه نـــباشد دامِ گـــرگ[1] کِی شناسد معدنْ آن گرگِ سترگ؟ ۵۶۱

دامی را که برای گرگ نهاده‌اند، معدن دنبه نیست. گرگِ عظیم چگونه منبع آن را بشناسد؟

زر گـــمان بـــردند بســـته در گِـــره مـــی‌شتابیدند مـــغروران بـــه دِه ۵۶۲

خـانوادهٔ مـرد شـهرنشین کـه تـملّق و چـاپلوسی‌های روسـتایی آنـان را فـریفته بـود، می‌پنداشتند در روستا خوشی و شادمانی در انتظار آنان است و شتابان می‌رفتند.

---

۱ - در این تمثیل، دنیا به دامگاهی مانند شده که دنبهٔ «فریبندگی و تمتّعات» را برای در دام افکندن گرگ‌صفتان مغرور و منکران و معاندان، در آن نهاده‌اند.

همچنین خندان و رقصان می‌شدند سوی آن دولاب[۱] چرخی می‌زدند ۵۶۳

آنان خندان و شادمان و چرخ‌زنان به سوی مرد روستایی که می‌خواست مانندِ چرخ چاهی آن‌ها را به چاهِ محنت و بلا بیفکند، می‌رفتند.

چون همی دیدند مرغی می‌پرید جانبِ دِه، صبرْ جامه می‌درید ۵۶۴

هنگامی که پرواز پرنده‌ای را به سوی دهستان می‌دیدند، از بی‌صبری جامه می‌دریدند.

هر که می‌آمد ز دِه از سوی او بوسه می‌دادند خوش بر رویِ او ۵۶۵

هر کس که از روستا و از جانب روستایی می‌آمد، با خوشحالی او را می‌بوسیدند.

گر تو رویِ یارِ ما را دیده‌ای پس تو جان را جان و ما را دیده‌ای ۵۶۶

می‌گفتند: اگر تو رویِ دوست ما را دیده‌ای؛ پس تو جانِ جان ما و چشم ما هستی.

نواختنِ مجنون آن سگ را که مقیمِ کویِ لیلی بود[۲]

مجنون سگی را در کوی لیلی دید و به مهر نواخت. بوالفضولی به او اعتراض کرد این چه کار است که سگِ پلیدی را چنین می‌نوازی؟ مجنون در پاسخ گفت: از «نقش و تن» به در آی و از چشم من به او بنگر که: «**پاسبان کوچهٔ لیلی‌ست این**».

در این قصّه مجنون، نمادی از عاشق حق است و لیلی، نمادی از حق، مجنون طواف‌کنندهٔ کوی لیلی را، حتّی اگر سگی باشد، می‌بوسد و می‌بوید؛ زیرا همّتی والا او را به کویِ یار کشانده است. سگ هم نمادی از نَفْسِ تهذیب نیافته و تربیت نشدهٔ سالک مبتدی است.

شوقِ اهل بیتِ خواجه برای رسیدن به روستا و روستایی که او را دوست می‌پنداشتند، تداعی‌گر این قصّه است.

همچو مجنون[۳]، کو سگی را می‌نواخت بوسه‌اش می‌داد و پیشش می‌گداخت ۵۶۷

مانندِ مجنون که سگی را نوازش می‌کرد و می‌بوسید و در برابرش سوز و گدازی داشت.

---

۱ - **دولاب**: چرخ چاه.

۲ - این حکایت پیش از مثنوی در تمهیدات عین‌القضات همدانی، ص ۲۵، تفسیر ابوالفتوح، ج ۱، ۲۵۲ و احیاءالعلوم غزّالی، ج ۲، ص ۱۰۰، ۱۱۴، ۱۳۰ آمده است: مأخذ قصص و تمثیلات مثنوی، ص ۹۱.

۳ - **مجنون**: ر.ک: ۱۳/۱.

گِردِ او می‌گشت خاضع[۱] در طواف   هم جُلابِ شکّرش[۲] مـی‌داد صـاف ۵۶۸

با فروتنی گِردِ سگ می‌چرخید و به او شربت گلاب پاک می‌داد.

بـوالفـضولی گـفت: ای مـجنونِ خـام   این چه شید است، این که می‌آری مُدام؟ ۵۶۹

یاوه‌گویی گفت: ای مجنونِ نادان، این دیگر چه دیوانگی است که از تو سر می‌زند؟

پـوزِ سگ دایـم پـلیدی مـی‌خورد   مـقعدِ خـود را بـه لب مـی‌اُسْتُرَد ۵۷۰

پوزهٔ سگ همیشه آلوده و ناپاک است؛ زیرا مقعد خود را با لب می‌لیسد.

عیب‌هایِ سگ بسـی او بـر شُـمرد   عـیب‌دان از غـیب‌دان بـویی نَـبُرد ۵۷۱

و بسی از معایبِ سگ را برشمرد. کسی که عیوب ظاهری را می‌بیند، از عـوالم نـهانی بی‌خبر است و نمی‌داند در درون عاشق چه غوغایی برپاست.

گفت مجنون: تو همه نـقشی و تـن   انـدرآ و بـنگرش از چشـمِ مـن ۵۷۲

مجنون گفت: تو همین صورت و تن هستی، بیا و از چشم من به او بنگر.

کین طلسمِ[۳] بستهٔ مـولی‌ست ایـن   پـاسبانِ کـوچهٔ لیـلی‌ست ایـن ۵۷۳

این سگ بیهوده در این کوی نمی‌گردد، جاذبهٔ مولایش، او را به سان طلسمی در اینجا نگاهداشته و به پاسبانی واداشته است.

همّتش بین و دل و جان و شناخت[۴]   کو کجا بگزید و مسکن‌گاه ساخت ۵۷۴

همّت والای او، دل بزرگ، جان و معرفت او را ببین که کجا منزل گزیده است.

او سگِ فـرّخ رخِ کـهفِ مـن است   بلکه او هم‌درد و هم‌لَهْفِ[۵] من است ۵۷۵

او سگ مبارک‌روی و یار من است؛ بلکه بهتر بگویم که همدرد و غمخوارِ من است.

آن سگـی کـه بـاشد انـدر کـویِ او   من به شیران کِی دهم یک مویِ او؟ ۵۷۶

یک تارِ موی سگِ کوی او را با شیران عوض نمی‌کنم.

---

۱ - **خاضع** : فروتن.   ۲ - **جُلابِ شکر** : شربت گلاب.

۳ - **طلسم** : دستگاهی در علم حیل، از اجزای ارضی و سماوی ساخته می‌شود، بر سر دفینه‌ها و خزاین تعبیه می‌کنند.   ۴ - در متن ابتدا «همنشین بین» بوده، بعداً اصلاح کرده و «همتش بین» نوشته‌اند.

۵ - **هم‌لَهْف** : دوست غمخوار.

ای کـه شـیران مـر سگـانش را غـلام گفتْ امکان نیست، خامش، والسَّلام ۵۷۷

ای که شیران غلامِ سگان او هستند، دیگر نمی‌توان سخن گفت. خاموش باش، والسَّلام.

گر ز صورت بگـذرید ای دوسـتان جَنّت است و گُـلْسِتان در گُـلْسِتان ۵۷۸

ای دوستان، اگر از ظاهر بگذرید و به باطن روی آورید، بهشت و گلستان در گلستان است.

صورتِ خود چون شکستی، سوختی صـورتِ کُـل را شکست آمـوختی ۵۷۹

اگر «نَفْس» خود را بشکنی و بسوزانی، می‌بینی که «صورتِ کُلّ» یا عالمِ محسوس در ذهنت می‌شکند و دیدگاهت نسبت به هستی تغییر می‌یابد.

بـعد از آن هـر صـورتی را بشکـنی همچو حیدر بـابِ خـیبر بـر کَـنی ۵۸۰

بعد از آن هرگز فریفتهٔ ظاهر هر کس و هر چیز نمی‌شوی؛ یعنی از دیدن هر ظاهر، باطنِ آن را در می‌یابی، همان‌گونه که علی(ع) که نمونهٔ کامل جهاد با نَفْس است، توانست در قلعهٔ خیبر را از جای برکَنَد، تو هم با مجاهده می‌توانی سخت‌ترین حجاب‌هایی را که بر ظاهرِ عالمِ محسوس کشیده شده است، کنار بزنی و به ماورای آن راه یابی.

سُغْبهٔ[1] صورت شد آن خواجهٔ سلیم[2] که به دِه می‌شد بـه گـفتاری سـقیم[3] ۵۸۱

آن خواجهٔ ساده دل، فریبِ ظاهر را خورد که با گفتار نادرست روستایی به دهستان می‌رفت.

سـوی دامِ آن تـملّق شـادمان همچو مـرغی سـویِ دانـهٔ امـتحان ۵۸۲

مانند پرنده‌ای که به سوی دانهٔ محنت می‌رود، آنان هم شادمان به سوی دامی می‌رفتند که تملّقِ روستایی برایشان گسترده بود.

از کَـرَم دانست مـرغ، آن دانـه را غایتِ حرص است نه جود، آن عطا ۵۸۳

پرنده تصوّر می‌کند که آن دانه را از جوانمردی آنجا نهاده‌اند؛ امّا وجود دانه در دام، از حرصِ صیّاد است، نه عطا و بخشش.

مـرغکان در طـمْعِ دانـه شـادمان سـویِ آن تـزویر پَـرّان و دوان ۵۸۴

پرنده‌ها شادمان به طمعِ دانه به سوی دامی می‌روند که تزویرِ صیّاد برای آنان نهاده است.

---

۱ - **سُغبه** : فریفته. ۲ - **سلیم** : ساده‌دل. ۳ - **سقیم** : نادرست.

۵۸۵ **گر ز شادی خواجه، آگاهت کنم ترسم ای رَه‌رو[۱] که بیگاهت کنم[۲]**

ای سالک، اگر تو را از شادیِ خواجه آگاه کنم که بدانی شادی‌اش برای رسیدن به چه محنت و ابتلایی بود و بگویم که خواجه نمادی از همهٔ انسان‌هاست و شادمانی‌شان نیز از همان جنس است، بیمناکم که مبادا با درکِ این حقایق «بیگاه» شوی؛ یعنی فرصت‌های زندگی‌ات را از دست بدهی و ناامید شوی و سلوک روحانی‌ات نیز به مخاطره افتد.

۵۸۶ **مختصر کردم، چو آمد دِهْ پدید خود نبود آن ده، رَهِ دیگر گزید**

به اختصار می‌گویم، چون روستا پدیدار شد، دِهِ مورد نظر نبود و به راه دیگری رفتند.

۵۸۷ **قُربِ ماهی دِه به دِه می‌تاختند زانکه راهِ دِهْ نکو نشناختند**

قریب یک ماه از این روستا به آن روستا می‌شتافتند؛ زیرا راه آن ده را به خوبی نمی‌شناختند.

۵۸۸ **هر که در ره بی‌قلاووزی[۳] رَوَد هر دو روزه راه، صد ساله شود[۴]**

هر کس که بدون راهنما در راهی گام بگذارد، راه دو روزه را صد ساله طی می‌کند.

۵۸۹ **هر که تازد سویِ کعبه بی‌دلیل[۵] همچو این سرگشتگان گردد ذلیل**

هر کس که بدون راهنما به سوی کعبه برود، همانند این سرگشتگان خوار می‌شود.

۵۹۰ **هر که گیرد پیشه‌یی بی اوستا ریش خندی شد به شهر و روستا**

هر کس که بدون استاد به حرفه‌ای بپردازد، مایهٔ تمسخر مردمِ شهری و روستایی می‌شود.

۵۹۱ **جز که نادر باشد اندر خافِقَین[۶] آدمی سر بر زند بی والِدَین**

به ندرت اتّفاق می‌افتد که انسانی بدون پدر و مادر در شرق و غرب عالم به دنیا بیاید.

۵۹۲ **مالْ او یابد که کسبی می‌کند نادری باشد که بر گنجی زند**

کسی که به کسب می‌پردازد، ثروت به دست می‌آورد، به ندرت بی‌زحمت به گنج می‌رسند.

---

۱ - **ره‌رو:** سالک. ۲ - **بیگاهت کنم:** ناامید شوی و فرصت‌ها را از دست بدهی.

۳ - **قلاووز:** راهنما، پیشاهنگ.

۴ - اشارتی است به راهنمایان کامل واصل که در سیر و سلوک إلی الله، سالک، نیازمند ارشاد و دستگیری و هدایت آنان است. ۵ - **دلیل:** راهنما. ۶ - **خافِقَین:** شرق و غرب.

مصطفایی کو که جسمش جان بُوَد؟ تـا کـه رَحْـمٰنْ عَـلَّمَ القُـرآن[۱] بُـوَد ۵۹۳

کجاست کسی که همانندِ مصطفی(ص) جسمش نیز از جان و نور سرشته شده باشد تا خدای بخشنده «قرآن را به او تعلیم دهد».

اهـلِ تـن را جـمله عَـلَّمْ بِـالقَلَم[۲] واسـطه افـراشت در بـذلِ کَـرَم ۵۹۴

همهٔ «اهل تن» توسّط قلم تعلیم یافتند. خداوند برای آنچه که می‌خواست به آنان ببخشد، قلم را واسطه قرار داد.

هر حریصی هست محروم[۳] ای پسر! چون حریصان تَک[۴] مـرو، آهسـته‌تر ۵۹۵

ای پسر، هر طمعکاری در حرمان است، مانند آنان در بهره‌مندی از فریبندگی‌های دنیا شتاب مکن، آهسته‌تر برو.

انـدر آن ره رنـج‌ها دیـدند و تـاب چون عذابِ مرغِ خاکی در عِذاب[۵] ۵۹۶

خواجه و همراهان که برای رسیدن به روستا و بهره‌مندی از جاذبه‌هایِ آن حریص بودند، در راه رنج‌ها و سختی‌ها دیدند، همانندِ مرغ خاکی که گرفتار آب شود.

سـیر گشـته از دِهْ و از روسـتا وز شکـرریزِ چـنان نـااُوسـتا ۵۹۷

از روستا و رفتن به دِه از پذیرایی و مهمان‌نوازیِ آن روستاییِ خام، بیزار شده بودند.

رسیدنِ خواجه و قومش به دِه و نادیده و ناشناخته آوردنِ روستایی ایشان را

بعدِ ماهی چون رسیدند آن طرف بـی‌نوا ایشـان، ستوران بی‌علف ۵۹۸

بعد از یک ماه به روستا رسیدند، خود بی‌توشه بودند و چهارپایان علوفه نداشتند.

---

۱ - اشارتی قرآنی؛ رحمن : ۵۵/۲-۱ : اَلرَّحْمٰنُ، عَلَّمَ اَلْقُرانَ.

۲ - اشارتی قرآنی؛ عَلَق : ۹۶/۵-۴ : اَلَّذی عَلَّمَ بِالْقَلَمِ عَلَّمَ اْلإِنْسانَ مالَمْ یَعْلَمْ: خدایی که به وسیلهٔ قلم آموزش داد. به آدمی آنچه را که نمی‌دانست بیاموخت.

۳ - اشاره است به اهل دنیا که به مظاهر دنیوی حریص‌اند و لاجرم از تعلیم حق، محروم.

۴ - **تَک رفتن :** به شتاب رفتن. ۵ - **عِذاب :** جمع عَذْب، آب گوارا.

روستایی بین که از بد نیّتی　　　　می‌کند بَعْدَ اللَّتَیّا وَ الَّتی[1] ۵۹۹

روستایی بدجنس را ببین که با دیدن آنان چگونه ناجوانمردی می‌کند.

رویْ پنهان می‌کند ز ایشان به روز　　　　تا سویِ باغش بِنَگْشایند پوز[2] ۶۰۰

روستایی در روزِ روشن از ایشان روی نهان می‌کرد تا مبادا به باغ بروند و میوه‌ای بخورند.

آنچنان رُو که همه زَرق و شر است　　　　از مسلمانان نهان اولیٰ‌تر است ۶۰۱

البتّه چنان رویی که سراپا مکر و بدی است، همان بهتر که از مسلمانان نهان باشد.

روی‌ها باشد که دیوان چون مگس　　　　بر سرش بنشسته باشند چون حَرَس[3] ۶۰۲

رویِ بعضی چهره‌ها، شیاطین همانند مگس نشسته‌اند و نگهبانِ پلیدی‌شان هستند.

چون ببینی رویِ او در تو فتند　　　　یا مبین آن رُو، چو دیدی خوش مخند ۶۰۳

هنگامی که چهرهٔ چنین کسی را می‌بینی، مگس‌ها به تو حمله می‌آورند. یا به چنان رویی نگاه نکن یا اگر ناچار بودی، به او نخند و روی خوش نشان نده.

در چنان رُویِ خبیثِ عاصیَه　　　　گفت یزدان: نَسْفَعَنْ[4] بِالنّاصِیَه[5] ۶۰۴

خداوند در ارتباط با چنین چهره‌هایی فرموده است: موی جلوی سرش را می‌گیریم و می‌کشیم.

چون بپرسیدند و خانه‌ش یافتند　　　　همچو خویشان سویِ در بشتافتند ۶۰۵

چون خواجه و اهل بیت پرس‌وجو کردند و خانهٔ روستایی را یافتند، مانند خویشاوند به سوی در دویدند.

در فرو بستند اهلِ خانه‌اش　　　　خواجه شد زین کژرَوی دیوانه‌وش ۶۰۶

اهل بیت روستایی در را به روی آنان بستند. خواجه از این کجرفتاری حال جنون یافت.

لیک هنگامِ درشتی هم نبود　　　　چون در افتادی به چَهْ، تیزی چه سود؟ ۶۰۷

امّا در آن شرایط خشونت کار درستی نبود. به چاه که سرنگون شوی، تندی چه سودی دارد؟

---

۱ - «بَعْدَ اللَّتَیّا وَ الَّتی» ضرب المثل متداول عربی، به معنی مصایب پس از بلایا، بعضی از شارحان «پرت و پلا» گفتن و یا سردواندن نوشته‌اند.　۲ - **پوز**: دهان.　۳ - **حَرَس**: نگهبان.

۴ - **نَسْفَعَنْ**: گرفتن و محکم کشیدن.

۵ - **ناصِیَة**: موی جلوی سر.

اشارتی قرآنی؛ عَلَق: ۱۵/۹۶.

۶۰۸ **بـر درش مـاندند ایشـان پـنج روز — شب به سرما، روزْ خود خورشید سوز**

آنان در شرایط سخت، روزها با گرمایِ خورشید و شب‌ها در سرما، پشت در خانه ماندند.

۶۰۹ **نه ز غفلت بـود مـاندن، نـه خـری — بـلکه بـود از اضـطرار و بی‌خَری**

اقامت آن‌ها در آن شرایط از ناچاری بود نه نادانی، چهارپایان هم بی‌علوفه و خسته بودند.

۶۱۰ **با لئیمان بسـته نـیکان ز اضـطرار — شیر، مـرداری خـورد از جـوعِ زار**

نیک‌مردان از ناچاری نیازمندِ فرومایگان می‌شوند، همان‌گونه که شیر از گرسنگی حاضر می‌شود لاشهٔ جانوری را بخورد.

۶۱۱ **او همی دیدش، همی کردش سـلام — که: فلانم مـن، مـرا ایـن است نـام**

خواجه، روستایی را دید و سلام کرد و گفت: من فلانی هستم و نامم این است.

۶۱۲ **گفت: باشد، من چه دانم تو کـیی؟ — یـا پـلیدی، یـا قـرینِ پـاکـیی؟**

روستایی گفت: باشد، من از کجا بدانم که تو کیستی؟ آدم پلیدی هستی یا پاک؟

۶۱۳ **گفت: این دَم با قیامت شـد شـبیه — تـا بـرادر شـد یَـفِرُّ مِـنْ اَخِـیه**[1]

خواجه گفت: این لحظه مانند قیامت است که برادر از برادر می‌گریزد.

۶۱۴ **شرح می‌کردش که: من آنم کـه تـو — لوت‌ها[2] خوردی ز خوانِ من دو تُو**[3]

خواجه شرح می‌داد: من کسی هستم که تو بر سر خوانِ او بارها غذاها خورده‌ای.

۶۱۵ **آن فـلان روزت خـریدم آن مـتاع — کُـلُّ سِـرٍّ جـاوَزَ اَلاثْـنَیْنِ شـاع**

همان کسی هستم که فلان روز آن کالا را برایت خریدم. «هر سرّی که از میان دو نفر فراتر رود، فاش می‌شود»؛ یعنی این را فقط من و تو نمی‌دانیم، دوستیِ ما را همه می‌دانند.

۶۱۶ **سِـرِّ مِـهرِ مـا شـنیدستند خـلق — شرم دارد رُو، چو نعمت خورد حلق**

ماجرای این دوستی را خلق شنیده‌اند و می‌دانند، تو چگونه منکر می‌شوی در حالی که با فرو رفتن نعمت از گلو، رویِ نعمت‌خوار از منعم شرم می‌کند.

---

۱ - اشارتی قرآنی؛ عَبَس : ۸۰/۳۵-۳۴ : یَوْمَ یَفِرُّ اَلْمَرءُ مِنْ أَخیهِ وَ أُمِّهِ وَ أَبیْهِ : روزی که آدمی از برادر و مادر و پدرش بگریزد. ۲ - **لوت** : غذایی که در نان بپیچند، غذای چرب و شیرین.

۳ - **دو تُو** : دو لایه، اینجا به معنی مکرّراً.

او همی گفتش: چه گویی تُرّهات[1] ؟ نه تو را دانم، نه نامِ تـو، نـه جـات ۶۱۷

روستایی همچنان می‌گفت: چرا یاوه می‌گویی؟ من نـه تـو را مـی‌شناسم و نـه نـامت را می‌دانم و نه از جا و مکانت آگاهم.

پنجمین شب ابر و بـارانـی گـرفت کآسـمان از بـارِشَش دارد شگـفت ۶۱۸

در شب پنجم با ابری سنگین، بارانی درگرفت که از شدّت آن آسمان هم شگفت‌زده شد.

چون رسید آن کارد اندر اسـتخوان حلقه زد خواجه که: مهتر را بخوان ۶۱۹

چون خواجه طاقتش طاق شد، درِ خانهٔ روستایی را به صدا در آورد که بگویید آقای خانه بیاید.

چون به صد اِلحاح[2] آمد سـویِ در گفت: آخر چیست ای جانِ پـدر؟ ۶۲۰

بالاخره پس از اصرارِ فراوان، روستایی آمد و گفت: باباجان، آخر چه می‌گویی؟

گــفت: مـن آن حـقّ‌ها بگـذاشـتم تــرک کــردم آنــچه مـی‌پنداشـتم ۶۲۱

گفت: من از حق‌هایی که بر گردن تو دِین است، گذشتم و آنچه را می‌اندیشیدم، رها کردم.

پــنج ســاله رنـج دیـدم پـنج روز جانِ مسکینم در این گـرما و سـوز ۶۲۲

در این پنج روز به قدر پنج سال جانِ مسکین و بینوای من از گرما و سرما رنج دیده است.

یک جفا از خویش و از یار و تبار در گرانی هست چون سیصد هـزار ۶۲۳

یک بی‌وفایی و جور از خویشاوند و یار و وابستگان، سخت‌تر از سیصدهزار جفای بیگانه است.

زانکه دل ننهاد بـر جـور و جـفاش جانْش خوگر بود با لطف و وفـاش ۶۲۴

زیرا آدمی به لطف و وفایِ یاران و نزدیکان خو گرفته و از آنان توقّع جور و جفا ندارد.

هر چه بر مردم بـلا و شِـدَّت است این یقین دان کز خلافِ عادت است ۶۲۵

به یقین، هر چیزی را که مردم بلا یا سختی می‌دانند، برای آن است که به آن عادت ندارند.

گفت: ای خورشیدِ مِهرت در زوال[3] گر تو خونم ریختی کـردم حـلال[4] ۶۲۶

خواجه گفت: ای که چیزی از محبّت و دوستی نمی‌دانی، اگر خونم را هم بریزی حلالت می‌کنم.

---

۱ - **تُرّهات**: سخنان یاوه و بیهوده. ۲ - **الحاح**: اصرار.

۳ - مصراع اوّل: ای کسی که از دوستی و محبّت چیزی نمی‌دانی.

۴ - مصراع دوم: از دوستی و محبّت و این حرف‌ها گذشتم؛ یعنی هرچه کردی عیبی ندارد. به ما رحمی کن.

امشبِ باران به ما دِه گوشه‌یی تا بیابی در قیامت توشه‌یی ۶۲۷

در این شب بارانی به ما گوشه‌ای پناه بده تا در روز قیامت توشهٔ تو شود.

گفت: یک گوشه‌ست آنِ باغبان هست اینجا گرگ را او پاسبان ۶۲۸

روستایی گفت: گوشه‌ای هست که به باغبان تعلّق دارد و ما را از گرگ محافظت می‌کند.

در کَفَش تیر و کمان از بهرِ گرگ تا زند گر آید آن گرگِ سُتُرگ ۶۲۹

همواره تیر و کمان بر کف آماده است تا اگر گرگِ بزرگ حمله کرد، او را هدف قرار دهد.

گر تو آن خدمت کنی، جا آنِ توست ورنه جایِ دیگری فرمای جُست ۶۳۰

اگر این وظیفه را بر عهده بگیری، می‌توانی آنجا باشی و گرنه باید جای دیگری را بیابی.

گفت: صد خدمت کنم، تو جای دِه آن کمان و تیر در کَفَّم بنِه ۶۳۱

گفت: تو به ما پناه بده، همه جور خدمت می‌کنم. آن تیر و کمان را هم به دست من ده.

من نخسبم، حارسیِّ رَز[1] کنم گر بر آرد گرگ سر، تیرش زنم ۶۳۲

من نخواهم خوابید، باغ را محافظت می‌کنم. اگر گرگ پیدا شود با تیر او را می‌زنم.

بهرِ حق مگذارم امشب ای دُودِل[2] آبِ باران بر سر و در زیرْ گِل ۶۳۳

ای نامهربان، به خاطر خدا نگذار امشب آب باران بر سرمان ببارد و زیر پایمان گِل باشد.

گوشه‌یی خالی شد و او با عیال رفت آنجا جایِ تنگ و بی‌مَجال ۶۳۴

بالاخره، گوشه‌ای خالی شد، او با عیال در آن جای تنگ که نمی‌شد جنبید، جای گرفتند.

چون ملخ بر همدگر گشته سوار از نهیبِ سیل اندر کُنج غار ۶۳۵

از ترس سیل در آن کنج تنگ به هم چسبیدند و همانند ملخ بر سر و گردن یک‌دیگر سوار شدند.

شب همه شب جمله گویان: ای خدا این سزایِ ما، سزایِ ما، سزا ۶۳۶

تمام شب می‌گفتند: خدایا، این سزای ماست.

این سزایِ آنکه شد یارِ خسان یا کسی کرد از برای ناکسان ۶۳۷

این سزای کسی است که یارِ فرومایگان می‌شود و در حقّ افرادِ پست انسانیّت می‌کند.

---

۱ - **رز**: درخت انگور. ۲ - **دودل**: در مقابل یکدل، دو رو، ناراست.

۶۳۸ **این سزایِ آنکه اندر طمْعِ خام   ترک گوید خدمتِ خاکِ کرام**

این سزای کسی است که با خام طمعی، خدمت درگاه بزرگان و مردان حق را ترک می‌گوید.

۶۳۹ **خاکِ پاکان لیسی و دیوارِشان   بهتر از عام و رَز و گُلزارشان**

اگر خاک پای مردان حق را ببوسی و بلیسی و در و دیوار درگاهشان را به مژگان بروبی، بهتر از مصاحبت عام خلق و بوستان و گلستانشان است.

۶۴۰ **بندهٔ یک مردِ روشن‌دل شوی   بِهْ که بر فرقِ سرِ شاهان رَوی**

اگر خادم انسان روشن‌دل باشی، بهتر از آن است که چون تاج بر فرق سر شاهان بنشینی.

۶۴۱ **از ملوکِ خاک جز بانگِ دهُل   تو نخواهی یافت ای پیکِ سُبُل[۱] !**

ای سالک، از ملوکِ خاک جز شکوهِ ظاهری چیزی نخواهی یافت.

۶۴۲ **شهریان خود رَه‌زنان نسبت به روح[۲]   روستایی کیست؟ گیج و بی‌فُتوح[۳]**

هنگامی که «اهل شهر» نسبت به روح پاک انسان، راهزن و گمراه کننده محسوب می‌شوند، «روستاییِ» گیج و فاقد درک روحانی، چه اعتباری دارد؟

۶۴۳ **این سزایِ آنکه بی‌تدبیرِ عقل   بانگِ غولی آمدش، بگزید نقل**

این سزای کسی است که از بانگِ غولی به سوی او رفت و تدبیرِ عقل را از یاد برد.

۶۴۴ **چون پشیمانی ز دل شد تا شَغاف[۴]   زآن سپس سودی ندارد اعتراف**

چون پشیمانی سراسر دل خواجه را فراگرفت، دیگر کار از کار گذشته بود و اعتراف به خطا که گفتارِ روستایی را پذیرفته بود، سودی نداشت.

۶۴۵ **آن کمان و تیر اندر دستِ او   گرگ را جویان همه شب سو به سو**

خواجه تیر و کمان را در دست داشت و سراسر شب این سو و آن سو مراقب آمدن گرگ بود.

---

۱ - **پیک سُبُل** : قاصد راه، مراد سالک راه حق است.

۲ - شهری، نمادی است از کسانی که دارای معارف و دانش کسبی و تقلیدی‌اند و چون علم ایشان شنیداری است و نه همانند عارفان دیداری، رهزنان روح محسوب‌اند. روستایی هم نمادی از «نفس امّارهٔ» خودکامه است که از ادراکات روحانی و عالم معنا بی‌بهره است.

۳ - **بی فُتوح** : بدون هیچ‌گونه گشایش، اینجا فاقد درکِ روحانی.

۴ - **شَغاف** : پوست و پردهٔ نازک روی قلب.

گرگ بر وی خود مسلّط چون شرر گرگ جویان و زگرگ او بی‌خبر ۶۴۶

روستایی گرگ صفت، همانند شراره آتش بر جانش مسلّط بود و او بی‌خبر از این گرگ، جویایِ گرگِ بیرونی بود.

هر پشه، هر کیک، چون گرگی شده اندر آن ویرانه‌شان زخمی زده ۶۴۷

در آن گوشهٔ ویران هر پشّه و هر کک، همانندِ گرگ به آنان زخمی می‌زد.

فرصتِ آن پشّه راندن هم نبود از نهیبِ حملهٔ گرگِ عَنود[1] ۶۴۸

ولی از ترس حملهٔ گرگ مهاجم، مهلتی برای راندن پشّه‌ها نبود.

تا نباید گرگ آسیبی زند روستایی ریش ِ خواجه بر کَنَد[2] ۶۴۹

مبادا که گرگ صدمه‌ای بزند و روستایی آبروی خواجه را ببرد.

این چنین دندان‌کَنان تا نیم‌شب جانشان از ناف می‌آمد به لب ۶۵۰

با حالی چنین سراسر درد و رنج تا نیمه شب از شدّت نگرانی جانشان به لب رسید.

ناگهان تمثالِ گرگِ هِشته‌یی[3] **سر بر آورد از فرازِ پُشته‌یی** ۶۵۱

ناگهان از بالای تپّه‌ای شبح گرگی نمایان شد.

تیر را بگشاد آن خواجه زِ شست زد بر آن حیوان که تا افتاد پست ۶۵۲

خواجه تیر را از شست رها کرد و چنان به حیوان زد که به زمین افتاد.

اندر افتادن ز حیوان باد جَست روستایی های کرد و کوفت دست ۶۵۳

در حالِ افتادن از حیوان بادی رها شد. روستایی شنید، های کرد و دست‌ها را برهم کوبید.

ناجوامردا که خر کُرّهٔ من است گفت: نه این گرگِ چون آهرمن است ۶۵۴

گفت: ای ناجوانمرد، این کرّه خرِ من است. خواجه گفت: نه این گرگ اهریمنی بود.

اندر او اَشکالِ گرگی ظاهر است شکلِ او از گرگیِ او مُخبر است[4] ۶۵۵

از شکل او پیداست که گرگ است. ظاهرِ او همین را می‌گوید.

---

۱ - **عَنود**: ستیزه‌گر، سرکش. ۲ - **ریش بر کندن**: بی‌آبرو کردن. ۳ - **هِشته**: گذاشته شده.
۴ - **مُخْبِر**: خبر دهنده.

گفت: نه بادی که جست از فَرجِ وی   می‌شناسم، همچنانکْ آبی ز می ۶۵۶

روستایی گفت: نه من بادی را که از مقعد او جدا شد، می‌شناسم، همان‌طور که آب را از مِیْ.

کُشته‌ای خرکُرّه‌ام را در ریاض[1]   که مبادَت بسط[2] هرگز ز انقباض ۶۵۷

کُرّه خر مرا در میان باغ کُشتی. الهی که هیچ وقت روی خوش نبینی.

گفت: نیکوتر تفحّص کن، شب است   شخص‌ها در شب ز ناظر مُحْجَب است[3] ۶۵۸

خواجه گفت: شب است، باید دقیق‌تر نگاه کنی، آدمی هنگام شب خوب نمی‌تواند ببیند.

شب غلط بنماید و مُبدَل بسی   دیدِ صایب[4]، شب ندارد هر کسی ۶۵۹

تاریکیِ شب چیزها را وارونه جلوه می‌دهد، همه کس در شب نمی‌تواند درست ببیند.

هم شب و هم ابر و هم بارانِ ژرف   این سه تاریکی غلط آرد شگرف[5] ۶۶۰

شب و ابر و بارانی چنین شدید، این سه تاریکی، آدمی را سخت به اشتباه می‌افکند.

گفت: آن بر من چو روزِ روشن است   می‌شناسم بادِ خرکرّهٔ من است ۶۶۱

روستایی گفت: برای من مثلِ روز روشن است، بادِ کُرّه خرِ خود را می‌شناسم.

در میانِ بیست بادْ آن باد را   می‌شناسم، چون مسافر زاد را ۶۶۲

همان‌طور که مسافر بار خود را می‌شناسد، من هم در میان بیست باد، آن باد را می‌شناسم.

خواجه برجَست و بیامد ناشِکِفْت[6]   روستایی را گریبانش گرفت ۶۶۳

خواجه از جای جست و بی‌صبرانه آمد و گریبان روستایی را گرفت.

کابلهِ طرّارْ[7]! شید[8] آورده‌ای!   بنگ[9] و افیون هر دو با هم خورده‌ای! ۶۶۴

که ای دزد حقّه‌باز، بنگ و افیون را با هم استفاده کرده و دیوانه شده‌ای.

در سه تاریکی شناسی بادِ خر؟   چون ندانی مر مرا ای خیره‌سر؟ ۶۶۵

در میان سه تاریکی باد خر را می‌شناسی؟ ای خیره‌سر! چطور مرا نمی‌شناسی؟

---

۱ - **ریاض** : باغ‌ها، جمع روضَة.
۲ - **بسط** : انبساط، شادی. در این بیت دو اصطلاح صوفیانه قبص و بسط در مفهوم عام آن به کار رفته است.
۳ - **مُحْجَب** : پوشیده. ۴ - **صایب** : راست، درست. ۵ - **شِگرف** : عجیب. ۶ - **ناشِکِفْت** : بی‌صبر.
۷ - **طرّار** : دزد. ۸ - **شید** : حیله.
۹ - **بنگ** : گردی که از ساییدن و کوبیدن برگ‌های شاه‌دانه حاصل می‌شود و مخدّر است.

آنکه داند نیم‌شب گوساله را   چون نداند همرهِ دَه‌ساله را؟ ۶۶۶

کسی که در نیمه شب گوساله را می‌شناسد، چگونه رفیق ده سالهٔ خود را نمی‌شناسد؟

خویشتن را عارف و واله کنی   خاک در چشمِ مروَّت می‌زنی[1] ۶۶۷

خود را عارف و حیران حق می‌نمایی؛ امّا جوانمردی را پایمال می‌کنی.

که مرا از خویش هم آگاه نیست   در دلم گنجایِ جُز اَلله نیست ۶۶۸

می‌گویی: من از خود نیز بی‌خبرم، در دلم جز «الله» را راهی نیست.

آنچه دی خوردم از آنم یاد نیست   این دل از غیرِ تحیُّر شاد نیست ۶۶۹

نمی‌دانم دیروز چه خورده‌ام، دلِ من جز استغراق و حیرتِ شهود، شادیِ دیگری را نمی‌شناسد.

عاقل و مجنونِ حقَّم، یاد آر   در چنین بی‌خویشیَم، معذور دار ۶۷۰

به یاد داشته باش که من چنان عاقلم که مجنون حق گشته‌ام، در این بی‌خویشی مرا معذور بدار.

آنکه مُرداری خورَد، یعنی نبید[2] **   شرعْ او را سویِ معذوران کشید** ۶۷۱

کسی که مُردار، یعنی شراب بخورد، شرع او را معذور می‌داند.

مست و بنگی را طلاق و بیع نیست   همچو طفل است او، مُعاف و مُعْتَقی است[3] ۶۷۲

کسی که تحت تأثیر شراب و یا بنگ، عقلش زایل شده است، طبق حکمِ شرع، طلاق و معامله‌اش صحیح نیست؛ زیرا مانندِ طفل صغیر از تکالیف شریعت خارج است.

مستیی کآید ز بویِ شاهِ فرد   صد خُم مِی در سر و مغز آن نکرد ۶۷۳

مستیِ استغراق در حق و بی‌خویشی که از عطر جان‌پرورِ درک آن شاه یگانه در جان آدمی پیدا می‌شود، حالی از حیرت است که صد خُمِ مِی در سر و مغز انسان به وجود نمی‌آورد.

پس بر او تکلیف[4] **چون باشد روا؟   اسبْ ساقط گشت و شد بی دست و پا** ۶۷۴

پس در چنین بی‌خویشی چگونه تکلیف بر او روا باشد؟ اسب افتاده و دست و پایش شکسته است.

---

۱ – این بیت و ابیات پس از آن طعن است در حقّ مدّعیان گزافه‌گو که ادّعای ارشاد دارند و از تحقّق حقایق در وجودشان خبری نیست.   ۲ – **نبید** : شراب خرما، شراب انگور.   ۳ – **مُعْتَقی** : معاف، رها شده.

۴ – اشارتی قرآنی؛ بقره : ۲۸۶/۲ : وَ لا یُکَلِّفُ اللهُ نَفْساً إِلاّ وُسْعَها : و خداوند بر کسی تکلیف نمی‌کند، مگر به قدر تاب و توان او.

بازْ که نْهَدْ در جهان خر کُرّه را؟ درس که دْهد پارسی، بو مُرَّه[1] را؟ ۶۷۵

در دنیا چه کسی بر پشت کرّه خر بار می‌گذارد و یا چه کسی به ابلیس درسِ فارسی می‌دهد؟ آن‌ها از چنین تکالیفی آزادند.

بار برگیرند چون آمد عَرَج[2] گفت حق: لَیْسَ عَلَی الْاَعمٰی حَرَج[3] ۶۷۶

هنگامی که چهارپا لنگ می‌شود، بار را از وی بر می‌گیرند، همان‌گونه که حق فرمود: بر نابینا کیفری نیست.

سویِ خود اَعْمٰی شدم، از حق بصیر پس معافم از قلیل و از کثیر ۶۷۷

رها از خودبینی و بینای حقایق شده‌ام؛ پس از تکالیف کوچک و بزرگ آزادم.

لافِ درویشی زنی و بی‌خودی هایْ هویِ مستیانِ ایزدی ۶۷۸

از درویشی و بیخودی لاف می‌زنی و های و هوی مستان الهی را به پا می‌کنی.

که زمین را من ندانم ز آسمان امتحانت کرد غیرت، امتحان ۶۷۹

می‌گویی: چنان بیخود هستم که زمین را از آسمان باز نمی‌شناسم؛ امّا غیرت حق که دورباش مدّعیان یاوه‌گویی چون توست، امتحانت کرد.

بادِ خر کُرّه چنین رسوات کرد هستیِ نفیِ تو را اثبات کرد ۶۸۰

همان گونه که باد کُرّه خر، روستایی مکّار را رسوا کرد، بادِ کبر و جهلِ نَفْسِ تو که مانندِ همان کرّه خر است، از افعال و گفتارت هویداست و هستی مجازی‌ات را ثابت می‌کند.

این چنین رسوا کند حق شَیْد را این چنین گیرد رمیده صید را ۶۸۱

حق تعالیٰ بدین گونه مکّاران را رسوا می‌کند و شکاری را که گریخته است به دام می‌افکند.

صد هزاران امتحان است ای پسر هر که گوید: من شدم سرهنگِ در ۶۸۲

ای پسر، کسی که ادّعای تقرّب دارد، صدهزاران امتحان پیش روی اوست.

گر نداند عامه او را ز امتحان پختگانِ راه جویندش نشان ۶۸۳

اگر عام خلق ندانند که برای صحّت و سقم مدّعایش چگونه می‌توان او را آزمود، پختگان و کاملان راه، نشانه‌هایِ دعوی را می‌خواهند.

---

۱ - **بو مُرّه**: کُنیه‌ای که به شیطان داده‌اند. ۲ - **عَرَج**: لنگی.
۳ - اشارتی قرآنی؛ فتح: ۱۷/۴۸: بر نابینا کیفری نیست.

چون کند دعویِّ خیّاطی خسی   افکند در پیشِ او شه اطلسی ۶۸۴

اگر شخصِ ناواردی ادّعا کند که خیّاط است، شاه نزد او پارچهٔ اطلس را می‌افکند.

که: بِبُر این را بَغَلطاقِ[1] فراخ   ز امتحان پیدا شود او را دو شاخ[2] ۶۸۵

که این را قبای بلند و گشادی بِبُر، با این امتحان مضحکهٔ دیگران می‌شود.

گر نبودی امتحانِ هر بدی   هر مُخنَّث[3] در وَغا[4] رُستم بُدی ۶۸۶

اگر این آزمون‌ها نبود، هر بد، نیک به نظر می‌آمد و هر نامرد مدّعی می‌شد که در روز نبرد رستم است.

خود مخنّث را زِرِه پوشیده گیر   چون ببیند زخم، گردد چون اسیر ۶۸۷

فرض کنیم نامرد زره هم بپوشد، به محضِ کمترین زخم تسلیم و اسیر می‌شود.

مستِ حق هشیار چون شد از دُبور[5]؟   مستِ حق ناید به خود تا نفخِ صور ۶۸۸

مستِ بادهٔ حق چگونه از بادِ مخالف به هوش بیاید؟ با دمیدنِ اسرافیل در صور هم به خود نمی‌آید.

بادهٔ حق راست باشد بی‌دروغ   دوغ خوردی، دوغ خوردی، دوغ دوغ ۶۸۹

مستی بادهٔ الهی، مستی راستین است؛ امّا تو مدّعیِ یاوه‌گو، دوغ خورده‌ای و از احوالِ آنان تقلید می‌کنی.

ساختی خود را جُنید[6] و بایزید[7]   رو که نشناسم تبر را از کلید ۶۹۰

ظاهر خود را همانند صوفیّان طراز اوّلی چون جنید و بایزید آراسته‌ای و مدّعی می‌شوی که از شدّت استغراق، تبر را از کلید باز نمی‌شناسی.

بدرَگی[8] و مَنْبَلی[9] و حرص و آز   چون کنی پنهان به شید، ای مکرساز؟ ۶۹۱

ای مکّار، بدنهادی و کاهلی و حرص و طمع خود را چگونه می‌توانی با حیله و فریب نهان داری؟

---

۱ - **بَغَلْطاق** : بَغَلتاق: قبای بلند و گشاد. ۲ - **دو شاخ** : مراد مضحکه و رسوا شدن نزد دیگران است.
۳ - **مُخَنّث** : نامرد. ۴ - **وَغا** : جنگ، نبرد.
۵ - **دبور** : بادی که از مغرب می‌وزد، باد مخالف، اینجا مراد هوای نفس است. ۶ - **جنید** : از صوفیان نامدار.
۷ - **بایزید** : ر.ک: ۲۲۸۵/۱. ۸ - **بدرگی** : بد نهادی. ۹ - **مَنْبَلی** : کاهلی، سستی.

دفتر سوم ۱۰۵

خویش را منصورِ حلّاجی[1] کنی　　آتشی در پنبهٔ یاران زنی ۶۹۲

وانمود می‌کنی که همانند منصور حلّاج هستی، نوای أناالحق سر می‌دهی و آتشی در پنبهٔ وجودِ یاران می‌افکنی و آنان را گمراه می‌کنی.

که: بنشناسم عُمَر[2] از بولهب[3]　　بادِ کرّهٔ خود شناسم نیم‌شب[4] ۶۹۳

ادّعا می‌کنی که عُمَر را از ابولهب باز نمی‌شناسی؛ امّا باد کرّه خر را در نیمه‌شب می‌شناسی.

ای خری کین از تو خر، باور کند　　خویش را بهرِ تو کور و کر کند ۶۹۴

کسی که لاف و گزافِ بیهودهٔ نادانی، همانند تو را باور کند و واله و شیدا شود، احمق است.

خویش را از رَه‌روان[5] کمتر شمر　　تو حریف رَه‌ریانی[6]، گه مَخُور ۶۹۵

خود را از سالکان ندان، تو یاورِ رهزنانِ راهِ طریقت هستی، خطا مکن.

باز پَر از شید، سویِ عقلْ تاز　　کِی بَرَد بر آسمان پَرِّ مَجاز؟ ۶۹۶

از مکر درگذر و به سوی عقل بشتاب، بال و پر مجازی آدمی را به اوج افلاک نمی‌برد.

خویشتن را عاشقِ حق ساختی　　عشقْ با دیوِ سیاهی باختی ۶۹۷

وانمود می‌کنی که عاشق هستی؛ ولی در واقعیّت با دیوِ نَفْسِ امّاره نرد عشق می‌بازی.

عاشق و معشوق را در رستخیز　　دو به دو بندند و پیش آرند تیز ۶۹۸

در رستاخیز، عاشق و معشوق را دو به دو می‌بندند و با شتاب پیش می‌آورند.

تو چه خود را گیج و بی‌خود کرده‌ای؟　　خونِ رز[7] کو؟ خونِ ما را خورده‌ای[8] ۶۹۹

چرا تظاهر به گیجی و بیخودی می‌کنی؟ خون رز کدام است، تو خون ما را خورده‌ای.

رو که نشناسم تو را، از من بِجِهْ　　عارف بی‌خویشم و بهلولِ[9] دِه ۷۰۰

می‌گویی: از من دور شو که تو را نمی‌شناسم، عارفی بی‌خویش و بهلول این روستا هستم.

---

۱ - **حلّاج**: ر.ک: ۲۸۹۷/۱ و ۳۹۴۹/۱. ۲ - **عُمَر**: ر.ک: ۱۲۴۶/۱. ۳ - **بولهب**: ر.ک: ۲۶۷۳/۲.

۴ - ر.ک: ۶۶۵/۳. ۵ - **ره‌روان**: سالکان. ۶ - **ره‌ریان**: آلوده کنندگانِ راه. ۷ - **خون رَزْ**: شراب.

۸ - گمراه کردن خلق همانند در خون ایشان رفتن و کشتن روح انسانی و قابلیّت‌های آنان است.

۹ - **بُهلول**: عارف شوریدهٔ مجنون‌نما، از عقلای مجانین، حدود ۱۹۰ هـ ق درگذشت. بهلول، رمزی از جذبهٔ حق و سالکِ مجذوب است.

۷۰۱ **تـو تـوهُّم مـی‌کنی از قـربِ حـق که طَـبَقْ‌گر[۱] دُور نَـبْوَد از طَـبَقْ[۲]**

استنباط تو در موردِ تقرّب به حق، توهّم و پندارِ باطلی است، خداوند از دل و جانی که به فضل او منوّر می‌شود، دور نیست، همانگونه که سازندهٔ خوانچه، هنر و کمالِ خود را در خوانچه‌ای که می‌آراید به ودیعه می‌نهد.

۷۰۲ **ایـن نـمی‌بینی کـه قُـربِ اولیـا صـد کـرامت دارد و کـار و کـیا**

آیا این نکتهٔ مهم را نمی‌بینی که تقرّبِ اولیا همراه با صد کرامت و بزرگی و حشمتِ معنوی است که اثرات آن در امور ظاهری هم مشهود است؟

۷۰۳ **آهـن از داوُود[۳] مـومی مـی‌شود موم در دستت چـو آهـن مـی‌بُوَد**

به عنوان نمونه، داوود(ع) است که آهن در دست او همچون موم بود؛ امّا در دستِ تو موم هم مانندِ آهن است.

۷۰۴ **قُربِ خلق و رزق بر جمله‌ست عام قربِ وحیِ عشق دارنـد ایـن کِـرام**

اینکه خلق به خداوند قُرب دارند و رزق دریافت می‌دارند، امری عام و همگانی است؛ زیرا خدا خالق آن‌هاست و خالق به مخلوق نزدیک است؛ امّا بزرگانِ عالم معنا قُربی خاصّ دارند که جان پاکشان به دریای وحدانیّت اتّصال یافته و وحی‌آسا علوم و اسرار را از مبدأ هستی به سببِ عشقی که دلشان را مالامال ساخته است، دریافت می‌دارند.

۷۰۵ **قُـرب بـر انـواع بـاشد ای پـدر! می‌زند خـورشید بـر کـهسار و زَر[۴]**

ای پدر، قُرب هم انواعی دارد، همانگونه که تابشِ خورشید را کوهسار و معادن طلا هر دو دریافت می‌دارند؛ امّا نتیجهٔ یکسانی ندارد و وابسته به قابلیّت و استعدادِ هر یک است.

۷۰۶ **لیک قُـربی هست بـا زر شید[۵] را کـه از آن آگـه نـباشد بـید را[۶]**

امّا انوار خورشید با طلا قرابت و نزدیکی خاصّی دارد که با درخت بید ندارد. بید هم همان نور را دریافت می‌دارد؛ ولی ثمری ندارد.

---

۱ - **طَبَق‌گر** : سازندهٔ خوانچه. ۲ - **طَبَق** : خوانچه. ۳ - **داوود**(ع) : ر.ک: ۴۹۵/۲.

۴ - قدما معتقد بودند که بعضی از موادّ خاک در اثر تابش خورشید به سنگ قیمتی بدل می‌شوند.

۵ - **شید** : خورشید.

۶ - در این تمثیل، «زرّ» رمزی است از «خاصّان و خاصّ الخاصان» قُربِ الهی که با دریافت فیوضاتِ ربّانی استعداد و قابلیّت کمال در وجودشان از قوّه به فعل می‌آید. بید هم رمزی از بی‌حاصلان است.

شاخِ خشک و تر قریبِ آفتاب　　　آفتاب از هر دو کِی دارد حجاب؟ ۷۰۷

شاخهٔ خشک و تر هر دو از آفتاب بهره‌مند می‌شوند، کی آفتاب خود را از آنان می‌پوشاند؟

لیک کو آن قربتِ شاخِ طَری[1]　　　که ثِمارِ[2] پُخته از وی می‌خوری ۷۰۸

ولی ارتباطِ نزدیکی که شاخهٔ تر و تازه و میوه‌دار با نور خورشید دارد، بسی افزون‌تر از شاخهٔ خشک بی‌حاصل است.

شاخِ خشک از قربتِ آن آفتاب　　　غیرِ زوتر[3] خشک گشتن، گو: بیاب ۷۰۹

شاخهٔ خشک از نور خورشید جز خشک‌تر شدن اگر حاصلی دارد، آن را بیاب.

آنچنان مستی مباش، ای بی‌خرد　　　که به عقل آید، پشیمانی خورد ۷۱۰

ای بی‌عقل، چنان مستی مباش که پس از هشیاری پشیمان شوی.

بلک از آن مستان، که چون می می‌خورند　　　عقل‌هایِ پخته حسرت می‌برند ۷۱۱

بلکه در زمرهٔ مستانی باش که با سرمست شدن از بادهٔ حق، چنان احوالِ روحانی‌شان کمال می‌یابد که عقلِ پختگان و کاملان بدان حسرت می‌برند.

ای گرفته همچو گربه موشِ پیر[4]　　　گر از آن مِیْ شیرگیری[5]، شیرگیر ۷۱۲

ای که همچون گربهٔ حقیر، موشِ پیری را صید کرده‌ای، اگر از آن باده که بزرگان خورده‌اند، نوشیده‌ای و ادّعا می‌کنی که می‌توانی شیر را شکار کنی، چنین بکن، که نمی‌توانی.

ای بخورده از خیالی جامِ هیچ　　　همچو مستانِ حقایق بر مپیچ ۷۱۳

ای که در خیالِ خود از جامِ «هیچ» نوشیده‌ای، همانندِ مستان راستین بر خود مپیچ و از احوال آنان تقلید نکن.

می‌فتی این سو و آن سو مست‌وار　　　ای تو این سو! نیستت زآن سو گذار ۷۱۴

تلوتلو خوران و مانندِ مستان بدین سو و بدان سو می‌افتی، تو اهلِ این سو، یعنی «اهلِ دنیا» هستی، از رسیدن به «آن سو» ماورای آن درگذر که راهی به آن نداری.

---

۱ - **طری** : تازه و تر.　۲ - **ثِمار** : جمع ثمر و ثمره: میوه.　۳ - **زو** : زود.

۴ - در این تمثیل، گربه نمادی است از مدّعیِ یاوه‌گو که حاصل شکار او نَفْسِ امّاره و غافلانی، همانند خودِ وی است، شیر هم رمزی از نفس کمال یافته و سالکان متعالی.

۵ - **شیرگیر** : کسی که می‌تواند شیر را شکار کند، دلاور.

گر بدآن سو راه یابی، بعد از آن — گه بدین سو گه بدآن سو سرفشان[1] ۷۱۵

اگر راهی به ماورای این جهان یافتی، آنگاه سر را گاه به این سو و گاه به آن سو بیفشان، یعنی به هر دو عالم توجّه کن، عالمِ حس و ماورایِ آن.

جمله این سویی، از آن سو گپ مزن — چون نداری مرگ، هرزه جان مَکَن ۷۱۶

وجودت متعلّق به دنیای مادّی است، سخن از عالم معنا نگو، چون نَفْسِ تو ارتقا نیافته و برای رسیدن به فنای عارفانه راهی طولانی در پیش داری؛ پس تلاشِ تو تظاهر و جان کندنِ بیهوده است.

آن خَضِر[2] جان کز اجل نهراسد او — شاید ار مخلوق را نشناسد او ۷۱۷

کسی که جانی پاک مانندِ خضر(ع) دارد و با فنای در حق به مقام بقا رسیده است و از مرگ نمی‌هراسد، چنان مستغرق است که اگر مخلوق را نشناسد، عجیب نیست.

کام از ذوقِ تَوهُّم خوش کنی — در دَمی در خیک خود پُرّش کنی ۷۱۸

کامِ جان حقیرت را از ذوقِ پنداری باطل شاد می‌کنی و با این توهّمات بیهوده در خیکِ نفس خود می‌دمی و فربه‌ترش می‌کنی.

پس به یک سوزن تهی گردی ز باد — این چنین فربه تنِ عاقل مباد ۷۱۹

سپس با فرارسیدن یک آزمون و ابتلا، واکنش‌های غیر عارفانه و سخیفات، تهی بودن تو را برای خودت و همگان آشکار می‌کند. الهی که هیچ عاقلی از بادِ عُجب و غرورِ نَفْس فربه نشود.

کوزه‌ها سازی ز برف اندر شِتا[3] — کِی کند، چون آب بیند آن، وفا؟ ۷۲۰

کار تو همانند آن است که در زمستان از برف کوزه می‌سازی، چنین کوزه‌ای با دریافت آب پایدار می‌ماند؟

---

۱ - **سرفشان**: سرافشاندن، جنبانیدن سر. ۲ - **خضر**(ع): ر.ک: ۲۲۵/۱ و ۲۹۸۳/۱. ۳ - **شِتا**: زمستان.

افتادنِ شغال در خمِّ رنگ و رنگین شدن و دعویِ طاووسی کردن میانِ شغالان[1]

شغالی در خم رنگ افتاد و پس از برآمدن خویش را سبز و زرد و سرخ یافت و دعویِ طاووسی را بر شغالان عرضه کرد: «**که منم طاووس علّیین شده**».

در این تمثیل، عالمانِ علم تقلیدی در تقابل با عارفانِ علومِ تحقیقی مطرح‌اند و سِرّ سخن در تبیین این معناست که مدّعیان لافزنِ معارف از این نکته غافل‌اند که علم حقیقی و برخاسته از پاکی ضمیر، تنها در ظاهر و کلام انعکاس ندارد، بلکه منشأ دگرگونی و تحوّلات بنیادی و درونی نیز هست و سرانجامِ چنین مدّعیان گزافه‌گویی، چیزی جز رسوایی نیست.

در ادامهٔ این قصّه، مولانا دعویِ فرعون را هم چیزی جز دعوی شغال نمی‌یابد و در تقریر آن ابیاتی را می‌آوَرَد. این قصّه همچنین در شرحِ این معنا نیز هست که عالمِ حس، دار امتحان و بلاست و آزمون‌های الهی حقیقتِ حال خلق را در نهایت معلوم می‌دارد.

آن شـغالی رفت انـدر خُـمِّ رنگ — اندر آن خُم کرد یک ساعت درنگ ۷۲۱

شغالی در خم رنگ رفت و ساعتی در آن درنگ کرد.

پس بر آمد، پوستش رنگین شـده — کـه: منم طـاووسِ علّیین[2] شـده ۷۲۲

سپس بیرون آمد با پوستی که رنگین شده بود و ادّعا کرد که من طاووس بهشتی هستم.

پشـمِ رنگین رونقِ خوش یافته — آفـتاب آن رنگ‌هـا بـرتافته ۷۲۳

پشمِ شغال رنگین شده و جلوه یافته بود، تابشِ آفتاب آن رنگ‌ها را درخشان‌تر می‌کرد.

دید خود را سبز و سرخ و فور[3] و زرد — خویشتن را بـر شـغالان عـرضه کـرد ۷۲۴

او خود را آراسته به رنگ‌های سبز، سرخ، صورتی و زرد دید و نزد شغال‌ها رفت.

جمله گفتند: ای شغالک! حال چیست؟ — که تو را در سر نشـاطِی مُـلتوی‌است[4] ۷۲۵

آن‌ها گفتند: ای شغال کوچولو، این چه حال است که در سراپایت نشاطی موج می‌زند؟

---

۱ - روایت دیگری از این داستان در جواهرالاسمار نقل شده و جزو افسانه‌های ازوپ و لافونتن نیز آمده و دارای همین مضمون است و اندک تفاوتی در صورت قصّه دارد: مضامین حکایت‌ها، ص ۳۵۱. در قصّه‌های منسوب به ازوپ، شغال متکبّر توسّط چند پر طاووس که بر زمین ریخته است خود را می‌آراید و از همجنسان می‌بُرَد و به طاووسان می‌پیوندد؛ امّا با ضربت منقار طاووسان طرد می‌شود و نفرت شغالان را نصیب می‌یابد: احادیث، صص ۲۵۹ و ۲۶۰. ۲ - **علّیین**: بهشت. ۳ - **فور**: زرد روشن، بور. ۴ - **مُلْتَوی**: در هم پیچیده شده.

از نشـاط از مـا کـرانـه کـرده‌ای   ایـن تکـبُّر از کـجا آورده‌ای؟ ۷۲۶
آن قدر شادمانی که از ما دوری می‌کنی، این غرور تو ناشی از چیست؟

یک شغالی پیشِ او شد کِای فلان!   شیدکردی یا شدی از خوش دلان؟ ۷۲۷
یک شغال نزد او رفت و گفت: ای فلانی، حقیقت را بگو، مکر است یا از خوش‌دلان شده‌ای؟

شـیدکـردی تـا بـه مـنبر بـرجـهی   تا ز لاف این خلق را حسرت دهی؟ ۷۲۸
حیله به کار بردی تا بر منبر بروی و با لاف و گزاف خلق را دچار حسرت و حیرت کنی؟

بس بکـوشیدی، نـدیدی گـرمیی   پس ز شـید آورده‌ای بـی شـرمیی ۷۲۹
بارها کوشیدی و از خلق توجّه ندیدی، حالا از مکر این بی‌شرمی را پیش گرفته‌ای؟

گـرمی، آنِ اولیـا و انـبیاست   بـاز بـی‌شرمی پـناهِ هـر دغـاست ۷۳۰
گرمای مهر و توجّه خلق، خاصّ اولیا و انبیاست؛ امّا بی‌شرمی پناهِ هر حیله‌گر است.

که التفاتِ خلق سویِ خـود کشـند   که خوشیم و از درون بس ناخوشند ۷۳۱
که مردم را به خود جلب کنند و ادّعا می‌کنند که دارای جانی خوش و منوّرند در حالی که درونی ناخوش و تاریک دارند.

چرب کردنِ مردِ لافی لب و سبلتِ خود را هر بامداد به پوستِ دنبه، و بیرون آمدن میانِ حریفان که: من چنین خورده‌ام و چنان[1]

مردی لاف‌زن که در عین بی‌برگی و گرسنگی هر بامداد لب و سبلت خود را با دنبه چرب می‌کرد و به میان منعمان می‌رفت و مدّعیِ خوردنِ لوتِ چربی می‌شد، با ربوده شدن دنبه توسط گربه، سرّش آشکار شد و جز رسوایی حاصلی به بار نیاورد.

سرّ سخن آنکه عالم محسوسات، دار امتحان و بلاست. آزمون‌های الهی حقیقتِ حالِ مدّعیانِ لاف‌زن را آشکار می‌کند و چنان مهلتی نمی‌یابند که همواره به اعمال خلق توفیق یابند.

---

۱ - مأخذ این لطیفه را در منابع مربوطه نیافتم، احتمالاً از قصه‌هایی است که در افواه عام و یا روایات قصّاص رایج بوده است.

پوستِ دنبه یافت شخصی مُستهان[1] هر صباحی چرب کردی سَبلتان[2] ۷۳۲

شخص فرومایه‌ای دنبه‌ای را یافت، هر روز صبح سبیل خود را با آن چرب می‌کرد.

در میانِ منعمان[3] رفتی که من لُوتِ[4] چربی خورده‌ام در انجمن[5] ۷۳۳

به جمع توانگران می‌رفت و وانمود می‌کرد که غذای چربی در فلان مهمانی خورده است.

دست بر سبلت نهادی در نوید[6] رَمز، یعنی: سویِ سبلت بنگرید ۷۳۴

در مهمانی دست بر سبیل خود می‌نهاد و به رمز و اشاره می‌گفت که به سبیل من نگاه کنید.

کین گواهِ صدقِ گفتارِ من است وین نشانِ چرب و شیرین خوردن است ۷۳۵

سبیلِ چرب گواهِ راستیِ گفتار من است که غذایِ چرب و شیرین خورده‌ام.

اشکمش گفتی جوابِ بی طنین که: اَبادَاللهُ کَیدَ الکاذبین ۷۳۶

شکم مرد یاوه‌گو به زبانِ حال می‌گفت: خداوند مکر دروغگویان را نابود کند.

لافِ تو ما را بر آتش بر نهاد کآن سِبالِ چربِ تو برکنده باد ۷۳۷

لافِ بیهودهٔ تو ما را در آتشِ گرسنگی افکنده است، الهی که آن سبیل چرب تو کنده شود.

گر نبودی لافِ زشتت ای گدا ! یک کریمی رحم افکندی به ما ۷۳۸

ای بینوا، اگر لاف نمی‌زدی، کریمی بر ما رحم می‌کرد.

ور نمودی عیب و کژ کم باختی یک طبیبی دارویِ او ساختی ۷۳۹

اگر عیب و نقص خود را آشکار می‌کردی و نیرنگ به کار نمی‌بردی، بالاخره طبیبی دردِ تو را درمان می‌کرد.

گفت حق که: کژ مجنبان گوش و دُم یَنْفَعَنَّ الصادِقینَ صِدْقُهُمْ[7] ۷۴۰

خداوند گفت: اعضا و جوارحت را در راه کج به کار مبر؛ زیرا صداقت راستگویان به نفع آنان است.

---

۱ - **مُستهان :** خوار و فرومایه.   ۲ - **سبلتان :** سبیل‌ها.   ۳ - **منعمان :** توانگران.   ۴ - **لوت :** غذا.

۵ - **انجمن :** جمع یا مهمانی.   ۶ - **نوید :** خبر خوش، شادی، مهمانی.

۷ - اشارتی قرآنی؛ مائده : ۱۱۹/۵ : قالَ اللهُ هذا یَوْمُ یَنْفَعُ الصّادِقینَ صِدْقُهُمْ...: حق تعالی می‌فرماید که این روز، همان روزی است که راستی راستان ایشان را سود دهد.

کهف[۱] اندر کژ مخسب ای مُحْتَلِم[۲] آنـــچه داری وانـــما و فَـــاستَقِمْ[۳] ۷۴۱

ای ناپاک، می‌بینی که وجودت کج و ناراست است، در میان این ناراستی درونی به خواب غفلت فرو نرو، هر چه هست عیان کن و روراست باش.

ور نگویی عیبِ خود، باری خمُش از نـمایش وز دغـل خـود را مَکُش ۷۴۲

اگر نمی‌خواهی عیب خود را بگویی و کژی خود را آشکار کنی، خاموش باش و با تظاهر و حیله خود را تباه نکن.

گر تو نقدی[۴] یـافتی، مگشـا دهـان هست در ره ســنگ‌هایِ امـتحان ۷۴۳

اگر بر تو دری از درکِ معارف گشوده شد، در باب آن داد سخن نده؛ زیرا در سلوک، «مردان حق» مانندِ سنگ محک، تو را می‌آزمایند و حق و باطل را می‌شناسند.

ســنگ‌های امـتحان را نـیز پـیش امتحان‌ها هست در احوالِ خویش ۷۴۴

«مردان حق» نیز پیش از این، آزمون‌های بسیاری را پشت سر نهاده‌اند و باز هم در احوال کنونی شان بنا بر مرتبهٔ خاصّ خود آزمون‌هایی دارند.

گفت یزدان: از ولادت تا به حَیْن[۵] یُـــفْتَنُونَ کُـــلَّ عـــامٍ مَـــرَّتَیْن[۶] ۷۴۵

خداوند فرموده است که انسان از هنگامِ تولّد تا مـرگ هـر سـال دو بـار مـورد آزمـون قرار می‌گیرد.

امتحان در امـتحان است ای پـدر! هین، به کمتر امتحان خود را مـخَر ۷۴۶

ای عزیز، آزمون پشت آزمون است، بهوش باش و با سرفرازی در امتحان کوچک خود را باور مکن.

---

۱ - مصراع اول در متن «گفت اندر گژ...» بوده، بعداً اصلاح کرده‌اند و «کهف اندر...» نوشته‌اند.

۲ - **مُحْتَلِم** : ناپاک و جُنُب، خواب دیده. ۳ - **فَاسْتَقِمْ** : راست و مستقیم باش.

۴ - **نقد** : نقدینه، کنایه از درک معارف. ۵ - **حَیْن** : مرگ.

۶ - **مَرَّتَیْنِ** : دو بار. اشارتی قرآنی؛ توبه : ۱۲۶/۹ : آیا نمی‌بینید که در هر سال یک یا دو بار مورد آزمایش قرار می‌گیرند؟ ولی نه توبه می‌کنند و نه پند می‌گیرند.

ایمن بودنِ بلعمِ باعور که امتحان‌ها کرد حضرت او را و از آن‌ها روی سپید آمده بود[1]

بلعم باعور، امامِ شهرِ أریحا و از اهالی کنعان بود، زاهدی مستجاب‌الدّعوه که در زمان موسیٰ(ع) می‌زیست و با روی سپید شدن در آزمون‌های الهی، آیاتی از حق به وی عطا گشته بود؛ امّا بر خویشتن مفتون و مغرور گشت و خود را از هرگونه سقوط ایمن پنداشت، چنانکه در آخرین امتحان به وسوسهٔ مردم شهر اغوا شد و در حقّ موسیٰ(ع) و قوم وی که بعد از خروج از مصر به سرزمین کنعان رسیده بودند و قصد ورود به شهرِ أریحا را داشتند، دعایِ بد کرد تا بدان سرزمین راه نیابند، دعایِ او موجب سرگردانی قوم در «تیه» شد و چون موسیٰ(ع) از دعایِ او واقف گشت، او نیز در حقّ ِوی دعایِ بد کرد تا خداوند او را از آن علم و ایمان که داشت منسلخ گردانید و خودِ او به سبب این دعای ناروا ملعون شد و همچون سگی گشت.[2]

سرّ سخن آنکه بلعم باعور به پشت‌گرمی عنایات حق غرّه شد و قابلیّت خویش را موجبات عطای باری دانست و درنیافت که عطای حق را قابلیّت شرط نیست؛ لذا دم از برابری با موسی(ع) زد. «پنجه زد با موسی از کبر و کمال»

در مثنوی احوال بلعم باعور تصویری است از احوال کسانی که به حکم قضا به سوء خاتمت مبتلا می‌گردند و این حال که او را همانندِ ابلیس لعین در آخرین امتحان رسوا می‌کند، نمونهٔ حال تمام کسانی است که رستگاری در تقدیر آن‌ها نیست و به همین سبب به آنچه خواجهٔ شیراز «بازیِ غیرت» می‌خواند و استدراج در زبان صوفیّه تعبیری از آن است، دچار می‌آیند.[3]

۷۴۷ **بَلْعَمِ باعور و ابلیسِ لعین ‌‌ ‌ ز امتحانِ آخرین گشته مَهین[4]**

بلعم باعور و ابلیس ملعون در آخرین آزمون الهی خوار و زبون شدند.

۷۴۸ **او به دعوی میلِ دولت می‌کند ‌ ‌ معده‌اش نفرین سبلت می‌کند**

آن مرد فرومایه مدّعی دولت و حشمت است؛ امّا معدهٔ تهی، سبیلِ او را نفرین می‌کند.

۷۴۹ **کآنچه پنهان می‌کند، پیداش کن ‌ ‌ سوخت ما را، ای خدا رسواش کن**

می‌گوید: ای خدا، احوالِ زارش را عیان کن، دعوی او ما را سوزانده است، رسوایش کن.

---

۱ - **بلعم باعور** : ر.ک: ۳۳۱۱/۱. ۲ - با استفاده از بحر درکوزه، ص ۳۰۷. ۳ - ر.ک. پیشین، ص ۳۰۷.
۴ - **مَهین** : خوار.

جمله اجزای تنش، خصمِ وی‌اند   کز بهاری لافد، ایشان در دی‌اند ۷۵۰

اعضا و جوارحِ گرسنه و خستهٔ بدنش با او دشمن‌اند؛ زیرا از شادابی می‌لافد و آن‌ها پژمرده‌اند.

لاف، وادادِ کرم‌ها می‌کُند   شاخِ رحمت را ز بُن بر می‌کَنَد ۷۵۱

لاف زدن بیهوده، عطا و بخشش را باز می‌گرداند و شاخهٔ رحمت را از بن برمی‌کند.

راستی پیش آر یا خاموش کن   و آنگهان رحمت ببین و نوش کن ۷۵۲

یا صداقت پیشه کن و یا خاموشی بگزین و آنگاه رحمت الهی را مشاهده کن و بهره‌مند شو.

آن شکمْ خصمِ سِبالِ او شده   دست، پنهان در دعا اندر زده ۷۵۳

شکمِ تهی، دشمن سبیل مرد لافی شده و در نهان دست به دعا برداشته بود.

کِای خدا! رُسوا کن این لافِ لئام[1]   تا بجُنبد سویِ ما رحمِ کِرام ۷۵۴

که ای خدا، لاف و دروغِ فرومایگان را رسوا کن تا بخششِ کریمان شامل حال ما شود.

مستجاب آمد دعایِ آن شکم   شورِش حاجت بِزَد بیرون عَلَم[2] ۷۵۵

دعای شکم مورد اجابت واقع شد و نیازمندیِ او به غذا آشکار شد.

گفت حق: گر فاسقی وَ اهْلِ صَنم[3]   چون مرا خوانی اجابت‌ها کنم[4] ۷۵۶

خداوند گفت: اگر بدکار یا بت‌پرست باشی، چون مرا بخوانی، خواسته‌ات را بر می‌آورم.

تو دعا را سخت گیر و می‌شُخول[5]   عاقبت بِرْهانَدَت از دستِ غول[6] ۷۵۷

تو به درگاه حق ناله و دعایِ بسیار کن، عاقبت تو را از دست عواملِ گمراه کننده نجات می‌دهد و دعایت را اجابت می‌کند.

چون شکم خود را به حضرت در سپرد   گربه آمد پوستِ آن دنبه بِبُرد ۷۵۸

چون شکمِ تهی خود را به خداوند سپرد، گربه رسید و پوستِ دنبه را بُرد.

از پسِ گربه دویدند او گریخت   کودک از ترسِ عتابش[7] رنگ ریخت ۷۵۹

اهل خانه به دنبال گربه دویدند؛ امّا گریخت. طفل از ترس سرزنش پدر رنگشِ پرید.

---

۱ - **لِئام** : جمع لئیم، فرومایه.   ۲ - **عَلَم بیرون زدن** : عیان شدن.   ۳ - **اهلِ صنم** : بُت‌پرست.
۴ - اشارتی قرآنی؛ مؤمن : ۶۰/۴۰ : وَ قالَ رَبُّکُمُ ادْعُوني أَسْتَجِبْ لَکُمْ...: و پروردگارتان گفت که مرا بخوانید تا دعای شما را اجابت کنم.   ۵ - **می‌شُخول** : ناله می‌کن.   ۶ - **غول** : شیطان، نفس امّاره، عوامل گمراه کننده.
۷ - **عِتاب** : سرزنش.

آمد اندر انجمن[1] آن طفلِ خُرد   آبِ رویِ مردِ لافی را بِبُرد ۷۶۰

طفل خردسال به محفلی که پدر در آن بود، آمد و آبروی مرد لافی را برد.

گفت: آن دنبه که هر صبحی بدان   چرب می‌کردی لبان و سِبْلَتان ۷۶۱

طفل گفت: آن دنبه که هر صبح با آن لب‌ها و سبیل خود را چرب می‌کردی،

گربه آمد ناگهانش در رُبود   بس دویدیم و نکرد آن جهد سُود ۷۶۲

گربه‌ای آمد و ناگهان آن را رُبود، بسیار در پی‌اش دویدیم؛ امّا جهدِ ما سود نداشت.

خنده آمد حاضران را از شگفت   رحم‌هاشان باز جنبیدن گرفت ۷۶۳

حاضران از تعجّب خندیدند و رحم و شفقت‌شان به جوش آمد.

دعوتش کردند و سیرش داشتند   تخمِ رحمت در زمینش کاشتند ۷۶۴

او را فراخواندند و شکمش را سیر کردند و به وی محبّت‌ها نمودند.

او چو ذوقِ راستی دید از کِرام[2]   بی تکبُّر راستی را شد غلام ۷۶۵

او که مزهٔ صداقت را چشید و از آن بخشندگان بهره‌ها دید، بدون تکبّر و خودبینی راستی را پیشه کرد و دست از نیرنگ و ریا باز داشت.

دعویِ طاووسی کردنِ آن شغال که در خُمِ صبّاغ[3] افتاده بود

و آن شغالِ رنگ رنگ آمد، نهفت   بر بناگوشِ ملامت‌گر بگفت ۷۶۶

آن شغال که پشم رنگارنگ یافته بود، نهانی درگوش سرزنش کننده گفت که:

بنگر آخر در من و در رنگِ من   یک صنم چون من ندارد خود شَمَن[4] ۷۶۷

آخر در من و پشم رنگارنگ من بنگر، هیچ بت‌پرستی بت زیبایی چون من ندارد.

چون گلستان گشته‌ام صد رنگ و خَوش   مر مرا سجده کن، از من سر مکَش ۷۶۸

چون گلستان شده‌ام با صد رنگ و زیبایی، بر من سجده بیاور و سرکشی نکن.

---

۱ - **انجمن** : محفل.   ۲ - **کِرام** : بخشندگان.   ۳ - **صبّاغ** : رنگرز.

۴ - **شَمَن** : بت‌پرست، کاهن و یا پرده‌دار بتکده.

کَرّ و فَرّ و آب و تـاب و رنگ بـین فخرِ دنیا خوان مـرا و رُکـنِ دیـن[1] ۷۶۹

به جلال و رنگ و رو و آب و تاب من نگاه کن، چنان باشکوه هستم که می‌توانـی مـرا «فخرالدّنیا» و یا «رکن‌الدّین» خطاب کنی.

مـظهرِ لطـفِ خـدایـی گشـته‌ام لوحِ شـــرحِ کـــبریایی گشـــته‌ام ۷۷۰

مظهرِ لطفِ الهی شده‌ام، وجود من همانند لوحی است که عظمت کبریایی را بیان می‌کند.

ای شغالان! هین! مخوانـیدم شـغال کِی شغالی را بُوَد چـندین جـمال؟ ۷۷۱

ای شغال‌ها، آگاه باشید و من را شغال خطاب نکنید که شغال چنین جمال و کمالی ندارد.

آن شـغالان آمـدند آنـجا بـه جـمع همچو پروانـه بـه گِـرداگـردِ شـمع ۷۷۲

شغال‌ها همه آنجا جمع شدند، همان‌طور که پروانه گرد شمع می‌گردد.

پس چه خوانیمت؟ بگو ای جوهری[2] **! گـفت: طـاووس ِ نـرِ چـون مشـتری**[3] ۷۷۳

گفتند: ای که گوهری والا و تباری اصیل داری، بگو تو را چه بخوانیم؟ گفت: طاووس نرِ خجسته و کامل.

پس بگفتندش که: طاووسانِ جـان جـــلوه‌ها دارنـــد انـــدر گُـــلْسِتان ۷۷۴

شغال‌ها گفتند: طاووسانی که جانی خجسته دارند، در گلستانِ معانی جلوه‌گری‌ها می‌کنند.

تو چنان جلوه کنی؟ گـفتا کـه: نـی بادیه[4] **نارفته چـون کـوبم مِـنی**[5] **؟** ۷۷۵

آیا تو هم در خود چنین جلوه‌ای می‌یابی؟ گفت: نه، من هنوز به بادیه نرفته و راهی را طی نکرده‌ام، چگونه از «منٰی» بگذرم؟

بانگِ طاووسان کـنی؟ گـفتا کـه: لا پس نه‌ای طاووس خواجه بوالعَلا[6] **!** ۷۷۶

شغال‌ها پرسیدند: آیا بانگ طاووسان را داری؟ گفت: نه. گفتند: پس ای شغال بلند مرتبه، تو طاووس نیستی.

---

۱ - مولانا، با به کار بردن این القاب در حقّ شغال مدّعی، طعن در اهل ظاهر دارد، شاید هم ناظر به فخرالدّین رازی باشد که در ردّ صوفیه سخن‌ها رانده است.

۲ - **جوهری** : دارای جوهر، هر چیز جوهر دار، جواهر فروش، اینجا کسی که گوهر و نژادی والا دارد.

۳ - **چون مشتری** : سعادت‌بخش، خجسته، به تعبیر عرفا «انسان کامل».

۴ - **بادیه** : صحرا، ریگزارِ راه مکّه که برای رفتن به «منٰی» عبور از آن الزامی است.

۵ - **مِنیٰ** : موضعی است در مکّه که حاجیان در آنجا قربانی می‌کنند. **کوبم منیٰ**، یعنی راهِ مِنی را زیر پا بگذارم و طی کنم.

۶ - **بوالعلا** : ابوالعلاء، بلند مرتبه.

خِلعتِ طاووس آید ز آسمان کِی رسی از رنگ و دعوی‌ها بدآن؟ ۷۷۷

جامهٔ طاووسانِ عالمِ معنا از فیوضات ربّانی است. چگونه با ادّعا و ریا به آن می‌رسی؟

تشبیهِ فرعون و دعویِ الوهیّتِ او بدان شغال که دعویِ طاووسی می‌کرد

فرعون و دیگر قدرتمندان دنیا همانند آن شغال‌اندکه ساعتی در خم رنگ ماند و دعوی طاووسی کرد. این غافلان نیز با اندک درنگ در خُمِ قدرت و شوکت، خویش را «طاووسِ علّیین» می‌پندارند و دعویِ الوهیّت می‌کنند.

همچو فرعونی مُرَصَّع[1] کرده ریش برتر از عیسی پریده از خری‌ش ۷۷۸

مانندِ فرعون که ریش خود را به جواهر آراسته بود و از حماقت، خویش را برتر از عیسی(ع) می‌دانست و «أَنَا رَبُّکُمُ الْأَعْلیٰ» سر می‌داد.[2]

او هم از نسلِ شغالِ ماده‌زاد در خُمِ مالی و جاهی در فُتاد ۷۷۹

او هم از نژاد همان شغال ماده بود که در خُمِ موقّتِ مال و جاه افتاده بود.

هر که دید آن جاه و مالش سجده کرد سجدهٔ افسوسیان[3] را او بخَورد ۷۸۰

هر کس که ثروت و شوکت او را دید، بر او سجده آورد، تعظیم و تکریم فریب خوردگانِ ریاکار، عقل و خرد او را هضم کرد و به تباهی کشانید.

گشت مَستک آن گدایِ ژنده دلق از سجود و از تحیّرهایِ خلق ۷۸۱

او که به واقع گدای ژنده پوشی بیش نبود، از سجده و حیرت خلق، مست شد.

مالْ مار آمد که در وی زهرهاست و آن قبول و سجدهٔ خلق اژدهاست ۷۸۲

«ثروت و مال» دنیا، همانندِ مار زهری نهانی دارد. توجّه فراوان خلق و سجدهٔ آنان، مانندِ اژدها جانِ پاک آدمی را نابود می‌کند و وجهِ پلیدِ آن را بر جای می‌گذارد.

---

۱ - **مُرَصَّع** : آراسته به جواهر، جواهرنشان. ۲ - «منم پروردگار برتر شما»، ر.ک: ۲۴۶۵/۱، نازعات: ۲۴/۷۹.
۳ - **افسوسیان** : جمع افسوسی، اهل مسخره و شوخی، فریب خورده، ریاکار.

هـای! ای فـرعون! نـاموسی مکـن تـو شـغالی، هـیچ طـاووسی مکـن ۷۸۳

ای فرعون، ادّعای بزرگی و الوهیّت نکن، تو شغالِ حقیری هستی، خـود را در ردیـفِ طاووسانِ عالم معنا قرار نده.

سـویِ طـاووسان اگـر پـیدا شـوی عـاجزی از جـلوه و رسـوا شـوی ۷۸۴

اگر تو را به جمع طاووسان عوالم روحانی راهی باشد، از جلوه‌گریِ ایشان عاجز هستی و رسوا می‌شوی.

موسی و هارون چو طاووسان بُدند پَـرِّ جـلوه بـر سـر و رُویت زدنـد ۷۸۵

چون موسی(ع) و برادرش هارون، همان طاووسان عالم روحانیّت بودند، پر و بال جلوهٔ قدرت راستین خود را به نمایش آوردند و بر سر و روی حشمت و شوکت کاذب تو کوبیدند.

زشتی‌ات پیدا شـد و رسـوایـی‌ات سـرنگون افـتادی از بـالایی‌ات ۷۸۶

زشتیِ درونِ پلید و رسوایی‌ات آشکار شد و از مقامِ کاذب سرنگون شدی.

چون محک دیدی، سیه‌گشتی چو قلب نقش ِ شیری رفت و پیدا گشت کَلب[1] ۷۸۷

چون وجودِ آنان محک بود، در برابر آن، سیه‌رویی‌ات عیان شد، ظاهری که از شیران عالم معنا برای خود ساخته و پرداخته بودی، محو شد و سگ نفس امّاره‌ات آشکار گردید.

ای سگِ گَرگینِ زشتْ! از حرص و جوش پـوستینِ شـیر را بـر خـود مـپوش ۷۸۸

ای سگِ درنده‌خوی زشت سیرت، از حرص و آز خود را به ظاهر شیران عالم معنا آراسته نکن.

غُـرّهٔ شـیرت بـخواهـد امـتحان نقش ِ شیر و آنگـه اَخـلاقِ سگـان ۷۸۹

غُرّش شیرِ عالمِ معنا تو را مورد آزمون قرار می‌دهد که ظاهر شیر داری و خوی سگان.

تفسیرِ وَلَتَعْرِفَنَّهُمْ في لَحْنِ القَوْلِ[2]

عنوانی که در این قسمت آمده، قسمتی از آیهٔ ۳۰ سورهٔ محمّد است که در آن حق تعالی خطاب به پیامبر و در ارتباط با منافقان می‌فرماید: وَ لَوْ نَشاءُ لَأَرَيْناكَهُمْ فَلَعَرَفْتَهُمْ بِسيماهُمْ وَ لَتَعْرِفَنَّهُمْ فی لَحْنِ الْقَوْلِ وَ اللهُ يَعْلَمُ أَعْمالَكُمْ: اگر بخواهیم آن‌ها را به تو می‌نمایانیم و تو آن‌ها را به سیمایشان یا از شیوهٔ سخنانشان خواهی شناخت و خدا از اعمالتان آگاه است.

---

۱ - **کلب** : سگ. ۲ - اشارتی قرآنی؛ محمّد: ۳۰/۴۷.

در ابیات پیشین و در قصّهٔ «دعوی طاووسی کردن شغال که در خُمِ صبّاغ افتاد» سخن از مدّعیان لاف‌زن بود که خود را به ظاهرِ عارفان می‌آرایند و کلامِ ایشان را به تقلید و طوطی‌وار بر زبان می‌رانند، در ادامه و تأیید آن دعوی الوهیّت فرعون هم به شغال رنگین شده مانند شد که از «طاووسانِ علّیین» و جلوه‌های آنان بی‌بهره بود. اینک با طرح این آیهٔ شریفه و شرح آن، سخن در تقریر این معناست که منافقان و مدّعیان با هم سنخیّت نهانی دارند و همان‌گونه که مدّعیان گزافه‌گو در تقابل با محک رسوا می‌شوند، منافقان نیز در تقابل با صادقان و راستان از شیوهٔ سخنان و نحوهٔ اعمال بهره‌ای جز رسوایی ندارند.

گفت یزدان مر نَبی را در مَساق[1] یک نشانی سهل‌تر زاهْلِ نفاق ۷۹۰

خداوند در قرآن کریم، برای شناختن اهل نفاق نشانهٔ ساده‌ای را بیان فرمود.

گر منافق زفت باشد نغز و هول[2] واشناسی مر وَرا در لحن و قول ۷۹۱

اگر منافق ظاهراً باشکوه و پُرابهّت باشد، می‌توانی او را از شیوهٔ سخن گفتن و لحن گفتارش بشناسی.

چون سُفالین کوزه‌ها را می‌خری امتحانی می‌کنی ای مُشتری! ۷۹۲

ای خریدار، هنگامی که کوزهٔ سفالین را می‌خری، ابتدا امتحانش می‌کنی.

می‌زنی دستی بر آن کوزه، چرا؟ تا شناسی از طنین اشکسته را ۷۹۳

چرا با دست بر کوزه ضربه می‌زنی؟ زیرا طنینِ کوزهٔ شکسته را می‌شناسی.

بانگِ اشکسته دگرگون می‌بُوَد بانگْ چاووش‌است[3]، پیشش می‌رود[4] ۷۹۴

صدای کوزهٔ شکسته با طنینِ کوزهٔ سالم متفاوت است. بانگ و صدا، بیانگرِ حالِ اوست که پیشاپیش حرکت می‌کند.

بانگ می‌آید که تعریفش کند همچو مصدر، فعلْ تصریفش کند ۷۹۵

صدایی که می‌آید، تعریف‌کنندهٔ احوالِ درونیِ اوست، مانند مصدر که فعل آن را صرف می‌کند.

چون حدیثِ امتحان رویی نمود یادم آمد قصّهٔ هاروت، زود ۷۹۶

اینک که سخن به آزمون الهی کشیده شد، قصّهٔ هاروت و ماروت را به یاد آوردم که نمونهٔ معروفی از امتحاناتِ الهی است.

---

۱ - **مَساق :** گذرگاه، راندن چهارپایان. ۲ - **نغز و هول :** جالب و هراس‌انگیز و حتّی به ظاهر باشکوه.

۳ - **چاووش :** پیشاهنگ، پیش‌تاز قافله.

۴ - اشاره به مضمون کلام علی(ع): همان‌گونه ظروف سفالین را با طنین صدا می‌آزمایند تا سالم را از شکسته باز شناسند، گوهر آدمی نیز توسّط هنجار گفتارش شناخته می‌شود: احادیث مثنوی، ص ۷۶.

قصّهٔ هاروت و ماروت و
دلیریِ ایشان بر امتحاناتِ حق تعالی[۱]

هاروت و **ماروت** نیز به اتّکای زهد، خویشتن را برتر از فرزندان آدم که در غفلت و گناه غوطه‌ور بودند، یافتند و غرّه در خودبینی، خود را در معرض ابتلا و امتحان قرار دادند و در دامِ ناپیدایِ حق گرفتار شدند.

عالم محسوسات، دار امتحان و ابتلاست و در طیّ آزمون الهی است که حقیقتِ حالِ مدّعیان معلوم می‌گردد. قصّهٔ هاروت و ماروت که نمونه‌ای از «استدراج» حق است در تبیین این معناست که در نیل به مقصود، توفیق حق شرط اساسی است و در امتحان حق ایمن نمی‌توان بود.

پیش از این، زآن گفته بودیم اندکی — خود چه گوییم از هزارانش یکی ۷۹۷

پیش از این اندکی از آن قصّه را گفته بودیم که هرچه گفته باشیم، یک از هزاران بوده است.

خواستم گفتن در آن، تحقیق‌ها — تاکنون وامانْد از تعویق‌ها ۷۹۸

می‌خواستم در آن زمینه حقایقی را بیان کنم؛ امّا به عللِ گوناگون به تأخیر افتاد.

حملهٔ دیگر، ز بسیارش قلیل — گفته آید، شرحِ یک عضوی ز پیل ۷۹۹

بار دیگر اندکی از آن قصّهٔ مفصّل را می‌گوییم و عضوی از اعضای پیل را بیان می‌کنیم.

گوش کن هاروت را ماروت را — ای غلام و چاکرانْ ما روت را[۲] ۸۰۰

ای که ما غلام و چاکر روی ماهِ تو هستیم، به قصّهٔ هاروت و ماروت گوش فراده.

مست بودند از تماشایِ اِلٰه — وز عجایب‌هایِ استدراج[۳] **شاه** ۸۰۱

این دو فرشته از شهود جمال و جلال الهی و شگفتی‌های دام ناپیدای حق سرمست بودند.

این چنین مستی‌ست زِ استدراجِ حق — تا چه مستی‌ها کند معراجِ حق ۸۰۲

چون «استدراج حق» که دامی نهان و به سبب کیفرِ خطاکار است، چنین مستی‌بخش است، قیاس کن که صعود بر معراجِ حقایق چه مستیِ دل‌انگیزی دارد.

---

۱ - **هاروت و ماروت**: ر.ک: ۵۳۹/۱.

۲ - این خطابِ سرشار از تعظیم و تکریم در حقِ هر کسی است که گوشی شنوا دارد و حاضر به دریافت حقایق و معانی است. ۳ - **استدراج**: دام ناپیدای حق. ر.ک: ۵۳۹/۱.

دانهٔ دامش چنین مستی نمود   خوانِ اِنعامش چه‌ها داند گشود؟ ۸۰۳

هنگامی که دانه‌ای در دام قضا، چنین مستی می‌آوَرَد، ببین که سفرهٔ اِنعام او چه علوم و اسراری را برای مقرّبان می‌گشاید!

مست بودند و رهیده از کمند   های هویِ عاشقانه می‌زدند ۸۰۴

آن دو، سرمست و رهیده از کمند، های و هوی عاشقانه سر می‌دادند.

یک کمین و امتحان در راه بود   صَرصَرش[1] چون کاهْ، کُه را می‌ربود ۸۰۵

امّا از کمینگاهِ غیب، آزمونی در راه بود که تندی وزشش کوه را همانند کاه در می‌ربود.

امتحان می‌کردشان زیر و زبر   کِی بُوَد سرمست را زین‌ها خبر؟ ۸۰۶

آزمون الهی آنان را زیر و زبر می‌کرد؛ امّا سرمست چگونه از این زیر و زبر شدن و هدفِ آن اطّلاع داشته باشد؟

خندق و میدان به پیشِ او یکی است   چاه و خندق پیشِ او خوش مسلکی‌است ۸۰۷

در نظرِ او خندق و میدان یکسان می‌نماید و چاه و گودال را راهی خوش می‌بیند.

آن بُزِ کوهی بر آن کوهِ بلند[2]   بر دَوَد از بهرِ خوردی بی‌گزند ۸۰۸

مانندِ آن بز کوهی که در جُست‌وجوی علف تا بالای کوه بلند به همه جا سر می‌زند.

تا علف چیند ببیند ناگهان   بازیی دیگر ز حکمِ آسمان ۸۰۹

می‌دود تا علف بچیند؛ امّا ناگهان حکم الهی بازی دیگری را در برابرش قرار می‌دهد.

بر کُهی دیگر بر اندازد نظر   ماده بُز بیند بر آن کوهِ دگر ۸۱۰

به کوه مقابل نگاه می‌کند و بر قلّهٔ آن ماده بزی را می‌بیند.

چشمِ او تاریک گردد در زمان   بر جهد سرمست زین که تا بدان ۸۱۱

چشمانش سیاهی می‌رود و برای رسیدن به بز ماده سرمست از این کوه به آن کوه می‌جهد.

---

۱ - **صَرصَر** : باد سرکش و بسیار تند و سرد.

۲ - تمثیلی در بیانِ این معنا که بز کوهی که نمادی از «انسانِ اسیر شهوات و حرص» است در پی خواسته‌های سیری‌ناپذیرِ نَفْسانی خود به هر جا سر می‌کشد و همان گونه که بُز کوهی بر بلندای آن کوه، ماده بُز دیگری را بر بالای کوه دیگر می‌بیند و از غلبهٔ شهوت فاصله بین دو کوه را از خاطر می‌برد و با جهیدن خود را به هلاکت می‌افکند و اسیر صیّادانی که در میان دو کوه نشسته‌اند می‌شود، آدمی نیز هنگامی که اسیر حرص و شهوت باشد، همان گونه عمل می‌کند که بز کوهی.

آنــچنان نــزدیک بـنماید ورا کــه دویـدن گِـردِ بـالوعهٔ[1] سَـرا ۸۱۲

غلبهٔ شهوت چنان چشم او را تاریک می‌کند که فـاصلهٔ بـین دو کـوه را آن‌قـدر نـزدیک می‌بیند که گویی کسی گِردِ چاهِ منزلش بدود.

آن هــزاران گــز دو گز بـنمایدش تــا ز مستی مـیلِ جَـستن آیـدش ۸۱۳

هزاران گز را دو گز می‌بیند، از این رو بر اثر سرمستی می‌خواهد که بدان سو بجهد.

چـونکه بِـجْهَد در فُـتد انـدر مـیان در مــیانِ هــر دو کــوهِ بــی امـان ۸۱۴

هنگامی که می‌جهد در میان دو کوه بی‌امان سقوط می‌کند.

او ز صــیّادان بــه کُــه بگــریخته خود پـناهش خـونِ او را ریـخته[2] ۸۱۵

بز کوهی از دست شکارچیان به کوه گریخته بود؛ امّا پناهگاه خونش را ریخت.

شِسته[3] صـیّادان مـیانِ آن دو کـوه انــتظارِ ایــن قــضایِ بــا شکـوه ۸۱۶

شکارچیان در میان آن دو کوه نشسته و منتظر این قضای باشکوه بودند.

باشد اغـلب صـیدِ ایـن بُـز هـمچنین ورنه چالاک است و چُست و خصمْ‌بین ۸۱۷

اغلب شیوهٔ صید بز چنین است وگرنه او چالاک و چابک است و دشمن را به خوبی می‌بیند.

رُستم ارچـه بـا سر و سَبْلت بـود دامِ پــاگـیرش یـقین شـهوت بـود ۸۱۸

رستم و یا هر زورمند دیگری، هرچند که سر و سبیل و قدرتی دارد، به یـقین شـهوت دامی است که پایِ او را درگیر می‌کند.

همچو من از مستـیِ شـهوت بِـبُر[4] مســتیِ شــهوت بـبین انـدر شُـتر ۸۱۹

تو نیز، همانند من از مستی شهوت دوری کن، مستی شهوت را در شتر نر ببین.

---

۱ - **بالوعه** : چاه فاضلاب.

۲ - هاروت و ماروت نیز خود را در پناه عصمت حضرت باری مصون می‌دانستند و غـافل از آن بـودند کـه بـرای آزمون الهی به دامگاه زمین آمده‌اند و دلیری‌شان بر این آزمون، زمینه‌ساز «استدراج» گشته است.

۳ - **شِسته** : نشسته.

۴ - «من»، رمزی است از کاملِ واصل که از شهوات و تعلّقات رهیده است و مستی شهوانی از دیدگاه کمال یافته و برتر او امری حیوانی است که نمونهٔ برجستهٔ آن را در شتر می‌توان یافت که در هنگام غلبهٔ شهوت از هیچ چیز بیم و هراسی ندارد.

باز این مستیِ شهوت در جهان پیشِ مستیِ مَلَک دان مُستهان[1] ۸۲۰

امّا، مستیِ شهوتِ این جهانی در مقایسه با مستیِ فرشتگان از شهود جمال حق، ناچیز است.

مستیِ آن، مستیِ این بشکند او به شهوت التفاتی کی کند؟ ۸۲۱

هر کس که در مکاشفاتِ روحانی به شهود جمال حق نایل آید، چنان سرمست می‌شود که شهوت در او نابود می‌شود.

آبِ شیرین تا نخوردی، آبِ شور خوش بود خُوش، چون درونِ دیده نور ۸۲۲

تا آب شیرین نخورده‌ای، آب شور در نظرت مانندِ نور برای چشم خوشایند است.

قطره‌یی از باده‌های آسمان بر کَنَد جان را زِ مِیْ وز ساقیان ۸۲۳

قطره‌ای از مِیِ الهی، جان آدمی را از شراب و ساقی این جهانی بیزار می‌کند.

تا چه مستی‌ها بُوَد اَمْلاک[2] **را وز جلالت**[3] **روح‌هایِ پاک را** ۸۲۴

بیندیش که فرشتگان چه مستی‌هایی دارند و ارواحِ پاک از مشاهدهٔ تجلیّات حق تعالیٰ چه سرمست‌اند.

که به بویی دل در آن مِیْ بسته‌اند خُمّ بادهٔ این جهان بشکسته‌اند ۸۲۵

آنان به بویِ مِیِ آن جهانی دل بسته‌اند و خُمِ شراب دنیوی را شکسته‌اند و بدان ارجی نمی‌نهند.

جز مگر آن‌ها که نومیدند و دور همچو کُفّاری نهفته در قُبور ۸۲۶

تنها آنان که ناامید و دور از رحمت حق‌اند، همانندِ منکران در «تن»هایِ خود مدفون‌اند.

ناامید از هر دو عالم گشته‌اند خارهایِ بی‌نهایت کِشته‌اند ۸۲۷

آنان از دو جهان ناامیدند و محصول زندگی‌شان خارهای بی‌نهایت، یعنی فسق و پلیدی است.

پس ز مستی‌ها بگفتند: ای دریغ بر زمین باران بدادیمی، چو میغ ۸۲۸

هاروت و ماروت از مستی گفتند: اگر در زمین بودیم، همچون بارانِ رحمت بر آن می‌باریدیم.

گستریدیمی در این بیداد جا[4] **عدل و انصاف و عبادات و وفا** ۸۲۹

در این بیدادگاهِ خاک، عدل را می‌گستردیم و زمین را سرشار از انصاف و عبادات و وفا می‌کردیم.

---

۱ - **مُستهان :** خوار. ۲ - **املاک :** جمع مَلَک: فرشته. ۳ - **جلالت :** جلالِ الهی.

۴ - **بیداد جا :** سرایِ بیداد، زمین.

۸۳۰ **این بگفتند و قضا می‌گفت: بیست[1] پیش ِ پاتان دامِ ناپیدا بسی است**

این را می‌گفتند و قضای الهی در جواب می‌گفت: صبر کن، در برابرتان بسی دام ناپیدا گسترده‌اند.

۸۳۱ **هین! مَدو گستاخ در دشتِ بلا هین! مران کورانه اندر کربلا[2]**

هشیار باش و گستاخانه در دشتِ بلا نرو و کورکورانه قدم به محلِّ رنج و بلا نگذار.

۸۳۲ **که ز موی و استخوانِ هالکان می‌نیابد راه پایِ سالکان**

زیرا از مو و استخوانِ هلاک شدگانِ قهرِ الهی، پایِ سالکان جایی برای گام نهادن نمی‌یابد.

۸۳۳ **جملهٔ راه، استخوان و موی و پی بس که تیغِ قهر لاشی کرد شی**

تمام راه استخوان و مو و رگ و پی کشته شدگانی است که با شمشیرِ قهرِ خداوند راهی دیار عدم شده‌اند.

۸۳۴ **گفت حق که: بندگانِ جفتِ عَون بر زمین آهسته می‌رانند و هَوْن[3]**

حق تعالیٰ گفت: بندگانی که خداوند یاور آنان است، بر زمین نرم و فروتن زندگی می‌کنند و از ترکتازی می‌پرهیزند.

۸۳۵ **پابرهنه چون رود در خارزار جز به وقفه و فکرت و پرهیزگار**

بندگانی که در زمین فروتنانه زندگی می‌کنند، دریافته‌اند که دنیا جز خارزاری نیست و می‌دانند که پایِ جانِ آدمی برهنه است و هر زمان خاری از فریبندگی، تعلّقات و شهوات در کمین است؛ پس جز با درنگ و غایت‌اندیشی نمی‌توان در آن زیست.

۸۳۶ **این قضا می‌گفت، لیکن گوششان بسته بود اندر حجابِ جوششان**

«قضایِ الهی» این معانی را در گوش ِ هاروت و ماروت می‌گفت؛ امّا آنان در حجابی از هیجانِ شهود حق، حقایق را نمی‌شنیدند.

۸۳۷ **چشم‌ها و گوش‌ها را بسته‌اند جز مر آن‌ها را که از خود رَسته‌اند**

چشم‌ها و گوش‌های همگان را بسته‌اند، جز آنان که از خودبینی و هستیِ موهومی رهیده و به حق پیوسته‌اند.

---

۱ - **بیست :** مخفّف بایست از ایستادن. ۲ - **کربلا :** مقصود رنج و محنت است و مُراد سرزمین خاص نیست.

۳ - **هَوْن :** نرمی. اشارتی قرآنی؛ فرقان : ۶۳/۲۵ : بندگان خدای رحمان کسانی هستند که در روی زمین به فروتنی راه می‌روند و چون جاهلان آنان را مخاطب قرار دهند، به ملایمت سخن می‌گویند.

۸۳۸ **جز عـنایت کـه گشاید چشم را؟ جـز مـحبّت کـه نشـانَد خشـم را؟**

جز عنایت الهی چه کسی می‌تواند چشم آدمی را به حقایق بگشاید؟ جز محبّت چه چیز خشم را فرو می‌نشاند؟

۸۳۹ **جهدِ بی تـوفیق خـود کس را مـباد در جـــهان، وَاللهُ اَعـلَمْ بِـالسَّداد**

الهی که در دنیا کسی به جهدِ بی‌توفیق مبتلا نشود. پروردگار راه درست را بهتر می‌داند.

قصّهٔ خواب دیدن فرعون آمدنِ موسیٰ را علیه‌السَّلام، و تدارک اندیشیدن

چنانکه پیش‌تر دیدیم[1]، اسرائیلیان به مصر آمدند و در سایهٔ یوسف(ع) در سرزمینِ جوشن در وادیِ تمیلات به دامداری و چوپانی که پیشه‌شان بود، پرداختند. آنان چوپان بودند و مصریان چوپانان را پلید می‌دانسته‌اند و این امر از رفتار یوسف(ع) نیز آن‌گاه که برادران برای نخستین بار «بنیامین» را نزد او آوردند، بر می‌آید؛ زیرا در میهمانی شادمانه‌ای که به افتخار بنیامین داد، سه سفره گسترد، یکی برای بنیامین، دیگری برای برادران و سومی برای مصریان، گویا از این روی که مصریان نمی‌توانسته‌اند با عبریان که آنان را پلید می‌شمرده‌اند هم‌سفره گردند.[2] از سوی دیگر مصریان خویش را نژاد برگزیده می‌پنداشتند و دیگران را به چشمِ حقارت می‌نگریستند و حتّی سران دیگر ملّت‌ها را «وغد» یعنی نادان و ناتوان و فرومایه می‌نامیدند.

در روزگار یوسف(ع) که بنی اسرائیل به مصر آمده و ماندگار شدند، هیکسوسیان که قبیله‌ای غاصب بودند، بر مصر حکومت می‌کردند (۱۵۷۵-۱۷۲۵ ق.م) و قومِ بنی اسرائیل که از گرسنگی و خشکسالی کنعان گریخته و به آنجا آمده بودند، سال‌های بسیاری را در سایهٔ استقرار قدرت هیکسوسیان جنگاور در آن سرزمین زیستند تا حدود سال ۱۵۷۵ پیش از میلاد که سلسلهٔ هجدهم با فرمانروایی «احمس» اوّل بنیاد گذارده شد و مصریان توانستند نیروی غاصبِ هیکسوسیان را از سرزمین خویش برانند. چنین می‌نماید که اسرائیلیان را با هیکسوسیان پیوندی استوار بوده است؛ زیرا در روزگار آنان است که یوسف(ع) به پایگاه بلندِ عزیزیِ مصر می‌رسد و در همان ایّام است که اسرائیلیان آزادانه در چراگاه‌هایِ مصر ماندگار می‌شوند و محقّقان یکی از زمینه‌های عدمِ رضایت مصریان از بنی‌اسرائیل را احتمالاً یاری اسرائیلیان به هیکسوسیان در ارتباط با جاسوسی و یا خاکساری‌ها و چاپلوسی‌های آنان می‌دانند که از اربابان هیکسوسی خود بسیار اثر پذیرفتند و به پیروی از ایشان دین مصری را پذیرا شدند، البتّه لازم به تذکّر است که بنی اسرائیل در روزگار یعقوب(ع) و یوسف(ع)، بی‌گمان یکتاپرست بوده‌اند؛ امّا بر اساس گزارش تورات[3] دست کم سه سده پس از یوسف، به ویژه در روزگار شکنجه و آزار اسرائیلیان، دیگر آنان یکتاپرستان پیشین نبودند،

---

۱ - زندگی حضرت یوسف(ع)، ۳۱۷۰/۱. ۲ - سِفْر پیدایش، ۳۲:۴۳.

۳ - سِفْر خروج، ۴۰:۱۲، سِفْر حزقیال، ۲۰:۸-۴.

هرچند ته‌مانده‌هایی از آیین گذشته خود را داشتند؛ امّا هر قدر اقامت آنان در مصر طولانی‌تر شد و چه بسا از چهار سده فراتر رفت، کم‌کم آیین یکتاپرستی را به فراموشی سپردند و به آیین بت‌پرستانه مصریان گردن نهادند و خدایان آنان را پرستیدند.

در تورات نیز نشانه‌های بسیاری است که اسرائیلیان به هر کجا که می‌رفته‌اند، دین همان‌جا را می‌پذیرفته‌اند.[۱] باری، پس از بیرون راندن هیکسوسیان از مصر و استقرار قدرت سلسلهٔ هجدهم، حوالی سال ۱۵۷۵ پیش از میلاد، آرام آرام، تحوّلاتی در ارتباط با رفتار مصریان با اسرائیلیان پدید آمد که اوج آن در آزارها و شکنجه‌های فرعونی که اسرائیلیان را بیرون راند دیده می‌شود که اگر بپذیریم که فرعونی که همزمان با ولادت موسیٰ(ع) فرمانروای مصر بوده، رامسس دوم بوده است ناگزیر خروج بنی اسرائیل و شکنجهٔ ایشان نیز نزدیک به سه سده پس از بیرون راندن هیکسوسیان خواهد بود؛ زیرا فرمانروایی رامسس دوم در سال‌های ۱۲۴۴-۱۲۹۰ پیش از میلاد برشمرده شده است.

موسی در کاخ فرعون

در هنگامهٔ پرآشوبی که فرعون بر اسرائیلیان دست درازکرده و پسرانشان را می‌کشت، موسیٰ زاده شد. او کوچک‌ترین پسر و سومین فرزند خانواده بود. پدر او عمران «عمرام» پسر قاهت پسر لاوی پسر یعقوب پسر اسحاق پسر ابراهیم بود و مادرش یوکابد دختر لاوی. مادر موسیٰ(ع) چندی که تورات و برخی از مفسّران آن را سه ماه نوشته‌اند، فرزند را نهانی نگاهداشت؛ امّا بعداً ترسید که راز او آشکار شود. خداوند به او وحی کرد که پسرت را شیر بده و چون بیمناک شدی او را در جعبه‌ای به دریا بیفکن و نترس که ما او را به سوی تو باز می‌گردانیم و از جملهٔ پیامبران قرارش می‌دهیم، قصص: ۷/۲۸، و به این ترتیب، همسر فرعون او را از آب کشید و در کاخ فرعون همهٔ دانشمندانی که بر فنون و قواعد مصریان مهارت داشتند، برای تربیت او گمارده شدند. موسیٰ که نام وی در زبان عِبری به معنی «از آب کشیده شده» است و در زبان سریانی این نام که مرکّب از «مو» و «سا» است، اوّلی به معنی تابوت و دومی به معنی آب است، در کاخ فرعون، بزرگ‌ترین فرمانروای جهان در روزگار خودش، همانند شاهزادگان بالید و بزرگ شد، چون به بلوغ و بُرنایی رسید و برازنده شد، خداوند به وی حکمت و دانش بخشید، قصص: ۱۴/۲۸، تا بتواند مردمی بی‌پناه و بدون پیشوا را پناه دهد و پیشوایی کند و قومی راکه کوردل و نافرهیخته شده بودند، به یکتاپرستی و فرهیختگی راه نماید. به گزارش تورات[۲] و کلام الهی در قرآن کریم، قصص: ۱۳/۲۸-۱۲، فرعونیان برای شیر دادن به موسیٰ(ع)، دایگانی می‌آوردند و به خواست حق او پستان دایگان را نمی‌پذیرد و به ناچار به راهنمایی خواهر او که به کاخ فرعون می‌رود، بدون آنکه بدانند مادر وی را برای دایگی بر می‌گزینند و به این ترتیب وعدهٔ خداوندی تحقّق می‌یابد و موسیٰ را به خانه خود می‌برند تا ایّام کودکی را با مادر بگذراند، علی‌رغم تدبیر بی‌حاصل و سهمناکی که فرعون اندیشید و بر اساس گفتهٔ منجّمان که نابودی سلطنت او را به دست یکی از افراد قوم بنی‌اسرائیل دانسته بودند، فرمان‌کشتار دسته‌جمعی تمام نوزادان ذکور آن قوم را صادرکرده بود، موسیٰ(ع) در کنار خود او بالید و رشد کرد، چون ارادهٔ الهی بر این امر قرار گرفته بود.

روزی موسی به شهر در آمده بود، دو مرد را دید که با یکدیگر جنگ و ستیز می‌کردند، یکی از آنان که اسرائیلی بود از موسیٰ کمک خواست و موسیٰ مشتی به طرف مقابل که مصری بود زد. همان مشت کار مرد را

---

۱ - سِفْر یوشع، ۱۴:۲۴.   ۲ - سِفْر خروج، ۲:۱۰-۷.

ساخت و او را به هلاکت رسانید، موسیٰ با این پیشامد سخت نگران شد. فردای آن روز دوباره آن مرد اسرائیلی را دید که با شخص دیگری درگیر است و باز از موسیٰ یاری می‌خواهد، موسیٰ او را سرزنش کرد که چرا این چنین ستیزه‌جوست و سپس برای کمک به سوی او رفت؛ امّا او که پنداشته بود موسیٰ می‌خواهد خودِ او را بزند، گفت: می‌خواهی مرا بکشی، همان‌طور که دیروز یکی دیگر را کشتی، قصص: ۱۹/۲۸، به این ترتیب برای موسیٰ چون روز روشن بود که این خبر در شهر پخش می‌شود و فرعونیان او را قصاص خواهند کرد و با خبری که مردی نیکخواه به وی داد که درباریان هم‌رأی شده‌اند تا تو را بکشند، قصص: ۲۰/۲۸، بی‌درنگ آهنگ گریز کرد و از مصر گریخت، صحرای سینا را طی کرد و در کنار خلیج عقبه به مدین رسید، در اینجا پردهٔ تازه‌ای از زندگی وی آغاز شد.

موسیٰ در همان آغاز رسیدن به شهر، در کنار آبِ مدین با صحنه‌ای روبرو شد که جوانمردی او، آن را بر نمی‌تافت. گروهی از مردان را دید که گوسفندان خود را آب می‌دادند و دو زن را هم مشاهده کرد که گوسفندان را می‌آوردند و به نظر می‌رسید منتظرند تا چوپانان گوسفندان خود را سیراب کنند و بروند تا آن‌ها فرصتی بیابند که گوسفندان را آب دهند. آن دو زن توضیح دادند که پدر ما پیر و شکسته است و خود نمی‌تواند گوسفندان را به آبشخور بیاورد. موسیٰ گوسفندان آنان را آب داد و بنا به خواستهٔ یکی از دختران همراه ایشان به نزد پدر آنان رفت تا پاداش کاری را که کرده بگیرد و به این ترتیب موسیٰ نزد شعیب و خانواده‌اش ماند و به پیشنهاد پدر، یکی از دختران [صفورا] را به زنی گرفت و به جای کابین، ده سال در خدمت پدرزن برای چوپانی ماند. قرآن نامِ آن مرد مدینی را که موسیٰ ده سال در جوار او بود نیاورده است، مفسّران مسلمان هم نظر یکسانی ندارند، کسانی چون حسن بصری و مالک بن انس، او را شعیب، پیامبر مدین دانسته‌اند. ابن عبّاس نامِ او را «یثرون» گفته و ابوعبیده افزوده است که یثرون برادرزادهٔ شعیب است.

باری موسیٰ، ده سال در مدین ماند و از صفورا دارای دو فرزند شد و پس از ده سال و به گفتهٔ تورات از مرگ فرعونی که در پی او بود آگاه شد،[1] شوق بازگشت به مصر در دلش جوشید و در روزگاری که بنی اسرائیل از بردگی مصریان سخت به تنگ آمده بودند عزمِ بازگشت کرد.

در شبی تاریک هنگامی که موسیٰ در صحرای سینا راه را گم کرده بود، از دور آتشی دید، به زن و فرزندان گفت: بایستید، من آتشی دیدم، باشد که پاره‌ای از آن را برای شما بیاورم یا در پرتو آن راه را باز شناسم، طه: ۱۰/۲۰، باری موسیٰ به سوی آتشی که بر طور سینا دید رفت و چون نزدیک رسید آواز داده شد: ای موسی! همانا که من پروردگار تو هستم. کفش‌هایت را بیرون آر که تو در سرزمین پاکیزهٔ «طویٰ» ایستاده‌ای و من تو را به پیامبری برگزیده‌ام، طه: ۲۰/۱۴-۱۱، و به این ترتیب موسیٰ(ع) فرمان یافت تا با معجزاتی، مانند عصا که به اژدهایی سهمناک مبدّل می‌گردد و ید بیضا و سینه‌ای که به نور حقّ گشاده گشته است و نشانه‌های شگرف‌تر، به سوی فرعون برود که او از درِ سرکشی در آمده است، طه: ۲۰/۳۶-۱۷، از پی فرمان خداوند، موسیٰ(ع) همراه برادرش هارون که خداوند بنا بر تقاضای موسیٰ(ع) او را یاور و همراه وی قرار داده است راهی کاخ فرعون شد تا او را به حق‌پرستی و درستکاری فراخوانَد و اجازه دهد که اسرائیلیان را از مصر خارج سازد؛ امّا فرعون که خود ادّعای خدایی داشت،[2] علی‌رغم دیدن معجزات آشکار موسیٰ(ع) خواستهٔ او را نپذیرفت، شعراء: ۲۶/۳۳-۲۳، و او را متّهم به سحر و جادوگری کرد،[3] شعراء: ۲۶/۳۵-۳۴، و سرانجام پس از بلایای عدیده‌ای که بر فرعونیان فرود آمد، بنا به گزارش تورات، فرعون خواستهٔ

---

۱ - سِفْر خروج، ۲۳:۲، ۲۹:۴. ۲ - قصص: ۳۸/۲۸. ۳ - سحر و ساحری، ذیل بیت ۱۶۲۳/۱.

موسیٰ(ع) را پذیرفت و موافقت کرد که قوم بنی‌اسرائیل از مصر بروند و دام‌های خویش را نیز ببرند[1]؛ امّا از دیدگاه قرآن، بیرون رفتن ایشان از مصر بنا بر وحی الهی و فرمان خداوندی بوده است که شبانه روان شوند و موسیٰ(ع) راهی خشک در دریا برای آنان بشکافد تا از رسیدن دشمن ترسان و بیمناک نباشند، طه: ۷۷/۲۰. پژوهشگران در این باره که کدام دریا برای موسیٰ(ع) شکافته شد، آرای گوناگونی دارند، تورات آن را دریای سرخ گفته، برخی آن را منتهی الیه شمال خلیج سوئز دانسته‌اند، گروهی دریای سربونی یا برودیل کنونی به شمار آورده‌اند، مورّخان و مفسّران مسلمان نیز آرای هماهنگی ندارند. کسانی آن را بحر قلزم (دریای سوئز)، یعنی مجموعهٔ دریای سرخ و خلیج سوئز پنداشته‌اند، گروهی نیز آن را رود نیل گفته‌اند؛ یعنی یکی از شاخه‌های نیل در دلتای شرقی، برخی نیز دریای «ساف» یا «اساف» در آن سوی مصر دانسته‌اند.

اگر فرعونی را که هم‌روزگار با موسیٰ(ع) بوده است «مرنپتاح» بدانیم که در این مورد هم مورّخان و محقّقان هم‌رأی نیستند؛ امّا به نظر می‌رسد که قبول آن دیدگاه پسندیده‌ای باشد؛ پس خروج قوم بنی‌اسرائیل در آخرین سال سلطنت و حکمروایی او که ۱۲۱۴-۱۲۲۴ ق.م دانسته‌اند، خواهد بود.

موسیٰ(ع) آن‌گاه که در مصر بود به بنی‌اسرائیل وعده داده بود که چون خداوند دشمنان آنان را نابود کند، کتابی از سوی خدا برای آنان بیاورد که همهٔ بایدها و نبایدها و آنچه بدان نیازمندند در آن باشد. چون فرعون نابود می‌گردد، موسیٰ آن کتاب را از خدا درخواست می‌کند که از این رویداد در قرآن کریم، بقره: ۵۱/۲، یاد شده است و در طیّ میقاتی که موسیٰ(ع) ابتدا، سی شب و سپس با افزوده شدن ده شب بر آن، با خداوند دارد، علی‌رغم آنکه هارون به جانشینی موسیٰ(ع) در میان قوم بود، آنان به گوساله‌پرستی روی می‌آورند[2] و چون موسیٰ(ع) از کوه طور به زیر آمد و به سوی آنان بازگشت اسرائیلیان را دید که گُرداگُرد گوسالهٔ طلایی می‌چرخیدند و رقص و پایکوبی می‌کردند، درست همانند جشن‌هایی که برای خدابانوی مصری [هاتور] بر پای می‌شده است.

موسیٰ(ع) خشمناک و اندوهگین به سوی قوم متمرّد و ستمکار که توبهٔ آنان از عمل پلید گوساله‌پرستی به حکم الهی آن است که خودشان یک‌دیگر را بکشند، بقره: ۵۴/۲، باز می‌گردد که مفسّران دربارهٔ آن روایات گوناگونی را ارائه داده‌اند. به هر تقدیر، چون اسرائیلیان به عنوان توبه همدیگر را کشتند و خدا توبه‌شان را پذیرفت، حق تعالیٰ موسیٰ(ع) را فرمان داد تا همراه با گروهی از اسرائیلیان نزد او روند و پوزش بخواهند، موسیٰ(ع) نیز از میان قوم باقیمانده، هفتاد تن را برگزید و به سوی وعده‌گاهی که خدا فرموده بود روانه گشت و چون به وعده‌گاه رسیدند و موسیٰ(ع) به کوه نزدیک شد، ابری فرود آمد و همهٔ کوه را فراگرفت و آن هفتاد تن نیز زیر پوشش ابر قرار گرفتند و به سجده افتادند و شنیدند که خداوند با موسیٰ(ع) سخن می‌گوید و او را به چیزهایی فرمان می‌دهد و چون ابر کنار رفت و موسیٰ نزد آنان بازگشت گفتند: تا خدا را آشکارا نبینیم، به تو ایمان نمی‌آوریم. خدا با تو سخن می‌گفت، او را به ما نشان ده و اینجا بود که صاعقه‌ای آمد و آنان را کشت. موسیٰ(ع) که چنین دید به گریه افتاد و گفت: خدایا، اینک به اسرائیلیان چه بگویم، سپس خداوند آنان را یک به یک زنده کرد، بقره: ۵۶/۲-۵۵. اینک پس از خروج از مصر، اسرائیلیان بدین اندیشه افتاده بودند که برای زیستگاه خویش وطنی بیابند و قرعهٔ فال را به نام کنعان زده بودند؛ امّا کنعان شهروندانی داشت و هرگونه کوششی برای ورود به آنجا مساوی بود با پیکاری میان این دو گروه، علی‌رغم تلاش موسیٰ(ع) که می‌کوشید قوم خود را آماده برای پیکار کند، آنان با شمار انبوهی که داشتند راضی نشدند و بر وی شوریدند و از موسیٰ(ع) گستاخانه خواستند که او و خدایش بروند و با آنان بجنگند، مائده: ۲۴/۵-۲۱.

---

۱ - سِفْر خروج، ۱۲:۳۳-۲۹. ۲ - گوساله‌پرستی، مراجعه کنید به ۲۰۳۶/۲.

باری حکمت و عدالت خداوندی چنین خواست تا آن مردمِ نادان تبهکار چهل سال در بیابان سرگردان باشند و درآمدن به آن سرزمین برایشان حرام گردد، مائده: ۲۶/۵، علما گفته‌اند: بدین ترتیب در این سرگردانی چهل ساله در صحرای سینا، اسرائیلیانی که از مصر آمده بودند، همه مردند و هرگز سرزمین موعود را ندیدند جز یوشع بن نون و کالب بن یفنه.[1] در تفسیر ابن کثیر آمده است که در همین روزگاران بود که ابر بر سرشان سایه افکند و منّ و سلویٰ برایشان فرستاده شد و در همین سال‌ها بود که هارون از دنیا رفت و سه سال پس از آن موسیٰ(ع) نیز درگذشت و خداوند یوشع بن نون را به جای او به پیشوایی آنان برگزید و هم او بود که پس از چهل سال گروه باقیمانده را برانگیخت و به راه انداخت و سرزمین مقدّس را بازگشود.

به گزارش تورات، موسیٰ(ع) در هشت میلی شرق رود اردن از فراز قلّهٔ «فسجه» در کوه «نبو» به سرزمین موعود نگریست و سپس همان‌جا در سرزمین موآب درگذشت و در درّه‌ای به خاک سپرده شد.[2]

۸۴۰ **جــهدِ فـرعونی، چـو بـی‌توفیق بـود   هرچه او می‌دوخت، آن تفتیق[3] بود[4]**

چون تلاش فرعون همراه با توفیق الهی نبود، جهدِ او نتایجی وارونه داشت.

۸۴۱ **از مـنجّم[5] بـود در حـکمش هـزار   وز مُـعبِّر[6] نـیز و سـاحر بـی‌شمار**

تعداد فراوانی اخترشناس و گروه کثیری خواب‌گزار و جادوگر تحت فرمانش بودند.

۸۴۲ **مَقدَمِ موسی نـمودندش بـه خـواب   که:کند فرعون و مُلکش را خـراب**

فرعون، ظهورِ موسیٰ(ع) را در رؤیا دید و دانست که او و سلطنتش را نابود می‌کند.

۸۴۳ **بـا مُـعبِّر گـفت و بـا اهـلِ نُـجوم   چون بُوَد دفعِ خیال و خوابِ شوم؟**

رؤیا را با خواب‌گزاران و منجّمان بازگو کرد و پرسید کـه چگـونه مـی‌توان ایـن خـیال و خواب شوم را خنثی کرد؟

۸۴۴ **جمله گـفتندش کـه: تـدبیری کـنیم   راهِ زادن را چـــو رَهزن مـــی‌زنیم**

آن‌ها گفتند که تدبیری می‌اندیشیم و همانند راهزنان راه تولّد او را می‌بندیم.

۸۴۵ **تا رسید آن شب که مَـولِد[7] بـود آن   رای ایـــن دیـــدند آن فـــرعونیان**

تا شبِ انعقادِ نطفه فرارسید و مشاوران فرعون چنین تدبیری اندیشیدند،

---

۱ - تاریخ طبری، ۴۳۶/۱. ۲ - بررسی قصص قرآن، ج ۲، صص ۳۶۸-۱۳۳، با تصرّف و تلخیص.

۳ - **تفتیق**: شکافتن. ۴ - مصراع دوم: هر چه می‌دوخت، گسیخته می‌شد.

۵ - **منجّم**: اخترشناس، کسی که تأثیر اختران را بر زمین و زمینیان مورد بررسی قرار می‌دهد.

۶ - **مُعبِّر**: خواب‌گزار، کسی که از دانش تفسیر خواب مطّلع است.

۷ - **مَوْلِد**: هنگام ولادت، اینجا هنگام انعقاد نطفه است.

کـه بـرون آرنـد آن روز از بگـاه   سـویِ میـدان، بـزم و تـختِ شـاه ۸۴۶

که آن روز از سپیده دم، تخت و بساط فرعون را در میدان شهر برپا دارند.

اَلصَّـلا[1] ای جـمله اسـرائـیلیان   شاه مـی‌خوانَـد شـما را زآن مکـان ۸۴۷

بگویند: ای قوم بنی‌اسرائیل، بشتابید و از هر جا هستید، بیایید که شاه شما را فرامی‌خوانَد.

تـا شـما را رُو نـماید بـی‌نقاب   بـر شـما احسـان کـند بـهرِ ثـواب ۸۴۸

شاه می‌خواهد بر شما به جهت ثواب احسان کند و چهرهٔ خود را بدون نقاب عرضه دارد.

کآن اسـیران را بـجز دوری نـبود   دیـدنِ فـرعون دسـتوری نـبود ۸۴۹

زیرا، اسرائیلیان بردگان و اسیران فرعون و مصریان محسوب می‌شدند و مُجاز نبودند به دربار نزدیک شوند و یا چهرهٔ فرعون را ببینند.

گـر فُـتادندی بـه ره در پـیشِ او   بـهرِ آن یـاسه[2] بـخفتندی بـه رُو ۸۵۰

اگر به طور اتّفاقی در رهگذری با فرعون و موکب او برخورد می‌کردند، طبق قانون مجاز به مشاهدهٔ صورت او نبودند و ناچار به رو بر زمین می‌افتادند.

یاسه این بُد کـه: نـبیند هـیچ اسیر   در گـه و بـیگه لِـقایِ[3] آن امـیر ۸۵۱

قانونِ آنان این بود که هیچ برده‌ای، هرگز حق ندارد چهرهٔ فرعون را ببیند.

بانگِ چاووشان[4] چون در ره بشنود   تـا نـبیند رُو بـه دیـواری کـند ۸۵۲

باید از بانگ پیشاهنگان مَرکبِ فرعون، روی را به دیوار کنند تا صورت او را نبینند.

ور بـبیند رویِ او، مُـجرم بُـوَد   آنـچه بـتّر بـر سـرِ او آن رَوَد ۸۵۳

اگر به‌طور اتّفاقی برده‌ای به چهرهٔ فرعون نگاه می‌کرد، مجرم بود و بدترین کیفرها را می‌دید.

بـودشان حـرصِ لِـقایِ مُـمْتَنِع   چون، حریص است آدمی فیمٰا مُنِع[5] ۸۵۴

به همین مناسبت بود که قوم بنی‌اسرائیل به دیدن صورت فرعون بسیار حریص بودند؛ زیرا آدمی را از هر چه باز دارند، بدان حریص‌تر می‌شود.

---

۱ - **اَلصَّلا** : بیایید.   ۲ - **یاسه** : یاسا، قانون و دستور.   ۳ - **لِقا** : دیدار.

۴ - **چاووش** : پیشاهنگِ لشکر، جارچی.   ۵ - اشاره به مَثَلی معروف: الإنْسانُ حَریصٌ عَلیٰ مٰا مُنِعَ.

به میدان خواندنِ بنی اسرائیل برای حیلهٔ ولادتِ موسی، علیه‌السَّلام

ای اسیران! سویِ میدانگه روید　　کز شَهنشَه دیدن و جُود است امید ۸۵۵

فرعونیان ندا دادند: ای بنی اسرائیل، به سوی میدانگاه بشتابید؛ زیرا امید است که شاهنشاه را ببینید و از او انعام دریافت دارید.

چون شنیدند مژده اسرائیلیان　　تشنگان بودند و بس مشتاقِ آن ۸۵۶

با شنیدن این مژده، بنی اسرائیل که تشنه و مشتاق دیدار چهرهٔ فرعون بودند،

حیله را خوردند و آن سو تاختند　　خویشتن را بهرِ جلوه ساختند ۸۵۷

فریب خوردند و بدان سو شتافتند و برای شرکت در این مراسم خود را آراستند.

حکایت[1]

«قصّهٔ مغول حیله‌دان» در ارتباط است با حوادث تلخی در زمان حیات مولانا که چون خلیفهٔ مصر به نام خود سکّه زد، از آنجا که دشمنِ خونی «ایلخانیان» و مغولان به شمار می‌آمد، مغولان به مخالفت و کینه‌توزی علیه مصریان قیام کردند و قصد کشتار جمعی مصریانِ قونیه را داشتند؛ امّا چنان می‌نمودند که جویای شخص خاصّی در میان مصریان‌اند، از این‌رو هر یک از مصریان را که می‌گرفتند، می‌گفتند: این شخص مقصود ما نیست؛ ولی او را در گوشه‌ای می‌نشاندند و با این نیرنگ توانستند تمام مصریانِ شهر را گِرد آوَرَند و با این حیله همه را گردن زدند.

در این قصّه مصریان ساده‌دل خوش‌باور در عین حال که می‌دانند مغولان به آنان کینه می‌ورزند و قصد جانشان را دارند، احتیاط را که شرط عقل است، به فراموشی می‌سپارند. مغول خون‌ریز، نمادی است از «نَفْسِ امّاره» که بر تباهی سخت حریص است و اعتماد کردن به نَفْسِ پلید و پیروی از هوا، با انسان آن می‌کند که مغولان با مصریان قونیه.

---

۱ - این واقعهٔ تاریخی روایت مختصری است از وقایع پیامد اختلافی که میان دو برادر، یعنی عزّالدّین کیکاوس و رکن‌الدّین قلج ارسلان رخ داد، چون در واقع قلمرو روم بین این دو تقسیم شد و سلطنت هر دو تحت سیطرهٔ مغول بود؛ امّا در این میان عزّالدّین در نهان با ممالیک مصر در دفع مغول وارد مذاکره شد و مغول با برکناری عزّالدّین از سلطنت قونیه و استقرار ظاهری قدرت در دست رکن‌الدّین، در قتل و زجر مصریان ساکن قونیه و کسانی که در تمام روم مظنون به این ارتباط بودند، خشونت و قساوت بسیار نشان دادند: سِرّ نی، ج ۱، صص ۳۱۱ و ۳۱۲.

جان کلام در تقریر «قصهٔ مغول حیله‌دان» این نکته است که وضع فلاکت‌بار اسرائیلیان در مصر، همانند بود با اوضاع مصریان در آسیای صغیر، همان‌گونه که مصریان در هلاکت اسرائیلیان می‌کوشیدند و به انواع نیرنگ متوسّل می‌شدند، رومیان نیز که تحت سیطرهٔ مغول بودند، به انواع حیله‌ها در نابودی مصریان می‌کوشیدند.

همچنان کاینجا مغولِ حیله‌دان   گفت: می‌جویم کسی از مصریان ۸۵۸

همان‌طور که اینجا در قونیه، مغولان حیله‌گر گفتند: ما به دنبال یکی از مصریان می‌گردیم.

مصریان را جمع آرید این طرف   تا در آید آنکه می‌باید به کف ۸۵۹

مصریان را این طرف گرد آورید تا کسی را که جویایش هستیم، دستگیر کنیم.

هر که می‌آمد، بگفتا: نیست این   هین! درآ خواجه! در آن گوشه نشین ۸۶۰

هر کس که می‌آمد، می‌گفتند: این نیست و از او می‌خواستند تا در گوشه‌ای بنشیند.

تا بدین شیوه همه جمع آمدند   گردنِ ایشان بدین حیلت زدند ۸۶۱

بدین شیوه همهٔ مصریان را جمع کردند و با این نیرنگ توانستند گردن همه را بزنند.

شومیِ آنکه سویِ بانگِ نماز   داعیَ اَللّه[1] را نبردندی نیاز[2] ۸۶۲

این کشتار بدان جهت بود که مصریان هنگام اذان به صدای مؤذّن که آنان را به سوی خدا می‌خواند، احترام نمی‌گذاشتند؛ پس شومیِ این بی‌حرمتی دامان همهٔ آنان را گرفت.

دعوتِ مکّارشان اندر کشید   اَلْحَذَر از مکرِ شیطان ای رشید[3]! ۸۶۳

دعوت مغول حیله‌دان آنان را به هلاکت کشانید. ای بالغ، از مکر شیطان حذر کن.

بانگِ درویشان و محتاجان بنوش[4]   تا نگیرد بانگِ مُحتالیت[5] گوش ۸۶۴

به ندایِ درویشان و نیازمندان گوش فرا ده و در رفع نیاز مسکینان بکوش تا فریب مکّاری تو را گوش‌کشان نبرد.

گر گدایان طامع‌اند[6] و زشتْ‌خو   در شکم‌خواران تو صاحب‌دل بجو ۸۶۵

اگر گدایان حریص و زشت‌سیرت‌اند، در میان آنان می‌توان صاحب‌دلی را هم یافت.

---

۱ - **داعی الله** : مؤذّن، دعوت کننده به سوی خدا.
۲ - **نیاز** : هدیه در راه خدا و نیاز بردن به معنی احترام گذاشتن.
۳ - **رشید** : کسی که به سن رشد رسیده است، بالغ، پخته.   ۴ - **بنوش** : گوش کن، بپذیر.
۵ - **محتال** : حیله‌گر.   ۶ - **طامع** : طمّاع.

در تَکِ دریا گهر[1] با سنگ‌هاست … فخرها اندر میانِ ننگ‌هاست ۸۶۶

گوهر و سنگ در اعماق دریا در هم آمیخته‌اند، افتخار نیز با ننگ توأم است.

پس بجوشیدند اسرائیلیان … از بِگه، تا جانبِ میدان دوان ۸۶۷

بنابراین بنی اسرائیل به حرکت در آمدند و از آغاز روز به سوی میدان شتافتند.

چون به حیلتشان به میدان بُرد او … رویِ خود بنمودشان، بس تازه‌رو ۸۶۸

چون فرعون آنان را با نیرنگ به میدان کشانید، چهرهٔ تر و تازهٔ خود را به آنان نشان داد.

کرد دلداری و بخشش‌ها بداد … هم عطا هم وعده‌ها کرد آن قُباد[2] ۸۶۹

آن شاه، دل آنان را به دست آورد و انعام‌ها کرد و وعدهٔ چیزهای دیگری هم داد.

بعد از آن گفت از برای جانتان … جمله در میدان بخسبید امشبان[3] ۸۷۰

بعد از آن گفت: برای محافظت از جانتان، امشب در میدان بخوابید.

پاسخش دادند که: خدمت کنیم … گر تو خواهی یک مَهْ اینجا ساکنیم ۸۷۱

اسرائیلیان گفتند: انجام وظیفه می‌کنیم، اگر بخواهی یک ماه در اینجا می‌مانیم.

بازگشتنِ فرعون از میدان به شهر، شاد به تفریقِ[4] بنی اسرائیل از زنانشان در شبِ حَمل

شه شبانگه، باز آمد شادمان … کامشبان حمل است و دُورند از زنان ۸۷۲

فرعون شبانگاه با شادی از میدان بازگشت که امشب باید نطفه منعقد شود و زنان از همسرانشان دورند.

خازنش[5] عِمران هم اندر خدمتش … هم به شهر آمد قرینِ صحبَتش ۸۷۳

عِمران، پدر موسی(ع) که خزانه‌دار بود، در خدمت او به شهر بازگشت.

---

۱ ـ گوهر، رمزی است از «مرد حق» که در میان طامعان و زشت‌خویان هم باید جویای او بود.

۲ ـ **قُباد** : پسر انوشیروان، در اینجا «آن قباد» به مفهوم «آن شاه» به صورت اسم عام به کار رفته است.

۳ ـ **امشبان** : امشب. ۴ ـ **تفریق** : جدا کردن. ۵ ـ **خازن** : خزانه‌دار.

گفت: ای عِمران! بر این در خسب تو هین! مرو سویِ زن و صحبت مجو ۸۷۴

فرعون گفت: تو نیز امشب در دربار بخواب و نزد همسرت نرو و با او مصاحبت نکن.

گفت: خسبم هم بر این درگاهِ تو هیچ نندیشم بجز دلخواهِ تو ۸۷۵

عمران گفت: در دربار خواهم خوابید و جز به میل و خواستهٔ تو نمی‌اندیشم.

بود عِمران هم ز اسرائیلیان لیک مر فرعون را دل بود و جان ۸۷۶

عمران هم از قوم بنی‌اسرائیل بود؛ امّا برای فرعون همانند دل و جان عزیز به شمار می‌آمد.

کِی گمان بردی که او عصیان کند؟ آنکه خوفِ جانِ فرعون، آن کند ۸۷۷

چگونه باور می‌کرد که او سرپیچی کند و دست به عملی بزند که بیم جان فرعون از آن است؟

جمع آمدنِ[1] عمران به مادرِ موسی و حامله شدنِ مادر موسی علیه السَّلام

شب برفت و او بر آن درگاه خُفت نیم‌شب آمد پی دیدَنْش، جفت ۸۷۸

شب فرعون رفت، عمران هم در دربار خوابید، نیمه شب همسر او برای دیدارش آمد.

زن بر او افتاد و بوسید آن لبش بر جهانیدش ز خواب اندر شبَش ۸۷۹

زن در آغوش او افتاد و لبش را بوسید و از خواب عمیق شبانه بیدارش کرد.

گشت بیدار او و زن را دید خَوش بوسه‌باران کرده از لب بر لبش ۸۸۰

عمران بیدار شد و زن را در حالی خوش دید که دارد لبانش را بوسه‌باران می‌کند.

گفت عِمران: این زمان چون آمدی؟ گفت: از شوق و قضایِ ایزدی ۸۸۱

گفت: در این وقت شب، چگونه آمدی؟ گفت: از شوق دل و تقدیر الهی توانستم بیایم.

در کشیدش در کنار از مِهر مرد بر نیامد با خود آن دم در نبرد ۸۸۲

عمران زن را عاشقانه در بر گرفت و در آن لحظه نتوانست کفِ نَفْس داشته باشد.

---

۱ - **جمع آمدن**: مباشرت.

جـــفت شـــد بـــا او، امـــانت را سـپرد   پس بگفت: ای زن! نه این کاری‌ست خُرد ۸۸۳
با او مباشرت کرد و امانت را سپرد و گفت: ای زن، آنچه پیش آمد، کارِ خُردی نبود.

آهـــنی بـــر ســـنگ زد، زاد آتشـی   آتشی، از شاه و مُلکش کـین کشـی ۸۸۴
سنگ آهنی بر سنگ دیگر خورد و آتشی تولید شد، آتشی که از شاه و مُلکش انتقام می‌گیرد.

من چو ابرم، تو زمین، موسی نبات   حقْ شهِ شطرنج، و ما مـاتیم مـات ۸۸۵
من، همانند ابری هستم که بر زمینِ وجودِ تو باریدم و «موسی» نباتی است که از این زمین می‌روید. حق، شاهِ شطرنج و ما، ماتِ مات‌ایم.

مات و بُرد از شاه می‌دان ای عروس!   آن مدان از ما، مکن بر مـا فسـوس ۸۸۶
ای عروس، مات شدن یا بردن ما، به ارادهٔ شاه است، از ما نیست، ما را تمسخر نکن.

آنـچه ایـن فـرعون مـی‌ترسد از او   هست شد این دم که گشتم جفتِ تو ۸۸۷
آنچه که فرعون از آن بیمناک است، هم‌اکنون که با تو جفت شدم، در وجود آمد.

وصیّت[۱] کردنِ عمران جفتِ خود را بعد از مجامعت[۲] که مرا ندیده باشی

وامگردان،[۳] هیچ از این‌ها دم مـزن   تا نیاید بـر مـن و تـو صـد حَـزَن[۴] ۸۸۸
از اتّفاقی که افتاد با کسی سخن نگو تا بر من و تو صد نوع اندوه و غصّه نرسد.

عـــاقبت پـــیدا شـــود آثـــارِ ایـــن   چون عـلامت‌ها رسـید ای نـازنین! ۸۸۹
ای نازنین، سرانجام آثار این کار عیان می‌شود، چون نشان‌های الهی رسیده است.

در زمـــان از ســـویِ مـیدان نـعره‌ها   می‌رسید از خلق و پُر مـی‌شد هـوا ۸۹۰
در همان موقع، از سوی میدان صدای فریادهای خلق می‌رسید و هوا را پر می‌کرد.

---

۱ - **وصیّت**: سفارش، توصیه. ۲ - **مجامعت**: مباشرت، نزدیکی، همبستر شدن.
۳ - **وامگردان**: بازگو نکن. ۴ - **حَزَن**: غم و اندوه.

۸۹۱ **شاه از آن هیبت برون جَست آن زمان پابرهنه، کین چه غلغل‌هاست؟ هان؟**

شاه از نعرهٔ خلق بیمناک از خواب پرید و پابرهنه بیرون دوید که این هیاهو چیست؟

۸۹۲ **از سویِ میدان چه بانگ است و غریو؟ کـز نـهیبش مـی‌رمد جـنّی و دیـو**

این چه فریاد و هیاهویی است که از بیم آن جنّ و دیو می‌هراسند و پا به فرار می‌گذارند؟

۸۹۳ **گفت عمران: شـاهِ مـا را عُـمر بـاد قـومِ اسـرائیلیان‌انـد از تـو شـاد**

عمران گفت: عمر شاه پاینده باد، غریوِ شادیِ بنی‌اسرائیل است که از مراحمِ تو خرسندند.

۸۹۴ **از عـطایِ شـاه شـادی مـی‌کنند رقـص مـی‌آرند و کـف‌ها مـی‌زنند**

از بخشش شاه شادمانی می‌کنند و می‌رقصند و دست می‌زنند.

۸۹۵ **گفت: باشد کـین بُـوَد، امّـا و لیک وهم و انـدیشه مـرا پُـر کـرد نـیک**

فرعون گفت: امیدوارم که این‌طور باشد؛ امّا فکر و خیال سخت بر من چیره شده است.

ترسیدنِ فرعون از آن بانگ

۸۹۶ **ایـن صـدا جـانِ مـرا تـغییر کـرد از غـم و انـدوهِ تـلخم پـیر کـرد**

این سروصدا جان مرا مضطرب کرده و از غم و غصّه‌ای تلخ و ناگوار پیر ساخته است.

۸۹۷ **پیش می‌آمد، سـپس مـی‌رفت شـه جمله شب، او همچو حامل وقتِ زَه**

فرعون تمام شب را بسان زنی که درد زایمان دارد در حال آمد و رفت بود.

۸۹۸ **هر زمان مـی‌گفت: ای عـمران! مـرا سخت از جا بُرده است این نعره‌ها**

هر دم می‌گفت: ای عمران، این فریادها مرا سخت از جای برده و کلافه کرده است.

۸۹۹ **زَهره نه عـمرانِ مسکـین را کـه تـا بـــاز گــوید اخــتلاطِ جــفت را**

عمران بیچاره جرأت نمی‌کرد تا بگوید که با زن خود همبستر شده است.

۹۰۰ **که زنِ عمران به عـمران در خـزید تـا کـه شـد اسـتارهٔ مـوسی پـدید**

بگوید که همسرش پیشِ او آمده و ستارهٔ موسیٰ در آسمان ظاهر شده است.

هــر پــیمبر کــه در آیـد در رَحِـم   نَـجْمِ او بـر چـرخْ گـردد مُـنْتَجِم[1] ۹۰۱
هر پیامبری که نطفه‌اش در رحم مادر بسته می‌شود، ستارهٔ او بر آسمان ظاهر می‌شود و می‌درخشد.

پیدا شدنِ اِستارهٔ موسی علیه‌السَّلام، بر آسمان و غریوِ منجّمان در میدان

بـر فـلک پـیدا شـد آن اسـتاره‌اش   کوریِ فـرعون و مکـر و چـاره‌اش ۹۰۲
ستارهٔ موسی(ع) به کوری فرعون و حیله و نیرنگش در آسمان ظاهر شد.

روز شد، گفتش که: ای عمران بـرو   واقــفِ آن غـلغل و آن بـانگ شـو ۹۰۳
با فرارسیدن روز، فرعون به عمران گفت که برود و علّت آن هیاهو و فریادها را دریابد.

راند عمران جـانبِ مـیدان و گـفت   این چه غلغل بود؟ شاهنشه نخفت ۹۰۴
عمران به سوی میدان رفت و گفت: این هیاهو به چه مناسبت بود که نگذاشت شاه بخوابد؟

هر مُنَجِّم، سر برهنه، جـامه چـاک   همچو اصحابِ عزا، بوسیده خاک ۹۰۵
هر یک از منجّمان با سری برهنه و جامه‌ای چاک شده، همانند عزاداران بر خاک افتاده بود.

هــمچو اصــحابِ عــزا آوازشـان   بُـد گـرفته از فـغان و ســازشان ۹۰۶
همانند عزاداران از شدّت ناله و فغان صدایشان گرفته بود.

ریش و مـو بـرکَنده، رُو بِـدریدگان   خاک بر سر کرده، خون پُر دیدگان ۹۰۷
ریش و مو را کنده و روی را دریده بودند، با سرهایی خاک‌آلود از دیدگان خون می‌باریدند.

گفت: خیر است! این چه آشوب است و حال؟   بــد نشــانی مــی‌دهد مــنحوس ســال ۹۰۸
عمران گفت: خیر باشد، این چه فتنه و آشوبی است؟ نشانِ بدی از سالی نحس است.

عــذر آوردنـد و گـفتند: ای امـیر !   کــرد مـا را دستِ تـقدیرش اسـیر ۹۰۹
منجّمان عذرخواهی کردند و گفتند: ای امیر، دست تقدیر ما را اسیر کرده است.

---

۱ - **مُنْتَجِم**: روشن و تابان. از ابن عبّاس روایت شده است که هر پیامبری که در وجود آید، ستاره‌اش در آسمان دیده می‌شود: مآخذ قصص و تمثیلات مثنوی، ص ۹۴.

۹۱۰ **این همه کـردیم و دولت تـیره شـد دشمنِ شه هست گشت و چیره شد**

این همه چاره‌جویی کردیم؛ امّا بخت و اقبال تیره و تار شد، دشمن فرعون در وجود آمد و بر تدابیر و نیرنگ ما غلبه یافت.

۹۱۱ **شب سـتارهٔ آن پسـر آمـد عـیان کـوریِ مـا، بـر جـبینِ[1] آسـمان**

شب هنگام ستارهٔ آن پسر آشکارا ظاهر شد و به کوری چشم ما، در آسمان درخشید.

۹۱۲ **زد سـتارهٔ آن پـیمبر بـر سـما مـا سـتاره بـارگشـتیم از بُکـا[2]**

ستارهٔ آن پیامبر بر آسمان آشکار شد و ما از شدّت اندوه گریه‌ها کردیم.

۹۱۳ **با دلِ خوش، شاد عِمران، وز نـفاق دست بر سر مـی‌بزَد کآه! الفـراق[3] !**

عمران با دلی شاد و ظاهری غمگین، دست بر سر می‌زد و از اقبالی که رو به زوال بود، آه و الفراق می‌گفت.

۹۱۴ **کرد عِمران خویش پُر خشم و تُرُش رفت چون دیوانگان بی‌عقل و هُش**

عِمران با تظاهر به خشم و عصبانیت، همانندِ دیوانگانِ بی‌عقل و هوش به سوی آنان رفت.

۹۱۵ **خویشتن را اعجمی[4] کرد و بـرانـد گفته‌هایِ بس خشِن بر جمع خواند**

خود را به نادانی زد و سخنانی بس خشن و تند به آن جمع گفت.

۹۱۶ **خویشتن را تُرْش و غمگین ساخت او نـردهایِ بـازگونه بـاخت[5] او**

وانمود کرد که بسیار ناراحت و غمگین است و حال دیگری داشت و چیز دیگری را نشان داد.

۹۱۷ **گـفتشان: شـاهِ مـرا بـفریفتید از خـیانت وز طـمع نشکـیفتید[6]**

گفت: شاه مرا فریب دادید، از خیانت طمعکاری نتوانستید خوددار باشید.

۹۱۸ **سـویِ مـیدان شـاه را انگـیختید آبِ روی شـاهِ مـا را ریـختید**

پادشاه را سوی میدان کشانیدید و آبروی او را بردید.

---

۱ - **جبین** : پیشانی. ۲ - **بُکاء** : گریه کردن. ۳ - **الفراق** : جدایی.

۴ - **أعْجَمی** : غیر فصیح از عرب یا غیر عرب، اینجا مراد خود را به نادانی زدن است.

۵ - **نردِ بازگونه باختن** : چیزی را که نیست وانمود کردن. ۶ - **نشکیفتید** : صبر نکردید، شکیبایی نکردید.

دست بر سینه زدیت اندر ضمان[1] شاه را ما فارغ آریم از غمان ۹۱۹

دست‌ها را بر سینه قرار دادید و ضمانت کردید که شاه را از غم می‌رهانیم.

شاه هم بشنید و گفت: ای خاینان من بر آویزم شما را بی‌امان ۹۲۰

شاه سخنان منجّمان را شنید و گفت: ای خیانتکاران، شما را بی‌هیچ امان به دار می‌آویزم.

خویش را در مَضحکه انداختم مال‌ها با دشمنان در باختم ۹۲۱

زیرا، من بنا بر رأی شما خود را مسخرهٔ همگان کردم و اموال خود را بیهوده به دشمنان دادم.

تا که امشب جمله اسرائیلیان دور مانَدند از ملاقاتِ زنان ۹۲۲

همهٔ این کارها برای آن بود که امشب تمام بنی اسرائیل از مباشرت با زنان خود دور باشند.

مال رفت و آبِ رو و کارْخام این بُوَد یاری و افعالِ کرام؟ ۹۲۳

مال و آبرویم رفت و کاری که می‌خواستیم به انجام نرسید، آیا یاری و اعمال بزرگان این است؟

سال‌ها اِدرار[2] و خلعت می‌بَرید مملکت‌ها[3] را مسلَّم می‌خورید[4] ۹۲۴

سال‌هاست که مستمری می‌گیرید و جامهٔ گرانقدر می‌پوشید و درآمدِ ایالت‌ها را با اختیار تام استفاده می‌کنید.

رایتان[5] این بود و فرهنگ و نجوم؟ طبلْ خوارانید[6] و مَکّارید و شوم ۹۲۵

آیا نتیجهٔ رای، تدبیر و اخترشناسی شما همین بود؟ شما مفتخوار و نیرنگ‌باز شوم هستید.

من شما را بر دَرَم و آتش زنم بینی و گوش و لبانْتان بر کَنَم ۹۲۶

من شما را پاره پاره می‌کنم و در آتش می‌افکنم، بینی و گوش و لبانتان را می‌بُرَم.

من شما را هیزمِ آتش کنم عیشِ رفته بر شما ناخَوش کنم ۹۲۷

شما را هیزم آتش خواهم کرد، خوشی‌های گذشته‌تان را به ناخوشی بدل می‌کنم.

سجده کردند و بگفتند: ای خدیو[7]! گر یکی کَرّت[8] ز ما چربید دیو ۹۲۸

اخترشناسان سجده کردند و گفتند: ای شاه، اگر یک بار شیطان بر ما غلبه کرد،

---

۱ - **اندر ضِمان :** برایِ ضمانت. ۲ - **ادرار :** وظیفه، مستمری. ۳ - **مملکت‌ها :** کشورها، اینجا ایالت‌ها.
۴ - **مسلّم می‌خورید :** با اختیارات تامّ بهره‌مند می‌شوید. ۵ - **رای‌تان :** تدبیرتان.
۶ - **طبل خوار :** مفتخوار و پرخور. ۷ - **خدیو :** پادشاه، عنوان شاهان مصر. ۸ - **کرّت :** نوبت، دفعه.

سـالها دفـعِ بـلاها کـردهایـم　　　وَهمْ حیران ز آنچه ماها کردهایم ۹۲۹

امّا سالها به قوّت دانش خود بلاها را دفع کردیم که پندارِ آدمی از آن حیران میشود.

فوت شد از ما و حملش شد پـدید　　　نطفهاش جَست و رَحِمِ اندر خزید ۹۳۰

این بار، خارج از توان و تدبیر ما، مادر حامله شد و نطفهٔ پدر جَست و در رحم مادر جای گرفت.

لیک اسـتغفارِ ایـن، روزِ وِلاد　　　ما نگـه داریـم ای شاه و قُباد[1] ۹۳۱

امّا، ای شاه به جهت طلب مغفرت از خطایی که کردیم، روز تولّد کودک را محاسبه میکنیم.

روزِ مـیلادش رَصـد بـندیم[2] ما　　　تا نگردد فوت و نَـجْهد ایـن قـضا ۹۳۲

روز تولّدش را از روی حرکت ستارگان در مییابیم و تعیین میکنیم تا قضای الهی جاری نشود.

گر نداریـم ایـن نگـه، مـا را بکُش　　　ای غـلامِ رایِ تـو افکـار و هُش ۹۳۳

اگر نتوانستیم چنین کاری بکنیم، ما را بکش، ای کسی که هوشها و عقلها غلام اندیشهٔ تواند.

تا بـه نُـه مَـه مـیشمرد او روز روز　　　تـا نَـپرّد تـیرِ حکـمِ خَـصمْ دوز ۹۳۴

فرعون تا نُه ماه روز به روز حساب میکرد که تیرِ قضا به پرواز نیاید و به او اصابت نکند.

چون مکان[3] بر لامکان[4] حمله بَرَد[5]　　　سرنگون آید، ز خونِ خـود خـورد ۹۳۵

هرگاه مخلوق با خالق در افتد، سرنگون میشود و خود را به هلاکت میافکَند.

چون زمین با آسمان خـصمی کـند　　　شوره گـردد، سـر ز مـرگی بـر زنـد ۹۳۶

اگر زمین با آسمان دشمنی کند، به شورهزاری تبدیل میگردد و نابود میشود.

نـقشْ بـا نَـقّاش پـنجه میزَند　　　سبلتان و ریشِ خـود بـر میکَند ۹۳۷

اگر نقش با نقّاش در افتد، موجبات هلاکت خود را فراهم میآورد.

---

۱ - ر.ک: ۸۶۹/۳.　　۲ - **رصد بندیم :** وقایع را از طریق حرکت ستارگان در مییابیم.

۳ - **مکان :** کنایه از مخلوق که مقیّد به مکان است.　　۴ - **لامکان :** کنایه از خالق که منزّه از مکان است.

۵ - در حاشیه برای مصراع اوّل این نسخه بدل را افزودهاند: «بر قضا هر کو شبیخون آورد».

خواندنِ فرعون زنانِ نوزاده را سویِ میدان هم جهتِ مکر

۹۳۸ بعدِ نُـه مَـه شـه بـرون آورد تـخت سویِ میدان و منادی کـرد سـخت
بعد از نه ماه شاه دستور داد تا تخت او را به میدان بردند و در شهر ندای اکید داد،

۹۳۹ کِای زنان! با طفلکان مـیدان رویـد جـمله اسـرائـیلیان بـیرون شـوید
که ای زنان، با اطفال خود به میدان بروید. ای قوم بنی‌اسرائیل، از خانه‌ها بیرون بیایید.

۹۴۰ آنـچنانکه پـار مـردان را رسـید خلعت و هر کس از ایشان زرکشید[1]
همان‌طور که در سال گذشته هدایا و خِلعت ما به مردان رسید و هر یک پولی دریافت داشت،

۹۴۱ هین، زنان! امسالْ اقـبالِ شـماست تا بیابد هر یکی چیزی که خواست
ای زنان قوم، آگاه باشید که امسال بخت با شماست، بیایید تا هر کس هر چه می‌خواهد، بگیرد.

۹۴۲ مر زنان را خـلعت و صِـلَّت[2] دهـد کـودکان را هـم کـلاهِ زر نـهد
فرعون به زنان خلعت و انعام می‌دهد و بر سر کودکان کلاه زرّین می‌گذارد.

۹۴۳ هر که او این ماه زاییده‌ست، هـین! گـنج‌ها گـیرید از شـاهِ مَکـین[3]
آگاه باشید، هر زنی که در این ماه زایمان کرده است، از شاهِ قدرتمند گنج‌ها دریافت بدارد.

۹۴۴ آن زنان بـا طـفلکان بـیرون شـدند شـادمان تـا خـیمهٔ شـه آمـدند
زنان با نوزادان خود خارج شدند و شادمان به سراپردهٔ شاه رفتند.

۹۴۵ هر زنِ نـوزاده بـیرون شـد ز شـهر سویِ میدان، غافل از دستان[4] و قهر
هر زن زائو از شهر خارج شد و غافل از حیله و ظلم فرعون و فرعونیان به سوی میدان رفت.

۹۴۶ چون زنان جـمله بـدو گـرد آمـدند هر چه بود آن نـر، ز مـادر بسـتدند
هنگامی که زنان به دور سراپردهٔ او جمع شدند، نوزادان پسر را از مادران گرفتند.

۹۴۷ سر بُریدندش که این است احتیاط تا نَرُوید خـصم و نَـفْزایـد خُـباط[5]
سر آن‌ها را بریدند که احتیاط می‌کنیم تا مبادا دشمن ما رشد کند و تباهی به بار آورد.

---

۱ - **زرکشید**: پولی گرفت. ۲ - **صِلَّت**: صله و بخشش. ۳ - **مکین**: دارای قدرت و تمکین.
۴ - **دستان**: حیله و نیرنگ، دستان و قهر: حیله و ستم. ۵ - **خُباط**: زیان، بداندیشی.

به وجود آمدنِ موسی و آمدنِ عوانان[1] به خانهٔ عمران، و وحی آمدن به مادرِ موسی که: موسی را در آتش انداز

ولادت موسیٰ(ع)، علی‌رغم حزم و احتیاط فرعون، نشانی است از تقدیر الهی که تدبیر بشری را به سُخره می‌گیرد.

همان‌طور که در ابیات پیشین آمد،[2] در گیروداری که کشتن پسران اسرائیلی از سوی مأموران فرعون بازاری داغ داشت، موسیٰ(ع) زاده شد و جهدِ بی‌توفیقِ فرعون که خلافِ تقدیر بود، تدبیری بی‌حاصل شد. مادر موسیٰ(ع) از بیم آنکه مبادا پسرش کشته شود برای چندی، که برخی از مفسّران و تورات آن را سه ماه گفته‌اند، او را نگاه داشت؛ امّا ترسید که رازش آشکار شود و اگر خداوند دلش را گرم و محکم نکرده بود، از بیم او را به مأموران می‌سپرد و هنگامی هم که عوانان فرعون زنان نوزادهٔ قوم را با نیرنگ از خانه‌ها بیرون می‌کشیدند تا فرزندان نوزاد ایشان را هلاک کنند، به اشارتی ربّانی، مادر موسیٰ(ع) فرزند خود را در تنور آتش افکند و بار دیگری هم که مأموران مجدّداً به جست‌وجوی نوزاد پسر او آمدند، باز هم به اشارت ربّانی او را در جعبه‌ای به آب نیل انداخت، قصص: ۷/۲۸، عاقبت همان نوزاد سر از کاخ باشکوه وی در آورد و بالید و زوال حکومت وی را سببی الهی گشت.

خود زنِ عِمران که موسی برده بود — دامن اندر چید از آن آشوب و دود ۹۴۸

زن عمران که موسیٰ را تا میدان برده بود، از آن آشوب و غوغا خود را دور نگاهداشت و گریخت.

آن زنانِ قابله در خانه‌ها — بهرِ جاسوسی فرستاد آن دَغا[3] ۹۴۹

فرعون مکّار، زنان قابله را برای تجسّس به خانه‌ها فرستاد.

غَمْز[4] کردندش که اینجا کودکی‌ست — نآمد او میدان که در وهم و شکی‌ست ۹۵۰

زنان جاسوس خبر دادند که در این خانه کودکی هست که به میدان نیامده، مادرش نگران بوده که او را نیاورده است.

اندر این کوچه یکی زیبا زنی‌ست — کودکی دارد، و لیکن پُر فنی‌ست ۹۵۱

در این کوچه زنی زیبا هست که نوزادی دارد؛ امّا زنِ آگاهی است، شاید مقصود ما را می‌داند.

---

۱ - **عوان**: پاسبان، مأمور حکومت. ۲ - قصّهٔ فرعون و موسیٰ(ع)، بیت ۸۴۰/۳ ۳ - **دَغا**: حیله‌گر.
۴ - **غَمْز**: سخن‌چینی.

پس عــوانــان آمــدند، او طـفل را در تــنور انــداخت از امــرِ خــدا ۹۵۲

بنابراین مأموران به خانه عمران آمدند و مادر موسیٰ، به فرمان خداوند او را در تنور انداخت.

وحی[1] آمد سـویِ زن زآن بـا خـبر که زِ اصلِ آن خلیل است این پسر ۹۵۳

به مادر موسیٰ وحی رسید که این پسر از تبار و نژاد ابراهیم(ع) است.

عــصمتِ یٰــا نٰــارُ کُــونی بــارِداً لا تَکُــونُ ٱلنّــارُ حَــرّاً شــارِداً ۹۵۴

به سببِ محافظتِ خطابِ «ای آتش سرد باش[2]»، این آتش برای طفل آزار دهنده نیست.

زن به وحی انداخت او را در شـرر بــر تــنِ مــوسی نکـرد آتش اثـر ۹۵۵

مادر موسیٰ بنا بر فرمان الهی طفل را در میان آتش افکند و آتش سوزان آسیبی به کودک نرسانید.

پس عوانان بـی‌مراد آن سـو شـدند بــاز غَــمّازان کـز آن واقـف بـدند ۹۵۶

بنابراین مأموران ناکام بازگشتند؛ امّا جاسوسان سخن‌چین که از وجود کودک باخبر بودند،

بــا عــوانــان مـاجرا[3] بـرداشـتند پیش ِ فرعون از بـرای دانگِ چـند ۹۵۷

با مأموران به مجادله پرداختند و برای پولی ناچیز، موضوع را نزدِ فرعون مطرح کردند.

کِای عوانان! بـازگـردید آن طـرف نــیک نـیکو بـنگرید انـدر غُـرَف[4] ۹۵۸

و گفتند: ای مأموران، به خانه بازگردید و با دقّت تمام اتاق‌ها را جست‌وجو کنید.

وحی آمدن به مادرِ موسی که موسی را در آب افکن

هنگامی که سربازان فرعون برای جُست‌وجوی پسر نوزاد بـه مـنزل عـمران مـی‌آمدند، بـه اشـارت الهـامی ربّـانی، مـادر مـوسیٰ(ع) او را شیر داد و در جعبه‌ای بـه آب نـیل افکـند، قصص: ۷/۲۸، همین‌که آب او را از چشم مادر دورکرد و به سوی کاخ فرعون برد، بیمناک شد و پنداشت که فرزندش را با دست خود به لانهٔ شیر فرستاده است و به یکباره دلش از امید و شکیبایی تهی گشت و اگر خداوند به فضل خویش دل او را گرم نمی‌کرد، نزدیک بود رازش

---

۱ - **وحی**: ر.ک: ۱۴۶۷/۱. ۲ - اشارتی قرآنی، انبیا: ۶۹/۲۱، ر.ک: ۷۹۵/۱ و ۸۳۵/۱ و ۸۶۶/۱.

۳ - **ماجرا**: واقعه. ۴ - **غُرَف**: جمعِ غُرْفة، اتاق.

را آشکار کند و از خواهر موسیٰ(ع) خواست تا دورادور بی‌آنکه آنان دریابند، او را مراقب باشد، قصص: ۲۸/۱۱-۱۰، و بدین سان موسیٰ(ع) به کاخ فرعون راه یافت، در حالی که فرعون صدهزاران نوزاد بیگناه را در بیرون کاخ می‌کشت و آنکه در جست‌وجویش بود در صدر خانه جای یافته بود.

در تقابل **تدبیر و تقدیر**، آنچه که فرعون بنا بر وهم خویش حزم و احتیاط می‌نامید، چیزی جز پیروی از خواهش‌های نفسانی خود وی نبود، تدبیر آن است که برخاسته از تفکّری عقلانی، آن هم عقلی کمال یافته باشد، که چنین عقلی هرگز جز رضا به قضا، تدبیری نمی‌اندیشد.

امّا حکمت القای موسیٰ(ع) در تابوت و انداختن آن در دریا، چنانکه در شرح فصوص خوارزمی، ج ۲، ص ۷۲۸ آمده، آن است که تابوت اشاره‌ای به ناسوت اوست و دریا علمی است که به واسطهٔ این جسم حاصل می‌شود. انداختن در دریا، گرچه به ظاهر هلاک بود، در باطن سبب نجات و استمرار زندگی بود.

باز وحی آمد که در آبش فکن   روی در اومید دار و مو مَکَن ۹۵۹

باز وحی الهی رسید که او را در آب بیفکن، امیدوار باش و بی‌تابی مکن.

در فکن در نیلش و کن اعتماد   من تو را با وی رسانم روسپید ۹۶۰

او را به رود نیل بیفکن و به خداوند اعتماد داشته باش، من تو را با روسپیدی به او می‌رسانم.

این سخن پایان ندارد، مکرهاش   جمله می‌پیچید هم در ساق و پاش ۹۶۱

این سخنان را پایانی نیست، فرعون هر حیله‌ای می‌اندیشید، پاپیچ خودش می‌شد.

صد هزاران طفل می‌کُشت او برون   موسی اندر صدرِ خانه در درون ۹۶۲

فرعون تعداد کثیری طفل را در بیرون می‌کُشت و موسیٰ در صدر خانهٔ او و در درون جای داشت.

از جنون می‌کُشت هر جا بُد جنین   از حِیَل، آن کورْچشمِ دوربین[1] ۹۶۳

آن کوردل که از درکِ حقایق بی‌بهره بود، از دیوانگی و تدبیرِ جنون‌آمیز، هر جا کودکی بود می‌کشت.

اژدها بُد مکرِ فرعونِ عَنود   مکرِ شاهانِ جهان را خورده بود ۹۶۴

مکر و نیرنگ فرعون، مانندِ اژدها مکرِ شاهان جهان را بلعیده بود.

---

۱ - **دوربین**: کسی که به امور دور از حق و به دور از حقایق توجّه دارد.

لیک از او فرعون‌تر[1] آمد پدید — هم ورا، هم مکرِ او را درکشید ۹۶۵

امّا نیرومندتر از او در وجود آمد و فرعون و مکرش را در هم پیچید و نابود کرد.

اژدها بود و عصا شد اژدها — این بخورد آن را به توفیقِ خدا ۹۶۶

مکرِ فرعون، همانند اژدها بود؛ امّا عصایِ موسیٰ(ع) اژدهایی عظیم‌تر شد و به توفیق الهی، آن اژدها را بلعید.

دست شد بالایِ دست، این تا کجا؟ — تا به یزدان که اِلَیْهِ المُنتهیٰ[2] ۹۶۷

دست بالای دست است، این ترتیب ادامه می‌یابد تا به خداوند که همه چیز به او ختم می‌شود.

کآن یکی دریاست بی‌غور[3] و کران — جمله دریاها چون سیلی پیشِ آن ۹۶۸

زیرا خداوند در مَثَل، دریایِ بی‌ژرفا و کرانه است که دریاها در برابر آن سیلاب‌اند.

حیله‌ها و چاره‌ها گر اژدهاست — پیشِ اِلاّ الله، آنها جمله لاست[4] ۹۶۹

اگر حیله‌ها و چاره‌ها اژدهایی باشند، در برابر «اِلاّ الله»، یعنی قدرتِ خداوند هیچ‌اند.

چون رسید اینجا بیانم، سر نهاد — محو شد، وَاللهُ اَعْلَمْ بِالرَّشاد ۹۷۰

چون شرحِ اسرار، سخن را به «اِلاّ الله» و قدرتِ الهی کشاند، بیانم مقهور و محو شد. خداوند به راستی و راه راست داناتر است.

آنچه در فرعون بود، اندر تو هست — لیک اژدرهات محبوسِ چَهْ است ۹۷۱

نَفْسی که در فرعون بود و موجبِ آن همه سرکشی و خودنمایی شد، در تو هم هست؛ امّا اژدهایِ نَفْست در چاه محبوس است، دارای شرایط و امکانات نیست و گرنه ترکتازی می‌کرد و طغیان می‌ورزید.

ای دریغ این جمله احوالِ تو است — تو بر آن فرعون بر خواهیش بَست ۹۷۲

ای دریغ، آنچه را گفتیم، در حقیقت نقدِ حالِ آدمی است؛ امّا تو به صورت قصّه توجّه می‌کنی و آن را به فرعون نسبت می‌دهی و خودت را از داشتن چنین اژدهای مخوفی مبرّا می‌بینی.

---

۱ - **فرعون‌تر** : مراد نیرومندتر است.

۲ - اشارتی قرآنی؛ نجم : ۴۲/۵۳ : وَ أَنَّ إِلَیٰ رَبِّكَ ٱلْمُنْتَهیٰ : پایان هر چیز پروردگار توست. ۳ - **غور** : قعر.

۴ - **لا و اِلاّ** : ر.ک: ۱۷۶۸/۱ و ۳۰۶۷/۱.

گر ز تو گویند وحشت زایدت ور ز دیگر، آفسان بنمایدت ۹۷۳

اگر بگویند که این اژدهای آدمی‌خوار در وجودِ خودِ توست، وحشت‌زده می‌شوی و اگر از دیگران بگویند، آن را افسانه می‌پنداری.

چه خرابت می‌کند؟ نفسِ لعین دور می‌اندازدت سخت این قرین ۹۷۴

این نَفْس ملعون وجودت را به ویرانی می‌کشاند، این همنشین بد، تو را از قُربِ حق، بسیار دور می‌کند.

آتشت را هیزمِ فرعون نیست ور نه چون فرعونْ او شعله زنی‌ست ۹۷۵

آتشِ نَفْس تو هیزم مناسب را ندارد؛ یعنی اگر شرایط، موقعیّت، حشمت و شوکتِ فرعون نصیب تو هم می‌شد، مانند هیزم، آتشِ نَفْسِ تو را تیزتر می‌کرد.

حکایتِ مارگیر که اژدهایِ فسرده را مُرده پنداشت، در ریسمان‌هاش پیچید و آورد به بغداد[1]

مارگیری که برای گرفتن مار به کوهساری رفته بود، اژدهای عظیمِ مُرده‌ای را در آن زمستان سرد و در میان برف و یخ یافت و به بغداد منتقل کرد. تابش آفتابِ گرمِ بغداد، اژدها را که از سرما و برف افسرده بود، به جنبش آورد و خلق را که از جنبش اژدها تحیّرشان افزون‌تر شده بود به شدّت دچار وحشت کرد و در هزیمت گروه کثیری از ایشان به هلاکت رسیدند. مارگیر هم در تعاقب جهل و حماقتش طعمهٔ اژدها شد.

سرّ سخن در این تمثیل رمزآمیز در تبیین این معناست که نَفْسِ آدمی، همان اژدهای به ظاهر مُرده است که هرگز نمی‌توان بر سکون آن ایمن بود. تابشِ آفتابِ گرمِ بغداد نیز نمادی از احوال و مقتضیاتِ لازم برای به جنبش در آمدنِ نَفْس است.

یک حکایت بشنو از تاریخ گوی تا بری زین رازِ سرپوشیده بوی ۹۷۶

قصّه‌ای را که تاریخ‌نگار نقل می‌کند، بشنو تا از این راز نهفته چیزی را دریابی.

---

۱ - مأخذ آن ممکن است به امثال منسوب به ایسوفوس برسد. این قصّه در مرزبان‌نامه هم هست و احتمال دارد از طریق مرزبان‌نامه و یا افواه وعاظ و صوفیّه وسیله‌ای برای تقریر نتیجه‌ای شده باشد: بحر درکوزه، ص ۱۸۶.

دفتر سوم ۱۴۷

مــــارگیری رفت ســـویِ کـــوهسار تـــا بگـیرد او بـــه افســـون‌هاش مـــار ۹۷۷

مارگیری به کوهستان رفت تا با افسون‌هایش ماری بگیرد.

گـــر گِـــران و گـــر شـــتابنده بُـــوَد آنکـــه جـــوینده‌ست یـــابنده بُـــوَد ۹۷۸

اگر آدمی به کُندی بکوشد یا به تندی بجوشد، کسی که طالب چیزی است، آن را به دست می‌آورد.

در طلب[1] زن دایما تو هر دو دست کـه طـلب در راهْ نـیکو رهـبرست ۹۷۹

دست از طلب برمدار که در راه طریقت و رسیدن به حقیقت، «طلب» بهترین راهنماست.

لنگ و لوک[2] و خُفته شکل[3] و بی‌ادب ســویِ او می‌غیژ[4] و او را می‌طلب ۹۸۰

لنگ، شل، خمیده و عاری از آداب و تشریفات، خود را به سوی حق بکشان و او را بخواه.

گه بگفت و گه بـه خـاموشی و گـه بوی کردن[5] گیر، هر سو بـویِ شـه ۹۸۱

گاه با گفتن، گاه با سکوت، گاهی با بوییدنِ عِطر دلاویز شاه عالم هستی، جویایِ او باش.

گفت آن یـعقوب بـا اولادِ خـویش جُستنِ یوسف کنید[6] از حدّ بـیش[7] ۹۸۲

یعقوب(ع) با گم شدن یوسف(ع) از فرزندان خواست که بیش از حدّ جویای او باشند.

هر حسِ خود را در این جُستن به جِد هـــر طـرف رانـید شکـلِ مُسـتعد ۹۸۳

در این جُستن به‌طور کامل تمام حواسِ خود را به کار بگیرید و به هر سو سر بزنید.

گـــفت: از رَوحِ خـــدا لاَ تَـیْأَسُوا[8] همچو گم کرده پسر، رو سو به سو ۹۸۴

گفت: از لطف الهی ناامید نباشید و همانند پدری که پسر را گم کرده است، به این سو و آن سو بروید.

از رهِ حسِّ دهـــان پُـرسان شـوید گـــوش را بـــر چـــار راهِ آن نـــهید ۹۸۵

با حسِّ دهان طعمِ حقیقت را دریابید، گوش جان را بر چهارراهی که ممکن است ندایی برسد، بنهید.

---

۱ - **طلب** : ر.ک: ۷۵۳/۱. ۲ - **لوک** : کسی که با زانو و دست راه می‌رود. ۳ - **خفته شکل** : خمیده.

۴ - **می‌غیژ** : از غیژیدن، خزیدن. ۵ - بوی کردن، عبارت است از رسیدن به معرفت از طریق آثار و مظاهر.

۶ - اینک به عنوان نمونهٔ برجسته و والای «طلب» به داستان یعقوب اشاره می‌شود که هرگز دست از طلب فرزندگم شده بر نداشت و عاقبت جوینده یابنده شد. ۷ - اشارتی قرآنی، یوسف: ۸۷/۱۲، ر.ک: ۲۰۵۸/۲.

۸ - همان، پیشین.

هر کجا بویِ خوش آید، بو برید سویِ آن سِر، کآشنای آن سَرید ۹۸۶

هر جا که بوی خوش حقیقت به مشامِ جانتان رسید، آگاهانه آن نفخه را دریابید و به سویِ درکِ برتری از آن بشتابید؛ زیرا شما با این حقایق و اسرار آشنا بوده‌اید و از آن سَر، یعنی از «عالم معنا» به این سو، یعنی «عالم حس» آمده‌اید.

هر کجا لطفی ببینی از کسی سویِ اصلِ لطفْ ره یابی عَسی[1] ۹۸۷

هر جا که لطفی از کسی می‌بینی، به اصلِ آن پی می‌بری و در می‌یابی که لطفِ حق، خلق را با تو مهربان کرده است.

این همه خوش‌ها ز دریایی‌ست ژرف جزو را بگذار، و بر کُل دار طَرْف ۹۸۸

خوشی و خوبی‌هایِ این عالم، پرتوِ دریای بیکرانِ لطفِ خداوند است، جزو را بگذار و به کلّ روی آور.

جنگ‌هایِ خلق بهرِ خوبی است برگِ بی‌برگی[2] **نشانِ طوبی**[3] **است** ۹۸۹

جنگ و ستیز خلق برای به دست آوردن چیزی است که خوب می‌پندارند، «خوبی»، آنچه آنان می‌اندیشند، نیست. «خوبی» رسیدن به «برگ بی‌برگی»؛ یعنی توانایی ترکِ شهوات و تعلّقات است که نشانِ «طوبیٰ» در جان آدمی است.

خشم‌هایِ خلق بهرِ آشتی است دامِ راحت، دایما بی راحتی است[4] ۹۹۰

خشمِ خلق برای حصول آشتی است، راحتی و آسایش با عدمِ آسایش و جهد فراوان ممکن می‌شود.

هر زدن بهرِ نوازش را بُوَد هر گِله از شُکر آگه می‌کند ۹۹۱

هر قهر حاکی از مهر و هر گِله حاکی از شکر است.

بوی بر از جزو تا کُل ای کریم! بوی بر از ضِدّ تا ضِدّ ای حکیم! ۹۹۲

ای خردمند، از جزو به کُلّ راه بیاب، با این اصل که از ضد می‌توان ضدِّ آن را شناخت.

---

۱ - **عَسیٰ**: چه بسا، شاید. ۲ - **برگ بی‌برگی**: عنایت الهی به شکل کمال روحانی و ترک شهوات و تعلّقات.

۳ - **طوبیٰ**: درختی در بهشت، مراد کمال معنوی و ارتقای جان انسان است.

۴ - در بیانِ این معناست که عالم محسوس، عالم تضادّ و تخالف و تزاحم است، از هر ضد به ضدّ آن می‌توان پی برد، تجلیّات حق در این عالم مشهود در عین کمال است؛ یعنی در دل هر تجلّی جمال، تجلّی جلال را می‌توان یافت یا بر عکس.

جنگ‌ها، می آشتی آرَد دُرُست مارگیر از بهرِ یاری مار جُست ۹۹۳

به‌طورِ معمول جنگ‌ها به صلح پایدار می‌انجامد، مارگیر هم جویای مار بود که به نمایش بگذارد و در امرِ معاش یاری‌اش کند.

بهرِ یاری مار جوید آدمی غم خورَد بهرِ حریفِ بی‌غمی ۹۹۴

انسان مار می‌جوید تا در زندگی یاری‌اش کند و برای رهایی از غم، غصّه می‌خورد.

او همی جُستی یکی ماری شِگرف گِردِ کوهستان و در ایّامِ برف ۹۹۵

مارگیر در فصل زمستان در کوهستان می‌گشت که ماری بزرگ بیابد.

اژدهایی مُرده دید آنجا عظیم که دلش از شکلِ او شد پُر ز بیم ۹۹۶

اژدهای عظیمِ مُرده‌ای را دید که از هیبت و عظمتِ آن بیمناک شد.

مارگیر اندر زمستانِ شدید مار می‌جُست، اژدهایی مرده دید ۹۹۷

مارگیر در آن زمستانِ سخت جویای مار بود که اژدهایِ مُرده را دید.

مارگیر از بهرِ حیرانیِّ خلق مار گیرد، اینْتْ نادانیِّ خلق ۹۹۸

مارگیر جویای مار است تا خلق را از دیدنِ آن متحیّر کند، عجب مردمِ نادانی‌اند این خلق.

آدمی کوهی‌ست، چون مفتون شود؟ کوه اندر مار حیران چون شود؟ ۹۹۹

آدمی مانندِ کوهی از معادنِ علوم و اسرارِ الهی است، چرا قدر خود را نمی‌شناسد و حیران مار می‌شود؟

خویشتن نشناخت مسکین آدمی از فزونی آمد و شد در کمی ۱۰۰۰

انسانِ مسکین و بینوا، مرتبهٔ والای خود را نمی‌داند، از کمال خود را به نقص می‌افکند.

خویشتن را آدمی ارزان فروخت بود اطلس، خویش بر دلقی بدوخت ۱۰۰۱

انسان، حقیقتِ خود را به بهای ارزانی از دست می‌دهد، اطلسِ گرانبهایِ جانِ پاکِ خویش را به دلق ژندهٔ خواسته‌هایِ دنیوی وابسته می‌کند.

صد هزاران مار و کُه حیرانِ اوست او چرا حیران شده‌ست و مارْدوست؟ ۱۰۰۲

صدها هزار مار و کوه و همهٔ اجزای هستی، حیرانِ عظمت نهانیِ آدمی‌اند، او چرا حیرانِ جزوی ناچیز است؟

مـــارگیر آن اژدهـــا را بـــرگرفت　　　سـوی بـغداد آمـد از بـهرِ شگـفت ۱۰۰۳

مارگیر آن اژدهای عظیم را برای آنکه خلق را شگفت‌زده کند، برداشت و به سوی بغداد آمد.

اژدهـــایی چـــون ســـتونِ خـانه‌یی　　　مـــی‌کشیدش از پـــیِ دانْگــانه‌یی[1] ۱۰۰۴

اژدهایی را که همانند ستون خانه‌ها بود، برای دریافت پولی ناچیز به دنبال خود می‌کشید.

کِـــــاژدهایِ مُــــرده‌یی آورده‌ام　　　در شکارش، من جگرها خـورده‌ام ۱۰۰۵

تا اعلام کند که اژدهایِ مُرده‌ای را آورده‌ام و برای شکار آن رنج‌ها برده‌ام.

او همی مُرده گُـمان بُـردش و لیک　　　زنده بود و او نـدیدش نـیکْ نـیک ۱۰۰۶

مارگیر اژدها را مرده می‌پنداشت؛ امّا اژدها زنده بود و او خوب دقّت نکرده بود.

او ز سـرماها و بـرف افسـرده بـود　　　زنـده بـود و شکـلِ مـرده مـی‌نمود ۱۰۰۷

اژدها از سرمایِ سخت و برف انبوه یخ زده بود، زنده بود و مُرده به نظر می‌رسید.

عالم افسرده است و نـامِ او جـماد　　　جـامد، افسـرده بُـوَد ای اوسـتاد! ۱۰۰۸

عالم مادّی هم افسرده است و آن را جامد می‌دانند. ای استاد، هر جمادی افسرده است؛ زیرا پرتوِ تابشِ فیوضاتِ الهی در مرتبهٔ خاصّی بدان می‌تابد و بنا بر رتبهٔ خود از هستی برخوردار است.

باش تا خورشیدِ حشـر آیـد عـیان　　　تـا بـبینی جـنبشِ جسـمِ جـهان ۱۰۰۹

صبر کن تا خورشید حقایق در روز رستاخیز آشکار طالع گردد تا جنبشِ جسمِ جهان را ببینی.

چون عصایِ[2] **موسی اینجا مار شد　　　عــقل را از ســاکـنان اِخـبار شـد** ۱۰۱۰

اینکه عصای موسیٰ(ع)، جان یافت و تبدیل به مار شد، نشانی است که خردمندان توسّط آن در می‌یابند که موجودات به ظاهرِ بی‌جان هم بنا بر مرتبهٔ خود از حقیقتِ ساری و جاری در کُلِّ جهان هستی بهره‌مند هستند.

پارهٔ خاکِ تو را چون مرد سـاخت　　　خاک‌ها را جملگی شاید شـناخت ۱۰۱۱

خداوند، وجود تو را که پاره خاکی بیش نبود، به انسانی دارای عقل و خرد مبدّل کرد، آیا این امر نمی‌تواند به تو کمک کند که دریابی خاک و جماد هم جزوی از اجزای هستی‌اند و هر یک بنا بر مرتبهٔ خاصّ خود از هستیِ منبسط که در کلّ عالم ساری و جاری است بهره برده‌اند؟

---

۱ - **دانگانه** : چند دانگ، پول خرد و مختصر.　۲ - ر.ک: ۲۷۹/۱ و ۱۶۲۵/۱.

مُرده زین سواَند و زآن سو زنده‌انــد　　خامش اینجا، و آن طرف گوینده‌اند ۱۰۱۲

جمادات از دیدگاه ظاهربین که حیات را با ویژگی‌های محسوس آن می‌بینند، مرده‌اند؛ امّا از دیدگاه حق‌بین، زنده‌اند. اینجا خاموش به نظر می‌رسند؛ امّا با حق گویا هستند.

چون از آن سوشان فرستد سویِ ما　　آن عــصا، گــردد سـویِ مــا اژدهــا ۱۰۱۳

اگر ارادهٔ باری تعالیٰ بر این امر قرارگیرد که جماد، آدمی را به عالم معنا رهنمون شود، وقایعِ شِگرفی رخ می‌دهد که برای انسان حیرت‌انگیز است، به عنوان مثال، عصا اژدها می‌شود.

کــوه‌ها هــم لحـنِ داوودی[1] کـند　　جــوهرِ آهــن بـه‌کـف مـومی بُـوَد ۱۰۱۴

کوه‌ها با داوود(ع) همنوایی می‌کنند و آهن در دست او بسان موم نرم می‌شود.

بـــاد حـــمّالِ ســلیمانی[2] شــود　　بحر بـا مـوسی[3] سـخن‌دانـی شـود ۱۰۱۵

باد، سلیمان(ع) را حمل می‌کند و رود نیل به ارادهٔ حق و به خواست موسیٰ(ع) از هم می‌شکافد.

ماه، با احـمد[4] اشـارت بـین شـود　　نــار، ابــراهــیم[5] را نسـرین شـود ۱۰۱۶

ماه به اشارت حضرت محمّد(ص) به دو نیمه می‌گردد و آتشِ سوزان بر ابراهیم(ع) گلستان می‌شود.

خاک، قارون[6] را چو ماری درکشد　　اُســــتنِ حـــنّانه آیـــد در رَشـــد ۱۰۱۷

خاک قارون را همانند مار درکام می‌کشد و ستون حنّانه دارای عقل و هوش می‌شود.

سنگ، بـر احـمد[7] سـلامی مـی‌کند　　کــوه، یــحیی[8] را پــیامی مـی‌کند ۱۰۱۸

سنگ‌ریزه‌ها بر احمد(ص) سلام می‌کنند و کوه، یحیی(ع) را ندا می‌دهد که در من نهان شو.

مـا سـمیعیم و بـصیریم و خـوشیم　　بــا شــما نـامحرمان مـا خـامُشیم ۱۰۱۹

مواردی که از معجزات و خارق عادت‌ها دیده شد، برای آن است که جمادات به زبانِ حال می‌گویند: ای اهل دنیا، ما شنوا و بینا و با حق خوش‌ایم؛ امّا با شما که محرمِ حریمِ دل نشده‌اید، خاموش‌ایم.

---

۱ - **داوود**(ع) : ر.ک: ۴۹۵/۲ و ۱۸۴۳/۳. ۲ - **سلیمان**(ع) : ر.ک: ۲۶۱۶/۱.

۳ - **موسیٰ**(ع) : ر.ک: ۱۱۹۳/۱. ۴ - **شقّ‌القمر** : ر.ک: ۱۱۸/۱ و ۱۰۸۲/۱. ۵ - **ابراهیم**(ع) : ر.ک: ۵۵۱/۱.

۶ - **قارون** : ر.ک: ۸۶۹/۱. ۷ - ر.ک: ۲۱۶۳/۱. ۸ - **یحیی**(ع) : ر.ک: ۳۶۱۴/۲.

چون شما سویِ جمادی می‌روید محرمِ جانِ جمادان چون شوید؟ ۱۰۲۰

هنگامی که شما با دلبستگی‌های دنیوی در حالِ تنزّل هستید، چگونه می‌توانید محرمِ درکِ حقیقتی باشید که در تمام عالم هستی جریان دارد؟

از جمادی، عالمِ جان‌ها روید غلغل اجزایِ عالم بشنوید ۱۰۲۱

از «عالم جماد» به «عالم جان» سفر کنید تا غلغلهٔ اجزایِ هستی را بشنوید که تسبیح‌گوی‌اند.

فاش تسبیحِ جمادات آیدت وسوسهٔ تأویل‌ها[1] نربایدت ۱۰۲۲

با سفر در عالم معنا، آشکارا تسبیح جمادات را باگوش جان می‌شنوی و با توجیه ظاهربینان که کلام حق را بنا بر رأی خود تفسیر می‌کنند، وسوسه نمی‌شوی و به آن وقعی نمی‌نهی.

چون ندارد جانِ تو قِندیل‌ها[2] بهرِ بینِش، کرده‌ای تأویل‌ها ۱۰۲۳

چون، جان تو از نورِ حق معرفت نمی‌یابد، با پندارِ خود برای دستیابی به بصیرت، به تأویل متوسّل می‌شوی.

که: غرض تسبیح ظاهر کِی بُوَد؟ دعویِ دیدن خیالِ غَیّ[3] بُوَد[4] ۱۰۲۴

می‌گویی که: مقصود از تسبیحِ جمادات، تسبیحِ ظاهری نیست و ادّعای دیدن عوالم غیب، خیالِ گمراه کننده‌ای است.

بلکه مر بیننده را دیدارِ آن وقتِ عبرت می‌کند تسبیح خوان ۱۰۲۵

معتقد هستی که دیدنِ جمادات برای بیننده عبرت‌آور است و همین عبرت گرفتن، در واقع «تسبیح خوان» شدنِ آدمی است.

پس چو از تسبیح یادت می‌دهد آن دلالت همچو گفتن می‌بُوَد ۱۰۲۶

چون جماد، تسبیحِ الهی را به یادِ تو می‌آورد، این یادآوری همان سخن گفتن جماد محسوب می‌شود.

این بُوَد تأویلِ اهلِ اعتزال و آنِ آنکس کو ندارد نورِ حال ۱۰۲۷

این سخن، تأویلِ «اهل اعتزال» است که فاقدِ نورِ جان و حالِ معنوی است.

---

۱ - **تأویل** : ر.ک: ۱۲۵۵/۱ و ۳۲۵۵/۲. ۲ - **قِندیل** : چراغ، چراغدان. ۳ - **غَیّ** : گمراهی.

۴ - در این بیت و دو بیت پس از آن، اشاره به تأویل اهل اعتزال است که مانند اهل ظاهر فقط امور محسوس را می‌پذیرند و «تسبیح جمادات» یا «مشاهده عالم غیب» را انکار می‌کنند: **اهل اعتزال** : ر.ک: ۶۱/۲.

چون ز حس بیرون نیامد آدمی … باشد از تصویرِ غیبی اعجمی[1] ۱۰۲۸

تا انسان از عالمِ حس به عالم ماورای آن راهی نگشاید، از شهود عالم غیب ناآگاه است.

این سخن پایان ندارد، مارگیر … می‌کشید آن مار را با صد زحیر[2] ۱۰۲۹

این اسرار را پایانی نیست، مارگیر آن مار را با رنج و سختی فراوان به دنبال خود می‌کشید.

تا به بغداد آمد آن هنگامه جو[3] **… تا نهد هنگامه‌یی بر چارسو**[4] ۱۰۳۰

تا به بغداد رسید که اژدها را در محلِّ پر رفت و آمدی به نمایش بگذارد و هنگامه‌ای به پا کند.

بر لبِ شط[5]**، مرد هنگامه نهاد … غلغله در شهرِ بغداد اوفتاد** ۱۰۳۱

مارگیر در کنار رودِ دجله معرکه‌ای برپا کرد و هیاهویی در بغداد به پا شد.

مارگیری اژدها آورده است … بوالعجب نادر شکاری کرده است ۱۰۳۲

مردم می‌گفتند: مارگیری اژدهایی را آورده و شکار عجیبی را صید کرده است.

جمع آمد صدهزاران خامْ ریش[6] **… صیدِ او گشته، چو او از ابلهیش** ۱۰۳۳

گروه کثیری ابله، همانند او شکارِ حماقتش شده، مفتونِ اژدها، گِردِ معرکه جمع آمده بودند.

منتظر ایشان و هم او منتظِر … تا که جمع آیند خلقِ مُنتشر ۱۰۳۴

مارگیر و جماعت منتظر بودند تا بقیّهٔ مردم هم که پراکنده بودند، گِرد آیند.

مردمِ هنگامه افزون‌تر شود … کُدیه[7] **و توزیع**[8] **نیکوتر رود** ۱۰۳۵

افرادِ بیشتری جمع گردند و پول افزون‌تری از این معرکه حاصل شود.

جمع آمد صدهزاران ژاژخا[9] **… حلقه کرده پُشتِ پا بر پُشتِ پا** ۱۰۳۶

جمعِ کثیری بیکاره گِرد آمدند و چنان زیاد بودند که پشتِ پایِ مردم به هم چسبیده بود.

مرد را از زن خبر نه، ز ازدحام[10] **… رفته در هم چون قیامت خاص و عام** ۱۰۳۷

چنان ازدحام بود که مرد از زن خبر نداشت، خاصّ و عام، مانندِ رستاخیز در هم می‌لولیدند.

---

۱ - **اعجمی** : گُنگ، کسی که نتواند شیوا سخن بگوید، توسّعاً ناآگاه. ۲ - **زحیر** : زحمت و سختی.

۳ - **هنگامه جو** : معرکه‌گیر. ۴ - **چارسو** : چهارراه.

۵ - **شَطّ** : رود بزرگ که به دریا بریزد، مراد دجله است. ۶ - **خام ریش** : نادان و احمق.

۷ - **کُدْیه** : گدایی، تکدّی. ۸ - **توزیع** : قسمت کردن چیزی میان جمع.

۹ - **ژاژخا** : یاوه‌سرا، اینجا مراد افراد بیکاره است. ۱۰ - **ازدحام** : شلوغ شدن، انبوه شدن.

۱۰۳۸ **چون همی حُرّاقه[1] جنبانید او — می‌کشیدند اهلِ هنگامه گلو**

مارگیر که واردِ معرکه شد، مردم گردن دراز می‌کردند که نمایش را بهتر ببینند.

۱۰۳۹ **و اژدها کز زمهریر[2] افسرده بود — زیرِ صدگونه پلاس[3] و پرده بود**

و اژدها که از سرمایِ شدید حالت یخ‌زدگی داشت، زیر صدها پلاس و پرده نهان بود.

۱۰۴۰ **بسته بودش با رَسَن‌هایِ غلیظ[4] — احتیاطی کرده بودش آن حفیظ[5]**

مارگیر از سر احتیاط اژدها را با طناب‌های محکم و ضخیم بسته بود.

۱۰۴۱ **در دِرَنگِ انتظار و اتّفاق — تافت بر آن مارْ خورشیدِ عراق**

در مدّتی که مارگیر منتظرِ آمدنِ مردم بود، آفتاب گرم بغداد بر آن مار عظیم‌الجثّه تابید.

۱۰۴۲ **آفتابِ گرمسیرش گرم کرد — رفت از اعضایِ او اخلاطِ سرد[6]**

آفتاب منطقهٔ گرمسیری او را گرم کرد و بدنش که حالت انجماد و یخ‌زدگی داشت، گرم شد.

۱۰۴۳ **مُرده بود و زنده گشت او از شِگفت — اژدها بر خویش جنبیدن گرفت**

اژدهایی که مُرده به نظر می‌رسید، زنده شد و در نهایت شِگفتی شروع به جنبش کرد.

۱۰۴۴ **خلق را از جنبشِ آن مُرده مار — گشتشان آن یک تحیُّر صدهزار**

حیرت مردم از جنبش آن مار عظیم‌الجثّه بسیار افزون شد.

۱۰۴۵ **با تحیُّر نعره‌ها انگیختند — جملگان از جنبشش بگریختند**

مردم با حیرت شدید فریادها می‌زدند و از حرکت مار همه پا به فرار گذاشتند.

۱۰۴۶ **می‌سُکست[7] او بند و زآن بانگِ بلند — هر طرف می‌رفت چاقاچاقِ[8] بند**

بندها را پاره می‌کرد و صدایِ گسسته شدن بندها در میان فریادِ مردم به گوش می‌رسید.

۱۰۴۷ **بندها بُسکست و بیرون شد زِ زیر — اژدهایی زشت، غُرّان همچو شیر**

بندها را پاره کرد و از زیر پلاس‌ها و پرده‌ها اژدهایِ زشتی، مانندِ شیرِ غرّان نمایان شد.

---

۱ - **حُرّاقه** : آتش افکن. حُرّاقه جنبانیدن: وارد معرکه شدن.

۲ - **زمهریر** : سرمای بسیار شدید یا شدیدترین سرما. ۳ - **پلاس** : گلیم.

۴ - **رسنِ غلیظ** : طنابِ محکم. ۵ - **حفیظ** : نگهبان.

۶ - **اخلاط سرد** : «اخلاط» عوامل درونی که روی خلق و خو نیز اثر دارد، اینجا اخلاط سرد یعنی سرمازدگی.

۷ - **می‌سُکست** : می‌گسست، پاره می‌کرد. ۸ - **چاقاچاق** : سروصدا، چق و چق.

در هزیمت بس خلایق کُشته شد　　از فُتاده و کُشتگان صد پُشته شد ۱۰۴۸

هنگام فرار کثیری از مردم کُشته شدند، از کسانی که زیرِ پا افتاده بودند و از جسد کشتگان پشته‌ها پدید آمد.

مارگیر از ترس بر جا خشک گشت　　که چه آوردم من از کهسار و دشت؟ ۱۰۴۹

مارگیر از ترس بر جای خشک شده بود که از کوهسار و دشت چه آوردم؟

گرگ را بیدار کرد آن کور میش　　رفت نادان سویِ عزرائیلِ خویش ۱۰۵۰

مارگیر، مانندِ میشِ کور، گرگ را بیدار و متوجّه خود کرد و با نادانی به سویِ جان‌ستانِ خود رفت.

اژدها یک لقمه کرد آن گیج را　　سهل باشد خون خوری حَجّاج[1] را ۱۰۵۱

اژدها آن مارگیرِ احمق را یک لقمه کرد، همانند حجّاج که خونخواری برای او سهل است.

خویش را بر اُستُنی پیچید و بست　　استخوانِ خورده را در هم شکست ۱۰۵۲

بعد به دور ستونی پیچید و خود را محکم بست و استخوان‌هایی را که خورده بود در هم شکست.

نَفْسَت اژدرهاست او کِی مُرده است؟　　از غم و بی‌آلتی افسرده است ۱۰۵۳

نَفْسِ تو نیز، مانند اژدهای افسرده است، که با تابشِ آفتابِ گرمِ بغداد؛ یعنی وجودِ شرایطِ مناسب، به جنبش در خواهد آمد.

گر بیابد آلتِ فرعونْ، او　　که به امرِ او همی رفت آبِ جُو[2] ۱۰۵۴

اگر او هم مانند فرعون موقعیّتِ ترکتازی را بیابد که می‌گفت آب به فرمان او جاری است،

آنگه او بنیادِ فرعونی کُند　　راهِ صد موسی و صد هارون زند ۱۰۵۵

آنگاه نَفْسِ تو هم بساط فرعونی می‌گسترد و در برابر حق می‌ایستد و مبارزه می‌کند.

کِرمک است آن اژدها از دستِ فقر　　پشّه‌یی گردد ز جاه و مالْ صَقر[3] ۱۰۵۶

اژدهایِ نَفْس به علّتِ فقر مالی و نداشتن شرایط مناسب، اینک مانندِ کرم کوچکی است؛ امّا این پشّهٔ ضعیف و ناتوان با «جاه و مال» تبدیل به عقاب می‌شود.

---

۱ - **حجّاج بن یوسف بن الحکم**: از جانب عبدالملک بن مروان ولایت عراق و خراسان داشت و با مرگ عبدالملک، یزید وی را در شغل خود باقی گذاشت. مظهر قساوت و خونخواری به شمار می‌آید. در ۵۴ سالگی در سال ۹۵ در واسط وفات یافت.

۲ - اشارتی قرآنی؛ زُخْرُف: ۵۱/۴۳: و فرعون در میان قوم خود بانگ می‌زد و می‌گفت: ای قوم، آیا فرمانروایی مصر از آن من نیست و آیا این رودها از زیر [کوشک] من روان نیست، آیا نمی‌نگرید؟　۳ - **صَقر**: عقاب.

اژدهـــا را دار در بـــرفِ فــراق   هین! مَکَش او را به خورشیدِ عراق ۱۰۵۷

«اژدهای نَفْس» را با «تهذیب و ریاضت» در برفِ فراق، افسرده نگاهدار، آگاه باش و او را با بهره‌هایِ دنیوی زیر تابشِ خورشیدِ گرمِ شرایطی که می‌تواند در آن ترکتازی کند، قرار نده.

تــا فســرده مــی‌بُوَد آن اژدهــات   لقــمهٔ اویــی چــو او یــابد نــجات ۱۰۵۸

تا در سرمایِ ریاضت و تهذیب باشد، افسرده باقی می‌مانَد، اگر از سرما نجات یابد، تو را نابود می‌کند.

مــات کـن او را و آمِـن شـو ز مـات   رحم کَم کن، نیست او ز اهلِ صَلات[1] ۱۰۵۹

او را مات کن تا مات نشوی، بر نَفْس امّاره نباید رحم کرد، او سزاوارِ رحم نیست، موجودی کفرکیش است که اهل تسلیم و تکلیف نیست.

کآن تَفِ خورشیدِ شهوت[2] **بر زنـد   آن خُفاش**[3] **مُرده‌ریگت**[4] **پـر زَنـد** ۱۰۶۰

اگر گرمیِ خورشیدِ شهوت بر نَفْسِ امّاره بتابد، آن نَفْسِ خُفّاش‌صفت صاحب مُرده‌ات طغیان می‌کند.

مــی‌کشانش در جــهاد و در قــتال   مــردوار، اَللهُ یُــجْزیکَ الْــوِصال[5] ۱۰۶۱

با «نَفْسِ امّاره» مردانه پیکارکن تا خداوند به پاداشِ آن، تو را به وصال خویش برساند.

چــونکه آن مــرد اژدهــا را آوریــد   در هوایِ گرم، خوش شد آن مَرید[6] ۱۰۶۲

هنگامی که مارگیر آن اژدها را آورد، با تابشِ هوایِ گرم طغیان کرد.

لاجـرم آن فـتنه‌ها کـرد، ای عـزیز   بیست همچندان که ما گـفتیم، نـیز ۱۰۶۳

ناچار ای عزیز، فتنه‌ها برپا کرد، حتّی آشوب بسیار بیش از آن بود که ما گفتیم.

تــو طــمع داری کــه او را بـی‌جفا   بســته داری در وقــار و در وفــا؟ ۱۰۶۴

تو توقّع داری که نفس بدون جفا و آزار، با وقار و باوفا در بند بماند؟

---

۱ - **صلاة** : نماز.   ۲ - **خورشیدِ شهوت** : شهوت به خورشید مانند شده است.

۳ - **خُفاش** : نَفْسِ امّاره به خفّاش تشبیه شده؛ زیرا از نور می‌گریزد.

۴ - **مرده‌ریگ** : میراث مردگان، کنایه از امری خوار و بی‌قدر.

۵ - **اَللهُ یُجْزیکَ الْوِصال** : خداوند وصال خود را به تو عنایت کند.   ۶ - **مَرید** : نافرمان.

هر خسی را این تمنّیٰ کِی رسد؟ موسیی باید که اژدرها کُشد[۱] ۱۰۶۵

هر فرومایه‌ای نمی‌تواند چنین چیزی را بخواهد، «موسی صفت» می‌تواند اژدهایِ نَفْس را هلاک کند.

صد هزاران خلق ز اژدرهایِ او در هزیمت[۲] **کُشته شد از رایِ او** ۱۰۶۶

از رأیِ موسیٰ(ع) برای مُجاب کردن و ترسانیدنِ فرعون و فرعونیان، هنگام به نمایش آمدن اژدهایی که نشانِ خشمِ الهی بود، صدهاهزار نفر در حال فرار کشته شدند.

تهدید کردنِ فرعون موسی را علیه السَّلام

گفت فرعونش: چرا تو ای کلیم[۳] **! خلق را کُشتی و افکندی تو بیم** ۱۰۶۷

فرعون گفت: ای کلیم، تو چرا با این کار سببِ کشتن و بیمناک شدن مردم شدی؟

در هزیمت از تو افتادند خلق در هزیمت کشته شد مردم ز زَلْق[۴] ۱۰۶۸

مردم از عصایی که اژدها شد، گریختند و کثیری لغزیدند و زیر دست و پا کُشته شدند.

لاجرم مردم تو را دشمن گرفت کینِ تو در سینه مرد و زن گرفت ۱۰۶۹

ناگزیر مردم با تو دشمن شده‌اند و کینه‌ات را در دل گرفته‌اند.

خلق را می‌خواندی، بر عکس شد از خِلافت[۵]**، مردمان را نیست بُد**[۶] ۱۰۷۰

مردم را به سوی خود خواندی، نتیجه‌اَش معکوس بود و این کشتار آنان را به مخالفت با تو واداشت.

من هم از شرّت اگر پس می‌خزم در مکافاتِ تو، دیگی می‌پزم[۷] ۱۰۷۱

من نیز اگر از شرِّ تو می‌گریزم و مسامحه می‌کنم، برای آن است که برای کیفر دادن تو جویای تدبیر و روش مناسبی هستم.

---

۱ - غلبه بر نَفْس و تهذیب آن جز از مردان حق و رهروان سخت‌کوش بر نمی‌آید.

۲ - **هزیمت** : فرار کردن و گریختن.

۳ - **کلیم** : لقب موسی(ع) که به مقام تکلیم با حق تعالیٰ دست یافت، اینجا مُراد آن است که: ای کسی که ادّعای همکلامی با خدا را داری. ۴ - **زَلْق** : لغزش، لغزیدن. ۵ - **خِلافت** : مخالفت. ۶ - **بُد** : چاره، گریز.

۷ - **دیگی می‌پزم** : همان ضرب المثل «آشی پختن» است به معنای سزای کسی را دادن.

دل از این بـر کَـن کـه بِـفْریبی مـرا   یا بجز فَی[1] پس رَوی گـردد تـو را ۱۰۷۲

فریفتن مرا فراموش کن و توقّع نداشته باش که جز سایه‌ات کسی از تو پیروی کند.

تـو بـدان غَـرّه مشـو کِش ساختی   در دلِ خـلقان هـراس انـداختی ۱۰۷۳

از این که عصایی اژدها شد و توانستی در دل مردم هراس بیفکنی، مغرور نشو.

صد چنین آری، و هم رسوا شـوی   خوار گردی ضُحکهٔ[2] غـوغا شـوی ۱۰۷۴

اگر صد کار مشابه هم انجام دهی، رسوا و خوار می‌شوی و مردم بی‌سروپا مسخره‌ات می‌کنند.

همچو تو سـالوس[3] بسـیاران بُـدند   عـاقبت در مـصرِ مـا رسـوا شـدند ۱۰۷۵

ریاکاران و نیرنگبازانِ بسیاری، همانند تو در مصر بوده‌اند که سرانجام رسوا شده‌اند.

جوابِ موسی فرعون را در تهدیدی که می‌کردش

گفت: با امرِ حقم اِشـراک[4] نـیست   گر بریزد خونم امرش، باک نیست ۱۰۷۶

موسیٰ(ع) گفت: من مجریِ اوامرِ حق تعالیٰ هستم و در اجرایِ آن خواستهٔ من دخـالتی ندارد، اگر متابعت از امر او منجر به ریختن خون من شود، باکی ندارم.

راضیم من، شاکرم من، ای حریف!   این طرف رسوا و پیشِ حق شریف ۱۰۷۷

ای حریف، من راضی و خرسندم که نزد خلق رسوا شوم؛ امّا نزد حق شریف و آبرومند باشم.

پیشِ خلقان خوار و زار و ریشخند   پیشِ حق محبوب و مطلوب و پسند ۱۰۷۸

من راضی هستم که نزد مردم خوار و نزار و مورد تمسخر باشم؛ امّا در پیشگاه حق تعالیٰ بنده‌ای محبوب و مطلوب و پسندیده به شمار آیم.

از سخن می‌گویم ایـن، ورنـه خـدا   از سـیه‌رویان کـند فـردا تـو را ۱۰۷۹

آنچه می‌گویم در پاسخ گفته‌های توست و گرنه به خوبی می‌دانم که خداوند به زودی تو را از سیه‌رویان می‌کند.

---

۱ - **فَی**: سایه.

۲ - **ضُحکه**: مضحکه، مسخره. ضُحکهٔ غوغا شدن یعنی مورد تمسخر مردم بی‌سروپا واقع شدن.

۳ - **سالوس**: ریاکار.   ۴ - **اشراک**: شریک قرار دادن.

عـــزّت آنِ اوست و آنِ بـندگانْش[1]   ز آدم و ابلیس بر می‌خوان نشانْش ۱۰۸۰

عزّت به خداوند و بندگانِ راستین و برگزیده‌اش اختصاص دارد، ماجرای آدم(ع) و ابلیس را بخوان تا نشانِ عزّت و ذلّت را دریابی.

شرحِ حق پایان ندارد هـمچو حـق   هین دهان بر بند و بر گـردان ورق ۱۰۸۱

شرحِ اوصافِ حق، همانند ذات او پایانی ندارد. آگاه باش، دهان را ببند و از حق‌ستیزی دست بردار تا تقدیری را که با افعال و اعمالت، رقم می‌خورد، برگردانی.

پاسخِ فرعون موسی را، علیه السَّلام

گفت فرعونش: ورق[2] در حکمِ ماست   دفتر و دیوانِ حُکم این دم مراست ۱۰۸۲

گفت: تقدیر به ارادهٔ من رقم می‌خورد، اینک دفتر و دیوانِ حُکم در دست من است.

مــر مـرا بِخْریده‌انـد اهـلِ جـهان   از هــمه عــاقلتری تــو ای فـلان؟ ۱۰۸۳

مردم دنیا حکومت مرا پذیرفته و من را برگزیده‌اند، مگر تو ای موسیٰ، از همه داناتر هستی؟

موسیا، خود را خریدی، هین! بـرو   خویشتن کم بین، به خود غَرّه مشو ۱۰۸۴

ای موسیٰ، برو که واقعاً خودپسندی، خودخواه نباش و این همه مغرور نشو.

جــــمع آرم ســــاحرانِ[3] دهــر را   تــا کــه جـهلِ تـو نـمایم شـهر را ۱۰۸۵

ساحرانِ برجستهٔ مصر را گرد می‌آورم تا جهل تو را به مردم بنمایانم.

این نخواهد شد به روزی و دو روز   مُـهلتم دِه تــا چــهل روزِ تـموز[4] ۱۰۸۶

این کار ظرف یکی دو روز امکان‌پذیر نیست، تا چلّهٔ تابستان را به من مهلت بده. [چهل روز به من مهلت بده.]

---

۱ – اشارتی قرآنی؛ منافقون: ۸/۶۳: ...وَ لِلّهِ اَلْعِزَّةُ وَ لِرَسُولِهِ وَ لِلْمُؤْمِنینَ...: عزّت از آن خداست و پیامبرش و مؤمنان... . ۲ – **ورق**: تقدیر، سرنوشت. ۳ – **موسیٰ(ع) و ساحران**: ر.ک: ۲۷۹/۱ و ۱۶۲۵/۱.

۴ – موضوع مکالمات بین موسیٰ(ع) و فرعون در آیه‌های ۶۰-۵۷ سورهٔ طه آمده است که در آن فرعون خواهان وعده‌گاهی معیّن است؛ امّا سخن از تعداد روز مشخّصی نیست؛ مولانا در بیت بعد، تعداد آن را چهل روز ذکر می‌کند.

جوابِ موسی فرعون را

گفت موسی: این مرا دستور نیست بـنده‌ام اِمـهالِ[1] تـو مأمـور نـیست ۱۰۸۷

موسیٰ(ع) گفت: من مجاز نیستم به تو مهلت بدهم. بنده‌ام، فرمانی ندارم که به تو فرصتی بدهم.

گر تو چیری و مرا خود یار نیست بـنده فـرمانم، بـدآنم کـار نـیست ۱۰۸۸

هرچند که به ظاهر تو فرمانروایی و من یاوری ندارم؛ امّا من بنده‌ای فرمانبردارم که به این کارها کاری ندارم.

مـی‌زنم بـا تـو بـه جِـد تـا زنـده‌ام من چه کـارهٔ نـصرتم؟ مـن بـنده‌ام ۱۰۸۹

من تا زنده‌ام با تو پیکار می‌کنم. بنده‌ای هستم که اوامر او را اجرا می‌کنم و اینکه «نصرت» و یاری از حق تعالیٰ می‌رسد یا نه، کاری ندارم.

مـی‌زنم تـا در رسـد حُکـمِ خـدا او کند هر خـصم از خـصمی جُـدا ۱۰۹۰

آن قدر به این مبارزه ادامه می‌دهم تا حکم الهی دربارهٔ تو فرارسد و خداوند به این نزاع پایان دهد.

جوابِ فرعون موسی را، و وحی آمدن موسی را، علیه السَّلام

گـفت: نـه نـه مـهلتم بـاید نـهاد عشوه‌ها[2] کَم دِه تو، کم پیمای بـاد[3] ۱۰۹۱

فرعون گفت: نه، نه باید مهلتی باشد، مرا فریب نده و حرف بیهوده نگو.

حق تعالی وحـی کـردش در زمـان مهلتش دِه مـتَّسع[4]، مَـهْراس[5] از آن ۱۰۹۲

خداوند در همان لحظه به موسیٰ(ع) وحی کرد که به او مهلت طولانی بده و بیمناک مباش.

این چهل روزش بده مهلت به طَوع[6] تـا سگـالد[7] مکـرها او نـوع نـوع ۱۰۹۳

این چهل روز را با کمال میل به او فرصت بده تا انواع نیرنگی را که می‌تواند بیندیشد.

---

۱ - **اِمهال**: مهلت دادن. ۲ - **عشوه**: فریب. ۳ - **باد پیمودن**: حرف بی‌حساب و بی‌دلیل گفتن.
۴ - **متّسع**: طولانی. ۵ - **مهراس**: نترس. ۶ - **به طَوع**: به رغبت و با کمال میل.
۷ - **سگالد**: بیندیشد.

تا بکوشد او، که نی من خفته‌ام تیز روگو، پیش ِ ره بگرفته‌ام ۱۰۹۴

تا هر کاری را که می‌تواند، بکند. من از او غافل نیستم. به او بگو: هر چه می‌تواند بتازد، راه او را بسته‌ام.

حیله‌هاشان را همه بر هم زنم و آنچه افزایند من بر کم زنم ۱۰۹۵

من نیرنگ‌هایشان را خنثی می‌کنم. هر چه بر حیله بیفزایند، آن را به کاستی مبدّل می‌کنم.

آب را آرند من آتش کنم نوش و خوش گیرند و من ناخَوش کنم ۱۰۹۶

اگر آنان آب بیاورند، من آن را به آتش تبدیل می‌کنم و نوششان را به نیش مبدّل می‌سازم.

مِهر پیوندند و من ویران کنم آنکه اندر وَهْم نآرند، آن کنم ۱۰۹۷

رشتهٔ دوستی و پیوندِ آنان را که می‌کوشند تا از خردِ خردمندان و سحرِ ساحران در جهت منافع خود بهره جویند، خواهم گسست، چنان می‌کنم که در مخیّله شان نیز نگنجد.

تو مترس و مهلتش[۱] دِه دُم دراز[۲] گو: سپه گِرد آر و صد حیلت بساز ۱۰۹۸

تو نترس و مهلتی طولانی به او بده و بگو که سپاهی از ساحران گرد آور و از هر مکر و چاره‌ای که می‌توانی استمداد بخواه.

مهلت دادنِ موسی علیه السَّلام، فرعون را تا ساحران را جمع کند از مداین[۳]

گفت: امر آمد، برو، مهلت تو را من به جایِ خود شدم، رَستی ز ما ۱۰۹۹

موسیٰ(ع) گفت: فرمان الهی رسید، برو که به تو فرصت می‌دهم، من به جایگاه خود باز می‌گردم، فعلاً از دست ما رهایی یافتی.

او همی شد، و اژدها اندر عَقِب چون سگِ صیّادِ دانا و مُحِب[۴] ۱۱۰۰

موسیٰ(ع) می‌رفت و اژدها در پی او، همانند سگ شکاری تربیت شده و باوفا روان بود.

۱ - مهلتی که موسیٰ(ع) به فرعون می‌دهد در آیه ۵۹ سورهٔ طه آمده است. ۲ - **دُم‌دراز**: طولانی.
۳ - **مداین**: جمع مدینه: شهر. ۴ - **محب**: دوست دارنده.

چون سگِ صیّاد جُنبان کرده دُم　　سنگ را می‌کرد ریگْ او زیرِ سُم ۱۱۰۱

اژدها، مانندِ سگِ شکاری دُم می‌جنبانید و سنگ‌ها را زیر چنگال‌ها خرد و ریگ می‌کرد.

سنگ و آهن را بـه دَم در می‌کشید　　خُـرد مـی‌خایید آهـن را پـدید ۱۱۰۲

سنگ و آهن را می‌بلعید و آشکارا آهن را با دندان‌هایش خُرد می‌کرد و می‌جوید.

در هـوا مـی‌کرد خـود بـالایِ بُـرج　　که هزیمت می‌شد از وی روم و گُرج[1] ۱۱۰۳

خود را تا فرازِ برج‌ها بالا می‌کشید، چنانکه موجب ترس و فرار رومی و گرجی می‌شد.

کَفْک می‌انداخت چون اشتر زِ کام　　قطره‌یی بر هر که زد می‌شد جُـذام ۱۱۰۴

دهانش، مانند شتر کف می‌کرد و قطره‌اش بر هـر کس کـه مـی‌چکید، بـه جـذام مـبتلا می‌شد؛ یعنی به تدریج نابود می‌کرد.

ژَغْـژَغِ دنـدانِ او دل می‌شکست　　جانِ شیرانِ سیه مـی‌شد ز دست ۱۱۰۵

صدای قرچ قرچ دندان‌هایش زهرهٔ همه را می‌ترکاند و دلاوران از ترس می‌مُردند.

چون به قومِ خود رسید آن مُجتَبی　　حَلْقِ[2] او بگرفت، باز او شد عـصا ۱۱۰۶

چون آن پیامبر برگزیده به قومِ خود رسید، حلق اژدها را گرفت و او باز عصا شد.

تکیه بر وی کرد و می‌گفت: ای عجب!　　پیش ما خورشید و پیشِ خصمْ شب ۱۱۰۷

موسی(ع) به عصا تکیه کرد و با خود می‌گفت: چه عجب است، خورشیدِ حقایق نزد ما چنین تابناک و نزدِ دشمنان، شبِ تاریک است.

ای عجب! چون می‌نبینند این سپاه　　عـالمی پـر آفـتابِ چـاشتگاه[3] ؟ ۱۱۰۸

ای عجب، چرا این فرعونیان جهان را که پُر از نور حقایق است، نمی‌بینند؟

چشم بازْ و گوشْ باز و ایـن ذَکـا[4]　　خـیره‌ام در چشـم بـندیِ خـدا[5] ۱۱۰۹

چشمشان باز است و گوششان می‌شنود، مـردمان هـوشیاری نـیز هسـتند؛ امّا از درکِ حقایق بی‌بهره‌اند. از چشم‌بندیِ خدا خیره و حیران مانده‌ام.

---

۱ - **گُرج** : گرجستان. اشاره به روم و گرجستان در قصّهٔ موسی(ع) و فرعون، می‌تواند به سبب ضرورت قافیه و یا استغراق در معنا و تساهل در قالب داستان باشد.

۲ - مصراع دوم را با قرار دادن علامتی در بالای «شِدْق» به «حلق» بدل کرده‌اند، شِدْق به معنی کنج دهان.

۳ - **آفتاب چاشتگاه** : ظهور نور حقایق.　　۴ - **ذَکاء** : هوشیاری.

۵ - اشارتی قرآنی؛ بقره: ۷/۲: خَتَمَ ٱللّٰهُ عَلىٰ قُلُوبِهِمْ وَ عَلىٰ سَمْعِهِمْ وَ عَلىٰ أَبْصٰارِهِمْ غِشاوَةٌ...: خداوند مُهر بر قلب و گوششان نهاده و چشمانشان را پرده‌ای پوشانده است... .

من از ایشان خیره، ایشان هم ز من　　　از بهاری، خارْ ایشان، من سَمن ۱۱۱۰

من در کار ایشان حیرانم و آنان در کار من. تجلیّات حق، مانندِ بهار بر جان من تابید و آن را چون گُلِ یاسمن شکوفا ساخت و در کنارِ این شکوفایی، خارِ وجودِ فرعون و فرعونیان آشکار شد.

پیششان بُردم بسی جامِ رحیق[1]　　　سنگ شد آبَش به پیشِ این فریق ۱۱۱۱

نزدِ آنان بسی جامِ شرابِ حقایق نهادم؛ امّا آب در برابر این گروه مبدّل به سنگ شد.

دستهٔ گُل بستم و بُردم به پیش　　　هر گلی چون خارگَشت و نوش، نیش ۱۱۱۲

دسته‌گلِ معارف را نزد آنان بردم؛ امّا هر گلی به خار و هر نوشی به نیش بدَل شد.

آن نصیبِ جانِ بی‌خویشان بُوَد　　　چونکه با خویش‌اند، پیدا کی شود؟ ۱۱۱۳

ادراک حقایق، نصیبِ جانِ کسانی است که از «خودبینی» رهیده‌اند، فرعونیان که در عینِ خودپسندی‌اند، چگونه بدان برسند؟

خفتهٔ بیدار[2] باید پیشِ ما　　　تا به بیداری ببینند خواب‌ها[3] ۱۱۱۴

کسی باید همراه ما شود که نسبت به احوال این جهانی و حسابگری‌های آن خفته و نسبت به عوالمِ معنوی بیدار باشد تا بتواند با جانِ بیدار، عوالم غیب را ببیند.

دشمنِ این خواب خوش[4] شد، فکرِ خلق　　　تا نخسبد فکرتش، بسته‌ست حلق ۱۱۱۵

افکارِ خلق که از عقلِ جزوی و در جهتِ منافعِ دنیوی آنان است، مانع این خواب خوش عارفانه و مشاهدهٔ عوالم غیبی است، تا افکار و اندیشه‌های خودخواهانه از میان نرود، حلقِ دریافت دارندهٔ رزق روحانی گشوده نمی‌شود.

حیرتی[5] باید که رُوبَد فکر را　　　خورده حیرت فکر را و ذکر را ۱۱۱۶

باید حیرتی باشد که فکر و اندیشهٔ آدمی را بروبد و محو کند، حیرتی که فکر و ذکر را محو می‌سازد. «جذبهٔ حق و استغراق» عین «معرفت» است و در آن حال «استدلال و برهان» جایی ندارد. سالکِ متعالی و یا عارف از فکر و ذکر باز می‌ماند؛ زیرا جذبهٔ انوار ربّانی او را از خود ربوده است.

هر که کاملتر بُوَد او در هنر　　　او به معنی پس، به صُورت پیشتر ۱۱۱۷

هر کس که در هنر و فنونِ این جهانی کامل‌تر است، به ظاهر پیش و در معنا عقب‌تر مانده است.

---

۱ - **رحیق :** شراب ناب.　۲ - **خفتهٔ بیدار :** مرد حق.　۳ - **در بیداری خواب دیدن :** مشاهدهٔ عالم غیب.
۴ - **خواب خوش :** خواب دیدن در بیداری، مشاهده عوالم غیبی.　۵ - **حیرت :** ر.ک: ۲۲۲۰/۱.

راجِعُون[1] گفت و رُجوع این سان بُوَد — کــه گَــله واگــردد و خــانه رود ۱۱۱۸

خداوند فرمود که «باز می‌گردیم»، بازگشت بدین سان است که رمه‌ای باز گردد و به آغل برود، طبیعی است که بُزِ جلو که در خطِ مقدّم است، هنگام بازگشت، از بقیّه عقب‌تر است.

چــونکه واگــردید گـلّه، از ورود[2] — پس فُتَد آن بُز که پـیش‌آهنگ بـود ۱۱۱۹

چون که رمه از چریدن باز می‌گردد، هنگام عقب‌گرد، بُزِ پیشاهنگ عقب می‌مانَد.

پــیش افــتد آن بُــزِ لنگِ پســین — اَضْحَکَ الرُّجْـعیٰ وُجُـوهَ العٰـابِسین ۱۱۲۰

بُزِ لنگ که عقب می‌رفت، پیش می‌افتد. بازگشت او چهرهٔ آنان را که عقب می‌ماندند و غم‌زده بودند، شادمان و خندان می‌کند.

از گزافه کِی شـدند ایـن قـوم لنگ؟ — فــخر را دادنــد و بـخریدند نـنگ ۱۱۲۱

این قوم که به ظاهر عقب می‌مانند، «مردان حق و سالکان راه» اند، کی بیهوده خوار و بی‌چیز شده‌اند؟ آنان از بزرگوارىِ معنوی، فخر دنیوی را داده و ننگ را خریده‌اند.

پاشکسته مـی‌روند ایـن قـومْ حـج — از حَرَج[3] راهی‌ست پنهان تا فَرَج[4] ۱۱۲۲

این قوم بزرگوار با همین ناتوانی‌های ظاهری به کعبهٔ مقصود می‌رسند؛ زیرا از تـنگنایِ عالمِ محسوس به‌گشایش عالمِ ماورای آن راهی نهان است.

دل ز دانش‌ها بشستند ایـن فـریق[5] — زانکه ایـن دانش نـدانـد آن طـریق ۱۱۲۳

این گروه، دفترِ دل را از علوم کسبی شسته‌اند؛ زیرا این علوم راهی به درکِ حقایق ندارند.

دانِشی باید که اصلش زآن سـر است — زانکه هر فرعی به اصلش رهبر است ۱۱۲۴

برای درک حقایق، باید دانشی از مکاشفه و شهود، در جان صاحبِ علم تحقّق یابد که از کدورت عالمِ طبع مبرّا باشد. این علم لَدُنّی، نشأت گرفته از علم حضرت باری است.

هر پری بر عـرضِ دریـاکـی پَـرَد — تــا لَــدُنْ عــلمِ لَــدُنّی[6] مــی‌بَرَد ۱۱۲۵

پر و بال دانشِ تقلیدی، قوّت پرواز به دریایِ وحدانیّت را ندارد، علم خدایی، انسان را تا خدا پیش می‌برد.

---

۱ - اشارتی قرآنی؛ بقره: ۱۵۶/۲: ...إِنّا لِلّهِ وَ إِنّا إِلَيْهِ راجِعُونَ: ما از آن خدا هستیم و به سوی او باز می‌گردیم.
۲ - **ورود:** وارد شدن رمه به آبشخور. ۳ - **حَرَج:** تنگی، تنگنا. ۴ - **فَرَج:** گشایش.
۵ - **فریق:** گروه، جماعت. ۶ - **علم لَدُنّی:** ر.ک: ۸۱۸/۱ و ۱۰۱۷/۱ و ۳۶۸۳/۲.

پس چرا علمی بیاموزی به مرد کِش بباید سینه را زآن پاک کرد؟ ۱۱۲۶

پس چرا باید به انسان علمی را آموخت که مجبور شود آن را از دل پاک کند.

پس مجو پیشی، از این سر لنگ باش وقتِ واگشتن تو پیش‌آهنگ باش ۱۱۲۷

بنابراین در امور این جهانی جویایِ سروری نباش، به ظاهر بی‌چیزتر و ناتوان‌تر از دیگران باش و در انتهای قافله قرار بگیر تا هنگام عقب‌گرد به سویِ مبدأ، پیشاهنگ باشی.

آخِرُونَ السّابِقُونْ[1] باش ای ظریف[2]! بر شجر سابق بُوَد میوهٔ طریف[3] ۱۱۲۸

ای انسان زیرک! در زمرهٔ امّتی باش که پسینیان پیشتازند؛ زیرا میوهٔ تر و تازه مقدّم بر درخت است.

گرچه میوه آخِر آید در وجود اوّل‌است او، زانکه او مقصود بود[4] ۱۱۲۹

هرچند که میوه بعد از درخت به وجود می‌آید؛ امّا میوه نسبت به درخت تقدّم مرتبه‌ای دارد؛ چون مقصود از کاشتنِ درخت، حصول میوه بوده که علّت غایی است.

چون ملایک، گوی: لا عِلْمَ لَنا تا بگیرد دستِ تو عَلَّمْتَنا[5] ۱۱۳۰

برای رسیدن به کمال و برخورداری از دانش الهی، راهی جز آن نیست که دست از دانش تقلیدی بشویی و مانند فرشتگان بگویی: «ما دانشی نداریم» تا «جز آنکه به ما آموختی» دستت را بگیرد و تو را یاری کند.

گر در این مکتب ندانی تو هِجا[6] همچو احمد پُرّی از نورِ حِجیٰ[7] ۱۱۳۱

اگر در مکتب عشق، خود را عاری از علوم رسمی و کسبی بدانی، همانندِ احمد(ص)، سرشار از نورِ عقل می‌شوی، عقلی که «عقلِ معاد» است و در نهایت به «عقل کلّ» اتّصال می‌یابد.

---

۱ - اشاره به حدیث نبوی: امّت حضرت محمّد(ص) هرچند که در طول تاریخ پس از سایر امّت‌ها قرار دارند، در پیشگاه حق پیش از دیگر امّت‌ها قرار می‌گیرند و در صحنهٔ رستاخیز، آنان پس از مسلمانان به پیشگاه خداوند می‌آیند: ر.ک: ۳۰۶۴/۲. ۲ - **ظریف** : زیرک و دانا. ۳ - **طریف** : تر و تازه.

۴ - اشاره به این نکته است که در شجرهٔ نبوّت، علّت غایی وجود این شجرهٔ طیّبه، وجود پر برکت پیامبر گرامی(ص) است که بر این شجره، همان میوهٔ لطیف و تازه است که هرچند نسبت به سایر پیامبران و رسولان تأخّر زمانی دارد؛ امّا دارای تقدّم مرتبه‌ای است؛ بنابراین امّت او نیز بر سایر امّت‌ها هرچند که آخرند، سابق به شمار می‌آیند.

۵ - اشارتی قرآنی؛ بقره: ۳۲/۲: قالُوا سُبْحانَكَ لا عِلْمَ لَنا إلاّ ما عَلَّمْتَنا... [فرشتگان] گفتند: خدایا تو منزّهی، ما جز آنچه تو به ما آموخته‌ای، چیزی نمی‌دانیم... ۶ - **هجا ندانی** : خواندن و نوشتن را ندانی.

۷ - **نور حِجیٰ** : نور عقل. **حجیٰ** : خرد، عقل، زیرکی.

گـر نـباشی نـامدار انـدر بـلاد[1] گُـم نـه‌ای، اَللهُ اَعْـلَمْ بـالعباد ۱۱۳۲

اگر در دنیا بدون شهرت و گمنام باشی، از خاطر مردم گُم هستی؛ امّا از علم الهی گُم نیستی؛ زیرا که «خداوند حال بندگانش را بهتر می‌داند».

اندر آن ویران که آن معروف نیست از بـرای حـفظ گـنجینهٔ زری‌ست[2] ۱۱۳۳

ویرانه‌ای که شناخته شده نیست، برای حفظ گنجینهٔ طلا بسیار مناسب است.

مـوضع مـعروفْ کِـی بـنهند گـنج؟ زیـن قِـبَل آمـد فَـرَج در زیـرِ رنـج ۱۱۳۴

به‌طور معمول گنج را در امـاکـن مـعروف و شـناخته شـده، قـرار نـمی‌دهند، از ایـن‌رو می‌گویند: گشایش در رنج نهفته است.

خاطر آرد بس شِکال[3] اینجا، و لیک بسکُـلد[4] اِشکـال[5] را اُسـتور[6] نـیک ۱۱۳۵

خاطر آدمی ممکن است اینجا بر آنچه که گفته شد، اشکالاتی را وارد بداند؛ امّا چهارپای خوب آن است که بندها را از پای خود بر دارد و به راه ادامه دهد.

هست عشقش آتشی اشکـال سـوز هـر خـیالی را بِـرُوبَد نـورِ روز ۱۱۳۶

«عشق الهی» آتشی سوزان است که لهیب آن بـندها را از پـا بـر مـی‌دارد و مـی‌سوزانَـد. اشکالاتی که ظاهربینان وارد می‌دانند، همانندِ خیال یا تـوهّمی است کـه در تـاریکیِ شب گریبانگیر می‌شود و با روشناییِ روز از میان می‌رود.

هم از آن سو جو جواب ای مرتضا! کین سؤال، آمد از آن سو مر تـو را ۱۱۳۷

ای که مورد رضایت حق هستی، پاسخِ اشکالات را از عالمِ غیب بخواه؛ زیرا سؤال تو از همان عالم رسیده است.

گـوشهٔ بـی‌گوشهٔ دل شَـهْ رَهی‌ست تابِ لاشرقیّ و لا غرب، از مَهی‌ست[7] ۱۱۳۸

خلوتگاه دل که می‌تواند عاری از اغیار و ماسِوی الله گردد، شاهراهی است که از طریق

---

۱ - **بلاد :** شهرها، جاهای مختلف.

۲ - در این تمثیل، «مرد حق» همان ویرانهٔ غیر معروف است که در پسِ فقر و ناتوانیِ دنیوی‌اش، گنج زرّی از حقایق و علوم و اسرار الهی را در سینه نهان دارد. ۳ - **شکال :** اشکال، ایراد، شبهه. ۴ - **بِسْکُلد :** پاره کند.

۵ - **اِشکال :** پای‌بند چهارپایان که فارسی‌زبانان از شکال ساخته‌اند.

۶ - **اُستور :** ستور، چهارپا، اینجا کنایه از نَفْس که در مقامِ «ارادت» به «اسب» مانند می‌شود.

۷ - اشارتی قرآنی؛ نور : ۳۵/۲۴ : ر.ک: ۲۹۴۹/۱ و ۸۲۲/۲

آن می‌توانی جواب سؤالات خود را از عالم غیب دریابی. گوشهٔ بی‌گوشه‌ای که تابش انوار و فیوضات ربّانی که نه شرقی و نه غربی است، از «ماهِ یگانه» می‌تابد و ظلمات جهل را به نورِ علم می‌زداید.

تو از این سو و از آن سو چون گدا　　ای کُهِ معنی! چه می‌جویی صدا؟ ۱۱۳۹

ای انسان که وجودِ خودِ تو کوهِ معناست، چرا مانندِ گدا دریوزگی می‌کنی و از این و آن بازتاب صدای حق را می‌طلبی؟

هم از آن سو جو که وقتِ دردْ تو　　می‌شوی در ذکرِ یا رَبّی دو تُو ۱۱۴۰

صدای حق را از درگاهی بجو که هنگام درد خمیده و متواضع بدان سو می‌روی و یاربّ می‌گویی.

وقتِ درد و مرگ آن سو می‌نَمی[1]　　چونکه دردت رفت، چونی اعجمی[2]؟ ۱۱۴۱

هنگام دردمندی و مرگ بدان سو توجّه می‌کنی، چرا در پایانِ درد و رنج، غافل می‌شوی؟

وقتِ محنت گشته‌ای اَلله جو[3]　　چونکه محنت رفت، گویی: راه کُو؟ ۱۱۴۲

وقتِ رنج و محنت جویای او می‌شوی، رنج و بلا که برطرف شد، می‌گویی: راهِ حق کجاست؟

این از آن آمد که حق را بی‌گمان　　هر که بشناسد، بُوَد دایم بَر آن ۱۱۴۳

این حال ناشی از عدمِ «معرفت» است؛ زیرا هر کس که بویی از معرفت به مشامِ جانش برسد، در راهِ حق، گامی استوار دارد.

وانکه در عقل[4] و گمان هستش حجاب[5]　　گاه پوشیده‌ست و گه بدریده جیب ۱۱۴۴

و کسی که «عقلِ معاد» یا عقلِ خداجویش در پردهٔ پندار محجوب باشد، گاه حقایق را نهان و گاه عیان می‌بیند و در راه حق سرگردان است.

عقلِ جزوی گاه چیره، گه نگون　　عقلِ کُلّی آمِن از رَیْبُ المَنُون[6] ۱۱۴۵

«عقلِ جزوی» یا «عقلِ مادّی» گاه غالب و گاه مغلوب است؛ امّا عقل کلّی از حوادث مصون است.

---

۱ - **می‌نمی** : از نمیدن به معنی توجّه کردن.　　۲ - **أعْجَمی** : نادان، غافل.

۳ - در متن ابتدا «الله گو» بوده، در مقابله اصلاح کرده‌اند.　　۴ - **عقل** : ر.ک: ۱۱۱۷/۱ و ۱۸۱۷/۱ و ۲۱/۲.

۵ - مصراع اوّل: اینجا مُراد «عقلِ معاش» که حسابگر و دنیوی است.

۶ - **رَیْبُ ٱلْمَنُون** : حوادث ناگوار روزگار. در آیهٔ ۳۰ سورهٔ طور آمده است.

عقل بفروش و هنر، حیرت بخَر — رو به خواری، نه بُخارا[1] ای پسر! ۱۱۴۶

ای پسر، عقل و هنری را که سبب بُعد از حق می‌شود، رها کن و خواهانِ حیرت و استغراق در حق باش، برای این کار باید متواضع و فروتن باشی؛ پس تواضع را پیشه کن، نه فضل‌فروشی را.

ما، چه خود را در سخن آغشته‌ایم — کز حکایت، ما حکایت گشته‌ایم ۱۱۴۷

آیا می‌بینید که ما چگونه خود را با سخنان خویش در آمیخته‌ایم و جان خود را در آن به ودیعت نهاده و هویّت خویش را در آن آشکار ساخته‌ایم؟ بدان سان که با ذکر هر حکایت تجلّی جان ما در آن، خود حکایتی است.

من عدم و افسانه گردم در حنین[2] — تا تقلّب[3] یابم اندر ساجدین[4] ۱۱۴۸

این حکایات را از آن رو می‌گویم که می‌خواهم در ناله‌های عاشقانهٔ شخصیّت‌های قصّه‌ها محو شوم و وجودم در آن فریادها متجلّی گردد و بر دل طالبان حقایق بنشیند و در میان جان آنان، هنگام سجود، در برابر حق به خاک افتم.

این حکایت نیست پیشِ مرد کار[5] — وصفِ حال است و حضورِ یارِ غار ۱۱۴۹

نزدِ مردِ حق، این حکایت نیست، بیان حال و حضور در محضرِ یار باوفاست.

آن اساطیرْ اوّلین[6] که گفت عاق[7] — حرفِ قرآن را، بُد آثارِ نفاق ۱۱۵۰

آن رانده‌شدگان از درگاه حق نیز، منافقانه و بیهوده قرآن را افسانه پیشینیان خواندند.

لامکانی که در او نورِ خداست — ماضی و مُستقبل و حال ازکجاست[8] ۱۱۵۱

قرآن از لامکانی نازل شده که نورِ مطلق خداوندی است، آنجا که خداست، ماضی و مستقبل و حال چه مفهومی دارد؟ قصصِ قرآن نقدِ حالِ ماست. سرکشانی، مانندِ اقوام پیشین همواره بوده‌اند و هستند.

---

۱ - **بخارا:** شهری مشهور در ماوراءالنهر که از بخار به معنی «بسیاری علم» مشتق شده است. بخارا در عصر مولانا شهری آباد و زیبا بود که در آن علما و فضلای بسیار بوده‌اند و نوشته‌اند که در این شهر که اکنون از شهرهای ازبکستان است، دویست مدرسهٔ بزرگ و کوچک وجود داشته است. ۲ - **حنین:** ناله و زاری.

۳ - **تقلّب:** دگرگون شدن، تصرّف در امور.

۴ - اشارتی قرآنی؛ شعرا: ۲۱۹/۲۶: ...وَ تَقَلُّبَكَ فِي السّاجِدينَ: و گردیدنت را از حالی به حالی در میان سجده کنندگان [می‌بیند]. ۵ - **مرد کار:** سالک، روندهٔ راه حق، مرد حق.

۶ - اشارتی قرآنی؛ انعام: ۲۵/۶: ...إِنْ هذا إِلاّ أَساطيرُ ٱلأَوَّلينَ. ۷ - **عاق:** سرکش.

۸ - **زمان:** ر.ک: ۱۴۴۶/۱.

ماضی و مستقبلش نسبت به توست — هر دو یک چیزند، پنداری که دو ست ۱۱۵۲

«ماضی و مستقبل» نسبت به تو مفهوم می‌یابد، این‌ها هر دو یک چیزند و تو آن‌ها را دو می‌پنداری.

یک تنی، او را پدر، ما را پسر — بامْ زیرِ زید، و بر عَمرو آن زبر ۱۱۵۳

یک نفر پدرِ کسی است و پسرِ ما به شمار می‌آید. بام زیر پای زید و بالایِ سر عمرو است.

نسبت زیر و زبر، شد زآن دو کَس — سقف سویِ خویش یک چیز است بس ۱۱۵۴

نسبت زیر و زبر در ارتباط با آن دو نفر است و گرنه سقف خارج از نسبت‌ها، یک چیز است.

نیست مثلِ آن، مثال‌است این سخن — قاصر از معنیِّ نو، حرفِ کهن ۱۱۵۵

اینکه می‌گویم، فقط مثال است. «عالم غیب» را به این جهان تشبیه نمی‌کنم؛ زیرا با الفاظ و واژه‌های کهنه و بی‌جان نمی‌توان معانی تازه‌ای را که بر دل عارف وارد می‌گردد، بیان کرد.

چون لبِ جو نیست، مَشکا! لب ببند[1] — بی لب و ساحل بُده‌ست این بحرِ قند ۱۱۵۶

ای مَشک، لب بر بند. اینجا کنار جوی آب نیست، دریای بیکرانِ علوم و اسرار الهی است. بحر قند است. نه کرانه‌ای دارد، نه ساحلی. نمی‌توان از آن سخن گفت. باید در آن غرق و محو شد.

فرستادنِ فرعون به مداین در طلبِ ساحران

چونکه موسی بازگشت و او بماند — اهلِ رای و مشورت را پیش خواند ۱۱۵۷

هنگامی که موسیٰ(ع) بازگشت و فرعون تنها ماند، مشاوران و رایزنان را فراخواند.

گفته با هم: ساحران داریم ما — هر یکی در سِحرْ فرد و پیشوا[2] ۱۱۵۸

آنان گفتند: ما جادوگرانی داریم که هر یک به تنهایی یگانه و پیشتاز به شمار می‌آید.

آنچنان دیدند کز اطرافِ مصر — جمع آردشان شه و صَرّافِ[3] مصر ۱۱۵۹

مشاوران مصلحت دیدند که فرعون ساحران را از اطرافِ مصر جمع آوَرَد.

---

۱ – در این تمثیل، الفاظ و واژه‌ها به مشک کوچک مانند شده‌اند که با آن نمی‌توان آب بحری بیکران را کشید. این کار در حدّ الفاظ نیست.   ۲ – این بیت در متن نیست، در مقابله افزوده‌اند.

۳ – **صرّافِ مصر**: مراد فرعون است که بر ارزش هر یک از ابواب جمعی که در اختیار داشت واقف بود.

او بســی مــردم فـرستاد آن زمـان　　　هــر نـواحـی بـهرِ جمعِ جـادوان ۱۱۶۰

او مأموران و پیک‌هایی برای جمع‌آوری جادوگران به نواحی گوناگون روانه داشت.

هر طـرف کـه سـاحری بُـد نـامدار　　　کرد پَرّان سـویِ او دَه پـیکِ کـار[1] ۱۱۶۱

هر جا که جادوگر ماهر و مشهوری بود، به سوی او ده پیک کارآزموده فرستاد.

دو جـوان بـودند سـاحر، مُشـتهِر[2]　　　**سِـحْرِ ایشـان در دلِ مَـه مُسـتَمِر**[3] ۱۱۶۲

در میان جادوگران دو جوانِ نامدار بـودند کـه جـادوی آنـان در مـاه هـم اثـر مـی‌کرد و می‌توانستند در آن تصرّف کنند.

شیر دوشیده ز مـه، فـاش، آشکـار　　　در سـفرها رفـته بـر خُـمّی سـوار ۱۱۶۳

این دو جوان، آشکارا از ماه شیر می‌دوشیدند و سوار بر خُمره به سفر می‌رفتند؛ یعنی بر انجامِ اعمالِ عجیب بسیار توانا بودند.

شکـلِ کـرباسی نـموده مـاهتاب　　　آن بـــپیموده، فــروشیده شــتاب ۱۱۶۴

تابشِ مهتاب را، مانند کرباس متر می‌کردند و به شتاب می‌فروختند.

سـیم بُـرده، مشـتری آگـه شـده　　　دست از حسرت به رُخ‌هـا بـر زَده ۱۱۶۵

پول مشتریان را می‌گرفتند و می‌رفتند. هنگامی که مشتری آگاه می‌شد چگـونه فـریب خورده است، از اندوه و حسرت بر صورتِ خود سیلی می‌زد.

صد هـزاران هـمچنین در جـادوی　　　بوده مُـنشی[4] **و نـبوده چـون رَوی**[5] ۱۱۶۶

همانندِ این، تعداد کثیری جادو می‌کردند که نوآوریِ خودشان بود و مقلّدِ دیگران نبودند.

چون بـدیشان آمـد آن پـیغام شـاه　　　کز شما شاه است اکنون چاره‌خواه ۱۱۶۷

چون پیام شاه به آنان رسید که فرعون اینک از شما درخواست چاره‌ای دارد،

از پـــیِ آنکـــه دو درویش آمـــدند　　　بر شه و بر قـصرِ او مـوکب زدنـد[6] ۱۱۶۸

زیرا دو درویش پیش فرعون آمده‌اند و با او به مخالفت و مبارزه برخاسته‌اند.

---

۱ - **پیکِ کار :** پیک کارآزموده.　　۲ - **مُشتهر :** دارای اشتهار، مشهور.　　۳ - **سحرِ مستمر :** جادوی نیرومند.
۴ - **مُنْشی :** مبتکر، خلاّق، نوآور.　　۵ - **رَوی :** مقلّد، دنباله‌روی دیگران.
۶ - مصراع دوم، مقصود آن است که با شاه و شوکت و جلال او مخالفت و مبارزه می‌کنند.

نیست با ایشان بـه غـیرِ یک عـصا　　　　کـه هـمی گـردد بـه امـرش اژدهـا ۱۱۶۹

آنان به جز عصایی که به امر موسیٰ به اژدهایی مبدّل می‌شود، چیزی ندارند.

شاه و لشکر جـمله بـیچاره شـدند　　　　زین دو کس جمله به افـغان آمـدند ۱۱۷۰

فرعون و لشکریان همه از دست این دو نفر بیچاره شده و به فغان آمده‌اند.

چـــاره‌یی مـــی‌باید انــدر ســاحری　　　　تا بُوَد کِه زین دو ساحر جان بـری ۱۱۷۱

در جادو چاره‌ای بیندیشید شاید از دست این دو ساحر [موسی و هارون] جان به سلامت بریم.

آن دو ساحر را چو ایـن پـیغام داد　　　　ترس و مِـهری در دلِ هـر دو فـتاد ۱۱۷۲

هنگامی که این پیغام به آن دو جوان رسید، از جادوی سهمناکی که همه را لرزان کرده بود، هم ترسیدند و هم مهری در دلشان به این جادوگران استاد، جوشید.

عِرقِ[۱] جنسیَّت چو جُنبیدن گرفت　　　　سر بـه زانـو بـر نـهادند از شگـفت ۱۱۷۳

وقتی که عِرق جنسیّت، یعنی عـلاقه و تـوجّهی کـه هـمکار بـه هـمکارِ دیگـر دارد، در وجودشان جنبید از تعجّب سر بر زانو نهادند و به فکر فرورفتند؛ زیرا آنان موسی(ع) و هارون را ساحرانی همانند خود می‌پنداشتند.

چون دبیرستانِ صـوفی زانـو است　　　　حَلِّ مشکل را دو زانو جـادو است ۱۱۷۴

همان‌طور که دو ساحر برای چاره‌جویی سر بر زانـو نـهادند و در انـدیشه فـرو رفـتند، صوفی نیز در حال مراقبه سر بر زانو می‌نهد و در این حال می‌کوشد که در مکتبِ دلِ خویش حضور یابد و با ذکر و فکر و گاه با بی‌فکری و نفیِ خواطر، خود را به دستِ باکفایت مُرادِ کامل بسپارَد تا با واردات غیبی به کشف اسرار نایل آید.

---

۱ - **عِرق** : رگ.

خواندنِ آن دو ساحر پدر را ازگور و پرسیدن از روانِ پدر حقیقتِ موسی، علیه السَّلام[1]

دو جوان ساحر که در کار خود استادانی بی‌نظیر و مبتکر بودند، هنگامی که شرح ماجرای عصای موسیٰ(ع) را از پیک دربار شنیدند، چارهٔ کار را در آن دیدند که بر سر گور پدر بروند و از روان وی استمداد جویند. ساحرِ مُرده در خواب فرزندان را رهنمون شد که اگر بتوانید عصا را بربایید، سحری، همانندِ جادوی دیگر جادوان است و اگر نتوانید، امری ایزدی است.

ساحران جوان رفتند و موسیٰ(ع) را زیر نخلی خفته یافتند و هنگامی که قصد ربودن عصا را داشتند، از جنبش عصا که به اژدهایی مبدّل گردید و به آنان حمله آورد، گریختند و یقین آوردند که این امر آسمانی است و کسی را برای عذرخواهی به سوی موسیٰ(ع) روانه کردند و مورد مغفرت قرار گرفتند و بنا بر پیشنهاد موسیٰ(ع) قرار شد که آنان دیده را نادیده آورند و همچنان در خدمت فرعون بمانند.

سرِ سخن در تقریر این معناست که چون نگهدارندهٔ سحر، ساحر است، با خفتن او، سحرش از کار می‌افتد؛ امّا امور الهی راکه از حق منشأ می‌یابند، نگهدارنده و حافظ خداست و در آن بقا و استمراری است که کس را یارای مقابله با آن نیست.

بعد از آن گفتند: ای مادر بیا گورِ باباکو؟ تو ما را ره نما ۱۱۷۵

سپس آن دو جوان به مادر گفتند: بیا و ما را راهنمایی کن که قبرِ پدر کجاست؟

بُردشان بر گورِ او، بنموده راه پس سه روزه داشتند از بهرِ شاه ۱۱۷۶

مادر، آنان را برد و قبر پدر را نشان داد. دو جوان سه روز بر سر مزار پدر روزه گرفتند و پس از آن افطار کردند.

بعد از آن گفتند: ای بابا! به ما شاه پیغامی فرستاد از وَجا[2] ۱۱۷۷

سپس خطاب به پدر گفتند: ای پدر، شاه از ترس برای ما پیامی فرستاده است.

---

۱ - مأخذ این قصّه تفاسیر قرآن است و از جمله تفسیر ابوالفتوح رازی که بر اساس این روایت، جادوگر مُرده از درون خاک با فرزندان خود سخن می‌گوید و در روایت مثنوی در خواب آنان را رهنمون می‌شود.

۲ - **وَجا** : وجاء: نگرانی و خوف.

که دو مرد او را به تنگ آورده‌اند آبِ رویش پیش ِ لشکر برده‌اند ۱۱۷۸

که دو نفر مرد او را در تنگنا قرار داده‌اند و آبروی او را نزد سپاه برده‌اند.

نیست با ایشان سلاح و لشکری جز عصا و در عصا شور و شری ۱۱۷۹

این دو مرد اسلحه و سپاهی ندارند، جز عصایی که در آن شور و شرّ عظیمی است.

تو جهانِ راستان در رفته‌ای گرچه در صورت به خاکی خفته‌ای ۱۱۸۰

پدر، تو به ظاهر در زیر خاک خوابیده‌ای؛ امّا در عالم حقایق به سر می‌بری.

آن اگر سِحراست، ما را دِه خبر ور خدایی باشد، ای جانِ پدر! ۱۱۸۱

اگر آن عصا جادو است ما را آگاه کن و اگر خدایی است ای پدرجان،

هم خبر دِه تا که ما سجده کنیم خویشتن بر کیمیایی بر زنیم ۱۱۸۲

به ما بگو تا در برابرِ نشانِ الهی تسلیم شویم و سجده آوریم و مس وجود خود را در کنارِ آن کیمیا به زر مبدّل سازیم.

ناامیدانیم و اومیدی رسید راندگانیم و کَرَم ما را کشید ۱۱۸۳

ما ناامیدیم که بارقهٔ امیدی به ما رسیده و رانده‌شدگان‌ایم که فضلِ الهی ما را به درگاهِ حق می‌کشانَد.

جواب گفتنِ ساحِرِ مُرده با فرزندانِ خود

گفتشان در خواب، کِای اولادِ من نیست ممکن ظاهر این را دَم زدن[1] ۱۱۸۴

جادوگر مرده در خواب به فرزندان خود گفت: این امر را نمی‌توانم آشکارا بگویم.

فاش و مطلق گفتنم دستور نیست لیک راز از پیش چشمم دور نیست ۱۱۸۵

هرچند که از اسرار این امر آگاه هستم؛ ولی اجازه ندارم آشکارا در مورد آن سخن بگویم.

لیک بنمایم نشانی با شما تا شود پیدا شما را این خفا ۱۱۸۶

امّا می‌توانم نشان و علامتی به شما بگویم تا رازِ این امر را دریابید.

---

۱ - مصراع دوم در متن «این را دم مزن» بوده در مقابله اصلاح کرده‌اند.

نورِ چشمانم! چو آنجاگه روید   از مقامِ خُفتنش آگه شوید ۱۱۸۷

ای نورچشمان من، هنگامی که به آنجا رفتید، محلّ خوابیدن موسیٰ را بیابید.

آن زمان که خفته باشد آن حکیم   آن عصا را قصد کن، بگذار بیم ۱۱۸۸

هنگامی که آن خردمند خواب است، بی‌آنکه بیمناک باشید، سعی کنید عصای او را بربایید.

گر بدزدی و توانی، ساحر است   چارهٔ ساحر برِ تو حاضر است ۱۱۸۹

اگر بتوانید عصا را بدزدید، موسیٰ ساحر است و چارهٔ سحرِ او، همان عصاست که به دست آورده‌اید.

ور نتانی، هان و هان! آن ایزدی‌ست   او رسولِ ذوالجلال و مُهتدی‌ست[1] ۱۱۹۰

آگاه باشید که اگر نتوانستید، این امر الهی و او رسول خدای بزرگ و راهنمای مردم است.

گر جهان فرعون گیرد شرق و غرب   سرنگون آید، خدا، آنگاه حَرب؟ ۱۱۹۱

اگر فرعون شرق و غرب عالم را بگیرد، سرنگون می‌شود. با خداوند می‌توان جنگید؟

این نشانِ راست دادم، جانِ باب!   بر نویس، اَللّٰهُ اَعْلَمْ بِالصَّواب ۱۱۹۲

جان پدر، این نشانِ راستینی است که آن را بر جان بنگارید و بدان عمل کنید، خداوند به راستی و درستی داناتر است.

جانِ بابا ! چون بخسبد ساحری   سِحر و مکرش را نباشد رهبری ۱۱۹۳

جان پدر، اگر ساحری به خواب رود، جادوی او نگهدارنده‌ای ندارد و سحرِ او بی‌اثر می‌شود.

چونکه چوپان خفت، گرگ آمِن شود   چونکه خفت، آن جَهْد او ساکن شود ۱۱۹۴

همان‌طور که با خوابیدن چوپان، تلاشِ او برای پاسداری از رمه پایان می‌یابد و گرگ احساس امنیّت می‌کند که هر لحظه به گله حمله کند.

لیک حیوانی که چوپانَش خداست   گرگ را آنجا امید و ره کجاست؟ ۱۱۹۵

امّا هنگامی که نگهدارندهٔ حیوانی خداوند باشد، گرگ چه امیدی و راهی دارد؟

جادوی که حق کند، حَقّ است و راست   جادوی خواندن مر آن حق را، خطاست ۱۱۹۶

آنچه را که حق تعالی بر خلاف قوانین جاری نظام حاکم بر عالم هستی انجام می‌دهد، حقیقتی راستین و نشانِ نفوذ ارادهٔ او در جهان است. آن را جادو و سحر دانستن، اشتباهِ محض است.

---

۱ - **مُهْتَدِي** : هدایت کننده.

۱۱۹۷ **جانِ بابا ! ایـن نشـانِ قـاطع است　　　گر بـمیرد نـیز، حـقّش رافـع است**

جان پدر، این نشان قطعی است، در آن تردید نکنید. اگر چنین کسی که برگزیدهٔ حق است بمیرد، باز هم خداوند او را بر می‌کشد و برتری می دهد.

تشبیه کردن قرآنِ مجید را به عصایِ موسی، و وفـاتِ مـصطفی را علیه السَّلام، نمودن به خوابِ موسی، و قاصدانِ تغییر قرآن را به آن دو ساحر بچّـه که قصدِ بردنِ عصا کردند چو موسی را خفته یافتنـد

در تأیید ابیات پیشین که از زبان ساحرِ مُرده این معنا بیان شدکـه امـورِ الهـی و مـعجزات را حـق تـعالی حـافظ و نگهدارنده است و با خوابیدن برگزیده‌ای که آن معجزه به او عطا شده، از تأثیر و نفوذ آن کاسته نمی‌شود، قرآن کریم به عصای موسیٰ(ع) مانند شده است که الطاف الهی به پیامبر اکرم(ص) وعده فرمود که با مُردن و انتقال تو به جهان باقی، این کتاب عظیم نخواهد مُرد، من حافظ و رافع آن هستم.

۱۱۹۸ **مصطفی را وعده کرد الطـافِ حـق　　　گر بمیری تـو، نـمیرد ایـن سَـبَق**[1]

الطافِ الهی به پیامبر گرامی(ص) وعده فرمود: ای محمّد، اگر تو بمیری، این کتاب عظیم نخواهد مرد.

۱۱۹۹ **مـن کـتاب و مُـعْجِزه‌ت را رافـعم　　　بـیش و کَـم کُـن را ز قـرآن مـانعم**

من معجزه‌ای را که به شکل کتابی عظیم بر دل پاک تو نازل شد، همواره بالا می‌برم و بدان رفعت و شوکت می‌بخشم و مانع تحریف و بیش و کم شدن آن می‌شوم.

۱۲۰۰ **مـن تـو را انـدر دو عـالم حـافظم　　　طـاعنان را از حـدیثت[2] رافـضم**[3]

من حافظِ تو در دو جهان هستم و آنان را که بر این کتاب پاک و سخنان تو طعنه می‌زنند، می‌رانم و دفع می‌کنم.

۱۲۰۱ **کس نتاند بیش و کـم کـردن در او　　　تو بِـهْ از مـن حـافظی دیگـر مـجُو**

هیچ کس نمی‌تواند قرآن کریم را کم و یا زیاد کند، نگهدارنده‌ای بهتر از من نیست.

---

۱ - **سَبَق** : درس، اشاره به قرآن کریم و تعالیم آن است. اشارتی قرآنی؛ حِجْر : ۹/۱۵ : اِنّا نَحْنُ نَزَّلْنَا الذِّکْرَ وَ اِنّا لَهُ لَحٰافِظُونَ : ما قرآن را فرو فرستادیم و خود نگهدارش هستیم.

۲ - **حدیث** : در لفظ به معنی نو و تازه، اشاره به قرآن کریم است که در چند آیه این نام بر قرآن اطلاق شده است، از جمله آیه ۵۰ سورهٔ مرسلات و یا آیه ۶ سورهٔ کهف.

۳ - این بیت در متن نیست، در مقابله افزوده‌اند.

رونـقت را روز روز افـزون کـنم نـامِ تـو بـر زرّ و بـر نُـقره زنـم[۱] ۱۲۰۲

روز به روز رونق و شکوه شریعتِ تو را می‌افزایم و نامت را بر سکّه‌های طلا و نقره نقش می‌کنم.

مِـنبر و مـحراب سـازم بـهرِ تـو در مـحبَّت قـهرِ مـن شـد قـهرِ تـو ۱۲۰۳

منبر و محراب برای تو فراهم می‌آورم، محبّتِ من به تو چنان است که قهرِ تو قهر من است.

نـامِ تـو از تـرس پـنهان مـی‌گُوَند چون نـماز آرنـد، پـنهان مـی‌شوند ۱۲۰۴

اکنون که شریعت و دین پاک تو تازه بنیان نهاده شده است، مؤمنان نام تو را از ترسِ معاندان آهسته و نهانی بر زبان جاری می‌کنند و هنگام اقامهٔ نماز در خفا می‌ایستند.

از هـراس و تـرسِ کُـفّارِ لعـین دیـنْت پـنهان مـی‌شود زیـرِ زمـین ۱۲۰۵

از هراس و بیم کافرانِ ملعون، دینِ تو را در زمین تن‌هایشان نهان داشته‌اند و ابراز نمی‌دارند.

مـن مِـناره پُـر کـنم آفـاق را کـور گـردانـم دو چشـمِ عـاق[۲] را ۱۲۰۶

امّا من این دین را در دنیا گسترش می‌دهم و چشمِ سرکشان را از درخششِ آن کور می‌کنم.

چـاکـرانت شـهرها گـیرند و جـاه دینِ تـو گـیرد ز مـاهی تـا بـه مـاه ۱۲۰۷

پیروانِ تو شهرها را تسخیر می‌کنند و شوکت و مقام می‌یابند، دینِ تو جهان را فرا می‌گیرد.

تـا قـیامت بـاقیش داریـم مـا تو مترس از نسخِ دین ای مُصطفی! ۱۲۰۸

ای مصطفی، دین تو را تا قیامت برپای می‌داریم، از منسوخ شدن آن بیمناک مباش.

ای رسـولِ مـا ! تـو جـادو نـیستی صـادقی، هـم خـرقهٔ مـوسی‌ستی[۳] ۱۲۰۹

ای رسول ما، تو ساحر نیستی، راستگویی و همان‌طور که موسیٰ مورد عنایت ویژه بود، الطافِ خاصّ شاملِ حال تو نیز هست.

هست قرآن مر تو را همچون عـصا کـفرها را در کشـد چـون اژدهـا ۱۲۱۰

قرآن برای تو، همانندِ عصای موسیٰ است که چون اژدها، کفر و الحاد را نابود می‌کند.

تـو اگـر در زیـرِ خـاکـی خـفته‌ای چون عصایش دان تو آنچه گفته‌ای ۱۲۱۱

روزی که جسم پاک تو در زیر خاک می‌آرامد، سخنان تو به منزلهٔ همان عصاست.

---

۱ - اشاره است به بعضی از ادوار اسلامی که نام «محمّد رسول الله» روی سکّه‌های بعضی از کشورهای اسلامی ضرب شده است. ۲ - **عاق :** سرکش، نافرمان.

۳ - **هم خرقهٔ موسی :** خرقه در اینجا اشارتی است به مقام نبوّت.

قاصدان را بر عصایت دست نی تو بخُسپ ای شه! مبارک خُفتنی ۱۲۱۲

ای شاه دین، آسوده و فرخنده بخواب که دارندگان مقاصد شوم، نمی‌توانند در قرآن تصرّف کنند.

تن بخفته، نورِ تو بر آسمان بهرِ پیکارِ تو زِه کرده کمان ۱۲۱۳

جسم تو خوابیده است؛ امّا نورِ پاکِ تو در آسمان برای مبارزه و پیکار با معاندان و کُفّار کمان کشیده است.

فلسفی[1] و آنچه پوزَش می‌کند[2] قوس ِ نورت تیرْدوزش می‌کند ۱۲۱۴

کمان نورانی قدرت روح پاک تو مانندِ بارانی از تیر بر مُنکر و سخنان او می‌بارد و آن را محو و بی‌قدر می‌کند.

آنچنان کرد و از آن افزون که گفت او بخُفت و بخت و اقبالش نخُفت ۱۲۱۵

خداوند آن چنان که فرمود و بیش از آن که وعده داده بود، عمل کرد. رسولِ خدا(ص) به خواب ابدی رفت؛ امّا بختِ سرمدی و اقبالِ الهی او نخوابید و تابناک ماند.

جانِ بابا، چونکه ساحر خواب شد کارِ او بی‌رونق و بی‌تاب شد ۱۲۱۶

ساحرِ مُرده گفت: جان پدر، هنگامی که جادوگر می‌خوابد، جادویِ او بی‌اثر می‌شود و قدرت خود را از دست می‌دهد.

هر دو از گورش روان گشتند تَفت[3] تا به مصر از بهرِ آن پیگارِ زَفت[4] ۱۲۱۷

دو جوان جادوگر به سرعت تمام از کنارگور پدر روانه شدند و برای آن پیکار عظیم عازم مصر شدند.

چون به مصر از بهرِ آن کار آمدند طالبِ موسی و خانهٔ او شدند ۱۲۱۸

هنگامی که برای انجام آن کار مهم به مصر رسیدند، سراغ موسیٰ(ع) و خانهٔ او را گرفتند.

اتّفاق افتاد کآن روزِ ورود موسی اندر زیرِ نَخلی خُفته بود ۱۲۱۹

اتّفاقاً هنگام ورود آنان، موسیٰ(ع) زیر درخت خرمایی به خواب رفته بود.

---

۱ - **فلسفی** : ر.ک: ۲۹۳۲/۲.

۲ - در این بیت، اهل استدلال که به نور جان و سنخیّت، جذب مسائل ایمانی و اعتقادی نمی‌شود، معادل معاند و کافر به کار رفته است.

۳ - در متن «هر دو بوسیدندگورش را و تفت» آمده، در حاشیه اصلاح کرده‌اند.

تفت : تند و زود. ۴ - **زفت** : بزرگ.

پس نشـــان دادنـدشان مـردم بـدو   که: بـرو آن سـویِ نـخلستان بـجُو ۱۲۲۰

مردم به آنان گفتند که به سوی نخلستان بروید و او را آنجا بجویید.

چـــون بـیامد، دیـد در خـرمابُنان[1]   خـــفته‌یی، کـــه بـود بـیدارِ جـهان ۱۲۲۱

چون به نخلستان رسیدند، زیرِ درخت مردی را خفته یافتند که بیدارترین فرد جهان بود.

بهرِ نـازِش بسـته او دو چشـمِ سـر   عرش و فرشش جمله در زیر نـظر ۱۲۲۲

برای استراحت چشمانِ ظاهر را بسته بود؛ امّا چشمِ باطن او، آسمان و زمین را در نظر داشت.

ای بســا بـیدار چشـم و خُـفته دِل   خود چه بیند دیدِ اهلِ آب و گِل[2] ؟ ۱۲۲۳

چه بسیار کسانی که چشمی بیدار و دلی ناآگاه دارند؛ امّا چشمِ بیدارِ اهلِ دنیا چه ارزشی دارد و چه چیزی را می‌بینند؟

آنکـه دل بـیدار دارد، چشـمِ سـر   گر بخُسبد، بـر گشـاید صـد بَـصر ۱۲۲۴

آن که دلی بیدار دارد، از بسته شدنِ چشم ظاهر، صد چشم باطن در جانش گشاده می‌شود.

گر تو اهـلِ دل نـه‌ای، بـیدار بـاش   طالبِ دل بـاش و در پـیکار بـاش ۱۲۲۵

اگر تو اهل معنا نیستی، بکوش تا با شب‌زنده‌داری و ریاضت در مبارزه با نَفْس مـوفّق شوی. خواهان دلی باش که محلِّ دریافتِ فیوضاتِ ربّانی و از آسمان‌ها برتر است.

ور دلت بیدار شد، می‌خسب خَـوش   نیست غایب ناظرت از هفت و شَش ۱۲۲۶

هنگامی که بصیرت یافتی و چشم دلت به حقایق بینا شد، با آسایشِ خاطر بخواب؛ زیرا چشم دلت به هفت آسمان و جهات ششگانه ناظر است؛ یعنی آنچه که مصلحت باری تعالی است از دیدگاهِ اهلِ معنا دور نیست.

گفت پیغمبر که: خسبد چشـمِ مـن   لیک کِی خسبد دلم اندر وَسَـن[3] ؟[4] ۱۲۲۷

پیامبر(ص) فرمود: چشم من می‌خوابد؛ ولی دل و جان من هرگز به خواب نمی‌رود.

شاه بیدار است حارس خـفته گـیر   جـــان فـدایِ خـفتگانِ دل بـصیر ۱۲۲۸

اگر نگهبان، یعنی چشم آدمی در خواب باشد، «دلِ آگاه» که شاهِ وجودِ انسان است، در خواب نیست، جانم فدای خفتگانی که دلی بصیر دارند.

---

۱ - **خُرمابُنان** : نخلستان.   ۲ - در مصراع دوم «دیدِ» را در حاشیه به «چشم» بدل کرده‌اند.

۳ - **وَسَن** : خواب.   ۴ - اشاره به حدیث: خواب عالمانه از نماز جاهلانه بهتر است: احادیث، ص ۲۶۴.

۱۲۲۹ وصـفِ بـیداریِّ دل، ای معنوی! در نگـنجد در هـزاران مـثنوی
ای اهل معنا، توصیف دلِ آگاه و بیداریِ دل در هزاران مثنوی هم نمی‌گنجد.

۱۲۳۰ چون بدیدنلش که خفته‌ست او دراز بـهرِ دزدیِّ عـصا کـردند سـاز
دو جوان ساحر که موسی(ع) را زیر درخت خرما خفته یافتند، تصمیم گرفتند عصا را بربایند.

۱۲۳۱ سـاحران قـصدِ عـصا کـردند زود کز پسش باید شـدن، وانگـه ربـود
جادوگران زود قصد عصا کردند و اندیشیدند که از پشت سرش دست به کار شویم.

۱۲۳۲ انـدکی چـون پـیشتر کـردند ساز انـدر آمـد آن عـصا در اِهـتزاز[1]
هنگامی که کمی جلوتر رفتند، عصا به جنبش آمد.

۱۲۳۳ آنچنان بـر خـود بـلرزید آن عـصا کآن دو بر جا خشک گشتند از وَجا[2]
چنان عصا به لرزش آمد که آن دو جوان از ترس و وحشت بر جای خود خشکشان زد.

۱۲۳۴ بعد از آن شد اژدهـا و حـمله کـرد هـر دُوان بگـریختند و روی زرد
عصا به اژدها مبدّل شد و به آنان حمله کرد، دو جوان از وحشت رنگِ رخسارشان زرد شد و گریختند.

۱۲۳۵ رُو در افـتادن گـرفتند از نـهیب[3] غَلْط غلطان، منهزم[4] در هر نشیب[5]
هنگام گریختن از ترس به رو می‌افتادند و در هر سراشیبی به زمین می‌غلتیدند.

۱۲۳۶ پس یقینْشان شد که هست از آسمان زانکـه مـی‌دیدند حـدِّ سـاحران
بنابراین یقین آوردند که این امری الهی است؛ زیرا آنان حدّ ساحران را می‌شناختند.

۱۲۳۷ بعد از آن اطلاق[6] و تبشان شد پدید کارشان تا نَزْع[7] و جان کندن رسید
سپس به اسهال و تب شدید مبتلا شدند تا جایی که به جان کندن و احتضار رسیدند.

۱۲۳۸ پس فـرستادند مـردی در زمـان سـویِ مـوسی از بـرای عـذرِ آن
بنابراین، بلافاصله مردی را برای عذرخواهی به سوی موسی(ع) روانه داشتند.

---

۱ - **اهتزاز**: جنبیدن. ۲ - **وَجاء**: ترس. ۳ - **نهیب**: هول و هراس.
۴ - **منهزم**: شکست‌خورده و فراری. ۵ - **نشیب**: سرازیری. ۶ - **اطلاق**: اسهال.
۷ - **نَزْع**: جان کندن.

کِامتحان کردیم و ما را کِی رسد   امتحانِ تو؟ اگر نَبْوَد حسد ۱۲۳۹

پیامی فرستادند که ما از حسد تو را آزمودیم؛ امّا امتحان کردن انسانِ بزرگی چون تو حدّ ما نبود.

مجرمِ شاهیم، ما را عفو خواه   ای تو خاص الخاصِ درگاهِ الٰه ۱۲۴۰

ای بندهٔ خاصّ الخاصِّ درگاه حق، ما در آن درگاه گناهکاریم. تو برای ما طلب بخشش کن.

عفو کرد و در زمان نیکو شدند   پیشِ موسی بر زمین سر می‌زدند ۱۲۴۱

موسیٰ(ع) آنان را بخشید و بلافاصله شفا یافتند و در برابرِ موسیٰ(ع) سرِ تعظیم و تکریم فرود آوردند.

گفت موسی: عفو کرده‌ام ای کرام!   گشت بر دوزخ تن و جانْتان حرام ۱۲۴۲

موسیٰ(ع)گفت: ای بزرگواران، شما را بخشیدم، روح و جسم شما بر آتش جهنّم حرام شد.

من شما را خود ندیدم ای دو یار!   اعجمی[1] سازید خود را زِ اعتذار ۱۲۴۳

ای یاران، وانمود کنید که شما را ندیده‌ام و در ارتباط با عذرخواهی نیز سخنی نگویید.

همچنان بیگانه شکل و آشنا   در نبرد آیید بهرِ پادشا ۱۲۴۴

در نبردِ فرعون علیه من شرکت کنید، در ظاهر بیگانه باشید و در باطن آشنای من.

پس زمین را بوسه دادند و شدند   انتظارِ وقت و فرصت می‌بُدند ۱۲۴۵

بنابراین به نشان ادب زمین را بوسیدند، رفتند و در انتظار روزِ موعود بودند.

جمع آمدنِ ساحران از مداین پیشِ فرعون، و تشریف‌ها یافتن و دست بر سینه زدن در قهرِ خصمِ او که: این بر ما نویس

تا به فرعون آمدند آن ساحران   دادشان تشریف‌های[2] بس گران ۱۲۴۶

جادوگران طبق فرمان فرعون از سراسر کشور آمدند و به حضور او بار یافتند و از فرعون خِلعت‌های گرانبها دریافت داشتند.

۱ - **أعْجَمی** : غیر فصیح، نادان.   ۲ - **تشریف دادن** : بزرگ داشتن، اینجا به معنی خلعت بخشیدن.

وعده‌هاشان کرد و پیشین هم بـداد بندگان و اسبان و نقد و جنس و زاد ۱۲۴۷

فرعون به آنان وعده‌ها داد و برای دلخوشی‌شان پیشاپیش غلام، اسب، پول و اجـناس گوناگون هم به ایشان بخشید.

بعد از آن می‌گفت: هین! ای سابقان گـر فـزون آیـید انـدر امـتحان ۱۲۴۸

فرعون بعد از بذل و بخششِ فراوان به ساحران گفت: ای کسانی کـه در عـلوم و فـنونِ خاصّ خود بر همگنان پیشی گرفته‌اید، اگر در این آزمون سربلند شوید،

بـر فشـانم بـر شـما چـندان عـطا کـه بـدَرّد پـردهٔ جـود و سـخا[1] ۱۲۴۹

چندان بخشش و عطا در حقّ شما می‌کنم که نمی‌توانید حدّی را بر آن تصوّر کنید.

پس بگفتندش: بـه اقـبالِ تـو شـاه غــالب آیـیم و شـود کـارش تـباه ۱۲۵۰

ساحران گفتند: به برکتِ اقبال و بخت بلند تو پیروز می‌شویم و سحر او را باطل می‌کنیم.

ما در این فن صـفدریم[2] **و پـهلوان کس نـدارد پـایِ مـا انـدر جـهان** ۱۲۵۱

ما در فنّ ساحری پهلوان و پیشگام هستیم، هیچ‌کس در دنیا نمی‌تواند با ما برابری کند.

ذکـرِ مـوسی بـندِ خـاطرها شـده‌ست کین حکایت‌هاست که پیشین بُده‌ست ۱۲۵۲

اکنون مولانا به عنوان جملهٔ مـعترضه مـی‌فرماید: ایـنکه از قـصّهٔ مـوسیٰ(ع) مـی‌گوییم، خاطرها را از توجّه به سرِّ سخن باز می‌دارد و شنونده می‌اندیشد که این همان قصّه‌هایِ کهن و اساطیر الاوّلین است و به عمق آن نمی‌نگرد.

ذکرِ موسی بهرِ رُوپوش است، لیک نورِ موسی نقدِ توست ای مردِ نیک! ۱۲۵۳

یادآوری داستان موسیٰ(ع) جنبهٔ صوری و ظاهری موضوع است و در قالبِ این حکایت، ای مردِ نیک، می‌خواهیم بگوییم که نور موسیٰ و جوهرِ او نقدِ حالِ توست.

مــوسی و فــرعون در هســتیِّ تـوست باید این دو خصم را در خویش جُست ۱۲۵۴

موسیٰ و فرعون نمادی از «روحِ عالیِ انسان» و «نَفْسِ دون» در درونِ تواَند که باید در جهتِ شناخت آن‌ها بکوشی.

---

۱ - **سخا**: بخشش. ۲ - **صَفْدَر**: صف شکن، لقب حضرت علی(ع).

تا قیامت هست از موسی نِتاج[1] نورِ دیگر نیست، دیگر شد سراج[2] ۱۲۵۵

حقیقتی که در موسیٰ(ع) ظهور یافت تا قیامت در مظهرهای دیگری نیز به ظهور می‌رسد؛ زیرا آن «حقیقت» نورِ واحدی است که تغییر نمی‌پذیرد، چراغ عوض می‌شود.

این سُفال و این پَلیته[3] دیگر است لیک نورش نیست دیگر، زآن سر است ۱۲۵۶

روغن‌دان و فتیلهٔ چراغ عوض شده؛ امّا نورِ آن تغییر نکرده، نور الهی و از عالم غیب است.

گر نظر در شیشه داری، گم شوی زانکه از شیشه‌ست اعدادِ دُوی[4] ۱۲۵۷

اگر به شیشه‌هایِ چراغدان، یعنی به «تن» یا کالبدِ جسمانی «انبیا و اولیا» توجّه کنی، دچار چندگانگی و کثرت می‌شوی؛ زیرا جسمِ عنصریِ بزرگان و برگزیدگان حق، متعدّد است.

ور نظر بر نور داری، وارهی از دُوی وَ اعْدادِ جسمِ مُنتَهی[5] ۱۲۵۸

امّا اگر به نورِ چراغدان توجّه کنی، از دوگانگی و چندگانگی می‌رهی؛ زیرا یک نور واحد در کالبدهایِ متفاوت با مراتبِ مختلف ظهور یافته است.

از نظرگاه است ای مغزِ وجود[6] اختلافِ مؤمن و گَبر و جُهود ۱۲۵۹

ای مغزِ وجود و زُبدهٔ عالم هستی، اختلافِ میانِ مؤمن، گبر و یهود ناشی از اختلافِ میانِ دیدگاه‌های آنان است، دیدگاهی که ناظر به صورت و از معنا غافل است.

اختلاف کردن در چگونگی و شکلِ پیل[7]

هندوان پیل را برای عرضه و نمایش آوردند و چون خانه‌ای که پیل در آن بود، نوری نداشت، کسانی که برای دیدن آمده بودند به ناچار برای درکِ هیأت و چگونگی او دست بر

---

۱ - **نِتاج** : فرزند. ۲ - **سِراج** : چراغ. ۳ - **پَلیته** : فتیله. ۴ - **اعدادِ دوی** : مُراد کثرت و تعدّد است.
۵ - **اعدادِ جسم منتهی** : کثرتِ عالَم مادّه. ۶ - **مغزِ وجود** : زُبدهٔ هستی، کنایه از «انسان».
۷ - مأخذ آن را به احتمال قوی احیاءالعلوم غزّالی، ج ۴، ص ۶ می‌توان دانست که در کیمیایِ سعادت نیز مکرّر شده است. در عجایب نامه هم این تمثیل دیده می‌شود.
حکیم سنایی نیز در حدیقه، صص ۷۰-۶۹، برای تقریر همین معنا، تمثیل پیل و کوران را به نظم آورده است که هر یک جزیی از اجزای پیل را در می‌یابند و همگان در ظنّ و خطااند.
سخنی از افلاطون را نیز نقل کرده‌اند که در تقریر همین مضمون و تمثیل پیل و کوران است: احادیث، صص ۲۶۷-۲۶۵.

اندام‌هایش می‌سودند و از آنجا که هر یک از آن‌ها دست بر عضوی دیگر از اعضای وی می‌نهاد، به‌طور طبیعی در بابِ شکل و چگونگیِ پیل میان ایشان اختلاف افتاد. آن کس که دست بر خرطوم نهاده بود، او را چیزی همانند ناودان یافت و آن دیگر که دست بر گوشش سوده بود، پیل را همچون بادبیزن انگاشت و کسی که دست به پایش کشیده بود، او را مانندِ عمود دانست.

اختلاف میان آنان ناشی از تعدّد و تکثّر شکل پیل نبود، بلکه ناشی از آن بود که هر یک از ایشان از نظرگاه خاصّی پیل را آزموده بود.

جان کلامِ در این تمثیل در بیانِ این معناست که اختلاف مؤمن و گبر و جهود از تفاوتی است که از نظرگاه آنان محسوب است.

پیل اندر خانه‌یی تاریک بود عرضه را آورده بودندش هُنود[1] ۱۲۶۰

هندیان فیلی را که در خانه‌ای تاریک بود، برای نمایش به مردم آورده بودند.

از برای دیدنش مردم بسی اندر آن ظلمت همی شد هر کسی ۱۲۶۱

تعداد زیادی از مردم برای دیدن فیل به آن مکان تاریک می‌رفتند.

دیدنش با چشمْ چون مُمکن نبود اندر آن تاریکی‌اَش کف می‌بسود ۱۲۶۲

چون در آن تاریکی دیدن فیل با چشم امکان‌پذیر نبود، مردم فیل را با دست لمس می‌کردند.

آن یکی را کف به خرطوم اوفتاد گفت: همچون ناودان است این نهاد[2] ۱۲۶۳

یک نفر که دست به خرطوم فیل کشیده بود، گفت: فیل شبیه ناودان است.

آن یکی را دست بر گوشش رسید آن بر او چون بادبیزن[3] **شد پدید** ۱۲۶۴

یک نفر دیگر که دست به گوش فیل کشیده بود، فیل را همانند بادبزن یافت.

آن یکی را کف چو بر پایش بسود گفت: شکلِ پیل دیدم چون عمود[4] ۱۲۶۵

آن دیگری با دست، پای فیل را لمس کرد و گفت: فیل را چیزی همانند ستون یافتم.

آن یکی بر پشتِ او بنهاد دست گفت: خود این پیل چون تختی بُده‌ست ۱۲۶۶

یکی دیگر دست را بر پشت او نهاده بود و گفت: فیل همانند تخت است.

---

۱ - **هُنود**: جمعِ هندی. ۲ - **نهاد**: شکل. ۳ - **بادبیزن**: بادبزن. ۴ - **عمود**: ستون.

همچنین، هر یک به جزوی که رَسید فـهمِ آن مـی‌کرد، هـر جـا می‌شنید ۱۲۶۷

به این ترتیب، هر یک از آنان جزوی از اجزای فیل را لمس کرد و از فیل ادراکی جزوی به دست آورد و هر جا که سخنی در ارتباط با این درکِ جزویِ خود می‌شنید، به خوبی آن را درک می‌کرد.

از نـظرگه[1] گـفتشان شـد مُـختلف آن یکی دالش لقب داد، ایـن اَلِـف ۱۲۶۸

آنان به سببِ درکِ مختلف، دارای نظریّات و دیدگاه‌های متفاوتی نسبت به یک موضوع واحد شدند؛ بنابراین هر کس بنا بر ادراک خود نامی بر آن نهاد.

در کفِ هر کس اگـر شـمعی بُـدی اختلاف از گـفتشان بـیرون شـدی ۱۲۶۹

اگر هر یک از آنان شمعی روشن در دست داشت و می‌توانست فیل را مشاهده کند، سخنان آنان دارای این همه اختلاف نبود.

چشمِ حس همچون کفِ دست است و بَس نـیست کـف را بـر هـمهٔ او دست‌رَس ۱۲۷۰

«چشم حس» یا «چشم ظاهر»، آنچه مشاهده می‌کند و درکی از حقایق را که به ما می‌دهد، همان قدر غیرواقعی است که با لمس دست می‌توان بدان رسید.

چشمِ دریا دیگر است و کـف دگـر کَـف بِـهِل وز دیـدهٔ دریـا نگـر ۱۲۷۱

چشمی که قادر به شهودِ «دریای حقایق» است، متعالی است و از باطن انسان کامل نور می‌یابد؛ امّا چشمی که فقط ظواهر و عالم حس را می‌بیند، چشمی کف‌بین است که از حقایق جز کفِ ظواهر را در نمی‌یابد، چشم ظاهربین را بگذار و به چشمِ حقیقت‌بین توجّه کن.

جنبشِ کف‌ها[2] ز دریا[3] روز و شب کف همی بینی و دریا نـه، عـجب! ۱۲۷۲

جنبشِ تمام مخلوقات که شب و روز در عالم دیده می‌شود، از عالمِ غیب است، عجیب است که به آن‌ها توجّه داری و به معنایی که سببِ حرکت و حیات‌شان هست، توجّه نداری.

ما چو کشتی‌ها به هـم بـر مـی‌زنیم تـیره چشـمیم و در آبِ روشـنیم ۱۲۷۳

هر یک از ما، همانند کشتی در دریایِ حقایق شناوریم؛ امّا چون چشمی حق‌بین نداریم و هماهنگیِ تامّ و زیبایِ «هستی» را نمی‌بینیم، فقط به هستیِ فردی و منافعِ شخصی خویش می‌اندیشیم و همواره با یک‌دیگر در تخاصم و تخالف و تنازع به سر می‌بریم.

---

۱ - **نظرگه** : دیدگاه، درک شخصی، آگاهیِ فردی.

۲ - **کف** : اینجا کنایه از «هستی»های مجازی یا موجوداتِ امکانی، مخلوقات.

۳ - **دریا** : کنایه از «هستیِ حقیقی» یا دریای وحدانیّت.

ای تو در کشتیِ تن رفته به خواب   آب را دیـــدی، نگَـر در آبِ آب ۱۲۷۴

ای که در کشتیِ تن غافلانه خفته‌ای، تو که «آب» یا «جلوه‌هایِ مادّیِ خلقت» را می‌بینی، به «آبِ آب» یا چیزی که مایهٔ حیاتِ این زندگیِ مادّی است هم توجّه کن.

آب را آبـی‌ست کـو مـی‌رانَـدَش   روح را روحی‌ست کو می‌خوانَدَش[1] ۱۲۷۵

«آب» که مایهٔ «حیات» است، از آبِ دیگری حیات می‌یابد که «جان» او محسوب می‌شود، همان‌گونه که «روح انسانی»، «جان آدمی» را به خود می‌خوانَد، از سویِ «روح عالی عِلْوی» به سویِ خود فرا خوانده می‌شود.

موسی و عیسی کجا بُد کآفتاب   کشتِ موجودات را می‌داد آب؟ ۱۲۷۶

در آن روزی که «آفتاب علمِ ازلی الهی» از ذاتِ «حق تعالیٰ» بر «عقلِ کُلّ» متجلّی گشت و اراده فرمود که «موجوداتِ امکانی» در «عالمِ هستی» وجود یابند، موسیٰ و عیسی کجا بودند؟

آدم و حـــوّا کـجا بُـد آن زمـان   که خدا افکند این زه[2] در کمان؟ ۱۲۷۷

آن‌گاه که خداوند تیرِ هستی را در چلّهٔ کمانِ آفرینش نهاد، آدم و حوّا کجا بودند؟

این سخن هم ناقص است و اَبتر است   آن سخن که نیست ناقص، آن سَر است ۱۲۷۸

این سخنان هم در شرح و بیانِ مفهومِ موردِ نظرِ ما ناقص است، سخنی که ناقص نیست، کلام حق است که باید آن را از طریقِ اتّصال با «عالم حقایق» دریافت.

گـر بگـوید، زآن بلغزد پـایِ تـو   ور نگوید هیچ از آن، ای وایِ تـو ۱۲۷۹

اگر «انسان کامل» که با «عالم حقایق» متّصل شده است، حقایق را آن چنانکه هست، بگوید، به علّتِ عدمِ درکِ آن، پای جانت در «راه حق» می‌لغزد و به هلاکت می‌افتی و اگر نگوید، وای بر تو که از حقایق به کلّی مهجور می‌مانی.

ور بگـــوید در مـثالِ صـورتی[3]   بر همان صورت بـچَفسی ای فـتی! ۱۲۸۰

ای جوانمرد، اگر حقایق را در قالبِ ملموس و بیانِ «مثال» بگوید، چون تو فقط «عالم محسوس» را می‌شناسی، به ظاهر یا صورتِ آن توجّه می‌کنی و از معنایِ آن غافل می‌مانی.

---

۱ - «آبِ آب» و «روحِ روح» رمزی است از «هستی حقیقی» که در تمامِ مراتبِ عالَم وجود سَرَیان و جریان دارد و همه را به سوی مبدأ وَ اصلی که از آن برخاسته‌اند فرا می‌خوانَد.   ۲ - **زه**: چِلّهٔ کَمان.

۳ - **در مثالِ صورت**: در قالبِ مثال و داستان.

بسته پـایی چـون گـیا انـدر زمـین سـر بـجنبانی بـه بـادی بـی‌یقین ۱۲۸۱

همان‌طور که ریشهٔ گیاه در خاک محبوس است، تو هم محبوس «عالَمِ مادّه» هستی و هنگامی که کلام حق را از کاملان می‌شنوی بدون آنکه ایمانی بدان یافته باشی، به علامت تأیید، بیهوده سر را تکان می‌دهی.

لیک پـایت نـیست تـا نَـقْلی کـنی یا مگـر پـا را از ایـن گِـل بـر کَـنی ۱۲۸۲

امّا از آنجا که بدان سخنان ایمان نداری، نمی‌توانی خود را از جهان محسوس به ماورا بکشانی و پایِ جان را از گِلِ تن برکَنی تا در عالم معنا پرواز کند.

چُون کَنی پا را؟ حَیاتت زین گِل است این حیاتت را رَوِش بس مُشکل است ۱۲۸۳

هنگامی که زندگی‌ات صِرفاً مادی و بسته به آب و گِل طبیعت است، چگونه می‌توانی پای جان را که در گِلِ تن و تعلّقاتِ آن محبوس مانده است، رها کنی تا به سوی حق برود؟ سلوک با این شرایط بسی دشوار است.

چون حیات از حق بگیری ای رَوی[1] ! پس شـوی مستغنی از گِـل، می‌روی ۱۲۸۴

ای سالک، هنگامی که حیاتِ حقیقی بیابی و دلت به نور حق حیّ و زنده شود، از آب و گِل؛ یعنی حیات صرفاً مادّی بی‌نیاز می‌شوی و جانت سیر استکمالی به سوی حق را طی می‌کند.

شیرخـواره چـون ز دایـه بِسکُـلَد[2] لوت[3] خواره شد، مر او را می‌هِلَد[4] ۱۲۸۵

طفل شیرخواره هم تا غذاخور نشود، نمی‌تواند دایه را رها کند.

بستهٔ شـیرِ زمـینی[5] چـون حُـبوب جُو فِطامِ[6] خویش از قُوتُ القلوب[7] ۱۲۸۶

همان‌طور که حبوبات به «شیرهٔ زمین» یا «عناصرِ موجود در خاک» وابسته‌اند، تو هم به «شیرهٔ تن» یا «عواملِ زندگیِ زمینی» وابسته هستی. بکوش تا از حیات جسمانیِ صِرف نجات پیدا کنی و از نوری که بر دل می‌تابد حیاتی معنوی بیابی و از معارفِ الهی بهره‌مند شوی.

حرفِ حِکمت خورکه شد نورِ سَتیر[8] ای تـو نـورِ بی حُـجُب را نـاپذیر ۱۲۸۷

ای کسی که تحمّل نور مستقیم حق را نداری، نور غیر مستقیم را از ماورایِ حجابِ کلامِ حکمت‌امیز دریافت کن که نوری نهان است.

---

۱ - **روی** : رونده، سالک. ۲ - **بِسْکُلَد** : جدا شود. ۳ - **لوت** : مطلقِ خوراک، غذا. ۴ - ر.ک: ۵۱/۳.

۵ - **شیرِ زمین** : شیرهٔ زمین: کنایه از عوامل دنیوی. ۶ - **فِطام** : از شیر بازگرفتن.

۷ - **قُوت‌القلوب** : قُوتِ قلوب: کنایه از «نورِ دل» یا «معرفت». ۸ - **سَتیر** : مستور، پوشیده.

تا پذیرا گردی ای جان! نور را   تا ببینی بی حُجُب مَسْتور را ۱۲۸۸

تا آرام آرام قابلیّت و استعدادِ دریافتِ انوار و فیوضات ربّانی را بیابی و به درجه‌ای از کمال برسی که بتوانی به شهودِ عارفانه نایل گردی.

چون ستاره سیر بر گردون[1] کُنی   بلکه بی‌گردون سفر[2] بی‌چون[3] کُنی ۱۲۸۹

همانند ستارهٔ گردون، در آسمان‌های جان خویش به سوی درکِ حقایقِ هستی سیر کنی، سیر و سفری که بی‌نیاز از افلاک برونی است و نمی‌توان با معیارهای این جهانی برایِ آن «کیفیّت یا چند و چون» تعیین کرد؛ زیرا سفر به سوی «بی‌چون» که خالق یکتاست، «بی‌چون» است.

آنچنان کز نیست در هست آمدی   هین! بگو: چون آمدی؟ مست آمدی ۱۲۹۰

«سیر و سفر» در «آفاق و اَنْفُسِ» درونی که همان «سفرِ بی‌چون» است، مستانه و عاری از هوشیاری متعارَف انسانیِ ماست، همان‌طور که آفریده شدیم و مشیّتِ باری تعالیٰ ما را از «نیستی» به «هستی» آورد.

راه‌هایِ آمدن یادت نماند   لیک رمزی بر تو بر خواهیم خواند ۱۲۹۱

راه‌هایی را که طی کردی تا از «نیستی» به «هستی» رسیدی، در خاطر نداری؛ امّا در این باره رازی را به تو می‌گوییم.

هوش را بگذار و آنگه هوش دار   گوش را بر بند و آنگه گوش دار ۱۲۹۲

برای درکِ این سرّ نهانی، هوش این جهانی را فروگذار و هوشِ برتر را به کار بگیر، گوش ظاهر را ببند و با گوش جان بشنو.

نه! نگویم، ز آن که خامی تو هنوز   در بهاری تو، ندیدستی تَموز[4] ۱۲۹۳

نه، از سرّ نهان سخنی نمی‌گویم؛ زیرا هنوز به پختگی و بلوغ معنوی نرسیده‌ای. در بهار احوال روحانی به سر می‌بری. این آغاز راه است، گرمایِ آفتاب حقایق بر تو نتابیده است.

این جهان همچون درخت است ای کِرام[5]!   ما بر او چون میوه‌هایِ نیمْ خام ۱۲۹۴

ای کریمان، این «دنیا»، مانندِ درخت و «اهلِ دنیا»، شبیه میوه‌های نیم‌خام آن‌اند که شاخه‌ها را چسبیده‌اند.

---

۱ - **سیر بر گردون**: سیر در آسمانِ جان. ۲ - **سفرِ بی‌گردون**: سفرِ معنوی.

۳ - **بی‌چون**: غیر قابل وصف، چیزی که کیفیّت‌پذیر نیست.

۴ - بهار رمزی از شروع شکفتگی و احوال روحانی است یا مرحلهٔ خام بودن. تَموز یا تابستان، رمزی از ادراک حقایق و شهود عارفانه در اثر تابش انوار خورشید حقایق بر جان آدمی است. ۵ - **کِرام**: جمعِ کریم.

سخت گیرد خام‌ها مر شاخ را زانکه در خامی، نشاید کاخ را ۱۲۹۵

میوه‌هایِ خام، سخت به شاخه‌ها چسبیده‌اند؛ زیرا شایستهٔ خوانِ کاخ نیستند.

چون بپخت و گشت شیرین لبْ‌گزان[1] سُست گیرد شاخ‌ها را بعد از آن ۱۲۹۶

چون میوه شیرین و لب‌گزان شد، آمادهٔ خوان است و شاخه را سست می‌گیرد.

چون از آن اقبالْ شیرین شد دهان سرد شد بر آدمی مُلکِ جهان ۱۲۹۷

هنگامی که به عنایت حق، میوهٔ وجودش به کمال رسید، مُلک جهان و تمتّعات آن بر دلش سرد می‌شود و همانند میوهٔ رسیده شاخه را رها می‌کند.

سخت‌گیری و تعصُّب خامی است تا جنینی کارْ خون آشامی است ۱۲۹۸

تعصّب و سختگیری نشانهٔ خام بودن است. آنان که در امور دنیوی سختگیرند، مانند آن جنین‌اند که در زهدانِ مادر از خون تغذیه می‌کند و از تغذیهٔ برتر و دنیای وسیع ماورایِ زهدان تصوّری ندارد.

چیزِ دیگر مانَد، امّا گفتنش با تو، روح‌القدس گوید بی‌مَنَش ۱۲۹۹

اسرار دیگری نیز هست؛ امّا آن را با رهیدن از تعلّقات و اتّصال با عوالم غیب، عقلِ انسان از عقلِ کامل «روح‌القدس» دریافت می‌دارد که پرتوی از حَسَناتِ حقیقتِ محمّدیّه(ص) است.

نه، تو گویی هم به گوشِ خویشتن نه من و نه غیرِ من، ای هم تو من ۱۳۰۰

ای من، من یا دیگری نباید به تو بگوییم، در آن حال، خودِ تو به گوشِ خود می‌گویی، در دریای وحدانیّت حقیقت واحدی است که در آن «تو» و «من» یکی است.

همچو آن وقتی که خواب اندر روی تو ز پیشِ خود به پیشِ خود شوی ۱۳۰۱

اتّصال با «حقیقت» ساری و جاری در کُلِّ عالم، مانندِ حالتِ خواب است که آدمی از «خود» با آگاهی‌هایِ متعارَف، به «خودِ برتر» متّصل می‌شود.

بشنوی از خویش، و پنداری فلان با تو اندر خواب گُفته‌ست آن نهان ۱۳۰۲

در خواب کلامی را که از دیگری می‌شنوی، سخنِ او می‌پنداری، در حالی که سخنِ خودِ توست که در قالبِ شخصِ دیگری به خودت گفته‌ای.

---

۱ - **لب گزان:** میوهٔ شیرین که طعم خوش آن تا مدّتی بر لب و دهان می‌ماند.

تو یکی تُو[1] نیستی، ای خوش رفیق!　　بلکه گردونی و دریایِ عمیق ۱۳۰۳

ای یار نیک، وجود تو محدود به همین قالب عنصری نیست، حقیقتی که در درونت نهان شده، همان «حقیقتِ منبسطِ» موجود در کُلِّ کاینات است و بین این حقایق انفصالی نیست، یک ذات واحد و یک حقیقت متّحدند.

آن تُوِ زَفتَت[2] که آن نهصد تُو است[3]　　قُلزم[4] است و غرقه‌گاهِ صد «تو» است ۱۳۰۴

حقیقتی عظیم و بسیار پیچیده که مانندِ دریای بیکران گروه کثیری چون تو را در خود غرق می‌کند.

خود چه جایِ حدِّ بیداری‌ست و خواب　　دَم مزن، وَاللهُ اَعْلَمْ بِالصَّواب ۱۳۰۵

هرچند که در این قطعه «سیر درون» را به خواب مانند کردیم؛ امّا قابل تشبیه یا مقایسه نیستند؛ پس سکوت کنیم که خدا بر راستی آگاه‌تر است.

دَم مزن تا بشنوی از دم‌زنان　　آنچه نآمد در زبان و در بیان ۱۳۰۶

خاموش باش تا «سخنگویان نهانی»، یعنی آنان که بر اسرار غیب واقف‌اند و «عواملِ باطنی»، دریچه‌ای از معارف را در دلت بگشایند که در ماورای قال به‌درکِ حضوری و شهودِ عارفانه نایل شوی.

دم مزن تا بشنوی زآن آفتاب　　آنچه نآمد در کتاب و در خطاب ۱۳۰۷

خاموش باش تا از آفتاب حقایق یا سخنگویان نهانی اسراری را دریافت کنی که در نوشته و بیان نمی‌گنجد.

دم مزن تا دم زند بهرِ تو روح　　آشنا[5] بگذار در کشتیِّ نُوح[6] ۱۳۰۸

خاموش باش تا «روح» هستی با تو سخن بگوید. با وجود کشتی نوح و توفانی از حوادث که در مسیر جان آدمی و ابتلای سرشتِ بشری بدان است، ادّعای شناگری را کنار بگذار و در کشتی امنِ هدایتِ مردان حق بنشین.

همچو کنعان کآشنا می‌کرد او　　که نخواهم کشتیِ نُوحِ عدُو ۱۳۰۹

مانندِ کنعان پسرِ نوح(ع) که مدّعیِ شناگری بود و می‌گفت: نیازی به کشتیِ نوح که او را دشمن می‌پنداشت، ندارد.

---

۱ - **تُو** : پرده، پیچش. «یکی تُو نیستی»: وجود تو بسیار پیچیده است، پرده بر پرده، لایه بر لایه.

۲ - **آن «تُو» زَفتت** : ذات و حقیقتِ بسیار عظیم و پیچیده‌ات.　۳ - **نهصد تُو** : بسیار ژرف و عمیق و پیچیده.

۴ - **قُلزم** : دریای سرخ، مطلقِ دریا.　۵ - **آشنا** : شنا.　۶ - **نوح(ع)** : ر.ک: ۱۴۱۰/۱ و ۳۱۳۶/۱.

۱۳۱۰ **هـی! بـیا در کشـتیِ بـابا نشین   تا نگردی غرقِ طوفان، ای مَهین[۱] !**

نوح(ع) می‌گفت: ای پسرکِ من، بیا و در کشتی امن پدر بنشین تا در توفان به هلاکت نیفتی.

۱۳۱۱ **گـفت: نـه، مـن آشـنا آموختم   من بجز شمعِ تو شمع افروختم**

کنعان می‌گفت: نه، من شنا کردن را آموخته‌ام و راهی جز آنکه تو می‌خواهی، می‌شناسم.

۱۳۱۲ **هین مکن کین موجْ طوفانِ بلاست   دست و پـا و آشنا امروزْ لاست**

نوح می‌گفت: آگاه باش و چنین نکن که این موج، توفانِ خشمِ الهی است، امروز جدّ و جهدِ آدمی کاری از پیش نمی‌برد.

۱۳۱۳ **بـادِ قـهر است و بـلایِ شـمع کُش   جز که شمعِ حق نمی‌پاید، خـمُش!**

قهر حق بسان توفانی سهمناک برخاسته و بلایی است که شمع‌ها را می‌کُشد. خاموش باش که جز شمعِ الهی همه را به هلاکت می‌کشاند.

۱۳۱۴ **گـفت: نـه رفـتم بـر آن کـوهِ بـلند   عاصم[۲] است آن کُه[۳] مرا از هر گزند**

کنعان گفت: نه، من به نوکِ آن کوه بلند می‌روم که مرا از هر گزندی حفظ می‌کند.

۱۳۱۵ **هین! مکن، که کوه کاه است این زمان   جـز حـبیبِ خـویش را نـدهد امـان**

گفت: آگاه باش و چنین نکن که اکنون کوه کاه است و خدا جز به دوستان خود امان نمی‌دهد.

۱۳۱۶ **گفت: من کِـی پـندِ تـو بشـنوده‌ام؟   که طمع کردی که من زین دوده‌ام[۴]**

کنعان گفت: من کی اندرزِ تو را پذیرفتم که مرا از دودمان و پیروان خود پنداشتی؟

۱۳۱۷ **خوش نـیامد گـفتِ تـو هـرگز مـرا   من بَـری‌ام[۵] از تـو در هـر دو سـرا**

سخنان تو هرگز برای من خوشایند نبوده است، در دو جهان با تو کاری ندارم.

۱۳۱۸ **هین! مکن بابا ! که روزِ ناز نـیست   مر خدا را خویشی و انباز[۶] نـیست**

نوح(ع) گفت: فرزند، به خود بیا که امروز روز ناز کردن نیست. خداوند شریک و نظیری ندارد، رفتارِ الهی با خطاکاران، مانند رفتارِ انسانی ما نیست که از سر رأفتِ پدری، تو را به خویش فرا می‌خوانیم.

---

۱ - **مَهین** : خوار، ناتوان.   ۲ - **عاصم** : حفظ کننده.   ۳ - **کُه** : کوه.   ۴ - **دوده** : دودمان.
۵ - **بری** : بیزار، دور، برکنار.   ۶ - **انباز** : شریک، سهیم.

تا کنون کردی و این دم نازُکی‌ست   اندر این درگاه، گیرا نازِ کیست؟ ۱۳۱۹

تا کنون ناز کردی؛ امّا اینک لحظهٔ حسّاسی است، در درگاهِ کبریایی او که همه ناز است، جز نیاز نمی‌توان برد، نازِ تو و امثال تو خریداری ندارد.

لَمْ یَلِدْ لمْ یُولَد است [1] او از قِدَم   نه پدر دارد، نه فرزند و نه عَم ۱۳۲۰

او از روز ازل «نه زاده و نه زاده شده است»، ذاتی بی‌همتا که مانندِ ما آدمیان دارای پدر، فرزند و عمو نیست؛ یعنی هیچ موجودی از ذاتِ پاک او به وجود نیامده و حق تعالیٰ از هیچ موجودی هستی نیافته است.

نازِ فرزندان کجا خواهد کشید؟   نازِ بابایان کجا خواهد شنید؟ ۱۳۲۱

خداوند خریدارِ ناز فرزندان نیست و به ناز پدران توجّهی نمی‌کند.

نیستم مولود، پیرا! کَم بناز   نیستم والد، جوانا! کم گُراز [2] ۱۳۲۲

اخلاق و رفتار الهی با اخلاق و رفتار انسانی یکسان نیست. خداوند نازِ پدرِ پیر را نمی‌خرد و سرکشیِ فرزندِ جوان را نمی‌پذیرد. مخلوق باید تسلیم و مطیعِ خالق باشد.

نیستم شوهر، نِیَم من شهوتی   ناز را بگذار، اینجا ای سِتی [3] ! ۱۳۲۳

ای بانو، من شوهر تو نیستم و هوایِ نَفْس ندارم، در این درگاه ناز خریدار ندارد، آن را بگذار.

جز خضوع و بندگی و اضطرار   اندر این حضرت ندارد اعتبار ۱۳۲۴

آنچه در این درگاه معتبر است و پذیرفته می‌شود، انکسار و بندگی و درماندگی است.

گفت: بابا سال‌ها این گفته‌ای   باز می‌گویی به جهل آشفته‌ای ۱۳۲۵

گفت: ای پدر، سال‌ها این سخنان را گفته‌ای و باز هم می‌گویی، از جهل آشفته حال شده‌ای.

چند از این‌ها گفته‌ای با هر کسی   تا جوابِ سرد بشنودی بسی ۱۳۲۶

سال‌ها این سخنان را به کرّات با هر کس گفتی و پاسخی سرد و ناخوشایند شنیدی.

این دَمِ سردِ تو در گوشم نرفت   خاصه اکنون که شدم دانا و زَفت ۱۳۲۷

سخنانِ سرد و بی‌اثر تو را هرگز نپذیرفتم، مخصوصاً اکنون که دانا و بزرگ شده‌ام، ابداً نمی‌پذیرم.

---

۱ - اشارتی قرآنی؛ اخلاص: ۳/۱۱۲.   ۲ - **گراز**: گرازیدن، با ناز و تکبّر راه رفتن.   ۳ - **سِتی**: بانو.

گفت: بابا چه زیان دارد اگر — بشنوی یکبار تو پندِ پدر؟ ۱۳۲۸

نوح(ع) گفت: ای فرزند، چه زیانی دارد که یکبار اندرز پدر را بپذیری؟

همچنین می‌گفت او پندِ لطیف — همچنان می‌گفت او دفعِ عَنیف[1] ۱۳۲۹

و بدین سان نوح(ع) اندرزهای لطیف می‌گفت؛ امّا کنعان با سخنانی تلخ کلام او را رد می‌کرد.

نه پدر از نُصحِ[2] کنعان سیر شد — نه دمی در گوشِ آن اِدبیر[3] شد ۱۳۳۰

نه نوح(ع) از اندرز دادن خسته شد و نه لحظه‌ای آن نگون‌بخت کلام حق را پذیرفت.

اندر این گفتن بُدند و موجِ تیز — بر سرِ کنعان زد و شد ریزریز ۱۳۳۱

در این گفت‌وگو بودند که موجِ سهمناکی بر سرِ کنعان کوبید و او را در هم پیچید و هلاک کرد.

نوح گفت: ای پادشاهِ بردبار — مر مرا خر مُرد و سیلت بُرد بار ۱۳۳۲

نوح(ع) گفت: ای خدایِ حلیم، چهارپای من مرد و سیل بار مرا برد و همه چیز از دست رفت.

وعده کردی مر مرا تو بارها — که بیابد اهلت از طوفان رها ۱۳۳۳

تو بارها به من وعده دادی که خانواده‌ات از توفان رهایی می‌یابند.

دل نهادم بر امیدت من سلیم — پس چرا بربود سیل از من گلیم؟ ۱۳۳۴

من در نهایت ساده‌دلی وعده‌هایت را باور کردم؛ پس چرا سیل گلیم مرا برد؟

گفت: او از اهل و خویشانت نبود[4] — خود ندیدی تو سپیدی، او کبود؟ ۱۳۳۵

خداوند فرمود: کنعان از خاندان تو نبود، مگر ندیدی که تو سفید هستی و او تیره بود.

چونکه دندانِ تو کِرمش در فتاد — نیست دندان، بر کَنَش ای اوستاد! ۱۳۳۶

ای استاد، هنگامی که دندان دچار فساد و تباهی می‌شود، آن را بر کن و به دور بینداز.

تا که باقی تن نگردد زار از او — گرچه بود آنِ تو، شو بیزار از او ۱۳۳۷

تا فساد و تباهی که در نقطه‌ای متمرکز است، منتشر نشود و سایر اعضا را مبتلا نکند، هرچند که دندان به تو تعلّق داشته است؛ امّا باید از آن دوری کنی.

---

۱ - **عنیف** : درشت، سخت. ۲ - **نُصح** : نصیحت، پند و اندرز. ۳ - **اِدبیر** : ادبار، بدبختی و بدبخت.

۴ - در این ابیات مضمون آیات ۴۵ و ۴۶ سورهٔ هود آمده است که در آن خداوند خطاب به نوح(ع) می‌فرماید: ...یا نُوحُ إِنَّهُ لَيْسَ مِنْ أَهْلِكَ إِنَّهُ عَمَلٌ غَيْرُ صَالِحٍ...: ای نوح، او از اهل تو نیست، عمل صالح ندارد....

گفت: بیزارم ز غیرِ ذاتِ تو   غیر نَبْوَد آنکه او شد ماتِ تو ۱۳۳۸

نوح(ع) گفت: پروردگارا، از هر چه غیر توست، بیزار هستم، کسی که در تو فنا یافت، بیگانه نیست.

تو همی دانی که چونم با تو من   بیست چندانم که با باران چمن ۱۳۳۹

از این بیت به بعد، مولانا از زبان نوح(ع) به راز و نیاز با پروردگار می‌پردازد و می‌گوید: ای خداوند، تو می‌دانی که من با تو چگونه‌ام، تمامِ هستی‌اَم وابسته به عنایتِ توست، خیلی بیش از آنکه چمن از باران حیات می‌یابد.

زنده از تو، شاد از تو، عایلی[1]   مُغتَذی[2] بی واسطه و بی‌حایلی[3] ۱۳۴۰

نیازمندم و حیات و شادابی از تو می‌یابم و بی واسطه رزق مادّی و معنوی را از تو دریافت می‌دارم.

متّصل نه، منفصل نه، ای کمال!   بلکه بی چون و چگونه و اعتلال[4] ۱۳۴۱

ای کمال مطلق، ارتباط و پیوندی که با تو دارم در قالب کلماتی چون «متصل» و یا «منفصل» نمی‌گنجد، ارتباط من با تو کیفیّت‌پذیر نیست و به دور از روابطِ علّت و معلولی است.

ماهیانیم و تو دریایِ حیات   زنده‌ایم از لطفت ای نیکو صفات ۱۳۴۲

ما ماهیانِ دریایِ وحدانیّت‌ایم و ای خدایی که صفاتی نیک داری، به لطف تو حیات می‌یابیم.

تو نگُنجی در کنارِ فِکرتی   نی به معلولی قرین چون علّتی[5] ۱۳۴۳

خداوندا، تو در محدودهٔ اندیشهٔ ما نمی‌گنجی و همانند علّت به معلول قرین نیستی.

پیش از این طوفان و بعدِ این مرا   تو مخاطب بوده‌ای در ماجرا ۱۳۴۴

پیش از این توفان و بعد از آن همواره تو مخاطب من بوده‌ای و خواهی بود.

با تو می‌گفتم نه با ایشان سخن   ای سخُنْ بخشِ نو و آنِ کهن ۱۳۴۵

سخنی که با سرکشان و طاغیان می‌گفتم، در برابرِ خود تو را می‌دیدم، ای خداوندی که الهام بخشِ سخنان تازه و دیرینه‌ام، تو هستی.

---

۱ - **عایل**: درویش، نیازمند.   ۲ - **مُغْتَذی**: غذاخور، بهره‌مند.   ۳ - **حایل**: واسطه.

۴ - **اعتلال**: به دور از روابط علّت و معلولی.

۵ - مصراع دوم: مُراد آنکه با مخلوق ارتباط علّت و معلول نداری.

نه که عاشق روز و شب گوید سخن گاه با اَطلال[1] و گاهی با دِمَن[2] ۱۳۴۶

مگر عاشق روز و شب با معشوق سخن نمی‌گوید و اگر روی به ویرانه‌ها کند و با خرابه‌ها سخن بگوید، مقصودِ نهاییِ او سخن با محبوب نیست؟

روی با اَطلال کرده، ظاهرا او که‌را می‌گوید آن مدحت؟ که‌را؟ ۱۳۴۷

هرچند که به ظاهر روی به ویرانه‌ها آورده؛ امّا چه کسی را مخاطب قرار داده است و می‌ستاید؟ من نیز در ارشادِ این قومِ سرکش، رو به تو داشتم و تو را می‌ستودم.

شکرْ طوفان را کنون بگماشتی واسطهٔ اَطلال را برداشتی ۱۳۴۸

سپاس درگاه الهی تو را که با توفان، این واسطه‌های مادّی را از میان برداشتی.

زانکه اَطلالِ لئیم و بَد[3] بُدند نه ندایی، نه صدایی می‌زدند ۱۳۴۹

زیرا این جان‌هایِ ویرانه، پست و بد بودند، ندا و صدایی در برابرِ دعوتِ به حق از جانشان بر نمی‌خاست.

من چنان اَطلال خواهم در خطاب کز صدا چون کوه واگوید جواب ۱۳۵۰

من در سخن گفتن با تو، واسطه‌هایی می‌خواهم که با شنیدنِ نام پاک تو، مانندِ کوه بازتاب آن را از میان جانشان بشنوم.

تا مثنّا[4] بشنوم من نامِ تو عاشقم بر نامِ جانْ آرامِ تو ۱۳۵۱

تا نامِ تو را دوباره بشنوم، من عاشق نامِ تو هستم و جانم بدان آرام می‌یابد.

هر نَبی زآن دوست دارد کوه را تا مثنّا بشنود نامِ تو را ۱۳۵۲

همهٔ پیامبران کوه را دوست داشته‌اند؛ زیرا بازتاب صدای خویش را که نام تو بوده است، از کوه می‌شنیده‌اند.

آن کُهِ پستِ[5] مثالِ سنگلاخ موش را شاید نه ما را در مُناخ[6] ۱۳۵۳

آن کوهِ پستِ حقیر که مانند سنگلاخ است و بازتاب صدای حق طلبانهٔ خود را از آن نمی‌توان شنید، شایستهٔ حضور موش است نه ما.

---

۱ - **اَطْلال** : جمع طَلَل، آثار باقیمانده و ویرانه. ۲ - **دِمَن** : جمع دِمْنَة، آثار خانه.

۳ - **اَطلال لئیم و بد** : کنایه از جان‌های ویرانهٔ فرومایه و بد. ۴ - **مثنّا** : مکرّر، دوباره.

۵ - کوه پست رمزی است از معاندان و منکران. ۶ - **مُناخ** : آشیانه، جای آسایش.

من بگویم، او نگردد یارِ من بی صدا مانَد دَمِ گفتارِ من ۱۳۵۴

اگر من سخنی بگویم و او صدای مرا منعکس نکند و همنوای من نباشد،

با زمین آن بِهْ که هموارش کنی نیست همدم، با قدم یارش کنی ۱۳۵۵

بهتر است با زمین یکسان و هموارش کنی؛ زیرا او همدم نیست، بهتر که از آن بگذری و پایمالش کنی.

گفت: ای نوح ار تو خواهی جمله را حشر[1] گردانم بر آرم از ثَریٰ[2] ۱۳۵۶

خداوند گفت: ای نوح، اگر بخواهی همهٔ آنان را که غرق و هلاک شده‌اند، زنده می‌کنم.

بهرِ کنعانی دلِ تو نشکنم لیکت از احوالْ آگه می‌کنم ۱۳۵۷

من نمی‌خواهم به سبب از دست دادن کنعان دل‌آزرده گردی؛ امّا تو را از احوال او آگاه می‌کنم.

گفت: نه نه، راضیَم که تو مرا هم کُنی غرقه، اگر باید تو را ۱۳۵۸

نوح(ع) گفت: نه، نه من به مشیّتِ تو راضی‌ام؛ حتّی اگر مرا غرق کنی.

هر زمانم غرقه می‌کن، من خوشم حکمِ تو جان است، چون جان می‌کَشَم ۱۳۵۹

هر زمان که بخواهی مرا غرق کنی، شاد و خرسندم، فرمانِ تو به منزلهٔ جان عزیز است و آن را با آغوش باز می‌پذیرم.

ننگرم کس را و گر هم بنگرم او بهانه باشد، و تو مَنْظَرم ۱۳۶۰

نظرگاه من وجه الهی توست و به هیچ کس و هیچ چیز توجّه ندارم و اگر هم نظری بیفکنم، بهانه‌ای بیش نیست و تو منظرم هستی.

عاشقِ صُنع تُوام در شکر و صبر عاشقِ مصنوع کِی باشم چو گبر؟ ۱۳۶۱

من عاشقِ آفرینش توام و بر هر چه که مشیّت الهی‌ات باشد، شاکر و صابر هستم، هرگز همانند کافر یا بت‌پرست مصنوع را نمی‌پرستم.

عاشقِ صُنعِ خدا بافَر بود عاشقِ مصنوعِ او کافر بود ۱۳۶۲

عاشقِ «صنع» یا آفرینش که «فعلِ حق» است، انسانی شکوهمند است؛ زیرا از مخلوق به خالق روی آورده است؛ امّا آن کس که عاشق مصنوع یا مخلوق می‌شود، از خالق به مخلوق پرداخته است و کافر محسوب می‌شود.

---

۱ - **حشر** : برانگیختن. ۲ - **ثریٰ** : خاک.

توفیقِ میانِ این دو حدیث که: الرِّضا بِالکُفْرِ کُفرٌ، و حدیثِ دیگر: مَنْ لَمْ یَرْضَ بِقَضایی فَلْیَطْلُبْ رَبّاً سِوایی[1]

در تبیین چگونگیِ هماهنگ کردن و موافقتِ میان این دو حدیث آمده است، که «راضی شدن به کفر، خود کفر است» و «هر کس به قضای من راضی نباشد باید جز من خدای دیگری بجوید».

در این ابیات به تخالف و تضادّی که میان این دو سخن است، پرداخته می‌شود و جمع میان آن‌ها در این فصل بدین صورت بیان می‌شود که «قضایِ الهی» از علمِ حضرت باری است و آنجا که قضای خداوندی مبتنی بر کفر است، در مرحلهٔ «قضا»، کفر، کفر شمرده نمی‌شود؛ امّا در مرحله‌ای که اجرای قضایِ حق «مَقْضی» صورت عینی می‌یابد و در اعمال و رفتارِ کافر با جهل و عِناد ظهور می‌یابد، آن را کفر می‌گوییم و رضای بدان را کفر می‌نامیم.

دی سؤالی کرد سائل مر مرا زانکه عاشق بود او بر ماجرا ۱۳۶۳

دیروز کسی که شیفتهٔ مباحث مربوط به قضا و قدر الهی بود، پرسشی را مطرح کرد.

گفت: نکتهٔ اَلرِّضا بالکُفْرِ کُفر این پیمبر گفت و گفتِ اوست مُهر ۱۳۶۴

گفت: این نکته که «راضی شدن به کفر، کفر است» سخنِ پیامبر(ص) و کلام او حجّت است.

باز فرمود او که اندر هر قضا مر مسلمان را رضا باید رضا ۱۳۶۵

از طرفی دیگر فرمود که قضایِ الهی، حکم خداوند است و هر مسلمان باید به آن تسلیم و راضی باشد.

نه قضایِ حق بُوَد کُفر و نفاق گر بدین راضی شوم باشد شِقاق ۱۳۶۶

مگر کفر قضای الهی نیست؟ اگر به آن راضی باشم که مخالفت با حق است.

ور نِیَم راضی بُوَد آن هم زیان پس چه چاره باشدم اندر میان؟ ۱۳۶۷

و اگر به آن راضی نباشم که زیانکار خواهم بود؛ پس در این میان تکلیف من چیست؟

---

۱ - مأخذ حدیث «الرّضا بِالکُفْرِ کُفرٌ» را ظاهراً روایت مذکور در کیمیای سعادت غزّالی با این مضمون دانسته‌اند که راضی شدن به اینکه در جامعه‌ای کفر وجود داشته باشد، خود نوعی کفر است. مأخذ حدیث دیگر را روایت مذکور در جامع صغیر، ج ۲، ص ۸۰ دانسته‌اند: احادیث، صص ۲۶۹ و ۲۷۰.

گفتمش: این کُفْر مَقْضی، نه قضاست هست آثـار قـضا ایـن کـفر، راست ۱۳۶۸

در پاسخ گفتم: این را که شما کفر می‌نامید؛ یعنی آثارِ اندیشه و فعلِ کافر و عِناد و ستیزِ او، آثارِ قضای الهی است و «مَقْضی» نامیده می‌شود و کفر به شمار می‌آید.

پس قضا را خواجه از مَقضی بدان تـا شِکـالت دفـع گـردد در زمـان ۱۳۶۹

پس ای خواجه، باید تفاوتِ میان «قضا» و «مَقْضی» را بدانی تا اشکالت برطرف شود.

راضیم در کُفْر زآن رو که قـضاست نه از این رو که نزاع و خبثِ ماست ۱۳۷۰

به کفر راضی‌اَم، چون قضای الهی است؛ امّا این رضا به سبب حق‌ستیزی و سرشت بد نیست.

کفر از رویِ قضا خود کـفر نـیست حقّ را کافر مخوان، اینجا مه‌ایست ۱۳۷۱

کفر در مرحله‌ای که «قضای الهی» و نشأت گرفته از علم حق تعالی است، کفر محسوب نمی‌شود، اگر در این مرحله آن را کفر بنامیم، حق را کافر خوانده و راه خطا رفته‌ایم.

کفر جـهل است، و قـضایِ کـفر عِـلم هر دو کِی یک باشد آخِر حلم و خِلم[1]؟ ۱۳۷۲

کفر، جهل و عدم علم است، در حالی که «قضای الهی»، عین علم است و از علم خداوندی سرچشمه می‌یابد، چگونه می‌توان جهل و علم را یکسان دانست؟ آیا بردباری و خشم یکسان‌اند؟

زشتیِ خـط، زشـتیِ نَـقّاش نـیست بلکه از وی زشت را بـنمودنی‌ست ۱۳۷۳

تصویر زشت بیانگر زشتیِ نقش کننده نیست، بیانگر این است کـه نـقّاش مـی‌خواهـد زشتی را به نمایش بگذارد.

قـــوّتِ نـــقّاش بـــاشد آنکـــه او هم تـوانـد زشت کـردن، هـم نکـو ۱۳۷۴

نشانِ مهارت نقّاش است که توانایی نگارگری او در حدّ کمال است و می‌تواند تصاویر نیک و بد هر دو را نقش کند.

گر کشانم بحثِ این را من به سـاز تـا سـؤال و تـا جـواب آیـد دراز ۱۳۷۵

اگر بیش از این به مباحث عقلی و کلامی بپردازم و سؤال و جواب به درازا بکشد،

ذوق نکـتهٔ عشـق از مـن مـی‌رود نقش ِ خدمت نقش ِ دیگر مـی‌شود ۱۳۷۶

ذوقی که در درونم برای بیانِ نکات لطیفِ عاشقانه می‌جوشد، زایل مـی‌شود و هـدف اصلی را که ارشاد خلق به سویِ «عشقِ الهی» و «حیرت در حق» است، دگرگون می‌کند.

---

۱ - خِلْم: خشم و غضب.

مَثَل در بیانِ آنکه حیرت مانعِ بحث و فکرت است[۱]

مردی میانسال که عروسی نو برگزیده بود، نزد آرایشگری رفت و از وی خواست که موهای سپید ریشش را جدا کَنَد و برچینَد. آرایشگر تمام ریش او را برید و مقابلش نهاد و گفت: مرا فرصتی برای این کار نیست تو خود از این میان سپید و سیاه را جدا کن.

در این لطیفه نکاتی ظریف نهفته است که تقریر دقایقی عرفانی است، «مرد دومو» نمادی است از حال سالکی که میان «حال» و «قال» متوقّف مانده و هیچ یک از این دو وضعیّت موجود بر دیگری سیطره نیافته است که یا یکسره از «اهل حال» گردد یا به کلّی «اهل قال».

آرایشگر نمادی است از «آیینه‌داری» و «کمال»، مرشد کاملی که دلی صافی بسان آیینه دارد.

بریدن ریش مرد دومو توسّط مرد آیینه‌دار، رمزی است از حال وکار کاملان در تربیت طالبان، که مقام جامع و کمالی که در آن‌اند، چنان ایشان را در شهود حقایق غرقه داشته است که قالِ اهلِ کلام و بحث اهل عرفان نظری را در آن مقام، شأنی نمی‌یابند و با روشی عملی و قاطعانه «سپید و سیاه»، یعنی «حق» و «باطل» را به وی می‌نمایند و از او می‌خواهند که خود جدا کن؛ یعنی سالک برای طیّ مراحل سلوک باید به تهذیب و ریاضات تن در دهد و امداد روحانی مُراد نیز شرط اصلی آن به شمار است.

در تأیید داستان مرد دومو، مولانا بلافاصله حکایت کوتاه دیگری را می‌آورد که در طیّ آن شخصی به قفای زید نامی سیلی می‌زند، هنگامی که زید هم می‌خواهد متقابلاً به او سیلی بزند، مرد می‌گوید: قبل از هر چیز به من بگو که صدای ناشی از نواختن سیلی، از دست من بود یا از قفای تو؟ زید می‌گوید: من از شدّت درد حالی دارم که مرا پروای اندیشیدن به سؤال تو نیست، تو که دردی نداری درین باب بیندیش.

این لطیفه نیز تقریر این معناست که عارف حقیقی «اهل درد» است و او را پروای بحث و طریقی که «بی‌دردان» از مسیر عرفان نظری بدان متمسّک می‌گردند نیست؛ زیرا او با شهود حقایق در حالی است که «حیرت اندر حیرت» است و مجالی برای «فکرت» نیست.

آن یکی مردِ دومو آمد شتاب — پیشِ یک آیینه‌دارِ مُستطاب[۲] ۱۳۷۷

مردی که ریش سپید و سیاه داشت نزد آرایشگر ماهری آمد.

گفت: از ریشم سپیدی کن جُدا — که عروسِ نو گزیدم ای فَتیٰ! ۱۳۷۸

گفت: ای جوانمرد، موهای سپید ریشم را جدا کن؛ زیرا با زنی به تازگی ازدواج کرده‌ام.

ریشِ او بُبرید و کُل پیشش نهاد — گفت: تو بگزین مرا کاری فُتاد ۱۳۷۹

آرایشگر همهٔ ریش او را برید و به دستش داد و گفت: تو سپیدها را جدا کن، من کار دارم.

---

۱ - مأخذ آن حکایتی است با همین مضمون در مقالات شمس تبریز، نسخهٔ موزهٔ قونیه، ص ۲۷: احادیث، ص ۲۷۰.

۲ - **مستطاب**: پاک، اینجا مراد کسی است که کاری پاک و پاکیزه ارائه می‌دهد، ماهر.

۱۳۸۰ **این سؤال و آن جواب است، آن گزین — که سرِ این‌ها ندارد دردِ دین**

آن سؤال و جواب در مبحث «قضای الهی و کفر» و تناقضی را که در آن می‌پندارند، همانند جدا کردن موی سپید از ریش این مرد است. کسی که غم عشق حق وجودش را سرشار کرده است، مجالی برای این سخنان ندارد.

۱۳۸۱ **آن یکی زد سیلیی مر زید را — حمله کرد او هم برای کَیْد[1] را**

شخصی یک پس گردنی به زید زد، زید هم حمله کرد تا پاسخ او را بدهد.

۱۳۸۲ **گفت سیلی‌زن: سؤالت می‌کنم — پس جوابم گوی، و آنگه می‌زنم**

آن شخص گفت: ابتدا جواب سؤال مرا بده، سپس تو نیز مرا بزن.

۱۳۸۳ **بر قفایِ[2] تو زدم، آمد طَراق — یک سؤالی دارم اینجا در وفاق[3]**

از ضربه‌ای که بر پس گردن تو زدم، صدایی برخاست. تو همراهی کن و پاسخ سؤال مرا بده.

۱۳۸۴ **این طَراق از دستِ من بوده‌ست یا — از قفاگاهِ تو، ای فَخْرِ کیا؟**

ای مایهٔ تفاخر بزرگان به من بگو که این صدا از دست من بود یا از پس گردن تو؟

۱۳۸۵ **گفت: از دردْ این فراغت نیستم — که در این فکر و تفکّر بیستم**

زید گفت: درد ناشی از این ضربه چنان شدید است که برای من مجال اندیشه نمانده است.

۱۳۸۶ **تو که بی‌دردی همی اندیش این — نیست صاحب درد را این فکر هین!**

تو که دردی نداری در این باب بیندیش. اهل درد فرصت چنین تفکّراتی ندارند.

حکایت

۱۳۸۷ **در صحابه کَم بُدی حافظ کسی — گرچه شوقی بود جانْشان را بسی**

در میان اصحاب پیامبر(ص) کمتر کسی حافظِ قرآن بود، هرچند که صمیمانه بدان عشق می‌ورزیدند.

---

۱ - **کید**: مکر، فریب. ۲ - **قفا**: پسِ گردن. ۳ - **وِفاق**: همراهی.

زانکه چون مغزش در آگند[1] و رسید   پوست‌ها شد بس رقیق و واکَفید[2] ۱۳۸۸

زیرا هنگامی که میوه برسد، پوستش نازک می‌شود و می‌شکافد.

قِشرِ جوز[3] و فُسْتُق[4] و بادام هم   مغز چون آگندشان، شد پوست کم ۱۳۸۹

چون مغزِ گردو، پسته و بادام هم پر شود، پوست آن‌ها نازک می‌گردد.

مغزِ علم افزود، کَم شد پوستش   زانکه عاشق را بسوزد دوستش ۱۳۹۰

هنگامی که «حقیقت» یا «مغز علم» که همان «معرفت» است نزد عارف افزونی یابد، توجّه به قشر یا پوست کم می‌شود؛ زیرا معشوق جان عاشق را می‌گدازد.

وصفِ مطلوبی چو ضدِّ طالبی است   وحی و برقِ نور، سوزندهٔ نبی است ۱۳۹۱

«طالب بودن» و «مطلوب بودن» عکسِ یک‌دیگر است، به همین مناسبت هر یک که ظهور یابند، مانع ظهور دیگری می‌شوند و به همین دلیل هنگام نزول وحی که نور محض و تجلّی و ظهور مطلوب است، نورِ «مطلوب»، وجه خلقی پیامبر بزرگوار(ص) را می‌سوزانید و حالتِ ظاهری او را دگرگون می‌کرد.

چون تجلّی کرد اوصافِ قدیم   پس بسوزد وصفِ حادث را گلیم ۱۳۹۲

هنگامی که اوصاف پروردگار تجلّی کند، اوصاف مخلوق، یعنی وجه خلقیِ او را می‌سوزانَد و از میان می‌برد.

رُبع قرآن هر که را محفوظ بود   جَلَّ فِینا از صحابه می‌شنود[5] ۱۳۹۳

به همین دلیل، در میان اصحاب پیامبر(ص) که از طریقِ وجودِ آن رسول بی‌نظیر به مغز و باطنِ قرآن کریم دسترسی داشتند، کمتر کسی تمام قرآن را از حفظ بود و اگر کسی یک چهارم آن را در حافظه داشت، دیگران او را تکریم می‌کردند و به او «جَلَّ فینا» می‌گفتند؛ یعنی کسی که در میان ما بزرگ است.

---

۱ - **درآگند**: انباشته و رسیده شد.   ۲ - **واکَفید**: شکافته شد، ترکید.   ۳ - **جوز**: گردو.

۴ - **فُستُق**: پسته.

۵ - مأخوذ از روایتی که انس نقل کرده است: مردی که قاری سوره‌های بقره و آل‌عمران بود برای پیامبر(ص) کتابت می‌کرد. وی به خاطر [حفظ و] قرائت قرآن نزد ما مورد تجلیل و احترام بود: احادیث، صص ۲۷۰ و ۲۷۱. لازم به تذکّر است که سوره‌های بقره و آل‌عمران حدود یک هشتم قرآن است.

جمع صورت با چنین معنیِّ ژرف　　نیست ممکن جز ز سلطانی شگرف ۱۳۹۴

جمعِ میانِ «ظاهر و باطن» یا «صورت و معنا»یی چنین بیکران، جز از سلطانی والامقام از کس دیگری بر نمی‌آید؛ یعنی عام خلق توانایی آن را ندارند که هم به ظاهر قرآن و آداب مربوط به الفاظ و لغات و ترتیلِ حروف و کلمات توجّه تام داشته باشند و هم به معنایِ ژرفِ آن.

در چنین مستی مراعاتِ ادَب　　خود نباشد ور بُوَد باشد عجب ۱۳۹۵

رعایت آداب در چنین سرمستی که حاصل از درکِ معانی ژرف آن است، ممکن نیست و اگر ممکن شود، عجیب است.

اندر استغنا[1] مراعاتِ نیاز　　جمع ضِدَّیْن است، چون گِرد و دراز ۱۳۹۶

در بی‌نیازی، الزام رعایت نیاز، اجتماع ضدّین است، مانند آنکه دو امر متضاد را در آن واحد در یک شئ جمع آوریم که هم گرد باشد و هم دراز و این محال است.

خود عصا معشوقِ عُمیان[2] می‌بُوَد　　کورْ خود صندوقِ قرآن می‌بُوَد ۱۳۹۷

همان گونه که شخص نابینا به عصا علاقه دارد، کوردلِ فاقدِ بصیرت نیز تنها به الفاظِ قرآن می‌پردازد و تمام همّت خویش را به ظاهر و صورتِ این کتاب عظیم آسمانی مصروف می‌دارد و از معانیِ بلند و مفاهیم ژرف و اسرار بیکران آن غفلت می‌ورزد.

گفت: کوران خود صَنادیق‌اند پُر　　از حروفِ مُصحف و ذِکر و نُذُر[3] ۱۳۹۸

صاحبدلی گفت: کوردلان که به ظاهرِ قرآن بسنده می‌کنند، مانند صندوق‌هایِ پر از الفاظ، امثال، حکایات و اندرزهای هشدار دهنده‌اند.

باز صندوقی پُر از قرآن بِهْ است　　زآن که صندوقی بُوَد خالی به دست ۱۳۹۹

البتّه صندوقی که از علوم ظاهری پر باشد، بهتر از صندوقِ خالی در دست است.

باز صندوقی که خالی شد ز بار　　بِهْ ز صندوقی که پر موش است و مار ۱۴۰۰

همین‌طور، وجودی که در جهل مطلق به سر می‌برد؛ یعنی از علوم ظاهری و باطنی قرآن بهره ندارد، نسبت به کسی که این علوم را برای بهرهٔ دنیوی کسب کرده، بهتر است.

---

۱ - **استغناء**: بی‌نیازیِ عارفِ مستغرِق در حق را گویند که در بحر توحید غوطه‌ور است و از فرط تقرّب به حق، جز حق از ماسوی الله بی‌نیاز است و لازمهٔ آن قطع علاقه از حطام و بهره‌های دنیوی است: ف. سجّادی، ص ۸۶

۲ - **عُمْیان**: جمع أَعْمیٰ، نابینا.　۳ - **نُذُر**: اندرزها و هشدارها.

حاصل، اندر وصل چون افتاد مرد گَشت دَلّاله[1] به پیشِ مرد سرد ۱۴۰۱

حاصل سخن آنکه: کسی که به وصال معشوق می‌رسد، نیازی به واسطه ندارد.

چون به مطلوبت رسیدی ای ملیح! شد طلب کاریِّ عِلم اکنون قبیح ۱۴۰۲

ای زیباروی جذّاب، چون به حق واصل شدی، زشت و قبیح است که جویایِ علمِ «اهل ظاهر» باشی.

چون شدی بر بام‌هایِ آسمان سرد باشد جُست و جویِ نردبان[2] ۱۴۰۳

هنگامی که بر بام آسمان معارف رسیدی و از نظر معنوی و روحانی کمال یافتی، جُستنِ نردبان، یعنی جُست‌وجو در علوم، کارِ بی‌مزه و سردی به شمار می‌آید؛ چون این نردبان برای برآمدن به بام است.

جز برای یاری و تعلیمِ غیر سرد باشد راهِ خیر از بعدِ خیر ۱۴۰۴

استفاده از علومِ ظاهری برای یاری و ارشاد مشتاقان است و گرنه بعد از رسیدن به خیر مطلق، جستن راه خیر غیر ضروری است.

آینهٔ روشن که شد صاف و مَلی[3] جهل باشد بر نهادن صیقلی ۱۴۰۵

صیقلی کردن و زنگار زدودن از آینهٔ شفّافی که منعکس کنندهٔ تصاویر و نقوش حقایق است، جاهلانه به نظر می‌رسد.

پیشِ سلطان خوش نشسته در قبول زشت باشد جُستنِ نامه و رسول ۱۴۰۶

انسان کامل که در اتّصال با دریای وحدانیّت، جزو مقرّبان و خاصّ الخاصّان در حضور و شهود است، در محضرِ شاه وجود، نیازی به جُستنِ پیک و ارسال نامه و پیام به بارگاه سلطان، ندارد.

---

۱ - **دلّاله**: کسی که میان زنان و مردان میانجی است که آنان را به یک‌دیگر برساند، اینجا مراد واسطه است.

۲ - انسان کامل که در اتّصال با حق و مستغرق در دریای وحدانیّت است و به جهت وجه خلقی تمام تکالیف مربوط به عبودیّت را انجام می‌دهد و این امر برای ارشاد طالبان است.

۳ - **مَلی**: پرُ، پر از تصاویر و نقوش.

داستانِ مشغول شدنِ عاشقی به عشق نامه خواندن و مطالعه کردنِ عشق‌نامه در حضورِ معشوقِ خویش، و معشوق آن را ناپسند داشتن که: طَلَبُ[۱] الدّلیلِ عِندَ حُضُورِ المَدلولِ قبیحٌ والاشتغالُ بِالعلمِ بعدَ الوُصُولِ اِلَی المَعْلومِ مَذمومٌ[۲]

عاشقی که به حضور معشوق بار یافته بود، نامهٔ دوران هجران را که سرشار از مدح و ثنا و ابراز زاری و مسکینی اوست خواند. معشوق که گاهِ وصل این کار را نشانِ عاشقان نمی‌دانست و آن را جز ضایع کردن عمر نمی‌شمرد، گفت: در عین وصل، خواندن نامهٔ عاشقانه خطاست و از آن روست که تو عاشق من نیستی، عاشقِ احوالِ متغیّری هستی که داشته‌ای.

عاشقی که در حضور معشوق نامهٔ عاشقانه می‌خوانَد نمادِ سالکی است که به فنای تامّ نرسیده و جویای نردبانی برای رسیدن به بام است. نامه خواندن او نمادِ بُعد او از وصال عارفانه و نشان آن است که از کمال الهی بسی دور است و دلبستگیِ او بدان احوالِ متغیّرِ دورانِ هجران، بیانِ احوالِ خودِ اوست که به ادراک حقایق از ماورای حجاب‌ها خو گرفته است و با معانی برترِ آن آشنا نیست.

آن یکی را یار پیشِ خود نشاند — نامه بیرون کرد و پیشِ یار خواند ۱۴۰۷

معشوقی عاشق را به حضور خویش بار داد؛ امّا عاشق نامه‌ای را که در دوران هجران نوشته بود، از جیب خارج کرد و به خواندن آن مشغول شد.

بیت‌ها در نامه و مدح و ثنا — زاری و مسکینی و بس لابه‌ها ۱۴۰۸

در آن نامه ابیاتی در مدح و ثنای معشوق و شرحِ بدبختی و ناله و زاری‌های او بود.

گفت معشوق: این اگر بهرِ من است — گاهِ وصل، این عمر ضایع کردن است ۱۴۰۹

معشوق گفت: اگر این نامه برای من است که هنگامِ وصال خواندن آن تباه کردن عمر است.

من به پیشت حاضر و تو نامه‌خوان — نیست این باری، نشانِ عاشقان ۱۴۱۰

من نزد تو نشسته‌ام و تو نامه می‌خوانی، این کار نشان عاشقان نیست.

---

۱ - «جُستن دلیل با حضور مدلول کار ناپسندی است و سرگرم شدن به علم پس از رسیدن به معلوم نکوهیده است.»
۲ - مأخذ آن را حکایتی در الاغانی ابوالفرج اصفهانی، ج ۱۸، ص ۱۸۴، چاپ بولاق دانسته‌اند که در طیِ آن زن و مرد به یک‌دیگر می‌رسند و مرد شروع به گلایه می‌کند، زن می‌گوید: اکنون وقت پرداختن به من است، نه به گلایه: احادیث، صص ۲۷۱ و ۲۷۲.

گفت: اینجا حاضری امّا و لیک   من نمی‌یابم نصیبِ خویش نیک ۱۴۱۱

عاشق گفت: البتّه که نزدِ من حضور داری؛ امّا آن چنانکه باید از حضورت ذوق و بهره نمی‌یابم.

آنچه می‌دیدم ز تو پارینه[1] سال   نیست این دم، گرچه می‌بینم وصال ۱۴۱۲

هرچند که اینک در عینِ وصال هستم؛ امّا آنچه را که در فراقِ تو حس می‌کردم، اکنون حس نمی‌کنم.

من از این چشمه زلالی خورده‌ام   دیده و دل زآبْ تازه کرده‌ام ۱۴۱۳

من از چشمهٔ عشق تو آب زلالی نوشیده و دیده و دلم را صفایی بخشیده‌ام.

چشمه می‌بینم و لیکن آب نی   راهِ آبم را مگر زد رَهْزنی؟ ۱۴۱۴

اینک، چشمه را مشاهده می‌بینم؛ ولی آب را نمی‌بینم، آیا راهزنی راه آبِ ذوق را به روی من بسته است؟

گفت: پس من نیستم معشوقِ تو   من به بُلغار[2] و مرادت در قُتُو[3] ۱۴۱۵

معشوق گفت: پس من معشوقِ تو نیستم، میانِ من و معشوقِ تو فاصلهٔ بسیاری است.

عاشقی تو بر من و بر حالتی   حالت اندر دست نَبْوَد یا فتی![4] ۱۴۱۶

ای جوانمرد، تو در آن حالت و شرایط خاصّ عاشق من بوده‌ای، در حالی که احوال ثابت و پایدار نیستند.

پس نِیَمْ کُلّیِ مطلوبِ تو من   جزوِ مقصودم تو را اندر زمن ۱۴۱۷

بنابراین، من مطلوب حقیقیِ تو نیستم، جزوی از معشوق توأم؛ تو از این عشق، سوز و گدازی می‌یافتی که دلبستهٔ آن شدی و اکنون در حضور یار، آن سوز و درد نیست و خود را بی‌نصیب می‌یابی.

---

۱ - **پارینه**: سال پیش.

۲ - **بُلغار**: نام مردمانی از نژاد ترک که در اوایل قرون وسطی دو دولت یکی در اطراف رود ولگا و دیگری در اطراف رود دانوب تشکیل دادند. پوست بلغار و زیبارویان آن در ادبیّات فارسی شهره‌اند: ف. معین.

۳ - **قُتُو**: از شهرهای ترکستان که محلّ جغرافیایی آن به‌طور دقیق روشن نیست: مثنوی، دکتر استعلامی، ج ۳، ص ۲۹۰.

۴ - سالک در مسیر سلوک، احوالی متغیّر دارد، واردات قلبی که اموری ناپایدارند به ارادهٔ حق می‌آیند و می‌روند.

خـانهٔ مـعشوقه‌ام، مـعشوق نـی[1] عشق بر نَقد است، بر صندوق نـی ۱۴۱۸

من برای تو، خانهٔ معشوق‌ام، در حالی که آدمی به نقدینهٔ صندوق تعلّق خاطری دارد، نه به صندوق.

هست معشوق آنکه او یک تُو بُوَد[2] مُـبتَدا و مـنتهاات او بُـوَد ۱۴۱۹

«معشوق» آن است که دچار تحوّل و تغییر نگردد و احوال گوناگون بر او عارض نشود، و این معشوق کسی جز واحد یگانه نیست که اوّلین و آخرین مقصودِ تو هموست.

چـون بـیابی‌اش، نـمانی مـنتظر هـم هـویدا او بُوَد، هـم نـیز سِـر ۱۴۲۰

اگر «انسان کامل» را بیابی، دوران انتظار به پایان رسیده است و همواره در وصل خواهی بود؛ زیرا حقیقتِ متجلّی در جانِ او همواره در کنار و در میانِ جان توست.

میرِ احوال است، نه موقوفِ حـال بـندهٔ آن مـاه بـاشد مـاه و سـال ۱۴۲۱

او موقوفِ حال نیست، یعنی تابع احوال گوناگون درونی و برونی نیست، مقام او از مرحلهٔ «تلوین» گذشته و به «تمکین» و ثبات رسیده است، اوست که به احوال فرمان می‌رانَد و زمان بندهٔ اوست.[3]

چون بگـوید حـال را، فـرمان کـند چون بخواهد، جسم‌ها را جان کند ۱۴۲۲

کلامِ انسان کامل، تجلّی ارادهٔ اوست و هرگاه بخواهد با تسلّط تامّی کـه بـر دل و جـان سالک دارد، می‌تواند احوال گونه‌گونی که آن را «واردات غیبی» نامند، بر دل مرید فرود آورد و اگر اراده کند، می‌تواند جسم سالک را نیز به لطافت روح او ارتقا دهد و متعالی سازد.

مـنتها نَـبْوَد کـه مـوقوف[4] است او مـنتظِر بـنشسته، بـاشد حـالْجو[5] ۱۴۲۳

کسی که «موقوفِ حال» است؛ یعنی منتظر و تابع احوال متفاوت درونی و برونی است، نمی‌تواند «منتهایِ» اعمال و افعالِ ما و غایتِ آمالِ آدمی به شمار آید؛ زیرا خودِ او هنوز در نقصِ روحانی است.

---

۱ - سالک در این حالت از طریق مکاشفات روحانی، سنخیّت ذات خویش را با حق درنیافته است که بتواند ذات حق را عین نقدینهٔ خود بداند و هنوز در بُعد و مهجور است.

۲ - **یک تو بُوَد :** همواره یکسان باشد، دچار تحوّلات و تغییرات نگردد. انسان کامل محلّ ظهور اسما و صفات حق و جامع ظاهر و باطن است. ۳ - **تلوین و تمکین :** ر.ک: ۱۷۵۶/۱.

۴ - **موقوف :** مقیّد شده، وابسته و مشروط.

۵ - در ابیات پیشین گفته شد که معشوق راستین «مبتدا و منتها» است و این بیت به تذکار این نکته می‌پردازد که «ناقص» نمی‌تواند معشوق محسوب گردد.

کیمیایِ[1] حال باشد دستِ او　　دست جنباند، شود مِسْ مستِ او[2] ۱۴۲۴

او قدرتِ معنویِ عظیمی دارد که به دستِ همّت و ارادهٔ خود می‌تواند مس ِ وجودِ مرید را از عشق به حق سرشار و سرمست سازد.

گر بخواهد، مرگ هم شیرین شود　　خار و نَشْتَر[3] نرگس و نسرین شود ۱۴۲۵

اگر اراده کند مرگ در نظر سالک از حیات شیرین‌تر می‌نماید و خار و نیشتر، مانندِ نرگس و نسرین جلوه می‌کنند.

آنکه او موقوفِ حال است، آدمی‌ست　　کو به حال افزون و گاهی درکمی‌ست ۱۴۲۶

انسان «موقوفِ حال» است و تابع احوال متغیّر و گوناگونی است که بر وی وارد می‌آید.

صوفی ابنُ الوقت[4] باشد در مَنال[5]　　لیک صافی[6]، فارغ است از وقت و حال[7] ۱۴۲۷

کسی را «صوفی» نامند که در نیل به کمال از واردات غیبی که بر دل او فرود می‌آید، فرزند وقت خویش باشد و از آن در جهت ارتقا بهترین بهره را ببرد؛ امّا کسی که از کدورتِ طبیعتِ بشری صفا یافته است و وجه خلقی‌اش تحت سیطرهٔ وجه ربّی، لطافتی تامّ دارد، انسان کاملی است که می‌توان او را «صافی» نامید؛ زیرا از آلایش‌های انسانی پالایش یافته است و «ابن الوقت» نیست؛ بلکه «ابوالوقت» و میرِ احوال است.

حال‌ها موقوفِ عزم و رایِ او　　زنده از نفخِ مسیحْ آسایِ[8] او ۱۴۲۸

و در چنین مقام شامخی، احوال متفاوتی که بر دل سالک نازل می‌شود، به عزم و ارادهٔ اوست. پرتوی از «دمِ مسیح آسایِ او» این تغییرات گوناگون را در سالک پدید می‌آورد.

عاشقِ حالی نه عاشق بر منی　　بر امیدِ حال بر من می‌تَنی[9] ۱۴۲۹

تو عاشق ِ حالِ خود هستی، نه عاشق من، به امید رسیدن به آن حال گِردِ کویِ من می‌گردی.

آنکه یک دم کم، دمی کامل بُوَد　　نیست معبودِ خلیل، آفل بُوَد[10] ۱۴۳۰

ابراهیم خلیل(ع) معبود زوال‌پذیری را که لحظه‌ای در نقص و دمی بر کمال است، دوست نداشت.

---

۱ - **کیمیا :** ر.ک: ۵۲۰/۱.　　۲ - اشاره به سیطرهٔ روحانی و نفوذ معنوی پیران کامل بر مریدان.

۳ - **خار و نَشْتَر :** کنایه از رنج و سختیِ راه حق.　　۴ - **ابن الوقت :** فرزندِ وقتِ خویش.

۵ - **مَنال :** نیل، یافتن، طریقه و منوال. بعضی از شارحان آن را «مثال» قرائت کرده‌اند، در نسخهٔ کهن مورد استفادهٔ این متن «مَنال» ضبط شده است.　　۶ - **صافی :** کنایه از میرِ احوال یا انسانِ کامل.　　۷ - **حال :** ر.ک: ۵۵۵/۱.

۸ - **نفخ مسیح‌آسا :** دَمِ مسیحایی.　　۹ - **می تنی :** می‌گردی.

۱۰ - اشارتی قرآنی؛ انعام : ۷۶/۶ : ر.ک: ۴۲۹/۱. [در تبیین حال شیخ واصل نشده و مراد کمال نیافته است که شایستگیِ وصفِ کاملان از او ساقط است.]

۱۴۳۱ **وانکـه آفـل بـاشد و گـه آن و ایـن نـیست دلبـر، لا اُحِبُّ الآفِـلین**

کسی که زوال می‌پذیرد و تحت تأثیر احوال متفاوت از حالی به حالی دگرگون می‌شود، نمی‌تواند معشوق و دلبر راستین باشد، همان‌گونه که ابراهیم(ع) گفت: من غروب کنندگان را دوست ندارم.

۱۴۳۲ **آنکه او گاهی خوش و گه ناخوش است یک زمـانی آب و یک دم آتش است**

کسی که گاه خوش و گاهی ناخوش است، یک زمان مانند آب و دمی، مانند آتش است،

۱۴۳۳ **بـرجِ[۱] مَـهْ بـاشد و لیکـن مـاه نـه نـقشِ بُت بـاشد ولی آگـاه نـه**

او، مانند برج ماه است، نه خودِ ماه؛ زیرا همان‌طور که ماه همواره در حرکت است و متوقّف نمی‌شود، او گاه مظهرِ تجلیّاتِ الهی است؛ امّا سیرِ استکمالی را به پایان نبرده است و دارای معرفت بدون واسطه از طریق شهود نیست.

۱۴۳۴ **هست صـوفیِّ صـفاجو ابـنِ وقت وقت را همچون پدر بگرفته سخت**

صوفیِ جویایِ صفا، «ابن الوقت» است؛ یعنی در هر لحظه به دل و وارداتِ آن، که هر یک آزمونی برای وی‌اند، توجّه می‌کند و «وقت» را همچون پدر، گرامی می‌دارد؛ زیرا در هر لحظه در اثرِ «وارداتِ غیبی» می‌توان ارتقا یافت و یا تنزّل کرد.

۱۴۳۵ **هست صافی غرقِ عشقِ ذوالجلال ابنِ کس نه، فارغ از اوقات و حـال**

«صافی» که «انسان کامل واصل» است، مستغرقِ بحرِ عشقِ حضرتِ باری است. جان پاک او از قیود و تعلّقات رهیده و «ابن‌الوقت» نیست. از وقت و حال فارغ است.

۱۴۳۶ **غـرقهٔ نـوری کـه او لَـمْ یـولَد است لَـمْ یَـلِدْ لَـمْ یُـولَد[۲] آنِ ایـزَد است**

او غرق در نوری است که «از کسی زاده نشده است»، «نزادن و زاده نشدن» وصف حق تعالیٰ است.

۱۴۳۷ **رو چنین عشقی بجُو، گـر زنـده‌ای ورنـه وقتِ مـختلف را بـنده‌ای**

اگر زنده‌ای، جویای چنین عشقی باش. عشقی که تو را در نور پاک ذوالجلال غرق کند و گرنه تا رسیدن به این استغراق، همواره بندهٔ احوال مختلف هستی و هر لحظه «حالی» تو را به خود مشغول می‌کند.

۱۴۳۸ **مَنگر اندر نقشِ زشت و خوبِ خویش بنگر اندر عشق و در مـطلوبِ خـویش**

ظاهر زشت یا زیبای تو مهم نیست، به مطلوب خود توجّه کن که ارزشِ هر کس به اهدافِ اوست.

۱ – **برج** : ر.ک: ۷۵۵/۱. ۲ – اشارتی قرآنی؛ اخلاص : ۳/۱۱۲؛ ر.ک: ۲۷۷۰/۱.

منگر آنکه تو حقیری یا ضعیف   بنگر اندر همّتِ خود ای شریف! ۱۴۳۹

ای بزرگوار، حقارت و ضعف خود را نبین، همّت خود را ببین که به چه چیزی صرف می‌شود؟

تو به هر حالی که باشی، می‌طلب   آب می‌جو دایما ای خشک‌لب[1]! ۱۴۴۰

ای تشنهٔ حقایق، همواره و در هر حال طالبِ آبِ زلالِ حقایق و معارف باش.

کآن لبِ خشکت گواهی می‌دهد   کو به آخِر بر سرِ منبع رسد ۱۴۴۱

زیرا لب خشکت گواهی می‌دهد که تو طالب و جوینده‌ای و عاقبت جوینده آب را می‌یابد.

خشکیِ لب هست پیغامی ز آب   که به مات آرد یقین این اضطراب ۱۴۴۲

خشکیِ لب، پیامی از سوی آب است که این «نیاز» و «طلب» تو را به ما خواهد رسانید.

کین طلب کاری مبارک جُنبشی‌ست   این طلب[2] در راهِ حق، مانع کُشی‌ست ۱۴۴۳

این «طلب»، جنبش و جهد فرخنده‌ای است که موانع را از میان بر می‌دارد.

این طلب مفتاحِ مطلوباتِ توست   این سپاه و نصرتِ رایاتِ[3] توست ۱۴۴۴

«طلب»، کلیدِ رسیدن به خواسته‌هاست. «طلب»، سپاه تو و مایهٔ پیروزی پرچم‌های توست.

این طلب همچون خروسی در صِیاح[4]   می‌زند نعره که: می‌آید صَباح[5] ۱۴۴۵

«طلب»، مانندِ بانگِ خروس سحری به زبانِ حال می‌گوید: بامداد و طلوع نزدیک است.

گرچه آلت[6] نیستت تو می‌طلب   نیست آلت حاجت، اندر راهِ رب ۱۴۴۶

هرچند که «اسباب و آلت» نداری که به کمک آن به مقصود برسی؛ امّا راه حق نیازمند آلت و اسباب نیست، همچنان طالب باش.

هر که را بینی طلب کار ای پسر!   یارِ او شو، پیشِ او انداز سر ۱۴۴۷

ای پسر، هر کس را که طالب یافتی، با او همراه شو و نزد وی فروتن باش.

---

۱ - **خشک لب**: کسی است که کام جان را از زلال معارف و حقایق سیراب نساخته است.
۲ - **طلب**: ر.ک: ۷۵۳/۱.   ۳ - **رایات**: جمع رایت به معنی پرچم.
۴ - **صِیاح**: جمعِ صیحه: آواز بلند برحسب طاقت، بانگ کردن.   ۵ - **صباح**: بامداد.
۶ - اسباب و آلات، رمزی است از استعداد و قابلیّت.

کـز جِـوارِ طـالبان طـالب شـوی   وز ظِـلالِ غـالبان[1] غـالب شـوی ۱۴۴۸

زیرا در همجواری با طالبان، در تو طلب می‌جوشد و در سایهٔ بزرگانی که بر هوایِ نَفْس غالب آمده‌اند، بر نَفْسِ خود چیره می‌شوی.

گر یکی مـوری سـلیمانی بـجُست   منگر اندر جُستنِ او سُستْ سُست[2] ۱۴۴۹

اگر موری به محضر سلیمان(ع) راه یافت، امر کوچکی نیست، «طلبِ» او را به چشمِ حقارت نبین.

هر چه داری تو، ز مـال و پـیشه‌یی   نـه طـلب بـود اوّل و انـدیشه‌یی؟ ۱۴۵۰

مگر هر مال و پیشه‌ای که داری، در ابتدا چیزی جز طلب و اندیشه بوده است؟

حکایتِ آن شخص که در عهدِ داوود شب و روز دعا می‌کرد که مرا روزیِ حلال دِهْ بی‌رنج[3]

در روزگار داوود(ع) که آوازهٔ عدل و دادِ وی همه جا و در قلمرو حکومت و سلطنت پیچیده بود، مردی روزان و شبان روی به درگه باری تعالیٰ داشت و خواهان رِزق و روزیِ حلال و بی‌رنج بود. از قضا روزی در چاشتگاه با زاری و آه به همین دعا مشغول بود که ناگهان گاوی بـا ضـربهٔ شـاخ، کـلید و بـندِ در را شکست و وارد خـانه شـد. مـردِ افـغان کـننده، گـاو را «روزیِ بی‌رنج» و استجابتِ دعای خویش پنداشت و به سرعت به ذبحِ گاو پرداخت. صاحب گاو رسید و خشمگین گریبان او را گرفت و چند مشت بر وی زد و حجّت او را که این گاو نشانهٔ اجابت دعای من و روزیِ بی‌رنجی است که خواسته‌ام، نپذیرفت و او را به دَغا متّهم کرد و کشان‌کشان نزد داوود(ع) بُرد و طرفین مخاصمه به شرح ماوَقَع پرداختند. داوود(ع) به خلوت رفت و در محراب به دعایی مستجاب، حقیقت را از حق تعالیٰ خواست. روز بعد که

---

۱ - **ظِلال غالبان**: در سایهٔ کسانی که بر هوایِ نَفْس غلبه یافته‌اند.

۲ - اشارتی قرآنی؛ نمل: ۱۸/۲۷، که در طیّ آن سخن از حسن سیاست پادشاه مورچگان است که بدان سبب به حضور سلیمان(ع) فراخوانده می‌شود و مصاحبت با پیامبر بزرگواری را نصیب می‌یابد: تفسیر ادبی و عرفانی قرآن، ج ۲، ص ۱۷۱.

۳ - مأخذ آن را حکایتی در قصص الانبیاء ثعلبی، ص ۲۳۴ و در تفسیر ابوالفتوح، ج ۴، ص ۴۶۰ دانسته‌اند: احادیث، ص ۲۷۲. در تفسیر ابن کثیر، ۴۷/۴-۴۶ و تفسیر نَسَفی، ۳۶/۴ نیز در ذیل آیهٔ شریفه، ص ۲۰/۳۸، آمده است: بررسی تاریخی قصص، ج ۳، ص ۳۱. برخی آن را از مقولهٔ اسرائیلیات قُصاص دانسته‌اند: سرّ نی، ص ۳۱۶.

جمله خصمان نزد وی صف زدند و جویای داوری بودند، حُکم به محکومیّتِ صاحب گاو داد؛ زیرا به الهام و ارشاد حق، بر جنایتی پوشیده آگاهی یافته بود که صاحب گاو، قاتلِ نیایِ کشندهٔ گاو است؛ بنابراین او را ملزم کرد تا تمام مال خود را به کُشندهٔ گاو بدهد. چون مدّعی حکم را تعدّی و ظلم خواند و منکر صحّت آن شد، داوود(ع) برای آشکار کردن سِرّ مکتومِ او، جمله خلق را به صحرا خواند و با شکافتن زمین در زیر درختی عظیم، علائم جرم و جنایت مدّعی را یافت که در گذشته‌های دور جدِّ کشندهٔ گاو را کشته و کنیز و مال او را به غارت برده است، سپس داوود(ع) حکمِ قصاص را در مورد قاتل فرمان داد.

در این قصّه، داوود(ع) «مظهر حق» است. «مدّعیِ گاو»، نمادی از «نَفْسِ امّاره»، و «کُشندهٔ گاو» نمادی از «عقل آدمی» است که به استمداد از مظهرِ حق و امدادِ روحانی وی برکشتن نَفْسِ امّاره نایل می‌گردد و به روزی بی‌رنج و نعمت بی‌حساب می‌رسد و به فضایل معنوی و روحانی دست می‌یابد.

همان‌طور که در قصّهٔ فرعون و موسی(ع)، بیت ۸۴۰ همین دفتر به تقریر آمد، «یوشع بن نون» پس از درگذشت موسی(ع) قوم بنی اسرائیل را هدایت و رهبری کرد و به سوی کنعان (فلسطین) به پیش راند و توانست با یورش بر برخی از شهرهای خاورزمین، سرزمین‌هایی را اشغال کند و به زندگی سیاسی و دینی قوم خویش سروسامان دهد؛ امّا جنگ کنعان که منجر به اشغال آن سرزمین شد با زمان او بسی فاصله داشته و حدود یکصد سال بعد صورت گرفته است.

اینک می‌پردازیم به شرح مختصری از زندگی این قوم میان عصر موسی(ع) و داوود(ع) و چگونگی اوضاع آن.

پس از مرگ «یوشع بن نون»، مدّت زمانی که محقّقان آن دوران را بیش از یک سده و نیم نمی‌دانند، عصرِ داوران آغاز شد، داورانی که «سران محلّی» یا «قضات» بودند و در طیّ این عصر بر بنی‌اسرائیل فرمان راندند. «قضات»، جنگاورانی رهایی‌بخش بودند که قوم را از دست تاراجگران می‌رهاندند.

با شکست سختی که اسرائیلیان در برخورد با فلسطینیان داشتند، تابوت مقدّس را که حاوی الواح تورات بود، از دست دادند و دستگاه حکومتیِ «قضات» یا عصر داوران به سر آمد و حکومت پادشاهیِ طالوت آغاز گردید که زمان آن را پژوهشگران سال‌های پایانی قرن یازدهم پیش از میلاد دانسته‌اند.

پس از شکست قومِ بنی‌اسرائیل و از دست دادن تابوت مقدّس، بزرگان قوم از پیامبرشان که در آن زمان به نظر می‌رسد شموئیل بوده است و برخی از مفسران «شمعون» و یا حتّی «یوشع بن نون» دانسته‌اند، خواستند تا برای ایشان پادشاهی بگمارد تا در راه خدا جنگ کنند؛ امّا پیامبرشان گفت که از شما این انتظار می‌رود که اگر جهاد برایتان مقرّر گردد، پیکار نکنید و چون اصرار کردند، پیامبرشان گفت که بی‌شک خداوند، طالوت را به عنوان پادشاه شما برگماشته است و نشان فرمانروایی او آن است که صندوق عهد را در حالی که فرشتگان آن را حمل می‌کنند، به سوی شما باز می‌گردانَد، بقره: ۲۴۷/۲-۲۴۶. ابن عبّاس گفته است که فرشتگان در حالی آمدند که تابوت را میان آسمان و زمین حمل می‌کردند تا آن را فراروی طالوت نهادند؛ پس مردم از طالوت فرمان بردند؛ امّا در ارتباط با چگونگی بازگشت صندوقِ عهد روایات گوناگونی است که از ذکر آن در می‌گذریم.

از سوی دیگر جالوت که به روایتی پادشاه کنعانیان بود و قومش در ساحل دریای «روم» میان فلسطین و مصر می‌زیستند، دشمن سرسخت و نیرومند قوم بنی‌اسرائیل به شمار می‌آمد و باز آسیاب جنگ میان بنی اسرائیل و فلسطینیان به چرخش افتاد و اگر نصرت الهی و پردلی داوود(ع) نمی‌بود چه بسا که شکست سختی را متحمّل می‌شدند.

به گزارش تورات در حالی که دو گروه متخاصم در برابر هم صف آراسته بودند، جالوت طیّ چهل روز هر صبح و شام به آوردگاه می‌آمد و مبارز می‌طلبید و کسی از قوم بنی‌اسرائیل یاری برابری با او را در خود نمی‌دید تا اینکه طالوت ناگزیر میان قوم خود فریاد بر آورد که اگر کسی او را بکشد، پادشاه او را بسی خواهد نواخت و بدین ترتیب «داوود بن یس» که هنوز نوجوانی بیش نبود، پای پیش نهاد و با سنگ‌انداز (فلاخن) سنگی پرتاب کرد و جالوت را کشت.[1]

اشارت قرآنی آن در بقره: ۲۵۱/۲-۲۵۰، مذکور است. پس از این واقعه هیبت داوود(ع) در دل مردم افتاد و در میان قوم بنی اسرائیل جایگاه بلندی یافت تا حدّی که حسد طالوت برانگیخته شد و در راه قتل او کوشید، هرچند که به قهرمانان پردلی همچون او نیاز بسیار داشت، به هر تقدیر دیری نگذشت که طالوت و سه فرزندش در جنگی حوالی سال ۱۰۰۰ ق.م کشته شدند و داوود(ع) پادشاه بنی اسرائیل شد.

امّا اینکه فرمانروایی داوود(ع) در چه زمانی بوده است، مورّخان اختلاف نظر دارند و گرایش ما به نظری است که آن را ۹۶۰-۱۰۰۰ ق.م می‌داند.

پس از برگزیده شدن داوود(ع) به رهبری و زعامت و پادشاهی قوم بنی اسرائیل؛ پس از مدّت زمانی که طول آن را به درستی نمی‌دانیم، خداوند متعال، وی را به رسالت و پیامبری برگزید و آنگاه که به سن کمال (چهل سالگی) رسیده بود، خداوند «زبور» را که مشتمل بر پندها و ذکرهای الهی بود بر او نازل فرمود و به او حکمت و فصل‌الخطاب «داوری به حق» ارزانی داشت و بدین سان داوود(ع) و سپس فرزندش سلیمان(ع)، مملکت توحید را در میان جهانی از شرک بنیاد نهادند. پیش از آنان و پس از ایشان هرگز کسی از بنی‌اسرائیل یکباره به پیامبری و پادشاهی نرسید. داستان این بزرگواران در قرآن کریم گاه به اختصار و گاه به تفصیل آمده است، انبیا: ۸۲/۲۱-۷۸، نمل: ۴۴/۲۷-۱۵، سبأ: ۱۴/۳۴-۱۰، ص: ۲۶/۳۸-۱۷.

«داوود بن یس» ؛ از قبیلهٔ یهودا و زادگاهش بیت لحم بود و نسبش به یهود بن یعقوب بن اسحاق بن ابراهیم(ع) می‌رسد، داوود(ع) بسی بلندنظرتر از آن بود که به منطقهٔ کم وسعتی در دور افتاده‌ترین نقاط جنوبی فلسطین که به فرمانروایی او گردن نهاده بودند، بسنده کند، در نتیجه همواره به شمال فلسطین هم می‌نگریست و دیری نپایید که توانست وحدت و یکپارچگی قوم بنی‌اسرائیل را تحت پادشاهی خود به نظام آورد و قسمت اعظم فلسطین را متصرّف گردد و فلسطینیان را تا دورترین حدّ ممکن از مناطق اسرائیلی براند و سراسر شام و جزیرةالعرب را جزو قلمرو خویش در آورد.

خداوند متعال علاوه بر «زبور»، داوود(ع) را با بسیاری از معجزات ویژه گردانید، نخست آنکه کوه‌ها را برای وی رام گردانید و هر صبح و شام که به تسبیح مشغول می‌شد، همراه او تسبیح می‌گفتند، دیگر که هرگاه زبور می‌خواند، پرندگان با او تکرار می‌کردند [ترجیع پرندگان] اشارت قرآنی آن در سورهٔ ص: ۱۹/۳۸-۱۸ مذکور است، همچنین در انبیا: ۷۹/۲۱، مفسّران در تفسیر این آیه گفته‌اند که خداوند صوت و آوازی به داوود(ع) بخشیده بود که به کس دیگری عطا نکرده بود، چنانکه هرگاه به خواندن زبور مشغول می‌شد پرندگان در آسمان باز می‌ایستادند و آن را تکرار می‌کردند و هرگاه به تسبیح مشغول بود با او تسبیح می‌گفتند و همچنین کوه‌ها او را پاسخ می‌گفتند، گویی که به عنایت الهی تمامی موانع میان وجود او و هستی از میان رفته بود و حقیقت او با حقیقت کوه‌ها و پرندگان به طرزی شگرف، سراسر گره خورده بود و همگی همراه او به نکوداشت و پرستش پروردگار همراه و همگام بودند.

---

۱ - صموییل اوّل، ۵۴:۱۷-۱.

و این حقیقتی شگفت‌انگیز است که مردم بدان مأنوس نیستند که فراسوی جنس و شکل، تمامیِ عالَمِ هستی، از حقیقتی برخوردارند که بر پایهٔ آن پیرامونِ آفریدگار یکتاگرد می‌آیند و مسبّح خالق خویش‌اند.

معجزهٔ دیگری که خداوند، داوود(ع) را بدان اختصاص داد، آن بود که آهن را برای وی نرم گردانید، چنانکه به خمیر یا گِل آمیخته می‌ماند که بدون نیاز به آتش، آن را به هر شکلی که می‌خواست نظام می‌داد، بی‌آنکه چکشی بر آن فروکوبد، سبأ: ۱۱/۳۴-۱۰. داوود(ع) نخستین کسی بود که زره بافته از آهن را ساخت، پیش از آن زره را از استخوان می‌ساختند.

در روایت آمده است که[1] داوود(ع) در هیأت شخصی ناشناس به میان مردم می‌آمد و از ایشان دربارهٔ خویش و رفتارش پرس و جو می‌کرد و همگان او را می‌ستودند تا اینکه روزی خداوند فرشته‌ای را در هیأت مردی فرستاد و داوود(ع) او را دید و از وی نیز همان پرسش را پرسید و او گفت که داوود در حق خویش و مردم بهترین است؛ امّا خصلتی دارد که اگر نمی‌بود، انسانی کامل می‌نمود. داوود پرسید: آن چه خصلتی است؟ پاسخ داد که او و خانواده‌اش از بیت‌المال مردم می‌خورند. آنگاه بود که داوود(ع) به درگاه پروردگارش دست به دعا برداشت که به او کاری بیاموزد تا وی را به بیت‌المال نیازی نیفتد، سپس خداوند متعال آهن را برای او نرم کرد و ساختن زره را به او آموخت.

در حفّاری‌هایی که در نزدیکی خلیج عقبه انجام شده، معادن آهنی یافته‌اند که زمان آن به عصر داوود و سلیمان(ع) بر می‌گردد و به نظر می‌رسد داوود(ع) پس از شکست «ادومیان» بر آن‌ها دست یافته است.

دیگر آنکه خداوند، پادشاهی او را استوار داشت و وی را در میان قومش هیبت و شکوه بخشید، همچنین پروردگار به او حکمت و فصل‌الخطاب ارزانی داشت که مراد از حکمت را زبور، دانش شرایع و یا هر سخنی که با حق سازگار باشد، دانسته‌اند و دربارهٔ فصل‌الخطاب نیز می‌توان گفت که توان داوری و قضاوت به حق است در قضایایی که میان مردم در روزگار او اتّفاق می‌افتاده است، ص: ۲۰/۳۸ و در ارتباط با آن و بلافاصله بعد از این آیه شریفه، کلام الهی ماجرای یک دادخواهی را مطرح می‌کند که در طیّ آن در اوقاتی که داوود(ع) خلوت کرده و در محراب عبادت بود، دو نفر دادخواه از راه غیر عادی؛ یعنی از بالای دیوار وارد می‌شوند که طرح دعوی کنند و ورود غیر معمول آنان و در اوقاتی که هنگام دادرسی نبود، داوود(ع) را بیمناک ساخت که مبادا نیّت سوء داشته باشند. آنان گفتند که مترس، ما دو مدّعی هستیم، میان ما به راستی حکم کن. یکی از آنان گفت: این برادر من نود و نه میش دارد و من یک میش، او خواهان یک میشِ من نیز هست و به درشتی سخن می‌گوید. داوود(ع) فرمود که با این کار بر تو ستم روا داشته است و حقّا که بسیاری از شریکان به یک‌دیگر ستم می‌کنند و داوود(ع) پس از آن دریافت که این یک آزمون الهی بوده است، در نتیجه از پروردگارش آمرزش خواسته و فروتنانه به سجده افتاد و مورد آمرزش الهی قرار گرفت که اشارت قرآنی آن در سورهٔ ص: ۲۴/۳۸-۲۱، مذکور است، مفسّران در تفسیر آن موارد گوناگونی را مطرح می‌کنند. برخی از آنان به اسرائیلیّات پرداخته‌اند که با حقیقت نبوّت سازگار نیست. به عنوان مثال، برخی چنین پنداشته‌اند که آن دو مدّعی که از دیوار مسجد بالا آمدند، فرشتگانی در کسوت بشر بودند که حق تعالیٰ آنان را فرستاد تا داوود(ع) را از این خطایش آگاه کنند که در عین داشتن نود و نه همسر، تصمیم داشت همسر «اوریا» را نیز که از سرداران سپاه بود، به همسری برگزیند و این رسمی متداول در آن روزگار دانسته‌اند که اگر مردی از همسرِ مردِ دیگری خوشش می‌آمد از او می‌خواست تا از وی برکنار ماند و این امر در داستان برادری انصار و مهاجران نیز رخ داد.

---

۱ - تفسیر ابن کثیر، ۸۳۹/۳

امّا برخی از مفسران هم نوشته‌اند[1] آنچه از مثلی که خداوند متعال در قصّهٔ داوود(ع) بیان می‌کند، بر می‌آید، تنها آن است که او از همسر آن زن خواست که از او بر کنار مانَد. و این نیز فقط از طریق تمثیل و تعریض و نه به‌صراحت وارد شده است؛ زیرا تمثیل و تعریض در مقام توبیخ، چون شخص را به اندیشه وامی‌دارد، از تصریح رساتر است.

به هر تقدیر، روزگار داوود(ع) آن پیامبر توبه‌کار در این جهان به سر آمد و در اورشلیم (شهر داوود) به خاک سپرده شد، در حالی که در سی سالگی به پادشاهی رسید و چهل سال سلطنت کرد.[2]

۱۴۵۱ **آن یکـــی در عـــهدِ داوودِ نــبی   نـزدِ هـر دانـا و پـیش ِ هـر غَـبی[3]**

در دوران پیامبری و سلطنت داوود(ع)، شخصی بود که نزد هر دانا و نادان،

۱۴۵۲ **این دعا می‌کرد دایم کِـای خـدا !   ثـروتی بـی‌رنج روزی کـن مـرا**

پیوسته دعا می‌کرد و می‌گفت: پروردگارا، ثروت بی‌رنج و زحمتی به من عطا کن.

۱۴۵۳ **چـــون مـرا، تـو آفـریدی کـاهلی   زخمْخواری[4]، سُستْ جُنبی،[5] مَـنبَلی[6]**

چون تو مرا تنبل، آزرده، بیحال و بی‌دست و پا آفریده‌ای،

۱۴۵۴ **بـــر خـرانِ پشتْ‌ریش ِ بـی‌مراد   بارِ اسبان وَ اسـتران نـتوان نـهاد[7]**

بر پشتِ زخمی و آزردهٔ خرانِ ازکار افتاده که نمی‌توان بار سنگین اسبان و استران را نهاد.

۱۴۵۵ **کاهلم چـون آفـریدی، ای مَـلی[8] !   روزیـــم دِهْ هـــم ز راهِ کـــاهلی**

ای بی‌نیاز، چون مرا کاهل آفریده‌ای، روزی‌ام را نیز از راه تنبلی و بدون جهد برسان.

۱۴۵۶ **کاهلم من، سایه خُسـبم در وجـود   خفتم اندر سایهٔ این فـضل و جُـود**

من کاهل هستم و خصلت تنبل آن است که در سایه بیارامد و من در سایهٔ فضل و بخشش تو خفته‌ام.

۱۴۵۷ **کـــاهلان و ســایه خُسبان را مگـر   روزیـــی بــنوشته‌ای نــوعی دگـر**

مگر برای افراد تنبل و بی‌حال روزی را به طریقی دیگر مقرّر فرموده‌ای؟

۱۴۵۸ **هر که را پای است جـوید روزیی   هر که را پـا نـیست کـن دلسـوزیی**

ای خدا، هرکس که پا دارد روزی می‌جوید و آن کس که دست و پا ندارد، تو به او رحم کن.

---

۱ - تفسیر نَسَفی، ۳۸/۴.   ۲ - بررسی تاریخی قصص قرآن، ج ۳، صص ۷۴-۳.

۳ - **غَبی** : نادان، گول و گمراه.   ۴ - **زخم‌خوار** : کسی که در حوادث روزگار صدمه دیده است.

۵ - **سُست جُنب** : سُست.   ۶ - **مَنبلی** : کاهل و بی‌دست و پا.

۷ - اسبان و استران رمزی از کسانی‌اند که بار زندگی مادّی را به سهولت می‌برند و در امر معیشت می‌کوشند.

۸ - **مَلی** : غنی، بی‌نیاز.

رزق را می‌ران به سویِ آن حزین[۱] ابر را باران به سویِ هر زمین ۱۴۵۹

ای روزی دهنده، روزی را به سوی آن اندوهگین بفرست و ابر رحمت را بر هر زمین ببار.

چون زمین را پا نباشد، جُودِ تو ابر را رانَد به سویِ او دوتُو[۲] ۱۴۶۰

چون زمین پا ندارد و نمی‌تواند برای کسب آب بکوشد، بخشش تو ابرِ باران‌زا را به سوی او می‌فرستد.

طفل را چون پا نباشد، مادرش آید و ریزد وظیفه[۳] بر سرش ۱۴۶۱

طفل نیز تا به راه نیفتد، مادر می‌آید و روزی را بی‌رنج به او می‌رساند.

روزیی خواهم، به ناگه، بی تَعَب[۴] که ندارم من ز کوشش جز طلب ۱۴۶۲

خدایا، روزیِ ناگهانی و بی‌رنج را می‌خواهم؛ زیرا من از تلاش در راهِ مقصود، بهره‌ای جز «طلب» ندارم.

مدَّتِ بسیار می‌کرد این دُعا روز تا شب، شب همه شب تا ضُحیٰ[۵] ۱۴۶۳

او مدّت‌ها به این دعا مشغول بود و روز تا شب و شب تا روز همین خواسته را تکرار می‌کرد.

خلق می‌خندید بر گفتارِ او بر طمع خامی و بر بیگارِ او ۱۴۶۴

مردم به سخنان او و طمعِ خام و تلاش بیهوده‌اش در این راه می‌خندیدند.

که چه می‌گوید عجب این سستْ‌ریش[۶]؟ یا کسی داده‌ست بنگِ بی‌هُشی‌ش؟ ۱۴۶۵

که این احمق چه می‌گوید؟ شاید کسی به او مادّهٔ تخدیرکننده‌ای داده که عقل از سرش پریده است؟!

راهِ روزی کسب و رنج است و تَعَب هر کسی را پیشه‌یی داد و طلب ۱۴۶۶

راه به دست آوردن روزی، کسب و رنج و زحمت است و خداوند به هر کس سودایِ کاری و طلبی داده است.

اُطْلُبُوا الارْزاقَ فی اَسْبابِها اُدْخُلوا الأوطانَ مِن اَبْوابِها[۷] ۱۴۶۷

روزی را از طریقِ اسباب آن طلب کنید و به خانه‌ها یا سرزمین‌ها از دروازه‌های آن وارد شوید.

---

۱ - **حزین** : غمگین. ۲ - **دوتُو** : دولایه، ابرهای متراکم و باران‌زا. ۳ - **وظیفه** : مقرّری، اینجا روزی.
۴ - **تَعَب** : رنج. ۵ - **ضُحی** : روز، برآمدن آفتاب. ۶ - **سست ریش** : احمق.
۷ - اشارتی قرآنی؛ بقره : ۱۸۹/۲ : ر.ک: ۱۶۳۷/۱.

شاه و سلطان و رسولِ حق کنون   هست داوود نبیِّ ذوفنون[1] ۱۴۶۸

مردم می‌گفتند: در این روزگار، شاه و پیامبر، داوود، نبیِّ پرهنر است.

با چنان عزّی و نازی[2] کاندر اوست   که گُزیدستش عنایت‌هایِ دوست ۱۴۶۹

با آن همه عزّت و نازی که در اوست، عنایاتِ الهی وی را به پیامبری و سلطنت برگزیده است.

معجزاتش بی‌شمار و بی‌عدد   موجِ بخشایش مدد اندر مدد ۱۴۷۰

معجزات او را نمی‌توان شمرد و امواج عطایا و مراحم الهی نسبت به او پیاپی و لاینقطع است.

هیچ کس را، خود ز آدم تاکنون   کِی بُده‌ست آوازِ صد چون ارغنون[3]؟ ۱۴۷۱

از روزگار آدم(ع) تاکنون چه کسی، همانند داوود(ع) صدایی صد برابر بهتر از ارغنون داشته است؟

که به هر وعظی بمیراند دویست   آدمی را صوتِ خوبَش کرد نیست ۱۴۷۲

که در هر وعظ و سخنرانی، صدای دل‌انگیزش تعداد زیادی از انسان‌ها را بکشد.

شیر و آهو جمع گردد آن زمان   سویِ تذکیرش، مُغَفَّل[4] این از آن ۱۴۷۳

شیر و آهو برای شنیدن صوت دلنوازش گِرد می‌آمدند و از یک‌دیگر بی‌خبر بودند، نه شیر به فکر شکار آهو می‌افتاد و نه آهو از شیر می‌ترسید.

کوه و مرغان هم رسایل[5] با دَمش[6]   هر دو اندر وقتِ دعوت مَحْرَمش ۱۴۷۴

کوه‌ها و پرندگان با او همنوا می‌شدند و هنگامی که خلق را به سوی حق فرا می‌خواند، محرمِ اسرارِ کلامِ او بودند.

این و صد چندین مر او را معجزات   نورِ رویش بی‌جهات[7] و در جهات[8] ۱۴۷۵

این معجزات و موارد بسیار دیگری از خرق عادت، معجزاتی بوده که وی داشته است. نور جمال او، نور لامکان است که در همهٔ جهات می‌تابد.

با همه تمکین[9]، خدا روزیِّ او   کرده باشد بسته اندر جُست و جو ۱۴۷۶

با این همه قدرت و امکانات، خداوند روزیِ او را وابسته به جهد و کسب قرار داده بود.

---

۱ - **ذوفنون :** صاحبِ هنرها. ۲ - **عزّ و ناز :** عزّت و نازِ او، چون عنایت حق شامل حالِ وی بوده است.

۳ - **ارغنون :** ارگانون، ارگ. ۴ - **مُغَفَّل :** غفلت زده، بی‌خبر. ۵ - **هم رسایل :** همنوا، هم‌آواز.

۶ - داوود(ع) و صوت دلکش: ر.ک: ۴۹۵/۲. ۷ - **بی‌جهات :** لامکان. ۸ - **در جهات :** همه جا.

۹ - **تمکین :** قدرت و مکنت.

۱۴۷۷ **بی زِره‌بافی و رنجی، روزیَش   می‌نیاید با همه پیروزیَش**[۱]

با این همه عزّت و کامروایی، روزی او بدون زره‌بافی و کسب حاصل نمی‌شد.

۱۴۷۸ **این چنین مخذولِ**[۲] **واپس مانده‌یی   خانه گَنده**[۳] **دون و گردون رانده‌یی**

امّا این مرد خوار و واپس‌مانده و گندیدهٔ فلک‌زده،

۱۴۷۹ **این چنین مُدبِر**[۴] **همی خواهد که زود   بی تجارت پُر کند دامن ز سود**

چنین بخت برگشته‌ای می‌خواهد بدون جهد و کسب دامان خود را پر از سود کند.

۱۴۸۰ **این چنین گیجی**[۵] **بیامد در میان   که بر آیم بر فلک بی‌نردبان**[۶]

چنین گولِ بیخردی پیدا شد که می‌خواهد بدون نردبانِ جهد با تکیه بر دعا بزرگی یابد.

۱۴۸۱ **این همی گفتش به تَسخَر**[۷] **رو بگیر   که رسیدت روزی و آمد بشیر**[۸]

یکی از مردم با تمسخر می‌گفت: بشارت دهنده آمد و روزیِ بی‌زحمتِ تو را آورد، برو و بگیر.

۱۴۸۲ **و آن همی خندید: ما را هم بده   زآنچه یابی هدیه، ای سالارِ ده**[۹]**!**

دیگری به طعنه و خنده می‌گفت: ای کدخدا، از آنچه نصیب یافتی، به ما هم بده.

۱۴۸۳ **او از این تشنیع**[۱۰] **مردم وین فسوس**[۱۱] **   کم نمی‌کرد از دعا و چاپلوس**[۱۲]

امّا سرزنش و تمسخر مردم سبب نمی‌شد که او دست از دعا و التماس بردارد.

۱۴۸۴ **تا که شد در شهر معروف و شهیر   کو ز انبانِ تُهی جوید پنیر**

تا در شهر به این شهرت یافت که می‌خواهد از انبان خالی کره به دست آورد.

۱۴۸۵ **شد مَثَل در خامْ‌طبعی**[۱۳] **آن گدا   او از این خواهش نمی‌آمد جدا**

آن سائل در سادگی و خامی مَثَل شد؛ امّا از دعا و خواستهٔ خود دست بر نمی‌داشت.

---

۱ - زندگی داوود(ع): ر.ک: ۱۴۵۱/۳.   ۲ - **مخذول :** خوار.

۳ - **خانه گَنده :** کسی که در خانه مانده و در امور دنیوی گَند گرفته است.

۴ - **مُدْبِر :** بخت برگشته، نگون بخت.   ۵ - **گیج :** گول.   ۶ - **نردبان :** اینجا کنایه از کسب و کار.

۷ - **تَسْخَر :** تمسخر.   ۸ - **بشیر :** بشارت دهنده.

۹ - **سالار ده :** کدخدا، اینجا نشان طعنه و تمسخر مردم به مرد دعاکننده است.

۱۰ - **تشنیع :** سرزنش، نکوهش.   ۱۱ - **فسوس :** تمسخر.

۱۲ - **چاپلوس :** اینجا به معنی التماس و الحاح از خداوند.   ۱۳ - **خام طبعی :** سادگی.

دویدنِ گاو در خانهٔ آن دعاکننده به الحاح. قال النَّبیُّ، صَلّی الله علیه و سَلَّمْ: «انّ اللهُ یُحِبُّ المُلِحّینَ فی الدّعاءِ»[1] زیرا عینِ خواست از حق تعالی و الحاح خواهنده را بِهْ است از آنچه می‌خواهد آن را از او

عاقبت بنا بر اصرار و الحاح مؤمن دعاکننده، گاوی به ناگاه وارد خانهٔ او می‌شود و دعاکننده، ورود گاو را اجابتِ دعای خود می‌پندارد.

مولانا با ذکر حدیث به تقریر این نکته می‌پردازد که توجّه مستمرِ قلبی به حق برای دعا و درخواست، موجبات نزدیکی و تقرّب بنده به حق می‌شود و برای او بسی بهتر است از آنچه که به دعا می‌خواهد.

۱۴۸۶ **تا که روزی ناگهان در چاشتگاه   این دعا می‌کرد با زاری و آه**

مرد دعاکننده صبحگاهی همچنان با آه و زاری به این دعا مشغول بود.

۱۴۸۷ **ناگهان در خانه‌اش گاوی دوید   شاخ زد، بشکست دربند و کلید**

ناگهان گاوی دوان دوان به در خانهٔ او آمد و با شاخ بند و کلید در را شکست.

۱۴۸۸ **گاو گستاخ اندر آن خانه بجَست   مرد در جَست و قوایم‌هاش[2] بست**

گاو گستاخ وارد خانه شد. آن مرد بی‌درنگ برجست و دست و پای او را بست.

۱۴۸۹ **پس گلویِ گاو بُبْرید آن زمان   بی توقّف، بی‌تأمّل، بی‌امان**

سپس به سرعت، بدون درنگ و بی تأمّل و اندیشه سرِ گاو را برید.

۱۴۹۰ **چون سرش بُبْرید، شد سویِ قصاب   تا اِهابَش[3] بر کَنَد در دم شتاب**

چون سر گاو را برید، نزد قصّاب رفت که بیاید و به سرعت پوست آن را برکَنَد.

۱ - حدیثی که در عنوان آمده در جامع‌الصّغیر، ج ۱، ص ۶۳ نقل شده است و در تبیین این معناست که خداوند آنان را که در دعا پافشاری می‌کنند دوست دارد: نثر و شرح مثنوی شریف، گولپینارلی، ج ۲، ص ۲۳۹.

۲ - **قوایم**: قایمه‌ها، دست و پای چهارپا.   ۳ - **اِهاب**: پوست.

عذر گفتنِ نظم کننده و مدد خواستن

ای تقاضاگر[1]! درون همچون جنین چـون تـقاضا مـی‌کنی اتـمامِ ایـن ۱۴۹۱

اینک مولانا قصّه را رها می‌کند و به نیایش می‌پردازد و خطاب به «تقاضاگرِ» درونی که «حقایق» و «مفاهیم والای مُلهِم از حق»اند و چونان جنین در چشمه‌هایِ ضـمیر وی در حـرکت، جوشش و خواستار تولّدی در قالب الفاظ‌اند و خطاب به ذاتِ خود که در اتّصال بـا حـق است، می‌فرماید: ای «تقاضاگرِ درونی» که چونان جنین در میان جان من تحرّکاتِ معنوی داری، اگر می‌خواهی که این معانی در عالی‌ترین مراتب بیان شود،

سـهل گـردان، ره نـما، تـوفیق دِهْ یـا تـقاضا را بِـهِل بـر مـا مَـنِه ۱۴۹۲

این امر را بر من آسان گردان و راه را نشان ده، توفیقِ آن را عطا کن یا اگر چنین نمی‌کنی، کشش و جوششِ درونی‌ام را مهار ساز تا تقاضاگرِ باطنی‌ام خاموش شود.

چـون ز مـفلس زر تـقاضا مـی‌کنی زر بِـبَخش در سِـرْ، ای شـاهِ غـنی! ۱۴۹۳

ای شاه بی‌نیاز، اینک که از این مستمند، خواهانِ سخنان و معانی ژرف هستی، نهانی آن را عطا کن.

بی‌تو نـظم و قـافیه شـام و سـحر[2] زَهــره کـی دارد کـه آیـد در نـظر؟ ۱۴۹۴

بی عنایاتِ تو، شعر و قافیه کی جرأت دارند شب و روز از ضمیرِ من بجوشند و بر زبانم جاری شوند؟

نظم و تجنیس[3] و قوافی ای عـلیم! بـندهٔ امـر تـو اَنـد از تـرس و بـیم ۱۴۹۵

ای خداوند دانا، نظم، جناس، قافیه و قواعدِ آن همگی از بیم مطیعِ تواَند.

چون مُسبِّحْ[4] کـرده‌ای هـر چـیز را ذاتِ بـی تـمییز[5] و بـا تـمییز[6] را ۱۴۹۶

چون تو تمام موجودات با عقل و تمییز و بی‌عقل و تمییز را تسبیح‌گوی قرار داده‌ای،

---

۱ - **تقاضاگر** : اینجا حقایقِ مُلهم از حق که خواهانِ ظهور در قالبِ الفاظ‌اند و همچنین ذاتِ خود او که در اتّصال به حق است و ندایِ درونی‌اش.

۲ - شام و سحر، اشاره به جلسات تقریر مثنوی است که معمولاً تا پاسی از شب و گاه تا سحرگاه به درازا می‌کشیده است.

۳ - **تجنیس** : جناس از صنایع بدیعی است، دو کلمه متّفق اللفظ که در معانی متفاوت به کار روند.

۴ - **مُسبِّحْ** : تسبیح‌گوی.

۵ - **ذات بی‌تمییز** : جماد، نبات، حیوان.

۶ - **ذاتِ باتمییز** : انسان.

۱۴۹۷ **هـر یکـی تسـبیح بـر نـوعی دگـر گوید، و از حـالِ آن ایـن بـی‌خبر**[۱]

تمام موجودات به نوعی تسبیح‌گوی توأند، در حالی که هر یک فقط از تسبیحِ خود آگاه است.

۱۴۹۸ **آدمـی مُـنکِر ز تسـبیحِ جـماد و آن جـماد انـدر عـبادت اوسـتاد**

انسان تسبیح جماد را انکار می‌کند؛ زیرا درکِ آن سهل نیست، در حالی که جماد بنا بر مرتبهٔ خویش در نظام هستی، استادانه و هماهنگ با کلّ این نظام تسبیح‌گوی توست.

۱۴۹۹ **بـلکه هـفتاد و دو مـلّت هـر یکـی بی خـبر از یکـدگر، و انـدر شکـی**

این عدم آگاهی تنها مربوط به عدم درکِ تسبیحِ جماد نیست، انسان‌ها نیز بنا بر اعتقادات گوناگون چنین‌اند. هر یک از پیروان هفتاد و دو مَذهب از حال معتقدان به مذهب دیگر و چگونگیِ تسبیح‌گویی و نیایش دیگری بی‌خبر و نسبت بدان در شک و تردید است.

۱۵۰۰ **چـون دو نـاطق را ز حـالِ هـمدگر نیست آگه، چون بُوَد دیـوار و در؟**

هنگامی که دو انسانِ ناطق با سخن گفتن، احوال یک‌دیگر را به طور نسبی درمی‌یابند، این چنین از حالِ درونی هم بی‌خبرند، چگونه از تسبیحِ در و دیوار و جمادات آگاه باشند؟ یا در و دیوار چگونه از تسبیح‌گوییِ یک‌دیگر خبر یابند؟

۱۵۰۱ **چون مـن از تسـبیحِ نـاطق غـافلم چون بداند سُبحهٔ[۲] صـامت[۳] دلم؟**

با توجّه به آنکه من از تسبیحِ انسانِ دیگر بی‌خبر هستم، چگونه دلِ من از تسبیحِ جمادات آگاه شود؟

۱۵۰۲ **هست سنّی[۴] را یکی تسبیحِ خاص هست جبری را ضِدِ آن در مَناص[۵]**

«سنّی» به روشِ خود مسبّح است و «جبری» عبادت را در مسیری خلاف آن یافته است و هر یک بنا بر معتقداتِ خود جنبه‌ای از تجلیّات الهی را که جمال و جلال‌اند، تسبیح می‌گوید.

۱۵۰۳ **سُـنّی از تسـبیحِ جـبری بی‌خبر جـبری از تسـبیحِ سُـنّی بی‌اثـر**

«اهل سنّت» از چگونگیِ تسبیح «جبریون» بی‌خبرند و جبریون از تسبیح آنان.

---

۱ - هر چیز با جلوه‌گر ساختن بعضی صفات الهی به نحوی خاصّ، حق تعالیٰ را تسبیح می‌گوید که تنها بر خداوند و آن شئ معلوم است، با آنکه مفهوم کلّی آن بر کاملان مکشوف است، قوّهٔ تمییز عارفانه به هیچ روی قادر به ادراک همهٔ دقایق نامحدود این دانش نیست: شرح مثنوی مولوی، ج ۳، ص ۱۱۳۰. ۲ - **سُبحه** : تسبیح.
۳ - **صامت** : بی‌زبان. ۴ - **سنّی** : ر.ک: ۶۱/۲. ۵ - **مناص** : گریزگاه.

این همی گوید که: آن ضال[1] است و گم بی خبر از حالِ او وز اَمْرِ قُمْ[2] ۱۵۰۴

این می‌گوید: آن دیگری گمراه است، در حالی که از واقعیّتِ حال او و «اَمرِ قُمْ» که همگان را به تسبیح و عبادت فرمان می دهد، بی‌خبر است.

و آن همی گوید که: این را چه خبر؟ جنگشان افکند یزدان از قَدَر ۱۵۰۵

و آن دیگری می‌گوید: این از حقیقت چه خبری دارد؟ مشیّت الهی آنان را به جنگ و ستیز با یک‌دیگر واداشته است.

گوهرِ هر یک هویدا می‌کند جنس از ناجنس پیدا می‌کند ۱۵۰۶

تجلیّات جمال و جلال، گوهر و ذات هر یک را آشکار می‌کند و سَره از ناسَره جدا می شود.

قهر را از لطف داند هر کسی خواه دانا، خواه نادان یا خسی ۱۵۰۷

همگان، دانا یا نادان، قهر را از لطف باز می شناسند.

لیک لطفی قهر در پنهان شده یا که قهری در دلِ لطف آمده ۱۵۰۸

امّا لطفی را که در قهر نهان شده یا قهری را که در دلِ لطف نهان است،

کم کسی داند مگر ربّانیی[3] کِش بُوَد در دل مِحَکِّ جانیی ۱۵۰۹

کمتر کسی می تواند دریابد، مگر مردِ خدایی که در میانِ جانش «محک» باشد و این محک «جان منوّر» اوست که به سبب اتّصال با حق، علم را از مخزنِ آن دریافت می‌دارد و حق را از باطل می شناسد.

باقیان زین دو گمانی می‌برند سویِ لانهٔ خود به یک پر می‌پرند[4] ۱۵۱۰

دیگران در ارتباط با درکِ «قهر و لطف» و استنباطِ «حقایق» بنا بر گمان و پندار خویش عمل می‌کنند و کار آنان شبیه به پرنده‌ای است که با یک بال قصد پرواز به سوی لانه را دارد.

---

۱ – **ضال**: گمراه، منحرف. ۲ – اشارتی قرآنی؛ مُدّثِّر: ۲/۷۴: قُمْ فَأَنْذِرْ: برخیز و هشدار ده.
۳ – **ربّانی**: مردِ حق. ۴ – **به یک پر می‌پرند**: باگمان استنباط می‌کنند نه با یقین.

بیانِ آنکه: علم را دو پَر است و گمان را یک پَر است، «ناقص آمد ظنّ، به پرواز ابتر است»، مثالِ ظنّ و یقین در علم

در این تمثیل، «علم» به مرغی مانند شده است که دارای دو بال است و «ظنّ» مرغی است که یک بال بیشتر ندارد.

مقصود از «علم» در اینجا علم عارفان است که مبتنی بر «کشف و شهود و حضور» است که با داشتن دو بال می‌تواند عارف را در اوج آسمان‌های معرفت به پرواز آوَرَد و مُراد از «ظنّ» علم برهانیِ اهلِ حس است که با داشتن یک بال از عهدهٔ پرواز بر نمی‌آید.

علم را دو پَر، گمان را یک پَر است   ناقص آمد ظن، به پرواز ابتر است ۱۵۱۱

«علمِ نشأت‌گرفته از مخزن علم» از میانِ دل و جانِ عارف می‌جوشد و مکاشفات او دقایق لطیف‌تری از آن را در اختیار وی قرار می‌دهد، چنین علمی در پرواز به سوی حقایق دو پر دارد؛ امّا «علمِ اهل حس» که با کسب و تقلید حصول یافته، عاریتی است و با جانِ صاحب آن عجین نشده است و در پرواز برایِ درک حقایق یک بال دارد و به سرمنزل مقصود ره نمی‌یابد.

مرغِ یک پر زود افتد سرنگون   باز بر پرّد دو گامی یا فزون ۱۵۱۲

پرنده با یک بال زود سرنگون می‌شود، دوباره پرواز می‌کند؛ امّا دو گام و یا اندکی افزون‌تر می‌پرد و باز سقوط می‌کند.

اُفت خیزان می‌رود مُرغِ گمان   با یکی پر بر امیدِ آشیان ۱۵۱۳

پرندهٔ «ظنّ» با یک بال به امید رسیدن به آشیانه افتان و خیزان می‌رود.

چون ز ظن وارَست، علمش رو نمود   شد دو پر آن مرغ یک پر، پر گشود ۱۵۱۴

چون جان از «ظنّ» رها شود و علوم و معرفت را در خود تحقّق یافته ببیند، مانندِ پرنده‌ای است که برای پرواز یک بال داشته است و اینک با دو بال در آسمان معارف اوج می‌گیرد.

بعد از آن یَمْشی سَوِّیاً مُسْتقیم   نه عَلیٰ وَجْهِهْ مُکِبّاً،[1] اَوْ سَقیم[2] ۱۵۱۵

بعد از آن مستقیم پرواز می‌کند، نه به رو می‌افتد و نه دردمند و ناهنجار است.

---

۱ - اشارتی قرآنی؛ ملك : ۲۲/۶۷ : أَفَمَنْ يَمْشِي مُكِبّاً عَلىٰ وَجْهِهِ أَهْدىٰ أَمَّنْ يَمْشِي سَوِيّاً عَلىٰ صِراطٍ مُسْتَقِيمٍ : آیا کسی که به رو در افتاده نگونسار می‌رود، ره‌یافته‌تر است یا کسی که استوار بر راه راست ره می‌سپارد؟

۲ - **سقیم** : بیمار، دردمند.

با دو پر بر می‌پرد چون جبرئیل   بی گمان و بی مگر، بی قال و قیل ۱۵۱۶

همانندِ جبرائیل بدون تردید و با دو بال می‌پرد و فارغ از قال و قیلِ اهلِ علومِ ظاهر است.

گر همه عالم بگویندش: تُویی   بر رهِ یزدان و دینِ مُسْتوی[1] ۱۵۱۷

اگر همهٔ مردم دنیا او را تأیید کنند و بگویند: در راه خدا و دین در راهِ درست هستی،

او نگردد گرم‌تر از گفتشان   جانِ طاقِ او نگردد جفتشان ۱۵۱۸

جانِ او از تأیید و تمجید دیگران مشتاق‌تر نمی‌شود و بر سرعت سیرِ خود نمی‌افزاید؛ زیرا روحِ یگانهٔ او در عالی‌ترین حدِّ توان به سوی قربِ الهی در پرواز است و سخنِ خلق در او اثری ندارد.

ور همه گویند او را: گُم رَهی   کوه پنداری و تو برگِ کَهی ۱۵۱۹

اگر خلق او را گمراه بپندارند و بگویند: تو خود را کوه می‌پنداری و برگ کاهی هم نیستی،

او نیفتد در گمان از طعنشان   او نگردد دردمند از ظَعنشان[2] ۱۵۲۰

او از نکوهش آنان دچار تردید نمی‌شود و از اینکه خلق رها و ترکش کنند، به اندوه مبتلا نمی‌گردد.

بلکه گر دریا و کوه آید به گفت   گویدش: با گُم رَهی گشتی تو جفت ۱۵۲۱

حتّی اگر دریا و کوه به سخن آیند و به او بگویند: تو گمراه شده‌ای،

هیچ یک ذرّه نیفتد در خیال   یا به طعنِ طاعنان رنجورْ حال ۱۵۲۲

ذرّه‌ای دچار تردید و گُمان نمی‌شود و از سرزنش نکوهشگران ناراحت نمی‌گردد.

مثالِ رنجور شدنِ آدمی به وهْمِ تعظیمِ خلق و رغبتِ مشتریان به وی و حکایتِ معلّم[3]

کودکان مکتب که از درس و استاد ملال خاطر یافته بودند، با یک‌دیگر به مشورت نشستند و تصمیم گرفتند که برای رهایی از شرّ درس و استاد او را به وهم افکَنَند و به او تلقین کنند بیمار است و نیاز به استراحت دارد؛ بنابراین با ورود استاد هر یک با گفتن سخنانی به ظاهر

---

۱ - **مُسْتَوی** : هموار و درست.   ۲ - **ظَعن** : دور شدن.

۳ - مأخذ آن حکایتی است با همین مضمون در فردوس الحکمة، ص ۵۳۷ و در شرح نهج‌البلاغه از ابن ابی الحدید، ج ۴، ص ۲۶۰ نیز نظیری دارد: مآخذ قصص و تمثیلات مثنوی، ص ۱۰۱.

از سر دلسوزی از رنگ پریدهٔ او و احوالش که دگرگون می‌نماید، کلامی گفتند و استاد را به توهّم مبتلا کردند. او که اینک خود را واقعاً بیمار می‌پنداشت، مکتب را تعطیل کرد تا در خانه بیاساید و بدین سان کودکان شادمان از مکتب و رنج آن رهیدند.

در این قصّه، سرّ سخن در بیانِ این معناست که عامِ خلق و غیر عارفان که دانش ایشان مبتنی بر مکاشفه و علم حضوری نیست، همانند «استادِ مکتب»اند که با تأیید و یا تکذیبِ دیگران به «وهم» مبتلا می‌شوند، همان‌گونه که کودکان توانستند استاد را با تلقینات خویش به وهم افکَنَند.

۱۵۲۳ **کــودکانِ مکــتبی از اوســتاد رنـج دیـدند از مـلال و اجـتهاد**[1]

کودکان مکتب از استاد خود ناراحت بودند و از آموزش‌های بسیار، احساس دلتنگی می‌کردند.

۱۵۲۴ **مشــورت کـردند در تـعویقِ**[2] **کـار تـا مـعلّم در فُـتَد در اضـطرار**

با هم مشورت کردند که چگونه معلّم را در تنگنا قرار دهند تا مکتب را تعطیل کند.

۱۵۲۵ **چــون نـمی‌آید ورا رنـجوریی؟ کـه بگـیرد چـند روز او دوریـی**

می‌گفتند: چرا او بیمار نمی‌شود که چند روز به مکتبخانه نیاید؟

۱۵۲۶ **تا رهیم از حبس و تـنگی و زِکـار هست او چون سنگِ خـارا بـرقرار**

تا ما از مکتب که مانندِ زندان است و درس رهایی یابیم، او مثلِ سنگ خارا استوار است.

۱۵۲۷ **آن یکی زیرک‌تر، ایـن تـدبیر کـرد که بگوید: اوستا! چونی تـو زرد؟**

کودکی که زیرک‌تر بود، تدبیری اندیشید که بگوید: استاد، چرا رنگ چهره‌ات زرد است؟

۱۵۲۸ **خیر باشد رنگِ تو بر جای نـیست این اثـر یـا از هـوا یـا از تـبی‌ست**

خیر است؛ امّا رنگ چهره‌ات، مانند همیشه نیست، یا اثر هوای بد است یا از تب.

۱۵۲۹ **انــدکی انــدر خـیال افـتد از ایـن تو برادر! هم مـدد کـن ایـن چـنین**

استاد از شنیدن این سخن اندکی گرفتار «وهم» می‌شود. تو هم دوست من، سخنانم را تأیید کن.

۱۵۳۰ **چون در آیـی از درِ مکـتب، بگـو: خـیر بـاشد، اوسـتا ! احـوالِ تـو؟!**

هنگامی که از در مکتب وارد شدی، بگو: استاد، إن شاء الله حالت خوب است؟!

---

۱ - **اجتهاد**: جهد کردن. ۲ - **تعویق**: اینجا تعطیل.

۱۵۳۱ **آن خیالش اندکی افزون شود کز خیالی عاقلی مجنون شود**

از سخن تو، اندکی خیالش افزایش می‌یابد؛ زیرا خردمند از «وهم» و «خیال» مجنون می‌شود.

۱۵۳۲ **آن سوم و آن چارم و پنجم چنین در پیِ ما، غم نمایند و حنین[۱]**

همچنان نفرات سوم، چهارم و پنجم هم که وارد مکتب می‌شوند، اظهار اندوه و ناله کنند.

۱۵۳۳ **تا چو سی کودک تواتُر[۲] این خبر مُتّفق گویند، یابد مُستقر[۳]**

هنگامی که سی کودک پیاپی این سخن را بگویند، خیال در ذهن او به باور می‌رسد و استقرار می‌یابد.

۱۵۳۴ **هر یکی گفتش که: شاباش ای ذکی[۴] باد بختت بر عنایت متّکی**

همه گفتند: آفرین به تو دوستِ هوشمند، بخت تو بر عنایت حق استوار باد.

۱۵۳۵ **متّفق گشتند در عهدِ وثیق[۵] که: نگرداند سخن را یک رفیق**

در این پیمان استوار، یکدل و یکزبان شدند که هیچ کس نباید خلاف آن عمل کند.

۱۵۳۶ **بعد از آن سوگند داد او جمله را تا که غمّازی[۶] نگوید ماجرا**

سپس او بچّه‌ها را وادار کرد سوگند بخورند تا سخن‌چینی ماجرا را آشکار نکند.

۱۵۳۷ **رایِ[۷] آن کودک بچربید از همه عقلِ او در پیش می‌رفت از رمه[۸]**

اندیشهٔ او بر رایِ همگان غلبه یافت و خرد او پیشتاز آن گروه بود.

۱۵۳۸ **آن تفاوت هست در عقلِ بشر که میانِ شاهِدان[۹] اندر صُوَر**

همان‌طور که زیبارویان از نظرِ ظاهری تفاوت دارند، در خرد آدمی نیز این تفاوت هست.

۱۵۳۹ **زین قِبَل[۱۰] فرمود احمد در مَقال[۱۱] در زبان پنهان بُوَد حُسنِ رجال[۱۲]**

و به همین مناسبت پیامبر(ص) در یکی از سخنان خود فرمود: حُسنِ مردان در زبان آنان نهان است.

---

۱ - **حنین**: ناله. ۲ - **تواتر**: متواتر، پیاپی. ۳ - **مستقر**: استقرار یابد. ۴ - **ذکی**: باهوش، تیزخاطر.
۵ - **عهد وثیق**: پیمانِ استوار. ۶ - **غمّاز**: سخن‌چین. ۷ - **رای**: اندیشه. ۸ - **رمه**: گروه.
۹ - **شاهد**: محبوب، زیباروی. ۱۰ - **زین قِبَل**: از این روی. ۱۱ - **مقال**: گفتار.
۱۲ - اشاره به کلامی از امیر مؤمنان علی(ع): ر.ک: ۱۲۷۵/۱.

عقولِ خلق متفاوت است در اصلِ فطرت، و نزدِ معتزله[۱] متساوی است، تفاوتِ عقول از تحصیلِ علم است

در بیانِ این معناست که عقول خلق، یعنی «ظرفیّت ذهنی و عقلی» انسان‌ها در اصل فطرت متفاوت بوده است؛ امّا «اهلِ اعتزال» که در اواخر دوران بنی‌امیّه ظهور کردند و تا چند قرن در تمدّن اسلامی تأثیر شگرف داشتند، برخلاف «اهلِ سنّت»، این امر را نشان بی‌عدالتی خداوند نسبت به مخلوق می‌دانند و اختلافِ موجود در عقول را ناشی از تأثیر تحصیل علم و دانش به شمار می‌آورند.

«سنّی» در اکثر موارد در مثنوی مترادف با «عارف» تعبیر می‌گردد. رسیدن به کمال الهی، عنایت ازلی و سرمدی است که پیش از خلقت صوری و ظاهری، یعنی در عالم اعیان ثابته و پیش‌تر از آن در علم الهی شامل حال کسی بوده است.

اختلافِ عقل‌ها در اصل بود　　　بر وِفاقِ سُنّیان[۲] باید شنود[۳] ۱۵۴۰

تفاوتِ عقل و خرد انسان‌ها در اصل از آفرینش آن‌هاست، این مبحث را باید از عارفان شنید.

بر خلافِ قولِ اهلِ اعتزال[۴]　　　که: عقول از اصل دارند اعتدال[۵] ۱۵۴۱

بر خلافِ «اهل اعتزال» که می‌گویند: عقول و خرد انسان‌ها در اصل آفرینش با هم برابرند.

تجربه و تعلیم بیش و کم کند　　　تا یکی را از یکی اَعلم[۶] کند ۱۵۴۲

تجربه و تعلیم، عقل و خرد انسان را می‌افزاید یا می‌کاهد تا یکی از دیگری داناتر باشد.

باطل است این، زانکه رایِ کودکی　　　که ندارد تجربه در مَسْلکی[۷] ۱۵۴۳

این کلام باطل است؛ زیرا از عقل و خرد کودکی که در هیچ مسلکی تجربه‌ای ندارد،

بردمید اندیشه‌یی زآن طفلِ خُرد　　　پیر با صد تجربه بویی نَبُرد ۱۵۴۴

اندیشه‌ای ظهور یافت که استادِ پیر با تجاربِ فراوان از آن بویی نبرده است.

خود فزون آن بِه، که آن از فطرت است[۸]　　　تا زِ افزونی که جهد و فکرت است ۱۵۴۵

برتریِ ذاتیِ عقل و خرد بسیار بهتر است از آنکه آدمی آن را با جهد و تفکّر به دست آوَرَد.

---

۱ - **معتزله** : ر.ک: ۶۱/۲.　　۲ - **سنّی** : ر.ک: ۶۱/۲.

۳ - اشاره به روایتی از ابن عبّاس به نقل از رسول(ص) که بنا بر مضمون آن: خداوند عقل را برتر از عرش و با درجات و مراتب متفاوت آفریده است و عطای آن به خلق یکسان نیست: احادیث، ص ۲۷۴.

۴ - **اهلِ اعتزال** : معتزله.　　۵ - **اعتدال** : برابر بودن.　　۶ - **اَعْلَم** : داناتر.　　۷ - **مسلک** : راه، روش.

۸ - در این قصّه، کودک خردمندِ مکتبخانه نمونهٔ «فطرتِ برتر» است که تعقّل او بر خرد استاد غالب است.

تـو بگـو: دادهٔ خـدا بهتر بُوَد؟ یـا کـه لنگـی راهـوارانـه رود؟ ۱۵۴۶

تو بگو: عقل و خردِ خدادادی که با پایی استوار و رهوارگام بر می‌دارد، بهتر است یا عقلی که از طریقِ علومِ اکتسابی با پایی لنگ می‌کوشد راه را به درستی طی نماید؟

در وهم افکندنِ کودکان اوستاد را

روز گشت و آمـدند آن کـودکان بر همین فکرت، ز خانه تـا دکـان[1] ۱۵۴۷

روز شد و آن کودکان با این فکر به مکتبخانه آمدند.

جـمله اِسـتادند بـیرون مـنتظِر تـا در آیـد اوّل آن یـارِ مُـصِر[2] ۱۵۴۸

همه بیرون به انتظار ایستادند تا ابتدا آن رفیق ثابت قدم به مکتب وارد شود.

زانکه منبع او بُـدست ایـن رای را سـر امـام آیـد هـمیشه پـای را ۱۵۴۹

زیرا اصل و منشأ این فکر از او بود و همیشه «مغز»، «پا» را هدایت و رهبری می‌کند.

ای مـقلِّد! تـو مـجو بیشی بـر آن کـو بُـوَد مـنبع ز نـورِ آسـمان ۱۵۵۰

ای مقلّد، هرگز نخواه که با «دانشِ کسبی» بر کسی که «دانش کشفی» را از منبع نور دریافت می‌دارد، برتری جویی.

او در آمـد، گـفت اُسـتا را: سـلام خـیر بـاشد! رنگ رویت زردفـام ۱۵۵۱

کودک خردمند وارد مکتب شد و گفت: سلام، خیر باشد، رنگ چهره‌ات زرد شده است.

گفت اُستا: نـیست رنـجی مـر مـرا تـو بـرو بـنشین، مگـو یـاوه هـلا ! ۱۵۵۲

استاد گفت: هیچ ملالی ندارم، سر جایت بنشین و سخن بیهوده نگو.

نـفی کـرد امّـا غـبارِ وَهْـمِ بـد انـدکی انـدر دلش نـاگـاه زد ۱۵۵۳

هرچند که استاد کلام او را رد کرد؛ امّا غباری از وهم و خیال بر دلش نشست.

اندر آمد دیگری، گفت ایـن چـنین انـدکی آن وهـم افـزون شـد بـدین ۱۵۵۴

کودک دیگری وارد شد و همین سخن را گفت و با کلام او تردید در دلش افزون شد.

---

۱ - **دکان**: اینجا مکتب. ۲ - **یارِ مُصر**: یار ثابت‌قدم.

همچنین تـا وهـمِ او قـوّت گـرفت ماند اندر حالِ خود بس در شگفت ۱۵۵۵

بدین ترتیب، وهم و خیال شدّت یافت و استاد از حال خود شگفت زده شد.

بیمار شدنِ فرعون هم به وَهم از تعظیمِ خلقان

سجدهٔ خلق از زن و از طفل و مرد زد دلِ فـــرعون را رنـجور کـرد ۱۵۵۶

فرعون هم مانند استاد مکتبخانه، به وهم مبتلا شده بود. بزرگداشتِ خلق از زن و مرد و کودک، فرعون را نسبت به حال خود شِگفت‌زده کرده و به خودبزرگ‌بینیِ عجیبی دچار ساخته بود.

گـفتنِ هـر یک خـداونـد و مَـلِک آنچنان کـردش ز وَهْـمی مُـنْهَتِک [1] ۱۵۵۷

هر یک می‌گفتند: تو خداوند و پادشاهی، این سخنان او را گمراه و بی‌پروا کرد.

کــه بــه دعـویِّ الهـی [2] **شـد دلیـر اژدهـا گشت و نـمی‌شد هـیچ سیر** ۱۵۵۸

که گستاخانه ادّعای خدایی کرد، نَفْسِ او، مانندِ اژدها از مطامع دنیوی و تعظیمِ خلق سیر نمی‌شد.

عقلِ جزوی آفتش وَهم است و ظن زانکـه در ظـلمات شـد او را وطـن ۱۵۵۹

«عقلِ جزوی» که «عقل مادّی یا عقل معاش» است در معرض ابتلا به بیماری «وهم» و «گمان» است؛ زیرا تحتِ سیطرهٔ نَفْسِ امّاره که «ظلمات» است، تنزّل می‌یابد و پرتوی از نَفْس می‌شود.

بر زمـین گـر نـیم گـز [3] **راهـی بُـوَد آدمـی بـی وَهْـم آمِـن مـی‌رود** [4] ۱۵۶۰

اگر بر روی زمین نیم گز راه باشد، آدمی احساس امنیّت می‌کند و بدون ترس راه را طی می‌کند.

بــر ســرِ دیــوارِ عــالی گَــر رَوی گر دو گز عرضش بُوَد، کژ می‌شوی [5] ۱۵۶۱

امّا اگر بر سر دیوارِ بلندی راهی به پهنای دو گَز باشد، دچار سرگیجه و ترس می‌شوی.

---

۱ - **مُنْهَتِک** : پرده دریده، بی‌پروا. ۲ - اشارتی قرآنی؛ نازعات : ۲۴/۷۹ : أَنَا رَبُّكُمُ ٱلْأَعْلَىٰ : ر.ک: ۲۴۶۵/۱.

۳ - **گز** : ذراع، واحد طول.

۴ - اهل یقین که دل و جانشان به نور معرفت منوّر گشته است به کسی مانند شده‌اند که با امنیّت خاطر بر زمین گام بر می‌دارد.

۵ - اهل ظنّ که عاری از انوار معرفت‌اند، به کسی مانند شده‌اند که بالای دیوار راه می‌رود و هر لحظه احتمال ابتلای ایشان به «وهم» و «خیال» می‌رود.

بلکه می‌افتی ز لرزهٔ دل به وَهْم — ترس ِ وهمی را نکو بنگر، بفهم ۱۵۶۲
بالایِ دیوار از تپش قلب دچار توهّم می‌شوی، به ترس ِ ناشی از «وهم» توجّه کن تا بفهمی.

رنجور شدنِ اوستاد به وَهْم

گشت اُستا سُست از وهم و ز بیم — بر جهید و می‌کشانید او گلیم[1] ۱۵۶۳
استاد از ترس ِ ناشی از وهم بیمار شد، برخاست و گلیم را برداشت و عازم خانه شد.

خشمگین با زن که: مِهْرِ اوست سُست — من بدین حالم، نپرسید و نَجُست ۱۵۶۴
از همسرِ خود خشمگین بود که او مرا با این حال دید و سبب را جویا نشد، معلوم است که علاقه‌ای به من ندارد.

خود مرا آگه نکرد از رنگِ من — قصد دارد تا رهد از ننگِ من ۱۵۶۵
مرا از رنگ پریده‌ام آگاه نکرد، لابد می‌خواهد از ننگِ وجود من رهایی یابد.

او به حُسن و جلوهٔ خود مست گشت — بی‌خبر کز بام افتادم چو طشت[2] ۱۵۶۶
او به زیبایی و ظاهر خود مغرور گشته است و نمی‌داند که من بیچاره شده‌ام.

آمد و در را به تندی واگشاد — کودکان اندر پیِ آن اوستاد ۱۵۶۷
استاد به خانه آمد و به تندی و خشم در را باز کرد، در حالی که کودکان هم در پی او روانه بودند.

گفت زن: خیر است چون زود آمدی؟ — که مبادا ذاتِ نیکت را بدی ۱۵۶۸
زن گفت: إن شاءالله که خیر است، چرا زود آمدی؟ بلا از وجود نیک تو دور باد.

گفت: کوری؟ رنگ و حالِ من ببین — از غمم بیگانگان اندر حنین ۱۵۶۹
استاد گفت: مگر کوری؟ رنگ و رویم را ببین. چنان زارم که بیگانگان ناله سر داده‌اند.

تو درونِ خانه از بُغض و نفاق — می‌نبینی حالِ من در احتراق[3]؟ ۱۵۷۰
امّا تو که درون خانهٔ من هستی، از دشمنی و دورویی به حالِ بد و تب‌آلودم توجّه نمی‌کنی.

---

۱ - **گلیم** : گلیم زیرانداز.
۲ - **از بام افتادنِ طشت** : رسوا شدن، اینجا مراد بیچاره و بیمار شدن و از دست رفتن است.
۳ - **احتراق** : سوختن، اینجا مراد تب است.

گفت زن: ای خواجه عیبی نیستت وهم و ظنِّ لاش[۱] بی‌معنی‌ستت ۱۵۷۱

زن گفت: ای آقا، تو که عیب و مرضی نداری، گرفتار وهم و گمان ناچیز و بی‌دلیلی شده‌ای.

گفتش: ای غَر[۲]! تو هنوزی در لجاج؟ می‌نبینی این تغیّر و اِرتجاج[۳]؟ ۱۵۷۲

استاد گفت: ای بدکاره، هنوز هم با من لجاجت می‌کنی، حال دگرگون و لرز مرا نمی‌بینی؟

گر تو کور و کر شدی ما را چه جُرم؟ ما در این رنجیم و در اندوه و گُرم[۴] ۱۵۷۳

اگر تو کور و کر شدی و چیزی نمی‌فهمی، من چه گناهی دارم؟ گرفتار درد و رنج اندوه خود هستم.

گفت: ای خواجه بیارم آینه؟ تا بدانی که ندارم من گنه؟ ۱۵۷۴

زن گفت: ای آقا، بگذار آینه را بیاورم تا بدانی که راست می‌گویم و گناهی ندارم.

گفت: رو، مَه[۵] تو رهی مَه آینه‌ت دایما در بُغض و کینی و عَنَت[۶] ۱۵۷۵

گفت: برو که نه تو درستی و نه آینه‌ات، همواره با من دشمنی و کینه داری و نافرمانی می‌کنی.

جامهٔ خواب مرا زو گُستران تا بخسبم که سرِ من شد گران ۱۵۷۶

زود رختخواب مرا پهن کن تا بخوابم که سرم سخت سنگین شده است.

زن توقّف کرد، مردش بانگ زد کای عدو! زوتر، تو را این می‌سزد ۱۵۷۷

زن درنگ کرد. شوهر فریاد زد: ای دشمن، زود باش که واقعاً شایستهٔ همین نام هستی.

در جامه خواب افتادنِ استاد و نالیدنِ او از وهمِ رنجوری

جامه خواب آورد و گُسترد آن عجوز گفتْ امکان نه، و باطن پر ز سوز ۱۵۷۸

آن پیرزن رختخواب را آورد و پهن کرد، در حالی که دلش می سوخت و جرأت حرف زدن نداشت.

گر بگویم مُتّهم دارد مرا ور نگویم، جِد شود این ماجرا ۱۵۷۹

می‌اندیشید: اگر بگویم دچار وهم شدی، مرا متّهم می‌کند و اگر نگویم، ماجرا جدّی می شود.

۱ - **لاش** : ناچیز. ۲ - **غَر** : بدکاره. ۳ - **ارتجاج** : لرز. ۴ - **گُرم** : غم و اندوه. ۵ - **مَه** : نه.
۶ - **عَنَت** : تباه و فاسد شدن، نافرمانی کردن، گناه ورزیدن.

فالِ بد رنجور گرداند همی … آدمی را که نبودَسْتَش غمی ۱۵۸۰

فال بد زدن؛ یعنی گفتنِ بدیِ احتمالی، آدمی را که بیمی نداشته است، رنجور می‌کند.

قولِ پیغمبر، قبولُهُ یُفْرَضُ[1] … اِنْ تَمارَضْتُمْ لَدَیْنا تَمْرَضُوا ۱۵۸۱

این سخن پیامبر(ص) است که باید پذیرفت: اگر به بیماری تظاهر کنید، بیمار می‌شوید.

گر بگویم، او خیالی برزند … فعل دارد زن که خلوت می‌کند ۱۵۸۲

زن می‌اندیشید: اگر به او بگویم بیمار نیستی، خیال می‌کند زن کاری دارد و خلوتی می‌خواهد.

مر مرا از خانه بیرون می‌کند … بهرِ فِسقی فعل و افسون می‌کند ۱۵۸۳

مرا از خانه بیرون می‌فرستد و برای نیّت و عملی پلید بر من افسون می‌خوانَد.

جامه خوابش کرد و استاد اوفتاد … آه آه و نالـه از وی مـی‌بزاد ۱۵۸۴

رختخواب شوی را گسترد و استاد دراز کشید و شروع کرد به آه و ناله سر دادن.

کودکان آنجا نشستند و نهان … درس می‌خواندند با صد اندُهان ۱۵۸۵

کودکان مکتب که در پی استاد آمده بودند، نشستند و با ظاهری اندوهگین درس می‌خواندند.

کین همه کردیم و ما زندانی‌ایم … بد بِنایی بود، ما بد بانی‌ایم ۱۵۸۶

می‌اندیشیدند: ما این کار را کردیم، ولی محبوس‌ایم، کارِ بدی کردیم و بنای بدی گذاشتیم.

دوم بار در وهم افکندنِ کودکان استاد را که: او را از قرآن خواندنِ ما دردِ سر افزاید

گفت آن زیرک که: ای قومِ پسند! … درس خوانید و کُنید آوا بلند ۱۵۸۷

آن کودک زیرک گفت: وانمود کنید که با صدای بلند دارید درس می‌خوانید.

چون همی خواندند، گفت: ای کودکان! … بانگِ ما استاد را دارد زیان ۱۵۸۸

هنگامی که دیگران با صدای بلند می‌خواندند، گفت: بچّه‌ها، صدای ما برای سلامتی استاد زیان دارد.

---

۱ - اشاره به حدیث: ر.ک: ۱۰۷۵/۱.

دردِ سـر افـزایـد اُسـتا را ز بـانگ   ارزد این کو درد یابد بـهرِ دانگ[۱] ؟ ۱۵۸۹

با این صدا، سردردِ استاد بیشتر می شود، آیا می‌ارزد که او برای پولِ ناچیزی حالش بدتر شود؟

گفت اُستا: راست مـی‌گوید، رویـد   دردِ سر افزون شدم، بـیرون شـوید ۱۵۹۰

استادگفت: او راست می‌گوید، سردردم شدیدتر شده است، بلند شوید و بروید.

خلاص یافتنِ کودکان از مکتب بدین مکر

سجده کردند و بگـفتند: ای کـریم!   دور بـادا از تـو رنـجوری و بـیم ۱۵۹۱

کودکان ادای احترام کردند و گفتند: ای بخشنده، بیماری و ترس از وجودت دور باد.

پس بُـرون جسـتند سـویِ خـانه‌ها   هـمچو مـرغان در هـوایِ دانـه‌ها ۱۵۹۲

سپس بیرون آمدند و مانند پرندگانِ جویای دانه، به سوی خانه‌ها روانه شدند.

مادران‌شان خشمگین گشتند و گفت   روزِ کُتّاب[۲] و شما با لهـو جُـفت ؟ ۱۵۹۳

مادران آنان با خشم گفتند: روز مدرسه و درس است و شما بازی می‌کنید؟

عذر آوردند کِای مادرا! تـو بـیست[۳]   این، گناه از ما و از تـقصیر نـیست ۱۵۹۴

کودکان بهانه آوردند و گفتند: مادر صبر کن و گوش بده، ماگناه و تقصیری نداریم.

از قـــضایِ آســمان اُســتادِ مــا   گشت رنـجور و سـقیم و مُـبتلا ۱۵۹۵

از قضای الهی استاد ما رنجور، بیمار و گرفتار شده است.

مـادران گـفتند: مکـر است و دروغ   صـد دروغ آریـد بـهرِ طـمْعِ دوغ[۴] ۱۵۹۶

مادران گفتند: این حرف نیرنگ و دروغ است، برای خواسته‌ای بی‌ارزش صد دروغ به هم می‌بافید.

مـا صـباح آیـیم پـیشِ اوسـتا   تـا بـبینیم اصـلِ این مکـرِ شما ۱۵۹۷

ما فردا صبح نزد استاد مکتب می‌آییم تا ببینیم که این نیرنگ شما از چه چیزی است.

کـودکان گـفتند: بسـم اللّـه، رویـد   بر دروغ و صدقِ مـا واقـف شـوید ۱۵۹۸

کودگان گفتند: بسم الله، بروید تا از راست و دروغِ سخن ما آگاه گردید.

---

۱ - **دانگ** : پول ناچیز. ۲ - **کُتّاب** : جمع کاتب، جای تعلیم، مکتب. ۳ - **بیست** : بایست، صبرکن.
۴ - **بهرِ طَمْعِ دوغ** : برای رسیدن به خواستهٔ بی‌قدر.

رفتنِ مادرانِ کودکان به عیادتِ اوستاد

بامدادان آمدند آن مادران   خفته اُستا، همچو بیمارِ گران ۱۵۹۹

صبح روز بعد، مادران به خانهٔ استاد آمدند، دیدند که او همچون بیمار سخت در بستر است.

هم عرق کرده ز بسیاری لحاف   سر بِبَسته رو کشیده در سِجاف[1] ۱۶۰۰

به سببِ لحافِ زیاد غرقِ عرق، با سرِ بسته، روی را زیر بالاپوش نهان کرده است،

آه آهی می‌کند آهسته او   جملگان گشتند هم لاحول گو[2] ۱۶۰۱

به آهستگی آه و ناله می‌کند، همگی متعجّب شدند.

خیر باشد اوستاد! این دردِ سر   جانِ تو، ما را نبوده‌ست زین خبر ۱۶۰۲

گفتند: ای استاد، إن شاء الله خیر است، به جان عزیز شما که ما از این درد سر خبر نداشتیم.

گفت: من هم بی‌خبر بودم از این   آگهم مادر غران کردند، هین ۱۶۰۳

استاد گفت: من هم خبر نداشتم، این کودکان مادر به خطا، آگاهم کردند.

من بُدم غافل به شُغلِ قال و قیل   بود در باطن چنین رنجی ثقیل[3] ۱۶۰۴

من بی‌خبر از این بیماری سخت درونی، به درس دادن مشغول بودم.

چون به جِدْ مشغول باشد آدمی   او ز دیدِ رنج خود باشد عَمی[4] ۱۶۰۵

هنگامی که آدمی با جدیّت به کاری مشغول است، از رنج و درد جسمانی خود غافل می‌شود.

از زنان مصر یوسف شد سَمَر[5]   که ز مشغولی بشد ز ایشان خبر[6] ۱۶۰۶

یوسف(ع)، از زنانِ مصر که محوِ جمالِ او و از خود بی‌خبر شدند، بر سر زبان‌ها افتاد.

پاره پاره کرده ساعدهایِ خویش   روحْ واله، که نه پس بیند نه پیش ۱۶۰۷

دست‌های خود را بریدند. روحِ واله و شیدا پس و پیش را نمی‌بیند.

---

۱ - **سجاف** : پوشش، لحاف، کرانه و جانب پرده.

۲ - **لا حول گفتن** : لاٰ حَوْلَ وَ لاٰ قُوَّةَ إلاّ بِالله، پناه بردن به خداوند هنگام مصایب و شنیدن اخبار ناگوار.

۳ - **ثقیل** : سنگین، سخت.   ۴ - **عَمی** : کور.   ۵ - **سَمَر** : افسانه.

۶ - اشارتی قرآنی؛ یوسف : ۳۱/۱۲ : و چون بدگویی ایشان را شنید [کسی را برای دعوت] به سوی آنان فرستاد و برای ایشان مجلسی را آراست و به هر یک از آنان کاردی را داد و [به یوسف] گفت: بر آنان ظاهر شو؛ آنگاه که دیدندش بس بزرگش یافتند و [از بی‌حواسی] دستانشان را [به جای ترنج] بریدند و گفتند: پناه بر خدا، این آدمی‌زاده نیست، این جز فرشته‌ای گرامی نیست.

ای بسا مردِ شجاع اندر حِراب[1] که ببرّد دست یا پایش ضِراب[2] ۱۶۰۸

چه بسا که در جنگ، ضربهٔ شمشیر دست یا پای مردِ شجاعی را قطع می‌کند.

او همان دست آورد در گیرودار بر گمانِ آنکه هست او برقرار ۱۶۰۹

او به گمان آنکه عضو سالم است، همان دست را پیش می‌آورد.

خود ببیند دستْ رفته در ضرر خون از او بسیار رفته، بی‌خبر ۱۶۱۰

امّا می‌بیند که بخشی از این عضو را از دست داده و زیان سختی دیده است و با آنکه خون فراوانی از وی رفته، به کلّی بی‌خبر است.

در بیانِ آنکه تن روح را چون لباسی است و این دست آستینِ دستِ روح است و این پایْ موزهٔ پایِ روح است

این ابیات در تقریر این معناست که روح انسانی (جان) در میان تن او قرار دارد و این قالب عنصری، همانند جامه‌ای آن را در بر گرفته است.

همان‌گونه که در دفتر اوّل نیز آمد، روح عالی عِلوی که از اعلیٰ علّیین است، در قالب جسمانی که از اسفل السافلین طبیعت است، به امر حضرت باری جای گرفته و رابط میان آن دو که هیچ سنخیّت و جنسیّت با یک‌دیگر ندارند، جسمِ غیر مادّی است که به آن «جان» می‌گویند. این ابیات در شرح این نکته است که جان آدمی که جسمی غیر مادّی است از نظر ظاهری دارای همین ویژگی‌های جسم مادّی است، دستِ عنصری به منزلهٔ دستِ روح انسانی است و پا به منزلهٔ پای آن.

تا بدانی که تن آمد چون لباس رو، بجو لابِس[3]، لباسی را مَلیس[4] ۱۶۱۱

برای آنکه بدانی که «تن»، همانند «لباس» است برایِ جان، جویایِ پوشنده باش نه شیفتهٔ لباس.

روح را توحیدِ اَللّه خوشتر است غیرِ ظاهر، دست و پایِ دیگر است ۱۶۱۲

برای «روحِ انسانی» پرداختن به «توحید الهی» از هر چیزی خوشایندتر است. غیر از این دست و پای ظاهری، دست و پای دیگری نیز هست.

---

۱ - **حراب**: پیکارکردن. ۲ - **ضراب**: زد و خورد با شمشیر. ۳ - **لابس**: پوشندهٔ لباس.
۴ - **مَلیس**: از لیسیدن، مراد بوسیدن و شیفته شدن است.

دست و پا در خواب بینی و ائتلاف[1] آن حقیقت دان، مدانش از گزاف ۱۶۱۳

اگر در خواب می‌بینی که دست و پا داری و به کاری مشغول است، آن را حقیقت بدان.

آن تویی که بی‌بدن داری بدن پس مترس از جسم و جان بیرون شدن ۱۶۱۴

آن بدن، تنِ تو و جسمِ غیر مادّیِ توست؛ بنابراین بدون این تن هم حیات داری، از مرگ نترس.

حکایتِ آن درویش که در کوه خلوت کرده بود و بیانِ حلاوتِ[2] انقطاع[3] و خلوت، و داخل شدن در این منقبت[4] که: اَنا جَلیسُ مَنْ ذَکَرَنی وَ اَنیسُ مَنِ اْستَأْنَسَ[5] بی[6]

گر با همه‌ای چو بی منی بی همه‌ای ور بی همه‌ای چو با منی با همه‌ای[7]

درویشی که از انفاس خلق ملول بود، در کوهساری مقیم شد و خلوت گزید. در آن کوهسار اشجار و ثمار بسیار و امرود بُن‌های کوهی فراوانی وجود داشت. زاهد که متوکّلانه در خلوت نشسته بود، در دل با خدا عهد کرد که جز از میوه‌هایی که باد از درخت بر زمین می‌افکند، نخورد و هرگز دست به چیدن میوه‌ها نگشاید.

---

۱ - **ائتلاف** : پیوستگی. ۲ - **حلاوت** : شیرینی. ۳ - **انقطاع** : از دنیا بریدن.

۴ - **منقبت** : اینجا رسیدن به مرتبهٔ معنوی.

۵ - من [پروردگار] همنشین کسی هستم که یادم می‌کند و همدم کسی هستم که با من انس می‌گیرد. نیکلسون آن را حدیث قدسی می‌داند، در منابع مربوطه مأخذ آن را نیافتم.

۶ - شیخ عطّار این حکایت را در ذیل حال ابوالخیر اَقْطَع در تذکرةالاولیاء، ج ۲، ص ۱۰۰ آورده و از قول وی روایت کرده است که چون روزی مصحف را بی‌وضو برگرفته است، خود را مستحقّ قطع دست می‌یابد و روزی که در بازار به دستگیری دزدان برآمده بودند، شیخ ابوالخیر می‌گوید که رهزن منم، ایشان را خلاص دهید و بعد از بریدن دست، نشان خویش می‌گوید و آه از نهاد امیر بر می‌خیزد. در تلبیس ابلیس نیز این حکایت نقل شده است به نحوی که مضمون آن با روایت مثنوی هماهنگی بیشتری دارد: احادیث، صص ۲۷۹-۲۷۵. مراد از شیخ اقطع، عبّاد بن عبدالله تیناتی است که درکوه لبنان مقیم بوده و از برگ نخل زنبیل می‌بافته و حیوانات درنده را با او مؤانست بوده است (متوفّیٰ به سال ۳۴۰ ق): شرح مثنوی مولوی، ج ۳، ص ۱۱۳۶.

۷ - این بیت در نثر و شرح مثنوی شریف، ج ۳، ص ۲۴۴ منسوب به مولانا دانسته شده و دکتر استعلامی آن را منسوب به ابوسعید ابی‌الخیر ذکر کرده است: مثنوی، تعلیقات دفتر سوم، ص ۲۹۹.

مدّتی بر این منوال گذشت و درویش بر عهد خویش استوار ماند تا اینکه آزمون قضای الهی فرا رسید و وزشِ باد پنج روز هیچ میوه‌ای را بر زمین نریخت. زاهد چندی در برابر جوع مقاومت کرد؛ امّا «گرسنگی و ضعف» و «قوّت جذب و قضا» سبب شد که درویش نسبت به نذر و عهد خود بی‌وفا شد و چند میوه را از درخت چید و خورد.

در همان دم گوشمال حق بدین سان فرا رسید که شِحنهٔ شهر در جست‌وجوی بیست تن از دزدان که در همان کوهسار گوشهٔ خلوتی یافته و در حال تقسیم اموال مسروقه بودند، بدان جایگاه آمد و با دستگیر کردن دزدان، شیخ زاهد را هم که در نزدیکیِ محلّ اختفای آنان خلوت گزیده بود، دستگیر کرد و به شهر برد. حاکم شرع بنا بر اشارت کلام حق: ۳۳/۵، حکم به قطع دست و پای آنان از چپ و راست داد و درویش را نیز که سهواً در میان آن جمع گرفتار آمده بود بدین مصیبت مبتلا کرد؛ امّا هنگامی که یک دستش را بریدند و عزمِ قطعِ پایش را داشتند، سواری بس گزین از راه رسید و بر عوانان بانگ زد که این شیخ از ابدالِ حق است، چرا دست مرد خدا را قطع کردید؟ و بدین ترتیب شحنه و عوانان از درویش پوزش طلبیدند و شیخ زاهد نیز که خود از سِرّ ماوَقَع به خوبی آگاه بود، آنان را بِحِل کرد.

درویش زاهد پس از آن میان خلق به **شیخ اقطع** شهرت یافت؛ امّا همچنان خلوت گزید و با خلق در نیامیخت.

زائری که به شیخ ارادتی داشت روزی سرزده به خلوت او وارد شد و درویش را دید که با هر دو دست خویش در حال زنبیل بافتن است، ولی شیخ از وی خواست تا این سرّ را در زمان حیات او فاش نکند؛ امّا گروه دیگری از شکاف روزن بر سرّ او آگاه شدند و کرامت شیخ آشکار گردید، مبادا که گروهی گمان برند که او شیخ ریایی بوده است و به سبب این بدگمانی در حقّ مردان خدا «**رد نگردند از جناب آسمان**».

۱۶۱۵ **بود درویشی به کُهساری مقیم — خلوت[۱]، او را بود هم خواب و ندیم**

درویشی در کوهی اقامت کرده بود، عزلت انیس و مونس او به شمار می‌آمد.

۱۶۱۶ **چون ز خالق می‌رسید او را شُمول[۲] — بود از اَنفاسِ مرد و زن ملول**

چون الطاف الهی شامل حال او بود، از مصاحبتِ خلق دلتنگ می‌شد و بدان تمایلی نداشت.

---

۱ - **خلوت** : ر.ک: ۵۵۳/۱. ۲ - **شُمول** : شامل شدن، در برگرفتن.

همچنانکه سهل شد ما را حَضَر[1] سهل شد هم قوم دیگر را سفر ۱۶۱۷
همان‌طور که برای ما اقامت در مکانی سهل است، برای قوم دیگر سفر آسان است.

آنچنانکه عاشقی بر سروری عاشق است آن خواجه بر آهنگری ۱۶۱۸
همان‌گونه که تو به سروری عشق می‌ورزی، دیگری نیز به حرفهٔ آهنگری عشق می‌ورزد.

هر کسی را بهرِ کاری ساختند میلِ آن را در دلش انداختند ۱۶۱۹
هر کسی را برای کار خاصّی آفریده‌اند و اشتیاق و میل آن را در دلش قرار داده‌اند.

دست و پا بی میل جنبان کِی شود؟ خار و خس بی آب و بادی کِی رود؟ ۱۶۲۰
اگر دل مایل نباشد، کجا دست و پا بجنبد؟ چگونه خار و خس بدونِ جریان آب یا وزش باد حرکت کند؟

گر ببینی میلِ خود سوی سما[2] پرّ دولت برگشا، همچون هما[3] ۱۶۲۱
اگر دل خود را مشتاقِ عوالم برتر می‌یابی، مانند هما بالِ بختِ فرخنده را بگشا.

ور ببینی میلِ خود سویِ زمین نوحه می‌کن، هیچ منشین از حنین ۱۶۲۲
و اگر میلِ دل خود را به عوالم مادّی می‌بینی، ناله سر بده و از زاری باز نمان.

عاقلان، خود نوحه‌ها پیشین کنند جاهلان، آخِر به سر بر می‌زنند ۱۶۲۳
خردمندان پیشاپیش نوحه می‌کنند و نادانان در پایان کار از پشیمانی دست بر سر می‌زنند.

ز ابتدایِ کار آخِر را ببین تا نباشی تو پشیمان یومِ دین ۱۶۲۴
از آغاز کار به پایان آن توجّه کن تا روز رستاخیز پشیمان نباشی.

دیدنِ زرگر عاقبتِ کار را، و سخن بر وَفقِ عاقبت گفتن[4] با مستعیرِ[5] ترازو[6]

پیری مُرتعش با پاره‌ای زرّ خُرد در کف، به نزد زرگری رفت و تقاضای ترازویی به عاریت کرد تا زرّ خویش را برسنجد. زرگر گفت: غربال و جارو ندارد تا به او بدهد. پیرمرد گفت:

---

۱ - **حَضَر** : اقامت در یک مکان، مخالف سفر. ۲ - **سَما** : آسمان، کنایه از عالم معنا.
۳ - **هُما** : پرنده‌ای که آن را مظهر شکوه و فرّ دانند و به فال نیک گیرند. بر سر هر که سایه افکند به دولت و سلطنت رسد. ۴ - **بر وَفقِ عاقبت گفتن** : بنا بر عاقبت‌اندیشی گفتن. ۵ - **مستعیر** : عاریت گیرنده.
۶ - مأخذ این حکایت تمثیلی احتمال است که لطیفه‌های رایج در افواه عام و یا قصّه‌های قصّاص باشد.

مضحکه را کناری نِهْ، از تو ترازو خواستم، نه غربال و جارو، و تقاضای خود را تکرار کرد؛ امّا زرگر همان پاسخ را داد و در پی پرخاش پیر، گفت: کر نیستم، خواسته‌ات را دانستم. نپنداری که نادانم. دیدم تو کهنسالی، دستت ارتعاش دارد و زرّت نیز خُرد و ریز است که با لرزش دستت بر خاک خواهد ریخت و از من تقاضای جارو و غلبیر برای جُستنِ زرّ خواهی داشت. از این رو در آغاز گفتم: جارو و غلبیر ندارم. **«من ز اوّل دیدم آخر را تمام»**

سرِّ قصّه تأکیدی است بر «عاقبت‌اندیشی» که نشان «حزم و احتیاط» است. شخص حازم و دوراندیش البتّه کمتر در معرض خطا و پشیمانی خواهد بود.

آن یکی آمد به پیشِ زرگری — که ترازو دِه که بر سنجم زری ۱۶۲۵

شخصی نزد زرگری آمد و گفت: ترازویی بده که طلایی را وزن کنم.

گفت: خواجه! رو مرا غربال نیست — گفت: میزان دِه، براین تَسْخَر مه‌ایست ۱۶۲۶

زرگر گفت: برو که غربال ندارم. او گفت: شوخی و مسخرگی را کنار بگذار و ترازو را بده.

گفت: جارویی ندارم در دکان — گفت: بس بس! این مَضاحک[1] را بمان[2] ۱۶۲۷

زرگر گفت: من در دکان جارو ندارم. گفت: بس است، مسخره‌بازی را کنار بگذار.

من ترازویی که می‌خواهم بِدِه — خویشتن را کَر مکن، هر سو مَجِه ۱۶۲۸

ترازویی را که می‌خواهم بده و خود را به ناشنوایی نزن و از انجام این خواسته نگریز.

گفت: بشنیدم سخن، کَر نیستم — تا نپنداری که بی‌معنیستم ۱۶۲۹

زرگر گفت: من کر نیستم، سخن تو را شنیدم، مبادا بیندیشی که آدم نادان و تهی‌مغزی هستم.

این شنیدم، لیک پیری، مُرتَعِش[3] — دستْ‌لرزان، جسمِ تو نامُنْتَعِش[4] ۱۶۳۰

کلام تو را شنیدم؛ امّا تو پیری لرزان هستی که دستت ارتعاش دارد و بدنت سست است.

وآن زرِ تو هم قراضهٔ خُرد مُرد — دست لرزد، پس بریزد زرِّ خُرد ۱۶۳۱

طلای تو هم خُرد و ریز است، هنگامِ وزن کردن، دستت می‌لرزد و زرِّ خُرد بر زمین می‌ریزد.

پس بگویی: خواجه جاروبی بیار — تا بجویم زرِّ خود را در غُبار ۱۶۳۲

آنگاه می‌گویی: ای آقا، جارویی بیاور تا زرِّ خُرد را از میان خاک جارو کنم و بردارم.

---

۱ - **مضاحک**: جمع مضحکه، مسخره‌بازی. ۲ - **بمان**: بس کن. ۳ - **مرتعش**: دارای ارتعاش، لرزان.
۴ - **نامنعتش**: ناسالم، بیمار، سست و لرزان.

چون بروبی، خـاک را جـمع آوری گوییم: غلبیر خواهـم ای جَـری[1] ! ۱۶۳۳

و بعد از آنکه جارو کردی و خاک را جمع آوردی، می‌گویی: ای دلاور، غربالی بده.

مـن ز اوّل دیـدم آخِـر را تـمام جایِ دیگـر رو از ایـنجا، والسَّـلام ۱۶۳۴

من از ابتدا همهٔ این‌ها را دیدم؛ بنابراین به جای دیگری برو، والسّلام.

بقیّهٔ قصّهٔ آن زاهدِ کوهی که نذر کرده بود که: میوهٔ کوهی از درخت باز نکنم و درخت نفشانم و کسی را نگویم صریح و کنایت که: بیفشان. آن خورَم که باد افکنـده باشد از درخت

انـدر آن کُـه بـود اشـجار و ثِـمار بس مُرودی[2] کوهی آنجا، بی‌شمار ۱۶۳۵

در آن کوه درختان و میوه‌های فراوان بود، بخصوص گلابی کوهی به وفور یافت می‌شد.

گفت آن درویش: یا رب با تو مـن عهد کـردم زیـن نـچینم در زمـن[3] ۱۶۳۶

درویش گفت: خداوندا، من با تو پیمان می‌بندم که از این میوه‌ها هرگز نچینم.

جز از آن میوه کـه بـاد انـداختش مـن نـچینم از درختِ مُـنتعش[4] ۱۶۳۷

جز میوه‌هایی که باد از درخت‌ها می‌افکند، نمی‌خورم و از درختان استوار میوه نمی‌چینم.

مـدّتی بـر نـذرِ خـود بـودش وفـا تـا در آمـد امـتحاناتِ قـضا ۱۶۳۸

مدّتی بر این منوال گذشت تا قضای الهی در رسید و آزمونی را فراروی او نهاد.

زیـن سـبب فـرمود: استـثنا[5] کـنید گر خدا خواهد، بـه پـیمان بـرزنید ۱۶۳۹

به این مناسبت خداوند در قرآن فرمود: «إن شاء الله» بگویید و هنگامِ پیمان «إن شاء الله» را منظور بدارید.

---

۱ - **جری** : دلاور. ۲ - **مُرود** : اَمْرود، نوعی گلابی.

۳ - **در زَمَن** : در زمین، اینجا به معنی آنکه تا زنده‌ام و در این مکان هستم.

۴ - **مُنْتَعِش** : سالم، خوش و سرزنده، آنکه نگاه می‌دارد پای را در لغزش. ۵ - **استثناء** : ر.ک: ۵۰/۱.

۱۶۴۰ هـر زمـان دل را دگـر مـیلی دهـم هـر نَـفَس بـر دل دگـر داغـی نـهم

خداوند فرمود: «إن شاء الله» بگویید، از آن رو که بنا بر مشیّتِ حق تعالیٰ، هر لحظه واردات قلبی و احوال آن با لحظه‌ای دیگر متفاوت است و آدمی حال یکسانی ندارد، در هر نَفَس خواسته و میلی تازه، همچون داغی بر دل او می‌نشیند؛ بنابراین نیازمندِ امدادِ الهی است تا بتواند به پیمان خود وفا کند.

۱۶۴۱ کُـلُّ اِصْـباحٍ لَـنا شأنٌ جَـدید[1] کُـلُّ شَـیءٍ عَنْ مُرادی لا یَحید

در هر صبح کار تازه‌ای داریم. هیچ کاری خارج از حدود ارادهٔ من نیست.

۱۶۴۲ در حدیث آمدکه: دل همچون پری است[2] در بـیابانی اسـیرِ صـرصری[3] است

در حدیث آمده که دل، همانند پری در بیابان است که گرفتار باد و توفان سخت باشد.

۱۶۴۳ بـاد پـر را هـر طـرف رانَـد گـزاف گه چپ و گه راست با صد اختلاف

باد بی‌پروا پر را به هر سو می‌رانَد، گاه به چپ و گاه به راست، با صد دگرگونی آن را بالا و پایین می‌بَرَد.

۱۶۴۴ در حدیثِ دیگر: این دل دان چنان کآب جوشان ز آتش اندر قازغان[4]

در حدیث دیگر آمده است که دل همانند آبی در دیگی بر روی آتش می‌جوشد.

۱۶۴۵ هـر زمـان دل را دگـر رایـی بُـوَد آن نـه از وی، لیک از جـایی بُـوَد

دل آدمی در هر لحظه اندیشه‌ای دارد که این میل از خودِ او نیست، از جای دیگری است.

۱۶۴۶ پس چـرا آمِـن شـوی بـر رایِ دل عهدْ بندی تـا شـوی آخـر خَـجِل؟

پس چرا بدون در نظر گرفتن مشیّتِ الهی بنا بر احساس دل پیمانی می‌بندی که سرانجام شرمنده شوی؟

۱۶۴۷ این هم از تأثیرِ حُکم است و قَـدَر چـاه مـی‌بینی و نـتوانـی حَـذَر

این هم از تأثیراتِ فرمان و تقدیر الهی است که چاه را می‌بینی و نمی‌توانی از آن پرهیز کنی.

---

۱ - اشارتی قرآنی؛ رحمن : ۲۹/۵۵ : ر.ک: ۱۸۳۰/۱ و ۳۰۸۴/۱.

۲ - اشاره به حدیث: قلب به خاطر منقلب شدنش این نام را به خود گرفته است. درست مانند پَری در بیابان است که به تنهٔ درختی آویزان شده و توسط باد مرتباً پشت و رو می‌شود: احادیث، صص ۲۷۹ و ۲۸۰.

۳ - **صَرصَر** : باد سرد و سخت، واژهٔ قرآنی است.

۴ - **قازغان** : دیگ بزرگ، ترکی است. اشاره به حدیث: قلب آدمی از آب جوشان در دیگ، بیشتر بالا و پایین می‌رود: احادیث، صص ۲۸۰ و ۲۸۱.

نیست خود از مرغِ پرّان این عجب   که نبیند دام و افتد در عَطَب[1] ۱۶۴۸

اینکه پرنده در حال پرواز دام را نبیند و به هلاکت بیفتد، عجیب نیست.

این عجب که دام بیند، هم وَتَد[2]   **گر بخواهد ور نخواهد، می‌فتد** ۱۶۴۹

عجب این است که دام و میخ آن را ببیند؛ امّا چه بخواهد و چه نخواهد گرفتار شود.

چشمْ باز و گوشْ باز و دامْ پیش   سویِ دامی می‌پَرَد با پَرِّ خویش ۱۶۵۰

با چشمِ باز و گوشِ باز و دامی که در مقابل اوست، با پر و بالِ خود به سوی قضا پرواز می‌کند.

تشبیهِ بند و دامِ قضا[3]، به صورتْ پنهان، به اثر پیدا

در این ابیات «انسان» که چشم او تنها قادر به رؤیت ظواهر است، به «مهترزاده»ای مانند شده که علی‌رغم آزادی و اختیار، چون تأثیرات قضای الهی را نمی‌داند، هرچند در پی مطامع دنیوی می‌کوشد، به مراد نمی‌رسد و غافل از آن است که بند و دامِ **قضا** در نهان او را گرفتار کرده است.

بینی اندر دلق، مهترزاده‌یی[4]   **سربرهنه**[5] **در بلا افتاده‌یی** ۱۶۵۱

بزرگزاده‌ای را می‌بینی که با جامهٔ ژنده و سری برهنه به مشکلات و مصایبی دچار است.

در هوایِ نابکاری[6] **سوخته   اَقْمِشه**[7] **و اَملاکِ خود بفروخته** ۱۶۵۲

در عشق زنی بدکار سوخته و مال و ملک خود را بر باد داده است.

خان و مان رفته، شده بدنام و خوار   کامِ دشمن می‌رود، اِدبیروار[8] ۱۶۵۳

خان و مان را از دست داده، بدنام، بی‌آبرو و خوارگشته است و با این نکبت دشمن شاد شده است.

زاهدی بیند، بگوید: ای کیا[9] **!   همّتی می‌دار از بهرِ خدا** ۱۶۵۴

زاهدی را می‌بیند و از وی می‌خواهد: ای محتشم، از بهر خدا همّت و امدادی بدرقهٔ راهم کن.

---

۱ - **عَطَب** : هلاک شدن.   ۲ - **وَتَد** : میخ.   ۳ - **قضا** : ر.ک: ۹۱۵/۱.

۴ - **مهترزاده** : بزرگ‌زاده. «بزرگزاده» رمزی است از «انسان».

۵ - **سربرهنه** : کلاهی که بر سر می‌گذاشتند غالباً موجبات تمایز طبقات متفاوت اجتماعی بوده است.

۶ - **نابکار** : بدکار، فاحشه. «زن بدکار» رمزی است از نفس امّاره که هستی حقیقی آدمی را بر باد می‌دهد.

۷ - **أقْمِشة** : جمع قماش، اسباب و اثاث.   ۸ - **ادبیروار** : بخت برگشته.   ۹ - **کیا** : بزرگ، سرور.

کــاندر ایــن اِدبــارِ زشت افــتاده‌ام مــال و زرّ و نـعمت از کـف داده‌ام ۱۶۵۵

که به این بدبختیِ زشت افتاده‌ام، مال و منال و هرچه را که داشته‌ام، از دست داده‌ام.

هــمّتی تـا بـوکه مـن زیـن وارهـم زیـن گِـلِ تـیره بُـوَد کـه بـرجَـهَم[1] ۱۶۵۶

همّت و امدادِ معنوی به من برسان شاید از تیرگیِ جسم و نَفْس رهایی یابم.

این دعا می‌خواهد او از عام و خاص کــالْخَلاص وَ الْخَلاصَ وَ الْخَلاص ۱۶۵۷

از عام و خاصّ مـی‌خواهـد کـه بـا دعـای خـیر مـوجب رهـایی او از ایـن تـیره‌روزی و خلاصی‌اش شوند.

دستْ بــاز و پــایْ بـاز و بـندْ نـی نــه مــوکّل بـر سـرش، نـه آهـنی ۱۶۵۸

دست او باز است و بر پایش نیز بندی نیست، مأموری او را وادار به امرِ خلافِ میل نمی‌کند.

از کـدامـین بـند مـی‌جویی خـلاص؟ وز کدامین حبس می‌جویی مَناص[2] ؟ ۱۶۵۹

از کدامین بند خلاصی می‌جویی یا از کدامین زندان آرزوی رهایی داری؟

بـندِ تـقدیر و قـضایِ مـختفی[3] کـه نـبیند آن بـجز جـانِ صـفی ۱۶۶۰

بندی که تقدیر و قضای الهی، در نهان بر دست و پای جان تو بسته، رشته‌ای است سخت که آن را جز چشمِ جانِ برگزیدهٔ حق، نمی‌تواند ببیند.

گرچه پیدا نیست آن، در مَکمن[4] است بَــتَّر از زنــدان و بــندِ آهــن است ۱۶۶۱

هرچند که آن رشته آشکار نیست و از درون تو را اسیر کرده؛ امّا گشودن آن از هـزاران زندان و بندِ آهنین دشوارتر است.

زانکــه آهــنگر مــر آن را بشکـند حُفره گر هم خشتِ زندان بـر کَـنَد ۱۶۶۲

زیرا رشتهٔ آهنین را آهنگر می‌شکند و با ایجادِ نقب هم خشت زندان برکَنده می‌شود.

ای عــجب ایـن بـندِ پـنهانِ گـران عــاجز از تکســیر[5] آن آهــنگران ۱۶۶۳

عجیب است چنین رشتهٔ سختی که هیچ آهنگری قادر به شکستن آن نیست.

---

۱ - مصراع دوم: از بدبختی و سیاه‌روزی نجات یابم. ۲ - **مَناص** : پناهگاه،گریزگاه. ۳ - **مُخْتَفِی** : ناپیدا.
۴ - **مکمن** : نهانگاه. ۵ - **تکسیر** : شکستن و خرد کردن.

دیــدنِ آن بـنـدْ احــمد را رســد   بـرگلویِ بسته حَـبْلٌ[1] مِـنْ مَسَـدْ[2] ۱۶۶۴

چشمِ پیامبر(ص) می‌تواند ریسمانِ طنابِ خرما را بر گردن زن ابولهب ببیند.

دیــد بــر پُشتِ عــیالِ بــولَهَب   تَنگِ هیزم، گفت: حـمّالهٔ حَـطَب[3] ۱۶۶۵

و آن چشمِ پاک حق‌بین، پشتهٔ هیزم را بر دوش امّ جمیل، عیال ابولهب دید که آیهٔ کریمه نیز با اشاره به شقاوت و بدسگالی این زن، او را هیزم‌کش دوزخ معرّفی می‌کند.

حَبل و هیزم را جز او چشمی ندید   کـه پـدید آیـد بـر او هـر نـاپدید ۱۶۶۶

جز چشمی که امور غیبی بر او هویداست، چشمی ریسمان و هیزم غیبی را نمی‌دید.

بـــاقیانش[4] جــمله تأویــلی کــنند   کین ز بیهوشی‌ست، و ایشان هوشمند ۱۶۶۷

دیگران تأویل می‌کنند و می‌گویند: آن بزرگزاده که دچار نکبت شـد، از بـیخردی بـوده است، گویی خود خردمند و هوشیارند.

لیک از تأثـیرِ آن، پُشـتش دوتـو   گشته و نـالان شـده او پـیشِ تـو ۱۶۶۸

او از باری که بر پشتش نهاده‌اند، خمیده و نالان است و تو ناله‌اش را می‌شنوی

کــه دعــایی، هــمّتی تــا وارَهَم   تا از ایـن بـندِ نـهان بـیرون جـهم ۱۶۶۹

که می‌نالد و دعا و همّتی می‌طلبد تا از این بندگران نهان رهایی یابد.

آنکـه بـیند ایـن عـلامت‌ها پـدید   چون نـدانـد او شـقی را از سـعید؟ ۱۶۷۰

کسی که این نشانه‌ها را آشکارا می‌بیند، چگونه نگون‌بخت را از نیک‌بخت باز نشناسد؟

دانــد و پـوشد بـه اَمرِ ذوالجـلال   کـه نـباشد کشـفِ رازِ حـق حـلال ۱۶۷۱

می‌بیند و می‌داند؛ امّا مصلحت الهی حکم می‌کند که اسرار حق فاش نگردد.

---

۱ - **حَبْل**: ریسمان، طناب.

۲ - اشارتی قرآنی؛ مَسَد: ۵/۱۱۱: ر.ک: ۳۸۱۱/۲. زنی که آتش‌افروز عداوت‌ها و کینه‌ورزی‌ها و دشمنی‌های ابولهب در آزار رسول هاشمی(ص) بوده است و در این کار چنان پیش رفته که پسران خویش را وادار کرد که دختران رسول خدا(ص)، رقیّه و امّ کلثوم را طلاق گویند.

۳ - اشارتی قرآنی؛ مَسَد: ۴/۱۱۱: وَٱمْرَأَتُهُ حَمَّالَةَ ٱلْحَطَبِ: و زنش هیزم‌کش [و آتش‌افروز معرکه] است.

۴ - **باقیان**: دیگران، غیر از کاملان، آنان که خود را خردمند می‌پندارند و درکی از حقایق ندارند و آن را تأویل می‌کنند.

این سخن پایان ندارد، آن فقیر　　از مَجاعت[1] شد زبون و تن اسیر ۱۶۷۲

بیان مسائلی که در ارتباط با قضای الهی است، پایانی ندارد. آن درویش بینوا از گرسنگی درماند و در چنگال ضعف و گرسنگی اسیر شد.

مضطرب شدنِ فقیرِ نذر کرده به کندنِ اَمرود از درخت و گوشمالِ حق رسیدن بی‌مهلت

پنج روز آن بادْ امرودی نریخت　　ز آتشِ جوعش صبوری می‌گریخت ۱۶۷۳

پنج روز گذشت و باد یک گلابی هم از درخت نیفکند، از آتشِ گرسنگی صبرِ او تمام شد.

بر سرِ شاخی مُرودی چند دید　　باز صبری کرد و خود را واکشید ۱۶۷۴

چند گلابی را بر بالای شاخه‌ای دید؛ امّا باز صبوری پیشه کرد و جلوی خواستهٔ خود را گرفت.

باد آمد، شاخ را سر زیر کرد　　طبع را بر خوردنِ آن چیر کرد ۱۶۷۵

بادی وزید و شاخه را به پایین آورد. نَفْسِ درویش به خوردن آن راغب‌تر شد.

جوع و ضعف و قوّتِ جذب و قضا　　کرد زاهد را ز نذرش بی‌وفا ۱۶۷۶

گرسنگی، ناتوانی و میل طبیعی بدن او و مهم‌تر از همه، قضای الهی که فراروی او نهاده شده بود، زاهد را بر آن داشت تا به پیمان خود وفا نکند.

چونکه از امرود بُن میوه سُکُست[2]　　گشت اندر نذر و عهدِ خویش سست ۱۶۷۷

چون از درختِ گلابی میوه را چید و در نذر و پیمان خود سستی نشان داد،

هم در آن دم گوشمالِ حق رسید　　چشمِ او بگشاد و گوشِ او کشید ۱۶۷۸

در همان لحظه مجازات الهی فرارسید و چشمِ او را به حقایق گشود و وی را تنبیه کرد.

---

۱ - **مجاعت** : گرسنگی.　　۲ - **سُکُست** : جدا کرد، کند.

متّهم کردن آن شیخ را با دزدان و بُریدن دستش را

بیست از دزدان بُدند آنجا و بیش بخش می‌کردند مسروقاتِ[1] خویش ۱۶۷۹

در آن مکان حدود بیست نفر و یا بیشتر از دزدان بودند و اموال مسروقه را تقسیم می‌کردند.

شِحنه را غمّاز[2] آگه کرده بود مردمِ شِحنه برافتادند زود ۱۶۸۰

جاسوسی داروغه را آگاه کرده بود، مأموران بی‌درنگ رسیدند و آنان را دستگیر کردند.

هم بدآن جا پایِ چپّ و دستِ راست جمله را ببرید، و غوغایی بخاست ۱۶۸۱

در همان مکان پای چپ و دست راست همه را بریدند و هنگامه‌ای برپا شد.

دستِ زاهد هم بُریده شد غلط پاش را می‌خواست هم کردن سَقَط[3] ۱۶۸۲

دست زاهد نیز در این گیرودار به اشتباه بریده شد و می‌خواستند پایش را نیز قطع کنند.

در زمان آمد سواری بس گُزین بانگ برزد بر عَوان[4] کِای سگ! ببین ۱۶۸۳

همان موقع، سواری والامقام از راه رسید و فریاد زد که ای پست فطرت چه می‌کنی؟

این فلان شیخ است از ابدالِ[5] خدا دستِ او را تو چرا کردی جدا ؟ ۱۶۸۴

این شخص فلان شیخ و از ابدال حق است، چرا دست او را بریدی؟

آن عوان بدرید جامه، تیز رفت پیشِ شحنه، داد آگاهیش تفت[6] ۱۶۸۵

آن مأمور با گریبانی چاک، بی‌درنگ نزد داروغه رفت و او را از حقیقت باخبر کرد.

شِحنه آمد، پابرهنه، عذرخواه که: ندانستم، خدا بر من گواه ۱۶۸۶

داروغه پا برهنه و عذرخواه به سوی شیخ آمد و گفت: خداگواه است که من نمی‌دانستم.

هین! بِحِل کن[7] مر مرا زین کارِ زشت ای کریم و سرورِ اهلِ بهشت! ۱۶۸۷

ای شیخ کریم و ای سرور بهشتیان، گناه مرا ببخش و حلالم کن.

---

۱ - **مسروقات :** اموال دزدیده. ۲ - **غَمّاز :** جاسوس، خبرچین.
۳ - **سقط کردن :** قطع کردن، بریدن، انداختن. ۴ - **عوان :** مأمور حکومت.
۵ - **ابدال :** جمع بَدَل، مردان حق، ر.ک: ۱۴۴۰/۱ و ۳۴۲۳/۱. ۶ - **تفت :** زود، تند.
۷ - **بِحِل کن :** حلال کن.

گفت: می‌دانم سبب این نیش را　　　مـی‌شناسم مـن گـناهِ خـویش را ۱۶۸۸

شیخ گفت: من سبب این مجازات را می‌دانم و گناهِ خود را می‌شناسم.

مـن شکسـتم حُـرمتِ اَیْـمانِ[1] او　　　پس یـمینم[2] بُـرد دادِسـتانِ او ۱۶۸۹

من حرمت سوگندی را که به نام او بود شکستم؛ بنابراین عدالت او دست راست مرا برید.

من شکستم عهد و دانستم بد است　　　تا رسید آن شومیِ جرأت به دست ۱۶۹۰

هنگامی که پیمانِ خود را نادیده می‌گرفتم، زشتی‌اش را می‌دانستم و شومیِ این گستاخی دستم را بر باد داد.

دستِ ما و پایِ ما و مغز و پوست　　　باد ای والی! فدایِ حُکمِ دوست ۱۶۹۱

ای داروغه، من به قضایِ الهی راضی‌ام. دست، پا، مغز و پوست فدایِ فرمان دوست باد.

قِسْم من بود این، تو را کردم حلال　　　تـو نـدانستی، تـو را نَـبْوَد وبـال ۱۶۹۲

این تقدیر من بود، تو را حلال کردم، تو ندانسته چنین کردی و گناهی نداری.

وانکه او دانست، او فرمان‌رواست　　　با خدا سامانِ پیچیدن کجاست؟ ۱۶۹۳

کسی که می‌دانست، فرمانرواست، چگونه می‌توان در برابر او ایستادگی کرد؟

ای بسـا مـرغی پـریده دانـه‌جو　　　کـه بُـریده حـلقِ او هـم حـلقِ او[3] ۱۶۹۴

چه بسا پرنده که برای جُستن دانه پرواز می‌کند و این میل او را به دام می‌افکَنَد و حلق را بر باد می‌دهد.

ای بسا مـرغی ز مـعده وز مَـغَص[4]　　　بـر کـنارِ بـامْ مـحبوس قـفص ۱۶۹۵

ای بسا پرنده که در اثرِ گرسنگی جویای دانه بوده و اسیر قفسی شده است.

ای بسـا مـاهی در آبِ دوردست　　　گشته از حرص، گلو مأخوذِ شست[5] ۱۶۹۶

ای بسا ماهی که در آب دور دست است؛ امّا حرص خوردن او را گرفتار قلاّب ماهیگیری می‌کند.

---

۱ - **أیْمان**: جمع یمین، سوگند.　　۲ - **یمین**: دست راست.

۳ - در این بیت و ابیات پس از آن اشاره به این نکته است که تنها زاهد کوه‌نشین چنین نیست، بلکه همهٔ موجودات خود را فدای حرص و طمع خویش می‌کنند و هر یک به نوعی در دامی که خود با رفتار و اعمال خویش نهاده‌اند، گرفتار می‌آیند.　　۴ - **مَغَص**: درد روده‌ها در اثر گرسنگی، درد شکم ناشی از غذا نخوردن.

۵ - **شست**: قلاّب ماهیگیری.

ای بسا مستور[۱] در پرده بُده شومیِ فرج[۲] و گلو رسوا شده ۱۶۹۷

ای بسا زنِ در پرده و عفیف که برای ارضایِ شهوت و یا از تنگدستی بدنام و رسوا شده است.

ای بسا قاضیِّ حَبْرِ[۳] نیک‌خو از گلو و رِشوتی او زردْ رُو[۴] ۱۶۹۸

چه بسا قاضیِ دانشمندِ نیک‌خو که به سبب حرص و طمع رشوه گرفته و بی‌آبرو شده است.

بلکه در هاروت و ماروت[۵] آن شراب از عروج چرخشان شد سدِّ باب ۱۶۹۹

«هاروت و ماروت» نیز به طمعِ کامجویی شراب نوشیدند و ندانستند که پس از آن، دیگر تباهی‌ها را نیز مرتکب می‌شوندَ و نمی‌توانند به آسمان باز گردند.

بایزید[۶] از بهرِ این کرد احتراز[۷] دید در خود کاهلی اندر نماز[۸] ۱۷۰۰

بایزید بسطامی که در خود برای اقامه نماز سستی دید، دانست که باید پرهیز را پیشه کند.

از سبب اندیشه کرد آن ذولباب[۹] دید علّت، خوردنِ بسیار از آب ۱۷۰۱

چون آن خردمند جویای علّت شد، دریافت که سببِ آن، آشامیدن آبِ فراوان است.

گفت: تا سالی نخواهم خورد آب آنچنان کرد و خدایش داد تاب ۱۷۰۲

گفت: تا یک سال آب نخواهم خورد و به گفتهٔ خود پای‌بند ماند و خداوند به او قوّت عطا کرد.

این کمینه جهدِ او بُد بهرِ دین گشت او سلطان و قُطب العارفین ۱۷۰۳

این کمترین مجاهدهٔ او در راه دین بود، از این‌رو سلطان‌العارفین و قطب‌العارفین خوانده شد.

چون بریده شد برای حَلْق دست مردِ زاهد را درِ شکویٰ بِبَست ۱۷۰۴

چون دستِ شیخ برای حلق، او بریده شد، او شِکوه نکرد و آن را از قضایِ الهی دانست.

شیخِ اقطع گشت نامش پیش خلق کرد معروفش بدین، آفاتِ حلق ۱۷۰۵

میان مردم به «شیخ دست بریده» شهرت یافت و این امر به سبب زیانی بود که میل به خوردن برای او به وجود آورد.

---

۱ - **مستور**: پوشیده شده، نهان. ۲ - **فرج**: عورت انسان.

۳ - **حِبْر**: عالم و دانشمند یهود و جز آن، آگاه. ۴ - **زرد رو**: شرمنده، بی‌آبرو.

۵ - **هاروت و ماروت**: ر.ک: ۵۳۹/۱. ۶ - **بایزید**: ر.ک: ۲۲۸۵/۱. ۷ - **احتراز**: پرهیز.

۸ - مأخذ آن روایتی است در تذکرةالاولیاء، ج ۱، ص ۱۵۶: بایزید را گفتند که از مجاهدهٔ خود ما را چیزی بگو. گفت: اگر بزرگ‌تر گویم طاقت ندارید؛ امّا از کمترین بگویم، روزی نَفْس را کاری بفرمودم، حرونی کرد؛ یعنی فرمان نبرد. یک سالش آب ندادم. گفتم: یا نفس، تن در طاعت ده یا در تشنگی جان بده: احادیث، ص ۲۸۱.

۹ - **ذولباب**: خردمند، صاحب عقل معاد، کسی که خداجوست.

کراماتِ شیخِ اقطع و زنبیل بافتنِ او به دو دست

۱۷۰۶ **در عَریش[1] او را یکی زایر بیافت   کو به هر دو دست می زنبیل بافت**

شخصی که برای دیدار و زیارت به کلبهٔ او رفته بود، دید که با دو دست زنبیل می‌بافد.

۱۷۰۷ **گفت او را: ای عدوِّ جانِ خویش   در عریشم آمده، سر کرده پیش**

شیخ گفت: ای دشمن جان خویش، چرا بدون اجازه سر را انداخته و وارد کلبهٔ من شده‌ای؟

۱۷۰۸ **این چرا کردی شتاب اندر سِباق[2] ؟   گفت: از اِفراطِ مِهر و اشتیاق**

چرا به شتاب و بی اجازه وارد شدی؟ گفت: از شدّت محبّت و اشتیاقِ دیدار شما.

۱۷۰۹ **پس تبسّم کرد و گفت: اکنون بیا   لیک مخفی دار این را ای کیا !**

شیخ تبسّم کرد و گفت: اینک بیا؛ امّا ای مرد بزرگ، آنچه را دیدی نهان دار و با کس نگو.

۱۷۱۰ **تا نمیرم من مگو این با کسی   نه قرینی، نه حبیبی، نه خسی**

تا من نمرده‌ام این راز را آشکار نکن و به کسی کلامی نگو، نه خویش، نه دوست و نه بیگانه.

۱۷۱۱ **بعد از آن قومی دگر از روزنش   مُطّلع گشتند بر بافیدنش**

بعد از آن، گروه دیگری از خلق نیز او را از روزنهٔ کلبه دیدند که با دو دست زنبیل می‌بافد.

۱۷۱۲ **گفت: حکمت را تو دانی کردگار   من کنم پنهان تو کردی آشکار**

شیخ گفت: پروردگارا، حکمت کارها را تو می‌دانی، من این راز را نهان کردم، تو آشکار می‌کنی.

۱۷۱۳ **آمد الهامش که: یک چندی بُدند   که در این غم بر تو منکِر می‌شدند**

الهامی رسید که با قطع شدن دستت، چند نفر بودند که به انکار تو برخاستند.

۱۷۱۴ **که مگر سالوس[3] بود او در طریق[4]   که خدا رسواش کرد اندر فریق[5]**

می‌گفتند: شاید در طریقت ریا می‌ورزیده که خداوند او را رسوا و بدنام کرده است.

۱۷۱۵ **من نخواهم کآن رمه[6] کافر شوند   در ضلالت در گمانِ بد روند**

من نمی‌خواهم که آن گروه با بدگمانی در حقّ تو و قضاوت ناروا، گمراه شوند و خلاف بگویند.

---

۱ - **عریش** : سایبان، کلبه، کازه. ۲ - **سباق** : سبقت گرفتن، پیشی گرفتن. ۳ - **سالوس** : فریب دهنده.
۴ - **طریق** : سلوک، راهِ حق. ۵ - **اندر فریق** : میانِ خلق. ۶ - **رمه** : گروه.

این کرامت را بکردیم آشکار   که دهیمت دست اندر وقتِ کار ۱۷۱۶

و به این مناسبت، کرامت را آشکار کردیم که بدانند هنگامِ کار به تو دو دست می‌دهیم.

تا که آن بیچارگانِ بدگُمان   رَدْ نگردند از جنابِ[1] آسمان ۱۷۱۷

تا آن بیچارگانِ بداندیش در همان پندار باطل نمانند و مردود درگاه حق نگردند.

من تو را بی این کرامت‌ها ز پیش   خود تسلّی دادمی از ذاتِ خویش ۱۷۱۸

من پیش از عطای این کرامت‌ها نیز تو را با عنایات الهی و لِقای حق تسلّی می‌دادم.

این کرامت بهرِ ایشان دادمت   وین چراغ از بهرِ آن بنهادمت ۱۷۱۹

این کرامت را به خاطر ایشان به تو دادم و این چراغ را به منظور آنکه آنان گمراه نشوند، برایت افروختم.

تو از آن بگذشته‌ای کز مرگِ تن   ترسی، وَزْ تفریقِ اجزایِ بدن ۱۷۲۰

مقامِ تو بسی فراتر از آن است که از مرگ تن بیمناک باشی و از پراکنده شدن اجزای آن هراسی به دل راه دهی.

وَهْمِ تفریقِ سر و پا از تو رفت   دفعِ وَهْم، اسپر[2] رسیدت نیک زفت ۱۷۲۱

خیال از دست دادن سر و پا و دیگر اجزای بدن با وقوع مرگ به کلّی از وجودت خارج شده است. کرامتی که به تو عطا کردیم، سپرِ بسیار ستبری است که برای دفعِ «وهم» دیگران است.

سببِ جرأتِ ساحرانِ فرعون بر قطعِ دست و پا[3]

همان‌گونه که در قصّهٔ موسی(ع) و فرعون، ذیل بیت ۸۴۰ همین دفتر آمد، دیدیم که پس از سجده آوردن ساحران بر پروردگار عالمیان و ایقان به دعوت موسی(ع)، فرعون خشمگین شد و فریاد کشید که دست و پایتان را به خلاف هم خواهم برید و شما را بر دار خواهم آویخت؛ امّا تهدید او، علی‌رغم پندار باطل وی، تأثیری در ساحران نداشت و آنان را به ترس و لرز نیفکند و از

---

۱ - **جَناب**: درگاه، آستانه. ۲ - **اسپر**: سپر.

۳ - اینک نمونهٔ دیگری از آنان که بیمی از تفریق تن ندارند، قصّهٔ ساحرانی تداعی شده است که علی‌رغمِ تهدیدِ فرعون، نور ایمان دلشان را محکم داشت و بر یقین خویش پای فشردند تا جان باختند.

خشم او و هلاکت بیمناک نکرد؛ زیرا ایشان که خود استاد سحر و جادو بودند، به خوبی می‌دانستند که اژدهایِ عصایِ موسیٰ(ع)، از دست دیگری است و از مقولهٔ سحر و جادو نیست، معجزه‌ای الهی است؛ بنابراین یقینِ آنان ایمانی در دلشان پدید آورد که از پندار و وهم رستند و بر دریچهٔ نور دل بنشستند و از دریده شدن خرقهٔ تن بیمی به دل راه ندادند.

این قطعه تأکیدی است بر تقریر این معناکه افروخته شدن چراغ ایمان در دل آدمی، نوری الهی را بر جان وی پرتوافشان می‌دارد که در پرتو آن به حقایق راه می‌یابد، از وهم و گمان می‌رهد و مهر دنیا و دنیادوستان را بر دل سرد می‌کند و از ایثار تن در راه حق بیمناک نمی‌دارد.

۱۷۲۲ **ساحران را، نه که فرعونِ[1] لعین کرد تهدیدِ سیاست بر زمین**

مگر فرعون ملعون ساحران را تهدید به مجازات و کیفر نکرد؟

۱۷۲۳ **که: بِبُرّم دست و پاتان از خلاف پس در آویزم، ندارمْتان معاف**

که دست و پایتان را به خلاف می‌برم و شما را بر دار می‌آویزم و مشمول بخشش نمی‌شوید.

۱۷۲۴ **او همی پنداشت کایشان در همان وَهْم و تخویف‌اند[2] و وسواس و گُمان**

او می‌پنداشت که ساحران، مانند گذشته در وهم، ترس و تردید به سر می‌برند.

۱۷۲۵ **که بُوَدْشان لرزه و تخویف و ترس از تَوَهّم‌ها و تهدیداتِ نفس[3]**

که از غلبهٔ خیال و تهدید که می‌توانست نَفْسِ آنان را بیمناک سازد، در ترس و لرز و هراس‌اند.

۱۷۲۶ **او نمی‌دانست کایشان رَسته‌اند بر دریچهٔ نورِ دل بنشسته‌اند**

فرعون آگاه نبود که ساحران از توهّم و پندار رهیده‌اند و جانشان از روزنِ دل، نور می‌یابد.

۱۷۲۷ **این جهانْ خواب است، اندر ظن مه‌ایست گر رود در خوابْ دستی، باک نیست[4]**

این جهان، هستیِ قائم به ذات ندارد. به این مجموعهٔ غیر حقیقیِ خواب‌مانند، دلبسته نباش.[5] اگر در خواب دستِ آدمی بریده شود، باکی نیست.

---

۱ - ماجرای موسیٰ(ع) و ساحران: ر.ک: ۱۶۲۵/۱.

۲ - **تخویف** : ترسانیدن، راه را چنان کردن که مردم از آن بترسند.

۳ - **تهدیداتِ نفس** : تهدید فرعون برای شکنجه و قتل ساحران که می‌توانست جان بدون یقین را بیمناک سازد.

۴ - در متن کهن مورد استفادهٔ این شرح، ترتیب ابیات همین است که آورده‌ایم، در بعضی از نسخ جابه‌جایی ابیات دیده می‌شود.

۵ - مناسب است با مضمون این روایت: اَلنّاسُ نِیامٌ فَإِذَا مَاتُوا انْتَبَهُوا: مردم در خواب‌اند، چون بمیرند، بیدار می‌شوند: احادیث، ص ۲۸۱.

۱۷۲۸ **گر به خواب اندر سرت بُبْرید گـاز[1] هم سرت برجاست و هم عمرت دراز**

اگر در خواب سرت را تیغی بُبرد، هم سرت بر جای است و هم عمرت طولانی‌تر خواهد شد.

۱۷۲۹ **گر ببینی خواب در، خود را دو نیم تن‌درستی چون بخیزی، نی سقیم**

اگر در رؤیا ببینی که بدنت دو نیمه شده است، در بیداری می‌بینی که سالم هستی، نه بیمار.

۱۷۳۰ **حاصل، اندر خواب، نقصانِ بدن نیست باک، و نه دو صد پاره شدن**

حاصل آنکه، نقصِ بدن و پاره پاره شدن آن در خواب ترسی ندارد.

۱۷۳۱ **این جهان راکه به صورت قایم است گفت پیغمبر که:[2] حُلْم[3] نـایم است[4]**

در موردِ دنیا که به ظاهر استوار و قائم می‌نماید، پیامبر(ص) فرمود: همانندِ رویای آدمِ در خواب فرو رفته است.

۱۷۳۲ **از رهِ تقلید تو کردی قبول سالکان این دیده پیدا، بی‌رسول[5]**

تو این کلام را از سر تقلید پذیرفته‌ای؛ امّا سالکانِ راهِ حق این حقایق را فقط با تقلید نپذیرفته‌اند، در مکاشفات روحانی دیده‌اند.

۱۷۳۳ **روز در خوابی، مگو کین خواب نیست[6] سایه فرع است، اصلْ جز مهتاب نیست**

روزها هم که ساعات بیداری است، تو در خواب به سر می‌بری و ظاهراً بیدار هستی، آنچه که بیدار است «سایهٔ» توست، این سایه، همان ظاهر توست، «اصل» یا روحِ انسانی که «مهتاب» است، خوابِ غافلانه‌ای دارد.

۱۷۳۴ **خواب و بیداریت آن دان ای عَضُد[7] که ببیند خفته، کو در خواب شد**

ای یاور، خواب و بیداری‌ات، مانندِ رؤیایِ خُفته‌ای است که ببیند خواب یا بیدار است.

---

۱ - **گاز**: مقراض، قیچی.

۲ - مقصود روایت ذیل است: اَلدُّنْیَا حُلُمٌ وَ أَهْلُهَا عَلَیْهَا مُجَازُونَ وَ مُعَاقَبُونَ: دنیا رؤیایی بیش نیست و اهل دنیا بر اساس آن پاداش و یاکیفر می‌بینند.

از امیر مؤمنان علی(ع) روایت کرده‌اند: اَلدُّنْیَا حُلُمٌ وَ ٱلآخِرَةُ یَقْظَةٌ وَ نَحْنُ بَیْنَهُما أَضْغاثُ أَحْلام: دنیا یک رؤیاست و آخرت بیداری، بین این دو، ما همچون خواب‌های آشفته هستیم: احادیث، ص ۲۸۲.

۳ - **حُلْم**: خوابی که می‌بینند، رؤیا. ۴ - **نایم**: کسی که در خواب است.

۵ - مقصود از «بی رسول» آن است که سالکان حقایق را با یقین و کشف دریافته‌اند و نه فقط از تقلید.

۶ - «روح انسانی» یا «جان» که اسیر شهوات و تعلّقات و غفلت‌هاست، از حقایق و عوالم روحانی بی‌خبر است. در این زندگی، آدمی در «خوابِ غفلت» است و خود را بیدار و آگاه می‌پندارد.

۷ - **عضد**: بازو، کنایه از یاور و پشتیبان، مددکار.

**او گمان برده که این دم خفته‌ام	بی خبر ز آن، کوست در خواب دُوم** ۱۷۳۵

او می‌پندارد اکنون خوابیده است، در حالی که قبلاً هم خواب بوده و اینک «خواب در خواب» یا خوابِ دوم اوست.

**هاونِ گردون اگر صد بارشان	خُرد کوبد اندر این گُلْزارشان** ۱۷۳۶

اگر روزگار، همانند هاون، صد بار کسانی را که حقایق را می‌بینند، در گلزار دنیا در هم بکوبد،

**اصلِ این ترکیب را چون دیده‌اند	از فروعِ وَهْم کم ترسیده‌اند** ۱۷۳۷

چون در مکاشفات روحانی، حقایق را دیده‌اند و می‌دانند که اصلِ این «قالب عنصری» و «عالم هستی» از «ذاتِ هستی‌بخش» است، از آنچه که مربوط به فروع این زندگیِ غیرِ حقیقی است و شامل فقدان و نقصان مال و تن است، بیمناک نشده‌اند.

**سایهٔ خود را ز خود دانسته‌اند	چابک و چُست وگَش[1] و برجَسته‌اند** ۱۷۳۸

آنان «قالب عنصری» را که «سایه» است، از وجودِ حقیقیِ خود یا «روح انسانی» باز شناخته‌اند؛ بنابراین با این معرفت، چست و چالاک و زیبا و برگزیده‌اند.

**کوزه‌گر گر کوزه‌یی را بشکند	چون بخواهد، باز خود قایم کند[2]** ۱۷۳۹

اگر کوزه‌گر، کوزه‌ای را بشکند، هرگاه بخواهد می‌تواند باز آن را بسازد.

**کور[3] را هر گام باشد ترسِ چاه	با هزاران ترس می‌آید به راه** ۱۷۴۰

شخصِ نابینا در هر گام از فروافتادن در چاه بیمناک است و با هزاران ترس راه می‌رود.

**مردِ بینا[4] دید عرضِ راه را	پس بداند او مَغاک[5] و چاه را** ۱۷۴۱

شخص بینا در یک نگاه عرض راه را می‌نگرد و گودال و چاه را تشخیص می‌دهد.

**پا و زانو اَش نلرزد هر دمی	رو تُرُش کِی دارد او از هر غمی؟** ۱۷۴۲

پا و زانوانش در هر لحظه نمی‌لرزد، او کی از هر غمی اندوهگین می‌شود؟

---

۱ - **گَش** : خوب و خوش رفتار.

۲ - کوزه‌گر، کنایه است از حق تعالی که می‌تواند هستی آدمی را ویران کند و باز از نو بسازد.

۳ - کور، کنایه از عام خلق که حقایق را نمی‌بینند و از حوادث و مصایب زندگی این جهانی همواره در بیم به سر می‌برند.

۴ - مرد بینا، کنایه از عارف است که به نور حق می‌بیند و حوادث و مصایب او را اندوهگین و بیمناک نمی‌سازد.

۵ - **مَغاک** : گودال.

خیز فرعونا! که ما آن نیستیم — که به هر بانگی و غولی بیستیم[1] ۱۷۴۳

ای فرعون، برخیز که ما آن نیستیم که با فریادِ هر غول بیابانی از راه باز مانیم، ما راه را شناخته‌ایم.

خرقهٔ[2] ما را بِدر، دوزنده هست — ورنه، ما را خود برهنه‌تر بِهْ است ۱۷۴۴

تن ما را پاره کن، کسی هست که آن را بدوزد، و اگر ندوزد، برایِ ما برهنگی بهتر است؛ زیرا جانمان برهنه به سوی او پرواز می‌کند.

بی لباس این خوب را اندر کنار — خوش در آریم، ای عدوِّ نابکار! ۱۷۴۵

ای دشمنِ بدنهاد، ما در آن برهنگی و بی‌جامهٔ تن، «این خوب» را که همان «حقیقتِ» ساری و جاری در عالمِ هستی است، در آغوش می‌گیریم.

خوشتر از تجرید[3] از تن وز مِزاج[4] — نیست ای فرعونِ بی الهام[5] گیج! ۱۷۴۶

ای فرعون احمقِ بی‌الهام، رهایی از «تن» و «مزاجِ آب و گِل» خوش‌تر از هر چیز است.

حکایتِ استر پیشِ شتر که من بسیار در رُو می‌افتم و تو نمی‌افتی الاّ به نادر[6]

استری نزد اشتری شکایت کرد که تو کمتر به رو می‌افتی؛ ولی من با همهٔ احتیاط از افتادن ایمن نیستم. اشتر در پاسخ گفت: چشم من روشن‌تر از تو و از بلندی ناظر است و می‌توانم هوشمندانه همهٔ پستی و بلندی راه و آخر عقبه را هم ببینم؛ امّا تو بیش از دو سه گام را نمی‌بینی.

این قصّه در تقابل «مؤمن» و «کافر» است که در آن «اُشتر» تمثیلی از «مؤمن» و «استر» تمثیلی از «کافر» به شمار است. در دفتر چهارم این حکایت با تفصیل بیشتری آمده و در تبیین این معنا نیز هست که پیران روشن‌بین و عارفان طریقت راهنمایان گردنه‌های سیر و سلوک‌اند که در لزوم متابعت از ایشان هیچ تردیدی نیست.

---

۱ - این بیت از زبان ساحرانِ آگاه شده خطاب به فرعون و یا از زبان هر انسان آگاهی به اهل دنیاست.

۲ - **خرقه**: اینجا «تن» به خرقه مانند شده است. «خرقه را بِدر»: ما را بکش.

۳ - **تجرید**: بازکردنِ پوستِ چیزی، برهنه کردن. «تجرید از تن»: رهایی روح از تن.

۴ - ر.ک: ۵۰۵/۱، مزاج را به ضرورت شعری به صورت ممال و «مزیج» باید بخوانید.

۵ - **بی‌الهام**: بدون معرفت.

۶ - مأخذ آن حکایتی است در مقالات شمس با همین مضمون: مقالات، ص ۲۷۲. مولانا در دفتر چهارم هم همین قصّه را می‌آورد: ر.ک: ۳۳۷۷/۴.

گفت استر با شتر :کِای خوش رفیق! در فـراز و شـیب و در راهِ دقـیق ۱۷۴۷

استر به شتر گفت: ای همسفر خوب، تو در سربالایی‌ها و سرازیری‌ها و راه‌های بسیار باریک،

تو نه آیی در سر و خوش مـی‌روی من همی آیم به سر در، چون غَوی[1] ۱۷۴۸

به زمین نمی‌افتی و به آسانی راه را می‌روی؛ امّا من همانند گمراهان با سر سقوط می‌کنم.

من همی افـتم بـه رُو در هـر دمـی خواه در خشکی و خواه اندر نـمی ۱۷۴۹

من در هر لحظه با سر در زمین خشک یا راه نمناک می‌افتم.

این سبب را بازگو با من که چیست؟ تا بدانم من که چون باید بـزیست؟ ۱۷۵۰

علّت آن را برای من بازگو کن تا بدانم که چگونه باید زندگی کنم؟

گفت :چشمِ من ز تو روشن‌تر است بعد از آن هم از بلندی نـاظر است ۱۷۵۱

شتر گفت: چشمان من بیناتر از چشمان توست و گذشته از آن از بلندی می‌نگرم.

چـون بـر آیـم بـر سـرِ کـوهِ بـلند آخِـرِ عَـقبه[2] **بـبینم هـوشمند** ۱۷۵۲

هنگامی که بر فراز کوه بلندی هستم، هوشیارانه تا انتهای گردنه را می‌نگرم.

پس هـمه پسـتی و بـالاییّ راه دیـده‌ام را وانـماید هـم الـه ۱۷۵۳

گذشته از آن، خداوند دیدگان مرا برای ادراک فراز و نشیب می‌گشاید.

هـر قـدم مـن از سـرِ بینش نـهم از عِـثار[3] **و اوفـتادن وارهـم** ۱۷۵۴

هر گام را از سر بینش و بصیرت بر می‌دارم؛ بنابراین از سرنگون شدن و لغزیدن در امان هستم.

تو ببینی پیش خود یک دو سه گام دانـه بـینی و نـبینی رنـجِ دام[4] ۱۷۵۵

امّا تو جز دو، سه گام را در فراروی خود نمی‌بینی، دانه را می‌بینی، نه رنجِ دام را.

یَسْتَوِی الاَعْـمیٰ[5] **لَـدَیْکُم وَٱلبَـصیر فِـی ٱلمَـقامِ والنُّـزُولِ وَالمَسـیر** ۱۷۵۶

آیا به نظر شما کور و بینا در ایستادن، فرود آمدن و حرکت کردن یکسان‌اند؟

---

۱ - **غَوی** : گمراه. ۲ - **عَقَبه** : گردنه. ۳ - **عِثار** : لغزش.

۴ - اشاره به اهل دنیاست که جز ظواهر به چیزی نمی‌نگرند و در دام تعلّقات گرفتار می‌آیند.

۵ - اشارتی قرآنی؛ انعام : ۶/۵۰ : ...هَلْ يَسْتَوِى ٱلْأَعْمَىٰ وَٱلْبَصِيرُ...: آیا نابینا و بینا برابرند....

چون جنین را در شکم حق جان دهد   جـــذبِ اجـــزا در مـــزاجِ او نـــهد ۱۷۵۷

هنگامی که خداوند به جنین در زهدان جان عطا مـی‌کند، قـدرتِ جـذبِ نـیازها را در سرشتِ او قرار می‌دهد.

از خورش او جـذبِ اجـزا مـی‌کند   تـار و پـودِ جسـمِ خـود را مـی‌تَنَد ۱۷۵۸

او با تغذیه در زهدان نیازِ خود را بر می‌آوَرَد و تار و پود جسم خود را می‌پروراند.

تا چهل سالش بـه جـذبِ جـزوها   حق حریصش کرده باشد در نَـما[1] ۱۷۵۹

خداوند تا چهل سالگی او را به جذبِ نیازها برای رشد و تکامل حریص می‌کند.

جـذبِ اجـزا روح را تـعلیم کـرد   چون نداند جذبِ اجزا شاهِ فـرد؟[2] ۱۷۶۰

خداوندِ یگانه که به روح قابلیّت و استعدادِ جذب «انوار و فیوضات ربّانی» را تـعلیم داد، چگونه از گِردآوری اجزایِ جسمانی عاجز باشد؟

جـامعِ ایـن ذرّه‌هـا خـورشید بـود   بـی غـذا اجـزات را دانـد ربـود ۱۷۶۱

خورشید بی‌همتایِ هستی، پروردگاری که ذرّات وجود آفریدگان را به هـم پـیوند داده است، همان اجزا را پس از مرگ و پراکندگی، بدون تغذیه و به ارادهٔ خویش جمع می‌آوَرَد و ترکیب می‌کند.

آن زمانی که در آیـی تـو ز خـواب   هوش و حسِّ رفته را خواند شتاب ۱۷۶۲

این کار و سهولت آن برای حق تعالی، همان گونه است که به محضِ برخاستن از خواب، به شتاب، هوش و حواسّ رفته‌ات را فرا می‌خوانَد.

تـا بـدانـی کآن از او غـایب نشـد   بـاز آیـد چـون بـفرماید کـه: عُـدْ[3] ۱۷۶۳

تا بدانی هوش و حواسّی را که هنگام خواب از دست داده بودی، از حیطهٔ قدرت و نفوذ ارادهٔ الهی او خارج نشده است و به فرمانِ او باز می‌گردد.

---

۱ - **نما**: رشد. ۲ - اشاره به معاد و رستاخیز است. ۳ - **عُدْ**: بازگرد.

اجتماعِ اجزای خرِ عُزَیر علیه السّلام، بعد از پوسیدن، به اِذْنِ الله، و در هم مرکّب شدن پیشِ چشمِ عُزیر، علیه السّلام[1]

قصّهٔ عُزَیر[2](ع) بدون اشارت به نام او در قرآن کریم آمده است، بقره: ۲۵۹/۲: *یا* [داستان] *کسی را که بر شهری گذشت که سقف‌ها و دیوارهایش فروریخته بود، گفت: چگونه خداوند* [اهل] *این* [شهر] *را پس از مرگشان زنده می‌کند؟ آن‌گاه خداوند او را صد سال میراند، سپس زنده کرد* [و به او] *گفت: چه مدّت مانده‌ای؟ گفت: یک روز یا بخشی از یک روز مانده‌ام. فرمود: چنین نیست، صد سال مانده‌ای، به خوردنی و نوشیدنی‌ات بنگر که با گذشت زمان دیگرگون نشده است، و به درازگوشت بنگر، و* [بدین سان] *تو را مایهٔ عبرت مردم خواهیم ساخت، و به استخوان‌ها بنگر که چگونه فراهمشان می‌نهیم، سپس بر آن‌ها گوشت می‌پوشانیم، و هنگامی که* [حقیقت امر] *بر او آشکار شد، گفت: می‌دانم که خداوند بر هر کاری تواناست.*

این قصّه که در تأییدِ ابیاتِ پایانیِ «حکایت استر پیش شتر» مجال تقریر یافته در بیانِ همان معناست، همان‌گونه که آدمی پس از برخاستن از خواب، حواسّ جسمانیِ از دست رفته را حاضر می‌بیند، پس از حشر و بعث نیز آنچه را که با مرگ به تصوّر خویش از دست داده است باز می‌یابد و در واقع این داستان حاکی از قدرتِ خلاّقهٔ حق تعالیٰ برخلق ثانی است، همان‌طور که در خلق اوّل بوده است.

جان کلامِ در قدرت تامّ حضرت باری است که بر هر چیز تواناست و در ارتباط با حشر و آنچه مربوط بدان فرموده است، هیچ جای تردید نیست.

هین عُـزیرا! در نگـر انـدر خَـرَت ‌‌‌ ‌ ‌ که بپوسیده‌ست و ریـزیده بـرت ۱۷۶۴

ای عُزیر، آگاه باش و خرت را بنگر که چگونه اجزایِ آن پوسیده و در اطرافت ریخته است.

پـیشِ تـو گِـرد آوریـم اجـزاش را ‌ ‌ ‌ ‌ آن سر و دُمّ و دو گـوش و پـاش را ۱۷۶۵

ما در برابرِ چشمان تو اجزایِ او را گِرد می‌آوریم، سر، دُم، دو گوش و پایش را.

دست نـه و جـزو بـر هـم مـی‌نهد ‌ ‌ ‌ ‌ پـاره‌ها را اجـتماعی مـی‌دهد ۱۷۶۶

بی دست یا عضوِ جسمانی اجزا را گِرد می‌آوَرَد و پاره‌های گسیخته را جمع می‌کند.

---

۱ - ذکر نام عُزَیر(ع) فقط یک بار در قرآن کریم آمده است، در ردّ قول یهود که عُزَیر(ع) را ابن‌الله می‌خوانده‌اند، توبه: ۳۰/۹، امّا در هر حال «قصّهٔ خر و زنده شدن صاحبش بعد از صد سال» را منسوب به عُزَیر(ع) ندانسته‌اند؛ ولی مولانا همانند بعضی از تفسیرها مثل کشف الاسرار میبدی: تفسیر ادبی و عرفانی قرآن، ج ۱، ص ۱۰۸. به این پیامبر نسبت داده است. منابع اسلامی او را همان اِرمیاء نبی و از انبیای بنی اسرائیل دانسته‌اند: مثنوی، دکتر استعلامی، ج ۳، ص ۳۰۸. ۲ - قصّهٔ عُزیر و پسران: ر.ک: ۳۲۷۱/۴.

۱۷۶۷ **در نگـــر در صـــنعتِ پـــاره‌زنی[1] کـو هـمی دوزد کـهن بـی‌سوزنی**

به فنِّ دوختنِ تکّه و پاره‌ها، به خلق ثانی بنگر که چگونه کهنه و پاره را بدون سوزن می‌دوزد.

۱۷۶۸ **ریسمان و سوزنی نـه وقتِ خَـرْز[2] آنچنان دوزد کـه پـیدا نـیست دَرْز**

هنگام دوختن، نخ و سوزنی نیست؛ امّا چنان می‌دوزد که کوچک‌ترین درزی پیدا نیست.

۱۷۶۹ **چشـم بگشـا حشـر را پـیدا بـبین تـا نـماند شُـبهات در یـومِ دیـن**

ای عُزیر، چشم را بگشا و حشر را ببین تا به چگونگیِ آن در رستاخیز تردید نداشته باشی.

۱۷۷۰ **تـــا بـــبینی جـــامعی‌ام را تـــمام[3] تـــا نـلرزی وقتِ مُـردن زاهـتمام[4]**

تا قدرت مرا در جمع‌آوری اجزای پراکنده ببینی و هنگام مرگ اندوهگین و بیمناک نباشی.

۱۷۷۱ **هـــمچنانکه وقتِ خـــفتن آمِـــنی از فَـــواتِ[5] جـملهٔ حس‌هـایِ تـنی**

همان‌طور که هنگام خوابیدن مطمئن هستی که با برخاستن از خواب هـوش و حـواسِ خود را باز می‌یابی و در آن خللی رخ نمی‌دهد.

۱۷۷۲ **بر حواسِ خود نلرزی وقتِ خواب گرچه مـی‌گردد پـریشان و خـراب**

هرچند که هنگام خواب حواسّ تو دگرگون می‌شود و فعالیّتِ ناچیزی دارد؛ امّا به تجربه دریافته‌ای که نباید از زوال و یا کاهش آن بیمناک بود.

جَزَع[6] ناکردنِ شیخی بر مرگِ فرزندانِ خود[7]

شیخ منوّر و کاملی که رهنمای خلق و در میان مریدان همچون پیامبری در میان امّت بـود، مورد مؤاخذهٔ اهل بیت قرار گرفت که چگونه تو بر مرگ فرزندان خود نمی‌نالی و نمی‌زاری؟

---

۱ - **پاره‌زنی :** وصله‌کاری، بر هم دوختن تکّه و پاره‌ها، پینه‌دوزی. ۲ - **خَرْز :** دوختن و درز گرفتن.
۳ - **جامعی‌ام را تمام :** قدرتم را در گِردآوریِ اجزا. «جامعی»: جمع‌آوری. ۴ - **اهتمام :** اندوهمند شدن.
۵ - **فوات :** درگذشتن. ۶ - **جَزَع :** فریاد و زاری.
۷ - مأخـذ آن را روایـتی در حـلیةالاولیـاء، ج ۸، ص ۱۰۰ و رسـالهٔ قشـیریه، ص ۹ و تـذکرةالاولیـاء، ج ۱، ص ۸۴ دانسته‌اند. روایت تذکرةالاولیاء در باب فضیل عیاض است که پس از سی سال که خندهٔ وی را کسی نـدیده است، هنگام مرگ فرزند، تبسّم می‌کند و آن را موافقت با رضای حق به مرگ فرزند تلقّی می‌نماید. نظیر آن را هم عطّار در جلد دوم تذکرةالاولیاء در باب ابن عطا نقل می‌کند که با هجوم دزدان بر وی و ده فرزند ذکورش و گردن زدن نُه تن از آنان هر بار سر را به سوی آسمان بلند کرده و لبخندی به موافقت رضای حق بر این امر زده است و عاقبت که دزدان دلیلِ لبخند و رضایت وی را در می‌یابند از کشتن پسر دهم باز می‌ایستند: احادیث، صص ۲۸۳ و ۲۸۴.

ما از مرگ و هجرِ فرزندان تو با پشت دوتُو نوحه می‌داریم؛ امّا تو نمی‌گریی. آیا در وجودت رحم و شفقتی نیست؟ و اگر رحمتی نداری، لابُد امید ما به شفاعت تـو در روز رستاخیز بیهوده است. شیخ در پاسخ گفت: اگر بر فرزندان نمی‌گریم، نه از جهت بی‌مهری و سنگ‌دلی است؛ بلکه آن‌ها چه زنده و چه مرده، همواره در نظر من حاضرند و مرگ جسمانی آنان به منزلهٔ پایان حیاتشان نیست. فرزندانِ من در عالمی ماورای جهانِ حس زنده‌اند و من چون آن‌ها را می‌بینم و مفارقتی ندارم، لزومی برای گریه که نشان هجران است، نمی‌یابم.

سرّ سخن آنکه: حصول چنین مرتبت و مقامی جز از طریق ریاضت و مجاهده با نَفْس که جُوع و فقر و زُهد و توکّل لازمهٔ آن است، امکان ندارد و در تقریر صبر که شرطِ اساسی همهٔ این مجاهدات است، داستان‌های دیگر به تبیین می آید.

بود شیخی، رهنمایی، پیش از ایـن — آسـمانی شـمع، بـر رویِ زمـین ۱۷۷۳

در روزگار پیشین، شیخی مرشد با وجودی تابناک، همانندِ شمعی آسمانی زندگی می‌کرد.

چـــون پـــیمبر در مـــیانِ امّـــتان — درگشـــایِ روضـهٔ[1] دارُالجِـنان[2] ۱۷۷۴

در میان مردم، همانند پیامبر بود و درِ باغِ بهشت را به روی آنان می‌گشود.

گفت پیغمبر که: شـیخِ رفـته پـیش — چون نَبی باشد میانِ قومِ خـویش[3] ۱۷۷۵

پیامبر(ص) فرمود: شیخِ واصل در میان قومِ خود، همانند پیامبر است.

یک صباحی گـفتش اهـل بـیتِ او — سخت دل چونی؟ بگو ای نیکْ‌خو ۱۷۷۶

روزی عیال شیخ به او گفت: ای مرد نیک‌سیرت، چرا تو این قدر سنگدل هستی؟

مـــا ز مـــرگ و هـجرِ فـرزندانِ تـو — نـــوحه مـــی‌داریـم بـا پُشتِ دوتُـو ۱۷۷۷

ما از مرگ و فقدانِ فرزندان تو با پُشتی خمیده نوحه و ناله سر می‌دهیم،

تـــو نـــمی‌گریی، نـــمی‌زاری چـرا؟ — یا که رحمت نیست در دل ای کیا! ۱۷۷۸

ای سرور، چرا تو گریه نمی‌کنی؟ مگر در دلت رحم و شفقت نیست؟

---

۱ - **روضه** : باغ، بهشت. ۲ - **دارالجنان** : بهشت.

۳ - اشاره به حدیث: اَلشَّیْخُ فِي أَهْلِهِ كَالنَّبِيِّ فِي أُمَّتِهِ : پیر در میان اهـل و تبارش، مـانند پیامبر در امّت است: احادیث، ص ۲۸۴، مؤلّف اللؤلؤ المرصوص، ص ۴۵ و سیوطی در اللآلی المصنوعة، ج ۱، ص ۱۵۳ این حدیث را جزوِ موضوعات آورده‌اند.

چون تو را رحمی نباشد در درون پس چه اومیدست‌مان از تو کنون؟ ۱۷۷۹

اگر در دل تو رحم و شفقت نیست؛ پس اینک چه امیدی به تو داشته باشیم؟

ما به اومیدِ تویم ای پیشوا که بنگذاری تو ما را در فنا ۱۷۸۰

ای مرشد روحانی، ما به یاریِ تو امیدواریم که نگذاری در آن جهان نابود شویم.

چون بیارایند روزِ حشر، تخت خود شفیعِ ما تویی آن روزِ سخت ۱۷۸۱

چون تختِ عدلِ الهی را در رستاخیز برپا دارند، ما به شفاعتِ تو در آن روز سخت امیدواریم.

در چنان روز و شبِ[1] بی‌زینهار[2] ما به اکرامِ توایم اومیدوار ۱۷۸۲

در چنان روز و شب بی‌امان، ما به بخشندگی تو امید داریم.

دستِ ما و دامنِ توست آن زمان که نماند هیچ مجرم را امان ۱۷۸۳

آن زمان که هیچ گنهکاری امانی نمی‌یابد، دست نیاز ما به سوی دامان بخشش تو دراز است.

گفت پیغمبر که: روزِ رستخیز کِی گذارم مجرمان را اشکْ‌ریز؟[3] ۱۷۸۴

پیامبر(ص) فرمود: چگونه اجازه دهم در رستاخیز مجرمان اشک‌ریز بمانند؟

من شفیعِ عاصیان باشم به جان تا رهانَمْشان زاشکنجهٔ گران ۱۷۸۵

من با تمام وجود از گناهکاران شفاعت می‌کنم تا آنان را از عذاب سخت برهانم.

عاصیان وَ اهْلِ کبایر را به جهد وارهانم از عتابِ نقضِ عهد[4] ۱۷۸۶

من با جدّ و جهد می‌کوشم تا گناهکاران و آنان را که مرتکبِ گناهان کبیره‌اند، از عذابِ نقضِ عهد با خالق برهانم.

صالحانِ امّتم خود فارغ‌اند از شفاعت‌هایِ من روزِ گزند ۱۷۸۷

افرادِ صالحِ امّتِ من در آن روز سخت از شفاعتِ من بی‌نیازند.

---

۱ - **روز و شب بی‌زینهار :** روز بی‌زینهار مراد قیامت است و شب بی‌زینهار مراد شب اوّل قبر است.

۲ - **زینهار :** امان.

۳ - خبر: شَفَاعَتي لِأَهْلِ الْكَبَائِرِ مِن أُمَّتي : شفاعت من (حتّی) به کسانی از امّتم که مرتکب گناهان کبیره شده‌اند، خواهد رسید: احادیث، ص ۲۸۵.

۴ - **نقض عهد :** اشاره به میثاق روز اَلَست: ر.ک: ۱۲۴۶/۱.

بلکه ایشان را شفاعت‌ها بُوَد   گفتشان چون حکمِ نافذ می‌رود[1] ۱۷۸۸

بلکه خودِ ایشان اجازهٔ شفاعت دارند و به امرِ حق گفته‌شان، همانندِ فرمان اجرا می‌شود.

هیچ وازِرْ[2] **وِزْرِ**[3] **غیری بر نداشت**[4]   **من نِیَم وازِر خدایم بر فراشت** ۱۷۸۹

هیچ گناهکاری نمی‌تواند بارِگناه دیگری را بر دوش بکشد، من [پیامبر] نیز گناه کسی را بر دوش نخواهم گرفت. خداوند این مقام را عنایت فرمود که بتوانم شفیع باشم.

آنکه بی‌وِزر است، شیخ است ای جوان!   در قبولِ حق، چو اندر کف کمان ۱۷۹۰

ای جوان، کسی که باری در آن روز بر دوش ندارد، شیخِ واصلِ مقبولِ درگاهِ باری است که در دستِ قدرت و ارادهٔ خداوند، همانند کمان در دست تیرانداز است.

شیخ که بُوَد؟ پیر، یعنی موسپید   معنیِ این مو بدان ای کژامید[5] ۱۷۹۱

شیخ کیست؟ پیر است؛ یعنی مویِ سپید دارد. ای ظاهربین، به مفهومِ مویِ سپید توجّه کن.

هست آن مویِ سیه هستیّ او   تا ز هستی‌اَش نمانَد تایِ مو ۱۷۹۲

«مویِ سیاه» نشانِ «هستیِ موهومی» و «انانیّت» است، از خودبینی تارمویی در او باقی نمانده است.

چونکه هستی‌اش نمانَد پیرْ اوست   گر سیه مو باشد او، یا خود دو موست ۱۷۹۳

هر کس که از «هستیِ موهومی» و «انانیّت» در وجودش چیزی نمانَد، «پیر» است، خواه مویش سیاه باشد یا جوگندمی.

هست آن مویِ سیه وصفِ بشر   نیست آن مو، مویِ ریش و مویِ سر ۱۷۹۴

موی سیاه را که می‌گوییم، بیانِ اوصافِ بشری است، مقصود موی ریش یا سر نیست.

عیسی اندر مهد بردارد نفیر   که: جوان ناگشته ما شیخیم و پیر[6] ۱۷۹۵

همان‌گونه که عیسی(ع) درگهواره بانگ برداشت که ما به جوانی نرسیده شیخ و پیر هستیم.

---

۱ - ظاهراً مبتنی است بر روایات ذیل: لَيَدْخُلَنَّ الْجَنَّةَ بِشَفَاعَةِ رَجُلٍ مِنْ أُمَّتِي أَكْثَرُ مِنْ بَنِي تَمِيمٍ: اکثر قبیلهٔ بنی تمیم با شفاعت یک نفر از امّتم به بهشت وارد خواهند شد.
مَا مِنْ أَهْلِ بَيْتٍ يَدْخُلُ وَاحِدٌ مِنْهُمُ الْجَنَّةَ إِلاَّ دَخَلُوا أَجْمَعِينَ الْجَنَّةَ قِيلَ وَكَيْفَ ذٰلِكَ قَالَ يَشْفَعُ فِيهِمْ فَيُشَفَّعُ: اگر یک نفر از خانواده‌ای به بهشت رود، همهٔ خانواده به بهشت خواهند رفت. پرسیدند: چگونه؟ فرمود: آن یک نفر بقیّه را شفاعت می‌کند و پذیرفته می‌شود: احادیث، صص ۲۸۶-۲۸۵.   ۲ - **وازِر** : گناهکار.   ۳ - **وِزْر** : گناه.

۴ - اشارتی قرآنی؛ انعام: ۱۶۴/۶ : ...وَلاَ تَزِرُ وَازِرَةٌ وِزْرَ أُخْرَىٰ... : و هیچ بردارنده‌ای بارِگناه دیگری را برندارد... .

۵ - **کژامید** : آنکه دلبستهٔ امور دنیوی است، دلبستگی‌اش کژ و نارواست.

۶ - اشاره به سخن گفتن عیسی(ع) درگهواره که نبوّت خویش را اعلام داشت، مریم: ۱۹/۳۴-۳۰.

۱۷۹۶ گر رهید از بعضِ اوصافِ بشر شیخ نَبْوَد، کَهْل[1] باشد ای پسر!

ای فرزند روحانی، اگر کسی از بعضی صفاتِ بشری رهایی یابد و به بعضی مبتلا باشد، او «شیخ» و «انسان کامل» نیست، میانسال است.

۱۷۹۷ چون یکی موی سیه کآن وصفِ ماست نیست بر ویْ، شیخ و مقبولِ خداست

اگر یک «تارِ مویِ سیاه» که در سخنِ عارفان تعبیری از «اوصاف بشری» است، در او نمانده باشد، شیخ و مقبولِ خداوند است.

۱۷۹۸ چون بُوَد مویش سپید، ار با خود است او نه پیر است و نه خاصِ ایزد است

اگر کسی با مویِ سپید، خودبین باشد، از نظرِ عارفان پیر و بندهٔ خاصّ خداوند نیست.

۱۷۹۹ ور سرِ مویی ز وصفش باقی است او نه از عرش است، او آفاقی است

کسی که سر مویی از اوصافِ بشری در وجودش هست، آسمانی نیست، زمینی است.

عذر گفتنِ شیخ بهرِ ناگریستن بر فرزندان

۱۸۰۰ شیخ گفت او را: مپندار ای رفیق! که ندارم رحم و مِهر و دلْ شفیق

شیخ به زن گفت: ای یار، چنین نیندیش که در وجودِ من رحم و مهر و شفقت نیست.

۱۸۰۱ بر همه کفّارْ ما را رحمت است گرچه جانِ جمله کافرْ نعمت است

دل ما بر کافران نیز رحمت می‌آوَرَد، هرچند که آنان ناسپاس‌اند و قدری نمی‌نهند.

۱۸۰۲ بر سگانم رحمت و بخشایش است که چرا از سنگ‌هاشان مالش[2] است؟

دل من بر سگ‌ها نیز می‌سوزد و ترحّم می‌آورد که چرا مردم با سنگ آن‌ها را می‌آزارند؟

۱۸۰۳ آن سگی که می‌گزد، گویم دعا که از این خُو وارهانَش ای خدا!

سگی که مراگاز می‌گیرد، دعا می‌کنم و از خداوند می‌خواهم که او را از این خُوی بد بِرَهاند.

۱۸۰۴ این سگان را هم در آن اندیشه دار که نباشد از خلایق سنگسار

خداوندا، به این سگ‌ها هم خلق و خویی عنایت کن که مردم آن‌ها را سنگسار نکنند.

---

۱ - **کَهْل**: کهولت. ۲ - **مالش**: آزار.

زآن بیاورد اولیا را بر زمین   تا کُنَدْشان رَحمَةً لِلْعالمین[1] ۱۸۰۵

از آن‌رو خداوند وجودِ اولیا را بر زمین قرار داد تا مایهٔ رحمتِ دو عالم باشند.

خلق را خوانَد سویِ درگاهِ خاص   حقّ را خوانَد که وافر[2] **کن خلاص** ۱۸۰۶

اولیا به جهت رحمت و شفقت، از یک سو مردم را به حق فرا می‌خوانند و از سوی دیگر از خداوند می‌خواهند که خلق را نجات ده.

جهد بنماید از این سو بهرِ پند   چون نشد، گوید: خدایا در مبند ۱۸۰۷

از این سو مجدّانه می‌کوشد تا خلق را اندرز دهد و اگر نشد، از خدا می‌خواهد که پروردگارا، در رحمت و عنایت را به روی این قوم نبند.

رحمتِ جزوی بود مر عام را   رحمتِ کلّی بود هُمّام[3] **را** ۱۸۰۸

عامِ خلق از رحمت و شفقتِ جزوی که در ارتباط با مسائل این جهانی است، برخوردارند؛ امّا رحمت و شفقتِ کلّی که مربوط به امور دو جهان است، مختصّ مردانِ حق و صاحبانِ همّت است.

رحمتِ جزوش قرین گشته به کُل   رحمتِ دریا بُوَد، هادی سُبُل[4] ۱۸۰۹

مرد حق، قبل از رسیدن به کمال الهی، همانند همهٔ مردم از رحمت جزوی برخوردار بوده که در اثر ارتقا به رحمت کلّی پیوسته و اکنون رحمتِ بی‌منتهایِ دریایِ وحدانیّت از طریق او شامل حال خلق می‌گردد.

رحمتِ جزوی! به کُل پیوسته شو   رحمتِ کُل را تو هادی بین و رو ۱۸۱۰

ای که در وجودت «رحمت جزوی» هست، بکوش تا به «رحمت کلّی» اتّصال یابی و توجّه کن که رحمت کلّ شامل حال همهٔ موجودات است و تو هم رحمت و شفقت به همگان را سرمشق قرار ده و به هدایتِ رحمتِ کلّی راه حق را طی کن.

تا که جزو است او نداند راهِ بحر   هر غدیری را کند ز اَشْباهِ بحر ۱۸۱۱

جزوی که به کُلّ اتّصال ندارد، راه رسیدن به دریا و اتّصال به آن را نمی‌داند، هر آبگیری را دریا می‌پندارد.

---

۱ - اشارتی قرآنی؛ انبیاء : ۱۰۷/۲۱ : وَ ما أَرْسَلْناكَ إِلاّ رَحْمَةً لِلْعالَمِينَ : و ما تو را جز مایهٔ رحمت برای جهانیان نفرستاده‌ایم. ۲ - **وافر** : بسیار افزون. ۳ - **هُمّام** : هُمام، پادشاه و مرد بلند همّت.

۴ - **هادی سُبُل** : راهنمای راه‌ها.

چون نـدانـد راهِ یـم، کـی رَه بَـرَد؟ سوی دریـا خـلق را چـون آورد؟[1] ۱۸۱۲

کسی که خود در نقص است و راهِ وصول به دریایِ وحدت را نمی‌داند، چگونه خلق را رهنمون شود؟

مـتّصل گـردد بـه بـحر، آنگـاه او ره بَرَد تا بحر همچون سیل و جـو ۱۸۱۳

به بحر وحدانیّت که متّصل شد، می‌تواند همگان را هدایت کند، همان‌گونه که سیلاب و جوی به دریا می‌ریزند.

ورکـند دعـوت بـه تـقلیدی بُـوَد نـه از عـیان و وحـی تأیـیدی بُـوَد ۱۸۱۴

کسی که به این مرتبه نرسیده است، اگر دیگران را به حق فراخوانَد، از تقلید است، نه از عیان و وحی.

گفت: پس چون رحم داری بر همه همچو چـوپانی بـه گِـردِ ایـن رَمـه ۱۸۱۵

زن به شیخ گفت: حال که به همه رحمت می‌آوری و مانندِ چوپان گِردِ این قوم می‌گردی و مراقب احوال آنان هستی،

چون نداری نوحه بر فرزندِ خویش؟ چونکه فصّادِ[2] اجلْشان[3] زد به نیش ۱۸۱۶

پس چرا هنگامی که اجل رگِ زندگیِ فرزندانت را بُرید بر آنان نگریستی؟

چون گواهِ رحم، اشکِ دیـده‌هاست دیـدهٔ تـو بـی‌نم و گـریه چـراست؟ ۱۸۱۷

گواه دلسوزی و رحم اشک چشمان است، چرا چشمانِ تو گریان نیست؟

رُو به زن کرد و بگفتش: ای عجوزا! خود نباشد فصلِ دی همچون تموز[4] ۱۸۱۸

شیخ به زن گفت: ای پیرزن، آیا فصل زمستان، همانند فصل تابستان است؟

جمله گر مُردند ایشان، گر حَـی‌انـد غایب و پنهان ز چشمِ دل کِی‌انـد؟ ۱۸۱۹

همهٔ آنان اگر مرده باشند و یا زنده، از چشم دل هرگز غایب و پنهان نیستند.

من چو بینمشان معیّن پـیشِ خـویش از چه رُو، رُو را کنم همچون تو ریش؟ ۱۸۲۰

هنگامی که آنان را همواره در برابر خویش می‌بینم، چرا همچون تو صورت را بخراشم؟

---

۱ - اشاره به مدّعیان ارشاد خلق که از کمال روحانی بی‌بهره‌اند. ۲ - **فصّاد** : حجامتگر، رگزن.

۳ - **فصّادِ اجل** : اضافهٔ تشبیهی است؛ اجل که رگ زندگی آدمی را می‌بُرد.

۴ - **تموز** : نام ماه اوّل از فصل تابستان، در فارسی مجازاً به معنی شدّت موسم گرما به کار می‌رود.

گـرچـه بـیرون‌انـد از دورِ زمـان　　بـا مـن‌انـد و گِـرد مـن بـازی‌کنان ۱۸۲۱

هرچند که آنان از گردونهٔ روزگار و زمان خارج شده‌اند؛ ولی در کنار من‌اند و بازی می‌کنند.

گـریه از هـجران بُـوَد یـا از فـراق　　با عزیزانـم وصـال است و عِـناق[1] ۱۸۲۲

گریه از هجران است، در حالی که من با عزیزانم هستم و دست در گردن آنان دارم.

خـلق انـدر خـواب مـی‌بینندشان　　مـن بـه بـیداری هـمی بـینم عـیان ۱۸۲۳

مردم آنان را در خواب می‌بینند؛ امّا من در بیداری و آشکار می‌بینم.

زین جهان خود را دمی پنهان کـنم　　برگِ حس را از درخت افشان کنم[2] ۱۸۲۴

چون لحظه‌ای حواسِ ظاهریِ خود را از دنیای مادّی رها می‌کنم، چشم دل را می‌گشایم و می‌بینم که در کنار آنان هستم.

حس اسـیرِ عـقل بـاشد، ای فـلان!　　عقل اسـیرِ روح بـاشد، هـم بـدان[3] ۱۸۲۵

ای انسان، حسّ ظاهرِ آدمی تابعِ عقلِ اوست، عقل نیز در سیطرهٔ «روح انسانی» اوست.

دستِ بستهٔ عقل را جـان بـاز کـرد　　کـارهایِ بسـته را هـم سـاز کـرد ۱۸۲۶

عقلِ متعارفِ خلق، «عقل مادّی» است که تحت تسلّطِ «جانِ» آدمی است؛ بنابراین با تکامل جان، دستِ بستهٔ عقل در درکِ معانیِ عوالمِ ماوراگشاده می‌شود و گره‌ها باز می‌گردد.

حِسّ‌هـا وَ انـدیشه بـر آبِ صـفا　　هـمچو خس بگـرفته رویِ آب را ۱۸۲۷

احساسِ ناشی از «حواسّ ظاهری» و «اندیشهٔ عقل جزوی»، مانندِ خس و خاشاک، روی آبِ زلالِ روح را می‌پوشانَد و آن را تیره می‌کند.

دستِ عقل آن خس به یکسو می‌برد　　آبْ پـیدا مـی‌شود پـیشِ خـرد ۱۸۲۸

دستِ عقل خداجو، آن خار و خس را به کناری می‌راند تا آبِ زلال روح نمایان شود.

خس بس اَنْبُه بود بر جو چون حباب　　خس چو یکسو رفت، پیداگشت آب ۱۸۲۹

خار و خسِ انبوه، سطحِ آب جو را پوشانده بود که کنار رفت و آبِ زلال روح آشکار شد.

---

۱ - **عِناق**: دست درگردن یک‌دیگر کردن است به محبّت و جز آن، معانقه.

۲ - **برگ حس را از درخت افشان کنم**: با استغراق در حق، حواسّ ظاهری آدمی تعطیل میگردد.

۳ - این ابیات در تقریر این نکته است که چگونه می‌توان از سلطهٔ حسّ ظاهر رهایی یافت؟ و راه ورود به حواسّ باطنی چیست؟

**چونکه دستِ عقل نگشاید خدا		خس فزاید از هوا بر آبِ ما** ۱۸۳۰

اگر عنایت الهی دست عقل را نگشاید، هوای نفسانی دم به دم بر خس و خاشاکِ خیالات می‌افزاید.

**آب را هر دم کند پوشیده او		آن هوا خندان، و گریان عقلِ تو** ۱۸۳۱

و هر لحظه که «وسوسه»، رویِ «آب زلال روح» را بپوشانَد، نَفْس شاد و عقل گریان می‌شود.

**چونکه تقویٰ بست دو دستِ هوا		حق گشاید هر دو دستِ عقل را** ۱۸۳۲

هنگامی که با پرهیز از جلوه‌هایِ دنیا دستِ هوایِ نَفْس بسته شود، حق دستِ عقل را می‌گشاید.

**پس حواسِ چیره محکومِ تو شد		چون خِرَد سالار و مخدومِ تو شد** ۱۸۳۳

و بدین ترتیب، «حواسِ ظاهری» و «تفکّراتِ عقلِ جزوی»، مطیعِ تو می‌شوند و این‌ها با سیطرهٔ «عقل خداجو» یا «عقل معاد» بر آدمی رخ می‌دهند.

**حسّ را بی‌خوابْ خواب اندر کند		تا که غیبی‌ها ز جان سر بر زند** ۱۸۳۴

«عقل خداجو» که بر انسان غلبه یابد، «حواس ظاهری» را مانندِ خواب تعطیل می‌کند تا «حواسِ باطنی»، فعّال شود و حقایقِ غیب آشکار گردد.

**هم به بیداری ببینی خواب‌ها		هم ز گردون بر گُشاید باب‌ها** ۱۸۳۵

آنگاه در بیداری، چیزهایی را می‌بینی که جز در رؤیا نمی‌توان دید و ابوابِ آسمان‌هایِ معنا را گشاده می‌یابی.

قصّهٔ خواندنِ شیخِ ضَریر[۱] مُصْحَف را در رُو[۲]، و بینا شدن وقتِ قرائت[۳]

شیخی فقیر در خانهٔ زاهدی ضریر میهمان شد و با دیدن مُصحفی در خانه متحیّر شد که این زاهد نابیناست، این مُصحف را که می‌خواند؟ نیم‌شبان با صدایِ قرائتِ قرآن بیدار شد و زاهدِ نابینا را دید که دست بر سطور مُصحف نهاده بود و قرآن می‌خواند و در پاسخ اعتراضِ شیخ گفت: «**این عجب می‌داری از صُنع خدا؟**» من از حق خواستم که مرا وقتِ خواندن نوری بده.

---

۱ - **ضریر** : کور، نابینا. ۲ - **مصحف را در رو خواندن** : قرآن را از رو خواندن و نه از حفظ.

۳ - مأخذ این قصّه را روایتی در رسالهٔ قشیریه، ص ۱۶۹ دانسته‌اند در ارتباط با ابومعاویه که نابینا شده بود؛ امّا هنگام تلاوت مصحف خداوند بینایی را به وی باز می‌داد: احادیث، ص ۲۸۶.

این قصّه در باب مشایخ، زُهّاد صوفی و یادآور کرامات شیخ اَقطع و زنبیل بافتن او و بیان حالِ بزرگانی است که اسباب و علل را درنوردیده و ناظر به عنایت مسبّب‌اند.

دیـــد در ایّــام، آن شـــیخِ فــقیر　　مُــصحفی در خــانهٔ پـیری ضـریر ۱۸۳۶

روزی از روزها شیخی فقیر در خانهٔ پیری نابینا قرآنی را دید.

پیشِ او مهمان شد او وقتِ تـموز　　هر دو زاهد جمع گشـته چـند روز ۱۸۳۷

او در تابستان میهمان پیر شد و چند روزی دو زاهد با هم بودند.

گفت: اینجا ای عجب! مصحف چراست؟　　چونکه نـابیناست ایـن درویشِ راست[1] ۱۸۳۸

شیخ اندیشید: وجودِ قرآن در خانه‌ای که درویش نابینا زندگی می‌کند، به چه مناسبت است؟

اندر این انـدیشه تشـویشش فـزود　　که جز او را نیست اینجا باش و بود ۱۸۳۹

این اندیشه آرامشِ او را بر هم زد؛ چون فکر می‌کرد در اینجا جز او کس دیگری نیست.

اوست تــنها، مُــصحفی آویـخته　　مـــن نِــیَم گســتاخ یــا آمــیخته ۱۸۴۰

او اینجا تنهاست و قرآنی از دیوار آویخته است، نه من گستاخ‌اَم که علّت را جویا شوم و نه چنان صمیمی‌اَم که سؤال کنم.

تا بپرسم، نه، خَمش، صـبری کـنم　　تـا بـه صـبری بـر مـرادی بـر زنـم ۱۸۴۱

به جای پرسیدن، بهتر است، خاموش باشم و صبر پیشه کنم تا به آنچه می‌خواهم، برسم.

صبر کرد و بود چـندی در حَـرَج[2]　　**کشف شد، کـالصَّبرُ مِـفتاحُ اَلفَـرَج** ۱۸۴۲

شیخ مدّتی صبر کرد و بر کنجکاوی خود فایق آمد تا آنچه را که مشتاق بود، آشکار شد. صبر کلید گشایش است.

---

۱ - **درویشِ راست** : درویش راستین و حقیقی.　　۲ - **حَرَج** : ناراحتی.

صبر کردنِ لقمان، چون دید که داوود حلقه‌ها می‌ساخت، از سؤال کردن، با این نیّت که: صبر از سؤال موجبِ فرج باشد[1]

لقمان که به حکمت منسوب است و وی را جزو معمّرین دانسته‌اند و سی سال از دوران پیامبری و سلطنت داوود(ع) با وی بوده است،[2] روزی به نزد داوود(ع) رفت و دید که او از آهن حلقه‌هایی می‌سازد، و آهن در دست او بسان موم و خمیر به نظر می‌رسد. لقمان که تا آن زمان از صنعت زره‌سازی چیزی ندیده بود و اطّلاعی نداشت، متحیّر گردید که این چه کار است؟ امّا صبر کرد و اندیشید که با صبر کشف امور سهل‌تر به سراغ آدمی خواهد آمد و به این ترتیب در پایانِ کارِ داوود(ع) و پوشیدن زره‌ای که ساخته بود، دریافت که این زره چقدر برای جنگ مناسب است، آنگاه گفت: در صبر حکمتی است؛ ولی به کاربرندهٔ آن اندک است. مولانا با تقریر این قصّه، اشاره به آخر سورهٔ والعصر: ۳/۱۰۳، می‌فرماید که خداوند حق را با صبر قرین کرده است همان‌گونه که در طیّ این سورهٔ مبارکه آمده است که آدمی در زیان است، مگر آنان که ایمان آورندگان شایسته‌اند و یک‌دیگر را به حق و به صبر سفارش کرده‌اند. «**کیمیایی همچو صبر آدم ندید**»

قصّه در ارتباط است با موهبتی الهی که به داوود(ع) عطا شده بود که اشارت قرآنی آن، سباء: ۱۰/۳۴: «...وَ أَلَنَّا لَهُ الْحَدِيدَ. ... و آهن را برای او نرم گردانیدیم» است و به فرمان الهی داوود(ع) زره‌های آهنی بلند ساخت، سباء: ۱۱/۳۴، و این فنّ و صنعتی که او به تعلیم الهی آموخته بود، انقلابی در صنایع جنگی قدیم به شمار می‌رفت.[3]

رفت لقمان سویِ داوودِ صفا دید کو می‌کرد ز آهن حلقه‌ها ۱۸۴۳

لقمان نزد داوود(ع) که دلی پاک و مصفّا داشت، رفت و دید که او از آهن حلقه‌هایی می‌سازد.

جمله را با همدگر در می‌فکند ز آهنِ پولاد آن شاهِ بلند ۱۸۴۴

مشاهده کرد که آن شاه بلندمرتبه حلقه‌های پولادین را به یک‌دیگر متّصل می‌کند.

صنعتِ زَرّاد[4] او کم دیده بود در عجب می‌ماند، وسواسش فزود ۱۸۴۵

لقمان صنعت زره‌سازی را ندیده بود؛ بنابراین متعجّب شد و وسوسه‌ای در دلش پدید آمد.

---

۱ - مأخذ آن حکایتی است در عقد الفرید، ج ۲، ص ۱۵ و قصص الانبیاء ثعلبی، ص ۲۳۵ و احیاءالعلوم، ج ۳، ص ۸۳ و تفسیر ابوالفتوح، ج ۴، ص ۲۷۱ و در مجمل‌التواریخ و القصص نیز ذکر شده است: احادیث، صص ۲۸۶ و ۲۸۷.

۲ - **لقمان**: ر.ک: ۱۹۷۱/۱. ۳ - زندگانی داوود(ع): ر.ک: ۱۴۵۱/۳. ۴ - **صنعت زرّاد**: صنعت زره‌سازی.

**کین چه شاید بود؟ واپرسم از او		که: چه می‌سازی ز حلقه تُو به تُو؟** ۱۸۴۶
که آیا از وی بپرسم: این‌ها به چه درد می‌خورد و چرا حلقه‌ها را توی هم می‌اندازی؟

**باز با خود گفت: صبر اولیتر است		صبر تا مقصودْ زوتر رهبر است** ۱۸۴۷
امّا باز اندیشید: صبر بهتر است. صبر زودتر انسان را به مقصود می‌رساند.

**چون نپرسی، زودتر کشفت شود		مرغِ صبر از جمله پرّان‌تر بود** ۱۸۴۸
اگر نپرسی، مقصود زودتر معلوم می‌شود. صبر مانند پرنده‌ای است که سریع‌تر پرواز می‌کند.

**ور بپرسی دیرتر حاصل شود		سهل از بی‌صبریت مُشکل شود** ۱۸۴۹
اگر بلافاصله چیزی را که در نظر داری، بپرسی، مقصود دیرتر حاصل می‌شود، امری که می‌تواند به سهولت انجام یابد با بی‌صبری دشوار می‌شود.

**چونکه لقمان تن بزد، هم در زمان		شد تمام از صنعتِ داوودْ آن** ۱۸۵۰
چون لقمان صبر پیشه کرد، همان موقع کار زره‌سازی داوود(ع) نیز پایان یافت.

**پس زِره سازید و در پوشید او		پیشِ لقمانِ کریمِ صبرخو** ۱۸۵۱
بنابراین زرهی ساخت و در حضور لقمان بخشندهٔ بردبار بر تن کرد.

**گفت: این نیکو لباس است ای فتیٰ!		در مصاف[1] و جنگ، دفعِ زخم را** ۱۸۵۲
گفت: ای جوانمرد، این پوشش در جنگ برای دفعِ ضربات نیزه و شمشیر مناسب است.

**گفت لقمان: صبر هم نیکو دمی‌ست		که پناه و دافعِ هر جا غمی‌ست** ۱۸۵۳
لقمان گفت: صبر هم نفخه و دمی نیک است که در غم می‌توان بدان پناه برد و اندوه را دفع کرد.

**صبر را با حق قرین کرد ای فُلان		آخِرِ وَ ٱلعَصْرِ[2] را آگه بخوان** ۱۸۵۴
ای فلان، خداوند صبر را با حق توأم آورده است، آخر سورهٔ والعصر را با دقّت و آگاهانه بخوان.

**صد هزاران کیمیا حقّ آفرید		کیمیایی همچو صبر آدم ندید** ۱۸۵۵
خداوند صدها هزار کیمیا آفریده است؛ امّا انسان کیمیایی، مانند صبر ندیده است.

---

۱ - **مصاف**: جای صف کشیدن، محلّ نبرد.

۲ - اشارتی قرآنی؛ عصر: ۳/۱۰۳: ...وَ تَواصَوْا بِالْحَقِّ وَ تَواصَوْا بِالصَّبْرِ: و همدیگر را به حق سفارش کردند و به صبر.

بقیّهٔ حکایتِ نابینا و مصحف

مردِ مهمان صبر کرد و ناگهان   کشف گشتش حالِ مشکل در زمان ۱۸۵۶

شیخ فقیر صبر کرد و ناگهان مشکل برای او حل شد.

نیم‌شب آوازِ قرآن را شنید   جَست از خواب، آن عجایب را بدید ۱۸۵۷

نیمه شب آواز قرائت قرآن را شنید، با شتاب از جای جَست و کارِ شِگفتی را دید.

که ز مصحف کور می‌خواندی درست   گشت بی‌صبر و از او آن حال جُست ۱۸۵۸

دید که آن زاهد نابینا از روی قرآن درست می‌خوانَد، نتوانست صبر کند و حقیقت را جویا شد.

گفت: آیا ای عجب! با چشمِ کور   چون همی خوانی؟ همی بینی سطور؟ ۱۸۵۹

گفت: چگونه می‌توانی با چشم نابینا قرآن بخوانی و سطور را ببینی؟

آنچه می‌خوانی، بر آن افتاده‌ای   دست را بر حرفِ آن بنهاده‌ای ۱۸۶۰

چنان خم شده و دست را بر حروف و کلمات نهاده‌ای که گویی با چشمی بینا همه را می‌بینی.

اِصْبَعت[1] در سیر، پیدا می‌کند   که نظر بر حرف داری مُستند[2] ۱۸۶۱

حرکت انگشت نشان می‌دهد که چشمانت متوجّه حروف معیّن است.

گفت: ای گشته ز جهلِ تن جدا   این عجب می‌داری از صنعِ خدا؟ ۱۸۶۲

شیخ گفت: ای که از تاریکیِ زندگیِ مادّی رهیده‌ای، این را از قدرت خلاّقهٔ خداوند بعید می‌دانی؟

من ز حق درخواستم کِای مُستعان[3]!   بر قرآئت من حریصم همچو جان ۱۸۶۳

من از حق خواستم که ای یاری دهندهٔ خلق، من تلاوت قرآن را همانند جان عزیز دارم.

نیستم حافظ، مرا نوری بده   در دو دیده وقتِ خواندن بی گره[4] ۱۸۶۴

من حافظ قرآن نیستم، هنگام تلاوتِ آن، از کَرَم نوری نافذ به چشمانم عطا کن.

باز ده دو دیده‌ام را آن زمان   که بگیرم مصحف و خوانم عیان ۱۸۶۵

در آن هنگام، بینایی‌اَم را به من باز گردان تا قرآن را با دست بگیرم و آشکارا بخوانم.

---

۱ - **اِصْبَع** : انگشت. ۲ - **مستند** : تکیه و محلّ تکیه ۳ - **مستعان** : یاری دهنده.
۴ - **بی گره** : بدون نقص، بی اشکال.

آمد از حضرت ندا کِای مردِ کار[۱] ای به هر رنجی به ما اومیدوار ۱۸۶۶

ندایی از بارگاه الهی رسید که ای مرد حق که در هر رنج و سختی به ما امیدوار هستی،

حُسنِ ظَنّ است و امیدی خوش تو را[۲] که تو را گوید به هر دم: برتر آ ۱۸۶۷

گمانِ نیک و امیدِ خوشِ توست که هر لحظه می‌گوید: از مرتبه‌ای که هستی فراتر بیا.

هر زمان که قصدِ خواندن باشدت یا ز مصحف‌ها قرائت بایدت ۱۸۶۸

هرگاه که بخواهی چیزی را بخوانی و یا مشتاق تلاوت قرآن باشی،

من در آن دم وادهم چشمِ تو را تا فرو خوانی، مُعَظّم جوهرا[۳]! ۱۸۶۹

ای والا گوهر، در آن لحظه بینایی را به تو باز می‌گردانم تا بخوانی.

همچنان کرد و هر آنگاهی که من واگشایم مصحف اندر خواندن ۱۸۷۰

خداوند چنین کرد و هرگاه که من قرآن را برای تلاوت می‌گشایم،

آن خبیری که نشد غافل ز کار آن گرامی پادشاه و کردگار ۱۸۷۱

آن خداوند بلند مرتبه و دانایی که هرگز از هیچ امری غافل نیست،

باز بخشد بینشم آن شاهِ فرد در زمان، همچون چراغِ شب نَوَرد ۱۸۷۲

آن خالق یکتا، در لحظه بینایی‌ام را که همانند چراغی تاریکی را در هم می‌نوردد، باز می‌دهد.

زین سبب، نَبْوَد وَلی[۴] را اعتراض هر چه بستانَد، فرستد اعتیاض[۵] ۱۸۷۳

این داستان را آوردیم که بگوییم: خداوند سرور مؤمنان است و اعتراض به فعل او پسندیده نیست؛ زیرا هر چه را بگیرد، عوض آن را می‌دهد.

---

۱ - **مرد کار**: مرد حق، کسی که مردانه در طریقت گام بر می‌دارد.

۲ - امیدواری به رحمت و مغفرت و عنایت حق «حسن ظنّ» و ناامیدی از مغفرت و مراحم او «سوء ظنّ» است، خداوند آنان را که به او امیدوارند ناامید نمی‌کند.

۳ - **مُعَظَّم جوهر**: کسی که جوهرِ ارزشمند دارد و در او قابلیّت و استعدادِ به پایان رسانیدن سیر استکمالی هست.

۴ - **ولی**: بقره: ۲۵۷/۲: اللهُ وَلِیُّ الَّذِینَ آمَنُوا...: خداوند سرور مؤمنان است... .

۵ - **اعتیاض**: عوض یافتن. در شرح این بیت وجه دیگری نیز مورد توجّه است: و بدین مناسبت است که «ولیّ حق» در هیچ امری هرگز اعتراض ندارد و راضی به رضای حق است؛ زیرا به خوبی واقف است که حق تعالیٰ هرچه را که از آدمی بگیرد، بهتر از آن را به عنوان عوض به او می‌دهد.

گر بسوزد باغت، انگورت دهد[1] در میانِ ماتمی، سورت[2] دهد ۱۸۷۴

اگر باغت را بسوزاند، در عوض به تو انگور می‌دهد یا در میان ماتم به دلت شادی می‌بخشد.

آن شلِ بی دست را دستی دهد کانِ غم‌ها را دلِ مستی دهد ۱۸۷۵

به کسی که دست ندارد [شیخ اقطع] دست می‌بخشد و به دلِ پُر اندوه، سرمستی عطا می‌کند.

لا نُسَلِم[3] و اعتراض، از ما برفت چون عوض می‌آید از مفقودْ زفت ۱۸۷۶

اینکه به ارادهٔ حق تعالی تسلیم نباشیم و اعتراض کنیم، از وجود ما رخت بربسته است؛ زیرا در برابر آنچه از دست دادیم، عوضِ بزرگ‌تری دریافت می‌داریم.

چونکه بی آتش مرا گرمی رسد راضیم گر آتشش ما را کُشد ۱۸۷۷

چون بدون آتش وجودم را گرم می‌کند، یعنی بدون ابزارِ دنیوی دلم را شاد و جانم را گرم و مشتاق می‌نماید، اگر آتشِ قهر یا «سختیِ راهِ حق» مرا به هلاکت هم برسانَد، خرسندم.

بی چراغی چون دهد او روشنی گر چراغت شد، چه افغان می‌کنی؟ ۱۸۷۸

چون خداوند بدون «اسبابِ مادّی» چراغ هم به تو روشنایی می‌دهد، چرا برای از دست دادن این ابزار افغان می‌کنی؟

صفتِ بعضی اولیا که راضی‌اند به اَحکامْ و لابه نکنند که: این حکم را بگردان

احوال بعضی اولیا چنان است که اشارتِ قرآنیِ: «وَ لاٰ خَوْفٌ عَلَیْهِمْ وَ لاٰ هُمْ یَحْزَنُونَ»: بقره: ۶۲/۲، مصداق حال ایشان است و از هیچ محنت و بلایی اندوهی به دل راه نمی‌دهند و در برابر ارادهٔ حضرت باری که مختار مطلق است، اعتراضی در دل نمی‌یابند.

بشنو اکنون قصّهٔ آن ره‌روان که ندارند اعتراضی در جهان ۱۸۷۹

اینک داستان آن رهروان بلندمرتبه‌ای را بشنو که نسبت به فعل حضرت باری اعتراضی ندارند، تسلیم‌اند و رضای خود را در رضای حق یافته‌اند.

ز اولیا اهلِ دعا خود دیگرند گه همی دوزند و گاهی می‌دِرند ۱۸۸۰

گروه دیگری از اولیا «اهل دعا»اند که دعایِ خیرشان سعادت و دعای بدشان شقاوت می‌آورد.

---

۱ - اگر زندگی این جهانی و مادّیات را به بلایا و مصایب مبتلا کند و یا به نابودی بکشاند، در عوض تو را با وصل و لقای خود بر می‌کشد و دلت را با شادی راستین سرشار می‌سازد. ۲ - **سور**: مهمانی، ضیافت.

۳ - **لاٰ نُسَلِّمُ**: تسلیم نمی‌شویم.

قـومِ دیگـر مـی‌شناسم ز اولیـا   کـه دهـانْشان بسته بـاشد از دعـا ۱۸۸۱

گروه دیگری از اولیا را می‌شناسم که اهل دعا نیستند و هرگز دهان را برای درخواستی در جهتِ تغییرِ امور و دخالت در امر مدیریّت نظام هستی، نمی‌گشایند.

از رضـا[1] کـه هست رامِ آن کـرام[2]   جُستنِ دفعِ قـضاشان شـد حـرام ۱۸۸۲

این اولیا که «اهل رضا» هستند، به قضا و مشیّت حق تسلیم‌اند و دفع آن را بر خود حرام می‌دانند.

در قضا ذوقی هـمی بیـنند خـاص   کفرشان آید طلب کردن خـلاص[3] ۱۸۸۳

آنان در «قضا» و رضایِ بدان، ذوق و حلاوتی می‌یابند که رهایی از آن را کفر می‌دانند.

حُسنِ ظنّی بـر دلِ ایشـان گشـود   که نـپوشند از غـمی[4] جـامهٔ کـبود ۱۸۸۴

خداوند حُسنِ ظنّی به فعل حق در دل ایشان نهاده است که از هیچ اندوهی جامهٔ عزا نمی‌پوشند.

سؤال کردنِ بُهلول[5] آن درویش را[6]

«بهلول» از «درویشی» جویای احوال وی شد. درویش در پاسخی رندانه گفت: چگونه می‌تواند باشد حال آن کس که همهٔ کارها بر وفق مراد اوست؟

در این لطیفه، تعالیم صوفیّه جلوه‌گر است که در تقریر «تسلیم و توکّل» و موجب «رضای دل» و «صفای وقت» است؛ بنابراین در تعلیم زیرکانه‌ای که در این لطیفه جان کلام محسوب می‌گردد، «رضا به قضا»، شرطِ آرامش خاطر انسان مطرح می‌شود و کسی که جانش کمال یابد و بدین مرتبه ارتقا پیدا کند با رُخداد حوادث توافق تامّ دارد و احساس عدم رضایت نمی‌کند.

---

۱ - **رضا**: نزد عارفان «رضا» عبارت است از خروج از «رضای نفس» و آمدن در «رضای حق». مادام که کسی را اعتراض بر امری از امور در خاطر آید، از مرتبهٔ رضا بی‌نصیب است: ف. سجّادی، ص ۴۱۶.

۲ - **کرام**: جمع کریم، بخشنده، بزرگوار.

۳ - نفس با متّصف شدن به صفات عقول، حقایق را بر صفحهٔ وجود خویش افاضه می‌یابد؛ بنابراین «ولیِّ اهل رضا» با ادراک حقایق غیبی، دلیلی برای اعتراض به مشیّت باری تعالیٰ نمی‌یابد: شرح مقدّمهٔ قیصری، ص ۵۰۰.

۴ - **غمی**: در متن کهن «عَمی» ضبط شده که با سیاق مطلب نمی‌خواند. دکتر استعلامی نیز آن را غمی قرائت کرده است.

۵ - **بهلول**: ابو وهیب بهلول ابن عمرو الصیرفی کوفی معروف به بهلول مجنون. وی در حدود ۱۹۰ هجری درگذشت و از عقلای مجانین بود. کلام شیرین و سخنان او از نوادر خوانده شده است.

۶ - مأخذ آن را در منابع مربوط نیافتم. محتمل است از قصّه‌های رایج در افواه عام و یا حکایات قصّه‌گویان باشد.

گـفت بـهلول آن یکـی درویش را چونی ای درویش؟ واقف کـن مـرا ۱۸۸۵
بهلول به درویشی گفت: ای درویش، چگونه‌ای؟ از حال خویش برایم بگو.

گفت: چون باشد کسی که جاودان بـر مُـرادِ او رود کـارِ جـهان؟[1] ۱۸۸۶
گفت: حال کسی که جهان موافق خواستهٔ او می‌گردد، چگونه می‌تواند باشد؟

سـیل و جـوها بـر مُـرادِ او رونـد اختران زآن سان که خواهد، آن شوند ۱۸۸۷
سیل‌ها و جوی‌ها به خواستهٔ او جریان یابند و ستارگان همان شوند که او می‌خواهد.

زنـدگی و مـرگ، سـرهنگانِ او بـر مـرادِ او روانـه کـو بـه کـو ۱۸۸۸
زندگی و مرگ مطیع و به فرمان او هستند و هرجا که بخواهد روانه می‌شوند.

هر کـجا خـواهـد فـرستد تـعزیت هر کجا خـواهـد، بـبخشد تـهنیت ۱۸۸۹
هر جا بخواهد ماتمی می‌فرستد و هر جا اراده کند شادمانی و فرخندگی را روانه می‌کند.

سـالکانِ راهْ هـم بـر گـامِ او مـاندگان از راهْ هـم در دامِ او ۱۸۹۰
سالکان طریقت با او همگام‌اند و از پای افتادگان و در راه‌ماندگان نیز اسیر دام او هستند.

هـیچ دنـدانی نـخندد در جـهان بـی رضـا و امـرِ آن فـرمان روان ۱۸۹۱
بدون رضایت و فرمان آن فروانروای مطلق، هیچ کس در جهان نمی‌تواند بخندد.

گفت: ای شه راست گفتی، همچنین در فر و سیمایِ تـو پـیداست ایـن ۱۸۹۲
گفت: ای شاهِ معنا، راست می‌گویی، آثار این سخنان در شکوه و نورِ سیمای تو پیداست.

این و صد چندینی ای صادق! ولیک شرح کن این را، بیان کن نـیک نـیک ۱۸۹۳
ای درویش صادق، آنچه گفتی و صد چندان در مورد تو مصداق دارد؛ امّا برایم توضیح بده.

آنـچنانکه فـاضل و مـردِ فـضول[2] **چون به گـوش ِ او رسـد آرد قـبول** ۱۸۹۴
چنان واضح بگو که چون به گوش دانا و مدّعیِ دانایی برسد، هر دو آن را بپذیرند.

آنـچنانش شـرح کـن انـدر کـلام که از آن هم بـهره یـابد عـقلِ عـام ۱۸۹۵
به طور مشروح آن را بیان کن که عقلِ عام و خاصّ از کلام تو بهره‌مند گردد.

---

۱ - در این قطعه اوصاف پیر یا انسان کامل که جامع ظاهر و باطن و مظهر اسم‌الله است توصیف می‌گردد.
۲ - **فضول**: یاوه‌گو.

ناطقِ کامل[1] چو خوانِ‌پاشی[2] بُوَد خوانْش بر، هر گونهٔ آشی بُوَد ۱۸۹۶

سخنرانِ کامل، همانند کریمی است که سفره‌ای را گسترده و بر خوان او همه نوع خوراک هست.

که نماند هیچ مهمان بی نوا هر کسی یابد غذایِ خود جدا ۱۸۹۷

چنانکه هیچ میهمان گرسنه نمی‌ماند و هر کس خوراک مناسب با ذائقهٔ خود را می‌یابد.

همچو قرآن که به معنی هفت تُوست[3] خاص را و عام را مَطْعَم در اوست ۱۸۹۸

همانندِ قرآن کریم که از نظر معنا هفت بطن دارد و عام و خاصّ هر یک بنا به درکِ خویش از آن بهره می‌یابند.

گفت: این باری یقین شد پیشِ عام که جهان در امرِ یزدان است رام ۱۸۹۹

درویش گفت: این امر برای همگان مسلّم است که جهان مطیع فرمان خداوند است.

هیچ برگی در نیفتد از درخت[4] بی قضا و حکم آن سلطانِ بخت[5] ۱۹۰۰

بدون حکم و قضای الهی، هیچ برگی از درخت نمی‌افتد.

از دهانْ لقمه نشد سویِ گُلو تا نگوید لقمه را حق که: اُدْخُلُوا[6] ۱۹۰۱

تا خداوند به لقمه نگوید: «وارد شو»، هیچ لقمه‌ای از دهان به سوی گلو نمی‌رود.

میل و رغبت، کآن زمامِ[7] آدمی‌ست جنبشِ آن رامِ امرِ آن غنی‌ست[8] ۱۹۰۲

«میل و رغبت» که لگامِ آدمی را در دست دارد، تابعِ مشیّت آن یکتای بی‌نیاز است.

در زمین‌ها و آسمان‌ها ذرّه‌یی پَر نجنباند، نگردد پَرّه‌یی[9] ۱۹۰۳

در تمام هستی، هیچ ذرّه‌ای حرکت نمی‌کند و هیچ چرخی نمی‌گردد،

---

۱ - ناطق کامل، اشاره به انسان کامل واصل است که وجودش حقّانیّت یافته و کلام او نیز حق است.

۲ - **خوان پاش :** کسی که خوان یا سفره‌ای را برای اطعام خلق می‌گستراند.

۳ - اشاره به حدیث است: إِنَّ لِلْقُرْآنِ ظَهْراً وَ بَطْناً وَ لِبَطْنِهِ بَطْناً إِلیٰ سَبْعَةِ أَبْطُنٍ : قرآن ظاهری دارد و باطنی. باطنش باطن دیگری دارد و همین‌طور تا هفت بطن تودرتو است: احادیث، ص ۲۸۷.

۴ - اشارتی قرآنی؛ انعام : ۵۹/۶ : ...وَ مَا تَسْقُطُ مِنْ وَرَقَةٍ إِلاَّ يَعْلَمُهَا... : و هیچ برگی [از درخت] نمی‌افتد مگر آنکه آن را می‌داند... ۵ - **سلطان بخت :** حق تعالیٰ که راقم بخت و اقبال خلق است.

۶ - **اُدْخُلُوا :** وارد شوید. ۷ - **زمام :** لگام. ۸ - **غنی :** بی‌نیاز.

۹ - **پرّه :** دندانهٔ چرخ و دولاب، بال آسیای بادی.

۱۹۰۴ **جــز بــه فــرمانِ قــدیمِ نــافذش شرح نتوان کرد و جَلْدی[۱] نیست خَوش**

مگر به ارادهٔ آن ذاتِ قدیم، این ظرایف و دقـایق را نـمی‌توان بـه‌طور کـامل بـیان کـرد، کوشش برایِ شرحِ آن زرنگیِ بی‌موردی است.

۱۹۰۵ **که شْـمُرَد بـرگِ درخـتان را تـمام؟ بـی‌نهایت کِـی شـود در نـطقْ رام؟**

چه کسی می‌تواند برگ‌هایِ درختانِ دنیا را بشمارد؟ به‌طور قطع این امـرِ غـیر مـمکنی است. به همین ترتیب، «ظرایف و دقایق عالم معنا» هم بی‌نهایت‌انـد کـه گـنجاندن آن در قـالبِ محدودِ کلام غیر ممکن است.

۱۹۰۶ **این قَدَر بشنو کـه: چـون کُـلّیِ کـار مـی‌نگردد جـز بـه امـرِ کـردگار**

همین اندازه را بدان که همهٔ کارها جز به فرمان خداوند نمی‌گردد.

۱۹۰۷ **چون قضایِ حق رضایِ بـنده شـد حکـمِ او را بـندهٔ خـواهـنده شـد**

هنگامی که بنده از نظر معنوی کمال یافت و به قضای الهی راضی شد، حکم حق را با رغبت خواستار می‌شود و بدان گردن می‌نهد.

۱۹۰۸ **بـی‌تکلّف[۲]، نـه پـیِ مـزد و ثـواب بلکه طبعِ او چنین شد مسـتطاب[۳]**

رضایتِ این بندهٔ متعالی که در عین بلایا و مصایب راضی به رضای حق است، برای وی رنج‌آور و به جهت محاسبهٔ سود و زیانِ دنیوی نیست؛ بلکه به سببِ آن است که سرشتِ او عوض شده و ولادتی روحانی یافته است.

۱۹۰۹ **زندگیِ خـود نـخواهـد بـهرِ خَـوذ[۴] نـــه پــیِ ذوقِ حــیاتِ مُسْـتَلَذ[۵]**

زندگی خود را برای خود نمی‌خواهد و جویای لذّات دنیوی نیست.

۱۹۱۰ **هر کجا امـرِ قِـدَم را مَـسلکی‌ست[۶] زندگی و مردگی پـیشش یکـی‌ست**

هر جا حُکم الهی جاری باشد، حیات و ممات را یکسان می‌داند.

۱۹۱۱ **بـهرِ یـزدان مـی‌زید، نـه بـهرِ گـنج بهرِ یزدان می‌مُرَد، نه از خوفِ رنج[۷]**

حیاتِ او برای خداست، نه برای حصول گنج، ممات او نیز برای خداست، نه از رنج.

---

۱ - **جَلْدی** : چالاکی، زرنگی. ۲ - **تکلّف** : رنج بردن. ۳ - **مستطاب** : پاک و پاکیزه.

۴ - **خوذ** : خود، ضبط نسخهٔ کهن است. ۵ - **مُسْتَلَذّ** : لذّت برده شده. ۶ - **مَسلک** : راه و روش.

۷ - اشارتی قرآنی؛ انعام: ۱۶۲/۶: قُلْ إِنَّ صَلاتي وَ نُسُكِي وَ مَحْيايَ وَ مَمَاتِي لِلّهِ رَبِّ ٱلعَالَمِينَ: بگو نماز و نیایش من و زندگانی و مرگ من، در راه خدا، پروردگار جهانیان است.

هست ایمانش برای خواستِ او — نه برای جنّت و اشجار و جُو ۱۹۱۲
ایمان او برای رضایِ حق است، نه برای بهشت و درختان و جویبارهای آن.

ترکِ کفرش هم برای حق بُوَد — نه ز بیمِ آنکه در آتش رود ۱۹۱۳
کفر را هم برای رضای حق تعالیٰ ترک می‌کند، نه از ترس آنکه در آتش دوزخ بسوزد.

این چنین آمد ز اصل آن خُویِ او — نه ریاضت، نه به جُست و جویِ او ۱۹۱۴
خوی او از آغاز چنین بوده و از طریق ریاضت و تهذیب و مجاهده حاصل نشده است.

آنگهان خندد، که او بیند رضا — همچو حلوایِ شَکَر او را، قضا ۱۹۱۵
هنگامی می‌خندد که رضای الهی را می‌بیند، رضا به قضا برای او، همانند حلوا شکرین است.

بنده‌یی کِش خوی و خِلقت این بُوَد — نه جهان بر امر و فرمانش رَوَد؟ ۱۹۱۶
بنده‌ای که چنین خُو و سرشتی دارد، آیا تمامِ جهان مطیع و فرمانبر او نیست؟

پس چرا لابه کند او یا دعا؟ — که: بگردان ای خداوند! این قضا ۱۹۱۷
بنابراین چرا ناله و زاری کند یا به دعا بخواهد که خداوندا، این قضا را بگردان؟

مرگِ او و مرگِ فرزندانِ او — بهرِ حق، پیشش چو حلوا در گلو ۱۹۱۸
مرگِ او و مرگِ فرزندان او در کام جانش همان قدر شیرین است که حلوا در گلو.

نزعِ[1] فرزندان بر آن باوفا — چون قطایف[2] پیشِ شیخِ بی‌نوا ۱۹۱۹
جان کندنِ فرزندان نزدِ آن بندهٔ باوفا از آنجا که ارادهٔ خداوند بر آن قرار گرفته، همان قدر خوشایند است که حلوای عسلی نزد پیری بینوا می‌تواند دلپذیر باشد.

پس چرا گوید دعا؟ اِلاّ مگر — در دعا بیند رضای دادگر ۱۹۲۰
بنابراین چرا به دعا از حق تعالیٰ بخواهد که جریان امور را دیگرگون کند؟ مگر دریابد این دعا و درخواست، خواستِ اوست.

آن شفاعت و آن دعا، نه از رحمِ خَود — می‌کند آن بندهٔ صاحبْ رَشَد[3] ۱۹۲۱
آن بندهٔ رستگار، اگر به شفاعت کسی دعایی بکند، از سر ترحّم و دلسوزی نیست.

---

۱ - **نزع**: جان کندن. ۲ - **قطایف**: حلوای عسلی، لوزینهٔ لطیف. ۳ - **رَشَد**: راه راست، رستگاری.

رحمِ خود را او همان دم سوخته‌ست   که چـراغِ عشـقِ حـقّ افـروخته‌ست ۱۹۲۲

او همان لحظه که چراغِ عشقِ حق را در جان خویش برافروخت، رحم و شفقتِ انسانی خود را سوزانید و متخلّق به اخلاق الله شد.

دوزخِ اوصافِ او عشـق است و او   سوخت مر اوصافِ خود را مو به مو ۱۹۲۳

اوصاف و صفات بشری و خودبینی او در آتشی به نام «عشق حق» سوخت و نابود شد، او یکایک تمام صفات خود را به این آتش سپرد.

هر طُروقی[۱] این فُروقی[۲] کِی شناخت؟   جز دَقوقی، تا در این دولت بـتاخت[۳] ۱۹۲۴

سالکی که در شبِ تاریکِ طبایع بشری طیّ طریق می‌کند، کجا می‌تواند اختلاف و تمایزِ سیر در اوصاف خود و سیر در صفات و اسما حق را دریابد؟ جز دقوقی که بخت سرمدی و اقبالی الهی او را به این بخت بلند رسانید و توانست آن را بداند و در همان مسیر پیش برود.

قصّهٔ دقوقی رحمة الله علیه، و کراماتش[۴]

دقوقی که از زاهدان ریاضت پیشه و از مشایخ گمنام به شمار می‌آمد، علی‌رغم آنکه در فتوا امام خلق بود، همانند موسیٰ(ع) که طالب خضر(ع) شد، جویای صحبت کاملان بود. از این‌رو همواره در آفاق و انفس به سیر و سفر می‌پرداخت و در هیچ محلّی اقامت طولانی را روا نمی‌داشت مبادا که بدان جا پای‌بند گردد.

---

۱ - **طُروق** : طَروق: راهرو، سالک، طی کنندهٔ راه طریقت، سالک شبرو.

۲ - **فُروق** : جمع فرق، اختلاف و تمایز.

۳ - در سفر ثانی از اسفار اربعه که آن را «مِنَ الحَقِّ إلی الحَقِّ بِالحَقّ» تعبیر کرده‌اند، سالک سفر اول؛ یعنی از خلق به حق را به پایان برده و اینک با محو جهات خلقی او در جهات حقّی به مقام ولایت نایل آمده است و در این سفر از مرتبهٔ ذات به سیر در اسما و صفات حق شروع می‌نماید و با علم به اسما و صفات به مظاهر اسما؛ یعنی اعیان ثابته واقف می‌گردد و اسرار قضا و قدر الهی را در می‌یابد، در این مرتبه، ذات و صفات و افعال او در ذات و صفات و افعال حق فنا می‌یابد و به چشم حق می‌بیند و به سمع حق می‌شنود: شرح مقدّمهٔ قیصری، صص ۶۶۶ و ۶۶۷.

۴ - قصّهٔ دقوقی و کراماتش مأخذی در آثار صوفیّه ندارد؛ امّا علاّمه محمّد قزوینی وی را با عبدالمنعم دقوقی (وفات: ۶۴۵) تطبیق داده است؛ ولی محقّقان ترجیح داده‌اند که دقوقی را شیخی گمنام از معاصران مولانا و از اولیای مستور حق به شمار آورند که سرایندهٔ مثنوی کوشیده است تا مکاشفاتی رمزی را که متعلّق به یک تن از اولیای مجهول و یا تجربیّات روحانی خود وی بوده است در حدیث دیگران نقل کند: بحر در کوزه، ص ۱۴۹.

در یکی از این سفرها دقوقی به ساحل دریا رسید. روز بیگاه شده و به قرب شامگاهان رسیده بود. ناگهان در واقعه‌ای، مکاشفه‌ای برای وی رخ داد و در نزدیک ساحل هفت شمع را دید. شتابان بدان سو رفت در حالی که متحیّر بود این شمع‌ها و نور عظیم هر یک که به آسمان بر می‌شود، چگونه از چشم خلق نهان است؟ در لحظه دید آن هفت شمع در هم ادغام شدند و به یک شمع مبدّل گشتند. شمعی که نور آن گریبان فلک را می‌شکافت و اندکی بعد باز آن یک شمع تبدیل به هفت شمع شد. این تبدیل و تبدّل در تبیین اتّصال و وحدتی خارج از وصف میان آن‌ها بود. ناگهان هفت شمع به هفت مرد مبدّل شدند که نور وجودشان به آسمان می‌رسید و به آنی مردان به درختانی سرسبز و خرّم با سایه‌هایی انبوه تبدیل گشتند و مردم که در آن گرمای شدید آفتاب در حسرت سایه بودند، این درختان و سایهٔ پهناور آن‌ها را نمی‌دیدند.

هنگامی که دقوقی با حیرتی تمام به آن درختان نزدیک شد، دید هفت درخت به یک درخت و یک درخت به هفت درخت تبدیل یافتند و سپس درختان برای اقامهٔ نماز به صف ایستادند و هفت درخت تبدیل به هفت مرد شدند. دقوقی به آنان سلام کرد و مردان نه تنها سلام وی را پاسخ دادند؛ بلکه او را به نام خطاب کردند و خواستند تا دقوقی به امامت نماز را اقامه بدارد و آنان به وی اقتدا کنند.

وقتی که دقوقی به امامت قوم برای نماز قیام کرد، ناگهان چشمش به دریا افتاد و کشتی را در حال غرق و اهل کشتی را در حال ناله و استغاثه یافت. با دیدن قیامتی که در کشتی برپا بود، رحم او جوشید و اشک بر رخساره‌اش دوید و در خلاص کشتی و اهل آن دعا کرد. دعای او چون از سر بی‌خودی و در مقام انسان فانی در حق بود، به اجابت مقرون گردید و اهل کشتی جان به سلامت بردند و در همین هنگام نماز قوم نیز به پایان رسید؛ امّا میان هفت مرد فُجْفُجی افتاد و در میان پچ و پچ می‌خواستند بدانند که این فضولی و این دعای ناروا و اعتراض بر حکم حق، کار چه کس بوده است؟ و بالاخره دریافتند که دعا از جانب امام بوده است.

در پایانِ نماز و شنیدن صدای پچ و پچ مردان، دقوقی به پشت سر نگریست تا ببیند قوم چه می‌گویند؛ امّا دید همه رفته‌اند و در آن مقام هیچ کس را نیافت. گویی درّهایی بودند که به لحظه‌ای آب شدند یا به قباب غیرت حق باز گشتند و در روضه‌ای نهان شدند. دقوقی از غیبت آن‌ها در تحیّر ماند و سال‌ها اشک حسرت و شوق برای دیدار ایشان بارید و آنان را نیافت، ولی امید را هم از دست نداد و دست از طلب برنداشت. **«هین مبُر اومید ایشان را بجو»**

«در این قصّه به شیوه‌ای رمزآمیز نقش اولیای مستور و رجال غیب در ابقای نظامِ عالم و در تأمین هدایت و حیات بنی‌آدم بدان گونه که مراتب ولایت در نظر صوفیّه مقتضی آن است، تقریر می‌یابد. «هفت مرد» نمادی از «رجال غیب»، دریا نمادی از «عالم حس»، و «اهل کشتی» نمادی از «جامعهٔ انسانی» است. رجال غیب جز به اشارت و الهام حق در کار عالم تصرّف ندارند، با این همه مشیّت باری تعالی گه‌گاه دعای مخلصانهٔ دیگران را هم که از این شمار نیستند، بهانه‌ای می‌سازد تا کشتی را از هلاکت ابدی برهانَد.

اینکه دقوقی از صحبت رجال غیب محجوب ماند، کنایه از این معنی است که درکِ صحبتِ کاملانِ اربابِ طریقت برای سالکان راه شریعت، فقط وقتی ممکن است که آنان به مرتبهٔ «فنای فی الله» برسند و در برابر مشیّت حق سر تسلیم و رضا فرود آرند. از این‌روست که رجال غیب نور خویش راکه در قصّه به صورت شمع جلوه می‌کند و رمز حیات سرسبز با لطف و عنایت خود راکه درخت کنایه‌ای از آن است، از کسانی که تسلیم محض نباشند، هرچند که مثل دقوقی به دولت مکاشفه هم نایل آمده باشند، دریغ می‌دارند و در قباب غیرت اختفا می‌یابند.» [1]

«بدون شک تضادّی که بین نور شمع و وجود سایه در آن واحد وجود دارد، ناشی از ویژگی‌های کشف و شهود است که در آن وجود امور متناقض ظاهراً اشکالی ندارد و از آن روست که دقوقی در دنیایی سیر کرده که عاری از زمان بوده است و عالم تلوین به شمار نمی‌آید.

اینکه نماز دقوقی با «حضور» قلب همراه نیست و اقامهٔ نماز رجال غیب به امامت کسی که نماز وی تمام محسوب نیست، خالی از اشکال به نظر نمی‌رسد؛ امّا نکتهٔ مهم آنکه در هر حال نماز زاهد با نماز عارف متفاوت است و عارف به سبب استغراقی که در حق دارد همهٔ کائنات را در همان حال در حق می‌بیند، ولی این امر نیز خود به نوعی حصول استغراق را نفی می‌کند.» [2]

نکتهٔ دیگر قابل توجّه آنکه هنگام استغراق در حق، کشف و شهودی که برای عارف حصول می‌یابد به ارادهٔ حضرت باری است و خواست و ارادهٔ بنده در آن نقشی ندارد و دعای بی‌خودی را هم که مولانا بدان اشارت دارد، نشأت گرفته از همین تهی بودن از خود است که به اجابت مقرون می‌گردد.

۱۹۲۵ **آن دَقوقی داشت خوش دیباجه‌یی[3] عاشق و صاحبْ کرامت خواجه‌یی**

دقوقی سلوکی خوش؛ یعنی ظاهر و باطنی پسندیده داشت. خواجه‌ای عاشق و دارای کرامات بود.

۱۹۲۶ **در زمین، می‌شد چو مه بر آسمان شبْ‌روان را گشته زو روشن، روان**

بر روی زمین، همانند ماه می‌تابید و سالکانی که اسیرِ ظلمات عالم مادّی بودند، از پرتو جانِ او نور می‌یافتند.

---

۱ - بحر درکوزه، ص ۱۵۲. ۲ - سرّ نی، ج ۱، ص ۲۸۳.

۳ - **دیباجه** : جامهٔ خاصّ پادشاهان عجم که قطعهٔ روی آن از دیبا باشد، خطبهٔ کتاب را به طریق مجاز دیباجه خوانند به اعتبار آنکه زینت کتاب در آن است، روی، چهره، رخسار.

در مـقامی مسکـنی کم ساختی کـم، دو روز انـدر دهـی انـداختـی ۱۹۲۷

کمتر در جایی رحل اقامت می‌افکند، در هر روستا و یا هر محل بیش از یکی دو روز نمی‌ماند.

گفت در یک خانه گر باشم دو روز عشقِ آن مسکن کـند در مـن فـروز ۱۹۲۸

می‌اندیشید: اگر در یک مکان حتّی دو روز بمانَد، محبّت آن جا در دلم قوّت می‌گیرد و پای‌بند می‌شوم.

غِـرَّةُ الْـمَسْکَنْ أُحـاذِرْهُ اَنـا اُنْـقُلی یـا نَـفْسُ، سـیری لِـلْغِنا ۱۹۲۹

من از فریفته شدن به مأویٰ می‌پرهیزم. ای نفس، برای بی‌نیازی سفر کن.

لا أُعَـوِّدْ خُـلْقَ قَـلْبی بِـالمَکان کَیْ یَکُـونَ خـالِصاً فـی الامْـتحان ۱۹۳۰

من دل خود را به توقّف در مکانی عادت نمی‌دهم، تا در آزمون الهی از تعلّقات پاک باشد.

روز انـدر سیر بُـد، شب در نـماز چشم اندر شاهْ بـاز، او هـمچو بـاز ۱۹۳۱

دقوقی روزها را به سیر و سفر می‌گذرانید و شب‌ها را به نماز و نیایش. او همچون بازی بود که بر دست شاه می‌نشیند و به او می‌نگرد؛ یعنی همیشه توجّه قلبی‌اش به حق بود.

مـنقطع از خـلق، نـه از بـدخُویی مـنفرد از مـرد و زن نـه از دُویـی ۱۹۳۲

دقوقی از خلق بریده بود، نه به سبب بدخویی، نه از نفاق و دشمنی، برایِ آنکه ارتباط با آنان را مانعِ تمرکز و توجّه قلبی به حق می‌یافت.

مشفقی بر خلق و نـافع هـمچو آب خوش شفیعی و دعااش مستجاب ۱۹۳۳

او بر خلق شفقت می‌ورزید و مهرِ او، مانندِ آب برای همگان ضروری بود؛ زیرا خلق را شفاعت می‌کرد و دعایی مستجاب داشت.

نـیک و بـد را مـهربان و مُستَقَر بـهتر از مـادر شـهی‌تر[۱] از پـدر ۱۹۳۴

او برای نیک و بد پناهگاه امن و از مادر مهربان‌تر و از پدر دلسوزتر بود.

گـفت پـیغمبر: شما را ای مِهان! چون پدر هستم شفیق و مـهربان[۲] ۱۹۳۵

پیامبر(ص) فرمود: ای بزرگان، من برایِ شما همانند پدر شفیق و مهربان هستم.

---

۱ - **شهی‌تر** : مشفق‌تر.

۲ - اشاره به روایت است: إِنَّما أَنَا لَکُمْ مِثْلَ الْوَالِدِ : بی‌شک من برای شما همچون پدر هستم: احادیث، ص ۲۹۱.

زآن سبب که جمله اجزایِ من‌اید[۱]   جـزو را از کُـل چـرا بـر مـی‌کَنید؟ ۱۹۳۶

زیرا شما، مانند اجزایِ من‌اید، چرا جزو را از کلّ جدا می‌کنید؟

جزو از کل قـطع شـد، بـی‌کار شـد   عضو از تن قطع شد، مـردار شـد[۲] ۱۹۳۷

اگر جزوی از کلّ خود جدا شود، عاطل و باطل می‌مانَد و اگر عضوی از بدن جدا گردد، مُردار می‌شود.

تـا نـپیوندد بـه کُـل بـارِ دگـر   مرده باشد، نَبْوَدش از جـان خـبر[۳] ۱۹۳۸

تا بار دیگر به کُلّ اتّصال نیابد، همانند مردهٔ بی‌جان است.

ور بجُنبد، نیست آن را خـود سَـنَد   عضوِ نـو بـبریده هـم جُـنبش کـند ۱۹۳۹

جنبشِ او، نشان زنده بودنش نیست؛ زیرا عضو تازه قطع شده هم جنبش دارد.

جزو از این کُل گر بُرَد، یکسـو رود   این نه آن کُلّ است کو ناقص شـود ۱۹۴۰

اگر جزو از کلّ جدا شود، از بین می‌رود و کلّ هم ناقص می‌شود؛ امّا این کُلّ کـه از آن سخن می‌گوییم، «حقیقت» ساری و جاری در تمام عالم هستی است، «کُل مطلق» است که به سببِ جدا شدن اجزایِ ناچیزِ هستی، کاستی نمی‌پذیرد.

قـطع و وصـلِ او نـیاید در مَـقال   چـیزِ نـاقص گـفته شـد بـهرِ مـثال ۱۹۴۱

اینکه از اتّصال و انقطاع با حقیقتِ کلّ سخن می‌گوییم، مثالی است که شاید بتوانیم تـا حدودی معانی بلندی را که می‌خواهیم، شرح دهیم، وگرنه «قطع و وصل» بـا هستیِ مـطلق چیزی نیست که بتوان آن را از طریق کلام و سخن وصف کرد.

---

۱ - حقیقت محمّدیّه(ص) در ابتدای وجود و بر حسب قوس نزول واسطهٔ ظهور ممکنات و به اعتبار قوس صعود شاهد بر جمیع انبیا و قافله‌سالار کائنات است: شرح مقدّمهٔ قیصری، ص ۲۲۲.

۲ - مقتبس است از حدیث: کُلُّ شَیْءٍ قُطِعَ مِنَ الْحَیِّ فَهُوَ مَیِّتٌ : هر عضوی از موجود زنده قطع گردد مرده به حساب می‌آید: احادیث، صص ۲۹۱ و ۲۹۲.

۳ - سالک نیز اگر از مراد روحانی خود دوری جوید، همان جزو جدا شده از کُلّ و فاقد حیات روحانی است.

بازگشتن به قصّهٔ دَقوقی

مر علی را در مـثالی شـیر خـوانـد   شـیر مـثلِ او نـباشد، گـرچـه رانـد ۱۹۴۲

در بیت پیشین آمد که امثال و سخنانی که در بیانِ حقایقِ الهی به کار می‌رود رسا نیست، اینک در تأیید آن می‌گوییم که در تمثیل، حضرت علی(ع) را شیر خدا خوانده‌اند؛ امّا به واقع علی(ع) چه شباهتی به شیر دارد؟

از مـثال و مِـثل و فـرقِ آن، بـران   جـانبِ قـصّهٔ دقـوقی ای جـوان ۱۹۴۳

ای جوان، «مثال و مثل» و تفاوت میان آن دو را رها کن و به قصّهٔ دقوقی بپرداز.

آنکـه در فـتویٰ امـامِ خـلق بـود   گـویِ تـقویٰ از فـرشته مـی‌ربود ۱۹۴۴

دقوقی در عرصهٔ فتوا، پیشوایِ مردم بود و پرهیزکارتر و پاک‌تر از فرشتگان به شمار می‌آمد.

آنکـه انـدر سـیر مـه را مـات کـرد   هم ز دین‌داریّ او دین رشک خَورد ۱۹۴۵

سیر و سلوک دقوقی در آسمان‌های جان چنان دل‌انگیز بود که ماهِ آسمان را مات می‌کرد. در عرصهٔ دین‌داری نیز چنان بود که «دین» او را به حق نزدیک‌تر از خود می‌یافت.

بـا چـنین تـقویٰ و اوراد و قـیام   طـالبِ خـاصانِ حـق بـودی مـدام ۱۹۴۶

او با این همه پرهیزکاری و دعا و نماز همواره جویای بندگان خاصّ خداوند بود.

در سـفر مُـعْظَم مـرادش آن بُـدی   کـه دمـی بـر بـندهٔ خـاصی زدی ۱۹۴۷

در سفرها بزرگ‌ترین آرزویش آن بود که دمی از مصاحبتِ بندهٔ خاصّ حق برخوردار شود.

این همی گفتی چو مـی‌رفتی بـه راه   کـن قـرینِ خـاصگانم ای الٰـه! ۱۹۴۸

هنگامی که در سفر ره می‌سپرد، می‌گفت: پروردگارا، مرا با بندگان خاصّ خود آشنا کن.

یـا رب! آن‌هـا را کـه بشـناسد دلم   بـنده و بسـته مـیان و مُـجْمِلم[1] ۱۹۴۹

پروردگارا، بندگان خاصّی را که دل من می‌تواند بشناسد، خدمت می‌کنم و می‌ستایم.

وانکه نشناسم تو ای یزدانِ جـان[2]   بـرمنِ مـحجوبشان کـن مـهربان ۱۹۵۰

و ای خداوند جان‌آفرین، آنان را که نمی‌شناسم، تو با من مهربان کن؛ زیرا هنوز دیدهٔ دل من از ادراک و شهود حقایق در حجاب است.

---

۱ - **مُجْمِل**: ستاینده و تحسین کننده.

۲ - اشاره به اولیای مستور که در قباب غیرت حق نهان‌اند و جز حق تعالیٰ کسی بر اسرار و احوال و مراتب ایشان واقف نیست.

حضرتش گفتی کـه: ای صـدرِ مِـهین[1] ! این چه عشق است و چه استسقاست[2] این؟ ۱۹۵۱

خداوند به او ندا فرمود: ای مرد بزرگ، این چه عشق و چه تشنگی مفرطی است؟

مِهرِ مـن داری، چـه مـی‌جویی دگـر؟ چون خدا با توست، چون جویی بشر؟ ۱۹۵۲

دل تو لبریز از محبّت حق است، دیگر چه می‌جویی؟ اینک که خدا با توست چگونه این چنین جویای انسان شده‌ای؟

او بگـــفتی: یـارب! ای دانـایِ رازْ! تـــو گشـــودی در دلم راهِ نـــیاز ۱۹۵۳

او می‌گفت: پروردگارا، ای آنکه بر اسرار آگاهی، تو این تمنّا را در دلم نهاده و راه آن را بر من گشوده‌ای.

در مـــیانِ بـــحر اگـــر بـــنشسته‌ام طَـمْعْ در آبِ سـبو هـم بسـته‌ام ۱۹۵۴

هرچند که در دریای «حقیقت» غوطه‌ور هستم؛ امّا به آبِ سبو نیز چشم دارم، یعنی اشتیاق همنشینی با اولیای مستورِ تو نیز در دلم هست تا با سیراب شدن از آب زلال جان منوّرشان، از معارف والاتری بهره‌مند شوم و پیوند جان خود را با تو استوارتر بیابم.

همچو داوودم[3]، نود نَعْجه[4] مراست طَمْع در نَعجهٔ حریفم هم بخاست[5] ۱۹۵۵

من، مانندِ داوود(ع)اَم که نود و نه میش داشت و خواهانِ میش دوست خود نیز بود.

حرص اندر عشقِ تو فخر است و جاه حـــرص انـدر غـیرِ تـو نـنگ و تـباه ۱۹۵۶

حرص در عشق تو مایهٔ تفاخر و شوکت است، حرص به ماسوی الله مایهٔ ننگ و هلاکت است.

---

۱ - **مِهین** : بزرگ. ۲ - **استسقاء** : آب خواستن، تشنگی شدید.

۳ - شرح کامل زندگی داوود(ع): ر.ک: ۱۴۵۱/۳. ۴ - **نَعْجة** : میش.

۵ - اشارتی است قرآنی؛ ص: ۳۸/۲۴-۲۱، در ارتباط با دادخواهی دو دادخواه که از راهی غیر معمول بر داوود(ع) وارد شدند، آنان دو برادر بودند که یکی نود و نه میش داشت و با درشتگویی خواهان تنها میشی بود که برادر دیگر دارد. برخی از مفسّران از جمله: میبدی، زمخشری، طبرسی و ابوالفتوح، داستانی را ناباورانه در ارتباط با آن نقل کرده‌اند که در طیّ آن داوود(ع) که شیفتهٔ زن اوریا، سردار بزرگ سپاه خویش شده است، اوریا را به جنگی در پیشاپیش تابوت عهد می‌فرستد، بقره: ۲/۲۴۸، و با شهادت اوریا، همسر او را به زنی می‌گیرد، حال آنکه خود در حرمسرایش نود و نه زن دارد و این دو خصم که به دادخواهی آمده‌اند، نمادین‌اند و برای تنبیه از جانب حق تعالیٰ آمده‌اند. شیعهٔ امامیّه قائل به عصمت انبیا علیهم السّلام است و معتقدند که چه بسا شهادت اوریا در جنگ امری عادی بوده و سپس داوود(ع) برای دلجویی و استمالت وی را به همسری برگزیده و استغفار او برای تعجیل در امر قضاوت بوده است.

۱۹۵۷ **شهوت و حرص نران[1] بیشی بُوَد و آنِ حیزان[2] ننگ و بدکیشی[3] بُوَد**

مردان حق برای تقرّب هر چه بیشتر حریص و مشتاق‌اند که سیر استکمالی را هر چه بهتر طی کنند؛ امّا اهل شهوات در اعمال ننگین و کج‌روی‌ها حریص‌اند.

۱۹۵۸ **حرصِ مردان از رهِ پیشی بُوَد در مخنّث حرص سویِ پس رود**

حرص مردان حق به سوی کمال و حرص نامردان به سوی پستی است.

۱۹۵۹ **آن یکی حرص از کمالِ مردی است و آن دگر حرص افتضاح و سردی است**

حرص و اشتیاقِ مردان حق از عزّت و کمالِ سلوک است و حرصِ اهل هوا از دون‌مایگی است.

۱۹۶۰ **آه سرّی هست اینجا، بس نهان که سویِ خضری شود موسی روان[4]**

آه که اینجا رازی نهانی است که به سببِ آن، موسیٰ(ع) خواستارِ همراهی با خضر(ع) می‌شود و عامِّ خلق از فهم آن عاجزند.

۱۹۶۱ **همچو مستسقی کز آبش سیر نیست بر هر آنچه یافتی، بِاللّٰه مایست**

بنابراین تو هم، مانند مردان حق تشنهٔ کمال و حقایق باش؛ چون حق را نهایتی نیست، تشنگیِ تقرّب را نیز حدّی نیست، تو را به خدا آنچه را که یافتی، کافی ندان، این راه را پایانی نیست.

۱۹۶۲ **بی‌نهایت حضرت است این بارگاه صدر[5] را بگذار، صدرِ توست راه**

این بارگاه و تقرّبِ بدان را نهایتی نیست، با وصولِ به مرتبه‌ای از مراتب کمال و درکِ حقایقی از عوالم بیکرانِ معنوی، گمان نکن که به سرمنزل مقصود رسیده‌ای، مقامات و کمالات آن است که همواره در حال سلوک در این راه بی‌منتها باشی.

سِرّ طلب کردن موسیٰ خضر را علیهما السّلام، باکمال نبوّت و قربت[6]

قصّهٔ موسی(ع) با خضر(ع) و سفر موسیٰ(ع) به آنچه مجمع‌البحرین خوانده می‌شود در عرفان مولانا و دیگر بزرگان عالم معنا غالباً به منزلهٔ نوعی تجربهٔ سلوک تلقّی می‌شود.

---

۱ - **نران** : اشاره به مردان حق. ۲ - **حیز** : نامرد، مخنّث، اینجا اهل شهوات. ۳ - **بدکیشی** : کجروی.
۴ - ملاقات موسیٰ(ع) با خضر(ع): ر.ک: ۲۲۵/۱. ۵ - **صدر** : سینه، بالای مجلس، اینجا مقامات کمال.
۶ - «را» بعداً اضافه شده است.

از شیخ اکبر محیی الدّین ابن عربی مروی است[۱] که در کشف با خضر(ع)، خضر او را فرموده بود که هزار مسأله برای موسی بن عمران آماده کرده بودم، از زمان ولادتش تا هنگام اجتماع؛ پس موسیٰ بر سه مسأله صبر نتوانست کرد. رسول ما(ص) فرمود: ای کاش موسی(ع) ساکت شدی و اعتراض نکردی تا حق تعالی قصّهٔ ایشان به ما شرح دادی. کسی که طالب وقوف بر اسرار الهی است باید بداند که **خضر**(ع) را مقام **روح** بود و علوم وی **علوم ولایت** و **صورت اسم باطن**.[۲]

امّا، موسیٰ(ع) صورت اسم ظاهر است و مقام او مقام قلب و او را علوم رسالت و نبوّت و تشریع است و حکم به ظاهر. برای همین معجزات وی در غایت ظهور و وضوح بود؛ پس خدای عَزَّوجَلَّ خواست تا موسیٰ(ع) را تکمیل کند به جمع میان ظاهر و باطن و علوم نبوّت و آنچه در استعداد اوست از علوم ولایت، حال آنکه موسیٰ(ع) در میان جمع کثیری از بنی اسرائیل دعوی کرده بود که اَعلم اهل ارض منم، لاجرم حق تعالیٰ وحی فرستاد که ما را بنده‌ای است در مجمع‌البحرین؛ یعنی میان بحر وجوب و امکان یا میان دو بحر ظاهر و باطن، که اَعلم اهل ارض، حال اوست؛ پس موسیٰ(ع) از خداوند خواست تا صحبت او را روزی کند، اگر اختیار صحبت حق کردی و علم ولایت از او طلبیدی، هر آینه از صحبت خضر(ع) مستغنی گشتی.

شرح ملاقات حضرت موسیٰ(ع) با خضر(ع) در ذیل بیت ۲۲۵ دفتر اوّل آمده است.

در روایت مثنوی از ملاقاتی که قرآن کریم بدان اشارت دارد، کهف: ۶۴/۱۸، شوق و علاقهٔ وصف‌ناپذیر حضرت موسیٰ(ع) که علی‌رغم حشمت و جلال پیامبری، مشتاق همصحبتی یکی از اولیای مستور است که مظهر علم لَدُنّی هم هست، و در جست و جوی او به مجمع‌البحرین می‌رود که مفسّران محلّ جغرافیایی آن را مکان اتّصال خلیج عقبه با خلیج سوئز دانسته‌اند، گویی نشان از اشتیاق همنشینی با خداست، همچنین این شور و شوق، رمزی است از شور و اشتیاق التهاب‌آوری که مولانا پس از هجران یار گریزپای، شمس محبوب، در وجود خویش احساس می‌کرد و در جست و جویِ او به مجمع‌البحرینِ تلاقیِ «شریعت و طریقت» در وجودِ خویش رفت و در آن تلاقی‌گاه، حقیقتِ شمس را در وجودِ خویش یافت.

از کلیمِ حق بیاموز ای کریم! بین چه می‌گوید ز مشتاقی کلیم ۱۹۶۳

ای مرد بخشنده، از کلیم الله رمز اشتیاق و سیری ناپذیری در راه حق را بیاموز و ببین که او چه می‌گوید.

با چنین جاه و چنین پیغمبری طالبِ خضرم، ز خود بینی بری ۱۹۶۴

موسیٰ(ع) به زبانِ حال می‌گوید: علی‌رغم جلال و شوکتِ مقامِ پیامبری، جویای همراهی خضر و به دور از خودبینی‌اَم.

موسیا! تو قومِ خود را هشته‌ای در پیِ نیکوپیی[۳] سرگشته‌ای ۱۹۶۵

ای موسیٰ، قوم خود را گذاشته و در جست و جوی مردی مبارک قدم سرگردان شده‌ای؟

۱ - شرح فصوص خوارزمی، ج ۲، صص ۷۵۰-۷۴۷.
۲ - انسان به اعتبار باطن دارای هفت بطن است: ر.ک: ۳۵۱۳/۱. ۳ - **نیکوپی**: مبارک‌قدم.

کیقبادی[۱]، رَسته از خوف و رجا[۲] چند گردی؟ چند جویی؟ تا کجا؟ ۱۹۶۶

تو سلطان والامقامی هستی که از بیم و امید رهیده‌ای، به دنبال چه می‌گردی؟ و جویای چه چیز هستی؟ و تا کجا این تکاپو را ادامه می‌دهی؟

آنِ تو[۳] با توست، و تو واقف بر این آسمانا چند پیمایی زمین؟ ۱۹۶۷

آنچه را که می‌جویی در جان تو متجلّی است و خود بر آن آگاه هستی. ای انسان آسمانی، تا کی حقایق را بر زمین می‌جویی؟

گفت موسی: این ملامت کم کنید آفتاب و ماه[۴] را کم ره زنید ۱۹۶۸

موسی(ع) گفت: سرزنش را رها کنید. بگذارید در پی خضر(ع) بروم و از او علم لَدُنّی کسب کنم، چنانکه ماه از خورشید نور می‌یابد.

می‌روم تا مجمع اَلبحرَیْنِ من تا شوم مَصحوبِ[۵] سلطانِ زمن[۶] ۱۹۶۹

تا محلّ تلاقی دو دریا پیش می‌روم تا از مصاحبت سلطان عصر برخوردار گردم.

اَجْعَلُ الخِضْرَ لِأَمْرِي سَبَبا ذاکَ، اَوْ اَمْضِي وَ اَسْرِي حُقُبا[۷] ۱۹۷۰

خضر(ع) را سبب کسب حقیقت قرار داده‌ام، برای رسیدن به او سال‌ها راه خواهم رفت.

سال‌ها پرّم به پرّ و بال‌ها سال‌ها چه بْوَد؟ هزاران سال‌ها ۱۹۷۱

سال‌های سال با پر و بال شوق این راه را طی می‌کنم. در برابرِ اشتیاقِ وصالِ افزون‌تر، سال‌ها چه شأنی دارند؟ هزاران سال را هم در راه می‌گذرانم.

می‌روم، یعنی نمی‌ارزد بدآن؟ عشقِ جانان کم مدان از عشقِ نان ۱۹۷۲

آیا طیِّ هزاران سال راه به عشقِ تقرّبِ افزون‌تر نمی‌ارزد؟ خلق به عشق رسیدن به نان جان می‌دهند، آیا عشق وصال جانان کمتر از عشق نان است؟

این سخن پایان ندارد ای عمو[۸]! داستانِ آن دقوقی را بگو ۱۹۷۳

ای عمو، این سخن را پایانی نیست، قصّهٔ دقوقی را بگو.

---

۱ - **کیقباد :** اشاره به اسم خاصّ نیست، شاهِ عالمِ معنا، کاملِ واصل. ۲ - **خوف و رجا :** بیم و امید.
۳ - **آنِ تو :** مقامِ والایِ معنویِ تو. ۴ - **آفتاب و ماه :** اینجا کنایه از خضر(ع) و موسی(ع).
۵ - **مَصْحُوب :** همصحبت. ۶ - **سلطان زمن :** مراد خضر(ع) است که علم لَدُنّی و حیات جاودان دارد.
۷ - **حُقُب :** جمع حُقْب، روزگار درازی مثلاً یک عمر، یک قرن. ۸ - **ای عمو :** مراد مخاطب ناشناس است.

بازگشتن به قصّهٔ دقوقی

آن دقـــوقی، رحـــمةُ اللهِ عَـــلَیه گفت: سافرتُ[1] مَدَیً[2] فی خافِقَیْه[3] ۱۹۷۴

دقوقی که رحمت خدا بر او باد، گفت: مدّتی میان خاور و باختر مسافرت کردم و در این سفرِ ظاهری به سیر و سلوک در عالم معنا پرداختم.

سال و مه رفتم سفر از عشقِ ماه[4] بـی خـبر از راه، حـیران در الـه ۱۹۷۵

از عشق ماهرویی ماه‌ها و سال‌ها سفر کردم و چنان غرق و حیران بودم که از راه خبر نداشتم.

پـابرهنه مـی‌روی بـر خـار و سـنگ؟ گفت: من حیرانم و بی‌خویش و دَنگ[5] ۱۹۷۶

کسی خطاب به دقوقی گفت: چگونه با پایِ برهنه بر خار و سنگ راه می‌روی؟ دقوقی گفت: زیرا حیران و مدهوش‌اَم.

تو مبین ایـن پـای‌ها را بـر زمـین زانکه بر دل مـی‌رود عـاشق، یـقین ۱۹۷۷

تو پاها را بر زمین نبین؛ زیرا عاشق به یقین با دل سفر می‌کند و به تن اهمیّت نمی‌دهد.

از ره و مـــنزل، ز کـــوتاه و دراز دل چه داند؟ کوست مستِ دلْنواز ۱۹۷۸

دلِ سرمستِ محبوب، چنان حیران و مدهوش است که از راه و منزل و کوتاه و درازیِ راه چیزی در نمی‌یابد.

آن دراز و کوته اوصـافِ تـن است رفـتنِ ارواح، دیگـر رفـتن است ۱۹۷۹

دراز و کوتاه بودن از اوصافِ این قالب عنصری و عالم مادّه است، سیرِ ارواح به سوی عوالم غیبی و مبدأ هستی، شباهتی به طیِّ راه توسّط تن آدمی ندارد.

تو سفر کردی ز نُـطفه تـا بـه عـقل نه به گامی بود، نـه مـنزل، نـه نَـقل ۱۹۸۰

تو، در آغاز نطفه بودی و برای رسیدن به این مرحله، که اکنون در آن هستی، مراتبی را طی کردی تا اینک انسانی دارای عقل به شمار می‌آیی، در این سفر نه گامی برداشتی، نه از منازلی عبور کردی و نه از جایی به جایی منتقل شدی.

---

۱ - **سافَرتُ**: سفر کردم. ۲ - **مَدیٰ**: نهایت، مدّت. ۳ - **خافِقَیْه**: خاور و باختر.
۴ - ماهرو، اشاره است به اولیای مستور. ۵ - **دَنگ**: بی‌هوش.

سیرِ جان بی‌چون بُوَد در دَوْر[1] و دَیْر[2]　　　جسمِ ما از جان بیاموزید سیر ۱۹۸۱

سیرِ «جان» یا «روح انسانی» برای رسیدن به مبدأ هستی کیفیّت‌پذیر نیست و نمی‌توان آن را با معیارهای عالم مادّی که زمان و مکان در آن مفهوم می‌یابد، توصیف کرد. جسم ما نیز سیر تحوّلات خود را از سیر جان آموخته است و این امر چیزی جز تجلّی جان در جسم نیست؛ یعنی جلوهٔ عالم معنا در عالم مادّه.

سیرِ جسمانه رها کرد او کنون　　　می‌رود، بی چون نهان در شکلِ چون ۱۹۸۲

اینک دقوقی نیز سیرِ جسمانی را رها کرده است و در عین حال که در «تن» زندگی می‌کند، به سیر و سفر در زمین روزگار را می‌گذراند، واقعیّتِ هستیِ او، سیرِ نهانیِ جانش در عالم غیب است.

گفت: روزی می‌شدم مشتاق وار　　　تا ببینم در بشر انوارِ یار ۱۹۸۳

دقوقی گفت: روزی مشتاقانه سفر می‌کردم تا در وجود انسانی انوار الهی را بیابم.

تا ببینم قُلزمی[3] در قطره‌یی　　　آفتابی دَرْج[4] اندر ذرّه‌یی ۱۹۸۴

می‌رفتم تا در وجودِ انسان، «دریای کمال» را بیابم و در ذرّهٔ کوچک یک قالب جسمانی آفتاب حقایق را ببینم. مُراد آن که جویایِ «انسان کامل واصل» بودم که «صورتِ عقلِ کُل» است.

چون رسیدم سویِ یک ساحل به گام　　　بود بیگه[5] گشته روز، و وقتِ شام ۱۹۸۵

هنگامی که پیاده به ساحل دریایی رسیدم، روز به پایان رسیده و شب آغاز گشته بود.

نمودنِ مثالِ هفت شمع سویِ ساحل

هفت شمع[6] از دور دیدم ناگهان[7]　　　اندر آن ساحل، شتابیدم بدان ۱۹۸۶

ناگهان از دور هفت شمع را دیدم، در ساحل به دنبال آن شمع‌ها شتابان روانه شدم.

---

۱ - **دَوْر** : زمان به مفهوم مطلق آن.　۲ - **دَیْر** : مکان به معنی مطلق آن.　۳ - **قُلْزُم** : دریا.

۴ - **درج** : مندرج، به مجاز پنهان.　۵ - **بیگه** : بیگاه.

۶ - **هفت شمع** : اشاره است به اَبْدال یا «هفت تن»؛ ر.ک. ۲۶۵/۱ و ۱۴۴۰/۱ و ۳۴۲۳/۱.

۷ - «هفت شمع» که در مکاشفات دقوقی دیده شد، اشاره به «اَبْدال سبعه» است که بنا به گفتهٔ ابن عربی در فتوحات بر هفت اقلیم ریاست می‌کنند و هر یک از ایشان نمایندهٔ روحانی پیامبری است. بعضی از شارحان نیز «هفت شمع» را اشاره به اسماء اصلی هفتگانهٔ الهی دانسته‌اند؛ یعنی: حیّ، علیم، مرید، قادر، سمیع، بصیر و متکلّم. این شارحان می‌گویند: حقیقت اسماء هفتگانه در عالم مثال برای دقوقی تمثّل یافته است: شرح مثنوی مولوی، ج ۳، ص ۱۱۶۲.

نـورِ شـعلهٔ هـر یکـی شـمعی از آن　　　بر شـده خـوش تـا عَـنانِ آسـمان[۱] ۱۹۸۷

پرتو شعلهٔ هر یک از آن شمع‌ها به صورت خوشایند و دل‌انگیزی تا آسمان می‌رسید.

خیره گشتم، خیرگی هم خیره گشت　　　موجِ حیرت عقل را، از سر گذشت ۱۹۸۸

با دیدن این شمع‌ها که پا بر زمین و سر بر آسمان داشتند، متحیّر شدم، حیرت هم خیره شد، موجی از دریای حیرت، عقل را در نوردید؛ یعنی در برابرِ تجلیّات غیبی حیران بودم و عقل راه به جایی نمی‌برد.

ایـــن چگـــونه شـــمع‌ها افـــروخته‌ست　　　کین دو دیدهٔ خلق از این‌ها دوخته‌ست؟[۲] ۱۹۸۹

اندیشیدم که این‌ها چگونه شمعی است و چه کسی آن‌ها را افروخته که چشمان خلق از رؤیت آن ناتوان است؟

خلقْ جـویانِ چـراغـی گشـته بـود　　　پیش ِ آن شمعی که بر مـه مـی‌فزود ۱۹۹۰

با وجود این شمع‌هایِ تابناک که نورشان از ماه نیز افزون بود، خلقِ محروم، بـه دنـبال چراغ می‌گشتند.

چشم‌بندی[۳] **بُد عجب، بـر دیـده‌ها　　　بـندشان مـی‌کرد یَـهْدِي مَـنْ یَشـا**[۴] ۱۹۹۱

با خود می‌گفتم: عجب چشم‌بندی بر چشمان خلق است، آن خداوندی کـه «هـرکس را بخواهد هدایت می‌کند»، دیدگانشان را بسته است.

شدنِ آن هفت شمع بر مثالِ یک شمع

باز، می‌دیدم که می‌شد هـفت یَک[۵] **　　　مـی‌شکافد نـورِ او جـیبِ فَـلَک**[۶] ۱۹۹۲

باز می‌دیدم که هفت شمع به یک شمع مبدّل می‌شد و نور آن گریبان فلک را چاک می‌داد.

---

۱ - **عَنان آسمان :** آنچه از آسمان به نظر آید، پهنهٔ آسمان.

۲ - این مکاشفه‌ای روحانی بود که چشم اهل دنیا بر شهود آن عاجز است.

۳ - **چشم بند :** آنچه مانع شهود و ادراک عوالم غیب گردد.

۴ - اشارتی قرآنی؛ مدثّر: ۳۱/۷۴ : ...وَ یَهْدي مَنْ یَشاءُ: ... و هرکس را بخواهد به راه می‌آورد. [در بسیاری از آیات دیگر نیز آمده است.]

۵ - اشاره به وحدت و یگانگی اولیای حق که به صورت متعدّداند و به معنا متّحد.

۶ - **جیب فلک :** گریبان فلک.

باز، آن یک بارِ دیگر هفت شد[1]   مستی و حیرانیِ من زَفت شد ۱۹۹۳

بار دیگر آن یک شمع به هفت شمع مبدّل شد. سرمستی و تحیّر من افزون‌تر گشت.

اتّصالاتی میانِ شمع‌ها   که نیاید بر زبان و گفتِ ما[2] ۱۹۹۴

ارتباط و اتّصالی میان شمع‌ها وجود داشت که زبان انسان از شرح و بیان آن عاجز است.

آنکه یک دیدن کند ادراکِ آن   سال‌ها نتوان نمودن از زبان[3] ۱۹۹۵

چیزی را که چشم دل در مکاشفات روحانی می‌تواند ببیند، چنان عمق و معنایی دارد که اگر سال‌ها در شرح آن سخن برانیم، نمی‌توانیم حقّ مطلب را ادا کنیم.

آنکه یک دم بیندش ادراکِ هوش[4]   سال‌ها نتوان شنودن آن به گوش ۱۹۹۶

چیزی را که ادراک روحانی و باطنی به لحظه‌ای در می‌یابد، تجربهٔ ژرفی از شهود است که با سال‌ها شنیدن نمی‌توان بدان نایل آمد.

چونکه پایانی ندارد، رو اِلَیْک   زانکه لا اُحْصی ثَناءً ما عَلَیک[5] ۱۹۹۷

چون این سخن پایان ناپذیر است، به خود باز گرد تا قصّه را ادامه دهیم؛ زیرا حقایق الهی در الفاظ نمی‌گنجند، همان‌گونه که ثنایِ حق نیز در لفظ و عبارت نمی‌گنجد.

پیشتر رفتم دوان، کآن شمع‌ها   تا چه چیز است از نشانِ کبریا؟ ۱۹۹۸

باز به سوی آن شمع‌ها دویدم و پیش‌تر رفتم که ببینم چه نشانی از آیات الهی در آنان نهفته است؟

می‌شدم بی‌خویش و مدهوش و خراب   تا بیفتادم ز تعجیل و شتاب ۱۹۹۹

می‌رفتم و از خود بیخود بودم، مدهوش و سرمست، تا به سبب شتاب افتادم.

ساعتی بی‌هوش و بی‌عقل اندر این   اوفتادم بر سرِ خاکِ زمین ۲۰۰۰

مدّتی بیهوش و عقل از کف رفته بر زمین افتاده بودم.

باز باهوش آمدم، برخاستم   در روش گویی نه سر نه پاستم ۲۰۰۱

باز به هوش آمدم، برخاستم، سرمست و مدهوش بودم و سر از پا نمی‌شناختم.

---

۱ - اشاره به بازگشت آنان از وحدت به کثرت است.

۲ - ادراک وحدت جز از طریق شهود روحانی و حضور قلبی امکان‌پذیر نیست.

۳ - زبانِ قال در تقابل با زبانِ حال سخت عاجز است.   ۴ - **ادارک هوش** : ادراک باطن.

۵ - اشاره به حدیث نبوی: لاٰ أُحْصي ثَناءً عَلَيْكَ، أَنْتَ كَمَا اَثْنَيْتَ عَلىٰ نَفْسِكَ : ثنای تو نتوانم، آن سان که خود را ثنا گفته‌ای: احادیث مثنوی، ص ۸۵

نمودنِ آن شمعها در نظرْ هفت مرد

هفت شمع اندر نظر شد هفت مرد نورشان می‌شد به سقفِ لاژورد[۱] ۲۰۰۲

هفت شمع به هفت مرد تبدیل شد، مردانی منوّر که نورِ وجودشان به آسمان می‌رسید.

پیشِ آن انوار، نورِ روز دُرد[۲] از صلابت[۳] نورها را می‌ستُرد ۲۰۰۳

نور وجود آن مردان چنان تابناک و باصلابت می‌درخشید که روشنایی روز در مقایسه با آن، نور به حساب نمی‌آمد، این نور تابناک همهٔ انوار را در برابر خویش محو می‌کرد.

باز شدنِ آن شمع‌ها هفت درخت

باز هر یک مرد شد شکلِ درخت[۴] چشمم از سبزیِ ایشان نیکبخت ۲۰۰۴

باز هر مرد به درخت مبدّل شد که چشمم از سرسبزی و انبوه شاخ و برگ و میوهٔ آن احساس نیک‌بختی می‌کرد.

ز انبُهیِ برگ پیدا نیست شاخ برگ هم گم گشته از میوهٔ فراخ ۲۰۰۵

به سببِ برگ‌های انبوه، شاخه پیدا نبود و برگ‌ها هم با وجود میوهٔ فراوان آشکار نبودند.

هر درختی شاخ بر سِدره[۵] زده سِدره[۶] چه بْوَد؟ از خلا بیرون شده[۷] ۲۰۰۶

شاخه‌های بلندِ هر درخت از سدرةالمنتهی گذشته و به بسی فراتر از آن راه یافته بود.

---

۱ - **سقف لاژورد (لاجورد):** آسمان.

۲ - **دُرد:** ته‌نشین، لای، لِرد، هر کدورت که در چیزی رقیق ته‌نشین شود.

۳ - **صَلابت:** استواری، محکمی، صولت.

۴ - درخت نمادی است از وجود کاملان و مردان حق که وجودشان چون درختی عظیم و پربار است که همگان می‌توانند در سایهٔ آن بیاسایند. انبوه شاخ و برگ سرسبز، رمزی از جانِ منوّرِ ملبّس به اسماء الهی است، شاخه‌ها نمادی از صفات که حاملِ علم الهی برای عارفان است نیز به شمار می‌آیند و میوه‌ها هم نمادی از معارف‌اند.

۵ - **سدرة المنتهیٰ:** ر.ک: ۱۰۷۲/۱.

۶ - سدرة المنتهی؛ درختی در بهشت و در آسمان هفتم، در تعبیر عارفان کنایه است از برزخ بین وجوب و امکان، این برزخیّت کبریٰ را مقام واحدیّت دانند: ف. اصطلاحات ابن عربی، صص ۳۴۷ و ۳۴۸. در شب معراج، جبرائیل از سدرةالمنتهیٰ نتوانست گامی فراتر نهد و به پیامبر(ص) گفت: بعد از این خودت به جلوگام بردار؛ زیرا حدّ من بیش از این نیست. [مقامی که فرشتگان مقرّب را به بیش از آن راه نیست، امّا مردان حق به فراسوی آن راه می‌یابند.]

۷ - **از خلا بیرون شده:** از افلاک بالاتر رفته.

بیخِ[1] هر یک رفته در قعرِ زمین زیرتر از گاو[2] و ماهی بُد یقین ۲۰۰۷

ریشهٔ هر یک در اعماق زمین نفوذ کرده و به یقین از گاو و ماهی هم فراتر رفته بود.

بیخشان از شاخ خندان روی‌تر عقلْ از آن اَشکالشان زیر و زبر ۲۰۰۸

ریشهٔ درختان از شاخه‌ها شاداب‌تر بود و عقل از دیدن این همه طراوت حیران می‌شد و آن را درک نمی‌کرد؛ زیرا به جهانِ «صوت و حرف وگفت» تعلّق نداشتند.

میوه‌یی[3] که بر شکافیدی ز زور[4] همچو آب از میوه جَستی برقِ نور ۲۰۰۹

هر میوه از فرطِ کمال و پرمایگی می‌شکافت و نور از درونِ آن، همانند آب به بیرون می‌جهید.

مخفی بودنِ آن درختان از چشمِ خلق

این عجب‌تر که بر ایشان می‌گذشت صد هزاران خلق از صحرا و دشت ۲۰۱۰

عجیب‌تر آن بود که صدها هزار نفر از کنار آنان در صحرا و دشت می‌گذشتند،

ز آرزویِ سایه جان می‌باختند از گلیمی سایه‌بان می‌ساختند ۲۰۱۱

در آرزو و حسرت سایه‌ای جان می‌دادند و از گلیمی سایبانی برای خود می‌ساختند.

سایهٔ آن را نمی‌دیدند هیچ صد تُفو بر دیده‌هایِ پیچ پیچ[5] ۲۰۱۲

امّا سایهٔ گستردهٔ آن درختان را هرگز نمی‌دیدند، صد تُف بر این چشم‌های کج‌بین.

ختم کرده[6] قهرِ حق بر دیده‌ها که نبیند ماه را، بیند سُها[7] ۲۰۱۳

قهر الهی بر چشمان آنان مُهر نهاده است که ماه تابان را نمی‌بینند؛ امّا ستارهٔ سها را که نور کمی دارد، می‌بینند.

---

۱ - **بیخ** : ریشه. اشاره است به استواری و استقراری که مرد حق (کامل واصل) در هستی ناب یافته است.

۲ - مراد گاوی است که در اساطیر، زمین بر پشت اوست و او بر پشت ماهی بر آب قرار دارد.

۳ - «میوه» اشاره است به «حکمت الهی» که از طریق اتّصال با مبدأ هستی بر جانشان افاضه گردیده است. برق نور هم تأثیرِ این معارف بر جان خلق است. ۴ - مصراع اوّل: از شدّت پرمایگی شکافتن.

۵ - مصراع دوم اشاره به این معناست که اولیای حق را عام خلق نمی‌شناسند و در عین حال که برای آرمیدن در سایهٔ رحمت و لطف ایشان جان می‌دهند، به سبب چشمان کج‌بین، گلیمی را که تمثیلی از مدّعیان لاف‌زن و اهل دنیاست، سایبان خویش می‌سازند. ۶ - اشارتی قرآنی؛ بقره : ۷/۲ : ر.ک: ۴۰۹/۱ و ۶۸۱/۲ و ۱۱۰۹/۳.

۷ - **سُها** : ر.ک: ۱۶۲۷/۲.

ذرّه‌یی را بیند و خورشید نه — لیک از لطف و کَرَم نومید نه ۲۰۱۴

ذرّهٔ کوچک را می‌بینند و خورشید را نمی‌بینند؛ امّا از لطف و کَرَم الهی نااُمید نیستند.

کاروان‌ها بی‌نوا وین میوه‌ها — پخته می‌ریزد، چه سِحر است ای خدا؟ ۲۰۱۵

پروردگارا، چه سحری است؟ کاروان‌ها بی‌زاد و توشه‌اند و میوه‌ها می‌رسند و می‌ریزند.

سیبِ پوسیده[1] همی چیدند خلق — در هم افتاده به یَغما خشکْ حَلق ۲۰۱۶

مردم سیبِ پوسیده را می‌چیدند و با گلویی خشک برای به یغما بردنِ آن به جان یک‌دیگر افتاده بودند.

گفته هر برگ و شکوفهٔ آن غُصون[2] — دم به دم: یٰالَیْتَ قَوْمی یَعْلَمُون[3] ۲۰۱۷

هر برگ و شکوفهٔ آن درختان به زبانِ حال می‌گفت: ای کاش قوم من می‌دانستند.

بانگ می‌آمد ز سویِ هر درخت — سویِ ما آیید، خلقِ شوربخت! ۲۰۱۸

از سویِ هر درخت بانگ می‌آمد که ای مردم سیاه‌بخت، به جانب ما بیایید.

بانگ می‌آمد ز غیرت بر شَجَر — چشمشان بستیم، کَلاّ لا وَزَرْ[4] ۲۰۱۹

برقِ «غیرت» که به سببِ توجّه خلق به «غیر» بود، بانگ می‌زد: چشمانشان را بسته‌ایم، به واقع برای آنان پناهگاهی نیست.

گر کسی می‌گفتشان: کین سو روید — تا از این اشجار مُستسعِد[5] شوید ۲۰۲۰

اگر ناصحی می‌گفت: از این سو بروید تا از این درختان سعادت یابید،

---

۱ - **سیب پوسیده:** کنایه از مطامع حقیر دنیوی که خلق آن را می‌بیند و میوه‌های رسیدهٔ آبدار را بر درختان سرسبز نمی‌بینند؛ یعنی از فیض روحانی و معنوی که می‌توان از اولیای حق بُرد، غافل‌اند.

۲ - **غُصُون:** جمع غُصْن، شاخه.

۳ - اشارتی قرآنی؛ یس: ۲۶/۳۶: قِيلَ ٱدْخُلِ ٱلْجَنَّةَ قَالَ يٰالَيْتَ قَوْمي يَعْلَمُونَ: گفته شد: وارد بهشت شود، گوید: ای کاش، قوم من می‌دانستند.

اشاره به سرگذشت «اصحاب القریة» که مفسّران مقصود از «قریة» را انطاکیه در شامات دانسته‌اند. اهل این شهر و فرمانروای آن، رسولان عیسی(ع) را زجر و نفی می‌کردند، مردی به نام «حبیب نجّار» به حمایت رسولان برخاست و مثل آنان مورد زجر مخالفان قرارگرفت و با ضربات سنگ کشته شد. اهل انطاکیه که علی‌رغم آیات رسولان و نصیحت این مرد ناصح همچنان درکفر و انکار باقی ماندند با صیحه‌ای آسمانی به هلاکت رسیدند: با استفاده از قرآن کریم، ترجمه خرّمشاهی، ذیل آیهٔ ۲۰. [روح پاک این مرد ناصح که خیرخواه قوم خود بود، هنگامی که در جوار قرب رحمت الهی و در نعیم بهشتی شتافت، آرزومندانه گفت: ای کاش، قوم من می‌دانستند.]

۴ - **وَزَر:** پناهگاه. اشارتی قرآنی؛ قیامت: ۱۱/۷۵: كَلاَّ لاَ وَزَرَ: حاشا، پناهی نیست.

۵ - **مُسْتَسْعِد:** جویندهٔ سعادت.

جمله می‌گفتند: کین مسکینِ مست　　از قـضاءُ الله دیـوانـه شـده‌ست ۲۰۲۱

همه می‌گفتند: این بینوای مست به سبب قضای الهی عقلش را از دست داده است.

مغزِ ایـن مسکـین ز سـودایِ[1] دراز　　وز ریاضت[2]، گشت فاسد چون پیاز ۲۰۲۲

مغزِ این بیچاره به سبب خیالبافی و ریاضت، همانند پیاز گندیده است.

او عجب می‌ماند، یا رب! حال چیست؟　　خلق را این پرده و اِضلال[3] چـیست؟ ۲۰۲۳

او تعجّب می‌کرد که خدایا، این حال چیست؟ این حجابِ چشمان که سببِ گـمراهـی است، برای چیست؟

خلقِ گوناگونِ با صـد رای و عـقل　　یک قـدم آن سـو نـمی‌آرند نَـقل! ۲۰۲۴

مردم گوناگون که دارای صد نوع عقل و تدبیرند؛ یک گام به سوی درختان بر نمی‌دارند.

عـــاقلان و زیـــرکانشان ز اتّــفاق　　گشته مُنکر زین چنین باغی و عاق[4] ۲۰۲۵

عاقلان و زیرکان هم به اتّفاق منکرِ باغ و درختان‌اند و به سبب انکار، رانده و مردودند.

یــا مــنم دیــوانـه و خـیره شـده!　　دیـو چـیزی مـر مـرا بـر سـر زده! ۲۰۲۶

دقوقی از بی‌توجّهی خلق به درختان، متحیّر و نگران می‌انـدیشد: شـاید مـن دیـوانـه و سرگشته شده‌ام و شیطان چیزی بر سرم کوفته؛ یعنی غلبه یافته و مرا خیالاتی کرده است.

چشمْ می‌مالم به هر لحـظه کـه مـن　　خواب مـی‌بینم خـیال انـدر زمـن! ۲۰۲۷

هر لحظه چشم را می‌مالم که آیا خواب می‌بینم؟ یا دچار وهم و خیال شده‌ام؟

خواب چه بْوَد؟ بر درختان می‌روم　　میوه‌هاشان می‌خورم، چون نگروم؟ ۲۰۲۸

خواب چیست؟ نزدیکِ درختان می‌روم و از میوه‌ها می‌خورم، چگونه آن را باور نکنم؟

بـاز چـون مـن بـنگرم در مُـنکِران　　که همی گـیرند زیـن بُـستان کَـران ۲۰۲۹

بار دیگر به منکران می‌نگرم که چگونه از این بوستان الهی دوری می‌کنند،

بـــا کـــمالِ احـــتیاج و افـــتقار[5]　　ز آرزویِ نـــیم غـــوره جـــانسپار[6] ۲۰۳۰

در حالی که در نهایت نیازمندی و فقر و در آرزوی نیم غوره جان می‌سپارند؛ یعنی در حسرتِ چیزی بی‌قدر هستیِ خود را بر باد می‌دهند و آن را هم نمی‌یابند.

---

۱ - **سودا**: خیالات و خیال بافی.　۲ - **ریاضت**: ر.ک: ۴۶۹/۱.　۳ - **اضلال**: گمراه کردن.

۴ - **عاق**: ناخوش دارنده و آزار دهندهٔ پدر و مادر، اینجا به معنی مردود.　۵ - **افتقار**: ناداری و احتیاج.

۶ - هستی حقیقی را به طمع هستی موهومی دنیوی از دست می‌دهند و از مطامع این جهانی هم بی‌نصیب‌اند.

ز اشتیاق و حرصِ یک برگ درخت ‌ ‌ ‌ ‌ می‌زنند این بی‌نوایان آهِ سخت ۲۰۳۱

این بینوایان از اشتیاق و حرص یک برگ درخت، آهی عمیق بر می‌کشند.

در هزیمت[1] زین درخت و زین ثمار ‌ ‌ ‌ ‌ این خلایق صد هزار اندر هزار ۲۰۳۲

امّا صدها هزار نفر، علی‌رغمِ نیازِ شدید، از این درختان و میوه‌ها می‌گریزند.

باز می‌گویم: عجب! من بی‌خودم ‌ ‌ ‌ ‌ دست در شاخ خیالی در زدم ۲۰۳۳

باز با خود می‌گویم: آیا من مدهوش هستم و دچار خیالات و اوهام شده‌ام؟

حَتّی اذٰا مَا آسْتَیْأَسَ آلرُّسْلُ بگو ‌ ‌ ‌ ‌ تا به ظَنُّوا أَنَّهُمْ قَدْ کُذِّبُوا[2] ۲۰۳۴

آیهٔ «تا آنجا که چون پیامبران ناامید شدند» و «پنداشتند که مورد تکذیب واقع شده‌اند» را بخوان.

این قراءت خوان که تخفیفِ کُذِبْ[3] ‌ ‌ ‌ ‌ این بُوَد که خویش بیند محتجِب ۲۰۳۵

مولانا به خواننده توصیه می‌کند که در قرائت بیت پیشین «کُذِبُوا» را با تخفیف ذال نخوانَد و ذال را مشدّد بداند؛ یعنی همان‌گونه که در بیت آمده، «کُذِّبُوا» صحیح است و توضیح می‌دهد که اگر بدون تشدید بخوانی، مفهوم آن چنین است که پیامبران خود را در حجاب و جدا از حق می‌دیده‌اند که چنان نبوده است، اگر با تشدید قرائت شود، یعنی آنان مورد تکذیب امّت قرار گرفته‌اند و کسی آنان را یاری نخواهد کرد.

---

۱ - **هزیمت** : گریز.

۲ - اشارتی قرآنی؛ یوسف : ۱۱۰/۱۲ : حَتّیٰ إِذَا آسْتَیْأَسَ آلرُّسُلُ وَ ظَنُّوا أَنَّهُمْ قَدْ کُذِبُوا جآءَ هُمْ نَصْرُنٰا...: تا آنجا که چون پیامبران ناامید شدند و [پیروان] پنداشتند که به دروغ وعده داده شده‌اند، آنگاه بود که نصرت ما به آنان در رسید. [اشاره به لحظات بحرانی زندگی پیامبران که پافشاری اقوام سرکش در حق‌ستیزی تا آنجا می‌رسید که پیامبران مأیوس می‌شدند.]

اینک در میان قصّهٔ دقوقی، در این بیت و چهار بیت پس از آن، مولانا رشتهٔ سخن را به دست می‌گیرد و توضیحاتی را ضروری می‌یابد؛ زیرا در تقریر قصّه، دقوقی حقایقی شگفت‌انگیز را به وضوح تامّ می‌بیند و انکار منکران و معاندان که به اتّفاق از این حقایق می‌گریزند و بر انکار خویش پافشاری می‌کنند، او را دچار بحرانی ساخته که شاید خود او به خیالات و اوهام مبتلاگشته است؛ بنابراین در تأیید حقایقی که کاملان واصل درکشف و شهود روحانی و حضوری در می‌یابند، مولانا می‌فرماید: در تکذیب حقایقی که پیامبران بزرگوار می‌گفتند، انکار منکران به حدّی بود که گاه آنان را ناامید می‌کرد وگمان می‌بردند که وعدهٔ نصرت خداوند خلاف خواهد شد و در آن حال که نزدیک به یأس و ناامیدی بودند، یاری خدا فرا می‌رسید: با استفاده از قرآن کریم، ترجمهٔ مهدی الهی قمشه‌ای، ذیل آیه.

۳ - در ارتباط با قرائت‌های مختلف «کُذِّبُوا» یا «کُذِبُوا» و تفسیرهای مختلف این آیه قُرّاءِ قرآن کریم، گروهی با تخفیف ذال و عدّه‌ای با تشدید «ذال» خوانده‌اند. مولانا نیز قرائت گروه اخیر را برگزیده و آن را با تشدید دانسته است: با استفاده از شرح مثنوی مولوی، ج ۳، صص ۱۱۶۸-۱۱۶۷.

۲۰۳۶ **در گُمان افتاد جانِ انبیا ز اتّفاقِ مُنکِرِی اشقیا**

جانِ پیامبران از اتّفاقِ انکارِ منکران و معاندان دچار گُمان شد و پنداشتند که بی‌یار و یاور مانده‌اند.

۲۰۳۷ **جٰاءَهُمْ بَعْدَ التَّشَکُّکْ نَصْرُنا ترکشان گو، بر درختِ جان برآ**

بعد از این تردید و شک، یاری حق رسید. تو نیز ای دقوقی، این تردید را رها کن و از درختِ جان یا عالمِ معنا و معارف آن بهره‌مند شو.

۲۰۳۸ **می‌خور و می‌دِه بدان‌کِش روزی است هر دم و هر لحظه سِحرآموزی است**

از «علومِ و معارفِ» نابِ درختِ جان استفاده کن و به هر کس که لیاقت و شایستگی آن را دارد بده؛ زیرا بهره‌مندی از عالم معنا چنان انسان را فریفته می‌کند که در هر لحظه تحت تأثیر فیض الهی مسحور می‌گردد.

۲۰۳۹ **خلق گویان: ای عجب! این بانگ چیست؟[1] چونکه صحرا از درخت و بر تهی‌ست**

دقوقی در ادامه می‌گوید: مردم می‌گفتند: این صدا از کجاست؟ صحرا که از درخت و میوه تهی است.

۲۰۴۰ **گیج گشتیم از دمِ سودائیان[2] که به نزدیکِ شما باغ است و خوان**

مردم همچنان می‌گفتند: از سخنانِ دیوانگانی که می‌گویند: در نزدیکی شما باغ و خوان سرشار از نعمت است، گیج شده‌ایم.

۲۰۴۱ **چشم می‌مالیم، اینجا باغ نیست یا بیابانی‌ست، یا مشکل رهی‌ست**

چشم را می‌مالیم؛ امّا می‌بینیم که اینجا باغ نیست، بیابان و راه‌های صعب‌العبور است.

۲۰۴۲ **ای عجب! چندین دراز این گفت و گو چون بُوَد بیهوده؟ ور خود هست، کو؟**

می‌اندیشند: چگونه این همه حرف بیهوده باشد و اگر حقیقتی دارد، کجاست؟

۲۰۴۳ **من همی‌گویم چو ایشان: ای عجب! این چنین مُهْری چرا زد صُنعِ رب؟**

دقوقی با خود می‌گوید: من هم همانندِ مردم با تعجّب می‌اندیشم که چرا قدرت الهی بر چشم و دل آنان چنین مُهری نهاده است؟

---

۱ - بانگ درختان عالم غیب که خلق را به سوی خود فرا می‌خواندند.

۲ - **سودائیان**: سودازده، اینجا مراد دقوقی است که مکاشفات روحانی و معنوی او برای اهل ظاهر همانند خیالبافی‌های سودازدگان غیر واقعی و خلاف می‌نماید.

زیــن تَــنازُع‌ها مــحمّد در عــجب — در تــعجّب نــیز مــانده بـولَهَب[1] ۲۰۴۴

این تضادّ و تخالف همواره بـوده و تـنازع «حقّ و بـاطل» نـیز هـمیشگی است. حـضرت محمّد(ص) و منکران نیز هر کدام به دلیلی متعجّب بوده‌اند.

زین عجب تا آن عجب فرقی‌ست ژرف — تا چه خواهـد کـرد سـلطانِ شگـرف؟ ۲۰۴۵

امّا میان تعجّب پیامبر(ص) و تعجّب ابولهب تفاوت عمیقی است، رسول خدا(ص) متعجّب بود که چرا منکران آیات حق را نـمی‌بینند و کـافران مـتعجّب بـودند کـه چگـونه از آنـان می‌خواهند که خدایان خود را رها کنند و به سراغ خدای نادیده بروند؟ تا قدرت باری تعالی و مشیّت او در این میان چه اراده فرماید؟

ای دقـوقی! تــیزتر ران، هــین خـموش! — چندگویی؟ چند؟ چون قحط است گوش ۲۰۴۶

ای دقوقی، تندتر برو، به هوش و خاموش باش. تا کی سخن می‌گویی؟ گوش شنوا نیست.

یک درخت شدنِ آن هفت درخت

گفت: راندم پـیشتر مـن نـیکبخت — باز شد آن هفت، جمله یک درخت ۲۰۴۷

دقوقی در ادامهٔ شرح مکاشفات گفت: من که احساس نیک‌بختی سراپای وجودم را فرا گرفته بود، جلوتر رفتم و دیدم که بار دیگر آن هفت درخت به یک درخت تبدیل شد.

هـفت می‌شد فـرد می‌شد هـر دمی — من چه سان می‌گشتم از حیرت همی[2] ۲۰۴۸

هر لحظه، یک درخت به هفت درخت مبدّل می‌شد و باز به یکی تبدیل می‌یافت. حیرت من از دیدن آن غیر قابل وصف بود.

بــعد از آن دیــدم درخــتان در نـماز — صف‌کشیده، چون جماعت کرده ساز ۲۰۴۹

بعد دیدم که آن درختان همانند انسان‌ها صف کشیدند و به نماز ایستادند.

---

۱ - اشارتی قرآنی؛ ص: ۵/۳۸: أَجَعَلَ الْآلِهَةَ إِلٰهاً واحِداً إِنَّ هٰذا لَشَيْءٌ عُجابٌ: آیا همهٔ خدایان را خدای یگانه‌ای می‌سازد، این امر عجیبی است.

در ارتباط است با دعوت رسول خدا(ص) که از سران قریش خواست تا «لا اله إلاّ الله» بگویند و آنان از اینکه باید ۳۶۰ خدا را رها کنند و تنها به سراغ یک خدا که آن هم دیده نمی‌شود بروند، متعجّب شدند: برگزیدهٔ تفسیر نمونه، ج ۴، ص ۱۷۴.

۲ - اشاره است به شهود وحدت و کثرت.

یک درخت از پیش مانندِ امام   دیگران، اندر پسِ او در قیام ۲۰۵۰

یک درخت، همانند امام در پیشاپیش بود و درختان دیگر پشت سر او در حال قیام بودند.

آن قیام و آن رکوع و آن سجود   از درختان، بس شگفتم می‌نمود ۲۰۵۱

قیام و رکوع و سجود درختان برایم بسیار شگفت‌آور بود.

یاد کردم قولِ حق را آن زمان   گفت: النّجم[1] و شجر[2] را یَسْجُدان[3] ۲۰۵۲

در همان لحظه این کلام حق را به یاد آوردم که فرمود: گیاه و درخت هم سجده می‌کنند.

این درختان را نه زانو نه میان   این چه ترتیبِ نماز است آنچنان؟ ۲۰۵۳

این درختان که زانو و کمر ندارند؛ پس این چگونه نمازی است؟

آمد الهامِ خداکِای بافروز!   می عجب داری زکارِ ما هنوز؟ ۲۰۵۴

از سوی خداوند الهام آمد که ای مرد منوّر، هنوز از کارهای ما تعجّب می‌کنی؟

هفت مرد شدنِ آن هفت درخت

بعدِ دیری گشت آن‌ها هفت مرد   جمله در قعده[4] پیِ یزدان فرد ۲۰۵۵

بعد از مدّتی آن هفت درخت به هفت مرد مبدّل شدند و نشستند و خداوند یکتا را عبادت می‌کردند.

چشم می‌مالم که آن هفت ارسلان[5]   تا کیان‌اند؟ و چه دارند از جهان؟ ۲۰۵۶

چشم را مالیدم تا ببینم که این هفت شیرمرد چه کسانی‌اند و چه کاری در جهان دارند؟

چون به نزدیکی رسیدم من ز راه   کردم ایشان را سلام از اِنتباه[6] ۲۰۵۷

چون به نزدیک آنان رسیدم با نهایت توجّه و هوشیاری سلام کردم.

---

۱ - **نجم** : گیاهی که ساقه ندارد.   ۲ - **شجر** : گیاهی که ساقه‌دار است.

۳ - اشارتی قرآنی؛ رحمن : ۶/۵۵ : وَٱلنَّجْمُ وَ ٱلشَّجَرُ یَسْجُدانِ : وگیاه و درخت سجده می‌کنند.

۴ - **قعده** : نشستن، در حال قعود.   ۵ - **اَرْسَلان** : نامی از نام‌های ترکی، شیر، شجاع، مجازاً مردان حق.

۶ - **اِنْتِباه** : بیدار گردیدن، آگاهی یافتن، در اصطلاح تصوّف، زوال غفلت از دل را گویند.

قـوم گـفتندم جـوابِ آن سـلام ای دقـوقی! مَـفْخر و تـاجِ کِـرام ۲۰۵۸

آن گروه جواب دادند و گفتند: ای دقوقی که موجب افتخار بزرگان و تاج سر هستی، سلام بر تو.

گفتم: آخـر چـون مـرا بشـناختند؟ پیش از این بر من نـظر نـنداخـتند ۲۰۵۹

با خود گفتم: این مردان که پیش از این مرا ندیده‌اند، چگونه مرا شناختند؟

از ضـمیرِ مـن بـدانسـتند زود یکـدگر را بـنگریدند از فـرود ۲۰۶۰

آنان آنچه را که از دل من می‌گذشت به سرعت دریافتند و زیرچشمی به یک‌دیگر نگریستند.

پاسخم دادند خـندان کِـای عـزیز! این بپوشیده‌ست اکنون بر تو نـیز؟ ۲۰۶۱

با لبخند در پاسخ من گفتند: ای مرد گرامی، آیا هنوز این راز بر تو نهان است؟

بـر دلی کـو در تـحیّر بـا خـداست کِی شود پوشیده رازِ چپّ و راست[1]**؟** ۲۰۶۲

دلِ حیرانِ تجلیّاتِ حق، چنان تابناک است که اسرار بر او نهان نیست.

گـفتم: ار سـویِ حـقایق بشْکُـفَند چون ز اسم حرفِ رسمی واقف‌اند؟ ۲۰۶۳

با خود گفتم: اگر این بزرگان از عالم حقایق شکفته‌اند، یعنی اهل حقیقت‌اند، چگونه از اسم من آگاه‌اند؟

گفت: اگر اسمی شود غیب از ولی آن ز اسـتغراق دان، نـه از جـاهلی ۲۰۶۴

یک نفر از آن جمع گفت: اگر یکی از اولیای حق اسمی را نداند، آن را از استغراقِ در حق بدان، نه از جهل.

بـعد از آن گـفتند: مـا را آرزوست اقتدا کردن به تو ای پـاکْ دوست! ۲۰۶۵

بعد از آن گفتند: ای دوست که دلت از گَردِ تعلّقات پاک است، ما مشتاق‌ایم که در نماز به تو اقتدا کنیم.

گفتم: آری! لیک یک ساعت، که من مشکـلاتی دارم از دورِ زَمَـن[2] ۲۰۶۶

گفتم: باشد، امّا ساعتی به من مهلت دهید؛ زیرا از گردش روزگار مشکلاتی دارم.

---

۱ - **چپ و راست**: اشاره به هر سو در عالم امکان، یعنی تمام ممکنات.

۲ - جان منوّر و مستعدّ دقوقی مشتاق است تا با درک محضرِ این هفت تن که تجرید یافته و از عالم حس رهیده‌اند، ارتقا و کمالِ افزون‌تری یابد و بدان مقام که «تجرید محض» است، برسد.

۲۰۶۷ **تا شود آن حل به صحبت‌هایِ پاک که به صحبت رُویَد انگوری ز خاک**

تا از مصاحبت شما و برخورداری از کلام پاک و محضر منوّرتان، آن مشکلات حل شود، همان‌طور که تاک در شرایطِ مساعد و زمینِ مناسب انگور شیرین می‌دهد.

۲۰۶۸ **دانهٔ پر مغز[۱] با خاکِ دُژم[۲] خلوتی و صحبتی کرد از کرم**

دانهٔ پرمغز از کَرَم با خاک تیره خلوت می‌کند و به مصاحبت می‌نشیند.

۲۰۶۹ **خویشتن در خاک کُلّی محو کرد[۳] تا نمانْدش رنگ و بو و سرخ و زرد**

وجودِ خود را به کلّی در خاک محو می‌کند تا از شکل و رنگ و بویش اثری نمانَد.

۲۰۷۰ **از پسِ آن محو[۴] قبض[۵] او نماند پر گشاد و بسط شد مرکب براند[۶]**

پس از آنکه به کلّی در خاک محو شد، محدودیّت‌اش باقی نمی‌ماند و به سبب استعداد و قابلیّت جوانه می‌زند، شکفته می‌شود و بر مرکب رویش و تکامل از زمین خارج می‌شود.

۲۰۷۱ **پیشِ اصلِ خویش چون بی‌خویش شد رفت صورت جلوهٔ معنیش شد[۷]**

چون هستی خود را در برابر اصل و مبدئی که از آن آمده بود، از دست داد و صورتِ هستی‌اش از میان رفت، معنایِ نهانی که رویش، ساقه، برگ، گل و میوه است، آشکار شد.

۲۰۷۲ **سر چنین کردند: هین! فرمان تو راست تَفِّ دل از سر چنین کردن بخاست**

آن بزرگان به نشان رضایت سر فرود آوردند و گفتند: فرمان از آن توست. از تأیید آنان سوزِ دلم آرام یافت.

---

۱ - دانهٔ پر مغز تمثیلی است از «روح انسانی» که در «خاک تن» آدمی نهان است؛ امّا استعداد و قابلیّت ارتقا و استکمال و تجرّد در او بالقوّه موجود است. ۲ - **دُژَم** : اندوهناک، افسرده، سیاه و تیره.

۳ - «نفسِ انسان» یا «جان» به اعتبار وجود نَفْسی و تعلّقی که به بدن می‌یابد و اتّحاد با مادّهٔ جسمانی در صمیم ذات و جوهر وجودش، نار معنوی است و به همین سبب می‌تواند با تن متّحد گردد و به همین دلیل مقام تجرّد خود را از دست می‌دهد؛ امّا قابلیّت و استعداد استکمال در او باقی است: شرح مقدّمهٔ قیصری، ص ۸۱۳

۴ - **محو** : ر.ک: ۵۷۹/۱. ۵ - **قبض و بسط** : ر.ک: ۲۹۶۹/۲.

۶ - جان آدمی پس از اتّحاد با تن و تعلّق یافتن به قالبِ عنصری، محدودیّت سطح نازلی را که در آن است رها می‌کند و در راه تکامل طیّ طریق می‌نماید.

۷ - نَفْس انسان نیز با نفی خودی و تعلّقات و بی‌خویش شدن در برابر حق، صورت نفسانی‌اش را از دست می‌دهد و با استعداد و قابلیّت نهانیِ خویش، جلوهٔ معنی‌اش که همان رسیدن به مقام تجرّد است، آشکار می‌شود. بنابراین دقوقی که سال‌ها رنج ریاضت و تهذیب و سیر و سلوک را بر خود همواره کرده است؛ امّا هنوز خود را در مقام تجرّد تامّ نمی‌یابد، می‌خواهد با درک محضر ابدال حق و مصاحبت با ایشان به کمال والاتری که این بزرگان در آن مقام‌اند نایل آید و در ساعتی که از آنان مهلت خواسته است هرچه را که از هستی موهومی خود بر جای مانده در هستی حقیقی ایشان که نمادی از اصل و حقیقت هستی‌اند، دربازد و جلوهٔ راستین معنای خویش را متجلّی بیابد.

ساعتی با آن گروهِ مجتبیٰ   چون مراقب[1] گشتم و از خود جدا ۲۰۷۳

مدّت زمانی با آن گروه برگزیده به مراقبه گذراندم و از خود بی‌خود شدم.

هم در آن ساعت، ز ساعت رَست جان   زانکه ساعت، پیر گرداند جوان ۲۰۷۴

در همان ساعت احساس کردم که جانم از قید زمان رها شده و در عین طراوت است؛ زیرا جان تا صفای تامّ نیابد و از زمان و مکان نَرَهد، لطافتِ مقامِ تجرّد را ندارد.

جمله تلوین‌ها[2] ز ساعت[3] خاسته‌ست   رَست از تلوین که از ساعت بِرَست ۲۰۷۵

همهٔ دگرگونی‌ها و احوال متفاوت ناشی از زمان و مکان است، کسی که از قید زمان بِرَهد از دگرگونی نجات می‌یابد.

چون ز ساعت ساعتی بیرون شوی   چون نمانَد، مَحْرَم بی‌چون[4] شوی ۲۰۷۶

هنگامی که برای لحظه‌ای از محدودهٔ زمان رهایی یابی، جانت از کیفیّت و کمّیت نجات یافته است و جانی که «چونی و چگونگی» نمی‌پذیرد، محرمِ حضرتِ بی‌چون است.

ساعت از بی‌ساعتی آگاه نیست   زآنکِش آن سو جز تَحَیُّر راه نیست ۲۰۷۷

کسی که مقیّد به زمان است، از «بی‌زمانی» و ورود به قلمروی ماورا چیزی در نمی‌یابد؛ زیرا جز استغراق در حق و حیرت راهی برای ورود به عالم غیب نیست.

هر نفر را بر طویلهٔ[5] خاص ِ او   بسته‌اند اندر جهانِ جست و جو ۲۰۷۸

در این دنیا که عالم محسوس است، راه وصولِ به حقایق، جست و جو در درون و معرفت نفس است. هر کس بنا بر معرفت و تعلّقاتی که دارد مقیّد به قید و رشتهٔ خاصّی است و تحرّکات او در همان حیطه محدودیّت می‌یابد.

مُنتصِب بر هر طویله رایضی[6]   جز به دستوری نیاید رافضی[7] ۲۰۷۹

بر سر هر رشته که در برگیرندهٔ گروه خاصّی با مرتبهٔ روحانی یکسان است، مأموری از

---

۱ - **مراقب** : مراقبه، ر.ک: ۱۴۶۱/۱ و ۱۵۹/۲.   ۲ - **تلوین و تمکین** : ر.ک: ۱۷۵۶/۱.
۳ - **ساعت** : زمان، ر.ک: ۱۴۴۶/۱.
۴ - **بی چون** : ذات پاک حق که بی‌چون است و کیفیّت و کمّیت‌پذیر نیست.
۵ - **طویله** : اصطبل، رشته، رسنی که پای چهارپایان را با آن می‌بندند.   ۶ - **رایض** : تربیت کنندهٔ اسب.
۷ - **رافض** : ترک کننده، کسی که از راه بیرون رود و راه دیگری برگزینند.

عالم غیب گماشته شده است تا هیچ کس نتواند جز به مشیّت الهی از مرتبه‌ای به مرتبهٔ دیگری تنزّل و یا ترقّی نماید.[1]

از هوس گر از طویله بُسکلد در طویلهٔ دیگران سر درکُند ۲۰۸۰

اگر کسی از هوا و هوس بخواهد از رشته‌ای که مرتبهٔ اوست، به مرتبهٔ دیگری برود،

در زمان آخُرچیانِ چُستِ خَوش گوشهٔ افسار او گیرند، و کَش[2] ۲۰۸۱

بی‌درنگ آخرچیان چابک، یعنی مأموران و فرشتگان الهی، افسار او را می‌گیرند و به مرتبه و جایگاه خودش باز می‌گردانند.

حافظان را گر نبینی ای عیار[3]! اختیارت را ببین بی‌اختیار ۲۰۸۲

ای کسی که از هوای نفس پیروی می‌کنی، اگر نگهبانان و مأموران غیبی را نمی‌توانی ببینی، این را ببین که آیا واقعاً ارادهٔ تو در دستِ خودِ توست؟

اختیاری می‌کنی و دست و پا برگشا دستت، چرا حبسی؟ چرا؟ ۲۰۸۳

اراده می‌کنی کاری را انجام دهی، دست و پایت که باز است، چرا موفّق نمی‌شوی؟ چرا در حیطه‌ای خاصّ محبوس هستی؟

روی در انکارِ حافظ بُرده‌ای نامْ تهدیداتِ نَفْسَش کرده‌ای؟ ۲۰۸۴

وجود نگهبانان و مأموران الهی را منکر می‌شوی و آنچه را که مانع حرکت‌های روحانی توست، «تهدیدات نَفْس» می‌نامی؛ یعنی می‌اندیشی که از دست دادن مطامع دنیوی تو را نگران می‌کند و نمی‌گذارد که در طریق تهذیب نفس گام برداری. حال آنکه چنین نیست، اندیشه و عملکردهایت تو را در مرتبه‌ای ویژه محصور کرده است و نگهبانانی الهی مأمور حفظ آن محدوده‌اند و تا اندیشه و خواسته و اعمالت را تغییر ندهی، اجازهٔ ورود به مرتبهٔ برتر را نداری.

---

۱ - اشارتی قرآنی؛ طارق: ۴/۸۶: إِنْ كُلُّ نَفْسٍ لَمَّا عَلَيْهَا حَافِظٌ: هیچ جانی نیست مگر آنکه بر او نگهبانی هست.

۲ - در این ابیات انسان به اسب یا ستور مانند شده که مشیّت خداوند او را به رشته‌ای که ویژهٔ مرتبهٔ روحانی اوست درکنارگروه دیگر در همین مرتبه بسته است و نمی‌گذارد هیچ کس از راهی که بر وی مقدّر است، به راهی دیگر رود.

۳ - **عیار**: عیّار، مراد کسی است که علی‌رغم نصّ صریح قرآن به «حافظان» اعتقادی ندارد و بنا بر هوای نفس عمل می‌کند.

پیش رفتنِ دقوقی رحمة الله علیه، به امامت

ایـن سـخن پـایان نـدارد، تـیز دو هین! نـماز آمـد، دقـوقی! پـیش رو ۲۰۸۵

تقریر این معانی را پایانی نیست، تندتر برویم که دقوقی برای امامت نماز پیش آمد.

ای یگـانه! هـین! دوگـانه[1] بـرگزار تــا مــزیّن گــردد از تــو روزگـار ۲۰۸۶

ای عارف بی‌نظیر، هان، دو رکعت نماز را اقامه بدار تا جهان از نور عبادت خالصانه‌ات زینت روحانی یابد.

ای امـامِ چشـم روشـن! در صـلا[2] چشـمِ روشـن بـاید ایـدر[3] پیشوا ۲۰۸۷

ای امامِ دل‌آگاه، برایِ هدایت و امامت باید چشمِ بینا داشت.

در شریعت هست مکروه ای کـیا ! در امــامت پــیشْ کــردن کـور را ۲۰۸۸

ای بزرگ‌مرد، در شریعت مکروه است که نابینایی را به امامت برگزینند.

گرچه حافظ باشد و چُست و فقیه چشم روشن[4] بِهْ، و گر باشد سفیه ۲۰۸۹

اگر پیشنمازِ بینا از عقل کمی بهره‌مند باشد، بهتر از پیشنمازِ نابینایِ حافظ قرآن و دانشمند است.

کــور را پــرهیز نَـبْوَد از قَـذَر[5] چشم بـاشد اصـل پـرهیز و حـذر ۲۰۹۰

چون نابینا فاقد بینایی است، نمی‌تواند از پلیدی و نجاست پرهیز کند. برای پرهیز، اصل بینایی است.

او پــــلیدی را نـــبیند در عُـبور هــیچ مـؤمن را مـبادا چشـمِ کـور ۲۰۹۱

نابینا هنگام راه رفتن نجاست و پلیدی را نمی‌بیند. الهی که هیچ مؤمن نابینا نباشد.

کورِ ظاهر در نـجاسهٔ ظـاهر است کورِ باطن در نـجاساتِ سِـر است ۲۰۹۲

کسی که چشم ظاهر را ندارد، به نجاست ظاهری آلوده می‌شود؛ امّا کسی که چشم باطن و بصیرتش نابیناست، به پلیدیِ نفسانی مبتلا می‌شود.

---

۱ - **دوگانه** : نماز دو رکعتی. ۲ - **صَلا** : مخفّف صلاة، دعا، دین، نماز، بانگ دادن برای فراخواندن به نماز.

۳ - **ایدَر** : اینجا، اکنون، اینک. بعضی از تصحیح کنندگان مثنوی و برخی از شارحان این واژه را «اندر» خوانده‌اند، امّا در متن کهن مورد استفاده این شرح «ایدر» ضبط شده است.

۴ - مراد از «بینا» کسی است که چشم دلش گشوده است و «نابینا» کور باطن را گویند که با خطا و لغزشِ او، پیروان نیز می‌لغزند. ۵ - **قَذَر** : پلیدی، نجاست.

ایـن نـجاسهٔ ظـاهر از آبـی رَوَد   آن نـجاسهٔ بـاطن افـزون مـی‌شود ۲۰۹۳

نجاست ظاهری را می‌توان با آب پاک کرد؛ امّا پلیدی درونی و باطنی هر لحظه در تزاید است.

جز به آبِ چشم نـتوان شُـستن آن   چون نجاساتِ بـواطـن شـد عـیان ۲۰۹۴

هنگامی که پلیدی درونی و باطنی آشکار می‌شود، جز با اشکِ چشم پاک نمی‌شود.

چون نجس خوانده‌ست کافِر را خدا   آن نجاست نـیست بـر ظـاهر وَرا[1] ۲۰۹۵

حق تعالیٰ که کافر را نجس خوانده است، به سبب نجاست و ناپاکیِ باطنِ اوست.

ظـاهرِ کـافِر مُـلَوَّث نـیست زیـن   آن نجاست هست در اخلاق و دین ۲۰۹۶

ظاهر کافر با نجاست آلوده نیست، پلیدی در اخلاق و اعتقادات و جهان‌بینی اوست.

این نجاست بویش آیـد بـیست گـام   و آن نجاست بویش از ری تا به شام[2] ۲۰۹۷

بوی پلیدیِ ظاهری تا بیست گام آزاردهنده است؛ امّا بوی نجاست باطنی فراگیر است.

بـلکه بـویش آسـمان‌ها بـر رود   بر دماغِ حور[3] **و رضوان**[4] **بـر شـود** ۲۰۹۸

بلکه بوی نجاستِ درونی به آسمان‌ها، فرشتگان و خازن بهشت نیز می‌رسد.

اینچه می‌گویم به قدرِ فـهمِ تـوست   مُردَم انـدر حسـرتِ فـهم درست[5] ۲۰۹۹

این سخنان و شرحِ آن به تناسب فهمِ توست، در حسرتِ درکِ متعالی جانم بر لب رسیده است.

فهمْ آب است و وجـودِ تـن سـبو[6] **   چون سبو بشکست، ریزد آب از او** ۲۱۰۰

«تن»، مانندِ سبویی است که «ادراک معانی و مفاهیم» مثلِ آب همواره به درون این سبو جریان دارند؛ امّا از آنجا که این سبو سوراخ‌دار و ناسالم است، آب در آن باقی نمی‌ماند و بیرون می‌ریزد.

---

۱ - اشارتی قرآنی؛ توبه : ۲۸/۹ : ...إِنَّمَا الْمُشْرِكُونَ نَجَسٌ... : همانا مشرکان پلیداند... .

۲ - **ری تا به شام :** مراد فواصل دور است.

۳ - **حُور :** جمع حَوراء، سیاه چشمان سپیداندام ولی در فارسی به معنای مفرد به‌کار می‌رود.

۴ - **رضوان :** نگاهبان بهشت، نام دربان بهشت و «مالک» نام دربان دوزخ است.

۵ - اشاره است به مریدانی که از ادراک برتر و روحانی نصیب کم‌تری دارند و چاره‌ای جز آن نیست که با ایشان از طریق تمثیل معانی بلند به موضوعات محسوس، سخن گفت.

۶ - در این تمثیل، قالب عنصری به سبویی مانند شده است که حواسّ پنجگانهٔ ظاهری سوراخ‌های آن هستند. با وجود این سوراخ‌ها، «تن» همانند سبویی شکسته است که «آب فهم» از آن به بیرون می‌ریزد؛ یعنی توانـاییِ درکِ حقایق از آدمی کاسته می‌شود.

۲۱۰۱ **این سبو را پنج سوراخ است ژرف[1] اندر او نه آب مانَد خود نـه بـرف[2]**

«کوزهٔ تن»، پنج سوراخ بزرگ دارد که حواسِ پنجگانه‌اند و نمی‌گذارند «آبِ فهم» و «ادراکِ معانی» در آن باقی بماند.

۲۱۰۲ **امـرِ غُـضُّوا غَـضَّةً اَبْـصٰارَکُمْ[3] هم شنیدی، راست ننهادی تو سُم**

فرمان خدا را شنیده‌ای که فرمود: «چشمانتان را از هوس بربندید» امّا علی‌رغم آن باز هم چشمِ دلت را از «ماسوی الله» یا «غیر» بر نگرفتی.

۲۱۰۳ **از دهـانت نـطق، فـهمت را بَـرَد گوش چون ریگ‌است، فهمت را خورَد[4]**

سخن گفتن، توجّه تو را از احوال درون و ادراک معانی باز می‌دارد در نتیجه «فهم» را که چیزی جز معرفت به حقایق نیست زایل می‌سازد. گوش فرا دادن به سخن دیگران نیز بدین سان است و همانند ریگزار، «فهم» را در خود فرو می‌بَرَد، همان‌طور که آب را.

۲۱۰۴ **هـمچنین سـوراخ‌هـایِ دیگـرت مـی‌کَشاند آبِ فـهمِ مُـضْمَرَت[5]**

به همین ترتیب منافذِ دیگرِ بدنِ تو، یعنی سایر حواسّ پنجگانهٔ ظاهری، «آبِ فهم» و «ادراکِ متعالی» را که در وجودت نهان است و از قوّه به فعل نیامده، فرو می‌کشد و محو می‌کند.

۲۱۰۵ **گـر ز دریـا آب را بـیرون کُـنی بی عوض[6]، آن بحر را هامون[7] کنی**

اگر از دریا به‌طور دائمی آب خارج شود و جایگزین نداشته باشد؛ یعنی باران نبارد و رود به آن نریزد، پس از مدّتی به بیابان تبدیل می‌شود. جان آدمی نیز چنین است، به سببِ از دست دادن مکرّرِ «فهم» و «ادراک معانی»، پس از مدّتی به صحرای بی‌حاصل مبدّل می‌گردد.

۲۱۰۶ **بـیگه است، ارنـه بگـویم حـال را مَـدْخَلِ اَعْـواض را و اَبْـدال را**

افسوس که بی‌گاه و دیر شده است و گرنه، چگونگیِ این عوض و بدل شدن آب دریا را به وضوح باز می‌گفتم.

---

۱ - این تمثیل قبلاً در دفتر اوّل، ابیات ۲۷۲۶-۲۷۲۰ نیز آمده است.

۲ - **برف**: تمثیلی است از تعقّل برتر، تعقّل با عقل معاد، تعقّل با عقل خداجو.

۳ - اشارتی قرآنی؛ نور: ۳۰/۲۴ : ر.ک: ۲۷۲۶/۱.

۴ - مصاحبت با اولیا و مردان حق و درک محضر آنان و همنشینی با اهل دل، موجب ادراک حقایق است و از این دست محسوب نمی‌گردد. ۵ - **مُضْمَر**: پوشیده شده، نهان شده. ۶ - **بی عوض**: بدون جایگزین کردن.

۷ - **هامون**: دشت و صحرا.

کآن عوض‌ها وآن بَدَل‌ها بحر را   از کجا آید ز بعدِ خرج‌ها ۲۱۰۷

و شرح می‌دادم که بعد از خارج شدن آب از دریا، عوض‌ها و بدل‌ها دوباره از کجا به دریا باز می‌گردد.

صد هزاران جانور زو می‌خورند   ابرها هم از برونش می‌برند ۲۱۰۸

صدها هزار جانور گوناگون از دریا آب می‌نوشند و تابش خورشید هم موجب تبخیر آب می‌شود و ابرها هم خارج از دریا، بخار را به خود جذب می‌کنند.

باز دریا آن عوض‌ها می‌کَشَد   از کجا؟ دانند اصحابِ رَشَد[1] ۲۱۰۹

باز هم دریا در عوض آبِ از دست رفته، آب‌ها را به خود جذب می‌کند. آنان که در راه راست گام برمی‌دارند و اهل معنا هستند، می‌دانند دریا چگونه آن را جبران می‌کند.

قصّه‌ها آغاز کردیم از شتاب   ماند بی‌مَخْلص[2] درونِ این کتاب[3] ۲۱۱۰

با شتاب قصّه‌های گوناگون را آوردیم؛ امّا مقصودِ اصلی این کتاب ناگفته ماند.

ای ضیاءُ الحق حُسام‌الدّینِ راد[4]!   که فلک وَ ارکان[5] چو تو شاهی نزاد[6] ۲۱۱۱

ای ضیاء الحق، حُسام‌الدّینِ جوانمرد که از چرخ گردون و عناصر چهارگانه، همانند تو شاهی در وجود نیامده است،

تو به نادر آمدی در جان و دل   ای دل و جان از قدومِ تو خجل ۲۱۱۲

عظمت تو چنان است که حضورت در دل و جان، امری شِگفت‌انگیز و غریب است. ای کسی که روح و دل من از قدم رنجه کردنِ وجودِ گرانمایه‌ات شرمنده است؛ زیرا این دل و جان برای تو قابل و شایسته نیست.

چند کردم مدحِ قومِ مامَضیٰ[7]   قصدِ من زآن‌ها تو بودی زاقتضا[8] ۲۱۱۳

هر چه را که در ستایش از عارفان گذشته گفته‌ام، هدفی جز ستایش تو نداشته‌ام.

---

۱ - **رَشَد** : راه راست، رستگاری.   ۲ - **مَخْلَص** : جای خلاص و رهایی، محلِّ اتمام.

۳ - ابیات بعدی روشن می‌دارد که مقصود و هدف اصلیِ مثنوی که به سبب تقریر حکایات مختلف ناتمام مانده، شرح و تبیین انسان کامل است که در بحرِ وحدانیّت استغراق دارد و مدح و ستایشِ او نیز، مدح و ستایش خداوند است.   ۴ - **راد** : جوانمرد.

۵ - **ارکان** : چهار عنصر (چهار عیال) مراد آب و خاک و باد و آتش است که به اعتقاد پیشینیان، مخلوقات ترکیبی از این چهار عنصراند.   ۶ - این بیت در وصف انسان کامل آمده که اشرف و افضل ایشان پیامبر بزرگوار(ص) است.

۷ - **مامَضیٰ** : پیشینیان.   ۸ - **زاقتضا** : از نظر مناسبت و قابلیّت.

خانهٔ خود را شناسد خود دُعا تو به نامِ هر که خواهی، کُن ثنا ۲۱۱۴

دعا و ثنا، جایگاه خود را می‌شناسد و متوجّه مکان اصلی‌اش که حق تعالیٰ و انسان کامل است، می‌شود؛ بنابراین ای انسان، تو هر که را می‌خواهی، دعا کن.

بهرِ کِتمانِ مدیح از نامحل حق نهاده‌ست این حکایات و مَثَل ۲۱۱۵

خداوند نیز حکایات و امثال را برای پنهان داشتن افراد قابل ستایش، از کسانی که شایستگی‌اش را ندارند وضع کرده است.

گرچه آن مدح از تو هم آمد خَجِل لیک بپذیرد خدا جُهْدُ الْمُقِل[1] ۲۱۱۶

هرچند که آن ستایش نیز حقّ مطلب را ادا نکرد و در برابر عظمت مقام روحانی تو شرمنده و خجلت‌زده بود؛ امّا خداوند کوشش ناتوانان را می‌پذیرد و ما توان خویش را در این مورد به کار بستیم.

حق پذیرد کسره‌یی[2] دارد مُعاف کز دو دیدهٔ کور، دو قطره کفاف ۲۱۱۷

حق تعالی هر عمل ناچیز را می‌پذیرد و با بخشندگیِ خود بی‌قدری آن را می‌بخشد؛ زیرا از چشم نابینا دو قطره اشک کافی است.

مرغ و ماهی داند آن اِبهام را که ستودم مُجْمَل[3] این خوش نام را ۲۱۱۸

همهٔ آفریدگان می‌دانند که به‌طور مبهم و رمزآمیز و به اختصار حُسام‌الدّین را ستوده‌ام.

تا بر او آهِ حسودان کم وَزَد تا خیالش را به دندان کم گزد ۲۱۱۹

تا «آهِ حسودان» برنخیزد و از سر حسادت، خیال آزارِ او را در سر نپرورانند.

خود خیالش[4] را کجا یابد حسود؟ در وثاقِ موش، طوطی کِی غُنود؟ ۲۱۲۰

هرچند که آدم حسود هرگز نمی‌تواند به خیال او دست یابد و حقیقت حال وی را بداند، همان‌گونه که طوطی نمی‌تواند در لانهٔ موش بیارامد. درون و باطن این حسودان همانند لانهٔ موش تنگ و تاریک است و خیالِ حُسام‌الدّین، همانند طوطی، طبیعی است که این خیال از آنجا نمی‌گذرد.

---

۱ - **جُهْدُ الْمُقِل** : تلاش و کوشش کسی که نادار و تهیدست است. حدیث: ر.ک: ۱۱۰۳/۵.

۲ - **کَسْره‌یی** : مقداری از یک چیز، کنایه از ناچیز، شکستهٔ چیزی. ۳ - **مُجْمَل** : مختصر.

۴ - اشاره است به عالم خیال [عالم مثال]، انسان در ادراکات خیالی به عالم «خیالِ مقیّد» متّصل می‌شود و حقایق را به واسطهٔ اتّصال به عالم وسیع خیال که لوح جمیع حقایق است ادراک می‌نماید، انحرافاتی که در ادراک قوّهٔ خیال است، ناشی از غلبهٔ احکامِ محسوسات بر نَفْسِ انسان است : ر.ک: ۶۹/۱ و ۷۰/۱ و ۷۱/۱.

آن خـــیالِ او بُــوَد از احــتیال[1]   مویِ ابرویِ وی است آن، نه هـلال ۲۱۲۱

تصوّرِ آنان از حُسام‌الدّین و خیالی که از او در درون خویش می‌پرورند، «صورتِ خیالی» حُسام‌الدّین نیست، خیالی است که با وسوسه و حسد از او ساخته و پرورده‌اند. احوال آن‌ها مانند کسی است که مویِ ابروی خود را می‌بیند و ماه نو می‌پندارد.

مدحِ تو گویم برون از پنج و هفت[2]   بر نویس اکنون، دقوقی پیش رفت ۲۱۲۲

حُسام‌الدّین با دل و جان تو را خواهم ستود، خارج از عالم محسوس و افـلاک، ایـنک بنویس که دقوقی به امامت آن قوم پیش رفت.

پیش رفتنِ دقوقی به امامتِ آن قوم

در تــحیّات[3] و ســلامُ الصّــالحین   مــدحِ جــملهٔ انــبیا آمـد عَـجین[4] ۲۱۲۳

در این قطعه نیز علی‌رغم عنوان آن، که حاکی از ادامهٔ قصّهٔ دقوقی است، مولانا همچنان به سخنان خود ادامه می‌دهد. در سلام‌های نماز، درودی که نثار بندگان صالح خدا می‌شود، شامل همهٔ پیامبران نیز هست.

مــدح‌ها شــد جــملگی آمــیخته   کــوزه‌ها در یک لگـن در ریـخته[5] ۲۱۲۴

همهٔ مدح و ستایش‌ها در هم می‌آمیزند، گویی که آب کوزه‌ها در لگن ریخته می‌شود.

زانکه خود ممدوح، جز یک بیش نیست   کیش‌ها زین روی، جز یک کیش نیست[6] ۲۱۲۵

زیرا بیش از یک ممدوح حقیقی وجود ندارد که ذات حق تعالیٰ است و کسان دیگری که مورد ستایش قرار می‌گیرند، هر یک به نوعی مظهری از مظاهرِ حق‌اند و به همین دلیل همهٔ آیین‌ها، آیینِ واحدی به شمار می‌آیند و میان دین‌ها، وحدت حاکم است.

---

۱ - **احتیال :** حیله ساختن.   ۲ - **پنج و هفت :** پنج حس و هفت آسمان، مراد عالم مادّه است.

۳ - **تحیّات :** جمع تحیّت به معنی درود و سلام و دعا و نیایش گفتن است.   ۴ - **عجین :** سرشته، آمیخته.

۵ - هر کس که مورد ستایش قرار می‌گیرد، به جهت جمال یا کمال یا صفتی برجسته است که پرتوی از حق است؛ پس از آنجا که جمال و کمال مطلق به حق تعلّق دارد، بنابراین هر ممدوح که ستوده شود، حق ستایش شده است.

۶ - اشارتی قرآنی؛ شوری : ۱۳/۴۲ : در دین شما، هر آنچه به نوح سفارش کرده بود، مقرّر داشت، و نیز آنچه به تو وحی کرده‌ایم، و آنچه به ابراهیم و موسی و عیسی سفارش کرده‌ایم، که دین را برپا بدارید و در آن اختلاف نورزید. آنچه مشرکان را به آن می‌خوانی، بر ایشان دشوار آید، خداوند است که هر کس را بخواهد به راه خویش بر می‌گزیند و هر کس را که روی به درگاه او آورد، به سوی خویش هدایت می‌کند.

دان که هر مدحی به نـورِ حـق رود　　　بر صُـوَر وَ اشـخاصْ عـاریَّت بُـوَد ۲۱۲۶

بدان که هر ستایش به نور حق می‌پیوندد و اگر هم در ظاهر به صورت‌های محسوس و اشخاص مختلف تعلّق گیرد، این تعلّق حقیقی نیست و جنبهٔ عاریه دارد.

مدح‌ها جز مسـتَحِق را کـی کـنند؟　　　لیک بر پـنداشتْ گـم ره مـی‌شوند ۲۱۲۷

مدح و ستایش راستین، آنِ کسی است که شایستهٔ ستودن است؛ آدمیان به غلط می‌پندارند که این و آن را می‌ستایند، در حالی که همهٔ ستایش‌ها در حقیقت ستایش خداست.

هـمچو نـوری تـافته بـر حـایطی[1]　　　حـایط آن انـوار را چـون رابـطی ۲۱۲۸

کمال یا جمالی را که در این و آن می‌بینند و ستایش می‌کنند، پرتوی از کـمال و جـمال مطلق حق است که در صورت‌ها و مظاهر دنیوی می‌تابد. در مـثال مـی‌توان ایـن مـظاهر و صورت‌ها را همانندِ دیواری تصوّر کرد که نوری را منعکس می‌کند.

لاجرم چون سایه سویِ اصل رانـد　　　ضالْ مَهْ گم کرد و زِاسْتایش بـماند ۲۱۲۹

هنگامی که ناگزیر سایه به اصل خود و نور به مبدأ خویش باز گردد، انسان گمراهی که به پنداری واهی تصوّر می‌کرده که جمال یا کمالِ تابناک فلان شخص را می‌ستوده است، در فقدان آن کس که همانند ماه تابان می‌انگاشته و یا به سببِ از دست رفتن جمال و کمال او، از ستایش باز می‌مانَد.

یا ز چـاهی عکسِ مـاهی وانـمود　　　سر به چَهْ درکرد و آن را می‌ستود[2] ۲۱۳۰

یا هنگامی که عکسِ ماهِ درونِ چاه دیده می‌شود، شخص غافلی سر به چاه فرو ببرد و تصویر ماه را بستاید.

در حـقیقت مـادحِ مـاه است او　　　گرچه جهلِ او به عکسش کـرد رو ۲۱۳۱

امّا او در حقیقت ماه را می‌ستاید، هرچند که از نادانی به عکس ماه روی آورده است.

مدحِ او مَـهْ راست، نـه آن عکس را　　　کفر شد آن، چون غلط شد مـاجرا ۲۱۳۲

او در واقع ماه را ستایش کرده است، نه عکس ماه را؛ امّا اگر در این پندار بمانَد و تصوّر کند که مدح او از موجودی فناپذیر است، به یقین چنین فکری کُفر به شمار می‌آید.

---

۱ - **حایط** : دیوار.

۲ - در این تمثیل، مدح بر ممدوح این جهانی و فناپذیر به تصویر ماه در چاه مانند شده است که ستودن آن به جای ستایش ماه آسمان، چیزی جز جهل و گمراهی نیست.

کز شقاوت[1] گشت گُم‌ره آن دلیر — مه به بالا بود و او پنداشت زیر ۲۱۳۳

آن مرد از بدبختی و نادانی در گمانِ خود استوار و گستاخ شده و ماه را در چاه پنداشت.

زین بُتان[2] خَلقان پریشان می‌شوند — شهوتِ رانده پشیمان می‌شوند ۲۱۳۴

هر دسته از مردم کسی یا چیزی را غیر از پروردگار، به عنوان «بت» یا «ممدوح»، قبلهٔ آمال و آرزوهای خود قرار می‌دهند و بدان امید می‌بندند و چون «بت»های دنیوی فراوان‌اند، ذهن دنیاپرستان مشوّش و پریشان می‌شود و ستایش آنان از این بهره‌مندی‌ها یا بت‌ها، مانند شهوت راندن، لذّتی ناپایدار است.

زانکه شهوت با خیالی رانده است — وز حقیقت دورتر وامانده است ۲۱۳۵

ستایش، موجودِ فناپذیر، مانندِ شهوت راندن با «خیال» موجب بُعد از حق است.

با خیالی میلِ تو چون پَر بود — تا بدان پَر بر حقیقت بر شود ۲۱۳۶

عشق ورزیدن به «خیال» که همان «هستیِ مجازی» یا «عشقِ زمینی» است، باید وجودت را مستعدِ پرواز به سویِ عشقِ حقیقی کند.

چون براندی شهوتی، پرّت بریخت — لنگ گشتی، و آن خیال از تو گریخت ۲۱۳۷

اگر توجّه و عشق ورزیدن به «صورت و مظاهرِ دنیوی»، بدون در نظر داشتن پروردگار باشد، سبب می‌شود که بال و پر پروازِ آدمی بریزد و لنگ و ناتوان بر جای بمانَد، آن صورت و مظهر هم، خواه ناخواه زوال می‌یابد و پایدار نیست.

پَر نگه دار و چنین شهوت مران — تا پَرِ میلت بَرَد سویِ جِنان ۲۱۳۸

انسان عاقبت‌اندیش، عشق و توجّه خود را به معشوق زمینیِ زوال‌پذیر معطوف نمی‌کند تا بال و پرِ «جانِ» او برای پرواز به سوی حق باقی بمانَد و وی را برای رسیدن به عوالم روحانی یاری دهد.

خلق پندارند عشرت می‌کُنند — بر خیالی پرّ خود بر می‌کَنَند ۲۱۳۹

اکثر مردم با خوش‌گذرانی و شهوت‌رانی می‌پندارند که با شادی و عشرت روزگار را می‌گذرانند، در حالی که با خیالی باطل «پروبالِ» پرواز خود را از دست می‌دهند.

وام‌دارِ شرحِ این نکته شدم — مهلتم دِه، مُعسِرم[3]، زآن تن زدم ۲۱۴۰

این نکته را در جای دیگری شرح خواهم داد، مهلت بدهید. اینک دچار تنگنایی شده‌ام که از بیان آن خودداری می‌کنم.

---

۱ - **شقاوت** : بدبختی. ۲ - **بتان** : زیبارویان، هر چیز غیر از حق، ماسوی الله. ۳ - **مُعْسِر** : تنگدست.

اقتدا کردنِ قوم از پسِ دقوقی

پیش در شد آن دقوقی در نماز قومْ همچون اطلس آمد، او طراز[1] ۲۱۴۱

دقوقی برای اقامهٔ نماز جلو رفت. آن قوم، همانند حریر بودند و دقوقی همچون حاشیهٔ زیبا و زینتی آن.

اقتدا کردند آن شاهان قطار در پیِ آن مُقتدایِ نامدار ۲۱۴۲

آن شاهان عالم معنا پشت سر دقوقی ایستادند و به آن امامِ نامدار اقتدا کردند.

چونکه با تکبیرها مقرون شدند همچو قربان از جهان بیرون شدند ۲۱۴۳

هنگامی که «الله اکبر» گفتند، مثل آن بود که در راه حق قربانی شده باشند، اثری از حیاتِ انسانی در آنان یافت نمی‌شد.

معنیِ تکبیر این است ای اِمام[2] ! کِای خدا! پیشِ تو ما قربان شدیم[3] ۲۱۴۴

ای امام، معنیِ راستینِ تکبیر این است که ای خداوند، ما در حضور تو قربان شدیم.

وقتِ ذبح، اَللهُ اکبر می‌کنی همچنین در ذبح نفس، کشتنی ۲۱۴۵

هنگام سر بریدن قربانی اَللهُ اَکْبَر می‌گویی، هنگام قربانی کردن نفس امّاره نیز، باید اَللهُ اَکْبَر گفت.

تن چو اسماعیل و جان همچون خلیل کرد جانْ تکبیر بر جسم نَبیل[4] ۲۱۴۶

تن آدمی، همانند اسماعیل(ع) است که به اشارهٔ حق برای قربانی شدن گردن نهاد و جانِ خداجوی انسان نیز، همچون ابراهیم(ع) است که بر این جسم گرامی که در برگیرندهٔ «روح عالی عِلوی» است، تکبیر می‌گوید و مشتاق است تا با قربان کردن اینَ قالب عنصری، در واقع با تبدیلِ صفاتِ بشری و طبایع آن و قطعِ تعلّقات، سیرِ کمال را بپوید و به مبدأ هستی بازگردد.[5]

---

۱ - **طِراز** : یراق، حاشیه، کنارهٔ جامه که به رنگ دیگری می‌دوختند، خوب از هر چیزی.

۲ - **اِمام** : امام را به صورت مُمال «امیم» بخوانید.

۳ - در این قطعه، مولانا حرکاتِ اعضایِ بدنِ نمازگزار را با برداشت‌های ظریف خود معنی می‌کند و تعبیراتی را که به کار می‌برد به احتمال زیاد ناظر به تعبیرات نجم‌الدّین رازی در مرصادالعباد نیز هست که در آنجا، حالات قیام و رکوع و سجود و قعود را، سیر در مراتب کمالی آفرینش می‌داند. قیام مقام انسانی است و رکوع مرتبهٔ حیوانی، سجود مرتبهٔ نباتی است و قعود و بر زبان راندن شهادتین، بازگشت به مرحلهٔ پیش از خلقت صوری است که به روح مطلق و در برابر «أَلَسْتُ بِرَبِّکُم»، «بلیٰ» می‌گفت: مثنوی، تصحیح دکتر استعلامی، ج ۳، ص ۳۳۱.

۴ - **نَبیل** : گرامی، نیکو، صاحب نجابت. اینجا جسم گرامی خوانده می‌شود چون در برگیرندهٔ روح عالی عِلوی است.

۵ - ابراهیم(ع) و ذبیح: ۲۲۸/۱.

دفتر سوم ۳۱۱

گشت کُشته تن ز شهوت‌ها و آز   شد به بسم الله، بِسمل[1] در نماز ۲۱۴۷

معنای تکبیرِ راستین آن است که با جاری گشتن آن بر زبان، «تن» از شهوت و حرص رهایی یابد و با گفتن **بسم الله الرّحمن الرّحیم**، در نماز قربانی حق شود.

چون قیامت پیشِ حق صف‌ها زده   در حساب و در مناجات آمده ۲۱۴۸

هنگامی که نمازگزاران صفوف نماز را تشکیل می‌دهند، صف آنان، همانند صحنهٔ رستاخیز است که همه در برابر خداوند می‌ایستند و حساب پس می‌دهند و مناجات می‌کنند.

ایستاده پیشِ یزدان اشکْ‌ریز   بر مثالِ راست خیزِ[2] رستخیز ۲۱۴۹

آنان در برابر خداوند با چشمانی اشکبار می‌ایستند، همان طور که خلق در روز قیامت برپا می‌خیزند و در صحنهٔ رستاخیز حضور می‌یابند.

حق همی گوید: چه آوردی مرا؟   اندر این مهلت که دادم من تو را ۲۱۵۰

خداوند می‌فرماید: در مهلتی که برای زندگانی به تو دادم، چه کسب کردی و همراهِ خود چه آورده‌ای؟

عمرِ خود را در چه پایان بُرده‌ای؟   قوت و قُوَّت در چه فانی کرده‌ای؟ ۲۱۵۱

روزگار عمر را صرف چه کاری کرده‌ای؟ روزی و قدرتی را که به تو عطا کردم، در چه راهی به پایان رسانیده‌ای؟

گوهرِ دیده کجا فرسوده‌ای؟   پنج حس را در کجا پالوده‌ای؟ ۲۱۵۲

از نورِ چشمانت برای دیدن چه چیز بهره بردی و آن را در چه راه زایل کردی؟ این حواسّ پنجگانه را کجا و چگونه فرسوده نمودی؟

چشم و هوش و گوش و گوهرهایِ عرش[3]   خرج کردی، چه خریدی تو ز فرش؟ ۲۱۵۳

چشم، عقل، گوش، قابلیّت و استعدادِ درک معنوی را در چه راهی صرف کردی و حاصل زندگی زمینی‌ات چیست؟

دست و پا دادمْت چون بیل و کُلَند   من ببخشیدم، ز خود آن کی شدند؟ ۲۱۵۴

دست و پایی، همانند بیل و کلنگ به تو عطا کردم. آن‌ها خود به خود به وجود نیامدند، بگو با آن‌ها چه کردی؟

---

۱ - **بِسْمِلْ** : هر چیزی که آن را ذبح کرده باشند، یعنی سر بریده باشند؛ زیرا هنگام ذبح، بسم‌الله الرّحمن الرّحیم می‌گویند، مذبوح.   ۲ - **راست خیز** : برپا خاستن و راست ایستادن.

۳ -**گوهرهای عرش** : قابلیّت و استعداد ادراک برتر و رسیدن به کمال و مقام تجرّد.

همچنین پیغام‌های دردگین صد هزاران آید از حضرت چنین ۲۱۵۵

در روز رستاخیز، از بارگاه الهی به همین ترتیب صدها هزار پرسش و پیام دردناک می‌رسد.

در قیام این گفت‌ها دارد رجوع وز خجالت شد دوتا او در رکوع ۲۱۵۶

در «قیام» برای نماز، این گونه پرسش‌ها مطرح می‌شود و بنده با شرمندگی به رکوع می‌رود.

قوّتِ اِستادن از خجلت نماند در رکوع از شرم تسبیحی بخواند ۲۱۵۷

از شدّت شرمندگی توان ایستادن ندارد و در رکوع ذکری را می‌گوید: **سُبْحانَ رَبِّیَ ٱلْعَظیمِ وَ بِحَمْدِه.**

باز فرمان می‌رسد: بردار سر از رکوع، و پاسخِ حق بر شمَر ۲۱۵۸

باز فرمان حق تعالیٰ می‌رسد که سر را از رکوع بردار و پاسخ پرسش‌های خداوند را بده.

سر بر آرَد از رکوع آن شرمسار باز اندر رُو فتد آن خامْکار[1] ۲۱۵۹

آن بندهٔ شرمنده با ذکرِ سَمِعَ اللهُ لِمَنْ حَمِدَه سر از رکوع بر می‌دارد؛ امّا بار دیگر آن ناپختهٔ ناقص به سجده می‌رود و می‌گوید: سُبْحانَ رَبِّیَ ٱلأَعْلیٰ وَ بِحَمْدِه.

باز فرمان آیدش: بردار سر از سجود، و وادِه از کرده خبر ۲۱۶۰

بار دیگر فرمان خداوند می‌رسد: سر از سجده بردار و از آنچه کرده‌ای، بگو.

سر بر آرَد او، دگر رَه شرمسار اندر افتد باز در رُو همچو مار ۲۱۶۱

دوباره آن بنده با شرمندگی سر بر می‌دارد و باز چون مار به رو می‌افتد و سجده می‌کند.

باز گوید: سر برآر و باز گو که بخواهم جُست از تو مو به مُو ۲۱۶۲

بار دیگر خداوند می‌گوید: سر را بردار و بگو چه کرده‌ای؛ زیرا به‌طور دقیق از تو بازخواست خواهم کرد.

قوّتِ پا ایستادن نَبْوَدش که خطابِ هیبتی بر جان زدش ۲۱۶۳

بنده توان آنکه سرپا بایستد ندارد؛ زیرا خطابِ باشکوهِ خداوند، آتش بر جان او افکنده است.

پس نشیند قعده[2] **زآن بارِ گران حضرتش گوید: سخن گو با بیان** ۲۱۶۴

بارِ سنگین گناهان او را مجبور به نشستن می‌کند. خداوند می‌گوید: به‌طور مشروح حرف بزن.

---

۱ - **خام‌کار**: کارناآزموده، بی‌تجربه.

۲ - **قعده**: آن قدر از جای که قاعده هنگام نشستن اشغال می‌کند، نوعی از نشستن.

نعمتت دادم، بگو شُکرت چه بود؟ دادمت سرمایه، هین! بنمای سود ۲۱۶۵

تو را از نعمت‌ها برخوردار کردم، بگو چگونه شکر آن‌ها را به جا آوردی؟ سرمایه‌ای را که دادم، سودش چیست؟

رُو بـه دستِ راست آرَد در سلام سـوی جانِ انبیا و آن کرام ۲۱۶۶

بنده در حال سلامِ نماز، روی را به جانب راست می‌گرداند و به روح پاک انبیا و بزرگان درگه حق سلام می‌دهد.

یعنی، ای شاهان! شفاعت، کین لئیم سخت در گِل ماندَش پای و گلیم ۲۱۶۷

یعنی با این کار به زبان حال می‌گوید: ای شاهانِ عالمِ معنا، شفاعت کنید که پای جانم سخت در گِلِ سرشتِ بشری و تعلّقات آن، درمانده است.

بیانِ اشارتِ سلام سوی دستِ راست، در قیامت از هیبتِ محاسبهٔ حق از انبیا استعانت و شفاعت خواستن

انبیا گویند: روزِ چاره رفت چاره آنجا بود و دست افزارِ زفت ۲۱۶۸

انبیا می‌گویند: هنگام چاره‌جویی گذشت. چاره‌خواهی و ابزارِ نیرومندِ آن، توبه و انجام اعمال نیک بود و به دنیا اختصاص داشت، اینجا باید نتایج طاعات و عبادات و افعال نیک و یا بد را دید.

مرغِ بی هنگامی[1]، ای بدبخت! رو ترکِ ما گو، خونِ ما اندر مشو[2] ۲۱۶۹

ای بدبخت، تو همانند خروس بی‌محل هستی، برو و ما را رها کن و به گناهان خود آلوده مکن.

رُو بگرداند به سویِ دستِ چپ در تبار و خویش، گویندش که: خَپ[3] ۲۱۷۰

شخص گناهکار، روی را به سمتِ چپ و به سوی اقوام و وابستگان می‌گرداند که آنان از وی شفاعت کنند؛ امّا آن‌ها نیز می‌گویند: خفه شو.

---

۱ - **مرغ بی‌هنگام**: ر.ک: ۹۴۸/۱. ۲ - **خون ما اندر مشو**: ما را به گناه خود آلوده مکن.

۳ - **خپ**: خفه شو.

هین! جوابِ خـویش گـو بـا کـردگار   ماکه‌ایم؟ ای خواجه! دست از ما بدار ۲۱۷۱

ای خواجه، به خود بیا و جواب خداوند را بده. ما چه‌کاره‌ایم؟ دست از سر ما بردار.

نه از این سو، نه از آن سو چاره شد   جانِ آن بیچاره، دل صد پـاره شـد ۲۱۷۲

از این سو و از آن سو، هیچ چاره‌ای نمی‌رسد. دل آن بیچاره از غصّه صدپاره می‌شود.

از هـمه نـومید شـد مسکـین کـیا   پس بر آرَد هر دو دست انـدر دعـا ۲۱۷۳

هنگامی که آن بندهٔ مسکین از همه سو ناامید می‌شود، هر دو دست را به دعا می‌گشاید.

کـز هـمه نـومید گشـتم ای خـدا !   اوّل و آخــر تــوی و مــنتها ۲۱۷۴

می‌گوید: ای پروردگار، از همه ناامید شدم، اوّل و آخر و پایانِ هر کار تو هستی.

در نماز این خوش اشارت‌ها ببین   تا بدانی، کین بـخواهـد شـد یـقین ۲۱۷۵

هنگام نماز، به این اشاره‌های ظریف توجّه کن تا بدانی که بدون شک، در روز رستاخیز اتّفاق خواهد افتاد.

بـچّه بـیرون آر از بـیضهٔ نـماز[1]   سر مزن چون مرغ[2] بی تعظیم و ساز[3] ۲۱۷۶

بکوش تا از «قالب نماز» که شامل یک سری اعمال ظاهری است، «حقیقت» آن را که اتّصال با حق است، به دست آوری و مانندِ مرغ که بی‌هدف بر زمین نوک می‌زند، نباشی و سجده‌ای بی‌هدف، بدون تعظیمِ حق و حضور قلب به جای نیاوری.

شنیدنِ دقوقی در میانِ نماز افغانِ آن کشتی که غرق خواست شدن

آن دقـوقی در امـامت کـرد سـاز   انـدر آن سـاحل در آمـد در نـماز ۲۱۷۷

دقوقی برای امامت آماده شد و در آن ساحل به نماز ایستاد.

---

۱ - **بیضهٔ نماز:** «آداب ظاهری» و «صورت نماز» به «تخم مرغ» تشبیه شده است. بچّه بیرون آوردن از بیضهٔ نماز، اشاره دارد به خروجِ جوجه از تخم، یعنی رسیدن به «جانِ نماز» که مقصودِ نهایی است.

۲ - در مصراع دوم، سجده ظاهری که عاری از تعظیم و حضور قلب است به حرکات مرغ مانند شده است که نوک بر زمین می‌زند و دانه بر می‌چیند.

۳ - مستفاد است از مضمون این روایت: رسول خدا(ص) از انجام سه چیز [در نماز] مرا نهی کرد: اوّل اینکه سجده‌ام با شتاب باشد، همچون نوک زدن خروس. دوم اینکه به شکل و هیأت سگ بنشینم. و دیگر آنکه مانند روباه به این طرف و آن طرف روی برگردانم: احادیث، صص ۲۹۳ و ۲۹۴.

و آن جماعت در پیِ او در قیام　　اینتْ[1] زیبا قوم و بگزیده امام ۲۱۷۸

آن گروه از ابدال حق نیز، پشت سر او به نماز ایستادند. عجب قوم شکوهمند و چه امام برجسته‌ای.

ناگهان چشمش سویِ دریا فُتاد　　چون شنید از سویِ دریا: داد داد! ۲۱۷۹

ناگهان چشم دقوقی متوجّه دریا شد؛ زیرا از آن سو فریاد و نالهٔ گروهی را شنید که درخواست کمک می‌کردند.

در میانِ موج دید او کشتیی　　در قضا و در بلا و زشتیی ۲۱۸۰

در میان امواج، کشتی را دید که به قضا و بلا مبتلا شده و گرفتار حادثهٔ بدی گشته است.

هم شب و هم ابر و هم موجِ عظیم　　این سه تاریکی و از غرقابْ بیم ۲۱۸۱

در شبی ابری، دریا موج‌های عظیمی داشت. این عوامل وحشت‌زا از یک طرف و بیم غرق شدن کشتی نیز از سویی دیگر، همه دست به دست یک‌دیگر داده بودند.

تندبادی همچو عزرائیل خاست　　موج‌ها آشوفت[2] اندر چپّ و راست ۲۱۸۲

توفانی دهشتناک نیز برخاسته بود که چونان عزرائیل، امید رهایی از دستش غیر ممکن به نظر می‌رسید و امواج را از چپ و راست بر هم می‌کوبید.

اهلِ کشتی از مَهابت[3] کاسته[4]　　نعرهٔ واوَیْل‌ها[5] برخاسته ۲۱۸۳

سرنشینان کشتی از ترس، نیمه جان شده بودند و فریاد واویلای آنان به آسمان می‌رسید.

دست‌ها در نوحه بر سر می‌زدند　　کافر و مُلحد همه مُخلِص[6] شدند ۲۱۸۴

در آن هنگامه، کافر و بی‌دین همه خالصانه روی به درگاه حق آورده بودند و فریادکنان دست‌ها را بر سر می‌زدند.

با خدا با صد تضرّع آن زمان　　عهدها و نذرها کرده به جان ۲۱۸۵

در آن لحظات تلخ و دردناک، با صدگونه زاری با خدا پیمان می‌بستند و نذرها می‌کردند.

سربرهنه در سجود، آن‌ها که هیچ　　رویشان قبله ندید، از پیچ پیچ ۲۱۸۶

کسانی که از شدّت اشتغال به امور دنیوی و غرق شدن در آن، هرگز روی به جانب قبله نکرده بودند، اینک که جان را در خطر می‌دیدند، با سری برهنه سجده می‌کردند.

---

۱ - **اینتْ** : تو را این، زهی و به به، کلمهٔ تحسین است.　۲ - **آشوفت** : در هم پیچید.

۳ - **مهابت** : بیم و ترس.　۴ - **کاسته** : نیمه جان شده بودند.　۵ - **واویْل** : واویلا.

۶ - **مخلص** : دارای اخلاص و صدق در راه حق.

گفته که: بی‌فایده‌ست این بندگی آن زمان دیده در آن صد زندگی ۲۱۸۷

آنان، کسانی بودند که تا پیش از این حادثهٔ هولناک، «عبادت» را بی‌حاصل می‌پنداشتند؛ امّا اکنون در آن، حیات و زندگی می‌یافتند.

از همه اومید بُبْریده تمام دوستان و خال و عم، بابا و مام ۲۱۸۸

از همه‌کس قطع امید کرده بودند، از دوستان و دایی و عمو و پدر و مادر.

زاهد و فاسق شد آن دم مُتّقی همچو در هنگامِ جان کندن شقی ۲۱۸۹

در آن لحظات هولناک، زاهد و بدکار پرهیزکار شده بودند، همان‌گونه که کافر در حال جان کندن متّقی می‌شود.

نه ز چَپْشان چاره بود و نه ز راست حیله‌ها چون مُرد، هنگامِ دعاست ۲۱۹۰

از هیچ سو، نه چپ و نه راست، چاره‌ای نمی‌یافتند. هنگامی که چاره‌اندیشی و تدبیر بشری سودی ندارد، آدمی دعا کردن را تنها راه نجات می‌یابد.

در دعا ایشان و در زاری و آه بر فلک ز ایشان شده دودِ سیاه ۲۱۹۱

کشتی‌نشینان همه در حال دعا و زاری و ناله بودند، دود سیاهی از دعا و زاری آنان که اهل ایمان نبودند به آسمان بلند شده بود.

دیو آن دم از عداوت بَیْن بَیْن[1] بانگ زد کای سگ‌پرستان[2]! عِلَّتَیْن[3] ۲۱۹۲

در آن هنگامه، شیطان به سببِ دشمنی همواره‌اش با آدمی، روشی بینابینی را پیش گرفت؛ یعنی به ظاهر، کلامی بر حق می‌گفت و در باطن، مقصودی خلاف آن را داشت و با تحقیر و تخفیف به اهلِ کشتی که اینک روی به درگاه حق آورده بودند، بانگ زد: ای کسانی که از سگِ نفس خود پیروی می‌کرده‌اید، شما دو عیب دارید.

مرگ و جَسک[4]! ای اهلِ انکار و نفاق عاقبت خواهد بُدن این اتّفاق ۲۱۹۳

نفرین بر شما ای منکرانِ منافق، اسیر چنگال مرگ شدن، خواه ناخواه روزی اتّفاق می‌افتاد.

چشمتان تر باشد از بعدِ خلاص که شوید از بهرِ شهوت دیوِ خاص ۲۱۹۴

امروز چشمان شما برای رهایی از مرگ گریان است و اگر نجات یابید برای دستیابی به مطامع دنیوی و کسبِ شهوات گریان خواهد بود، آن چنانکه هر یک به شیطانی مجسّم مبدّل می‌شوید.

---

۱ - **بَیْن بَیْن** : حالت بینابینی، میانهٔ دو چیز، میانهٔ دو حالت. ۲ - **سگ پرستان** : پیروان نفس امّاره.
۳ - **عِلَّتَیْن** : تثنیهٔ علّت، دو علّت، عیب. ۴ - **جَسْک** : رنج و بلا، مرگ و جسک یک نوع نفرین است.

یادتان ناید که روزی در خطر   دستتان بگرفت یزدان از قَدَر[۱] ۲۱۹۵

بعد از نجات، هرگز به یاد نمی‌آورید روزی که چنگال مرگ گریبان شما را گرفته بود، خداوند دست شما را گرفت و از آن تنگنا رهایی داد.

این همی آمد ندا از دیو، لیک   این سخن را نشنود جز گوشِ نیک ۲۱۹۶

شیطان این سخنان را می‌گفت؛ امّا کسی نمی‌توانست آن را بشنود مگر آن کس که گوش حق نیوش داشت.

راست فرموده‌ست با ما مصطفی   قطب و شاهنشاه و دریایِ صفا ۲۱۹۷

حضرت محمّد مصطفی(ص) که قطب و شاه انبیا و اولیا و دریای صفاست، صحیح فرموده است:

کانچه جاهل دید خواهد عاقبت   عاقلان بینند ز اوّل مرتبت[۲] ۲۱۹۸

آنچه را که نادان در پایان کار خواهد دید، خردمندان در ابتدا می‌بینند.

کارها ز آغاز اگر غیب است و سِر   عاقل اوّل دید و آخر آن مُصِر ۲۱۹۹

هرچند که پایان کار در ابتدا نامعلوم و پوشیده است؛ امّا خردمند سرانجام و نتیجهٔ نهایی آن را در ابتدا می‌بیند و لجوج نادان در انتها.

اوّلش پوشیده باشد و آخِر آن   عاقل و جاهل ببیند در عیان ۲۲۰۰

ابتدای هر کار نامعلوم است و پایان آن را خردمند و بیخرد هر دو آشکارا می‌بینند.

گر نبینی واقعهٔ غیب، ای عَنود[۳]!   حزم[۴] را، سیلاب کِی اندر ربود؟ ۲۲۰۱

ای سرکشِ لجوج، اگر عوالم غیبی را نمی‌بینی و از حقایق بی‌خبر هستی، دوراندیشی و احتیاط را که سیل نبرده است، محتاط باش.

حزم چه بْوَد؟ بدگمانی بر جهان   دم به دم بیند بلایِ ناگهان[۵] ۲۲۰۲

دوراندیشی چیست؟ اینکه نسبت به دنیا و جاذبه‌های آن بدگمان باشی و با چشمی واقع‌بین به امور متفاوت بنگری و ببینی که لحظه به لحظه بلاهای ناگهانی بر خودت و این و آن فرود می‌آید و بپذیری که این جهان و جاذبه‌هایِ آن را بقایی نیست.

---

۱ - **قَدَر:** مقدار و اندازهٔ چیزی، بزرگی، قادر شدن، تنگ نمودن، فرمان و حکم، اختیار، تقدیر.

۲ - مناسب است با گفتهٔ امیر مؤمنان علی(ع): أَوَّلُ رَأْيِ الْعَاقِلِ آخِرُ رَأْيِ الْجَاهِلِ: رأی عاقل در ابتدای کار همان است که جاهل در پایان بدان می‌رسد: احادیث، ص ۲۹۴.

۳ - **عَنود:** لجوج و سرکش.

۴ - **حزم:** دوراندیشی.

۵ - اشاره به حدیث است: ر.ک: ۲۶۸/۳.

تصوّراتِ مردِ حازم[1]

در این تمثیل، «حزم و بدگمانی» نسبت به دنیا تقریر می‌گردد و احوال انسان غایت‌اندیش که در چنگ قضا و قَدَر، خواه ناخواه به سوی مرگ و نیستی کشیده می‌شود، به احوال مردی که در چنگِ شیر گرفتار آمده است، مانند می‌شود. طبیعی است که انسان در چنگالِ شیرِ قوی‌پنجه جز به رهایی و نجات جان خویش نمی‌اندیشد و فرصتی برای اندیشیدن به مسائل دنیوی ندارد؛ بنابراین با ذکر این تمثیل، مولانا خاطرنشان می‌کند که افکار دنیایی، نشانهٔ بی‌خبری از حق است و هرچند که در ظاهر، تلاش برای زندگی،کوششی برای «هستی» آدمی به شمار می‌آید؛ امّا در واقع، چنین تلاشی که سخت غافلانه است، او را به سویِ «عدم» و نیستی می‌کشانَد.

آنچنانکه ناگهان شیری رسید مرد را بربود و در بیشه کشید ۲۲۰۳

همان‌گونه که ناگهان شیری به مردی حمله می‌کند و او را می‌رباید و به جنگل می‌برد.

او چه اندیشد در آن بُردن؟ ببین تو همان اندیش ای استادِ دین! ۲۲۰۴

ای استاد دین، ببین که مرد در آن حال به چه می‌اندیشد؟ تو هم در زندگی همان‌طور بیندیش.

می‌کَشد شیرِ قضا در بیشه‌ها جانِ ما مشغولِ کار و پیشه‌ها ۲۲۰۵

تقدیر، همانند شیر ما را به بیشهٔ نیستی می‌کشانَد و ما غافل از حق، به امور دنیوی مشغول هستیم.

آنچنان کز فقر می‌ترسند خلق زیرِ آبِ شور رفته تا به حلق ۲۲۰۶

مردم چنان از فقر و ناداری بیمناک‌اند که برای فرار از آن خود را در آب شور دنیا و امور مربوط بدان غرق ساخته‌اند.

گر بترسندی از آن فقرْآفرین گنج‌هاشان کشف گشتی در زمین ۲۲۰۷

اگر همان قدر که از فقر و فاقه می‌ترسند، از خالقِ فقر می‌ترسیدند و پرهیز پیشه می‌کردند، به‌طور قطع به گنجِ حقایق دست می‌یافتند و از غیرِ حق بی‌نیاز می‌شدند.

جمله‌شان از خوفِ غم در عینِ غم در پیِ هستی فُتاده در عدم ۲۲۰۸

همهٔ مردم از بیم آنکه به غم و اندوه مبتلا نشوند، سخت غمگین‌اند و برای به دست آوردنِ هستی‌هایِ مجازی و آنچه که «زندگی بهتر» می‌دانند، در راه نیستی و عدم گام بر می‌دارند.

---

۱ - **حازم:** محتاط، دوراندیش.

دعا و شفاعتِ دقوقی در خلاصِ کشتی

چون دقوقی آن قیامت را بدید　　رحمِ او جوشید و اشکِ او دوید ۲۲۰۹

هنگامی که دقوقی قیامتی را که در کشتی بر پای شده بود، دید، در دلش رحم و شفقت به جوش آمد و اشک از چشمانش سرازیر شد.

گفت: یارب! منگر اندر فعلشان　　دستشان گیر ای شهِ نیکونشان[1] ۲۲۱۰

دقوقی گفت: پروردگارا، اعمال زشت آنان را نگاه نکن. ای سلطان نیکو صفات، از کرم الهی دست آنان را بگیر و نجاتشان بده.

خوش سلامتْشان به ساحل باز بَر　　ای رسیده دستِ تو در بحر و بَر ۲۲۱۱

ای خداوندی که دست قدرتت بر دریا و خشکی احاطه دارد، آنان را به خوشی به ساحل برسان.

ای کریم و ای رحیمِ سرمدی[2]!　　در گذار[3] از بدسگالان[4] این بدی ۲۲۱۲

ای بخشنده و ای مهربان جاودان، این بلا را از آن بداندیشان دور ساز.

ای بداده رایگان صد چشم و گوش　　بی ز رشوت[5] بخش کرده عقل و هوش ۲۲۱۳

ای خدایی که رایگان صدها چشم و گوش به خلق عطا کرده‌ای و بدون آنکه منافعی برای تو داشته باشد، عقل و هوش به ما بخشیده‌ای.

پیش از استحقاق بخشیده عطا[6]　　دیده از ما جمله کُفران و خطا ۲۲۱۴

ای خدایی که پیش از آنکه ما به دنیا بیاییم و طاعت یا عبادتی داشته باشیم، نعمتِ فراوان عطا کردی و در عوض، از ما ناسپاسی‌ها و گناهان بسیار دیده‌ای.

ای عظیم! از ما گناهانِ عظیم　　تو توانی عفو کردن در حریم ۲۲۱۵

ای خدای بزرگ، تنها تو می‌توانی ما را در پناه خویش بداری و گناهان بزرگمان را ببخشایی.

---

۱ - **نیکونشان :** نیکوصفات.　۲ - **سرمدی :** جاودانی، ازلی.　۳ - **درگذار :** بگذر.

۴ - **بدسگالان :** بداندیشان.　۵ - **رشوت :** پاره و مزد، «بی زِ رشوت»: بی‌آنکه برای تو سودی داشته باشد.

۶ - مصراع اوّل: مُراد آن است که عطای الهی تو پیش از آن بود که ما در وجود آییم و بکوشیم تا با انجام طاعات و عبادات و افعال نیک جزو شاکران درگاه حق محسوب گردیم و به عنایت تو مستحقّ عطا و فضل خداوندی شویم.

ما ز آز و حرصْ خود را سوختیم وین دعا را هم ز تو آموختیم[1] ۲۲۱۶

ما از حرص و طمع هستیِ خود را تباه کردیم. خداوندا، دعا و طلبِ مغفرت را هم از تو آموختیم.

حرمتِ آن که دعا آموختی در چنین ظلمت[2] **چراغ**[3] **افروختی** ۲۲۱۷

خدایا، به احترام آنکه تو به ما دعا را آموختی و در تاریکیِ جهل آدمی که نمی‌دانست می‌تواند به دامانِ فضلِ تو چنگ بزند و از طریق دعا خواستار چیزی باشد، آنان را نجات بده.

همچنین می‌رفت بر لفظش دعا آن زمان چون مادرانِ باوفا ۲۲۱۸

در آن لحظه، مانند مادران مهربان، یکسره و بی‌وقفه دعا می‌کرد.

اشک می‌رفت از دو چشمش و آن دعا بی‌خود از وی می‌برآمد بر سَما[4] ۲۲۱۹

از چشمانش اشک می‌بارید و دعا هم بی‌اختیار بر زبانش جاری بود و به آسمان می‌رفت.

آن دعایِ بی‌خود، آن خود دیگر است آن دعا زو نیست، گفتِ داور[5] **است** ۲۲۲۰

دعایی که در حال بی‌خودی و بی‌اختیار بر زبان جاری می‌شود، از جنس دیگری است. آن دعا هرچند که از دهان انسان خارج می‌شود؛ امّا گویندهٔ حقیقی او نیست، خداوندِ صاحب داد است.

آن دعا حق می‌کند چون او فناست آن دعا و آن اجابت از خداست ۲۲۲۱

آن دعا کننده حق است؛ چون گوینده فانی شده، یعنی وجه مادّی‌اش در حق فنا شده است؛ بنابراین خواسته‌ای ندارد؛ پس دعا و اجابت هر دو از حق است.

واسطهٔ مخلوق نه اندر میان بی خبر زآن لابه کردن جسم و جان ۲۲۲۲

در آن حال، خواستهٔ مخلوق در میان نیست. هنگامی که مرد حق لابه می‌کند، جسم و جان او از آن دعا بی خبرند؛ زیرا در تصرّفِ تامّ حق هستند.

بندگانِ حق، رحیم و بُردبار خویِ حق دارند در اصلاحِ کار ۲۲۲۳

آنان که به مقامِ بندگی حق رسیده‌اند، در اصلاح کار خلق، خُویِ الهی دارند، مهربان و بردبارند.

---

۱ - اشارتی قرآنی؛ غافر: ۶۰/۴۰؛ ر.ک: ۷۵۶/۳.

۲ - **ظلمت**: مراد وجود مادّی و نفسانی ماست که بدون معرفت چیزی جز ظلمت نیست.

۳ - **چراغ**: مراد معرفت به حقایق است. ۴ - **سَما**: آسمان.

۵ - **داور**: نامی از نام‌های خدای تعالی، اصل این کلمه دادور بوده و به معنی صاحب داد و به جهت تخفیف دال ثانی را حذف کرده‌اند.

مهربان، بی‌رشوتان، یاری گران   در مقامِ سخت و در روزِ گران ۲۲۲۴

آنان بدون چشمداشت به خلق مهر می‌ورزند و در سختی‌ها و بلایا به یاری نیازمندان می شتابند.

هین! بجو این قوم را ای مُبْتَلا[1] !   هین! غنیمت دارشان پیش از بلا ۲۲۲۵

ای آنکه به بلایِ غفلتِ از حق مبتلا هستی، به خود بیا و جویای این مقرّبان باش و پیش از آنکه غفلتِ امروز به غفلتِ همیشگی و بلایی بزرگ مبدّل شود، مصاحبت آنان را غنیمت شمار.

رَست کشتی از دَمِ آن پهلوان   وَاهلِ کشتی را به جهدِ خود گُمان ۲۲۲۶

کشتی که در غرقاب هلاکت افتاده بود، از دعای آن مرد بزرگ نجات یافت؛ امّا کشتی‌نشینان پنداشتند که جدّ و جهد آنان سببِ رَستن شده است.

که مگر بازویِ ایشان در حَذَر[2]   بر هدف انداخت تیری از هنر ۲۲۲۷

می‌پنداشتند که بازوی تدبیر و چاره‌جویی آنان، تیری را با مهارت به هدف زده است.

پا رَهانَد رُوبَهان را در شکار[3]   و آن ز دُم دانند روباهان غِرار[4] ۲۲۲۸

هنگامی که شکارچی قصد شکار روباه را دارد، قدرتِ پایِ روباه او را از خطر می رهانَد؛ امّا روباه‌های بی‌خبر می‌پندارند که دُم، آن‌ها را نجات داده است.

عشق‌ها با دُمِ[5] خود بازند، کین   می‌رهانَد جانِ ما را در کمین ۲۲۲۹

روباه‌ها به دُمِ خود که زیباست، می‌بالند و می‌پندارند که این دُم، ما را از دام می رهاند.

روبها ! پا را نگه دار از کلوخ   پا چو نَبْوَد، دُم چه سود ای چشمْ‌شوخ[6] ؟ ۲۲۳۰

ای روباه گستاخ، مواظب پای خود باش تا آزرده نشود؛ زیرا بدونِ پا، دُم چه حاصلی دارد؟

---

۱ - **مبتلا** : گرفتار، اینجا کسی که گرفتارِ غفلتِ از حق است.   ۲ - **حَذَر** : پرهیز، بیم، ترس.

۳ - در این تمثیل، قدرت روحانی و معنوی مردان حق به «پای روباه» مانند شده است و تدبیر و «چاره‌جویی‌های دنیوی» و «علوم اهل ظاهر» به «دم روباه»، برای رهایی از خطر و رسیدن به مقصود، «پا» یاری دهنده است، یعنی همّت و امداد روحانی و دعای مردان حق موجبات نجات و سلامت است.

۴ - **غِرار** : غفلت، گول خوردن، اینجا گول‌خورده.

۵ - در این تمثیل، «مقام استدلال» که ظاهربینان و اهل علوم رسمی و کسبی بر آن تکیه می‌کنند، به «دم روباه» مانده شده است و در تقابل آن علم عارفانه و کشف و شهود و قدرت روحانی مردان حق جای دارد.

۶ - **چشم شوخ** : گستاخ، بی‌حیا، بی‌شرم.

ما چو روباهان و پایِ ما کِرام   می‌رهانَدمان ز صد گون انتقام[۱] ۲۲۳۱

ما نیز همانند روباه‌ها هستیم و پایی که ما را از مهالک و کیفر الهی می‌رهانَد، همّت و امدادِ مردان حق است.

حیلهٔ باریکِ ما[۲] **چون دُمِّ ماست   عشق‌ها بازیم با دُم چپّ و راست** ۲۲۳۲

چاره‌جویی‌های دقیق و ظریف ما، مانند دُم ماست که همواره بدان می‌بالیم.

دُم بجنبانیم ز استدلال و مکر   تا که حیران ماند از ما زید و بَکر[۳] ۲۲۳۳

با حیله‌گری و نیرنگ استدلال می‌کنیم تا این و آن از مهارت و دانایی ما حیران شوند.

طالبِ حیرانیِ خلقان شدیم   دستِ طمْع اندر اُلوهیّت زدیم[۴] ۲۲۳۴

مقام حیرانی و حیرت، تنها برای ذات پاک حق تعالیٰ است؛ یعنی خلق در درجاتِ عالی کمال و استغراق، به حالت تحیّر در ذات پاک او می‌رسند. اینک ما با این گونه اعمال می‌خواهیم که مردم در ما حیران شوند و به طمع الوهیّت و خداوندی افتاده‌ایم.

تا به افسون مالکِ دل‌ها شویم   این نمی‌بینیم ما کاندر گَویم[۵] ۲۲۳۵

تا از طریق استدلال و ارائهٔ دلایل گوناگون، خلق را که فاقد این علوم‌اند، افسون کنیم و مالک دل آنان شویم؛ امّا توجّه نمی‌کنیم که خودِ ما در گودالی از جهل و نَفْس گرفتار هستیم.

در گَوی و در چَهی ای قَلْتَبان[۶] **!   دست وادار از سِبالِ**[۷] **دیگران** ۲۲۳۶

ای بی‌حمیّت، خودت در گودالی عمیق و چاهی ژرف از جهل و نفسانیّات گرفتار هستی، دست از سر دیگران بردار و بر آنان خُرده نگیر، به فکر چاره‌ای برای خود باش.

چون به بستانی رسی زیبا و خَوش   بعد از آن دامانِ خلقان گیر و کَش ۲۲۳۷

هنگامی که به بوستانی از علوم و معارفِ عالمِ معنا رسیدی، دست و دامان خلق را بگیر و آنان را نیز رهنمون باش.

---

۱ - **انتقام :** مراد کیفر گناهان و جرایم است.   ۲ - **حیلهٔ باریک ما :** چاره‌جویی دقیق.
۳ - **زید و بکر :** مراد این و آن است.
۴ - مصراع دوم: می‌خواهیم خدایِ آن‌ها باشیم؛ یعنی بسیار مهم جلوه کنیم.   ۵ - **گَوْ :** گودال.
۶ - **قَلْتَبان :** بی‌غیرت.   ۷ - **سِبال :** سبیل.

ای مقیم حبسِ چار و پنج و شش[1]   نغز جایی! دیگران را هم بکش! ۲۲۳۸

ای کسی که محبوس جهان محسوس هستی، دیگران را هم به همان جای خوب دعوت کن.

ای چو خربنده[2] حریفِ کونِ خر   بوسه‌گاهی یافتی ما را بِبَر![3] ۲۲۳۹

ای کسی که همانند خرکچی به ماتحت خر چسبیده‌ای، عجب بوسه‌گاهی یافته‌ای، ما را هم به آنجا ببر.

چون ندادت بندگیِ دوستْ دست   میلِ شاهی از کجاآت خاسته‌ست؟ ۲۲۴۰

تو که هنوز اسیرِ نَفْس خویش هستی و به مقام بندگی که تسلیم در برابر حُکم حق است، نرسیده‌ای، هوای پادشاهی از کجا به سرت زده است؟

در هوایِ آنکه گویندت: زهی[4]   بسته‌ای در گردنِ جانت زهی[5] ۲۲۴۱

در آرزوی آنکه خلق تو را تحسین کنند، گردن جانت را با ریسمانی محکم بسته‌ای.

رُوبَها ! این دُمِّ حیلت[6] را بِهِل   وقف کن دل بر خداوندانِ دل ۲۲۴۲

ای مکّار، حیله و نیرنگ را رها کن و به صاحبدلان و مردان حق امیدوار باش. بکوش تا دلِ خود را به بزرگان عالم معنا متّصل کنی.

در پناهِ شیر کم ناید کباب   رُوبَها تو سویِ جیفه[7] کم شتاب ۲۲۴۳

در پناه مردان حق به یقین رزق و روزی‌ات می‌رسد. ای روباه‌صفت، این همه برای کسب لذایذ دنیوی حریص نباش.

تو دلا ! منظورِ حق آنگه شوی   که چو جزوی سویِ کُلِّ خود روی ۲۲۴۴

ای دل، آنگاه منظور نظر خداوند می‌شوی که مانند جزو به کلّ خود گرایش یابی.

---

۱ - مصراع اوّل: چار؛ اشاره به چهار عنصر یا عناصر اربعه، و یا طبایع چهارگانه است. پنج نیز اشاره به حواسّ پنجگانه؛ شش، اشاره به شش جهت عالم است. این بیت طعن است در حقّ آنان که خود هنوز مقیّد به محسوسات‌اند و نتوانسته‌اند به عوالم برتر راهی بیابند؛ امّا خواهان حیرانی خلق در علوم تقلیدی و استدلالی خویش‌اند.

۲ - **خربنده :** خادم و تیمارکنندهٔ الاغ، کسی که الاغ را به کرایه می‌دهد، خرکچی و مالک خر.

۳ - در این تمثیل، کسی که محبوس و اسیر دنیای مادّی است؛ یعنی دنیاپرست، به خرکچی مانند شده است که همواره در پی امور دنیوی و دنیا که به «کون خر» مانند شده، روانه است.

۴ - **زهی :** کلمه تحسین مانند آفرین و بارک‌الله.

۵ - **زِهی :** (زه + یای نکره) رودهٔ تابیده و ریسمان، چلّه و زه کمان.

۶ - حیله و نیرنگ‌های ظریف آدمی و تدبیرهای او به دم روباه مانند شده است.

۷ - **جیفه :** مُردار بوگرفته، لاشه، اینجا کنایه از دنیا.

حق همی گوید: نـظرمان در دل است[1]   نیست بر صورت که آن آب و گِل است ۲۲۴۵

خداوند می‌فرماید: نظرگاه ما دل است، نه جسم که از آب و گل تشکیل شده.

تو همی گویی: مـرا دل[2] نـیز هست   دل فرازِ عرش[3] باشد، نـه بـه پَست ۲۲۴۶

تو می‌گویی: من نیز دل دارم؛ امّا باید بدانی که جایگاه دل بر فراز عـرش اسـت، نـه در فرش. دلی که به امور دنیوی توجّه تامّ دارد و نظرگاهش جیفهٔ دنیاست، دل نیست، «اهلِ دل» آن را «آب و گِل» می‌نامند.

در گِلِ تـیره یـقین هـم آب هست[4]   لیک زآن آبت، نشـــاید آبْدست ۲۲۴۷

در گِلِ تیره نیز آب هست، ولی با آن آب نمی‌توان وضو گرفت.

زانکه گر آب است، مغلوبِ گِل است   پس دلِ خود را مگو کین هم دل است ۲۲۴۸

زیرا در گِل، آب هست، ولی گِل بر آن غلبه دارد؛ بنابراین تو نمی‌توانی دل خود را دل بنامی.

آن دلی کـز آســمان‌ها بـرتر است   آن دلِ اَبـدال[5] یـا پـیغمبر است ۲۲۴۹

دلی که جایگاهش برتر از آسمان‌هاست، دل ابدال و یا دل پیامبر(ص) است.

پاک گشـته آن ز گِـل صـافی شـده   در فـــزونی آمـده، وافـی شـده ۲۲۵۰

دلِ پاکی که از گِل، یعنی شهوات و تعلّقات پالایش یافته و با طیّ مراحل به کمال رسیده است.

ترکِ گِـل کـرده، سـویِ بـحر آمـده   رَسته از زنـدانِ گِـل، بَـحری شـده ۲۲۵۱

دلی که گِلِ تعلّقات دنیوی را رها کرده و به بحرِ حقایق شتافته است و اینک با رهایی از قیودِ طبایع بشری، به دریایی از «علوم و معارف الهی» مبدّل شده است.

آبِ ما محبوسِ گِلِ ماندست هین!   بحر رحمت! جذب کن ما را ز طین ۲۲۵۲

امّا، دل و جان ما، اسیر دنیا و زندگی این جهانی مانده است. ای دریای رحمت، ما را به خود جذب کن و از قیدِ عالم حس برهان.

---

۱ - اشاره به حدیث: ر.ک: ۱۷۶۱/۲.

۲ - مراد از دل، سرّ سویدای آن است، نقطه‌ای که دایرهٔ وجود از دور حرکت آن در وجود آمد و بدو کمال یافت و سرّ ازل و ابد به هم پیوست و مبتدای نظر در وی به منتهای بصر رسید و جمال و جلال الهی بر او متجلّی شد و ناظر و منظور گردید : ر.ک: ۷۳۰/۱ و ۱۷۶۰/۱.   ۳ - **عرش** : ر.ک: ۲۶۶۹/۱.

۴ - دلی که متوجّه حق نیست و به امور پست نظر دارد، به آبِ ناچیزِ موجودِ در گِل مانند شده که در اثر غلبهٔ گِل، ویژگی‌های آن تغییر یافته است.   ۵ - **ابدال** : تبدیل شدگان، مردان حق.

بحر گوید: من تو را در خود کَشَم　　　لیک می‌لافی که من آبِ خوشم ۲۲۵۳

«دریای رحمت» یا «انسان کامل» به زبان حال، همگان را برای برخورداری از مواهب، به حق فرا می‌خوانَد؛ امّا تو ادّعا می‌کنی که سرشار از آبِ زلالِ روح شده‌ای و نیازی به دیگران نداری.

لافِ تو محروم می‌دارد تو را　　　ترکِ آن پنداشت کن در من دَرآ ۲۲۵۴

به سببِ لاف بیهوده و پندار باطل، از عنایت حق محروم می‌شوی، وهم را رها کن و به دریای رحمت بیا.

آبِ گِل خواهد که در دریا رود　　　گِل گرفته پایِ آب و می‌کشد ۲۲۵۵

آب گِل‌آلود، یعنی دل دنیاپرست می‌خواهد به دریا برود و به آن بپیوندد؛ امّا تن و تعلّقات آن، دل را گرفته‌اند و به سوی خود می‌کشند.

گر رهانَد پایِ خود از دستِ گِل　　　گِل بماند خشک، و او شد مُستقِل ۲۲۵۶

اگر دل از قیدِ تعلّقات «عالَمِ مادّه» رهایی یابد، تعلّقات محو می‌شوند و او استقلال و آزادی خویش را به دست می‌آورد.

آن کشیدن چیست از گِل آب را؟　　　جَذبِ تو نُقل و شرابِ ناب را ۲۲۵۷

مقصود از بیرون کشیدن آب از گِل تن چیست؟ این که علاقه‌ات به خوردن و نوشیدن و به‌طور کلّی لذّاتِ دنیوی کم شود؛ چون تمایل به آن‌ها نشانِ اسارتِ دنیا و متاع آن است.

همچنین هر شهوتی[1] اندر جهان　　　خواه مال و خواه جاه و خواه نان ۲۲۵۸

و به همین ترتیب، هر خواستهٔ نفسانی که برای کسب لذّت و منفعت است، خواه ثروت، خواه مقام و یا نان،

هر یکی زین‌ها تو را مستی کُند　　　چون نیابی آن، خُمارت[2] می‌زند ۲۲۵۹

هر یک از این‌ها برایت مستی‌آور است و اگر به دست نیاوری، دچار سنگینی و رنج می‌شوی.

این خمارِ غم دلیلِ آن شده‌ست　　　که بدآن مفقودْ مستی‌ات بُده‌ست ۲۲۶۰

این سنگینی و اندوه نشان آن است که چیزی را که از دست داده‌ای، برایت مست کننده بوده است.

---

۱ - **شهوت**: آرزو، میل و رغبت و شوق نفس برای حصول لذّت و منفعت، هوا و هوس.

۲ - **خمار**: رنجی که پس از رفتن مستی شراب و جز آن حاصل می‌شود، حالتی از سنگین شدن سر و سردرد.

۲۲۶۱ **جز به اندازهٔ ضرورت، زین مگیر   تـا نگـردد غـالب و بـر تـو امـیر**

برای رهایی از این قید، به آن چیز در حدّ ضرورت اکتفا کن تا میل و اشتیاق بدان، بر تو تسلّط نیابد.

۲۲۶۲ **سر کشیدی تو که من صاحبْدلم   حـاجتِ غـیری نـدارم، واصـلم**

ادّعا کردی که من صاحبدل هستم و به حق اتّصال یافته‌ام و به کسی نیازمند نیستم.

۲۲۶۳ **آنـچنانکه آب در گِـل سـر کشـد   کـه مـنم آب و چـرا جـویم مَـدَد؟**

دعوی بیهودهٔ تو مانند آن است که آبِ مختصرِ موجود در گِل، ادّعا کند که آب است.

۲۲۶۴ **دلْ تـو ایـن آلوده را پـنداشـتی   لاجـرم دل ز اهـلِ دل بـرداشـتی**

این جسمِ آلوده به نفسانیّات را «دل» پنداشتی و به سببِ همین گُمان خود را نیازمندِ اهلِ دل ندیدی و از آنان روی‌گردان شدی.

۲۲۶۵ **خود روا داری که آن دل باشد ایـن   کو بُـوَد در عشـقِ شـیر و انگـبین؟**

با توجّه به آنکه وصفِ «دل پاک» را که نظرگاه حق است، گفته‌ایم، این «دل» را که شیفتهٔ شیر و انگبین و مزایایِ زندگیِ مادّی است، دلِ راستین می‌دانی؟

۲۲۶۶ **لطـفِ شـیر و انگبین عکسِ دل است   هر خوشی را آن خوش از دل حاصل است**

خوشی و لطفی که لذایذ دنیوی دارد، بازتاب و انعکاسی است از دل، یعنی «دلِ انسانِ کامل» که اصلِ همهٔ خوشی‌هاست؛ زیرا دل او محلِّ تجلّیِ صفاتِ حق است و هر زیبایی از جمال حق نشأت گرفته که بیان اوصاف لطف و رحمت خداوند است.

۲۲۶۷ **پس بُوَد دل جوهر و عالم عَـرَض[1]   سایهٔ دل چون بُوَد دل[2] را غـرض؟**

پس دل، «جوهرِ صافی و حقیقت» است و عالم محسوس، «عَرَض و فناپذیر»؛ بنابراین چگونه سایهٔ دل، یعنی «دلِ دنیادوست»، مقصودِ نهایی باشد؟

۲۲۶۸ **آن دلی کو عاشقِ مال است و جـاه   یـا زبـونِ ایـن گِـل و آبِ سـیاه**

دلی که شیفتهٔ ثروت و مقام است یا مغلوب صفات بشری و دنیای دون شده است،

---

۱ - **جوهر و عَرَض**: ر.ک: ۲۱۲۰/۱ و ۹۴۷/۲. ۲ - «دل» دوم در مصراع دوم را در مقابله در حاشیه افزوده‌اند.

یـا خـیالاتی کـه در ظـلمات، او مـی‌پرستدشان بـرای گـفت و گـو ۲۲۶۹

دلی که در ظلمات جهل خود شیفته و مفتون هستی‌های مجازی این جهانی است و از سخن گفتن در مورد آن لذّت می‌برد،

دل نـباشد غـیرِ آن دریـایِ نـور دل نـظرگاهِ خـدا، و آنگـاه کـور؟ ۲۲۷۰

دل نیست. دلِ راستین، دریای نور است. دلی که نظرگاه خداوند است، کور نمی‌مانَد.

نه، دل اندر صدهزاران خاص و عام در یکی باشد، کدام است آن؟ کدام؟ ۲۲۷۱

آن دل پاک را در صدها هزار نفر از خاصّ و عام نمی‌توان یافت و فقط نزدِ یک نفر است، آن یک نفر کو و کجاست؟

ریـزهٔ دل را بِـهِل، دل را بـجو تا شود آن ریزه چـون کـوهی از او ۲۲۷۲

دل تو، «ریزهٔ دل» یا «سایهٔ دل» است، دل نیست، جویای صاحبدل باش تا به همّت و امداد معنویِ او، ریزهٔ دلت شأن حقیقی خود را کسب کند.

دل محیط است اندر این خِطّهٔ وُجود زر هـمی افشـانَد از احسـان و جـود ۲۲۷۳

«دلِ راستین» که دایرهٔ وجود، از سرّ سویدای آن در حرکت آمده و کمال یافته است، برون از حدّ و محیط بر جمیع صُوَرِ امکانی و واسطهٔ فیض الهی است.

از سـلامِ[۱] حـق سـلامی‌ها، نـثار مـی‌کند بـر اهـلِ عـالم اخـتیار ۲۲۷۴

این «دل» که از سلامت و برکات الهی برخوردار است، آن را نـثارِ اهـل عـالم مـی‌کند و واسطهٔ فیض خداوند به خاک‌نشینان است.

هر که را دامن[۲] درست است و مُعَد[۳] آن نـثارِ دل بـر آنکس مـی‌رسد ۲۲۷۵

هر کس که دلش برای دریافت فیوضات ربّانی گسترده و آمـاده بـاشد؛ یـعنی بـا نـیاز و حضور قلب متوجّه حق باشد، افاضات الهی را دریافت می‌دارد.

دامـنِ تـو آن نـیاز است و حُـضور هین! منه در دامنْ آن سنگِ فُجور[۴] ۲۲۷۶

دامانِ تو، نیاز و حضور قلب است. به خود بیا که با سنگِ فسق و تبهکاری، این دامان را نابود نکنی.

---

۱ - **سلام**: یکی از اسماء الهی، واژهٔ دعایی مأخوذ از تازی به معنی بی‌گزندی و درود که بـر کسی گـویند، یـعنی سلامت باشید، بی‌عیب. ۲ - **دامن**: کنایه از دامنِ دل، دلی که گسترده و آماده است.

۳ - **مُعَدّ**: آماده شده. ۴ - **فُجور**: فسق، تبهکاری.

تـا نـدرّد دامـنت زآن سـنگ‌ها   تـا بـدانـی نـقد[1] را از رنگ‌هـا[2] ۲۲۷۷

تا سنگِ فسق و تباهی دامانت را پاره نکند و با دریافت فیضِ الهی، بتوانی حق و باطل را تمییزدهی.

سنگ پُر کردی تو دامـن از جـهان   هم ز سنگِ سیم و زر چون کودکان ۲۲۷۸

تو با این روشِ زندگی، مانندِ کودکان دامانت را از سنگِ زرّ و سیم انباشته کرده‌ای.

از خیالِ سیم و زر، چـون زر نـبود   دامـنِ صِـدقت دریـد و غـم فـزود ۲۲۷۹

چون آنچه را که سیم و زرّ می‌پنداشتی، در عالم حقایق سیم و زرّ نیست، سنگینیِ آن، دامانِ حضورِ قلب و نیازت را درید و صدق و صفای دلت را از بین برد و تو را غمگین‌تر کرد.

کی نماید کودکان[3] را سنگ، سنگ؟   تا نگیرد عقلْ دامـنشان بـه چـنگ ۲۲۸۰

تا کودکان عاقل نشوند، چگونه در بازی سنگ را سنگ ببینند و واقعیّت را دریابند؟

پیر عـقل آمـد، نـه آن مـویِ سـپید   مو نمی‌گنجد در این بـخت و امـید ۲۲۸۱

انسان با برخورداری از «عقلِ کامل» که در اتّصال با «عقل کُلّ» است، به مقام «پیر» می‌رسد نه با داشتن موی سپید. مو در این اقبال و بختِ سرمدی جایگاهی ندارد.

انکار کردنِ آن جماعت بر دعا و شفاعتِ دقوقی و پریدنِ ایشان و ناپیدا شدن در پردهٔ غیب و حیران شدنِ دقوقی که: در هوا رفتند یا در زمین؟

«ابدال حق» که به امامت دقوقی به اقامهٔ نماز پرداخته بودند، هنگامی که متوجّه دعا و لابه و زاری دقوقی برای نجات اهل کشتی می‌شوند، دعای وی را اعتراضی به قضای «مختار مطلق» می‌یابند و پس از اتمامِ نماز، همانند دُرّی که گویی آب شود و محو گردد، ناپدید می‌شوند و بدین سان آن «مستوران قباب غیرت حق»، باز به حرمِ سِتر و عِفاف مَلَکوت باز می‌گردند و دقوقی در حسرتِ دیدارِ مجدّد مَلَکوتیان، تمامِ عمر را اشکِ حسرت می‌بارَد و نشانی از آنان نمی‌یابد.

چون رهید آن کشتی و آمد بـه کـام   شـد نـمازِ آن جـماعت هـم تـمام ۲۲۸۲

چون آن کشتی نجات یافت و اهل آن کامروا گشتند، نماز آن گروه هم به پایان رسید.

---

۱ - **نقد** : پول رایج، کنایه از حق.   ۲ - **رنگ** : مراد سکّهٔ تقلّبی است، کنایه از باطل.

۳ - از دیدگاه عارفان، خلق همان اطفال‌اند که تا عقل معاد یا عقل خداجو نداشته باشند، در نمی‌یابند که زرّ و سیم جهان همان سنگ است.

دفتر سوم

فُجْفُجی¹ افتادشان با همدگر   کین فضولی کیست از ما ای پدر؟   ۲۲۸۳

آن گروه به نجوا پرداختند که ای پدر، چه کسی از ما معترضِ قضايِ حق شده است؟

هـر یـکی بـا آن دگـر، گـفتند سِر   از پس پُشتِ دقـوقی مُستَتیر²   ۲۲۸۴

پشت سر دقوقی ایستاده بودند و به آهستگی و پنهان از او هر یک با دیگری سخن می‌گفت.

گفت هر یک: من نکـردستم کـنون   این دعا، نه از برون، نه از درون   ۲۲۸۵

هر یک از آنان می‌گفت: من چنین دعا و اعتراضی، نه آشکارا و نه در نهان نکردم.

گـفـت: مانا³ این امامِ ما ز درد   بـوالفضولانه⁴ مـنـاجاتی بکـرد   ۲۲۸۶

یکی گفت: به نظر می‌رسد که این پیشنماز ما، دلش به درد آمد و خارج از حدّ خود دعا و درخواستی کرد.

گفت آن دیگر که: ای یارِ یـقـین   مر مرا هم می‌نماید این چنین   ۲۲۸۷

دیگری گفت: ای یار راستین، من نیز چنین می‌اندیشم.

او فضولی بـوده است از انقباض⁵   کـرد بـر مُختارِ مُطلق اعتراض⁶   ۲۲۸۸

او از درد و رنجِ اهلِ کشتی دلتنگ شد و فراتر از حدّ خویش بر قضايِ مختار مطلق اعتراض کرد.

چون نگـه کـردم سپس تا بنگرم   کـه چه می‌گویند آن اهلِ کرم؟   ۲۲۸۹

دقوقی گفت: چون به پشت سر خود نگاه کردم تا ببینم که آن بزرگان کریم چه می‌گویند،

یک از ایشـان را نـدیدم در مقام   رفتـه بـودند از مقامِ خود تمام   ۲۲۹۰

حتّی یک نفر از آنان را در آنجا ندیدم، همه رفته بودند.

نه به چپ، نه راست، نه بالا، نه زیر   چشم تیزِ من نشـد بـر قومْ چیر   ۲۲۹۱

نه چپ، نه راست، نه بالا و نه زیر، چشم تیزبینِ من حتّی یک نفر از آنان را ندید.

---

۱ - فُجْفُج: پچ‌پچ، سخنی را به نرمی و آهستگی گفتن.   ۲ - مستتر: پوشیده و پنهان شده.
۳ - مانا: گویی، پنداری.   ۴ - بوالفضول: یاوه‌گو، بیهوده‌گو، کسی که از حدّ خود تجاوز می‌کند.
۵ - انقباض: دلتنگی، گرفتگی دل.
۶ - انسان در مقام کمال الهی، متخلّق به اخلاق الله است. اخلاقِ الهی با اخلاق انسانی یکسان نیست. در مقام کمال، کاملِ واصل تسلیم ارادهٔ باریِ تعالی است و خواسته‌ای ندارد، نه برای خود و نه برای دیگران. در این داستان به نظر می‌رسد که جهاتِ خلقیِ دقوقی در جهاتِ حقّیِ وی به محوِ تام نرسیده است و هنوز از آثارِ حیاتِ خلقی در وی نشان هست.

دُرّها بودند، گویی آب گشت   نه نشانِ پا و نه گَردی به دشت ۲۲۹۲

گویی مرواریدهایی بودند که آب شدند و به زمین فرو رفتند. نه ردّ پا در ساحل بود و نه در دشت غبار.

در قِبابِ[1] حق شدند آن دَم همه   در کدامین روضه رفتند آن رَمه؟ ۲۲۹۳

در لحظه، همه زیر قبّه‌ها و در پردهٔ غیرت حق نهان شدند و ندانستم که به کدام بوستان خداوند رفتند؟

در تحیّر ماندم، کین قوم را   چون بپوشانید حق بر چشمِ ما؟ ۲۲۹۴

متحیّر شدم که چگونه خداوند این گروه را از چشم ما نهان داشت؟

آنچنان پنهان شدند از چشمِ او   مثلِ غوطهٔ ماهیان در آبِ جُو ۲۲۹۵

آنان چنان از چشم دقوقی پنهان شدند که ماهی‌ها در اعماق جویبار نهان می‌شوند.

سال‌ها در حسرتِ ایشان بماند   عمرها در شوقِ ایشان اشک راند ۲۲۹۶

دقوقی سال‌ها در حسرت دیدار آنان ماند و تا پایان عمر در این اشتیاق اشک ریخت.

تو بگویی مردِ حقّ اندر نظر   کِی در آرد با خدا ذکرِ بشر؟[2] ۲۲۹۷

تو ممکن است به عنوان سؤال و یا ایراد بپرسی: چگونه یک مرد حق، مانند دقوقی که به درجات عالیه کمال رسیده بود، باز هم جویای بشر باشد و به یاد آنان و در حسرتِ دیدارشان اشکِ اندوه ببارد؟

خر از این می‌خسبد اینجا ای فُلان!   که بشر دیدی تو ایشان را، نه جان ۲۲۹۸

ای فلان، اندیشهٔ کوچکِ تو، همانند درازگوش در فهمِ این معانیِ بلند عاجز است و به گِل فرو می‌مانَد، اشکال در این است که تو آنان را بشر پنداشتی و از ایشان جز جسم ندیدی، حال آنکه آن‌ها «جانِ مجرّد»اند.

کار از این ویران شده‌ست ای مردِ خام!   که بشر دیدی مر ایشان را چو عام ۲۲۹۹

ای مردِ خام، کار تو بدین سبب خراب است که تو هم آنان را مانند عوام، بشر پنداشتی.

---

۱ - **قِباب**: جمع قبّه، گنبد.

۲ - احتمال است که در حلقهٔ یاران و مریدان مولانا که در جلسات تقریر مثنوی مخاطبان عام آن بوده‌اند، چنین اعتراضی در ضمیر یکی از ایشان گذشته باشد و این بیت در پاسخ بدان به تقریر آمده باشد.

تو همان دیدی که ابلیسِ لَعین گفت: من از آتشم، آدم ز طین[1] ۲۳۰۰

تو هم با چشمِ ظاهربین نگاه کردی که شیطانِ ملعون با آن نگریست و گفت: من از آتش آفریده شدم و آدمَ از گِل.

چشمِ ابلیسانه[2] **را یک دم ببند چند بینی صورت آخر؟ چند چند؟** ۲۳۰۱

ای ظاهربین، لحظه‌ای چشمِ خودبین را ببند. تا کی فقط به ظواهر توجّه می‌کنی؟ تا کی؟ تا کی؟

ای دَقوقی! با دو چشمِ همچو جو هین مَبُر اومید، ایشان را بجو ۲۳۰۲

ای دقوقی، با چشمانی گریان و دلی نالان نا‌امید نشو و جویایِ مردانِ حق باش.

هین بجو، که رُکنِ دولت جُستن است هر گشادی، در دل اندر بستن است ۲۳۰۳

به خود بیا و همواره جویای حق باش؛ زیرا پایهٔ بخت و اقبال حقیقی همین جستن است؛ چون هر گشایش و انبساطِ خاطری، پس از قبض و گرفتگی دل و طلب حاصل می‌شود.

از همه کارِ جهان پرداخته کو و کو می‌گو به جان چون فاخته[3] ۲۳۰۴

جان خویش را از امور دنیایی رها کن و همانند فاخته از صمیم دل، کو؟ کو؟ بگو.

نیک بنگر اندر این ای مُحْتَجِب[4] **که دعا را بست حق در اِسْتَجِب**[5] ۲۳۰۵

ای کسی که در پس پرده‌های غفلت از حقایق بی‌خبر هستی، خداوند در پاسخِ دعا، «اِسْتَجِبْ» فرموده است.[6]

هر که را دل پاک شد از اعتلال[7] **آن دعااش می‌رود تا ذوالجلال** ۲۳۰۶

هر کس که دلش از بیماری‌های نفسانی نجات یابد، دعای او تا پیشگاه خداوند بالا می‌رود.

---

۱ - اشارتی قرآنی؛ بقره: ۳۴/۲: ر.ک: ۱۲۵۲/۱. ۲ - **چشم ابلیسانه**: چشمِ ظاهربین، چشمِ سر.
۳ - در این بیت از «کوکو»ی فاخته، تعبیر عارفانهٔ «طلب» در سالک، مستفاده شده است.
۴ - **مُحْتَجِب**: کسی که در پرده و حجاب غفلت از حقایق ناآگاه است. ۵ - **اِسْتَجِبْ**: اجابت می‌کنم.
۶ - اشارتی قرآنی؛ غافر: ۶۰/۴۰: ر.ک: ۷۵۶/۳. ۷ - **اعتلال**: علّت، عارضه و بیماری.

باز شرح کردنِ حکایتِ آن طالبِ روزیِ حلال بی کسب و رنج، در عهدِ داوود علیه السَّلام، و مستجاب شدنِ دعایِ او

این قصّه از بیت ۱۴۵۱ آغاز شده بود؛ امّا تقریر آن با تداعی حکایات دیگر به تعویق افتاد و فراموش شد، اینک ادامهٔ آن مجال حضور می‌یابد.

۲۳۰۷ **یـادم آمـد آن حکـایت کآن فـقیر روز و شب مـی‌کرد افـغان و نـفیر**

حکایت آن فقیر را به یاد آوردم که شب و روز فریاد و فغان می‌کرد،

۲۳۰۸ **وز خدا مـی‌خواست روزیِ حـلال بی شکار و رنج و کسب و انـتقال[1]**

و از خدا روزی حلال و بدون رنج و کسب و حرکت و تلاش را خواستار بود.

۲۳۰۹ **پیش از این گفتیم بـعضی حـالِ او لیک تـعویق آمـد و شـد پـنج تُـو[2]**

بعضی از احوال او را بیان کردیم؛ امّا به تعویق افتاد و این عقب افتادن بسیار طولانی شد.

۲۳۱۰ **هم بگوییمش، کجا خواهـد گـریخت؟ چون ز ابر فضلِ حق حکمت بریخت**

اکنون می‌گوییم که سرانجامِ او که به حق پناه برد، به کجا رسید و چگونه از ابر فضلِ الهی باران دانش و داد فرو بارید.

۲۳۱۱ **صاحبِ گاوش بدید و گفت: هـین! ای به ظلمت گاوِ مـن گشـته رهـین**

صاحب گاو او را دید گفت: بدان و آگاه باش که گاو من فدای ظلم و ستم تو شده است.

۲۳۱۲ **هـین! چـرا کُشـتی بگـو گـاوِ مـرا؟ ابـلهِ طـرّار[3]! انـصاف انـدرا**

ای احمق دزد، انصاف داشته باش و بگو که چراگاو مرا کشتی؟

۲۳۱۳ **گفت: من روزی ز حق می‌خواستم قـبله را از لابـه مـی‌آراسـتم**

مرد گفت: من از خداوند روزی می‌خواستم و همواره برای آن لابه و زاری می‌کردم.

۲۳۱۴ **آن دعـایِ کـهنه‌ام شـد مُـستجاب روزیِ من بـود کُشـتم، نَک جـواب**

دعایِ همواره‌ام، اجابت شد وگاوی که به خانهٔ من آمد، روزی من بود که کُشتم. این بود جواب تو.

---

۱ - **انتقال**: نقل و انتقال، یعنی رفت و آمد و حرکت و فعّالیّت. ۲ - **پنج تو**: پنج لایه، تعویق، پشت سر هم.
۳ - **طرّار**: دزد.

او ز خشـم آمـد گـریبانش گـرفت   چند مُشتی زد به رویش ناشکِفت[۱] ۲۳۱۵

صاحب گاو با خشم گریبان مرد را گرفت و بی‌اختیار چند مشت به صورت او زد.

رفتنِ هر دو خصم نزدِ داوود علیه السَّلام

مـی‌کشیدش تـا بـه داود نَـبی   کـه بـیا ای ظـالمِ گـیجِ غَـبی[۲] ۲۳۱۶

او را کشان کشان نزد داود(ع) می‌برد و می‌گفت: بیا، ای ستمگر احمق نادان!

حجّتِ بـارِد[۳] رهـا کـن ای دغـا[۴] !   عـقل در تـن آور و بـا خـویش آ ۲۳۱۷

ای حیله گر، این دلیل غیرِ قابل قبولِ بی‌معنی را رها کن، به خود بیا و عقلت را به کار بینداز.

این چه می‌گویی؟ دعا چه بْوَد؟ مخند   بر سر و ریش من و خویش ای لَوَند[۵] ! ۲۳۱۸

این حرف چیست که می‌گویی؟ دعا چه معنی دارد؟ ای حقّه‌باز، خودت و مرا مسخره نکن.

گفت: مـن بـا حـق دعـاها کـرده‌ام   اندر این لابه بسی خـون خـورده‌ام ۲۳۱۹

فقیر گفت: من به درگاهِ حق دعاها کرده‌ام و در این راه بسی خون دل خورده‌ام.

من یقین دارم، دعا شـد مـستجاب   سر بزن بر سنگ ای مُنکَر خطاب[۶] ! ۲۳۲۰

من مطمئن هستم که دعایم اجابت شده است. ای بددهن، سرت را به سنگ بزن و هر کاری می‌خواهی بکن.

گفت: گِرد آیـید هـین یـا مسـلمین   ژاژ بـینید و فُشـارِ[۷] ایـن مَـهین[۸] ۲۳۲۱

صاحب گاو گفت: ای مسلمانان، بیایید و ببینید که این آدم بی‌ارزش چه یاوه و بیهوده‌ای می‌گوید.

ای مســلمانان! دعــا مـالِ مـرا   چـون از آنِ او کـند؟ بـهرِ خـدا ! ۲۳۲۲

ای مسلمانان، به خاطر خدا بگویید که چگونه با دعا، مال من به او تعلّق می‌یابد؟

---

۱ - **ناشکفت** : بدون تعجّب، همان‌گونه که انتظار می‌رفت. ۲ - **غَبی** : گول، نادان و ابله.

۳ - **حجّت بارد** : دلیل غیر قابل قبول، استدلال خنک و بی‌معنی. ۴ - **دغا** : دغل، حیله‌گر.

۵ - **لوند** : نیرنگباز. ۶ - **مُنکَر خطاب** : بد دهن، بد سخن. ۷ - **فُشار** : بیهوده‌گویی و هذیان.

۸ - **مَهین** : خوار، زبون.

گر چنین بودی، همه عالم بدین   یک دعا، اَملاک بُردندی به کین[1] ۲۳۲۳

اگر قرار بود که این‌طور باشد، همهٔ مردم عالم به زور املاک یک‌دیگر را با دعا صاحب می‌شدند.

گر چنین بودی، گدایانِ ضَریر[2]   محتشم گشته بُدندی و امیر ۲۳۲۴

اگر چنین بود، گدایان نابینا، ثروتمندان و امیران دنیا می‌شدند.

روز و شب اندر دعااند و ثنا   لابه‌گویان که تو دِه‌مان ای خدا! ۲۳۲۵

آنان روز و شب در حال دعا و ثنا هستند و زاری‌کنان از خدا رزق و روزی می‌خواهند.

تا تو نَدْهی هیچ کس ندهد یقین   ای گشاینده! تو بگشا بندِ این ۲۳۲۶

خدایا، اگر تو ندهی، هیچ کس چیزی نمی‌دهد. ای گره‌گشا، گرهِ کارِ ما را تو بگشا.

مَکْسبِ[3] کوران بود لابه و دعا   جز لبِ نانی نیابند از عطا ۲۳۲۷

کسب و کار نابینایان زاری و دعاست؛ امّا جز تکّه نان نصیبی نمی‌یابند.

خلق گفتند: این مسلمان راستْ‌گوست   وین فروشندهٔ دعاها ظلم‌جوست ۲۳۲۸

مردم گفتند: صاحبِ گاو راست می‌گوید و این مرد که به وسیلهٔ دعا می‌خواهد به پول و مال برسد، ظالم است و حقّی ندارد.

این دعا کی باشد از اسبابِ مِلک[4]؟   کی کشید این را شریعت خود به سِلک[5]؟ ۲۳۲۹

چگونه دعا اسباب مالکیّت می‌شود؟ چگونه شریعت به این کار که بنا بر احکام نیست، حکم می‌دهد؟

بیع و بخشش[6]، یا وصیّت یا عطا   یا ز جنس این، شود مِلکی تو را[7] ۲۳۳۰

یک مِلک از خریدن یا هِبه، وصیّت کردن یا به دلایلی مشابه آن، به تو تعلّق می‌یابد.

در کدامین دفتر است این شرعِ نو؟   گاو را تو باز دِه یا حبس رو ۲۳۳۱

این آیین نو را در کدام کتاب نوشته‌اند؟ یا گاو را پس بده و یا به زندان برو.

---

۱ - **بردندی به کین**: به زور می‌بردند و می‌گرفتند. ۲ - **ضَریر**: کور، نابینا.

۳ - **مَکْسَب**: جای کسب، کسب و عایدی. ۴ - **اسبابِ مِلک**: سبب و دلیل مالکیّت.

۵ - **سلک**: رشته راگویند، عموماً به معنی رشته مروارید و رشتهٔ سوزن است، به سلک کشیدن: به راه و طریق خود در آوردن. ۶ - **بخشش**: هبه، مالی که به‌طور مجّانی کسی به کسی تملیک می‌کند.

۷ - اشاره است به دلایل مالکیّت.

او بـه سـویِ آسـمان مـی‌کرد رُو　　　واقـعهٔ مـا[1] را نـدانـد غـیرِ تُـو ۲۳۳۲

فقیر رو به آسمان می‌کرد و می‌گفت: آنچه را که میان ماست، جز تو کسی نمی‌داند.

در دلِ مـن آن دعـا انـداخـتی　　　صـد امـید انـدر دلم افـراخـتی ۲۳۳۳

خدایا، تو آن دعا را به من الهام کردی و به اجابتش بسیار امیدوارم ساختی.

مـن نـمی‌کردم گـزافـه آن دعـا　　　همچو یوسف دیده بودم خواب‌ها[2] ۲۳۳۴

دعای من بیهوده نبود، همانند یوسف(ع) که رؤیای صادقه دید، من هم در دلم نورِ امیدی که تو افروختی، دیدم.

دیـد یـوسف[3] آفـتاب و اخـتران　　　پیشِ او سجده‌کنان چون چاکران ۲۳۳۵

یوسف(ع) دید که خورشید و ستارگان، همانند غلامان در برابر او سجده می‌کنند.

اعـتمادش بـود بـر خـوابِ دُرُست　　　در چَهْ و زندان جز آن را می‌نَجُست ۲۳۳۶

او به رؤیای صادقه‌ای که دید، اطمینان داشت. هنگامی که برادران او را به چاه افکندند و آنگاه که به فرمان عزیز مصر در زندان بود، یقینی که به رؤیای خویش و روزهایِ خوبِ آینده داشت، اندیشه‌ای دلگرم کننده بود.

زاعـتمادِ او نـبودش هـیچْ غـم　　　از غلامی، وز مَلام[4] و بیش و کم ۲۳۳۷

به اعتماد آن رؤیا، از غلام بودن، سرزنش دیگران، خواری و هر فراز و نشیب، غمناک نمی‌شد.

اعتمادی داشت او بر خوابِ خویش　　　که چو شمعی می‌فروزیدش ز پیش ۲۳۳۸

او به رؤیای خود که همانند شمع، دلش را روشن می‌کرد و در برابر چشمانش می‌درخشید، اعتماد داشت.

چون در افکندند یوسف را به چـاه　　　بـانگ آمـد سـمعِ او را از الٰـه ۲۳۳۹

هنگامی که یوسف(ع) را به چاه افکندند، ندایی از حق به گوشِ جانِ او رسید.

---

۱ - **واقعهٔ ما**: آنچه میان ما روی داده است.

۲ - اشارتی قرآنی؛ یوسف: ۴/۱۲: چنین بود که یوسف به پدرش گفت: پدرجان من در خواب یازده ستاره دیدم، و خورشید و ماه را، دیدم که به من سجده می‌کنند.　۳ - زندگی یوسف(ع): ر.ک: ۳۱۶۹/۱.

۴ - **مَلام**: ملامت و سرزنش.

که: تو روزی شَه شوی ای پهلوان! تـا بـمالی ایـن جـفا در رویشـان ۲۳۴۰

گفت: ای دلاورِ آزادگی و پرهیزگاری، روزی می‌رسد که تو بر اریکهٔ قدرت تکیه می‌زنی و این جفا را به رویشان می‌آوری.

قـایلِ[۱] ایـن بـانگ نـاید در نـظر لیک دل بشـناخت قـایل را زَ اثـر ۲۳۴۱

گوینده دیده نمی‌شد؛ امّا دلِ یوسف(ع)، او را از اثری که در جان و دلِ وی داشت، شناخت.

قـوّتی و راحـتی و مَسـندی[۲] در مـیانِ جـان فُـتادش زآن نِـدا ۲۳۴۲

در اثرِ شنیدنِ ندای غیبی، قوّتِ قلب، آرامش و تکیه‌گاهِ محکمِ معنوی را در دل و جان یافت.

چاه شد بر وی بدآن بـانگ جـلیل گلشن و بزمی چو آتش بـر خـلیل ۲۳۴۳

از شنیدنِ آن ندای شکوهمند، چاه در نظر او مانندِ گلستان و بزم و سرور جلوه می‌کرد، همان‌گونه که به ارادهٔ حق، آتش بر ابراهیم(ع) سرد و سلامت گردید و مبدّل به گلستان شد.

هر جفا کـه بـعد از آن‌ش مـی‌رسید او بدان قـوّت بـه شـادی مـی‌کشید ۲۳۴۴

بعد از آن، هر جفا و ستم را، با قوّتِ قلبی که یافته بود، به راحتی و شادی تحمّل می‌کرد.

هـمچنانکه ذوقِ آن بـانگِ اَلَست[۳] در دلِ هر مـؤمنی تـا حَشـر هست ۲۳۴۵

همان‌طور که لذّتِ روحانیِ بانگِ «أَلَسْتُ بِرَبِّكُمْ» در دل هر مؤمنی تا روز رستاخیز وجود دارد.

تـا نـباشد در بـلاشان اعـتراض نه ز امر و نـهیِ حـقشان انـقباض[۴] ۲۳۴۶

تا بر بلاها صبور باشند و اعتراض نکنند و از امر و نهی حق دچار دلتنگی نشوند.

لقـمهٔ حکـمی[۵] کـه تـلخی مـی‌نهد گـلشکر[۶] آن را گـوارش مـی‌دهد ۲۳۴۷

اگر مشیّت الهی برای بنده تلخ باشد، لذّتِ روحانیِ «بـانگِ أَلَست» کـه در جـان مـؤمنان هست، هضم و پذیرش آن را سهل می‌کند.

---

۱ - **قایل**: گوینده. ۲ - **مَسند**: تکیه‌گاه. ۳ - اشارت قرآنی؛ اعراف: ۱۷۲/۷ : ر.ک: ۱۲۴۶/۱ و ۲۱۲۰/۱.
۴ - **انقباض**: دلتنگی. ۵ - **لقمهٔ حکم**: مراد حکمت و مشیّت الهی است.
۶ - **گلشکر**: شربتی از برگ گل سرخ و شکر، مراد لطف و شیرینی است.

گلشکر آن را کـه نَبْوَد مُستند[1]   لقـمه را ز انکـار، او قـی مـی‌کند[2] ۲۳۴۸

امّا کسی که به «ذوقِ بانگِ اَلَست» اتّکا ندارد، بلا و امر و نهی حق را تلخ می‌یابد و از سر انکار آن را نمی‌پذیرد، مانند لقمهٔ تلخی که بالا می‌آورند.

هر که خـوابی دیـد از روزِ اَلَـست   مست بـاشد در رهِ طـاعاتْ مست[3] ۲۳۴۹

هر کس در روز میثاق که خداوند از کمال لطف بر دل‌ها متجلّی شد، تجلّی «جمال و جلال» حق تعالیٰ را به دیدهٔ اشتیاق دریافت، در انجام «طاعات و عبادات» که در واقع هموار شدن راهِ لِقای حق است، سرمست از آن بادهٔ شوق و ذوق می‌کوشد.

می‌کَشَد چون اُشترِ مست این جَوال   بی فُتور[4] و بی گمان و بـی مَـلال[5] ۲۳۵۰

مانندِ شتری مست، بارِ تکالیف را بدون سستی، تردید و دلتنگی حمل می‌کند.

کَفْکِ تصدیقش بـه گِردِ پـوزِ او   شـد گـواهِ مسـتی و دلسـوزِ او ۲۳۵۱

همان‌گونه که شتر مست دهانش کف می‌کند و باز هم می‌شتابد، بندهٔ عاشق نیز به امید لقای حق، با دلی سوخته می‌جوشد و می‌کوشد.

اشتر از قـوّت چـو شیرِ نـر شـده   زیـرِ ثِـقلِ بـار انـدکْ‌خور شـده ۲۳۵۲

بندهٔ مؤمن از ذوق و اشتیاقِ جان برای اتّصال به حق قوّت می‌یابد و همانند شیر نر هر مانعی را از میان برمی‌دارد و زیر بار سنگینی که بر دوش جان حمل می‌کند، چنان توجّه عمیقی به عوالم معنوی دارد که توجّه او به عالم مادّی به حدّاقل می‌رسد و نیازهایِ دنیوی‌اش کاهش می‌یابد.

ز آرزویِ نـاقه[6] صـد فـاقه[7] بـر او   مـی‌نماید کـوه پـیشش تـارِ مـو ۲۳۵۳

در آرزوی رسیدن به حق، رنج‌ها را تحمّل می‌کند و دشواری‌ها را ناچیز می‌بیند. همان گونه که شترِ مست در آرزوی شتر ماده هر سختی را متحمّل می‌شود.

---

۱ - **مستند**: پناه‌جوینده، توسّعاً تکیه‌گاه. ۲ - اشاره است به کافران و معاندان.

۳ - از آنجا که جان آدمی هنگام خواب دیدن از قید حواسّ ظاهری می‌رهد و در عالم مثال یا عالم خیال که مرتبهٔ نازل آن «خیال مقیّد» و مرتبهٔ برتر آن «خیال مطلق» است به ادراک حقایق می‌پردازد، ادراک حقایق و مبدأ همهٔ حقایق در روز میثاق و تأثیر آن در روح انسان، به خواب دیدن از روز اَلَست، تعبیر شده است.

۴ - **فُتور**: سستی.

۵ - در این تمثیل، تن بندهٔ مؤمن به شتر مست مانند شده است که در آرزوی رسیدن به شتر ماده، هرگونه رنج و دشواری را به سهولت تحمّل می‌کند. ۶ - **ناقه**: شتر ماده، در اینجا کنایه از حق است.

۷ - **فاقه**: فقر و نیازمندی.

در اَلَسْت آن کو چنین خوابی ندید　　اندر این دنیا نشد بنده و مُرید ۲۳۵۴

هر کس که جانش در روز أَلَسْت، چنین ادراکی را نیافته و از لذّت استماعِ بانگِ الهی سرمست نشده باشد، در این دنیا به مقام بندگی و ارادت به حق نمی‌رسد.

ور بشد، اندر تردّد صد دله　　یک زمان شکرستش و سالی گله ۲۳۵۵

و اگر ایمان بیاورد، بندگی او با شک و تردید است، گاه شاکر است و گاه معترض.

پایْ پیش و پایْ پس در راهِ دین　　می‌نهد، با صد تردّد، بی یقین ۲۳۵۶

در راه دین، بدون ایمان و با صدها شک و تردید، یک گام به جلو می‌رود و یک گام به عقب.

وامْدارِ شرحِ اینم، نک گِرو　　ور شتاب استت، زَاَلَمْ نَشْرَحْ[1] شنو ۲۳۵۷

شرح این بحث را بر گردن می‌گیرم و خود را مدیونِ بسطِ آن می‌دانم؛ امّا اگر شتاب داری، سورهٔ شرح را بخوان.

چون ندارد شرح این معنی کَران　　خر به سویِ مدّعیِ گاو ران ۲۳۵۸

چون شرح این معانی والا پایان‌پذیر نیست، پس مرکب سخن را به سوی صاحب‌گاو برانیم.

گفت: کورم خواند زین جُرم آن دغا[2]　　بس بلیسانه قیاس‌است ای خدا! ۲۳۵۹

مرد فقیر گفت: خداوندا، آن گمراه مرا «کور» می‌خوانَد، قیاسِ او شیطانی و از بی‌ایمانی است، مانندِ استدلالِ ابلیس.

من دعا کورانه کِی می‌کرده‌ام؟　　جز به خالق کدیه[3] کِی آورده‌ام؟ ۲۳۶۰

کی دعای من از جهل و نادانی بود؟ کی دست نیاز جز به درگاه خالق بردم؟

کور از خلقان طمع دارد ز جهل　　من ز تو، کز توست هر دشوارْ سهل ۲۳۶۱

سائل نابینا از نادانی دستِ نیاز به سوی مردم دراز می‌کند و طمع به بخشش آنان می‌بندد؛ امّا من، چشم امیدم به توست که سهل‌کنندهٔ هر دشواری هستی.

---

۱ - اشارتی قرآنی؛ شرح: ۹۴/۲-۱: أَلَمْ نَشْرَحْ لَكَ صَدْرَكَ. وَ وَضَعْنَا عَنكَ وِزْرَكَ. آیا دلت را برایت گشاده نداشتیم و بارت را [از دوشت] بر نگرفتیم؟

مولانا با اشاره به سورهٔ مبارکهٔ شرح، در یک جمع‌بندی کلّی، می‌فرماید که گشایش باطن، رمز و مبنای ارتقا به مقام بندگی حق تعالیٰ است.　۲ - **دغا**: حیله‌گر، ناراست، اینجا مراد شخص گمراه است.　۳ - **کُدیه**: گدایی.

۲۳۶۲ **آن یکی کورم ز کوران بشمرید   او نیازِ جان و اِخلاصم ندید**

آن مردِ کور باطن مرا از نابینایان به حساب آورد، نیازِ جان و اخلاصِ دعایم را نفهمید.

۲۳۶۳ **کوریِ عشق است این کوریِ من   حُبّ یُعْمی و یُصِمّ است[۱] ای حَسن[۲]!**

نابینایی من از عشق است. ای حَسَن، عشق سبب کوری و کری عاشق می‌شود.

۲۳۶۴ **کورم از غیرِ خدا بینا بدو   مقتضایِ عشق، این باشد نکو**

من غیر از خدا را نمی‌بینم و به درگاه او نظر دارم. این اقتضایِ عشق است.

۲۳۶۵ **تو که بینایی، ز کورانم مدار   دایرم بر گِردِ لطفت ای مدار[۳]!**

خداوندا، تو که بصیری، مرا جزو نابینایان قرار نده. ای مراد عاشقان، تو می‌دانی که همواره گِردِ درگاه لطفِ تو می‌گردم.

۲۳۶۶ **آنچنانکه یوسفِ صدّیق را   خواب بنمودی و گشتش مُتّکا[۴]**

همان‌طور که به یوسف صدّیق رؤیایی را نشان دادی که به آن متّکی بود.

۲۳۶۷ **مر مرا لطفِ تو هم خوابی نمود   آن دعایِ بی حَدَم بازی نبود**

من به اتّکایِ لطف بی‌منتهای تو بودم و دعایِ بی‌حدّ من بیهوده نبود، از یقین بود.

۲۳۶۸ **می‌نداند خلقْ اسرارِ مرا   ژاژ می‌دانند گفتارِ مرا**

مردم رازی را که میان من و توست نمی‌دانند و سخنان مرا بیهوده می‌پندارند.

۲۳۶۹ **حقّشان است، و که داند رازِ غیب؟   غیرِ علّامِ سِر و ستّارِ عیب**

حق هم دارند؛ زیرا کسی جز خداوندِ دانندهٔ غیب و پوشانندهٔ عیب از رازِ نهان خبر ندارد.

۲۳۷۰ **خصم[۵] گفتش: رُو به من کُن، حق بگو   رُو چه سویِ آسمان کردی عمو؟**

صاحب گاو گفت: ای عمو، به من نگاه کن و حرف حساب بزن، چرا به آسمان نگاه می‌کنی؟

۲۳۷۱ **شَید[۶] می‌آری، غلط می‌افکنی[۷]   لافِ عشق و لافِ قُربت می‌زنی**

با نیرنگ و ریا می‌خواهی مرا به اشتباه بیفکنی و بیهوده از عشق حق و قُرب الهی سخن می‌گویی.

---

۱ - اشاره به حدیث: ر.ک: ۲۶۵۷/۱.   ۲ - **حَسَن** : نام، مخاطب نامعلوم، یعنی هرکس.

۳ - **مدار** : محور، مقصود، مُراد.   ۴ - **مُتّکا** : تکیه‌گاه.

۵ - **خصم** : دشمن، مالک و صاحب، حریف و طرف جدال یا طرف مباحثه.   ۶ - **شید** : حیله، ریا.

۷ - **غلط افکندن** : ایجاد اشتباه کردن.

با کدامین روی، چون دل مُرده‌ای[1] روی سوی آسمان‌ها کرده‌ای؟ ۲۳۷۲

تو که آدم دل‌مُرده‌ای بیش نیستی، با چه رویی چشم امید به آسمان داری؟

غلغلی در شهر افتاده از این آن مسلمان می‌نهد رُو بر زمین ۲۳۷۳

از این ماجرا ولوله در شهر برپا شد و آن مسلمان، سر بر سجده با خداوند راز و نیاز می‌کرد و می‌گفت:

کِای خدا! این بنده را رسوا مکن گر بَدَم، هم سرِّ من پیدا مکن ۲۳۷۴

ای خدا، این بندهٔ خود را رسوا مکن، اگر واقعاً بد هم هستم، راز مرا فاش مکن.

تو همی دانی و شب‌هایِ دراز که همی خواندم تو را با صد نیاز ۲۳۷۵

تو می‌دانی و شب‌هایِ دراز نیزگواه من است که با چه سوز و گداز و نیاز تو را می‌خواندم.

پیشِ خلق این را اگر خود قَدْر نیست پیشِ تو همچون چراغِ روشنی‌ست ۲۳۷۶

اگر این‌ها نزد خلق ارزشی ندارد، در بارگاه تو همانند چراغِ روشن معتبر و نشانِ ایمان است.

شنیدنِ داوود علیه السَّلام، سخنِ هر دو خصم و سؤال کردن از مُدّعیٰ عَلَیه

چونکه داوود نبی آمد برون گفت: هین! چون است این احوالْ چون؟ ۲۳۷۷

هنگامی که داوود نبیّ(ع) از خلوت بیرون آمد، پرسید: موضوع چیست؟ چه شده است؟

مُدّعی گفت: ای نبیُّ الله! داد گاوِ من در خانهٔ او در فُتاد ۲۳۷۸

صاحب‌گاو گفت: ای پیامبر خدا، دادِ مرا از این مرد بستان که گاوم اتّفاقی به خانهٔ او وارد شد.

کُشت گاوم را، بپرسَش که: چرا؟ گاو من کُشت او، بیان کن ماجرا ۲۳۷۹

او هم گاو مرا کشت. بپرس: چرا کُشتی؟ از او بخواه ماجرا را بگوید.

گفت داوودش: بگو ای بوالکَرَم! چون تلف کردی تو مِلکِ محترم[2]؟ ۲۳۸۰

داوود(ع) گفت: ای مرد صاحب کرم، چرا مالی را که متعلّق به دیگری بود، تلف کردی؟

---

۱ - **دل مرده:** دلی که به نور حق حیّ نیست.

۲ - **مِلکِ محترم:** مالی که حرمت دارد؛ یعنی مالی که در اختیار شخص دیگر و در حریمِ مالکیّت اوست.

هین پراکنده مگو، حجّت بیار　　　تا به یک سو گردد این دعوی و کار ۲۳۸۱

آگاه باش که سخن پراکنده و بی‌ربط نگویی، دلیل بیاور تا این دعوا و ماجرا خاتمه یابد.

گفت: ای داوود! بودم هفت سال　　　روز و شب اندر دعا و در سؤال ۲۳۸۲

گفت: ای داوود، من هفت سال شب و روز دعا کردم و از حق درخواستی داشتم.

این همی جُستم ز یزدان کای خدا!　　　روزیی خواهم حلال و بی‌عَنا[1] ۲۳۸۳

از خدا می‌خواستم که ای پروردگار، خواهانِ رزق و روزی حلال و بی‌زحمت هستم.

مرد و زن بر نالهٔ من واقفاند　　　کودکان این ماجرا را واصفاند ۲۳۸۴

مرد و زن از نالهٔ من آگاه‌اند؛ حتّی کودکان نیز ماجرا را برای یک‌دیگر تعریف می‌کنند.

تو بپرس از هر که خواهی، این خبر　　　تا بگوید بی شکنجه[2] بی ضرر[3] ۲۳۸۵

تو از هر کس که می‌خواهی بپرس تا به آسانی و بدون دردسر ماجرا را برایت بگوید.

هم هویدا پرس و هم پنهان ز خلق　　　که چه می‌گفت این گدایِ ژنده دلق[4]؟ ۲۳۸۶

از مردم هم آشکارا و هم در خلوت بپرس که این گدای ژنده‌پوش چه می‌گفت؟

بعدِ این جمله دعا و این فغان　　　گاوی اندر خانه دیدم، ناگهان ۲۳۸۷

بعد از آن همه دعا و ناله و زاری، ناگهان گاوی را در خانهٔ خود دیدم.

چشمِ من تاریک شد، نه بهرِ لوت　　　شادیِ آن که قبول آمد قُنوت[5] ۲۳۸۸

چشم من سیاهی رفت، نه برای غذا، بلکه از شادیِ آنکه دعایم اجابت شد.

کُشتم آن را تا دهم در شُکرِ آن　　　که دعایِ من شنود آن غیب‌دان ۲۳۸۹

به شکرانهٔ آنکه دعایم را شنید و اجابت کرد، گاو را کشتم تا به دیگران بدهم.

---

۱ - **عَنا**: رنج.　۲ - **شکنجه**: آزار و اذیّت.

۳ - **بی ضرر**: بدون آنکه آزاری به کسی برسد و اجباری در کار باشد.　۴ - **ژنده دلق**: ژنده‌پوش.

۵ - **قُنوت**: دعا کردن.

حکم کردنِ داوود علیه السَّلام بر کشندهٔ گاو

گفت داوود: ایـن سـخن‌ها را بِهِشْـو حجّتِ شرعی در این دعـوی بگـو ۲۳۹۰

داوود(ع) گفت: این سخنان را رها کن و دلیلی بیاور که مطابق احکام شرعی باشد.

تـو روا داری کـه مـن بـی‌حجّتی بـنهم انـدر شـهر بـاطل سنّتی؟ ۲۳۹۱

آیا روا داری که من بدون دلیلِ شرعی به تو حق بدهم و سنّت باطلی را بدعت بگذارم؟

این که بخشیدت؟ خریدی؟ وارثی؟ رَیْع[1] را چون می‌ستانی؟ حارثی[2]؟ ۲۳۹۲

این گاو را چه کسی به تو بخشید؟ آن را خریدی؟ بـه ارث بـردی؟ چگـونه مـی‌توانـی محصولی را متعلّق به خود بدانی، آیا آن را خودت کاشته‌ای؟

کسب را همچون زراعت دان عمو! تـا نکـاری دخـل نَـبْوَد آنِ تـو ۲۳۹۳

ای عمو، بدان که کسب و کار هم مانند کشاورزی است، یعنی تا کِشت نکنی، محصولی نداری.

آنچه کاری، بِدْروی آن آنِ تـوست ورنه، این بیدادْ بر تـو شـد درست ۲۳۹۴

آنچه را که کاشته و درو کرده باشی، آن توست و گرنه، مسلّم است که تو ستم کرده‌ای.

رو، بـده مـالِ مسلمان، کـژ مگـو رو، بـجو وام و بـدِه، بـاطل مجو ۲۳۹۵

برو و مال این مسلمان را به او بازگردان و بیهوده نگو. برو، وامی بگیر و به او بده، گِردِ کارِ ناحق نگرد.

گفت: ای شَه! تو همین می‌گوییَم کـه هـمی گـویند اصحابِ ستم ۲۳۹۶

مرد فقیر گفت: ای شاه، تو نیز همان را می‌گویی که ظالمان می‌گویند.

تضرّع[3] آن شخص از داوریِ داوود علیه السَّلام

سجده کرد و گفت کِای دانایِ سوز! در دلِ داوود انـداز آن فـروز ۲۳۹۷

آن مرد سجده کرد و گفت: ای خدایی که از سوز دل‌ها آگاه هستی، نوری از فضل به دلِ داوود(ع) بیفکن تا بتواند حقیقت حال مرا دریابد.

---

۱ - **رَیْع** : فزونی هر چیز مانند آرد و خمیر، محصول. ۲ - **حارث** : کشاورز. ۳ - **تضرّع** : زاری کردن.

در دلش نِـهْ آنـچه تـو انـدر دلم اندر افکندی بـه راز ای مُـفْضِلم[1] ! ۲۳۹۸

ای بخشنده، آنچه را که در نهان به دلم القا کردی به دل او هم بیفکن.

این بگفت و گریه در شد های های تـا دلِ داوود بـیرون شـد ز جـای ۲۳۹۹

این سخنان را گفت و های های گریه را سر داد و چنان سوزناک گریست تا دل داوود(ع) به درد آمد.

گفت: هین! امروز ای خواهانِ گـاو مـهلتم دِه ویـن دعـاوی را مکـاو ۲۴۰۰

داوود(ع) گفت: ای مدّعیِ گاو، امروز را به من مهلت بده و این دعوی را دنبال نکن.

تا رَوَم من سـویِ خـلوت در نـماز پـرسم ایـن احـوال از دانـایِ راز ۲۴۰۱

تا من هنگام نماز در خلوت خانه، راز این ماجرا را از خداوند که دانای اسرار است، جویا شوم.

خـوی دارم در نـماز ایـن التـفات مـعنیِ قُـرَّةُ عـینی فـی الصَّـلٰوة[2] ۲۴۰۲

عادت من این است که هنگام نماز توجّه قلبی بیشتری به خداوند دارم و این است مفهوم «نور چشم من در نماز است».

روزنِ جـانم گشـاده‌ست از صـفا مـی‌رسد بـی واسـطه نـامهٔ خـدا ۲۴۰۳

هنگام نماز دریچهٔ جان من از صفای ناشی از توجّه قلبی تامّ به حق گشاده می‌شود و نور حقایق و وحی و پیغام الهی بدون هیچ‌گونه واسطه‌ای بر دل و جانم می‌رسد.

نـامه و بـاران و نـور از روزنـم مـی‌فُتد در خـانه‌ام[3] از مـعدنم[4] ۲۴۰۴

الهامات الهی و فیوضات ربّانی و وحی را از طریق روزن دل از مبدأ دریافت می‌دارم.

دوزخ است آن خانه کآن[5] بی روزن است اصلِ دیـن، ای بنده! روزن کـردن است ۲۴۰۵

دلی که روزنی به حق ندارد، دوزخ، یعنی محلّ نَفْس امّاره است. ای بندهٔ خدا، آگاه باش که هدف دین، گشوده شدنِ «روزنهٔ دل» برای دریافت انوار و درکِ حقایق است.

تـیشهٔ هـر بـیشه‌یی کـم زن، بـیا تـیشه زن در کـندنِ روزن، هَـلا ! ۲۴۰۶

در هر بیشه، تیشه می‌زنی؛ یعنی در همهٔ امور دنیوی می‌کوشی، به هوش باش که این جهد و همّت را در امور معنوی به کار ببری تا روزنِ دلت به عالمِ غیب گشوده شود.

---

۱ - **مُفضل** : نیکویی کننده، فضل کننده، لطف کننده.   ۲ - اشاره به حدیث: ر.ک: ۳۲۴۳/۲.
۳ - **خانه ام** : خانهٔ دل.   ۴ - **معدنم** : معدن هستی، مبدأ هستی.   ۵ - «کان» را در مقابله افزوده‌اند.

یــا نــمی‌دانـی کـه نـورِ آفــتاب   عکسِ خورشیدِ برون است از حجاب ۲۴۰۷

شاید نمی‌دانی نور خورشید که در پرتو آن می‌توان دنیا را دید، نور حقیقی نیست و فقط بازتابِ خورشیدِ حقیقت است که در آن سوی حجاب‌های مادّی می‌تابد و ما در عالم حس، انعکاسِ آن را می‌بینیم.

نورْ این دانی کـه حـیوان دیـد هـم   پس چـه کَـرَّمْنا[1] بُوَد بـر آدمـم؟ ۲۴۰۸

اگر نورِ حقیقی را همین نور ظاهری که حیوان هم می‌تواند ببیند، مـی‌دانـی؛ پس چـرا خداوند فرمود: «و به راستی که فرزندان آدم را گرامی داشتیم...»؟

من چو خورشیدم درونِ نورْ غـرق   می‌ندانم کرد خـویش از نـورْ فـرق ۲۴۰۹

داوود(ع) گفت: من مانند خورشید در انوار الهی غرق‌ام و خود را از نور باز نمی‌شناسم.

رفــتنم ســویِ نــماز و آن خــلا   بــهرِ تــعلیم‌است رَه، مـر خـلق را ۲۴۱۰

اینکه به خلوتگاه برای نماز می‌روم، برای آموزشِ خلق است که راه حق را بشناسند.

کژ نهم تا راست گردد ایـن جـهان   حَربْ خُدْعه[2] این بُوَد، ای پهلوان! ۲۴۱۱

«وجه خلقی» من در «وجه ربّی»ام فانی شده است و اینک در وجودم نورِ حق متجلّی است؛ امّا برای اینکه مردم راه حق را بشناسند و بتوانند از طریق طاعات و عبادات به کمال وجودیِ خویش برسند، از مرتبهٔ خویش تنزّل می‌کنم و در مرتبهٔ عام قرار می‌گیرم تا کار این جهان به نظام آید. ای پهلوان، معنیِ «جنگْ نیرنگ است»، همین است.

نـیست دسـتوری، و گـرنه ریـختی   گَــرد از دریــایِ راز انگــیختی[3] ۲۴۱۲

اینک مولانا می‌فرماید: حق اجازه نمی‌دهد که اسرار بیش از این فاش گردد و گرنه از قول داوود(ع) همهٔ رازهای نهان را بر ملا می‌کردیم و در قالب سخن عیان می‌ساختیم.

---

۱ - اشارتی قرآنی؛ إسراء: ۷۰/۱۷.

۲ - اشاره به حدیث است: اَلْحَرْبُ خُدْعَةٌ: لازمهٔ جنگ فریفتن و اغفال دشمن است: احادیث: ص ۲۹۶.
این حدیث با توجّه به مفهوم ظاهری آن مطلب را با کمال تناسب مصوّر می‌سازد؛ زیرا هر مرد خدایی در دعوت به حق، جنگجویی است. ابن عربی در روشن ساختن مفهوم باطنی آن گفته است: اینکه پیامبران مردم را به سوی خداوند می‌خوانند، فریب بسیار بزرگی است؛ زیرا خداوند هم داعی و هم مدعوّ است و در واقع، حقیقتِ متجلّیِ در انبیا، مردم را که صُوَر وجودیِ خود او هستند، از تقیّد به مظاهرِ جزئیّه‌اش به استغراق در هویّت کلیّه، یعنی از کثرت به وحدت فرا می‌خوانَد: شرح مثنوی مولوی، ج ۳، ص ۱۱۹۲.

۳ - **گرد از دریای راز انگیختن**: در ادراک معانی ژرف که چون دریایی بی‌کران است، در اذهان و افهام عام و خاصّ، ابهاماتی وجود دارد که بسان گردی بر ادراکشان می‌نشیند، بر ملاکردن اسرار، گرد را از دریای راز می‌انگیزد و پاک می‌کند.

همچنین داوود می‌گفت این نَسَق[1] خواست گشتن عقلِ خلقان مُحتَرَق[2] ۲۴۱۳

داوود(ع) به این ترتیب اسرار را بیان می‌کرد تا جایی که عقلِ خلق از درکِ آن عاجز شد.

پس گریبانش کشید از پس یکی[3] که ندارم در یکی‌اَش شکی ۲۴۱۴

شخصی از پشت، گریبانِ او را گرفت و کشید و گفت: من در یگانگی خالق تردیدی ندارم.

با خود آمد گفت را کوتاه کرد لب بِبَست و عزمِ خلوتگاه کرد ۲۴۱۵

داوود(ع) از این سخن به خود آمد، خاموش شد و به سوی خلوتگاه روانه گردید.

در خلوت رفتنِ داوود تا آنچه حقّ است پیدا شود

در فرو بست و برفت آنگه شتاب سویِ محراب و دعایِ مُستجاب ۲۴۱۶

سپس در را بست و با شتاب به سوی محراب عبادت رفت که به راز و نیاز و دعایی که مستجاب بود، بپردازد.

حق نمودش، آنچه بنمودش، تمام گشت واقف بر سزایِ انتقام ۲۴۱۷

خداوند حقایق را به او نشان داد و داوود(ع) دریافت که چه کس سزاوارِ انتقام و ستمگر است.

روزِ دیگر جمله خصمان آمدند پیشِ داوود پیمبر صف زدند ۲۴۱۸

روز بعد، طرفین مخاصمه آمدند و در برابر داوود(ع) صف کشیدند.

همچنان آن ماجراها باز رفت زود زد آن مُدّعی تشنیع[4] زفت[5] ۲۴۱۹

همانند قبل ماجرا را دوباره گفتند. صاحب گاو بی‌درنگ شروع کرد به ناسزاگویی و سرزنش کردن.

---

۱ - **نَسَق** : نظم و ترتیب، به این روش. ۲ - **مُحتَرَق شدن عقل** : سوختن عقل و عدم ادراک.

۳ - کسی که گریبان را از پس می‌کشد و موجب قطع افشای اسرار می‌گردد، احتمال است ندایی از عالم غیب باشد که گویندهٔ مثنوی را به خاموشی در این باب و کوتاه کردن سخن در مورد سرّ وحدت، دعوت می‌کند، پیش از آنکه «عقل خلقان مُحتَرَق» شود. ۴ - **تشنیع** : سرزنش، ناسزاگویی. ۵ - **زَفت** : شدید و سخت.

حُکم کردنِ داوود بر صاحبِ گاو که از سرِ گاو برخیز، و تشنیعِ صاحبِ گاو بر داوود علیه السّلام

گفت داوودش: خَمُش کن، رو، بِهِل[1] این مسلمان را زگاوت کن بِحِل[2] ۲۴۲۰

داوود(ع) به مدّعی گاو گفت: خاموش باش و دعوی را رها کن و از این مسلمان درگذر و گاوت را به او حلال کن.

چون خدا پوشید بر تو ای جوان! رو خمش کن، حقِّ ستّاری بدان ۲۴۲۱

ای جوان، چون خداوند اسرارِ تو را پوشاند، سکوت کن و از پرده‌پوشی پروردگار شاکر باش.

گفت: واوَیلی چه حُکم است این؟ چه‌داد؟ از پیِ من شرعِ نو خواهی نهاد؟ ۲۴۲۲

گفت: ای وای، این چه داوری و عدالتی است؟ آیا برای من دین و آیین جدیدی آورده‌ای؟

رفته است آوازهٔ عدلت چنان که معطّر شد زمین و آسمان ۲۴۲۳

آوازهٔ عدل و داد تو چنان همه جا پیچیده است که از عطر آن زمین و آسمان پر شده است.

بر سگانِ کور این اِستم نرفت زین تعدّی سنگ و کُه بشکافت تفت ۲۴۲۴

این ظلم و ستم به سگ‌های کور نیز نشده است. از این تجاوز و ستمگری، سنگ و کوه نیز می‌شکافد و تحمّل آن را ندارد.

همچنین تشنیع می‌زد بر ملا کَالصَّلا، هنگامِ ظلم است، الصَّلا ۲۴۲۵

و بدین ترتیب در حضور مردم بدگویی می‌کرد و می‌گفت: بیایید که دوران ستمگری است، بیایید.

حکم کردنِ داوود بر صاحبِ گاو که: جملهٔ مالِ خود را به وی ده

بعد از آن داوود گفتش: کِای عَنود[3]! جمله مالِ خویش او را بخش زود ۲۴۲۶

سپس داوود(ع) به مدّعی گاو گفت: ای لجوج، هر چه زودتر تمام اموالت را به آن مؤمن ببخش.

---

۱ - **بِهِل**: رها کن، بس کن، کوتاه بیا. ۲ - **بِحِل**: عفو کردن، بخشیدن جرم.
۳ - **عَنود**: سرکش و لجوج، ستیزه‌گر.

ورنه کارت سخت گردد، گفتمت   تا نگردد ظاهر از وی اِستمت ۲۴۲۷

وگرنه به تو می‌گویم که کارت خراب‌تر می‌شود. آنچه را داری به او ببخش تا ظلم و ستمی که بر وی کرده‌ای، آشکار نشود.

خاک بر سر کرد و جامه بر درید   که به هر دَم می‌کنی ظلمی مزید ۲۴۲۸

صاحب گاو از ناراحتی خاک بر سر ریخت و جامه درید که هر لحظه بر ستم می‌افزایی.

یک دمی دیگر بر این تشنیع راند   باز داوودش به پیشِ خویش خواند ۲۴۲۹

مدّعی باز هم به ناسزاگویی ادامه داد تا اینکه داوود(ع) او را به نزد خود خواند.

گفت: چون بختت نبود، ای بختْ‌کور   ظلمت آمد اندک اندک در ظهور ۲۴۳۰

گفت: ای بدبخت، چون اقبال با تو یاری نکرد، اندک‌اندک ظلمی که کرده بودی، آشکار شد.

ریده‌ای، آنگاه صدر و پیشگاه؟[1]   ای دریغ از چون تو خر خاشاک و کاه ۲۴۳۱

از فرط تباهی خود را به پلیدی آغشته‌ای، آنگاه بر صدر نیز می‌نشینی؟ حیف از کاه و جو برای الاغی مانند تو.

رو که فرزندانِ تو با جفتِ تو   بندگانِ او شدند، افزون مگو ۲۴۳۲

برو که فرزندان و همسرت همگی غلام این مرد مؤمن شده‌اند، دیگر بیش از این حرف نزن.

سنگ بر سینه همی زد با دو دست   می‌دوید از جهلِ خود بالا و پست ۲۴۳۳

مدّعی گاو با دو دست سنگ را بر سینهٔ خویش می‌کوبید و از نادانی به بالا و پایین می‌دوید.

خلق هم اندر ملامت آمدند   کز ضمیرِ کارِ او غافل بُدند ۲۴۳۴

مردم هم که از سرِّ داوری داوود(ع) بی‌خبر بودند، زبان به ملامت گشودند.

ظالم از مظلوم کِی داند کسی   کو بود سُخْرهٔ هوا همچون خسی؟ ۲۴۳۵

کسی که مانندِ خس اسیرِ هوای نَفْس است، چگونه از حقایق عالم غیب باخبر باشد و ظالم را از مظلوم باز شناسد؟

ظالم از مظلوم، آنکس پی بَرَد   کو سرِ نَفْسِ ظَلومِ[2] خود بُرَد[3] ۲۴۳۶

کسی می‌تواند به این مهم آگاهی یابد که سر نَفْسِ ستمگرِ خود را بریده باشد.

---

۱ - مراد آن است که مرتکب جنایتی فجیع شده‌ای و دم از عدل و داد می‌زنی؟ ۲ - **ظَلوم**: ستمگر.
۳ - مرد حق با کشتن نفس خود می‌تواند حقایق عوالم غیب را دریابد.

ورنه آن ظالم که نَفْس است، از درون خصمِ هر مظلوم باشد، از جنون ۲۴۳۷

وگرنه، نَفسِ ستمگر، همانند یک دیوانه به هر مظلومی آزار می‌رساند و با او دشمنی می‌کند.

سگ هماره حمله بر مسکین کُند تا تواند زخم بر مسکین زند ۲۴۳۸

این عادت سگ است که به آدم درمانده حمله می‌کند و تا می‌تواند به بینوا صدمه می‌رسانَد. سگِ نَفْس نیز هرگز از مظلوم حمایت نمی‌کند.

شرمْ شیران[1] راست، نه سگ را بدان که نگیرد صید از همسایگان ۲۴۳۹

بدان که شرم و حیا مخصوص شیران است که همسایگان را شکار نمی‌کنند، نه سگان.

عامهٔ مظلومْ کُش، ظالم پَرَست از کمینْ سگشان سویِ داوود جَست ۲۴۴۰

عوام که به‌طور معمول از جهل حامیِ ستمگر و مظلوم‌کُش‌اند، سگِ نَفسشان، یعنی جانِ ظلم‌گرای آنان، از کمینگاه به در آمد و بر داوود(ع) تاخت.

روی در داوود کردند آن فریق[2] کِای نبیِّ مجتَبیٰ[3]، بر ما شفیق ۲۴۴۱

آن گروه به داوود(ع) روی آوردند و گفتند: ای پیامبر برگزیده، ای کسی که بر ما شفقت می‌ورزی!

این نشاید از تو کین ظلمی‌ست فاش قهر کردی[4] بی‌گناهی را به لاش[5] ۲۴۴۲

این کار شایستهٔ تو نیست؛ زیرا قضاوتت به‌طور آشکار ظالمانه است. چرا بی‌گناهی را بی‌دلیل مجازات کردی؟

عزم کردنِ داوود علیه السّلام به خواندنِ خلق بدآن صحرا که راز آشکارا کند و حجّت‌ها را همه قطع کند

گفت: ای یاران! زمانِ آن رسید کآن سِرِ مکتومِ[6] او گردد پدید ۲۴۴۳

داوود(ع) گفت: ای دوستان، هنگام آن فرا رسیده است که راز نهان این مرد آشکار گردد.

---

۱ - در این تمثیل، شیر نمادِ مردِ حق است که نسبت به امور دنیوی بی‌نیاز است و حق دیگری را تصاحب نمی‌کند.

۲ - **فریق**: گروه. ۳ - **مجتبیٰ**: برگزیده. ۴ - **قهر کردی**: کیفر دادی، مجازات کردی.

۵ - **لاش**: هیچ، ناچیز، بی‌اعتبار؛ بنابراین «بلاش» در اینجا به معنی برای هیچ است یا بی‌دلیل.

۶ - **مکتوم**: نهان.

جـمله بـرخـیزید تـا بـیرون رویـم　　　تـا بـر آن سـرّ نـهان واقـف شـویم ۲۴۴۴

همه برخیزید که از شهر بیرون برویم تا از آن راز پوشیده آگاه گردیم.

در فلان صحرا درختی هست زَفت　　　شاخ‌هااَش اَنبُه و بسیار و چَفت[1] ۲۴۴۵

در فلان دشت، درخت بزرگ و ستبری است که شاخه‌های بسیار و انبوه و خمیده دارد.

سخت راسخ خـیمه‌گـاه و مـیخِ او　　　بـویِ خـون مـی‌آیدم از بـیخِ او ۲۴۴۶

شاخه‌ها و تنهٔ درخت، همانند خیمه‌گاهی استوار است؛ امّا از ریشه‌اش بوی خون می‌آید.

خون شده‌ست اندر بُنِ آن خوش درخت　　　خواجه را کُشته‌ست این منحوسْ بخت[2] ۲۴۴۷

زیرِ آن درخت زیبا قتلی اتّفاق افتاده و این بدبخت ارباب خود را در آن مکان کُشته است.

تـا کـنون حِـلْمِ خـدا پـوشید آن　　　آخـــر از نـاشکریِ آن قَـلْتَبان[3] ۲۴۴۸

تا کنون بردباری خداوند جنایت او را پوشانید؛ امّا سرانجام از ناسپاسی این بی‌غیرت،

کـه عـیالِ خـواجـه را روزی نـدید　　　نه به نـوروز و نـه مـوسم‌هایِ عـید ۲۴۴۹

که حتّی یک روز به دیدار همسر و فرزندان ارباب، نه در نوروز و نه در سایر اعیاد نرفت،

بی نوایان را بـه یک لقـمه نَـجُست　　　یـاد ناوَرد او ز حـق‌هایِ نـخست ۲۴۵۰

و آن بینوایان را با لقمه‌ای یاد نکرد و هرگز حقّ نیکی‌های خواجه را به جا نیاورد.

تا کنون از بهرِ یک گـاو ایـن لعین　　　مـــی‌زند فـــرزندِ او را در زمـین ۲۴۵۱

اینک نیز این ملعون، به خاطر یک گاو، فرزند خواجه را به زمین می‌زند و جفا می‌کند.

او به خود، بـرداشت پـرده از گـناه　　　ورنــه، مـی‌پوشید جُـرمش را الـه ۲۴۵۲

او با اعمال و رفتار خود، پرده از گناه خویش برداشت و گرنه خداوند جرمِ او را می‌پوشاند.

کــافر و فـاسق در ایـن دورِ گـزند　　　پردهٔ خود را بـه خـود بـر می‌دِرند ۲۴۵۳

در این دنیایی که از هر سو آسیب و گزند در کمین است، کافر و تبهکار با دست خود، پرده از پلیدیِ درون خویش بر می‌گیرند.

---

۱ - **چَفت** : چوب‌بندی که تاک انگور و مانند آن را روی آن می‌گذارند، سقف طاق مانند و خمیده، شاخه‌های به هم پیوسته که سایبانی تشکیل داده‌اند.　۲ - **منحوس بخت** : بدبخت، نگون‌بخت.

۳ - **قَلتبان** : بی‌غیرت، بی‌ناموس.

ظلمْ مستور است در اسرارِ جان　　مـی‌نهد ظـالم بـه پـیشِ مـردمان ۲۴۵۴

آثارِ ظلم و ستمی که آدمی مرتکب می‌شود، در نهانخانهٔ جان او مخفی است؛ امّا ظالم با افزایش جرم و گناه آن را آشکار می‌کند.

کـه بـبینیدم کـه دارم شـاخ‌ها　　گـاوِ دوزخ[1] را بـبینید از مَـلا ۲۴۵۵

و با اعمال و رفتار خود به زبان حال می‌گوید: ببینید که شاخ دارم، گاو دوزخی را آشکار ببینید.

گواهی دادنِ دست و پا و زبان بر سِرِّ ظالم هم در دنیا

پس همینجا دست و پایت درگزند　　بـر ضـمیرِ تـو گـواهی مـی‌دهند[2] ۲۴۵۶

پس در همین دنیا، دست و پایت علیه تو شهادت می‌دهند و رازِ دلت را آشکار می‌کنند.

چون موکّل[3] می‌شود بر تو ضـمیر[4]　　کـه: بگـو تـو، اعـتقادت وامگـیر ۲۴۵۷

همان‌گونه که ضمیر و باطن تو، مانند مأمورِ حق، مجبورت می‌کند که نهانی‌هایِ دلت را بگویی،

خاصه در هنگامِ خشم و گفت و گو　　می‌کند ظـاهر سِـرَت را مـو بـه مـو ۲۴۵۸

بخصوص هنگامِ خشم و بحث و جَدَل همهٔ اسرار نهانت را آشکار می‌کند.

چون مـوکّل مـی‌شود ظـلم و جـفا　　که: هویدا کـن مـرا ای دست و پـا ۲۴۵۹

به همان ترتیب، ظلم و جفایی که کرده‌ای، با تأثیرِ بدی که بر جان و روانِ تو دارند، مانندِ مأمورِ حق، دست و پا و اعضای بدنت را مجبور می‌کنند تا با رفتارِ نامناسب، ستم و جفای پنهان را هویدا کنی.

چـون هـمی گـیرد گـواهِ سِـر لگـام　　خاصه وقتِ جوش و خشم و انتقام ۲۴۶۰

بنابراین، همان‌طور که «گواهِ سرّ» که «ضمیر آدمی» است، افسار شخص را بخصوص در خشم و انتقام، به دست می‌گیرد و حالتی در او به وجود می‌آید که نمی‌تواند از رفتارِ تهاجمی خود جلوگیری کند،

---

۱ - **گاو دوزخ**: مراد مظهر نفس امّاره است.　　۲ - اشارتی قرآنی؛ یس: ۶۵/۳۶؛ ر.ک: ۲۱۶۳/۱.

۳ - **موکّل**: وکیل گردانیده شده و گماشته شده بر چیزی، مأمور.　　۴ - **ضمیر**: باطن و درون آدمی.

**پس همان کس کین موکّل می‌کند		تا لوایِ راز بر صحرا زند** ۲۴۶۱

پس همان کس که این «گواهِ سِرّ» را مأمور کرد که موجبِ چنین رفتارهایی بشود تا رازِ تو بر ملا گردد،

**پس موکّل‌های دیگر روزِ حشر		هم تواند آفرید از بهرِ نشر[1]** ۲۴۶۲

روز رستاخیز هم مأموران دیگری دارد تا بتوانند رازها را آشکار کنند.

**ای به دَه دست[2] آمده در ظلم و کین		گوهرت[3] پیداست، حاجت نیست این** ۲۴۶۳

ای کسی که با تمام قدرت به ستمگری و کینه‌ورزی پرداخته‌ای، واقعیّت وجودت پیداست؛ یعنی گناهان و جرایم، آثارِ زشتِ خود را بر چهره و وجودت بر جای نهاده‌اند.

**نیست حاجت شُهره گشتن در گزند		بر ضمیرِ آتشینت واقفاند** ۲۴۶۴

نیازی نیست که در آزار رسانیدن به خلق آوازه‌ای بیابی، باطنِ شیطانی‌ات را همه می‌شناسند.

**نَفْسِ تو هر دم بر آرد صد شرار		که: ببینیدم، منم زاصحابِ نار** ۲۴۶۵

نفس امّاره‌ات هر لحظه صد شعله می‌افروزد و به زبان حال می‌گوید: مرا ببینید، اهل دوزخ هستم.

**جزوِ نارم، سویِ کُلِّ خود روم		من نه نورم که سویِ حضرت شوم** ۲۴۶۶

من جزوِ آتش‌اَم و به سوی کلِّ خود یا جهنّم می‌روم. نور نیستم که به بارگاه الهی راهی داشته باشم.

**همچنان کین ظالمِ حق ناشناس		بهرِ گاوی[4] کرد چندین التباس[5]** ۲۴۶۷

همان‌طور که این ظالمِ حق‌ناشناس، برای یک گاو مرتکب این همه اشتباه شد و مکر ورزید.

**او از او صدگاو بُرد و صد شتر		نَفْس این است ای پدرا از وی بِبُر** ۲۴۶۸

مدّعیِ گاو صدها گاو و شتر از ارباب دزدیده بود، ای عزیز من، نَفْس همین است، با او قطع رابطه کن.

**نیز روزی با خدا زاری نکرد		یاربی نامد از او روزی به درد** ۲۴۶۹

آن ستمگر، حتّی یک روز هم به درگاه الهی زاری نکرد و از صمیم قلب خدا را نخواند.

---

۱ - **بهرِ نشر** : برای آشکار و فاش شدن.	۲ - **به دَه دست** : با تمامِ وجود، با تمامِ قدرت.
۳ - اشارتی قرآنی؛ رحمن : ۴۱/۵۵ : يُعْرَفُ الْمجْرِمُونَ بِسِيمٰاهُمْ...: بدکاران به سیمایشان شناخته شوند... .
۴ - گاو در مصراع دوم، هم به معنی چهارپایی است که او مدّعی آن بود و هم کنایه از نَفْسِ امّارهٔ خود وی است.
۵ - **اِلْتِباس** : چیزی را به شکل دیگری در آوردن و ملبّس به لباس دیگری کردن، پوشیدن کار بر کسی، اشتباه.

کِای خدا خصمِ مرا خشنود کُن   گر منش کردم زیان، تو سود کن ۲۴۷۰

نگفت: پروردگارا، دشمن مرا خشنود کن، اگر من به او زیان رساندم، تو به او سود برسان.

گر خطا کُشتم، دِیَت[1] بر عاقله‌ست[2]   عاقلهٔ جانم تو بودی از الست ۲۴۷۱

اگر من آن خواجه را به ناحق کشتم، از سفاهت و نادانی بود و دیهٔ او را باید ولیِّ عاقل من بپردازد و تو که از روز ازل ولیّ و سرور و عاقلهٔ جانم بوده‌ای، می‌توانی آن را بپردازی و جبران کنی.

سنگ می‌ندهد به استغفارِ دُر[3]   این بُوَد انصافِ نَفْس ای جانِ حُرّ! ۲۴۷۲

ای «جانِ انسان» که قابلیّت و استعداد حریّت و آزادگی داری، سنگ هرگز از طریق توبه و استغفار نمی‌تواند به درّی گرانبها مبدّل گردد؛ امّا دادگری الهی که نَفْس را با قابلیّتِ تکامل و تنزّل، در انسان نهاده، راه توبه و بازگشت به حق را نیز پیش روی او قرار داده است که اگر نَفْس در اثر ارتکاب گناهان و خطاها از سنگ هم سخت‌تر و تاریک شود، باز هم راه به روی او بسته نیست و اگر با تضرّع و خالصانه توبه کند، جان سخت‌تر از سنگِ وی، به درّی گرانبها تبدیل و نورانی می‌شود.

برون رفتنِ خلق به سویِ آن درخت

چون بُرون رفتند سویِ آن درخت   گفت: دستش را سپس بندید سخت ۲۴۷۳

هنگامی که مردم همراه داوود(ع) از شهر خارج شدند و به سوی درخت رفتند، آن حضرت گفت: دست‌های او را از پشت محکم ببندید.

تا گناه و جُرمِ او پیدا کنم   تا لوایِ عدل بر صحرا زنم ۲۴۷۴

تا گناه و خطای او را آشکار کنم و پرچم عدل و داد را در صحرا برافرازم.

---

۱ - **دیت** : خون‌بها.

۲ - **عاقله** : مؤنث عاقل، عاقل در لفظ به معنی پرداخت کنندهٔ خون‌بهای مقتول است. در شرع مقدّس اسلام، خون‌بهای قتل غیرعمد و یا ضرر و زیانی که از سوی نابالغ و یا سفیه می‌رسد، باید توسّط قاتل و یا «عاقلهٔ قاتل» که وارث او باشند مانند پدر و جدّ تا هر طبقه که بالا رود و یا فرزند فرزند تا هر طبقه که پایین رود، پرداخت شود.

۳ - مصراع اوّل در متن کهن چنین است: «سنگ می‌ندهد باستعفار دُر»، احتمال می‌رود که هنگام ضبط، نقطهٔ «غین» در «استغفار» فراموش شده باشد.

گفت: ای سگ! جَدِّ او را کُشته‌ای — تو غلامی، خواجه زین رُو گشته‌ای ۲۴۷۵

داوود(ع) گفت: ای پست فطرت، تو جدِّ او را کشته‌ای. تو غلامی بیش نبودی که بعد از قتل به خواجگی رسیده‌ای.

خواجه را کُشتی و بُردی مالِ او — کرد یزدان آشکارا حالِ او ۲۴۷۶

ارباب را به قتل رسانیدی و مال او را بردی، اینک خداوند حقیقت را بر همه آشکار کرد.

آن زنت او را کنیزک بوده است — با همین خواجه جفا بنموده است ۲۴۷۷

همسرت کنیز آن مرد بود، او هم در حقِّ ارباب خود ستم کرد.

هر چه زُو زایید، ماده یا که نر — مِلکِ وارث باشد آن‌ها سر به سر ۲۴۷۸

تمام فرزندانی که آن زن زایید، دختر یا پسر، به وارثِ خواجهٔ مقتول تعلّق دارند.

تو غلامی کسب و کارت مِلکِ اوست — شرعْ جُستی، شرعْ بستان، رو، نکوست ۲۴۷۹

تو غلام او و به شمار می‌روی و هرچه از کسب و کار حاصل کرده‌ای، به وارثِ مقتول می‌رسد. تو حُکم شرع را می‌خواستی، این حُکمِ شرع است، آن را بپذیر که حُکمِ شایسته‌ای است.

خواجه را کُشتی به اِستم زار زار — هم بر اینجا خواجه گویان: زینهار! ۲۴۸۰

تو خواجه را ظالمانه و به زاری تمام در همین مکان کُشتی در حالی که او امان می‌خواست.

کارد از اشتاب کردی زیرِ خاک — از خیالی که بدیدی سهمناک ۲۴۸۱

دچار وهم و خیال ترسناکی شدی و به شتاب کارد را زیر خاک نهان کردی.

نک سرش با کارد در زیرِ زمین — باز کاوید این زمین را همچنین ۲۴۸۲

این قسمت زمین را بکَنید تا ببینید که سرِ ارباب و کارد اکنون زیر خاک مدفون است.

نامِ این سگ هم نبشته کارد بَر — کرد با خواجه چنین مکر و ضرر ۲۴۸۳

نامِ این پست فطرت که با ارباب خود نیرنگ ورزید و گزند رسانید، روی کارد نوشته است.

همچنان کردند، چون بشکافتند — در زمین آن کارد و سر را یافتند ۲۴۸۴

طبق دستور داوود(ع) زمین را کندند و کارد و سر ارباب را در آنجا یافتند.

ولوله در خــلق افــتاد آن زمــان — هــر یکــی زُنّــار بُـبْرید[1] از مـیان ۲۴۸۵

آن‌گاه در میان مردم غوغا شد، همهٔ آنان که مُنکرِ حُکمِ داوود(ع) بودند، ایمان آوردند.

بعد از آن گفتش: بـیا ای دادخـواه! — دادِ خود بسـتان، بـدان رویِ سـیاه ۲۴۸۶

سپس داوود(ع) گفت: ای دادخواه، بیا و بـا آن هـمه روسـیاهی کـه خـود را بـدان مـبتلا می‌بینی، دادِ خود را بستان.

قصاص فرمودنِ داوود علیه السَّلام، خونی را بعد از الزامِ حجّت بر او

هم بدان تیغش بفرمود او قـصاص — کِی کند مکرش ز علمِ حق خلاص؟ ۲۴۸۷

داوود(ع) فرمان داد که او را با همان کارد بکشند. چگونه حیله و نیرنگ می‌تواند او را از کیفرِ الهی نجات دهد؟

حلمِ حـق گـرچـه مُـواسـاها[2] کـند — لیک چون از حد بشد، پـیدا کـند[3] ۲۴۸۸

هرچند که حلم و صبر الهی با خطاکاران مدارا می‌کند؛ امّا هنگامی که ظلم و ستم از حد بگذرد، آن را آشکار می‌سازد.

خـون نـخسبد در فُـتد در هـر دلی — میلِ جُست و جوی وکشفِ مشکلی ۲۴۸۹

جنایت مخفی نمی‌ماند، میل یافتن و جست و جوی قاتل در هر دلی پیدا می‌شود.

اقـــــتضایِ داوریِ ربِّ دیــــن — ســر بــر آرد از ضــمیرِ آن و ایــن ۲۴۹۰

اقتضای عدالت پروردگار چنین است که سؤال‌هایی در ضمیر مردم مطرح می‌شود.

کآن فلان چون‌شد؟ چه‌شد؟ حالش چه‌گشت؟ — هـــمچنانکه جــوشَد از گِــلزاز کشت ۲۴۹۱

و از خود و دیگران می‌پرسند: فـلانی چـه بـر سـرش آمـد؟ کـارش بـه کـجا کـشید؟ و پرسش‌های گونه‌گون در ذهنشان مـی‌جوشد، هـمان‌طور کـه در گِـلزار، کِشت یـا مـحصول می‌روید.

---

۱ - **زنّار بریدن**: ایمان آوردن. ۲ - **مُواساة**: مداراکردن، سخت نگرفتن. ۳ - **پیداکند**: فاش می‌کند.

جوشش ِ خون باشد آن واجُست‌ها   خــارش ِ دل‌هـا و بـحث و مـاجرا ۲۴۹۲

این سؤال‌های متفاوت، در حقیقت، همان جوشش خون است کـه نـمی‌گذارد جـنایت مخفی بماند و در دل مردم وسوسهٔ بحث و گفت و گو در آن مورد را ایجاد می‌کند.

چــونکه پــیدا گشت سِــرِّ کـارِ او   معجزهٔ داوود شـد فـاش و دو تُـو[1] ۲۴۹۳

هنگامی که راز این جنایت بر ملا شد و معجزهٔ داوود(ع) آشکار شد و تأثیر آن مضاعف گردید،

خــلق جــمله، سـر بـرهنه آمـدند   سر به سجده بـر زمـین‌ها مـی‌زدند ۲۴۹۴

مردم که به نشان عذرخواهی سرها را برهنه کرده بودند، آمدند و در برابر داوود(ع) سجده کردند.

مــا هــمه کـورانِ اصـلی بـوده‌ایـم   از تو ما صد گون عجایب دیده‌ایـم ۲۴۹۵

می‌گفتند: ما همگی کور باطن بوده‌ایم و علی‌رغم آنکه تا کنون از تو صـدها مـعجزه و کرامت دیده‌ایم، باز هم به داوری‌ات اعتراض کردیم و به این ترتیب درخـواست مـغفرت داشتند.

سنگ با تو[2] در سخن آمـد شـهیر[3]   کــز بــرای غَــزوِ طـالوتم[4] بگـیر ۲۴۹۶

سنگ آشکارا با تو سخن گفت و خواست که در جنگِ طالوت علیه مخالفان به سرکردگیِ جالوت که به روایتی پادشاه کنعانیان بود، مرا برگیر و به عنوان سِلاح جالوت به کار ببر.

تو به سـه سـنگ و فَـلاخن آمـدی   صـد هـزاران مـرد را بـر هـم زدی ۲۴۹۷

تو با فلاخن (سنگ‌انداز) و سه سنگ که آن‌ها را به سهمگینی تمام رها کردی، توانستی او را که دشمن سرسخت قوم بود، از میان برداری و سپاه گران وی را منهزم کنی.

سـنگ‌هایت صـد هـزاران پـاره شـد   هر یکی هر خصم را خونْ خواره شد ۲۴۹۸

گویی که هر یک از سنگ‌های فلاخن تو، صد هزار پاره شد و هر پاره خصمی را از میان برد.

آهن اندر دستِ تو چون مـوم شـد   چون زره سازی تو را مـعلوم شـد[5] ۲۴۹۹

خداوند به تو موهبتی الهی عنایت کرد که آهن در دستت مانند موم نرم شد و بـه ایـن ترتیب حق تعالیٰ به تو صنعت و فنّ زره‌سازی را تعلیم داد.

---

۱ - **دوتُو** : دولایه، دارای تأثیر فراوان‌تر و مضاعف.   ۲ - زندگی داوود(ع): ر.ک: ۱۴۵۱/۳.

۳ - **در سخن آمد شهیر** : آشکارا به سخن آمد.   ۴ - **طالوت** : پادشاه بنی‌اسرائیل.   ۵ - ر.ک: ۱۸۴۳/۳.

کوه‌ها با تو رسایل[1] شد شَکور[2] با تو می‌خوانند چون مُقری[3] زَبور[4] ۲۵۰۰

کوه‌ها در سپاسگزاری از خداوند با تو همنوا شدند و همانند قاری زبور را می‌خواندند.

صد هزاران چشمِ دل بگشاده شد از دَمِ تو، غیب را آماده شد ۲۵۰۱

از نَفَس گرم و حقّانی تو، صدها هزار چشم دل گشاده شد و پذیرای شهود عوالم غیب گردید.

و آن قوی‌تر زآن همه کین دایم است زندگی بخشی که سرمد قایم است ۲۵۰۲

ارزشمندتر از همهٔ معجزات تو، آن است که با نَفَس حقّانی، به ما زندگیِ ابدی می‌بخشی.

جان جملهٔ معجزات این است خَود کو بِبَخشد مُرده را جانِ ابد ۲۵۰۳

جان همهٔ معجزات، یعنی حقیقت و روح همهٔ آن‌ها همین است که مُرده‌دلان را به نور ایمان زنده کند و حیاتِ جاوید ببخشد.

کُشته شد ظالم، جهانی زنده شد هر یکی از نو خدا را بنده شد ۲۵۰۴

مدّعی گاو که ستمگری بیش نبود، کشته شد و به کیفر جنایت خود رسید و با اجرای عدالت، منکران از انکار پشیمان شدند و با ایقان به صحّت داوری داوود(ع)، دوباره به بندگی حق تعالیٰ پرداختند.

بیانِ آنکه نَفْسِ آدمی به جایِ آن خونی است که مُدّعیِ گاو گشته بود و آن گاوکُشنده عقل است و داوود حقّ است یا شیخ که نایبِ حقّ است، که به قوّت و یاریِ او تواند ظالم را کُشتن، و توانگر شدن به روزیِ بی‌کسب و بی‌حساب

قصّهٔ «طالبِ روزیِ حلال و بی‌کسب» به پایان رسید و اینک در خاتمهٔ آن، مولانا همان‌گونه که روش اوست، نتایجی را اخذ می‌کند و به تقریرِ آن می‌پردازد و در یک جمع‌بندیِ کلّی نتیجه می‌گیرد که: نفس امّارهٔ آدمی همانند آن ظالمِ ستمگری است که خواجه را کُشته بود و خواجه نمادی است از «روح خداجو» که با ستمگری و ترکتازیِ نفس امّاره زوال می‌یابد.

در این قصّه، کُشندهٔ گاو، «عقل معاد» یا «عقل خداجو»یِ انسان است که با استمداد از داوود(ع) که مظهر حق و نمادی از مردان حق است، می‌تواند نفسِ ستمگر را قِصاص کند و به گنجِ حقایق دست یابد.

---

۱ - **رسایل**: هم‌آواز. ۲ - **شکور**: شکرگزار.

۳ - **مُقری**: قاری، خواننده و تعلیم کنندهٔ قرآن، اینجا خوانندهٔ زبور مورد نظر است.

۴ - **زَبور**: کتاب آسمانی داوود(ع).

نَفْسِ خود را کُش، جهان را زنده کن　　خواجه را کُشته‌ست، او را بنده کن ۲۵۰۵

«نَفْس امّارهٔ» خود را بکُش و دنیایِ وجودِ خویش را طراوت و شادابی ببخش. او اربابِ خود را که همان «روح خداجوی» توست، به نابودی کشانده است، باید نَفْس را در سیطرهٔ عقل خداجوی خود در آوری.

مـدّعیِ گـاوْ، نَـفْسِ تـوست، هـین!　　خویشتن را خواجه کرده‌ست و مِهین ۲۵۰۶

نَفْسِ تو، مانند آن ستمگری است که ارباب را به قتل رسانید و ادّعای سروری داشت.

آن کُشـندهٔ گـاو، عـقلِ تـوست، رو　　بـر کُشـندهٔ گـاوِ تـن مُنْکِر مشـو ۲۵۰۷

عقل خداجوی تو هم مانند آن کشندهٔ گاو است. این گاو چیزی جز طبایع بشری و تمایلات نَفْسانیِ تن آدمی نیست. مُنکرِ جدّ و جهد کسی که در هلاکت این گاو می‌کوشد، نشو.

عقلْ اسیر است و همی خواهد ز حق　　روزیی بی رنج و نـعمت بـر طـبق ۲۵۰۸

«عقل معاد» یا «عقل خداجوی» تو با تسلّطِ نفس امّاره اسیر و بینواست؛ امّا همواره خواهان رزقِ الهی است که بی‌رنج و به وفور به او برسد.

روزیِ بی رنجِ او موقوفِ چیست؟　　آنکه بکْشد گاو را، کاصلِ بدی‌ست ۲۵۰۹

رزق و روزی بی‌رنج او وابسته به چه چیز است؟ به این که بتواند گاو تن را، یعنی صفات مذموم شَهَوی و غضبی را بکُشد که اصل و ریشهٔ همهٔ بدی‌ها همین است.

نَفْس گوید چون کُشی تو گاوِ من؟[1]　　زانکه گـاوِ نـفس بـاشد نـقشِ تـن ۲۵۱۰

نَفْس به عقل معاد می‌گوید: چرا گاو مرا کشتی؟ زیرا گاوِ نَفْس شبیه تن آدمی است.

خــواجـه‌زادهٔ عـقل مـانده بـی نـوا　　نَفْسِ خونی خواجه گشت و پیشوا[2] ۲۵۱۱

عقلِ والا تبار، بینوا و محروم از رزقِ الهی است؛ امّا نَفْسِ پست، در مُلکِ تن و جان حُکم می‌رانَد.

روزیِ بی رنج می‌دانی کـه چـیست؟　　قوتِ ارواح است و ارزاقِ نَبی[3] است ۲۵۱۲

آیا می‌دانی رزق و روزی بی رنج چیست؟ چیزی جز غذایِ روح و روزیِ الهی که بـه انـبیا داده می‌شود، نیست؛ یعنی «فیضِ ربّانی» که عقل در اثر ارتقا و اتّصال به عقل کُلّ می‌تواند دریافت دارد.

لیک مـوقوف است بـر قـربانِ گـاو　　گـنج انـدر گـاو دان ای کُـنجْ‌کـاو ۲۵۱۳

امّا دریافت آن بدون قربان کردن «نَفْس امّاره» میسّر نیست. ای طالب، با فانی شدن نفس در حق، به گنج حقایق دست می‌یابی.

---

۱ - اشاره است به چالش میان عقل و نفس.　۲ - اشاره است به سیطرهٔ نفس امّاره بر آدمی.
۳ - **ارزاق نَبی** : روزی‌های خاصّ روحانی و الهی که به انبیا داده می‌شود.

دوش چیزی خورده‌ام ورنه تمام دادمی در دستِ فهمِ تو زِمام[1] ۲۵۱۴

دیشب چیزی خورده‌ام، وگرنه، مهارِ معانی و کلام را به‌طور کامل به دست فهم تو می‌سپردم.

دوش چیزی خورده‌ام، افسانه است هر چه می‌آید، ز پنهان خانه است ۲۵۱۵

اینکه گفتم: دوش چیزی خورده‌ام، بهانه و افسانه است، حقیقت چیز دیگری است، احوالِ گوناگونی که بر آدمی عارض می‌شود، همه از نهانخانهٔ غیب می‌رسد.

چشمْ بر اسباب[2] از چه دوختیم؟ گر ز خوش چشمان[3] کَرِشم[4] آموختیم ۲۵۱۶

اگر ادراک معانی غیب و تجلیّات گوناگون حق را از مقرّبانِ درگاه باری تعالیٰ آموخته‌ایم، چرا باید به سبب‌ها چشم بدوزیم؟

هست بر اسباب، اسبابی دگر در سبب[5] منگر، در آن افکن نظر ۲۵۱۷

هر «سبب»، سببِ دیگری دارد، یعنی سبب‌ها دارای مسبّب هستند؛ پس سبب را نبین، قدرت و مشیّت حق تعالیٰ را ببین که «مسبّب» است.

انبیا در قطعِ اسباب آمدند معجزاتِ خویش بر کیوان زدند ۲۵۱۸

پیامبران آمدند که به مردم این معنا را تفهیم کنند که سبب‌هایِ دنیایی، منشأ حقیقی جریان امور نیستند و خودِ آن‌ها توسّط قدرت دیگری سببیّت می‌یابند و با معجزات عدیده که خارقِ عادت بود، این «قطعِ اسباب» را در بالاترین مرتبهٔ خویش به نمایش آوردند.

بی‌سبب مر بَحر[6] را بشکافتند[7] بی زراعت چاشِ[8] گندم یافتند ۲۵۱۹

بدون هیچ سبب ظاهری، موسیٰ(ع)، رود نیل را شکافت و قوم خود را از آن عبور داد و بدون آنکه کشت کند، توانست محصول برگیرد.

---

۱ - این بیت اشارت به این معنا دارد که صرف لقمه‌ای چند که احیاناً برای حاضرانِ در مجالس تقریر مثنوی می‌آورده‌اند، جریان جوشش فکرت را کاسته است و مولانا را در تقریر معانی به اجمال وا می‌دارد.

۲ - **اسباب**: مراد نظام علّت و معلولی است.

۳ - **خوش چشمان**: کسانی که به نور الهی، حقایق را می‌بینند، مراد انبیا و اولیا هستند.

۴ - **کَرِشم**: کرشمه، تجلّی جلالی را گویند. ۵ - سبب سازی و سبب سوزی: ر.ک: ۱۶۱۹/۲.

۶ - مصراع اوّل اشاره است به بیرون رفتن قوم بنی‌اسرائیل از مصر که در بسیاری از آیات قرآن کریم آمده است، از جمله: طه: ۷۷/۲۰. مصراع دوم را می‌توان اشارتی به سهولت این خروج و شکافته شدن رود بدون اسباب ظاهری دانست و هم اشاره به «منّ و سلویٰ» که در صحرای سینا برای این قوم فرستاده شد.

۷ - موسی(ع) و غرق شدن فرعون در رود نیل: ر.ک: ۱۱۹۳/۱ و ۸۴۰/۳.

۸ - **چاش**: غلّه از کاه جدا و پاک شده.

ریگ‌ها هم آرد شد از سعی‌شان   پشمِ بُز ابریشم آمد کَش کشان[1] ۲۵۲۰

تلاش و کوششی که انبیا برای «قطع اسباب» داشتند موجب شد که ریگ به آرد مبدّل شود و پشم بز به ابریشم.

جمله قرآن هست در قطعِ سبب   عِزِّ درویش و هلاکِ بولهب[2] ۲۵۲۱

سراسر قرآن کریم در بیانِ سیطرهٔ تامّ حق تعالی در کُلِّ جهان هستی و «قطع اسباب» است. ادراک این امر و ندیدن «ماسِوی الله»، برای آنان که جز حق نمی‌بینند، موجب عـزّت و بـرای منکران سبب خفّت است.

مرغِ بابیلی دو سه سنگ افکَند   لشکرِ زفتِ حَبَش را بشکَند[3] ۲۵۲۲

از مواردی که در «قطعِ اسباب» در قرآن بدان اشاره شده، قصّهٔ «اصحاب‌الفیل» است که ابرهه با سپاهی گران عازم ویران کردن کعبه شد و مرغان ابابیل سنگریزه افکندند و آنان را کشتند.

پیل را سوراخْ سوراخ افکَند   سنگِ مرغی کو به بالا پَر زند ۲۵۲۳

چند سنگریزه‌ای که پرندگان از آسمان افکندند، فیل‌ها را سوراخ سوراخ کرد.

دمِّ گاوِ کُشته بر مقتول زن   تا شود زنده همان دم در کفن[4] ۲۵۲۴

و یا نمونهٔ دیگری از «قطعِ اسباب» که در قرآن کریم اشارت بدان را می‌یابیم، بقره: ۲/۷۳-۶۷، داستان زنده شدن مقتول است که بنا بر دعای موسیٰ(ع)، وحی الهی رسید و فرمان داد تا قوم، گاو مادهٔ زرد رنگی را کُشتند و دُمِ آن را بر مقتول زدند و او بلافاصله زنده شد و قاتل خود را معرّفی کرد و سپس مرد.

---

۱ - مصراع اوّل اشاره است به حکایتی در تفسیر ابوالفتوح رازی با این مضمون که روزی نمرود فرمان داده بود که به همه غذا بدهند جز ابراهیم(ع)، ابراهیم(ع) که بی‌طعام بازگشته بود از شماتت اعدا شرم داشت و به خانه که می‌رفت کیسهٔ خود را از ریگ بیابان پر کرد، ریگ‌ها به فرمان حق، آرد شد و هنگامی که بامدادان ابراهیم(ع) بیدار شد اهل بیت او نان پخته بودند: احادیث، صص ۲۹۷ و ۲۹۸.
مصراع دوم نیز اشاره است به قصّه‌ای که یوسف بن احمد مولوی ذکر کرده است که بر اساس آن خداوند پشم بُز را برای صفورا همسر موسیٰ(ع) به ابریشم تبدیل فرمود: احادیث، صص ۲۹۹-۲۹۷.

۲ - مصراع دوم، والاترین نمونهٔ فقر روحانی و «قطع اسباب»، حضرت محمّد(ص) است و بولهب نیز در معنای عام آن، اشاره به معاند و منکر است.

۳ - اشاره به داستان تاریخی معروفی که در سال تولّد پیامبر(ص) رخ داد که با دستیابی و تسلّط حبشیان به یمن، ابرهه را که مشتاق استوارسازی قدرت خود و گسترش مسیحیّت در سرزمین‌های عربی بود، به حمله به مکّه واداشت: ر.ک: ۱۳۱۹/۱ و ۲۹۱۱/۲.

۴ - ر.ک: ۱۴۴۰/۲.

حلقِ بُبْریده جَهَد از جایِ خویش   خونِ خود جوید زخونْ پالایِ[1] خویش ۲۵۲۵

مقتول با گلوی بریده از جای بر می‌خیزد و برای خونخواهی قاتل خود را معرّفی می‌کند.

همچنین ز آغازِ قرآن تا تمام   رَفض‌ِ[2] اسباب است و علّت، والسّلام[3] ۲۵۲۶

و به همین ترتیب در سراسر قرآن کریم ردّ اسباب و علل را مشاهده می‌کنیم، والسَّلام.

کشفِ این نه از عقلِ کارافزا[4] شود   بندگی کن تا تو را پیدا شود ۲۵۲۷

امّا ادراک و کشف این معانی از طریق «عقل معاش» ممکن نیست. با تسلیم و بندگی می‌توان آن را دریافت.

بندِ معقولات آمد، فلسفی[5]   شهسوارِ عقلِ عقل[6]، آمد صفی[7] ۲۵۲۸

فیلسوفی که تکیه بر درکِ عقلانی و استدلالی خویش دارد و منکر عوالم غیبی و حقایق است، در نمی‌یابد که ادراک حقایق و «قطع اسباب» از طریق عقل جزوی ممکن نیست، فقط شهسواری می‌تواند به این «کشف و شهود» نایل گردد که به عقل کلّ اتّصال یافته و از معقولاتِ بحثی رهیده باشد.

عقلِ عقلت مغز، و عقلِ توست پوست   معدهٔ حیوان همیشه پوستْ‌جوست ۲۵۲۹

«عقل جزوی»، همانند پوسته بر روی «عقل کُلّ» کشیده شده است و جز با کنار زدن این پوسته، نمی‌توان به مغز آن رسید. «جانِ» انسان تا در مراتب نازله است همیشه به «قشر و پوست» می‌اندیشد و جویای همان است.

مغزْجوی از پوست دارد صد ملال   مغز، نَغزان[8] را حلال آمد حلال ۲۵۳۰

کسی که جویای حقایق است و بدان ره یافته از عقل جزوی که «اهل استدلال» و مُنکرِ عوالم غیب است، سخت دچار ملال و دلتنگی می‌شود. «معارف الهی» بر عارفان حلال است، حلال.

---

۱ - **خون پالا :** خونریز، قاتل.   ۲ - **رَفض :** ترک کردن.

۳ - این ابیات در تبیین چگونگی ارتباط حق تعالیٰ با موجودات و اشیا است: ۱ ـ رشتهٔ سبب‌سازی که جعل وسایط طولیّه و عرضیّه و مادّیّه و مجرّده است. ۲ ـ رشتهٔ خاص یا سبب‌سوزی که جمیع وسایط در مقابل سیطرهٔ عظیم وجوبی حق تعالیٰ، مقهور و فانی هستند: شرح مقدّمهٔ قیصری، ص ۱۲۱.

۴ - **عقلِ کارافزا :** عقلِ مزاحم، عقلِ معاش که تدبیرِ زندگی دنیوی در حیطهٔ درک اوست.

۵ - **فلسفی :** اینجا مُنکر عوالم غیبی که اهل ادلّه و براهین است.   ۶ - **عقلِ عقل :** مراد عقل کلّ است.

۷ - **صفی :** خالص، صافی، کنایه از انسانِ کاملِ واصل.   ۸ - **نغزان :** عارفان و کسانی که عقل خداجو دارند.

چونکه قشرِ عقلْ[1] صد برهان دهد   عقلِ کُلّ کِی گام بی ایقان[2] نهد؟ ۲۵۳۱

«عقل جزوی» که همان «عقل معاش» است، برای هر یک از معارف الهی، صد دلیل و برهان ارائه می‌دهد؛ امّا «عقل کُلّ» هرگز بدون یقین گامی بر نمی‌دارد.

عقل، دفترها کند یکسر سیاه   عقلِ عقلْ آفاق دارد پر ز ماه ۲۵۳۲

عقل جزوی دفتر و کتاب را پر می‌کند؛ امّا عقلِ خداجو به افقِ جانِ آدمی نور می‌دهد.

از سیاهی و سپیدی فارغ است   نورِ ماهَش[3] بر دل و جان بازغ[4] است ۲۵۳۳

«عقل معاد»، نیازی به سیاهی قلم و سپیدی کاغذ، یعنی ابزار درکِ دنیایی ندارد، نور معارفش بر دل و جان می‌تابد.

این سیاه و این سپید اَر قدر یافت   زآن شبِ قدر[5] است کاختروار تافت ۲۵۳۴

اگر «علوم ظاهری» یا «مباحث عقلی» اعتباری دارند، به مناسبت وجود «عقل کُلّ» در «انسان کامل» است که مانندِ ستاره‌ای در میان تاریکی می‌درخشد.

قیمتِ همیان[6] و کیسه از زَر است   بی زِ زر همیان و کیسه ابتر است[7] ۲۵۳۵

همان‌طور که ارزشِ کیسه به زرِّ درون آن است و بدون طلا، کیسه بی‌فایده است، علوم ظاهری و مباحثِ عقلی هم قالب و یا کیسه‌ای‌اند که جانِ آن، علوم و معارفِ الهیِ نشأت گرفته از عقل کلّ است.

همچنانکه قدرِ تن از جان بُوَد   قدرِ جان از پرتوِ جانان بُوَد ۲۵۳۶

همان‌گونه که ارزش «تن» آدمی به «جان» اوست، جان نیز هنگامی ارج می‌یابد که پرتو حق بر آن بتابد.

گر بُدی جان زنده بی پرتو کنون   هیچ گفتی کافران را مَیِّتُون؟[8] ۲۵۳۷

اگر «جان» بدون تابش «نور حق» می‌توانست زنده باشد، خداوند، کافران را «مُردگان» خطاب نمی‌کرد.

---

۱ - **قشر عقل :** عقل جزوی. ۲ - **ایقان :** یقین. ۳ - **نور ماه :** نور معرفت.

۴ - **بازغ :** تابان و درخشان.

۵ - **شب قدر :** در اینجا مراد از «شب قدر»، عقل کلّ است که در انسان کامل ظهور می‌یابد.

۶ - **همیان :** کیسه. ۷ - **ابتر :** ناقص، بی‌فایده و بی‌مصرف.

۸ - اشارتی قرآنی؛ زُمَر: ۳۰/۳۹: إِنَّكَ مَيِّتٌ وَ إِنَّهُمْ مَيِّتُونَ : تو میرا هستی و آنان هم میرا هستند.
مولانا در این بیت، «إِنَّهُمْ مَيِّتُون» را به این ترتیب تفسیر کرده است که کافران در طولِ حیاتِ این جهانی نیز مُرده‌اند؛ زیرا جان آنان از پرتو نور حق بی‌نصیب است.

هین بگو که ناطقه جو می‌کَنَد تا به قرنی بعدِ ما، آبی رسد ۲۵۳۸

مولانا خطاب به خود می‌گوید: همچنان حقایق و معارف را بیان کن؛ زیرا نَفْسِ ناطقهٔ تو با سخن گفتن، جویی را می‌کَنَد که علومِ الهیِ مثنوی در آن جریان می‌یابد و معارف را به آیندگان می‌رسانَد.

گرچه هر قرنی سخنْ‌آری بُوَد[1] لیک گفتِ سالفان[2] یاری بُوَد ۲۵۳۹

هرچند که در هر قرن بزرگان و کاملانی هستند که حقایق را برای مردم بگویند؛ امّا سخن و کلامِ پیشینیان همواره یاری دهنده است.

نه که هم تورات و انجیل و زَبور شد گواهِ صدقِ قرآن؟ ای شَکور! ۲۵۴۰

ای انسان شاکر، مگر تورات و انجیل و زبور گواه و مؤیّد تعلیمات قرآن کریم نیست؟

روزیِ بی رنج جو و بی‌حساب کز بهشت آوَرَد جبریلْ[3] سیب ۲۵۴۱

جویای روزیِ بی‌رنج و بی‌حساب، یعنی فیوضات ربّانی باش تا به کمالی برسی که جبرائیلِ عقل از بهشتِ قُرب، حقایق را برایت به ارمغان آوَرَد.

بلکه رزقی از خداوندِ بهشت بی صُداع[4] باغبان، بی‌رنجِ کِشت[5] ۲۵۴۲

بلکه به مرتبه‌ای ارتقا یابی که در آن بدون واسطه، از خداوندی که خالق بهشت است، رزق و روزی روحانی و معنوی خود را دریافت داری.

زانکه نفعِ نان[6] در آن نان دادِ اوست بدهدت آن نفع بی توسیطِ[7] پوست ۲۵۴۳

زیرا منفعتی که از خوردن نان حاصل می‌شود، سیری و بی‌نیازی است و این حالتِ «سیر چشمی» و «بی‌نیازی» چیزی جز عطای الهی نیست، اگر حق اراده کند بدونِ نان، آن حالت در تو ایجاد می‌شود.

---

۱ - اشارتی قرآنی؛ هود: ۱۲۰/۱۱: و یکایک اخبار پیامبران را بر تو می‌خوانیم، همانچه به آن دل تو را استوار می‌داریم، و در این [سوره] حق و موعظه و تذکّری برای مؤمنان بر تو نازل شده است.

۲ - **سالفان:** جمع سالف، پیشینیان.

۳ - **جبریل:** جبرائیل، فرشتهٔ واسطهٔ وحی، در فلسفهٔ ذوقی و عرفان گاه کنایه از عقل دهم یا عقل فعّال است که حاکم بر عالم ناسوت است و در ادبیّات و تأویلات عرفانی، مراد از آن، آخرین مرحلهٔ کلمات الله است در جهت نزول که ارواح آدمیان از این کلمه است. نقل از: ف. سجّادی، صص ۲۸۴ و ۲۸۵. ۴ - **صُداع:** درد سر.

۵ - مصراع دوم: بدون آنکه باغبان رنجی ببرد و برای خویش دردسری فراهم کند.

۶ - **نفع نان:** سیر شدن و بی‌نیازی. ۷ - **توسیط:** واسطه کردن.

ذوقْ پنهان، نقشِ نان چون سفره‌ای‌ست   نـــانِ بـی‌سفره[۱] ولی را بـهره‌ای‌ست[۲] ۲۵۴۴

نقشِ ظاهرِ نان، همانند سفره‌ای است که برای همگان گسترده شده؛ امّا ذوقِ ناشی از خوردن نان در آن نهان است که این ذوق و بی‌نیازی، نصیبِ اولیای حق است کـه بـا رزقِ معنوی به سیرچشمی رسیده‌اند.

رزقِ جانی، کِی بَری با سعی و جُست؟   جز به عـدلِ شـیخ، کـو داوود تـوست ۲۵۴۵

با سعی و کوشش نمی‌توان به این رزق روحانی دست یافت. آن رزق با همّت و امـدادِ باطنیِ شیخ و مُرشد که به منزلهٔ داوود توست، حاصل می‌شود.

نَفْس، چون با شـیخ بـیند گـام تـو   از بُـنِ دنـدان[۳] شـود او رامِ تـو ۲۵۴۶

هنگامی که نفس، تو را همراهِ شیخ ببیند، با تمام وجود تسلیم و رام می‌شود.

صـــاحبِ آن گـــاو رامْ آنگـــاه شـد   کــز دَمِ داوود او آگـــاه شـــد ۲۵۴۷

صاحب آن گاو هم که نمادی از «نَفْس امّاره» است، هنگامی که از همراهی و استمدادِ آن فقیر از داوود(ع) آگاه گردید، از تأثیرِ نَفَسِ گرمِ او که برخاسته از علم الهی بود، تسلیم شد.

عقل، گـاهی غـالب آیـد در شکـار   بر سگِ نَفست، که باشد شـیخ یـار ۲۵۴۸

هنگامی که شیخ به تو یاری برسانَد، عقل می‌تواند بر سگِ نفس تو چیره شود.

نَفْس اژدرهاست، با صد زور و فن   رویِ شیخ او را زمـرّد، دیـده کَـن[۴] ۲۵۴۹

نَفْسِ امّاره، مانندِ اژدهایی نیرومند و حیله‌گر است، دیدارِ شیخ و مصاحبتِ او، چشم این اژدها را کور می‌کند.

گر تـو صـاحب گـاو را خـواهـی زبـون   چون خران سیخش کن آن سوای حرون[۵]! ۲۵۵۰

ای سرکش، اگر می‌خواهی نفس امّاره‌ات زبون و خوار باشد، همانند خران او را به سوی شیخِ کامل بران، او به دل‌خواه این راه را نمی‌رود، باید مجبورش کرد.

---

۱ - **نان بی سفره:** رزق معنوی و سیر چشمی.

۲ - نان یا رزق دنیایی اشاره است به علوم رسمی و کسبی، نان بی‌سفره اشاره است به علوم و حکمت الهی.

۳ - **بُن دندان :** از صمیم قلب.

۴ - مصراع دوم: نیکلسون در شرح مثنوی مولوی، ج ۳، ص ۱۲۰۰ می‌نویسد: اشارتی است به این عقیدهٔ قدما که دیدن زمرّد سبب می‌شود تا چشمان مار و افعی سمّی از سرش بیرون جهد.

۵ - **حَرون :** اسب و استر سرکش، چموش.

چـون بـه نـزدیکِ وَلیُّ اللّـه شـود آن زبـانِ صــد گَـزَش کـوته شـود ۲۵۵۱

هنگامی که نَفْس به محضر ولی الله برسد، زبان بلندش کوتاه می‌شود؛ یعنی در برابر تأثیر قدرتِ روحانیِ مردِ حق به ناچار تسلیم می‌شود.

صد زبان و هـر زبـانش صـد لغت زرق[1] و دستانش[2] نیاید در صـفت ۲۵۵۲

نَفْس امّاره موجود غریبی است، گویی صد زبان و صد لهجه دارد؛ یعنی به روش‌هـای گوناگون می‌تواند ما را بفریبد، ریاکاری و نیرنگ او در وصف نمی‌گنجد.

مُـدّعی گـاوِ نَـفْس آمـد، فـصیح[3] صد هـزاران حـجّت آرَد نـاصحیح ۲۵۵۳

نفس امّاره، مانندِ مدّعی گاو است که قصّه‌اش را به پایان آوردیم و دیـدی کـه چگـونه صدها هزار دلیل برای حقّانیّت خویش آورد و همه نادرست بود.

شــهر را بــفریبد الاّ شــاه[4] را رَه نــتاند زد[5] شــهِ آگــاه را ۲۵۵۴

نَفْس می‌تواند همه را فریب دهد، جز مرد حق را، هرگز نمی‌تواندانسان کامل را گول بزند.

نفس را تسبیح و مُصحف در یمین[6] خـنجر و شـمشیر انـدر آسـتین ۲۵۵۵

نفس، تسبیح و قرآن را در دست راست می‌گیرد و خنجر و شمشیر را در آستین نهان کرده است.

مصحف و سالوسِ او بـاور مکـن خویش با او هم سِر و هم سَر مکن ۲۵۵۶

قرآن و ریاکاری او را باور نکن. خود را با او همراز و همدم نگردان.

سـویِ حـوضت آورد بـهرِ وضـو وانـدر انـدازد تـو را در قـعرِ او ۲۵۵۷

تو را برای وضو گرفتن به کنار حوض می‌آورد و به قعر آن می‌افکند.

عـقلْ نـورانـی و نـیکو طـالبی‌ست نفسِ ظلمانی بر او چون غالبی‌ست؟ ۲۵۵۸

عقل به ذات خویش منوّر و طالب حقایق است، چگونه نَفْسِ ظلمانی بر او سیطره می‌یابد؟

زانکه او در خانه، عقلِ تـو غـریب بر درِ خود، سگ بُـوَد شـیرِ مَـهیب ۲۵۵۹

زیرا «نَفْس امّاره» در صمیم ذات با «تن» آدمی که مادّی است، متّحد و همجنس است؛ امّا

۱ - **زرق** : دو رنگی. ۲ - **دستان** : مکر و تزویر. ۳ - **فصیح** : زبان‌آور.
۴ - **شاه** : مراد مرد حق است که بر نفس خویش امیر است و بر دل‌ها سلطنت می‌کند.
۵ - **ره زدن** : گمراه کردن، به بیراهه کشانیدن. ۶ - **یمین** : دست راست.

«عقل جزوی» در جایگاهِ راستین خود که اتّصال به عقل کلّ است، قرار نگرفته؛ بنابراین در غربت و تنهاست و تهاجمات نفسانی به او، طبیعی است؛ زیرا سگِ نَفْس بر در خانهٔ خود، همانند شیر می‌غرّد.

۲۵۶۰ **باش تا شیران سویِ بیشه روند ‌ ‌ ‌ ویـن سگـانِ کور آنجا بگروند**

صبر کن تا جویندگان راه حق که سالکان‌اند به محضرِ شیخ کامل بروند و از فیض صحبت او بهره برند و این سگان کور در آنجا آرام یابند.

۲۵۶۱ **مکرِ نَفْس و تـن نـداند عـامِ شـهر ‌ ‌ ‌ او نگردد جز به وَحْیُ القَلب قـهر**

اکثرِ مردم از نیرنگ نَفْس و تن بی‌خبرند و نمی‌دانند که نفس جز با آگاهیِ معنوی و الهام قلبی مقهور نمی‌شود.

۲۵۶۲ **هر که جنسِ اوست، یارِ او شـود[1] ‌ ‌ ‌ جـز مگـر داوود کآن شـیخت بُـوَد**

هر کسی که با نفس سنخیّت دارد؛ یعنی عام خلق که غـافل و نـاآگـاه‌انـد، بـا او هـمراه می‌شوند، جز داوودصفتی که شیخ کامل توست.

۲۵۶۳ **کو مبدّل گشت و جنسِ تن نماند[2] ‌ ‌ ‌ هر کـه را حـق در مـقامِ دل نشـاند**

زیرا شیخ کامل از نظر صفات و سرشت تبدیل یافته است و طبیعتِ مادّی ندارد. هر کس که از مرتبهٔ نفس بالاتر برود و به مقام دل برسد، چنین است.

۲۵۶۴ **خـلقْ جـمله عـلّتی‌انـد[3] از کـمین[4] ‌ ‌ ‌ یـارِ عـلّت می‌شود عـلّت یـقین[5]**

همهٔ مردم بی‌آنکه بدانند در سیطرهٔ نَفْسِ امّاره‌اند؛ یـعنی بـا تـوجّه بـه «اطوار سبعه» در نازل‌ترین مرتبهٔ آن که «مقامِ نَفْس» است، جای دارند و از نظر باطن بیمارند و مسلّم است که علّت به علّت می‌پیوندد، اشاره به همین معنا را در کلام الهی می‌یابیم.

---

۱ - نفس در ابتدای وجود حکم طبیعت را دارد، بعد از طیّ مراحل طبع و نیل به مقامات خیال و سایر قوای باطنی و رسیدن به مقام تعقّل و ادراک کلیّات و اتّحاد با عقول کلّیّه و شهود حقایق به جایی می‌رسد که از باطنِ ذاتِ خود و وجودِ معنویِ خویش تغذیه می‌کند: شرح مقدّمهٔ قیصری، صص ۲۱۷ و ۲۱۸.

۲ - انسان به اعتبار باطن دارای هفت بطن است که همان لطایف سبعه یا اطوار سبعه است و توضیحات مربوط بدان را قبلاً آورده‌ایم: ر.ک: ۳۵۱۳/۱.

۳ - **علّتی** : دچار علّت، دچار بیماری.

۴ - **از کمین** : در نهان و بی‌آنکه بدانند.

۵ - اشارتی قرآنی؛ آل‌عمران : ۱۴/۳ : عشق به خواستنی‌ها از جمله زنان و فرزندان [پسران] و مال هنگفت اعم از زر و سیم و اسبان نشان‌دار و چارپایان و کشتزاران، در چشم مردم آراسته شده است، این‌ها بهرهٔ [گذرای] زندگانی دنیاست، و نیک سرانجامی نزد خداوند است.

هــر خَســی دعــوی داوودی کـند هر که بی تمییز[۱] کف در وی زنـد[۲] ۲۵۶۵

هر مدّعیِ فرومایه خود را کامل می‌پندارد و ادّعای ارشاد دارد و هر ناآگاهی نیز به او می‌گرود.

از صــــیادی بشـــنود آوازِ طَـیْر مــرغِ ابـله مـی‌کند آن سـوی سَـیْر ۲۵۶۶

پرندهٔ احمق از شکارچی صدای پرنده را می‌شنود و به سوی او پرواز می‌کند.

نقد[۳] را از نَقل[۴] نشناسد، غَـوی‌ست[۵] هین! از او بگریز، اگرچه معنوی‌ست ۲۵۶۷

این مدّعیِ گمراه تفاوتِ «کشف و شهود» و «علوم تقلیدی» را نمی‌داند، آگاه باش و از او فرار کن، هرچند که در رفتار و گفتار، همانند اهل معنا باشد.

رُسته[۶] و بربَسته[۷] پیشِ او یکی‌ست گر یقین دعوی کند، او در شکی‌ست ۲۵۶۸

«حقیقی» و «غیر حقیقی» در نظر او یکسان است. اگر ادّعا کند به یقین رسیده، باز در تردید است.

این چنین کس گر ذکیّ[۸] مطلق است چونش این تمییز نَبْوَد، احمق است ۲۵۶۹

اگر او تیزهوش‌ترین هم باشد؛ چون اصل و فرع را تشخیص نمی‌دهد، احمق است.

هین! از او بگریز چون آهو ز شـیر سـوی او مَشْـتاب ای دانـا دلـر! ۲۵۷۰

ای دانای دلیر، آگاه باش و از او فرار کن، همان‌گونه که آهو از شیر می‌گریزد، به سوی او نرو.

گریختنِ عیسی علیه السّلام، فرازِ کوه از احمقان[۹]

عیسی(ع) با شتاب به سوی کوهی می‌گریخت. شخصی او را دید و جویای علّت این شتاب و گریز شد. عیسی(ع) فرمود: از احمق می‌گریزم. آن شخص که از معجزات بسیاری که بر دست

---

۱ - **بی تمییز** : ناآگاه. ۲ - **کف در وی زند** : به او می‌گراید.

۳ - **نقد** : اشاره به «علم تحقیقی» که برخاسته از جان متعالی و کمال یافتهٔ صاحب آن است.

۴ - **نقل** : اشاره به «علم تقلیدی» که در وجود صاحب خویش عاریه است. ۵ - **غَویّ** : گمراه.

۶ - **رُسته** : روییده، اشاره به دانشی که از جان متعالی و کامل نشأت می‌یابد، اشاره به «علم تحقیقی».

۷ - **بربسته** : چیزی که اصل و ریشه‌ای ندارد و به چیز دیگری بسته و متّصل می‌شود، اشاره به «علم تقلیدی».

۸ - **ذکیّ** : با ذکاوت، تیزهوش.

۹ - مأخذ آن روایتی است که در محاضرات راغب، ج ۱، ص ۷ آمده است و با همان مضمون غزّالی هم در کتابی موسوم به یذکر فیه حماقة اهل الاباحة، ص ۱ آورده است. زمخشری هم در ربیع‌الابرار، باب جنون و الحمق، آن را به این صورت نقل می‌کند: عیسی(ع) فرمود: من نابینا و پیس را درمان کرده و سلامتی را به آنان باز گردانده‌ام؛ امّا از درمان احمق عاجز هستم: احادیث، صص ۳۰۰ و ۳۰۱.

عیسی(ع) جاری شده بود، آگاه بود، با تعجّب از آن حضرت پرسید که ای روح پاک، با در دست داشتن آن فسون و اسم اعظم از چه کس باک داری؟ عیسی(ع) گفت: اسم اعظم که کر و کور را شفا داد و مرده را زنده کرد بر دل احمق تأثیری ندارد. **«گفت رنج احمقی قهر خداست»**.

عیسیِ مریم به کوهی می‌گریخت　　شیر گویی خونِ او می‌خواست ریخت ۲۵۷۱

عیسی(ع) فرزندِ مریم(س) به کوهی می‌گریخت، گویی که شیر قصد ریختن خون او را داشت.

آن یکی در پی دوید و گفت: خیر　　در پی‌ات کس نیست، چه گْریزی چو طیر؟ ۲۵۷۲

یکی در پیِ او دوید و گفت: خیر باشد، کسی تو را تعقیب نمی‌کند، چرا مثل پرنده می‌گریزی؟

با شتاب او آنچنان می‌تاخت جُفت　　کز شتابِ خود، جوابِ او نگفت ۲۵۷۳

عیسی(ع) چنان با سرعت می‌دوید که شتاب او مانع پاسخ‌گویی شد.

یک دو میدان در پیِ عیسی براند　　پس به جِدِّ جِدّ عیسی را بخواند ۲۵۷۴

آن شخص یکی، دو میدان در پی او دوید؛ سپس خیلی جدّی او را صدا کرد.

کز پیِ مرضاتِ[1] حق یک لحظه بیست　　که مرا اندر گریزت مُشکلی‌ست ۲۵۷۵

و گفت: برای رضای خدا لحظه‌ای تأمّل کن که این گریختن تو، برای من مشکلی شده است.

از که این سو می‌گریزی ای کریم؟　　نه پی‌ات شیر و نه خصم و خوف و بیم ۲۵۷۶

ای مرد بخشنده، برای چه به این سو می‌گریزی؟ نه شیری در پی توست، نه دشمنی و نه بیم و ترسی داری.

گفت: از احمق گریزانم، برو　　می‌رهانم خویش را، بندم مشو ۲۵۷۷

عیسی(ع) گفت: از احمق می‌گریزم تا خود را از دست او برهانم، برو و مزاحم من نشو.

گفت: آخِر آن مسیحا نه توی　　که شود کور و کر از تو مُستوی[2]؟ ۲۵۷۸

آن شخص گفت: آخر مگر تو همان مسیح نیستی که کور و کر از دستت شفا می‌یابند؟

گفت: آری، گفت: آن شه نیستی　　که فسونِ[3] غیب[4] را مَأویستی؟ ۲۵۷۹

گفت: آری، منم. او گفت: تو همان شاه نیستی که از علوم و اسرار باخبر است؟

---

۱ - **مرضات**: رضایت.　۲ - **مُستوی**: راست و مستقیم، اینجا به معنی شفا یافتن و درمان پذیرفتن است.
۳ - **فسون**: افسون، از علوم غریبه.　۴ - **فسون غیب**: علوم و اسرار الهی.

چون بخوانی آن فسون بر مُـرده‌یی   بر جَهَد چون شیرِ صـید آورده‌یـی ۲۵۸۰

هنگامی که آن افسون را بر مُرده‌ای می‌خوانی، همانند شیری که شکاری را یافته است از جای می‌جهد.

گـفت: آری آن مـنم، گـفتا: کـه تـو   نه زِ گِل مرغان کنی ای خوب رُو؟[1] ۲۵۸۱

گفت: آری، منم. آن شخص گفت: ای صاحب جمال، تو همان نیستی که از گِل پرنده می‌سازی؟

گفت: آری، گفت: پس ای روحِ پـاک!   هر چه خواهی می‌کنی، از کیست باک؟ ۲۵۸۲

گفت: آری. او گفت: ای روح مقدّس، تو که هر چه بخواهی، می‌کنی، از که بیمناک هستی؟

با چنین بُرهان[2]**، که باشد در جهان   کـه نـباشد مـر تـو را از بـندگان؟** ۲۵۸۳

با چنین حجّت و حقّانیّت، در جهان کیست که مطیع و تسلیم تو نباشد؟

گفت عیسی که: به ذاتِ پاکِ حـق   مُبْدِع[3] **تـن خـالقِ جـان در سَـبَق**[4] ۲۵۸۴

عیسی(ع) گفت: به ذات پاک حق تعالیٰ که جسم را آفرید و پیش از آن جان را در ازل خلق کرده‌است،

حـرمتِ[5] **ذات و صـفاتِ پـاکِ او   که بُوَد گـردون گـریبانْ چـاکْ**[6] **او** ۲۵۸۵

به احترام ذات و صفات پاک حق تعالیٰ که افلاک و آسمان‌ها از عشق او بیقرارند،

کآن فسون و اسمِ اعظم را کـه مـن   بر کر و بر کور خواندم، شد حَسَـن ۲۵۸۶

آن افسون و اسم اعظم را که من بر نابینا و ناشنوا خواندم و شفا یافت،

بر کُهِ سنگین بخواندم شد شکـاف   خرقه را بِدْرید[7] **بر خود تا به نـاف** ۲۵۸۷

آن را بر کوه سنگی خواندم، بر خود شکافت و خرقهٔ قالب را درید و پاره پاره کرد،

---

۱ - اشارتی قرآنی؛ آل‌عمران : ۴۹/۳ : و پیامبری است به سوی بنی اسرائیل که [با آنان می‌گوید] من از سوی پروردگارتان برای شما معجزه‌ای آورده‌ام که از گل برای شما چیزی به هیأت پرنده می‌سازم و در آن می‌دمم و آن به اذن الهی پرنده [جاندار] می‌شود و به اذن الهی نابینای مادرزاد و پیس را بهبود می‌بخشم و مردگان را زنده می‌کنم، و از آنچه می‌خورید و در خانه‌هایتان ذخیره می‌کنید به شما خبر می‌دهم. اگر اهل ایمان باشید در این برای شما مایهٔ آگاهی و عبرت است.

۲ - **برهان :** حجّت و بیان واضح، حقّانیّت، در اصطلاح منطق و حکمت، قیاسی است که از مقدّمات یقینی مرکّب است و نتیجهٔ آن یقین دیگری است نه ظنّ.   ۳ - **مُبدع :** آفریننده.   ۴ - **در سَبَق :** در ازل.

۵ - **حرمت :** بزرگداشت، حشمت، شکوه.   ۶ - **گریبان چاک :** عاشق بیقرار.

۷ - **خرقه دریدن :** علامت وجد و حال است.

بر تنِ مُرده بـخوانـدم، گشت حَـیْ   بر سرِ لاشَیْ[1] بخواندم، گشت شَـیْ ۲۵۸۸

بر مُرده خواندم و زنده شد، بر هیچ خواندم و آن هیچ به چیزی تبدیل شد،

خواندم آن را بر دلِ احمق بـه وُدّ[2]   صـد هـزاران بـار و درمـانی نشـد ۲۵۸۹

آن فسون و اسم اعظم را هم به محبّت تمام، صدها هزار بار بر دل آدم احمق خواندم؛ امّا شفا نیافت.

سنگِ خارا[3] گشت و زآن خُو بر نگشت   ریگ شـد، کـز وی نـرویَد هـیچ کَشت ۲۵۹۰

او سنگی سخت شد و از حماقت دست بر نداشت، ریگی شد که گیاه در آن نمی‌روید.

گفت: حِکمت چیست کآنجا اسمِ حق   سود کـرد، ایـنجا نـبود آن را سَـبَق[4]؟ ۲۵۹۱

گفت: حکمتِ الهی چیست که اسم اعظم آنجا مؤثّر بود و اینجا اثر ندارد.

آن همان رنج است و این رنجی، چرا   او نشـد ایـن را، و آن را شـد دوا؟ ۲۵۹۲

بیماریِ جسمانی رنج بود و حماقت هم رنج است؛ چرا اسمِ اعظم ایـن رنـج را درمـان نمی‌کند و آن‌ها را شفا می‌دهد.

گفت: رنجِ احـمقی قـهرِ[5] خـداست   رنج و کوری نیست قهر، آن اِبتلاست[6] ۲۵۹۳

عیسی(ع) گفت: حماقت، قهرِ الهی است، بیماری‌های جسمانی مثل کوری، قهر نیست، این موارد ابتلا هستند؛ یعنی در بلا و رنج افکندن نوعی آزمونِ خداوند به شمار می‌آیند.

ابـتلا رنــجی‌ست کآن رحـم آوَرَد   احمقی رنجی‌ست کآن زخم آوَرَد[7] ۲۵۹۴

ابتلا به بلا و رنج، موجب ترحّم دیگران است؛ امّا بیماریِ حماقت، سبب صدمه زدن به خود و دیگران می‌شود.

آنچه داغِ اوست، مُهر او کرده است   چاره‌یی بـر وی نـیارد بُـرد دست[8] ۲۵۹۵

حماقت، داغی است که قهرِ الهی زده و مُهر کرده است؛ بنابراین کسی نمی‌تواند در مُهرِ او تغییری دهد و چاره‌ای بیندیشد.

---

۱ - **لاشَیْ** : هیچ، عدم.   ۲ - **به وُدّ** : با محبّت.   ۳ - **سنگ خارا** : نوعی از سنگ سخت.
۴ - **سَبَق** : پیشی گرفتن، اینجا به معنی در آمدن و نفوذ کردن.   ۵ - **قهر** : چیرگی، خوار کردن، انتقام، عذاب.
۶ - **ابتلا** : آزمودن، آزمایش، در بلا و رنج افکندن.
۷ - **زخم آوَرَد** : موجب صدمه برای خود و دیگران می‌شود.
۸ - اشارتی قرآنی؛ بقره : ۷/۲ : ر.ک: ۴۰۹/۱ و ۱۱۰۹/۳.

زاحمقان بگریز، چون عیسی گـریخت صحبتِ احمق بسی خون‌ها که ریخت ۲۵۹۶

همان‌گونه که عیسی(ع) از احمق گریخت، از ابلهان فرار کـن؛ زیـرا مـصاحبت بـا احـمق خون‌ها ریخته است.

انـــدک انـــدک آب را دُزدد هـوا دین چنین دُزدد هم احمق از شـما ۲۵۹۷

همان‌طور که هوا آرام آرام آب را می‌دزدد و آب را به بخار تبدیل می‌کند، احمق هم به تدریج دین و ایمان شما را زوال می‌آورد.

گـرمی‌ات را دزدد و سـردی دهـد همچو آن کو زیرِ کون سـنگی نـهد ۲۵۹۸

آدم احمق شور و اشتیاقِ دینی و ایمانی‌ات را می‌گیرد و در سیر و سلوک به حق تو را سرد و بی‌تفاوت می‌کند، همان‌گونه که با نشستن روی سنگ، گرمایِ بدن جذب سنگ می‌شود و در عوض سردی می‌یابد.

آن گـریزِ عـیسی نـه از بـیم بـود آمِـن است او، آن پـیِ تـعلیم بـود ۲۵۹۹

گریختنِ عیسی(ع) از ترس نبود، او از گزند احمق در امان است، این کار برای تعلیم به خلق بود که باید از ابله گریخت.

زَمـــهریر[1] ار پُـر کـند آفـاق را چه غم آن خورشیدِ بـا اشـراق را؟ ۲۶۰۰

اگر سرمای شدید جهل و یا حماقت تمام جهان را فرا گیرد، خورشید فروزانِ جان تابناک عیسی(ع) و مردِ حق همچنان گرم و تابان بر جای می‌ماند.

قصّهٔ اهلِ سبا و حماقتِ ایشان و اثر ناکردنِ نصیحتِ انبیا در احمقان

قصّهٔ اهل سبا در اوایل دفتر سوم مطرح شد[2]؛ امّا تداعی معانیِ دیگر سبب قطع آن شد و اینک به موجبِ «یادم آمد قصّهٔ اهل سبا» مجالِ حضور می‌یابد.

اهل سبا، همان‌گونه که در اوایل دفتر سوم آمد از امنیّت و آسایش و نعمت بسیار بهره داشتند؛ امّا به تعبیرِ مولانا، قومی «بد اصل» و «بد رگ» بودند کـه از «اسباب لِقا» مـی‌رمیدند.

---

۱ - **زَمهریر**: سرمای سخت. ۲ - ر.ک: ۲۸۲/۳.

سیزده پیامبر از سوی حق مأمور هدایت این گمرهان شدند و آنان را به شکر نعمت فراخواندند؛ امّا قوم گفتند که ما از شکر و نعمت ملول شده و از عطای وافر، چنان پژمرده‌ایم که نه طاعت را خوشایند می‌یابیم و نه خطا را.

انبیا که این قوم سرکش را در انکار حق مُصِرّ می‌یابند، آنان را بیمار و خویش را طبیبان الهی می‌خوانند که برای درمان آفتِ جانِ آن‌ها آمده‌اند؛ ولی منکران با ایشان به احتجاج بر می‌خیزند و در ردّ دعوی طبیبان الهی آنان را همانند خود، وابستهٔ آب و گِل می‌خوانند که به حبّ جاه و سروری لافی گزاف دارند و دعوت انبیا را با ذکر تمثیلی همانند دعوی پوچ خرگوشی می‌دانند که خود را رسول ماه آسمان خواند و توانست شاه پیلان را که سخت گول و بیخرد بود بترسانَد و بِرَمانَد؛ امّا خود را مردمی خردمند می‌دانند که گول چنین سخنانی را نمی‌خورند.

انبیا به قومِ حق‌ستیز گوشزد می‌کنند که ذکرِ تمثیل درکار حق، حدّ شما نیست، قومِ گمراه نوح هم هنگامی که کشتی در بادیه‌ای بی‌آب ساخته می‌شد، از تمسخر صدها مَثَل زدند و عاقبت با فرا رسیدن توفان، حقیقت را دریافتند. همانند آن کس که نیم‌شب در بُنِ دیوار حفره می‌کَند و در پاسخ پرسشگران می‌گفت: دُهُلی می‌زنم که صدای آن فردا برخواهد خاست. هدایت ما و انکار شما، دُهُلی است که صدای آن روز رستاخیز با نعرهٔ یاحسرتا واویلتای شما بر می‌خیزد.

انبیا به آنان گوشزد می‌کنند که ترک حزم از حرص، شما را در دام هلاکت می‌افکَنَد همان‌گونه که مرغ از حرص و هوا حزم را فرو می‌نَهَد و در دام گرفتار می‌آید و برای آنان به تفصیل شرح می‌دهند که حکایتِ جهل ایشان، قصّهٔ کاهلی و خودرأیی سگان است که هر زمستان در سرمای سخت با خود عهد می‌کنند که در تابستان لانه‌ای برای روز سرما بسازند؛ امّا گرمای تابستان که فرا می‌رسد، کاهلی و سیری آنان را به سایهٔ دیواری می‌کشانَد.

انبیا به قوم می‌گویند که «بندی نهان و قفلی گران» بر دل و جان شماست که از قبول حقایق روی بر می‌تابید و منکران در پاسخ به احتجاج می‌گویند که اگر دست حق بر دل ما قفلی نهاده است، گشودن آن به دست شما نتواند بود و اظهار می‌دارند که اقوال و امثال شما بوی مرگ و نیستی می‌دهد و وجود شما برای ما حاصلی جز نحس و ادبار ندارد و بدین سان پس از سؤال و جواب‌های مکرّر پیامبران از ارشاد و هدایت ایشان ناامید می‌شوند و استمرار این قوم حق‌ستیز را در کفر میراث آباء ایشان می‌یابند که فساد و تباهی را از نسلی به نسلی و از نَفْسی به نَفْسی منتقل ساختند. **«ماهی از سرگنده باشد نه ز دم»**

۲۶۰۱ یــادم آمـــد قصّهٔ اهـلِ سبــا   کــز دَمِ احمق صباشان شد وبــا

قصّهٔ قوم سبا را به یاد آوردم که از نَفَس احمق، بادِ صبا، یعنی سعادت آنان به بلای علاج‌ناپذیری مبدّل شد.

۲۶۰۲ آن سبا مانَد به شهرِ بس کَلان   در فسانه بشنوی از کــودکـان

سبا شبیه به شهر بزرگی بود که در قصّه‌های کودکانه هم می‌توانی آن را بشنوی.

۲۶۰۳ کـــودکـــان افســانه‌ها مـی‌آورند   دَرجْ¹ در افسانه‌شان بس سِرّ و پند

برای کودکان افسانه‌هایی را نقل می‌کنند که در آن‌ها اسرار و اندرزهای بسیار نهفته است.

۲۶۰۴ هـــزل‌هــا² گـــوینـد در افســانه‌ها   گنج مــی‌جـو در همه ویرانه‌ها

در لابلای قصّه‌ها سخنان هزل‌آمیز می‌گویند؛ امّا تو در میانِ این ویرانه‌ها جویای گنج حقایق باش.

۲۶۰۵ بود شهری بس عظیم و مِهْ، ولی   قدرِ او قدرِ سُکَرّه³ بیش نی⁴

سبا، شهری بسیار بزرگ و عظیم بود؛ امّا اندازه‌اش از یک کاسهٔ سفالین بیشتر نبود.

۲۶۰۶ بس عظیم و بس فـراخ و بس دراز   سـخـت زَفتِ زَفت، انـدازهٔ پـیــاز

بسیار بزرگ و پهناور و طولانی، بسیار محکم و استوار، همانند پیاز بود.

۲۶۰۷ مـردمِ دَه شهر مـجمـوع انـدر او   لیک جمله سـه تـن ناشُستـه⁵ رو⁶

جمعیّتِ ده شهر در آنجا گِرد آمده بودند؛ امّا همهٔ آنان، سه تن ناپاک بودند.

۲۶۰۸ انـدر او خـلـق و خلایق⁷ بـی‌شمار   لیک آن جمله سه خام پُخته خوار⁸

در شهرِ سبا مردمِ بی‌شماری بودند؛ امّا همهٔ آنان چیزی بیش از سه تن نادان و مفت‌خور نبودند.

---

۱ - دَرج: چیزی را در چیز دیگر گنجانیدن.   ۲ - هَزل: لاغ، سخن بیهوده، ضدّ جد.
۳ - سُکَرّه: کاسه گلی.
۴ - «شهری بس عظیم و مِه»، اشاره به هستی دنیایی است که از دیدگاه اهل آن، عظیم می‌نماید؛ امّا از نظر اهل معنا، بسیار حقیر و ناچیز است.   ۵ - ناشسته رو: ناپاک.
۶ - سرّ سخن در این قصّهٔ رمزآمیز در تبیین این معناست که «اهلِ دنیا» هرچند که به ظاهر بسیار کثیر و بی‌شمار هستند؛ امّا در واقع، روح آنان بنا بر گرایشی که دارد در یکی از سه گروه ناپاک قرار می‌گیرد.
۷ - خلق و خلایق: مخلوقات، آفریده‌ها، مردم.
۸ - پخته خوار: مفت‌خوار، گدا، گران‌جان. این سه تن ناپاک که شایستهٔ باریابی به درگاه باری تعالی نیستند، عبارتند از نفوسی که دارای: «آرزوهای دور و دراز»، «حرص» و «خودبینی یا دنیاطلبی» هستند.

جـانِ نـاکـرده بـه جـانان تـاختن　　　گـر هـزاران است، بـاشد نـیمْ تـن ۲۶۰۹

جانی که هنوز مقامِ حقیقی خود را نیافته و به «تجرّد» نرسیده است، هنگامی که بـدون آمادگی لازم و کسب قابلیّت به سوی جانان برود، اگر هزاران نفر هم بـاشد، نـاقص است، نصف آدم محسوب می‌گردد.

آن یکی بس دُوربـین و دیـده کـور　　　از سلیمان کور، و دیده پـایِ مـور[1] ۲۶۱۰

یکی از این سه تن، کورِ دوربین بود؛ یعنی احوالِ خود و حقیقتِ دنیا را درک نمی‌کرد؛ ولی همواره به آیندهٔ دور می‌نگریست، مانند کسی که سـلیمان(ع) را بـا آن حشـمت و جـاه نمی‌بیند؛ امّا پای مورچه را می‌بیند.

و آن دگر بس تیزگوش و سـخت کَـر[2]　　　**گنج، و در وی نیست یک جو سنگْ زر** ۲۶۱۱

یکی دیگر از آن سه تن، کرِ تیزشنو بود. مانند گنجی که در آن از طلا خبری نیست.

و آن دگر عور و برهنه[3]**، لاشه**[4] **بـاز　　　لیک دامـــــن‌هایِ جـــامهٔ او دراز** ۲۶۱۲

آن دیگری، آشکارا برهنه‌ای عریان و زبون بود؛ امّا جامهٔ او دامن‌های بلندی داشت.

گفت کور: اینک سپاهی[5] **می‌رسند　　　من همی بینم که چه قوم‌اند و چند** ۲۶۱۳

کور دوربین گفت: اکنون لشکری می‌رسند، من آنان را می‌بینم که چند نفر و از چه قوم‌اند.

گـفت کَـرْ: آری، شـنودم بـانگشان　　　کـه چـه مـی‌گویند پـیدا و نـهان ۲۶۱۴

کرِ تیزشنو گفت: آری، من هم بانگ آنان را شنیدم و می‌دانم که آشکارا و در نهان چه می‌گویند.

آن برهنه گـفت: تـرسان زیـن مـنم　　　کـــه بُـــبُرّند از درازی دامـــنم ۲۶۱۵

برهنهٔ درازدامن گفت: من از این بیمناکم که مبادا دامن مرا بِبُرند و کوتاه کنند.

---

۱ - حضرت سلیمان(ع) نمادی است از کاملان واصل و یا حقایق، دنیا و لذایذ آن نیز به پای مورچه که بس حقیر است، مانند شده. کورِ دوربین، نمادی است از «حرص»، چشمِ حریص برای دیدن حقایق کور و برای دیدن غیرِ آن بیناست.　　۲ - کرِ تیزشنو، نمادی است از آمال و آرزوهای دور و دراز.

۳ - برهنهٔ درازدامن، نمادی است از «اهل دنیا» که از حق و حقایق تهی است؛ امّا دامن‌های دراز جامه‌اش که اشاره است به متاع دنیوی، سخت دراز هستند و این «دراز دامنی» هم مانعِ سلوک و ادراک حقایق است.

۴ - **لاشه** : تن مرده، جیفه، مردار، به‌طور مطلق در معنی زبون و لاغر، خواه انسان خواه حیوان؛ امّا در اکثر موارد به عنوان صفت خر و اسب به کار می‌رود.

۵ - سپاه، احتمالاً اشاره است به انبیا و اولیا که مردم را به سوی حق و کمال فرا می‌خوانند و این دعـوت هـمواره موجبات تشویش و دل‌نگرانی منکران و معاندان بوده است.

کور گفت: اینک به نزدیک آمدند خیز، بگریزیم پیش از زخم و بند ۲۶۱۶
کورِ دوربین گفت: دارند نزدیک می‌شوند. برخیزید که پیش از زخمی و اسیر شدن، بگریزیم.

کر همی گوید که: آری، مَشْغَله[1] می‌شود نزدیکتر، یاران! هِله[2]! ۲۶۱۷
کرِ تیزشنو می‌گوید: آری دوستان، سروصدا نزدیک‌تر می‌شود، آگاه باشید.

آن برهنه گفت: آوَه! دامنم از طمع بُبرّند و من ناآمِنم ۲۶۱۸
برهنه درازدامن گفت: ای وای، من امنیّت ندارم، بیمناکم که از طمع دامن مرا بِبُرند.

شهر[3] را هِشتند[4] و بیرون آمدند در هزیمت[5] در دِهی اندر شدند ۲۶۱۹
شهر را ترک کردند و خارج شدند و در حال فرار به دهی پناه بردند.

اندر آن دِه، مرغ فربه[6] یافتند لیک ذرهٔ گوشت بر وی نه، نژند[7] ۲۶۲۰
در آن ده، مرغ پرگوشت و فربهی را یافتند که نحیف و لاغر بود و ذرّه‌ای گوشت نداشت.

مرغِ مردهٔ خشک،[8] وز زخمِ کلاغ استخوان‌ها زار گشته چون پَناغ[9] ۲۶۲۱
مرغِ مُردهٔ خشکیده‌ای که از ضربات منقار کلاغ‌ها، استخوان‌هایش همانند رشته‌ای باریک بود.

زآن همی خوردند چون از صید شیر هر یکی از خوردنش چون پیلْ سیر ۲۶۲۲
آن سه تن، از مرغ خشکیده خوردند، مثلِ شیر که شکار را می‌خورَد و مانندِ فیل سیر شدند.

هر سه زآن خوردند و بس فربه شدند چون سه پیلِ بس بزرگ و مِهْ[10] شدند ۲۶۲۳
هر سه نفر از آن مرغ خوردند و بسیار چاق شدند، همانند سه فیل بزرگ و عظیم‌الجثّه گشتند.

آنچنان کز فربهی[11] هر یک جوان در نگنجیدی ز زَفتی در جهان ۲۶۲۴
آن جوانان چنان فربه و درشت شدند که از فرط تنومندی در جهان نمی‌گنجیدند.

---

۱ - **مَشْغَله**: داد و فریاد. ۲ - **هِله**: حرف تنبیه، هین، آگاه باش.
۳ - شهر رمزی است از زندگی خردمندانه و عقل خداجوی، ده نیز رمزی از هوای نفس و زندگی غافلانه است.
۴ - **هشتند**: گذاشتند، رها کردند. ۵ - **هزیمت**: گریز و فرار. ۶ - **فربه**: چاق.
۷ - **نژند**: پژمرده، لاغر، نحیف.
۸ - در این تمثیل، هوای نفس به ده مانند شده و لذّت‌های حقیر و ناپایدار دنیوی به مرغی که به ظاهر فربه است؛ امّا فاقد ذرّه‌ای گوشت. ۹ - **پَناغ**: پناغ، تار ابریشم. ۱۰ - **مِه**: بزرگ‌تر.
۱۱ - اشاره به بهره‌مندی از متاع دنیوی و زندگی غافلانه که موجب فربه شدن نفس امّاره می‌شود.

دفتر سوم ۳۷۵

با چنین گَبْزی[1] و هفت اندامِ زَفت   از شکافِ در برون جستند و رفت[2] ۲۶۲۵

با آن همه تنومندی و اندام‌هایِ درشت از شکاف در بیرون جستند و رفتند.

راهِ مــرگِ خـلق، نـاپیدا رهـی‌ست   در نظر ناید که آن بی‌جا رهـی‌ست ۲۶۲۶

راه مرگ، راهی نهان است، کسی نمی‌تواند آن را ببیند و بداند که در جهان محسوس راهی برای ورود به عالم غیر محسوس هست و مکان مشخّصی نیز ندارد.

نک پــیاپی کــاروان‌هــا مُــقتَفی[3]   زین شکافِ در که هست آن مختفی ۲۶۲۷

ببین که چگونه مردم کاروان در کاروان، از این شکاف ناپیدا به جهان دیگر منتقل می‌شوند.

بر در، ار جویی، نـیابی آن شکـاف   سخت ناپیدا و زو چندین زِفـاف[4] ۲۶۲۸

اگر رویِ در را جست‌وجو کنی، شکاف را نمی‌یابی؛ چون نامرئی است؛ امّا خروج از این درزِ ناپیدا برای گروهی چنان خوشایند است که گویی عروس به خانهٔ بخت می‌رود.

شرحِ آن کورِ دورْبین و آن کرِ تیزْشنو و آن برهنهٔ درازْدامن

کر اَمَلْ[5] را دان که مـرگِ مـا شـنید   مرگِ خود نشنید و نقلِ خـود نـدید ۲۶۲۹

کرِ تیزشنو، «آرزوهای دور و دراز» و «شهوات و خواهش‌های نفسانی» آدمی است که اخبارِ مربوط به مرگ این و آن را می‌شنود؛ امّا لحظه‌ای درنگ نمی‌کند و باور ندارد که این امر برای او نیز رُخ می‌دهد؛ یعنی خودِ «آرزو» هم روزی می‌میرد.

حرصْ نابیناست، بیند مـو بـه مـو   عیبِ خلقان، و بگـوید کـو بـه کـو ۲۶۳۰

«حرص و آز»، همانند نابینایی است که نقایص و زشتیِ دیگران را می‌بیند و همه جا نقل می‌کند.

۱ - **گَبْز**: هر چیز گنده و درشت و ستبر.

۲ - اشاره است به نیرنگ و فریبی که در برخورداری از شهوات و نفسانیّات است؛ زیرا علی‌رغم «آن همه تنومندی»، هنگام فرارسیدن مرگ، آدمی از شکاف باریکی بیرون می‌جهد و به عالم غیر محسوس پا می‌گذارد.

۳ - **مُقتَفی**: درپی‌آینده.

۴ - **زِفاف**: عروس را به خانه شوهر فرستادن. مرگ از دیدگاه عارفان انتقال است از سرای فانی به جهان باقی و نقطهٔ پایانی است بر هجران.

۵ - **اَمَل**: امید و آرزو، این لفظ را در طلب دنیا و افعال مذموم به کار برده‌اند

مقایسه کنید: حافظ: بیا که قصر اَمَل سخت سست بنیاد است   بیار باده که بنیاد عمر بر باد است

عیبِ خـود یک ذرّه چشـمِ کـورِ او   می‌نبیند، گرچه هست او عـیبْ‌جو ۲۶۳۱

چشمِ نابیناي او ذرّه‌ای از عیوب خود را نمی‌بیند، هرچند که به شدّت جویای معایبِ خلق است.

عـورْ[1] مـی‌ترسد کـه دامـانش بُـرَند   دامــنِ مــردِ بــرهنه چـون درنـد؟ ۲۶۳۲

برهنهٔ درازدامن، «اهل دنیا»ست که همواره بیمناک است متاعِ حقیرِ دنیوی‌اش را از دست بدهد، او چنان در جهل غوطه‌ور شده که نمی‌داند متاعِ او «هیچ» است و چگونه این «هیچ» را دیگران می‌توانند بر دَرَند یا بگیرند؟

مردِ دنیا مـفلس[2] است و تـرسناک   هیچ او را نیست، از دزدانش بـاک ۲۶۳۳

«اهل دنیا»، بینواست و می‌هراسد آنچه را ندارد، از دست بدهد؛ امّا از دزدانِ بیرون و درون که درکمینِ اصیل‌ترین متاعِ او، یعنی «قابلیت و استعداد» تکاملِ جان وی‌اند، بیمناک نیست.

او بـــرهنه آمـــد و عــریان رود   وز غم دزدش جگر خـون مـی‌شود ۲۶۳۴

او برهنه به دنیا آمد و برهنه از دنیا می‌رود؛ امّا همواره از ترسِ دزدان خون می‌خورَد.

وقتِ مرگش که بُوَد صـد نـوحه بـیش   خنده آید جانْش را زین ترس خـویش ۲۶۳۵

هنگامِ مرگش که صدها نوحه و ناله بر بالین اوست، جانِ وی که اینک از حجابِ تن رها شده است، بر ترس‌های پیشین خود می‌خندد.

آن زمان داند غنی، کِش نـیست زر   هم ذکـی دانـد کـه او بُـد بـی هـنر ۲۶۳۶

با کنار رفتن حجاب تن، ثروتمند در می‌یابد که ثروتی ندارد، هوشمندی هم که ذکاوتش را در راهِ کسب متاع دنیوی به کار برده، می‌فهمد که هنری نداشته است.

چـــون کـــنارِ کـودکی پُـر از سُـفال   کو بر آن لرزان بُوَد، چون ربِّ مال ۲۶۳۷

تعلّقِ خاطرِ انسان به سیم و زرّ و یا متاع دنیوی، همانند حال کودکی است که تکّه‌هایِ سفال را جمع کرده و بیمناکِ از دست دادنِ آن است.

گـر سِـتانی پـاره‌یی، گـریان شـود   پاره گر بازش دهـی، خـندان شـود ۲۶۳۸

اگر تکّه‌ای از سفال را برداری، کودک می‌گرید و اگر آن تکّه را به او باز دهی، می‌خندد.

---

۱ - **عور**: برهنه.   ۲ - **مفلس**: بینوا، تهیدست.

چون نباشد طفل را دانش دِثار[۱] گریه و خندهش ندارد اعتبار ۲۶۳۹

چون لباسِ دانش بر تن کودک نیست؛ یعنی از علم بی‌بهره است، گریه و خنده‌اش اعتباری ندارد.

محتشم[۲]، چون عاریت را مِلک دید پس بر آن مالِ دروغین می‌طپید ۲۶۴۰

ثروتمند و صاحب مال، همانندِ آن کودک از دانش به مفهوم راستین آن بی‌بهره است؛ بنابراین «جاه و مال دنیا» را که عاریه و موقّت است، ملک خود می‌پندارد و بر آن بیمناک و مضطرب است.

خواب[۳] می‌بیند که او را هست مال ترسد از دزدی که برباید جوال ۲۶۴۱

او، مانندِ کسی است که در خواب می‌بیند ثروتی دارد و می‌هراسد دزد، مال او را برباید.

چون ز خوابش برجهانَد گوشْ کَش پس ز ترس خویش تَسخَر آیدش ۲۶۴۲

هنگامی که قدرت خداوند، او را گوش‌کشان از خواب غفلت بیدار می‌کند، ترس در خواب را مضحک می‌بیند.

همچنان لرزانی این عالِمان که بُوَدشان عقل و علمِ این جهان ۲۶۴۳

و به همین ترتیب عالمانِ علوم ظاهری که عقل و دانش این جهانی دارند، برای فروش متاع خود و یافتن خریداران افزون‌تر و کسب مقاماتِ عالی‌تر همواره ترسان و دل‌نگران‌اند.

از پیِ این عاقلانِ ذوفنون[۴] گفت ایزد در نُبی[۵]: لایَعْلَمُون[۶] ۲۶۴۴

خداوند در ارتباط با این خردمندان که همه فن حریف هستند، فرمود: «چیزی نمی‌دانند».

هر یکی ترسان ز دزدی کسی خویشتن را علم پندارد بسی[۷] ۲۶۴۵

هر یک از آنان می‌پندارد که از دانش فراوانی بهره دارد و می‌ترسد که دیگری متاعِ او را بدزدد.

---

۱ - **دِثار**: لباس رو، روپوش، لباس.

۲ - **محتشم**: دارای احتشام، کسی که از مال و جاه دنیا برخوردار است و آن را دوست دارد.

۳ - زندگی غافلانهٔ اهل دنیا به خواب و خواب‌آلودگی تعبیر شده است.

۴ - اشارتی قرآنی؛ روم: ۳۰/۷-۶: [این] وعدهٔ الهی است و خداوند در وعدهٔ خویش خلاف نمی‌کند؛ ولی بیشتر مردم نمی‌دانند. فقط ظاهری از زندگانی دنیا را می‌دانند و ایشان از آخرت غافل‌اند. ۵ - **نُبی**: قرآن.

۶ - **لاٰ یَعْلَمُونَ**: نمی‌دانند.

۷ - عالم علوم ظاهری هم مانند محتشمِ صاحب مال، دانش خود را متاعی دنیوی می‌داند و از دزدیده شدن آن هراسناک است.

گوید او که: روزگارم می‌بَرند[۱] خود ندارد روزگارِ سودمند ۲۶۴۶

او می‌گوید: مردم وقت و عمر مرا تلف می‌کنند و نمی‌داند که وقتِ او همواره تلف بوده است؛ یعنی هیچ‌گاه برای خود و دیگران مفید نبوده است.

گوید: از کارم بر آوردند خلق غرقِ بی‌کاری است جانش تا به حلق[۲] ۲۶۴۷

او می‌گوید: مردم مرا از کارم باز داشته‌اند، در حالی که کارِ او عینِ بیکاری است.

عور ترسان که منم دامنْ کَشان چون رهانم دامن از چنگالشان؟ ۲۶۴۸

«برهنهٔ درازدامن» که می‌پندارد مالکِ دامانی بلند است و با آن می‌خرامد، همواره می‌هراسد که چگونه آن را از چنگالِ بدخواهان نجات دهد؟

صد هزاران فضل داند از علوم جانِ خود را می‌نداند آن ظَلوم[۳] ۲۶۴۹

آن ستمکار که بیش از هر کس بر نَفْسِ خود ستم کرده، از انواع علوم و فنون بهره‌مند است؛ امّا هیچ یک از آن‌ها را در جهت درکِ حقایق که مهم‌ترینِ آن «معرفتِ نَفْس» است به کار نبرده.

داند او خاصیّت هر جوهری[۴] در بیانِ جوهرِ خود چون خری ۲۶۵۰

او استعداد و قابلیّت و ذات هر چیز را می‌شناسد؛ امّا در توضیح و شناخت اصل و حقیقت خود، مانند خر در گِل، عاجز است.

که همی دانم یَجُوز و لا یَجُوز[۵] خود ندانی تو یَجُوزی یا عَجُوز[۶] ۲۶۵۱

او جایز بودن و جایز نبودن همه چیز را می‌داند؛ امّا خود را نمی‌شناسد و نمی‌داند که موجودیّت او با احکام باری تعالیٰ موافقت دارد یا مانندِ عجوزی درمانده، به کاری نمی‌آید.

این روا[۷] و آن ناروا، دانی و لیک تو روا[۸] یا ناروایی؟ بین تو نیک ۲۶۵۲

به خوبی می‌دانی که چه چیزی روا یا نارواست؛ امّا بهتر است ابتدا با دقّت به خودت توجّه کنی و ببینی خودِ تو روا یا ناروا هستی.

---

۱ - **روزگارم می‌برند**: وقتم را تلف می‌کنند.

۲ - دانش و کاری که در جهت ادراک حقایق نباشد از دیدگاه عارفان علم و عمل محسوب نمی‌گردد؛ چون در جهت اهداف آفرینش نیست و اشارت قرآنی آن را در کلام حق تعالیٰ می‌یابیم: ذاریات: ۵۶/۵۱: و جن و انس را جز برای آنکه مرا بپرستند، نیافریده‌ام: ر.ک: ۵۷۹/۱ و ۹۴۰/۱. ۳ - **ظَلوم**: سخت ستمکار.

۴ - **جوهر**: اصل و ذات هر چیز، استعداد و قدرت هر چیز.

۵ - **یجوز و لا یجوز**: روا و ناروا، کنایه از مسائل شرعی. اشاره به کسی است که فقط به ظاهرِ احکام شرع و اوامر و نواهی آن بسنده می‌کند؛ امّا به معرفت نفس و ادراک حقایق توجّهی ندارد و نمی‌داند که وجود خود او با موازین الهی چگونه توزین می‌شود. ۶ - **عَجوز**: عجوزه، زن پیر. ۷ - **روا**: جایز، شایسته، سزاوار.

۸ - اینجا سزاوارِ درگاه حق.

قیمتِ هر کاله می‌دانی که چیست   قیمتِ خود را ندانی، احمقی‌ست ۲۶۵۳

قیمتِ هر کالا را به خوبی می‌دانی، آیا حماقت نیست که از شأنِ خود بی‌خبر هستی؟

سعدها و نحس‌ها دانسته‌ای[1]   ننگری سعدی تو یا ناشُسته‌ای[2] ۲۶۵۴

در علم نجوم، سعدها و نحس‌ها را به خوبی می‌دانی؛ امّا نمی‌بینی خودت سعد هستی یا نحس.

جانِ جمله علم‌ها این است این   که بدانی من کی‌اَم در یومِ دین؟[3] ۲۶۵۵

اصلِ همهٔ علوم این است که بدانی در رستاخیز کیستی، از سُعدا، اشقیا یا سابقون هستی؟

آن اصول دین بدانستی و لیک   بنگر اندر اصلِ خود گر هست نیک ۲۶۵۶

هرچند که اصول دین [مراد اصول فقه و اصول علم‌کلام است] را می‌دانی؛ امّا از دیدگاه عارفان شرطِ اعتبارِ علم، آن است که در خدمتِ «معرفت نَفْس» باشد و در غیر این صورت، اگر آدمی اهداف آفرینش و جایگاه و عجز خود را در برابر قادر مطلق نشناسد، دانستن این علوم، در حافظه داشتن محفوظات است و در جهت تعالی سودمند نمی‌افتد.

از اصولَینت[4] اصولِ خویش بِهْ   که بدانی اصلِ خود ای مردِ مِهْ! ۲۶۵۷

ای مرد بزرگ، دانستنِ اصل خود، بهتر از اصولِ فقه و کلام است. هر انسانی ابتدا باید خود را بشناسد.

صفتِ خرّمیِ شهرِ اهلِ سبا و ناشکریِ ایشان

اصلشان بد بود آن اهلِ سبا   می‌رمیدندی ز اسبابِ لِقا[5] ۲۶۵۸

اهل سبا مردمی بدگوهر بودند و از هر چیزی که سبب تقرّب آنان به حق می‌شد، می‌گریختند.

---

۱ – اشاره به عالمانِ علمِ نجوم: دیدگاه عارفان و صوفیّه نسبت به علوم گوناگون: ر.ک: ۲۸۴۷/۱.

۲ – **ناشسته** : ناپاک.

۳ – اشاره است به مضمون روایتی که در شرح نهج‌البلاغه، ج ۴، ص ۵۴۷ به امیر مؤمنان منسوب است: مَنْ عَرَفَ نَفْسَهُ فَقَدْ عَرَفَ رَبَّهُ: احادیث مثنوی، ص ۱۶۷، این سخن را در شمار احادیث نبوی هم آورده‌اند و جزو موضوعات هم شمرده‌اند.

۴ – **اصولین** : اصول علم فقه و اصول علم کلام.

۵ – **اسباب لِقا** : سبب‌ها و عواملی که موجب نزدیکی و قرب به حق می‌گردد.

دادشان چندان ضیاع[1] و باغ و راغ[2] از چپ و از راست[3] از بهرِ فراغ[4] ۲۶۵۹

خداوند برای آسایش خاطر آنان، مِلک، بوستان و مرغزارِ وسیع در اختیارشان قرار داده بود.

بس که می‌افتاد از پُرّی ثمار[5] تنگ می‌شد مَعْبَرِ ره بر گذار ۲۶۶۰

میوه‌ها از فراوانی روی زمین می‌ریخت و راه عبور و مرور را تنگ می‌کرد.

آن نِثارِ میوه رَه را می‌گرفت از پُریِّ میوه، رَه‌رو در شگفت ۲۶۶۱

فرو ریختن میوه‌ها روی زمین، راه را بند می‌آورد و رهگذر از فراوانی آن شگفت‌زده می‌شد.

سلّه[6]، بر سر، در درختستان‌شان پُر شدی ناخواست از میوه فشان ۲۶۶۲

اگر کسی زنبیلی بر سر از زیرِ درخت‌ها رد می‌شد، بی‌آنکه درخت را بیفشاند، زنبیل پر می‌شد.

بادْ آن میوه فشاندی، نه کسی پُر شدی زآن میوه دامن‌ها بسی ۲۶۶۳

وزش باد که میوه‌ها را می‌افشاند، به قدری میوه فرو می‌ریخت که داماں مردم پر می‌شد.

خوشه‌های زَفت تا زیر آمده بر سر و رویِ رونده می‌زده ۲۶۶۴

خوشه‌های پربار به سمت پایین اویزان شده بود و به سر و صورت رهگذران می‌خورد.

مردِ گلخنْ‌تاب[7] از پُرّی زر بسته بودی در میان زرّینْ کمر ۲۶۶۵

وضعیّت اقتصادی اهل سبا چنان خوب بود که صاحبان مشاغل ناچیز هم کمربند زرّین داشتند.

سگ کُلیچه[8] کوفتی در زیرِ پا تخمه[9] بودی گرگِ صحرا از نوا ۲۶۶۶

وفور نعمت در آن دیار به حدّی بود که سگ از فرطِ سیری روی نان راه می‌رفت و گرگ بیابان از شدّت پرخوری به سوء هاضمه مبتلا می‌گردید.

گشت آمِن شهر و دِه از دزد و گرگ بُز نترسیدی هم از گرگِ سترگ ۲۶۶۷

شهر و روستا از آسیب دزد و گرگ در امان بود؛ حتّی بز هم از گرگ عظیم الجثّه واهمه نداشت.

گر بگویم شرحِ نعمت‌هایِ قوم که زیادت می‌شد آن یَوْمَاً بِیَوْم ۲۶۶۸

اگر بخواهم در شرح نعمت‌های آن قوم که روز به روز افزوده می‌شد، سخن بگویم،

---

۱ - **ضِیاع** : املاک، زمین زراعتی. ۲ - **راغ** : مرغزار. ۳ - **از چپ و از راست** : از هر سو، به فراوانی.
۴ - **فراغ** : آسایش خاطر. ۵ - **ثمار** : میوه‌ها. ۶ - **سلّه** : سبد.
۷ - **گلخن تاب** : کارگر آتش‌خانهٔ حمّام. ۸ - **کُلیچه** : کلوچه. ۹ - **تُخمه** : رودل، امتلاءمزاج.

مانع آید از سخن‌هایِ مُهم انبیا بُردند اَمرِ فَاسْتَقِمْ[1] ۲۶۶۹

از گفتنی‌های مهم باز می‌مانم؛ پس اینک به آنچه که ارزشمند است، می‌پردازم. پیامبران فرمان الهی را به آن قوم رساندند که: «در راه او ثابت قدم باش».

آمدنِ پیغامبران از حق به نصیحتِ اهلِ سبا

سیزده پیغمبر آنجا آمدند گُم‌رهان را جمله رهبر می‌شدند ۲۶۷۰

سیزده پیامبر برای هدایت آمدند و آن قومِ گمراه را به حق رهبری کردند.

که: هله[2]! نعمت فزون شد، شکر کو؟ مرکبِ شُکر[3] ار بخسبد حَرِّکُوا[4] ۲۶۷۱

گفتند: ای قوم، آگاه باشید که نعمتِ شما فراوان شده است، چرا شکر نمی‌کنید؟ اگر مرکب شکر خُفته است، آن را به حرکت آورید.

شکرِ مُنعم واجب آید در خِرَد ورنه بگشاید درِ خشمِ ابد[5] ۲۶۷۲

عقل ایجاب می‌کند که از نعمت دهنده سپاسگزاری کنید و گرنه خداوند دروازهٔ خشم ابدی را به روی شما می‌گشاید.

هین! کرم بینید، وین خود کس کند؟ کز چنین نعمت به شکری بس کند؟ ۲۶۷۳

آگاهانه به کَرَم‌های الهی بنگرید. آیا کسی روا می‌دارد که در قبال این همه نعمت به شکری بسنده کند؟

سر بِبَخشد، شُکر خواهد سجده‌یی پا بِبَخشد، شُکر خواهد قَعده‌یی[6] ۲۶۷۴

به شکرانهٔ آنکه سری بخشید، باید در برابر او سر را به زمین نهاد و باد نخوت و کبر را از سر به در کرد و به شکرانهٔ آنکه پا عطا کرد، باید این تن و اعضای آن را به خدمت در راه او و طاعات و عبادات واداشت.

---

۱ - اشارتی قرآنی؛ هود: ۱۱۲/۱۱: فَاسْتَقِمْ کَمَآ أُمِرْتَ...: پس همچنانکه دستور یافته‌ای پایداری کن: ر.ک: ۲۸۲/۳.

۲ - **هِله**: حرفِ تنبیه به معنیِ آگاه کردن، هان.

۳ - **مرکبِ شکر**: اینجا «شکر» به مرکب مانند شده است که باید آن را به حرکت آورد.

۴ - **حَرِّکُوا**: حرکت دهید. ۵ - اشارتی قرآنی؛ ابراهیم: ۷/۱۴: ر.ک: ۹۴۴/۱.

۶ - **قعده**: نوعی از نشستن، اشاره به قعود در نماز است و ادای شهادتین.

قـوم گـفته: شُکـر مـا را بُـرد غـول　　　ما شدیم از شکر و از نعمت مـلول ۲۶۷۵

قوم گفتند: شیطان، شکرِ ما را زوال آورد و ما از شکر و نعمت بیزاریم.

مـا چـنان پـژمرده گشـتیم از عـطا　　　که نه طاعتمان خوش آید، نه خطا ۲۶۷۶

ما از عطای الهی چنان افسرده‌ایم که نه طاعات برایمان خوشایند است، نه گناه.

مـا نـمی‌خواهـیم نـعمت‌ها و بـاغ　　　مـا نـمی‌خواهـیم اسـباب و فـراغ ۲۶۷۷

ما این نعمت‌ها و باغ و بوستان و این همه فراغ بال و آسایش را نمی‌خواهیم.

انـبیا گـفتند در دل عـلّتی‌ست　　　که از آن در حق‌شناسی آفتی‌ست[1] ۲۶۷۸

پیامبران گفتند: «دل» که بیمار شود، آفتِ حق‌ناشناسی و کفران نعمت از آدمی به ظهور می‌رسد.

نعمت از وی جـملگی عـلّت شـود　　　طُـعمه در بـیمارْ کِـی قـوّت شـود؟ ۲۶۷۹

و در این حالت، هر نعمتی موجب افزونی کفران و حق‌ناشناسی می‌گردد، مانندِ بیماری که با خوردن غذا، رنجوری‌اش بیشتر می‌شود و فقط پرهیز به سلامت او کمک می‌کند.

چند خوش پیش تو آمد ای مُصِر[2]　　　جمله ناخوش گشت و صافِ او کَدِر ۲۶۸۰

ای کسی که در حق‌ناشناسی پافشاری می‌کنی، خداوند نعمت‌های فراوانی را به تو عرضه داشت؛ امّا به نظرت خوشایند نبود و صفای آن را کدر یافتی؛ زیرا قدرت تشخیص خوب و بد را نداری.

تـو عـدوِّ[3] ایـن خـوشی‌ها آمـدی　　　گشت ناخوش هر چه بر وی کف زدی[4] ۲۶۸۱

تو دشمن نعمت‌ها شدی، از این رو به هر چیزی که دست زدی، به امری ناپسند مبدّل گردید.

هـر کـه او شـد آشـنا و یـارِ تـو[5]　　　شد حـقیر و خـوار در دیـدارِ تـو[6] ۲۶۸۲

هر کسی که آشنا و یارِ تو شد، در نظرت حقیر و زبون جلوه کرد.

هر که او بـیگانه بـاشد بـا تـو، هـم　　　پیش ِ تو او بس مِهْ است و مـحترم ۲۶۸۳

هر بیگانه که دوستِ راستین و آشنای جانت نیست، در نظرت بزرگ و ارجمند جلوه می‌کند.

---

۱ - از اینجا به بعد، هرچند که سخن از زبان انبیاست؛ امّا در واقع کلام خود مولاناست برای تعلیم مریدان و سالکان.　۲ - **مُصِر** : پایداری کردن، اینجا کسی که در ناسپاسی پافشاری کند.　۳ - **عدوّ** : دشمن.

۴ - **کف زدی** : دست زدی.

۵ - انبیا و اولیا، آشنای حقیقی و یار راستین آدمی هستند و از سر مهر و شفقت خلق را به حق فرا می‌خوانند.

۶ - **در دیدار تو** : در نظر تو.

ایـن هـم از تأثـیرِ آن بـیماری است   زهرِ او در جمله جُفتان[۱] ساری است ۲۶۸۴

این حالت هم در اثرِ دلِ بیمار و مبتلای توست که آثار سوء آن در همنشینانت نیز دیده می‌شود.

دفـعِ آن عـلّت بـباید کـرد زود   که شکر، با آن حَدَث[۲] خواهد نمود ۲۶۸۵

باید هر چه زودتر این بیماری را درمان کرد؛ زیرا که با دلِ رنجور، هر خوب، زشت جلوه می‌کند.

هر خوشی کآید به تو، ناخوش شود   آبِ حـیوان گـر رسـد، آتش شـود ۲۶۸۶

هر خوشی که به تو روی آوَرَد، در کامِ جانِ بیمارت، ناخوش می‌نماید، آبِ حیوان، آتش می‌شود.

کیمیایِ مرگ و جَسک[۳]است آن صفت   مـرگ گـردد زآن، حـیاتت عـاقبت ۲۶۸۷

بیماریِ «دل و جان»، مانندِ کیمیایی هر چیز را به «مرگ و رنج» مبدّل می‌کند و به سببِ این صفت، عاقبت دلت به کلّی حیات روحانی را از دست می‌دهد و می‌میرد.

بس غذایی که زِ وی دل زنـده شـد   چون بـیامد در تـن تـو، گـنده شـد ۲۶۸۸

چه بسا، غذایِ پاکی که دل آدمی را زنده می‌کند؛ امّا در وجودِ تو گندیده و متعفّن می‌شود.

بس عزیزی که به نـاز اِشکـار شـد   چون شکارت شد، بَرِ تو خوار شد ۲۶۸۹

چه بسا افراد عزیز و بزرگواری که جلب توجّه آنان با نوازش و محبّت و ناز کشیدن ممکن می‌شود؛ امّا همین که به تو توجّه می‌کنند و روی خوشی نشان می‌دهند، در نظرت خوار و حقیر می‌شوند.

آشـنایی عـقلْ بـا عـقل، از صـفا   چون شود هر دم فزون، بـاشد وِلا[۴] ۲۶۹۰

هرگاه دو نفر که صاحب عقل و خداجو هستند با محبّت و صفا در کنار یک‌دیگر قرار گیرند، لحظه به لحظه دوستی و صفای آنان افزایش می‌یابد.

آشنایی نَـفْس بـا هـر نَـفْسِ پست   تو یقین می‌دان که دَم دَم کمترست ۲۶۹۱

یقین داشته باش که دوستیِ نَفْسِ دون با نَفْسِ پست دیگر، لحظه به لحظه کاهش می‌یابد.

زانکـه نَـفْسش گِـردِ عـلّت می‌تند   مـعرفت را زود فـاسد مـی‌کند ۲۶۹۲

زیرا نَفْسِ امّارهٔ او گِردِ غَرَض و مرض می‌چرخد و دوستی و پیوند را تباه می‌کند.

---

۱ - **جفتان**: جمع جفت، زوج، همنشین. ۲ - **حَدَث**: مدفوع. ۳ - **جَسْک**: رنج و بلا.
۴ - **وِلا**: دوستی.

گر نخواهی دوست را فردا نفیر[1] دوستی با عاقل و با عقل گیر ۲۶۹۳

اگر نمی‌خواهی که دوستت فردا از تو نفرت پیدا کند، با انسان عاقل و عقلِ خداجوی خودت طرح دوستی بیفکن.

از سمومِ[2] نفْس چون با علّتی هر چه گیری تو، مرض را آلتی ۲۶۹۴

تا دل و جانت از بیماریِ نفسانی مسموم است، به هر چیزی دست بزنی، آلوده می‌شود.

گر بگیری گوهری، سنگی شود ور بگیری مِهرِ دل، جنگی شود ۲۶۹۵

جواهر در دست تو، سنگِ بی‌قدر می‌شود و اگر طریق محبّت پیش بگیری تبدیل به خصومت می‌گردد.

ور بگیری نکتهٔ بِکری لطیف بعدِ دَرکت گشت بی‌ذوق و کثیف[3] ۲۶۹۶

اگر نکتهٔ لطیف و بکری را بشنوی، می‌بینی که در نظرت هیچ لطف و ذوقی ندارد.

که من این را بس شنیدم کهنه شد چیزِ دیگر گو به جز آن ای عَضُد[4]! ۲۶۹۷

می‌گویی: من این نکته را بارها شنیدم و برایم کهنه است، ای دوست، سخنی دیگر جز آن را بگو.

چیزِ دیگر تازه و نو گفته گیر باز فردا زآن شوی سیر و نفیر ۲۶۹۸

فرض کن که سخنی دیگر، تازه و دست اوّل گفته شود، باز فردا از آن هم سیر و متنفّر می‌شوی.

دفع علّت کن، چو علّت خَوْ[5] شود هر حدیثی کهنه[6] پیشت نَو شود ۲۶۹۹

باید بیماری را درمان کرد، هنگامی که بیماری از دل و جانت ریشه‌کن شود، سخنان بزرگان و گذشتگان در نظرت باطراوت و نو جلوه‌گر می‌شود.

تا که از کهنه بر آرد برگِ نو بشکفاند کهنه صد خوشه زِ گَو[7] ۲۷۰۰

آن سخنان که کهنه به نظر می‌رسیدند، در وجودت برگ‌های نو می‌رویانند و از محلّ ریشه صد خوشهٔ معرفت می‌دهند.

ما طبیبانیم شاگردانِ حق بحرِ قُلزُم[8] دید ما را فانْفَلَقْ[9] ۲۷۰۱

ما طبیبان روحانی و شاگردان حق هستیم که دریای با عظمت از قدرت و هیبت ما می‌شکافد.

---

۱ - **نفیر** : گریزنده، نفرت کننده. ۲ - **سُموم** : جمع سم، زهر. ۳ - **کثیف** : ضدِّ لطیف، تیره و ستبر.

۴ - **عضد** : یار و یاریگر. ۵ - **خَوْ** : کندن، بریدن. ۶ - **حدیثِ کهنه** : سخنان گذشتگان.

۷ - **گَوْ** : گودال. ۸ - **بحر قُلزُم** : دریای سرخ، توسّعاً دریای بزرگ.

۹ - **اِنْفَلَقَ** : شکافته شد. اشارتی قرآنی؛ شعرا : ۶۳/۲۶ : سپس به موسیٰ وحی کردیم که با عصایت به دریا بزن، آنگاه [دریا] بشکافت و هر پاره‌ای از آن همچون کوهی بزرگ بود.

آن طبیبانِ طبیعت دیگرند — که به دل از راهِ نبضی بنگرند ۲۷۰۲

پزشکانی که تن انسان‌ها را درمان می‌کنند و می‌کوشند با گرفتن نبض بیمار به احوال درونی او پی ببرند، طبیبان دیگری هستند.

ما به دل بی‌واسطه خوش بنگریم — کز فراست ما به عالی منظریم[1] ۲۷۰۳

ما طبیبان معنوی، بدون واسطه به دل‌ها احاطه داریم؛ زیرا از عالی‌ترین درجات فراست برخورداریم.

آن طبیبان غذااَند و ثِمار[2] **— جانِ حیوانی بدیشان اُستوار** ۲۷۰۴

«پزشکانِ جسمانی»، «طبیبانِ طبیعتِ انسان»اند و از تأثیرِ غذا و میوه بر تن آدمی آگاه‌اند. «روحِ حیوانی» با طبابت آنان استوار و برقرار می‌شود و صحّت می‌یابد.

ما طبیبانِ فِعالیم[3] **و مَقال**[4] **— مُلْهِمِ**[5] **ما پرتوِ نورِ جلال** ۲۷۰۵

ما «طبیبانِ روحانی» از طریقِ «کردار و گفتار» بر روحِ انسانی اثر می‌گذاریم و کلامِ ما الهام گرفته از حق است.

کین چنین فعلی تو را نافع بُوَد — و آنچنان فعلی ز رَه قاطع بُوَد ۲۷۰۶

به خلق می‌گوییم که این عمل و کردار برایت سودمند است و آن کار تو را از راه باز می‌دارد.

این چنین قولی تو را پیش آورد — و آنچنان قولی تو را نیش آورد ۲۷۰۷

به آنان اندرز می‌دهیم که این چنین سخن گفتن تو را به فضل و کمال می‌رساند و آن‌چنان سخن گفتن، به جانت آسیب می‌زند و موجب تنزّل آن نیز می‌شود.

آن طبیبان را بُوَد بَولی دلیل — وین دلیلِ ما بُوَد وَحیِ جلیل ۲۷۰۸

«طبیبانِ طبیعت» با معاینهٔ بیمار و نگریستن به ادرار او، بیماری را تشخیص می‌دهند؛ امّا ما برای تشخیص کسانی که «جانِ بیمار» دارند، نیاز به ابزار فیزیکی نداریم، دلیل ما در تشخیصِ درد و درمان، «الهام و وحی» الهی است.

دست‌مُزدی می‌نخواهیم از کسی — دست‌مُزدِ ما رسد از حق بسی[6] ۲۷۰۹

ما طبیبان الهی، از کسی دستمزدی نمی‌خواهیم، پاداش خود را از حق دریافت می‌داریم.

---

۱ - اشاره به حدیث: ر.ک: ۱۳۳۶/۱.   ۲ - **ثمار**: جمع ثمرة و ثمر، میوه.

۳ - **فِعال**: جمع فعل، کردار، عمل.   ۴ - **مَقال**: گفتار.   ۵ - **مُلْهِم**: الهام کننده.

۶ - اشارتی قرآنی؛ هود: ۲۹/۱۱: و ای قوم من، من از شما مال و ثروت نمی‌خواهم، اجر من فقط با خداوند است... .

در ارتباط است با سخن نوح(ع) و تقریر این امر که انبیا و اولیا برای هدایت و ارشاد خلق، اهداف دنیوی ندارند.

هین صلا[1] بیماریِ ناسور[2] را داروی ما یک به یک رنجور را ۲۷۱۰

هان، ای مبتلایان به بیماری‌های سخت و التیام‌ناپذیر، بیایید که داروی الهی ما، تمام دردهایِ مزمن و درمان‌ناپذیر را یک به یک شفا می‌بخشد.

معجزه خواستنِ قوم از پیغامبران

قوم گفتند: ای گروهِ مُدّعی! کو گواهِ عِلْمِ طبّ و نافعی؟ ۲۷۱۱

قوم سبا به پیامبران گفتند: ای مدّعیان، دلیلِ طبیب بودن شما و سودمندیِ داروهایتان چیست؟

چون شما بستهٔ همین خواب و خورید[3] همچو ما باشید، در دِه[4] می‌چرید ۲۷۱۲

شما نیز مانند ما به خواب و خوراک وابسته هستید و در کوچه و بازار راه می‌روید.

چون شما در دامِ این آب و گِل‌اید کی شما صیّادِ سیمرغِ دل‌اید؟ ۲۷۱۳

چون شما در دام و گرفتارِ این «جهان» هستید، چگونه می‌توانید سیمرغ دل را شکار کنید؟

حُبِّ جاه و سروری دارد بر آن که شمارد خویش از پیغمبران ۲۷۱۴

قوم سبا در ادامهٔ اعتراض به پیامبران می‌گویند: کسی که خود را از پیامبران بشمارد، بی‌شک حبِّ مقام و سروری دارد.

ما نخواهیم این چنین لاف و دروغ کردن اندر گوش، و افتادن به دوغ[5] ۲۷۱۵

ما نمی‌خواهیم به چنین دروغ‌ها و گزافه‌گویی‌ها گوش بدهیم و فریب بخوریم.

انبیا گفتند: کین زآن علّت است مایهٔ کوری، حجابِ رؤیت است ۲۷۱۶

پیامبران به قوم سبا گفتند: اعتراض شما به «هادیان حق» نیز از همان «بیماریِ دل» نشأت می‌یابد؛ زیرا دلِ آلوده به هوایِ نَفْس هر چیز را با «غَرَض و مَرَض» می‌نگرد، این امر مانند پرده، چشمِ حق‌بین را می‌پوشاند و مانع رؤیت می‌شود.

---

۱ - **صلا :** آواز دادن برای طعام خورانیدن و یا دادن چیزی به کسی. ۲ - **ناسور :** غیر قابل درمان.

۳ - اشارتی قرآنی؛ فرقان : ۷/۲۵ : وگفتند این چه پیامبری است که غذا می‌خورد و در بازارها راه می‌رود، چرا فرشته‌ای با او فرستاده نشده است که همراه او هشدار دهنده‌ای باشد؟ : ر.ک: ۲۶۷/۱.

۴ - **دِه :** اشاره به عالم مادّه، دنیا. ۵ - **به دوغ افتادن :** فریب خوردن.

دعـوی مـا را شـنیدیت، و شـما   مـی‌نبینید ایـن گُهر در دستِ مـا ۲۷۱۷

شما ادّعای ما را شنیدید؛ امّا گوهرِ پیامبری را که حقیقتی تابناک است و برای دلِ پاک نیازی به اثبات ندارد، نمی‌بینید.

امتحان است این گُهر مـر خـلق را   مـاش گـردانـیم گِـردِ چشـم‌ها ۲۷۱۸

با این گوهر خلق را می‌آزماییم و این «محک» را در برابر چشمان آنان می‌گردانیم.

هر که گوید: کو گُوا؟ گفتش گُواست   کو نمی‌بیند گهر، حَبْسِ عَماست[1] ۲۷۱۹

هر کس از دعویِ پیامبری ما، خواستار نشانی برای صحّتِ ادّعا شد، کلام او گـواهـی می‌دهد که گوهرِ نبوّت را نمی‌بیند و کوردل است.

آفـتابی در سـخن آمـد کـه: خـیز   که بـرآمـد روز، بَـرجِـه، کـم سـتیز ۲۷۲۰

«گوهر نبوّت» یا «آفتاب حقیقت»، خورشیدی است کـه بـه سـخن آمـده است و مـی‌گوید: برخیز، ظلمات جهل پایان یافت، با حقایق عِناد نکن.

تـو بگـویی: آفـتابا ! کـو گُـواه؟   گویدت: ای کورا! از حق دیده خواه ۲۷۲۱

شما که نشان و گواه می‌طلبید، همانند آن است که از روشناییِ روز دلیل و نشانی برای تابان بودن بخواهید. خورشید خواهد گفت: ای کور، از خداوند دیده‌ای روشن بخواه.

روزِ روشن هر که او جـوید چـراغ   عینِ جُستن کـوری‌اَش دارد بَـلاغ[2] ۲۷۲۲

هر کس که در روز روشن جویای چراغ باشد، جست و جوی او، نشان کوری اوست.

ور نـمی‌بینی، گُـمانی بـرده‌ای   که صباح[3] است و تو اندر پرده‌ای ۲۷۲۳

و اگر نور را نمی‌بینی و حدس می‌زنی ایـن سـخن حـقیقت دارد؛ امّـا تـو در پس پـرده نمی‌توانی آن را درک کنی،

کوریِ خود را مکن زین گفتْ فاش   خـامش و در انـتظارِ فـضل بـاش ۲۷۲۴

با گفتن سخنان خام، کوری خود را آشکار نکن، خاموش در انتظار فضل الهی باش.

در مـیـانِ روز گـفتن: روز کـو؟   خویش رسوا کردن است، ای روزجو ۲۷۲۵

ای جویای حقایق، اگر در میان روز بگویی: روز کو؟ این رسوا کردنِ خویش است.

---

۱ - **حبسِ عما**: زندان کوری.   ۲ - **بَلاغ**: کفایت و بسندگی، وصول به چیزی.   ۳ - **صباح**: بامداد.

صبر و خاموشی جَذوبِ[1] رحمت است   وین نشان جُستن، نشانِ علّت است ۲۷۲۶

«صبر و خاموشی»، رحمت الهی را جذب می‌کند؛ امّا خواستنِ «نشان و دلیل و برهان»، علامتِ دل و جانِ مبتلا به بیماریِ نَفْسانی است.

اَنْصِتُوا بپذیر، تا بر جانِ تو   آید از جانان جزایِ اَنْصِتُوا[2] ۲۷۲۷

فرمانِ الهیِ «خاموش باشید» را بپذیر تا از جانان پاداش آن را دریافت داری.

گر نخواهی نُکْسْ[3] پیش، این طبیب   بر زمین زن زرّ و سر را ای لبیب[4] ! ۲۷۲۸

ای خردمند، اگر نمی‌خواهی بیماری‌ات عود کند، مال و جان را در راه حق بذل کن.

گفتِ افزون را تو بفروش، و بخر   بذلِ جان و بذلِ جاه و بذلِ زر ۲۷۲۹

زیاده‌گوییِ بیهوده در برابر مردان حق را رها کن و جان، مقام و مال را به پای آنان بریز.

تا ثنایِ تو بگوید فضلِ هو   که حسد آرَد فلک بر جاهِ تو ۲۷۳۰

تا با هدایت و امدادِ معنوی «مردِ حق» به جایگاه واقعی خود، یعنی «حقیقتِ انسان» برسی، مقامی که فضلِ الهی تو را بستاید، مرتبهٔ بلندی که آسمان فاقد آن است.

چون طبیبان را نگه دارید دل   خود ببینید و شوید از خود خَجِل ۲۷۳۱

اگر دل پاک طبیبان الهی را از خود خشنود بدارید، با امدادِ آنان، این سعادت را می‌یابید که نَفْس خود را بشناسید، آنگاه از درکِ حقارت خود در برابر عظمتِ حق شرمنده و خجل می‌شوید.

دفعِ این کوری به دستِ خلق نیست   لیک اِکرامِ طبیبان از هُدی‌ست[5] ۲۷۳۲

درمان کوردلی از دست مخلوق بر نمی‌آید؛ امّا لطفِ طبیبانِ الهی در شفای بیماران نفسانی تأثیرِ هدایتِ حق است.

این طبیبان را به جان بنده شوید   تا به مُشک و عنبر آگنده شوید ۲۷۳۳

از دل و جان مطیع و تسلیم این طبیبان شوید تا جان شما را از سمومِ نَفْس پالایش دهند تا نورانی شود و آن را از عِطرِ علومِ الهی سرشار بیابید.

---

۱ - **جذوب** : بسیار جذب کننده.   ۲ - اشارتی قرآنی؛ اعراف : ۲۰۴/۷ : ر.ک: ۱۶۳۱/۱.
۳ - **نُکْس** : عودِ بیماری.   ۴ - **لبیب** : خردمند.   ۵ - **از هُدی‌ست** : از تأثیر هدایت حق است.

متّهم داشتنِ قوم، انبیا را

قوم گفتند: این همه زرق[1] است و مکر کِی خدا نایب[2] کند از زید و بَکر[3]؟ ۲۷۳۴

قوم سبا به پیامبران گفتند: آنچه می‌گویید تزویر و نیرنگ است. چگونه خداوند از میانِ آدم‌هایِ معمولی، نایبی برای خود برگزیند؟

هر رسولِ شاه، باید جنسِ او آب و گِل کو؟ خالقِ افلاک کو؟ ۲۷۳۵

نمایندهٔ شاه باید با خودِ شاه سنخیّت و جنسیّت داشته باشد، انسان که از آب و گِل آفریده شده است، کجا و خالقِ افلاک کجا؟ این‌ها با هم چه نسبتی دارند؟

مغزِ خر خوردیم تا ما چون شما پشّه را داریم همرازِ هُما[4]؟ ۲۷۳۶

مگر ما مغز خر خورده‌ایم که پشهٔ ناقابل را همصحبت هما بدانیم؟

کو هما، کو پشّه؟ کو گِل، کو خدا؟ ز آفتابِ چرخ چه بْوَد ذرّه را؟ ۲۷۳۷

هما کجا و پشه کجا؟ گِل کجا و خدا کجا؟ ذرّه چه مناسبتی با آفتاب جهانتاب دارد؟

این چه نسبت؟ این چه پیوندی بُوَد؟ تا که در عقل و دماغی در رَوَد ۲۷۳۸

در میان این‌ها هیچ نسبت و سنخیّت نیست تا عقل و خرد آدمی آن را باور کند.

---

۱ - **زَرق** : تزویر.

۲ - **نایب و منوب** : ر.ک: ۶۷۸/۱.

چون خدا اندر نیاید در عیان نایب حقّ‌اند این پیغمبران

نه غلط گفتم که نایب با منوب گر دو پنداری قبیح آید نه خوب

۳ - **زید و بَکر** : فلان و بهمان، این و آن. ۴ - **هما** : مرغ سعادت.

حکایتِ خرگوشان که خرگوشی را پیشِ پیل فرستادند که بگو که: من رسولِ ماهِ آسمانم پیشِ تو که از این چشمهٔ آب حذر کن، چنانکه در کتابِ کلیله تمام گفته است[1]

این قصّه که از زبان قومِ سبا نقل می‌شود، تمثیلی است که آنان در احتجاج با انبیا و متّهم داشتنِ ایشان و بی‌اعتقادی به رسالت آن‌ها بیان می‌دارند.

جملهٔ نخچیران که آبشخورشان چشمهٔ زلالی بود، از خوفِ رمهٔ پیلان بیمناک بودند. عاقبت تدبیری اندیشیدند و خرگوش را که نمادی از مکر است، در شبِ اوّل ماه بر سرکوهی فرستادند که بانگ بر آوَرَد و مدّعی شود که او رسول ماه آسمان است و از شاهِ پیلان می‌خواهد تا شب چهاردهم ماه بیاید و درون چشمه بُرهان او را ببیند. ماه آسمان خواستار آن است که پیلان چشمه را ترک کنند؛ زیرا متعلّق به اوست و هر کس جز این کند، ماه او را کور می‌کند.

در شبِ پانزدهمِ ماه، شاهِ پیلان برای آب خوردن به سوی چشمه آمد و خرطوم خود را به آب زد، امواجی در آب پدیدار شد و نقشِ ماه که در آبِ چشمه هویدا بود، به لرزه افتاد. شاهِ پیلان آن لرزه و اضطرابِ نقش ماه را خطابی از جانب او تلقّی کرد و ترسید. بدین ترتیب خرگوش که رسالتش بنیان و اساسی نداشت با مکر توانست عدّه‌ای جاهل و ساده‌دل را که شاه پیلان نمادِ آن است، از عیشِ نقدِ خویش محروم بدارد.

مدّعای قوم سبا آن است که هر فرستاده‌ای باید همجنس فرستنده باشد. پیامبری که ادّعای رسالت از جانب خداوند دارد، باید نشانه‌ها و دلایلی برای این امر ارائه دهد. پذیرفتن چنین ادّعایی عین نادانی است و هلاکت‌آور، چنانکه پیلِ این قصّه ادّعایِ رسالتِ دروغینِ خرگوش را پذیرفت و عیشِ خود و رمهٔ پیلان را به نابودی کشانید.

---

۱ - مأخذ این قصّه، حکایتی است در کلیله و دمنه، صص ۱۸۳-۱۸۰ که در طیِ آن، در ولایت پیلان، چندی باران منقطع می‌شود و پیلان در جست‌وجوی آب به سرزمین خرگوشان می‌رسند که دارای چشمهٔ پرآبی است و «چشمهٔ قمر» نامیده می‌شود. خرگوشان که از ازدحام پیلان در رنج و مشقّت می‌افتند، رسولی به نام «پیروز» را از میان خود برمی‌گزینند و او در شبی ماهتابی از سر کوهی ندا می‌دهد که من فرستادهٔ ماه آسمانم، ای شاه پیلان، غرورِ نابجا تو را بر آن داشته است که قصد چشمه‌ای کنی که به نام من معروف است، اگر از این عمل باز نگردی، چشم‌هایت را بر می‌کَنَم و اگر در پیام من تردید داری، هم‌اکنون بیا که در چشمه حاضرم. شاه پیلان با تعجّب به سوی چشمه می‌رود و ماه را به درخششی تمام در میان چشمه می‌یابد و می‌هراسد و چون به اشارت «پیروز» خرطوم در آب می‌زند، به عیان اضطراب ماه را می‌بیند و به فرمانِ رسولِ خرگوشان بر ماه سجده می‌کند و قوم را از آن وادی بیرون می‌بَرَد: احادیث، صص ۳۰۲ و ۳۰۳.

«در افسانه‌های برخی اقوامِ بَدَوی، بینِ «خرگوش» و «ماه» رابطه‌ای دیده می‌شود و در پاره‌ای از این افسانه‌ها، خرگوش نقشِ «پیام‌آور ماه» را نزدِ «انسان» دارد که در عین حال‌گاه مضمون پیامِ او، آمیخته به نیرنگ و خدعه نیز هست. در روایتِ کلیله هم خدعهٔ خرگوش محتمل است که بازتابی از همین اساطیر در پنجاتنترا باشد. اینکه بعضی از طوایف بودایی، خرگوش را به عنوان شاکیامونی که نام بوداست، می‌خوانند نیز به احتمال قوی در ارتباط با همین اسطورهٔ «پیام‌رسانی» اوست.»[۱]

در ادامهٔ قصّه، در جواب این تمثیل، از زبان انبیا به قوم سبا گفته می‌شود که به‌کار بردن این گونه مَثَل‌ها از حدّ شما افزون است، و رسالتِ مکرآمیزِ خرگوش با رسالتِ انبیا که از طریقِ وحی مأمور به تبلیغ گشته‌اند، هیچ مناسبتی ندارد و قابل قیاس نیست.

این بدان مانَد که خرگوشی بگفت — من رسولِ ماهم و با ماه جفت ۲۷۳۹

این حرف‌ها شبیه سخنان خرگوشی است که ادّعا کرد: من نمایندهٔ ماه آسمان و همنشینِ او هستم.

کز رمهٔ پیلان بر آن چشمهٔ زلال — جمله نخچیران بُدند اندر وبال[۲] ۲۷۴۰

زیرا همهٔ حیوانات و وحوش از گلّهٔ فیل‌ها که برای آب خوردن به آن چشمهٔ زلال می‌آمدند، در سختی و عذاب بودند.

جمله محروم و ز خوف از چشمه دور — حیله‌یی کردند، چون کم بود زور ۲۷۴۱

با آمدن فیل‌ها، حیوانات دیگر همگی از چشمهٔ آب محروم شده بودند و از آن دوری می‌کردند و چون قوّت و قدرت ناچیزی داشتند، حیله‌ای اندیشیدند.

از سرِ کُه بانگ زد خرگوشِ زال[۳] — سویِ پیلان در شبِ غُرّهٔ[۴] هلال ۲۷۴۲

تدبیر آنان این بود که در شب اوّل ماه، خرگوشی پیر از بالای کوه فیل‌ها را صدا کرد.

که بیا رابعْ عَشَر[۵] ای شاهْ پیل! — تا درونِ چشمه یابی این دلیل ۲۷۴۳

گفت: ای شاه فیل‌ها، شب چهاردهم ماه اینجا بیا و درون چشمه دلیل مرا ببین.

شاهْ‌پیلا! من رسولم، پیش بیست — بر رسولان بند و زجر و خشم نیست ۲۷۴۴

ای شاه فیل‌ها، من نمایندهٔ ماه آسمان هستم. در برابر من بایست و از آنچه می‌شنوی، خشمگین نشو؛ زیرا نمایندگان را نمی‌توان به بند کشید یا شکنجه کرد و خشم گرفت.

---

۱ - بحر در کوزه، صص ۱۷۰ و ۱۷۱.　۲ - **وَبال**: عذاب، سختی.　۳ - **زال**: پیر و دارای تجربه.
۴ - **غُرّه**: اوّل هر چیز، شب اوّل ماه.　۵ - **رابع عَشَر**: چهاردهم.

مـاه مـی‌گوید کـه: ای پـیلان رویـد   چشمه آن ماست، زین یک‌سو شوید[1] ۲۷۴۵

ماه می‌گوید: ای فیل‌ها، این چشمه به ما تعلّق دارد، بروید و از آن دوری کنید.

ورنـه مـن‌تان کـور گـردانـم سـتم[2] **گـفتم، از گَـردن بـرون انـداخـتم** ۲۷۴۶

وگرنه من شما را با زور و توانی که دارم، کور می‌کنم. این سخنان اتمام حجّت بود، آنچه را که باید بگویم، گفتم و دِین را از گردن خود برداشتم.

ترکِ ایـن چشـمه بگـویید و رویـد   تـا ز زخـم تـیغ[3] **مَـهْ آمِـن شـوید** ۲۷۴۷

این چشمه را ترک کنید و بروید تا از انتقام ماه در امان باشید.

نک نشان آن است کاندر چشمه ماه   مُـضطرب گـردد[4] **ز پـیلِ آب‌خـواه** ۲۷۴۸

نشانِ خشم آن است که اگر فیلی برای آب خوردن از چشمه بیاید، ماه می‌لرزد.

آن فلان شب حاضر آ ای شاهْ پیل!   تـا درونِ چشـمه یـابی زیـن دلیـل ۲۷۴۹

ای شاه فیل‌ها، شبی را که گفتم بیا تا درون چشمه نشانِ سخنانِ مرا بیابی.

چونکه هفت و هشت[5] **از مه بگذرید   شاهْ پـیل آمـد ز چشـمه مـی‌چَرید** ۲۷۵۰

هنگامی که ماه به قرص کامل مبدّل شد، شاه فیل‌ها برای آب خوردن از چشمه آمد.

چونکه زد خرطومْ پیل آن شب در آب   مضطرب شد آب و مَهْ کـرد اضـطراب ۲۷۵۱

همین که فیل خرطوم را بر آب زد، در آب امواجی پدیدار گردید و تصویر ماه نیز لرزید.

پـیل بـاور کـرد از وی آن خـطاب   چون درونِ چشمه مَهْ کرد اضطراب ۲۷۵۲

شاه فیل‌ها از دیدنِ لرزش ماه در آب چشمه، آنچه را که از خرگوش پیر شنیده بود، باور کرد، در نتیجه رمهٔ فیلان چشمه را ترک کردند و نخچیران، نفسی از آسودگی برآوردند.

ما نه زآن پـیلانِ گـولیم[6] **ای گـروه!   که اضـطرابِ مـاه آرَدْمـان شِکـوه**[7] ۲۷۵۳

قوم سبا که این داستان از زبان آنان برای ردِّ ادّعاي رسالتِ پیامبران نقل می‌شود، در پایان قصّه نتیجه می‌گیرند که: ای کسانی که خود را رسول و نمایندهٔ خدا می‌پندارید، ما مانندِ آن فیل‌های نادان نیستیم که با لرزش ماه هراسناک شویم.

---

۱ - **یکسو شوید** : به سوی دیگری بروید، کنار بروید.   ۲ - **ستم** : زور و جبر، عمداً، رنج.
۳ - **زخمِ تیغ** : زخمِ شمشیر، مراد انتقام گرفتن است.   ۴ - **مضطرب گردد** : در اینجا به لرزه افتد.
۵ - **هفتَ و هشت** : شب پانزدهم.   ۶ - **گول** : نادان، احمق.   ۷ - **شِکوه** : ترس و بیم.

انبیا گفتند: آوَه پندِ جان سخت‌تر کرد ای سفیهان! بندتان ۲۷۵۴

پیامبران گفتند: ای قومِ نادان، افسوس که اندرزِ صمیمانهٔ ما زنجیرِ حجابِ درون شما را سخت‌تر کرد.

جواب گفتنِ انبیا طعنِ ایشان را، و مَثَل زدن ایشان را

ای دریغا که دوا[1] در رنجِ‌تان[2] گشت زهرِ قهرِ جانْ آهنجِ‌تان[3] ۲۷۵۵

ای دریغا که پند و اندرز ما برای شفایِ جانِ بیمارِ شما، به سبب عناد و حق‌ستیزی‌تان قهر الهی را بر انگیخت و به زهری جان‌ستان مبدّل شد.

ظلمت افزود این چراغ آن چشم را چون خدا بگماشت پردهٔ خشم را[4] ۲۷۵۶

چراغی را که ما با پند و اندرز در میان ظلماتِ جهلِ شما افروختیم، بر گمراهیِ شما افزود؛ زیرا عناد و کفرتان سبب شد که خشم خداوند فرود آید و پرده‌ای بر چشمانتان کشیده شود و کوردلی و کورباطنی‌تان افزون گردد.

چه رئیسی جُست خواهیم از شما؟ که ریاستمان فزون است از سَما[5] ۲۷۵۷

شما چه ریاستی می‌توانید به ما بدهید که شأنی داشته باشد؟ سروریِ ما، یعنی نبوّت ما، برتر از آسمان‌هاست.

چه شرف یابد ز کشتی بحرِ دُر؟[6] خاصه کشتیی ز سرگین[7] گشته پُر ۲۷۵۸

دریای پُر از مروارید از کشتی چه شرفی می‌یابد؟ بخصوص اگر کشتی پُر از سرگین باشد؟

ای دریغ آن دیدهٔ کور و کبود[8] آفتابی اندر او ذرّه نمود ۲۷۵۹

دریغا که آفتاب تابناک حقایق در آن دیدگان معیوب و زشت، جلوهٔ ذرّه‌ای را دارد.

---

۱ - **دوا:** مراد اندرز و هدایت پیامبران است.

۲ - **رنج‌تان:** بیماری شما، بیماری کفر و عناد که در آن غوطه‌ور هستید.

۳ - **جان آهنج:** چیزی که جان را بر می‌کشد، در می‌آورد. ۴ - اشارتی قرآنی؛ بقره: ۷/۲؛ ر.ک: ۴۰۹/۱.

۵ - **سَما:** آسمان.

۶ - در این تمثیل، پیامبران به دریای پر از مروارید مانند شده‌اند و معاندان، به کشتی پر از سرگین.

۷ - **سرگین:** مدفوع.

۸ - **کور و کبود:** این ترکیب که مفهوم «معیوب و زشت و ناپسند» از آن مستفاد است، به کرّات در مثنوی و در دیوان کبیر به کار رفته است.

ز آدمی که بُود بی مِثْل و نَدید دیدهٔ ابلیس جز طینی ندید ۲۷۶۰

دیدگانِ خودبینِ شیطان از آدم(ع) که مثل و مانند نداشت، جز جسم که از گِل بود، چیزی ندید.

چشمِ دیوانه[1]، بهارش دی نمود زآن طرف جنبید کو را خانه بود ۲۷۶۱

چشم ظاهربین و بی‌خرد شیطان، بهارِ حقایق را خزان دید؛ یعنی فقط جسم و طبیعت بشری را دید، نه عظمتِ جان او را؛ زیرا از حسد به وی می‌نگریست.

ای بسا دولت که آید گاه گاه پیشِ بی دولت، بگردد او ز راه ۲۷۶۲

چه بسا که بخت و اقبال به کسی روی آوَرَد؛ امّا او به سبب عدم ادراک که چیزی جز «بی‌دولتی» یا «نگون‌بختی» نیست، آن را نشناسد و راه دیگری را پیش گیرد.

ای بسا معشوق کآید ناشناخت پیشِ بدبختی نداند عشق باخت ۲۷۶۳

چه بسا که معشوق به‌طور ناشناس نزد عاشق برود؛ امّا عاشق نگون‌بخت او را نشناسد و نردِ عشق نبازد.

این غلطْ ده[2] دیده را حرمانِ[3] ماست وین مُقلِّب[4] قلب[5] را سوءِ ألقضاست[6] ۲۷۶۴

اینکه چشم ما ظاهربین است و گمراهمان می‌کند، از آن‌روست که جان ما از نور حق فیض نمی‌یابد و از ادراک حقایق بی‌نصیب است و آن چیزی که قلب آدمی را از مقام خود فرو می‌افکَنَد، قضای بدِ الهی است که نتیجهٔ سرشتِ بد و اعمال زشت است.

چون بُتِ سنگین شما را قبله شد لعنت و کوری شما را ظُلَّه[7] شد ۲۷۶۵

چون بت سنگی را قبله ساختید، دورباش و کوردلی بر سرتان سایه افکند.

چون بشاید سنگتان انبازِ[8] حق چون نشاید عقل و جان همرازِ حق؟ ۲۷۶۶

هنگامی که شما بت سنگی را شایستهٔ شراکت با خدا می‌پندارید، چرا پیامبران را که «عقلِ محض» و «جانِ جان»اند شایستهٔ همراز بودن با حق نمی‌دانید؟

---

۱ - **چشم دیوانه** : چشم بی‌خرد و ظاهربین. ۲ - **غلط ده** : به غلط افکندن، گمراه کردن.
۳ - **حرمان** : بی‌نصیبی، ناامیدی. ۴ - **مُقلِّب** : دگرگون کننده.
۵ - **قلب** : جوهر مجرّدی میان روح و نفس. ۶ - **سوء القضا** : قضای بد. ۷ - **ظُلَّه** : سایه، سایبان.
۸ - **انباز** : شریک.

پشّـهٔ مُـرده هُـما[1] را شـد شـریک   چون نشـاید زنـده هـمرازِ مَـلیک[2] ۲۷۶۷

چگونه پشهٔ مُرده می‌تواند هم‌پرواز هما باشد؛ امّا «انسان کامل» که دل و جانش به نور حق حیّ است، نمی‌تواند همراز خدا باشد؟

یا مگـر مُـرده تـراشـیدهٔ شـماست   پشّـهٔ زنـده تـراشـیدهٔ خـداست ۲۷۶۸

یا مگر «پشهٔ مرده» را شما خلق کرده‌اید و پیامبران را که در نظر ظاهربینِ شما کوچک جلوه می‌کنند، خدا آفریده است؟

عاشقِ خویش‌اید و صنعت‌کردِ خویش   دُمِّ مـاران را سـرِ مـار است کـیش ۲۷۶۹

ای قوم گمراه، شما عاشق «نَفْسِ امّارهٔ» خود هستید، یعنی «خودمدار و خودبین» و به همین دلیل مخلوقِ دستِ خود را که «بت سنگی» است، دوست دارید و می‌پرستید، همان‌طور که دُمِ مار، سرِ مار را دوست دارد و آنجا حلقه می‌زند.

نـــه در آن دُم دولـتـی و نـعمتی   نـه در آن سـر راحـتی و لذّتـی[3] ۲۷۷۰

نه آن دُم دولت و نعمتی دارد و نه آن سر راحت‌رسان و خوشایند است.

گِـردِ سـر گـردان بُـوَد آن دُمِّ مـار   لایق‌اند و در خورند آن هر دو یـار ۲۷۷۱

دُم مار دور سر مار حلقه می‌زند؛ زیرا شایسته و مناسب یک‌دیگر هستند.

آنـچنان گـوید حکـیمِ غـزنوی   در الهـی‌نامه[4] گـر خـوش بشـنوی ۲۷۷۲

همان‌طور که سنایی در الهی‌نامه [حدیقة الحقیقه] این نکته را گفته است، اگر مقصود را دریابی:

کـم فُـضولی کـن تـو در حُکـمِ قَـدَر   در خور آمد شخص خر باگوشِ خر[5] ۲۷۷۳

در تقدیر الهی و سرنوشتی که برای هرکس رقم زده می‌شود، فضولی نکن؛ زیرا سرنوشت آدمی متناسب با قابلیّت و ارزش وجودی اوست، همان‌طور که جسم خر باگوش او تناسب دارد.

---

۱ - **هُما** : پرنده‌ای که معتقدند بر سر هرکس سایه افکَنَد، به دولت و سلطنت می‌رسد.

۲ - **ملیک** : صاحب ملک، شاه، خدای تعالیٰ. در این تمثیل، «دنیای دون و هوای نفس» به «پشهٔ مُرده» مانند شده است و «خالق هستی» به «هما» که در ادبیّات فارسی مظهر فرّ و شکوه است.

۳ - مراد آن است که این «سر و دُم»، یعنی «منکران و بت» یا «اهل دنیا و متاع دنیوی»، در کنار هم قرار می‌گیرند، بی‌آنکه از هم بهرهٔ حقیقی ببرند.

۴ - **الهی نامه** : چنانکه از مناقب العارفین بر می‌آید، همان حدیقه است: مناقب، ج ۱، ص ۲۲۲ و ج ۲، ص ۷۴۰.

۵ - بیت مورد نظر مولانا در حدیقه این است : تو فضول از میانه بیرون بر / گوش خر در خور است با سر خر: حدیقة الحقیقه و شریعة الطریقه، سنایی، با تصحیح مریم حسینی، ص ۱۱.

شد مناسب عضوها وَ ابْدان‌ها   شد مناسب وصف‌ها با جان‌ها ۲۷۷۴

درنظام خلقت، تناسب‌ها رعایت شده است، اعضای مختلف یک بدن با هم و با آن بدن متناسب‌اند و به همین ترتیب اوصاف هر انسان، یعنی خُلق و خُو، رفتار و گفتار هرکس به مرتبهٔ جان او وابسته است.

وصفِ هر جانی تناسُب باشَدَش   بی گُمان با جان که حق بِتْراشدش ۲۷۷۵

هر خُلق و خُو و اوصافی که با روح انسانی ما متناسب باشد، از طریق خداوند به ما می‌رسد، یعنی حق تعالیٰ روح انسانی ما را به آن اوصاف، اعم از زشت و زیبا می‌آراید.

چون صفت با جان قرین کرده‌ست او   پس مناسب دانْش، همچون چشم و رو ۲۷۷۶

چون خداوند «روح انسانی» هرکس را به اوصافِ خاصّ آراسته است؛ پس خُلق‌وخُو و صفات هرکس را متناسب با ارتقایِ جان او بدان. این تناسب خیلی زیبا رعایت شده است، همان طورکه در امورِ ظاهری می‌بینیم، مانند تناسبِ چشم و صورت.

شد مناسب وصف‌ها در خوب و زشت   شد مناسب حرف‌ها[1] که حق نبشت ۲۷۷۷

صفاتِ جانِ پاک، نیک است و صفاتِ جانِ پلید، زشت. در نگارش آنچه که حق تعالیٰ بر صحیفهٔ هستی نوشته، یعنی موجوداتی که آفریده، تناسب به بهترین وجه رعایت شده است.

دیده و دل هست بَیْنِ إصْبَعَیْن[2]   چون قلم در دستِ کاتب ای حُسَین[3]! ۲۷۷۸

ای آدمی، «چشم و دل» میان دو انگشت خداوند است، مانندِ قلم در دستِ کاتب.

إصْبَعِ لطف است و قهر و در میان   کِلکِ[4] دل با قبض و بسطی[5] زین بنان[6] ۲۷۷۹

دو انگشتِ «لطف و قهر» خداوند، «دل» را همانند قلم گرفته است و «قبض و بسط» را بر دل فرود می‌آوَرَد.

ای قلم! بنگر گر اجلالیستی[7]   که میانِ إصْبَعَیْنِ کیستی؟ ۲۷۸۰

ای «دل»، اگر شایستهٔ عنایت هستی، توجّه کن میان انگشتان چه کس جای داری؟

---

۱ - **حرف‌ها** : مراد آفریدگان و موجودات است.

۲ - **إصْبَعَیْن** : تثنیه إصْبَعْ، انگشت، کنایه از جمال و جلال الهی. اشاره به حدیث: ر.ک: ۷۶۴/۱.

۳ - **حسین** : نام، اینجا مراد شخص خاصّ نیست، مخاطب عام. ۴ - **کِلک** : قلم.

۵ - اشارتی قرآنی؛ بقره : ۲۴۵/۲ : ...وَ اللهُ یَقْبِضُ وَ یَبْسُطُ...: خداوند تنگنا و گشایش را پدید می‌آورد.... : **قبض و بسط** : ر.ک: ۲۹۶۹/۲. ۶ - **بَنان** : انگشت. ۷ - **اِجلال** : بزرگ داشتن، بزرگ‌قدر گردانیدن.

جمله قصد و جُنبشت زین إصْبَع است — فـرق[1] تـو بـر چـارْراهِ مـجمع است ۲۷۸۱

ای قلم، همهٔ خواسته و جنبشِ تو ناشی از این انگشت است. نوک وجودت بر سر چهارراهی قرار گرفته که راه‌های آن، «قهر، لطف، هدایت و ضلالت»اند و از «ذات الهی» که جامع جمیع «اسماء و صفات» است، مشیّت را در جلوه‌هایِ قهر و یا لطف، هدایت و یا ضلالت، مشمول حالِ تو می‌دارد.

این حروفِ حال‌هات[2] از نَسْخ[3] اوست — عزم و فسخت هم ز عزم و فسخِ اوست ۲۷۸۲

احوال متفاوتی که در تو پدید می‌آید، اینکه پس از مصمّم شدن به کاری، از آن انصراف می‌یابی، همهٔ این‌ها حروفی است که خداوند با قلمِ دل آدمی بر لوح جان و صحیفهٔ هستی او می‌نگارد.

جز نـیاز و جـز تـضرّع راه نـیست — زین تقلّب[4] هـر قـلم آگـاه نـیست ۲۷۸۳

«دلِ آگاه» کم است، هر دلی نـمی‌دانـد کـه تـمام دگـرگونی‌ها، از حـالی بـه حـال دیگـر درآمدن‌ها، همه از حق می‌رسد و خداوند او را به احوالی گوناگون و متغیّر دچار مـی‌کند. چون قلم در دست اوست، راهی جز عرضِ نیاز و زاری نیست.

این قـلم دانـد، ولی بـر قـدْرِ خَـود — قدرِ خود پـیدا کـند در نـیک و بـد ۲۷۸۴

هر دل بنا بر کمال و مرتبه، از سرّ این دگرگونی‌ها باخبر است و اعتبار و شأنِ خود را در نیک و بدی که بر وی فرود می‌آید، آشکار می‌کند.

آنچه در خرگوش و پـیل آویـختند — تـــا ازل را بـــا حِـیَل آمـیختند ۲۷۸۵

در قصّهٔ قوم سبا، معاندان و منکران، با نقل حکایت خرگوشان و فـیل مـی‌کوشیدند تـا حقایقِ الهی را به حیله‌های دنیوی مانند کنند و این امر از عدمِ آگاهی آن‌ها بود.

بیانِ آنکه هر کس را نرسد مَثَل آوردن، خاصّه در کارِ الهی

کی رَسَدتان این مَـثَل‌ها سـاختن؟ — سـویِ آن درگـاهِ پـاک انـداخـتن؟ ۲۷۸۶

ای منکران، شما شایستهٔ آوردن مثال‌هایی در کار الهی نیستید، این فراتر از حدّ شما و فضولی است.

---

۱ - **فرق** : شکافی که نوک قلم دارد.

۲ - **حروف حال‌هات** : احوال متفاوتی که بر دل آدمی مستولی می‌شود، به حروف مانند شده و قلمِ دل که در میان انگشتان خداوند است، آن را می‌نگارَد. ۳ - **نَسْخ** : نسخه‌برداری، نوشتن.

۴ - **تقلّب** : دگرگون شدن، از حالی به حال دیگر در آمدن.

آن مَثَل آوردن، آنِ حضرت است[۱] که به علم سِرّ و جَهر[۲] او آیت است ۲۷۸۷

بیانِ مثال آوردن، بخصوص در کارِ حق، آنِ حضرت است که علم او بر جمیع موجودات احاطه دارد.

تو چه دانی سِرّ چیزی، تا توکَل یا به زُلفی یا به رُخ آری مَثَل؟ ۲۷۸۸

ای ناقص، تو از علوم و اسرار الهی چیزی نمی‌دانی که جلوه‌های گوناگون تجلیّات حق را به زلف و یا رخ زیبارویان مانند کنی.

موسیی آن را عصا دید، و نبود[۳] اژدها بُد، سِرّ او لب می‌گشود[۴] ۲۷۸۹

موسیٰ(ع) چوبِ دستِ خود را عصا دید و در سرّ اژدها بود که بعدها آشکار می‌شد.

چون چنان شاهی نداند سِرّ چوب تو چه دانی سِرِّ این دام و حبوب[۵]؟ ۲۷۹۰

هنگامی که چنان سلطانی با مقام نبوّت و تکلیم، از راز نهانی چوبدست خود بی‌خبر است، تو چگونه رازِ نهانِ این «دام و دانه»، یعنی «قضا و قَدَر» را بدانی؟

چون غلط شد چشمِ موسی در مَثَل چون کند موشی،[۶] فُضولی، مُدَّخَل[۷]؟ ۲۷۹۱

در حالی که چشمِ موسیٰ(ع) در تمثیل به اشتباه افتاد، چگونه موشِ فضولی، همانند شما معاندان و منکران، به حقایق راه یابد و مَثَل بیاورد؟

آن مثالت را چو اژدرها کند تا به پاسخ جُزو جُزوت بر کَنَد ۲۷۹۲

هنگامی که از عِناد و حق‌ستیزی در امرِ الهی مثال می‌آوری، قدرت و غیرت حق، آن مثال را به اژدها مبدّل می‌کند تا در پاسخ این جسارت، اعضای وجودت را پاره‌پاره کند.

این مثال آورد ابلیسِ[۸] لعین تا که شد ملعونِ حق تا یوم دین ۲۷۹۳

شیطان رانده شده هم، همین کار را کرد، یعنی خود را با آدم(ع) قیاس کرد، این قیاس نابجا او را تا رستاخیز به دورباش مبتلا کرد.

---

۱ - اشارتی قرآنی؛ رعد : ۱۷/۱۳ : ... کَذٰلِكَ یَضْرِبُ اللهُ ٱلْأَمْثَالَ : خداوند بدین گونه مَثَل می‌زند.

۲ - **علم سِرّ و جَهر** : علم نهان و عیان، مراد جمیع علوم و منشأ همهٔ آن‌ها، علم حق تعالی است.

۳ - اشارتی قرآنی؛ طه : ۲۰/۲۰-۱۷ : ر.ک: ۱۲۴۵/۱. ۴ - **لب می‌گشود** : آشکار می‌شد.

۵ - **دام و حبوب** : دام و دانه، اشاره به قضا و قدر الهی. ۶ - **موش** : اشاره به مظهر نفس، موجودی حقیر.

۷ - **مُدَّخَل** : محلّ دخول و در آمدن، اینجا خود را داخل در کارها کند. ۸ - **ابلیس** : ر.ک: ۸۷۹/۱

این مثال آورد قارون[1] از لجاج تا فُرو شُد در زمین با تخت و تاج ۲۷۹۴

قارون هم از سر لجاجت و حق‌ستیزی خود را با موسیٰ(ع) قیاس کرد که آن هم قیاسی ناروا و تمثیلی نادرست بود و او را به دعای بد موسیٰ(ع) و فرو رفتن در زمین گرفتار ساخت.

این مثالت را چو زاغ و بوم دان که از ایشان پست شد صد خاندان ۲۷۹۵

ای منکران، مثال‌های شما در کار الهی، همان قدر شوم است که وجودِ زاغ و بوم، شومی آن‌ها، تاکنون خاندان‌ها را بر باد داده است، شما را نیز به نابودی می‌کشاند.

مَثَل‌ها زدنِ قومِ نوح، به استهزا،[2] در زمانِ کشتی ساختن

قومِ گمراه و حق‌ستیز نوح هم از سر استکبار و غرور، خود را با آن پیامبر بزرگوار قیاس می‌کردند و هنگامی که او مشغول ساختن کشتی بود، مَثَل‌ها می‌زدند و به استهزا می‌پرداختند.

نوح[3] اندر بادیه کشتی بساخت صد مَثَل‌گو از پیِ تَسْخَر بتاخت ۲۷۹۶

نوح(ع) در بیابان کشتی می‌ساخت، صدها نفر از قوم که تلاش او و یارانش را می‌دیدند، از سر غرور و عناد، به تمسخر می‌پرداختند.

در بیابانی که چاهِ آب نیست می‌کُند کَشتی، چه نادان وَ ابلهی‌ست! ۲۷۹۷

می‌گفتند: او چقدر نادان و ابله است که در بیابانی که چاه آب ندارد، کشتی می‌سازد.

آن یکی می‌گفت: ای کَشتی بتاز و آن یکی می‌گفت: پَرّش هم بساز ۲۷۹۸

یکی می‌گفت: ای کشتی، به سرعت برو، دیگری می‌گفت: برای آن بال هم بساز تا پرواز کند.

او همی گفت: این به فرمانِ خداست این به چُربَک‌ها[4] نخواهد گشت کاست ۲۷۹۹

نوح(ع) می‌گفت: این کار به فرمان حق تعالیٰ است و با طعنه و تمسخر، سستی نمی‌یابد.

---

۱ - **قارون** : ر.ک: ۸۶۹/۱.

۲ - اشارتی قرآنی؛ هود: ۳۸/۱۱: وَ یَصْنَعُ الْفُلْكَ وَكُلَّمَا مَرَّ عَلَيْهِ مَلأٌ مِنْ قَوْمِهِ سَخِرُوا مِنْهُ قَالَ إِنْ تَسْخَرُوا مِنَّا فَإِنَّا نَسْخَرُ مِنْكُمْ كَمَا تَسْخَرُونَ: و کشتی را می‌ساخت و هر بار که بزرگانی از قومش بر او می‌گذشتند او را ریشخند می‌کردند، می‌گفت اگر ما را ریشخند کنید ما نیز [به هنگامش] به همان‌گونه که ما را ریشخند می‌کنید، ریشخندتان خواهیم کرد. ۳ - **نوح(ع)** : ر.ک: ۳۱۳۷/۱.

۴ - **چُربَک** : سخنی را گویند که دشمن به عنوان ظرافت و مسخرگی و خوش‌طبعی گوید، طعنه و تمسخر.

حکایتِ آن دزد که پرسیدند: چه می‌کنی نیم‌شب در بُنِ این دیوار؟ گفت: دُهُل می‌زنم

در این لطیفهٔ کنایه‌آمیز دزدی خیره‌سر شب هنگام در بُن دیواری حفره‌ای را نقب می‌زد. رنجوری که نیم بیدار بود، صدایِ تق تق آهسته‌ای را شنید و بر بام خانه رفت و علی‌رغم آنکه دزد را در حینِ حفرِ نقب دید، از او پرسید: در چه کاری ای پدر؟ دزد هم که خواب‌آلودگی و گولی او را مشاهده کرد، گفت: دُهل می‌زنم. رنجور خواب‌آلوده پرسید: پس بانگِ دهل کجاست؟ دزد با کنایه‌ای طنزآمیز پاسخ داد: فردا بشنوی این بانگ را، «نعرهٔ یا حَسْرتا واویلتا».

این قصّه، لطیفهٔ کوتاه رمزآمیزی است برایِ تقریرِ حالِ غافلان که در طیِّ آن رنجوری و خواب‌آلودگی مرد نیم خواب، نمادی است از غلبهٔ نفسانیّات که آدمی را چنان رنجور و غافل می‌دارد که با دیدن حقایق نیز ترجیح می‌دهد دیده را نادیده انگارد و در جهل مرکّبی که با ستیزه‌جویی علیه حقایق بدان مبتلا گشته و چیزی جز قهر الهی نیست، بماند.

«دزد عنید» نیز نمادی است از «نَفْس» که در بنایِ دل و جانِ انسانِ رنجور و خواب‌آلوده، نقب زده و مستقر گشته است و بانگِ دهل او، نعرهٔ یاحسرتا، واویلتایی است که غافل در روز رستاخیز از میان جان خود خواهد شنید.

۲۸۰۰ **این مَثَل بشنو که: شب دزدی عَنید[1] در بُنِ دیوار حفره می‌برید**

به این لطیفه گوش فرا ده: شبی دزدی خیره‌سر پای دیواری را سوراخ می‌کرد.

۲۸۰۱ **نیمْ بیداری که او رنجور بود طَقْطَقِ آهسته‌اش را می‌شنود**

شخصی بیمار که خواب‌آلوده بود، صدای تق تق آهستهٔ آن دزد را می‌شنید.

۲۸۰۲ **رفت بر بام و فرو آویخت سر گفت او را: در چه کاری ای پدر؟**

شخص خواب‌آلوده بالای بام رفت و سرش را خم کرد و گفت: ای پدر، چه می‌کنی؟

۲۸۰۳ **خیر باشد، نیم‌شب چه می‌کنی؟ تو که‌ای؟ گفتا: دهل‌زن ای سَنی[2]!**

إن شاء الله خیر است، نیمه شب چه می‌کنی؟ کیستی؟ دزد گفت: ای مرد بزرگ، دُهل می‌زنم.

۲۸۰۴ **در چه کاری؟ گفت: می‌کوبم دهل گفت: کو بانگِ دهل ای بوسُبُل[3]؟**

مرد پرسید: چه می‌کنی؟ دزد گفت: دهل می‌زنم. مرد پرسید: ای مرد راه‌دان، بانگ دهل کجاست؟

---

۱ - **عَنید**: خیره سر، ناسازگار. ۲ - **سَنی**: بزرگ. ۳ - **بوسُبُل**: راه‌دان، آگاه از راه‌ها.

۲۸۰۵ گفت: فردا بشنوی این بانگ را نعرهٔ یا حَسْرتا! واوَیْلتا!
دزد گفت: بانگ آن را فردا خواهی شنید، فریادِ ای وای، واویلا را فردا می‌شنوی.

۲۸۰۶ آن دروغ است و کژ و برساخته[1] سرّ آن کژ را تو هم نشناخته
هرچند که این لطیفه ساختگی است؛ امّا در آن، سرّی بود که نتوانستی درک کنی.

جوابِ آن مَثَل که مُنْکِران گفتند
از رسالتِ خرگوش، پیغام به پیل از ماهِ آسمان

۲۸۰۷ سِرِّ آن خرگوش دان دیوِ فضول که به پیشِ نَفْسِ تو آمد رسول
خرگوشِ آن قصّه که ادّعایِ رسالت داشت، همان شیطان فضول است که به رسالت نزدِ نَفْسِ تو آمده است.

۲۸۰۸ تا کـه نَفْسِ گول را محروم کرد ز آبِ حیوانی که از وی خضر خَورد
وسوسه‌های او، نفسِ نادان تو را از آب حیات که خضر(ع) نوشید، محروم کرد.

۲۸۰۹ بازگونه کرده‌ای معنیش را کفر گفتی، مُستعد شو نیش را
تو این قصّه را وارونه فهمیدی و کفر ورزیدی، خود را آماده دریافت عواقب آن کن.

۲۸۱۰ اضطرابِ ماه گفتی در زلال که بترسانید پیلان را شغال[2]؟
گفتی که با لرزش ماه در آب چشمه، خرگوش توانست فیل‌ها را بترساند.

۲۸۱۱ قصّهٔ خرگوش و پیل آری و آب؟ خَشْیَتِ[3] پیلان زِ مَهْ در اضطراب؟
قصّهٔ خرگوش و فیل و چشمه را نقل می‌کنی و اینکه فیل‌ها از لرزش تصویر ماه در آب هراسیدند.

۲۸۱۲ این چه مانَد آخر ای کورانِ خام[4]؟ با مَهی که شد زبونش خاص و عام[5]
ای کوردلان نادان، این قصّهٔ شما با ماهِ حقیقت که همهٔ عالم هستی در برابرش خوار و ناتوان است، چه مناسبتی دارد؟

---

۱ - **برساخته**: ساختگی، جعلی. ۲ - **شغال**: به ضرورت قافیه، خرگوش شغال نامیده شده است.
۳ - **خَشْیَت**: ترس، واهمه. ۴ - **خام**: نادان، احمق. ۵ - **خاص و عام**: همهٔ مراتب هستی.

چه مَهْ و چـه آفـتاب و چـه فـلک　　　چه عقول و چه نفوس و چه مَـلَک ۲۸۱۳

ماه یا آفتاب و یا فلک چیست؟ عقول و ارواح و یا فرشتگان کدام است؟ همهٔ مراتب هستی در برابر حق ناتوان هستند.

آفــــتابِ آفــــتابِ آفــــتاب　　　این چه می‌گویم؟ مگر هستم به خواب! ۲۸۱۴

حقیقت ذات پاک او، آفتابِ آفتابِ آفتاب است، یعنی جانِ جانِ همهٔ انوار، نه این تمثیل هم حقِّ مطلب را ادا نمی‌کند، چه می‌گویم؟ مگر خواب هستم؟

صد هـزاران شـهر را خشـم شـهان　　　سرنگون کرده‌ست ای بد گمْ رهان! ۲۸۱۵

ای گمراهان بدکردار، خشم انبیا و اولیا، صدها هزار شهر را به ویرانی و نابودی کشانیده است.

کوه بر خود می‌شکافد، صد شکاف　　　آفـتابی، از کسـوفش در شَـغاف[1] ۲۸۱۶

کوه از خشم این بزرگان می‌شکافد و صد پاره می‌شود. آفتاب از کسوف که خداوند بر او مقرّر می‌دارد، دچار بیخودی و گرفتگی می‌گردد.

خشمِ مردان خشک گرداند سحاب　　　خشمِ دل‌هـا[2] **کـرد عـالم‌ها خـراب** ۲۸۱۷

خشم مردان حق ابرها را خشک می‌کند و دنیا را به ویرانی می‌کشاند.

بــنگرید ای مُـردگان بـی‌حَنوط[3] **در ســـیاستگاهِ شـهرستان لوط**[4] ۲۸۱۸

ای مردگانِ به ظاهر زنده، به شهر لوط که محلِّ کیفرِ کافران و حق‌ستیزان شد، نگاه کنید.

پیل خود چه بْوَد؟ که سه مرغ پَران　　　کـوفتند آن پـیلکان را اسـتخوان[5] ۲۸۱۹

فیل چه شأن و اعتباری دارد؟ چند پرندهٔ کوچک در حال پرواز استخوانِ فیل‌ها را در هم کوبیدند.

اَضعفِ مـرغان ابـابیل[6] **است و او　　　پــیل را بــدرید، و نـپذیرد رَفـو** ۲۸۲۰

پرندهٔ ابابیل، از ناتوان‌ترین پرندگان است؛ امّا همین پرندهٔ ضعیف فیل‌ها را از هم درید و پاره کرد، به نحوی که درمان‌ناپذیر بود.

---

۱ - **شَغاف :** شکم درد، درد قلب. کنایه از گرفتگی و درهم‌پیچیدگی.

۲ - **دل‌ها :** مراد صاحب دل است، مرد حق.　　۳ - **حَنوط :** بوی مردگان، بوی خوش برای مردگان.

۴ - **شهرستان لوط :** بنا به روایت ناصر خسرو، بقایای آن تا قرن پنجم هجری باقی بوده است.

۵ - اشاره به داستان حملهٔ ابرهه و مرغان ابابیل : ر.ک: ۱۳۱۹/۱ و ۲۹۱۱/۲.

۶ - **اَبابیل :** جمع اِبال، اِباله و اَباله، نیز گفته‌اند که این کلمه جمعی است بی‌واحد، دسته‌های پراکنده، طیر ابابیل، پرستو، چلچله.

کیست کو نشنید آن طوفانِ نوح؟ یا مصافِ لشکرِ فرعون و روح؟[1] ۲۸۲۱

چه کسی تا کنون قصّهٔ توفان نوح و یا نبرد لشکر فرعون و جبرائیل را نشنیده است؟

روحشان بشکست و اندر آب ریخت ذرّه ذرّه آبشان بر می‌گُسیخت ۲۸۲۲

جبرائیل آنان را در هم شکست و به دریا ریخت. آب نیز آنان را ذرّه ذرّه و متلاشی کرد.

کیست کو نشنید احوالِ ثمود[2] **؟ وانکه صرصر**[3] **عادیان**[4] **را می‌ربود؟** ۲۸۲۳

چه کسی احوال قوم ثمود را نشنیده است و از زلزلهٔ سختی که موجب نابودی آنان شد و جز کیفر الهی نبود، بی‌خبر است؟ چه کسی نابودی قومِ عصیانگرِ عاد، با وزش بادهای شدید را نمی‌داند؟

چشم، باری در چنان پیلان گشا که بُدندی پیل کُش اندر وَغا[5] ۲۸۲۴

در هر حال، چشم عبرت‌بین را بگشا و به قوم عاد توجّه کن و ببین که آن مردم تنومند و غول‌پیکر که می‌توانستند در جنگ بر فیل غلبه کنند، به چه سرنوشتی مبتلا شدند؟

آنچنان پیلان و شاهانِ ظَلوم[6] **زیرِ خشمِ دل همیشه در رُجوم**[7] ۲۸۲۵

کسانی که از فرط توانایی و تنومندی فریفتهٔ قدرت و قوّت خود می‌گردند و کبر و عناد می‌ورزند، با خشم صاحبدلان همیشه سنگ باران می‌شوند.

تا ابد از ظُلمتی در ظُلمتی می‌روند، و نیست غوثی[8]**، رحمتی** ۲۸۲۶

این ستمگران معاند، تا ابد از تاریکی به تاریکی دیگر می‌روند و فریادرسی ندارند.

نامِ نیک و بد مگر نشنیده‌اید؟ جمله دیدند و شما نادیده‌اید ۲۸۲۷

مگر شما نام نیک و بد را نشنیده‌اید؟ همهٔ مردم از قصّهٔ اقوام پیشین باخبرند، شما هم شنیده‌اید؛ امّا توجّه نکردید و عبرت نگرفتید.

دیده را نادیده می‌آرید لیک چشمتان را واگشاید مرگْ نیک ۲۸۲۸

شما آنچه را که دیده‌اید، نادیده وانمود می‌کنید؛ امّا مرگ چشمتان را به خوبی خواهد گشود.

---

۱ - شارحان می‌گویند، و به احتمال قوی درست هم می‌گویند که مراد از روح، جبرائیل است که روح‌الامین سوار بر مادیان پیشاپیش فرعون به دریا راند و فرعون نتوانست اسب خود را مانع شود که در پی مادیان نرود و غرق شد: شرح مثنوی مولوی، ج ۳، صص ۱۲۱۸ و ۱۲۱۹. ۲ - **ثمود :** ر.ک: ۲۵۲۰/۱. ۳ - **صرصر :** باد بسیار سرد.
۴ - **عاد :** ر.ک: ۸۵۸/۱ ۵ - **وَغا :** جنگ. ۶ - **شاهان ظلوم :** شاهان ستمکار، حدّ اعلای ستمگری.
۷ - **رُجوم :** جمع رجم، سنگ، سنگسار کردن. ۸ - **غوث :** یاری کردن و اعانت، به فریاد رسیدن، فریادرس.

۲۸۲۹ **گیر عالم پُر بُوَد خورشید و نور چون روی در ظُلمتی مانندکور**

فرض کن که دنیا پر از انوار تابناک خورشید باشد، چون تو مانند کور، در تاریکی هستی،

۲۸۳۰ **بی نصیب آیی از آن نورِ عظیم بسته روزن باشی از ماهِ کریم[۱]**

از آن نور عالمتاب بهره نمی‌بری؛ زیرا روزن جانت را بسته و خویش را محروم کرده‌ای.

۲۸۳۱ **تو درونِ چاه[۲] رفتستی زکاخ[۳] چه گنه دارد جهان‌هایِ فراخ[۴] ؟**

تو به خواستِ خود، از کاخِ کمال به چاهِ جهل رفته‌ای، عوالمِ معنوی کوتاهی نکرده‌اند.

۲۸۳۲ **جان که اندر وصفِ گرگی[۵] ماندْ او چون ببیند رویِ یوسف[۶] را؟ بگو**

هنگامی که «جان»، در صفات حیوانی و درنده‌خویی مانده باشد؛ یعنی «حرص و طمع اهل دنیا»، انصاف بده که چگونه با درونی تاریک، جمالِ یوسف را که چیزی جز جمالِ حق و جلوه‌های عالم معناست، درک کند؟

۲۸۳۳ **لحنِ داوودی به سنگ و کُه رسید[۷] گوشِ آن سنگین دلانَش[۸] کم شنید**

سنگ و کوه از آوایِ داوود(ع) به وجد آمدند و همنوایی کردند؛ امّا آن صوت دلنواز در گوش منکران، خوشایند نبود.

۲۸۳۴ **آفرین بر عقل و بر انصافْ باد هر زمان، وَ اَللهُ أَعْلَمْ بِالرَّشاد**

همواره بر عقل حقیقت‌بین و انصاف آفرین باد. خداوند به راه راست داناتر است.

۲۸۳۵ **صَدِّقُوا رُسْلاً کِراماً یا سَبا ! صَدِّقُوا رُوحاً سَباها[۹] مَنْ[۱۰] سَبا**

ای قوم سبا، آن پیامبران بزرگ را تأیید کنید. کسی را که خداوند اسیرِ عشقِ الهی کرد، تصدیق کنید.

۲۸۳۶ **صَدِّقُوهُم، هُمْ شُمُوسٌ طالِعة یُؤمِنُوکُمْ مِنْ مَخازِی[۱۱] اَلقارِعَة[۱۲]**

آنان را تأیید کنید؛ زیرا خورشیدِ تابناک حقایق‌اند که شما را از کیفر و رسوایی روز رستاخیز در امان می‌دارند.

---

۱ - **ماه کریم**: انوار حق. ۲ - **چاه**: کنایه از دنیا و امور دنیوی است.

۳ - **کاخ**: کنایه از مراتب عالی کمال است.

۴ - **جهان‌های فراخ**: عوالم روحانی و معنوی، بزرگان و صاحبان معارف.

۵ - **وصف گرگی**: صفات حیوانی و درنده‌خویی. ۶ - **روی یوسف**: جمال حق و جلوه‌های عوالم معنوی.

۷ - اشارتی قرآنی؛ سبأ: ۱۰/۳۴؛ ر.ک: ۴۹۵/۲. ۸ - **سنگین دلان**: منکران، اهل دنیا.

۹ - **سَبا**: اسیر کرد. ۱۰ - **مَنْ**: کسی که، کنایه از حق است. ۱۱ - **مخازی**: علّت‌های خواری و ذلّت.

۱۲ - **قارِعَه**: کوبنده، از نام‌های رستاخیز.

۲۸۳۷ **صَـدِّقُوهُمْ، هُـمْ بُـدورٌ[1] زاهِـرَة[2] قَـبْلَ اَنْ یَـلْقُوکُمُ[3] بِـالسّاهِرَة[4]**

آنان را تأیید کنید؛ زیرا ماه‌های تابان‌اند که پیش از رسیدن به صحنهٔ رستاخیز به شما نور می‌دهند.

۲۸۳۸ **صَدِّقُوهُمْ، هُـمْ مَـصابیحُ[5] الدُّجـیٰ[6] أکْـرِمُوهُم، هُـمْ مَـفاتیحُ[7] الرَّجـا[8]**

آنان را تأیید کنید؛ زیرا وجودشان بسان چراغ‌های فروزانی است که تاریکی را از میان می‌برد. ایشان را گرامی بدارید؛ چون کلید امید هستند.

۲۸۳۹ **صَدِّقُوا مَـنْ لَـیْسَ یَـرْجُو خَـیْرَکُـمْ لا تُـضِلُّوا[9]، لا تَـصُدّوا[10] غَـیْرَکُـم**

کسانی را که از شما انتظار نیکی ندارند؛ تأیید کنید. دیگران را گمراه نکنید و از راه حق باز ندارید.

۲۸۴۰ **پـارسی گـوییم، هـین! تـازی بِـهِل هندوِی[11] آن تُرک[12] باش ای آب و گِل!**

به فارسی سخن بگوییم و عربی را فرو نهیم. ای انسان، بندهٔ آن معبود حقیقی باش.

۲۸۴۱ **هین! گـواهـی‌های شـاهان بشـنوید بگـرویدند آسـمان‌ها[13]، بگـروید**

آگاه باشید و بدانید که شاهان عالم معنا، آنان را تأیید کرده‌اند. کرّوبیان و فرشتگان به رسولان حق گرویده و ایمان آورده‌اند، شما نیز بگروید و ایمان بیاورید.

معنیِ حزم[14] و مثالِ مردِ حازم

مولانا در این قطعه به تقریر «حزم» می‌پردازد و در بیانِ آن خطاب به کافران و معاندان، می‌فرماید: غایت‌اندیشی که نشان خرد آدمی است حکم می‌کند که احوال و سرنوشت اقوام پیشین را بنگرید و پند بگیرید و یا اگر نمی‌توانید، باز هم عقل حُکم می‌کند که در برخورد با حقایق، محتاط باشید و با تدبیر زندگی کنید و در راه حق نیز به اعمال نیک بپردازید.

۲۸۴۲ **یـا بـه حـالِ اوّلیـنان بـنگرید یا سویِ آخِـر بـه حَـزمی در پَـرید**

ای منکران، یا به احوال اقوام پیشین توجّه کنید و عبرت بگیرید یا غایت‌اندیش باشید.

---

۱ - **بُدور**: جمع بدر، قرص کامل ماه. ۲ - **زاهِرَه**: درخشان. ۳ - **یَلْقُوکُمُ**: شما را بیفکنند.

۴ - **ساهِرَه**: روی زمین، زمین قیامت به نقل از بعضی مفسّران در تفسیر قرآن، نازعات: ۱۴/۷۹.

۵ - **مصابیح**: جمع مصباح، چراغ. ۶ - **دُجیٰ**: تاریکی. ۷ - **مفاتیح**: جمع مفتاح، کلید.

۸ - **رجا**: امید. ۹ - **لا تُضِلُّوا**: گمراه نکنید. ۱۰ - **لا تَصُدُّوا**: مانع نشوید.

۱۱ - **هندو**: کنایه از بنده و غلام است. ۱۲ - **ترک**: کنایه از معشوق و معبود حقیقی است.

۱۳ - **آسمان‌ها**: مراد کرّوبیان و فرشتگان است. ۱۴ - **حزم**: دوراندیشی، عاقبت‌اندیشی.

حزم چه بْوَد؟ در دو تدبیر احتیاط   از دو آن گیری که دور است از خُباط[۱] ۲۸۴۳

غایت‌اندیشی چیست؟ این است که میان دو تدبیر، محتاط باشی و از میان آن دو، چیزی را انتخاب کنی که از لغزش به دور باشد.

آن یکی گوید: در این ره هفت روز   نیست آب، و هست ریگِ پایْ سوز[۲] ۲۸۴۴

به عنوان مثال، اگر شخصی بگوید: راهی هفت روزه در پیش است و در آن راه آب یافت نمی‌شود و ریگ‌های تفته‌ای است که پای آدمی را می‌سوزاند،

آن دگر گوید: دروغ است این، بِران[۳]   که به هر شب چشمه‌یی بینی روان ۲۸۴۵

امّا، دیگری بگوید: این حرف صحّت ندارد، بروکه در این راه، هر شب چشمهٔ آب روانی را می‌یابی.

حزم آن باشد که برگیری تو آب   تا رهی از ترس و باشی بر صواب ۲۸۴۶

دوراندیشی آن است که آب همراه ببری تا بیمناک نشوی و کار صحیح را انجام داده باشی.

گر بُوَد در راهْ آب، این را بریز   ور نباشد، وای بر مردِ ستیز[۴] ۲۸۴۷

اگر در راه، آب بود، آبی را که همراه داری، بریز و اگر نبود، وای بر آن که عناد ورزید.

ای خلیفه‌زادگان! دادی[۵] کنید   حزمْ بهرِ روزِ میعادی کنید[۶] ۲۸۴۸

ای فرزندان آدم، غایت اندیش باشید و برای روز رستاخیز چاره‌ای بیندیشید.

آن عدوّی[۷] کز پدرتان کین کشید   سوی زندانش ز علّیّین[۸] کشید ۲۸۴۹

شیطان دشمنی بود که از پدر شما انتقام گرفت و او را از قُرب الهی، به زندانِ زندگی دنیا مبتلا کرد.

آن شهِ شطرنجِ دل را مات[۹] کرد   از بهشتش سُخرهٔ آفات کرد[۱۰] ۲۸۵۰

ابلیس، «شاه شطرنج دل»، یعنی آدم(ع) را که دلباختهٔ حق و «شاه عالم معنا» بود، مات کرد و موجب شد که از بهشت اخراج و به زندگیِ مادّی گرفتار شود.

---

۱ - **خُباط** : مرضی شبیه جنون.

۲ - اشاره به انبیا و اولیا که خلق را اندرز می‌دهند و به برگرفتن توشهٔ معنوی تشویق می‌کنند.

۳ - اشاره به ابلیس که خلق را از غایت‌اندیشی باز می‌دارد.   ۴ - **مردِ ستیز** : آدمِ لجباز.

۵ - **داد** : عدل، انصاف، اینجا مراد از عدل و انصاف آدمی آن است که فریب ابلیس را نخورد و غایت‌اندیش باشد.

۶ - اشارتی قرآنی؛ بقره : ۳۰/۲ : ر.ک: ۲۶۷۱/۱.   ۷ - **عدو** : دشمن.   ۸ - **علّیّین** : عالم بالا.

۹ - **مات** : اصطلاح در بازی شطرنج؛ گرفتار و مقیّد شدن شاه شطرنج است.

۱۰ - اشارتی قرآنی؛ بقره : ۳۶/۲ : ر.ک: ۹۳۱/۱.

دفتر سوم ۴۰۷

چند جا بندش[1] گرفت اندر نبرد تا به کُشتی در فکندش رویْ زرد ۲۸۵۱

در هنگامِ نبرد، چندین بار کمر او را گرفت تا در این کُشتی آدم(ع) را بر زمین زد و شرمنده کرد.

این چنین کرده‌ست با آن پهلوان[2] سُست سُستش منگرید ای دیگران! ۲۸۵۲

شیطان که با آدم(ع) چنین کرد، ای انسان‌های دیگر، پشتِ شما را هم می‌تواند به خاک برساند، او را خوار نشمارید.

مادر و باباي ما را آن حسود تاج و پیرایه[3] به چالاکی ربود ۲۸۵۳

آن حسود، تاج پدر و پیرایهٔ مادر ما را با تردستی از آنان ربود.

کردشان آنجا برهنه[4] و زار و خوار سال‌ها بگریست آدم زارْ زار ۲۸۵۴

آن‌ها را عریان و خوار و ذلیل کرد. آدم(ع) پس از خروج از بهشت سال‌ها به زاری تمام گریست.

که ز اشکِ چشمِ او رویید نَبْت[5] که: چرا اندر جریدهٔ[6] لاست ثبت؟ ۲۸۵۵

از اشک چشم او گیاه سبز شد. آدم(ع) می‌گریست که چرا نام او در «جریدهٔ لا» ثبت شده است؛ یعنی چرا از قُربِ وصال هبوط کرده و ساکن عالم امکان و دنیای مادّی شده است.

تو قیاسی گیر طرّاریش را که چنان سرور، کَنَد زو ریش[7] را ۲۸۵۶

تو نیرنگ شیطان را از اینجا قیاس کن که موجب زاری شدید چنان والامقامی شد.

اَلْحَذَر ای گِل پرستان! از شرش تیغِ لاحولی[8] زنید اندر سرش ۲۸۵۷

ای دنیاپرستان، از شرّ شیطان بپرهیزید. با شمشیرِ «لاٰ حَوْلَ وَ لاٰ قُوَّةَ إلاّ بِالله» به جنگ او بروید.

کو همی بیند شما را از کمین که شما او را نمی‌بینید هین! ۲۸۵۸

آگاه باشید که او شما را از کمینگاه می‌بیند، ولی شما او را نمی‌بینید.

---

۱ - **بند** : کمربند، اینجا کمر. ۲ - **پهلوان** : کنایه از آدم(ع).

۳ - **تاج و پیرایه** : اشاره به شوکت و جلال بهشت و برخورداری از آن است.

۴ - **برهنه** : اشاره است به از دست دادن مواهب بهشتی و نعیمی که از آن بهره‌مند بودند.

۵ - **نَبْت** : گیاه. چنانکه در روایات آمده است، آدم(ع) پس از هبوط از بهشت در سراندیب (سیلان) قدم بر خاک نهاد و در آنجا توبه کرد و سیل اشک از چشم فرو بارید که سبب شد درّه‌ها از ادویه و گیاهان معطّر پر شود: شرح مثنوی مولوی، ج ۳، ص ۱۲۲۰. ۶ - **جریده** : دفتر. «جریدهٔ لا»: دفترِ فنا، اینجا جزو موجوداتِ فانی.

۷ - **ریش کندن** : کنایه از زاری و اظهار تأسّف شدید کردن مانند بر سر زدن. ۸ - **لاحول** : ر.ک: ۲۰۶/۲.

دایـما صـیّاد ریـزد دانـه‌ها[1] دانـه پـیدا بـاشد و پـنهان دَغـا[2] ۲۸۵۹

شیطان، همانند صیّاد پیوسته در راه شما دانه می‌پاشد، دانه پیداست؛ امّا مکر و نیرنگی که موجب پاشیدن دانه شده، نهان است.

هـر کـجا دانـه بـدیدی، اَلْـحَذَر تـا نـبندد دامْ بـر تـو بـال و پـر ۲۸۶۰

هر جا دانه‌ای را دیدی، از آنجا دوری کن تا به دام نیفتی و پر و بالت بسته نشود.

زانکه مرغی کو بـه تـرکِ دانـه کـرد دانه از صـحرایِ بـی‌تزویر[3] خَـورد ۲۸۶۱

زیرا پرنده‌ای که دانهٔ زمینی را رها کند، بدون شک از صحرای بدون دام، دانه می‌خورد.

هم بدان قـانع شـد و از دامْ جَـست هـیچ دامـی پَـرّ و بـالش را نـبست ۲۸۶۲

پرنده‌ای که جویای دانه در صحرای بـی‌تزویر بـاشد، بـه هـمان قـانع مـی‌شود و از دام می‌رهد؛ بنابراین هیچ دامی نمی‌تواند پر و بال او را ببندد.

وخامتِ کار[4] آن مرغ که ترکِ حزم کرد از حرص و هوا

شرحِ معنایِ «حزم و غایت‌اندیشی»، با تقریر این تمثیل تداوم می‌یابد که پرنده‌ای، دانهٔ موجود در دام را می‌بیند و جانب احتیاط را فرو می‌نهد و گرفتار دام می‌گردد؛ امّا پرندهٔ دیگری با احتیاط بدان سو می‌نگرد و در نهایت از آن دل بر می‌کند و پرواز می‌کند.

در این تمثیل، انسان به پرنده مانند شده است که می‌تواند اسیر «دام و دانهٔ دنیا» بشود یا از آن دل بر کَنَد و به سوی «عالم معنا» پرواز کند.

بـاز مـرغی فـوقِ دیـواری نشست دیـده سـویِ دانـهٔ دامـی بِـبَست ۲۸۶۳

بار دیگر، پرنده‌ای بالای دیواری نشست و به دانه‌ای که در میان دامی بود، دیده دوخت.

یک نـظر او سـویِ صـحرا مـی‌کُند یک نظر حرصش به دانـه مـی‌کَشَد ۲۸۶۴

میل به آزادی، نگاه او را به سوی صحرا می‌کشاند و طمع، نگاهش را متوجّه دانه می‌کرد.

---

۱ - دانه، اشاره است به مطامع دنیوی مانند حبّ مال و جاه و وسوسه‌های نفسانی. ۲ - **دَغا**: مکر و نیرنگ.
۳ - **صحرای بی‌تزویر**: کنایه از عالم معنا. هر کس که مطامع دنیوی و وسوسه‌های نفس را فرو نهد، بهره‌های معنوی و روحانی می‌یابد. ۴ - **وخامت کار**: فرجام بد.

این نظر با آن نظر چالیش[1] کرد   ناگهانی از خِرَد خالیش کرد ۲۸۶۵

میل به آزادی و طمع دانه، با یک‌دیگر برخورد کردند و ناگهان، دوراندیشی پرنده زایل شد.

باز مرغی کآن تردّد را گذاشت   زآن نظر بر کَند و بر صحرا گماشت ۲۸۶۶

امّا پرنده‌ای که تردید و دودلی را رها کرد و توانست از دانه بگذرد و روی به صحرا آوَرَد،

شاد پرّ و بالِ او، بَخّاً لَهُ[2]   تا امامِ جمله آزادان شد او ۲۸۶۷

آفرین بر او باد! که با شادی در صحرا پرواز کرد و سرانجام پیشوای همهٔ آزادگان شد.

هر که او را مقتدا سازد، بِرَست   در مقامِ امن و آزادی نشست ۲۸۶۸

هر کس از او پیروی کرد از دام رهایی یافت و در پناه وی به جایگاه امن و آزادی دست یافت.

زانکه شاهِ حازمان[3] آمد دلش   تا گلستان[4] و چمن[5] شد منزلش ۲۸۶۹

زیرا دلِ پاکِ مردِ حق، از آلایش‌های دنیا به دور و از همه غایت اندیش‌تر است و هر کس از وی پیروی کند، به علوم و معارف الهی دست می‌یابد و به حق می‌رسد.

حزم از او راضی و او راضی ز حزم[6]   این چنین کُن گر کُنی تدبیر و عزم ۲۸۷۰

خداوند از او راضی است و او نیز از غایت‌اندیشیِ خود خرسند است. تو هم اگر دارای تدبیر و عزم هستی، چنین کن.

بارها در دامِ حرص افتاده‌ای   حلق[7] خود را در بُریدن داده‌ای ۲۸۷۱

بارها در دام «حرص و طمع» گرفتار شده و گلوی خود را به دم تیغ داده‌ای؛ یعنی حرص متاع دنیوی تو را به دام دنیاپرستی افکنده و حیات معنوی‌ات دچار مخاطره شده است.

بازت آن توّابِ لطف آزاد کرد   توبه پذْرفت و شما را شاد کرد ۲۸۷۲

باز هم لطف خداوند توبه‌پذیر شامل حالت شد و تو را از دام رهایی داد و شادمانت کرد.

---

۱ - **چالیش :** چالش، جنگ و جدال، مقابله.

۲ - **بَخاً لَهُ :** آفرین بر او باد. اشاره است به مردان حق که فریب متاع دنیوی را نمی‌خورند.

۳ - **حازمان :** جمع حازم، کس که غایت اندیش است.   ۴ - **گلستان :** کنایه از علوم و معارف الهی است.

۵ - **چمن :** کنایه از مقام جمع، اتّحاد با محبوب در مقام تقرّب به حق.

۶ - مصراع اوّل: راضی بودن حزم از او، اشاره دارد به رضایت خالقِ حزم؛ یعنی پروردگار.

۷ - **حلق :** اشاره است به استعداد و قابلیّت لازم برای جذب انوار الهی و طیّ مسیر استکمالی.

گفت: اِنْ عُدْتُمْ کَذا عُدْنا[1] کَذا نَحْنُ زَوَّجْنا[2] اَلفِعالَ بِالجَزا ۲۸۷۳

خداوند فرمود: اگر توبهٔ خود را بشکنید، ما نیز شما را عذاب می‌کنیم. ما اعمال آدمیان را متناسب با کیفرِ مخصوص آن، قرار داده‌ایم.

چونکه جفتی را بَرِ خود آورم آید آن جفتش دَوانه[3] لاجرم[4] ۲۸۷۴

اگر یکی از جفت‌ها را نزد خود ببرم، شکی نیست که جفت دیگر دوان دوان می‌آید.

جفت کردیم این عمل را با اثر چون رسد جفتی، رسد جفتی دگر ۲۸۷۵

مولانا از قول حق تعالیٰ می‌گوید: ما هر فعل را با آثار و تَبَعاتِ آن همراه ساخته‌ایم؛ یعنی هرگاه عملی به ظهور برسد، آثار و تَبَعاتِ آن نیز به ظهور می‌رسند.

چون رُباید غارتی[5] از جفت شوی جفت می‌آید پسِ او شویْ‌جوی[6] ۲۸۷۶

اگر راهزن، میان زن و شوهر، شوهر را برباید، زن برای جست‌وجوی شوهر به دنبال او می‌رود.

بار دیگر سویِ این دام آمدیت خاک اندر دیدهٔ توبه زدیت ۲۸۷۷

ای کسانی که توبه کرده بودید، توبه را شکستید و به سوی دام دنیا آمدید.

بازتان توّاب بگشاد از گره گفت: هین! بگریز، روی این سو مَنه ۲۸۷۸

بار دیگر خداوند توبه‌پذیر، گِره را از کارتان گشود و شما را از چنگِ وسوسهٔ شیطانی رهانید و گفت: آگاه باشید و فرار کنید، دیگر به این سو نیایید.

باز چون پروانهٔ نسیان[7] رسید جانتان را جانب آتش کشید ۲۸۷۹

امّا باز هم فراموشی بسان پروانه‌ای پرواز کرد و جان شما را به سوی آتش کشید.

کم کن ای پروانه![8] نسیان و شکی در پرِ سوزیده بنگر تو یکی ۲۸۸۰

ای پروانه، فراموشی و تردید را رها کن، به پرِ سوخته‌ات نگاهی بیفکن.

---

۱ - اشارتی قرآنی؛ اسراء: ۸/۱۷: ...وَ إِنْ عُدتُمْ عُدْنَا...: و اگر باز گردید ما نیز باز می‌گردیم... .

۲ - **زَوَّجْنا**: جفت کردیم. ۳ - **دَوانه**: دوان.

۴ - هر فعل و جزای آن و آثار و تَبَعاتی که در پی دارد، به سبب سنخیّت و جنسیّتی که با هم دارند، با هم همراه و جفت هستند. ۵ - **غارتی**: راهزن.

۶ - در این تمثیل، ارتباط میان «فعل» و «جزا و آثار و تبعات آن»، به پیوند میان زن و شوهر مانند شده است.

۷ - **نسیان**: فراموشی.

۸ - در این تمثیل، آدمی بنا بر تمایلی که به بهره‌مندی از تمتّعات دنیوی دارد، به پروانه مانند شده است که گرد «شعلهٔ شمع» که اینجا همان «متاع دنیوی» است، می‌گردد.

چون رهیدی، شُکر آن باشد که هیچ سویِ آن دانه نداری پیچْ پیچ[1] ۲۸۸۱

چون نجات یافتی، شکرانه آن است که هرگز برای رفتن به سوی دانه‌هایی که در دام دنیا هست، دچار شک و تردید نشوی.

تا تو را چون شُکر گویی، بخشد او روزیی بی‌دام[2] **و بی‌خوفِ عدو**[3] ۲۸۸۲

اگر شاکر باشی، خداوند به تو رزقی معنوی عطا می‌کند که در آن بیمِ وسوسهٔ شیطان نیست.

شکرِ آن نعمت که تان آزاد کرد نعمتِ حق را بباید یاد کرد ۲۸۸۳

اینکه خداوند شما را از دامِ شیطان رهانید «نعمتی» است که به شکرانه‌اش باید همواره آن را به یاد داشته باشید و سپاسگزاری کنید.

چند اندر رنج‌ها و در بلا گفتی: از دامم رها دِهْ ای خدا ۲۸۸۴

بارها در میان رنج‌ها و بلاها گفتی: ای خدا، مرا از دام برهان.

تا چنین خدمت کنم، احسان کنم خاک اندر دیدهٔ شیطان زنم[4] ۲۸۸۵

تا در راه تو خدمت و احسان کنم و به وسوسه‌های شیطان اهمّیّتی ندهم.

حکایتِ نذر کردنِ سگان هر زمستان که این تابستان چون بیاید خانه سازیم از بهرِ زمستان را[5]

در این تمثیل سگ که در کوی و بازار می‌گردد، با فرارسیدن زمستان و سختی‌های آن و زخمِ سرما که استخوان‌هایش را خُرد می‌کُند، با خود عهد می‌بندد که با فرارسیدن تابستان خانه‌ای بسازد که یک مشت استخوان وی را در بر گیرد؛ امّا با فرارسیدن هوای گرم، پیمان خویش را از خاطر می‌برد و سیری و کاهلی و خودرأیی او را به سایهٔ دیواری می‌کشاند.

مضمون این تمثیل در تقریر این معناست که منکران چون به «محنتی» رسند، به خدای خود روی می‌آورند و هنگامی که رحمت‌الهی آنان را از محنت‌ها می‌رهانَد با حق می‌ستیزند.

---

۱ - **پیچ پیچ**: شک و تردید، دودلی. ۲ - **روزی بی‌دام**: رزق روحانی و معنوی.
۳ - **عدو**: اشاره به شیطان. ۴ - **خاک در دیدهٔ شیطان زنم**: به وسوسهٔ شیطان توجّه نکنم.
۵ - مأخذی برای آن نیافتم، احتمال است از حکایات عامیانهٔ رایج در افواه باشد.

**سگ زمستان جمع گردد استخوانْش		زخمِ سرما خُرد گردانَد چنانْش** ۲۸۸۶

استخوان‌های سگ در زمستان جمع می‌شود؛ زیرا سوز سرما، چنان او را در هم می‌کوبد،

**کو بگوید کین قدر تن که منم		خانه‌یی از سنگ باید کردنم** ۲۸۸۷

که با خود می‌گوید: برای این جثّهٔ کوچکِ خود، باید خانه‌ای از سنگ بنا کنم.

**چونکه تابستان بیاید، من به چنگ		بهرِ سرما خانه‌یی سازم ز سنگ** ۲۸۸۸

تابستان که فرارسد، برای مقابله با سرما باید با دست خود، خانه‌ای سنگی بسازم.

**چونکه تابستان بیاید از گشاد		استخوان‌ها پهن گردد پوست شاد** ۲۸۸۹

امّا چون تابستان فرارسد، هوای گرم سبب پهن شدن استخوان‌ها و طراوت پوستش می‌شود.

**گوید او، چون زَفت بیند خویش را		در کدامین خانه گنجم ای کیا؟** ۲۸۹۰

هنگامی که او جثّهٔ خود را درشت می‌بیند، می‌اندیشد: ای بزرگوار، تو در کدام لانه می‌گُنجی؟

**زَفت گردد پا کشد در سایه‌یی		کاهلی، سیری، غَری[1]، خود رایه‌یی** ۲۸۹۱

سگ، خود را دُرُشت می‌یابد، به سایه پناه می‌برد و با تنبلی، سیری، بی‌غیرتی و خودبینی روزگار می‌گذراند.

**گویدش دل: خانه‌یی ساز ای عمو!		گوید او: در خانه کی گنجم؟ بگو** ۲۸۹۲

دل به او می‌گوید: ای عمو، لانه‌ای بساز؛ امّا سگ می‌گوید: بگو که من در کدام لانه می‌گنجم؟

**استخوانِ حرص ِ تو در وقتِ درد		در هم آید خُرد گردد در نَوَرد[2]** ۲۸۹۳

«حرص» در وجودِ تو، مانند استخوان سگ هنگام بروز درد در هم می‌پیچد و کوچک می‌شود.

**گویی: از توبه بسازم خانه‌یی		در زمستان باشدم اَستانه‌یی[3]** ۲۸۹۴

آنگاه می‌گویی: با توبه خانه‌ای می‌سازم که در زمستان به آن پناه ببرم.

**چون بشد درد، و شُدَت آن حرصْ زَفت		همچو سگ سودایِ خانه از تو رفت** ۲۸۹۵

هنگامی که درد پایان یافت، «حرص» باز در وجودت شدید می‌شود، همان‌طور که سگ، ساختن لانه را به دست فراموشی می‌سپارد، تو هم توبهٔ خود را فراموش می‌کُنی.

---

۱ - **غَر**: زن فاحشه، در خطاب به مرد مخنّث نیز آمده است، مجازاً به معنی بددل.

۲ - **نَوَرد**: پیچیدن، پیچ و تابی که در چیزی می‌افتد.

۳ - **اَستانهٔ**: آستانه‌ای، یعنی درگاهی که بدان پناه ببرم، پناهگاهی.

شکرِ نعمت خوشتر از نعمت بُوَد شُکرباره[1] کی سویِ نعمت رود؟ ۲۸۹۶

برطرف شدن درد، نعمت است و شکرِ نعمت از خودِ نعمت دلنشین‌تر است؛ زیرا شکر مزید نعمت است و دردهایِ کلّی تو را که حرص یکی از آن‌هاست، درمان می‌کند. انسان شاکر، چندان توجّهی به نعمت ندارد؛ چون توجّه حقیقی و قلبی او به منعم است.

شکرْ جانِ نعمت و نعمتْ چو پوست زانکه شُکر آرد تو را تا کویِ دوست ۲۸۹۷

«نعمت»، مانندِ پوستی است که بر رویِ «جان» کشیده باشند و جانِ آن چیزی جز شکر نیست؛ زیرا شکر تو را به کوی محبوب ازلی می‌کشاند.

نعمت آرد غفلت، و شکرْ انتباه[2] صیدِ نعمت کن به دام شکرِ شاه ۲۸۹۸

برخورداری از نعمت سبب غفلت آدمی است، در حالی که شکر نشان جان بیدار اوست. بکوش تا با سپاسگزاری و شکر، تقرّب یابی و به نعمت راستین که وصال محبوب است برسی.

نعمتِ شکرت کند پُرچشم[3] و میر تا کنی صد نعمت ایثار فقیر ۲۸۹۹

نعمتِ شکر تو را به مرتبه‌ای از مراتب‌کمال می‌رساند که در آن آدمی چشم‌سیر است و بر نفس خود امارت دارد و در این جایگاه می‌تواند دیگران را از نعمت معارف بهره‌مند سازد.

سیر نوشی از طعام و نُقلِ حق[4] تا رود از تو شکم خواری و دَق[5] ۲۹۰۰

خداوند به حدّی تو را از رزق و روزی روحانی و معنوی برخوردار می‌کند که حرص و طمع دنیوی و گداصفتی از وجودت رخت بربندد.

منع کردنِ [منکران][6] انبیا را از نصیحت کردن و حجّت آوردن جبریانه

در این قطعه، منکران همانند جبریّون همهٔ امور را به تقدیر و مشیّت الهی وابسته می‌دانند و با ارائهٔ «حجّت‌های جبریانه» بار تکلیف و مسؤولیّت را از دوش بندگان ساقط وانمود می‌کنند و به این ترتیب، انبیا را از نصیحت کردن منع می‌کنند.

---

۱ - **شکرباره**: بنده‌ای که در هر حال چه در نعمت و چه در نقمت، همواره شاکر است.

۲ - **اِنتباه**: بیداری و آگاهی، به خود آمدن. ۳ - **پرچشم**: چشم سیر، قانع.

۴ - **طعام و نقل حق**: رزق و روزی روحانی و معنوی. ۵ - **دَق**: گدایی.

۶ - «منکران» در نسخهٔ کهن نیست، از مثنوی نیکلسون افزوده‌ایم.

قوم گفتند: ای نَصوحان[1]! بس بُـوَد — این چه گفتید، اَر در این دِه کس بُوَد[2] ۲۹۰۱

قوم سبا گفتند: ای ناصحان، این همه گفتید، اگر برای شما در اینجا گوش شنوایی باشد، همین مقدار کافی است.

قـفل بـر دل‌هـایِ مـا بـنهاد حـق[3] — کس نـدانـد بُـرد بـر خـالق سَـبَق[4] ۲۹۰۲

خداوند دل‌های ما را قفل کرده است. هیچ کس نمی‌تواند با او مقابله کند و بر اراده‌اش پیشی بگیرد.

نـقش ِ مـا ایـن کـرد آن تـصویرگر — این نخواهد شد به گفت و گـو دگـر ۲۹۰۳

خداوند نقش ما را چنین کشیده است. با گفت و گو و مباحثه، تغییر نمی‌کند.

سنگ را صد سال گویی: لعـل شـو — کهنه را صد سـال گـویی: بـاش نـو ۲۹۰۴

سخنان شما چنان است که گویی صد سال به سنگ بگویند: لعل شو یا به کهنه بگویند: نو و تازه باش.

خـــاک را گـویی: صـفاتِ آب گـیر — آب را گویی: عسل شو یا کـه شـیر ۲۹۰۵

همچنین مثل آن است که به خاک بگویی: آب باش یا به آب بگویی: به عسل یا شیر تبدیل بشو.

خـــالقِ افــلاکْ او، وَ افــلاکـیان — خـــالقِ آب و تــراب و خــاکـیان ۲۹۰۶

خداوند، خالق آسمان و موجودات آسمانی است و هموست که آب و خاک و موجودات زمینی را آفریده است.

آســـمان را داد دوران و صـــفا — آب و گِـــل را تـیره‌رویی و نـما[5] ۲۹۰۷

خداوند به آسمان گردش و روشنی عطا فرموده و به آب و گل، تیرگی و قدرت بالندگی و نشو و نما داده است.

کِـی تـوانـد آسـمان دُردی گـزید؟ — کِی تواند آب و گِل صفوت[6] خرید؟ ۲۹۰۸

چگونه آسمان می‌تواند تیرگی بپذیرد یا آب و گل مصفّا باشد؟

---

۱ - **نَصوحان**: ناصحان، اندرزگویان.

۲ - تداعی کنندۀ ضرب المثل: در خانه اگر کس است یک حرف بس است.

۳ - اشارتی قرآنی؛ بقره: ۷/۲؛ ر.ک: ۴۰۹/۱ و ۶۸۱/۲ و ۱۱۰۹/۳. ۴ - **سَبَق بردن**: پیشی گرفتن.

۵ - **نما**: روییدن، رشد. ۶ - **صفوت**: پاکی.

قسمتی کرده‌ست هر یک را رهی   کِی کُهی گردد به جهدی چون کَهی؟ ۲۹۰۹

خالق برای هر یک راهی را تعیین کرده است، هرگز با تلاش کوه به کاه تبدیل نمی‌شود.

جوابِ انبیا علیهم السَّلام مر جبریان را

در این قطعه، انبیا در پاسخ به «قومِ سبا» که در اینجا نمادِ اهلِ جبر هستند، اظهار می‌دارند که درست است که خداوند موجودات را با صفاتی خاصّ آفریده است؛ امّا این صفات برخی «صفات ذاتی» و برخی «صفات عَرَضی»اند. صفات ذاتی را نمی‌توان تغییر داد؛ ولی صفات عَرَضی قابل تغییر و تبدیل هستند و رسالت انبیا و نصیحت ناصحان نیز در جهت اصلاح این صفات و تبدیل آن‌هاست.

انبیا گفتند: کآری، آفرید   وصف‌هایی، که نتان زآن سر کشید ۲۹۱۰

پیامبران گفتند: آری، خداوند موجودات را با صفات و ویژگی‌های ذاتی خاصّ آفریده است که کسی قادر به تغییر آن نیست و نمی‌تواند از آن سرپیچی کند.

و آفرید او وصف‌هایِ عارضی   که کسی مبغوض[1]، می‌گردد رضی[2] ۲۹۱۱

امّا علاوه بر «صفاتِ ذاتی»، «صفاتِ عَرَضی» را نیز در موجودات قرار داده است که با تغییر و اصلاحِ آن، کسی که مورد بغض و نفرت است، می‌تواند خشنودی آنان را جلب کند.

سنگ را گویی که زر شو، بیهُده‌ست   مسّ را گویی که زر شو، راهْ هست[3] ۲۹۱۲

اگر به سنگ بگویی که طلا بشو، سخنی بیهوده است؛ امّا اگر به مس بگویی که طلا بشو، خواستار امری ممکن شده‌ای.

ریگ را گویی که گِل شو، عاجز است   خاک را گویی که گِل شو، جایز است ۲۹۱۳

اگر به ریگ بگویی که گِل بشود، نمی‌تواند؛ امّا گفتن آن به خاک رواست؛ زیرا امکان‌پذیر است.

رنج‌ها داده‌ست کآن را چاره نیست   آن به مثل لنگی و فَطْس[4] و عَمی‌ست[5] ۲۹۱۴

خداوند دردها و رنج‌هایی داده است که درمانی ندارند، از قبیلِ لنگی، ناموزون بودن چهره و کوری.

---

۱ - **مبغوض**: مورد بغض و نفرت.   ۲ - **رضی**: خشنود.

۳ - در مصراع دوم، مس تمثیلی است از جان آدمی که با کیمیای نظر و ارشاد کاملان، طلاصفت و بلکه عین زرّ می‌شود.   ۴ - **فَطْس**: فَطَس: پهن بودن بینی، مراد زشت بودن چهره و صورت است.

۵ - **عَمیٰ**: نابینایی، کوری.

رنج‌ها داده‌ست کآن را چاره هست   آن به مثل لَقْوَه[1] و دردِ سر است ۲۹۱۵

دردهایی هم داده است که علاج‌پذیرند، مانندِ رعشهٔ اعضا و سردرد.

این دواها ساخت بهرِ ائتلاف[2]   نیست این درد و دواها از گزاف[3] ۲۹۱۶

خداوند این دواها را برای بهبود و تداومِ زندگی انسان آفریده است. دردها و دواها بیهوده آفریده نشده‌اند.

بلکه اغلب رنج‌ها را چاره هست   چون به جد جویی بیاید آن به دست ۲۹۱۷

اغلبِ دردها علاج‌پذیرند و اگر برای درمان جدّیت کنی، به نتیجه می‌رسی.

مکرّر کردنِ کافران حجّت‌هایِ جبریانه را

قوم گفتند: ای گروه! این رنجِ ما   نیست زآن رنجی که بپذیرد دوا ۲۹۱۸

قوم ناسپاس و حق‌ستیز سبا به پیامبران گفتند: بیماری و دردِ ما از نوع علاج‌پذیر نیست.

سال‌ها گفتید زین افسون و پند   سخت‌تر می‌گشت زآن هر لحظه بند ۲۹۱۹

شما سال‌ها این سخنان را گفتید؛ امّا با پندها، بیماریِ ما هر لحظه شدیدتر می‌شد.

گر دوا را این مرض قابل بُدی   آخر از وی ذرّه‌یی زایل شدی ۲۹۲۰

اگر اندرز شما توانایی و قابلیّت درمانِ ما را داشت، اندکی از آن را از میان می‌برد.

سُدّه[4] چون شد، آب نایَد در جگر   گر خورد دریا، رود جایی دگر ۲۹۲۱

بیمارِ مبتلا به «سُدّه»، با تشنگیِ سیری‌ناپذیر اگر دریا را بیاشامد، عطش او پایان نمی‌پذیرد.

لاجرم آماس گیرد دست و پا   تشنگی را نشکند آن اِستقا[5] ۲۹۲۲

ناگزیر دست و پایِ او متورّم می‌شود؛ امّا آشامیدنِ آب تشنگی‌اش را برطرف نمی‌کند.

---

۱ - **لقوه**: رعشهٔ اعضای صورت مثل: لب و چشم که با تقویت عمومی بدن و اعصاب قابل درمان است.
۲ - **بهر ائتلاف**: هماهنگ شدن و استمرار زندگی.   ۳ - **گزاف**: بیهوده.
۴ - **سُدّه**: بیماری کبدی که با استسقا همراه است. قوم سبا که در اینجا نماد اهل جبر به شمار می‌آیند، مدّعی می‌شوند که به نوعی بیماری روحی و معنوی مبتلا شده‌اند که مشابه بیماری سُدّه است؛ بنابراین نصایح و اندرز پیامبران در وجود آنان نتیجهٔ معکوس دارد.   ۵ - **استقا**: آب خواستن و نوشیدن آن.

باز جواب انبیا علیهم السَّلام ایشان را

انبیا گفتند: نومیدی بد است[1] فضل و رحمت‌هایِ باری بی‌حد است ۲۹۲۳

پیامبران گفتند: خوب نیست که از درمان ناامید شوید؛ زیرا فضل و احسان خداوند بیکران است.

از چنین مُحسن نشاید ناامید دستْ در فَتراکِ[2] این رحمت زنید ۲۹۲۴

شایسته نیست که از چنین خدای بخشنده‌ای ناامید شوید. به ریسمان رحمت الهی چنگ بزنید.

ای بسا کارا که اوّل صعب گشت بعد از آن بگشاده شد سختی گذشت ۲۹۲۵

چه بسا کارها که در آغاز دشوار به نظر می‌آمدند؛ امّا بعد سختی گذشت و آسانی رسید.

بعد نومیدی بسی اومیدهاست از پسِ ظلمت بسی خورشیدهاست ۲۹۲۶

در پس هر ناامیدی، امیدهاست، همان‌گونه که در پس هر تاریکی، بسا خورشیدهاست.

خود گرفتم که شما سنگین شدیت قفل‌ها بر گوش و بر دل برزدیت ۲۹۲۷

فرض کنیم که شما سنگدل شده‌اید و بر گوش و دلتان قفلی از جهل زده‌اید.

هیچ ما را با قبولی کار نیست کارِ ما تسلیم و فرمان کردنی‌ست[3] ۲۹۲۸

مهم نیست که شما این سخنان را نمی‌پذیرید، کارِ ما تسلیم و ابلاغِ رسالت و اطاعت است.

او بفرموده‌ست‌مان این بندگی نیست ما را از خود این گویندگی ۲۹۲۹

خداوند به ما فرمان داده است که با تسلیم و اجرای اوامر بندگی کنیم؛ بنابراین آنچه می‌گوییم، گفتهٔ ما نیست.

جان برای امرِ او داریم ما گر به ریگی گوید او، کاریم ما ۲۹۳۰

جان و حیات ما برای اجرای اوامر اوست اگر بگوید در ریگزار دانه بکاریم، می‌کاریم.

غیرِ حق جانِ نَبی را یار نیست با قبول و ردِّ خلقش کار نیست ۲۹۳۱

جانِ پیامبر غیر از حق یاری ندارد و به تأیید و تکذیب مردم اهمّیّتی نمی‌دهد.

---

۱ - اشارتی قرآنی؛ زُمر: ۵۳/۳۹: ...لاٰ تَقْنَطُوا مِنْ رَحْمَةِ اللهِ...: از رحمت خدا ناامید نشوید....

۲ - **فَتْراک**: تسمه‌ای که به زین اسب متّصل است و توسّط آن چیزی را به ترک می‌توان بست.

۳ - اشارتی قرآنی؛ یس: ۱۷/۳۶: وَ ما عَلَیْنا إلاَّ الْبَلاغُ الْمُبِینُ.

مُـــزدِ تـــبلیغ رســالاتش از اوست[1] زشت[2] و دشمنْ‌رو[3] شدیم از بهرِ دوست ۲۹۳۲

پیامبران، پاداش ابلاغ پیام الهی را از خداوند دریافت می‌دارند و برای رضایت او به تبلیغ می‌پردازند، هرچند که نزدِ جاهلان و حق‌ستیزان، منفور شوند و مورد بغض قرار گیرند.

مـا بـر ایـن درگـه مـلولان نـیستیم تـا ز بُـعدِ راه هـر جـا بـیستیم ۲۹۳۳

ما در درگاه الهی چنان تقرّبی داریم که همواره در فیوضات ربّانی غرقه‌ایم؛ بنابراین جانمان سرخوش و نیرومند است و در ابلاغ، خسته و دلتنگ نمی‌شویم و در پیام‌رسانی ما وقفه‌ای رخ نمی‌دهد.

دل فرو بسته[4] و ملول آن کس بُـوَد کـز فـراقِ یـارْ در مـحبس بُـوَد ۲۹۳۴

کسی غمگین و دلتنگ می‌شود که از هجران محبوب، در زندانی از اندوه محبوس است.

دلبر و مطلوب با مـا حـاضر است در نثارِ رحمتش جان شاکـر است ۲۹۳۵

دلبر و مطلوب راستین با ماست و از اینکه رحمت او بر ما فرو می‌بارد، شاکر هستیم.

در دلِ مـــا لاله‌زار و گـــلشنی‌ست پـیری و پـژمردگی را راه نـیست ۲۹۳۶

در دل ما لاله‌زارِ اسرار الهی و گلستانِ حقایق است که در آن، پیری و پژمردگی راهی ندارد.

دایـــما تـــرّ و جـــوانـــیم و لطـیف تازه و شیرین و خـندان و ظـریف ۲۹۳۷

جان ما پیوسته شاداب، با طراوت، لطیف، سرحال، خوشایند، خندان و ظریف است.

پیش ما صد سال و یکساعت یکی‌ست کـه دراز و کـوته از مـا مُـنْفَکی‌ست ۲۹۳۸

نزد ما زمان مفهومی ندارد؛ زیرا به ماورای عالم حس، یعنی به عالم مجرّدات پیوسته‌ایم.

آن دراز و کـوتهی در جسـم‌هاست آن دراز و کوته اندر جان کجاست؟ ۲۹۳۹

درازی و کوتاهی به عالم مادّی مربوط می‌شود، جان از کمّیّت و کیفیّت فارغ است.

سیصد و نُه سال آن اصحابِ کهف[5] پیششان یک روزْ بی‌اندوه و لَـهف[6] ۲۹۴۰

اصحاب کهف سیصد و نه سال خوابیدند، پس از بیداری پنداشتند یک روز را بدون غم و حسرت گذرانده‌اند.

---

۱ - اشارتی قرآنی؛ هود: ۲۹/۱۱ : ر.ک: ۲۷۰۹/۳. ۲ - **زشت** : ناپسند، منفور.
۳ - **دشمن رو** : نامحبوب، مورد بغض. ۴ - **دل فرو بسته** : غمگین.
۵ - اشارتی قرآنی، کهف: ۹/۱۸، ر.ک: ۳۰۱۹/۱ و ۳۷/۲. ۶ - **لَهف** : حسرت خوردن.

وانگـهی بـنمودشان یک روزْ هـم   که بـه تـن بـاز آمـد ارواح از عـدم ۲۹۴۱

و آن یک روز هم وقتی به نظرشان رسید که روح آنان از عالم غیب به بدن بازگشت.

چون نباشد روز و شب یا ماه و سال   کی بُـوَد سـیری و پـیری و مـلال؟ ۲۹۴۲

هنگامی که روز و شب یا ماه و سال وجود نداشته باشد، یعنی در «عالم مجرّدات» که در آن زمان مفهومی ندارد، چگونه دل‌زدگی و پیری و دل‌تنگی وجود داشته باشد؟

در گلستانِ عدم[1] چون بی‌خودی‌ست[2]   مستی از سَـغراقِ[3] لطـفِ ایـزدی‌ست ۲۹۴۳

در عالم معنا، «خود» وجود ندارد، هر چه هست «بیخودی» و استغراق است و مستیِ عارف کامل از ساغر لطف الهی است.

لَمْ یَذُقْ لَمْ یَـدْرِ[4] هـر کس کـو نَـخورد   کِی به وَهم آرد جُعَل[5] انـفاسِ وَرْد[6]؟ ۲۹۴۴

از ساغرِ لطفِ الهی «هر کس نچشیده باشد، لذّت آن را در نمی‌یابد»، «سرگین گردانک» که از بـوی سرگین سرمست است چگونه عطر گل سرخ را تصوّر کند؟

نیست مـوهوم، اَر بُـدی مـوهومْ آن   همچو مـوهومان شـدی مـعدومْ آن ۲۹۴۵

این سخنان، یعنی مستیِ لطف الهی، وهم و خیال نیست، اگر موهوم بود، همانند چیزهای دیگری که وهمی بیش نیستند، از میان می‌رفت و به دست فراموشی سپرده می‌شد.

دوزخ اندر وهم چون آرَد بـهشت؟   هیچ تابد رویِ خوب از خوک زشت ۲۹۴۶

همان‌طور که دوزخ نمی‌تواند بهشت را تصوّر کند و یا خوک نمی‌تواند صورت زیبا داشته باشد، عامِ خلق نمی‌توانند این واقعیّت‌ها را در مورد کاملان درک کنند.

هین! گلوی خود مَبُر، هان ای مُهان[7]!   ایـن چـنین لقـمه رسـیده تـا دهـان ۲۹۴۷

ای آدم بی‌قدر، آگاه باش و با حق‌ستیزی گلوی جان خود را که با آن می‌توان ارتزاق معنوی داشت، نبُر؛ زیرا لقمهٔ حیات‌بخش، پندواندرز پیامبران تا دهانت رسیده‌است، یعنی خود را از حیات روحانی محروم‌نکن.

راه‌هـایِ صـعب پـایان بُـرده‌ایـم   ره بر اهل خویش آسـان کـرده‌ایـم ۲۹۴۸

ما راه‌های دشوار را به پایان رسانیده‌ایم و راه حق را بر پیروان خود آسان ساخته‌ایم؛ بنابراین در این راهِ آسان گام بگذارید و بهره‌مند شوید.

---

۱ - **گلستان عدم :** عالم غیب. ۲ - **بی‌خودی است :** «خود» وجود ندارد، هرچه هست «حق» است.
۳ - **سَغراق :** ساغر. ۴ - **لَمْ یَذُق لَمْ یَدْرِ :** اشاره است به مضمون این ضرب المثل: «مَنْ لَمْ یَذُقْ لَمْ یَدْرِ».
۵ - **جُعَل :** سرگین گردانک که از بوی سرگین لذّت می‌برد. ۶ - **وَرد :** گل سرخ. ۷ - **مُهان :** خوار.

مکرّر کردنِ قوم اعتراضِ تَرْجِیَه[1] بر انبیا علیهم السَّلام

قوم گفتند: ار شما سَعدِ[2] خودیت نحس[3] مایید و ضِدیت[4] و مُرْتَدیت[5] ۲۹۴۹

قوم گفتند: اگر شما به تصوّر خودتان سعد هستید، برای ما نامبارک و دشمن و مردودید.

جانِ ما فارغ بُد از اندیشه‌ها در غم افکندید ما را و عَنا[6] ۲۹۵۰

جان ما، پیش از این سخنان، فارغ و آسوده بود. شما ما را به درد و رنج مبتلا کردید.

ذوقِ جمعیّت که بود و اتّفاق شد ز فالِ زشتتان صد افتراق[7] ۲۹۵۱

ذوق و اتّحادِ میان ما با فالِ زشت و سخنانِ شومِ شما از هم پاشید و پراکندگی در میانمان به وجود آمد.

طوطیِ نُقْلِ شکر بودیم ما مرغِ مرگْ اندیش[8] گشتیم از شما ۲۹۵۲

طوطیان شکرخواری بودیم که با وجود شما به مرغی مرگ‌اندیش مبدّل گشته‌ایم.

هر کجا افسانهٔ غم گستری‌ست هر کجا آوازهٔ مُسْتَنْکری‌ست[9] ۲۹۵۳

هر جا که افسانهٔ غم‌انگیزی است و هر جا که نوای شوم و زشتی بر می‌خیزد،

هر کجا اندر جهان فالِ[10] بد است هرکجامَسخی[11]،نکالی[12]،مأخذاست[13] ۲۹۵۴

هر جا که فال بدی زده می‌شود یا دگرگونیِ زشتی رخ می‌دهد و گرفتاری و عذاب است،

---

۱ - **تَرْجِیَه** : امید داشتن، امیدوار بودن، «اعتراض تَرْجِیَه» اشاره به رجا و امیدی است که قوم سبا در این داستان در مقام جبریّون دارند و خود را مکلّف و مسؤول نمی‌دانند و هر چه می‌کنند همه را به حساب جبر الهی می‌گذارند و خویش را از کیفر در امان می‌پندارند. ۲ - **سعد** : مبارک. ۳ - **نحس** : شوم، نامبارک.

۴ - **ضد** : اینجا به معنی دشمن. ۵ - **مُرتد** : مردود و غیر قابل قبول. ۶ - **عَنا** : رنج.

۷ - اشارتی قرآنی؛ یس : ۱۸/۳۶ : گفتند که ما وجود شما را به فال بد می‌گیریم، اگر از این دعوی دست برندارید؛ البتّه سنگسارتان خواهیم کرد و از ما به شما رنج و شکنجهٔ سخت خواهد رسید.

۸ - این اقوال یادآور قطعه‌ای از ابوالعلا مَعَرّی است که در طیّ آن می‌گوید: مردم زندگی آسوده‌ای داشتند. این‌ها سخنان محال آوردند و عیش آنان را تیره و تار کردند. این شعر مَعَرّی در اوایل کودکی و اوان جوانی مولانا در افواه ادبا شایع و رایج بوده است و اخذ و اقتباس از آن اگر حاکی از غور در دیوان ابوالعلا هم نباشد، نشانه‌ای از تبحّر مولانا در ادب عرب است: سِرّ نی، ج ۱، ص ۲۴۱. ۹ - **مُسْتَنْکَر** : زشت و ناخوشایند.

۱۰ - **فال** : پیش‌بینی و عاقبت‌گویی. ۱۱ - **مَسخ** : دگرگونی و بد شدن شکل.

۱۲ - **نَکال** : کیفر، بازداشتن و منع کردن.

۱۳ - **مأخذ است** : اخذ می‌شود، اینجا به معنی گرفته می‌شود یا گرفتار می‌شود.

در مـثالِ قـصّه و فـالِ شـماست   در غم‌انگیزی شـما را مُشْـتَهاست[1] ۲۹۵۵

همه در امثال و قصّه‌ها و تعبیرهای شوم شماست، مشتاق‌اید که همگان را غمگین کنید.

باز جوابِ انبیا علیهم السَّلام

انـبیا گـفتند: فـالِ زشت و بـد   از مـیانِ جـانتان دارد مـدد[2] ۲۹۵۶

پیامبران در پاسخ قوم سبا گفتند: این تعبیرهای شوم و بد از میان جان شما بر می‌خیزد.

گر تو جایی خُفته بـاشی بـا خـطر   اژدها در قـصدِ تـو از سـویِ سـر[3] ۲۹۵۷

اندرزِ ما به شما به سبب وضع و حالِ شماست که گویی در محلِّ خطرناکی خوابیده‌ای و اژدهایی از بالای سرت قصد حمله دارد،

مـهربانی مـر تـو را آگـاه کـرد   که بِجِه زود، اَر نه اژدرهات خَورد ۲۹۵۸

اگر شخصِ مهربانی آگاهت کند و بگوید: زود از جای برخیز و الاّ اژدها تو را می‌خورد،

تو بگویی فـالِ بـد چـون مـی‌زنی؟   فالِ چه؟ بر جِهْ، بـبین در روشـنی ۲۹۵۹

آیا تو به او می‌گویی: چرا فال بد می‌زنی؟ فال بدم کدام است؟ برخیز و آشکارا ببین.

از مـیانِ فـالِ بـد مـن خـود تـو را   مـی‌رهانم مـی‌بَرَم سـویِ سـرا ۲۹۶۰

من تو را از «فالِ بد» که چیزی جز تاریکی جهل نیست، می‌رهانم و به سرای امن و عافیت می‌برم.

چون نَبی آگـه کـننده‌ست از نـهان   کو بـدید آنـچه نـدید اهـلِ جـهان ۲۹۶۱

آن شخص دلسوز تو را از امری نهانی آگاه کرده است، همان‌طور که پیامبر مردم را از امور نهانی آگاه می‌کند؛ زیرا او حقایقی را دیده است که آنان ندیده‌اند.

گـر طـبیبی گـویدت: غـوره مـخَور   که چنین رنجی بر آرد شور و شَـر ۲۹۶۲

اگر طبیبی به تو بگوید: غوره نخور؛ زیرا سبب بیماریِ بدی در تو می‌شود،

---

۱ - **مُشْتَها (مُشْتَهیٰ)**: آنچه که به آن میل و اشتیاق وجود دارد.

۲ - اشارتی قرآنی؛ یس : ۱۹/۳۶ : رسولان گفتند: ای مردم نادان، آن فال بد که می‌گویید از خود شماست، اگر بفهمید و متذکّر شوید. شما مردمی مسرف هستید.

۳ - در این تمثیل، شخص خفته نمادی از «اهل غفلت» است و اژدها، نمادی از «نفس امّاره».

تو بگویی فالِ بد چون می‌زنی؟ پس تو ناصح را مُؤَثَّم[1] می‌کُنی ۲۹۶۳

اگر تو بگویی: چرا فال بد می‌زنی؟ معنایِ سخن تو این است که ناصحِ صالح را متّهم می‌کنی.

ور منجّم گویدت: کامروز هیچ آنچنان کاری مکن اندر بسیچ[2] ۲۹۶۴

اگر اخترشناس بگوید: امروز برای فلان کار هیچ اقدامی نکن،

صد رَه ار بینی دروغِ اختری[3] یک دو باره راست آید، می‌خِری ۲۹۶۵

اگر صد بار سخن خلاف از اخترشناس شنیده باشی و یکی، دو بار حرفِ او صحیح در آمده باشد، گفتهٔ او را می‌پذیری.

این نجومِ ما[4] نشد هرگز خلاف صحّتش چون مانْد از تو در غلاف؟ ۲۹۶۶

دانشِ نجومِ ما، جان آگاه ماست که بر حقایق واقف است و هرگز استنباط نادرست ندارد، چرا صحّت آن بر تو پوشیده می‌مانَد؟

آن طبیب و آن منجّم از گُمان می‌کنند آگاه، و ما خود از عیان[5] ۲۹۶۷

آن طبیب و منجّم از روی گُمان سخنی می‌گویند؛ امّا ما آشکارا می‌بینیم و می‌گوییم.

دود می‌بینیم و آتش از کَران حمله می‌آرد به سویِ مُنْکِران[6] ۲۹۶۸

ما از دور دود و آتش را می‌بینیم که به طرف منکران حمله می‌کند.

تو همی گویی: خمش کن زین مقال که زیانِ ماست قالِ شومْ فال ۲۹۶۹

تو می‌گویی: خاموش باش و این سخن را رها کن که حرفِ شوم برای ما زیان‌آور است.

ای که نُصحِ ناصحان را نشنوی فالِ بد با توست هر جا می‌روی ۲۹۷۰

ای کسی که پند و اندرز ناصحان را نمی‌پذیری، فال شوم هرجا بروی همراه توست.

افعیی بر پُشتِ تو بر می‌رود او ز بامی بیندش، آگه کند[7] ۲۹۷۱

تصوّر کن که مار خطرناکی پشت سر تو می‌خزد و شخصی آن را از بام می‌بیند و آگاهت می‌کند.

---

۱ - **مُؤَثَّم**: مورد اتّهام قرار دادن کسی. ۲ - **بسیچ**: آماده شدن برای کاری. ۳ - **اختری**: منجّم.

۴ - **نجوم ما**: جان آگاه پیامبران که بر حقایق و عوالم غیب مطّلع است.

۵ - **عیان**: به عین، شهود عالم غیب. ۶ - اشاره است به شهود حقایق در ماورای زمان.

۷ - در این تمثیل، افعی نمادی از عقوبت کافران و معاندان است.

گـویی‌اَش: خـاموش، غـمگینم مکـن   گوید او: خوش باش خود رفت آن سخُن ۲۹۷۲

تو می‌گویی: خاموش باش و مرا اندوهگین نکن. ناصح دلسوز در پاسخ تو که می‌خواهی در جهل خود باقی بمانی می‌گوید: خوش باش که کلامی از دهانم پرید.

چون زند افعی دهـان بـر گـردنت   تلخ گـردد جـمله شـادی کـردنت[1] ۲۹۷۳

هنگامی که افعی گردنت را نیش بزند، همهٔ شادی‌ات به تلخی مبدّل می‌شود.

پس بدو گویی: همین بود ای فلان؟   چـون نِـنَدْریدی گـریبان در فـغان ۲۹۷۴

آنگاه می‌گویی: ای فلان، هُشدارِ تو همین بود؟ چرا گریبان را ندریدی و فریاد نزدی؟

یـا ز بـالایم تـو سـنگی مـی‌زدی   تـا مـرا آن جِـد نـمودی و بـدی ۲۹۷۵

یا از بالای بام سنگی را پرتاب می‌کردی و مرا از خطرِ جدّی بیشتر آگاه می‌کردی.

او بگـــوید: زانکـه مـی‌آزرده‌ای   تـو بگـویی: نـیک، شـادم کـرده‌ای ۲۹۷۶

ناصح می‌گوید: بیش از آن اصـرار نکـردم؛ زیـرا آزرده خـاطر مـی‌شدی. تـو بـه طـعنه می‌گویی: اینک که مار مرا نیش زد، خیلی شادم کرده‌ای.

گفت: من کردم جوانمردی به پـند   تا رهانم من تو را زین خشکْ بند[2] ۲۹۷۷

ناصح می‌گوید: من از جوانمردی اندرز دادم تا تو را از این دام سخت و محکم بِرَهانم.

از لئـــیمی[3]، حـقِّ آن نشـناختی   مـــایهٔ ایـذا[4] و طُـغیان سـاختی ۲۹۷۸

امّا تو به سببِ پستی، حقّ آن را به جای نیاوردی و پندِ مرا وسیلهٔ آزار و سرکشی قرار دادی.

ایــن بُـوَد خُـویِ لئـیمانِ دنـی   بدکـند بـا تـو، چـو نـیکویی کـنی ۲۹۷۹

این خُو و خصلتِ افرادِ پست و دون است که اگر به آنان نیکی کنی در پاسخ آن، بدی می‌کنند.

نَفْس را زین صبر می‌کن مُنحنی‌ش[5]   که لئیم است و نسـازد نـیکُویی‌ش ۲۹۸۰

نَفْسِ امّاره را با صبر و برنیاوردن خواسته‌هایش، مطیع کن؛ زیرا موجود پستی است که نیکی با سرشت او سازگار نیست؛ یعنی خوبی کردن با نفس، بیشتر او را به تباهی می‌کشانَد.

---

۱ - «کردنت» ابتدا در متن «جستنت» بوده، در مقابله اصلاح کرده‌اند.
۲ - **خشک بند**: دام خشک و سخت، بند محکم.   ۳ - **لئیم**: پست.   ۴ - **ایذاء**: آزار و اذیت.
۵ - **مُنْحَنی**: خمیده، اینجا مراد مطیع است.

با کریمی، گر کُنی احسان، سَزَد مر یکی را او عوض هفصد دهد ۲۹۸۱

اگر در حقّ بخشنده‌ای نیکی کنی، کار شایسته‌ای کرده‌ای؛ زیرا در عوض یک خوبی، هفتصد نیکی به تو باز می‌گرداند.

با لئیمی چون کُنی قهر و جفا بنده‌یی گردد تو را بس با وفا ۲۹۸۲

امّا روشِ نیکی کردن با لئیمان چیزی دیگری است، هنگامی که بر انسان پست خشمگین شوی و ستم کنی، همانندِ بندهٔ باوفا مطیع می‌شود.

کافران کارند در نعمت جفا باز در دوزخ نداشان: رَبَّنا[1] ۲۹۸۳

کافران هم که موجوداتی لئیم‌اند، در عین برخورداری از نعمت‌ها، در حقّ خود و دیگران ستم می‌کنند و هنگامی که به آتش دوزخ گرفتار می‌شوند، به یاد خداوند می‌افتند و خدایا، خدایا می‌گویند.

حکمتِ آفریدنِ دوزخِ آن جهان و زندانِ این جهان تا معبدِ متکبّران باشد که اِئتِیا طَوْعاً اَوْ کَرْهاً

در این قطعه، اشاره به قسمتی از آیهٔ یازدهم سورهٔ فُصّلت است که به موجب آن، حق تعالیٰ پس از خلقت جهان، به زمین و آسمان توجّه می‌کند و می‌فرماید: ... اِئْتِیا طَوْعاً أَوْ کَرْهاً قالَتا أَتَیْنا طائِعِینَ : خواسته یا ناخواسته بیایید. عرضه داشتند که ما باکمال میل به سوی تو می‌شتابیم.

در ابیات این قطعه، به این نکته اشاره می‌شود که عالمِ هستی و همهٔ مخلوقات مطیع و مشتاق خالق خویش هستند، انسان یا در این جهان مشتاقانه خدا را یاد می‌کند و یا هنگامی که در زندانی از درد و رنج محبوس است به یاد اوست و اگر کافر و معاند است، در دوزخ خدا را می‌خوانَد و در آن هنگام نیز به جز او یاد نکرده و توجّه او «طوعاً» است نه «کرهاً».

که لئیمان در جفا[2] صافی شوند چون وفا بینند، خود جافی[3] شوند ۲۹۸۴

هنگامی که افرادِ پست و فرومایه به درد و رنج مبتلا می‌شوند، به سوی پاکی و صفا می‌روند، در حالی که اگر وفا ببینند، ستمگر می‌شوند.

---

۱ - اشارتی قرآنی؛ مؤمنون : ۱۰۷/۲۳ : رَبَّنا أَخْرِجْنا مِنْها فَإِنْ عُدْنا فَإِنّا ظالِمُونَ : پروردگارا ما را از جهنّم نجات ده اگر دیگر بار عصیان کردیم، همانا بسیار ستمکاریم. ۲ - **جفا** : به درد و رنج مبتلا شدن.

۳ - **جافی** : جفاکار، ستمکار.

مسجدِ طاعاتشان پس دوزخ است[1] پـای بـندِ مـرغِ بـیگانه فَـخ[2] است ۲۹۸۵

دوزخ، مکانی است که فرومایگان در آنجا خدا را یاد می‌کنند؛ پس جهنّم، مسجد کافران و منکران است. این دام را برای مرغی که دست‌آموز حق نشده است، نهاده‌اند.

هست زنـــدان صـومعهٔ دزد و لئـیم کاندر او ذاکر شود حـق را مـقیم[3] ۲۹۸۶

دزدها و مردم پست در زندان به یاد خدا می‌افتند؛ پس زندان، عبادتگاهِ آنان است.

چون عبادت بود مـقصود از بشـر[4] شـــد عـبادتگاهِ گَـردن کَش سَـقَر[5] ۲۹۸۷

چون «هدف غاییِ خلقت انسان»، «عبادت و بندگی» است؛ پس کسانی که در حیات این جهانی عصیان می‌ورزند و از عبادت و بندگی سر باز می‌زنند، در آن جهان و در دوزخ، با میل و رغبت خدا را یاد می‌کنند؛ بنابراین عبادتگاه آنان «سَقَر» است.

آدمـــی را هست در هــر کـــار دست لیک از او مقصودْ این خدمت بُده‌ست ۲۹۸۸

هرچند که در خلقت انسان، توانایی‌های گوناگون نـهفته است و دست او بـرای انـجام کارهای مختلف بازگذاشته شده؛ امّا هدفِ غایی از آفرینش او، سیرِ مراحلِ کمال است که از طریق عبادات و طاعات و کسب معرفت حاصل می‌شود.

مٰا خَلَقْتُ ٱلجِنَّ وَ ٱلأنْس،[6] این بخوان جز عبادت نیست مـقصود از جـهان ۲۹۸۹

این آیه را بخوان: «جن و انس را نیافریدم» مگر برای عبادت. مقصودِ غاییِ آفرینشِ جـهانِ هستی، عبادت است.

گرچه مقصود از کتاب آن فن بُـوَد گر تُواَش بالِش کنی هـم مـی‌شود[7] ۲۹۹۰

هرچند که غَرَضِ اصلی از نگارش یک کتاب، آموزش فنّ خاصّی است که در آن آمده است؛ امّا تو می‌توانی خارج از هدف نگارنده، کتاب را به عنوان بالش به کار ببری؛ امّا به این ترتیب راه خلاف پیموده‌ای.

---

۱ - اشارتی قرآنی؛ مؤمنون : ۱۰۷/۲۳ : ر.ک: ۲۹۸۳/۳. ۲ - **فخّ** : دام. ۳ - **مُقیم** : همواره، پیوسته.

۴ - اشاره به آیهٔ ۵۶ از سورهٔ ذاریات است که توضیح آن در بیت ۲۹۸۹ همین دفتر آمده است.

۵ - **سَقَر** : دوزخ.

۶ - اشارتی قرآنی؛ ذاریات : ۵۶/۵۱ : وَ مٰا خَلَقْتُ ٱلْجِنَّ وَ ٱلْإِنْسَ إِلاّٰ لِيَعْبُدُونِ : نیافریدم جن و انس را مگر برای اینکه مرا پرستش کنند.

۷ - اینک با ذکر یکی دو مثال، خاطرنشان می‌شود که فرو نهادن هدف عالی و توجّه به اهداف دون، نشان نقصان عقل به شمار می‌آید. خردمند کسی است که به هدف غایی هر چیز توجّه کند.

لیک از او مقصود این بالش نبود ــــ علم بود و دانش و ارشاد، سود ۲۹۹۱

چون هدفِ نویسنده، آموزشِ دانش ویژه و ارشاد بوده است، نه اینکه به صورت بالش به کار رود.

گر تو میخی ساختی شمشیر را ــــ بر گزیدی بر ظفر اِدبار را[1] ۲۹۹۲

اگر تو از شمشیر به جای میخ استفاده کنی، شکست و بدبختی را به جای پیروزی برگزیده‌ای.

گرچه مقصود از بشر علم و هُدی‌ست ــــ لیک هر یک آدمی را معبدی‌ست[2] ۲۹۹۳

هرچند که منظور از خلقتِ انسان، «معرفت و هدایت» است؛ امّا همهٔ مردم آن را در نمی‌یابند؛ بنابراین هر یک متناسب با استعداد و قابلیّت، راهی را برای ارتباط با خالق بر می‌گزینند و این راه بستگی به میزانِ ادراک هر کس از حقایق دارد.

معبدِ مردِ کریم اَکْرَمْتَهُ[3] **ــــ معبدِ مردِ لئیم أسْقَمْتَهُ**[4] ۲۹۹۴

انسان کریم، از پروردگار اکرام می‌بیند و از طریق طاعات و عبادات با خداوند ارتباط برقرار می‌کند؛ امّا شخص فرومایه جز از طریق درد و رنج و سختی‌ها، به یاد خالق نمی‌افتد و با پروردگار ارتباط برقرار نمی‌کند.

مر لئیمان را بزن، تا سر نهند ــــ مر کریمان را بده تا بَر دهند ۲۹۹۵

برای مطیع شدن افراد فرومایه باید آنان را تحت فشار قرار داد؛ امّا اشخاص بزرگوار بدون هیچ‌گونه فشار و سختی، با احسان کردن ثمرهٔ نیک می‌دهند.

لاجرم حق هر دو مسجد آفرید ــــ دوزخ آن‌ها را و این‌ها را مزید ۲۹۹۶

ناگزیر حق تعالیٰ هر دو نوع سجده‌گاه را خلق کرد. دوزخ، جایگاه فرومایگان و بهشت قرب که در آن همواره لطف الهی رو به افزونی است، جایگاه کریمان.

ساخت موسی قُدس در، بابِ صغیر ــــ تا فرود آرند سر قومِ زحیر[5] ۲۹۹۷

موسیٰ(ع) بر دیوارِ قدسِ شریف، دروازه‌ای کوچک ساخت تا قوم بنی اسرائیل که مردمی ناسازگار بودند هنگام ورود به قدس، به سبب کوتاه بودن ارتفاعِ آن، ناچار شوند با حالتی شبیه به رکوع و تواضع وارد شوند.

---

۱ - جان آدمی که همان نفس اوست، بسان شمشیر برنده‌ای است که با تهذیب، تعلّقات را قطع می‌کند. استفادهٔ ناصواب از آن، همانند میخی است که موجب استحکام صفات بد و تعلّقات می‌شود.

۲ - **معبد** : محلّ عبادت، در اینجا مراد وسیله یا راهی برای ارتباط با حق تعالیٰ است.

۳ - **اَکْرَمْتَهُ** : او راگرامی داشتی. ۴ - **اَسْقَمْتَهُ** : او را بیمار کردی.

۵ - **قوم زحیر** : قوم آزار دهنده و ناسازگار.

۲۹۹۸ **زانکه جبّاران[1] بُدند و سرفراز دوزخْ آن باب صغیر است و نیاز**

زیرا آنان مردمی سرکش بودند. دوزخ نیز برای کافران و معاندان همانندِ «باب صغیر» است که در آن جایگاه به ناچار، نیاز و حاجتمندی خویش را به پروردگار عرضه می‌دارند.

بیان آنکه حق تعالی صورتِ ملوک را سببِ مسخّر کردنِ جبّاران، که مُسخّرِ حق نباشند، ساخته است، چنانکه موسی علیه السّلام بابِ صغیر ساخت بر رَبَضِ[2] قُدس جهتِ رکوعِ جبّاران بنی‌اسرائیل وقتِ در آمدن که: اُدْخُلُوا ٱلبابَ سُجَّداً وَ قُولُوا حِطَّةٌ[3]

به روایت مثنوی، موسی(ع) بر «دیوار قدس شریف»، «بابی صغیر» یا دروازه‌ای کوچک ساخت تا هنگام ورود قوم به سببِ کوتاه بودنِ ارتفاع آن همگان، حتّی طغیانگران و سرکشان بنی اسرائیل نیز ناچار شوند که هنگام ورود به شهر با حالی شبیه به رکوع به آنجا وارد گردند و این امر برای ایشان رمزی بود از «تواضع و تسلیم» در برابرِ «فرامینِ حق تعالیٰ»، و از آنان خواسته شد که به این در، با خضوع و تواضع وارد شوید و بگویید که خداوندا، گناهان ما را بریز، تاخطاهای ایشان به فضل الهی مورد مغفرت قرار گیرد و به نیکوکاران علاوه بر مغفرت، پاداش بیشتری داده شود، بقره: ۵۸/۲، در این قطعه پادشاهان که محراب و قبلهٔ خلق و مسجود دنیادوستان هواپرست‌اند، نمادی از همان «باب صغیر» به شمار می‌آیند که جبّارانِ خلق که در برابر پروردگارشان گردنکشی و طغیان می‌ورزند، در برابرِ ایشان به ناچار از در تواضع و خضوع وارد گردند.

همان‌طور که در قصّهٔ فرعون و موسی(ع)، ذیل بیت ۸۴۰ همین دفتر آمد، بنی اسرائیل پس از خروج از مصر، برای زیستگاه خود جویای وطنی بودند و همواره آرزو داشتند که روزی به «سرزمین موعود» که پدرانشان پیش از آمدن به مصر در آنجا می‌زیسته‌اند؛ یعنی کنعان (فلسطین) باز گردند؛ امّا با رسیدن به حوالی آن، اسرائیلیان از پیکار با شهروندان کنعانی که از دیدگاه آنان مردمانی بلندبالا و زورمند بودند، هراسیدند و بر موسیٰ(ع) و برادرش هارون که قوم را به پیکار فرا می‌خواندند، شوریدند[4] و به فرمودهٔ قرآن کریم، مائده: ۲۴/۵-۲۱، به سرزمین پاکیزه‌ای که خداوند

---

۱ - **جبّاران**: زورمندان و ستمکاران. ۲ - **رَبَض**: دیوارگرد شهر، گرداگرد قلعه.

۳ - اشاره به روایتی است که مفسّران ذیل آیهٔ شریفهٔ بقره: ۵۸/۲، آورده‌اند و ثعلبی نیز آن را در قصص الانبیاء، ص ۲۱۰ ذکر کرده است: احادیث، صص ۳۰۵ و ۳۰۶. ۴ - سِفر اعداد، ۱۳:۳۳-۱۳.

به نام ایشان نوشته بود، در نیامدند که مردمان آنجا را زورمند و ستمگر یافته بودند و از موسیٰ(ع) خواستند تا او و خدایش بروند و بجنگند، پس از این نافرمانیِ مردم تبهکار، حکمت و عدالت خداوندی چنین خواست تا چهل سال در بیابان سرگردان باشند و درآمدن بدان سرزمین را بر ایشان حرام فرمود، چنانکه اشارت قرآنی آن در مائده: ۲۶/۵، مذکور است.

همانگونه که در داستان فرعون و موسیٰ(ع) نیز گفته شد، در همان ایّام هارون و چند سال بعد موسیٰ(ع) دنیا را وداع گفتند؛ بنابراین ساختن رَبَضِ قدس به عهدِ حیاتِ موسیٰ(ع) مربوط نمی‌شود، ازین رو به نظر می‌آید این قصّه مربوط به ورود قوم به اَرِیْحاء [دهی در بیت‌المقدّس] باشد که خداوند به آنان فرمان داد تا با حالت تواضع و استغفار و سرافکندگی وارد شوند [از در قُبّه] و بگویند که خدایا بارگناه را از دوشمان بردار، در آنجا هفت در بود و منظور از سُجَّداً ، این بود که در حال خم شدن و اظهار تواضع وارد شوند و مقصود از حِطَّة ، یعنی خدایا، خطاهای ما را از دوش ما بردار و ما را ببخش.

آنچنانکه حق ز گوشت و استخوان   از شهان بابِ صغیری ساخت هان! ۲۹۹۹

همان‌طور که حق تعالیٰ، پادشاهان را که از گوشت و پوست هستند، «باب صغیر» قرار داده است.

اهـلِ دنـیا سـجدهٔ ایشان کنند   چونکه سجدهٔ کبریا را دشمن‌اند[1] ۳۰۰۰

«اهل دنیا» که عبودیّت و بندگی خالق را نمی‌پذیرند و در برابر پروردگار به خاک نمی‌افتند، به ناچار در برابرِ شاهان به خاک می‌افتند و انکسار و تواضع به خرج می‌دهند.

ساخت سرگین دانَکی[2] **محرابشان**[3] **   نـامِ آن مـحراب، مـیر و پـهلوان** ۳۰۰۱

خداوند برای اهل دنیا موجودی حقیر و پست را که با نام‌های امیر و یا پهلوان خوانده می‌شود، قبلهٔ آمال و آرزو و مرکز توجّه قرار داده است.

لایقِ ایـن حـضرتِ پـاکی نـه‌ایـد   نیشکر پاکان، شما خـالی نـی ایـد ۳۰۰۲

ای غافلانِ دنیادوست، شما شایستگی حضور در این درگاه پاک را ندارید. انسان‌های پاک، همانند نیشکرند و شما نیِ میان‌تهی هستید.

آن سگان را این خسان خاضع شوند   شـیر را عـار است کـو را بگـروند ۳۰۰۳

این فرومایگان در برابرِ اُمرای درنده‌خو و «اهلِ زرّ و زور» تواضع نشان می‌دهند. شیران حق از اینکه چنین بی‌مایگانی به آنان بگروند، عار دارند.

---

۱ - اشاره به این نکتهٔ مهم که انسان ناگزیر است که روزی خود را بشکند و متواضع باشد؛ پس چه بهتر که در همین عالم محسوسات و در برابر خداوند به خاک بیفتد و عبودیّت او را بپذیرد.

۲ - **سرگین دانک**: محلّ کوچکی برای کثافت، مزبله، کنایه از آدم بی‌قدر و بی‌ارزش.

۳ - **محراب**: محلّ عبادت، اینجا مراد قبلهٔ آمال و آرزو و مرکز توجّه قلبی است.

گربه باشد شِحنهٔ[1] هر موش‌خو   موش که بُوَد تا ز شیران ترسد او؟ ۳۰۰۴

سلاطین دنیا که گربه‌صفت‌اند بر موش‌خویان حکومت می‌کنند. موش‌صفتان حقیرتر از آن‌اند که از شیران حق بترسند.

خوفِ ایشان از کِلابِ[2] حق بُوَد   خوفشان کِی ز آفتابِ حق بُوَد؟ ۳۰۰۵

موش‌صفتان از سگ‌هایِ حق می‌ترسند، شایستگی ندارند از ذاتِ حق یا مردان خدا بیمناک باشند.

ربِّیَ الاعلاست وِردِ آن مِهان   رَبِّ اَدْنیٰ[3] در خورِ این ابلهان ۳۰۰۶

آن بزرگان، خالق یکتا را که «رَبِّیَ الأعْلیٰ» شایسته ذات پاک اوست، می‌پرستند و نام او را وردِ زبان دارند؛ در حالی که دنیاپرستان احمق، قدرتمندان و مطامعِ دنیوی را معبود خود قرار داده‌اند.

موش کِی ترسد ز شیران مصاف؟   بلکه آن آهوتکانِ مشکْ ناف[4] ۳۰۰۷

موش از شیر جنگی نمی‌ترسد؛ زیرا او حقیرتر از آن است که موردِ توجّه شیر واقع شود؛ امّا آهوهای تندرو که نافهٔ خوشبو دارند، مورد توجّه شیر و از خشم او بیمناک‌اند.

رو به پیش کاسه لیس[5] ای دیگْ‌لیس[6]   توش خداوند و ولی نعمت نویس ۳۰۰۸

ای آدم بی‌مایه، نزد آدم فرومایه‌ای برو و او را سرور و ولی‌نعمت خود بدان.

بس کن ار شرحی بگویم دور دست[7]   خشم گیرد میر و هم داند که هست ۳۰۰۹

بهتر است شرح و تفصیل این موضوع را خاتمه دهیم؛ زیرا اگر بیش از این بگوییم، امیر خشمگین می‌شود، هرچند خود به خوبی می‌داند که چنین است.

حاصل این آمد که: بدکن ای کریم!   با لئیمان، تا نهد گردن لئیم ۳۰۱۰

جان کلام این است که ای انسان کریم، باید بر فرومایگان سخت گرفت تا مطیع شوند.

---

۱ - **شِحنه** : داروغه.   ۲ - **کِلاب** : جمع کلب، سگ، مراد شاهان و سلاطین و قدرتمندانِ عاری از معنا هستند.
۳ - **رَبِّ اَدْنیٰ** : پروردگار دون پایه.   ۴ - در این تمثیل، «اهلِ دنیا» به موش و «اهلِ معنا» به آهو مانند شده‌اند.
۵ - **کاسه لیس** : کسی که به کاری حقیر تن در می‌دهد، آدم کوته‌بین.
۶ - **دیگ لیس** : کسی که به کاری دون؛ امّا در ابعاد گسترده‌تری می‌پردازد، کنایه از قدرتمندان دنیوی.
۷ - **دور دست** : اینجا به معنی مفصّل و مشروح است.

با لئیم نَفْس، چون احسان کند چون لئیمان نفسِ بد کفران کند ۳۰۱۱

اگر کسی با نَفْسِ فرومایه نیکی کند، نَفْس، همانند افراد پست، راه طغیان پیش می‌گیرد.

زین سبب بُد که اهلِ محنت شاکرند اهلِ نعمت طاغی‌اند و ماکِرَند[1] ۳۰۱۲

به همین دلیل رنج‌دیدگان شاکرند؛ امّا اهلِ نعمت سرکش و مکّارند.

هست طاغی بَگْلَرِ[2] **زرّین قبا هست شاکر خستهٔ صاحب عبا** ۳۰۱۳

آدم عصیانگر، امیرِ صاحبِ جاه و مقامی است که جامهٔ گرانبها می‌پوشد و در برابر خالق سرکش است؛ امّا بندهٔ شاکر، بینوایی با جامهٔ ساده است که خداوند را سپاس می‌گوید.

شُکر کِی رُوید ز املاک و نِعَم؟ شُکر می‌رُوید ز بَلْویٰ[3] **و سَقَم**[4] ۳۰۱۴

چگونه کسی از املاک و نعمت‌ها بهره‌مند گردد و شاکر نیز باشد؟ شکر در سختی و بیماری پیدا می‌شود.

قصّهٔ عشقِ صوفی بر سفرهٔ تهی

مردی صوفی از عشقِ سفره‌ای تهی که بر میخی آویزان بود، چرخ می‌زد و جامه‌ها را می‌درید. با وجد و شور بسیار او، دیگر صوفیان نیز همراه گشتند و های‌وهویی زدند. بوالفضولی پرسید: این های‌وهوی برای سفره‌ای تهی از نان چه مناسبتی دارد؟ صوفی که در هر امری به عالم معنا توجّه دارد جوابی صوفیانه داد که برو، تو نقشی عاری از معنی هستی «تو بجو هستی که عاشق نیستی»، عشقِ نان، هرچند که بی‌نان، غذایِ عاشق است «**بند هستی نیست هرکو صادق‌است**».

«این ذوقِ لوت که از دیرباز سببِ طعن صوفیان توسّط منکران احوال ایشان بوده است، بدون شک ناشی از آن امر است که صوفیان به سبب اشتغال تامّ به امور معنوی و روحانی، به ندرت دسترس به غذای کافی داشته‌اند و شهرت به پرخوری ایشان که منشأ ضرب المثل معروف اکل‌الصّوفی و مایهٔ الهامِ قطعه‌ای معروف به ابوالعلاء مَعَرّی در طعن صوفیه شده از همین‌جا نشأت یافته است.»[5]

اشارتی که مولانا در این **قصّه دارد**، بیانِ حال صوفی است که دلبستهٔ صورت ظاهر نان نیست و عشق او به معنای آن است که رزقی است از جانب حق و بر ذوق و شور این رزق، های‌وهویی می‌کند، به امید آنکه رزق معنوی نیز

---

۱ - **ماکر** : مکر کننده. ۲ - **بَگْلَر** : بیگلر، امیر. ۳ - **بَلویٰ** : سختی، رنج و بلا. ۴ - **سَقَم** : بیماری.
۵ - بحر در کوزه، ص ۳۸۸.

پیامد آن به عنایت در رسد و او را به «فنای در حق» که غایت آمال اوست و «سفرهٔ تهی» رمزی از آن است برساند، همچنین در تقریر این معنا نیز هست که فقیری معنی‌شناس ذوق لوت را که ورای ظاهرِ آن، اهلِ معنا، عنایات حق را می‌یابند، می تواند بشناسد و های‌وهوی وجدآمیز صوفیان را که از عشق فنایافتن در حق است، معبری برای رسیدن به ساحل سلامت بداند، همانگونه که «جاده باشد بحر ز اسرائیلیان»، امّا غرقه‌گاه فرعون و فرعونیان است.

صوفیی بر میخ روزی سفره دید چرخ می‌زد، جامه‌ها را می‌درید ۳۰۱۵

روزی یک نفر صوفی سفره‌ای را که از میخ آویخته بود، دید، به وجد و شور آمد، شروع به رقص صوفیانه کرد و از شدّت حال، جامه‌ها را چاک می‌زد.

بانگ می‌زد: نَک نوایِ بی‌نوا[1] قحط‌ها و دردها را نَک دوا ۳۰۱۶

فریاد می‌زد که این نوای بینوایان و دوای دردها و کمبودهاست.

چونکه دود و شورِ او بسیار شد هر که صوفی بود با او یار شد ۳۰۱۷

هنگامی که شور و شوق او افزون شد، دیگر صوفیان نیز از حال او به وجد آمدند.

کِخ کِخی و های و هویی می‌زدند تایِ چندی مست و بی‌خود می‌شدند ۳۰۱۸

آنان سروصدایی به راه انداخته بودند، های‌وهویی می‌کردند و پای‌کوبان چرخ می‌زدند تا اینکه چند تن از ایشان مست و بیهوش شدند.

بوالفضولی[2] گفت صوفی را که: چیست؟ سفره‌یی آویخته، وز نان تهی است ۳۰۱۹

شخصی یاوه‌گو که از حقیقت حال آنان بی‌خبر بود، گفت: این همه شور و حال برای سفرهٔ تهی چه معنا دارد؟

گفت: رو رو، نقش بی‌معنی‌ستی تو بجو هستی، که عاشق نیستی ۳۰۲۰

صوفی گفت: برو، برو که تو، صورت و ظاهری هستی که از معنا بی‌بهره‌ای. تو به دنبال همین هستی‌های عاریتی باش؛ زیرا عاشق نیستی.

عشقِ نان بی‌نان[3] غذایِ عاشق است بندِ هستی نیست هر کو صادق است ۳۰۲۱

صوفی، عاشقِ عشق و مظهر عشق است؛ بنابراین عشق به نان بدون وجود نان هم برای او کافی است. عاشقِ صادق در بندِ هستی نیست.

---

۱ - **نوای بی‌نوا**: رزق روحانی و عنایت الهی که به فقیران یا سالکان طریقت می‌رسد و سلوک آنان را امکان‌پذیر می‌سازد. ۲ - **بوالفضول**: پرگو، بیهوده‌گو.

۳ - **عشق نان بی‌نان**: عشق به حقایق بدون بهره‌مندی از مظاهر دنیوی.

عــاشقان را کـار نَـبْوَد بـا وجـود[۱] عاشقان را هست بی‌سرمایه[۲] سـود ۳۰۲۲

عاشقان که مشتاقانه خود را در هستی حق درمی‌بازند، با «هستیِ مجازی» کاری نـدارنـد. سودِ آنان هنگامی است که تنها سرمایه‌شان را، یعنی «هستیِ» خود را در «هستیِ حقیقی» فنا کنند.

بــال نــه و گِــردِ عــالم مــی‌پَرند دست نــه و گــو ز مـیدان مـی‌بَرند ۳۰۲۳

عاشقانِ راستین، هرچند که در ظاهر بال و پر ندارند؛ امّا با بال و پـر عشـق، در عـوالم معنوی به پرواز در می‌آیند و بدونِ اسباب و عللِ ظاهری در میدانِ عمل و در عرصهٔ ایمان، گوی سبقت را از همگان می‌ربایند.

آن فقیری کـو ز مـعنی بـوی یـافت دست بُـبْریده هـمی زنـبیل بـافت[۳] ۳۰۲۴

آن درویشی که از عالم معنا و عشق به حق بویی به مشام جانش رسیده بود، بـا دست بریده، زنبیل می‌بافت و نیاز به ابزارِ ظاهری نداشت، چون به عالمی ماورای آن راه یافته بود.

عــاشقان انــدر عـدم[۴] خـیمه زدنـد چون عدم یک رنگ و نفس واحدند[۵] ۳۰۲۵

عاشقانِ راستین، در عالم حقایق‌اند که در آنجا هزاران تن، هستی واحـدی دارنـد و در وحدت محض‌اند.

شیرخـواره کِـی شـناسد ذوقِ لوت مر پری را بوی باشد لوت و پوت[۶] ۳۰۲۶

طفلِ شیرخواره، مزهٔ غذا را در نمی‌یابد. پری نیز بنا بر عقیدهٔ قُدَما، با بـوی غـدا سـیر می‌شود و به طعام مادّی نیاز ندارد.

آدمــی کِــی بــو بَــرَد از بــویِ او چونکه خویِ اوست ضدِّ خــویِ او ۳۰۲۷

انسان که خلقتی متفاوت دارد، چگونه از بوی غذا سیر شود یا از احوال و وضعیّات پری آگاه شود؛ زیرا سرشتِ او با سرشتِ پری مخالف است.

---

۱ - **وجود**: مراد وجود یا هستی‌های مجازی یا مادّی است.

۲ - **سرمایه**: مراد هستی مجازی یا نفسانی سالک است که باید به مقام فنای در حق برسد و بی‌سرمایه بشود.

۳ - اشاره به «کرامات شیخ اقطع...» که در طیّ ابیات (۱۷۲۱-۱۷۰۶) همین دفتر آمده است.

۴ - **عدم**: اینجا مراد از عدم، عالم ماورای حس؛ یعنی عالم حقایق و هستی حقیقی است.

۵ - **نفس واحد**: اشاره به عالم وحدت.

۶ - **لوت و پوت**: غذا. اشاره است به تفاوت مراتبی که انسان از نظر رشد روحانی و ادراک، در مراحل متفاوت زندگی دارد.

یـــابد از بـــو آن پـــریِ بـــوی‌کَش   تو نیابی آن ز صد من لوت خَوش[۱] ۳۰۲۸

پری از رایحهٔ خوش غذا چنان ذوقی می‌یابد که تو از خوردن غذاهای فراوان و خوب آن را نمی‌یابی.

پیش ِ قبطی[۲] خون بُوَد آن آبِ نیل   آب بـــاشد پـیش ِ سـبطیّ[۳] جـمیل ۳۰۲۹

آبِ زلالِ رودِ نیل برای فرعونیان خون بود؛ امّا برای پیروان موسیٰ(ع)، آبی گوارا بود.

جـاده بـاشد بـحرْ زِ اسـرائـیلیان   غـرقه‌گـه بـاشد ز فـرعون عـوان[۴] ۳۰۳۰

دریا برای عبور قوم بنی‌اسرائیل به جادّه‌ای قابل عبور تبدیل شد؛ امّا برای فرعونِ ستمگر محلِّ غرق شدن بود.

مخصوص بودنِ یعقوب علیه‌السّلام، به چشیدن جامِ حق از رویِ یوسف، و کشیدنِ بویِ حقّ از بویِ یوسف و حرمانِ برادران و غیرُهُم از این هر دو

در قصّهٔ پیشین که «عشق صوفی بر سفرهٔ تهی» بود، با اشاره به تفاوت مراتبی که در هستی هست، این نکته متذکّر گردید که عامِ خلق، حقایق و عوالمِ غیب را در نمی‌یابند و ادراک آن مستلزمِ وجود جان متعالی و کمال یافته است.

اینک این قطعه نیز در بیانِ همان معناست و سخن از یوسف(ع) است که برای یعقوب(ع)، مظهرِ حق بود و تجلّیِ انوارِ حق را در سیمایِ او می‌دید؛ امّا برادرانِ وی که از کمال روحانی پدر خویش بی‌بهره بودند، نمی‌دیدند.

آنـچه یـعقوب از رخِ یوسف بـدید   خاص ِ او بُد، آن به اخوان کِی رسید؟ ۳۰۳۱

آنچه را که یعقوب(ع) از تجلّی نور حق در جـمال یـوسف(ع) مـی‌دید، بـه او اخـتصاص داشت، برادران یوسف(ع) در مرتبه‌ای نبودند که آن را درک کنند.

این ز عشقش خویش در چَهْ می‌کُنَد[۵]   و آن بـه کـین از بـهرِ او چَـهْ می‌کَنَد ۳۰۳۲

یعقوب(ع) از عشق فرزند و هجرانِ او، خانه‌نشین می‌شود و آنجا برای وی همانند چـاه تنگ و تاریک و محلِّ اندوه، جلوه می‌کند؛ امّا برادران از حسادت او را به چاه می‌افکنند.

---

۱ - اشاره به این نکته است که ذوق در مراحل و مراتب متفاوت هستی، یک‌سان نیست؛ بنابراین ذوقی را که صوفی عاشق از دیدن سفرهٔ تهی که نمادی از فنای در حق به شمار می‌آید، دارد، عام خلق که دلبستهٔ خواب و خور هستند، نمی‌توانند دریابند.   ۲ - **قبطی :** پیروان و طرفداران فرعون.   ۳ - **سبطی :** پیروان موسیٰ(ع).

۴ - **عَوان :** ظالم و ستمگر.

۵ - مصراع اوّل: مقصود بیت الحزن است که یعقوب(ع) در آن معتکف شد و به ناله و زاری پرداخت.

سفرهٔ او پیشِ این از نان تهی‌ست پیشِ یعقوب است پُر، کو مُشتَهی‌ست[1] ۳۰۳۳

جمال بی‌همتای او برای برادران، همانندِ سفرهٔ تهی از نان، بدون لطف است؛ امّا برای یعقوب(ع) که مشتاق اوست، پر از جلوهٔ حق است.

روی ناشُسته نبیند رویِ حور[2] لا صَلوةَ گفت: اِلاّ بِالطَّهور ۳۰۳۴

دیدنِ جمالِ حوریِ بهشتی با دل ناپاک ممکن نیست، همان‌طور که پیامبر(ص) فرمود[3]: *نماز جز با طهارت مقبول نیست.*

عشق باشد لوت و پوتِ جان‌ها جوع از این روی است قوتِ جان‌ها ۳۰۳۵

«عشق حق»، غذایِ جان عاشقان است و به همین دلیل تحمّل گرسنگی و ریاضت، در جهت تهذیبِ نَفْس، موجب ارتزاق جان از انوار الهی می‌شود، از این‌رو «جُوع» را قُوّتِ جان عاشقان می‌دانند.

جُوعِ یوسف بود آن یعقوب را بویِ نانش می‌رسید از دور جا ۳۰۳۶

یعقوب(ع) در فراقِ فرزند محبوب خویش، رنج عظیمی را تحمّل کرد که نوعی «جُوع» محسوب می‌شد و به همین دلیل، عِطرِ وجودِ یوسف(ع) را از راه دور استشمام کرد؛ یعنی عشق، جانِ او را قوّت بخشیده و جُوع، قوّت را بسی افزون‌تر ساخته بود.

آنکه بستد پیرهن را، می‌شتافت بویِ پیراهانِ یوسف می‌نیافت ۳۰۳۷

کسی که پیراهن یوسف(ع) را گرفته بود و به شتاب برای یعقوب(ع) می‌برد، از عِطرِ پیراهن و عوالم یعقوب(ع) با فرزند، چیزی در نمی‌یافت.

وانکه صد فرسنگ زآن سو بود او چونکه بُد یعقوب، می‌بویید بو ۳۰۳۸

امّا یعقوب(ع) که صد فرسنگ دورتر بود، عِطرِ آن را با مشام جان می‌بویید.

ای بسا عالِمْ ز دانش بی‌نصیب حافظِ علم است آن کس، نه حبیب ۳۰۳۹

چه بسا دانشمندانی که از دانش بی‌بهره‌اند؛ زیرا چنین افرادی «حافظِ علم» به شمار می‌آیند. آنان از نظر معنوی و روحانی به مراتبی از کمال نرسیده‌اند که شهود عینی و حضوری داشته باشند؛ پس چون از ادراک عوالم غیبی بهره ندارند، «حبیب» خدا نیستند.

---

۱ - **مشتهی**: دارای اشتها، مشتاق و علاقه‌مند.

۲ - **حُور**: جمع اَحْوَر و حَوْراء، سیه‌چشمان زیباروی بهشتی، مراد جمال عوالم غیبی و مقام قرب است.

۳ - احادیث: ص ۳۰۶.

مُستمع از وی همی یابد مشام   گرچه باشد مستمع از جنسِ عام ۳۰۴۰

کسی که سخنانِ «حافظِ علم» را می‌شنود، هرچند از عوام باشد، می‌تواند عِطرِ «حقیقت» را در میان کلام او دریابد و به «عالمِ معنا» راه یابد، هرچند که گوینده بدان راه نیافته است.

زانکه پیراهان به دستش عاریه‌ست   چون به دستِ آن نَخاسی[1] جاریه‌ست[2] ۳۰۴۱

زیرا علم نزد «عالمِ علومِ ظاهری» که از معنا بی‌بهره است، مانند پیراهن یوسف(ع) در دست قاصد، عاریه است یا همانندِ کنیزک زیبا در دستِ دلّال است.

جاریه پیشِ نخاسی سرسری‌ست[3]   در کفِ او از برای مشتری‌ست ۳۰۴۲

کنیزک نزد برده‌فروش موقّتی و برای فروش به مشتری است.

قسمتِ حقّ است[4] روزی دادنی[5]   هر یکی را سویِ دیگر راهْ نی ۳۰۴۳

روزی دادن، کار خداوند است. روزی هر کس را به خودِ او می‌دهند، به دیگری نمی‌دهند.

یک خیالِ نیک باغ آن شده   یک خیالِ زشت راهِ این زده ۳۰۴۴

خیالات و توهّمات، اشتغالات ذهنی ما و فرایندهای آن، همه از سوی حق می‌رسد، گاه با خیالی دلکش در وجودمان باغی می‌سازد و گاه خیالی زشت، دوزخی برپا می‌کند.

آن خدایی کز خیالی باغ ساخت   وز خیالی دوزخ و جایِ گُداخت ۳۰۴۵

او خدایی است که از خیالی، بوستان و از خیال دیگری دوزخ می‌سازد.

پس که داند راهِ گلشن‌هایِ[6] او؟   پس که داند جایِ گلخن‌هایِ[7] او؟ ۳۰۴۶

پس چه کسی راه بوستان روحانی و یا دوزخ درونی او را می‌شناسد؟

دیدبانِ دل[8] نبیند در مَجال[9]   کز کدامین رُکنِ جان آید خیال؟ ۳۰۴۷

«دل» در عرصهٔ جولان خود، نمی‌تواند دریابد که خیالات یا توهّمات، از کدام وجه از وجوه نفس و یا روحِ انسانی او سرچشمه می‌یابد.

---

۱ - **نخّاس :** برده‌فروش. ۲ - **جاریه :** تأنیث جاری، روان، کنیزک. ۳ - **سرسری است :** موقّتی است.

۴ - **قسمت حقّ‌است :** کار خداست.

۵ - اشاره به این نکته است که قابلیّت و استعداد لازم برای کسب رزق روحانی و معنوی، داد و عطای الهی است.

۶ - **گلشن :** کنایه از بوستان خوش در درون افراد سعید و صالح است.

۷ - **گلخن :** کنایه از دوزخ در درون افراد شقی و طالح است.

۸ - **دیدبان دل :** دیده‌بان: دلی که مانند دیده‌بان به همهٔ امور توجّه می‌کند تا خیر و شرّ را بازشناسد.

۹ - **مجال :** میدان، محلّ تاخت و تاز.

گر بدیدی مَطلعش را، زِ احتیال[1] بند کردی راهِ هر ناخوشْ خیال ۳۰۴۸

اگر آدمی منشأ خیالات را می‌دانست، چاره می‌اندیشید و راهِ خیالاتِ ناپسند را می‌بست.

کِی رسد جاسوس[2] را آنجا قدم که بُوَد مِرصاد[3] و دربندِ[4] عدم[5]؟ ۳۰۴۹

دیده‌بان دل، در عرصهٔ توانایی‌های خود تجسّس می‌کند؛ امّا به منشأ خیالات پی نمی‌برد؛ زیرا از «هستیِ مطلق» نشأت می‌یابد و آنجا که نظرگاه حق است، دیده‌بان دل، یعنی توجّه سالک به احوالِ خود، مجال حضور ندارد.

دامنِ فضلش به کف کُن کوروار قبضِ اَعمی[6] این بُوَد ای شُهره یارا! ۳۰۵۰

ای یار نام‌آور، برای آنکه خیالات و توهّمات، تو را از راه باز ندارد، به فضل او تکیه کن و همان گونه که نابینا، دامن بینا را می‌گیرد، به دامان فضل و عنایت حق چنگ بزن.

دامنِ او، امر و فرمانِ وی است نیکبختی که تُقیٰ[7] جانِ وی است ۳۰۵۱

چنگ زدن به «دامانِ فضلِ» او، اجرایِ فرمانِ اوست. خوشا به کسی که تقوا با جانش آمیخته است.

آن یکی در مرغزار و جویِ آب و آن یکی پهلویِ او اندر عذاب ۳۰۵۲

«جانِ متّقی» همواره آرامش و انبساط خاطر دارد، گویی در مرغزار و کنار جوی آب است؛ امّا «جانِ فاقدِ تقوا» در کنار او به عذاب مبتلاست.

او عجب مانده که: ذوقِ این ز چیست؟ و آن عجب مانده که: این در حبس کیست؟ ۳۰۵۳

این دو نفر از حالِ یک‌دیگر متعجّب‌اند، یکی متحیّر است که دیگری از چه شاد و منبسط است و آن دیگر تعجّب می‌کند که این یکی از چه چیز این همه رنج می‌برد؟

هین! چرا خشکی؟ که اینجا چشمه‌هاست هین چرا زردی؟ که اینجا صد دواست ۳۰۵۴

آن کس که توفیق بندگی و پرهیزکاری دارد، به دیگری می‌گوید: به خود بیا، در اینجا چشمه‌های فضل الهی می‌جوشد، چرا بهره‌مند نمی‌شوی؟ چرا با این همه دوا رنجوری؟

---

۱ - **احتیال**: تدبیر و چاره‌اندیشی. ۲ - **جاسوس**: اینجا مراد همان دیده‌بان دل است.
۳ - **مِرْصاد**: کمینگاه، اینجا نظرگاه. ۴ - **دربند**: قلعه، دژ، راه پرخطر.
۵ - **عدم**: نیستی، اینجا مراد هستی و مبدأ هستی است که در نظر ظاهربینان، عدم است؛ یعنی به نظر نمی‌آید.
۶ - **قبضِ اعمیٰ**: گرفتن کور. اصطلاح فقهی است به این معنی که اگر در معامله، خریدار کور باشد باید جنس خریداری شده را در دست بگیرد و آن را لمس کند تا معامله قطعی محسوب شود.
۷ - **تُقیٰ**: تقوا، پرهیزکاری.

۳۰۵۵ همنشینا ! هین! درا اندر چمن   گوید: ای جان! من نیارم آمدن[۱]
آگاه باش ای همنشین، تو هم به این چمنزار عالم معنا بیا؛ امّا او می‌گوید: عزیزم، من نمی‌توانم.

حکایتِ امیر و غلامش که نمازباره بود و اُنسِ عظیم داشت در نماز و مناجات با حق[۲]

امیری ترک سحرگاهان محتاج گرمابه شد. غلامی از غلامان خویش را به نام سُنْقُر طلبید که وسایل استحمام را مهیّا سازد تا به گرمابه برود. در راه مسجدی بود و بانگ نماز می‌آمد. سُنْقُر که سخت مولع در نماز بود، از امیر اجازه خواست تا زمانی بر در مسجد صبر کند که او بتواند فریضهٔ خویش را به جای آوَرَد. امیر پذیرفت و بر در مسجد توقّف کرد. نماز تمام شد. امام و فریضه‌گزاران بیرون آمدند. نزدیک چاشت شد و سُنْقُر همچنان در مسجد بود و خارج نمی‌شد. هنگامی که امیر بانگ زد: چرا از مسجد بیرون نمی‌آیی؟ جواب داد: نمی‌گذارند بیرون آیم. سرانجام امیر با پرخاش پرسید: در مسجد کسی نیست؛ چه کس نمی‌گذارد بیرون آیی؟ سُنْقُر جواب داد: آن کس که تو را نمی‌گذارد درون آیی، مرا نمی‌گذارد بیرون آیم.

این لطیفه متضمّن این اشارت است که «جذبهٔ شوق»، «کمند هدایت» است که غلام را ساعت‌ها درون مسجد می‌دارد و دورباشِ «منع و ردّ» است که امیر را به درون راه نمی‌دهد.

در ابیات پایانی قطعهٔ پیشین، جان‌کلام در تقریر این معنا بود که توفیق بندگی و پرهیزکاری، داد و عطای الهی است. اینک در این قصّه نیز با تأیید همان معنا، سرّ سخن در بیانِ این نکته است که «جذبهٔ حق» نیز به فضل الهی نصیب بنده می‌گردد.

۳۰۵۶ میر شد محتاجِ گرمابه سحر   بانگ زد: سُنْقُر[۳]! هلا! بردار سر
امیری، هنگام سحر به حمّام نیاز پیدا کرد، غلام خود را صدا کرد و گفت: آهای سُنقر، برخیز.

۳۰۵۷ طاس[۴] و مِندیل[۵] وگِل از اَلتون[۶] بگیر   تا به گرمابه رویم ای ناگزیر!
تاس و حوله و گِلِ سرشویی را از کنیزکی به نام اَلتون بگیر تا به حمّام برویم.

---

۱ - اشاره به این نکته که توفیق بندگی و تقوی، داد و عطای الهی است.

۲ - مأخذ این لطیفهٔ دلنشین پرمعنا قصّه‌ای است که در معارف بهاء ولد آمده است. این حکایت را مولانا در مکتوبات خود و همچنین در فیه‌مافیه نیز نقل کرده است: احادیث، ص ۳۰۷.

۳ - **سُنقر**: از اسامی متداول در عصر مولانا، به معنای باز شکاری.

۴ - **طاس**: ظرفی که در حمّام برای ریختن آب به روی خود، استفاده می‌شود. ۵ - **مِنْدیل**: مَندیل، حوله.

۶ - **اَلتون**: واژه‌ای ترکی و اسم زن است به معنی طلا.

سُنقر آن دم طاس و مِندیلی نکو   بر گرفت و رفت با او دو به دو ۳۰۵۸

سُنقر بلافاصله تاس و حوله و دیگر وسایل مورد نیاز را برداشت و همراه امیر رفت.

مسجدی بر ره بُد و بانگِ صلا[1]   آمد اندر گوشِ سُنقر در ملا ۳۰۵۹

در راه به مسجدی برخوردند و صدای اذان به گوش سُنقر رسید.

بود سُنقر سخت مولع[2] در نماز   گفت: ای میرِ من! ای بنده نواز! ۳۰۶۰

سُنقر که به نماز بسیار مشتاق بود، با شنیدن بانگ اذان گفت: ای امیر من، ای بنده‌پرور.

تو براین دکّان زمانی صبر کن   تا گزارم فرض و خوانم لَمْ یَکُنْ[3] ۳۰۶۱

تو مدّت کوتاهی در این دکّان توقّف کن تا من نماز بخوانم و سورهٔ اخلاص را قرائت کنم.

چون امام و قومْ بیرون آمدند   از نماز و وِردها فارغ شدند ۳۰۶۲

نماز پایان یافت، امام و نمازگزاران از نماز و اذکار فارغ شدند و بیرون آمدند.

سُنقر آنجا ماند تا نزدیکِ چاشت[4]   میر، سُنقر را زمانی چشم داشت ۳۰۶۳

امّا سُنقر تا نزدیک ظهر در مسجد ماند. امیر مدّتی چشم به راه او نشست.

گفت: ای سُنقر! چرا نایی برون؟   گفت: می‌نگذاردم این ذوفنون[5] ۳۰۶۴

امیر که از توقّف طولانی خسته و ناراحت بود از بیرون فریاد زد: ای سُنقر، چرا بیرون نمی‌آیی؟ سُنقر از درون پاسخ داد: این ذوفنون نمی‌گذارد.

صبر کن، نک آمدم ای روشنی!   نیستم غافل که در گوشِ منی ۳۰۶۵

ای مایهٔ روشنی، صبر کن، می‌آیم. من از تو غافل نیستم، صدای تو را می‌شنوم و می‌دانم منتظر هستی.

هفت نوبت صبر کرد و بانگ کرد   تا که عاجز گشت از تیباش[6] مرد ۳۰۶۶

امیر هفت بار غلام را صدا کرد تا اینکه از تأخیر او درمانده و خسته شد.

پاسخش این بود: می‌نگذارَدَم   تا برون آیم هنوز ای مُحترم! ۳۰۶۷

پاسخِ سُنقر این بود که می‌گفت: ای مرد گرامی او نمی‌گذارد از مسجد خارج شوم.

---

۱ - **صَلا** : اصلش صلاة است، نماز.   ۲ - **مولَع** : حریص، مشتاق.

۳ - **لَمْ یَکُنْ** : قسمتی از آخرین آیهٔ سورهٔ اخلاص.   ۴ - **چاشت** : غذای نیمروز.

۵ - **ذوفنون** : مراد پروردگار دانا و تواناست.   ۶ - **تیبا** : تأخیر و درنگ، سهل‌انگاری.

گفت: آخر مسجد انـدر کس نـماند کیت وامی‌دارد؟ آنجا کِت نشـاند؟ ۳۰۶۸

امیر گفت: آخر در مسجد کسی نماند، چه کسی وادارت می‌کند آنجا بمانی؟

گفت: آنکه بسته استت از بـرون بسته است او هم مرا در انـدرون ۳۰۶۹

سُنقر گفت: آن کس که تو را بیرون نگهداشته، مرا هم درون نگاهداشته است.

آنکـه نگـذارد تـو را کآیـی درون مـی‌بنگذارد مـرا کآیـم بـرون ۳۰۷۰

کسی که تو را به درون راه نمی‌دهد، نمی‌گذارد من بیرون بیایم.

آنکـه نگـذارد کـزین سـو پـانهی او بدین سو بست پایِ ایـن رهـی[1] ۳۰۷۱

کسی که به تو اجازه نمی‌دهد به درون مسجد پای نهی، در درون پای این غلام را بسته است.

مـاهیان را بـحر نگـذارد بـرون خـاکیان را بـحر نگـذارد درون[2] ۳۰۷۲

دریا اجازه نمی‌دهد که ماهی‌ها از آب خارج شوند و خاک‌نشینان را نیز به خود راه نمی‌دهد.

اصلِ ماهی آب و حیوان ازگِل است حیله و تـدبیر ایـنجا بـاطل است[3] ۳۰۷۳

زیرا اصلِ ماهی از آب و اصل حیوان از گِل است؛ پس تدبیر و چاره‌اندیشی بی‌نتیجه است.

قـفلِ زفت است و گشـاینده خـدا دست در تسلیم زن و انـدر رضـا[4] ۳۰۷۴

«تدبیر و چاره‌اندیشیِ عقل جزوی» راه به عالم معنا نمی‌برد و همانندِ قفلی محکم، راه تو را به عالم حقایق بسته است، چاره‌ای جز آن نیست که در برابر مشیّت باری تعالیٰ تسـلیم و بـه رضای حق راضی باشی.

ذرّه ذرّه گـر شـود مـفتاح‌ها[5] این گشـایش نـیست جـز ازکـبریا ۳۰۷۵

اگر همهٔ ذرّات عالم مبدّل به کلید شوند، کسی جز خداوند بزرگ نمی‌تواند این قفل را بگشاید.

چون فراموشت شود تدبیرِ خویش یابی آن بختِ جوان از پیرِ خویش ۳۰۷۶

هنگامی که چاره‌اندیشی و تدبیر را فروگذاری، با هدایتِ مُرشد، بخت و اقبال می‌یابی.

---

۱ - **رهی**: رونده، سالک، غلام.

۲ - در این تمثیل، بحر کنایه از عالم معنا و هستی حقیقی، ماهیان کنایه از عارفان، و خاکیان اشاره به اسیران عالم محسوس است.

۳ - اشاره است به تدبیر و چاره‌اندیشی‌های عقل جزوی که همان عقل معاش یا عقل مادّی است که می‌کوشد از طریق تعقّل فلسفی به حقایق عالم غیب برسد. ۴ - **رضا**: ر.ک: ۱۸۸۲/۳. ۵ - **مفتاح**: کلید.

۳۰۷۷ چون فراموش خودی یادت کنند بنده گشتی آنگه آزادت کنند

چون خود را فراموش کنی، یادت می‌کنند و هنگامی که بنده شدی، از بندگیِ دنیا آزادت می‌کنند.

نومید شدنِ انبیا از قبول و پذیرایِ[1] منکران، قَوْلُه: حَتّی اِذا اَسْتَیْأَسَ الرُّسُلُ[2]

این ابیات در ادامهٔ قصّهٔ قوم سبا آمده است که رسالت سیزده پیامبر الهی را نپذیرفتند و همچنان در انکار خود باقی ماندند. در بیت ۲۹۸۴ همین دفتر، با تقریرِ معانیِ دیگری، داستانِ این قوم ناتمام ماند و اینک دنبالهٔ آن پی گرفته می‌شود.

۳۰۷۸ انبیا گفتند با خاطر که: چند می‌دهیم این را و آن را وعظ و پند

پیامبران با خود اندیشیدند: تا کی به این و آن پند و اندرز بدهیم؟

۳۰۷۹ چند کوبیم آهنِ سردی ز غَی[3] در دمیدن در قفص هین تا به کَی؟[4]

تا کی آهن سرد را با ناامیدی بکوبیم و در قفس باد بدمیم؟

۳۰۸۰ جنبشِ خلق از قضا و وعده است تیزیِ دندان ز سوزِ معده است

هر چه مردم می‌کنند و جد و جهدشان یا معلولِ قضایِ الهی است یا از وعده‌هایِ حق و مشیّت اوست، همان طور که در گرسنگی، آدمِ گرسنه غذا را سریع می‌جود، گویی دندانش تیزتر می‌شود.

۳۰۸۱ نَفْسِ اوّل[5] راند بر نَفْسِ دُوُم ماهی از سر گنده باشد نه زِ دُم

«نَفْسِ اوّل» که همان «نَفْس کلّی» و یا «ربّ» است، وجودی «مجرّد» و «علم صرف» است که در مقامِ خالق، «مربّیِ نفوسِ ناطقه» به شمار می‌آید،[6] در نتیجه «نفسِ ناطقه» یا «روحِ انسانی» مغلوب و تابعِ آن است. آنچه که «قضا و وعدهٔ الهی» نامیده می‌شود، از طریق «نَفْسِ کلّی» یا «روح عالم» به نفوس جزئی می‌رسد؛ بنابراین هرچیزی که از آنان سر می‌زند، تابع قضای حق است و اگر

---

۱ - **پذیرای**: پذیرفتن، قبول و اعتقاد.

۲ - اشاره است به قسمتی از آیهٔ ۱۱۰ سورهٔ یوسف که در بیت ۲۰۳۴ همین دفتر آمده است.

۳ - **غَی**: گمراهی، ناامیدی. ۴ - هر دو مصراع کنایه از کارِ بیهوده است.

۵ - **نفس اوّل**: ر.ک: ۱۷۴/۲ و چگونگی تعلّق یافتن نفس به بدن ۹۱۱/۲.

۶ - شرح مقدّمهٔ قیصری، صص ۲۱۶ و ۲۱۷.

این وجودهای ظاهری، مانندِ یک ماهی میگَندند، این هم از قضای الهی است؛ پس جان کلام آنکه: اگر آدمی راضی به قضای الهی نباشد و وعدهٔ حق را نپذیرد و تسلیم نشود، روح انسانی او مستوجب قهر میشود و نَفْسِ کلّی بر او میتازد و کُفر و انکار و بدفعلی در وی پدیدار میگردد.

۳۰۸۲ **لیک هم میدان و خر میران چو تیر   چونکه بَلِّغْ[1] گفت حق، شد ناگزیر**

پیامبران قوم سبا اندیشیدند: اندرز دادن به این قومِ حقستیزکار بیهودهای است، عدم تسلیم به قضا و وعدهٔ حق، آنان را مستوجب قهر کرده است؛ امّا این را میدانیم و به کارمان ادامه میدهیم؛ زیرا خداوند امر کرد «ابلاغ کن» و از این فرمان گزیری نیست.

۳۰۸۳ **تو نمیدانی کزین دو کیستی   جهد کن چندانکه بینی چیستی**

تو نمیدانی جزوِ کدام گروهِ مؤمنان و یا منکران هستی؛ پس بکوش تا حقیقت خود را دریابی.

۳۰۸۴ **چون نهی بر پُشتِ کشتی بار را   بر توکّل میکنی آن کار را[2]**

هنگامی که باری را در کشتی میگذاری، به اتّکای خداوند این کار را انجام میدهی.

۳۰۸۵ **تو نمیدانی که از هر دو کیای؟   غرقهای اندر سفر یا ناجیای؟**

و در آن لحظه، نمیدانی که در این سفر دریایی غرق میشوی یا نجات مییابی.

۳۰۸۶ **گر بگویی تا ندانم من کیم   بر نخواهم تاخت[3] در کَشتی و یَم**

اگر بگویی تا من ندانم که جزو غرق شدگان و یا نجات یافتگان هستم، سوار کشتی نمیشوم و به این سفر دریایی نمیروم،

۳۰۸۷ **من در این ره ناجیم یا غرقهام   کشف گردان کز کدامین فرقهام؟**

برایم روشن کن که من جزو کدام دسته هستم؟ نجات یافتگان یا غرق شوندگان؟

من نخواهم رفت این ره باگُمان   بر امیدِ خشک همچون دیگران

---

۱ - اشارتی قرآنی؛ مائده: ۶۷/۵: یا أَيُّها الرَّسُولُ بَلِّغْ ما أُنْزِلَ إِلَيْكَ مِنْ رَبِّكَ...: ای پیامبر آنچه از سوی پروردگارت بر تو نازل شده است [به مردم] برسان....

۲ - در این تمثیل، تن آدمی به کشتی مانند شده که بار نهاده شده بر آن، بارِ نَفْس است. سفر دریا نیز کنایه از سیر و سلوک در راه حق به شمار میآید. سالک باگام نهادن در این مسیر نمیداند که در پایان کار، خواهد توانست نَفْس را به ساحل امن و اطمینان برساند یا در میان توفان و امواج برخاسته از سلوک به هلاکت خواهد رسید.

۳ - **برنخواهم تاخت :** سفر نخواهم کرد.

۳۰۸۸
زیرا من نمی‌توانم همانند دیگران، این راه را به امیدی واهی طی کنم.

هیچ بازرگانیی ناید ز تو زانکه در غیب است سرِّ این دو رُو[۱] ۳۰۸۹

از عهدهٔ هیچ تجارتی بر نمی‌آیی؛ زیرا هر دو طرف این امر، یعنی نجات یا هلاک در پردهٔ غیب نهان است.

تاجرِ ترسنده طبع[۲] **شیشه جان**[۳] **در طلب نه سودْ دارد نه زیان**[۴] ۳۰۹۰

بازرگانی که در کار خود ترسو و بدون شهامت است، نه سودی می‌برد و نه زیانی.

بل زیان دارد که محروم است و خوار نورْ او یابد که باشد شعله‌خوار[۵] ۳۰۹۱

بلکه او ضرر هم می‌کند؛ چون محروم و حقیر است. کسی نور را می‌یابد که به استقبال خطر برود.

چونکه بر بوک[۶] **است جمله کارها کارِ دین اَوْلی، کز این یابی رها** ۳۰۹۲

چون همهٔ کارها وابسته به امید است، شایسته‌تر آن که در کارِ دین امید داشته باشی که نجات یابی و با این امید خود را از تردید برهانی.

نیست دستوری بدینجا قَرعِ باب[۷] **جز امید، اَللهُ اَعْلَمْ بِالصَّواب** ۳۰۹۳

درِ بارگاهِ حق را کوفتن این است که به او امیدوار باشی، در زدن با ناامیدی مجاز نیست. خداوند صلاح کارها را بهتر می‌داند.

---

۱ - اشاره به این نکته است که با چنین پنداری، در راه حق به جایی نمی‌رسی.

۲ - **ترسنده طبع** : ترسو، بی‌شهامت.

۳ - **شیشه جان** : کسی که جانش مثل شیشه شکننده است؛ یعنی بدون جرأت و جسارت است.

۴ - اشاره است به سالک کندرویی که جرأت و شهامت و قابلیّت دریافت عشق توفان برانگیز حق را ندارد.

۵ - **شعله‌خوار** : کسی که آتش را می‌خورد، یعنی به استقبال خطرات می‌رود.

۶ - **بوک** : بُوَد که و باشد که، شبه جملهٔ مخفّف است و در هنگام تمنّا و آرزو استفاده می‌شود، امید.

۷ - **قرع باب** : کوبیدن در.

بیانِ آنکه ایمانِ مقلِّد[1] خوف است و رجا[2]

داعیِ[3] هر پیشه اومید است و بوک   گرچه گردنشان زکوشش شد چو دوک ۳۰۹۴

هرکس به امیدی به کاری مشغول است؛ حتّی اگر رنج بسیار ببیند، باز هم امید او را به استمرار آن کار وامی‌دارد.

بامدادان چون سویِ دکّان رود   بر امید و بوکِ روزی می‌دود ۳۰۹۵

صبح هرکس که به سوی دکّان وکار خود می‌رود، به امید و آرزوی کسب روزی است که تلاش می‌کند.

بوکِ روزی نَبْوَدت، چون می‌روی؟   خوفِ حرمان هست، تو چونی قوی؟ ۳۰۹۶

اگر امید کسب روزی نباشد، به سوی کار و دکّان نمی‌روی، در حالی که در هر پیشه احتمال ضرر و زیان هست؛ امّا تو با دلی گرم و به امید موفقیّت کوشش می‌کنی.

خوفِ حرمانِ ازل در کسبِ لوت   چون‌نکردت سُست‌اندر جُست وجوت؟ ۳۰۹۷

برای به دست آوردن رزقِ دنیایی می‌کوشی و بیمناک نیستی که خواسته‌ات از ازل برای تو رقم زده نشده باشد؛ یعنی خوف از حرمانِ ازلی، تو را در جهد برای امور دنیوی سست نمی‌کند.

گویی گرچه خوفِ حرمان هست پیش   هست اندر کاهلی این خوفْ بیش ۳۰۹۸

تو می‌اندیشی: هرچند از به دست آوردن رزق دنیوی، چنانکه می‌خواهم، بیمناکم و ممکن است بدان نرسم؛ امّا اگر سستی کنم، خطرِ بیشتر و به یقین خوف حرمان هست.

هست در کوشش امیدم بیشتر   دارم اندر کاهلی افزون خطر ۳۰۹۹

با تلاش و کوشش، امید بیشتری دارم و در سستی خطرِ افزون‌تری تهدیدم می‌کند.

پس چرا در کارِ دین ای بدگُمان!   دامنت می‌گیرد این خوفِ زیان؟ ۳۱۰۰

ای بداندیش، چرا ترس از زیان در امور دینی دامانت را می‌گیرد و نمی‌گذارد بکوشی؟

یا ندیدی کَاهْلِ این بازارِ ما[4]   در چه سودند انبیا و اولیا؟ ۳۱۰۱

یا شاید نمی‌دانی که انبیا و اولیا در راه حق چه سودها برده‌اند؟

---

۱ - **مقلّد** : کسی است که به عوالم غیب راه نیافته و حقایق از میان جان او نمی‌جوشد و حقیقت در وجود او تحقّق نیافته است. ۲ - **خوف و رجا** : ر.ک: ۳۶۲۹/۱. ۳ - **داعی** : دعوت کننده، انگیزه.

۴ - **بازار ما** : مقصود راه حق و عوالم غیبی است.

زین دکان رفتن[1]، چه کان‌شان[2] رو نمود   اندر این بازار چون بستند سود[3]؟ ۳۱۰۲

این بزرگان با «رفتن به دکّان» در بازار حق، گنجِ حقایق را یافتند و سودِ بی‌نظیر بردند.

آتش آن را رام چون خلخال[4] شد   بحر آن را رام شد، حَمّال شد[5] ۳۱۰۳

آتش بر پای ابراهیم(ع) همانند خلخال، حلقه زد و مطیع شد. دریا هم رام و مطیع نوح شد و کشتی او را بر امواج حمل کرد و به ساحل نجات رسانید.

آهن آن را رام شد، چون موم شد   باد آن را بنده و محکوم شد ۳۱۰۴

آهن در دست داود(ع)، همانند موم نرم شد و او توانست زره بسازد. باد نیز به ارادهٔ حق برای سلیمان(ع) رام و مطیع شد.

بیانِ آنکه رسول علیه السَّلام فرمود: اِنَّ لِلّهِ تَعالیٰ اَوْلِیٰاءَ اَخْفِیٰاءَ

در ابیات پیشین به مواردی چند از عنایات حق تعالیٰ در ارتباط با پیامبران اشاره شد و اینک در این قطعه، جان کلام در تقریر این معناست که عنایات خداوند در حقّ اولیای مستور، در اکثر موارد نهانی است و اهل ظاهر از آن بی‌خبر هستند. عنوان این فصل نیز ناظر به این خبر است:[6] إِنَّ اللهَ یُحِبُّ الأَبْرَارَ الأَتْقِیَاءَ الأَخْفِیَاءَ الَّذِینَ إِنْ غَابُوا لَمْ یُفْتَقَدُوا وَ إِنْ حَضَرُوا لَمْ یُعْرَفُوا، قُلُوبُهُمْ مَصابِیحُ الْهُدَیٰ یَخْرُجُونَ مِنْ کُلِّ غَبْرَاءَ مُظْلِمَةٍ: خداوند نیکانِ پرهیزکاری را دوست دارد که اگر از انظار پنهان شوند، کسی به جُست و جوی آنان نمی‌پردازد و اگر در جمع مردم باشند، کسی به ارزش آنان پی نمی‌برد، دل‌هایشان چراغ‌های هدایتی هستند که از درونِ فضاهای تیره و ظلمانی بیرون می‌آیند.

قومِ دیگر سخت پنهان می‌روند   شهرهٔ خلقانِ ظاهر کِی شوند؟ ۳۱۰۵

سلوک و زندگیِ گروهی از بزرگان عالم معنا از چشم خلق نهان است. چگونه عام خلق بتوانند آنان را بشناسند؟

این همه دارند و چشمِ هیچ کس   بر نیفتد بر کیاشان[7] یک نَفَس ۳۱۰۶

با این همه حشمت و شوکت، چشمِ کسی لحظه‌ای نمی‌تواند بزرگی و قدرِ آنان را ببیند.

---

۱ - **دکّان رفتن:** اینجا، ورود به عالم حقایق است.   ۲ - **کان:** معدن، مراد گنج حقایق است.

۳ - **چون بستند سود:** چه سود سرشاری بردند. در این ابیات «جهد دنیوی» در تقابل با «جهدِ اُخروی» قرار گرفته است.   ۴ - **خلخال:** حلقهٔ طلا و نقره که به صورت زیوری در پا می‌بندند.

۵ - اشاره است به مواردی چند از عنایات الهی در حقّ پیامبران.   ۶ - احادیث: صص ۳۰۸-۳۰۷

۷ - **کیا:** بزرگی.

هم کرامَتْشان[1]، هم ایشان در حرم نامشان را نشنوند ابدال[2] هم ۳۱۰۷

هم کراماتشان و هم خودشان در حرمِ الهی نهان‌اند. نام آنان را ابدال نیز نشنیده‌اند.

یا نمی‌دانی کرم‌هایِ[3] خدا کو تو را می‌خوانَد[4] آن سو که: بیا ۳۱۰۸

اینک در ادامهٔ اندرز به کژاندیشان که در دین و ایمان نیز خوف زیان دارند، می‌فرماید: شاید بخششِ الهی که پیوسته تو را به عالم معنا فرا می‌خوانَد، درک نمی‌کنی.

شش جهت عالم همه اِکرام اوست هر طرف که بنگری اِعلامِ[5] اوست ۳۱۰۹

شش جهتِ عالم همه بخشش‌های اوست. به هر سو که بنگری نشانه‌های او را می‌یابی.

چون کریمی[6] گویدت: آتَش دراَ اندراَ زود و مگو سوزد مرا[7] ۳۱۱۰

اگر شخصی کریم به تو بگوید: خود را به آتش بیفکن. فوری این کار را انجام بده و نگو: آتش مرا می‌سوزاند؛ زیرا کریمان راه تقرّب و سلوک را می‌دانند و روی‌برتافتن از دستورات آنان عاقلانه نیست.

حکایتِ مِندیل[8] در تنورِ پر آتش انداختنِ اَنَس[9] رضی الله عنه، و ناسوختن

اَنَس بن مالک در حضور میهمانان از کنیز خود خواست تا دستمال سفره را که زردفام و آلوده به نظر می‌رسید، به تنور بیفکَنَد و در نهایتِ تعجّب همه مشاهده کردند که پس از ساعتی،

۱ - **کرامت**: کارهای خارق عادت اولیای حق. ۲ - **اَبدال**: ر.ک: ۲۶۵/۱ و ۱۴۴۰/۱ و ۳۴۲۳/۱.

۳ - **کَرَم**: اعطا به سهولت، سخاوت و بزرگواری، بخشندگی.

۴ - اشارتی قرآنی؛ یونس: ۲۵/۱۰: وَاللهُ یَدْعُوا إِلَیٰ دَار السَّلاَمِ: خداوند به دارالسّلام دعوت می‌کند. همچنین مناسب است با مضمون این روایت: خدای عَزَّوجلَّ می‌فرماید: وقتی بندهٔ من به یاد من باشد من هم به یاد اویم. اگر در خلوت به یادم باشد در خلوت به یادش هستم و اگر در جمع مرا یاد کند در جمع یادش می‌کنم. این‌ها بهترین بندگان من‌اند. اگر بندهٔ من یک وجب به من تقرّب یابد، در عوض یک ذراع [ذراع: از آرنج تا نوک انگشت] به او نزدیک می‌شوم و اگر یک ذراع به من تقرّب جوید، در عوض یک باع [باع: اندازهٔ دو دست باز شده] به او نزدیک می‌شوم. اگر قدم‌زنان به سوی من آید، دوان دوان به سویش می‌روم!: احادیث، ص ۳۰۸.

۵ - **اِعلام**: آگاهانیدن. ۶ - **کریم**: اشاره به حق تعالیٰ است.

۷ - مقایسه کنید: حافظ: به می سجّاده رنگین کن گرت پیر مغان گوید که سالک بی‌خبر نبود ز راه و رسم منزلها

۸ - **مِندیل**: دستمال سفره.

۹ - اَنَس بن مالک بن نضر بن ضمضم نجاری انصاری، از صحابه و خادم پیامبر(ص) بود. ده سال قبل از هجرت در مدینه به دنیا آمد و در کودکی مسلمان شد و به خدمت رسول خدا(ص) در آمد و تا ارتحال پیامبر، خدمتکار وی بود. در سال ۹۳ هجری در بصره درگذشت. احادیث بسیاری از او نقل شده است.

کنیزک دستمال را بدون آنکه سوخته باشد، پاک از تنور خارج کرد و در پاسخ میهمانان که از سلامتِ دستمال متحیّر بودند، گفت: زیرا پیامبر(ص) چندین بار دست و دهان مبارک خود را با آن پاک کرده است و به برکت آن دست و دهان، این جماد چنین شرافتی یافته است.

ای کسی که از نار و عذاب می‌ترسی، «با چنان دست و لبی کن اقتراب».

جان کلامِ در بیانِ این معناست که چون جماد از تقرّب به رسول(ص) چنین تشریف یافته است، چرا آدمی با برخورداری از مصاحبت و مجالستِ کاملان و مردان حق تشریف نیابد؟ و در صورت برخورداری از چنین موهبتی بر او فرض است که به کریمان اعتماد کند و اگر او را به بلا و سختی‌ها فراخوانند با آغوش باز بپذیرد.

۳۱۱۱ **از اَنَس فرزندِ مالک آمده‌ست / که به مهمانیِّ او شخصی شده‌ست**

روایت کرده‌اند که شخصی مهمان اَنَس بن مالک شد.

۳۱۱۲ **او حکایت کرد کز بعدِ طعام / دید اَنَس دستارِ خوان را زردفام**

مهمان تعریف کرد: پس از صرف غذا، اَنَس دید که دستمال سفره زردرنگ شده است،

۳۱۱۳ **چِرْکِن[1] و آلوده، گفت: ای خادمه! / اندر افکن در تنورش یک دمه**

به کنیز گفت: دستمال کثیف و آلوده را لحظه‌ای به تنور بینداز.

۳۱۱۴ **در تنورِ پُر ز آتش در فِکند / آن زمان دستارِ خوان را هوشمند**

کنیزِ باهوش، دستمالِ سفره را در تنور پر آتش انداخت.

۳۱۱۵ **جمله مهمانان درآن حیران شدند / انتظار دودِ کَنْدوری[2] بُدند**

همهٔ میهمانان شگفت‌زده منتظر شدند که دود از دستمال برخیزد.

۳۱۱۶ **بعدِ یکساعت بر آورد از تنور / پاک و اسپید و از آن اَوْساخْ[3] دور**

پس از مدّتی، کنیز آن دستمال را از تنور بیرون آورد، در حالی که پاک و سفید بود.

۳۱۱۷ **قوم گفتند: ای صحابیِّ عزیز! / چون نسوزید و منقّیٰ[4] گشت نیز؟**

میهمانان گفتند: ای صحابی گرامی، چرا آتش این دستمال را نسوزانید و تمیز هم کرد؟

۳۱۱۸ **گفت: زانکه مصطفی دست و دهان / بس بمالید اندر این دستار خوان**

اَنَس گفت: زیرا پیامبر(ص) بارها دست و دهان خود را با آن تمیز کرده است.

---

۱ - **چِرکن**: چرکین. ۲ - **کَنْدوری**: دستمال سفره. ۳ - **أوْساخ**: جمع وَسَخ، چرک.
۴ - **منقّیٰ**: پاک کرده شده.

ای دلِ ترسنده از نار و عذاب   با چنان دست و لبی کُن اِقتراب[1] ۳۱۱۹

ای دلی که از آتش و عذاب می‌ترسی، به چنان دست و لبی تقرّب جوی.

چون جمادی را چنین تشریف داد   جانِ عاشق را چه‌ها خواهد گشاد؟ ۳۱۲۰

هنگامی که تقرّب به چنان لب و دهانی، به دستمال که بی‌جان است، شرافت می‌بخشد، خود قیاس کن که جانِ عاشق را چه شرافت بی‌نظیری عطا می‌کند و چه اسراری را بر او فاش خواهد نمود.

مر کلوخ کعبه را چون قبله کرد   خاکِ مردان باش ای جان! در نَبَرد[2] ۳۱۲۱

پیامبرِ بزرگوار(ص)، کعبه را که سنگ و کلوخی بیش نبود، قبلهٔ مسلمانان قرار داد؛ بنابراین ای عزیز، در سلوک و مجاهده با نَفْس، در برابر مردانِ حق، همانندِ خاک افتاده و متواضع باش.

بعد از آن گفتند با آن خادمه   تو نگویی حالِ خود با این همه؟ ۳۱۲۲

بعد از آن به کنیز گفتند: آیا تو که این همه شِگفتی دیده‌ای، حال خود را به ما نمی‌گویی؟

چون فکندی زود آن از گفتِ وی؟   گیرم او بردە‌ست در اسرار پی ۳۱۲۳

فرض کنیم که او به اسرارِ الهی پی برده و شرافتی را که این دستمال یافته است، می‌داند، تو که از اسرار خبر نداری، چگونه به گفتهٔ او بی‌درنگ، دستمال را به تنور افکندی؟

این چنین دستار خوانِ قیمتی   چون فکندی اندر آتش ای سِتی[3]؟ ۳۱۲۴

ای بانوی محترم، چگونه راضی شدی که چنین دستمال سفرهٔ گران‌قیمتی را در آتش بیفکنی؟

گفت: دارم بر کریمان اعتماد   نیستم ز اکرامِ ایشان ناامید ۳۱۲۵

کنیز گفت: من به اشخاص بخشنده و بزرگوار اعتماد و اطمینان دارم و از بخشش آنان ناامید نیستم.

مَیْزَری[4] چه بْوَد؟ اگر او گویدم   در رو اندر عینِ آتش، بی نَدَم[5] ۳۱۲۶

دستمال سفره چیست؟ اگر او بگوید خود را بی تردید درون آتش بیفکن،

اندر افتم از کمالِ اعتماد   از عبادالله دارم بس امید ۳۱۲۷

از اعتمادِ کامل به او و امید به بندگان خوب خداوند، خود را به آتش می‌افکنم.

---

۱ - **اِقتراب** : نزدیک شدن.   ۲ - **نبرد** : مجاهده.

۳ - **سِتی** : برای خطاب به زن به کار می‌رود، بانوی محترم.   ۴ - **مَیْزَر** : دستمال.

۵ - **بی نَدَم** : بدون ندامت و پشیمانی.

سر در اندازم نه این دستار خوان　　زاعتمادِ هر کریم رازْدان ۳۱۲۸

به سبب اعتماد به بخشندگانِ رازدان، اگر بخواهند سر را در آتش می‌افکنم، نه دستمال را.

ای برادر! خود بر این اکسیر زن　　کم نباید صِدقِ مرد از صدق زن ۳۱۲۹

ای برادر، تو نیز همانندِ این کنیز خود را به دست مردان حق که کیمیاصفت هستند، بسپار. صدق و خلوص مرد که نباید از زن کمتر باشد.

آن دلِ مردی که از زن کم بُوَد　　آن دلی باشد که کم زِ اشکم بُوَد ۳۱۳۰

دلِ مردی که همانندِ این زن، به صفاتِ مردان راه حق آراسته نباشد، دلی پست‌تر از شکم است؛ یعنی دل نیست، آب و گل است.

قصّهٔ فریاد رسیدنِ رسول علیه السَّلام، کاروانِ عرب را که از تشنگی و بی آبی درمانده بودند و دل بر مرگ نهاده، شتران و خلق زبان برون انداخته [1]

عدّه‌ای از عرب‌ها در میان صحرای سوزان به خشکسالی مبتلا شده بودند و مرگ خود را مسلّم می‌دانستند. ناگهان پیامبر بزرگوار(ص)، برای امداد و یاری کردن به این کاروان بزرگ که در میان ریگ‌هایِ سوزان فرو مانده بود، از راه رسید. آن حضرت فرمان داد که چند نفر از کاروانیان به سوی توده‌های شن بروند و غلامی سیه‌چَرده را که مَشک پر از آب برای خواجهٔ خود می‌برد، نزد ایشان بیاورند. اهل کاروان چنین کردند و پیامبر(ص) از آنان خواست

---

۱ - مأخذ این قصّه را روایتی دانسته‌اند که در صحیح مسلم، ج ۲، صص ۱۴۱-۱۴۰ و صحیح بخاری، ج ۱، ص ۴۷ و ج ۲، ص ۱۷۵ و دلائل النبوة، ج ۲، ص ۱۴۶ آمده است. هرچند که قصّهٔ مثنوی با روایت نقل شده در ظاهر، کمی متفاوت است؛ امّا مضمون حکایت و نتیجهٔ اخذ شده از آن، هر دو یکی است. بنا بر روایت مذکور، گروهی از مسلمانان که در رکاب رسول خدا(ص) عازم سفری بودند و دچار کمبود آب شدند، به زنی بر خوردند که سوار بر شترِ آبکش و جویای آب است. پیامبر(ص) بر حال زنْ که شوهر را از دست داده و دارای فرزندانْ یتیم بود، رحمت آورد و فرمان داد تا شتر آبکش را بخوابانند و دهانهٔ هر دو مشک خشکیدهٔ زن را با آب دهان مبارک مرطوب کرد و شتر را واداشت تا برخیزد. آنگاه حاضران مشاهده کردند که مشک‌های خشکیده، پر آب است. تشنگان سیراب شدند؛ امّا مشک‌ها لبریز از آب باقی ماند. این معجزهٔ الهی سبب شد تا زن و قبیله‌اش اسلام بیاورند: احادیث، صص ۳۱۰-۳۰۹.

تا از مشک این غلام آب بپاشامند و شتران را نیز سیراب کنند. بعد از آنکه همگان از آب مشک رفع عطش کردند، با نهایت حیرت دیدند که مشک غلام همچنان پر آب است. با مشاهدهٔ این معجزه، غلام سیه‌چرده منقلب شد و نسیم عنایت، ایمان را در جان و دل وی نشاند. آنگاه پیامبر(ص)، دست مرحمت بر سر و روی غلام کشید و چهرهٔ همچون شب او، همانند روز روشن و تابان گشت و او را با مَشک‌های پر از آب به سوی خواجه‌اش روانه کرد؛ امّا خواجه، غلامِ خویش را که اینک به جوانی سفیداندام و خوبروی بدل گشته بود، نشناخت و پس از پرس و جو، ماجرا را دریافت.

جان کلام در بیانِ این معناست که اعتماد و اطمینان به کاملان واصل که پیامبر بزرگوار(ص) در رأس همهٔ آنان قرار دارد، آدمی را در صحرایِ سوزانِ زندگیِ دنیوی که قحطِ ادراکِ معنا و حقایق، کاروان زندگی را در خطر هلاکت ابدی قرار داده است، خشک لب و تشنه بر جای نمی‌گذارد و به امداد روحانیّت پاک خویش سیراب می‌کند.

این حکایت که پس از قصّهٔ «مَندیل در تنور پر آتش انداختن اَنَس رَضِیَ اللهُ عَنْهُ» آمده، در تأیید همان معنایی است که داستان مَندیل در تنور پرآتش، به جهت آن تبیین گردید.

اندر آن وادی گروهی از عرب — خشک شد از قحطِ باران‌شان قِرَب[1] ۳۱۳۱

در میان صحرایِ سوزان، گروهی عرب به خشکسالی مبتلا گشتند و مشک‌های آب آنان خشک شد.

در میانِ آن بیابان مانده — کاروانی مرگِ خود برخوانده ۳۱۳۲

اهل کاروان که در وسط بیابانِ سوزان برجای مانده بودند، مرگ خود را قطعی می‌دانستند.

ناگهانی آن مُغیثِ هر دو کَوْن[2] **— مصطفی، پیدا شد از ره بهرِ عون**[3] ۳۱۳۳

ناگهان آن فریادرس دنیا و آخرت، محمّد مصطفی(ص)، برای امداد از راه رسید.

دید آنجا کاروانی بس بزرگ — بر تفِ ریگ[4] **و رهِ صعب و سترگ** ۳۱۳۴

کاروانِ بزرگی را دید که در گرمایِ ریگزار، بر سر راهی دشوارو سخت درمانده‌اند.

اشتران‌شان را زبان آویخته — خلق اندر ریگ هر سو ریخته ۳۱۳۵

از شدّتِ گرما و تشنگی زبان شترها بیرون بود و خلق روی ریگِ سوزان در هر سو پراکنده بودند.

رحمش آمد، گفت: هین! زوتر روید — چند یاری سویِ آن کُثبان[5] **دوید** ۳۱۳۶

دریای رحمت پیامبر(ص) به جوش آمد و فرمود: فوراً چند نفر به سوی آن تودهٔ شن بروید.

---

۱ - **قِرَب** : جمع قِرْبَة، مشک آب. ۲ - **مغیث هر دو کون** : فریادرس این جهان و آن جهان.
۳ - **عون** : یاری. ۴ - **تفِ ریگ** : گرمای ریگزار. ۵ - **کُثْبان** : جمع کثیب، تودهٔ ریگ.

۳۱۳۷ **گر سیاهی بر شتر مَشک آورد سوی میرِ خود به زودی می‌برد**

اگر در آنجا غلامِ سیه‌چرده‌ای را دیدید که سوار بر شتر، شتابان مشک آبی را برای ارباب می‌برد،

۳۱۳۸ **آن شتربان سیه را با شتر سوی من آرید با فرمانِ مُر**[1]

آن شترسوارِ سیه‌چرده را چه بخواهد و چه نخواهد به نزد من بیاورید.

۳۱۳۹ **سوی کُثبان آمدند آن طالبان بعدِ یکساعت بدیدند آنچنان**

جویندگان آب، به سوی توده‌های شن آمدند و پس از مدّتی، آن غلام سیاه را دیدند.

۳۱۴۰ **بنده‌یی می‌شد سیه با اشتری راویه[2] پُر آب، چون هدیه بَری**[3]

غلامی سیاه سوار بر شتر، مشک پر آب را همانندِ هدیه همراه داشت.

۳۱۴۱ **پس بدو گفتند: می‌خوانَد تو را این طرف فَخرُ ٱلبشر[4]، خَیرُ ٱلوَریٰ**[5]

جویندگان آب به او گفتند: والاترینِ آفریدگان که موجب افتخار انسان‌هاست، تو را فرا می‌خوانَد.

۳۱۴۲ **گفت: من نشناسم او را، کیست او؟ گفت: او آن ماه رویِ قندخو**

گفت: آن شخص کیست؟ من او را نمی‌شناسم. یکی گفت: او همان زیباروی خوش‌خوی است.

۳۱۴۳ **نوع‌ها تعریف کردندش که هست گفت: مانا[6] او مگر آن شاعر است؟**[7]

آنان پیامبر(ص) را با اوصاف گوناگون وصف کردند. غلام سیاه گفت: نکند او همان شاعر باشد؟

۳۱۴۴ **که گروهی را زبون کرد او به سِحر من نیایم جانبِ او نیم شِبْر**[8]

همان شاعری که گروهی را با سحر و جادو مسخّر کرده است؟ اگر مقصود اوست که من نیم وجب هم به سوی وی نمی‌آیم.

۳۱۴۵ **کَش کَشانش آوریدند آن طرف او فغان برداشت در تشنیع[9] و تَف**[10]

جویندگانِ آب، غلام را کشان کشان بردند در حالی که او ناسزا می‌گفت و فریاد می‌زد.

---

۱ - **فرمان مُر** : به جبر، به زور، حکم تلخ و ناخوشایند. ۲ - **راویه** : مشک پر آب.
۳ - **هدیه بری** : همانند کسی که هدیه‌ای را به جایی می‌برد. ۴ - **فَخْرُ البَشر** : مایهٔ افتخار انسان‌ها.
۵ - **خَیرُ الوَریٰ** : بهترین آفریدگان. ۶ - **مانا** : گویی، پنداری، از ادات تشبیه است.
۷ - مصراع دوم ناظر است به انبیاء: ۵/۲۱ و طور: ۳۰/۵۲ که به موجب آن منکران، پیامبر(ص) را شاعر خوانده‌اند.
۸ - **شِبْر** : وَجَب. ۹ - **تشنیع** : بدگویی. ۱۰ - **تَف** : مراد ناله و فغان است و خشمگین شدن.

چون کشیدندش به پیشِ آن عزیز　　　گفت: نوشید آب و بردارید نیز ۳۱۴۶

هنگامی که او را به حضور پیامبر(ص) آوردند، آن حضرت فرمود: همگان از مَشکِ آبِ او بنوشید و به قدر نیاز نیز برای خویش آب بردارید.

جمله را زآن مَشکْ او سیراب کرد　　　اشتران و هر کسی زآن آب خَورد ۳۱۴۷

اهل کاروان از مَشکِ غلام سیراب شدند و به شترها نیز آب دادند.

راویه پر کرد و مَشک از مَشکِ او　　　ابرِ گردون خیره ماند از رشکِ او ۳۱۴۸

فرمان داد تا از مَشکِ غلام، مَشک‌هایِ بزرگ را از آب پر کردند. آبی که از مشک غلام بیرون می‌ریخت چنان شدید و پایان ناپذیر به نظر می‌رسید که از ریزش و بارش آن گویی ابرهای آسمان حیران بودند.

این کسی دیده‌ست کز یک راویه　　　سرد گردد سوزِ چندان هاویه[1] ؟ ۳۱۴۹

آیا کسی چنین شِگفتی را دیده است که با آبِ یک مشک بتوان عطشِ گروه عظیمی را فرونشاند؟

این کسی دیده‌ست کز یک مَشکِ آب　　　گشت چندین مَشک پُر بی اضطراب؟ ۳۱۵۰

آیا کسی دیده است که از آب یک مَشک بتوان بدون دغدغه چندین مشک را پر کرد؟

مَشکْ خود روپوش بود و موج فضل　　　می‌رسید از امرِ او از بحرِ اصل ۳۱۵۱

مَشکِ آبِ غلام، در واقع پرده و حجابی بود که راز حق را نهان می‌داشت، حقیقت آن بود که به امر پروردگار، موجِ فضلِ الهی از دریایِ عنایت او برخاسته بود.

آب از جوشِش همی گردد هوا　　　و آن هوا گردد ز سردی آب‌ها[2] ۳۱۵۲

طبقِ قوانینِ حاکم بر جهان، آب در اثر حرارت و جوشیدن به بخار تبدیل می‌شود و بخار در اثر برودت، به آب مبدّل می‌گردد.

بلکه بی‌علّت وَ بیرون زین حِکَم[3]　　　آب رویانید تکوین[4] از عدم[5] ۳۱۵۳

امّا آنجا که رشتهٔ خاصّ یا «سبب سوزی» که سلطهٔ خاصّ و سیطرهٔ تامّ حق تعالیٰ بر جمیع موجودات است، خداوند بیرون از قوانین و احکامِ جهان مادّی، از کتمِ عدم آب را پدیدار می‌سازد.

---

۱ - **هاویه**: دوزخ، اینجا اشاره به گرمای سوزان ریگزار و عطش کاروانیان است.

۲ - ناظر است به ارتباط خالق با مخلوقات از طریق رشتهٔ «سبب سازی».

۳ - **بیرون زین حِکَم**: خارج از قوانین جاری.　۴ - **تکوین**: پیدایش، آفریدن.

۵ - **عدم**: نیستی، مُراد آفرینش است، کارگاه هستی.

تو ز طفلی، چون سبب‌ها دیده‌ای　　در سبب، از جهل بر چَفسیده‌ای ۳۱۵۴

چون تو از کودکی به سبب و علّت و معلول توجّه کرده‌ای، از درکِ سیطرهٔ تامّ خداوند بر جمیع موجودات غافل مانده‌ای و این عدم آگاهی، تو را در جهانِ محسوس و نظامِ ظاهریِ آن، محبوس داشته است.

با سبب‌ها از مُسبِّب غافلی　　سوی این روپوش‌ها زآن مایلی ۳۱۵۵

با توجّه به سبب‌ها از مسبّب غافل ماندی و به همین دلیل به ظواهر تمایل داری.

چون سبب‌ها رفت بر سر می‌زنی　　رَبَّنا و رَبَّناها می‌کُنی ۳۱۵۶

هنگامی که سبب‌های دنیایی موردِ نظرت نتوانست کاری بکند، بر سرت می‌کوبی و خدایا، خدایا می‌گویی.

ربّ می‌گوید: برو سوی سبب　　چون ز صنعم[1] یاد کردی؟ ای عجب! ۳۱۵۷

خداوند می‌گوید: تو که برای امور مادّی به یاد قدرت من افتاده‌ای و خدایا، خدایا می‌کنی، همان کسی هستی که در تمام عمر به «سبب»ها و علّت و معلول‌ها اندیشیده‌ای، باز هم به سوی همان «سبب»ها برو و ببین چه حاصلی دارد؟

گفت: زین پس من تو را بینم همه　　ننگرم سوی سبب و آن دمدمه[2] ۳۱۵۸

بندهٔ ظاهربین می‌گوید: خداوندا، بعد از این در تمامِ امور، دستِ قدرت تو را خواهم دید و به «سبب»ها و فریبندگی آن‌ها توجّه نخواهم کرد.

گویدش: رُدّوا لَعادُوا[3] کارِ توست　　ای تو اندر توبه و میثاقْ سست ۳۱۵۹

خداوند می‌گوید: ای بندهٔ سست عهد و توبه‌شکن، کارِ تو همانند کافرانی است که در این آیه به آن اشاره کرده‌ایم؛ یعنی اگر خواسته‌ات را برآوریم، باز فریب «سبب»ها را می‌خوری و از «سبب‌ساز» غافل می‌مانی.

لیک من آن ننگرم، رحمت کنم　　رحمتم پُرّ است، بر رحمت تَنَم ۳۱۶۰

امّا من به این موضوع توجّه نمی‌کنم و بر تو رحمت می‌آورم؛ زیرا رحمتِ الهی بیکران است.

---

۱ - **صُنع** : کار، مصنوع و ساخته، نکویی کردن بر کسی.　۲ - **دمدمه** : مکر و فریب.

۳ - اشارت قرآنی؛ انعام : ۲۸/۶ : ...وَ لَوْ رُدُّوا لَعَادُوا لِمَا نُهُوا عَنْهُ وَ إِنَّهُمْ لَكاذِبُونَ : و اگر بازگردانده می‌شدند، بی‌شک به همان چه که از آن نهی شده بودند، بر می‌گشتند و آنان دروغگو هستند.

نـــنگرم عــهدِ بـــدت، بـدْهم عـطا   از کَرَم، این دم چو می‌خوانی مـرا ۳۱۶۱

اکنون که بازگشته‌ای و مرا می‌خوانی، به بدعهدی‌ات توجّه نمی‌کنم، از فضل الهی به تو نیکی می‌کنم.

قــافله حـــیران شـــد انـدر کـارِ او   یا محمّد! چیست این؟ ای بَحرْخو! ۳۱۶۲

کاروانیان حیران شدند و گفتند: ای محمّد(ص)، ای انسان دریا صفت، این امر شگفت‌انگیز چیست؟

کــرده‌ای روپـــوش مَشکِ خُـرد را   غرقه کردی هم عرب هـم کُـرد[1] را ۳۱۶۳

مَشکِ کوچکِ غلام را روپوش این اعجاز قرار داده و عرب و عجم را با این کار غرق در حیرت ساخته‌ای.

مَشکِ آن غلام از غیب پر آب کردن به معجزه، و آن غلامِ سیاه را سپیدرو کردن، بِاذْنِ اللهِ تعالی

ای غلام! اکنون تو پُر بین مَشکِ خَود   تــا نگـویی در شکـایت نـیک و بـد ۳۱۶۴

پیامبر(ص) به غلام فرمود: ای غلام، اکنون تو هم مشک خود را ببین که پر از آب است تا شِکوه نکنی و کلامی به نیکی و بدی نگویی.

آن سیه حـیران شـد از بُـرهانِ[2] او   مــــی‌دمید از لامکـــان ایـــمانِ او ۳۱۶۵

غلام سیاه که از برهان حقّانیّت پیامبر(ص) و مشاهدهٔ این معجزهٔ آشکار، حیران بود، نور ایمان از عالم غیب بر دل و جانش می‌تابید.

چشمه‌یی دید از هـوا ریـزان شـده   مشکِ او روپوشِ فـیضِ آن شـده ۳۱۶۶

غلام دید که آب از چشمهٔ آسمانی فرو می‌ریزد و مَشکِ او پرده‌ای است که بارشِ الهی را می‌پوشانَد و نمی‌گذارد که چشمانِ اغیار، آن را مشاهده کنند.

زآن نـظر روپـوش‌ها هـم بـر دِریـد   تــا مُـعیّن چشـمهٔ غـیبی بـدید ۳۱۶۷

آنچه غلام دید و ایمانی که بر دل و جانش وزیدن گرفت، صفایی را در وی به وجود آورد که سبب شد همهٔ حجاب‌ها دریده شود و چشمه‌ای را که به فضل الهی گشوده شده بود، ببیند.

---

۱ - **عرب و کُرد**: مراد همه یا همگان است.

۲ - **برهان**: حجّت و بیان واضح، دلیل قاطع، فرق میان برهان و دلیل آن است که دلیل عام است و برهان خاصّ.

چشم‌ها پُر آب کرد آن دَم غلام   شد فراموشش ز خواجه وز مقام[1] ۳۱۶۸

در آن لحظه، چشمانِ غلام پر از اشک شد و خواجه و محل و موقعیّت خود را فراموش کرد.

دست و پایش ماند از رفتن به راه   زلزله افکند در جانش اِله ۳۱۶۹

دست و پایش از رفتن باز ماند؛ زیرا خداوند از کرم در جان او تحوّلی را به وجود آورده بود.

باز بهرِ مصلحت بازش کشید   که به خویش آ، باز رو ای مُستفید[2] **!** ۳۱۷۰

پیامبر(ص)، بنا بر مصلحت، غلام را از حالِ بی‌خویشی به خود باز آورد و فرمود: ای جویای هدایت، به خود بیا و به جایگاه خود بازگرد.

وقتِ حیرت نیست، حیرت پیشِ توست   این زمان در ره درا چالاک و چُست ۳۱۷۱

وقت حیرت نیست؛ زیرا آنچه موجب حیرت است؛ یعنی آگاهی بر حقایق و اسرار، با جان تو عجین شده است؛ بنابراین چُست و چابک به کار خود ادامه بده و آب را ببر.

دست‌هایِ مصطفی بر رُو نهاد   بوسه‌های عاشقانه بس بداد ۳۱۷۲

غلام، دست‌های پیامبر(ص) را بر صورت خود نهاد و عاشقانه بر آن‌ها بوسه می‌زد.

مصطفی دستِ مبارک بر رُخش   آن زمان مالید و کرد او فَرُّخش[3] ۳۱۷۳

مصطفی(ص)، دستِ مبارک را بر چهرهٔ غلام کشید و او را برکت داد و شرافت بخشید.

شد سپید آن زنگی و زادهٔ حَبَش   همچو بدر و روزِ روشن شد شبش ۳۱۷۴

چهرهٔ غلامِ سیه چردهٔ حبشی بلافاصله سفید شد و همانندِ روزِ روشن، درخشان گشت.

یوسفی شد در جمال و در دَلال[4]   **گفتش:اکنون رو به دِه، واگوی حال** ۳۱۷۵

در جمال و ناز همانند یوسف(ع) شد. آنگاه پیامبر(ص) فرمود: به روستای خود برو و ماجرا را بگو.

او همی شد بی سر و بی پای، مست   پای می‌نشناخت در رفتن ز دست ۳۱۷۶

غلام، سرمست از بادهٔ توجّه حق به راه افتاد و در رفتن، دست از پا نمی‌شناخت.

پس بیامد با دو مَشکِ پُر، روان   سویِ خواجه، از نواحی کاروان[5] ۳۱۷۷

آن غلام با دو مشک پر از آب از محلّ کاروان به سوی خواجه آمد.

---

۱ - **مقام** : اینجا به معنی محلّ زندگی است.   ۲ - **مُسْتَفید** : استفاده برنده، بهره‌مند.
۳ - **فَرُّخ** : باشکوه، روشن، مبارک.   ۴ - **دَلال** : ناز و کرشمه.
۵ - **نواحی کاروان** : محلّی که کاروان توقّف کرده بود.

دیدنِ خواجه غلامِ خود را سپید، و ناشناختن که اوست، و گفتن که: غلامِ مرا تو کشته‌ای، خونت گرفت و خدا تو را به دستِ من انداخت

خواجه از دورش بدید و خیره ماند   از تحیّر اهلِ آن دِه را بخواند ۳۱۷۸

خواجه از دور غلام را دید؛ امّا او را نشناخت و با حیرت اهالی روستا را فراخواند.

راویهٔ ما، اشترِ ما، هست این   پس کجا شد بندهٔ زنگی جَبین؟ ۳۱۷۹

و به روستاییان گفت: این مَشک و این شترِ ماست؛ پس آن غلام سیه‌چرده چه شد؟

این یکی بَدْری‌ست می‌آید ز دُور   می‌زند بر نورِ روزْ از رُوش نور ۳۱۸۰

این شخصی که از دور می‌آید همانند ماه شب چهاردهم، چهره‌ای تابناک دارد، نور رویش از روشنایی روز نیز بیشتر است.

کو غلامِ ما؟ مگر سرگشته شد   یا بدو گرگی رسید و کُشته شد؟ ۳۱۸۱

غلام ما کو؟ آیا سرگشتهٔ بیابان‌ها شده یا گرگی او را دریده و کشته است؟

چون بیامد پیش، گفتش: کیستی؟   از یمن زادی و یا تُرکی‌ستی؟ ۳۱۸۲

هنگامی که غلام رسید، خواجه از او پرسید: تو که هستی؟ اهل یمنی؟ یا ترکی که چنین سپید و خوش رخساره‌ای؟

گو غلامم را چه کردی؟ راست گو   گر بکُشتی، وانما، حیلت مجو ۳۱۸۳

بگو غلام مرا چه کرده‌ای؟ راست بگو، اگر او را کشته‌ای، بگو و سعی نکن مرا فریب دهی.

گفت: اگر کُشتم، به تو چون آمدم؟   چون به پایِ خود در این خون آمدم؟ ۳۱۸۴

غلام گفت: اگر من او را کشته باشم، چرا به سوی تو بیایم که مرا به هلاکت برسانی؟

کو غلامِ من؟ بگفت: اینک منم   کرد دستِ فضلِ یزدان روشنم ۳۱۸۵

خواجه گفت: پس غلام من کو؟ گفت: من غلام تو هستم، دست فضل الهی مرا سپید و رخشان کرده است.

هی! چه می‌گویی؟ غلامِ من کجاست؟ هین! نخواهی رَست از من جز به راست ۳۱۸۶

خواجه گفت: هی، چه می‌گویی؟ غلام من کجاست؟ بدان که جز با سخن راست از دست من رهایی نمی‌یابی.

گفت: اسرارِ تو را با آن غلام جمله واگویم یکایک من تمام ۳۱۸۷

غلام گفت: برای آنکه سخنِ مرا باور کنی، اسرارِ میانِ تو و آن غلام را که جز شما دو نفر، کسی از آن آگاه نیست، یک به یک شرح می‌دهم.

زآن زمانی که خریدی تو مرا تا به اکنون باز گویم ماجرا ۳۱۸۸

همهٔ ماجرا را از روزی که مرا خریدی تا امروز برایت باز می‌گویم.

تا بدانی که همانم در وجود گرچه از شَبدیزِ[۱] من صبحی گشود ۳۱۸۹

تا بدانی که من همان غلام حبشی هستم، هرچند که از سیاهیِ رنگِ من، سپیدی طلوع کرده است و سفید شده‌ام.

رنگْ دیگر شد، و لیکن جانِ پاک فارغ از رنگ[۲] است و از ارکان و خاک[۳] ۳۱۹۰

رنگ من عوض شد؛ ولی «جان مجرّد» که مقیّد به قیود عالم امکان نیست، از رنگ، عناصر و خاک آزاد است.

تن‌شناسان[۴] زود ما را گم کنند آبْ‌نوشان[۵] تَرکِ مَشک و خُم[۶] کنند ۳۱۹۱

کسانی که به ظواهر توجّه دارند، با تغییر صورت و چهرهٔ مادّی، ما را نمی‌شناسند؛ چون از حقیقتی که در پسِ این صورتِ ظاهری است، بی‌خبرند؛ امّا آنان که تشنهٔ حقایق‌اند، به ظواهر نمی‌پردازند.

---

۱ - **شبدیز**: سیاه‌فام، به رنگ شب، شب رنگ.

۲ - **رنگ**: صفاتِ بشری و قیودی که انسان در عالم حس بدان مقیّد است، ویژگی‌های عالم امکان.

۳ - مولانا، در میان محاورهٔ خواجه با غلام، همچنان که روش او در مثنوی است، رشتهٔ سخن را به بحث در ارتباط با یکی از موضوعات عرفانی می‌رساند و در مورد آن سخن را می‌شکافد و اینک جان کلام در شرحِ «تجرّد جان پاک» است و اتّصال آن با حقیقت هستی.

۴ - **تن‌شناسان**: ظاهربینان که فقط به صورت و ظاهر مادّی هر چیز توجّه دارند.

۵ - **آب‌نوشان**: کسانی که تشنهٔ حقایق هستند.

۶ - **مشک و خم**: مراد ظاهر هر چیز است.

جان‌شناسان[۱] از عددها[۲] فـارغ‌انـد   غرقهٔ دریایِ بـی‌چون‌انـد[۳] و چـند ۳۱۹۲

آنان که به معرفت جان نایل آمده‌اند؛ یعنی عارفان چنان متعالی‌اند که برای شناخت هر کس یا هر چیز به نشانه‌های ظاهری نیازی ندارند؛ زیرا «علم و معرفت» آنان از «علم الهی» نشأت می‌یابد و در دریایِ بی‌مثل و مانند ذات حق غرق شده‌اند.

جان شو و از راهِ جان، جان را شناس[۴]   یـارِ بـینش شـو، نـه فـرزندِ قـیاس[۵] ۳۱۹۳

بکوش تا جانت به مرتبهٔ «جان مجرّد» برسد، آنگاه از طریق این جانِ پاک، «جانِ جانِ هستی» را که همان «ذات الهی» است، بشناس. چنین معرفتی از سر بینش و «کشف و شهود» است، نه استدلال نظری با معیارهای عقلانی این جهانی.

چون مَلَک[۶] با عقل[۷] یک سررِشته‌اند   بهرِ حکمت را، دو صورت گشته‌اند[۸] ۳۱۹۴

همان‌طور که «فرشته» و «عقل» منشأ واحدی دارند؛ ولی مشیّت باری تعالیٰ اقتضا کـرده است که به دو صورت؛ یعنی با جلوه‌های متفاوت، پدیدار گردند.

آن مَلَک چون مرغْ بال و پر گرفت   وین خرد بگذاشت پَرّ، و فر گرفت ۳۱۹۵

بنا بر اراده و مشیّت خداوند، فرشته همانند پرنده، دارای بال و پری روحانی شد؛[۹] امّا عقل، بدون داشتن چنان بال و پری، شکوه باطنی و معنوی یافت.

لاجـــرم هــر دو مُــناصر[۱۰] آمــدند   هر دو خوش‌رو پُشتِ همدیگر شدند[۱۱] ۳۱۹۶

ناگزیر، بنا بر سنخیّت و جنسیّتی که دارند، عقل و فرشته یار و یاور یک‌دیگرند؛ زیرا این دو زیبارو پشتیبان هم‌اند.

---

۱ - **جان‌شناسان :** کسانی که ادراک روحانی دارند و حقیقت وجود را در می‌یابند.

۲ - **عدد :** کنایه از عالم کثرت یا عالم محسوس است.

۳ - **دریای بی‌چون :** دریای وحدانیّت، حقیقت محض.

۴ - اشاره به این نکته است که منشأ «جان» ما همان «جانِ جان» است و تنها از همین طریق می‌توان بدان معرفت یافت.   ۵ - **قیاس :** در اینجا مراد استدلالی است که بر اساس علّت و معلول‌های این جهانی، به کار می‌رود.

۶ - **ملک :** فرشته، ر.ک: ۳۶۶۸/۱.   ۷ - **عقل :** ر.ک: ۱۱۱۷/۱.

۸ - فرشته که مخلوق روحانی است، با عقل اوّل اتّصال دارد و با سایر عقول طولی و عرضی که متّصل به عقل اوّل هستند، انفصالی ندارد و جزو عالم عقول به شمار می‌آید؛ امّا حکمت باری، این مخلوق روحانی را، جلوه‌ای متفاوت بخشیده است: شرح مقدّمهٔ قیصری، صص ۲۱۷-۲۱۲، با تلخیص و تصرّف.   ۹ - ر.ک: ۳۶۶۶/۱.

۱۰ - **مُناصر :** یاور و پشتیبان.

۱۱ - به عنوان مثال، اینکه حضرت ختمی مرتبت(ص) در القای کلمات الهیّه، به واسطه نیاز داشت و جبرائیل واسطهٔ ایصال فیض و یا واسطهٔ خروج نفس نبی از قوّه به فعلیّت بود، هرچند که به حسب باطن ولایت، جبرائیل چیزی جز ثمره‌ای از ثمرات و حسنه‌ای از حسنات اصل کلّی مقام ولایت محمّدی(ص)، نیست: شرح مقدّمهٔ قیصری، ص ۷۹۵.

احـمد ار بگشـاید آن پـر جـلیل   تـا ابـد مـدهوش گـردد جـبرئیل

هم مَلَک هم عقل، حق را واجدی[۱] هـر دو آدم را مُـعین[۲] و سـاجدی[۳] ۳۱۹۷

فرشته و عقل، هر دو حق را دریافته‌اند و یار و یاور آدم(ع) بوده و بر او سجده برده‌اند.

نَفْس[۴] و شیطان[۵] بوده ز اوّل واحدی بـــوده آدم را عـــدو و حـــاسدی ۳۱۹۸

نَفْس و شیطان نیز منشأ واحدی دارند و به همین مناسبت با حسد، دشمن آدم شدند.

آنکــه آدم را بــدن دیــد، او رمـید وانکه نورِ مـؤتَمَن[۶] دیـد، او خـمید ۳۱۹۹

شیطان از حسد به آدم(ع) نگاه کرد و چیزی جز ظاهرِ او را در نیافت؛ امّا فرشتگانِ دیگر که بدون حسد نگریستند، وی را نوری قابل اعتماد یافتند و به او سجده بردند.

آن دو، دیده روشنانْ[۷] بودند از این وین دو را دیـده نـدیده غـیرِ طـین ۳۲۰۰

آن دو، یعنی «فرشته و عقل»، از دیدنِ آدم(ع) چشمِ حق‌بینشان روشن‌تر شد؛ زیرا به حقایق عالی‌تری در وجودِ او پی بردند، در حالی که نفس و شیطان از او جز کالبدِ خاکی چیزی را ندیدند و از تجلّی حقایق در وجودش آگاهی نیافتند.

این بیان اکنون چو خر بر یخ بماند چون نشاید بر جهود انجیل خواند[۸] ۳۲۰۱

اینک بیانِ این معانی، همانندِ خری که بر روی یخ از راه رفتن باز می‌مانَد، متوقّف شده است؛ زیرا بسط این مفاهیم برای افهام عام همانند انجیل خواندن است برای یهودی.

کی توان بـا شـیعه گـفتن از عُـمَر؟ کی توان بربط زدن در پـیش ِکَـر؟ ۳۲۰۲

چگونه می‌توان با شیعه از عمر سخن گفت؟ چگونه می‌توان برای ناشنوا بربط نواخت؟

لیک گر در دِه[۹] به گوشه یک کَس است[۱۰] هــای هــویی کــه بــر آوردم بس است ۳۲۰۳

امّا باز هم اگر در میان نفوس مخاطبان، یک نفر طالب راستین باشد، همین هیاهویی که برپا کردم، یعنی همین مقدار که گفتم کفایت می‌کند.

---

۱ - **واجد** : دارا، دارنده، یابنده. ۲ - **معین** : یار، یاری دهنده.

۳ - اشاره به آدم(ع) و هر انسان کامل که در مقام تعیّن اوّل و مظهر جمیع اسما و صفات الهی است؛ بنابراین جمیع حقایق و تجلیّاتی که از او متعیّن‌اند و قهراً نسبت بدان تأخّر وجودی دارند، در برابر آن معین و ساجد هستند.

۴ - نفس به اعتبار وجود نفسی و تعلّق به بدن و اتّحاد با مادّهٔ جسمانی، در صمیم ذات و جوهر وجودش نار معنوی است: ر.ک: ۹۱۱/۲. ۵ - **شیطان** : ابلیس: ر.ک: ۸۷۹/۱. ۶ - **مؤتَمَن** : امین و معتمد.

۷ - **دیده روشنان** : کسانی که از حقایق آگاه هستند.

۸ - طعنی که در این بیت بر عدم ادراک مستمعان وجود دارد، احتمال است که ناظر باشد به مخاطبان خاصّ در حلقهٔ مریدان و جلسات تقریر مثنوی و یا اشاره به مخاطبان عام. ۹ - **دِه** : روستا، رمزی از نفس و هوای آن.

۱۰ - **یک کس** : یک نفر که طالب و جویای راستین حقایق است.

۳۲۰۴ **مســـتحقّ شـرح را سـنگ و کـلوخ ناطقی[1] گردد، مُشرِّح[2]، بـا رُسـوخ[3]**

برایِ کسی که شایستگی شرح و بسط و درکِ این معانی را دارد؛ حتّی سنگ و کلوخ نیز مانندِ یک شارحِ سخنور، همه چیز را در نهایت وضوح شرح می‌دهند.

بیانِ آنکه حق تعالی هر چه داد و آفرید، از سماوات و اَرَضین[4] و اَعیان و اَعراض،[5] همه به استدعایِ حاجت آفرید. خود را محتاجِ چیزی باید کردن تا بدهد که: «اَمَّنْ یُجیبُ اَلْمُضطَرَّ اِذٰا دَعٰاهُ»،[6] اضطرار[7] گواهِ استحقاق[8] است

در بیت پیشین، گفته شد: کسی که «مستحقِ شرح» است، آن را می‌یابد؛ حتّی اگر از طریق جمادات باشد، اینک در تأیید آن، جان‌کلام در تقریر این معناست که خلقت، محصول «استحقاق» و «نیاز» است.

مـــا نـــبودیم و تـــقاضامان نـبود لطـــف تـو نـاگـفتهٔ مـا مـی‌شنود

پس آدمی باید مستحقّ دریافت چیزی باشد تا نیازمندی وی، او را به خواسته‌اش برساند.

۳۲۰۵ **آن نـیازِ مـریمی بـوده‌ست و درد که چنان طفلی سخن آغـاز کـرد[9]**

نیاز و دردِ مریم(س) سبب شد که به ارادهٔ خداوند طفل او سخن گفت.

۳۲۰۶ **جزوِ او، بی او، برای او، بگـفت[10] جُزو جُزوت گـفتْ دارد در نـهفت**

عیسی(ع) که جزوی از اجزایِ وجودِ مریم(س) بود، بدون اراده و خواست او به سود وی سخن گفت. اجزای بدن تو نیز در نهان سخن می‌گویند.

---

۱ - **ناطق :** سخنگو. ۲ - **مُشرِّح :** کسی که مطلبی را شرح می‌دهد.

۳ - **با رسوخ :** با نفوذ، با ثبات. اشاره به این نکته است کسی که با عوالم غیب آشناست و شایستگی ادراک حقایق را دارد، جمادات نیز با وی از اسرار و حقایق سخن می‌گویند. ۴ - **سمارات و اَرَضین :** آسمان‌ها و طبقات زمین.

۵ - **اعیان و اعراض :** ذات‌ها و ظاهرها، نادیدنی و دیدنی.

۶ - اشارتی قرآنی؛ نمل : ۶۲/۲۷ : أَمَّنْ یُجِیبُ الْمُضْطَرَّ إِذٰا دَعاهُ وَ یَكْشِفُ السُّوءَ...: یا کیست که دعای درمانده را چون بخواندش، اجابت می‌کند و بلا را می‌گرداند.... ۷ - **اضطرار :** ناچاری. ۸ - **استحقاق :** سزاواری.

۹ - اشارتی قرآنی؛ مریم : ۱۹/۲۵-۲۲ : سپس [مریم] به او باردار شد و با او در جایی دوردست کناره گرفت. آنگاه درد زایمان او را به پناه تنهٔ درخت خرمایی کشانید. گفت ای کاش پیش از این مرده بودم و از یاد رفته بودم و فراموش شده بودم. از فرودست او ندا در داد که اندوهگین مباش، پروردگارت از فرودست تو جویباری روان کرده است. و تنهٔ درخت خرما را به سوی خود تکان بده تا بر تو رطب تازه چیده فرو ریزد.

۱۰ - اشارتی قرآنی؛ مریم : ۱۹/۳۰ : [نوزاد به سخن در آمده و] گفت من بندهٔ خداوندم که به من کتاب آسمانی داده است و مرا پیامبر گردانیده است.

دست و پا شاهد شوندت ای رَهی! مُـنکِری را چـند دست و پـا نـهی ۳۲۰۷

ای بنده، دست و پا علیه تو شهادت می‌دهند، تا کی آن‌ها را در راه «منکری»؛ یعنی «انکار حقایق» به کار می‌بری؟

ور نباشی مستحقّ شرح و گفت ناطقهٔ ناطق تو را دید و بخفت ۳۲۰۸

اگر در وجودت «طلب» و استحقاق ادراک حقایق نباشد، چشمهٔ علوم و اسرار درون بزرگان، عدم قابلیّت تو را می‌بیند و از جوشش می‌ایستد؛ یعنی کلامی بر زبان نمی‌راند.

هر چه رویید از پیِ محتاج رُست تا بیابد طالبی چیزی که جُست ۳۲۰۹

رویش هر چیزی از پی احتیاج است تا محتاج آنچه را که می‌جوید به دست آورد.

حق تعالی گر سماوات آفرید از برای دفع حاجات آفرید ۳۲۱۰

خداوند اگر آسمان‌ها را آفرید برای برآوردن نیازهای مخلوقات بود.

هر کجا دردی، دوا آنجا رود هر کجا فقری، نوا آنجا رود ۳۲۱۱

هرجا درد باشد، دوا همان جا می‌رود و هر جا فقری و نیازی باشد، برگ و نوا بدان سو خواهد رفت.

هر کجا مشکل، جواب آنجا رود هر کجا کَشتی‌ست، آب آنجا رود[1] ۳۲۱۲

هر جا مشکلی باشد، جواب آن همانجا می‌رود. هر جا کشتزاری باشد، آب بدان سو جریان می‌یابد.

آب کم جو، تشنگی آور به دست تا بجوشد آب از بالا و پست ۳۲۱۳

دانستیم که «نیاز» و «اضطرار» بدون پاسخ نمی‌مانَد و حق بدان پاسخ می‌گوید؛ پس بکوش تا خواسته‌ها و نیازهای حقیقی خودت را در مقام یک انسان بشناسی و این «نیاز»ها و «اضطرار»ها را با پاسخ‌هایِ نازلِ دنیوی برآورده ندانی؛ در نتیجه همواره «تشنه» و «طالب» بمانی تا تشنگی و طلب، چنان وجودت را سرشار و مالامال کند که چشمه‌هایِ درونت گشوده شود و آب علوم و اسرار جانت را غرقه سازد.

تا نزاید طفلکِ نازکْ گلو کی روان گردد ز پستانْ شیرِ او؟ ۳۲۱۴

همان‌طور که تا نوزاد متولّد نشود، چشمه‌های شیر از پستان مادر جوشان و روان نمی‌شود، تو نیز تا نیازمند و محتاجِ درکِ حقایق و معارف نباشی، این چشمه‌های درونی گشوده و جاری نمی‌شود.

---

۱ - نتیجهٔ این ابیات آن است که «نیاز» و «اضطرار» بدون پاسخ نمی‌ماند.

رو بـدین بـالا و پسـتی‌ها بـدو تا شـوی تشـنه و حـرارت را گـرو ۳۲۱۵

پس همواره در سلوک، مجاهده و در فراز و نشیب‌های زندگی، لزوم «نیاز» و «اضطرار» را فراموش نکن و با چنین حالی بکوش تا وجودت برای دریافت حقایق تشنه و مشتعل شود.

بـعد از آن از بـانگِ زنـبورِ هـوا[1] بـانگِ آبِ جُـو بـنوشی ای کـیا ! ۳۲۱۶

و اگر چنین کردی، شایسته آن هستی که تو را مردِ بزرگ خطاب کنیم و بگوییم کـه بـه پاداش این پایمردی‌ها، با صدایِ رعد و باران تشنگی‌ات کاهش می‌یابد؛ یعنی رعد و برقی در آسمان دلت هویدا می‌شود و نشانه‌هایی از درکِ حقایق در خویش می‌یابی و ارتـباط و اتّصال جان خود را با حق حس می‌کنی.

حاجتِ تو کم نـباشد از حشـیش[2] آب[3] را گیری، سویِ او مـی‌کَشیش ۳۲۱۷

نیازی که تو به آبِ معارف داری کمتر از نیازِ گیاه نیست که برای رفع حاجت سبزه و گیاه، آب را به هر شکلی که شود به کشتزار هدایت می‌کنی.

گـوش گـیری آب را تـو، مـی‌کشی سوی زرع خشک، تا یـابد خـوشی ۳۲۱۸

با روش‌هایی که می‌دانی، مسیر آب را به سوی کشتزار می‌کشانی تا تر و تازه و شاداب شود.

زرعِ جان راکِش جواهر مُضْمَر است[4] ابـرِ رحـمت پُـر ز آبِ کـوثر است ۳۲۱۹

در کشتزارِ جانِ آدمی، دانهٔ علوم و معارف و اسرار به ودیعه نهاده شده و بالقوّه موجود است و در اثر بارش رحمت الهی از قوّه به فعل می‌آید و بوستان روح سالک که خشک و نیازمند است، لطافت حقیقی می‌یابد.

تـا سَـقاهُمْ رَبُّـهُمْ[5] آیـد خـطاب تشـنه بـاش، اللهُ اَعْـلَمْ بـالصَّواب[6] ۳۲۲۰

بکوش تا همواره تشنهٔ درکِ حقایق باشی و این طلب همیشه در وجـودت بـجوشد تـا خطابِ «پروردگارشان آنان را سیراب می‌کند» به گوش جانت برسد.

---

۱ - **زنبور هوا :** رعد است که نشانهٔ باران و آب به شمار می‌آید. ۲ - **حشیش :** گیاه.

۳ - **آب :** مراد از آن، مایهٔ حیات است و اینجا در مورد سالک آب معارف و حقایق که از درون دل او بجوشد و حیات ابدی ببخشد. ۴ - **مُضْمَر :** پوشیده، نهان شده.

۵ - اشارتی قرآنی؛ انسان : ۲۱/۷۶ : وَ سَقاهُمْ رَبُّهُمْ شَراباً طَهُوراً : و پروردگارشان به آنان شرابی پاکیزه نوشاند.

۶ - **اللهُ أَعْلَمُ بِالصَّوابِ :** خدا صلاح کار را بهتر می‌داند.

آمدنِ آن زنِ کافر با طفلِ شیرخواره به نزدیکِ مصطفی علیه السّلام، و ناطق شدنِ عیسی‌وار، به معجزاتِ رسول صلّی الله علیه و سلّم[1]

زنی کافر که طفل دو ماهه‌اش را در آغوش داشت، برای امتحان رسول خدا(ص) به نزد ایشان رفت. به محض حضور در آن محضرِ پاک، طفلِ شیرخواره سخن آغاز کرد و گفت: ای محمّد، درود خدا بر تو باد. آن‌گاه پیامبر(ص)، جویای نام طفل شد. طفل پاسخ داد: نام من عبدالعزیز است؛ امّا این قومِ نادان مرا عبد عُزّیٰ می‌خوانند. از این اعجاز، مادر ایمان آوَرد.

جان کلام، همان معنایی است که در ابیات پیشین، محور بسط و تفصیل بود؛ یعنی اینکه «طلب»، «نیاز» و «اضطرار» از سوی حق پاسخ می‌یابد و همان گونه که سخن گفتن عیسی(ع)، به فرمان الهی و بنا بر نیازمندی و اضطرارِ مفرط مریم(س) بود، هر اضطرار حقیقی دیگری نیز پاسخ مناسب خود را دریافت می‌دارد و در این قصّه نیز نیاز و اضطرار این زن کافر که برای امتحان رسول خدا(ص) آمد؛ امّا جویای حقیقت بود، به ارادهٔ باطنی پیامبر(ص)، طفل شیرخوار وی را به سخن آورد و زمینه‌ساز ایمان او گردید.

هم از آن دِه یک زنی از کافران   سویِ پیغمبر دوان شد ز امتحان ۳۲۲۱

از روستای غلام حبشی، زنی کافر نیز برای امتحان پیامبر(ص)، شتابان روانه شد.

پیشِ پیغمبر در آمد با خِمار[2]   کودکی دو ماهه زن را بر کنار ۳۲۲۲

آن زن که موی را پوشانده بود و طفل دو ماهه‌ای را همراه داشت به حضور پیامبر(ص) رسید.

گفت کودک: سَلَّمَ اللهُ عَلَیْک   یا رَسولَ الله! قَدْ جِئْنا اِلَیْک ۳۲۲۳

به محض ورود، طفل گفت: سلام خدا بر تو باد ای پیامبر خدا، ما به نزد تو آمدیم.

مادرش از خشم گفتش: هی خموش!   کِت افکند این شهادت را به گوش[3]؟ ۳۲۲۴

مادر با خشم گفت: خاموش باش، چه کسی به تو آموخته است که چنین شهادتی بدهی؟

---

۱ - مأخذ آن می‌تواند روایت مذکور در مسند احمد، ج ۴، ص ۱۷۸ باشد: از خیثمة بن عبدالرّحمان بن سَبْرة نقل شده که پدرش عبدالّرحمن با جدّش نزد رسول خدا(ص) رفته بودند. پیامبر از وی پرسید: نام فرزندت چیست؟ جواب داد: عزیز. پیامبر فرمود: نامش را به جای عزیز، عبدالّرحمن بگذار: احادیث، ص ۳۱۱.

۲ - **خِمار**: روسری، معجر زنان، مقنعه. در بین صوفیان احتجابِ محبوب است به حجاب عزّت و ظاهر شدن پرده‌های کثرت بر روی وحدت و این مقام تلوین سالک است.

۳ - **بگوش**: به‌گوش، در متن کهن «بکوش» است؛ امّا سایر شارحان «بگوش» قرائت کرده‌اند.

این کی‌ات آموخت ای طفلِ صغیر! که زبانت گشت در طفلی جَریر[1] ؟ ۳۲۲۵

ای طفل کوچک، چه کسی به تو تعلیم داده است که در کودکی این چنین زبان درازی کنی؟

گفت : حقّ آموخت، آنگه جبرئیل در بیان با جبرئیلم من رَسیل ۳۲۲۶

گفت: خدا و سپس جبرائیل به من تعلیم دادند. در بیان شهادت، با جبرائیل هم‌آواز هستم.

گفت :کو؟ گفتا که: بالای سَرَت می‌نبینی؟ کن به بالا منظرت ۳۲۲۷

مادر گفت: جبرائیل کو؟ کجاست؟ گفت: بالای سر توست، سرت را بلند کن تا ببینی.

ایستاده بر سرِ تو جبرئیل مر مرا گشته به صد گونه دلیل ۳۲۲۸

جبرائیل بالای سر تو ایستاده است و مرا صد گونه راهنمایی و هدایت می‌کند.

گفت : می‌بینی تو؟ گفتا که: بلی بر سرت تابان چو بَدْری کاملی ۳۲۲۹

مادر گفت: آیا تو او را می‌بینی؟ طفل گفت: آری، بالای سر تو همانند ماه تمام می‌درخشد.

می بیاموزد مرا وصفِ رسول زآن عُلُوّم[2]، می‌رهاند زین سُفول ۳۲۳۰

اوصاف عظیم و بلندقدرِ پیامبر(ص) را به من می‌آموزد و می‌خواهد مرا از این پستی برهاند.

پس رسولش گفت: ای طفلِ رضیع[3]! چیست نامت؟ بازگو و شو مطیع ۳۲۳۱

سپس پیامبر(ص) گفت: ای طفل شیرخوار، نام تو چیست؟ بگو و ایمان بیاور.

گفت: نامم پیشِ حق عبدالعزیز عبدِ عُزّی[4] پیشِ این یک مشت حیز[5] ۳۲۳۲

گفت: در پیشگاه حق نامم عبدالعزیز است؛ امّا نزد این ناکسان عبد عُزّیٰ نامیده می‌شوم.

من ز عُزّی پاک و بیزار و بَری حقِّ آن که دادت این پیغمبری ۳۲۳۳

به حقّ آن ذات پاکی که تو را به پیامبری برگزید که من از بت و بت‌پرستی متنفّر و بیزارم.

کودکِ دو ماهه همچون ماهِ بدر درسِ بالغ گفته چون اصحابِ صدر ۳۲۳۴

طفل دو ماهه در نهایت کمال و روشنی، درس می‌داد، مانندِ علما که در صدر مجالس درس می‌دهند.

---

۱ - **جَریر** : باز و گویا، تندزبان. ۲ - **عُلُوّ** : عظمت، بلندقدری. ۳ - **رضیع** : شیرخواره.
۴ - **عُزّیٰ** : از بت‌های دوران جاهلیّت. ۵ - **حیز** : نامرد، ناکس.

پس حَنوط[۱] آن دَم ز جنّت در رسید ‌‌‌‌‌‌‌‌ تـا دمـاغِ طـفل و مـادر بـو کشـید ۳۲۳۵

در همان لحظه بوی خوش از بهشت نازل شد و مشام مادر و طفل را نوازش داد.

هر دو می‌گفتند کز خـوفِ سُـقوط[۲] ‌‌‌‌‌‌‌‌ جان سپردن بِهْ براین بـویِ حَـنوط ۳۲۳۶

هر دو می‌گفتند: در این دم که بوی بهشتی به مشام جانمان رسید، بهتر است جان فـدا کنیم، مبادا که پایان پذیرد و عنایت از ما منقطع گردد.

آن کسی را کِش مُـعَرِّف حـق بُـوَد[۳] ‌‌‌‌‌‌‌‌ جامد و نامی‌ش[۴] صد صَـدَّق[۵] زنـد ۳۲۳۷

کسی که معرّف او حق باشد، جماد و نبات نیز به حقّانیّتش صد گونه گواهی می‌دهند.

آنکســی را کِش خـدا حـافظ بُـوَد ‌‌‌‌‌‌‌‌ مرغ و ماهی مر وَرا حـارس[۶] شـود ۳۲۳۸

کسی را که خداوند حفظ کند، مرغ و ماهی نیز نگهبان وی خواهند بود.

ربودنِ عُقاب موزهٔ[۷] مصطفی علیه السَّلام، و بردن بر هوا و نگون کردن و از موزه مار سیاه فرو افتادن[۸]

رسول خدا(ص) در حال تحدید وضو بود که عقابی فرود آمد و کفش‌های پیامبر(ص) را به هوا برد و آن‌ها را وارونه کرد. ناگهان ماری سیاه از داخل کفش بر زمین افتاد؛ سپس عقاب کفش‌ها را به آن بزرگوار بازگردانید و بدین ترتیب مار نتوانست آسیبی به پیامبر(ص) وارد آوَرَد.

جان کلام در این قصّه که در ادامهٔ حکایت «آمدن زن کافر با طفل شیرخواره به نزدیک پیامبر(ص)» آمده است، در شرحِ همان معنایی است که ابیات پایانی قصّه بیانگر آن بود که هر کسی را خداوند حفظ کند «مرغ و ماهی مروَرا حارس شود».

---

۱ - **حَنوط** : بوی خوش برای مردگان از قبیل کافور، مراد بوی خوش عوالم غیبی است.

۲ - **خوف سقوط** : بیم سقوط درگمراهی و تباهی.

۳ - اشاره به پیامبران است که حق تعالیٰ معرّف آنان است.

۴ - **نامی** : اسم فاعل از نمو، بالنده، رشد کننده، شجر و نبات و حیوان، مقابل صامت است از قبیل سنگ و غیر آن.

۵ - **صَدَّق** : اصلش صَدَّقَ است: به راستی گواهی داد. ۶ - **حارس** : نگهبان. ۷ - **موزه** : کفش.

۸ - مأخذ این حکایت روایتی است در دلائل النبوة، ج ۱، ص ۶۲ و احیاءالعلوم، ج ۲، ص ۱۷۶، که مضمون آن با مختصر تفاوتی همین است. بنا بر روایت مذکور، پرندهٔ سبزرنگی کفش پیامبر(ص) را به هوا می‌برد و ماری سیاه بر زمین می‌افتد: احادیث، ص ۳۱۱.

اندر این بودند کآوازِ صَلا[1] مصطفی بشنید از سوی عُلا[2] ۳۲۳۹

در همان اثنا، پیامبر(ص) که سرگرمِ ماجرای مادر و طفل بود، از محلّی بلند، بانگ اذان را شنید.

خواست آبی و وضو را تازه کرد دست و رو را شُست او زآن آبِ سرد ۳۲۴۰

حضرت محمّد(ص) برای تجدید وضو خواستار آب شد و دست و رو را شست‌وشو داد.

هر دو پا شُست و به موزه[3] کرد رای موزه را بربود یک موزه رُبای ۳۲۴۱

هر دو پا را شست و خواست کفش بپوشد که ناگهان عقاب فرود آمد و کفش پیامبر(ص) را ربود.

دست سوی موزه بُرد آن خوش خطاب موزه را بربود از دستش عُقاب ۳۲۴۲

پیامبر شیرین سخن دست را به سوی کفش دراز کرد؛ امّا عقاب کفش را از دست او ربود.

موزه را اندر هوا برد او چو باد پس نگون کرد و از آن ماری فُتاد ۳۲۴۳

عقاب به سرعت کفش را به هوا برد و آن را وارونه کرد. از درون کفش ماری به زمین افتاد.

در فُتاد از موزه یک مارِ سیاه زآن عنایت شد عُقابش نیکخواه ۳۲۴۴

مارِ سیاه از داخل کفش بر زمین افتاد. به سبب عنایت الهی، عقاب خیرخواه پیامبر(ص) شد.

پس عقاب آن موزه را آورد باز گفت: هین! بستان و رو سویِ نماز ۳۲۴۵

سپس عقاب کفش را باز آورد و به زبان حال گفت: بگیر و برایِ نماز برو.

از ضرورت کردم این گستاخیی من زَادب دارم شکسته شاخیی[4] ۳۲۴۶

من از ناچاری گستاخی کردم و گرنه ادب باطنی، مرا در برابرت مطیع و منقاد می‌دارد.

وای کو گستاخ پایی می‌نهد[5] بی ضرورت، کِش هوا فتوی دهد ۳۲۴۷

وای بر کسی که گستاخانه گام برمی‌دارد و بدون آنکه ضرورتی، همانند اضطرار این حکایت در میان باشد، از خواستهٔ نَفْس پیروی می‌کند.

---

۱ - **صَلا** : اصلش صلاة است، نماز. ۲ - **عُلا** : عالم بالا، اینجا بلندی. ۳ - **موزه** : کفش.

۴ - **شکسته شاخی** : مطیع و منقاد.

۵ - این نتیجه‌گیری سخن مولاناست که در ادامهٔ سخن عقاب آمده و اشاره است به رعایت ادب که ارکان تصوّف بر آن استوار است که گفته‌اند: التَّصَوُّفُ کُلُّه آداب. آن کس که ادب را فرو نهد و حضور حق را در تمام لحظات زندگی خویش به دست فراموشی سپارد و حقّ این حضور را به جای نیاورد، عاقبت وخیمی را در انتظار خویش می‌یابد و هشداری که مولانا می‌دهد بدین مناسبت است.

پس رسولش شُکر کرد و گفت: ما　　این جفا[1] دیدیم و بود این خود وفا ۳۲۴۸

پیامبر(ص) تشکر کرد و گفت: آنچه از تو سر زد، ظاهری از جفا داشت و عین وفا بود.

موزه بربودی و من در هم شدم　　تو غمم بُردی و من در غم شدم ۳۲۴۹

کفش مرا ربودی و ناراحت شدم، تو مایهٔ غم و آزار را بردی و من غمگین شدم.

گرچه هر غیبی خدا ما را نمود　　دل در آن لحظه به خود مشغول بود ۳۲۵۰

هرچند که عنایت الهی اسرار غیب را به ما نشان می‌دهد؛ امّا در آن لحظه، دل به کار خود مشغول بود.

گفت: دور از تو که غفلت در تو رُست　　دیدنم آن غیب را هم عکسِ توست ۳۲۵۱

گفت: دور از تو رسول خدا(ص) که به غفلت مبتلا شوی. اینکه من مار را در کفشِ تو دیدم، بازتابِ غیب‌دانی توست.

مار در موزه ببینم بر هوا　　نیست از من، عکسِ[2] توست ای مصطفی! ۳۲۵۲

ای مصطفی(ص)، اینکه من در اوج آسمان توانستم مار را در کفش تو ببینم، نشان قدرت و آگاهی من نیست؛ بلکه پرتوی از جانِ پاکِ تو که معدنِ علوم و اسرار است، بر من تافت و بدان امر آگاه شدم.

عکسِ نورانی[3] همه روشن بُوَد　　عکسِ ظُلمانی[4] همه گلخن بُوَد ۳۲۵۳

بازتاب انوار درون آنان که به نور حق منوّر شده‌اند، سراپا نور و روشنایی است و بازتاب تیرگی و ظلمات درون کسانی که در هوای نفس غوطه‌ورند، سراسر تاریک و ظلمانی است؛ یعنی اثرات همجواری با پاکان و تأثیر آنان در دیگران، همه نور و هدایت و روشنایی است و اثرات مجالست با ناپاکان برعکس است.

عکس عبد اللّه همه نوری بُوَد　　عکسِ بیگانه همه کوری[5] بُوَد ۳۲۵۴

پرتوی که از جان پاک بندهٔ صالح خداوند، ساطع می‌شود، نورانی است؛ امّا بازتابِ جانِ تاریکِ کسی که از حق بیگانه است، سراپا بیگانگی و غفلت است.

عکسِ هر کس را بدان ای جان! ببین　　پهلوی جنسی که خواهی، می‌نشین ۳۲۵۵

ای جان من، تأثیر بازتاب روح و جان دیگران را در خویش ببین و توجّه کن که در اثر مجاورت با هر کس چه بهره‌ای می‌یابی و تو را با تأثیر احوال درونی خود به چه چیزی فرا می‌خوانَد، دنیا یا معنا؟ آنگاه همنشین خویش را انتخاب کن.

---

۱ - **جَفاء:** رنج و اذیّت، آزار.　۲ - **عکس:** انعکاس.　۳ - **نورانی:** اشاره به افراد منوّر، مردان حق.
۴ - **ظلمانی:** اشاره به اهل دنیا، آنان که از حق غافل هستند.　۵ - **کوری:** ندیدن حقایق و بیگانگی با حق.

وجهِ عبرت گرفتن از این حکایت، و یقین دانستن که: «اِنَّ مَعَ اَلعُسْرِ یُسْراً»[1]

این قطعه در تقریر عبرتی است که می‌توان از حکایت بالاگرفت و یقین آورد که با هر دشواری، آسانی هست.

عبرت است آن قصّه ای جان! مر تو را　　تـا کـه راضـی بـاشی در حُکـمِ خـدا ۳۲۵۶

ای جان، قصّه‌ای که آوردیم، مایهٔ پند و عبرت است تا در برابر حکم خداوند خشنود باشی.

تـا کـه زیـرک بـاشی و نـیکوگمان　　چـون بـبینی واقـعهٔ بَـد نـاگـهان ۳۲۵۷

تا هنگامی که با حادثهٔ ناگواری روبرو شدی، خود را نبازی، با هوشیاری و اندیشهٔ مثبت با آن مواجه گردی.

دیگـــران گـــردند زرد از بـیمِ آن　　تو چو گُل خندان گه سود و زیـان ۳۲۵۸

آنان که به خداوند گمان نیک ندارند، از روبرو شدن با رُخدادهای ناگوار بیمناک‌اند؛ امّا تو که در برابر حق تسلیم شده‌ای و حکم او را می‌پذیری، در سود و زیان همانند گل خندان هستی.

زانکه گل گـر بـرگ بـرگش مـی‌کَنی　　خـنده نگـذارد، نگـردد مُـنْثَنی[2] ۳۲۵۹

زیرا اگر گل را پرپر کنی، خنده را ترک نمی‌کند و از اندوه تغییری نمی‌یابد.

گوید از خـاری چـرا افـتم بـه غـم　　خنده را من خـود ز خـار آورده‌ام[3] ۳۲۶۰

گل با خنده به زبانِ حال می‌گوید: چرا از اینکه خارِ حوادث برگ‌هایم را برکَنَد و مرا به بوتهٔ خار تبدیل کند، غمگین باشم، در حالی که این خنده و شکفتگی را به برکت همان خار یافته‌ام؛ یعنی بوتهٔ من ابتدا خاری بیش نبوده است.

هـرچـه از تـو یـاوه گـردد از قـضا　　تـو یـقین دان کـه خـریدت از بـلا ۳۲۶۱

هر چیزی را که به حُکمِ قضای الهی از دست بدهی، یقین داشته باش باگرفتن آن، بلایی را از تو دورکرده است.

---

۱ - اشارت قرآنی؛ شرح: ۵/۹۴: فَإِنَّ مَعَ الْعُسْرِ یُسْراً: آری جنب دشواری آسانی است.

۲ - **منثنی**: خمیده و دوتا.

۳ - اشاره است به خار بلا و تیغ ابتلا که عارف در مواجههٔ با آن اندوهناک نمی‌شود و عنان صبر از کف نمی‌دهد؛ زیرا که ارادهٔ حق تعالی را در جمیع حوادثی که رخ می‌دهد، می‌داند و می‌شناسد.

مٰا التَّصَوُّفْ؟ قٰالَ: وُجْدٰانُ الْفَرَحْ فی اَلفُؤادِ عِنْدَ اِتْیٰانِ التَرَحْ ۳۲۶۲

از بزرگی پرسیدند: تصوّف چیست؟ گفت: یافتن شادی در دل به هنگام هجوم اندوه.

آن عِقابش[1] را عُقابی دان که او در رُبود آن موزه را زآن نیکْ‌خو ۳۲۶۳

هنگامی که کیفر الهی بر تو فرود می‌آید، آن را همانند فرود آمدنِ عقاب بدان که کفش آن پیامبر خوش‌خو(ص) را ربود.

تا رهاند پاش را از زخمِ مار ای خُنُک عقلی که باشد بی غُبار ۳۲۶۴

عقاب کفش را ربود تا پای مبارکش را از نیش مار بِرَهاند. خوشا به عقلی که زنگار تمایلات نفسانی بر آن غبارِ کدورت را ننشانده باشد.

گفت: لاٰ تَأسَوا عَلیٰ ما فاتَکُم[2] اِنْ اَتَی السِّرحٰانُ وَاَرْدیٰ شٰاتَکُم ۳۲۶۵

حق تعالی فرمود: «بر آنچه از دست می‌دهید اندوهگین نباشید»؛ حتّی اگر گرگ بیاید و گوسفندانتان را هلاک کند.

کآن بلا دفعِ بلاهای بزرگ و آن زیان منعِ زیان‌های سُتُرگ[3] ۳۲۶۶

زیرا آن بلا در واقع بلاهای بزرگ‌تری را دور می‌کند و آن زیان جلوی زیان‌های بیشتری را می‌گیرد.

استدعای آن مرد از موسیٰ زبان بهایم با طیور[4]

مرد جوانی به اصرار و الحاح از موسیٰ(ع) زبان بهایم و طیور را آموخت. بامدادان بر سبیل امتحان بر در آستان منزل ایستاد تا دریابد که خروس و سگِ خانه با هم چه می‌گویند. از گفت‌وگوی آنان فهمید که به زودی اسب وی سقط خواهد شد؛ پس به سرعت اسب را فروخت تا از زیان مالی آن بِرَهَد. دیگر روز شنید که استرش خواهد مُرد. مرد حریص استر را هم فروخت که زیان آن متوجّه دیگری گردد. بار دیگر خروس به سگ گفت که این بار غلامِ خواجه خواهد مرد. مردِ طمّاع، غلام را هم فروخت و از خُسرانِ مالی خود را رهانید و شادی‌ها کرد که از سه واقعه رهیدم و توانستم دیدهٔ سوءالقضا را بدوزم. عاقبت روزی

---

۱ - **عِقاب**: کیفر الهی. ۲ - اشارتی قرآنی؛ حدید: ۲۳/۵۷؛ ر.ک: ۵۰۴/۳. ۳ - **سُتُرگ**: بزرگ.

۴ - مأخذ این قصّه احتمالاً روایات عامیانه و الهام یافته از مجالس قُصّاص است.

خروس به سگ گفت: این خواجه مال خود را از زیان رهانید؛ امّا جان خود را نتوانست برهانَد و با این کار، خون خود را ریخت؛ زیرا زیان به مال، دفع زیان جان بود و او ندانست. این بار قضای الهی جان خود او را خواهد گرفت. وارث او در حنین و ناله گاو خواهد کشت و لوت و طعام بسیاری به خاصّ و عام خواهد رسید. مرد حریص بیمناک نزد موسیٰ(ع) رفت و دفع این قضا را به دعای او خواستار شد؛ امّا قضایی که بر وی رفته، تیری از شست جَسته بود که بازگشتن آن جایز نبود؛ پس موسیٰ(ع) به دعا از حق تعالیٰ خواست اینک که مرگ او قطعی است، با ایمان از جهان برود؛ زیرا هر که با ایمان برود، زنده و پاینده است.

در تقریر این معناست که علوم و اسرار الهی مختصّ خاصّان حق است و هر دلی شایستگی احراز چنین جایگاهی را ندارد. همچنین در بیانِ این مهم نیز هست که چه بسا زیان مالی که دافعِ زیان‌هایِ جانی است و پرهیز از آن جان آدمی را در معرضِ آفت و بلا قرار می‌دهد.

این قصّه یادآور حکایتی با همین مضمون است در دفتر دوم مثنوی، بیت ۱۴۲ به بعد، که بر اساس آن، شخص نادانی به اصرار و الحاح از عیسی(ع) خواست تا با خواندن اسم اعظم، تودهٔ استخوان را زنده کند، عیسی(ع) چنین کرد و ناگهان شیر سیاهی بر جهید و آن ابله را درید.

گفت موسی را یکی مردِ جوان ‌‌ ‌ که: بیاموزم زبانِ جانْوران ۳۲۶۷

مردی جوان از موسیٰ(ع) درخواست کرد که زبان حیوانات را به او بیاموزد.

تا بُوَد کز بانگِ حیوانات و دَد ‌ ‌ عبرتی حاصل کنم در دینِ خَود ۳۲۶۸

تا شاید بتوانم از آنچه که حیوانات به یک‌دیگر می‌گویند، عبرت بگیرم و ایمانم قوی‌تر گردد.

چون زبان‌هایِ بنی آدم همه ‌ ‌ در پیِ آب است و نان و دمدمه[1] ۳۲۶۹

زیرا انسان‌ها آنچه را که به یک‌دیگر می‌گویند همه در پس کسب آب و نان و فریب دیگران است.

بوکه حیوانات را دردی دگر ‌ ‌ باشد، از تدبیر هنگامِ گذر ۳۲۷۰

شاید حیوانات در هنگام مرگ، دردِ متفاوت و درکِ بهتری داشته باشند و تعمّق در احوال آنان موجبِ عبرت آدمیان گردد.

گفت موسی: رو گذر کن زین هوس ‌ ‌ کین خطر دارد بسی در پیش و پس ۳۲۷۱

موسیٰ(ع) گفت: برو و از این هوس در گذر؛ زیرا برخورداری از این دانش، همراه با خطرات فراوانی است.

---

۱ - **دمدمه** : فریب و مکر.

عبرت و بیداری از یزدان طلب   نه ازکتاب و از مقال[1] و حرف و لب ۳۲۷۲

اگر خواهان عبرت و آگاهی هستی، آن را از خداوند بخواه، نه از کتاب، گفتار، حرف و زبان.

گرم‌تر شد مرد زآن منعش که کرد   گرم‌تر گردد همی از منعْ مرد[2] ۳۲۷۳

مردِ جوان از امتناع حریص شد، اگر انسان از چیزی منع شود، حریص‌تر می‌گردد.

گفت: ای موسی! چو نورِ تو بتافت   هر چه چیزی بود، چیزی از تو یافت ۳۲۷۴

گفت: ای موسیٰ، از روزی که نورِ تو درخشیده، همه چیز به اعتبار آن، شأنی یافته است.

مر مرا محروم کردن زین مُراد   لایقِ لطفت نباشد ای جواد! ۳۲۷۵

ای بخشنده؛ محروم کردن من از آنچه که می‌خواهم، در شأن لطف تو نیست.

این زمان قایم مقامِ حق توی   یأس باشد گر مرا مانع شوی ۳۲۷۶

اینک تو خلیفهٔ حق هستی، اگر مرا محروم کنی، موجب ناامیدی من و دیگران می‌گردد.

گفت موسی: یا رب! این مردِ سلیم[3]   سُخره کرده‌ستش[4] مگر دیوِ رجیم[5]؟ ۳۲۷۷

موسیٰ(ع) گفت: خداوندا، شاید این مرد ساده‌دل را شیطان فریب داده است؟

گر بیاموزم، زبان کارش بُوَد   ور نیاموزم، دلش بد می‌شود ۳۲۷۸

اگر زبان حیوانات را به او تعلیم دهم، به زیان او تمام می‌شود، اگر امتناع کنم بدگمان می‌گردد.

گفت: ای موسی! بیاموزش که ما   رد نکردیم از کَرَم هرگز دعا ۳۲۷۹

خداوند فرمود: ای موسیٰ، به او بیاموز؛ زیرا ما از سر کرم الهی هرگز دعایی را رد نمی‌کنیم.

گفت: یا رب! او پشیمانی خورَد   دست خاید، جامه‌ها را بردَرَد ۳۲۸۰

موسیٰ(ع) گفت: پروردگارا، او پشیمان می‌شود و از ندامت دست را به دندان می‌گزد و جامه را بر تن می‌دَرَد.

نیست قُدرت هر کسی را سازْوار[6]   عجز، بهتر مایهٔ[7] پرهیزگار ۳۲۸۱

هر کسی ظرفیّت تحمّل قدرت و توانایی را ندارد. بهترین سرمایهٔ پرهیزکار عجز و انکسار است.

---

۱ - **مقال** : سخن، گفتار.

۲ - اشاره به این خبر: إِنَّ ابْنَ آدَمَ لَحَرِیصٌ عَلَی مَا مُنِعَ : آدمی نسبت بدانچه منعش کنند، حریص می‌شود: احادیث، ص ۳۱۲. ۳ - **سلیم** : ساده دل. ۴ - **سُخره کرده** : مسخره کرده.

۵ - **رجیم** : رانده شده، مردود. ۶ - **سازوار** : سازگار. ۷ - **مایه** : سرمایه.

فقر از این رُو فخر آمد جاودان[1]　　که به تقویٰ ماند دستِ نارَسان[2] ۳۲۸۲

فقر از آن رو، همیشه مایهٔ مباهات است که دستِ بدونِ مال به تقوا اکتفا می‌کند.

زآن غِنا[3] و زآن غنی[4] مردود شد　　که ز قُدرت، صبرها بدرود شد ۳۲۸۳

«ثروت و ثروتمند شدن» مردود است؛ یعنی از این طریق نمی‌توان راهی به حق یافت؛ زیرا ثروت، با توهّمِ قدرت همراه است و احساس قدرتمندی، صبر و شکیبایی را در آدمی زایل می‌کند.

آدمی را عجز و فقر آمد امان　　از بلایِ نفسِ پُر حرص و غمان ۳۲۸۴

ناتوانی و ناداری می‌تواند آدمی را از شرِّ نَفْسِ حریص و انواع غم‌های راستین در امان بدارد.

آن غم، آمد ز آرزوهایِ فضول[5]　　که بدان خوکرده است آن صیدِ غول[6] ۳۲۸۵

غم نتیجهٔ آرزوهای دور و دراز است که انسانِ اسیرِ هوای نفس، بدان عادت می‌کند.

آرزویِ گِل[7] بُوَد گِل‌خواره[8] را　　گُلشکر[9] نگْوارَد آن بیچاره را[10] ۳۲۸۶

گِل‌خوار همواره مشتاق گِل است؛ زیرا او بیماری است که توانایی هضم و جذب گلشکر را ندارد.

وحی آمدن از حق تعالی به موسی که: بیاموزش چیزی که استدعا کند یا بعضی از آن

گفت یزدان: تو بِده بایستِ[11] او　　بر گشا در اختیارْ آن دستِ او ۳۲۸۷

خداوند فرمود: خواستهٔ او را برآور، این اختیار را به او بده که هر چه می‌خواهد، بکند.

اختیار آمد عبادت[12] را نمک　　ورنه می‌گردد به ناخواه این فلک ۳۲۸۸

اختیاری که انسان برای بندگی دارد، در واقع، نمک و لطفِ آن است و گرنه افلاک نیز بدون اختیار و بنا بر ارادهٔ خداوند می‌گردند و مسبّح‌اند؛ امّا در پرستش ذوق و حال انسان را ندارند.

---

۱ - مصراع اوّل اشاره است به حدیث: ر.ک: ۲۳۸/۱ و ۷۵۳/۱ و ۲۳۵۲/۱.

۲ - **دستِ نارَسان**: دست کسانی که توانایی مالی ندارند.　۳ - **غِنا**: غِناء: توانگری، دولتمند شدن، مقابل فقر.

۴ - **غنی**: توانگر، ثروتمند.　۵ - **آرزوهای فضول**: مراد آرزوهای دور و دراز است.

۶ - **صید غول**: کسی که اسیر شیطان است.　۷ - **گِل**: کنایه از دنیا و مطامع آن.

۸ - **گِل‌خواره**: اشاره به اهل دنیا، دنیاپرست.　۹ - **گلشکر**: کنایه از عالم معنا و حقایق است.

۱۰ - اشاره به این نکته است که «اهل دنیا» همواره در آرزوی تمتّع دنیوی است و معارف «اهل معنا» را بر نمی‌تابد.

۱۱ - **بایستِ**: نیاز، خواسته.　۱۲ - **عبادت**: پرستش، تعظیم، بندگی.

گردشِ او را نه اَجْر و نـه عِـقاب[1] که اختیار آمد هنر[2]، وقتِ حساب ۳۲۸۹

امّا گردش افلاک، یعنی اینکه آن‌ها سر بر خط فرمان خداوند دارند، پاداش و کیفری را در بر ندارد؛ زیرا در روز رستاخیز، بندگیِ مختارانه اهمّیّت دارد و بندگی افلاک بنا بر مشیّت است.

جـمله عـالم خـود مُسبِّح[3] آمـدند نیست آن تسبیحِ[4] جـبری مُـزدْمَند ۳۲۹۰

همهٔ عالم تسبیح‌گوی خداوند هستند؛ امّا تسبیح اجباری پاداشی در بر ندارد.

تیغْ در دستش نِهْ، از عجزش بِکَـن تـا کـه غـازی[5] گـردد او یـا راهْزن ۳۲۹۱

حق تعالیٰ فرمود: چیزی را که می‌خواهد در واقع شمشیر برّانی است، به او ده و اجازه بده بر این امر توانا باشد، آنگاه ببین که این حربه را در راه خدا به کار می‌بَرَد یا در خلاف آن.

زانکـه کَـرَّمْنا[6] شـد آدم ز اخـتیار نـیمْ زنـبورِ عسـل شـد، نـیمْ مـار ۳۲۹۲

زیرا انسان با اختیاری که برای وی مقرّر داشته‌ایم، گرامی داشته شده است؛ زیـرا در وجود او «نور و ظلمت»، «نیکی و بدی»، «عسل و زهـر» با یک‌دیگر ممزوج‌اند؛ بنابراین با اختیار می‌تواند به سوی نیکی برود یا به سمت بدی.

مـؤمنان کـانِ عسـل زنـبوروار کافران خود کانِ زهری، همچو مار ۳۲۹۳

مؤمنان که به سوی نیکی و نورِ وجودشان رفته‌اند، همانند زنبور عسل معدن عسل‌اند و منکران که به سوی بدی و تاریکیِ وجودشان می‌روند، همانندِ مار معدن زهرند.

زانکه مؤمن خـورد بگـزیده نـبات[7] تا چو نحلی[8] گشت ریقِ[9] او حیات[10] ۳۲۹۴

زیرا مؤمن از اعمال و اندیشه‌های نیک که از نیمهٔ نورانی جانش نشأت می‌یابد، تـغذیهٔ روحانی می‌کند؛ بنابراین همانندِ زنـبور عسـل کـه آبِ دهـانش، عسـلِ حیات‌بخش است، حاصل وجودش جز نیکی و حیات‌بخشی نیست.

---

۱ - **عِقاب** : عذاب. ۲ - **هنر** : دانش و فضیلت، کمال، فراست و زیرکی، لیاقت و کفایت، اهمّیّت.

۳ - **مُسَبِّح** : تسبیح‌گو.

۴ - **تسبیح** : خدای را به پاکی یادکردن، سبحان الله گفتن، مجازاً به معنی یک صد دانه در رشته کشیده شده نیز آمده است. ۵ - **غازی** : جنگجو. ۶ - اشارتی قرآنی؛ إسراء : ۷۰/۱۷: ر.ک: ۳۷۸۵/۲.

۷ - **نبات** : روییدنی، گیاه. ۸ - **نَحل** : زنبور عسل. ۹ - **ریق** : آب دهان.

۱۰ - اشارت قرآنی؛ نحل : ۶۹/۱۶ : ...فِیهِ شِفاءٌ لِلنّاسِ... : در آن شفای مردمان است....

بازکافر خورد شربت از صَدید[1] هم ز قُوتش زهر شد در وی پدید ۳۲۹۵

امّا جانِ منکر از اندیشه‌های پلید که از تاریکیِ نَفْسش نشأت می‌یابد، تغذیه می‌کند؛ بنابراین با چنین زهرآبه‌ای که می‌آشامد، حاصل وجودش جز بدی و تلخی نیست.

اهلِ الهام[2] خدا عَیْنُ ٱلحیات اهلِ تسویلِ هوا سَمُّ ٱلمَمات[3] ۳۲۹۶

آنان که دل و جان پاکشان محلّ دریافت الهامات ربّانی است، همانندِ چشمهٔ حیات‌اند؛ زیرا حقایق در رفتار و گفتار و کردارشان تجلّی دارد؛ امّا آنان که فریب هوای نَفْس را خورده‌اند، همانندِ زهر کُشنده‌اند.

در جهان این مدح و شاباش[4] و زهی ز اختیار است و حفاظِ[5] آگهی ۳۲۹۷

اینکه کارهای نیک و پسندیده نیکوکاران را سپاس می‌گوییم و تمجید می‌کنیم، نشانهٔ آن است که شخص نیکوکار، دارای اختیار بوده است و در واقع از وی می‌خواهیم که آگاهانه این اختیار را در جهت انجام نیکی‌ها محفوظ بدارد و در همان مسیر به کار ببرد.

جمله رندان[6] چونکه در زندان بُوَند متّقی و زاهد و حقْ‌خوان شوند ۳۲۹۸

هنگامی که افراد لاابالی و بی‌قید، گرفتار و محبوس می‌شوند، به یاد خدا می‌افتند و پرهیز و زهد را پیشه می‌کنند، چون در آنجا قدرت انجام زشتی و تبه‌کاری از آنان گرفته شده و با قدرت برتری که آنان را مقهور کرده است، روبرو هستند.

چونکه قدرت رفت، کاسد شد[7] عمل هین! که تا سرمایه نَسْتانَد اجل ۳۲۹۹

اعمالِ زاهدانه و پرهیزکارانهٔ آنان، چون از عجز است و قدرتِ ترکتازی ندارند، رونق و اعتباری ندارد؛ زیرا اگر زمینهٔ لازم را بیابند، باز هم زشتی‌ها و پلیدی‌ها را تکرار می‌کنند. آگاه باش و پیش از فرارسیدن اجل، سرمایهٔ عمرت را در راه خیر که سود دو جهان را در بر دارد، به کار ببر.

قُدرتت سرمایهٔ سود است، هین! وقتِ قدرت را نگه دار و ببین ۳۳۰۰

قدرتی که در انتخاب نیک یا بد به تو داده شده، همان سرمایه‌ای است که در زندگی این جهانی داری و اگر آگاهانه از آن بهره ببری، سرمایه‌ات سودآور است؛ پس اینک که هنوز قدرت و سرمایه در دست توست، فرصت را از دست نده.

---

۱ - **صَدید** : زردآبه، خونابه، آبی که کافران در دوزخ می‌آشامند. ابراهیم: ۱۶/۱۴.

۲ - اشارتی قرآنی؛ نحل : ۶۸/۱۶ : خداوند به زنبور عسل الهام کرد... . ۳ - **سَمُّ الْمَمات** : زهر کشنده.

۴ - **شاباش** : مخفّف شادباش، آفرین، مجازاً به معنی هدیه و بخشش. ۵ - **حفاظ** : حفظ، نگهبانی.

۶ - **رند** : اوباش، لاابالی و بی‌قید. ۷ - **کاسد شد** : کساد شد، بی‌رونق شد.

آدمی بر خِنگِ[1] کَرَّمْنا[2] سوار — در کفِ دَرْکش عنانِ اختیار ۳۳۰۱

به انسان بنابر «کرامت بخشیدیم»، عنایت خاصّی شده است و عِنانِ اختیارش در دست ادراک و آگاهی او قرار گرفته است، اگر بفهمد که چگونه باید از این «اختیار و قدرت» استفاده کند.

باز موسی داد پند او را به مهر — که مرادت زرد خواهد کرد چهر ۳۳۰۲

موسیٰ(ع) باز هم با مهربانی به او اندرز داد که برآوردن این خواسته، برایت زیان‌آور است.

ترکِ این سودا بگو وز حق بترس — دیو دادستت برای مَکرْ درس ۳۳۰۳

شیطان برای فریفتن تو چنین تمایلی را در دلت القا کرده است، این خیال باطل را رها کن و از خدا بترس.

قانع شدنِ آن طالب به تعلیمِ زبانِ مرغ خانگی و سگ، و اجابتِ موسی علیه السّلام

گفت: باری نطقِ سگ کو بر دَر است — نطقِ مرغِ خانگی کَاهْلِ پَر[3] است ۳۳۰۴

گفت: اینک که به من زبان همهٔ حیوانات را نمی‌آموزی، دست کم زبان سگِ دَمِ درِ خانه و مرغ خانگی را بیاموز.

گفت موسی: هین! تو دانی، رو، رسید — نطقِ این هر دو شود بر تو پدید ۳۳۰۵

موسیٰ(ع) گفت: خود دانی، برو که برآورده شد. زبان و مقصودِ این دو حیوان را خواهی دانست.

بامدادان از برای امتحان — ایستاد او منتظر بر آستان ۳۳۰۶

با فرا رسیدن صبح، آن جوان در آستانهٔ در به انتظار ایستاد.

خادمه سفره بیفشاند و فُتاد — پاره‌یی نانِ بیات آثارِ زاد[4] ۳۳۰۷

در همان لحظه، خدمتکار سفره را در حیاط تکان داد و پاره‌ای نان بیات، بر زمین افتاد.

---

۱ - **خِنگ**: اسب سفیدرنگ. ۲ - **کَرَّمنا**: اشارت قرآنی، إسراء: ۷۰/۱۷. ۳ - **اهل پر**: بالدار.
۴ - **آثار زاد**: باقی ماندهٔ غذا.

در ربود آن را خروسی چون گِرو[1]   گفت سگ:کردی تو بر ما ظلم، رو ۳۳۰۸

خروسی بی‌درنگ آن را ربود و سگ به او گفت: برو که تو بر ما ظلم کردی.

دانـهٔ گـندم تـوانی خـورد و مـن   عاجزم در دانه خـوردن در وطـن[2] ۳۳۰۹

تو می‌توانی دانهٔ گندم هم بخوری در حالی که من از خوردن آن عاجزم.

گـندم و جـو را و بـاقیِ حُـبوب   می‌توانی خورد، و من نه ای طَروب[3] ! ۳۳۱۰

ای شادمان، تو می‌توانی گندم و جو و دانه‌های دیگر را هم بخوری؛ امّا من نمی‌توانم.

این لبِ نانی که قسمِ ماست نـان   مـی‌ربایی ایـن قَـدَر را از سگـان ؟ ۳۳۱۱

این تکّه‌نان را هم که نصیب و قسمت ماست، می‌قاپی و همین اندک را هم از سگان دریغ می‌داری؟

جوابِ خروس سگ را

پس خروسش گفت: تن زن، غم مخَور   کـه خـدا بـدهد عـوض زیـنت دگـر ۳۳۱۲

خروس گفت: ساکت شو، غم نخور که خدا به جای آن چیزهای دیگری به تو می‌دهد.

اسبِ این خواجه سَقَط خواهد شدن[4]   روزِ فردا سیر خور، کم کـن حَـزَن[5] ۳۳۱۳

اسبِ خواجه خواهد مرد. فردا شکمی سیر از گوشت او بخور و این همه اندوهگین مباش.

مر سگان را عید بـاشد مـرگِ اسب   روزیِ وافـر بُـوَد بـی‌جهد و کَسب ۳۳۱۴

برای سگ‌ها مرگ اسب، عید است؛ زیرا بدون تلاش، روزیِ فراوانی به دست می‌آورند.

اسب را بـفروخت چـون بشـنید مـرد   پیشِ سگ، شد آن خروسش روی‌زرد[6] ۳۳۱۵

هنگامی که مرد جوان این حرف را شنید، اسب را فروخت و خروس نزد سگ شرمنده شد.

روزِ دیگـر هـمچنان نـان را ربـود   آن خروس، و سگ بر او لب بر گشود ۳۳۱۶

روز بعد باز هم خروس نان را قاپید و سگ به حرف آمد.

---

۱ - **چون گرو :** مانند چیزی که می‌ربایند یا می‌قاپند. ۲ - **در وطن :** در اینجا.
۳ - **طَروب :** بسیار شادمان. ۴ - **سَقَط شدن :** مُردن. ۵ - **حَزَن :** اندوه. ۶ - **روی زرد :** شرمنده.

کِای خروسِ عشوه‌دِه[1]! چند این دروغ؟ ظــالمی و کــاذبی و بــی فــروغ ۳۳۱۷
سگ گفت: ای خروسِ فریبکار، تا کی دروغ می‌گویی؟ تو ستمگرِ دروغگویِ بی‌خبری هستی.

اسب کِش گفتی سَقَط گردد، کجاست؟ کورِ اخترگوی[2]، و مـحرومی زِ راست ۳۳۱۸
اسبی که می‌گفتی می‌میرد، کجاست؟ تو پیشگویِ کوری که حقیقت را نمی‌دانی.

گـفت او را آن خـروسِ بـا خـبر که سَـقَط شـد اسبِ او جـایِ دگـر ۳۳۱۹
خروس که از ماجرا آگاه بود، گفت: اسبِ خواجه در جای دیگری مُرد.

اسب را بفروخت و جَست او از زیان آن زیـان انـداخت او بـر دیگـران ۳۳۲۰
او اسب را فروخت و خود را از زیان رهانید و ضرر را متوجّه دیگران کرد.

لیک فـردا اسـترش گـردد سَـقَط مر سگان را بـاشد آن نـعمت فـقط ۳۳۲۱
امّا فردا قاطرش خواهد مرد و آن نعمت فقط نصیب سگ‌ها خواهد شد.

زود اسـتر را فـروشید آن حـریص یافت از غم وز زیان آن دَم مَحیص[3] ۳۳۲۲
آن مرد طمّاع فوراً قاطر را هم فروخت و در لحظه خود را از اندوه و ضرر رهانید.

روزِ ثالث گفت سگ با آن خروس ای امیرِ کاذبان با طـبل و کـوس[4]! ۳۳۲۳
روز سوم سگ به خروس گفت. ای سردستهٔ دروغگویان، آنچه گفتی، چه شد؟

گفت: او بفروخت اسـتر را شـتاب گفت: فردایش غلام آیـد مُـصاب[5] ۳۳۲۴
خروس گفت: هرچند که او به شتاب قاطر را فروخت؛ امّا فردا غلامش به مصیبت گرفتار می‌شود.

چـــون غــلامِ او بــمیرد، نــان‌ها بر سگ و خواهنده[6] ریـزند اَقـربا[7] ۳۳۲۵
هنگامی که غلام آن مرد بمیرد، خویشاوندانش، نان فراوانی به سگ‌ها و گدایان خواهند داد.

این شـنید و آن غـلامش را فـروخت رَست از خُسران و رخ را بر فروخت ۳۳۲۶
مرد جوان که این حرف را شنید، غلام را فروخت و با رهایی از ضرر و زیان بسیار شادمان شد.

---

۱ - **عشوه‌ده**: فریبکار. ۲ - **اخترگوی**: منجّم. ۳ - **مَحیص**: خلاص، رهایی، گریزگاه.
۴ - **با طبل و کوس**: با طبل و نقاره، کنایه از حشمت و جلال است.
۵ - **مُصاب**: مصیبت دیده، کسی که به حادثهٔ ناگواری مبتلا شود. ۶ - **خواهنده**: گدا.
۷ - **أقرباء**: خویشاوندان.

شکرها می‌کرد و شادی‌ها که من   رَستم از سه واقعه اندر زَمَن ۳۳۲۷

جوان طمّاع از اینکه توانست از سه حادثهٔ ناگوار برهد، شاکر و خوشحال بود.

تا زبانِ مرغ و سگ آموختم   دیدهٔ سُوءُالقَضا[۱] را دوختم ۳۳۲۸

با خود گفت: از وقتی که زبان مرغ و سگ را آموختم، توانستم مانعِ حوادث ناگوار شوم.

روزِ دیگر آن سگِ محروم گفت   کِای خروسِ ژاژخا[۲]!کو طاق و جفت[۳]؟ ۳۳۲۹

روز بعد آن سگ محروم گفت: ای خروس یاوه‌گو، محاسبات و پیشگوییِ تو چه شد؟

خجل گشتنِ خروس پیش سگ به سببِ دروغ شدن در آن سه وعده

چند چند آخر دروغ و مکرِ تو؟   خود نپرّد جز دروغ از وَکْرِ[۴] تو ۳۳۳۰

آخر چقدر دروغ می‌گویی و مرا فریب می‌دهی؟ از دهان تو جز دروغ بیرون نمی‌آید.

گفت: حاشا[5] از من و از جنسِ من   که بگردیم از دروغی مُمْتَحَن[۶] ۳۳۳۱

خروس گفت: حاشا از من و همجنسانم که دروغ یا سخنی بگوییم که ما را محنت‌زده و پریشان کند.

ما خروسان چون مؤذِّنْ راست‌گوی[۷]   هم رقیبِ آفتاب و وقتْ‌جوی ۳۳۳۲

ما خروس‌ها، همانند اذان گویان در کلام صادقایم. مراقب طلوع خورشیدیم و وقت را می‌شناسیم.

---

۱ - **سوءُ القضاء** : رخداد بد.   ۲ - **ژاژخا** : یاوه‌گو.

۳ - **طاق و جفت** : یک نوع بازی است، اینجا مراد محاسبات و پیشگویی است.

۴ - **وَکْر** : لانه، اینجا دهان به لانه‌ای مانند شده که پرنده‌ای به نام «دروغ» از آن خارج می‌شود.

۵ - **حاشا** : لفظی است که افادهٔ تنزیه و برائت می‌کند و در مقام انکار نیز به کار می‌رود.

۶ - **مُمْتَحَن** : مورد آزمایش و امتحان قرار گرفته، محنت زده و پریشان.

۷ - در ارتباط با معرفت خروس به اوقات مختلف شب گفته‌اند: پس از آنکه آدم(ع) از بهشت رانده شد به کسب رزق اشتغال داشت و ساعات تسبیح حق را نمی‌دانست؛ حق تعالیٰ خروسی را بر زمین فرستاد تا هرگاه که صدای تسبیح فرشتگان را می‌شنود، حق تعالیٰ را با بانگ خود در زمین تسبیح گوید: شرح مثنوی مولوی، دفتر سوم، ص ۱۲۴۸. خروس را «ابو یقظان» هم می‌نامند؛ زیرا بیدار کنندهٔ خلق است.

پاسبانِ آفتابیم از درون　　گر کُنی بالایِ ما طشتی نگون ۳۳۳۳

سرشتی داریم که اگر ما را زیر تشت یا در محلّ تاریک محبوس کنند، باز هم نگهبانِ آفتاب‌ایم.

پاسبانِ آفتاب‌اند اولیا　　در بشر، واقف ز اسرارِ خدا ۳۳۳۴

اولیا نیز نگهبانِ آفتابِ حقیقت‌اند، درکسوت بشر هستند؛ امّا از علوم و اسرار الهی باخبرند.

اصلِ ما را[1] حق پیِ بانگ نماز　　داد هدیه، آدمی را در جَهاز[2] ۳۳۳۵

در حقیقت، خداوند ما را به عنوانِ وسیلهٔ اعلامِ وقتِ نماز به انسان هدیه داد.

گر به ناهنگام سهوی‌مان رود　　در اذان، آن مَقْتَلِ[3] ما می‌شود ۳۳۳۶

اگر در تعیین وقت اذان اشتباه کنیم و بانگ نابجا سر دهیم، ما را شوم می‌شمارند و می‌کُشند.

گفتِ ناهنگام[4] حَيَّ عَلْ فَلاح　　خونِ ما را می‌کند خوار و مُباح ۳۳۳۷

اینکه نابهنگام بگوییم: «بشتابید به سوی رستگاری»، خطایی است که خونِ ما را مُباح می‌کند.

آنکه معصوم آمد و پاک از غلط　　آن خروس جانِ وَحْی آمد فقط ۳۳۳۸

خروس‌ها و بانگ کنندگان ممکن است از سهو و خطا بانگ نابه‌جا سردهند؛ ولی بانگی که از سهو و خطا مبرّاست، بانگِ وحی و الهام الهی بر دل و جان انبیا و اولیاست.

آن غلامش مُرد پیشِ مشتری　　شد زیانِ مشتری آن یکسری ۳۳۳۹

غلامی که مرد جوان فروخت، نزد خریدار مُرد و زیانِ آن متوجّه مشتری شد.

او گریزانید مالش را و لیک　　خونِ خود را ریخت، اندر یاب نیک ۳۳۴۰

او با این تدبیر که پنداری تباه بود، زیان مالی را از خود دور کرد؛ امّا توجّه کن که موجبِ مرگ خود شد.

یک زیانْ دفعِ زیان‌ها می‌شدی　　جسم و مالِ ماست جان‌ها را فِدی[5] ۳۳۴۱

پذیرفتن یک زیان، دفع زیان‌های دیگر می‌شد. «جسم و مال» باید برای بقا و تکامل جان فدا شود، نه بر عکس.

---

۱ - **اصلِ ما را:** در اصل ما را.

۲ - **جَهاز:** رخت و اثاث عروس که به خانهٔ داماد می‌برد، مجموعهٔ اعضایی که عمل معیّنی را انجام می‌دهند، دستگاه.　۳ - **مَقْتَل:** قتلگاه.　۴ - مرغ بی‌هنگام: ر.ک: ۹۴۸/۱.　۵ - **فدی:** فدا.

پیش ِ شاهان در سیاست گُستری[1] می‌دهی تو مـال و سـر را مـی‌خری ۳۳۴۲

به عنوان مثال، هنگامی که حُکّامِ دنیا می‌خواهند تو را مجازات کنند، راضی می‌شوی که مال و ثروتت را بدهی و جان را بخری.

اعجمی[2] چون گشته‌ای انـدر قـضا مـــی‌گریزانـــی ز داور مـــال را ۳۳۴۳

امّا در برابر قضای الهی، وانمود می‌کنی که نمی‌دانی و نمی‌فهمی و اموالت را از خداوند دریغ می‌داری و به این ترتیب، جانِ خود را در معرض قضا و قدر قرار می‌دهی.

خبر کردنِ خروس از مرگِ خواجه

لیک فردا خـواهـد او مـردن یـقین گاو خواهد کُشت وارث در حَـنین ۳۳۴۴

امّا فردا به‌طور قطع خودِ خواجه خواهد مرد و بازماندگانش در عزای او گاو می‌کشند.

صاحبِ خانه بخواهـد مُـرد، رفت روزِ فردا، نک رسیدت لوتِ[3] زفت[4] ۳۳۴۵

صاحب خانه می‌میرد و می‌رود؛ بنابراین همین فردا غذای فراوانی نصیب تو می‌شود.

پـاره‌های نـان و لالنگ[5] و طـعام در میانِ کـوی یـابد خـاص و عـام ۳۳۴۶

همهٔ مردم از خاصّ و عام غذا و پاره‌های نان و خوردنی خواهند یافت.

گـاوِ قـربانی و نـان‌هایِ تَـنُک[6] بر سگان و سـایلان ریـزد سَـبُک[7] ۳۳۴۷

گوشت گاو قربانی و نان‌های لواش را به سرعت جلوی سگان و گدایان خواهند ریخت.

مـرگِ اسب و اسـتر و مـرگِ غـلام بُـد قـضاگـردان ایـن مـغرورِ خـام ۳۳۴۸

مرگ اسب و قاطر و غلام می‌توانست قضا و قَدَر را از این فریب خوردهٔ نادان دور کند.

از زیـــانِ مـــال و دردِ آن گـــریخت مالْ افزون کرد و خونِ خویش ریخت ۳۳۴۹

امّا او از زیان مالی و ناراحتی، خود را رهانید و بر مال افزود؛ امّا موجب مرگ خود شد.

---

۱ - **سیاست گستری** : اجرای مجازات. ۲ - **اَعْجمی** : آنکه تجاهل کند و خود را به نادانی بزند.

۳ - **لوت** : غذا. ۴ - **زفت** : فراوان.

۵ - **لالَنگ** : زلّه، پس خوردهٔ غذا، طعامی که مردم فرومایه از میهمانی‌ها بر می‌دارند.

۶ - **تَنُک** : تُنُک، نازک و لطیف. ۷ - **سَبُک** : زود، سریع.

این ریاضت‌هایِ درویشان چراست؟ کآن بلا بر تن، بقایِ جان‌هاست ۳۳۵۰

اینکه درویشان رنج و سختیِ «ریاضت» را برای «تهذیب نَفْس» تحمّل می‌کنند، به همین دلیل است؛ زیرا می‌دانند این رنج و مشقّت که برای مردم همانند نزول بلا سخت و غیر قابلِ پذیرش است، با فرسایش تن و تعلّقاتش، مایهٔ بقای جان آنان می‌شود.

تا بقای خود نیابد سالکی چون کند تن را سقیم[1] و هالکی[2]؟ ۳۳۵۱

اگر سالک از طریق درکِ روحانی، بقای جان را در فنایِ «صفات بشری و تعلّقات» نبیند، هرگز جسم را با ریاضت ناتوان نمی‌کند و به مرگ نمی‌سپارد، چون می‌بینند، با رضایت تن در می‌دهد.

دست کِی جنبد به ایثار و عمل؟ تا نبیند داده را جانش بَدَل[3] ۳۳۵۲

تا جان آدمی عوض ِ احسان خود را نبیند، دست او برای نیکی به حرکت در نمی‌آید.

آنکه بِدْهد بی امید سودها آن خدای‌است، آن خدای‌است، آن خدا ۳۳۵۳

کسی که بدون هیچ گونه چشمداشت احسان می‌کند، فقط خداست، خدا، خدا.

یا ولیِّ حق، که خویِ حق گرفت نور گشت و تابش ِ مطلق گرفت ۳۳۵۴

به غیر از ذات پاک حق تعالیٰ، «ولیّ خدا» هم که «متخلّق به اخلاق الله» و نور مطلق شده است، بدون چشمداشت احسان می‌کند؛ زیرا او از صفاتِ خلقی مبرّا شده است.

کو غنیّ است و جز او جمله فقیر[4] کِی فقیری بی عوض گوید که:گیر؟ ۳۳۵۵

زیرا حق تعالیٰ بی‌نیاز است و به غیر از ذات پاک او، همه نیازمندند. هرگز شخص ِ محتاج و نیازمند، بدون عوض چیزی را به کسی نمی‌دهد و نمی‌گوید: بگیر.

تا نبیند کودکی که سیب هست او پیازِ گَنده را نَدْهد ز دست[5] ۳۳۵۶

تا کودک سیب را نبیند، حاضر نمی‌شود پیاز گندیده را از دست بدهد.

---

۱ - **سقیم** : بیمار. ۲ - **هالک** : مُرده و هلاک شده.

۳ - اشاره به این نکته است که ایثار جان و مال در راه خدا دارای پاداش است و ایثارگر، دریافت این عوض الهی را می‌بیند و حس می‌کند وگرنه ایثار نمی‌کرد. ۴ - اشارتی قرآنی؛ محمّد : ۳۸/۴۷ : ر.ک: ۷۵۳/۱ و ۱۹۱۸/۱.

۵ - در این تمثیل، عام خلق به «کودک» مانند شده‌اند تا عوضِ الهی را که به «سیب» تشبیه شده است، نبینند حاضر به ایثار «پیاز گندیده» که همان جان و مال است، نمی‌شوند.

این همه بازار بهرِ این غَرَض[1] بر دکان‌ها شِسته[2] بر بوی عوض[3] ۳۳۵۷

در دنیا که بازار بزرگ داد و ستدِ جان و مال است، همه به امید دریافتِ «عوض» به کاری مشغول‌اند؛ یعنی مردم چیزی را می‌دهند تا چیز دیگری را بگیرند.

صد متاع خوب عرضه می‌کنند و اندرونِ دل عوض‌ها می‌تَنَند ۳۳۵۸

هر کس بنا بر توان خویش کالایی را عرضه می‌کند و می‌کوشد متاع شایسته‌ای را به معرض فروش بگذارد. اندیشهٔ همگان دریافت سود یا «عوض» آن است.

یک سلامی[4] نشنوی ای مردِ دین که نگیرد آخِرت آن آستین[5] ۳۳۵۹

ای مرد دیندار، در این دنیا هیچ سلامی بدون توقّع نیست؛ یعنی در دلِ ساده‌ترین ارتباط، انتظاری نهفته است.

بی طمع نشنیده‌ام از خاص و عام من سلامی، ای برادر! و السَّلام ۳۳۶۰

ای برادر، من تا کنون از هیچ کس سلام بدون توقّع نشنیده‌ام، والسَّلام.

جز سلامِ حقّ، هین! آن را بجو[6] خانه خانه، جا به جا، و کو به کو ۳۳۶۱

جز سلامِ حق که بدون غرض و توقّع است؛ پس به هوش باش، خانه به خانه، جا به جا و محلّه به محلّه چنین سلامی را بجو.

از دهانِ آدمیِّ خوش مشام هم پیامِ حق شنودم، هم سلام ۳۳۶۲

سلام و پیامِ حق را از دهانِ انسان کاملی که عِطرِ حقایق «مشام» او را خوش کرده است، شنیده‌ام.

وین سلامِ باقیان بر بویِ آن من همی نوشم به دل[7]، خوشتر ز جان ۳۳۶۳

پیام و سلام دیگران را هم به امیدِ سلامی که خوش‌تر از جان است، با دل و جان می‌شنوم.

زآن سلامِ او سلامِ حق شده‌ست کآتش اندر دودمانِ خود زَدَه‌ست ۳۳۶۴

سلامِ مردِ خدا، از آن رو «خوش مشام» است و سلام حق به شمار می‌آید که این مرد بزرگ توانسته است نَفْسِ خود را در حق فانی کند و به بقای او بقا یابد.

---

۱ - **بهر این غَرَض :** به امید دریافت عوض. ۲ - **شِسته :** نشسته. ۳ - **بر بویِ عوض :** به امید عوض.

۴ - **سلام :** واژه‌ای دعایی، مأخوذ از تازی به معنی بهی و درود، یعنی سلامت و بی‌گزند باشید.

۵ - **آستین گرفتن :** گرفتار کردن، درگیر کردن، توقّع داشتن.

۶ - اشارتی قرآنی؛ یس : ۵۸/۳۶: سَلامٌ قَوْلاً مِنْ رَبٍّ رَحِیمٍ: سلام [بر شما] ، این سخنی است از پروردگار مهربان. [اشارتی است به روز رستاخیز و درود و تحیّت خداوندی بر بهشتیان.]

۷ - **همی نوشم به دل :** با دل و جان گوش می‌کنم و می‌پذیرم.

مُرده است از خود، شده زنده به رَب   زآن بُـوَد اسـرارِ حـقّش در دو لب ۳۳۶۵

«وجه خلقی» او در «وجه ربّی»اش فنا یافته؛ بنابراین از خود مُرده و به خدا زنده است و به همین مناسبت، کلام او سرشار از علوم و اسرار حق است.

مُردنِ تن در ریـاضت زنـدگی‌ست   رنجِ این تـن، روح را پـایندگی‌ست ۳۳۶۶

فرسایشِ جسمِ آدمی در اثر «ریاضت»، رسیدن به «حیات حقیقی» است. رنجی که تن در راه تهذیبِ نَفْس تحمّل می‌کند، روح انسانی را ارتقا می‌دهد و موجبِ بقای آن می‌شود.

گوش بـنهاده بُـد[1] آن مـردِ خـبیث   می‌شنود او از خروسش آن حدیث[2] ۳۳۶۷

اینک به حکایت باز می‌گردیم. آن مرد پلید در خفا سخنان خروس را می‌شنید و متوجّه شد که فردا خودِ او خواهد مُرد.

دویدنِ آن شخص به سوی موسی به زنهار، چون از خروس خبرِ مرگ خود شنید

چون شنید این‌ها، دوان شد، تیز و تَفت   بـر درِ مـوسی کـلیم الله[3] رفت ۳۳۶۸

مرد جوان همین که سخنان خروس را شنید با سرعت به در خانهٔ موسیٰ(ع) رفت.

رُو همی مـالید در خـاک او ز بـیم   که: مرا فـریاد رس زیـن ای کـلیم! ۳۳۶۹

آن مرد از ترسِ مرگ صورت را بر خاک می‌مالید و می‌گفت: ای کلیم، به فریادم برس.

گـفت: رو بـفروش خـود را و بِـرَه   چونکه اُستا گشته‌ای، برجِـهْ ز چَـهْ ۳۳۷۰

موسیٰ(ع) با طنز و طعنه گفت: برو خودت را هم بفروش تا نجات یابی؛ زیرا تو در این کار استاد شده‌ای؛ بنابراین با همان راه و روشی که می‌دانی خود را از چاه هلاکت رهایی بده.

بـر مسـلمانان زیـان انـداز تـو   کـیسه و هـمیان‌ها[4] را کـن دوتُـو[5] ۳۳۷۱

برو و به مؤمنان ضرر و زیان برسان و کیسه‌ها و خورجین‌های خودت را با پول پر کن.

---

۱ - **گوش بنهاده بُد**: گوش خوابانیده بود.   ۲ - **آن حدیث**: مراد سخنان خروس است.

۳ - **کلیم الله**: لقب موسیٰ(ع) به مناسبت همکلامی با حق تعالیٰ.   ۴ - **همیان**: خورجین.

۵ - **دوتُو**: دو برابر.

مـن درونِ خشت دیـدم ایـن قـضا　　که در آیینه عـیان شـد مـر تـو را[۱] ۳۳۷۲

من قضای الهی را که تو اینک در آیینه و به وضوح می‌بینی، در خشت خـام دیـدم و از اسرار حق باخبر بودم، می‌دانستم که آموختن زبان حیوانات به سود تو نیست.

عـاقل، اوّل بـیند آخِـر را بـه دل　　انـدر آخِـر بـیند، از دانش مُـقِل[۲] ۳۳۷۳

خردمند، پایانِ کار را در آغاز و با چشمِ بصیرت می‌بیند؛ امّا شخص کم‌خرد در پـایان متوجّه نتیجهٔ آن می‌شود.

بـاز زاری کـرد، کِـای نـیکوخصال!　　مر مرا در سـر مـزن، در رُو مـمال[۳] ۳۳۷۴

بارِ دیگر مرد به زاری گفت: ای خوشخو، مرا سرزنش نکن و خطایم را به رویم میاور.

از مـن آن آمـد کـه بـودم نـاسزا　　نـاسزایـم را تـو دِه حُسْـنُ اَلجَـزا ۳۳۷۵

عمل زشت من به سبب زشتی درونم بود، کار دیگری از من بر نمی‌آمد؛ امّا تو که درونی زیبا و سرشار از نیکی داری، بدی‌ام را با خوبی پاسخ ده.

گفت: تیری جست از شست ای پسر!　　نیست سنّت کآیـد آن واپس بـه سَـر ۳۳۷۶

موسیٰ(ع) گفت: ای جوان، تیر قضای الهی از کمان تقدیر رها شد و بازگرداندن آن رسم نیست.

لیک در خـواهـم ز نـیکو داوری　　تا که ایمان آن زمان بـا خـود بـری ۳۳۷۷

امّا من از بارگاه عدل الهی درخواست می‌کنم که در هنگام مرگ با ایمان از دنیا بروی.

چونکه ایمان بُـرده بـاشی زنـده‌ای　　چـونکه بـا ایـمان رَوی پـاینده‌ای ۳۳۷۸

زیرا اگر بتوانی با ایمان از دنیا بروی، زنده‌ای و زندگی جاوید داری.

هم در آن دم حال بر خواجه بگشت　　تـا دلش شـورید و آوردنـد طشت ۳۳۷۹

در لحظه، حالِ آن مرد به هم خورد و از ترس مرگ حالت تهوّع پیدا کرد و تشتی آوردند.

شورش ِ مرگ‌است، نه هَیْضهٔ[۴] **طـعام　　قی چه سودت دارد ای بدبختِ خام؟** ۳۳۸۰

ای بدبخت احمق، این دیگرگون شدن مزاج از فرارسیدن مرگ و هیبت آن است، از سوء هاضمه نیست. استفراغ کردن چه سودی دارد؟

---

۱ - اشاره به ضرب المثل فارسی: آنچه جوان در آیینه بیند، پیر در خشت خام آن بیند.

۲ - **از دانش مُقِلّ**: کسی که از دانش ناچیزی بهره‌مند است، کم‌دانش.

۳ - **در رو مالیدن**: به روی کسی آوردن.　　۴ - **هَیْضه**: اسهال و استفراغ.

۳۳۸۱ **چارکس بردند تا سویِ وثاق ساق می‌مالید او بر پُشتِ ساق**[1]
چهار نفر آمدند و آن مرد را که در حال جان کندن بود به خانه‌اش رساندند.

۳۳۸۲ **پندِ موسی نشنوی، شوخی کنی خویشتن بر تیغ پولادی زنی**
اندرز موسیٰ(ع) را نمی‌پذیری، گستاخی می‌کنی و خود را به شمشیرِ پولادین «قضا» می‌سپاری.

۳۳۸۳ **شرم ناید تیغ را از جانِ تو آنِ توست این ای برادر! آنِ تو**
شمشیرِ قضای الهی از بریدن رشتهٔ حیات تو شرمی ندارد؛ زیرا این کار سزای توست برادر، سزای تو؛ یعنی این امر جور و ستم نیست، حقِ تو این است.

دعا کردنِ موسی
آن شخص را تا به ایمان رود از دنیا

۳۳۸۴ **موسی آمد در مناجاتْ آن سحر کِای خدا! ایمان از او مستان، مَبَر**
موسیٰ(ع) در سحرگاه همان روز به مناجات پرداخت و گفت: خداوندا، ایمان را از او نگیر و اجازه بده با ایمان از دنیا برود.

۳۳۸۵ **پادشاهی کن بر او بخشا، که او سهو کرد و خیره رویی و غُلو**[2]
پروردگارا، او را ببخشای؛ زیرا مرتکبِ خطا شد، گستاخی ورزید و از حدّ خود تجاوز کرد.

۳۳۸۶ **گفتمش: این علم نه در خوردِ توست دفع پنداریدگفتم را، و سُست**
به او هشدار دادم و گفتم که این علم فراتر از حدّ توست؛ امّا او پنداشت که او را از سرم باز می‌کنم و سخنِ مرا بیهوده دانست.

۳۳۸۷ **دست را بر اژدها**[3] **آنکس زند که عصا را دستش اژدرها کند**
آگاهی از علم غیب و استفاده از آن در شأن کسی است که دستش با تأیید و توفیق الهی از چنان قدرتی برخوردار باشد که بتواند عصا را به اژدها مبدّل کند.

---

۱ - اشارتی قرآنی؛ قیامت : ۲۹/۷۵ : وَالْتَفَّتِ السّاقُ بِالسّاقِ : و ساقهای پا به هم درپیچد [و هنگامه بالاگیرد]. توصیفی است از حالت احتضار. ۲ - **غُلو** : زیاده‌روی، بی‌شرمی.
۳ - **اژدها** : علم غیب به اژدها مانند شده که غیرِ اهل را می‌بلعد و نابود می‌کند.

سرِّ[1] غیب آن را سزد آموختن — که ز گفتن لب تواند دوختن ۳۳۸۸

کسی شایستگیِ دانستن اسرار غیبی را دارد که بتواند از افشای آن خودداری کند.

در خورِ دریا نشد جز مرغ آب[2] — فهم کن، وَاللّٰهُ اَعْلَمْ بِالصَّواب ۳۳۸۹

هیچ پرنده‌ای شایستگی دریا را ندارد، جز مرغِ آبی. بکوش تا بفهمی که چه می‌گویم، خداوند مصلحت را بهتر می‌داند.

او به دریا رفت و مرغ آبی نبود — گشت غرقه، دست گیرش ای وَدود! ۳۳۹۰

ای خداوند بسیار مهربان، او به اصرار خواست به دریایِ اسرارِ حق راه یابد و چون قابلیّت و شایستگی آن را نداشت، غرق شد؛ پس دست او را بگیر و راضی نشو که بدون ایمان از دنیا برود.

اجابت کردنِ حق تعالی دعایِ موسی را علیه السَّلام

گفت: بخشیدم بدو ایمان، نَعَم — ور تو خواهی این زمان زنده‌ش کنم ۳۳۹۱

خداوند فرمود: آری، درخواستت را اجابت کردم و به او ایمان بخشیدم، اگر بخواهی هم اکنون زنده‌اش می‌کنم.

بلکه جمله مُردگان خاک را — این زمان زنده کنم بهرِ تو را ۳۳۹۲

حتّی اگر بخواهی حاضرم برای تو تمام مردگان و خفتگان زمین را زنده کنم.

گفت موسی: این جهانِ مُردن است — آن جهان انگیز کآنجا روشن است ۳۳۹۳

گفت: خداوندا، این دنیا محلّ مردن است، در آن دنیا که محلّ روشنی است، زنده‌اش کن.

این فناجا چون جهانِ بودْ نیست — بازگشتِ عاریت بس سود نیست ۳۳۹۴

دنیایِ فانی که محلِّ بودن و اقامت نیست، بازگشتِ موقّت بدان چندان سودی ندارد.

---

۱ - «کتمان سرّ» از شرایط سلوک است: ر.ک: ۱۷۷۴/۲.

هر که را اسرار حق آموختند — مهر کردند و دهانش دوختند

۲ - در این تمثیل، مرغ آبی همان مرد حق است که قابلیّت و استعداد ورود به دریای علوم و اسرار الهی را دارد.

رحمتی افشان بر ایشان هم کنون در نهان خانهٔ لَدَیْنا مُحْضَرون[۱] ۳۳۹۵

خداوندا، هم اکنون در نهانخانهٔ «همه نزد ما حاضرند» رحمتی نثار آنان کن.

تا بدانی که زیان جسم و مال سودِ جان باشد، رهانَد از وبال ۳۳۹۶

این قصّه را گفتم تا بدانی ضرر و زیانی که به جسم آدمی و مال او می‌رسد، به نفع جان وی است و جان را از تیرگی‌ها و تعلّقات می‌رهانَد.

پس ریاضت[۲] **را به جان شو مشتری چون سپردی تن به خدمت، جان بَری** ۳۳۹۷

بنابراین از دل و جان، مشتاق تحمّلِ ریاضت و رنج‌های ناشی از تهذیبِ نَفْس باش و بدان اگر موفّق شوی تن را به خدمتِ روح انسانی‌ات واداری، جان به سلامت می‌بری.

ور ریاضت آیدت بی‌اختیار سر بنِه شکرانه دِهْ ای کامیار ۳۳۹۸

ای کامروا، اگر ناخواسته رنج و سختی به تو روی آورد، تسلیم باش و به شکرانهٔ آن صدقه نثار کن.

چون حَقَت داد آن ریاضت، شُکْر کن تو نکردی، او کشیدت ز امر کُنْ[۳] ۳۳۹۹

هنگامی که تو جویای ریاضت نبودی و خداوند رنجی را به عنوان ریاضت برایت مقرّر کرد، شاکر باش؛ زیرا خداوند با فرمان «باش» تو را به تهذیبِ نَفْس و ارتقای جان وادار کرده است.

حکایتِ آن زنی که فرزندش نمی‌زیست، بنالید، جواب آمد که: آن عوضِ ریاضتِ توست و به جایِ جهادِ مجاهدان است تو را

زنی که رنج حمل و زایمان بیست فرزند را متحمّل شده بود؛ امّا هیچ یک از آنان بیش از شش ماه نزیسته بودند، به درگاه حق نالید. در خواب باغی پر از نعمت را به او نشان دادند که بر سردر کاخی نام وی نوشته شده بود و هاتفِ غیب در عالم رؤیا به او خاطرنشان کرد: مصایبی که دیده‌ای به جای خدمات و ریاضت‌هایی است که نتیجهٔ آن می‌توانست چنین نعمت بی‌زوالی باشد؛ امّا تو در التجا کاهل بودی؛ پس خداوند به جای سستی و کاهلی‌ات در طلب، مصیبت‌ها را بر تو گماشت.

---

۱ - اشارتی قرآنی؛ یس : ۳۲/۳۶ : ر.ک: ۳۶۸۶/۱. ۲ - **ریاضت** : ر.ک: ۴۶۹/۱.

۳ - اشارتی قرآنی؛ یس : ۸۲/۳۶ : ر.ک: ۱۷۹۸/۱ و ۲۱۳۴/۱ و ۲۴۷۶/۱.

آنگاه زن در باغ پیش رفت و جملهٔ فرزندان خود را در آنجا یافت. **«تو نکردی قَصد و از بینی دوید»**

این حکایت در تأیید الزامِ «ریاضت» است بر رهاندن «جان» از وبالِ تن که در قطعهٔ پیشین «اجابت کردن حق دعای موسی(ع) را»، بود به تقریر آمد و همچنین در بیانِ این معناست که ریاضات اجباری هم که سالک در سلوک بدان مبتلا می‌گردد، خیری است از جانب حق؛ زیرا خود شخصاً در طلب حقایق چنان که باید به مجاهده برنخاسته است. می‌توان در این قصّه زن را رمزی از زاهدِ متعبّد هم دانست که طالبِ پاداش طاعات خویش است.

آن زنـی هـر سـال زاییدی پسر　　　بیش از شش مَـه نـبودی عُـمرْوَر[1] ۳۴۰۰

زنی همه ساله پسری به دنیا می‌آورد؛ امّا فرزندانش بیش از شش ماه زنده نمی‌ماندند.

یا سه مَه یا چـار مَـه، گشـتی تـباه　　　ناله کـرد آن زن کـه: افـغان ای اِله! ۳۴۰۱

هر یک از آنان پس از سه یا چهار ماه می‌مرد. زن ناله و فریاد برآورد که خدایا.

نُه مَهَم بار است و سه مـاهَم فـرح　　　نـعمتم زوتـررو[2] از قـوسِ قُـزَح ۳۴۰۲

این فرزندان را نه ماه حمل می‌کنم و سه ماه مایهٔ شادی من می‌شوند؛ امّا شادمانی‌ام از رنگین کمان هم ناپایدارتر است و به زودی زوال می‌پذیرد.

پـیشِ مـردانِ خـدا کـردی نـفیر[3]　　　زین شکایت، آن زن از دردِ نـذیر[4] ۳۴۰۳

آن زن نزد مردان خدا هم می‌رفت و از این درد وحشتناک شکایت می‌کرد و فریاد بر می‌آورد.

بیست فرزند این چنین درگور رفت　　　آتشـی در جـانشان افـتاد تَـفت ۳۴۰۴

به این ترتیب بیست فرزند او به خاک سپرده شد و آتشی سوزان به جان آن خانواده افتاد.

تـا شـبی بـنمود او را جَـنّتی　　　باقیِ سبزی، خـوشی، بـی ضِـنَّتی[5] ۳۴۰۵

تا اینکه یک شب در عالم رؤیا باغ جاودانه و سرسبز و باطراوت و بدون عیبی را دید.

بـاغ گـفتم نـعمتِ بـی کـیف را　　　کاصلِ نعمت‌هاست و مجمع باغ‌ها ۳۴۰۶

نعمتی را که اصل و منشأ همهٔ نعمت‌ها و خوبی‌هاست، باغ نامیدم، نعمتی را که کیفیّت‌پذیر نیست و چند و چونی نمی‌توان برای آن قائل شد.

---

۱ - **عمرور**: دارای عمر، زنده.　۲ - **زوتررو**: ناپایدارتر.　۳ - **نفیر**: فریاد.
۴ - **درد نذیر**: دردی که آگاهی دهنده و هشدار است.　۵ - **ضِنَّت**: عیب، بخل.

ورنه لا عَیْنٌ رَأَتْ [1]، چه جایِ باغ گفت نورِ غیب [2] را یزدان چراغ ۳۴۰۷

اینکه آن نعمت بی‌زوال را باغ نامیدم، مقصودم نعمتی است که «چشم نظیرش را ندیده است»، خداوند هم برای نور غیب تعبیر چراغ را به کار برده است.

مِثْل نَبْوَد آن، مثالِ آن بُوَد تا بَرَد بوی آنکه او حیران بود ۳۴۰۸

آن دو چیز، یعنی «نعمتِ بی‌کیف» و «باغ» مانند یکدیگر نیستند و فقط به عنوان مثال چنین تعبیری را به کار می‌بریم تا کسی که حیران و در درکِ عوالم روحانی دچار سختی است، از چگونگی آن بویی ببرد.

حاصل، آن زن دید آن را، مست شد زآن تجلّی آن ضعیف از دستْ شد ۳۴۰۹

خلاصهٔ کلام اینکه آن زن در عالم رؤیا نعمت توصیف‌ناپذیری را دید و بیهوش شد. تجلّی عنایات و مراحم الهی بیش از ظرفیّت او بود؛ بنابراین از حال رفت.

دید در قصری نبشته نامِ خویش آنِ خود دانستش آن محبوبْ کیش ۳۴۱۰

دید که نام او را بر سر در قصری نوشته‌اند. آن زن باایمان فهمید که قصر به او تعلّق دارد.

بعد از آن گفتند کین نعمت وَراست کو به جان‌بازی به‌جز صادق نخاست [3] ۳۴۱۱

سپس به او گفتند: این نعمت متعلّق به کسی است که در راه حق صادقانه جانباز بوده است.

خدمتِ بسیار می‌بایست کرد مر تو را تا برخوری زین چاشتْ خَورد [4] ۳۴۱۲

برای برخورداری از این نعمت وصف‌ناپذیر، انجام خدمات و عبادات بسیار الزامی است.

چون تو کاهل بودی اندر التجا [5] آن مصیبت‌ها عوض دادت خدا ۳۴۱۳

چون تو در روی آوردن به حق سستی می‌کردی، خداوند آن مصیبت‌ها را به تو داد.

---

۱ - اشاره است به حدیث: قَالَ اللهُ تَعَالَى أَعْدَدْتُ لِعِبَادِيَ الصَّالِحِينَ مَا لاَ عَيْنٌ رَأَتْ وَ لاَ أُذُنٌ سَمِعَتْ وَ لاَ خَطَرَ عَلَى قَلْبِ بَشَرٍ: خداوند متعال فرمود: برای بندگان صالحم نعمت‌هایی در بهشت آماده کرده‌ام که نظیرش را هیچ چشمی ندیده و هیچ گوشی نشنیده و در دل هیچ کس خطور نکرده است: احادیث، ص ۳۱۴.

۲ - اشارت قرآنی؛ نور: ۳۵/۲۴.

۳ - اشاره به رنج مرگ فرزندان که قضای الهی بر وی نهاده بود و زن در برابر آن صبور و تسلیم بود.

۴ - **چاشت خَورد**: صبحانه، اینجا مراد نعمت توصیف‌ناپذیر است.

۵ - **اِلْتِجاء**: پناه جستن، روی آوردن به حق.

گفت : یارب! تا به صد سال و فزون   این چنینم دِه، بریز از من تو خون[1] ۳۴۱۴

زن گفت: پروردگارا، اینک که چنین است تا صد سال دیگر و بلکه بیش از آن، مصایب را بر من فروببار و هر چه می‌خواهی بر سرم بیاور.

اندر آن باغ او چو آمد پیشْ پیش   دید در وی جمله فرزندانِ خویش ۳۴۱۵

هنگامی که قدم به قدم به درون باغ پیش رفت، همهٔ فرزندان خود را در آنجا یافت.

گفت : از من کم شد، از تو گُم نشد   بی دو چشمِ غیب، کس مردُم نشد ۳۴۱۶

گفت: خدایا، من فرزندانم را گُم کردم؛ امّا تو گم نکردی. اگر چشمِ بصیرت نباشد، هیچ کس انسان شمرده نمی‌شود.

تو نکردی فَصد[2] **و از بینی دوید   خون افزون، تا زِ تب جانت رهید** ۳۴۱۷

تو خون زاید بدنت را از طریق حجامت خارج نکردی، در نتیجه خونِ اضافی از بینی‌ات جاری شد تا از تب و بیماری نجات یابی.

مغزِ هر میوه بِه است از پوستش   پوست دان تن را و مغز آن دوستش ۳۴۱۸

مغزِ هر میوه از پوست آن بهتر است، بدان که «تن»، همان «پوست» و «روح انسان» به منزلهٔ مغز آن است.

مغزِ نغزی دارد آخِر آدمی   یکدمی آن را طلب گر زآن دمی ۳۴۱۹

خلاصهٔ کلام آنکه، روح انسان که در میان جسم او نهان است، از ارزش و شأنِ بی‌نظیری برخوردار است. اگر از آن نفخهٔ الهی نصیبی داری، یک لحظه هم که شده آن را طلب کن.

---

۱ - **بریز از من تو خون** : هرچه می‌خواهی بر سرم بیاور و هر کاری که می‌خواهی بکن.

۲ - **فَصد** : رگ زدن و خون زاید را دفع کردن. در قدیم این کار را برای درمان تجویز می‌کردند. فصد کردن، رمزی است از «التجا» به حق و تهذیبِ نَفْس، از بینی دویدن هم مصایبی است که به صورت «ریاضتِ اجباری» بر وی وارد آمده و نَفْسِ زن را مهذّب داشته و راه ورود به بهشت را بر وی هموار ساخته است.

درآمدنِ حمزه[1] رضی الله عَنْه در جنگ، بی زره[2]

حمزه(ع) در اواخر دوران حیات خویش، بدون زره در میدان نبرد حضور می‌یافت. بی‌خبران از غیرت دهان به اندرز می‌گشودند و او در پاسخ می‌گفت: در جوانی انتقال از این جهان به جهان دیگر را مرگ و نیستی می‌دانستم؛ امّا اینک به برکت انوار محمّدی(ص)، مرگ جسمانی را هلاکت و نیستی نمی‌دانم و آن را «خطاب» برای «فتح باب» می‌یابم؛ بنابراین با سرمستی برای شرکت در ضیافت و بزم الهی می‌شتابم.

پس از قصّهٔ «آن زن که فرزندش نمی‌زیست» و جهادی همچون مجاهدان راه حق را بر خود هموار نمی‌داشت، رشتهٔ سخن به داستان حمزه(ع) می‌رسد و تقریرگر این معناست که عاشقان و پختگانی همانند او، این چنین سرمستانه به «مجاهده» می‌پردازند؛ زیرا ثمرهٔ نیک و الهی آن را می‌شناسند.

اندر آخِر حمزه چون در صف شدی　　　بی زِره سرمست در غَزْو آمدی ۳۴۲۰

حمزه(ع) در اواخر دوران حیات، بدونِ زره و سرمست از بادهٔ حق می‌جنگید.

سینه باز و تن برهنه، پیشْ پیش　　　در فکندی در صفِ شمشیر خویش ۳۴۲۱

در صف مقدّم جبهه شمشیر می‌زد در حالی که سینه و تنش عریان بود.

خلق پرسیدند کِای عمّ رسول!　　　ای هُژَبر[3] صفْ شکن، شاهِ فُحول[4] ۳۴۲۲

مردم پرسیدند: ای عموی پیامبر، ای شیر صف شکن و ای شاه دلیران.

نه تو لاٰ تُلْقُوا بِاَیْدیکُمْ اِلیٰ　　　تَهْلُکَه، خواندی ز پیغام خدا؟[5] ۳۴۲۳

مگر این پیام را در قرآن کریم نشنیده‌ای که می‌فرماید: «خود را به دست خویش به هلاکت میفکنید»؟

پس چرا تو خویش را در تَهْلُکه[6]　　　می‌دراندازی چنین در مَعْرَکه؟ ۳۴۲۴

پس چرا در جنگ این چنین خویش را به هلاکت می‌افکنی؟

---

۱ - **حمزه :** حَمزَة بن عبدالمطّلب بن هاشم، عم النّبی(ص). یکی از صحابهٔ کرام و عموی بزرگوار رسول خدا. کنیه‌اش ابوعماره است. در سال دوم بعثت اسلام پذیرفت. در غزای بدر و در غزای اُحُد دلیری‌ها نشان داد. در نیمهٔ شوّال سال سوم هجری در ۵۷ سالگی به شهادت رسید. از واقعه‌ای که پس از شهادت بر وی گذشت حضرت محمّد(ص) بسیار محزون شد و بی‌اندازه گریست.　　۲ - مأخذی برای این داستان در منابع مربوطه نیافتم.

۳ - **هُژَبْر :** شیر، دمان و زورمند.　　۴ - **فُحُول :** جمع فَحْل، دلیر.

۵ - اشارتی قرآنی؛ بقره : ۱۹۵/۲ : ر.ک: ۳۹۴۵/۱.　　۶ - **تَهْلُکه :** هرچه که انجامش هلاکت باشد.

چون جوان بودی و زَفت و سختْ زِه[1] تـو نـمی‌رفتی سـویِ صفْ بی زِرِه ۳۴۲۵

هنگامی که جوان و پرقوّت و نیرومند بودی هرگز بدون زره به میدان جنگ نمی‌رفتی.

چون شدی پیر و ضعیف و منحنی پـرده‌هایِ لاأُبـالی مـی‌زنی[2] ؟ ۳۴۲۶

اینک که سالخورده و ناتوان و خمیده قامت شده‌ای، نوای بی‌پروایی ساز کرده‌ای؟

لاأُبـالی‌وار بـا تـیغ و سِـنان[3] مـی‌نمایی دار و گیر[4] و امتحان؟ ۳۴۲۷

با بی‌پروایی شمشیر و نیزه در دست می‌گیری و به کارزار و محنت می‌روی.

تـیغ، حُـرمت مـی‌ندارد پـیر را کِـی بُـوَد تـمییزْ تیغ و تـیر را ؟ ۳۴۲۸

شمشیر، احترام سالخوردگان را رعایت نمی‌کند. شمشیر و تیر که نیرویِ تمییز ندارد.

زین نَسَق غـمخوارگـانِ بـی خـبر[5] پـند مـی‌دادنـد او را از غِـیَر[6] ۳۴۲۹

بدین ترتیب، دوستان ناآگاه از سر غیرت او را نصیحت می‌کردند.

جوابِ حمزه مر خلق را

گفت حمزه: چونکه بودم من جوان مـرگ مـی‌دیدم، وداع ایـن جـهان ۳۴۳۰

حمزه(ع) گفت: هنگامی که جوان بودم، مرگ را وداع با این جهان و پایان هستی خویش می‌پنداشتم.

سویِ مُردن کس به رغبت کِی رود؟ پـیشِ اژدرهـا بـرهنه کِـی شـود؟ ۳۴۳۱

چه کسی با میل به سوی مرگ می‌رود؟ چه کسی برهنه، بدون سلاح و زره به پیشواز اژدها می‌رود؟

لیک از نـورِ مـحمّد، مـن کـنون نـیستم ایـن شـهرِ فـانی را زبـون ۳۴۳۲

امّا اکنون به برکت نور محمّدی(ص)، دلبستهٔ این جهان فانی نیستم.

از بـرونِ حسّ، لشکـرگاهِ شـاه پُـر هـمی بـینم، زِ نـورِ حـق سـپاه ۳۴۳۳

در ماورای این عالمِ محسوس، لشکرگاه الهی را پر از سپاهیانی می‌بینم که نور حق‌اند.

---

۱ - سَخْت زِه : سخت کمان، کنایه از قوّت و قدرت است.

۲ - پرده‌های لاابالی زدن : کنایه از بی‌ملاحظه شدن و بی‌باکی است. ۳ - تیغ و سنان : شمشیر و نیزه.

۴ - دار و گیر : گیرودار، معرکه، صحنهٔ نبرد.

۵ - غمخوارگان بی خبر : یارانی که از احوال روحانی حمزه(ع) بی‌خبر بودند. ۶ - غِیَر : غیرت.

خیمه در خیمه، طناب اندر طناب　　　شُکر آنکه کرد بیدارم ز خواب ۳۴۳۴

چادرها به هم پیوسته و طناب‌ها به هم گره خورده است. خدا را شکر که مرا آگاه کرد.

آنکه مُردن پیشِ چشمش تَهلُکه است　　　امرِ لٰا تُلقُوا بگیرد او به دست ۳۴۳۵

کسی که مُردن در نظرش نیستی است، فرمان «لاٰ تُلقُوا» را دستاویزِ فرار از مرگ قرار می‌دهد.

وانکه مُردن پیش او شد فتحِ باب[1]　　　سارِعُوا[2] آید مر او را در خطاب ۳۴۳۶

امّا کسی که مرگ راگشوده شدن درهای عالم غیب می‌داند، خطاب «بشتابید» را باگوش جان می‌شنود.

اَلْحَذَر ای مرگْ‌بینان! بارِعُوا[3]　　　اَلْعَجَل ای حشْربینان! سارِعُوا ۳۴۳۷

ای کسانی که مرگ جسمانی را هلاکت و نیستی می‌پندارید، حذر کنید و در گریختن بر یک‌دیگر سبقت بگیرید. ای کسانی که به روز رستاخیز و ایستادن در محضر باری تعالی ایمان دارید، عجله کنید و بشتابید.

اَلصَّلا[4] ای لطف‌بینان! اِفْرَحُوا[5]　　　اَلْبَلا ای قهرْبینان! اِتْرَحُوا[6] ۳۴۳۸

ای کسانی که مرگ را لطف الهی می‌بینید، شادی‌کنان بیایید. ای کسانی که آن را قهر خدا می‌پندارید، این بلایی است که بر شما فرود می‌آید، غمگین باشید.

هر که یوسف دید! جان کردش فِدیٰ　　　هر که گُرگش دید برگشت از هُدیٰ[7] ۳۴۳۹

هر کس که مرگ جسمانی را همانندِ جمال یوسف‌رُخان ببیند، جان فدا می‌کند و هر کس که در آن جمال، گرگِ درنده را ببیند، منحرف می‌شود.

مرگِ هر یک ای پسر همرنگِ اوست　　　پیشِ دشمن دشمن، و بر دوست دوست ۳۴۴۰

ای پسر، مرگ همانند آیینه‌ای است که هر کس می‌تواند حقیقتِ خود را در آن ببیند. برای دشمنِ حقایق، مرگ دردناک و رنج‌آور است و برای دوست، شیرین و خوشایند است.

---

۱ - **فتح باب**: گشوده شدن درهای معارف و یا عوالم غیب بر دل سالک.

۲ - اشارتی قرآنی، آل‌عمران: ۱۳۳/۳: وَ سارِعُوا إِلیٰ مَغْفِرَةٍ مِنْ رَبِّکُمْ...: بشتابید به سوی مغفرت پروردگار خود... . ۳ - **بارِعُوا**: برتری بجویید. ۴ - **اَلصَّلا**: دعوت برای خوان. ۵ - **اِفْرَحُوا**: شادی کنید.

۶ - **اِتْرَحُوا**: غمگین شوید.

۷ - در این جهان همه چیز و خوب یا بد بودن حوادث و وقایع وابسته است به نگرش و جهان‌بینی آدمی که نشأت گرفته از وجوه نفسانی اوست.

۳۴۴۱ **پیش ِ تُرک[1] آیینه را خوش رنگی است　　پیش ِ زنگی[2] آینه هم زنگی است**

شخص سفیدپوست و خوش سیما، آیینه را خوش رنگ و زیبا می‌یابد؛ امّا در نظر کسی که سیاه پوست و کریه المنظر است، آیینه سیاه و زشت جلوه‌گر می‌شود.

۳۴۴۲ **آنکه می‌ترسی ز مرگ اندر فرار　　آن ز خود ترسانی ای جان هوش‌دار**

ای جان، آگاه باش و بدان که ترس تو از مرگ، چیزی جز ترس تو از خودت نیست.

۳۴۴۳ **روی زشت توست نه رخسارِ مرگ　　جانِ تو همچون درخت و مرگْ برگ**

چیزی که از آن وحشت داری، چهرهٔ درونی خودِ توست نه چهرهٔ مرگ؛ زیرا نَفْس ِ تو مانندِ درخت و مرگ، برگ آن است.

۳۴۴۴ **از تو رُسته‌ست، ارنکوی است، ار بد است　　ناخوش وخوش، هرضمیرت[3] ازخوداست**

برگ‌های این درخت، چه خوب و چه بد، نتیجهٔ اعمال، افکار و احساساتِ توست.

۳۴۴۵ **گر به خاری خسته‌ای، خودکِشته‌ای　　ور حریر و قَز[4] دری، خود رِشته‌ای**

اگر برگ‌های این درخت، همانند خار وجودت را آزار می‌دهد، این خار را خودت کاشته‌ای و اگر مثلِ حریر و پرنیان آرامش دهنده است، محصول اعمال و افکارِ توست.

۳۴۴۶ **دانکه نَبْوَد فعلْ همرنگِ جزا　　هیچ خدمت نیست همرنگِ عطا**

البتّه این نکته را بدان که سزایِ عمل مشابه خودِ عمل نیست، همانگونه که هیچ خدمت و هیچ کاری مشابه مزد یا پاداشی که در ازای آن پرداخت می‌شود، نیست.

۳۴۴۷ **مزدِ مزدوران نمی‌مانَد به کار　　کآن عَرَض، وین جوهر است[5] و پایدار**

مزدِ کارگران شباهتی به کارشان ندارد؛ زیرا کاری که انجام داده‌اند، از جنس «عَرَض» بوده است؛ امّا مزدی که دریافت داشته‌اند از جنس «جوهر» است.

اعمال انسان همه عَرَض و ناپایدارند؛ امّا جزایِ آن که از حق می‌رسد، جوهر و پایدار است.

۳۴۴۸ **آن همه سختی و زور است و عرق　　وین همه سیم‌است و زرّ است و طبق**

کارِ کارگر سرشار از سختی، زور و عرق ریختن است؛ امّا مزدِ آن نقره، طلا و نعمت است.

---

۱ - **تُرک :** مراد انسان سفیدپوست است.　۲ - **زنگی :** مراد انسان سیاه‌پوست است.

۳ - **هر ضمیرت :** هر چه که از ضمیر و فکرت می‌گذرد.　۴ - **قَز :** پارچهٔ ابریشمی، پرنیان.

۵ - **جوهر و عَرَض :** ر.ک: ۲۱۲۰/۱ و ۹۴۷/۲.

گر تو را آید ز جایی تهمتی　　کرد مظلومت دعا در محنتی ۳۴۴۹

اگر تو را در جایی متّهم کنند، این اتّهام نتیجهٔ ستمِ تو بر مظلوم و نفرینِ اوست.

تو همی گویی که: من آزاده‌ام　　بر کسی من تهمتی ننهاده‌ام ۳۴۵۰

تو با خود می‌گویی که من مرتکب خطایی نشده‌ام و به کسی اتّهامی وارد نکرده‌ام.

تو گناهی کرده‌ای شکلِ دگر　　دانه کِشتی، دانه کی مانَد به بَر ۳۴۵۱

گناه تو تهمت زدن نبوده، جرم دیگری بوده است و متّهم شدنت محصول و نتیجهٔ آن است. اعمال آدمی، مانند دانه‌ای است که در زمینِ تنِ خویش می‌کارد، هیچ‌گاه ثمرهٔ آن دانه مشابه خود بذر نیست.

او زِنا کرد و جزا صد چوب بود[1]　　گوید او من کِی زدم کس را به عود[2]؟ ۳۴۵۲

بنا بر حُکمِ شرع، کسی را که مرتکبِ زنا می‌شود، صد ضربه تازیانه می‌زنند. شخص زناکار می‌گوید: من چه کسی را با چوب یا تازیانه زده‌ام که مرا تازیانه می‌زنید؟

نه جزایِ آن زنا بود این بلا؟　　چوب کی مانَد زنا را در خلا[3]؟ ۳۴۵۳

آیا این بلا کیفر و مجازاتِ آن زنا نیست؟ ضربه‌های چوب یا تازیانه که به عنوانِ مجازات تعیین شده است، چه مشابهتی با آن دارد؟[4]

مار کِی ماند عصا را ای کلیم؟　　درد کِی ماند دوا را ای حکیم؟ ۳۴۵۴

ای کلیم، مار به عصا چه شباهتی دارد؟ ای حکیم، درد چه شباهتی به درمان دارد؟

تو به جایِ آن عصا، آبِ منی　　چون بیفکندی، شد آن شخصِ سَنی[5] ۳۴۵۵

موسی(ع) عصا را افکند و به اژدهایی مبدّل شد؛ امّا تو به جای عصا، آب نطفه‌ات را در زهدان زنی افکندی و آن آب به انسانی بزرگ مبدّل شد.

یار شد یا مار شد آن آبِ تو　　زآن عصا چون است این اعجابِ تو؟ ۳۴۵۶

آن قطرهٔ منی می‌تواند به انسانی نیک یا بد تبدیل شود؛ بنابراین با این توضیحات، چرا از اینکه عصا به اژدها مبدّل شد، تعجّب می‌کنی؟

---

۱ - اشارتی قرآنی؛ نور: ۲/۲۴: اَلزّانِیَةُ وَ الزّانی فَاجْلِدُوا کُلَّ واحِدٍ مِنْهُما مِائَةَ جَلْدَةٍ...: به هر یک از زن و مرد زناکار صد تازیانه بزنید.... ۲ - **عود**: چوب. ۳ - **خَلا**: در عربی حرف استثناست، جز، مگر.
۴ - گناه و کیفر همانند یک‌دیگر نیستند. ۵ - **سَنی**: بزرگ و روشن.

هیچ مانَد آبِ آن فرزند را؟ هیچ مانَد نیشکر مر قند را؟ ۳۴۵۷

آیا آن آبِ منی هیچ شباهتی به فرزندی که حاصل آن است، دارد؟ آیا نیشکر شباهتی به قند دارد؟

چون سجودی یا رکوعی مرد کِشت شد در آن عالم سجودِ او بهشت ۳۴۵۸

هنگامی که انسان سجده می‌کند یا به رکوع می‌رود، گویی دانه‌ای در زمینِ جانِ خویش می‌کارد و ثمرهٔ این دانه‌ها در آن جهان، بهشت است.

چونکه پرّید از دهانش حمدِ حق مرغِ جنَّت[1] ساختش رَبُّ ٱلفَلَق[2] ۳۴۵۹

هنگامی که دهان انسان به ستایش حق باز شود، خداوند آن را به پرندهٔ بهشت مبدّل می‌کند.

حمد و تسبیحت نمانَد مرغ را گرچه نطفهٔ مرغ باد است و هوا[3] ۳۴۶۰

ستایش و نیایش تو، شباهتی به پرنده ندارد، هرچند که نطفهٔ پرندگان هم باد و هواست.

چون ز دستت رُست ایثار و زکوٰة گشت این دست آن طرف نخل و نبات ۳۴۶۱

اگر مالی را بذل کنی و زکاتی بپردازی، این اعمال در آن جهان به نخل و درخت باروری مبدّل می‌شوند.

آبِ صبرت جویِ آبِ خُلد شد جویِ شیرِ خُلد، مِهرِ توست و وُدّ[4] ۳۴۶۲

صبرِ تو بر مصایب و سختی‌ها، به جویباری بهشتی مبدّل می‌شود. مهر و محبّتی که در وجودت می‌جوشد، جوی شیری است که در بهشت جریان دارد.

ذوقِ طاعت گشت جویِ انگبین مستی و شوقِ تو جوی خمر بین[5] ۳۴۶۳

ذوقی که در انجام طاعات و عبادات داری به جویباری از عسل مبدّل می‌شود. مستی و شوقی که برای قُربِ حق داری، به جویباری از شراب تبدیل می‌گردد.

---

۱ - اشاره به حدیثی است که ترجمهٔ آن چنین است: کسی که ذکر لاٰ إلهَ إلاّ الله گوید، خداوند به ازای هر کلمه از آن یک پرنده، آن هم با منقاری از طلا و پر و بالی از مرجان می‌آفریند: احادیث، ص ۳۹.

۲ - **رَبُّ الْفَلَق** : پروردگار سپیده‌دم، مقتبس از سورهٔ فَلَق.

۳ - به اعتقاد قدما نَفَس پرندگان در باروری آنها مؤثر است؛ پس حمد و ثنای تو هم که نَفَس توست، می‌تواند به پرنده‌های بهشتی تبدیل شود.

۴ - **وُدّ**: وداد، حبّ، دوست داشتن.

۵ - دو بیت اخیر اشارتی است قرآنی، محمّد : ۱۵/۴۷ : وصف بهشتی که به پرهیزگاران وعده داده شده است [چنین است که] در آن جوی‌هایی از آب زلال و گوارا، و جوی‌هایی از شیری که مزه‌اش تغییرناپذیر است، و جوی‌هایی از شراب لذّت‌بخش آشامندگان، و جوی‌هایی از عسل پالوده [روان] است...

ایـن سـبب‌ها آن اثـرها را نـماند کس نداند چونْش جایِ آن نشاند؟ ۳۴۶۴

این سبب‌ها شباهتی به آن اثرها ندارند و کسی نمی‌داند که خداوند چگونه این سبب‌ها را منشأ آن اثرها قرار داده است.

این سبب‌ها چون به فرمانِ تو بـود چار جو هم مر تو را فـرمان نـمود ۳۴۶۵

در این جهان که سبب‌ها [صبر، مهر، ذوق و شوق] در راه تقرّب در اختیار تو باشد، چهار جوی بهشت نیز به فرمان تو خواهد بود.

هر طرف خـواهـی روانش مـی‌کنی آن صفت چون بُد، چنانش می‌کنی ۳۴۶۶

جوی‌ها را به هر طرف که بخواهی روان می‌کنی. به همان میزان کـه در ایـن دنـیا از آن صفات برخوردار بودی، می‌توانی آثار آن را نیز تغییر دهی.

چون منیِ تو که در فـرمانِ تـوست نسـلِ آن در امـرِ تـو آیـند چُست ۳۴۶۷

همان‌طور که آب نطفه‌ات به فرمانِ توست، نسلِ حاصل از آن هم به فرمان توأند.

مـی‌دَوَد بـر امـرِ تـو فـرزندِ نـو که: منم جزوت که کـردی‌اش گـرو ۳۴۶۸

فرزندِ نوپا به فرمان تو می‌دود و به زبان حال می‌گوید: من پارهٔ وجودِ تـوأم کـه مـرا در زهدان مادرم به ودیعه نهادی.

آن صفت در امرِ تو بود این جـهان هم در امر تـوست ان جـوها روان ۳۴۶۹

در این جهان، صفات پسندیده و نیک به فرمان تو بود؛ پس آثار آن هم کـه جـوی‌های بهشتی است، به فرمان تو خواهد بود.

آن درختان مـر تـو را فـرمان بـرند کآن درخـتان از صـفاتت بـا بَـرند ۳۴۷۰

درختان بهشتی که آثارِ ایثار و سخایِ توأند، مطیعِ اراده و فرمان تو هستند؛ زیرا آن‌ها از صفاتِ نیک تو پدید آمده و پربار شده‌اند.

چون به اَمر توست اینجا این صفات پس در امرِ تـوست آنـجا آن جـزات ۳۴۷۱

چون این صفات [سبب‌ها] در این جهان تحت فرمان تو هستند، در آن جهان نیز اثر آن‌ها که پاداشِ توست، به فرمانت خواهند بود.

چون ز دستت زخم بر مظلوم رُست   آن درختی گشت، از او زَقّوم[1] رُست ۳۴۷۲

اگر از دستت زخمی به ستمدیده‌ای برسد، آن ستم در جهنّم به درختِ زقّوم مبدّل می‌شود.

چون ز خشم، آتش تو در دل‌ها زدی   مـــایهٔ نـــارِ جـــهنّم آمـــدی[2] ۳۴۷۳

چون از خشم، دل‌های بسیاری را به آتش کشیده‌ای، مایهٔ شعله‌ورتر شدن آتش دوزخ شده‌ای.

آتشت ایـنجا چـو آدمْ‌سوز بـود   آنـچه از وی زاد مـردافـروز[3] بـود ۳۴۷۴

در این جهان، آتشِ خشمت انسان‌ها را به آتش می‌کشید، اثرِ آن در جهان دیگر هم آتشی است که انسان را می‌سوزانَد؛ یعنی خودت در آن خواهی سوخت.

آتشِ تـو قـصدِ مـردم مـی‌کُند   نـارکـز وی زاد، بـر مـردم زنـد ۳۴۷۵

آتشِ خشم تو به دیگران لطمه می‌زند؛ پس در آن جهان، آتشی که از آن پدید آید، به انسان آسیب خواهد رساند؛ یعنی خودت صدمه خواهی دید.

آن سخن‌هایِ چـو مـار و کـژدُمت   مار و کژدُم گشت و مـی‌گیرد دُمت ۳۴۷۶

سخنان نیشدارت که مانند مار و عقرب بود، به مار و عقرب مبدّل می‌شوند و گرفتارت می‌کنند.

اولیـــا را داشـــتی در انـــتظار   انـــتظارِ رسـتخیزت گَشت یـار ۳۴۷۷

اولیای خدا را منتظر می‌گذاشتی، یعنی دعوت و هـدایت آنـان را اجـابت نـمی‌کردی؛ بنابراین باید در روز رستاخیز در انتظار حسابرسی بمانی؛ یعنی در آن روز، برای مـحاسبهٔ اعمالت بسیار معطّل می‌شوی و رنج شدیدی را متحمّل می‌گردی.

وعـــدهٔ فـــردا و پس فـردای تـــو   انـتظارِ حشـرت آمـد، وای تـو ۳۴۷۸

وعدهٔ امروز و فردایی که به اولیای خدا می‌دادی، به انتظار در روز رستاخیز مبدّل شد، وای بر تو!

مـــنتظر مـــانی در آن روزِ دراز   در حســاب و آفـتابِ جـانْ‌گـداز ۳۴۷۹

در آن روز بسیار طولانی و در زیر آفتاب سوزان به انتظار محاسبه باقی می‌مانی.

کآســمان[4] را مـــنتظر مـی‌داشـتی   تـــخمِ فـــردا رَهْ رَوَم مـــی‌کاشتی ۳۴۸۰

زیرا اهل آسمان را در انتظار باقی می‌گذاشتی و می‌گفتی که فردا توبه می‌کنم و به راه راست می‌آیم.

---

۱ - **زَقّوم:** درختی در دوزخ با میوهٔ تلخ که خوراکِ دوزخیان است، صافّات: ۶۲/۳۷.

۲ - اشارتی قرآنی؛ بقره: ۲۴/۲ : ر.ک: ۱۳۸۲/۱.   ۳ - **مردافروز:** آدم‌سوز.

۴ - **آسمان:** اهل آسمان، کرّوبیان، مردان حق.

خشـمِ تـو تـخمِ سـعیر[1] دوزخ است هین بکُش این دوزخت را کین فَخ[2] است ۳۴۸۱

«خشم و غضب»، همانند دانهٔ دامِ دوزخ است. آگاه باش و این دوزخ درونی را خاموش کن.

کُشتنِ ایـن نـار نَـبْوَد جـز بـه نـور نُـورُكَ اَطْـفَأْ نـارَنا، نَـحْنُ الشَّكُـور[3] ۳۴۸۲

آتشِ دوزخِ درونِ آدمی جز با نور ایمان که به امدادِ مـردان حـق در جـانِ انسـان تـابان می‌شود، خاموش نمی‌گردد؛ بنابراین «جانِ» کسی که از آتش رهیده است، شاکرانه به مرد حق می‌گوید: نورِ تو نارِ ما را خاموش کرد، سپاسگزاریم.

گر تو بی‌نوری کنی حِلْمی به دست آتشت زنده‌ست و در خاکستر است ۳۴۸۳

اگر پیش از آنکه نور ایمان در وجودت متجلّی گردد، بکوشی که با صبر، آتشِ خشم و شهوت را مهار یا خاموش کنی، چندان موفّق نمی‌شوی؛ زیرا این آتش در وجودت هست و در زیر خاکستر نهان است.

آن تکـلّف بـاشد و روپـوش هـین! نـار را نَکْشَـد بـه غـیرِ نـورِ دیـن ۳۴۸۴

آن صبر، تکلّف و ظاهرسازی است. آگاه باش که هیچ چیز جز «نورِ ایمان» نمی‌تواند این آتش را خاموش کند؛ یعنی تنها راه خاموش شدن آن، تبدیل «نار» به «نور» است که جز بـا تهذیب ممکن نیست.

تـا نـبینی نـورِ دیـن، ایمـن مـباش کآتش پـنهان شـود یک روز فـاش ۳۴۸۵

تا تجلّیِ نور ایمان را که امنیت و آرامش درونی محصول آن است، در وجودت حس نکرده‌ای از شعله‌هایِ سرکش آتش خشم و شهوت در امان نیستی؛ زیرا آتشِ زیر خاکستر روزی زبانه می‌کشد.

نورْ آبی دان، و هم بـر آب چَـفْس[4] چـونکه داری آب، از آتش مـترس ۳۴۸۶

«نورِ ایمان»، همانند آب این آتش را خاموش می‌کند؛ پس به این نور تـمسّک بـجو و بـا داشتن آب از آتش نترس.

آبْ آتش را کُشـد کآتش بـه خُـو مـی‌بسوزد نسـل و فـرزندانِ او ۳۴۸۷

آب آتش را خاموش می‌کند؛ زیرا آتش بنا به ویژگیِ خود، موجوداتی را که از آب پدید آمده‌اند، می‌سوزاند.

---

۱ - **سَعیر** : زبانهٔ آتش، آتش. ۲ - **فَخّ** : دام. ۳ - اشاره به حدیث است با همین مضمون: ر.ک: ۱۲۵۲/۲.
۴ - **چَفْس** : بچسب.

سـویِ آن مـرغابیان رو روزِ چـند تـا تـو را در آبِ حـیوانـی کَشَـند ۳۴۸۸

چند روزی به سوی مرغابیان دریای حق، یعنی مردان خدا برو تا تـو را در آب حـیات غوطه‌ور کنند.

مرغِ خاکی، مرغِ آبی، هـم تـن‌انـد لیک ضِدّان انـد آب و روغـن انـد[1] ۳۴۸۹

«مرغ خاکی» و «مرغ آبی» ظاهراً شبیه‌اند؛ ولی در اصل با هم تخالف و تضادّ دارند، مثل آب و روغن و با هم نمی‌آمیزند.

هر یکی مر اصل خـود را بـنده‌انـد احـتیاطی کـن، بـه هـم مـانندهانـد ۳۴۹۰

هر یک از آنان از اصل خود تبعیّت می‌کنند، محتاط باش که ظاهر هر دو مرغ یکسان است.

همچنانکه وسـوسه و وحـیِ اَلَست هر دو معقول‌اند لیکـن فـرق هست ۳۴۹۱

همان‌طور که وسوسهٔ شیطانی و وحی و الهام ربّانی هر دو را با عقل می‌توان دریافت؛ امّا میان آن‌ها هم تخالف و تضاد هست.

هــر دو دلّالانِ بــازارِ ضــمیر رخت‌هـا را مـی‌ستایند ای امـیر! ۳۴۹۲

ای سرور من، آن‌ها در بازارِ دلِ آدمی به دلّالی مشغول‌اند و هر یک می‌کوشند تا متاع خویش را مقبول انسان عرضه بدارند.

گر تو صَرّاف دلی[2] **فکرتْ شـناس فرق کن سرِّ دو فکرِ چون نَـخاس**[3] ۳۴۹۳

اگر تو انسان آگاه و اندیشه‌شناس هستی، باید بتوانی القایِ شیطانی و الهام ربّانی را از یک‌دیگر بازشناسی، همان‌طور که دلّال به سهولت کالای خوب را از بد تمییز می‌دهد.

ور ندانی ایـن دو فکـرت از گُـمان لا خِلابه[4] **گوی، و مشـتاب و مـران** ۳۴۹۴

اگر به سبب تردید نمی‌توانی ایـن دو القـا را از یک‌دیگـر بـاز شـناسی، بـا خـود بگـو: نمی‌خواهم فریب بخورم، زود تصمیم نگیر و به خود فرصتی بده تا حقیقت را دریابی.

---

۱ – در این تمثیل، «اهل دل» به مرغ آبی و «اهل دنیا» به مرغ خاکی مانند شده‌اند.

۲ – **صرّاف دل :** انسان آگاه، جویای حق، مرد خدا. ۳ – **نخّاس :** برده‌فروش، فروشندهٔ چهارپا.

۴ – **خِلابَه :** فریفتن. لا خِلابه؛ مقتبس از یک حدیث نبوی که در بیت بعد می‌آید.

حیلهٔ دفعِ مغبون شدن در بیع و شِرا[1]

آن یکــی یــاری پـیمبر را بگــفت — که منم در بیع‌ها با غَـبنْ[2] جُـفت[3] ۳۴۹۵

یکی از یاران به پیامبر(ص) گفت: من همواره در معاملات زیان می‌کنم.

مکرِ هر کس کـو فُـروشَد یـا خَـرَد — همچو سِحر است و زِ راهم می‌بَرَد ۳۴۹۶

نیرنگ خریدار یا فروشنده همانند جادو مرا تحت تأثیر قرار می‌دهد و گمراهم می‌کند.

گفت: در بیعی که تـرسی از غِـرار[4] — شرط کن سـه روز خـود را اخـتیار ۳۴۹۷

پیامبر(ص) گفت: در معامله‌ای که احتمال می‌دهی مغبون شوی، سه روز برای فسخ قرارداد بخواه.

کـه تأنّـی هست از رحـمان یـقین — هست تـعجیلت ز شـیطانِ لعـین[5] ۳۴۹۸

زیرا تأمّل، الهی و تعجیل امری شیطانی است.

پیش سگ چون لقـمهٔ نـان افکـنی — بو کـند آنگـه خـورد ای مُـعْتَنی[6] ! ۳۴۹۹

ای که به ظرایف و دقایق توجّه داری، اگر لقمه نانی پیش سگی بیفکنی، ابتدا آن را بو می‌کند و بعد می‌خورد.

او بــه بـینی بـو کـند مـا بـا خِـرد — هــم بــبوییمش بــه عـقلِ مُـنْتَقد[7] ۳۵۰۰

سگ با بینی بو می‌کند، ما با عقل پالایش یافته القائات و اندیشه‌ها را بررسی می‌کنیم.

بــا تأنّــی گشت مـوجود از خـدا — تا به شش روز این زمین و چرخ‌ها[8] ۳۵۰۱

زمین و آسمان‌ها را خداوند با تأنّی و در شش روز آفرید.

---

۱ - چارهٔ فریب خوردن در خرید و فروش. ۲ - **غَبْن** : ضرر و زیان.

۳ - اشاره به روایت: عَنِ ابْنِ عُمَرَ قَالَ رَجُلٌ لِلنَّبِیِّ: إِنِّی اُخْدَعُ فِی الْبُیُوعِ فَقَالَ: إِذَا بَایَعْتَ فَقُلْ لاَ خِلاَبَةَ: و در بعضی روایات به اضافهٔ: وَلِیَ الْخِیَارُ ثَلاَثَةَ اَیَّامٍ. از ابن عمر نقل شده که شخصی به پیامبر خدا(ص) گفت من در معاملات مغبون می‌شوم، راه و چاره چیست؟ آن حضرت فرمود: با کسی که معامله می‌کنی، بگو به این شرط خریدارم که تقلب و فریب در کار نباشد. (در بعضی روایات اضافه کرده‌اند:) و تا سه روز اختیار فسخ معامله را داشته باشم: احادیث، ص ۳۱۷. ۴ - **غِرار** : گول خوردن.

۵ - مقتبس است از این روایت: اَلتَّأَنّي مِنَ اللهِ وَالْعَجَلَةُ مِنَ الشَّيْطَانِ: تأنّی در کارها از خداست و عجله داشتن از شیطان: احادیث، ص ۳۱۷. ۶ - **مُعْتَنی** : اعتنا کننده، توجّه کننده. ۷ - **مُنْتَقَد** : نقّادی شده، پاک شده.

۸ - اشارتی قرآنی؛ اعراف : ۵۴/۷ : ...خَلَقَ السَّمٰواتِ وَ الأَرْضَ فِی سِتَّةِ أَیّامٍ... .

دفتر سوم ۵۰۱

ورنــه قــادر بـود کـو کُـنْ فَـیَکُون[1]　　صـد زمـین و چـرخ آوردی بـرون ۳۵۰۲

تأنّیِ خداوند در آفرینش زمین و آسمان‌ها، حکمت او بود وگرنه حق تعالیٰ می‌توانست به جهان هستی بگوید: موجود باش و بی‌درنگ «عالم امکان» موجود می‌شد.

آدمــی را انــدک انـدک آن هُـمام[2]　　تـا چـهل سـالش کـند، مـردِ تـمام ۳۵۰۳

خداوند قادر، انسان را به تدریج و در طیّ چهل سال به کمال می‌رساند.

گرچه قـادر بـود کـاندر یک نَـفَس　　از عــدم پَـرّان کـند پـنجاه کس ۳۵۰۴

هرچند که قدرت خلاّقهٔ او می‌توانست به لحظه‌ای پنجاه انسان را از عدم به عالمِ وجود بیاورد.

عـیسی قـادر بـود کـو از یک دعـا　　بــی تــوقّف بــر جــهانَد مُـرده را ۳۵۰۵

عیسی(ع) که بندهٔ حق تعالیٰ بود، به برکتِ دعایِ مستجاب، مرده را بلافاصله زنده می‌کرد.

خــالقِ عــیسی بــنتوانــد کــه او　　بــی‌توقّف مــردم آرد تُـو بـه تُـو؟ ۳۵۰۶

آیا خالق عیسی(ع) نمی‌تواند بدون تأنّی انسان‌ها را گروه‌گروه جامهٔ هستی بپوشاند؟

ایــن تأنّــی از پــیِ تـعلیمِ تـوست　　که طلب آهسته باید، بی سُکُست[3] ۳۵۰۷

این تأنّی در آفرینش و سپس پرورش موجودات، برای آموزش توست که بدانی «طلب» باید آهسته و پیوسته باشد.

جُویَکی کوچک که دایـم مـی‌رود[4]　　نه نـجس گـردد، نـه گـنده مـی‌شود ۳۵۰۸

به عنوان مثال، جویبار کوچکی که همواره جریان دارد، ناپاک نمی‌شود و نمی‌گندد.

زیــن تأنّــی زایـد اقـبال و سـرور　　این تأنّی بیضه، دولتْ چون طـیور ۳۵۰۹

تأنّی موجب سعادت و شادمانی است. تأمّل مانندِ تخم و اقبال مثلِ پرنده است.

مرغ کِی ماند به بـیضه ای عَـنید[5]!　　گـرچـه از بـیضه هـمی آیـد پـدید ۳۵۱۰

ای ستیزه‌گر، پرنده چه شباهتی به تخم دارد؟ هرچند که از تخم پدید می‌آید.

باش تا اجـزای تـو چـون بـیضه‌ها　　مــــرغ‌ها زایــــند انــــدر انــتها ۳۵۱۱

صبر کن تا در پایان ببینی که اعضای بدن تو هم مانند تخم‌ها، پرندگانی را به وجود می‌آورند.

---

۱ - اشارتی قرآنی؛ یس : ۸۲/۳۶ : ر.ک: ۵۱۶/۱ و ۱۷۹۸/۱ و ۲۴۷۶/۱.　۲ - **هُمام** : مهتر، سرور، پروردگار.
۳ - **بی سُکُست** : بی وقفه.　۴ - در این تمثیل، «طلب» در سیر و سلوک به جویبار مانند شده است.
۵ - **عَنید** : معاند، ستیزه‌گر.

بیضهٔ مار ار چه مانَد در شَبَه   بیضهٔ گنجشگ را، دور است ره ۳۵۱۲

هرچند که تخم مار شبیه تخم گنجشک است؛ امّا بین آن دو تفاوت زیادی است.

دانهٔ آبی[1] به دانهٔ سیب نیز   گرچه مانَد، فرق‌ها دان ای عزیز ۳۵۱۳

ای عزیز، دانهٔ به هم شبیه دانهٔ سیب هست؛ امّا میان آن دو نیز تفاوت‌هایی وجود دارد.

برگ‌ها همرنگ باشد در نظر   میوه‌ها هر یک بُوَد نوعی دگر ۳۵۱۴

برگ‌ها نیز به ظاهر همرنگ دیده می‌شوند؛ امّا میوه‌های متفاوتی به بار می‌آورند.

برگ‌های جسم‌ها مانندهاند   لیک هر جانی به رَیعی[2] زنده‌اند ۳۵۱۵

جسم انسان‌ها نیز مانند برگ‌ها از نظر ظاهر به هم شبیه‌اند؛ امّا هر جانی به خاطر چیزی زنده است و ویژگی‌های خاصّ خود را داراست و ثمرهٔ روحانی حیات او با جان دیگر متفاوت است.

خلق در بازار یکسان می‌روند   آن یکی در ذوق و دیگر دردمند ۳۵۱۶

مردم در کوچه و بازار ظاهراً همانند یک‌دیگرند؛ امّا یکی شاد و دیگری غمگین است.

همچنان در مرگ یکسان می‌رویم   نیم در خُسران[3] و نیمی خسرویم[4] ۳۵۱۷

این حالت در مورد مرگ هم مصداق دارد، ظاهراً همه مانند یک‌دیگر جان می‌دهیم؛ امّا نیمی از ما زیانکار و نیمی دیگر سعادتمندیم.

وفات یافتنِ بلال[5] رَضِیَ اللهُ عنه، با شادی[6]

با فرارسیدن آثار مرگ در بلال حبشی یار وفادار و مؤذّن پیامبر(ص)، همسر وی از فرط اندوه، **واحَرَب**[7] سر داد. بلال خطاب به او گفت: امروز روزِ **واحَرَب** نیست، روزِ **واطَرَب**[8] است.

۱ - **آبی**: به.   ۲ - **رَیْع**: محصول.   ۳ - **خُسران**: زیان کردن.
۴ - **خسرو**: پادشاه، اینجا مراد کسی است که سعادت اخروی دارد.   ۵ - **بلال**: ر.ک: ۱۹۹۷/۱.
۶ - مأخذ آن روایتی است با همین مضمون که در طیّ آن بلال اظهار می‌دارد که با انتقال به جهان باقی به دیدار دوستان؛ یعنی پیامبر(ص) و یارانش نایل خواهد شد: احادیث، ص ۳۱۸.   ۷ - **واحَرَب**: چه مصیبتی.
۸ - **واطَرَب**: چه شادی عظیمی.

همسر او در پاسخ گفت: اینک هنگام فراق فرا رسیده است؛ امّا بلال که فراقی در میان نمی‌دید، معتقد بود که این عینِ وصال است. همسر وی با اندوه گفت: کجا می‌توانیم دوباره تو را ببینیم؟ **«گفت: اندر حلقهٔ خاصّ خدا»**

ابیات پایانی قطعهٔ پیشین در تقریر این معنا بود که انسان‌ها ظاهراً مانند یک‌دیگر جان می‌دهند؛ امّا گروهی در زیان و گروهی کامیاب‌اند «نیم در خسران و نیمی خسرویم»، اینک قصّهٔ «وفات یافتن بلال رَضِیَ اللهُ عَنْهُ با شادی»، نمونهٔ بارز کسانی است که با مرگ و انتقال به جهان باقی خسرواند و مرگ جسمانی را مرحله‌ای از مراحل تکامل انسان می‌دانند و با فرارسیدن آن نه تنها اندوهگین نمی‌شوند، بلکه این انتقال را برافکندن حجاب تن و وصال حق به شمار می‌آورند.

جان کلام در بیانِ این معناست که ویران شدن تن آدمی با مرگ بنا بر حکمتی است که به موجب آن جان انسان یا قوای روحانی او بتواند به عالمی فراخ و بی‌چون منتقل گردد.

چون بلال از ضعف شد همچون هلال — رنگِ مرگ افتاد بر رویِ بلال ۳۵۱۸

هنگامی که بلال مؤذّن پیامبر(ص) از ضعف، همانند هلالِ ماه باریک شد، آثار مرگ در چهره‌اش هویدا گردید.

جفت او دیدش، بگفتا: واحَرَب — پس بلالش گفت: نه نه، واطَرَب ۳۵۱۹

همسرش او را با آن حال دید و گفت: چه مصیبتی! بلال گفت: نه، نه، چه شادی عظیمی.

تاکنون اندر حَرَب[1] بودم ز زیست — تو چه دانی مرگ چون عیش است و چیست؟ ۳۵۲۰

من تاکنون در رنج و ناراحتی بودم؛ امّا پس از این رنج و غمی نیست، تو چه می‌دانی که مرگ چیست و چه شادمانی عظیمی است؟

این همی گفت و رُخَش در عینِ گفت — نرگس و گلبرگ و لاله می‌شکفت ۳۵۲۱

این سخنان را می‌گفت و چهره‌اش، همانند نرگس و گل و لاله شکفته می‌شد.

تابِ رُو و چشم پُر انوار او — می‌گواهی داد بر گُفتارِ او ۳۵۲۲

سیمای منوّر و چشمان پرنورش گواه سخنان او بود.

هر سیه دلْ[2] می‌سیه دیدی وَرا — مردم دیده سیاه آمد چرا؟ ۳۵۲۳

افراد سیاه دل بلال را سیاه می‌دیدند؛ یعنی به سبب پوستِ تیره در وی به چشم حقارت می‌نگریستند. مردمک چشم هم سیاه است، آیا هرگز به دلیلِ آن توجّه کرده بودند؟

---

۱ – **حَرَب**: گرفتن مال کسی و بی‌چیز ماندن او. ۲ – **سیه دل**: اهل دنیا.

مــــردمِ نــادیده[۱] بــاشد روسـیاه   مــردمِ دیـــده[۲] بــود مـــرآت[۳] مـاه ۳۵۲۴

«چشمِ ظاهر» که «عالمِ غیب» را نمی‌بیند، روسیاه است؛ امّا «چشمِ حق‌بین» یا «چشمِ انسانِ کامل»، مانندِ آیینه‌ای است که می‌توان ماه را در آن دید؛ یعنی او مظهرِ «اسما و صفات» است.

خــود کـه بـیند مـردمِ دیـدهٔ تـو را   در جهان، جز مـردمِ دیـده فـزا[۴] ؟ ۳۵۲۵

در جهان هیچ کس نمی‌تواند انسان کامل را بشناسد، مگر کسی که چشم بصیرت دارد.

چون به غـیر مـردم دیـده‌ش نـدید   پس به غیرِ او، که در رنگش رسید؟ ۳۵۲۶

چون حقیقتِ بلال را کسی جز پیامبر(ص) ندید؛ بنابراین جز او چه کسی رنگِ حقیقی‌اش را که «رنگ بی‌رنگی» است، دید؟

پس جُــز او جــمله مــقلِد آمـدند   در صـــفاتِ مـــردمِ دیـــده بــلند ۳۵۲۷

پس جز «انسان کامل مکمّل»، همگان در بیانِ اوصاف کاملان، مقلّدند.

گفت جُفتش: اَلفراق ای خوش خصال[۵]   گفت: نـه نـه، اَلوصـال است اَلوصـال ۳۵۲۸

همسرِ بلال گفت: ای خوش خصال، هنگام فراق است. بلال گفت: نه، نه، عین وصال است.

گفت جُفت: امشب غریبی می‌روی   از تبار و خـویش غـایب مـی‌شوی ۳۵۲۹

همسر او گفت: امشب به دیار غربت می‌روی و از قوم و خویش و خانواده، روی نهان می‌کنی.

گفت: نه نه، بلکه امشب جـانِ مـن   مـی‌رسد خـود از غـریبی در وطـن ۳۵۳۰

بلال گفت: نه، نه. امشب جان من پس از غربتی طولانی به وطن خویش باز می‌گردد.

گــفت: رویت را کـجا بـینیم مـا؟   گــفت: انـدر حـلقهٔ خـاصِ خـدا ۳۵۳۱

همسر بلال گفت: کجا می‌توانیم دوباره تو را ببینیم؟ بلال گفت: در جمع خاصّان حق.

حلقهٔ خاصش[۶] به تو پیوسته است   گر نظر بالا[۷] کنی، نه سوی پست[۸] ۳۵۳۲

اگر روی دلت به سوی عوالم برتر باشد، «حلقهٔ خاصّ» را به خود پیوسته می‌یابی.

---

۱ - **مردم نادیده:** مردمک چشمی که قادر به رؤیت عوالم غیب نیست.
۲ - **مردم دیده:** مردمک چشمی که حق‌بین است، انسان کامل: ر.ک: ۱۰۰۹/۱. ۳ - **مرآة:** آیینه.
۴ - **مردم دیده فزا:** افراد با بصیرت، کسانی که در راه کمال طیّ طریق می‌کنند.
۵ - **خوش خصال:** خوش خوی. ۶ - **حلقهٔ خاصّ:** جمع مردان حق. ۷ - **بالا:** مراد عالم معناست.
۸ - **پست:** مراد دنیا و تمتّعات آن است.

انـــدر آن حــلقه ز رَبُّ العـــالمین　　نـور مـی‌تابد چـو در حـلقه نگـین ۳۵۳۳

در حلقهٔ خاصّان، چنان نوری از پروردگار می‌تابد که گویی نگینی در حلقهٔ انگشتر می‌درخشد.

گفت: ویران گشت این خانه دریغ!　　گفت: اندر مَهْ نگر، منگر بـه مـیغ[1] ۳۵۳۴

همسر بلال گفت: دریغ و افسوس که خانهٔ تنت به زودی ویران می‌شود. بلال گفت: تو به ماه بنگر نه به ابر؛ یعنی به «روح» توجّه کن، نه به «تن».

کـــرد ویــران تــا کُـنَد مـعمورتر[2]　　**قومم**[3] **اَنْـبُه بـود و خـانه**[4] **مـختصر** ۳۵۳۵

بلال گفت: خداوند خانهٔ تن مرا ویران می‌کند تا بر آبادانیِ «حقیقتِ مـن» بـیفزایـد؛ زیـرا «جانِ من»، یعنی «روحِ انسانی»اَم بسیار فربه و فراخ شده است و در خانهٔ حقیرِ تن نمی‌گنجد.

حکمتِ ویران شدنِ تن به مرگ

من چو آدم، بودم اوّل حـبسِ کَـرْب[5]　　**پُر شد اکنون نسلِ جانم شرق و غرب**[6] ۳۵۳۶

من نیز در آغاز همانندِ آدم(ع) که از بهشت رانده شد، اسیر اندوه بودم؛ امّا اینک جان من در اثر کمال چنان فربه و فراخ شده که شرق و غرب را آکنده است.

من گدا بودم در این خانهٔ چو چاه[7]　　**شاه گشـتم، قـصر**[8] **بـاید بـهرِ شـاه** ۳۵۳۷

من مانند گدا در این خانهٔ تاریکِ چاه مانند زندگی می‌کردم؛ امّا اکنون با اتّصالِ به حق، جزو بزرگان شده‌ام که در قصر زندگی می‌کنند.

قـصرها خـود مـر شـهان را مَأنَس[9] **است**　　**مُرده**[10] **راخانه ومکان،گوری**[11] **بس‌است** ۳۵۳۸

شاهان در قصرها زندگی می‌کنند؛ امّا مُردگان، یعنی اهل دنیا، به گورِ تنگِ تـن و عـالم مادّی بسنده می‌کنند.

---

۱ - **میغ**: ابر.　۲ - **معمور**: عمارت شده، آباد شده.　۳ - **قومم**: مراد روح انسانی است.
۴ - **خانه**: مراد تن آدمی است.　۵ - **کَرْب**: اندوه و غصّه.
۶ - ظاهراً سخنان بلال است که در ادامهٔ گفت و گو با همسرش به تقریر می‌آید؛ ولی در واقع، مولاناست که معانی بلند مورد نظر خویش را می‌گوید.　۷ - **خانهٔ چو چاه**: تن و دنیای مادّی.
۸ - **قصر**: اشاره به حلقهٔ خاصّ خدا، جمع مردان حق.　۹ - **مأنس**: محلّ اُنس، محلّ آرامش و آسایش.
۱۰ - **مرده**: مرده‌دلان، اهل دنیا.　۱۱ - **گور**: اشاره به دنیا و تن.

**انبیا را تنگ آمد این جهان		چون شهان رفتند، اندر لامکان** ۳۵۳۹

این جهان برای پیامبران تنگ بود؛ بنابراین شاهانه به عالم غیب روی آوردند.

**مُردگان را این جهان بنمود فَر		ظاهرش زَفت و به معنی تنگْ بَر** ۳۵۴۰

این جهان برای مُرده‌دلان شکوهمند است، دنیایی که ظاهرش وسیع و باطنی حقیر دارد.

**گر نبودی تنگ، این افغان ز چیست؟		چون دو تا شد هر که در وی بیش زیست؟**[1] ۳۵۴۱

اگر این عالم حقیقتاً تنگ و حقیر نیست؛ پس ناله و فریاد مردم برای چیست؟ چرا هر کس که بیشتر در آن زندگی می‌کند، خمیده‌تر می‌شود؟

**در زمانِ خوابْ چون آزاد شد		زآن مکان، بنگر که جان چون شاد شد؟** ۳۵۴۲

توجّه کن که «جان» آدمی در خواب که از قیدِ تن و «عالم حس» می‌رهد، چگونه شاد است.

**ظالم از ظلمِ طبیعت[2] باز رَست		مردِ زندانی ز فکرِ حبس جَست** ۳۵۴۳

هنگام خواب، ستمگر از خوی ستمگری می‌رهد و آدمِ زندانی از فکر محبس رهایی می‌یابد.

**این زمین و آسمانِ بس فراخ		سخت تنگ آمد به هنگامِ مُناخ**[3] ۳۵۴۴

زمین و آسمانِ بسیار وسیع، برای جان آدمی بسی تنگ و حقیرند و به همین دلیل روحِ انسان هنگام خواب و استراحت محدودهٔ آن‌ها را در می‌نوردَد و به عوالم برتر صعود می‌کند.

**چشمْ بند آمد، فراخ و سختْ تنگ		خندهٔ او گریه، فخرش جمله ننگ** ۳۵۴۵

دنیا و احوال آن شبیه یک چشم‌بندی است، ظاهری وسیع و باطنی تنگ و حقیر دارد، خندهٔ او گریه و افتخارش ننگ است.

---

۱ - اشارتی قرآنی؛ یس : ۶۸/۳۶ : وَ مَنْ نُعَمِّرْهُ نُنَكِّسْهُ فِی الْخَلْقِ أَفَلاٰ یَعْقِلُونَ : و هر کس را که عمر [دراز] دهیم، خلقت [و رفتارش] را باژگونه کنیم، آیا تعقّل نمی‌کنند؟

۲ - **ظلم طبیعت** : خوی ستمگری که در نفس ظالم نهادینه شده و جزو سرشت او در آمده است.

۳ - **مُناخ** : محلّ اقامت، محلّی که شتر را می‌خوابانند.

تشبیهِ دنیا که به ظاهر فراخ است و به معنی تنگ و تشبیهِ خواب که خلاص است از این تنگی

عالمِ محسوسات، علی‌رغمِ ظاهرِ فراخ و گسترهٔ وسیع، در معنا محدود و تنگ است و جانِ آدمی که متعلّق به ماورای آن است، در این محدودیّت خود را محبوس می‌یابد و احوالِ او همانند کسی است که در گرمابه‌ای که تنگ و تاریک هم نیست، از تف گرمای آن احساس خفقان می‌کند و تا از آنجا خارج نشود، دلش گشایشی نمی‌یابد و یا بسان کسی است که تمامِ روز را با کفشی تنگ در صحرایی فراخ راه می‌پیماید و زمانی احساس آسودگی می‌کند که از فشار آن کفش رهایی یابد و این حسّ رهایی برای عامِ خلق فقط در زمانِ خُفتن حصول می‌یابد که جانشان به امدادِ خواب برای ساعاتی چند از هیاهوی عالم حس می‌رهد؛ امّا اهل معنا و عارفان که به عرصهٔ دنیای معنویّات روی آورده‌اند، تنگی عرصهٔ حس و حقارت آن را در تقابل با ماورای آن به خوبی دریافته‌اند و گول فراخی ظاهر آن را نمی‌خورند و بدان دل نمی‌بندند.

۳۵۴۶ **همچو گرمابه که تَفسیده[۱] بُوَد تنگ آیی، جانْت پَخسیده[۲] شود**

دنیا، همانند گرمابهٔ داغی است که از گرمایِ شدید آن نَفَسِ انسان بند می‌آید.

۳۵۴۷ **گرچه گرمابه عریض است و طویل زآن تَبِش[۳] تنگ آیدت جان و کَلیل[۴]**

هرچند گرمابه عریض و طویل است؛ امّا از هوای گرم جانت به تنگ می‌آید و درمانده می‌شود.

۳۵۴۸ **تا برون نایی، بنگشاید دلت پس چه سود آمد فراخی منزلت؟[۵]**

تا بیرون نیایی، احساسِ آسایش نمی‌کنی؛ پس وسعتِ این مکان چه حُسنی دارد؟

۳۵۴۹ **یا که کفش تنگ پوشی ای غَوی[۶] در بیابانِ فراخی می‌روی**

ای گمراه، هنگامی که کفش تنگ می‌پوشی و در بیابان وسیع راه می‌روی،

۳۵۵۰ **آن فراخیِّ بیابان تنگ گشت بر تو زندان آمد آن صحرا و دشت**

صحرا علی‌رغم وسعت در نظرت کوچک جلوه می‌کند؛ زیرا تنگیِ کفش، صحرا را مبدّل به زندان کرده است.

۳۵۵۱ **هر که دید او مر تو را از دور گفت کو در آن صحرا چو لالهٔ تر شکُفت**

هر کس تو را از دور ببیند، می‌گوید: او در آن صحرا از شادی چون لاله شکفته است.

---

۱ - **تفسیده** : گرم شده، داغ. ۲ - **پخسیده** : ذوب شده، گداخته. ۳ - **تبش** : گرمی.

۴ - **کَلیل** : عاجز و درمانده.

۵ - جان آدمی که از لامکان است تنها با اتّصال به عوالم غیب و حضرت حق آرامش می‌یابد.

۶ - **غَوی** : گمراه.

او ندانـد کـه تـو هـمچون ظـالمان   از برون در گـلشنی جـان در فـغان ۳۵۵۲

او نمی‌داند که تو همانند افراد ستمگر، ظاهری خرسند و باطنی فغان‌آلود داری.

خوابِ تو آن کفش بیرون کردن است   کـه زمـانی جـانْت آزاد از تـن است ۳۵۵۳

در خواب، مانندِ آن است که کفشِ تنگ را از پای خارج کردی و جانت از قیدِ تن رها شده و به مراتب برتر رفته است.

اولیا را خوابْ مُلک است ای فـلان!   همچو آن اصحاب کهف[1]، اندر جهان ۳۵۵۴

ای فلان، در دنیا، خوابی که بیداری است به اولیا اختصاص دارد، مانند اصحاب کهف.

خواب می‌بینند و آنـجا خـوابْ نـه   در عـدم[2] در مـی‌روند و بـابْ نـه ۳۵۵۵

اولیا بی‌آنکه بخوابند، «غیب» را می‌بینند، روحشان بی‌آنکه از دری عبور کند، به ورای عالم حس پرواز می‌کند.

خانهٔ تنگ و درونْ جان چَنگْلوک[3]   کرد ویـران تـا کـند قـصرِ مـلوک[4] ۳۵۵۶

«تن»، خانه‌ای تنگ است و «جان» در آن مچاله شده است؛ پس خداوند این خانه را با «مرگ» ویران می‌کند تا جان بتواند به عوالم برتر راه یابد.

چَنگْلوکم چون جنین انـدر رَحِـم   نُه مَهه گشتم، شد ایـن نُـقلانْ مُـهِم ۳۵۵۷

من نیز در این جهان، همانندِ جنین در زهدان مادر، مچاله‌اَم، اینک نه ماهه‌ام و هنگامِ خروجِ من از این زهدان است؛ یعنی باید زندگی جسمانی را رها کنم.

گـر نـباشد دردِ زَه[5] بـر مـادرم   مـن در ایـن زنـدان مـیانِ آذرم ۳۵۵۸

اگر مادرم دردِ زایمان نداشته باشد، من در این زندان در میان آتش می‌مانم.

---

۱ - **اصحاب کهف**: ر.ک: ۳۰۱۹/۱ و ۳۷/۲.   ۲ - **عدم**: مراد عالم غیب، عالم ماورای محسوسات است.

۳ - **چنگ لوک**: کسی که دست و پایش سست و کژ باشد.

۴ - **قصر ملوک**: مراد عالم برتر یا همان حلقهٔ خاصّ خداست.

۵ - **دردِ زه**: درد زایمان، کنایه از رهایی جان از قید تن. در این تمثیل، جسم انسان و وجه مادّی او به مادر مانند شده و جان آدمی که در این قالب محبوس است به جنین، درد زه عبارت است از آگاهی و تمایل برای رسیدن به کمال و عوالم غیب و تحمّل رنج‌های ناشی از تهذیب نفس.

دفتر سوم ۵۰۹

مـادرِ طـبعم[1] ز دردِ مـرگ خـویش مـی‌کند ره تـا رهـد بَـرّه ز میش ۳۵۵۹

«سرشتِ بشری»اَم از درد می‌میرد تا راهی برای رهاییِ برّه از چنگال میش بیابد.

تـا چَـرَد آن بـرّه در صـحرایِ سبز[2] هین! رَحِمْ بگشا که گشت این برّه گبز[3] ۳۵۶۰

تا جانِ من، یعنی «روح انسانی»اَم در عالم غیب پر و بال بگشاید؛ زیرا اینک به کمال رسیده است و باید قالب جسمانی و «جهان حس» را ترک کند.

دردِ زَه گـر رنـج آبسـتان[4] بُـوَد بـر جـنین اشکسـتن زنـدان بُـوَد ۳۵۶۱

هرچند که دردِ زایمان برای زنِ آبستن دشوار است؛ امّا برای جنینِ او، همانندِ شکستنِ قید و بند زندان است.

حامله گـریان ز زَه کـاَیْنَ اَلْمَـناص[5]؟ و آن جنین خندان که پیش آمد خلاص ۳۵۶۲

زن آبستن از درد می‌گرید و نجات می‌خواهد؛ امّا جنین با شادی می‌داند که زمانِ رهایی است.

هر چه زیرِ چرخْ هسـتند اُمَّـهات[6] از جـماد و از بـهیمه[7]، وز نـبات ۳۵۶۳

تمام مخلوقاتی که در این جهان زندگی می‌کنند، شامل جماد و حیوان و گیاه،

هـر یکـی از درد غـیری غـافل‌انـد جـز کسـانی کـه نَـبیه[8] و کـامل‌انـد ۳۵۶۴

همه از درد و حالِ درونیِ دیگری بی‌خبرند، جز آنان که به آگاهی و کمال رسیده‌اند.

آنچه کـوسه[9] دانـد از خـانهٔ کسـان بَلْمَه[10] از خانهٔ خودش کی داند آن؟ ۳۵۶۵

چیزی را که «صاحبدلِ آگاه» از احوال دیگران می‌داند، «اهلِ زرّ و زور» از احوالِ خود نمی‌داند.

آنچه صاحب دل بـدانـد حـالِ تـو تو ز حـالِ خـود نـدانـی ای عـمو! ۳۵۶۶

ای عمو، آنچه را که صاحبدل در موردِ احوال تو می‌داند، خودت نمی‌دانی.

---

۱ - **مادرِ طبعم** : وجه مادّیِ انسان و سرشتِ بشری او. اشاره به رهایی روح انسان از قید تن است.

۲ - **صحرای سبز** : عالم غیب. ۳ - **گَبز** : درشت. ۴ - **آبستان** : آبستن.

۵ - **اَیْنَ اَلْمَناص** : پناهگاه کجاست؟

۶ - **اُمَّهات** : جمع اُمّ به معنی اصل هر چیز، مراد عناصر اربعه، یعنی خاک، آب، باد و آتش است.

۷ - **بهیمه** : حیوان. ۸ - **نبیه** : آگاه، بیدار، هوشیار.

۹ - **کوسه** : کنایه از کسی که ریش ندارد، «اهل دل» که ظاهراً چیزی ندارد.

۱۰ - **بَلْمَه** : ریش انبوه و دراز، مردم ریش‌دراز، ریشو، کنایه از کسی که از احوال دل بی‌خبر است.

بیانِ آنکه: هر چه غفلت و غم و کاهلی و تاریکی است، همه از تن است که ارضی است و سِفلی

۳۵۶۷ **غفلت از تن بود، چون تن روح شد[۱] بیند او اسرار را بی‌هیچ بُد[۲]**

به‌طور کلّی «غفلتِ» آدمی به «جنبهٔ مادّی»اش مربوط است، هنگامی که «صفات بشری» تبدیل یابند، ناگزیر اسرار را در می‌یابد.

۳۵۶۸ **چون زمین برخاست از جَوِّ فلک نه شب و نه سایه باشد، نه دَلَکْ[۳]**

اگر زمین از جوّ فلک خارج شود دیگر شب و سایه‌ای بر جای نمی‌ماند.

۳۵۶۹ **هر کجا سایه‌ست و شب، یا سایگه از زمین باشد، نه از افلاک و مَه[۴]**

هر جا که سایه یا شب و تاریکی می‌بینیم، یک جسمِ مادّی راه تابش نور را بسته است و گرنه خورشید همواره می‌درخشد.

۳۵۷۰ **دودْ پیوسته هم از هیزم[۵] بُوَد نه ز آتش‌هایِ مُسْتَنْجِم[۶] بُوَد[۷]**

همواره دود از هیزم است، از آتشِ کاملاً افروخته نیست.

۳۵۷۱ **وهم افتد در خطا و در غلط عقل باشد در اصابت‌ها فقط**

هنگامی که علایق دنیوی بر نَفْسِ آدمی مسلّط‌اند، اندیشهٔ او جنبهٔ مادّی دارد و «وهم» نامیده می‌شود، «وهم» همواره دچار خطا و اشتباه می‌شود، فقط عقل پالایش یافته می‌تواند حقایق را درک کند.

---

۱ - **تن روح شد** : کمال یافت و تعلّقات را رها کرد.   ۲ - **بی هیچ بُد** : بدون تردید، به ناچار.

۳ - **دَلَک** : نرمی و سستی. اشاره به رهایی جان انسان از قید تعلّقات و طبایع بشری.

۴ - در این تمثیل، جسم خاکی آدمی و تعلّقاتش به زمین مانند شده است که این تمایلات دنیوی نمی‌گذارند، انوار خورشید حقایق بر دل و جان انسان بتابد.   ۵ - **هیزم** : کنایه از آمال و آرزوها و علایق مادّی است.

۶ - **مُسْتَنْجِم** : روشن و افروخته، **اتش مُسْتَنْجِم** : آتش افروخته، مراد ستارگان است، کنایه از مردان حق که چون ستارگان تابان در فلک ذات باری تعالی در حال نورافشانی هستند.

۷ - تمایلات دنیوی و تعلّقاتِ آدمی، همانند دود از هیزمِ قالب جسمانی و طبیعتِ بشری‌اش بر می‌خیزد و فضای ادراکات روحانی وی را تیره و تار می‌کند. انسان کامل که هیزم تن و تعلّقاتش در آتش عشق حق افروخته و سوخته، فاقد دود است؛ بنابراین درکِ روحانی‌اش حقّانی است.

هر گرانی و کَسَل خود از تن است جان ز خِفّت[۱] جمله در پرّیدن است ۳۵۷۲

همواره سنگینی و کسالت ناشی از این قالب خاکی است وگرنه جان سبکبال همیشه در حال پرواز است. سنگینی و کسالتِ تنِ انسان، یعنی تمایلات دنیایی‌اش، اثر مستقیم در جان او دارد و روح انسانی‌اش را از پرواز باز می‌دارد.

رویِ سرخ از غلْبهٔ خون‌ها بُوَد رویِ زرد از جنبش ِ صفرا بُوَد[۲] ۳۵۷۳

رخسارهٔ گلگون نشان پرخونی و رویِ زرد نشانِ غلبهٔ صفرا بر مزاجِ آدمی است.

رو سپید از قوّتِ بلغم بُوَد باشد از سودا که رُو ادهم[۳] بُوَد ۳۵۷۴

رنگِ سفیدِ چهره نشان غلبهٔ بلغم در مزاج آدمی است؛ امّا تیرگی رنگِ چهره نشان افزایش و غلبهٔ سودا در مزاج است.

در حقیقت خالقِ آثارْ اوست لیک جز علّت نبیند اهلِ پوست ۳۵۷۵

در حقیقت، غلبهٔ هر یک از اخلاطِ چهارگانه موجب بروز این آثار شده‌اند؛ امّا ظاهربینان جز اثرهای ظاهری به چیز دیگری توجّه نمی‌کنند؛ یعنی از «مسبّب» و خالق این آثار که حق است، غافل‌اند.

مغز کو از پوست‌ها آواره نیست از طبیب و علّت او را چاره نیست[۴] ۳۵۷۶

تا «روح انسانی» ارتقا نیابد و در ورای ظاهر به درکِ حقایق نپردازد، بیمار و نیازمندِ طبیبِ روحانی است.

چون دوم بار آدمی‌زاده بزاد پایِ خود بر فرقِ علّت‌ها[۵] نهاد ۳۵۷۷

هنگامی که مزاج آدمی از «مزاج عنصری» به «مزاج روحانی» مبدّل گردد، «تولّدی ثانی» می‌یابد و به «علل و اسباب» نمی‌نگرد، به «مسبّب» توجّه می‌کند.

---

۱ - **خِفّت** : سبکبالی، سبکی.

۲ - اشاره به اخلاط چهارگانه، یعنی خون، صفرا، بلغم و سوداست که بنابر اعتقاد قدما، سلامت آدمی درگرو تعادل و توازن میان آن‌هاست که با برهم خوردن این توازن و غلبهٔ هر یک از این اخلاط چهارگانه، تأثیرات آن را می‌توان هم در ظاهر و هم در باطن انسان یافت. ۳ - **أدْهَم** : سیاه.

۴ - در این تمثیل، جان آدمی به «مغز» و تن و تمایلات آن به «پوست» مانند شده‌اند.

۵ - **علّت و معلول:** ر.ک: ۸۴۵/۱

عـــلّتِ اُولیٰ[1] نـــباشد دیـــنِ او عـــلّتِ جُـــزوی نـدارد کـیـنِ او ۳۵۷۸

روحی که «تولّدِ ثانی» یافته، یعنی از تعلّقات رها شده، بـه عـلّت‌ها نـمی‌انـدیشد، خـواه «علّت اُولیٰ» چنانکه فلاسفه می‌گویند و خواه علّت‌های جزئی؛ «زیرا روح آزاد شده با جریانِ کلّیِ هستی، جاری است و امور را جداگانه و خارج از نظم کلّی نمی‌نگرد تا در میان آن‌ها جویای رابطهٔ علّت و معلولی باشد»؛ یعنی در «هستی» محو و تسلیم است.

مـی‌پرد چـون آفـتاب انـدر اُفُـق باعروسِ صدق و صورت چون تُتُق[2] ۳۵۷۹

مانندِ آفتاب در آسمان پرواز می‌کند، در حالی که قالبِ تن چونان سراپرده او را در بر گرفته است.

بـلکه بـیرون از افـق وز چـرخ‌ها بی مکان باشد چـو ارواح و نُـهیٰ[3] ۳۵۸۰

حتّی از افق و افلاک هم می‌گذرد و همانند عقول و ارواح در لامکان جای می‌گیرد.

بـل عــقولِ مـاست سایه‌هایِ او مـی‌فتد چـون سایه‌ها در پـایِ او ۳۵۸۱

بلکه عقلِ ما سایهٔ آن روح آزادند و باید او را محترم بدارند.

مجتهد هر گه که باشد نَصّ[4] شناس[5] اندر آن صـورت نـیندیشد قـیاس[6] ۳۵۸۲

اگر فقیه به نصّ وقوف داشته باشد، نیازی به قیاس و استدلال ندارد.[7]

چـون نـیابد نَـصّ انـدر صـورتی از قـیاس آنـجا نـماید عـبرتی ۳۵۸۳

هنگامی که فقیه در حُکمی نصّ صریح را نیابد، به قیاس می‌پردازد و با استدلال، حکم عقلانی آن را می‌یابد.

---

۱ - **علّت اُولیٰ**: علّت العلل، عقل اوّل و ذات باری تعالیٰ.

۲ - **تُتُق**: سراپرده. در این تمثیل، روح به دامادی مانند شده که «صدق» عروس اوست. این عروس و داماد در خیمه‌گاه «تن» بر تخت نشسته و بر اوج افلاک در پروازند. ۳ - **نُهیٰ**: جمع نُهْیَة، عقل.

۴ - **نصّ**: هر کلام صریح که واضح و آشکار باشد. ۵ - **نص شناس**: کسی که قرآن را می‌فهمد.

۶ - **قیاس**: اصطلاح فقهی، هرگاه موضوعی در قانون حکمش معلوم باشد و علّت آن حکم هم مشخّص باشد، می‌توان در موضوعات دیگری هم که قانون حکمش را بیان نکرده، ولی علّت مزبور در این موضوعات هم وجود دارد، همان حکم را سرایت داد و این عمل را اصطلاحاً قیاس نامند.

۷ - در این تمثیل، مکاشفات روحانی و شهود انسان کامل به «نصّ» و تعقّل عقل جزوی آدمی به «قیاس» مانند شده است. همواره گفته‌اند که قیاس در برابر نصّ ارزشی ندارد.

تشبیهِ نصّ با قیاس

ابیات پیشین در بیانِ این معنا بود که با وجود «نصّ»، یعنی حکم صریح قرآن، «قیاس»؛ یعنی استدلال از اعتباری برخوردار نیست. در این قطعه علّت آن به تقریر می‌آید.

نصّ، وحیِ روحِ قدسی[1] دان یقین — و آن قیاس ِ عقلِ جزوی تحتِ این ۳۵۸۴

آگاه باش که بدون تردید «نصّ»، «وحیِ روحِ قدسی» است و «قیاس»، استدلالِ «عقل جزوی» در مرتبه‌ای بس فروتر از آن جای دارد.

عقل از جان گشت با ادراک و فَر — روح او را کی شود زیرِ نظر؟ ۳۵۸۵

عقل معاش در پرتو نور جان، درک و شکوهی یافته است، چگونه روح انسانی [جان]، در تسلّط عقل جزوی باشد؟

لیک جان در عقل تأثیری کند — زآن اثر آن عقل تدبیری کند ۳۵۸۶

امّا نور روح انسانی پرتوی بر عقل جزویِ‌اَش می‌افکَند و در پرتو این نور «عقلِ جزوی» می‌تواند در امور مادّی و عالم حس به چاره‌اندیشی و تدبیر بپردازد.

نوح‌وار ار صَدَّقی زد[2] در تو روح — کو یَم و کشتی؟ و کو طوفان نوح؟ ۳۵۸۷

ای مدّعی، اگر «روح قدسی»، همان گونه که نوح(ع) را تأیید کرد، تو را نیز تصدیق کرده است؛ پس دریا و کشتی و توفان نوح کجاست؟

عقل، اثر را روح پندارد، و لیک — نورِ خور از قرص ِ خور دور است نیک ۳۵۸۸

«عقل جزوی یا عقل معاش» اثرِ روح، یعنی توجّه روح پاک را، خودِ روح می‌پندارد، در حالی که نورِ خورشید از قرصِ خورشید بسیار دور است.

زآن به قُرصی[3] سالکی خرسند شد — تا ز نورش سویِ قرص[4] افکند شد ۳۵۸۹

اینکه سالک در اثر درکِ ناچیزی از حقایق خرسند می‌شود، آن است که این ادراکات جزئی راه او را به ادراک کلّی و سرچشمهٔ حقایق می‌گشاید.

---

۱ - **روح قدسی**: روح القُدُس، جبرائیل. ۲ - **صَدَّق زدن**: تأیید کردن.

۳ - **به قرصی**: مراد ادراک محدود سالک از حقایق و عوالم غیبی است، مقدار کمی از هر چیز.

۴ - **قرص**: مراد حقایق کلّی عالم هستی و ذات حق است.

زانکه این نوری که اندر سافل[1] است نیست دایم روز و شب، او آفِل[2] است ۳۵۹۰

زیرا نوری که سالک در عالم مادّی دریافت می‌دارد، آثار روح مطلق است که دائمی نیستند؛ بنابراین او می‌خواهد با رسیدن به ذاتِ حق، فیض ربّانی بر وی استمرار داشته باشد و دوگانگی از میان برخیزد.

وانکه اندر قُرص دارد باش[3] و جا غــرقهٔ آن نــور بــاشد دایـما ۳۵۹۱

کسی که به حق اتّصال یافته و از واصلان به شمار می‌آید، در آن انوار غرق است.

نه سحابش[4] ره زند خود، نه غروب وارهـید او از فـراقِ سـینه‌کوب ۳۵۹۲

نه ابرِ تن و تعلّقاتش مانعِ دریافتِ فیوضات ربّانی است و نه استمرارِ الهامات و ادراکات روحانی او را غروبی است، با پیوستن به حق، عین دریا شده و از هجران و رنج‌های آن رهیده است.

این چنین کس اصلش از افلاک بود یا مُبدَّل گشت، گـر از خـاک بـود ۳۵۹۳

او یا گوهر ملکوتی داشته یا اگر دارای گوهر دنیایی بوده، موفّق به تبدیل آن شده است.

زانکـه خـاکی را نـباشد تـابِ آن که زنـد بـر ویْ شـعاعش جـاودان ۳۵۹۴

زیرا موجود خاکی ظرفیّت و تحمّل دریافت انوار الهی را به‌طور مستمر ندارد.

گر زند بر خـاک دایـم تـابِ خَـور آنـچنان سـوزد کـه نـاید زو ثـمر ۳۵۹۵

برای اینکه این موضوع کاملاً قابل درک باشد مثالی از دنیای محسوس می‌آوریم، اگر خورشید همواره بر زمین بتابد، آن را می‌سوزانَد به نحوی که ثمری در آن نمی‌روید.

دایـم انـدر آب کـارِ مـاهی است مار را با او کجا هـمراهـی است؟[5] ۳۵۹۶

به عنوان مثال، ماهی می‌تواند همواره در آب باشد؛ امّا مار هرگز نمی‌تواند با او همراهی کند.

لیک در کُـه مـارهایِ پـرفن‌انـد[6] انـدر ایـن یَـمْ مـاهیی‌ها مـی‌کنند[7] ۳۵۹۷

امّا در کوهستان، مارهای زهرآگینی هستند که آنجا را برای خویش، همانند دریا می‌دانند و در پندارشان، رفتارِ ماهیانِ حق را تقلید می‌کنند.

---

۱ - **سافل**: پایین. ۲ - **افل**: فرو رونده و ناپایدار. ۳ - **باش**: محلّ اقامت، مسکن.
۴ - **سحاب**: ابر، مراد ابر تن آدمی و تعلّقات آن است.
۵ - در این تمثیل، مردان حق به ماهی و مدّعیان به مار مانند شده‌اند و وحدانیّت حق تعالی به دریا.
۶ - **مار پرفن**: مراد مار زهرآگین است، کنایه از مکر و نیرنگِ اهل دنیا.
۷ - در این تمثیل، دنیا به کوهستان و اهل دنیا و مدّعیان بی‌معنا به مارهای زهرآگین مانند شده‌اند.

**مکـرشان گـر خـلق را شـیدا کـند		هم ز دریـا تـاسَه‌شان[1] رسـوا کـند** ۳۵۹۸

هرچند که نیرنگ ایشان مردم را شیفته می‌سازد؛ امّا چون در باطن «اهلِ دریایِ معارف و حقایق» نیستند نسبت بدان احساس ملالت و دلتنگی می‌کنند و همین امر آنان را در برابر کسانی که جویایِ راستینِ حقایق‌اند، رسوا می‌کند.

**وانـدر ایـن یَـم مـاهیانِ پـرفن‌انـد		مـار را از سِـحرْ مـاهی مـی‌کنند** ۳۵۹۹

امّا در دریای وحدانیّت، بزرگانی غوطه‌ورند که با سِحرِ حلال، یعنی جاذبهٔ معنوی خویش، کسانی را که در تعلّقات دنیوی غوطه‌ورند به راه حق می‌آورند.

**مـاهیانِ قـعرِ دریـایِ جـلال[2]		بـحرشان آموخته سِحْرِ حـلال[3]** ۳۶۰۰

دریایِ وحدانیّت به مردان حق آموخته است که چگونه در دیگران تأثیر بگذارند.

**بس مُحال از تابِ ایشان حال شـد		نـحْس آنـجا رفت و نـیکوفال شـد** ۳۶۰۱

بسیاری از کارهای غیر ممکن در پرتو باطن آنان ممکن می‌شود؛ زیرا قدرت روحانی‌شان از حق نشأت گرفته است. هر امر نامبارکی به برکتِ نَفْسِ پاک ایشان فرخنده می‌شود.

**تـا قـیامت گـر بگـویم زیـن کـلام		صـد قـیامت بگـذرد ویـن نـاتمام** ۳۶۰۲

اگر تا قیامت بگویم، صد رستاخیز می‌آید و می‌رود و این سخنان همچنان ناتمام می‌ماند.

آدابُ المستمعین و ٱلمُریدین عِندَ فیضِ ٱلحکمةِ مِن لسانِ الشّیخ[4]

این قطعه در تقریر این معناست که هنگامِ سخن گفتن پیر یا شیخ طریقت، چگونه باید گوشِ جان را به کلامِ حکیمانهٔ او بسپارند و چگونه در نهایتِ ادبِ ظاهری و باطنی بکوشند تا زمینِ تشنهٔ دل و جان را از این زلال معارف سیراب سازند.

**بر ملولان ایـن مکـرّر کـردن است		نـزدِ مـن عُـمْرِ مکـرّر بُـردن است** ۳۶۰۳

سخنانی را که اینک می‌خواهیم بگوییم، برای افسرده‌دلان تکرار مکرّرات است؛ امّا در نظر من این‌ها چیزی جز عمر دوباره یافتن و حیاتی تازه نیست.

---

۱ - **تاسَه شان :** دلتنگی، ناتوانی. ۲ - **دریای جلال :** دریای شکوهمند وحدانیّت حق.
۳ - **سحرِ حلال :** قدرت نفوذ روحانی و معنوی مردان حق.
۴ - آداب شنوندگان و مریدان هنگامی که سخنان حکمیانه بر زبان شیخ جاری می‌شود.

شمع از برقِ مکرّر بَر شود   خاک از تابِ مکرّر زر شود[1] ۳۶۰۴

شمع را نمونه می‌آوریم که شعله‌های فروزان آن از استمرارِ اشتعال، منوّر است و یا خاک با تابش مستمرّ آفتاب به معدن طلا تبدیل می‌شود.[2]

گر هزاران طالب‌اند و یک ملول   از رسالت باز می‌ماند رسول[3] ۳۶۰۵

هنگامی که پیر یا شیخ سخن می‌گوید، وجود یک نفر افسرده‌دل و یا غیرطالب، چشمهٔ جوشانِ کلامِ حکیمانهٔ او را می‌خشکانَد و وی را از افاضهٔ معارف باز می‌دارد.

این رسولانِ ضمیرِ رازْگو   مستمع خواهند اسرافیلْ خو[4] ۳۶۰۶

این رسولانِ دل که با سخنان حکمیانه اسرار الهی را می‌گویند، خواهان شنوندگانی اسرافیل‌خو هستند؛ یعنی طالبان مشتاقی که با شنیدن کلام جانبخش این بزرگان، صفات و تعلّقات کهنه را به دور افکنند و حیاتی نوین را جایگزین آن سازند و در واقع بتوانند رستاخیزی را در درون خویش به امداد روحانی پیر برپا دارند.

نخوتی دارند و کِبری چون شهان   چاکری خواهند از اهلِ جهان ۳۶۰۷

شاهان و سلاطین دنیا مغرور و متکبّرند و این به سبب خودبینی و جهلی است که در آن غوطه‌ورند؛ امّا «پادشاهانِ عالم معنا»، پرتوی از کبریایِ حق بر قامتِ جانشان استوار گشته است؛ بنابراین از آن مقام به خلق می‌نگرند و خواستار بندگیِ اهلِ جهان‌اند.

تا ادب‌هاشان به جاگه ناوَری   از رسالتشان چگونه بر خوری؟ ۳۶۰۸

تا آداب ظاهری و باطنی را به جای نیاوری، از امداد معنوی‌شان بهره‌مند نمی‌شوی.

کِی رسانند آن امانت را به تو   تا نباشی پیششان راکع[5] دوتُو؟ ۳۶۰۹

تا از دل و جان در محضرشان خاضع نباشی، چگونه امانت الهی را که حامل آن‌اند، به تو بسپارند؟

هر ادبشان کِی همی آید پسند؟   کآمدند ایشان ز ایوانِ بلند[6] ۳۶۱۰

«کاملان واصل» در طیِّ مراحل کمال، «قوس صعود» را گذرانده‌اند و برای ارشاد و امداد خلق در «قوس نزولی»، از عالمی فوق محسوسات و از جهانی محیط بر عالم اجسام، بلکه از مقامی

---

۱ - قدما بر آن باور بودند که خاک در اثر تابش نور خورشید به طلا و یا سنگ‌های گرانبها مبدّل می‌شود.

۲ - اشاره به این نکته که ارشاد مریدان با تکرار دریافت فیض ظاهری و باطنی و در درازمدّت میسّر است.

۳ - اشاره به ملالت خاطری که گاه مولانا در جمع یاران احساس می‌کرده است.

۴ - **اسرافیل خو**: مانند اسرافیل.   ۵ - **راکع**: رکوع کننده.   ۶ - **ایوان بلند**: پیشگاه حق.

بالاتر از عوالم ملکوتی بازگشته‌اند و عالم را شهود می‌نمایند؛ بنابراین با اِشراف بر ضمایر، رعایت آداب ظاهری را به تنهایی نمی‌پسندند و خواهان رعایت آداب باطنی نیز هستند.

نه گدایان‌اند کز هر خدمتی   از تو دارند ای مزوِّر! منّتی ۳۶۱۱

ای ریاکار، این کاملان گداصفت نیستند که با هر خدمت حقیرانه‌ای سپاسگزار باشند.

لیک با بی‌رغبتی‌ها، ای ضمیر!   صَدْقهٔ سلطان بیفشان، وامگیر ۳۶۱۲

اینک در این بیت مولانا که احتمالاً از ملولیِ مستمعان و مریدان آزرده خاطر است، خطاب به خود و به تمامِ «رسولانِ ضمیرِ رازگو» دلداری می‌دهد و می‌فرماید: علی‌رغم بی‌میلی و بی‌رغبتیِ مستمعان، باز هم به ارشاد ادامه بده و «صدقهٔ سلطان» را که همان افاضهٔ فیض از طریق «کلامِ حکیمانه» و امدادِ روحانی است، از آنان باز مگیر.

اسبِ خود را ای رسولِ آسمان!   در ملولان منگر و اندر جَهان ۳۶۱۳

ای پیک الهی، از بی‌رغبتیِ به افسرده دلان آزرده نشو، اسبِ همّت خود را همچنان در میدان ارشاد و امداد به جولان در آور.

فرّخ آن تُرکی[1] که استیزه نهد[2]   اسبش اندر خندقِ آتش جهد ۳۶۱۴

مبارک و فرخنده است مرشدی که علی‌رغم بی‌میلی و بی‌رغبتیِ مستمعان و مریدان همچنان چترِ ارشاد و امداد خویش را بر سر آنان بگستراند و اسب همّت را به سوی نَفْسِ مریدان که همانندِ خندقِ پر آتش است، بِجَهانَد.

گرم گرداند فَرَس[3] را آنچنان   که کند آهنگِ اوج آسمان ۳۶۱۵

اسب همّت را برای افاضهٔ فیض و ارشاد مریدان چنان بجهاند که گویی مشتاق است همگان را در پرتو امداد روحانی خویش به اوج آسمان معارف پرواز دهد.

چشم را از غیر[4] و غیرت[5] دوخته   همچو آتش خشک و تر[6] را سوخته ۳۶۱۶

این پیر فرخنده باید چشم را از دیدنِ اغیار و غیرتِ مریدان فروپوشد و همگان را ارشاد کند.

---

۱ - **ترک** : اینجا اشاره به پیر و مرشد روحانی است.

۲ - **استیزه نهد** : به سبب بی‌رغبتی مستمعان از ارشاد باز نماند و از ایشان گله نکند.

۳ - **فَرَس** : اسب، اینجا مراد سخنان حکیمانهٔ پیر است.   ۴ - **غیر** : نامحرم.

۵ - **غیرت** : اشاره است به غیرت مریدان راستین که از توجّه مریدان دیگر و نامحرمان به غیر حق ناخشنود می‌شوند و آن را شایستهٔ کلام حکیمانهٔ مراد نمی‌دانند.   ۶ - **خشک و تر** : اینجا کنایه از «همه»، همگان.

گـر پشـیمانی بـر او عـیبی کـند آتش اوّل در پشــــیمانی زنــــد ۳۶۱۷

نباید اجازه دهد که پشیمانی او را از ادامهٔ ارشاد باز دارد.

خــود پشـیمانی نـرویَد از عــدم چون بـبیند گـرمیِ صـاحبْ قـدم[1] ۳۶۱۸

هنگامی که پیر با ارادهای پولادین به ارشاد مریدان بپردازد، در پرتو شعلهٔ این عزم، هرگز پشیمان نمی‌شود؛ حتّی اگر از آنان جفا یا بی‌رغبتی ببیند.

شناختنِ هر حیوانی بوی عَدوِّ[2] خود را و حذر[3] کردن، و بطالت[4] و خسارتِ آنکس که عَدوِّ کسی بُوَد که از او حذر ممکن نیست، و فرار ممکن نی، و مقابله ممکن نی

در ابیات پیشین سخن از پیران بود که چه فرخنده است اگر مرشدان علی‌رغم «ملالِ» مستمعان و مریدان، همچنان چشم را از غیر و غیرت بدوزند و خشک و تر را در آتشِ عشقِ حق بسوزانند. اینک در این قطعه روی سخن با مستمعان و مریدانی است که با مشایخ و پیران می‌ستیزند و خطاب به آنان می‌فرماید: هر حیوان در حدِّ خویش از قدرت تمییزی برخوردار است که می‌تواند عدوی خود را بشناسد و با تحذیر از او، خویش را به هلاکت نیفکند، آیا انسان نباید از این تمییز برخوردار باشد و بداند که نفس او عدوی وی است و آیا نباید دریافته باشد که با حق نمی‌توان مقابله کرد و حذر از او ممکن نیست و از مُلکِ حق به جایی نمی‌توان گریخت؟

سرِّ سخن در این معناست که کاملان واصل (رسولان ضمیرِ رازگو)، در اتّصالِ تامّ با حق‌اند و خود حق به شمار می‌آیند، مخالفت و ستیزه با آنان، عناد با خداوند است.

اسب دانــد بـانگ و بـویِ شـیر را گــرچــه حـیوان است، اِلاّ نـادرا ۳۶۱۹

اسب که حیوان است، صدا و بویِ شیر را می‌شناسد، مگر به ندرت تشخیص ندهد.

بـل عــدوِّ خـویش را هـر جـانور خــود بــدانــد از نشــان و از اثـر ۳۶۲۰

نه تنها اسب، بلکه هر حیوانی دشمنِ خویش را از نشانه‌ها و آثارش می‌شناسد.

روزْ خُــفّاشک[5] نـیارد بَـر پـرید شب برون آمد چو دزدان و چـرید ۳۶۲۱

خفّاشِ حقیر که روزها نمی‌تواند پرواز کند، همانند دزدانِ شب حویایِ غذا می‌شود.

---

۱ - **صاحب قدم:** اشاره به مرشد است که در ارشاد و امداد مریدان، گامی استوار دارد و در این امر مشتاق است.
۲ - **عدو:** دشمن. ۳ - **حذر:** پرهیز. ۴ - **بطالت:** بیکاری و معطّل بودن.
۵ - خفّاش نمادی است از اهل دنیا که تاب و تحمّل خورشید حقایق را ندارند.

از همه محروم‌تر خُفّاش بود   که عدوّ آفتابِ فاش بود[1] ۳۶۲۲

محروم‌تر از همهٔ حیوانات و پرندگان همین خفّاش است که با آفتابِ عالمتاب دشمنی می‌ورزد.

نه توانَد در مُصافش زخم خَورد   نه به نفرین تانَدَش مهجور کرد[2] ۳۶۲۳

خفّاش حقیرتر از آن است که بتواند با خورشید بستیزد یا تیغ انوارش را تحمّل کند و نه می‌تواند با نفرین او را برانَد و مهجور نماید.

آفتابی که بگرداند قَفاش[3]   از برای غصّه و قهرِ خُفاش[4] ۳۶۲۴

اگر آفتاب اندوه و قهر خفّاش را ببیند و از او روی بر گرداند،

غایتِ لطف و کمالِ او بُوَد   گرنه، خفّاشش کجا مانع شود؟ ۳۶۲۵

این امر نهایت مهربانی و کمال آفتاب است وگرنه خفّاش چگونه مانعِ تابش انوار او باشد؟

دشمنی گیری به حدِّ خویش گیر[5]   تا بُوَد ممکن که گردانی اسیر ۳۶۲۶

اگر دشمنی می‌کنی، حدّ خود رابشناس و با کسی دشمنی کن که بتوانی بر او چیره شوی.

قطره با قُلزم چو استیزه کند   ابله‌است او، ریش ِ خود بر می‌کَنَد[6] ۳۶۲۷

اگر قطره با دریا به جنگ برخیزد، ابلهی است که آبروی خود را بر باد می‌دهد.

حیلتِ او از سِبالش[7] نگذرد   چنبرهٔ[8] حُجرهٔ قمر چون بردَرَد[9] ۳۶۲۸

حیلهٔ حقیرانهٔ او از محدودهٔ سبیلش فراتر نمی‌رود، چگونه در آسمان حلقهٔ حجرهٔ ماه را پاره کند؟

با عدوّ آفتاب این بُد عِتاب   ای عدوِّ آفتابِ آفتاب! ۳۶۲۹

خطاب عِتاب‌آلود به او این است: ای دشمن آفتابی که بر آفتاب می‌تابد؛ یعنی ای دشمن ربّ الارباب.

ای عدوِّ آفتابی کز فَرَش   می‌بلرزد آفتاب و اخترش ۳۶۳۰

ای که دشمن انوار تابناکی هستی که آفتاب و ستارگان در برابر عظمتِ آن بر خود می‌لرزند.

---

۱ - اشاره به مستمعان و مریدانی که با مرد حق می‌ستیزند.

۲ - مرید ناتوان است و نمی‌تواند با مراد عناد ورزد و تحمّل زخم‌های باطنی و ظاهری را که پیامد ستیز اوست ندارد.   ۳ - **قَفا :** گردن، پس.

۴ - اشاره به مراد است که اگر در مواجهه با مریدانی که عناد می‌ورزند، فقط به برداشتن چتر امداد روحانی خویش از سر ایشان اکتفا کند و باطناً بر ایشان زخمی نراند، نهایت لطف و کمال اوست.

۵ - اشاره به عجز خلق در برابر حق.   ۶ - **ریش خود برکندن :** آبروی خود را بر باد دادن.

۷ - **سبال :** سبیل.   ۸ - **چنبره :** حلقه.   ۹ - نیرنگ مرید همانند وجودش حقیر است و در پیر اثری ندارد.

تو عدوِّ او نه‌ای، خصم خودی چه غم آتش را؟ که تو هیزم شدی ۳۶۳۱

تو در واقع دشمن او نیستی، با خودت عداوت می‌ورزی. آتش از اینکه تو هیزمِ شعله‌ها شده‌ای، اندوهی ندارد، بی‌شک در آتش قهر حق می‌سوزی.

ای عجب! از سوزِشت او کم شود؟ یا ز دردِ سوزِشت پُر غم شود؟ ۳۶۳۲

آیا می‌پنداری که با سوختن تو، چیزی از او کم می‌شود؟ یا از درد و رنجِ تو غمگین می‌گردد؟

رحمتش نه رحمتِ آدم بُوَد که مزاجِ رحمِ آدم غم بُوَد ۳۶۳۳

خداوند دارای رحمت بیکران است؛ امّا رحمت او شباهتی به رحم انسانی ندارد؛ زیرا سرشت آدمی چنان است که با دیدن پدیده‌ای رنج‌آور، ترحّم می‌کند و موجی از شفقت از دلش می‌جوشد.

رحمتِ مخلوق باشد غصّه‌ناک رحمتِ حق از غم و غصّه‌ست پاک ۳۶۳۴

رحمِ انسانی پیامدِ پدیده‌های غم‌انگیز و پر غصّه است؛ امّا رحمتِ باری تعالیٰ ذاتی است و مَنوط به بروز حوادث نیست؛ بنابراین حق از سوختن معاندان اندوهناک نمی‌شود.

رحمتِ بی‌چون[1] چنین دان ای پدر ناید اندر وَهْم از وی جز اثر ۳۶۳۵

ای پدرجان، رحمت بیکران حق تعالیٰ را نمی‌توان وصف کرد؛ زیرا از حیطهٔ ادراک ما خارج است و آدمی از رحمت خداوند جز آثاری را نمی‌تواند دریابد.

فرق میانِ دانستنِ چیزی به مثال و تقلید، و میان دانستن ماهیّتِ[2] آن چیز

در قطعهٔ پیشین سخن از رحمت باری تعالیٰ بود و اینکه انسان به سبب محدودیّت ادراک، نمی‌تواند چیزی بیش از «آثارِ» رحمت را دریابد. این قطعه هم در توالیِ همان معناست که «ماهیّت» و «حقیقت» رحمتِ الهی را فقط ذاتِ باری می‌داند و لاغیر.

ظاهر است آثار و میوهٔ رحمتش لیک کی داند جز او ماهیّتش ۳۶۳۶

آثار و نتایجِ رحمتِ الهی آشکار است؛ امّا حقیقتِ آن را چه کسی جز خود او می‌داند؟

---

۱ - **بی‌چون:** خداوند که کیفیّت و کمّیّت نمی‌پذیرد.

۲ - **ماهیّت: وجود** در مراتب مختلف تجلّی می‌کند و در هر موطن اسمی دارد، به اعتبار ظهور ذهنی و تجلّی علمی «عین ثابت» و به اعتبار وجود خارجی «ماهیّت» نامیده می‌شود. ماهیّات حدود عدمیّه‌ای هستند که به مراتب تنزّل وجود عارض می‌گردند. حقیقت وجود از جمیع قیود منزّه است. شرح مقدّمهٔ قیصری، صص ۱۲۹ و ۲۳۱.

هیچ ماهیّاتِ اوصافِ کمال کس نداند جز به آثار و مثال ۳۶۳۷

هیچ کس نمی‌تواند جز از طریق آثار و مثال، حقیقت صفات الهی را دریابد.

طفلْ ماهیّت نداند طَمْث[1] را جز که گویی: هست چون حلوا تو را ۳۶۳۸

کودکِ نابالغ نمی‌تواند چگونگی همخوابگی را بداند، مگر بگویید: این کار مانندِ خوردن شیرینی خوشایند است.

کِی بود ماهیّتِ ذوقِ جماع مِثْلِ ماهیّاتِ حلوا؟ ای مُطاع[2]! ۳۶۳۹

ای خواننده، لذّتِ همخوابگی چه شباهتی به حلوا خوردن دارد؟

لیک نسبت کرد از رویِ خوشی با تو آن عاقل، چو تو کودکْوشی ۳۶۴۰

امّا این گونه تمثیل‌ها، هنگامی که با کودکان سروکار داریم، اجتناب‌ناپذیر است و چون ما انسان‌ها همگی در قِبال درکِ حقایق «کودک‌وش» هستیم؛ پس کاملان ناگزیرند با ذکرِ تمثیل، معانیِ بلند را تا حدودی قابل درک کنند.

تا بداند کودک آن را از مثال گر نداند ماهیت یا عینِ حال ۳۶۴۱

تا کودک بتواند از طریق تمثیل چیزی را دریابد؛ حتّی اگر از اصل قضیّه و ماهیّت آن بی‌خبر باشد.

پس اگر گویی: بدانم، دور نیست ور ندانم، گفتِ کذب و زور نیست[3] ۳۶۴۲

پس از آنکه تمثیلی را در مورد معانی والا شنیدی اگر بگویی: می‌دانم و فهمیدم، کلامی دور از واقعیّت نگفته‌ای و اگر بگویی: نمی‌دانم و نفهمیدم، باز هم سخن خلافی نگفته‌ای.

گر کسی گوید که: دانی نوح را؟ آن رسولِ حقّ و نورِ روح را؟ ۳۶۴۳

اگر کسی بپرسد که آیا نوح(ع) پیامبر خدا و نورِ روحِ ملکوتی را می‌شناسی؟

گر بگویی: چون ندانم؟ کآن قمر هست از خورشید و مَه مشهورتر ۳۶۴۴

اگر بگویی: چگونه آن وجودِ منوّر را که از ماه و خورشید هم مشهورتر است، نشناسم؟

---

۱ - **طمث** : هماغوشی و جماع.

۲ - **مُطاع** : کسی که مردم از او اطاعت و فرمانبرداری می‌کنند، اینجا خطاب عام است، ای آقا، ای خواننده یا ای شنونده.

۳ - آدمی قادر به درکِ حقیقتِ وجود و ماهیّتِ عوالمِ ماورایِ حس نیست و فقط می‌تواند آثار آن را درک نماید.

کـــودکانِ خُـــرد در کُـتّاب‌ها[1]   و آن امـامانْ جـمله در مـحراب‌هـا ۳۶۴۵

کودکانِ مدارس در ارتباط با او مطالبی می‌خوانند و پیشوایان در محراب‌ها از او سخن می‌گویند.

نـامِ او خـوانـند در قـرآن صـریح   قـصّه‌اش گـویند از مـاضی فـصیح ۳۶۴۶

نام او را به صراحت در قرآن کریم می‌خوانند و قصّهٔ زندگی‌اش را به روشنی بازگو می‌کنند.

راست‌گو دانیش تو، از رویِ وصف   گرچه ماهیّت نشـد از نـوحْ کشـف ۳۶۴۷

ای انسان راستگو، تو او را از طریق اوصاف شناخته‌ای هرچند که ماهیّتِ آن بزرگوار بر تو آشکار نیست.

ور بگویی مـن چـه دانـم نـوح را؟   هـمچو اویـی دانـد او را ای فـتی! ۳۶۴۸

امّا اگر بگویی: من چگونه نوح(ع) را بشناسم؟ ای جوانمرد، کسی در مرتبهٔ او می‌تواند وی را بشناسد.

مورِ لنگـم مـن چـه دانـم فـیل را؟   پشّـه‌یی کِـی دانـد اسـرافـیل را؟ ۳۶۴۹

من، مانند مورچهٔ لنگ ناتوانم، چه می‌دانم که فیل چیست؟ پشّه چگونه اسرافیل را بشناسد؟

این سخن هم راست است، از رویِ آن   کـه بـه مـاهیّت نـدانـیش ای فـلان[2] ! ۳۶۵۰

ای فلان، این سخن هم کاملاً صحیح است؛ زیرا که ماهیّت و حقیقت او را نمی‌شناسی.

عــجز از ادراکِ مــاهیّت عــمو[3] !   حــالتِ عــامه بُـوَد، مـطلق مگـو ۳۶۵۱

ای عمو، اینکه می‌گوییم آدمی از ادراک «ماهیّت و حقیقت» عاجز است، مربوط به «عام خلق» است، نه کاملانِ واصل.

زانکــه مــاهیّات و ســرِّ ســرِّ آن   پـیشِ چشمِ کـاملان بـاشد عـیان ۳۶۵۲

زیرا نزد کاملانِ واصل، ماهیّت [مراتب تنزّلِ وجود به اعتبارِ موجودیّت خارجی] و عینِ ثابت [تجلّیِ وجود به اعتبارِ ظهورِ ذهنی و تجلّیِ علمی] آشکار است.

در وجــود از ســرِّ حـقّ و ذاتِ او   دورتـر از فـهم و اسـتبصار[4]، کـو؟ ۳۶۵۳

برای انسان هیچ چیز در کلّ عالم هستی غیر قابل ادراک‌تر از ذات حق تعالیٰ نیست.

---

۱ - **کُتّاب**: مکتب خانه، مدرسه.   ۲ - **ای فلان**: خطاب عام.   ۳ - **عمو**: ای عمو، خطاب عام.

۴ - **استبصار**: دیدن به چشم عقل و خرد و دل.

چـونکه آن مـخفی نـماند از مـحرمان ذات و وصفی، چیست کآن ماند نهان؟ ۳۶۵۴

چون «سرّ حق» و «ذات حق» از کاملانِ واصل که مـحرم درگـاه‌انـد، پـنهان نـیست؛ ذات و صفات حق نیز بر آنان آشکار است.

عقلِ بحثی گوید: این دور است و گَو[1] بـی ز تأویـلی[2]، مُـحالی کـم شـنو ۳۶۵۵

عقل نظری می‌گوید: چنین چیزی از عقل به دور و محال است. آن را بدون تأویل نپذیر.

قُطبْ[3] گوید مر تو را: ای سستْ حال[4] آنچه فـوقِ حـالِ تـوست، آیـد مُـحال ۳۶۵۶

قطب در پاسخِ صاحبِ عقلِ نظری [اصحاب قـال] مـی‌گوید: ای آدم سست حـال، ادراکِ چیزی را که از توانِ تو خارج است، برای همه غیر ممکن می‌دانی؟

واقــعاتی[5] کــه کـنونت بـر گشـود نـه کـه اوّل هـم مُـحالت مـی‌نمود؟ ۳۶۵۷

مگر دانستن حقایقی که هم اکنون بر آن‌ها وقوف داری، در آغاز به نظرت غیرممکن نبود؟

چـون رهـانیدت زِ ده زنـدان، کَـرَم تیه[6] را بر خود مکن حـبسِ ستم ۳۶۵۸

اینک که فضل الهی تو را از ده زندان، یعنی «پنج حسّ ظاهر و پنج حسّ باطن» رهانید و موفّق به درکِ حقایقی شدی، با ستم و لجاجت، این بیابان را تبدیل به زندان نکن.

جمع و توفیق[7] میانِ نفی و اثباتِ یک چیز از رویِ نسبت و اختلافِ جهت

قطعهٔ پیشین در بیانِ این معنا بود که شناختن یک چیز از سر «تمثیل و تقلید» با «تحقیق و معرفت» به ماهیّت آن، یکسان نیست و به عنوان مثال نوح(ع) و قصّهٔ زندگی‌اش مطرح گردید که از طریق آثار و اعمالش بـرای هـمگان شناخته شده است؛ امّا «حقیقتِ وجود» او و «ماهیّت»اش را نمی‌شناسند، اینک در ادامهٔ آن بحث، سخن در شرحِ این معناست که وجودِ تعدّدِ جهات و اعتباراتِ مختلفِ عقلی می‌تواند نفی و اثبات را در یک موضوع واحد جمع کند.

---

۱ - **گَو**: گودال، مغاک. ۲ - **تأویل**: توجیه، تفسیر سخن یا کلمه به معنی دیگری جز ظاهر آن.
۳ - **قطب**: مرشد کامل مکمّل.
۴ - **سست حال**: بی‌حال، کسی که فاقد احوال روحانی و کشف و شهود است.
۵ - **واقعه**: امور غیبی که بر سالک در خلوت و یا در اثنای ذکر آشکار شود.
۶ - **تیه**: صحرا، کنایه از علوم نظری. ۷ - **توفیق**: سازگار گردانیدن، وفق دادن.

نـفیِ آن یک چـیز و اثـباتش رواست چون جهت شد مختلف، نسبت دوتاست ۳۶۵۹

یک چیز واحد را می‌توان هم نفی و هم اثبات کرد؛ زیـرا هـنگامی کـه یک چـیز دارای جهات مختلفی باشد، نسبت‌ها هم متفاوت می‌شود.

مـا رَمَـیْتَ اِذْ رَمَـیْتْ[1] از نسبت است نفی و اثبات است، و هر دو مثبت است[2] ۳۶۶۰

به آیهٔ شریفهٔ «ما رَمَیْتَ إذْ رَمَیْتَ» توجّه کنید که در آن «نفی و اثبات» هست و نسبی است.

آن تو افکندی، چو بر دستِ تو بود تو نه افکندی که قوّت حـق نـمود[3] ۳۶۶۱

تو افکندی، چون سنگ‌ها در دست تو بود؛ امّا تو نیفکندی؛ زیرا قدرتِ پرتاب را خداوند به تو داد.

زورِ آدمْزاد را حَـــــدّی بُــــوَد مُشتِ خاک اِشکست لشکر کِی شود؟ ۳۶۶۲

قدرت انسان حدّی دارد و حدود آن چنان نیست که یک مشت خاک و سنگریزه بتواند لشکری را منهزم کند.

مشتْ مشتِ توست و افکندن ز ماست زین دو نسبت نفی و اثباتش رواست ۳۶۶۳

دست، دستِ توست؛ امّا پرتاب کردن با ماست. در این امرِ نسبی، نفی و اثبات هر دو رواست.

یَـــعْرِفُونَ اَلاَنْــــبِیا اَضْـــدادُهُــمْ مِـــثْلَ مٰـا لاٰ یَشْــتَبِه اَولادُهُــمْ[4] ۳۶۶۴

کافران که دشمنان پیامبران بودند، آنان را می‌شناختند، همان‌طور کـه فـرزندان خـود را می‌شناسند و دربارهٔ آنان اشتباه نمی‌کنند.

هـمچو فـرزندانِ خـود، دانـندشان مُنکِران، با صد دلیل و صـد نشـان ۳۶۶۵

منکران با صد دلیل و نشان پیامبران را همانند فرزندان خود می‌شناسند.

لیک از رشک[5] و حسد پنهان کنند خـویشتن را بـر نـدانم مـی‌زنند ۳۶۶۶

امّا از سر خودبینی و حسد، حقیقت را پنهان می‌کنند و خود را به نادانی می‌زنند.

---

۱ - اشارت قرآنی، انفال: ۱۷/۸، ر.ک: ۲۲۷/۱ و ۶۱۹/۱ و ۳۸۰۴/۱. در ارتباط با جنگ بدر، خداوند خطاب به رسول گرامی(ص) می‌فرماید: و تو تیر نینداختی هنگامی که انداختی، بلکه خداوند انداخت.

۲ - در حاشیه به جای «مثبتست»، «راستست» را به عنوان بدل افزوده‌اند.

۳ - بررسی یک امر از جهات و اعتبارات مختلف که نفی و اثبات را در یک موضوع واحد جمع می‌کند.

۴ - مضمون این بیت و دو بیت بعد از آن اشاره‌ای است به بقره: ۱۴۶/۲: اهل کتاب او را می‌شناسند به همان گونه که فرزندانشان را می‌شناسند. البتّه گروهی از آنان دیده و دانسته حق را پنهان می‌دارند.

۵ - **رشک**: حسد و رقابت، کبر و غرور و خودبینی.

۳۶۶۷ **پس چو یَعْرِف[1] گفت، چون جایِ دگر　　گفت: لا یَعْرِفُهُمْ غَیْری[2]؟ فَذَر[3]**

اینک مولانا سؤالی را مطرح می‌فرماید که با جمع نسبی میان نفی و اثبات در یک موضوع واحد، مربوط است.

در بیت ۳۶۶۴ اشاره به مضمون آیهٔ شریفه بود: خداوند می‌فرماید: منکران هم انبیا را می‌شناسند. در جای دیگری می‌فرماید: اولیا را کسی جز من نمی‌شناسد. می‌بینیم که آیهٔ شریفه اثبات، حدیثِ قدسی نفی است؛ پس رها کن دانش منکران را.

۳۶۶۸ **اِنَّهُمْ تَحْتَ قِبابی کامِنُون[4]　　جز که یزدانْشان نداند ز آزمون**

اولیا زیر قبّه‌های من نهان‌اند و جز خداوند که حقیقت آنان را می‌داند و می‌آزماید هیچ کس بر احوالشان وقوفی ندارد.

۳۶۶۹ **هم به نسبت گیر این مفتوح را　　که بدانی و ندانی نوح را**

معنایی را که شرح دادیم و آنچه که برایت آشکار شد، امری نسبی است؛ یعنی در حدّ درک تو، همان گونه که در ابیات پیشین در ارتباط با نوح(ع) گفتیم که به استناد بعضی جهات و اعتبارات او را می‌شناسی و به استناد بعضی جهات و اعتبارات نمی‌شناسی.

مسئلهٔ فنا[5] و بقایِ درویش[6]

قطعهٔ پیشین در تقریر این معنا بود که: امور نسبی‌اند و وجودِ تعدّدِ جهات و اعتباراتِ مختلفِ عقلی می‌تواند در یک موضوعِ واحد، نفی و اثبات را جمع آوَرَد. اینک در ادامهٔ آن، سخن در بیان این معناست که «فنا» و «بقا» هم اموری نسبی‌اند.

۳۶۷۰ **گفت قایل[7]: در جهان درویش نیست　　ور بُوَد درویش، آن درویش نیست[8]**

سخنوری گفت: در جهان درویش نیست و اگر باشد، وجه خلقی او در وجه ربّی‌اش فنا یافته است و وجودِ عنصری او هم از ویژگی‌های جان برخوردار شده است.

---

۱ - **یَعْرِف** : می‌شناسد.
۲ - **لاَ یَعْرِفُهُمْ غَیْرِي** : کسی جز من از آنان خبر ندارد؛ یعنی آنان را نمی‌شناسد. ر.ک: ۹۳۳/۲.
۳ - **فَذَر** : رها کن.　۴ - **کامِنُون** : نهان، پنهان.　۵ - **فنا** : ر.ک: ۶۰۴/۱ و ۳۰۶۵/۱.
۶ - **درویش** : ر.ک: ۲۷۶۴/۱ و ۲۷۶۸/۱.　۷ - **قائل** : گوینده، سخنگو، اینجا مراد خود مولاناست.
۸ - انسان کامل از جهتی منسوب به حضرت غیب وجود است و از جهتی جامع مراتب کونیّه خلقی است. به اعتبار آنکه دارای وجود عنصری است، عبد به شمار می‌آید و به اعتبارِ آنکه مبدأ جمیع تجلیّات خلقی است، ربّ است: شرح مقدّمهٔ قیصری، ص ۲۲۱.

هست از روی بــــــــقایِ ذاتِ او نیست گشته وصفِ او در وصفِ هو ۳۶۷۱

آری، می‌توان گفت کـه آن درویش از جـهات بـقای ذات و بـرخـوردار بـودن از وجـود عنصری، هست؛ امّا صفات انسانی‌اش در صفات حق محو شده است.

چــون زبـانهٔ شـمعْ پـیش ِ آفـتاب نیست باشد، هست باشد در حساب ۳۶۷۲

برای اینکه موضوع «فنا» و «بقا»ی درویش را در ذات و صفات حق بهتر دریابیم و بدانیم که این «فنا و بقا» هم امری نسبی است، می‌توانیم به شعلهٔ شمع توجّه کنیم که در برابر پرتو آفتاب، حضور شعلهٔ شمع، نمودی ندارد و آشکار نیست؛ یـعنی در بـرابـر آفـتاب نـیست می‌شود؛ امّا در واقع شعله هست و به حساب می‌آید.

هست بـاشد ذاتِ او، تـا تـو اگـر بـر نــهی پــنبه بسـوزد زآن شـرر ۳۶۷۳

شعلهٔ شمع وجود دارد؛ زیرا اگر پنبه‌ای را روی آن بگذاری، از شراره‌اش می‌سوزد.

نیست باشد، روشـنی نـدهد تـو را کــرده بـاشد آفـتابْ او را فـنا ۳۶۷۴

امّا به نسبت درخشش ِ خورشید، نیست به شمار می‌آید و آفتاب او را محو کرده است.

در دو صد من شهد، یک اُوْقیّه[۱] خَل[۲] چون در افکندی و در وی گشت حَل ۳۶۷۵

اگر در دویست مَنْ عسل یک پیمانه سرکه بریزی و آن‌ها را ممزوج کنی تا سرکه در عسل حل شود،

نیست باشد طعم خَل، چون می‌چشی هست اُوقـیّه فـزون، چـون بـر کشـی ۳۶۷۶

هنگامی که عسل را بچشی، طعم سرکه را در آن نمی‌یابی؛ امّا اگر توزین کنی، وزن پیمانهٔ سرکه به وزن عسل اضافه شده و سنگین‌تر است.

پس به اعتباری و به جهتی می‌توان گفت: سرکه در این عسل هست و به اعتباری و بـه جهتی می‌توان گفت: نیست.

پیش ِ شـیری آهـوی بـیهوش شـد هستی‌اش در هستِ او روپوش شد[۳] ۳۶۷۷

اینکه در برابر شیری قوی پنجه، آهوی ضعیف و ناتوانی بیهوش شود و هستی‌اش را در هستی او دربازَد، القا کنندهٔ همان معنایی است که در حل شدن سرکه در عسل دیدیم.

---

۱ - **أوْقِیَّه** : وزنه‌ای معادل هفت مثقال، مراد یک پیمانه است. ۲ - **خَلّ** : سرکه.

۳ - در این تمثیل، شیر مرد حق است و آهو نمادی از سالک که در شیخ فنا می‌یابد و هستی موهومی‌اش را در هستی حقیقی او محو می‌کند.

ایـن قـیاسِ نـاقصان بـر کـارِ رَب جوششِ عشق‌است، نه از ترکِ ادب ۳۶۷۸

مولانا قبلاً در همین دفتر و در ادامهٔ «قصّهٔ اهل سبا و حماقت آنان» فرموده بود که مَثَل آوردن مخصوصاً در کار خداوند در حدّ هر کسی نیست[1] و این امر مختصّ حق تعالیٰ است که علم او بر نهان و عیان محاط است. اینک با توجّه به اینکه خود وی هم در کار حق مثال‌هایی را در ابیات بالا آورده است، احتمالاً مثال‌های ذکر شده را هم «قیاس ناقصان» می‌داند و می‌فرماید: قیاس و تمثیل‌هایی که غیر کاملان در امور الهی بدان متوسّل می‌گردند، از جوشش عشق است، ترک ادب نیست.

نبضِ عاشق، بی ادب بر می‌جَهَد خـویش را در کَـفّهٔ شـه مـی‌نهد ۳۶۷۹

نبض عاشق بی‌اختیار می‌جهد؛ یعنی عاشق بر احوال خود تسلّط ندارد. همواره خود را در حضورِ معشوق می‌یابد؛ بنابراین خود را همسنگ و هم پایهٔ مطلوب می‌داند.

بی ادب‌تر نیست کس زو در جهان با ادب‌تر نـیست کس زو در نـهان ۳۶۸۰

در دنیا هیچ کس از عاشق بی‌ادب‌تر نیست؛ امّا در واقع هیچ کس از او با ادب‌تر نیست؛ زیرا آداب باطنی را رعایت می‌کند.

هم به نسبت دان وِفاق[2]، ای مُنتجَب[3]! ایـن دو ضـدِّ بـا ادب بـا بی ادب ۳۶۸۱

ای انسان برگزیده، توجّه کن که در مورد «عاشقِ حق»، باادب بودن را، هم نفی کردیم و هم اثبات؛ زیرا این امر جهات مختلفی دارد؛ پس نسبت‌ها متفاوت می‌شود؛ چون عاشق حق از جهت و به اعتبارِ عدمِ رعایتِ آداب عامّه‌پسند بی‌ادب است؛ امّا از جهت و به اعتبار توجّه به حق و عشق و استغراق، باادب است.

بی ادب بـاشد چـو ظـاهر بـنگری که بُوَد دعـویِّ عشـقش هـم سَـری ۳۶۸۲

اگر به ظاهر امر توجّه کنی، می‌بینی که عاشق اگر خود را هم پایهٔ معشوق نمی‌دید یا بر این باور نبود که قابلیّت و استعداد هم‌پایه شدن را دارد، مدّعیِ عشق حق نمی‌شد؛ پس همین دعوی، عین بی‌ادبی است.

چون به باطن بنگری دعوی کجاست؟ او و دعوی، پیشِ آن سلطان فـناست ۳۶۸۳

امّا اگر به باطن او توجّه کنی، در می‌یابی که در سراپای وجودش چیزی به نـام دعـوی نیست؛ زیرا همهٔ «هستی موهومی» خود را در «هستیِ حقیقیِ حق» دربـاخته و فـانی شـده است. فانی، وجود مستقلّی ندارد که صاحب دعوی باشد.

---

۱ - ر.ک: ۲۷۸۶/۳. ۲ - **وِفاق** : وفق دادن، موافقت. ۳ - **مُنْتَجَب** : برگزیده.

مُـاتَ زَیْـدٌ، زیـد اگـر فـاعل بُـوَد　　　لیک فاعل نیست، کو عـاطل[1] بُـوَد ۳۶۸۴

برای اینکه بهتر به موضوع احاطه یابی به این مثال توجّه کن، هنگامی که می‌گوییم: زید مُرد. از نظر «علم نحو»، زید فاعل این فعل است؛ ولی در واقع او مفعول است؛ زیرا فعلی از وی سر نزده است، مرگ بر او چیره شده و تسلّط یافته است.

او ز رویِ لفظِ نـحوی فـاعل است　　　ورنه او مفعول، و موتش قاتل است ۳۶۸۵

زید فقط از دیدگاه علم نحو فاعل به شمار می‌آید وگرنه او مفعول‌است و مرگ فاعلِ این فعل‌است.

فاعلِ چـه؟ کـو چـنان مـقهور شـد　　　فـاعلی‌ها جـمله از وی دور شـد ۳۶۸۶

چه فاعلی؟ او چنان در سلطهٔ مرگ قرار گرفته که تمام افعال از او سلب شده است.

نتیجه آنکه: فعلِ عاشقِ فانی در حق که به او بقا یافته است، به اعتبار آنکه در حق فانی است، فعل حق است و به اعتبار آنکه فعل بر دست او جاری شده، فعل اوست.

قصّهٔ وکیلِ صدرِ جهان
که متّهم شد و از بخارا گریخت از بیمِ جان،
باز عشقش کشید رُوکشان، که کارِ جان سهل باشد عاشقان را

خواجهٔ بزرگ بخارا که به **صدر جهان** شهره گشته بود، وکیلی داشت که او را به عنوان نایب برای ضبط کارها و سیاست امور مردم منصوب کرده بود. وکیل متّهم به خطایی شد و از بخارا گریخت و مدّت ده سال سرگردان بود. گاه در خراسان و گاه در کهستان[2] و گاه در دشت. پس از ده سال، اشتیاق دیدار صدر جهان که وکیل به او علاقه و مهری آتشین داشت صبر و طاقت را از وی ربود و به عزم دیدار عازم بخارا شد. ناصحی از سر شفقت او را اندرز داد که باید عاقبت‌اندیش بود. رفتن به بخارا جز جنون چیزی نیست. صدر جهان کارد تیز کرده و تو را با بیست چشم می‌جوید؛ امّا عشق نهانی که او را اسیر صدر جهان کرده بود، لاابالی‌وار ناصح را پاسخی عاشقانه می‌داد که مرا از کشتن بر حذر مدار که «**تشنهٔ زارم به خون خویشتن**» و سرانجام با دلی پر تپش، گرم و تیز به سوی بخارا روانه گردید و با دیدن سواد شهر بخارا، عقلِ او به بستانِ رازِ عاشقان پرّید و مدهوش بر زمین افتاد. باری، با ورود او به شهر

---

۱ - **عاطل**: بیهوده، بیکاره.　　۲ - **کهستان**: کوهستان، ولایتی در خراسان، همچنین ولایتی در قفقاز.

هرکس که وکیل را دید، گفت: زنهار پیش از آفتابی شدن و دیدار صدر جهان از اینجا بگریز؛ امّا عاشق پاسخ می‌داد: «**من پشیمانم که مکر انگیختم**» و از خشم او گریختم، و با چشمی تر و دلی بریان به درگاه صدر جهان رفت و برخلاف انتظار همگان، صدرِ جهان که همان روز صبحگاهان به یاد این بندهٔ مهجور افتاده و دلش بر وی به مهر تپیده و آرزوی بازگشتش را کرده بود، بندهٔ عاشق را که شدّت و حدّتِ اشتیاق مدهوش کرده بود، به محبّت نواخت و دست او را به مهر گرفت و گفت: با دَمِ من او به خویش باز خواهد آمد «آنگهی آید که من دم بخشمش» و بدین سان عاشق بیهوش چون صلای وصل را از دَمِ معشوق شنید به خویش باز آمد و بر جهید و شادمانه چرخی زد و سجود کرد و با شیدایی بی‌نظیری به ثنا و شکر معشوق پرداخت، در حالی که خون دل از دیده می‌بارید. از ناله‌هایِ زارِ عاشقِ نحیف، اهل بخارا گِردِ وی حلقه زدند و همگان از دون و شریف همراه او حیران گریستند و رستاخیزی برپا شد. گویی که آسمان آن دم به زمین گفت: اگر رستاخیز را ندیده‌ای، اینک ببین، «**عقل حیران که چه عشق است و چه حال**» و بدین سان در ابیات پایانی این داستان طویل و در قطعه‌ای که عاشق بیهوش، به خویش آمد و به ثنا و شکر معشوق پرداخت، به موجبِ «خوشتر آن باشد که سرّ دلبران، گفته آید در حدیث دیگران»، مولانا از زبانِ بندهٔ صدر جهان، آنجا که در تقریرِ احوالِ عاشقانهٔ او می‌کوشد، جان بیقرار و همیشه عاشقش به یاد محبوب از دست رفته و هیجانات کوبنده و سهمناکِ عشقِ توفان‌برانگیز شمس، عِنان اختیار از کف داده، سخت مست و بیخود و آشفته، زبان به تبیین اسرار عاشقانه گشوده است و شورش احوال را به «شورانندهٔ آن سری» و «پرتو ساقی» منسوب می‌دارد.

این حکایت که از درخشان‌ترین قصّه‌های مثنوی است، ظاهراً با روایت مربوط به خاندان آل‌برهان[1] پیوستگی دارد و به احتمال قوی دارای اصل تاریخی است که مولانا آن را از خاطرات ایّام خردسالی و سال‌های مسافرت در ماوراءالنّهر و خراسان به یاد داشته است؛ امّا اینکه برخی از محقّقان پنداشته‌اند به قصّهٔ برهان اسلام و پسرش محمّد و آنچه عوفی درین باب نقل کرده است[2] مربوط باشد، بعید می‌نماید و به هیچ وجه محتمل به نظر نمی‌آید که مولانا پسر «صدر جهان» را با «وکیلِ در» او خلط کرده باشد و یا اینکه عامداً قصّه را بدین گونه روایت کرده باشد، بعیدتر می‌نماید؛ زیرا حکایت اگر در باب عشق فرزند به پدر و توبه و بازگشت او به نزد پدر می‌بود، البتّه شور و حال دیگری می‌یافت و ممکن نبود مولانا از آن صرف نظر کند و آن را به صورتی دیگر نقل نماید. در هر حال عشق بندهٔ خاصّ در حقِّ خداوندگار خویش در اقوال مولانا به صورت‌های دیگری هم روایت دارد.[3]

---

۱ - ر.ک: ۳۸۱۲/۶. ۲ - احادیث، صص ۳۲۱-۳۱۹. ۳ - با استفاده از بحر درکوزه، ص ۴۳۸.

این قصّه که از برجسته‌ترین حکایات مثنوی در تبیین احوال عاشقانه و عارفانه است، از بیت ۳۶۸۷ الی ۴۷۴۹ تطویل و تفصیل یافته و تداعی‌گر قصّه‌های دیگری گشته است که هر یک به نوعی با ظرایف و دقایق و لطایفی که در حین شرح داستان مطرح شده‌اند ربط می‌یابند.

سِرّ سخن آن که در این داستان «صدر جهان» رمزی است از «معشوق حقیقی» که به سبب غفلت و خطای بندهٔ خاصّ، زمانی از وی روی برتافته است و قهر او عاشق بیقرار را که در این قصّه نمادی از «مریدِ عاشق» و «مشتاقی مهجور» است، جز رنج و مصایب و خون جگر و دربه‌دری و آشفتگی حاصلی به بار نمی‌آورد و بازگشت بندهٔ خاصّ به سوی صدر جهان، رمزی است از «عشق حقیقی» و «بازگشت به حق» و «تسلیم جان به جانان» برای طلب وصل؛ زیرا هجران یار ارکان جان و روان عاشق راستین را پاره می‌دارد و این تجربهٔ سخت دردناکی است که مولانا خود آن را به تلخی آزموده است.

در بخارا بندهٔ صدرِ جهان　　　متّهم شد، گشت از صدرش نهان ۳۶۸۷

حکمران بخارا در دستگاه حکومتی خادمی داشت که وکیل او بود؛ یعنی امور داخلی دربار را اداره می‌کرد. اتّفاقاً این وکیل به جرمی متّهم شد و به ناچار از بیم حاکم پنهان گشت.

مدّتِ ده سال سرگردان بگشت　　　گَه خراسان، گه کُهستان[1]، گاه دشت ۳۶۸۸

او مدّت ده سال آواره و سرگردان شد، گاه در خراسان و گاه درکوهستان و دشت به سر می‌برد.

از پسِ ده سال او از اشتیاق　　　گشت بی طاقت ز ایّامِ فراق ۳۶۸۹

پس از ده سال اشتیاق وافر او به دیدار صدر جهان طاقتش را طاق کرد.

گفت: تاب فُرقتم زین پس نماند　　　صبر کِی داند خَلاعت[2] را نشاند؟ ۳۶۹۰

با خود اندیشید: بیش از این تاب تحمّل هجران را ندارم، صبر شور فراق مرا تسکین نمی‌دهد.

از فراقْ این خاک‌ها شوره بُوَد　　　آبْ زرد و گَنْده و تیره شود ۳۶۹۱

از هجران، خاک به شوره‌زار بی‌حاصلی مبدّل می‌شود و آب زلال می‌گندد و تیره می‌شود.

بادِ جان‌افزا وَخِم[3] گردد، وبا　　　آتشی خاکستری گردد هَبا[4] ۳۶۹۲

نسیم فرح بخش، سنگین و بیماری‌زا می‌شود و آتش به خاکستری حقیر مبدّل می‌گردد.

---

۱ - **کُهستان**: به پانوشت خلاصهٔ داستان رجوع کنید.　۲ - **خَلاعت**: شور فراق داشتن، بی سامانی.
۳ - **وَخِم**: بدگوار، ثقیل، سنگین.　۴ - **هَبا**: حقیر، خوار، تباه و ضایع.

باغِ چون جنّت شود، دارُ ٱلمَرض   زرد و ریزان برگِ او اندر حَرَض[1] ۳۶۹۳

باغی که مانندِ بهشت مصفّاست، محلِّ بیماری می‌گردد، برگِ آن زرد و تباه می‌شود و می‌ریزد.

عقلِ درّاک[2] **از فراقِ دوستان   همچو تیراندازِ اِشکسته کمان** ۳۶۹۴

عقلی که از درکِ خوب برخوردار است، اگر از دوستانی که عقلِ کامل دارند، دور بماند، مانندِ تیراندازی است که کمانش شکسته باشد؛ زیرا در پرتو کمالات روحانی آنان به درک متعالی نایل آمده بود.

دوزخ از فُرقت چنان سوزان شده‌ست   پیر از فُرقت چنان لرزان شده‌ست ۳۶۹۵

آتشین مزاج بودنِ جهنّمِ سوزان، از دوریِ رحمتِ حق است، همان‌طور که آدم کهنسال، از فراقِ جوانی، لرزان است.

گر بگویم از فِراقِ چون شرار   تا قیامت یک بُوَد از صدهزار ۳۶۹۶

اگر تا قیامت از فِراق که مانندِ شراره سوزان است بگویم، می‌توانم از صد هزار نکته، یکی را شرح دهم.

پس ز شرحِ سوزِ او کم زن نَفَس   رَبِّ سَلِّمْ، رَبِّ سَلِّمْ[3] **گوی و بس** ۳۶۹۷

بنابراین بیش از این به شرح سوزانندگی آتش فراق نپردازیم و از خداوند بخواهیم که ما را از فِراق در امان دار و حفظ بفرما.

هرچه از وی شاد گردی در جهان   از فراقِ او بیندیش آن زمان ۳۶۹۸

هر چیزی که در جهان موجب شادی‌ات شود، در لحظه از دوریِ آن بیندیش.

ز آنچه گشتی شاد، بس کس شاد شد   آخر از وی جَست و همچون باد شد ۳۶۹۹

آنچه تو را شاد کرده، مایهٔ شادی بسیاری از انسان‌ها بوده است؛ امّا آن را از دست داده‌اند.

از تو هم بجْهد، تو دل بر وی مَنِهْ   پیش از آن کو بجْهد، از وی تو بِجِهْ ۳۷۰۰

تو هم روزی آن را از دست می‌دهی؛ پس به امور فانی دلبسته نشو و پیش از آنکه از دستت بگریزد، تو تعلّق خاطرت را از آن برگیر.

---

۱ - **حَرَض**: پوسیدگی و تباهی.   ۲ - **درّاک**: بسیار درک کننده.

۳ - مقتبس است از این حدیث: شِعَارُ الْمُسْلِمِينَ عَلَى الصِّرَاطِ يَوْمَ الْقِيَامَةِ اَللّٰهُمَّ سَلِّمْ سَلِّمْ: روز قیامت شعار مسلمانان در صراط این است: خدایا سلامتمان بدار، سلامتمان بدار: احادیث، ص ۳۲۱.

پیدا شدنِ روح اَلقُدُس[1] به صورتِ آدمی بر مریم[2] به وقتِ برهنگی و غسل کردن و پناه گرفتن به حق تعالی[3]

جان کلام در تقریر قصّهٔ مریم(س) در بیانِ معنایی است که در ابیات پیشین گفته شد: همهٔ دردها و رنج‌ها و تلخی‌ها در عالم محسوس ناشی از فراق از مبدأ هستی است و تنها راه نجات «رَبِّ سَلِّمْ رَبِّ سَلِّمْ گوی و بس» و پناه بردن به حصن الهی است؛ بنابراین ذهن نکته‌سنج و ظریف مولانا پس از شرح فراق که تقدیرِ خاکیان است تداعی‌گر قصّهٔ مریم(س) می‌گردد که رمزی است از دل‌شکستگی و غریبی و سوختگی، و پناه بردن وی را به خداوند، همان «رَبِّ سَلِّمْ» و «حصن الهی» می‌یابد که آسایش غمگینان و نواخت غریبان و مرهم دل‌سوختگان است.

همچو مریم گوی پیش از فوتِ مِلْک[4]   نقش را کَالعَوْذُ[5] بِالرَّحْمٰنِ مِنْکْ[6] ۳۷۰۱

پیش از آنکه فرصت‌ها را از دست بدهی تو هم مانند مریم(س) بگو: از تو به خدا پناه می‌برم.

دید مریم صورتی بس جانْفزا   جانفزایی دلربایی در خَلا[7] ۳۷۰۲

مریم(س) در خلوتگاه خویش شخص بسیار زیبایی را دید.

پیش ِ او بر رُست از رویِ زمین   چون مه و خورشید آن روحُ الامین ۳۷۰۳

جبرائیل که همانند ماه و خورشید می‌درخشید، در برابر مریم(س) گویی از زمین رویید.

---

۱ - **روح اَلقُدُس** : جبرائیل، به گفتهٔ امام محمّد غزّالی از مراتب ارواح نورانیّه بشریّه است و آن روحی است نبوی که پیامبران و بعضی از اولیا بدان مختص می‌شوند و لوایح غیبی و احکام آخرت و قسمتی از معارف ملکوت آسمان‌ها و زمین؛ بلکه معارف ربّانی که روح عقلی و فکری از رسیدن بدان‌ها قاصر است در آن تجلّی می‌کند. در قرآن، شعراء: ۱۹۳/۲۶، روح‌الامین نامیده شده است. «روح» نام جبرائیل و «امین» صفت اوست و این صفت را بدان یافت که آنچه از حق تعالیٰ می‌شنید به عینه نزد پیامبر ادا می‌کرد.

نزد مسیحیان، روح القُدُس نامیده می‌شود و یکی از اقانیم ثلاثه است. آن را «روح» گویند چون مبدع حیات است و «مقدّس» گویند به سبب آنکه دل‌های مؤمنان را تقدیس می‌کند.

۲ - روایتی که در این قطعه بدان اشارت می‌شود، قسمتی از قصّهٔ مریم(س) است که از آیهٔ ۱۶ به بعد در سورهٔ مریم آمده و حکایت مشهوری است که مفسّران به تفصیل نقل کرده‌اند.

۳ - اشارتی قرآنی؛ مریم : ۱۸/۱۹-۱۶ : وَٱذْكُرْ فِى ٱلْكِتٰبِ مَرْيَمَ إِذِ ٱنتَبَذَتْ مِنْ أَهْلِهَا مَكَاناً شَرْقِيّاً فَٱتَّخَذَتْ مِن دُونِهِمْ حِجَاباً فَأَرْسَلْنا إِلَيْهَا رُوحَنَا فَتَمَثَّلَ لَهَا بَشَراً سَوِيّاً قَالَتْ إِنِّى أَعُوذُ بِالرَّحْمٰنِ مِنكَ إِن كُنتَ تَقِيّاً : و در کتاب از مریم یاد کن آنگاه که از خاندان خویش، در گوشه‌ای شرقی، کناره گرفت و از آنان پنهان شد؛ آنگاه روح خویش [جبرئیل] را به سوی او فرستادیم که به صورت انسانی معتدل به دیدهٔ او در آمد [مریم] گفت من از تو اگر پرهیزکار باشی به خدای رحمان پناه می‌برم.

۴ - **فوتِ مِلْک** : از دست رفتن چیزهایی که در مالکیّت آدمی است، عمر و فرصت برای تکامل.

۵ - **عَوْذ** : پناه بردن.   ۶ - اشاره به دنیا و تعلّقات دنیوی است.   ۷ - **خَلاء** : خلوتگاه.

۳۷۰۴ **از زمین بر رُست خوبی بی نقاب / آنچنان کز شرق روید آفتاب**

همان‌طور که آفتاب از مشرق طلوع می‌کند، این شخص زیبا از زمین بر آمد.

۳۷۰۵ **لرزه بر اعضایِ مریم اوفتاد / کو برهنه بود و ترسید از فساد**

مریم(س) بر خود لرزید: زیرا عریان بود و از تباهی می‌ترسید

۳۷۰۶ **صورتی که یوسف ار دیدی عیان / دست از حیرت بُریدی چون زنان[۱]**

صورتی زیبا که اگر یوسف(ع) او را می‌دید، مانندِ زنان مصری از حیرت دست خود را می‌برید.

۳۷۰۷ **همچو گُل پیشش برویید آن زگِل / چون خیالی که بر آرد سر ز دِل**

جبرائیل همانند گُلی که از گِل می‌روید، در برابر مریم(س) سبز شد، مانندِ خیالی لطیف که از دل آدمی به ناگاه سر بر می‌زند.

۳۷۰۸ **گشت بی‌خود مریم و در بی‌خودی / گفت: بِجْهم در پناهِ ایزدی**

مریم(س) با دیدن او از خود بیخود شد و گفت: به خدا پناه می‌برم.

۳۷۰۹ **زانکه عادت کرده بود آن پاکْ جیب[۲] / در هزیمت[۳] رخت بُردن[۴] سویِ غیب**

زیرا آن دوشیزهٔ پاک‌نهاد عادت داشت که در هنگام سختی‌ها به خداوند پناه ببرد.

۳۷۱۰ **چون جهان را دید مُلکی بی‌قرار / حازِمانه[۵] ساخت زآن حضرت حصار**

زیرا دنیا را مُلک بی‌ثباتی می‌دانست و از حزم و غایت‌اندیشی، به حق پناه می‌بُرد.

۳۷۱۱ **تا به گاهِ مرگ حِصنی[۶] باشدش / که نیابد خصم راهِ مقصدش**

تا هنگامِ مرگ، خداوند پناه او باشد و دشمن، یعنی شیطان نتواند به وی نفوذ کند.

۳۷۱۲ **از پناهِ حق، حصاری بِهْ ندید / یُورتگه[۷] نزدیکِ آن دِزْ[۸] برگزید**

هیچ قلعه و حصاری را به استحکامِ «حصنِ حق» نیافت و بدان پناه برد.

---

۱ - زندگی یوسف(ع): ر.ک: ۳۱۶۹/۱. ۲ - **پاک جیب**: پاک نهاد، پاکدامن.
۳ - **هزیمت**: فرار از خطر و دشمن. ۴ - **رخت بردن**: پناه بردن.
۵ - **حازمانه**: با حزم و احتیاط و غایت اندیشی. ۶ - **حِصْن**: قلعه، دژ. ۷ - **یورتگه**: خیمه، منزلگاه.
۸ - **دز**: دژ.

چون بدید آن غمزه‌هایِ[1] عقل سوز   که از او می‌شد جگرها تیردوز[2] ۳۷۱۳

زیرا مریم(س) دریافته بود که «تجلیات جلالی»، همانندِ تیر که جگر را می‌دَرَد، عقل را محو می‌کند؛ بنابراین «حصن الهی» را پناهگاه قرار داده بود.

شاه و لشکر حلقه در گوشش شده   خسروانِ هوش بیهوشش شده ۳۷۱۴

او دریافته بود که «قدرت‌های این جهانی»، حلقه به‌گوش و مدهوشِ این «غمزه‌هایِ عقل سوز»اند و در سیطرهٔ آن به بُعد از حق گرفتار آمده‌اند.

صدهزاران شاهْ مملوکش به رِق[3]   صدهزاران بَدْر[4] را داده به دِق[5] ۳۷۱۵

صدهزاران شاه و سپاه، غلام آن غمزه‌اند[6] و صدهزاران انسانِ متعالی از این تجلیّات نابود شده‌اند.

زَهره نی مر زُهره را تا دم زند   عقلِ کُلَّش چون ببیند، کم زند[7] ۳۷۱۶

زهره که ستارهٔ شادی و طرب است، در برابر «غمزه‌های عقل سوز» جرأت را از دست می‌دهد و سکوت می‌کند؛ حتّی عقل‌کلّ نیز که مبدأ «موجودات امکانی» است، در برابرِ شئونات، تجلیّات و ظهوراتِ مختلفی که سببِ این «غمزه‌هایِ عقل‌سوز» در مراتب حقّی و خلقی است، خویش را ناچیز می‌یابد.

من چه گویم؟ که مرا در دوخته‌ست[8]   دَمْگهم[9] را دَمْگهِ او[10] سوخته‌ست ۳۷۱۷

اینک حضرت مولانا؛ پس از تقریر ابیاتی که در ارتباط با عظمت وجوبی حق تعالیٰ آمد و

---

۱ - **غمزه:** برهم زدن چشم، کنایه از عدم التفات وگشادن چشم اشاره به مردمی و دلنوازی است. آثار این دو صفت موجب خوف و رجاء می‌شود. اشاره به استغنا نیز هست: ف. سجّادی، ص ۶۰۸.

۲ - مریم(س) به سبب سرشت پاک و صفای باطن دریافته بود که «صفات جلالی» مانند: مانع، قابض، قهّار و مذّل ناشی از احتجاب از حق و منشأ قهر و غضب و بُعد است؛ بنابراین همواره از بُعد حق به حق پناه می‌برد.

۳ - **به رِق :** در بندگی و بردگی.

۴ - **بدر:** اشاره به «جان» انسان متعالی که در اثر تجلیّات جلالی به بُعد مبتلاگشته است.

۵ - **دِقّ :** بیماری سل، تب لازم، «به دق داده»: از غم نابوده کرده است.

۶ - قدرتمندان این جهانی در سیطرهٔ حق‌اند، چه بدانند و چه ندانند و به بندگی مشغول‌اند، چه آگاهانه و چه ناآگاهانه. هوشیاران عالم (خردمندان) در برابر تسلّط و احاطه حق خاموش و تسلیم‌اند و اظهار وجود نمی‌کنند. این همان معنایی است که مولانا در دفتر اوّل و در قصّهٔ موسی و فرعون می‌فرماید که هر دو مسخّرِ مشیّت حق‌اند و هر دو رونده و رهی حکم الهی‌اند، یکی در راه و دیگری بی‌راه.

[موسی و فرعون معنی را رهی   ظاهر آن ره دارد و این بی‌رهی]

۷ - اشاره است به ذات حق تعالیٰ که عقل کلّ، اوّلین تنزّل یا اوّلین تجلّی اوست در مقام خلق.

۸ - **در دوخته است :** باز داشته است.   ۹ - **دَمْگهم :** راه نفسم.

۱۰ - **دمگه او :** دمیدن نایی در نای، القای حق.

تبیین آنکه جمیع وسائطِ «طولیّه و عرضیّه و مادّیّه و مجرّده» در برابر سیطرهٔ آن مقهور و فانی‌اند، به شرح این نکته می‌پردازد که این قدرت مطلق، مرا بازداشته و القای او راه نَفَسم و سخن گفتنم را بند آورده و سوزانده است.

دودِ آن نـــارم، دلیـــلم مـــن بـــر او   دور از آن شـــه، بـاطِلٌ مٰـا عَـبَّرُوا[1] ۳۷۱۸

وجودم در مقابل آتش عشقی که سخنان را به من القا می‌کند، همانند دود است. سخنان من هرگز نمی‌تواند آن چنانکه باید دلالت روشن و آشکاری بر بیکرانی عظمت وجوبی حق تعالیٰ باشد، هر تعبیر و توصیف از آن شاه وجود، ناقص و باطل است.

خـــود نـــباشد آفـــتابی را دلیـــل   جـــز کـــه نـــور آفـتابِ مُستطیل[2] ۳۷۱۹

آفتاب جز نور گستردهٔ خود که دلیل وجود اوست به دلیل دیگری نیاز ندارد.

ســـایه[3] **کـه بُـوَد تـا دلیـلِ او بُـوَد؟   ایـــن بس‌اسـتش کـه ذلیـلِ او بُـوَد** ۳۷۲۰

سایه چه شأنی دارد که بر وجودِ آفتاب دلالت کند. برای سایه همین بس است که در برابر او خوار و ذلیل بر زمین پهن شود.

این جلالت در دلالت صادق است   جمله ادراکات پس، او سابق است ۳۷۲۱

«عظمت و جلالت وجوبی حق» برای دلالتِ او کافی است و ادراکات ذهنی ما متأخّر از وجوبِ حق است؛ یعنی او مقدّم بر ادراکات ماست.

جـمله ادراکـات بـر خـرهایِ لنگ   او سوارِ بـاد پـرّان چـون خـدنگ[4] ۳۷۲۲

عالی‌ترین ادراکات انسان در مقایسه با «عظمت وجوبی حق»، گویی بر خرهای لنگ سوارند و «جلالت حق»، مانندِ تیر بر بالِ بادِ تیز پرّان است و تعقیب کنندگان هرگز بدان نمی‌رسند.

---

۱ - **عَبَّرُوا**: تعبیر کرده‌اند.

۲ - **مستطیل** : گسترده.

همین معنا در دفتر اوّل : آفتاب آمد دلیل آفتاب / گر دلیلت باید از وَیْ رو متاب : بیت ۱۱۶.

۳ - **سایه** : اشاره به مقام استدلال. همین معنا در اوایل دفتر اوّل، ابیات ۱۱۸/۱-۱۱۷:

از وَیْ ار سـایه نشـانی مـی‌دهد   شـمس هـر دم نـور جـانی مـی‌دهد
سایه خواب آرد تو را همچون سَمَرْ   چـون بـر آیـد شـمس إنشقَّ ٱلقَمَر

۴ - **خدنگ** : تیر.

گـر گـریزد، کس نـیابد گَـردِ شَـهْ   ور گـریزند، او بگـیرد پـیشِ رَه ۳۷۲۳

اگر تجلیّات و ظهور حق با صفات جلالی باشد که منشأ قهر و غضب و بُعد است، هیچ کس نـمی‌توانـد بـه مـاورای حـجاب عـزّت و کـبریای او کـه در پس پـرده‌های صـفات و حجاب‌های اسما مختفی است، راه یابد؛ امّا اگر مخلوق بخواهد از او؛ یعنی حیطهٔ تسلّط حق بگریزد، هرگز نمی‌تواند.

جـــمله ادراکـــات را آرامْ نــی   وقتِ مـیدان است، وقتِ جـامْ نـی ۳۷۲۴

هرچند که ادراکِ محدود آدمی نمی‌تواند به کُنه ذاتِ حق تعالیٰ ره ببرد؛ امّا همین ادراک کُند برای کسب معارف والا بیقرار است؛ زیرا با حضور در عرصهٔ میدان موجودات امکانی، هنگام مبارزه با تاریکی‌های جهل است، زمان آرامش و سکون نیست.

آن یکی وهمی، چـو بـازی می‌پرد   و آن دگر چون تیر مَـعْبَر[1] مـی‌درد ۳۷۲۵

قوای ذهنی انسان‌ها همواره در تکاپواند تا به ادراکِ برتری نایل آیند. ادراکی همانندِ باز در پرواز است و ادراک دیگری مثلِ تیر راه را می‌شکافد و پیش می‌رود.

و آن دگـر چـون کشـتیِ بـا بـادبان   و آن دگر اندر تـراجُـع[2] هـر زمـان ۳۷۲۶

آن دیگری، همانند کشتی بادبانی و قوای ذهنیِ فردِ دیگری مدام در سیر قهقرایی است.

چون شکاری[3] می‌نمایدْشان ز دور   جمله حمله می‌فزایند آن طـیور[4] ۳۷۲۷

قوای ذهنی انسان‌ها، همانند پرندگان که شکار را می‌بینند و هجوم می‌آورند، برای درکِ حقایق می‌کوشند.

چونکه نـاپیدا شـود حـیران شـوند   همچو جُغدان سویِ هر ویران شوند ۳۷۲۸

و هنگامی که «تجلیّات جلالی»، مانع درکِ حقایق گردد، قوای ذهنی و عقل انسان‌ها در حالت مقهوریّت، تحیّر و سرگشتگی، مانندِ جغدان به ویرانه‌ها پناه می‌برند و گمراه می‌شوند.

منتظر، چشمی به هم، یک چشمْ باز   تـا کـه پـیدا گـردد آن صـیدِ بـناز[5] ۳۷۲۹

امّا عقل و قوای ذهنی ناامید نمی‌شود و همانندِ صیّادِ خسته، یک چشم را می‌بندد و یک چشم را می‌گشاید و امیدوار است تا آن شکارِ نازنین دوباره هویدا شود.

---

۱ - **مَعْبَر**: محلّ عبور.   ۲ - **تَراجُع**: رجعت کردن، بازگشتن.   ۳ - **شکار**: اشاره به ادراک حقایق.
۴ - **طیور**: پرندگان، کنایه از قوای ذهنی انسان‌ها.   ۵ - **صیدِ بناز**: شکار دلربا.

چون بماند دیر، گویند از ملال صید بود آن خود عجب! یا خود خیال؟ ۳۷۳۰

و اگر مدّتی تأخیر رخ دهد با دلتنگی می‌اندیشد: آنچه آشکار شد واقعیّت بود یا خیال؟

مصلحت آن است تا یکساعتی قوّتی گیرند و زور، از راحتی ۳۷۳۱

اینکه احوال سالک در درکِ حقایق همواره بر یک منوال نیست، به مصلحتِ اوست که پس از جذب و کشفِ حقایق مدّتی بیاساید تا قوای ذهنی و عقلی‌اش با آرامش نیرو و قوّت گیرد و بتواند باز هم در این عرصه به تکاپو بپردازد و گرنه خستگی قوای ذهنی، درکِ وی را به بیراهه می‌کشانَد.

گر نبودی شب، همه خلقان ز آز خویشتن را سوختندی زِاهتزاز[1] ۳۷۳۲

این مورد در امور محسوس هم مصداق دارد، مثلاً اگر خداوند شب را برای آرامش و آسایش خلق قرار نمی‌داد، آنان برای کسبِ مال دنیا و تمتّعات آن، چنان حریصانه می‌کوشیدند تا نابود می‌شدند.

از هوس وز حرص سود اندوختن هر کسی دادی بدن را سوختن ۳۷۳۳

هوا و هوس و طمع مال‌اندوزی، جسم و جان همه را در آتش رنج‌ها می‌سوزانید.

شب پدید آید چو گنج رحمتی تا رَهَند از حرصِ خود یکساعتی ۳۷۳۴

وجود شب که هنگام استراحت و آسایش به شمار می‌آید، برای خلق رحمت بیکرانی است تا بالاجبار ساعاتی را بیاسایند و از حرص خود در امان باشند.

چونکه قبضی آیدت ای راهْ رو[2] آن صلاحِ توست آتش‌دِل مشو ۳۷۳۵

«قبض» هم در سلوک همین حالت را دارد؛ بنابراین ای سالک با فرارسیدن آن، خشمگین و پریشان نشو.

زانکه در خرجی در آن بسط و گشاد خرج را دخلی بباید ز اعتداد[3] ۳۷۳۶

زیرا هنگامِ «بسط»؛ که دارای انبساط خاطر و شادمانی هستی، حالتت مانند کسی است که در حال خرج کردن و از دست دادن چیزی است، از روی حساب هر خرجی باید دخلی هم داشته باشد.

---

۱ - **اهتزاز**: در جنبش و حرکت بودن.

۲ - خطاب مستقیم با سالکان و ارشاد آنان است در ارتباط با «قبض و بسط»: ر.ک: ۲۹۶۹/۲.

۳ - **اعتداد**: به شمار آمدن.

گر همواره فصلِ تابستان بُدی   سوزشِ خورشید در بُستان زدی[1] ۳۷۳۷

اگر همواره تابستان باشد، حرارت و شدّت گرمای خورشید در بوستان اثر می‌کند.

مَنْبَتَش[2] را سوختی از بیخ و بُن   که دگر تازه نگشتی آن کُهُن ۳۷۳۸

ریشهٔ گیاهان می‌سوخت، چنانکه درختان تنومند و بارور هم هرگز سبز و خرّم نمی‌شدند.

گر تُرُش روی است آن دی، مشفق[3] است   صَیف[4] خندان است، امّا مُحْرِق[5] است ۳۷۳۹

زمستان هر چند که با سردی و سختی همراه است؛ امّا گرفتگی‌اش با مهر است؛ ولی تابستان که با گشادگی و انبساط توأم است، می‌سوزاند.

چونکه قبض آید، تو در وی بسط بین   تازه باش و چین مَیَفْکن در جبین ۳۷۴۰

هنگامی که قبض و گرفتگی فرا می‌رسد، تو به انبساطِ پس از آن توجّه کن و همواره باطراوت و شاداب باش و از گرفتگی حاصل از «قبض» اندوهگین نشو.

کودکان خندان و دانایان تُرُش[6]   غم جگر را باشد و شادی ز شُش[7] ۳۷۴۱

اطفال خواهان شادی‌اند؛ امّا افراد بالغ در عرصهٔ زندگی اکثراً متفکّر و جدّی‌اند، همان‌طور که قُدما معتقد بودند که جگر محلّ اندوه و شُش محلِّ شادی است؛ یعنی شادی در سطح عواطف ما جریان دارد و اندوه در عمق.

چشمِ کودک همچو خر در آخُر[8] است   چشمِ عاقل در حسابِ آخِر است ۳۷۴۲

طفل، مانندِ درازگوش به آخور چشم می‌دوزد و خواهان انبساط و وجد است، در حالی که خردمند به عاقبت کار می‌اندیشد.

او در آخُر چرب می‌بیند علف[9]   وین ز قصّاب[10] آخرش بیند تَلَف ۳۷۴۳

طفل علف آخور را لذیذ می‌یابد؛ امّا عاقل می‌بیند که نهایتِ چریدن، هلاکت در دست قصّاب است.

---

۱ - پایان مصراع دوم در نسخه کهن «شدی» است، بعداً به «زدی» بدل کرده‌اند.

۲ - **مَنْبَت** : محلّ روییدن گیاه. ۳ - **مُشفق** : مهربان. ۴ - **صَیف** : تابستان.

۵ - **مُحْرِق** : سوزاننده. در این تمثیل، زمستان به «قبض» و تابستان به «بسط» مانند شده‌اند.

۶ - در این تمثیل، سالک مبتدی به «طفل» مانند شده که خواهان وجد و سرور نشأت گرفته از تجلیّات جمالی است و سالک متوسّط و یا متعالی به فرزانه‌ای که غم‌ها و رنج‌های راه حق را صبورانه می‌پذیرد و تحمّل می‌کند.

۷ - **شُش** : از آنجا که شُش وسیلهٔ تنفس و دریافت انرژی حیاتی است، به محلّ شادی تعبیر گشته است.

۸ - **آخُر** : آخور: کنایه از دنیا و امور دنیوی. ۹ - **علف** : کنایه از خوشی‌ها و لذّات دنیا و خودکامگی‌ها.

۱۰ - **قصّاب** : کنایه از قضای الهی.

آن علف تلخ است کین قصّاب داد[1] بــهر لحــمِ[2] مــا تــرازویی نـهاد ۳۷۴۴

علفی که قصّاب می‌دهد، ظاهری خوش دارد و در نهان تلخ است؛ زیرا برای پروارتر شدن است.

رو ز حکمت خور علف، کآن را خدا بی غـرض دادەست از مـحض ِ عـطا ۳۷۴۵

تغذیه و تقویت آدمی برای آن است که قوایِ ذهنی و جسـمی را در جـهت کسب رزق روحانی به کار ببرد و از «حکمت الهی» بهره‌مند گردد، خداوند این رزق را از کَرَمِ محض عطا کرده است.

فهمِ نان کردی نه حکمت، ای رهی! ز آنچه حق گفتت: کُلُوا مِنْ رِزْقِـهِ[3] ۳۷۴۶

ای بنده، خداوند در قرآن فرمود: «از رزق او بخورید»، تو پنداشتی که مُراد نان است نه حکمت.

رزقِ حق حکمت بُـوَد در مـرتبت کآن گـــلوگیرت نـباشد عــاقبت ۳۷۴۷

رزق الهی در مرتبهٔ انسانی همان «حکمت» است که سرانجام گلوگیر و هلاکت‌آور نیست.

این دهــان بســتی، دهــانی بـاز شـد کــو خــورندهٔ لقــمه‌هایِ راز شـد ۳۷۴۸

اگر دهان ظاهری را ببندی و از لقمه‌های مادّی به اندکی بسنده کنی، دهانِ دل و جانت گشاده می‌گردد و از لقمه‌های نورانیِ اسرار و معارف تغذیه می‌کند.

گــر ز شــیرِ دیـو[4] تـن را وابُـری در فِطامِ[5] او بسـی نـعمت خـوری ۳۷۴۹

اگر از لذّات دنیوی و تعلّقات آن خود را رها سازی، از نعمت‌های الهی بهره‌مند می‌شوی.

تُرکْ جوشَش[6] شرح کردم نیمْ خام از حکــیمِ غــزنوی بشــنو تــمام ۳۷۵۰

این معنا را به‌طور ناقص شرح دادم، کامل آن را از زبان حکیم سنایی بشنو.

در الهــی نــامه[7] گـوید شـرحِ ایـن آن حکیمِ غیب و فـخر آلعـارفین[8] ۳۷۵۱

آن حکیم غیب‌بین که فخرِ عارفان است در حدیقة الحقیقه، این نکته را به تفصیل گفته است.

---

۱ - در این تمثیل، «استدراج» که «دام نهان حق» است به قصّابی مانند شده که به گوسفندصفتانِ جاهل و خودکامه، علف تلخ را که همان لذایذ دنیوی و خودکامگی است می‌دهد که در نهایت آدمی را به هلاکت روحانی و معنوی می‌کشائد. ۲ - **لحم** : گوشت. ۳ - اشارتی قرآنی؛ مُلک: ۱۵/۶۷.

۴ - **شیر دیو** : کنایه از لذّات و شهوات. ۵ - **فطام** : از شیر بازگرفتن. ۶ - **تُرک جوش** : نیم پخته.

۷ - **الهی نامه** : مقصود حدیقه سنایی است.

۸ - ممکن است اشاره بدین بیت سنایی باشد: غم خود خور ز دیگران مندیش / تو بر خویشتن بنه در پیش : شرح مثنوی مولوی، ج ۳، ص ۱۲۷۹.

غم خور و نانِ غمْ افزایان[1] مخَور　　زانکه عاقل غم خورد، کودک شکر ۳۷۵۲

غم بخور، نان اهل دنیا را نخور؛ زیرا «خردمندِ غایت‌اندیش» از فوتِ وقت اندوهگین است؛ ولی «جاهلِ کودک صفت» شادی دنیایی را ترجیح می‌دهد.

قندِ شادی میوهٔ باغ غم است　　این فرحْ زخم است و آن غمْ مرهم است ۳۷۵۳

تحمّلِ رنجِ راهِ حق ثمرهٔ خوشِ قُرب را دارد، در حالی که شادیِ دنیوی و غفلت، زخمی است که آدمی بر جان خویش وارد می‌آورد.

غم چو بینی درکنارش کَش به عشق　　از سر رَبْوه[2] نظر کن در دمشق ۳۷۵۴

غم و اندوه را با آغوشِ باز بپذیر؛ زیرا غم تعلّقات دنیوی را کم می‌کند و آدمی نگرشِ ژرف می‌یابد.

عاقل از انگور مِیْ بیند همی　　عاشق از معدوم شی بیند همی ۳۷۵۵

خردمند با نگریستن به انگور، شراب حاصل از آن را می‌بیند و عاشق حق، در فنایِ «هستیِ موهومی»، «هستیِ حقیقی» را می‌بیند.

جنگ می‌کردند حمّالان پریر[3]　　تو مَکش تا من کَشَم حملش چو شیر ۳۷۵۶

در مورد اینکه بدانی تحمّل رنج و حمل بار مسؤولیّت‌های دنیوی برای افراد صاحب معرفت چه تعبیری دارد، به این مثال توجّه کن: پریروز حمّالان با هم نزاع داشتند که آن بار را تو حمل نکن تا من چون شیر بر دوش بکشم.

زانکه زآن رنجَش همی دیدند سود　　حمل را هر یک ز دیگر می‌رُبود ۳۷۵۷

زیرا در رنجِ حمل بار منافعی می‌دیدند و بار را از دست یک‌دیگر می‌ربودند.

مُزدِ حق کو مُزدِ آن بی‌مایه کو؟　　این دهد گنجیت مُزد و آن تَسُو[4] ۳۷۵۸

مزدی که حق می‌دهد کجا و مزدِ ناچیزی که مخلوق بی‌قدر می‌دهد، کجا؟ حق گنج بیکران می‌دهد و خلق پولی سیاه.

---

۱ - **غم افزایان**: اهل دنیا که آدمی را به دنیا مشغول می‌دارند.

۲ - **رَبْوه**: کوهی بلند مشرف به دمشق که از فراز آن می‌توان زیبایی‌های شهر را بهتر دید، به صورت ضرب‌المثل به کار می‌رود؛ یعنی باید با دیدی وسیع و از فراز چیزی بدان نگریستن.　۳ - **پریر**: پریروز.

۴ - **تَسو**: پول سیاه، پول خرد و ناچیز.

۳۷۵۹ **گنجِ زرّی که چو خُسبی زیرِ ریگ با تو باشد آن، نباشد مُرده‌ریگ**[1]

حق در ازای صبر و تحمّل رنجِ سلوک، گنجی به تو عطا می‌کند که با مرگ از دست نمی‌دهی و با توست.

۳۷۶۰ **پیشْ پیشِ آن جنازه‌ت می‌دود مونسِ گور و غریبی می‌شود**

آن گنج منوّر، پیشاپیش جنازه‌ات حرکت می‌کند و در تنهایی و غریبی گور، مونس توست.

۳۷۶۱ **بهرِ روزِ مرگ این دَم مُرده باش تا شوی با عشقِ سرمد خواجه‌تاش**[2]

برای روز مرگ که خواه ناخواه فرا می‌رسد، امروز از هوای نفس و لذّات دنیا چشم‌پوشی کن تا با عشق جاودان الهی همراه باشی.

۳۷۶۲ **صبر می‌بیند ز پردهٔ اجتهاد**[3] **رویِ چون گلنار و زُلْفَیْنِ مُراد**

صبر سالک بر رنج، هنگامِ مجاهده با نَفْس و تحمّلِ سختی به او می‌گوید: به مراد می‌رسد.

۳۷۶۳ **غم چو آیینه‌ست پیشِ مُجتهد کاندر این ضد می‌نماید رویِ ضد**

برای کسی که به مجاهده با نفس پرداخته، غم و رنج، آیینه‌ای است که در آن جمالِ شادی راستین را می‌بیند.

۳۷۶۴ **بعد ضدِّ رنج آن ضدِّ دگر رُو دهد، یعنی گشاد و کَرّ و فر**

بعد از تحمّل رنج و سختی، ضدّ آن؛ یعنی انبساط خاطر و شکوهِ هستی حقیقی رخ می‌نماید.

۳۷۶۵ **این دو وصف از پنجهٔ دستت ببین بعدِ قبضِ مشت بسط آید یقین**

«قبض» و «بسط» یا «غم و شادی» احوالی‌اند که به ترتیب بر آدمی عارض می‌شوند، می‌توانی این دو حالت متضاد را در دست خود ببینی، هنگامی که مشت را گره می‌کنی، بی‌شک پس از مدّتی آن را می‌گشایی.

۳۷۶۶ **پنجه را گر قبض باشد دایما یا همه بسط، او بُوَد چون مبتلا**

اگر مشتت همواره بسته باشد یا همیشه باز، حتماً در آن اشکالی وجود دارد.

---

۱ - **مُرده‌ریگ :** میراث، چیز بی‌ارزش.

۲ - **خواجه تاش :** دو غلام که ارباب مشترکی دارند، همقطار، همکار، اینجا همدم. ۳ - **اجتهاد :** مجاهده.

۳۷۶۷ **زین دو وصفش کار و مَکْسَب[1] مُنتظِم چون پرِ مرغ این دو حال او را مُهِم**

کار و کسب آدمی با اعتدالی که در بستن و گشودن دست اوست، سامان می‌یابد و سلامتِ این دو همان اندازه ضروری است که برای پرنده وجودِ دو بالِ سالم.

۳۷۶۸ **چونکه مریم مضطرب شد یک زمان همچنانکه بر زمین آن ماهیان**

اینک به «قصّهٔ مریم و پیدا شدن روح القُدُس» باز گردیم. مریم(س) با دیدن جبرائیل مضطرب شد، همان‌طور که ماهی بر خشکی به تب و تاب دچار می‌گردد.

گفتنِ روحُ اَلقُدُس مریم را که: من رسولِ حقّم به تو، آشفته مشو و پنهان مشو از من که فرمان این است

۳۷۶۹ **بانگ بر وی زد نُمودارِ کَرَم که: امینِ حضرتم، از من مَرَم[2]**

جبرائیل که مظهر کَرَمِ الهی است، بانگ زد: من امینِ درگاه حق‌اَم، از من نترس و نگریز.

۳۷۷۰ **از سرافرازانِ عزّت[3] سر مَکَش از چنین خوش محرمان خود در مَکَش[4]**

از مقرّبان درگاه الهی دوری نکن، از چنین محارم نازنینی روی بر نگردان.

۳۷۷۱ **این همی گفت و ذُبالهٔ[5] نورِ پاک از لبش می‌شد پیاپی بر سِماک[6]**

جبرائیل این سخنان را می‌گفت و همراه آن، انوار پاک از لبش به آسمان صعود می‌کرد.

۳۷۷۲ **از وجودم می‌گریزی در عدم[7]؟ در عدم من شاهم و صاحبْ عَلَم**

می‌گفت: از من به حق پناه می‌بری؟ من در عالم غیب از مقرّبان‌اَم.

۳۷۷۳ **خود بُنه[8] و بنگاهِ[9] من در نیستی‌ست یکسواره نقشِ من پیشِ سِتی‌ست[10]**

«اصل و بنیادِ» من از هستیِ نیست شکلی است که تو بدان پناه می‌جویی. این ظاهرِ نزدِ بانوی بزرگوار، صورت ناپایدارِ من است.

---

۱ - **مَکْسَب** : کسب شده. ۲ - **مَرَم** : مگریز. ۳ - **سرافرازانِ عزّت** : مقرّبان درگاه، بزرگان.
۴ - **خود در مکش** : دوری نکن، روی برنگردان. ۵ - **ذُباله** : فتیله و شعله. ۶ - **سِماک** : آسمان.
۷ - **عدم** : مُراد عالم غیب است. ۸ - **بُنَه** : بیخ و بنیاد هر چیز. ۹ - **بنگاه** : مسکن.
۱۰ - **سِتی** : بانوی بزرگوار، سیّدتی.

مریما ! بنگر که نقشِ مُشکلم   هم هلالم، هم خیال[1] اندر دلم ۳۷۷۴

ای مریم، آنچه می‌بینی نقش پیچیده و دشواری است و درکِ آن سهل نیست؛ زیرا من، مانندِ هلال، صورتی عینی دارم که می‌بینی و هم مانندِ خیال، دارای صورتی ذهنی‌اَم.

چون خیالی در دلت آمد نشست   هر کجا که می‌گریزی با تو است ۳۷۷۵

اگر خیالی در دلت پدیدار گردد، هرجا که بروی با توست.

جز خیالی عارضیّی[2] باطلی   کو بُوَد چون صبحِ کاذب آفلی ۳۷۷۶

مگر اینکه خیال باطل و گذرایی باشد که به زودی محو گردد، مانند صبح کاذب که به سرعت زایل می‌شود.

من چو صبحِ صادقم از نورِ رَب   که نگردد گِردِ روزم هیچ شب ۳۷۷۷

من، مانندِ صبحِ صادق‌ام و از انوار الهی پدیدار شده‌ام. وجود نورانی‌ام ظلمت‌پذیر نیست.

هین مکن لا حَوْل[3]، عِمْران زاده‌ام   که ز لا حول این طرف افتاده‌ام ۳۷۷۸

ای دخترِ عِمران، آگاه باش و از دیدار من به خدا پناه نبر که من نیز مانندِ تو تباری پاک دارم و از همانجایی که تو بدان پناه می‌جویی، آمده‌ام.

مر مرا اصل و غذا لاحول[4] بود   نورِ لاحولی که پیش از قول بود[5] ۳۷۷۹

اصلِ من از «حقیقتِ وجود» است که در عقل اوّل تجلّی کرد. پیش از آنکه این خلقت صوری و «قول» و لفظ «لاٰ حَوْل» دارای شئون و ظهورات مختلف شده باشند.

تو همی گیری پناه از من به حق   من نگاریدهٔ پناهم[6] در سَبَق[7] ۳۷۸۰

تو از من به خدا پناه می‌بری، در حالی که من از ازل نگاشتهٔ حق تعالیٰ هستم.

---

۱ - **خیال :** ر.ک: ۶۹/۱ و ۷۱/۱ و ۳۱۰۸/۱.

۲ - **عارضیّی :** عارض شدنی، چیزی که بر قلب وارد شود از القایِ نَفْس، مقابل خاطر است.

۳ - **لاٰ حَول کردن :** یعنی به خدا پناه بردن، «لاٰ حَوْلَ وَ لاٰ قُوَّةَ إلاّ بِالله» را خواندن.

۴ - نفی قدرت از ماسوی الله و اثبات قدرت حق، اینجا مراد دریای وحدت الهی است.

۵ - اشاره به اوّلین تجلّی ذات حق تعالیٰ است در اوّلین تنزّل در مقام احدیّت و تجلّی در عقل اوّل و سایر عقول طولی و عرضی که متّصل به عقل اوّل‌اند و بین آن‌ها انفصالی نیست و حکم عقل اوّل را دارند؛ بنابراین جبرائیل می‌گوید که او از عقولِ متّصل به عقلِ اوّل است.

۶ - **نگاریدهٔ پناهم :** من با قلم حق نگاشته شده‌ام؛ یعنی از او هستم.   ۷ - **در سَبَق :** در ازل.

آن پناهم من که مَخْلَصْهات[1] بود   تو اَعوذْ[2] آری، و من خود آن اَعوذ ۳۷۸۱

من همان پناهگاه امن‌اَم که بدان روی می‌آوری. تو به حق پناه می‌بری و من همان پناه‌اَم.

آفتی نَبْوَد بَتَر از ناشناخت   تو برِ یار و ندانی عشق باخت[3] ۳۷۸۲

هیچ آفت و بلایی بدتر از ناآگاهی نیست، تو درکنار محبوبی و نمی‌دانی چگونه می‌توان به او عشق ورزید.

یار را اغیار پنداری همی   شادیی را نام بنهادی غمی[4] ۳۷۸۳

معشوق راستین را بیگانه می‌پنداری و شادی حقیقی را اندوه می‌نامی.

این چنین نخلی که لطفِ یارِ ماست   چونکه ما دُزدیم[5]، نخلش دارِ ماست ۳۷۸۴

«لطف و فضل الهی»، درخت پرباری است که می‌توان در سایهٔ آن آرمید و بهره‌مند شد؛ امّا از آنجا که ما اکثراً منکر این الطاف و عنایات هستیم، همین درخت پربار برای ما چوبهٔ دار می‌شود؛ یعنی لطف، قهر می‌گردد.

این چنین مُشکین که زلفِ[6] میرِ ماست[7]   چونکه بی عقلیم، این زنجیرِ ماست ۳۷۸۵

لطف ازلی در حقّ خلق بسیار است؛ امّا چون ما جاهلیم، لطف به قهر تبدیل می‌شود.

این چنین لطفی چو نیلی می‌رود   چونکه فرعونیم، چون خون می‌شود[8] ۳۷۸۶

لطف او مانندِ رود پربار نیل همواره جریان دارد، اگر فرعون‌صفت شویم به خون مبدّل می‌گردد.

خون همی گوید: من آبم، هین مریز   یوسفم، گرگ از توأم ای پرستیز! ۳۷۸۷

خون می‌گوید: من آبم، مرا تباه مکن. من، همان یوسفم که به سببِ گرگ‌صفتی‌ات مرا گرگ می‌بینی.

تو نمی‌بینی که یارِ بُردبار   چونکه با او ضد شدی، گردد چو مار ۳۷۸۸

آیا توجّه نکرده‌ای که اگر با دوست صمیمی و صبور دشمنی کنی، او نیز دشمن می‌شود؟

---

۱ - **مَخْلَص**: پناه.   ۲ - **أَعُوذُ**: پناه می‌برم.

۳ - این سخنان خود مولاناست برای تعلیم مریدان و سالکان که با قیاس به نفس از ادراک جایگاه والای کاملان واصل غافل و ناتوان هستند.   ۴ - اشاره است به تحمّل رنج و سختی‌های سلوک برای تهذیب.

۵ - **دزد**: اشاره به نفس امّاره و پیروان هوا و هوس است.

۶ - **زلف مُشکین**: اشاره به لطف حق است در ارتباط با موجودات امکانی.   ۷ - **میرِ ما**: حق تعالیٰ.

۸ - قصّهٔ موسیٰ(ع) و فرعون: ر.ک: ۸۴۰/۳.

لَحمِ[1] او و شَحم[2] او دیگر نشد   او چنان بَد، جز که از مَنْظَر[3]، نشد ۳۷۸۹

گوشت و پوست او عوض نشده؛ امّا دیدگاه تو نسبت به او تغییر یافته است.

عزم کردنِ آن وکیل از عشق، که رجوع کند به بخارا لااُبالی‌وار[4]

شمعِ مریم را بِهِل افروخته   که بخارا می‌رود آن سوخته ۳۷۹۰

قصّهٔ مریم(س) را نیمه‌تمام و افروخته باقی می‌گذاریم؛ زیرا عاشقِ سوخته عزم بخارا دارد.

سخت بی‌صبر و در آتشدانِ تیز   رو سوی صدرِ جهان، می‌کن گریز! ۳۷۹۱

ای عاشق سوخته که بی‌صبر هستی و در آتش عشق می‌سوزی، با شتاب به سوی صدر جهان برو.

این بخارا[5] منبعِ دانِش[6] بُوَد   پس بخارایی‌ست هرک آنَش بُوَد ۳۷۹۲

«بخارا» منبعِ علوم است. هرکس که از دانش و معارف بهره‌ای دارد، اهل بخاراست.

پیشِ شیخی در بخارا اندری   تا به خواری[7] در بخارا ننگری! ۳۷۹۳

در محضرِ شیخ، در جوار منبعِ «علوم و حکمت الهی» هستی، مبادا آداب حضور را رعایت نکنی و او را محترم نداری.

جز به خواری در بخارایِ دلش   راه ندهد جزر و مَدِّ مشکلش ۳۷۹۴

او به «دریای وحدانیّت» پیوسته است و این دریا، جزر و مدّ دارد؛ یعنی احوال گوناگون و تجلیّات جمالی و جلالی، آگاه باش که جز با فروتنی و انکسار و افتادگی نمی‌توان به دل او راه یافت و از چترِ حمایت و تربیتِ معنوی‌اش برخوردار شد.

ای خُنُک آن را که ذَلَّتْ نَفْسُهُ[8]   وایْ آنکس را که یُرْدِي رَفْسُهُ[9] ۳۷۹۵

خوشا به کسی که نَفْسِ ذلیلی دارد و وای بر آن کس که سرکشی‌های نَفْس هلاکش کرده است.

---

۱ - **لَحْم** : گوشت.   ۲ - **شَحْم** : پیه.   ۳ - **مَنْظَر** : دیدگاه.   ۴ - **لااُبالی‌وار** : بدون بیم و ترس.

۵ - **بخارا** : از شهرهای ازبکستان. درگذشته از شهرهای مشهور ماوراءالنّهر بوده است که گفته‌اند در آن شهر علما و فضلای بسیاری بوده‌اند. آن را بخارا می‌گفتند؛ یعنی منسوب به بخار که علم و فضل باشد؛ امّا مؤلّف غیاث اللغات گوید: بخار به معنی علم در کتب دیگر نیامده است.   ۶ - **دانش** : اینجا علوم الهی و معارف والا.

۷ - **به خواری** : به دیدهٔ حقارت نگریستن در کسی.   ۸ - **ذَلَّتْ نَفْسُهُ** : نفسش خوار شده است.

۹ - **یُرْدِي رَفْسُهُ** : تمرّد نفس او را هلاک کرده است.

**فُـرقتِ صـــدرِ جـهان در جـانِ او	پـــاره پـــاره کـــرده بـــود ارکـانِ او** ۳۷۹۶

دوریِ صدر جهان، چنان در عاشقِ لاأُبالی اثرات ناگواری بر جای گذاشته بود که گویی اعضای وجودش از هم گسیخته بود.

**گــفت: بـرخـیزم هـم آنـجا واروم	کـــافر ارگشـــتم، دگـــر ره بگـــروم** ۳۷۹۷

وکیل صدر جهان با خود گفت: بر می‌خیزم و به بخارا می‌روم. اگر منکر عدل و داد او شدم و گریختم اینک به رأی وی ایمان می‌آورم و باز می‌گردم.

**وارَوَم آنـــــجا، بـــیفتم پـــیشِ او	پـــیشِ آن صـــدرِ نکـــوانـدیش او** ۳۷۹۸

به آنجا باز می‌گردم و در محضر او که سروری نیک‌اندیش است، به خاک می‌افتم.

**گویم افکندم به پیشت جانِ خویش	زنده کن یا سر ببُر ما را چـو مـیش** ۳۷۹۹

می‌گویم: جانم را نثار کردم، زندگی ببخش یا، مانندِ میش سرم را از تن جدا کن.

**کُشته و مُرده بـه پـیشت ای قـمر!	بِـهْ کـه شـاهِ زنـدگان جـایِ دگـر** ۳۸۰۰

ای ماهِ تابناک، کشته شدن و مردن نزدِ تو، بهتر از سلطنت در جای دیگری است.

**آزمـــودم مـــن هـــزاران بـــار بـــیش	بی تو شیرین می‌نبینم عیشِ خویش** ۳۸۰۱

بیش از هزاران بار این امر را آزموده‌ام و دیده‌ام که بدونِ تو زندگی برایم لطفی ندارد.

**غَنِّ[۱] لی یا مُـنْیَتی[۲] لَـحْنَ النُّشُـور[۳]	اُبْــرُکـی[۴] یـا نـاقَتی، تَـمَّ السُّـرُور[۵]** ۳۸۰۲

ای آرزوی من، برایم نغمهٔ حیات‌بخش سر کن. ای شترِ من، زانو بزن که شادی به اوج رسید.

**اِبْلَعی[۶] یا اَرْضُ دَمْـعی[۷] قَـدْ کَـفیٰ[۸]	اِشْرَبی یا نَـفْسُ وِرْداً[۹] قَـدْ صَـفا[۱۰]** ۳۸۰۳

ای زمین، اشک دیدگانم را ببلع که گریه بس است. ای جان، از آن آب گوارا بنوش که صاف و زلال گشته است.

**عُـدْتَ[۱۱] یـا عِـیدی اِلَـیْنا مَـرْحَبَا	نِعْمَ[۱۲] ما رَوَّحْتَ[۱۳] یا ریحَ الصَّبا[۱۴]** ۳۸۰۴

ای عید، دوباره به سوی ما آمدی؟ خوش آمدی. ای باد صبا، چه خوش بر ما وزیدی!

---

۱ - **غَنِّ**: نغمه بخوان.	۲ - **مُنْیَة**: آرزو.	۳ - **لَحْنَ ٱلنُّشُور**: آواز رستاخیز.
۴ - **اُبْرُکی**: زانو بزن، سینه بر زمین بگذار.	۵ - **تَمَّ السُّرُور**: شادی به کمال رسید.	۶ - **اِبْلَعی**: ببلع.
۷ - **دَمْع**: اشک.	۸ - **کَفیٰ**: کافی شد.	۹ - **وِرْد**: آبشخور.	۱۰ - **صَفا**: صاف شد.
۱۱ - **عُدْتَ**: بازگشتی.	۱۲ - **نِعْمَ**: خوش است.	۱۳ - **رَوَّحْتَ**: وزیدی.	۱۴ - **ریحَ الصَّبا**: باد صبا.

گـفت: ای یـاران! روان گشـتم، وَداع — سویِ آن صدری که امیر است و مُطاع[1] ۳۸۰۵

عاشق گفت: ای یاران، من به حضور صدر جهان که امیر و فرمانرواست، می‌روم، خداحافظ.

دم بـه دم در سـوزْ بـریان مـی‌شوم — هـرچـه بـادابـاد، آنـجا مـی‌روم ۳۸۰۶

هر لحظه در آتش دل در حال گداختن هستم، پیش صدر جهان می‌روم، هرچه باداباد.

گرچه دل چون سنگِ خارا می‌کند — جـانِ مـن عـزمِ بـخارا مـی‌کند ۳۸۰۷

هرچند که او نسبت به من سنگدل باشد، دل و جانم عزمِ بخارا دارد.

مسکنِ یـار است و شـهرِ شـاهِ مـن — پیش ِ عاشق این بُوَد حُبُّ آلوَطَن[2] ۳۸۰۸

بخارا شهر محبوب و سلطان من است. معنیِ «حُبُّ الْوَطَن» نزد عاشق جانبازی است.

پرسیدنِ معشوقی از عاشق ِ غریبِ خود که: از شهرها کدام شهر را خوشتر یافتی و انبوه‌تر و محتشم‌تر و پرنعمت‌تر و دلگشاتر؟[3]

در این لطیفهٔ کوتاه که با حکمت آمیخته است، «معشوقی» از «عاشق» پرسید: تو در غربت بسی شهرها را دیده و دیارها را گشته‌ای، از میان آن‌ها کدام خوش‌تر است؟ عاشق پاسخ داد: **«گفت: آن شهری که در وی دلبر است»**.

در این لطیفه، «شهری که در وی دلبر است» رمزی است از دلی که حق در آن متجلّی گشته است.

گفت معشوقی به عاشق کِای فَتیٰ! — تو به غـربت دیـده‌ای بس شـهرها ۳۸۰۹

معشوقی از عاشق خود پرسید: ای جوانمرد، تو در غربت شهرهای فراوانی را دیده‌ای.

پس کدامین شهر ز آن‌ها خوشتر است؟ — گفت: آن شهری که در وی دلبـر است ۳۸۱۰

از میان آن‌ها کدام شهر خوش‌تر است؟ عاشق گفت: شهری که محبوب در آن است.

---

۱ - **مُطاع**: اطاعت شده.

۲ - **حُبُّ الْوَطَن**: اشاره به حدیث معروف: حُبُّ الْوَطَنِ مِنَ الایمانِ. وطن‌دوستی از نشانه‌های ایمان است، اینجا: ایمان عاشق جانبازی در راه معشوق است. احادیث، صص ۳۲۴-۳۲۳.

۳ - این مضمون در کلام شاعران دیگر از جمله سنایی هم هست؛ امّا در مثنوی لطف ایجاز خاصّ دارد که آن را شایسته طرز بیان ضرب المثل می‌سازد: بحر در کوزه، ص ۲۸۸.

هر کجا باشد شهِ ما را بِساط هست صحرا[1]، گر بُوَد سَمُّ ٱلخِیاط[2] ۳۸۱۱

هر جا که شاهِ دل و جان ما بساط گسترده باشد، آنجا برای ما گشادگی و انبساط است؛ حتّی اگر به اندازهٔ سوراخ سوزنی باشد.

هر کجا که یوسفی باشد چو ماه[3] جَنَّت است، ارچه که باشد قعرِ چاه ۳۸۱۲

هر جا که یوسف رُخی، همچون ماهِ تابناک باشد، بهشت است؛ حتّی اگر در قعر چاه باشد.

منع کردنِ دوستان او را از رجوع کردن به بخارا و تهدید کردن، و لاابالی گفتنِ او

گفت او را ناصحی: ای بی‌خبر! عاقبت اندیش، اگر داری هنر ۳۸۱۳

نصیحت کننده‌ای گفت: ای بی‌خبر، اگر از زیرکی برخوردار هستی به عاقبت این کار بیندیش.

در نگر پس را به عقل و پیش را همچو پروانه مسوزان خویش را ۳۸۱۴

با خرد ورزی جوانب کار را بسنج و همانند پروانه بی‌محابا خود را به شعلهٔ سوزان نسپار.

چون بخارا می‌روی، دیوانه‌ای لایقِ زنجیر و زندانْ‌خانه‌ای ۳۸۱۵

اگر به بخارا بروی، بی‌شک دیوانه‌ای و شایستهٔ زنجیر و زندان هستی.

او ز تو آهن همی خاید ز خشم[4] او همی جوید تو را با بیست چشم ۳۸۱۶

او از خشم دندان‌ها را بر هم می‌فشارد، آهن را می‌جَوَد و با بیست چشم در تعقیب توست.

می‌کند او تیز از بهرِ تو کارد او سگِ قحط است و تو انبان آرد ۳۸۱۷

برای کشتن تو کارد تیز می‌کند. او، مانندِ سگِ قحطی‌زده است و تو مانندِ کیسهٔ پر آرد هستی.

چون رهیدی و خدایت راه داد سویِ زندان می‌روی؟ چونَت فتاد؟ ۳۸۱۸

حالا که نجات یافتی و خدا راهِ رهایی را پیش تو نهاد، چه شد که با پایِ خود به سوی زندان می‌روی؟

---

۱ - **صحراء :** بیابان، اینجا اشاره به وسعت و محلّی است که دل آدمی در آن انبساط می‌یابد.

۲ - **سَمُّ ٱلخِیاط :** سوراخ سوزن. ۳ - **یوسفی چون ماه :** اشاره به انسان کامل.

۴ - **آهن همی خاید ز خشم :** چنان عصبی است که اگر آهن بیابد زیر دندان‌هایش می‌گذارد و می‌فشارد، کنایه از شدّت خشم و دشمنی است.

بر تو گر دَه گون موکَّل[1] آمدی — عقل بایستی کز ایشان گُم زدی[2] ۳۸۱۹

عقل حُکم می‌کند که اگر او ده نوع مأمورِ جورواجور هم می‌فرستاد و تو را مجبور به بازگشت می‌کرد، پنهان شوی.

چون موکَّل نیست بر تو هیچ کس — از چه بسته‌گشت بر تو پیش و پس؟ ۳۸۲۰

اینک که مأموری تو را مجبور نمی‌کند، چرا راه‌های نجاتت بسته شده است؟

عشقِ پنهان کرده بود او را اسیر — آن موکّل را نمی‌دید آن نذیر ۳۸۲۱

عشقی که در دل او می‌جوشید و می‌خروشید، وکیل صدر جهان را اسیر کرده بود. این عشق، مأمور نهانی و درونی او بود که ناصح قدرت دیدنش را نداشت.

هر موکَّل را موکَّل مُختَفی‌ست — ورنه او در بندِ سگ طبعی ز چیست[3] ۳۸۲۲

هر مأموری در درون خود مأموری نهانی دارد که وی را به کارهای مختلف وامی‌دارد، و الاّ چرا بعضی از مأموران درنده‌خو هستند؟

خشمِ شاهِ عشق[4] بر جانش نشست — بر عوانی[5] و سیه‌روییش بست ۳۸۲۳

قهرِ خداوند شامل حال این مأمور شده است؛ بنابراین او که با تندخویی و آزار خلق از نفس امّاره پیروی می‌کرده اینک مظهر شیطان‌صفتی و سیاه‌رویی شده است.

می‌زند او را که: هین! او را بزن — زآن عوانانِ نهان افغانِ من ۳۸۲۴

مأمور درونیِ او؛ یعنی نفسِ شیطان‌صفت او را مجبور می‌کند این مظلوم را که اینک متّهم است، بزن. من از این مأموران نهانی افغان دارم.

هر که بینی در زیانی می‌رود — گرچه تنها، با عوانی می‌رود ۳۸۲۵

کسی که اعمال و رفتارش به زیان خودِ اوست، هرچند که ظاهراً مجبور به چنین کاری نیست؛ امّا در نهان، نَفْسِ امّاره‌اش که مأمورِ درونیِ اوست، وی را به آن واداشته است.

---

۱ - **موکَّل**: مأمور. ۲ - **گُم زدی**: خود را نهان می‌کردی.

۳ - اشاره به سگِ نفسِ امّاره است که اعمال و رفتار و افکار و احساس مبتلایان خویش را تحت سیطرهٔ شیطانی خود دارد.

۴ - **خشم شاه عشق**: قهر الهی، لطف خداوند بر قهر او پیشی دارد و هنگامی که آدمی خودکامگی پیش‌گیرد، قهر حق شامل حال وی می‌شود.

۵ - **عوانی**: مأمور حکومتی بودن، عوانان معمولاً تندخو و بیش از حدّ سخت‌گیر بودند؛ بنابراین اینجا «عوانی» به معنی تندخویی و بدخلقی و بدسگالی است.

گر از او واقف بُدی، افغان زدی پیش ِ آن سلطانِ سلطانان شدی ۳۸۲۶

اگر از وجود مأمور درونی که بر وی تسلّط دارد، آگاه بود، فریاد می‌زد و به خداوند پناه می‌برد.

ریختی بر سر به پیش ِ شاهْ خاک تا امان دیدی ز دیوِ سهمناک ۳۸۲۷

و در پیشگاه او خاک بر سر می‌ریخت تا از شرِّ شیطانِ نَفْس رهایی یابد.

میر[1] دیدی خویش را، ای کم ز مور! زآن ندیدی آن موکّل را تو کور[2] ۳۸۲۸

ای حقیرتر از مور، خودبزرگ‌بینی‌ات نمی‌گذاشت که مأمور درونی را ببینی.

غرّه گشتی زین دروغین پَرّ و بال[3] پرّ و بالی کو کشد سوی وَبال[4] ۳۸۲۹

به ظاهر آراسته و جاه و مقام و امکاناتی که خداوند در اختیارت قرار داد، مغرور شدی. وجود این‌ها برای تو همانند پروبالی است که توسّط آن پرواز می‌کنی و به سوی عذاب ابدی می‌روی.

پر سَبُک دارد، رهِ بالا کند چون گِل‌آلو شد، گرانی‌ها کند ۳۸۳۰

پر و بال موجب سبکی آدمی است و او را در آسمان‌های عالم معنا پرواز می‌دهد، اگر با صفات رذیله، گِل‌آلود و سنگین شود، مانع پرواز می‌شود.

لاابالی گفتنِ عاشق[5] ناصح و عاذل[6] را از سرِ عشق

گفت: ای ناصح! خَمُش کن، چند چند؟ پند کم دِه، زانکه بس سخت است بند ۳۸۳۱

وکیل صدر جهان گفت: خاموش باش، تا کی می‌گویی؟ کمتر اندرز بده؛ زیرا بندِ نامرئیِ عشق بسیار محکم است.

سخت‌تر شد بندِ من از پندِ تو عشق را نشناخت دانشمندِ تو[7] ۳۸۳۲

بند نهانی من از اندرز تو سخت‌تر شده است. ادراک عاقلانهٔ تو از پدیده‌های جهان چیزی به نام «عشق» را نمی‌شناسد.

---

۱ - **میر**: امیر، اینجا کبر و غرور و خودبزرگ‌بینی است. ۲ - **کور**: اینجا کسی است که حقایق را نمی‌بیند.

۳ - **پرّ و بال**: ظاهر آراسته و امکانات دنیوی، جاه و مقام. ۴ - **وبال**: عذاب.

۵ - در عنوان، «عاشق» بعداً اضافه شده است. ۶ - **عاذل**: سرزنش کننده.

۷ - **دانشمندِ تو**: دانشِ تو، ادراکِ عاقلانهٔ تو، خود تو که می‌پنداری دانشمند هستی و همه چیز را می‌دانی.

آن طرف که عشق می‌افزود درد بوحنیفه[1] و شافعی[2] درسی نکرد ۳۸۳۳

درکِ عاشقانه از مبدأ هستی و عشقی که در همهٔ عالم ساری و جاری است، چیزی نیست که عالمان علوم ظاهر بدان راه یافته باشند.

تو مکن تهدید از کُشتن، که من تشنهٔ زارم به خونِ خویشتن ۳۸۳۴

تو مرا از کشته شدن نترسان؛ زیرا من با زاری خواهان ریخته شدن خون خویش هستم.

عاشقان را هر زمانی مُردنی‌ست مُردنِ عشّاقْ خود یک نوعْ نیست[3] ۳۸۳۵

عاشقان در هر لحظه به نوعی فنا می‌یابند. فنای عاشقان حق یکسان نیست.

او دو صد جان دارد از جانِ هُدیٰ[4] و آن دو صد را می‌کند هر دم فِدیٰ[5] ۳۸۳۶

عاشق هر لحظه فنا می‌یابد و در همان دم، هستی تازه‌ای می‌یابد که با هستی لحظهٔ پیش متفاوت است و تمام این هستی‌ها را که همه جنبهٔ خلقی و امکانی دارد، فدا می‌کند و خواهان فنای تامّ ظاهری و باطنی است؛ یعنی هستی حقیقی.

هر یکی جان را ستاند دَه بها از نُبی خوان: عَشْرَةُ اَمْثالَها[6] ۳۸۳۷

عاشق با فداکردن هر جان، جانی می‌ستانَد که دهها برابرِ جان پیشین می‌ارزد، اگر از قرآن کریم این مطلب را بخوانی، مقصود را بهتر درمی‌یابی.

گر بریزد خونِ من آن دوستْ‌رُو[7] پای کوبان جان بر افشانم براو ۳۸۳۸

اگر آن زیبارو خون مرا بریزد، پای کوبان و رقصان جان را نثارش می‌کنم.

---

۱ - **بوحنیفه :** ابوحنیفه، نعمان بن ثابت، یکی از پیشوایان چهارگانهٔ اهل سنّت و جماعت، بنیانگذار مذهب حنفی، متوفّیٰ به سال ۱۵۰ هـ او پیشوای **اهل رأی و قیاس** بود و از احادیث جز اندکی که تعداد آن را هفده دانسته‌اند، نمی‌پذیرفت.

۲ - **شافعی :** محمّد بن ادریس الشافعی (۲۰۴-۱۵۰ هـ). وی جامع روش «**علم اهل حدیث**» و «**اهل رأی و قیاس**» بود. نقل از تاریخ ادبیّات ایران، دکتر صفا، ج ۱، صص ۷۸-۷۶. [نام ابوحنیفه و شافعی به عنوان دو نمونه عالی عالمان علوم ظاهری است.]

سنایی : عشق را بوحنیفه درس نگفت شافعی را در او درایت نیست

مقایسه کنید : حافظ : حلاّج بر سر دار این نکته خوش سراید از شافعی مپرسید امثال این مسائل

۳ - اشاره است به محو شدن «وجه خلقیِ» عاشق در «وجه ربّی» وی و مراتب گوناگون آن که در طیّ آن سالکِ عاشق فنای ظاهری و باطنی می‌یابد؛ یعنی با فنای ظاهری که همان «فنای افعالی» است، فعل حق بر دست او جاری می‌شود و در فنای باطنی که «فنای ذات و صفات» است در عین استغراق در حق، ظاهرِ عاشق حاضر است و از محو به صحو آمده است. ۴ - **جان هُدیٰ :** مبدأ هستی. ۵ - **فِدیٰ :** فداء: قربانی شده، فدا شده.

۶ - اشارت قرآنی: انعام: ۱۶۰/۶، ر.ک: ۸۹۸/۲ ۷ - **دوست‌رو :** زیبارو، دوست.

آزمـودم مـرگِ مـن در زنـدگی‌ست   چون رَهَم زین زندگی پایندگی‌ست ۳۸۳۹

این موضوع را آزموده‌ام که مرگ من در همین حیاتِ وابسته به خـواب و خـور است و هرگاه از این حیات بِرَهَم و تولّدی دیگر بیابم، به پایندگی و زندگی ابدی رسیده‌ام.

اُقْـتُلونی اُقْـتُلونی یـا ثِـقات[1] !   اِنَّ فـي قَـتْلي حَـیاتاً فـي حَـیاٰت[2] ۳۸۴۰

ای یاران مورد اعتماد، مرا بکشید، مرا بکشید؛ زیرا در کشتن من زندگانی حقیقی نهفته است.

یـا مُـنیرَ اَلخَـدِّ[3] ! یـا رُوحَ البَـقا !   اِجْتَذِبْ[4] رُوحي وَ جُـدْ[5] لي بِـاللِّقا ۳۸۴۱

ای صاحب چهرهٔ تابناک! ای روح جاودان! روحم را به خویش جذب کن و دیدار خود را به من ارزانی دار.

لي حَـبیبٌ حُـبُّهُ یَشْـوِی[6] اَلحَشـا   لَوْ یَشا[7] یَمْشي[8] عَلیٰ عَیْني، مَشـیٰ[9] ۳۸۴۲

معشوقی دارم که عشقش درونم را می‌گدازد، اگر اراده کند که بر چشمانم راه برود، می‌رود.

پارسی گو، گرچه تازی خوشتر است   عشق را خود صد زبـانِ دیگـر است ۳۸۴۳

به زبان فارسی بگوییم، هرچند عربی زیباتر است؛ امّا عشق برای بیانِ خود غیر از این دو زبان، زبان‌های دیگری هم دارد.

بـویِ آن دلبـر چـو پـرّان مـی‌شود   آن زبـان‌ها جـمله حـیران مـی‌شود ۳۸۴۴

هنگامی که عطر دل‌انگیز عشق در فضای جان آدمی پراکنده می‌شود، عارف در سیطرهٔ تجلّی جمال به هیجان می‌آید و عقل او با تجلّیِ اسمِ قهّار، مقهور و متحیّر می‌گردد و زبان وی از گفتار باز می‌ماند.

بس کـنم دلبـر در آمـد در خـطاب   گـوش شـو، وَاللهُ اَعْـلَمْ بـالصَّواب ۳۸۴۵

سکوت کنم؛ زیرا محبوب به سخن آمده است. تو گوش فرا دِه، صلاح را خداوند بهتر می‌داند.

---

۱ - **ثِقات** : جمع ثِقَة به معنی مورد اعتماد.

۲ - ابیات عربی این قسمت تضمین و تصرّفی در غزلی منسوب به منصور حلاّج است که در طیّ آن منصور از یاران می‌خواهد که پیش از آنکه المقتدر خلیفهٔ عبّاسی او را به دار آویزد، او را بکشند تا آنان را پاداش باشد و وی را آرامش. مولانا در دفتر اوّل نیز آن را آورده است: ر.ک: ۳۹۴۹/۱.

۳ - **خَدّ** : چهره.

۴ - **اِجْتَذِبْ** : جذب کن.

۵ - **جُدْ** : ببخش، کرم کن.

۶ - **یَشْوِی** : می‌گدازد.

۷ - **لَوْ یَشا (یَشاءُ)**: اگر اراده کند.

۸ - **یَمْشِي** : راه برود.

۹ - **مَشیٰ** : راه می‌رود.

چونکه عاشق توبه‌کرد اکنون بترس　　　　کو چو عیّاران[1]، کند بر دارْ درس[2] ۳۸۴۶

هنگامی که عاشق از عشق توبه می‌کند، باید از توبه‌اش ترسید؛ زیرا مدّتی سکوت می‌کند؛ امّا به یک‌باره موجی توفانی از درونش بر می‌خیزد که همانند جوانمردان بر سر دار هم نکته می‌گوید.

گرچـه ایـن عـاشق بـخارا مـی‌رود　　　　نه به درس و نه بـه اُسـتا مـی‌رود[3] ۳۸۴۷

هرچند که این عاشق هم به بخارا می‌رود؛ امّا رفتن او برای تعلیمِ درس از استادان علوم ظاهری نیست.

عاشقان را شد مُدرّس حُسنِ دوست　　　　دفتر و درس و سَبَق‌شان[4] رویِ اوست ۳۸۴۸

جمالِ معشوق عاشقان را تعلیم می‌دهد. درس آنان دیدارِ حق و تجلیّاتِ اوست در دل و جانشان.

خـامش‌انـد و نـعرهٔ تکـرارشـان[5]　　　　می‌رود تا عـرش و تـختِ یـارشان ۳۸۴۹

عاشقان خاموش‌اند؛ امّا فریادِ دل و جانشان که نغمهٔ عشق را تکرار می‌کند تـا عـرش و تخت محبوب می‌رسد.

درسشـان آشـوب و چـرخ و زلزله　　　　نه زیادات[6] است و بـابِ سـلسله[7] ۳۸۵۰

درسی که «دل و جان» عاشقانِ حق از تجلیّات دوست آموخته‌اند، شور و شوق، چرخیدن و لرزیدن و شور و لرزه بر دل مشتاقان افکندن است. آنان به علوم ظاهری توجّهی ندارند؛

---

۱ - **عیّار** : جوانمرد، جنگجویان جوانمردی را که معمولاً مخالف حکّام ستمگر و طرفدار مردم تحتِ ستم بودند، عیّار می‌نامیدند که تشکیلات و دسته‌ها و پیشوایانی داشته‌اند.

۲ - اشاره است به ماجرای منصور حلاّج «حلاّج بر سر دار این نکته خوش سراید» که دست‌افشان و عیّاروار به پای چوبهٔ دار رفت و با هر حرکت و هرکلام خویش به مشتاقان درسی آموخت: ر.ک: ۲۸۹۷/۱ و ۳۹۴۹/۱.

۳ - اینک مولانا می‌خواهد به قصّهٔ «عاشق صدر جهان» بازگردد؛ امّا تداعی کلام سخن را به «عشق» کشانده است و استغراق او در احوال عاشقانه، وی را به تقریر معانی دیگری وامی‌دارد و باز قصّه همچنان مفتوح و نیمه‌تمام رها می‌شود و می‌فرماید: هرچند که این عاشق؛ یعنی خود مولانا، به سوی بخارا می‌رود [منبع حکمت الهی، چنانکه قبلاً هم گفته شد] و از بخارا می‌گوید؛ امّا این رفتن و گفتن برای تعلیم و تعلّم علوم ظاهری نیست، همان‌طور که وکیل صدر جهان هم برای این مقصود به بخارا نمی‌رود؛ زیرا او قبلاً درس عشق را از استاد فراگرفته است.

۴ - **سَبَق** : درس هر روزه.

۵ - **نعرهٔ تکرارشان** : جانشان فریاد می‌زند و نغمهٔ عشق را در درونشان تکرار می‌کند.

۶ - **زیادات** : از مباحث فقه است و نام کتابی در این‌باره از یک فقیه حنفی به نام محمّد بن حسن شیبانی، کتابی به همین نام نیز به غزّالی نسبت داده‌اند. نقل از مثنوی، تصحیح دکتر استعلامی، ج ۳، ص ۴۱۳.

۷ - **بابِ سلسله** : تسلسل منطقی، احتمالاً اشاره است به «اهل رأی و قیاس» و ابوحنیفه که پیشوای آنان بود. ر.ک: ۳۸۳۳/۳.

زیرا می‌دانند که این علوم عاریه‌اند و دانشِ تقلیدی موجب ارتقای جان آدمی نمی‌شود، آنان خواهان تحقّق حکمت الهی در جان خویش‌اند که جز از طریق استغراق ممکن نیست.

سلسلهٔ این قومْ جَعْدِ مُشکبار مسئلهٔ دور[1] است ، لیکن دورِ یار ۳۸۵۱

سلسلهٔ این قوم؛ زلف پرپیچ و خم و معطّرِ دوست است، در میان آنان هم مسألهٔ «دور» هست؛ امّا به جای «دورِ باطل» حُکما که راه به جایی نمی‌بَرَد، به دورِ محبوب ازلی می‌گردند و در کوی حق طواف می‌کنند و می‌کوشند تا حقیقتِ خود را بشناسند.

مسئلهٔ کیس[2] ار بپرسد کس تو را گو: نگنجد گنجِ حق در کیسه‌ها[3] ۳۸۵۲

اگر کسی مسألهٔ فقهی را مطرح کند و بپرسد: «مسألهٔ کیس» چیست؟ بگو: ثروتِ راستین در تقرّب به حق است که در کیسه‌ها نمی‌گنجد.

گر دَمِ خُلع[4] و مُبارا[5] می‌رود بد مبین، ذکرِ بخارا می‌رود ۳۸۵۳

اگر اهل مدرسه از جدایی سخن می‌گویند، نگران نباش که «اهل دل» از وصال می‌گویند.

ذکرِ هر چیزی دهد خاصیّتی زانکه دارد هر صفت ماهیّتی ۳۸۵۴

ذکر هر چیز؛ یعنی سخن گفتن در ارتباط با هر چیز دارای خاصیّتی است؛ زیرا هر صفت، ماهیّتِ ویژهٔ خود را دارد. خاصیّت اینکه برای تقریر معانی بلند و عشقِ الهی «قصّهٔ عاشق صدر جهان» را آوردیم، این است که «عاشقِ صدرِ جهان» را به عنوان نمادی از «عشقِ حقیقی» مطرح کیم و بگوییم: تجلیّاتِ حق، «ماهیّت» و سرشت او را چنان تغییر داده بود که وصال حق را حتّی اگر به جانبازی هم می‌انجامید، اصلِ مسلّمِ عاشقی می‌دانست.

در بخارا در هنرها بالغی چون به خواری رو نهی، زآن فارغی[6] ۳۸۵۵

شهر بخارا که در گذشته معدن فضل و دانش به شمار می‌آمد، محلّی بود برای کسب انواع «علومِ ظاهری»، علومی که با جان صاحبش عجین نشده است و جویای مشتریانی از

---

۱ - **دَوْر**: نوعی از بحث که در آن دو امر بر یک‌دیگر توقّف دارند، مثلاً مرغ باید از تخم مرغ پدید آید و تخم مرغ از مرغ و نمی‌توان گفت کدام مقدّم است.

۲ - **مسألهٔ کیس**: مجازات دزد است که اگر از جیب یا آستین کسی، مالی را بدزدد، دستش را می‌برند؛ امّا اگر صاحب مال، پول خود را در جای محفوظی نگذاشته باشد، مجازات دزد سبک‌تر است.

۳ - اشاره است به تقابل «ظاهر» با «باطن»، «پوست» با «مغز».

۴ - **خُلع**: طلاق به درخواست زن با گذشتن از مهریه و دادن امتیازاتی به شوهر. ۵ - **مُبارا**: طلاق توافقی.

۶ - این بیت در متن نیست، در مقابله به حاشیه اضافه شده است.

جنس خویش؛ یعنی «اهل ظاهر» است؛ امّا اگر آدمی نَفْس خویش را خوار بدارد، با کسب «علومِ الهی» از طریق «کشف و شهود»، از دانش دنیوی و خریدارانش بی‌نیاز می‌شود.

آن بُخاری غصّهٔ دانش نداشت چشم بر خورشیدِ بینش می‌گُماشت ۳۸۵۶

هدف عاشق بخاراییِ قصّهٔ ما از رفتن به بخارا، کسب علوم و فضایل از طریق تعلیم نبود، عشق چنان جانش را منوّر کرده بود که از طریقِ نورِ دل، بینشی وسیع داشت و همین جهان‌بینی وسیع به او آموخته بود که در راه وصال محبوب باید جانبازی کرد.

هر که در خلوت به بینش یافت راه او ز دانش‌ها نجوید دستگاه ۳۸۵۷

هر کس که در «خلوت دل» نور «بصیرت و بینش» را بیابد، از کسب علوم ظاهری و باطنی، هدفِ ریاست و قدرت ندارد.

با جمالِ جان چو شد همکاسه‌یی باشدش ز اخبار و دانش تاسه‌یی[1] ۳۸۵۸

هنگامی که آدمی با جمالِ جانِ خویش همنشین گردد، خبر و دانشی که راهِ رسیدن به این همنشینی را گزارش می‌دهند، ملال‌آور می‌یابد؛ زیرا او در عینِ وصل است.

دیدْ بر دانش بُوَد غالب فَرا[2] زآن همی دنیا بچربد عامه را ۳۸۵۹

دیدن یک چیز مرتبهٔ بالاتری است از دانستن آن، همان گونه که در ضرب‌المثل آمده است که «شنیدن کی بُوَد مانند دیدن». به همین دلیل عامِ خلق «تمتعاتِ دنیوی» را که محسوس و ملموس است بر «تمتعاتِ عالمِ معنا» که با چشم ظاهر قابل رؤیت نیست، ترجیح می‌دهند.

زانکه دنیا را همی بینند عین و آن جهانی را همی دانند دَیْن[3] ۳۸۶۰

زیرا عالم محسوس و بهره‌هایِ آن را می‌بینند، درحالی که عالم غیب و جاذبه‌های روحانی آن را امری حاصل نشدنی و نسیه می‌پندارند.

رُو نهادنِ آن بندهٔ عاشق سویِ بخارا

رُو نهاد آن عاشقِ خونابه‌ریز دل‌طپان، سویِ بخارا گرم و تیز ۳۸۶۱

عاشق بخارایی که اشک خونین می‌بارید با دلی مشتاق، شتابان روی به سوی بخارا نهاد.

۱ - **تاسه** : اندوه و دلگرفتگی. ۲ - **بُوَد غالب فرا** : بسیار برتری و غلبه دارد. ۳ - **دَیْن** : وعده، نسیه.

ریگِ آمون[1] پیشِ او همچون حریر　　آبِ جیحون پیشِ او چون آبگیر ۳۸۶۲

ریگِ دشت‌ها در نظرش، همانند حریر لطیف بود و آب خروشانِ جیحون را مثلِ آبگیری نرم می‌یافت که به سهولت می‌توان از آن عبور کرد.

آن بیابان پیشِ او چون گُلْستان　　می‌فُتاد از خنده او، چون گُلْ سِتان[2] ۳۸۶۳

آن بیابان خشک در نظرش گلستان بود و علی‌رغم سختیِ راه، از خنده و شادی، مانندِ گل به پشت می‌افتاد.

در سمرقند[3] است قند، امّا لبش　　از بخارا یافت و آن شد مذهبش[4] ۳۸۶۴

هرچند سمرقند معدن خوشی است؛ امّا او آن را در بخارا یافت و بخارا مُراد و مقصودش بود.

ای بخارا! عقل‌افزا بوده‌ای　　لیکن از من عقل و دین بربوده‌ای ۳۸۶۵

ای بخارا، مردم برای کسب دانش و خرد به سوی تو می‌آیند؛ امّا تو عقل و دین مرا ربودی.

بَدْر[5] می‌جویم از آنم چون هلال[6]　　صدر[7] می‌جویم در این صفِّ نِعال[8] ۳۸۶۶

اگر وجودم، مانندِ هلال باریک شده از آن‌روست که جویای ماه تابانم. هرچند که خوار و بی‌مقدارم، خواستارِ «صدر جهان» هستم که در صدر است.

چون سوادِ[9] آن بخارا را بدید　　در سوادِ غم بیاضی[10] شد پدید ۳۸۶۷

هنگامی که وکیل صدر جهان از دور سیاهی شهر بخارا را دید، در تاریکیِ غم و اندوهی که بر جانش سایه افکنده بود، نوری از شادمانی پدیدار شد.

ساعتی افتاد بیهوش و دراز　　عقلِ او پرّید در بُستانِ راز ۳۸۶۸

مدّتی بیهوش بر زمین افتاد و عقل او به سوی عالم غیب جولان کرد.

---

۱ - **آمون**: آموی، دشتی در شمال خراسان و نام رود جاری در آن دشت. این ابیات که در وصف بخاراست و اشاره‌ای ضمنی به قصیدهٔ معروف رودکی است یادی از خراسان بزرگ و اندوه دوری از موطن اصلی مولانا نیز به شمار می‌آید: ریگ آموی و درشتی راهِ او　　زیر پایم پرنیان آید همی　　۲ - **سِتان**: برپشت خوابیده.

۳ - **سمرقند**: از شهرهای مشهور ماوراءالنّهر که بسیار آبادان و مرکز تجارت بوده است و در تقابل با آن **بخارا** که در آن ایّام مرکز فضل و دانش به شمار می‌آمده است.　　۴ - **مذهب**: اینجا مراد هدف و مقصود است.

۵ - **بُدْر**: ماه کامل، اشاره به انسان کامل.

۶ - **هلال**: هلال ماه، کنایه از حال نزار عاشق در هجران و جست و جوی معشوق.

۷ - **صَدر**: اشاره به «صدر جهان».

۸ - **صفِّ نعال**: کفش کن، اشاره به خواری عاشق در برابر معشوق و مرتبهٔ دون او.　　۹ - **سواد**: سیاهی.

۱۰ - **بیاض**: سفیدی.

۳۸۶۹ **بـــر سـر و رویش گُـلابی مـی‌زدند   از گــلابِ عشــقِ او غــافل بُــدند**

بر سر و رویش گلاب می‌پاشیدند که او را به هوش بیاورند؛ امّا غافل از آن بودند که عطر مست کنندهٔ گلابِ عشق او را چنین مدهوش ساخته است.

۳۸۷۰ **او گـــــلستانی نــهانی دیــده بــود   غارتِ عشقش ز خود بُبریده بـود**

عاشقِ بخارایی گلستانی روحانی را دیده بود؛ یعنی جذبهٔ عشق، او را از خود ربوده بود.

۳۸۷۱ **تو فسـرده! در خـورِ ایـن دم نـه‌ای   با شِکَر مقرون نـه‌ای، گـرچـه نـیی**

تو که جانی افسرده و سرد داری و با جذبهٔ عشق به شور و وجد نیامده‌ای، این معانی والا را نمی‌توانی درک کنی. وجودت همانند «نی» است؛ امّا فاقد شکر.

۳۸۷۲ **رختِ عقلت با تـو است و عـاقلی   کــز جُـــنُوداً لَــمْ تَـرَوْها[1] غـافلی**

تو همچنان بارِ عقلِ جزوی را که فقط توانایی تعقّل و تدبیر امور دنیوی را دارد بر دوش می‌کشی و از عقل برتر و عوالم غیب که ایـن عـقل مـتعالی بـدان تـعلّق دارد، بـی‌خبری و نمی‌دانی که چه عوالم و چه نیروهایی در ماورای عالم محسوس وجود دارند.

درآمدنِ آن عاشقِ لاابالی[2] در بخارا، و تحذیر[3] کردنِ دوستان او را از پیدا شدن

۳۸۷۳ **انـــــدر آمــد در بــخارا شــادمان   پیش ِمـعشوقِ خـود و دارُالامـان[4]**

عاشق صدر جهان با شادی تمام به بخارا که شهر معشوق و دارالامان او بود، وارد شد.

۳۸۷۴ **همچو آن مستی که پَـرَّد بـر اثـیر[5]   مَهْ کـنارش گـیرد و گـوید کـه:گـیر**

همانندِ مستی که تصوّر می‌کند در آسمان به پرواز در آمده و ماه را در آغوش گرفته است و به ماه می‌گوید: تو هم مرا در آغوش بگیر.

---

۱ - اشارتی قرآنی؛ توبه: ۲۶/۹: ثُمَّ أَنْزَلَ ٱللهُ سَكِينَتَهُ عَلىٰ رَسُولِهِ وَ عَلَى ٱلْمُؤْمِنِينَ وَ أَنْزَلَ جُنُوداً لَمْ تَرَوْهَا وَ عَذَّبَ ٱلَّذِينَ كَفَرُوا وَ ذٰلِكَ جَزَآءُ ٱلْكٰفِرِينَ: سپس خداوند آرامش خویش را بر پیامبرش و بر مؤمنان نازل کرد و سپاهیانی که شما نمی‌دیدید [به کمک شما] فرستاد و کافران را به رنج و عذاب انداخت و کیفر کافران این چنین است.

۲ - **عاشقِ لاابالی**: عاشقی که ملاحظات دنیوی را رعایت نمی‌کرد، بی‌ملاحظه. ۳ - **تحذیر**: بر حذر داشتن.

۴ - **دارالامان**: محلّی که امنیّت و سلامت در آن وجود دارد، برای عاشق در کنار معشوق است.

۵ - **اثیر**: فلک الافلاک، آسمان.

۳۸۷۵ **هر که دیدش در بخارا گفت: خیز پیش از پیدا شدن، منشین، گریز!**

هر کس که او را در بخارا دید گفت: برخیز و پیش از آنکه کسی تو را ببیند از اینجا برو و فرار کن.

۳۸۷۶ **که تو را می‌جوید آن شه خشمگین تا کَشَد از جانِ تو ده ساله کین**

زیرا صدر جهان با خشم در جست و جوی توست تا انتقام ده ساله را از تو بگیرد.

۳۸۷۷ **اللّه اللّه، در میا در خونِ خویش تکیه کم کن بر دَم و افسونِ خویش**

تو را به خدا وسیلهٔ قتل خویش نشو، به تدبیر و افسون خود اعتماد نکن و خوش خیال نباش.

۳۸۷۸ **شحنهٔ[1] صدرِ جهان بودی و راد[2] معتمد[3] بودی، مهندس، اوستاد**

تو قبلاً در دستگاه صدر جهان، شخص بلندپایه و قابل اعتمادی بوده‌ای.

۳۸۷۹ **غَدْر[4] کردی وز جزا بگریختی رَسته بودی، باز چون آویختی؟**

تو خیانت کردی، از مجازات گریختی و نجات یافتی؛ اینک چرا خود را گرفتار می‌کنی؟

۳۸۸۰ **از بلا بگریختی با صد حِیَل[5] ابلهی آوردت اینجا یا اَجَل؟**

با حیله و نیرنگ فراوان از بلای حتمی گریختی، اکنون حماقت تو را به اینجا باز آورده یا اجلت رسیده است؟

۳۸۸۱ **ای که عقلت بر عطارِد[6] دَق کند[7] عقل و عاقل را قضا[8] احمق کند**

ای که خردمندی‌ات عقل و خرد ستارهٔ عُطارد [دبیر فلک] را که مظهر علم و عقل می‌دانند، نکوهش می‌کند، بدان که بی‌شک قضای الهی بر تو فرود آمده است؛ زیرا هنگامِ قضا عقل محو می‌شود و انسان عاقل به حماقت مبتلا می‌گردد.

۳۸۸۲ **نحسْ خرگوشی که باشد شیرجو زیرکی و عقل و چالاکیت کو؟**

خرگوش ناتوانی که به دنبال شیر می‌دود، بخت برگشته است که خود را به هلاکت می‌افکَنَد. عقل، تدبیر و کیاست تو چه شد؟

---

۱ – **شحنه**: داروغه، اینجا مراد وزیر و مشاور و همه‌کاره است.

۲ – **راد**: بزرگمرد، اینجا شخص بلندپایه است. ۳ – **معتمد**: قابل اعتماد. ۴ – **غَدْر**: خیانت.

۵ – **حِیَل**: جمع حیله. ۶ – **عُطارِد**: ر.ک: ۱۶۰۱/۲. ۷ – **دَق کردن**: نکوهش کردن.

۸ – **قضا**: ر.ک: ۹۱۵/۱.

هست صد چندین فسون‌هایِ قضا　　گفت: اِذا جاءَ اَلقَضا ضاقَ اَلفَضا[1] ۳۸۸۳

قضای الهی از این افسون‌ها بسیار دارد و به همین دلیل در حدیث آمده است: چون *قضای الهی سر برسد فضا تنگ می‌شود.* مقصود این است که فضای ادراک آدمی محدود می‌گردد و تعقّل و خردورزی را از دست می‌دهد.

صد رَه و مَخْلَص بُوَد از چپّ و راست　　از قضا بسته شود، کو اژدهاست ۳۸۸۴

قضای الهی قاهر و نیرومند است، هیچ کس نمی‌تواند از سیطره‌اش بگریزد، مانند اژدهایی آدمی را در کام خود فرو می‌کشد و همهٔ راه‌های گریز را بر روی او می‌بندد.

جواب گفتنِ عاشق عاذلان را و تهدید کنندگان را

گفت: من مُسْتَسْقی‌ام[2]**، آبم کَشَد　　گرچه می‌دانم که هم آبم کُشد**[3] ۳۸۸۵

عاشق بخارایی گفت: من، مانندِ کسی هستم که بیماری استسقا دارد. آب مرا به سوی خود جذب می‌کند، هرچند می‌دانم آب مرا می‌کُشد.

هیچ مستسقی بنگریزد ز آب　　گر دو صد بارش کند مات و خراب ۳۸۸۶

هیچ بیماری که به استسقا مبتلاست، از آب روی گردان نبوده، با وجود آنکه آب بارها و بارها او را بیمارتر و مبتلاتر کرده است.

گر بیاماسد مرا دست و شِکم　　عشقِ آب از من نخواهد گشت کم ۳۸۸۷

اگر دست و شکم من در اثر آب ورم کند، باز هم عشق آب در وجودم کم نمی‌شود.

گویم، آنگه که بپرسند از بُطون[4]**　　کاشکی بَحْرم روان بودی درون** ۳۸۸۸

اگر از من بپرسند که علّت ورم شکم تو چیست و چرا این چنین شده است؟ می‌گویم: ای کاش بتوانم دریا را ببلعم.

---

۱ - اشاره است به حدیث: ر.ک: ۹۹/۱.

۲ - **مُسْتَسْقی**: بیماری که مبتلا به تشنگی و عطش شدید باشد و بدنش قدرت جذب آب را نداشته باشد و بیمار در اثر تشنگی تلف شود.

۳ - در این تمثیل، فنای عاشق در حق به آب مانند شده است و عارف به تشنه‌ای که خواستار ازدیاد روزافزون آن است.　۴ - **بطون**: جمع بطن به معنی شکم.

خیک اِشْکم، گو بِدَر از موجِ آب گر بمیرم، هست مرگم مستطاب[1] ۳۸۸۹

بگذار شکمم از امواج آب بترکد و پاره شود که اگر از آب بمیرم، مرگم پاکیزه و خوشایند است.

من به هر جایی که بینم آبِ جُو رشکم آید: بودمی من جایِ او ۳۸۹۰

من هر جا که جویباری را روان می‌بینم، حسرت می‌خورم و می‌گویم: کاش به جای جویبار بودم و آب در درونم جریان داشت.

دستْ چون دفّ و شکم همچون دُهُل طبلِ عشقِ آب می‌کوبم چو گُل ۳۸۹۱

دستِ من، همانند دف و شکمم بسان طبل است؛ یعنی علی‌رغم اینکه از فرط خوردن آب، دست و شکمم ورم کرده است، باز هم مانند گُل، طبل عشق آب را می‌کوبم و برای ادامهٔ حیات و نشاط نیازمند آب هستم.

گر بریزد خونم آن روحُ‌الامین[2] جرعه جرعه خون خورم همچون زمین ۳۸۹۲

اگر معشوق بخواهد خونم را بریزد همانند زمین جرعه جرعه خون خود را مشتاقانه می‌خورم.

چون زمین و چون جنین خونْ‌خواره‌ام تا که عاشق گشته‌ام، این کاره‌ام ۳۸۹۳

من مانند زمین و جنین خون‌خوار هستم. از زمانی که عاشق شده‌ام، کارم همین است.

شب همی جوشم در آتش همچو دیگ روز تا شب خون خورم مانندِ ریگ ۳۸۹۴

شب‌ها، مانند دیگی که روی آتش قرار دارد، می‌جوشم و روزها نیز همان‌گونه که ریگ خون را در خود فرو می‌برد، خون می‌خورم.

من پشیمانم که مَکْر انگیختم از مُرادِ خشمِ او بگریختم ۳۸۹۵

از اینکه با حیله و نیرنگ توانستم از مجازات او بگریزم، سخت پشیمانم.

گو: بِران بر جانِ مستم خشمِ خویش عیدِ قربانْ اوست، و عاشقْ گاومیش ۳۸۹۶

به او بگویید که خشمِ خویش را بر جانِ مستِ من روا دارد. معشوق، مانندِ عید قربان است و عاشق، مثلِ گاومیشی که برای عید قربان پرورده و فربه می‌شود.

گاو اگر خُسبد و گر چیزی خورَد بهرِ عید و ذبحِ او می‌پرورَد[3] ۳۸۹۷

گاو اگر بخوابد یا چیزی بخورد، برای عید قربان است که فربه شود تا بتوانند او را قربانی کنند.

---

۱ - **مستطاب**: خوشایند، پاکیزه. ۲ - **روح الامین**: جبرائیل، اشاره به انسان کامل است.

۳ - در این تمثیل، نفسِ سالک به گاوی مانند شده که تربیت و پرورش‌اش فقط به جهت قربانی شدن، یعنی فنای فی الله است.

۳۸۹۸ **گاوِ موسی[1] دان مرا جـان دادهیـی   جـزو جـزوم حشرِ هـر آزادهیـی**

مرا، مانندِ گاو موسی(ع) بدان که بی‌جانی جانبخش‌اَم و هر عضو من موجب زنده شدن آزاد مردی می‌شود؛ یعنی با فنای در حق، هر ذرّه از وجودم می‌تواند انسانی را به تعالی و کمال برساند.

۳۸۹۹ **گـاوِ مـوسی بـود قـربان گشتهیی   کمترین جزوش[2] حـیاتِ کُشـتهیی**

گاو موسی(ع) هم به فرمان حق قربانی شد و کوچک‌ترین عضو بدنش هم، کُشته را جان می‌بخشید.

۳۹۰۰ **بر جهید آن کُشته ز آسـیبش ز جـا   در خـطاب اِضْـرِبُوهُ بَـعْضَها[3]**

خطاب آمد: «بخشی از بدن گاو را به بدن مقتول بزنید» و چون چنین کردند، مقتول در اثر تماس پاره‌ای از بدن گاو، از جا جهید و زنده شد.

۳۹۰۱ **یـا کِـرامـی! اِذْبَحُوا هـذَا اَلبَقَر   اِنْ اَرَدْتُـمْ حَشْـرَ اَرْواحِ النَّـظَر**

ای یاران بزرگوارم، اگر می‌خواهید جان‌های بینا و صاحب بصیرت زنده شوند، این گاو را بکشید.

۳۹۰۲ **از جـمادی مُـردم و نـامی شـدم   وز نـما مُـردم بـه حـیوان بـر زدم[4]**

من نیز روزگاری جماد بودم، آن مرحله را پشت سر نهادم و به مرتبهٔ نباتی رسیدم؛ پس از چندی از مرتبهٔ نباتی هم گذشتم و به مرتبهٔ حیوانی رسیدم.

اشاره است به مراحل خلقت انسان، موادّ تشکیل دهندهٔ نطفهٔ آدمی جمادند، جنین در زهدانِ مادر زندگی گیاهی دارد، پس از تولّد، نوزادِ انسان که به مرحلهٔ تعقّل و خـردورزی نرسیده، در مرتبهٔ حیوانی است که با طیّ مراحلی، از آن می‌گذرد و به مرتبهٔ انسانی می‌رسد.

۳۹۰۳ **مُـردم از حـیوانـی و آدم شـدم   پس چه ترسم؟کی ز مُردن کَم شدم؟[5]**

از مرتبهٔ حیوانی ارتقا یافتم و به مرتبهٔ انسانی رسیدم؛ پس چرا باید از مرگ بترسم؟ در تمام این مراحل، انتقال از یک مرتبه به مرتبهٔ دیگر چیزی جز مرگِ مرتبهٔ مادون نبود و مُردن هرگز به مفهوم کم شدن و چیزی را از دست دادن نبوده، بلکه به معنیِ یافتن چیزِ بهتر بوده است.

---

۱ - اشارتی قرآنی؛ بقره: ۷۲/۲-۶۷؛ ر.ک: ۱۴۴۰/۲.   ۲ - **کمترین جزوش**: اشاره به دُم گاو است.

۳ - اشارتی قرآنی؛ بقره: ۷۳/۲: فَقُلْنَا اَضْرِبُوهُ بِبَعْضِهَا كَذٰلِكَ يُحْيِي اَللَّهُ اَلْمَوْتیٰ وَ يُرِيكُمْ ءَايٰتِهِ لَعَلَّكُمْ تَعْقِلُونَ: آنگاه گفتیم بخشی از بدن گاو را به او [بدن آن کشته] بزنید [تا زنده شود] و خداوند این چنین مردگان را زنده می‌کند و معجزات خویش را به شما می‌نمایاند تا بیندیشید.

۴ - این ابیات در تقریر انتقال مادّهٔ جوهری و تحوّلات آن است به صورت‌های مختلف جمادی، نباتی، حیوانی و انسانی که ملازم با خلع و لبس است و بهترین شاهد است برای امکان تبدّل صفات بشری به صفات حقّی: شرح مقدّمهٔ قیصری، ص ۸۵۰.

۵ - اشاره است به اتّحاد عبد با حق و فنایِ وجه خلقی در وجه حقّی: شرح مقدّمهٔ قیصری، ص ۸۵۰.

۳۹۰۴ حملهٔ دیگر بمیرم از بشر   تا بر آرم از ملایک پرّ و سر[۱]

در مرحلهٔ بعد باید از مرتبهٔ انسانی ارتقا یابم تا به مرتبهٔ فرشتگان برسم.

۳۹۰۵ وز مَلَک هم بایدم جَستن ز جُو   کُلُّ شَیءٍ هٰالِکٌ اِلاّ وَجْهَهُ[۲]

انسان قابلیّت و استعداد آن را دارد که در مرتبه‌ای برتر از فرشتگان نیز قرار گیرد؛ بنابراین باید از این مرتبه نیز بگذرم تا به فنای ذاتی برسم.

اشاره است به کمال ذاتی؛ یعنی تجلّیِ ذاتیِ حق.

۳۹۰۶ بارِ دیگر از مَلَک قُربان شوم   آنچه اندر وهم ناید آن شوم

مرتبهٔ فرشتگان را نیز باید رها کنم و به کمالی برسم که در تصوّر آدمی نمی‌تواند بگنجد.

۳۹۰۷ پس عدم[۳] گردم عدم چون ارغنون[۴]   گویدم که اِنّا اِلَیْهِ راجِعُون[۵]

بنابراین در این جایگاه با احراز و کسبِ «هستی حقیقی» می‌شنوم که هستی راستین من همانند سازی در گوش جانم می‌گوید: ما به سوی پروردگار خود باز می‌گردیم.

---

۱ - اشاره است به مقام **کاملان** و **افراد** که در حق فنا یافته و متّصل‌اند؛ ولی قطب نیستند. این دسته از اهل مکاشفه در این جهان حکم ملائکهٔ مهیمن را دارند که در عرضِ عقلِ اوّل موجودند و از شدّت فنای در حق از عالم و آدم بی‌خبرند. قیامت آن‌ها در همین دنیا قائم شده است. بر حسب صورت ظاهر بشر هستند؛ ولی قیامت را مشاهده می‌کنند و با حواسِ برزخیِ خود اهلِ نار را معذّب و اهلِ جنّت را متنعّم می‌بینند، بلکه آن‌ها نَفْسِ قیامت‌اند و قیامت به وجود آنان تحقّق یافته است: شرح مقدّمهٔ قیصری، ص ۸۳۸

افراد: در اصطلاح، رجالی که خارج از نظر قطب‌اند؛ یعنی به مقامی رسیده‌اند که قطب و قطب الاقطاب نتواند آن‌ها را زیر نظر بگیرد یا نیازی بدان نباشد و در حقیقت تک‌رو هستند.

۲ - اشارت قرآنی؛ قصص : ۸۸/۲۸ : ر.ک: ۳۳۳۳/۲.

۳ - **عدم** : نیستی، اینجا نیستیِ هستیِ ظاهری؛ یعنی رسیدن به هستیِ حقیقی و جانِ مجرّد که روحِ عالیِ عِلوی است.

۴ - کمال ذاتی عبارت است از ظهور حق تعالیٰ بر نفس خود به نفس خود لنفس خود، بدون اعتبار غیر و غیریّت. انسان کامل به منزلهٔ نفس ناطقه و عالم کبیر تحت تدبیر این نَفْس الهی است: ف. سجّادی، ص ۶۷۰ و شرح مقدّمهٔ قیصری، ص ۷۹۴.

این ابیات در تقریر وحدت وجود و قوس صعود و نزول نیز هست به این معنی که: یک اصل واحد، مبدأ جمیع موجودات است و آیاتی از قبیل: «هو الاول و الآخر و الظاهر و الباطن» و «هو معکم اینما کنتم» و «نحن اقرب إلیه من حبل الورید» و «إنّا لِلّه و إنّا إلیه راجعون» و اخباری مانند: «داخل فی الاشیاء لا بالممازجة و خارج عن الاشیاء لا بالمباینة» همه در همین مضمون و همین معناست: شرح مقدّمهٔ قیصری، ص ۶۳.

۵ - اشارتی قرآنی؛ بقره : ۱۵۶/۲ : إِنَّا لِلَّهِ وَ إِنَّا إِلَيْهِ رَاجِعُونَ : ما از خداییم و به خدا باز می‌گردیم.

مـــرگ دان آنک اتّـفاق اُمّت است   کآبِ حیوانی[۱]، نهان در ظُلمت است ۳۹۰۸

آنچه را که مردم به اتّفاق می‌گویند: آب حیات در تاریکی است، حقیقت دارد و چیزی جز مُردنِ «وجه خلقی» نیست.

همچو نیلوفر بِرُو[۲] زین طَـرْفِ جـو   همچو مستسقی حریص و مرگْ‌جو ۳۹۰۹

مانندِ گل نیلوفر در کنارِ جویبار حقایق نشو و نما کن و مثلِ کسی که به استسقا مبتلا است، جویای آب حیات باش که در مرگِ «هستیِ موهومی» توست.

مرگِ او آب است و او جویایِ آب   مـی‌خورد، وَاللّـهُ اَعْـلَمْ بِـالصَّواب ۳۹۱۰

مستسقی از شدّتِ خوردن آب می‌میرد و باز هم جویایِ آب است. خداوند صلاح را بهتر می‌داند.

ای فســرده! عــاشقِ نــنگین نـمد   کو ز بیم جـان ز جـانان مـی‌رمد[۳] ۳۹۱۱

ای افسرده‌دل که به این «قالبِ جسمانی» عشق می‌ورزی، تو از بیم «مرگِ تن» از حق می‌گریزی.

سویِ تیغِ عشقش، ای نـنگِ زنـان!   صد هزاران جان نگر، دَسْتَکْ‌زنان[۴] ۳۹۱۲

ای مایهٔ ننگ زنان، ببین چگونه صدها هزار جان رقص‌کنان خود را به تیغ عشقِ او می‌زنند.

جوی دیدی، کوزه[۵] اندر جوی[۶] ریز   آب را از جــوی کـی بـاشد گـریز؟ ۳۹۱۳

هنگامی که به «انسان کامل» برخورد کردی، بکوش تا «جان انسانی»ات در «جان حقّانیِ» او محو و مستهلک شود، کی جان از این اتّصال و استهلاک می‌گریزد؟

آبِ کـوزه چـون در آب جـو شـود   محو گـردد در وی، و جـو او شـود ۳۹۱۴

جان تو که در جانِ حقّانی محو شود، اثری از وی نمی‌مانَد و حقّانی می‌گردد.

وصــفِ او فـانی شـد و ذاتش بـقا   زین سپس نه کم شـود، نـه بـدلِقا[۷] ۳۹۱۵

با فنای «صفات بشری» در «صفات حق»، که فنای فی الشّیخ یا «فنای فی الله» است، ذاتِ سالک «بقا» یا هستیِ جاودانی می‌یابد.

---

۱ - **آب حیوان :** ر.ک: ۵۷۸/۱.   ۲ - **بِرُو :** رویش کن. نشو و نما کن.   ۳ - **می‌رمد :** می‌گریزد.

۴ - **دستک زنان :** دست‌زنان و پای‌کوبان؛ یعنی با شادمانی و وجد.

۵ - **کوزه :** اشاره به جان انسانی و نفس است، کوزهٔ وجود.

۶ - **جوی :** اشاره به جویبار وجود انسان کامل است که به دریای وحدانیّت اتّصال دارد.

۷ - **بدلِقا :** بد دیدار.

خـــویش را بـــر نـــخل او آویـختم عـــذرِ آن را کـــه از او بگــریختم ۳۹۱۶

عاشق بخارایی در پاسخ اندرز دهندگان و نکوهش کنندگان می‌گوید: برای عذرخواهی از محبوب باز می‌گردم؛ حتّی اگر این کار به منزلهٔ بر دار آویختنِ من باشد.

رسیدنِ آن عاشق به معشوقِ خویش، چون دست از جانِ خود بشُست

همچو گویی [1]، سجده‌کُن [2] بر رُو و سر جـانبِ آن صـدر شـد بـا چشـمِ تـر ۳۹۱۷

عاشق بخارایی، مانند گویِ چوگان بر زمین می‌غلتید؛ یعنی در نهایت تواضع و خاکساری و سجده کنان، با چشمی اشکبار به سوی صدر جهان می‌رفت.

جمله خلقان منتظر، سـر در هـوا [3] کِش بسـوزد، یـا بـر آویـزد وَرا ۳۹۱۸

مردم گردن می‌کشیدند که ببینند صدر جهان چه می‌کند؟ او را می سوزاند یا بر دار می‌آویزد؟

این زمان، این احمقِ یک لخت [4] را آن نـماید، کـه زمـان بـدبخت را ۳۹۱۹

می‌اندیشیدند: اینک بلایی بر سر این ابله می‌آورد که روزگار بـر سـر آدم‌هـای بـخت برگشته آورده است.

هـمچو پـروانـه شَـرَر را نـور دیـد احـمقانه در فُـتاد، از جـان بُـرید ۳۹۲۰

مانندِ پروانه، آتش را نور پنداشت و با حماقت خود را به شعله سپرد و دست از جان شست.

لیک شمعِ عشق چون آن شمع نیست روشن اندر روشن انـدر روشـنی‌ست ۳۹۲۱

امّا خلق اشتباه می‌کردند؛ زیرا شمع عشق، شمع معمولی نیست، نور در نور و روشنی در روشنی است.

او بـه عکس شـمع‌هایِ آتشـی‌ست می‌نماید آتش و جمله خـوشی‌ست ۳۹۲۲

شمعِ عشق بر خلاف شمعِ آتشین، جلوه‌ای آتشگون دارد و سراپا خوشی است.

---

۱ - **گوی :** گویِ چوگان. ۲ - **سجده کن :** سجده کنان.
۳ - **سر در هوا :** در حال گردن کشیدن و به انتظار بودن. ۴ - **احمقِ یک لخت :** احمق کامل، سراپا حماقت.

صفتِ آن مسجد که عاشقْ کُش بود، و آن عاشقِ مرگْ‌جویِ لاابالی که در او مهمان شد [1]

در نزدیکیِ شهرِ ری مسجدی وجود داشت که به «**مسجدِ مهمان‌کُش**» موسوم بود؛ زیرا هر کس شبی را در آن به سر می‌برد، صبحگاهان زنده‌اش نمی‌یافتند. مردم در ارتباط با مسجد سخن‌ها می‌گفتند: یکی معتقد بود که وجود پریان عامل این ماجراهاست و دیگری می‌اندیشید که در بنایِ آن سحر و طلسم به کار رفته است. باری اعتقاد همگان بر آن بود که باید شب‌ها درِ مسجد را قفل کرد و یا اینکه با نوشته‌ای بر سردرِ آن به میهمانانِ غریبه هُشدار داد.

اتّفاقاً شبی غریبه‌ای که آن آوازهٔ عجیب را شنیده بود، به شهر وارد شد و علی‌رغم نصیحت ناصحان و اندرز مشفقان، مصمّم شد که صحّت و سقم آن را بیازماید «**زآنکه بس مردانه و جان سیر بود**»، و با خود می‌اندیشید که اگر این مسجد امشب کربلای من گردد، کعبهٔ حاجت روای من خواهد بود. به هر تقدیر مرد تازه وارد که منصوروار هوای رَسَن‌بازی را در سر می‌پروراند، آن شب را در مسجد ماند. نیمه شب آوایی سخت هولناک شنید «کایم آیم بر سرت ای مستفید» و این آواز پنج مرتبه تکرار گردید؛ امّا آن جان بر کفِ نیکبخت از جای جهید و بانگ زد: اگر مردی بیا. در لحظه طلسمِ مسجد شکسته شد و زرِّ ناب از هر سو فرو ریخت. آن مرد برخاست و تا صبحگاهان زرّها را از آنجا خارج کرد و گنج‌ها انباشت به کوری چشم ترسوهایی که واپس خزیدند و از جانبازی بیمناک بودند.

این قصّه که در پیِ «رسیدن عاشق به معشوق خویش چون دست از جان بشُست» تقریر یافته است در شرحِ همان معناست که لِقای یار راستین و رسیدن به گنج علوم و اسرار و معارفی که به موجب آیهٔ کریمهٔ «وَنَفَخْتُ فیه مِنْ

---

۱ - مطابق روایات مردم شهر ری (حضرت عبدالعظیم) و پیران زمان، «مسجد مهمان‌کُش» را همان «مسجد ماشاءالله» دانسته‌اند که در شمال ابن بابویه قرار دارد. همچنین مردم کرمان حکایتی مشابه را در مورد مسجد گنج که در نزدیکی محلّهٔ پامنار کرمان واقع است روایت می‌کنند.

مأخذ این روایت ظاهراً حکایتی است در الف لیله که در داستان شبانه، صفحات ۴۲۴ و ۴۲۵ نقل شده است و مختصری از آن را نقل می‌کنیم که در طیِّ آن بازرگانی مصری به اصرار شب را در قصرِ بازرگان بغدادی که همه آن را طلسم شده می‌پندارند و هر کس که شب را در آنجا خفته صبحگاهان زنده بر نخاسته است، می‌خوابد. ناگاه آوازی می‌رسد که او را به نام می‌خواند و از وی می‌خواهد که آیا مایل هستی برای تو زرّ بیفشانم؟ بازرگان مصری که واهمه‌ای به خود راه نداده است می‌پرسد: زرّ کجاست و ناگهان ریختن زرّها آغاز می‌شود و چون بازرگان مصری جویای علّت و سبب ریختن این زرّها می‌شود، کسی به او می‌گوید که این زرّها از قدیم به نام تو طلسم شده بود و هر کس که به این خانه می‌آمد من نام تو را می‌بردم و او می‌ترسید، آنگاه فرود می‌آمدم و او را نابود می‌ساختم، اینک که تو آمدی و نهراسیدی، دانستم که خداوند زرّ تو هستی: احادیث، صص ۳۲۶-۳۲۴.

روحی»[1] در انسان به ودیعت نهاده شده است، جز با جانبازی و دست شستن از حیاتِ حیوانی حصول نمی‌یابد. در این حکایت «مسجد مهمان‌کُش» رمزی است از دل منوّر و تابناک مُرشدان واصل کامل، که به موجب گفتهٔ خود مولانا «مسجدی کان اندرون اولیاست / سجده‌گاه جمله است آنجا خداست»، جز پاکبازان و عاشقان از جان‌گذشته را به آن حریم پاک راهی نیست و هر کس را که به عنایت ازلی و بختی سرمدی چنین دولتی حاصل آید و موفّق به شکستن طلسم سخت نفسانیّات و تعلّقات گردد، از گنج انوار و معارفی که در درون خود وی نهان است، بهره‌هاست و این همان «فنای عارفانه» و «بقای به حق» و «آب حیات» و «عمر جاویدان» است.

وجودِ «ناصحانِ اندرزگو» در این قصّه نمادی است از آنان که تعلّقات دنیوی سنگی گران بر پایِ جانشان است و از بیم هلاکت، دشواری‌های راه سلوک را که بر جان عاشق گواراست، هولناک می‌یابند و خود از آن می‌گریزند.

هرچند که ظاهر قصّه در ارتباط است با طلسم و سحر و جادو؛ امّا سِرّ سخن همان طلسماتِ عجایبی است که آن را در کُنجِ عُزلت و نظرِ رحمتِ درویشان که نمادی از کمال است، دانسته‌اند.

۳۹۲۳ **یک حکایت گوش کن ای نیکْ‌پی[2]! مسجدی بُد بر کنارِ شهرِ ری**

ای نیک بخت! به حکایتی گوش فرا ده: در اطراف شهر ری مسجدی قرار داشت.

۳۹۲۴ **هیچ کس در وی نخفتی شب، ز بیم که نه فرزندش شدی آن شب یتیم**

این مسجد چنان بود که هرکس شب را در آنجا می‌خوابید، از ترس می‌مُرد و فرزندش یتیم می‌شد.

۳۹۲۵ **بس که اندر وی غریبِ عور[3] رفت صبحدم چون اختران در گور رفت**

چه بسا غریب و بینوا که شبانه به آن مسجد رفتند و صبح، مانندِ ستارگان ناپدید شدند و مردند.

۳۹۲۶ **خویشتن را نیک از این آگاه کُن صبح آمد، خواب را کوتاه کن**

ای شنونده! توجّه کن که معانی را دریابی. بیدار و آگاهانه گوش فرا ده و غفلت را کنار بگذار.

۳۹۲۷ **هر کسی گفتی که: پَرْیانند[4] تُند اندر او مهمانْ‌کُشان با تیغ کُنْد[5]**

هر کسی نظری داشت، یکی می‌گفت: در مسجد اجنّهٔ خشمناک مهمانان را زجرکُش می‌کنند.

۳۹۲۸ **آن دگر گفتی که: سِحْر است و طلسم کین رَصَد[6] باشد عدوّ جان و خصم**

دیگری می‌گفت: در این اینجا سحر و طلسمی در کار است و هر که وارد شود، طالعش مرگ است.

۳۹۲۹ **آن دگر گفتی که: بر نِهْ نقشْ فاش بر دَرَش، کِای میهمان! اینجا مباش**

آن دیگری می‌گفت. بر سردر مسجد درشت بنویسید: ای میهمان اینجا اقامت نکن.

---

۱ - قرآن، ص: ۷۲/۳۸. ۲ - **نیک پی**: نیک بخت. ۳ - **عور**: برهنه و عریان، اینجا به معنی بینوا.
۴ - **پری**: جنّ. ۵ - **با تیغ کند کشتن**: کنایه از زجرکش کردن و کم‌کم به هلاکت رسانیدن.
۶ - **رَصَد**: محاسبه از طریق کواکب، اینجا به معنی طالع.

شب مخسب اینجا اگر جان بایدت ورنه مرگ اینجا کمین بگشایدت ۳۹۳۰

اگر می‌خواهی زنده بمانی، شب در این مسجد نخواب وگرنه مرگ در کمین توست.

وآن یکی گفتی که: شب قُفلی نهید غافلی کآید، شما کَم رَه دهید ۳۹۳۱

یکی دیگر می‌گفت: شب در مسجد را قفل کنید که مانع ورود افراد بی‌خبر و بی‌اطّلاع شود.

مهمان آمدن در آن مسجد

تا یکی مهمان در آمد وقتِ شب کو شنیده بود آن صیتِ عجب[1] ۳۹۳۲

ناگهان شبانگاه میهمانی رسید که آوازهٔ عجیب و غریب مسجد را شنیده بود.

از برای آزمون[2] می‌آزمود زانکه بس مردانه و جان‌سیر[3] بود ۳۹۳۳

مردی مردانه و بی‌باک بود که می‌خواست شجاعتِ خود را در این مسجد بیازماید.

گفت: کم گیرم سر و اشکمبه‌یی[4] رفته گیر از گنجِ جان یک حبّه‌یی ۳۹۳۴

او می‌گفت: تن من ارزشی ندارد. فرض که از گنجینهٔ جان دانه‌ای کم شود.

صورتِ تن گو: برو، من کیستم؟ نقش کم ناید[5]، چو من باقیستم ۳۹۳۵

بگذار این تن از میان برود، من جسم نیستم، حقیقت من روح است که می‌مانَد.

چون نَفَخْتُ[6] بودم از لطفِ خدا نفخ حق[7] باشم، ز نایِ تن جدا ۳۹۳۶

چون به لطف الهی «نفخه‌ای» بودم؛ پس با جدا شدن از «نایِ تن» باز همان نفخهٔ الهی می‌شوم.

تا نیفتد بانگِ نفخش این طرف تا رهد آن گوهر از تنگین صدف ۳۹۳۷

تا بانگِ نفخهٔ الهی به «تن» که در مرتبهٔ «مادّه» است و قادر به درکِ آن نیست، نرسد؛ زیرا فقط «دل» به سببِ وجودِ «سرّ سویدا» آواز روح را درمی‌یابد تا گوهرِ روحِ مجرّد از صدفِ تنگِ جسم رهایی یابد.

---

۱ - **صیت عجب :** آوازهٔ شگفت‌انگیز. ۲ - **آزمون :** آزمایش.

۳ - **جان سیر :** از جان خود سیر شده بود، علاقه‌ای به زندگی نداشت.

۴ - **کم گیرم سر و اشکمبهٔ :** جسم خود را ناچیز می‌دانم. ۵ - **نقش کم ناید :** صورت ظاهر ارزشی ندارد.

۶ - **نَفَخْتُ :** دمیدم. ۷ - اشارتی قرآنی؛ حجر : ۲۹/۱۵ : ر.ک: ۳۸/۱ و ۳۳۳۰/۱.

چون تَمَنَّوا مَوْت[1] گفت، ای صادقین! صادقم، جـان را بـر افشـانم بـر ایـن ۳۹۳۸

چنانکه گفت: «ای راستگویان! مرگتان را آرزو کنید»، من نیز راستگو هستم و جان فدا می‌کنم.

ملامت کردنِ اهلِ مسجد مهمانِ عاشق را از شب خفتن در آنجا، و تهدید کردن مر او را

قوم گفتندش که: هین! اینجا مخسب تا نکوبد جان ستانت[2] همچو کُسْب[3] ۳۹۳۹

مردم گفتند: در این مسجد نخواب تا عزرائیل تو را، مانندِ کنجاره در هم نکوبد.

کــه غــریبی و نـمی‌دانـی ز حـال کاندر این جا هر که خفت، آمد زوال ۳۹۴۰

زیرا تو غریب هستی و از ماجرا خبر نداری که هر کس در این مسجد خوابید، مُرد.

اتّــفاقی نــیست ایــن، مــا بـارها دیده‌ایم، و جـمله اصـحابِ نُـهیٰ[4] ۳۹۴۱

این موضوع یک امر تصادفی نیست. ما و همهٔ خردمندان بارها این ماجرا را به چشم دیده‌ایم.

هر که آن مسجد شبی مسکن شدش نـیم‌شب مـرگِ هَـلاهِل[5] آمـدش ۳۹۴۲

هر کس که یک شب در این مسجد خوابید، نیم‌شب زهر کشندهٔ مرگ را به او نوشاندند.

از یکی ما تا به صد[6] این دیـده‌ایـم نه بـه تـقلید، از کسـی بشـنیده‌ایـم ۳۹۴۳

از یک بار تا صد بار این را دیده‌ایم، سخنی نیست که شنیده باشیم.

گفت: اَلدّیـنُ نَـصیحَه،[7] آن رسـول آن نـصیحت در لغتْ ضـدِّ غُـلول[8] ۳۹۴۴

پیامبر(ص) فرمود: دین به معنی نصیحت؛ یعنی خیرخواهی است. خیرخواهی ضدّ خیانت است.

---

۱ - اشارتی قرآنی؛ جمعه: ۶/۶۲: قُلْ یَا أَیُّهَا الَّذِینَ هادُوا إِنْ زَعَمْتُمْ أَنَّکُمْ أَوْلِیَآءُ لِلَّهِ مِن دُونِ ٱلنَّاسِ فَتَمَنَّوُا ٱلْمَوْتَ إِن کُنْتُمْ صٰدِقِینَ: بگو ای یهودیان اگر گمان می‌کنید که شما از میان همهٔ مردم، دوستان خدا هستید، اگر راست می‌گویید آرزوی مرگ کنید: ر.ک: ۳۹۸۲/۱. ۲ - **جان ستان**: عزرائیل.

۳ - **کُسْب**: کنجاره، تفالهٔ دانه‌ای که روغنش گرفته شده باشد.

۴ - **اصحابِ نُهیٰ**: صاحبان عقل، نُهیٰ جمع نُهْیَة. ۵ - **هَلاهِل**: زهر کشنده.

۶ - **از یکی تا به صد**: گروه کثیری.

۷ - اشاره به حدیث است: اَلدِّینُ النَّصِیحَةُ لِلّٰهِ وَ لِرَسُولِهِ و لِکِتَابِهِ وَ لأَئِمَّةِ الْمُسْلِمِینَ وَ عَامَّتِهِمْ: دین عبارت است از اخلاص ورزیدن به: خدا، رسول، کتاب خدا، امامان و امّت اسلام: احادیث، ص ۳۲۶. ۸ - **غُلول**: خیانت.

این نصیحت، راستی در دوستی در غُلولی، خاین و سگ‌پوستی[1] ۳۹۴۵

این نصیحت، صداقت در دوستی است و اگر صادق نباشی، خائنِ فرومایه هستی.

بی خیانت این نصیحت، از وَداد[2] می‌نماییمت، مگرد از عقل و داد[3] ۳۹۴۶

در اندرز دوستانهٔ ما خیانتی نیست؛ پس تو هم با عقل و منطق روی نگردان و بپذیر.

جواب گفتنِ عاشق عاذلان[4] را

گفت او: ای ناصحان! من بی‌نَدَم[5] از جهانِ زندگی سیر آمدم ۳۹۴۷

عاشق گفت: ای اندرز دهندگان، به یقین بدانید که من از زندگی این جهانی سیر شده‌ام.

مَنْبَلی‌ام[6]، زخم‌جو و زخم‌خواه عافیت[7] کم جوی از مَنْبَل به راه[8] ۳۹۴۸

دیدگاه من به زندگی این نیست که حیات مادّی را به هر قیمتی حفظ کنم، به دنبال سختی‌ها و ناملایمات‌اَم که موجب ارتقای «جان» می‌شود؛ بنابراین از کسی که از راه و روش متداول مردم به دور است، انتظار عافیت‌طلبی نداشته باشید.

مَنْبَلی نی کو بُوَد خود برگْ‌جو[9] منبلی‌ام لاأُبالی[10]، مرگْ‌جو ۳۹۴۹

بی‌پروا و بی‌کاره‌ام، نه جویای عافیت و سلامت؛ بلکه جویایِ مرگ هستم.

منبلی نی کو به کف پول آوَرَد منبلی چُستی، کز این پُل[11] بگذرد ۳۹۵۰

کاهلی من برای تکدّی پول نیست. در حفظِ حیات مادّی سست‌اَم؛ می‌خواهم به چابکی از پلِ دنیا بگذرم.

---

۱ - **سگ پوست** : بی‌قدر و فرومایه. ۲ - **وَداد** : دوستی.
۳ - **عقل و داد** : عقل و دادگری، اینجا به معنی عقل و منطق. ۴ - **عاذل** : سرزنش کننده.
۵ - **بی نَدَم** : بدون هیچ‌گونه پشیمانی و به طور قطع، قطعاً.
۶ - **مَنْبَل** : کاهل، سُست، اینجا سُست در حفظ زندگیِ دنیوی به صِرف اینکه حیات است، دور از روشِ متداول.
۷ - **عافیت** : عافیت‌طلبی. ۸ - **به راه** : اینجا در زندگی. ۹ - **برگ‌جو** : اینجا عافیت و منفعت‌طلب.
۱۰ - **لاابالی** : بی‌پروا، بی‌ملاحظه. ۱۱ - **پل** : کنایه از دنیا.

آن نه کو بر هر دکانی بر زند   بَل جَهَد از کَوْن[1] و کانی[2]، بر زند ۳۹۵۱

من به هر دکانی سری نمی‌زنم و هر جا توقّف نمی‌کنم، بلکه می‌خواهم از این «هستیِ مادّی» بِجَهم و به «هستیِ حقیقی» برسم.

مرگْ شیرین گشت، و نَقْلم زین سرا   چون قفص هِشتن، پریدن، مرغ را ۳۹۵۲

مرگ برایِ من شیرین شده است، همان‌طور که پرنده با شادی قفس را می‌گذارد و پرواز می‌کند.

آن قفص که هست عینِ باغْ در[3]   مرغ می‌بیند گلستان و شجر ۳۹۵۳

فرض کن که قفسی در باغ باشد که پرندهٔ محبوس بتواند گلستان و درختان را ببیند،

جَوقِ[4] مرغان از برون گِردِ قفص   خوش همی خوانند ز آزادی قِصَصْ ۳۹۵۴

پرندگان آزاد، دسته دسته پیرامون قفس با شادمانی نغمهٔ خوش آزادی را سر می‌دهند.

مرغ را اندر قفص زآن سبزه‌زار   نه خورش مانده‌ست و نه صبر و قرار ۳۹۵۵

پرندهٔ محبوس در قفس که سبزه‌زار را می‌بیند، از اندوه نه دانه می‌خورد و نه آرام و قرار دارد.

سر ز هر سوراخ بیرون می‌کند   تا بُوَد کین بند از پا بر کَنَد ۳۹۵۶

برای رهایی از قفس از هر سوراخی سر می‌کشد.

چون دل و جانش چنین بیرون بُوَد   آن قفص را درگشایی، چون بُوَد؟ ۳۹۵۷

چون دل و جانش بیرون جولان می‌کند، اگر درِ قفس را بگشایی، پرنده چه حالی می‌یابد؟

نه چنان مرغِ قفص در اندهان   گِرد بر گِردش به حلقه گُربکان[5] ۳۹۵۸

پرنده‌ای را که توصیف کردیم از رهایی چیزی جز سرور و آزادی نمی‌بیند؛ امّا اگر با اندوه بداند که دور تا دور قفس گربه‌ها در کمین‌اند که او را بگیرند، هرگز چنان حالی ندارد.

کِی بُوَد او را در این خوف و حَزَن   آرزوی از قفص بیرون شدن؟[6] ۳۹۵۹

این پرنده در میانِ ترس و اندوهی که بر جانش مستولی است، مشتاق رهایی از قفس نیست.

---

۱ - **کَوْن :** عالم امکان، عالم محسوس، اینجا حیات دنیوی.

۲ - **کان :** معدن، اینجا مبدأ هستی، هستی حقیقی و حقیقت هستی.   ۳ - **باغ در :** در میان باغ.

۴ - **جَوْق :** گروه.

۵ - در این تمثیل، جان انسانِ خطاکار به پرندهٔ اندوهگین و عواملِ کیفر الهی به گربه‌ها درگِردِ قفس مانند شده‌اند.

۶ - اهل دنیا، زندگی دنیوی و تمتّعات آن را دوست دارد و اشتیاقی برای لقای یار ندارد.

او همی خواهد کز این ناخوش حَصَص[1] صد قفص باشد به گِردِ این قفص ۳۹۶۰

او برای رهایی از کنده شدن بال و پر، می‌خواهد که صد قفس دیگر هم روی قفس‌اش باشد و هرگز خارج نشود.

عشقِ جالینوس براین حیاتِ دنیا بود، که هنرِ او همین‌جا به‌کار می‌آید، هنری نورزیده است که در آن بازار به‌کار آید، آنجا خود را به عوام یکسان می‌بیند[2]

جالینوس از حُکمایِ کِرامِ قدیم یونانی بود که وی را خاتمِ مُهر اطبّا دانسته‌اند. او دانشمند، فیلسوف و طبیعی‌دان زمان خود بود. در ادبیّات عرفانیِ ما نامِ وی مظهر طبابت جسمانی است و در این قطعه نمادی است از مادّه‌گرایی و دانش دنیوی.

در بیت ۳۹۷۶ همین قطعه، مولانا می‌فرماید: اگر آنچه راکه در مورد جالینوس گفته‌اند، منسوب به او باشد؛ ولی حقیقتاً سخن او نباشد؛ پس پاسخ متوجّه او نیست.

اگر کلامی راکه منسوب به جالینوس دانسته‌اند، صحّت داشته باشد، ارتباط این قطعه با ابیات پیشین در آن است که جالینوس به عنوان نمادی از «اهلِ دنیا» مطرح می‌شود که از بیمِ «عقاب و کیفر الهی»، نمی‌خواهد دنیا و قالب جسمانی را رهاکند.

آنچنانکه گفت جالینوسِ راد[3] از هوایِ این جهان و از مُراد ۳۹۶۱

همان‌طور که جالینوس حکیم به سبب علاقه به این جهان و میل به زیستن در آن گفت که:

راضیم کز من بمانَد نیمْ جان که ز کونِ استری بینم جهان ۳۹۶۲

راضی هستم که نیمه جانی داشته باشم و از سوراخِ ماتحتِ قاطری دنیا را ببینم.

گُربه[4] می‌بیند به گِردِ خود قطار مرغش آیس[5] گشته بودەست از مَطار[6] ۳۹۶۳

او هم در اطراف قفسِ تنِ خود، مأموران را می‌دید و پرندهٔ روحش از پرواز ناامید بود.

---

۱ - **حَصَص**: کندن بال و پر مرغ.

۲ - شمس در ارتباط با او می‌گوید: جالینوس همین عالم را مُقرّ است. از آن عالم خبر ندارد که می‌گوید: اگر نمیرم و در شکم استرم کنند تا از راه فرج استر این جهان را نظاره می‌کنم، خوش‌ترم آید از آنکه بمیرم: مقالات، ص ۲۳۷.

۳ - **راد**: جوانمرد، آزاده، دانا، خردمند.

۴ - **گربه**: اشاره به مأموران کیفر و عقاب الهی، تمثیلی است که در ابیات پیشین بدان اشاره شد.

۵ - **مرغِ آیس**: پرندهٔ ناامید، اشاره به مرغِ جان افراد خطاکار. ۶ - **مَطار**: پروازکردن.

یا عَدَم دیده‌ست غیرِ این جهان در عدم، نادیده او حَشْری نهان ۳۹۶۴

یا شاید غیر از این جهان را عدم می‌پنداشته و باور نمی‌کرده است که پس از زندگیِ این جهانی، زندگیِ دیگری و رستاخیز وجود دارد.

چون جنین، کِش می‌کشد بیرون کَرَم می‌گریزد او سپس سویِ شکم[1] ۳۹۶۵

همانند جنین که هنگام تولّد، لطفِ الهی او را به بیرون می‌کشاند؛ امّا او باز می‌گردد و به پشتِ شکم مادر می‌گریزد.

لطف، رویش سویِ مَصْدَر[2] **می‌کُند او مَقَر**[3] **در پشتِ مادر می‌کُند** ۳۹۶۶

لطفِ خداوند رویِ او را به دهانهٔ زهدان بر می‌گرداند؛ ولی او باز در پشت شکم مادر جای می‌گیرد.

که: اگر بیرون فُتَم زین شهر و کام ای عجب! بینم بدیده این مُقام؟ ۳۹۶۷

می‌اندیشد: اگر از این جای خوش بیرون روم، آیا باز هم این جایگاه خوشایند را می‌بینم؟

یا دری بودی در آن شهر وَخِم[4] **که نظاره کردمی اندر رَحِم** ۳۹۶۸

آیا بیرونِ زهدان مادر که بی‌شک ناگوار است، دری هست که رحم مادر را ببینم؟

یا چو چشمهٔ سوزنی راهم بُدی که ز بیرونم رَحِم دیده شدی ۳۹۶۹

یا کاش به اندازهٔ سوراخ سوزن راهی باشد که بتوانم اینجا را ببینم.

آن جنین هم غافل است از عالمی همچو جالینوس، او نامحرمی[5] ۳۹۷۰

جنین هم مانند جالینوس که از عالم غیب بی‌خبر است، از دنیای خارج از زهدان چیزی نمی‌داند.

او نداند کآن رُطوباتی که هست آن مدد از عالمِ بیرونی است ۳۹۷۱

جنین نمی‌داند چیزهایی که در رحم مادر هست و موجب حیات و بقای او می‌شود، همه از جهانِ بیرون است.

---

۱ - در این تمثیل، اهلِ دنیا و منکرانِ جهان باقی به جنین مانند شده‌اند که فقط زهدان مادر را که نمادی از زندگی در دنیاست، می‌شناسند. ۲ - **مَصْدَر** : محلِّ صدور، اینجا دهانهٔ زهدان. ۳ - **مَقَر** : قرارگاه، اقامتگاه.

۴ - **وَخِم** : ناسازگار.

۵ - **نامحرم** : اینجا جالینوس نمادی از نامحرمان و غافلان است که عالم غیب را باور ندارند.

آنچنانکه چار عُنصر[1] در جهان صد مدد آرد ز شهرِ لامکان ۳۹۷۲

همان‌طور که عناصر اربعه [آتش، باد، آب و خاک] به امداد عالم غیب مدارِ وجودِ عالمِ محسوس‌اند.

آب و دانه در قفص، گر یافته‌ست آن ز باغ و عرصه‌یی در تافته‌ست ۳۹۷۳

اگر پرنده آب و دانه‌ای در قفس می‌یابد، از باغ و صحرایی خارج از قفس فراهم شده است.

جان‌هایِ انبیا بینند باغ[2] زین قفص در وقتِ نُقلان[3] و فراغ ۳۹۷۴

اینکه «انبیا و اولیا» از انتقال به جهان باقی و ترک قفس تن هرگز بیمناک نبوده و نیستند از آن‌روست که جان پاک ایشان هنگام ترک تن و دنیای مادّی به وضوح باغ الهی را می‌بینند.

پس ز جالینوس و عالم فارغ‌اند همچو ماه اندر فلک‌ها بازغ‌اند[4] ۳۹۷۵

بنابراین، بزرگان عالم معنا که مانندِ ماه تابناک در فلکِ ذاتِ باری درخشان و تابان‌اند، هرگز هنگام انتقال از این جهان به فکر طبّ جالینوس و امثال وی نیستند که به هر نحو زمان حیات دنیوی را طولانی‌تر کنند.

ور ز جالینوس این گفت اِفتراست پس جوابم بهرِ جالینوس نیست ۳۹۷۶

اگر این سخن را به جالینوس بسته باشند و او نگفته باشد، پاسخ من متوجّه او نیست.

این جوابِ آنکس آمد، کین بگفت که نبودستش دل پُر نورْ جُفت ۳۹۷۷

پاسخ من متوجّه کسی است که این سخن را گفته و دل منوّر و تابناکی نداشته است.

مرغِ جانش موش شد سوراخْ‌جو[5] چون شنید از گُربگان او: عَرِّجُوا[6] ۳۹۷۸

کسی که پرندهٔ روحش تنزّل یافته و به موشی حقیر مبدّل شده است، هنگامی که زمان انتقالش به عالم غیب فرا می‌رسد و از مأموران غیبی می‌شنود که باید تن را ترک کند، جویای سوراخی است که بدان بگریزد.

---

۱ - **چار عنصر (عناصر اربعه):** ارکان اربعه که صوفیان آن را به چهار نَفْس مانند کرده‌اند، آتش را به نَفْسِ امّاره، باد را به نفس لوّامه، آب را به نفس ملهمه و خاک را به نفس مطمئنّه. ۲ - **باغ:** اشاره به عوالم غیبی.

۳ - **نُقلان:** انتقال. ۴ - **بازغ:** درخشان، تابان.

۵ - روح شخص دنیادوست از مأموران حق و عوامل قهر الهی چنان بیمناک است که موش از گربه.

۶ - **عَرِّجُوا:** عروج کنید.

زآن سبب جانش وطن دید و قرار　　اندر این سوراخِ دنیا[1] موشوار ۳۹۷۹

چون روحِ آدمِ «دنیادوست» خواه ناخواه از مأموران غیبی «عَرِّجُوا» را شنیده است و از عواقب ناخوشایند خویش در جهان غیب تا حدودی باخبر است، ترجیح می‌دهد که مانندِ موش در دنیای مادّی و محدود زندگی کند و بمانَد.

هم در این سوراخ، بنّایی گرفت[2]　　در خورِ سوراخ، دانایی گرفت ۳۹۸۰

در لانهٔ تنگِ دنیا به آبادانی پرداخت و در حدّ همان لانه به کسب دانش اهتمام ورزید.

پیشه‌هایی که مَر او را در مَزید　　کاندر این سوراخْ کار آید، گُزید ۳۹۸۱

پیشه و فنونی را که برای زندگی در این دنیای کوچک موجب سود و مرتبهٔ برتر بود.

زآنکه دل بر کَند از بیرون شدن　　بسته شد راهِ رهیدن از بدن ۳۹۸۲

زیرا او دل را از انتقال برکنده است و راهی برای نجات او از تن و تعلّقاتش وجود ندارد.

عنکبوت ار طبعِ عنقا[3] داشتی　　از لُعابی خیمه کِی افراشتی؟[4] ۳۹۸۳

اگر عنکبوت طبعِ والایِ سیمرغ را داشت، با آبِ دهان خیمهٔ ناپایداری نمی‌ساخت.

گُربه[5] کرده چنگِ خود اندر قفص　　نامِ چنگش درد و سرسام و مَغَص[6] ۳۹۸۴

چنگالِ مرگ در تن فرو رفته و هنگام انتقال فرا رسیده است، ظاهربینان عواملِ ظاهریِ آن را درد و سرسام و دل‌پیچه می‌نامند.

گُربه مرگ است و مرضْ چنگالِ او　　می‌زند بر مرغ و پرّ و بالِ او ۳۹۸۵

مرگ فرا رسیده و چنگالش را که امراض گوناگون است در قفسِ تنِ آدمی بر پر و بال او فرود می‌آوَرَد.

گوشه گوشه می‌جهد سویِ دوا　　مرگْ چون قاضی‌ست و رنجوری گوا ۳۹۸۶

بیمار برای درمانِ دردی که درمانی ندارد به هر گوشه سر می‌زند. مرگ، همانند قاضی بر مسندی نشسته و بیماری، گواهِ دادگاه اوست.

---

۱ - **سوراخ دنیا:** عالم محسوس در مقایسه با عالم غیب به سوراخ موش مانند شده است.

۲ - **بنّایی گرفت:** شروع کرد به آبادانی و عمران دنیای خویش. ۳ - **عنقا:** سیمرغ، اشاره به انسان کامل.

۴ - در این تمثیل، «اهل دنیا» به عنکبوت و «اهل معنا» به سیمرغ مانند شده‌اند.

اشارتی قرآنی؛ عنکبوت: ۴۱/۲۹: داستان کسانی که به جای خداوند سرورانی را به پرستش گرفتند همانند داستان عنکبوت است که خانه‌ای ساخت، و اگر در می‌یافتند سست‌ترین خانه‌ها، خانهٔ عنکبوت است.

۵ - **گربه:** اشاره به فرا رسیدن مرگ. ۶ - **مَغَص:** درد شکم و روده‌ها.

چون پیادهٔ قاضی[1] آمد این گواه که همی خوانَد تو را تا حُکم‌گاه ۳۹۸۷

«بیماری و رنجوری»، مانندِ مأمورِ قاضی آمده است و تو را به دادگاه و قاضی فرامی‌خوانَد.

مهلتی می‌خواهی از وی در گریز گر پذیرد، شد، و گرنه گفت: خیز ۳۹۸۸

با دیدن مأمور؛ یعنی بیماری و رنجوری، از او مهلتی می‌خواهی و می‌کوشی با دارو و درمان از حضور در دادگاه خودداری کنی. اگر بپذیرد که هیچ و گرنه می‌گوید: برخیز و بیا.

جُستنِ مهلت دوا و چاره‌ها که زنی بر خرقهٔ تن پاره‌ها ۳۹۸۹

مهلت خواستن از قاضی چیزی جز انواع و اقسام دارو و درمان نیست که توسّط آن می‌کوشی خرقهٔ تن را که پاره و مندرس شده است، وصله بزنی.

عاقبت آید صباحی خشم‌وار چند باشد مهلت؟ آخر شرم‌دار ۳۹۹۰

سرانجام یک روز نمایندهٔ قاضی با خشم می‌رسد؛ یعنی بیماری شدّت می‌یابد و به زبانِ حال می‌گوید: چقدر مهلت می‌خواهی؟ شرم کن.

عذرِ خود از شَه[2] بخواه ای پر حسد! پیش از آنکه آنچنان روزی رسد ۳۹۹۱

ای حسود، پیش از آنکه چنین روزی فرا رسد، عذرخواه باش و توبه کن.

وانکه در ظلمت براند بارَگی[3] بر کَند زآن نورْ دل یکبارگی ۳۹۹۲

کسی که جهد و همّتش فقط در جهت دنیا باشد، حقیقتاً از «نور» دل بر کنده است و از «هدایت و رحمت» نصیبی ندارد.

می‌گریزد از گوا[4] و مقصدش کآن گوا سوی قضا می‌خوانَدَش ۳۹۹۳

چنین کسی از بیماری و مقصد نهایی‌اش که مرگ است می‌گریزد؛ زیرا این گواه او را به سوی تقدیر و قضای الهی که از آن گریزی نیست فرا می‌خوانَد.

---

۱ - **پیادهٔ قاضی**: فرستادهٔ قاضی، مأمور ابلاغ احکام. ۲ - **شه**: شاه عالم هستی، خداوند.
۳ - **بارگی**: اسب. ۴ - **گوا**: گواه، مراد بیماری و رنجوری است.

دیگر باره ملامت کردنِ اهل مسجد مهمان را،
از شب خفتن در آن مسجد

قوم گفتندش: مکن جَلْدی[1]، برو تا نگردد جامه و جانت گرو ۳۹۹۴

مردم گفتند: بی‌باکی نکن و تا جان و جامه‌ات؛ یعنی همه چیزت را از دست نداده‌ای، برو.

آن ز دُور آسان نماید، بِهْ نگر که به آخر سخت باشد ره گذر ۳۹۹۵

خوابیدن در این مسجد به ظاهر آسان است، بیشتر فکر کن که سرانجام نجات از آنجا دشوار می‌شود.

خویشتن آویخت بس مرد، و سُکُست وقتِ پیچاپیچْ[2] دست آویز جُست ۳۹۹۶

بسیاری از مردم، مانندِ تو پنداشتند که «جان سیر» و «بی‌باک»اند و به این کار مبادرت کردند؛ امّا هنگام پریشانی و درد کوشیدند وسیله‌ای برای نجات بیابند؛ ولی هلاک شدند.

پیشتر از واقعه[3] آسان بُوَد در دلِ مردم خیالِ نیک و بد ۳۹۹۷

قبل از بروزِ حادثه، خیال نیک یا بد آن در دل آدمی و ذهن او آسان جلوه‌گر می‌شود و عمق موضوع را در نمی‌یابد.

چون در آید اندرونِ کارزار آن زمان گردد بر آنکس کارْ زار ۳۹۹۸

هنگامی که خیالِ ذهنی، عینی شود و آن حادثه رخ دهد و به ناچار گام در میدان نهد، می‌بیند که کار بر او زار است.

چون نه شیری،[4] هین! مَنِه تو پای پیش کآن اجل گرگ است و جانِ توست، میش[5] ۳۹۹۹

چون نمی‌توانی با گرگ اجل مبارزه کنی؛ پس به خود بیا و چنین نکن؛ زیرا اجل مانندِ گرگ آمادهٔ دریدن میشِ جان توست.

ور زِ اَبدالی[6] و میشت شیر شد ایمن آ، که مرگِ تو سرزیر شد ۴۰۰۰

اگر تو از مردان حق هستی و گوسفندِ جانت به شیری مبدّل شده است، با اعتماد و اطمینان پیش بیا که مرگ مغلوبِ تو و آغازِ یک زندگی برتر است.

---

۱ - **جَلدی** : زرنگی، بی‌باکی. ۲ - **پیچاپیچ** : درد سر و گرفتاری، تنگنا. ۳ - **واقعه** : حادثه.
۴ - **نه شیری** : شیر نیستی. ۵ - **میش** : گوسفند.
۶ - **ابدال** : مردان حق، ر.ک: ۲۶۵/۱ و ۱۴۴۰/۱ و ۳۴۲۳/۱.

دفتر سوم ۵۷۷

کیست اَبدال؟ آنکه او مُـبْدَل شـود   خمرش[1] از تبدیلِ یزدان خَل[2] شود ۴۰۰۱

ابدال چه کسانی هستند؟ کسانی که تبدیل شده و «هستیِ حقیقی» یافته‌اند. قدرت و عنایتِ الهی، ناپاکی را در وجودشان به پاکی مبدّل کرده است.

لیک مستی شیرْ گیری وز گُمان   شیر پنداری تو خود را، هین! مران ۴۰۰۲

امّا اگر تو از پندارِ خود مست هستی و خود را شیر می‌بینی، پای پیش نگذار.

گفت حق زاهلِ نفاق ناسدید[3]   بَأسُهُمْ ما بَیْنَهُمْ بَأسٌ شَدید[4] ۴۰۰۳

خداوند دربارهٔ منافقانِ ناراست فرمود: آنان میان خود اظهارِ دلاوری و شجاعت می‌کنند.

در میانِ همدگر مردانه‌اند   در غزا چون عورتانِ خانه‌اند[5] ۴۰۰۴

با یک‌دیگر که هستند از دلاوری و شجاعت داد سخن می‌دهند و پیکارشان در میان خودشان شدید است؛ امّا در نبرد با مسلمانان، مردِ میدان نیستند.

گفت پیغمبر، سپهدارِ غُیوب: لاٰ شَجاعَه یا فتیٰ! قَبْلَ اَلحُرُوب[6] ۴۰۰۵

پیامبر(ص) که سپهسالارِ عالمِ غیب است، فرمود: ای جوان، شجاعت پیش از جنگ مفهومی ندارد.

وقتِ لافِ غَزْو، مستان[7] کف کنند   وقتِ جوشِ جنگ[8]، چون کف بی فن‌اند ۴۰۰۶

هنگامی که از جنگ و نبرد سخن می‌گویند دهانشان کف می‌کند؛ امّا وقتی که کارزار شروع می‌شود، همانندِ کف روی آب ناپایدار و عاری از هر فنّی‌اند.

وقتِ ذکرِ غَزْو، شمشیرش دراز   وقت کرّ و فرّ، تیغش چون پیاز ۴۰۰۷

از جنگ داد سخن می‌دهند و شمشیرِ بلند دارند؛ امّا در صحنهٔ نبرد، شمشیرشان، مانندِ پیاز می‌شکنند و برندگی ندارد.

---

۱ - **خَمر** : شراب، اشاره به ناپاکی و ماسِوَی الله است.   ۲ - **خَل** : سرکه، اشاره به پاکی و عدم غیریّت است.

۳ - **سَدید** : درست، راست.

۴ - اشارتی قرآنی؛ حشر : ۱۴/۵۹ : ...بَأسُهُم بَیْنَهُمْ شَدِیدٌ تَحْسَبُهُمْ جَمِیعاً وَ قُلُوبُهُمْ شَتَّیٰ...: ستیز و صلابت آنان در میان خودشان سخت است. آنان را همدست می‌انگاری، حال آنکه دل‌هایشان پراکنده است.

اشاره است به نقشی که منافقان در فتنه‌های یهود داشتند. منافقانِ مدینه طایفه‌ای از یهود «بنی نظیر» را تشویق می‌کردند که با پیامبر(ص) بجنگند و به آنان وعده یاری می‌دادند و به آنچه گفتند هرگز عمل نکردند.

۵ - **چون عورتان خانه اند** : مثل زنان خانه‌نشین بودن؛ یعنی مرد میدان نبودن.

۶ - ظاهراً این سخن حدیث نبوی نیست. استاد فروزانفر روایتی تقریباً با همین مضمون و منسوب به لقمان حکیم را آورده و احتمال داده است که مستند بیت فوق باشد: احادیث، ص ۳۲۷.

۷ - **مستان** : مست غرور و خودبینی.   ۸ - **جوشِ جنگ** : در جنگِ حقیقی.

وقتِ انــــدیشه، دلِ او زخـــمْ‌جو پس به یک سوزن تهی شد خیکِ او ۴۰۰۸

به مصاف که می‌اندیشند، حاضرند ناملایمات و رنج‌ها را تحمّل کنند؛ امّا مانندِ طبلی میان تهی، بادشان با یک سوزن خالی می‌شود و حقیقتی در سخنانشان نیست.

مــن عـجب دارم ز جـویایِ صـفا کــو رمـد در وقتِ صـیقل از جـفا ۴۰۰۹

من متعجّب هستم از کسانی که مشتاقِ دلی مصفّااند؛ امّا هنگام درد و رنـج کـه هـمان صیقل یافتن دل است، از ناملایمات می‌گریزند.

عشق چون دعوی، جفا دیدن گـواه چون گواهت نیست، شد دعوی تباه ۴۰۱۰

عشق، همانند ادّعاست و تحمّل ناملایمات،گواهِ آن. اگر عاشق جفایِ معشوق را نپذیرد، دعوی‌اش بیهوده است.

چون گواهت خواهد این قاضی[1]، مرنج بوسه دِه بر مـار،[2] تـا یـابی تـو گـنج[3] ۴۰۱۱

اگر قاضی از تو گواه یا شاهد بخواهد، آزرده نشو. آمادهٔ پذیرفتنِ سختی‌ها و ایثارِ جان باش تا به گنج حقایق برسی.

آن جــفا بــا تـو نـباشد ای پسـر! بلکه بـا وصـفِ بـدی انـدر تـو در ۴۰۱۲

ای پسر، جفایِ راهِ حق، حقیقتِ تو نیست، با اوصافِ بدِ توست.

بـر نـمد، چـوبی کـه آن را سرد زد بــر نــمد آن را نــزد، بـر گَـرد زد ۴۰۱۳

جفایِ راه عشق، مانندِ چوبی است که بر نمد می‌زنند تا گَرد و غبارش را دور کنند.

گـر بـزد مـر اسب را آن کـینه کَش آن نزد بر اسب، زد بـر سُکْسُکش[4] ۴۰۱۴

یا مانندِ تازیانه‌ای است که به نظر می‌رسد سوارکار با کینه‌توزی به اسب می‌زند، در حالی که وارد آوردن تازیانه برای رهوار شدن اسب است.

تا ز سُکْسُکْ وارهد، خوش پی[5] شود شــیره را زنــدان کـنی تـا مِیْ شـود ۴۰۱۵

تا اسب رام و رهوار شود. همین کار را به نوعی دیگر با شیرهٔ انگور انجام می‌دهند و با قرار دادن درون خمره، آن را به شراب تبدیل می‌کنند.

---

۱ - **قاضی**: اشاره به فنای در حق که مستلزم پذیرفتن رنج‌ها و سختی‌هاست.

۲ - **بوسه دِه بر مار**: آمادهٔ پذیرفتن تمام بلایا و مصایب باش.

۳ - **گنج**: اشاره به ضرب المثل: بی‌رنج گنج میسّر نمی‌شود.

۴ - **سُکْسُکْ**: هموار راه نرفتن، کندی و آهسته رفتن. ۵ - **خوش پی**: رهوار شدن.

گفت: چندان آن یتیمک را زدی   چون نترسیدی ز قهرِ ایزدی؟ ۴۰۱۶

شخصی به کسی گفت: چرا آن یتیم بیچاره را زدی؟ آیا از قهر الهی نمی‌ترسی؟

گفت: او را کِی زدم ای جان و دوست؟   من بر آن دیوی زدم کو اندر اوست ۴۰۱۷

او جواب داد: جانم، عزیزم، من هرگز او را نزدم، بلکه شیطانی را که در اوست زدم.

مادر ار گوید تو را: مرگِ تو باد   مرگِ آن خُو خواهد و مرگِ فساد ۴۰۱۸

اگر مادر بگوید: الهی بمیری، در واقع خواهانِ زوالِ آن خو و صفت بدِ توست.

آن گروهی کز ادب[1] بگریختند   آبِ مردی و آبِ مردان ریختند ۴۰۱۹

کسانی که از تأدیب می‌گریزند، آبروی مردی و مردانگی را می‌برند.

عاذلانشان[2] از وَغا[3] وا راندند   تا چنین حیز[4] و مخنّث[5] ماندند ۴۰۲۰

گروهی ملامت‌گر به سرزنش آنان پرداختند و توانستند کسانی را که زمینهٔ مساعدی برای گمراهی داشتند، از مجاهده با نَفْس باز دارند و اینک نامرد و بی‌حمیّت باقی مانده‌اند.

لاف و غُرّهٔ[6] ژاژخا[7] را کم شنو   با چُنین‌ها در صفِ هَیجا[8] مرو ۴۰۲۱

به سخنان یاوه و غُرغر بیهوده‌گویان توجّه نکن. با افراد توخالی نمی‌توان به صحنهٔ نبرد رفت.

زانکه زادُوکُمْ خَبالاً،[9] گفت حق   کز رِفاقِ[10] سُست برگردان ورق[11] ۴۰۲۲

از دوستان سست عنصر دوری کن؛ زیرا خداوند فرمود: جز تباهی چیزی بر شما نمی‌افزایند.

که گر ایشان با شما همره شوند   غازیانْ[12] بی‌مغزْ همچون کَهْ شوند ۴۰۲۳

اگر این افراد با شما همراه شوند، جنگجویانِ دلاور، تحت تأثیر یاوه‌گویی‌های آنان شهامت و شجاعتِ خویش را از دست می‌دهند و همانند کاه بی‌خاصیّت می‌شوند.

---

۱ - **ادب** : تأدیب و هدایت، ر.ک: ۷۸/۱.   ۲ - **عاذل** : سرزنش کننده.   ۳ - **وَغا** : جنگ.

۴ - **حیز** : نامرد.   ۵ - **مخنّث** : نامرد.   ۶ - **غُرّه** : غرّیدن.   ۷ - **ژاژخا** : لاف‌زن.

۸ - **هیجا** : نبرد، جنگ.

۹ - اشارتی قرآنی؛ توبه : ۴۷/۹ : لَوْ خَرَجُوا فِيكُم مَا زَادُوكُمْ إِلاَّ خَبَالاً وَ لَأَوْضَعُوا خِلاٰلَكُمْ يَبْغُونَكُمُ ٱلْفِتْنَةَ وَ فِيكُمْ سَمّٰاعُونَ لَهُمْ وَ ٱللهُ عَلِيمٌ بِالظّٰالِمِيْنَ : اگر همراه شما رهسپار می‌شدند، جز فتنه و فساد برای شما به بار نمی‌آوردند و در بین شما رخنه می‌کردند و در حق شما فتنه‌جویی می‌کردند و در میان شما جاسوسانی دارند، و خداوند به [احوال] ستمگران آگاه است.   ۱۰ - **رِفاق** : جمع رفقة به معنی همراه و همسفر.

۱۱ - **ورق برگرداندن** : روی‌گردان شدن و دوری کردن.   ۱۲ - **غازی** : جنگ‌جو.

خویشتن را با شما هم‌صف کنند   پس گریزند و دلِ صف بشکنند ۴۰۲۴

آنان وانمود می‌کنند که با شما همراه و در صف جنگجویان‌اند؛ امّا از صحنهٔ نبرد می‌گریزند و شما را با شکست مواجه می‌کنند.

پس سپاهی اندکی بی این نفر   بِهْ که با اهلِ نفاق آید حَشَر[1] ۴۰۲۵

بنابراین سپاه اندک و مصمّم، بدونِ همراهی این گروه بهتر از سپاهی است که با منافقان زیاد شود.

هست بادامِ کمِ خوش بیخته   بِهْ ز بسیاری به تلخ آمیخته ۴۰۲۶

بادام خوب و یک‌دست به مقدار کم، بهتر از بادامِ زیادی است که با تلخ مخلوط باشد.

تلخ و شیرین در ژَغاژَغ[2] یک شی‌اند   نقص از آن افتاد که همدل نی‌اند ۴۰۲۷

هنگامی که بادام تلخ و شیرین را در جایی می‌ریزند، صدای برخاسته از هر دو یکسان است و تفاوت در مغز آن‌هاست که یکی تلخ و دیگری شیرین است.

گبرْ[3] ترسانْ‌دل بُوَد، کو از گمان   می‌زید در شکْ ز حالِ آن جهان ۴۰۲۸

دلِ کافر همواره بیمناک است؛ زیرا در ارتباط با عالم غیب تردید دارد و با شک زندگی می‌کند.

می‌رود در رَه، نداند منزلی   گام ترسان می‌نهد اعمیٰ دلی[4] ۴۰۲۹

کسی که نور بصیرت ندارد با ترس و لرز به راه می‌افتد بی آنکه از منزل و مقصد اطّلاعی داشته باشد.

چون نداند رَه مسافر، چون رود   با تردّدها و دلْ پر خون رود ۴۰۳۰

مسافری که با راه آشنا نیست چگونه سفر کند؟ می‌رود؛ امّا با دلِ پر خون و تردید بسیار.

هر که گوید: های! این سو راه نیست   او کند از بیمْ آنجا وقف و ایست ۴۰۳۱

هر کس که بگوید: مواظب باش این طرف راه نیست، او از ترس همانجا می‌مانَد.

ور بداند رَه دلِ باهوشِ او   کِی رود هر های و هو در گوشِ او؟ ۴۰۳۲

اگر دل بصیر و هوشیارش از چگونگی راه باخبر باشد، هیاهوی دیگران در وی اثری ندارد.

---

۱ - **حَشَر** : جمعیّت، عدّهٔ زیاد.   ۲ - **ژَغاژَغ** : سر و صدای بادام وگردو هنگامی که در جایی ریخته می‌شود.
۳ - **گَبْر** : بی‌دین، ملحد، کافر.   ۴ - **اعمیٰ دل** : کوردل، بیگانه با عوالم روحانی و غیبی.

پس مشو همراهِ این اشتردلان[۱]   زانکه وقتِ ضیق[۲] و بیم اند آفلان[۳] ۴۰۳۳

پس با افراد سُست عنصر همراه نشو؛ زیرا در تنگناها و بیم و هراس غیبشان می‌زند.

پس گریزند و تو را تنها هِلَند   گرچه اندر لاف سِحْرِ بابِل‌اند[۴] ۴۰۳۴

می‌گریزند و تو را تنها می‌گذارند، هرچند که لاف و گزافشان، مانندِ ساحران بابلی تأثیرگذار است.

تو ز رَعنایان[۵] مجو هین! کارزار   تو ز طاوسان مجو صید و شکار ۴۰۳۵

تو از «اهل ناز و تنعّم» انتظارِ سلحشوری و جنگاوری نداشته باش و از طاووس هم توقّع صید و شکار، انتظار بی‌جایی است.

طبعْ[۶] طاووس است و وسواست کند   دم زند تا از مقامت بر کَنَد ۴۰۳۶

«طبیعتِ بشری و سرشتِ مادّی» آدمی که تأثیراتش در ذهنِ انسان و اندیشه‌هایِ وهم‌آلودش انعکاس می‌یابد، همان خو و خصلت طاووس را دارد که اهلِ صیدِ معانی نیست، آن قدر وسوسه‌ات می‌کند تا تو را از جایگاه ارزشمندی که بدان تعلّق داری فرو افکند.

گفتنِ شیطان قریش را که: به جنگِ احمد آیید، که من یاری‌ها کنم و قبیلهٔ خود را به یاری خوانم، و وقتِ ملاقاتِ صَفَّیْن[۷] گریختن[۸]

در سال دوم هجری نخستین نبرد بزرگ حضرت رسول(ص) با مخالفان و مشرکان نزدیک چاهی میان مکّه و مدینه رخ داد که می‌گویند منسوب به بدر بن یخلد بن نضر کنانه است که

---

۱ - **اشتردلان**: مردم ترسو، سست عنصر.   ۲ - **ضیق**: تنگی، دشواری.   ۳ - **آفل**: غروب کننده.

۴ - **سِحر بابِل**: ساحران بابلی چیره‌دست بوده‌اند، جادوی قوی.

۵ - **رعنا**: لطیف و دلربا، نازنین، اینجا مراد همان لاف‌زنان است.

۶ - **طبع**: سرشت، طبیعتِ مادّیِ آدمی، وجه مادّیِ نَفْس.   ۷ - **صَفَّیْن**: دو صف، اسم خاصّ نیست.

۸ - مأخذ آن اشارت قرآن کریم است به نقش شیطان در جنگ بدر به موجب انفال: ۴۸/۸، همچنین روایاتی که در تفسیر طبری، ج ۱۰، ص ۱۲ و تفسیر ابوالفتوح، ج ۲، ص ۵۳۸ و دلائل النبوة، ج ۲، ص ۲۱۹ آمده است: احادیث، صص ۳۲۸-۳۲۷.

مفسّران بحث کرده‌اند که آیا در عالم واقع شیطان به صورت انسان در آمد یا آنکه این تمثیل و کنایه از وسوسهٔ اوست. زمخشری و امام فخر و بیضاوی هر دو وجه را جایز می‌دانند. امام فخر می‌نویسد: در کیفیّت این تزیین [که شیطان کارهای ایشان را در نظرشان آراسته جلوه داد]، هم احتمال است که در حالت وسوسه چنین کند که این قول حسن بصری و اصم است و هم به صورت انسان در آمده باشد به صورت سراقة بن مالک بن جُعْشُم از اشراف بنی کنانه: قرآن کریم، ترجمهٔ خرّمشاهی، ص ۱۸۳، نظیر آن را نیز در داستان هجرت پیامبر(ص) و آمدن پیرمردی در شکل مردی از «نجد» در دارُالنَّدوه، ذکر کرده‌اند: برگزیده تفسیر نمونه، ج ۲، ص ۱۶۰.

به غزوهٔ بَدْر یا بدرالکبریٰ مشهور شد. سرکردگی کفّار با ابوسفیان، رئیس خاندان اُمیّه بود و او در این هنگام با کاروانی از شام باز می‌گشت و چون احساس خطر می‌کرد، پیکی به مکّه برایِ تقاضای کمک فرستاد. نیروی امدادی که از سران و ثروتمندان مُشرک مکّه تشکیل می‌شد، به سبب درگیری‌های قبلی و «خونی دیرینه» که بین آن‌ها و طوایف بنی کنانه وجود داشت، برای خروج از مکّه دل‌نگران بودند؛ زیرا بیم آن می‌رفت که‌از پشت سر مورد حملهٔ بنی کنانه قرار گیرند، در این هنگام ابلیس به شکل سراقة بن مالک بن جُعْشُم، که از چهره‌های سرشناس قبیلهٔ بنی کنانه بود، بر ایشان ظاهر شد و به آنان اطمینان خاطر داد که من با شما موافق و هماهنگ هستم و آن‌ها را به خروج از شهر تشویق کرد؛ امّا به مجرّد آنکه دو لشکر در مقابل یک‌دیگر به صف‌آرایی پرداختند و به محض دیدن سپاهی از ملائک که به حمایت لشکر مسلمانان آمده بودند، پا به گریز نهاد و گفت: من از شما مشرکان بیزار هستم و هنگامی که یکی از کُفّار به نام حارث بن هشام برادر ابوجهل از وی پرسید: هنوز که جنگی رخ نداده، برای چه می‌گریزی؟ پاسخ داد: آنچه من می‌بینم، شما نمی‌بینید. انفال: ۴۸/۸ : ...إِنِّی أَرَیٰ مَا لاَ تَرَوْنَ.... *من چیزی را می‌بینم که شما نمی‌بینید...*.

در این قصّه که تصویری از امداد الهی در غزوهٔ بدر[1] به تقریر آمده است، نقش رمزآمیز ابلیس در تشویق کفّار و مشرکان با ظرافت و لطفی شاعرانه تبیین گشته است و نتیجه‌گیری عارفانه‌ای مبنی بر اینکه: نَفْس و شیطان هر دو جنسیّت و سنخیّتی مشابه دارند و همان‌گونه که شیطان، مُشرکان را با وسوسه و در کسوت فردی از بنی کنانه فریفت و بعد إِنِّی بَرِیءٌ مِنْکُمْ گفت، ۴۸/۸، نَفْس نیز با آدمی همان می‌کند و این دشمن نهانی که در سرّ انسان نهان است، عقل را می‌زداید و خصم جان و کیش اوست و به سهولت نمی‌توان از او ایمن بود.

۴۰۳۷ **همچو شیطان در سپه شد صد یَکُم[2] خواند افسون که: إِنِّـی جٰـارٌ لَکُم[3]**

همانند شیطان که در غزوهٔ بدر در پیشاپیش سپاه آنان را وسوسه کرد که من «همسایه و دوش به دوش شما هستم».

۴۰۳۸ **چون قریش ازگفتِ او حاضر شدند هـر دو لشکر در مـلاقات آمـدند**

چون بزرگان و اشراف قریش سخن او را پذیرفتند و دو لشکر رودررو قرار گرفتند،

---

۱ - **جنگ بدر**: ر.ک: ۲۲۴۱/۱.

۲ - **صد یکم**: «یوزباشی»، لفظ ترکی معادل «صد یکم» است؛ زیرا «یوز» به معنی صد و «باش» به معنی سَر است: نثر و شرح مثنوی شریف.

۳ - اشارتی قرآنی؛ انفال: ۴۸/۸: ...وَ إِنِّی جَارٌ لَکُمْ...: و من امان دهندهٔ شما هستم.

دیـد شـیطان از مـلایک اِسـپَهی[۱] **ســوی صـفِّ مؤمنان انـدر رهـی** ۴۰۳۹

شیطان، سپاهی از فرشتگان را در کنار لشکر مسلمانان دید.

آن جُــنُوداً لَـمْ تَـرَوْهٰا[۲] **صـف زده گشت جــانِ او ز بـیم آتشکــده** ۴۰۴۰

سپاهی که چشم انسان نـمی‌بیند، صـف کشـیده بـودند، جـان شـیطان از تـرس، مـانند آتشکده‌ای سوزان شد.

پایِ خود واپس کشیده مـی‌گرفت که همی بینم سپاهی مـن شگـفت ۴۰۴۱

پای خود را واپس می‌کشید که بگریزد و می‌گفت: سپاهی حیرت‌انگیز می‌بینم.

ای: اَخٰــافُ اللهَ، مٰــالی مِــنْهُ عَـوْن اِذْهَــبُوا، اِنّــی اَرَی مــا لا تَــرَوْن ۴۰۴۲

من از خدا می‌ترسم، او مرا یاری نمی‌کند. بروید که آنچه من می‌بینم، شما نمی‌بینید.

گفت حارث: ای سُراقه شکْل هین! دی چرا تو می‌نگفتی ایـن چـنین؟ ۴۰۴۳

حارث بن هشام برادر ابوجهل گفت: ای که شبیه سُراقة بن مالک هستی، چرا دیروز چنین چیزی نمی‌گفتی؟

گفت: این دَم من همی بینم حَرَب[۳] **گفت: مـی‌بینی جَـعاشیش**[۴] **عـرب** ۴۰۴۴

شیطان گفت: اینک من خشمی سخت را که بر ماست، می‌بینم. حارث گفت: اکنون تو جز این فرومایگان عرب چیزی را نمی‌بینی.

می‌نبینی غیرِ این لیک ای تو ننگ! آن زمانِ لاف بود، این وقتِ جنگ ۴۰۴۵

ای مظهر ننگ، غیر از آنچه گفتم، نمی‌بینی. آن زمان فرصت لاف بود و اینک وقت نبرد است.

دی همی گفتی که: پـایندان[۵] **شـدم که بُوَدْتان فتح و نصرت دم بـه دم** ۴۰۴۶

دیروز می‌گفتی که شما را تضمین می‌کنم که فتح و پیروزی دم به دم از آن شماست.

دی زَعیمُ آلجَیْش[۶] **بودی ای لعین! وین زمان نامرد و ناچیز و مَـهین**[۷] ۴۰۴۷

ای معلون، دیروز فرماندهٔ سپاه بودی و امروز نامردی بی‌قدر و زبون شده‌ای.

---

۱ - وصف یاری الهی توسّط لشکری از فرشتگان در روز جنگ حنین در قرآن کریم، توبه: ۲۶/۹: ...وَ اَنْزَلَ جُنُوداً لَمْ تَرَوْهٰا...: و همچنین لشکریانی که شما نمی‌دیدید، فرو فرستاد [برای تقویت و یاری شما].

۲ - اشارت قرآنی: ر.ک: ۳۸۷۲/۳. ۳ - **حَرَب**: نابودی، هلاکت، ویرانی.

۴ - **جَعاشیش**: جمع جُعشوش، فرومایگان. ۵ - **پایندان**: ضامن، کفیل.

۶ - **زعیم الجیش**: فرماندهٔ سپاه. ۷ - **مَهین**: خوار شده.

۴۰۴۸ **تا بخوردیم آن دمِ تو و آمدیم تو به تون[1] رفتی و ما هیزم شدیم**

ما فریب کلام تو را خوردیم و آمدیم. تو به آتشدان رفتی و ما هیزم آن شدیم.

۴۰۴۹ **چونکه حارث با سُراقه گفت این از عِتابش خشمگین شد آن لعین**

هنگامی که حارث با عتاب این سخنان را به سراقه گفت، آن ملعون خشمگین گشت.

۴۰۵۰ **دستِ خود خشمین ز دستِ او کشید چون ز گفتِ اوش دردِ دل رسید**

دست خود را با خشم از دستِ او کشید؛ زیرا از سخنِ وی بسیار ناراحت شده بود.

۴۰۵۱ **سینه‌اش را کوفت شیطان و گریخت خونِ آن بیچارگان زین مَکر ریخت**

ضربه‌ای بر سینهٔ حارث زد و گریخت و خون آن بیچارگانی را که فریب خورده بودند، ریخت.

۴۰۵۲ **چونکه ویران کرد چندین عالَم او پس بگفت: اِنّی بَریءٌ مِنْکُمْ[2]**

شیطان همیشه چنین است، خون عالمیان را می‌ریزد و سپس می‌گوید: «من از شما بیزارم».

۴۰۵۳ **کوفت اندر سینه‌اش، انداختش پس گریزان شد، چو هیبت تاختش**

با ضربه‌ای که به سینه‌اش کوبید، او را بر زمین انداخت و از هیبتِ قهرِ الهی گریخت.

۴۰۵۴ **نَفْس و شیطان هر دو یک تن بوده‌اند در دو صورت خویش را بنموده‌اند**

نَفْس و شیطان هر دو همجنس‌اند و اصلی یکسان دارند؛ امّا به دو صورت ظاهر شده‌اند.

۴۰۵۵ **چون فرشته[3] و عقل[4]، کایشان یک بُدند بهرِ حکمت‌هاش دو صورت شدند**

مانند فرشته و عقل که اصل واحدی دارند و به سبب حکمت الهی به دو صورت در آمده‌اند.

۴۰۵۶ **دشمنی داری چنین در سِرِّ خویش مانع عقل است و خصمِ جان و کیش**

دشمنی چنین حیله‌گر در درون توست که عقل را یاوه می‌کند و جان و ایمان را بر باد می‌دهد.

۴۰۵۷ **یک نَفَس حمله کند چون سوسمار پس به سوراخی گریزد در فرار**

در لحظه مانند سوسماری گرسنه حمله می‌آورد و سپس در سوراخی نهان می‌گردد.

---

۱ - **تون**: آتشدان حمّام. ۲ - اشارتی قرآنی؛ انفال: ۴۸/۸. ۳ - **فرشته**: ر.ک: ۳۶۶۸/۱.

۴ - **عقل**: ر.ک: ۱۱۱۷/۱ و ۱۸۱۷/۱ و ۱۶۲۸/۲

۴۰۵۸ **در دل او سوراخ‌ها دارد[1] کنون　　سر ز هر سوراخ[2] می‌آرَد برون**

راهِ ورود زیادی به دلت دارد و از هر وسیله برای گمراه کردنت استفاده می‌کند.

۴۰۵۹ **نامِ پنهان گشتنِ دیو از نُفوس　　و اندر آن سوراخ رفتن، شد خُنُوس[3]**

لفظِ «خُنُوس» در موردِ پنهان شدن شیطان از آدمیان و به سوراخ خزیدنش به کار می‌رود.

۴۰۶۰ **که خُنُوسش چون خُنُوسِ قُنْفُذ است[4]　　چون سرِ قُنْفُذ، ورا آمد شد است**

پنهان شدنِ او مانندِ پنهان و آشکار شدنِ سرِ خارپشت است که گاه بیرون می‌آورد و گاه نهان می‌کند.

۴۰۶۱ **که خدا آن دیو را خَنّاس[5] خوانْد　　کو سرِ آن خارپُشتک را بماند**

خداوند شیطان را «خَنّاس» نامید؛ زیرا او مانند سَرِ خارپشت است.

۴۰۶۲ **می‌نهان گردد سرِ آن خارپُشت　　دم به دم از بیمِ صیّادِ دُرُشت[6]**

خارپشت از بیم صیّاد نیرومند پیوسته سر خود را نهان می‌دارد.

۴۰۶۳ **تا چو فرصت یافت سر آرد برون　　زین چنین مکری شود مارش زبون**

هرگاه که فرصت مناسبی بیابد سر را بیرون می‌آورد و با این حیله مار را گول می‌زند.

۴۰۶۴ **گرنه نَفْس از اندرون راهت زدی[7]　　رَه‌زنان را بر تو دستی کِی بُدی؟**

اگر نَفْسِ تو از درون وسوسه‌ات نمی‌کرد، رهزنان نمی‌توانستند بر تو غلبه یابند.

۴۰۶۵ **زآن عوانِ[8] مقتضی[9] که شهوت است　　دل اسیرِ حرص و آز و آفت است**

هنگامی که شهوت بر آدمی غلبه دارد، این وصف ناپسند، مانندِ مأموری تقاضاگر در درون، او را به سویِ حرص، طمع و زیان می‌برد و افکارش را آلوده می‌کند.

---

۱ - **سوراخ‌ها دارد**: راه‌های بسیاری دارد. ۲ - **از هر سوراخ**: از هر وسیله. ۳ - **خُنوس**: پنهان شدن.
۴ - **قُنْفُذ**: خارپشت. ۵ - **خَنّاس**: وسوسه کننده، خداوند شیطان را «خَنّاس» نامید، قرآن، ناس: ۴/۱۱۴.
۶ - **دُرُشت**: حجیم، نیرومند.
۷ - اشاره به این نکته است که عوامل سعادت و شقاوت در درون انسان است. با استفاده از عوامل درونی، عوامل بیرونی می‌توانند مثمرثمر باشند. تنها ابزار یا تنها وسیله‌ای که نفس برای تسلّط بر آدمی دارد چیزی جز افکار بیهوده و ذهنیّات متوهّم نیست.
۸ - **عوان**: مأمور حکومتی، اینجا مراد نفس است و اوصافی که بر نفس آدمی غلبه دارند و حکومت می‌کنند.
۹ - **مقتضی**: اقتضا کننده، خواهنده، تقاضاگر.

زآن عـوان سِـر[1] شـدی دزد و تـباه تا عوانـان را بـه قـهرِ[2] تـوست راه ۴۰۶۶

به سببِ وجودِ مأمور نهانی که تو را به پلیدی وامی‌دارد، دزد و فاسد شدی و در نتیجه مأموران ظاهری بر تو دست یافتند.

در خـبر بشـنو تـو ایـن پـند نکـو بَـیْنَ جَـنْبَیْکُمْ لَکُـمْ اَعـدیٰ عَـدُو ۴۰۶۷

این پندِ نیک را که در خبر آمده است، بشنو[3]:*دشمن‌ترین دشمنان شما در درونتان است.*

طُمْطُراقِ[4] ایـن عـدو مشـنو، گُـریز کو چو ابلیس است در لَجّ و ستیز ۴۰۶۸

هرگز فریب اُبهَتِ دروغین دشمن درونی را نخور که مانندِ شیطان لجباز و ستیزه‌گر است.

بـر تــو او از بــهرِ دنـیا و نَـبَرد آن عــذابِ سـرمدی را سـهل کـرد ۴۰۶۹

او برای بهره‌مندی از تمتّعات و مبارزه با حق عذاب ابدی را در نظرت آسان جلوه‌گر می‌کند.

چه عجب گـر مـرگ را آسـان کـند او ز سِحرِ خویش صد چندان کـند ۴۰۷۰

اگر مرگ را هم آسان جلوه دهد، عجیب نیست؛ زیرا مانندِ جادوگری هر کارِ غیر عادی را انجام می‌دهد.

سِحرْ[5] کاهی را به صنعت کُـه کُـنَد بــاز کــوهی را چـو کـاهی مـی‌تَنَد ۴۰۷۱

نَفْس، جادوگری است که می‌تواند کاهی را کوه کند و یا کوهی را کاهی.

زشت‌هــا را نَــغْز گـردانـد بـه فَـن نـغزها را زشت گــردانـد بـه ظَـن ۴۰۷۲

با حیله زشتی‌ها را زیبا می‌کند و با ایجاد خیالات بیهوده زیبایی‌ها را زشت جلوه می‌دهد.

کارِ سِحْر این است کـو دَم مـی‌زند هــر نَـفَس قـلبِ حـقایق مـی‌کُند ۴۰۷۳

کار سحر همین است که در هر لحظه می‌تواند حقایق را وارونه جلوه دهد.

آدمــی را خــر نـماید سـاعتی آدمـی سـازد خـری را، و آیـتی[6] ۴۰۷۴

«نَفْس»، آدمی را چنان تحت تأثیر قرار می‌دهد که از صفات انسانی عاری گردد و با یک درازگوش تفاوتی نداشته باشد و از افسونگری اعجازآمیزی برخوردار است که شخصی احمق را در نظر آدمی، انسانی مهم جلوه می‌دهد. این‌ها همه از طریقِ ذهنِ آلوده به «پندار و وهم» امکان‌پذیر است.

---

۱ - **عوان سِر**: مأمور نهانی، نفس. ۲ - **قهر**: مغلوب کردن، سیاست، کیفر و مجازات.
۳ - اشاره به حدیث: ر.ک: ۹۱۱/۱. ۴ - **طمطراق**: آوازه و سروصدا.
۵ - تاریخچهٔ سحر و ساحری در مصر: ر.ک: ۱۶۲۳/۱.
۶ - **آیتی**: نشانه‌ای، اینجا نشانه‌ای از انسانیّت، آدم مهم.

این چنین ساحر درونِ توست و سِر　　اِنَّ فِـی ٱلوَسْـوٰاسِ سِـحْراً مُسْـتَتِر ۴۰۷۵

چنین ساحری در نهان و درون توست. به راستی که در وسوسه سحری نهان است.

اندر آن عالم که هست این سِحْرها　　ســاحران هســتند جـادویی گشـا ۴۰۷۶

امّا در عالمی که این افسون‌ها و سحرهاست، ساحران الهی هم هستند که جادو را خنثی کنند.

اندر آن صحرا[1] که رُست این زهرِ تر　　نیز رویـید است تـریاق[2] ای پسـر[3]! ۴۰۷۷

ای پسر، در صحرایی که این گیاهانِ زهرآگین روییده‌اند، پادزهر نیز رویش یافته است.

گـویدت تـریاق: از مـن جُـو سِپر　　کــه زِ زَهـرم مـن بـه تـو نـزدیکتر ۴۰۷۸

پادزهر به زبانِ حال می‌گوید: از وجودِ من سپر بساز؛ زیرا من به تو نزدیک‌تر از زهر هستم.

گفتِ او، سِحر است و ویرانـیِ تـو　　گفتِ من، سِحر است و دفعِ سِحرِ او ۴۰۷۹

پادزهر می‌گوید: وسوسهٔ نَفْس، سِحر کُشنده است؛ امّا سخنان من افسون الهی و دفعِ جادویِ اوست.

مکرّر کردنِ عاذلان[4] پند را بر آن مهمانِ آن مسجدِ مهمان‌کُش

گفت پـیغمبر[5] کـه: اِنَّ فـی ٱلبَـیانْ　　سِحراً و حق گفت آن خوشْ پهلوان ۴۰۸۰

پیامبر(ص) فرمود: «در سخن گاهی سحری نهفته است» آن پهلوان زیبا راست گفت.

هین! مکن جَلْدی[6]، برو ای بوٱلکَرَم[7]　　مســجد و مــا را مکــن زیـن مـتَّهَم ۴۰۸۱

مردم به مهمان تازه‌وارد گفتند: ای بزرگوار، از دعوی در گذر، اینجا نمان. مسجد و ما را بدنام و متّهم نکن.

---

۱ - **صحرا**: اشاره به جهان محسوس و جان آدمی.

۲ - **تریاق**: اشاره به وجود کیمیااثر مردان حق و کاملان، و اشاره به قابلیّت و استعداد ارتقا و تکامل که در انسان‌ها بالقوّه موجود است.　۳ - **ای پسر**: خطاب به سالک مبتدی به سبب نوآموز بودن او.

۴ - **عاذلان**: سرزنش کنندگان.

۵ - اشاره به حدیث: از ابن عمر نقل شده است که دو نفر که از شرق آمده بودند، به سخنرانی پرداختند. پیامبر خدا [با ملاحظهٔ نفوذ کلام آن دو در جمع حاضران] فرمود: قطعاً در سخن تأثیری سحرآسا است: احادیث، ص ۳۲۹. [اشاره‌ای است به تأثیر سحرآسای کلام مراد در مرید.]　۶ - **جَلدی**: زرنگی.　۷ - **بوالکَرَم**: بزرگوار.

کـه بگـوید دشـمنی از دشـمنی آتشـی در مـا زنـد فـردا دنـی ۴۰۸۲

کاری نکن که دشمن ما از عداوت حرفی بزند [خون تو را به‌گردن ما بیندازد] و فردا آدم‌های پست آتشی به زندگی ما بزنند.

کـه: بِـتاسانید[1] او را ظـالمی بـر بـهانهٔ مسجد، او بُـد سـالمی ۴۰۸۳

دشمن بگوید: آن بی‌گناه را که سالم بود، ستمگری خفه کرده و مسجد را بهانه ساخته است.

تـا بـهانهٔ قـتل بـر مسـجد نـهد چونکه بَدنام است مسجد، او جَهَد ۴۰۸۴

چون مسجد به آدم‌کشی بدنام شده بود، قتل را به مسجد نسبت داده‌اند تا قاتل از انتقام رهایی یابد.

تهمتی بر ما منه ای سختْ‌جان[2]! کـه نـه‌ایم آمـن ز مکـرِ دشـمنان ۴۰۸۵

ای سنگدل، برای ما اسباب اتّهام را فراهم نکن که از نیرنگِ دشمنان در امان نیستیم.

هین! برو، جلْدی مکن، سـودا مَـپَز که نـتان پـیمود کـیوان را بـه گَـز[3] ۴۰۸۶

آگاه باش و برو. زرنگی نکن. این‌ها خیالاتی بیش نیست و خواسته‌ات غیر ممکن است.

چـون تـو بسـیاران بـلافیده ز بـخت ریشِ خود برکنده[4] یک یک، لَخت لَخت ۴۰۸۷

خیلی‌ها مانند تو دم از بختِ بلند زدند؛ امّا عاقبت به بدبختی مبتلا شدند و آبروی خود را بردند.

هین! برو کوتاه کن این قـیل و قـال خویش و ما را در میفکن در وبـال ۴۰۸۸

به هوش باش و این جرّ و بحث را تمام کن. خودت و ما را به سختی و عذاب میفکن.

---

۱ - **بتاسانید :** از بین بردن، خفه کردن، فشردن گلو. ۲ - **سختْ جان :** بی‌رحم، سنگدل.

۳ - مصراع دوم: فاصلهٔ ستارهٔ کیوان را نمی‌توان با «متر» تعیین کرد؛ یعنی چیزِ غیرممکن نخواه.

۴ - **ریش خود را برکندن :** آبروی خود را بردن.

جواب گفتنِ مهمان ایشان را، و مَثَل آوردن به دفع کردنِ حارس ِکِشت [۱] به بانگِ دف از کِشت، شُتُری را که کوس ِ محمودی [۲] بر پشتِ او زدندی [۳]

مهمانِ مسجدِ مهمان‌کش در پاسخ ناصحان و عاذلان مَثَلی را آورد و گفت: حکایتِ من و شما و اینکه اندرزتان در من اثری ندارد، همانند ماجرایِ شتری است که همواره حاملِ کوس ِ محمودی بوده است و اینک شما با کوفتن بر دف که در مقایسه با کوس ِ پادشاهی، صدایی بس ظریف دارد، می‌خواهید او را بترسانیدو بر حذر دارید.

سرّ سخن در تبیین این معناست که عاشقانِ حق، حاملانِ «کوسِ محمودی»اند؛ یعنی «کوس‌الرّحیل حق» که آنان را به بازگشت به سوی دوست فرا می‌خوانَد در جانشان طنین افکن است؛ بنابراین از مصایب و بلایای راه حق نمی‌پرهیزند و اندرز ناصحان و سرزنش عاذلان را همانندکوفتن بر دف، صدایی بس نارسا می‌یابندکه در تحذیر آنان از عقبات راه تأثیری ندارد.

۴۰۸۹ **گفت: ای یاران! از آن دیوان نی‌اَم — که ز لاحولی [۴] ضعیف آید پی‌ام**

گفت: ای دوستان، من مثلِ شیطان نیستم که از «لاَ حَوْل» پایم سست شود بی‌باک‌اَم و می‌خواهم رازِ مسجد را دریابم.

۴۰۹۰ **کودکی کو حارس ِ کشتی [۵] بُدی — طبلکی در دفعِ مرغان می‌زدی**

کودکی که نگهبان مزرعه‌ای بود، برای دور کردن پرندگان بر طبلی می‌کوفت.

۴۰۹۱ **تا رمیدی مرغ زآن طبلک ز کَشت — کشت از مرغانِ بَد بی‌خوف گشت**

تا پرندگان از صدای طبل کوچک بگریزند و مزرعه از شرّ آنان در امان باشد.

---

۱ - **حارس کشت :** نگهبان مزرعه. ۲ - **کوس محمودی :** طبل سلطنتی.

۳ - مأخذ این قصّه پیش از مثنوی یافت نشده است؛ امّا حکایتی با همین مضمون در کتاب انیس المریدین وجود دارد. این کتاب در تفسیر سورهٔ یوسف است و چون بعضی از اشعار سعدی در کتاب آمده بی‌شک از زمان مولانا مؤخّر است و احتمال داده‌اند که از تألیفات نیمه اوّل قرن هشتم باشد. اینک خلاصه‌ای به روایت انیس المریدین: در روزگار سلطان محمود، برزگری برای محافظت از مزرعهٔ خویش و دفع چهارپایان بر طبل می‌کوفت تا آن‌ها را بِرَماند. باری گذر سلطان بدان ده افتاد و در آنجا نزول کرد. ناگاه استری پیر از استران که حامل کوس سلطان بود به کشتزار برزگر وارد شد. برزگر به عادت مألوف بر طبل کوفتن گرفت تا استر بگریزد. هرچند کوفت هیچ اثر ندید. غلامی از غلامان گفت: ای بیچاره این استر بیست سال است که کوس محمودی می‌کشد، از طبل سلطانی نترسیده است، چگونه از طبل تو بترسد؟ : احادیث، صص ۳۳۲-۳۲۹. ۴ - **لاَ حَوْل :** ر.ک: ۲۰۶/۲.

۵ - **کشتی :** مزرعه‌ای، یک مزرعه.

چونکه سلطان، شاه محمودِ کریم　　بر گذر زد آن طرف خیمهٔ عظیم ۴۰۹۲

هنگامی که گذر سلطان محمودِ بخشنده به آن دیار افتاد، در کنارهٔ راه خیمه و خرگاه را برپا کردند.

با سپاهی همچو استارهٔ اثیر[۱]　　اَنْبُه و پیروز و صَفْدِر[۲]، مُلْک‌گیر ۴۰۹۳

با سپاه عظیمی که صف شکن و کشورگشا بودند.

اشتری بُد کو بُدی حمّالِ کوس　　بُخْتیی[۳] بُد پیش‌رو همچون خروس ۴۰۹۴

در سپاه شتری قوی طبلِ سلطان را حمل می‌کرد که مانندِ خروس پیشتاز بود.

بانگِ کوس و طبل بر وی روز و شب　　می‌زدی اندر رجوع و در طلب ۴۰۹۵

روز و شب، هنگام بازگشتِ شاه از سفر یا در عزیمت طبلِ پشتِ شتر را می‌نواختند.

اندر آن مزرع در آمد آن شتر　　کودک آن طبلک بزد در حفظِ بُر[۴] ۴۰۹۶

اتّفاقاً شتر به مزرعه‌ای که کودکی نگهبانی آن را بر عهده داشت، وارد شد و کودک هم برای محافظت از گندم‌ها طبل را نواخت.

عاقلی گفتش: مزن طبلک که او　　پختهٔ طبل است، با آنَش است خو ۴۰۹۷

خردمندی به کودک گفت: طبل نزن، این شتر به صدایِ طبل عادت دارد و به آن خو گرفته است.

پیشِ او چه بْوَد تَبوراکِ[۵] تو طفل　　که‌کَشَد او طبلِ سلطان، بیست کِفل[۶] ۴۰۹۸

طبلِ کودکی، مانند تو چه اثری دارد؟ او حاملِ طبلِ سلطانی است که بیست برابر طبل توست.

عاشقم من کُشتهٔ قربانِ لا[۷]　　جانِ من نوبتگهِ[۸] طبلِ بلا[۹] ۴۰۹۹

مهمان تازه‌وارد به اندرزدهندگان گفت: من عاشقم که به شمشیرِ «لا» کشته شده‌ام. در وجودم طبل بلا می‌کوبند و خریدار بلا هستم.

خود تَبوراک است این تهدیدها　　پیشِ آنچه دیده است این دیدْها ۴۱۰۰

تهدیدها و اندرزِ شما در مقایسه با آنچه من به چشم دیده‌ام، صدایِ آن طبل کوچک است.

---

۱ - **استارهٔ اثیر**: ستارگان اثیری؛ یعنی خیلی زیاد. اَثیر: فلک آتش، بالای جهان مادّی.

۲ - **صَفْدَر**: صف شکن.　۳ - **بُخْتی**: شتر قوی هیکل و نیرومند.　۴ - **بُر**: گندم.

۵ - **تَبوراک**: طبل کوچک.　۶ - **بیست کِفل**: بیست برابر. کفل: بهره، قسمت.

۷ - **لا**: ر.ک: ۱۷۶۸/۱ و ۳۰۶۷/۱.　۸ - **نوبتگه**: محلّی که طبل و دُهُل می‌زنند.

۹ - سخنان مولاناست که از زبان میهمان تازه‌وارد، اوصاف عاشقان راستین را برمی‌شمارد که عاشقِ حق‌اند و هستیِ موهومی و مادّی خود را فنا کرده‌اند و قهر را عینِ لطف می‌دانند.

ای حـــریفان! مــن از آن‌هــا نـیستم کــز خــیالاتی در ایــن رَه بـیستم ۴۱۰۱

ای یاران، من از آن‌هایی نیستم که گول خیالات واهی را بخورم و در این راه توقّف کنم.

مـن چـو اسـماعیلیانم[1]، بـی‌حَذَر[2] بـل چـو اسـماعیل آزادم ز سر ۴۱۰۲

من، مانندِ اسماعیلیان بی‌باکم و مانندِ اسماعیل(ع) حاضرم سر را بدهم.

فـــارغم از طُـمْطُراق و از ریـا قُـلْ تَـعٰالَوْا[3] گـفت جـانم را: بـیا ۴۱۰۳

من از دبدبه و کبکبهٔ دنیایی فراتر رفته‌ام و این‌ها برایم شأنی ندارد و تظاهر نمی‌کنم. جانِ من خطابِ الهی «بگو بیایید» را شنیده است.

گفت پیغمبر[4] که: جٰادَ فِی السَّـلَفْ بِـــالعَطِیَّه مَــنْ تَـیَقَّنْ بِـالخَلَفْ ۴۱۰۴

پیامبر فرمود: هرکس به دریافتِ عوض در آخرت یقین داشته باشد، در دنیا به سهولت می‌بخشد.

هر که بیند مر عـطا را صـد عـوض زود در بـازَد عـطا را زیـن غـرض ۴۱۰۵

هر کس ببیند که در اِزای یک بخشش، صد عوض دریافت می‌دارد، برای کسبِ عوض در بخشندگی شتاب می‌کند.

جـمله در بـازار از آن گشـتند بـند تا چو سود افتاد، مالِ خـود دهـند ۴۱۰۶

بازاریان و تجارت پیشگان اوقات خود را در بازار صرف می‌کنند که مال و کالا را بدهند و سود دریافت کنند.

زر در انـــبان‌ها نشســته مــنتظر تا که سود آید، به بذل آیـد مُـصِر[5] ۴۱۰۷

بازرگان زرّ و سیم را در کیسه‌ها نهاده و نشسته است تا سودی ببیند و زرّ و سیم را بذل و معامله کند.

چون بـبیند کـاله‌یی در ربـحْ بـیش سرد گردد عشقش از کالایِ خویش ۴۱۰۸

اگر بازرگان ببیند که کالایی سودِ بیشتری دارد، علاقه‌اش نسبت به کالایِ خود کم می‌شود.

---

۱ - **اسماعیلیان :** فرقهٔ اسماعیلیّه، هفت امامیان که سلسلهٔ ائمه را به اسماعیل فرزند مهتر امام صادق(ع) ختم می‌کنند و اسماعیل را امام هفتم می‌دانند. اینجا اشاره است به فداییان اسماعیلی و جانبازان حسن صبّاح که صرف نظر از اعتقادات و عقایدشان، «جانبازی» و «فدایی» بودن آنان در نظر مولانا خوشایند بوده است.

۲ - **بی‌حَذَر :** بی‌باک. ۳ - اشارتی قرآنی؛ انعام : ۱۵۱/۶ : ر.ک: ۲۷۰۶/۱.

۴ - اشاره به روایتی با همین مضمون: ر.ک: ۸۹۷/۲

۵ - بازرگان نمادی است از اهل دنیا که مشتاقِ فروشِ کالایِ خویش اعم از مادّی یا دانش دنیوی به اهل جهان‌است.

گرم زآن ماندست با آن، کو ندید کالههایِ خویش را ربح و مزید ۴۱۰۹

به کالایِ خود علاقه‌مند مانده است؛ زیرا متاعی پرسودتر نمی‌بیند و به همان بسنده می‌کند.

همچنین علم و هنرها و حِرَف چون بدید افزون از آن‌ها، در شرف ۴۱۱۰

علم و هنرهای گوناگون و صنایع متفاوت نیز همین است و مردم در کسب آن‌ها ارزش، اعتبار و بزرگی دیده‌اند؛ بنابراین طالب آن‌ها هستند.

تا بِهْ از جان نیست، جان باشد عزیز چون بِهْ آمد، نامِ جان شد چیزِ لیز[1] ۴۱۱۱

اگر چیزی باارزش‌تر از «جان» را نشناسیم، جان بسیار عزیز است؛ امّا وقتی چیزی والاتر از آن را بشناسیم، جان در نظر ما شأن پیشین خود را از دست می‌دهد.

لُعبتِ مرده[2]، بُوَد جانْ طفل[3] را تا نگشت او در بزرگی طفل‌زا[4] ۴۱۱۲

کودک تا بزرگ و عاقل نشود، عروسک بی‌جان را همانند جان خویش دوست دارد.

این تصوّر، وین تخیّل لُعبت است تا تو طفلی، پس بدآنت حاجت است ۴۱۱۳

کودک در «عوالم کودکانه»اش با «تصوّرات و تخیّلات» زندگی می‌کند. گاه خود را شاه می‌پندارد و گاه دلاوری مبارز؛ امّا این‌ها هیچ کدام جنبهٔ واقعیّت ندارد. تو هم تا از ادراک حقایق بی‌بهره باشی، دیدگاهت نسبت به زندگی و دنیا، تصوّر و تخیّل است. چیزهایی را که حقیقی می‌پنداری، غیرحقیقی‌اند. آن‌ها را جامعه القا کرده و ذهنِ وهم‌آلودت آن را پذیرفته و پرورانده است.

چون ز طفلی رَست جان، شد در وصال فارغ از حسّ است و تصویر و خیال ۴۱۱۴

هنگامی که جان آدمی مراحل ترقّی را طی کند و به «کمال و وصال» حق برسد، موفّق به شهود حقایق می‌شود و از حسّ، تصوّر و تخیّل رهایی می‌یابد.

نیست محرم تا بگویم بی‌نفاق[5] تن زدم[6]، وَاللهُ اَعْلَمْ بالوِفاق[7] ۴۱۱۵

محرمی نمی‌بینم تا آنچه را که می‌خواهم به وضوح بگویم؛ بنابراین سکوت می‌کنم؛ زیرا شرح آن غیرممکن است. «خداوند بهتر می‌داند که جان من چگونه با او موافق و همراه است»؛ یعنی چگونگیِ این امر را که چند و چون پذیر نیست، فقط حق می‌داند.

---

۱ - **چیزِ لیز :** چیز از دست دادنی و بی‌قدر. ۲ - **لعبتِ مرده :** عروسکِ بی‌جان.

۳ - کودک نمادی از زندگی غافلانه. کسی که از عوالم غیب بی‌خبر است و «لعبتِ مرده» را که نمادی از بهره‌های دنیوی است چون جان گرامی می‌دارد. ۴ - **طفل‌زا :** مراد رسیدن به تعقّل و خردورزی است.

۵ - **بی نفاق :** بدون مصلحت‌اندیشی و به روشنی. ۶ - **تن زدم :** خاموش شدم، سکوت کردم.

۷ - **وِفاق :** یکدلی.

مـال و تـن بـرف‌انـد، ریـزانِ فـنا حق خـریدارش، کـه: اللهُ اشْـتَرىٰ[1] ۴۱۱۶

مال و تن، مانند برف زوال‌پذیرند؛ پس چرا کالای خود را به دنیا و اهل دنیا که محکوم به فنا هستند، عرضه کنیم؟ خداوند خریدار آن است.

بـرف‌ها زآن از ثَـمَن[2] **اَوْلی‌ستت که هَیی**[3] **در شک، یـقینی نـیستت** ۴۱۱۷

«مال و تن»، در نظرت گرانبهاتر از بهایی است که خداوند در ازای ایثار آن‌ها می‌پردازد؛ زیرا به وجودِ «عالمِ معنا» تردید داری و به یقین نرسیده‌ای.

وین عجب ظنّ است در تو ای مَهین[4]**! کـه نـمی‌پرّد بـه بُسـتانِ یـقین** ۴۱۱۸

ای آدم بی‌مایه، این چه «گُمان و پندار»ی است که نمی‌گذارد به بوستان معانی پرواز کنی؟

هر گمانْ تشنهٔ یقین است ای پسر! مـی‌زند انـدر تَـزایُـد بـال و پـر ۴۱۱۹

ای پسر، بدان که هر «پدیده» جویای کمال است. «ظنّ و گمان» هم که ذهنی است، از این قاعده مستثنیٰ نیست؛ بنابراین هنگامی که ذهن دچار «ظنّ» است، در مورد یک موضوع، طرف اثبات آن بر طرف نفی آن برتری دارد و مشتاق است دلایلی بیابد که بتواند طرفِ اثبات را برتری ببخشد و به یقین برسد.

چون رسد در علم[5]**، پس پر پا شود**[6] **مـر یـقین**[7] **را عـلم او بـویا شـود** ۴۱۲۰

هنگامی که انسان «علمِ جازم» و قطعی داشته باشد که با شک و شُبهه زایل نشود، ذهنیّتِ او بال و پر قوی می‌یابد و پا به مرتبهٔ یقین می‌نهد.

زانکه هست انـدر طـریقِ مـفتَتَنْ[8] **عـلم، کـمتر از یـقین، و فـوقِ ظـن** ۴۱۲۱

زیرا در طریقی که صحّت آن بارها آزمایش شـده است؛ یـعنی «شـریعت، طریقت و یـافتن حقیقت»، مرتبهٔ علم از یقین کمتر و از ظنّ برتر است.

عـلمْ جـویای یـقین بـاشد، بـدان و آن یقین جویای دیدست و عیان[9] ۴۱۲۲

بدان که کمالِ «علم»، «یقین» است و کمالِ یقین در کشف و شهود؛ یعنی «حق الیقین».

---

۱ - اشارتی قرآنی؛ توبه: ۱۱۱/۹ : ر.ک: ۲۷۲۱/۱. ۲ - **ثَمَن** : قیمت، بها.

۳ - **هَیی** : تلفّظی محلّی از لفظ هستی. ۴ - **مَهین** : خوار، بی‌قدر. ۵ - **علم** : دانستن حقایق.

۶ - **پر پا شود** : «پر و بال» به پا و تحرّکات افزون‌تر مبدّل می‌شود. ۷ - **یقین** : شهود حقایق.

۸ - **مُفْتَتَن** : مورد امتحان قرارگرفته، آزمون شده.

۹ - اشاره است به مراتب یقین؛ یعنی علم الیقین، عین الیقین و حق الیقین: ر.ک: ۸۶۳/۲

اندر اَلْهیٰکم بجو این را کنون   از پس کَلاّ، پس ِ لَوْ تَعْلَمُون[1] ۴۱۲۳

حالت‌های مختلفی را که ذهن آدمی نسبت به ادراک حقایق و عوالم غیب دارد؛ یعنی «وهم و پندار»، «ظنّ و گمان»، «شک و تردید» و «یقین» را اهلِ ایمان در همین جهان تجربه می‌کنند و به کمالِ ذهنیّت که «یقین» و مراتب متفاوت آن است، می‌رسند؛ امّا «اهل دنیا»، در «وهم، ظنّ و تردید» باقی می‌مانند و در عالمِ آخرت با ورود و سوختن در آتش دوزخ یقین می‌آورند که حقیقتی هست.

می‌کَشَد دانش به بینش ای علیم[2] !   گر یقین گشتی، ببینندی جَحیم[3] ۴۱۲۴

ای انسان آگاه، اگر «اهل دنیا» دانش و اطّلاعاتِ خامی را که در مورد «عالمِ معنا» دارند با «بصیرت و یقین» توأم می‌شد؛ یعنی اگر به علمی که شرع ارائه می‌دهد، «یقین» می‌آوردند، چنان کمالی می‌یافتند که دوزخ را با چشمِ یقین در همین عالم می‌دیدند.

دیدْ زایَد از یقین بی‌امتهال[4]   آنچنان کَز ظنّ می‌زاید خیال ۴۱۲۵

بی تردید «بصیرت» و «بینش» از «یقین» به «عالم غیب» حاصل می‌شود، همان طور که اگر نسبت بدان دچار «ظنّ و گمان» باشیم، به خیالات واهی و اوهام مبتلا می‌گردیم.

اندر اَلْهیٰکُمْ بیانِ این ببین   که شود عِلْمُ الیقین عَیْنُ الیقین ۴۱۲۶

شرح این نکته را در سورهٔ تکاثر بخوان و ببین که «علم الیقین» به «عین الیقین» می‌انجامد.

از گُمان و از یقین بالاترم   وز ملامت بر نمی‌گردد سَرَم[5] ۴۱۲۷

اینک مولانا به داستان میهمانِ مسجدِ مهمانکش باز می‌گردد. عاشقِ صادق گفت: من از مرتبهٔ «ظنّ» و «یقین» فراتر رفته‌ام و با ملامت از راه خود باز نمی‌گردم.

چون دهانم خورد از حلوایِ او[6]   چشمْ روشن گشتم و بینایِ او ۴۱۲۸

چون کامِ جانم با درکِ حقایق شیرین است، چشم دلم گشوده شد و به مشاهدهٔ او نایل گشتم.

---

۱ - اشارتی قرآنی؛ تکاثر : ۱۰۲/۷-۱ : أَلْهیٰكُمُ ٱلتَّكَاثُرُ. حَتَّیٰ زُرْتُمُ ٱلْمَقَابِرَ. كَلاَّ سَوْفَ تَعْلَمُونَ. ثُمَّ كَلاَّ سَوْفَ تَعْلَمُونَ. كَلاَّ لَوْ تَعْلَمُونَ عِلْمَ ٱلْيَقِينِ. لَتَرَوُنَّ ٱلْجَحِيمَ. ثُمَّ لَتَرَوُنَّهَا عَيْنَ ٱلْيَقِينِ : فزون‌طلبی شما را بازی داد تا آنکه با گورها رودررو شدید. حاشا، زودا که بدانید. باز حاشا، زودا که بدانید. حاشا اگر به علم الیقین بدانید. بی‌شبهه دوزخ را ببینید. اری ان را به عین الیقین بنگرید.   ۲ - **علیم** : دانا.   ۳ - **جَحیم** : یکی از نام‌های دوزخ.

۴ - **اِمتهال** : مهلت دادن، درنگ.

۵ - عاشقِ صادق در این قصّه نمادی است از انسان کامل واصل که با اتّصال به حق، وجودش حقّانی گشته و از حالت‌های متفاوت ذهن و «ظنّ» و «یقین» که دون مقام اوست سخن نمی‌گوید.

۶ - **حلوای او** : کشف و شهود معارف و حقایق.

پا نهم گستاخ، چون خانه روم   پا نلرزانم، نه کورانه روم ۴۱۲۹

من از مبدأ هستی آمده‌ام و با شهامت به همانجا باز می‌گردم، بدون تردید و با بصیرت.

آنچه گُل را گفت حق، خندانش کرد   با دلِ من گفت و صد چندانش کرد ۴۱۳۰

خداوند با اسم «لطیف» بر گل تجلّی کرد و به آن لطافت و شادمانی بخشید. بر دل من نیز همان‌گونه متجلّی شد و دلم را لطیف و شاداب و خندان کرد و به سبب سنخیّت و جنسیّتی که با حق یافت، مشتاقِ بازگشت به اصل خویش است.

آنچه زد بر سرو و قَدّش راست کرد   و آنچه از وی نرگس و نسرین بخَورد ۴۱۳۱

همان تجلیّاتی که درختِ سرو را قامتی افراشته داد و گل نرگس و نسرین از آن نصیب یافتند.

آنچه نِی را کرد شیرین جان و دل   وآنچه خاکی یافت از او نقشِ چِگِل[1] ۴۱۳۲

تجلیّاتی که نیشکر را شیرین کرد و جسمِ انسان خاکی را به زیبایی آراست،

آنچه ابرو را چنان طرّار[2] ساخت   چهره را گلگونه و گلنار ساخت ۴۱۳۳

تجلیّاتی که ابروی زیبارُخان را دلربا ساخت و چهره‌شان را لطیف و زیبا کرد،

مر زبان را داد صد افسونگری   وانکه کان را داد زرِّ جعفری[3] ۴۱۳۴

تجلیّاتی که به زبان آدمی قدرتِ افسونگری بخشیده و به معادن، طلای ناب داد،

چون درِ زرّادخانه[4] باز شد   غمزه‌هایِ[5] چشمْ تیرانداز شد ۴۱۳۵

هنگامی که تجلیّاتِ حق با صفات «جمالی و جلالی» شروع شد، تجلیّاتِ جلالی که نشان عدم التفات و استغناست، مانندِ تیر پرتاب شد،

بر دلم زد تیر و سودایيم کرد   عاشقِ شُکر و شِکَرخاییم کرد[6] ۴۱۳۶

تیری بر دلم زد و تجلّیِ او با نامِ «قهّار» موجبِ «تحیّر عقل» و تجلّی‌اش به اسم و صفتِ جمال، آن را مقهور کرد و مرا به شورشِ سودا مبتلا ساخت تا عاشقانه شاکرِ غمزه‌هایِ عقل‌سوزِ او شوم.

---

۱ - **چِگِل** : ناحیه‌ای در ترکستان که مردمی زیبا دارد.   ۲ - **طَرّار** : دزد، اینجا دلربا.

۳ - **زرّ جعفری** : ر.ک: ۲۷۹۱/۱.

۴ - **زرّادخانه** : انبار اسلحه، اینجا مراد خزانه علوم و اسرار غیب و تجلیّات حق است.

۵ - **غمزه** : ر.ک: ۳۷۱۳/۳.

۶ - این قطعه در تقریر این معنا بود که خداوند از طریق اسما و صفات بر کلیّهٔ موجودات امکانی متجلّی می‌گردد و در مظاهر ظهور می‌یابد؛ بنابراین مولانا می‌فرماید: در من نیز تجلّی او موجب «عاشقی» و «سودایی» شدنم گشته است.

عاشقِ آنم که هر آنْ آنِ اوست[1]　　عقل و جان جاندارِ یک مرجانِ[2] اوست ۴۱۳۷

من عاشق یگانه خدایی‌اَم که هر لطف و زیبایی از اوست. خدایی که تجلیّاتش «عقل و روح» را که عالی‌ترین «صُوَر مجرّد» در مراتب هستی‌اند، آفریده است.

مَن نلافم، ور بلافم، همچو آب　　نیست در آتش کُشی‌ام اضطراب ۴۱۳۸

ادّعای من در عاشقی، بیهوده نیست، اگر گزافه‌گویی به نظر آید، همین ادّعا مانندِ آب آتشِ ترس از جانبازی و ایثار را در وجودم خاموش کند.

چون بدزدم؟ چون حفیظِ[3] مخزن اوست　　چون نباشم سخت‌رُو[4]؟ پُشتِ من اوست ۴۱۳۹

هنگامی که خداوند نگهدارِ خزانهٔ اسرار غیب است، چگونه گزافه بگویم؟ و چون به او متّکی‌اَم در خواستهٔ خویش پای می‌فشارم و اصرار می‌ورزم.

هر که از خورشید[5] باشد پشتْ گرم　　سخت‌رُو باشد، نه بیم او را، نه شرم ۴۱۴۰

هرکس که به خداوند اتّکا داشته باشد، مقاوم است و هرگز دچار ترس و شرم نمی‌شود.

همچو رویِ آفتابِ بی‌حذر[6]　　گشت رویش خصمْ‌سوز و پرده‌دَر ۴۱۴۱

آنان که به حق متّکی‌اند مانندِ خورشید که بی‌پروا می‌تابد و پردهٔ تاریکی را می‌دَرَد، دشمنان حق را می‌سوزانند و رسوا می‌کنند.

هر پیمبر سخت‌رُو بُد در جهان　　یکسواره[7] کوفت بر جَیْشِ[8] شهان ۴۱۴۲

هر پیامبری برای اشاعهٔ دین و آیین خود مقاوم و بی‌باک بود. یک تنه و به اتّکای قدرت الهی بر سپاه قدرتمندانِ این جهانی تاخت.

رُو نگردانید از ترس و غمی　　یک تنه تنها بزد بر عالمی ۴۱۴۳

هیچ پیامبری به سبب ترس و غم، از رسالت روی نگردانید، یکّه و تنها در برابر مخالفان ایستاد.

سنگ باشد سخت‌رُو و چشمْ‌شوخ[9]　　او نترسد از جهانِ پُر کلوخ[10] ۴۱۴۴

سنگ، مقاوم و محکم است و از خروارها کلوخ بیمی ندارد؛ زیرا کلوخ به آسانی خرد می‌شود و نمی‌تواند آسیبی به سنگ وارد آورد.

---

۱ - اشاره است به تجلّی ذات حق تعالیٰ در تعیّن اوّل (عقل کلّ) که حکمای مَشّا آن را عقل مجرّد می‌نامند و اهل توحید، روح می‌گویند.　۲ - **مرجان** : اشاره به تجلّی حق است.　۳ - **حفیظ** : نگهبان.

۴ - **سخت‌رو** : مقاوم، بی‌باک.　۵ - **خورشید** : خورشید حقایق، خداوند.

۶ - **بی حَذَر** : بدون هیچ ملاحظه، بی‌پروا.　۷ - **یکسواره** : یک تنه، به اتّکای حق.　۸ - **جیش** : سپاه.

۹ - **چشم شوخ** : چشم گستاخ، دیدهٔ شوخ که از کسی نمی‌ترسد.

۱۰ - در این تمثیل انبیا به سنگ مانند شده‌اند و عام خلق اعم از معاند و موافق به کلوخ.

کآن کلوخ از خشتْ‌زن یک لخت[۱] شد　　سنگ از صُنْعِ خدایی سخت شد ۴۱۴۵

زیرا خشت توسّط خشت‌زن استحکامی ناپایدار یافته و با ضربتی خُرد می‌شود؛ امّا سنگ سختی را از صُنع باری تعالیٰ گرفته است.

گوسفندان گر بُرون‌اند از حساب　　ز انْبُهی‌شان کِی بترسد آن قصاب؟[۲] ۴۱۴۶

هرچند که تعداد گوسفندان یک گلّه زیاد باشد، قصّاب از کثرت آنان نمی‌ترسد.

کُلُّکُمْ راعٍ، نَبی چون راعی[۳] است　　خلق مانندِ رمَه، او ساعی[۴] است ۴۱۴۷

همهٔ شما، مانندِ چوپان‌اید. پیامبر نیز چوپان است. مردم، مانندِ گلّه‌اند که پیامبر نگهبان آن است.

از رمه چُوپان نترسد در نبرد[۵]　　لیکشان حافظ بُوَد از گرم و سرد ۴۱۴۸

چوپان در کوشش برای جمع‌آوریِ گوسفندان هراسی ندارد و اگر شدّت عمل به خرج دهد، می‌خواهد آنان را از گرما و سرما و حوادث ناگوار مصون بدارد.

گر زند بانگی ز قهرْ او بر رمه　　دان ز مِهر است آن، که دارد بر همه ۴۱۴۹

اگر با خشم بر گلّه بانگ بر آوَرَد، به جهتِ محبّت به گوسفندان است.

هر زمان گوید به گوشم بختِ نو[۶]　　که تو را غمگین کنم، غمگین مشو ۴۱۵۰

بخت جوان و اقبالی فرخنده، هر لحظه درگوشِ جانم می‌گوید: اگر تو را غمگین کردم، غمگین نشو.

من تو را غمگین و گریان زآن کنم　　تا کِت از چشمِ بدان[۷] پنهان کنم ۴۱۵۱

عنایت حق درگوش جانم می‌گوید: تو را غمگین و گریان می‌کنم که از چشمِ بدِ منکران در امان باشی.

---

۱ - **لخت** : پاره، قسمت، سخت.

۲ - در این تمثیل عام خلق به گوسفندانی کثیر و قدرت الهی متجلّی در پیامبران و کاملان به قصّاب مانند شده است.

۳ - **راعی** : چوپان. اشاره است به حدیث: أَلا کُلُّکُمْ راعٍ و کُلُّکُمْ مَسْؤُولٌ عَنْ رَعِیَّتِهِ : شما همه چوپان‌اید و مسئول رمهٔ خود هستید: احادیث، ص ۳۳۲. [اشاره به مسئولیّت‌های فردی و اجتماعی که هرکس در هر مرتبه‌ای مسئول است و باید پاسخگو باشد.]　　۴ - **ساعی** : سعی کننده، اینجا مراقب و نگهبان.

۵ - **نبرد** : کارزار، محاربه، به یک‌دیگر پیچیدن.

۶ - **بخت نو** : عنایت حق. اشاره به رنج‌ها و سختی‌هایی که بر پیامبران و اولیای حق وارد آمده است و می‌آید.

۷ - **بَدان** : منکران و معاندان.

تلخ گردانم ز غم‌ها خویِ تو تا بگردد چشم بد از رویِ تو ۴۱۵۲

با غم‌ها خوی تو را تلخ می‌کنم تا مُنکران شیرینیِ سرشتِ تو را درنیابند و روی‌گردان شوند.

نه تو صیّادی و جویایِ منی؟ بنده و افکندهٔ رایِ منی؟[1] ۴۱۵۳

ای بندهٔ خداجو، اگر تو صیّاد و جویای من هستی، به موجبِ «یُحِبُّهُمْ وَ یُحِبُّونَهُ»[2] است که «حق‌جو» شده‌ای و «جَذْبَةٌ مِنْ جَذَباتِ الرَّحمٰن»[3] کمند جذبهٔ الهی است که تو را از خود ربوده، اینک تو «مجذوب، مطلوب، بنده» و تابع ارادهٔ من هستی.

حیله‌اندیشی که در من در رسی در فراق و جُستنِ من بی‌کسی ۴۱۵۴

برای رسیدن به من چاره‌ها می‌اندیشی و در فراق و طلب یکّه و تنها هستی.

چاره می‌جوید پیِ من دردِ تو می‌شنودم دوش آهِ سردِ تو ۴۱۵۵

دردِ طلب، تو را به تدبیر و چاره‌اندیشی وامی‌دارد. دیشب آه‌های ناامیدانهٔ تو را می‌شنیدم.

من توانم هم که بی این انتظار ره دهم، بنمایمت راهِ گذار ۴۱۵۶

من می‌توانم بدون این انتظار راه وصال را بنمایم و به تو اجازهٔ باریابی به حریم خاصّ بدهم.

تا از این گِردابِ دوران وارهی بر سرِ گنجِ وصالم پا نهی ۴۱۵۷

تا از این گرداب فراق رهایی یابی و به گنجینهٔ وصال پا بگذاری.

لیک شیرینی و لذّاتِ مَقَر[4] **هست بر اندازهٔ رنجِ سفر** ۴۱۵۸

امّا لذّت و شیرینی مقصد به اندازهٔ رنج سفر است.

آنگه از شهر و ز خویشان برخوری کز غریبی رنج و محنت‌ها بَری ۴۱۵۹

هنگامی از شهر و خویشاوندان لذّت می‌بری که مدّتی در غربت و رنج و محنت باشی.

---

۱ - مصراع اوّل و دوم حالت تضاد دارند. طالب واقعی بر قوّه‌های خاصّ خود تکیه نمی‌کند. او می‌داند که برای رسیدن به هدف باید رأی و جهد خویش را جملگی ترک گوید. نقل از شرح مثنوی مولوی، ج ۳، ص ۱۳۰۹.

۲ - اشارت قرآنی: مائده: ۵۴/۵. ۳ - اشاره به حدیث: ر.ک: ۶۸۹/۱. ۴ - **مَقَر** : قرارگاه، مقصد، آرام و قرار.

تمثیلِ گریختنِ مؤمن و بی‌صبریِ او در بلا، به اضطراب و بی‌قراری نخود و دیگر حوائج[1] در جوشِ دیگ، و بر دویدن تا بیرون جهند

در این تمثیل، نخود در دیگِ کدبانو می‌جوشد و زیر و زبر می‌گردد و وقت جوش صد خروش بر می‌آوَرَد. آتشی که به او می‌رسد و کفلیزی که بر جانش فرود می‌آید، برای آن است که از «مقامِ خامی» به «مقامِ پختگی» برسد و ذوق و چاشنی بیابد و به کمال برسد و جزو وجود انسان گردد.

حالِ مؤمن که در بلا و محنت بر خود می‌جوشد و بی‌تاب می‌گردد و در عین حال صبوری پیشه می‌کند به حالِ آن نخود تمثیل شده است که مؤمنانه بر سختی‌ها و بلایا تحمّل می‌ورزد، تزکیه می‌شود و صیقل می‌یابد تا به کمالی که برای آن آفریده شده است، ارتقا یابد.

اینجا نخود نمادی از وجود «مؤمن» و «اهل تسلیم» است که با کدبانو احتجاج نمی‌کند و در عین حال کدبانو به وی خاطرنشان می‌کند که خود او نیز مثل نخود از جمادات و از عناصر تشکیل دهندهٔ زمین بوده است و با سپری کردن مراحل گوناگون سختی‌ها را دیده و در دیگ تن بارها جوشیده است و هر یک از این سختی‌ها او را پخته‌تر کرده تا از مراتب نازل به مرتبهٔ انسانی رسیده است و اینک برای عبور از این مرتبه و ورود به مرحلهٔ کمال انسانی ناگزیر باید جوش‌های دیگری را متحمّل گردد؛ بنابراین مؤمن که بر سرّ خیر و شرّ واقف شود به لسان حال گویای آن است که: «کفچلیزم زن که بس خوش می‌زنی».

بنگر اندر نَخّودی[2]، در دیگْ چون — می‌جهد بالا، چو شد ز آتش زبون ۴۱۶۰

به نخود نگاه کن که چگونه از حرارت آتش زبون می‌شود و در دیگ بالا و پایین می‌جهد.

هر زمان نَخّود بر آید وقتِ جوش — بر سرِ دیگ و بر آرد صد خروش ۴۱۶۱

هنگام جوشیدنِ آبِ دیگ، نخود به بالای دیگ می‌آید و می‌خروشد.

که چرا آتش به من در می‌زنی؟ — چون خریدی، چون نگونم می‌کنی؟ ۴۱۶۲

می‌گوید: حالا که مرا خریده‌ای، چرا مرا آتش می‌زنی؟ چرا سرنگونم می‌کنی؟

می‌زند کفلیز[3] کدبانو که: نی — خوش بجوش و بر مجِه، ز آتش‌کُنی[4] ۴۱۶۳

کدبانو با کفگیر به محتویات دیگ ضربه می‌زند و می‌گوید: از آتش دوری مکن، حسابی بجوش.

---

۱ - **حوائج** : حوایج، جمع حاجت، دیگ‌افزارها، تره که از آن نانخورش سازند. نقل از دهخدا و معین. تره‌بار و بقولات. ۲ - **نخّود** : نخود، به ضرورت وزن با تشدید خوانده می‌شود. ۳ - **کفلیز** : کفگیر.
۴ - **آتش‌کنی** : داغ شدن، داغ کردن.

زآن نجوشانم که مکروهِ منی[۱] بلکه تا گیری تو ذوق و چاشنی ۴۱۶۴

تو را می‌جوشانم نه برای آن که از تو بدم می‌آید، بلکه برای آن که می‌خواهم طعمِ خوشایندی بیابی.

تا غذا گردی بیامیزی به جان بهرِ خواری نیستت این امتحان ۴۱۶۵

تا پخته شوی و به صورت خوراک مطبوع با جان بیامیزی. این سختی برای تحقیر تو نیست.

آب می‌خوردی به بُستان، سبز و تر بهرِ این آتش بُده‌ست آن آبْ خَور ۴۱۶۶

در باغ که پرورش می‌یافتی، آب می‌خوردی و تر و تازه می‌شدی، برای این آتش و پختگی بود.

رحمتش سابق بُده‌ست[۲] از قهر زآن تا ز رحمت گردد اهلِ امتحان ۴۱۶۷

رحمت الهی بر غضب او تقدّم دارد که بنده با رحمت حق پرورده شود و شایستهٔ آزمون‌های الهی شود.

رحمتش بر قهر از آن سابق شده‌ست تا که سرمایهٔ وجود آید به دست[۳] ۴۱۶۸

تقدّمِ رحمت بر غضب خداوندی برای آن است که سرمایه‌های وجود حاصل آید.

زانکه بی لذّت نروید لحم و پوست چون نروید، چه گدازد عشقِ دوست؟[۴] ۴۱۶۹

زیرا آدمی تا از آسایش و لذّتِ دنیوی در حدِّ ضرورت برخوردار نباشد، گوشت و پوستش رشد نمی‌کند و اگر رشد نکند عشق حق چه چیزی را بسوزاند؟

زآن تقاضا[۵]، گر بیابد قهرها تا کنی ایثار آن سرمایه را ۴۱۷۰

اگر به اقتضایِ خواهش «عینِ ثابت»[۶]، وجودت «قابلیّت و استعدادِ» ارتقا و کمال را داشته باشد، پشت سر نهادن آزمون‌های الهی اجتناب‌ناپذیر است و فرا رسیدن آزمایش‌های حق که جلوه‌های رحمت‌اند، چیزی جز فرود آمدنِ درد و رنج نیستند تا آدمی با آن مورد امتحان قرار گیرد.

---

۱ - **مکروه منی**: از تو بدم می‌آید. ۲ - اشاره است به حدیث قدسی: ر.ک: ۲۶۸۴/۱.

۳ - ارتباط حق با هر موجود به اعتبارِ اسمی است که بر آن موجود حاکم است و منشأ تجلّی این اسم همان خواهش و اقتضایِ عینِ ثابتِ اوست که به زبانِ استعداد، خدا را به آن اسم خوانده است، ابتدا تقاضای رویش و بالیدن و سپس تقاضای پرورش و تکامل دارد.

۴ - کمال انسان درگرو پذیرفتن سختی‌های راه حق و آزمون‌های الهی است.

۵ - **تقاضا**: اشاره دارد به خواهش و اقتضای «عین ثابت» هر موجود که تقاضای ظهور و کمال دارد.

۶ - **عین ثابت**: نزد عارفان اشاره به ذات شیء است.

بـاز لطـف آیـد بـرای عـذرِ او   که بکردی غُسل[۱] و بر جَستی ز جُو[۲] ۴۱۷۱

پس از رنج‌ها باز لطف حق شامل حال آدمی می‌شود تا بعد از قهر الهی که او را سخت در هم پیچیده و آزرده ساخته است، نیرو بیابد. لطف خداوندی به زبانِ حال می‌گوید: این عنایت بدان جهت است که توانستی در برابر آزمون‌های الهی سربلند باشی، در نتیجه با رهیدن از «هستیِ موهومی»، از عالمِ محسوس گامی فراتر نهادی و هستی مادّی‌ات به هستی روحانی مبدّل گردید.

گوید: ای نخُود! چـریدی در بـهار   رنجْ مـهمانِ تـو شـد، نـیکوش دار ۴۱۷۲

کدبانو[۳] به زبانِ حال و با جوشانیدن نخود در دیگ به او می‌گوید: در موسم بهار رشد و نمو کردی و اینک که رنج به سراغت آمده است، آن را نیکو دار؛ زیرا او میهمانی از سوی حق است.

تا کـه مـهمان بـاز گـردد شُکـرْساز   پیش ِ شـه گـوید ز ایـثارِ تـو بـاز[۴] ۴۱۷۳

تا که میهمان شاکرانه از نزد تو باز گردد و به سلطان بگوید که چگونه در حقّ او بخشنده بودی.

تـا بـه جـای نـعمتت، مُـنْعِم رسـد   جمله نـعمت‌ها بَـرَد بـر تـو حـسد ۴۱۷۴

تا در ازای رنج‌هایی که متحمّل شده و نعمت‌های مادّی که در راه حق از دست داده‌ای، منعم؛ یعنی حق تعالیٰ که بخشندهٔ همهٔ این نعمت‌هاست در تو متجلّی گردد، آنگاه وجودت نعمتی الهی است که تمام نعمت‌های زمینی در برابر آن هیچ به شمار می‌آید.

من خلیلم، تو پسـر پـیش بِـچُک[۵]   سَـر بِـنهْ[۶] اِنّـی اَرانـی اَذْبَـحُک[۷] ۴۱۷۵

کدبانو که در این تمثیل «نمادِ» «انسان کامل» است، به سالکِ مؤمن می‌گوید: من، مانندِ ابراهیم(ع)اَم و تو، مانندِ پسرم، سر بگذار «خواب دیده‌ام که سرت را می‌برم»؛ یعنی برای قربانی شدن آماده باش.

---

۱ - **غسل کردن** : اینجا به معنی رهیدن از هستی و حیات مادّی است.

۲ - **ز جو جَستن** : اینجا به معنی فراتر از عالم مادّی و عالم حس رفتن است؛ یعنی عالم معنا و غیب.

۳ - **کدبانو** : اینجا رمزی است از استاد طریقت.

۴ - در این تمثیل، میهمان رمزی است از رنج‌هایی که مؤمن در راه تهذیب و کمال متحمّل می‌گردد و شاه، خداوند قادر است و مراد از ایثار، ایثار جان و مال در راه حق.

۵ - **بِچُک** : بَچَک، هر آلت برنده، قسمی اسلحه که ترکان به کار می‌برده‌اند، احتمالاً صورتی است از بچاق به معنی چاقو.   ۶ - ابراهیم(ع) و ذبح : ر.ک: ۲۲۸/۱.

۷ - اشارتی قرآنی؛ صافّات : ۱۰۲/۳۷ : ...إِنِّي أَرَىٰ فِي ٱلْمَنَامِ أَنِّي أَذْبَحُكَ... . من در خواب دیده‌ام که سر تو را می‌برم.

سر به پیشِ قهر نِهْ، دل بر قرار تا بِبُرَّم حَلقت اسماعیل‌وار ۴۱۷۶

با دلی قوی در برابر قهرِ الهی تسلیم باش تا همان گونه که اسماعیل(ع) برای اجرای فرمان خداوند حاضر بود جان را ایثار کند، تو نیز در جهت اهداف عالی خلقت، حیاتِ مادّی‌ات را قربانیِ حیات جاودان کنی.

سر ببرّم، لیک این سر آن سری است کز بریده گشتن و مردن بَری است ۴۱۷۷

سرت را می‌بُرَم؛ امّا سری که بریده می‌شود، در واقع سرِ «صفات بشری و تعلّقات دنیوی» است و سرِ جسمانی‌ات نیست، سرِ اسماعیل(ع) هم بریده نشد.

لیک مقصودِ ازل تسلیمِ توست ای مسلمان! بایدت تسلیم جُست ۴۱۷۸

امّا مقصودِ ازلی، «تسلیم» توست؛ بنابراین ای مسلمان برای ترقّیِ معنوی چاره جز تسلیم نیست.

ای نَخود[1]! می‌جوش اندر ابتلا تا نه هستی[2] و نه خود ماند تو را ۴۱۷۹

ای سالک، در میانِ فشار و سختی‌هایی که آزمون‌های الهی فرا راهت قرار می‌دهد، بجوش و بکوش تا در اثرِ این ریاضت‌ها نشانی از «انانیّتِ» تو بر جای نماند.

اندر آن بستان[3] اگر خندیده‌ای تو گُلِ بُستانِ جان و دیده‌ای[4] ۴۱۸۰

هرچند در بوستان این جهان نشو و نما کرده‌ای؛ امّا حقیقتِ تو متعلّق به عالم مجرّدات است.

گر جدا از باغِ آب و گِل[5] شدی لقمه گَشتی اَندر احیا آمدی[6] ۴۱۸۱

اگر از این دنیا گامی فراتر نهادی، به لقمه‌ای روحانی تبدیل شدی که جذبِ عالم غیب شده و حیات روحانی یافته است.

شو غذا و قُوّت و اندیشه‌ها[7] شیر بودی، شیر شو در بیشه‌ها[8] ۴۱۸۲

غذای معنوی باش، به نیرو و اندیشه مبدّل شو. قبلاً سالک و «فانی» بودی، اینک مردِ حق و «باقی» باش.

---

۱ - **ای نخود:** اشاره به سالک و انسان مؤمن است. ۲ - **هستی:** جنبهٔ این جهانی، خودی، انانیّت.

۳ - **بستان:** اینجا کنایه از دنیا.

۴ - **بستان جان و دیده:** کنایه از عالم معنا، «دیده»: چشم غیب‌بین، چشم حقیقت‌بین.

۵ - **باغ آب و گِل:** اینجا کنایه از دنیا.

۶ - **اندَر احیا آمدی:** در وجودِ کسانی که زنده‌اند، محو شدی و حیات تازه یافته‌ای.

۷ - مصراع اوّل: به «معنا» تبدیل شو.

۸ - مصراع دوم: قبلاً «فانی» بودی، بکوش تا «فانی‌کننده» شوی، یعنی خودت بقا یابی. «شیرِ خوردنی»: کنایه از سالک و «شیرِ بیشه»: کنایه از مردِ حق.

از صفاتش رُسته‌ای وَاللّه نُخُست   در صفاتش باز رو چالاک و چُست[1] ۴۱۸۳

به خدا تو از صفات الهی پدیدار شده‌ای؛ پس به چستی و چابکی به اصل خود بازگرد.

ز ابر و خورشید و ز گردون آمدی   پس شدی اوصاف، و گردون بر شدی ۴۱۸۴

خلقت تو ناشی از بارش ابر، تابش خورشید، گردش چرخ گردان و وابسته به عواملِ زمینی هست؛ امّا به صفات حق که متّصف شوی، مرتبه‌ای برتر از آسمان‌ها می‌یابی.

آمدی در صورتِ باران و تاب   می‌روی اندر صفاتِ مستطاب[2] ۴۱۸۵

ابتدا به صورت باران و تابش آفتاب بودی؛ امّا پس از طیّ سیرِ کمال به صفات حق متّصف می‌شوی.

جُزوِ شید[3] و ابر و اَنْجُم‌ها بُدی   نفس و فعل و قول و فکرت‌ها شُدی[4] ۴۱۸۶

در آغاز پاره‌ای از خورشید و ابر و ستارگان بودی؛ امّا اینک جان، کردار، گفتار و اندیشه‌ای.

هستیِ حیوان شد از مرگِ نبات[5]   راست آمد اُقْتُلونی یا ثِقات[6] ۴۱۸۷

از محو شدنِ مرتبهٔ نباتی، زندگانی حیوانی پدید آمد؛ پس این سخن حلّاج که گفته است: «یاران مورد اعتمادم، مرا بکشید» صحّت دارد.

چون چنین بُردی است ما را بعدِ مات[7]   راست آمد اِنَّ فی قَتْلی حَیات ۴۱۸۸

چون با مرگ، بُرد نصیب ما می‌شود؛ پس اینکه حلّاج گفت: «هماناکه درکشتن من، زندگی است»، درست است.

فعل و قول و صدق شد قُوتِ مَلَک   تا بدین معراج شد سویِ فلک ۴۱۸۹

فرشتگان با فعل و قول و صدق در بارگاه حق تعالی تقرّب یافته‌اند؛ یعنی صحّت فعل و قول و صداقت آنان، نردبانی است که با آن به سوی قرب حق عروج کرده و به آسمان رفته‌اند.

---

۱ - حقایق نازل در عالم عقل و ملکوت، همچنین انواع مادّیهٔ جمادات و نباتات و حیوانات در عالم مُثل نوری با اصل ثابت خود متّحدالوجودند و عدم اجتماع موجودات، منافاتی با اتّحاد آن‌ها در عالمِ عقل و بلادِ وحدت و صمیمیّت ندارد: شرح مقدّمهٔ قیصری، ص ۱۳۵-۱۳۴.   ۲ - **مستطاب** : شایسته، پاکیزه.

۳ - **شید** : خورشید.   ۴ - اشاره است به تبدیل عنصر مادّی به عنصر غیر مادّی؛ یعنی ذهن و فکر.

۵ - اشاره است به اینکه فنا یافتن در هر مرتبه موجب بقا در مرتبهٔ عالی‌تری است.

۶ - اشاره به غزلی که منسوب به حلّاج است. ر.ک: ۳۹۴۹/۱ و ۳۸۴۰/۳.

۷ - **مات** : اشاره به فنای هستی موهومی است و بُرد عبارت است از بقای باللّه که پس از فنای فی‌اللّه فرا می‌رسد.

آنچنان کآن طعمه شد قُوتِ بشر   از جمادی بر شد و شد جانور ۴۱۹۰

طعام که جماد و بی‌جان است، در بدن انسان جذب می‌شود و از مرتبهٔ جمادی به مرتبهٔ حیوانی ارتقا می‌یابد.

این سخن را ترجمهٔ پهناوری[1]   گفته آید در مقامِ دیگری ۴۱۹۱

توضیح مفصّل و مبسوط این مطلب را در جایی دیگر خواهیم گفت.

کاروان[2] دایم زگردون[3] می‌رسد   تا تجارت می‌کند[4]، وا می‌رود ۴۱۹۲

آفرینش امری مستمر و همیشگی است؛ یعنی همواره انواع موجودات از جماد، نبات و حیوان آفریده می‌شوند و در این جهان مادّی به اقتضای وظیفه و قابلیّت، آنچه را که به آنان محوّل شده است به انجام می‌رسانند و به مبدأ خویش باز می‌گردند.

پس برو شیرین و خوش با اختیار   نه به تلخی و کراهت دُزدوار[5] ۴۱۹۳

پس با توجّه به اینکه مجموعهٔ عالم همواره در حال تغییر است تو هم انتقال از این جهان به جهان آخرت را که یک نوع تغییر و جزو قوانینِ خلقت است، به خوشی بپذیر و بیم یا کراهت نداشته باش.

زآن حدیثِ تلخ می‌گویم تو را   تا ز تلخی‌ها فرو شُویم تو را ۴۱۹۴

اگر از مرگ می‌گویم که شنیدن آن برایت ناگوار است، از آن‌روست که با حقایق آشنا شوی و با کسب معارف، وجودت از تلخی و ناگواری که چیزی جز پندار نیست، پاک شود.

ز آبِ سردْ انگورِ افسرده رهد   سردی و افسردگی بیرون نهد ۴۱۹۵

همان‌طور که در قدیم، انگور را در فصل پاییز ذخیره می‌کردند و برای جلوگیری از فساد، روی آن را با برف و یخ می‌پوشاندند و بعد هنگام استفاده انگور را درون آب سرد قرار می‌دادند تا سردی و یخ‌زدگی‌اش زایل گردد؛ بنابراین «حدیث تلخ» را که می‌گویم؛ یعنی حقایقی را که بیان می‌کنم، همان آبِ سرد است که تو را از انجماد و یخ‌زدگی می‌رهانَد و جانت را شاداب و تازه می‌کند.

---

۱ - **ترجمهٔ پهناور:** شرح مبسوط و مفصّل.

۲ - **کاروان:** اشاره است به تمام پدیده‌های آفرینش. اشاره است به اینکه: «خلق و فیض» ثابت و «مخلوق» دائماً در تبدیل و تبدّل است: شرح مقدّمهٔ قیصری، ص ۴۳۹.   ۳ - **گردون:** اشاره است به خالق هستی.

۴ - **تجارت می‌کند:** اشاره است به فعل و انفعالاتی که هر یک از موجودات در عالم مادّی دارند؛ یعنی کاری که هر یک از پدیده‌های خلقت در این هستی مادّی بر عهده دارند.

۵ - اشاره به آن است که دزد در سرقت همواره بیمناک و لرزان است. اشاره است به موت قبل از موت؛ یعنی رهیدن از «هستیِ موهومی» و همچنین «موتِ جسمانی» و انتقال به جهان آخرت.

تو ز تلخی چونکه دل پرخون شوی   پس ز تـلخی‌ها هـمه بـیرون روی ۴۱۹۶

بنابراین بهتر است با ادراک حقایق و دانستن واقعیّاتی که هست، دلت پر خون شـود و برای رهایی از تلخی‌ها به فکر چاره باشی تا با غایت‌اندیشی از تمام تلخی‌ها نجات یابی.

تمثیلِ
صابر شدنِ مؤمن چون بر شرّ و خیرِ بلا واقف شود

در ادامهٔ ابیات پیشین که در بیانِ این معنا بود: ادراکِ تلخی نشان رهیدن از آن است، به شرحِ این نکته می‌پردازد که ادراک حقایق؛ یعنی وقوف بر سرّ «خیر و شرّ»، سالک را صابر می‌کند، چون در می‌یابد که «تهذیب و تأدیب» در جهت ارتـقای جـان اوست و در ایـن تـمثیل، سگِ شکاری نمادی است از سالکِ شایسته که مُراد او را لایق سلوک می‌داند و طوقی از ارادت را بر گردن جان وی می‌افکَنَد تا به شکار معانی و حقایق نایل آید.

سگ شکاری نیست، او را طوق نیست   خام و ناجوشیده جز بی‌ذوق[1] نـیست ۴۱۹۷

اگر سگ شکاری نباشد، طوق بر گردن ندارد؛ زیرا سگ تـربیت شـده را بـرای شکـار برمی‌گزینند. معمولاً هر چیز خام و نپخته‌ای بی‌مزه است.

گفت نخّود: چون چنین است ای سِتی[2]   خـوش بـجوشم، یـاری‌اَم دِه راسـتی ۴۱۹۸

هنگامی که «نخود» از حکمت جوشیدن و پختن خود آگاه شد به زبانِ حال به کدبانو گفت: اینک که جوشیدن و پختن برای آن است تا مزه و ذوق بیابم و ارتقا پیدا کنم؛ پس ای بانوی بزرگوار، به خوبی می‌جوشم، مرا یاری ده.

تو در این جوشِش چو معمارِ مـنی   کفچلیزم زن که بس خوش می‌زنی[3] ۴۱۹۹

چون تو در جوشیدن طرّاح و سازندهٔ من هستی، با کفگیر بر من ضربه بزن که خوب است.

---

۱ - **بی ذوق:** اشاره است به انسان یا سالکِ خام که هنوز ذوقِ ادراکِ معانی و حقایق را ندارد.
۲ - **سِتی:** سیّدتی، بانوی بزرگ، اینجا مقصود استاد و مراد روحانی است.
۳ - اشاره به مریدِ آگاه که دریافته است تهذیب و تأدیب برای رسیدن به کمال اجتناب‌ناپذیر است.

همچو پیلم، بر سرم زن زخم و داغ[۱] تا نبینم خواب هندستان[۲] و باغ[۳] ۴۲۰۰

من، مانندِ فیل در دامان این عالم که برایم حُکمِ هندوستان را دارد، پرورده شده‌ام، اگر فشارهای گوناگون، همانندِ پتک بر سرم کوبیده نشود، اندیشهٔ دنیوی مرا از حقایق غافل می‌کند.

تا که خود را در دهم در جوش[۴] من تا رهی یابم در آن آغوش[۵] من ۴۲۰۱

پتکِ زخم و داغ را بکوب تا خود را به جوشش بسپارم و ذوقِ درکِ عالم غیب را بیابم.

زانکه انسان در غِنا طاغی شود همچو پیلِ خوابْ‌بین[۶] یاغی شود ۴۲۰۲

زیرا این ویژگی آدمی است که در بی‌نیازی طغیان می‌کند و مثلِ «اهلِ دنیا» سرکش می‌شود.

پیل چون در خواب بیند هند را پیلبان را نشنود، آرد دَغا[۷] ۴۲۰۳

هنگامی که فیل هندوستان را در خواب ببیند، به گفتهٔ فیلبان توجّهی نمی‌کند و ناسازگار می‌شود.

عذر گفتنِ کدبانو با نخود و
حمکتِ در جوش داشتنِ کدبانو نخود را

آن سِتی گوید وَرا که پیش از این من چو تو بودم[۸] ز اجزایِ زمین[۹] ۴۲۰۴

آن کدبانو به نخود می‌گوید: من هم قبلاً مثل تو یکی از اجزای زمین بودم.

چون بنوشیدم[۱۰] جهادِ آذری پس پذیرا گشتم و اندر خوری ۴۲۰۵

هنگامی که مجاهدات سخت و ریاضت‌های دشوار را پذیرفتم، قابلیّت و استعداد ذاتی من از قوّه به فعل در آمد و شایستگیِ درکِ روحانی را یافتم و به مقام بندگی رسیدم.

---

۱ - **زخم و داغ**: اشاره به انواع فشارها و ریاضت‌هاست.

۲ - **هندُستان**: هندوستان، اینجا اشاره به عالم محسوس و لذّات آن است.

۳ - اشاره به ضرب المثل معروف: فیل یاد هندوستان کردن. ۴ - **جوش**: اینجا مراد ریاضت و تهذیب است.

۵ - **آن آغوش**: مراد عالم معناست.

۶ - **پیل خواب بین**: مراد آدم دنیادوست است، اهل دنیا، کسی که به دنیا و امور دنیوی می‌اندیشد.

۷ - **دَغا**: حیله و فریب.

۸ - اشاره به مراد و پیر که خود نیز قبل از رسیدن به کمال الهی، مریدی خام بوده است.

۹ - **اجزای زمین**: اشاره است به مقیّد بودن به قیود و قوانین عالم مادّه.

۱۰ - **بنوشیدم**: مزهٔ مجاهداتِ سخت را چشیدم و آن را به جان پذیرفتم.

مــدّتی جــوشیده‌ام انــدر زَمَــن[۱]　　مــدّتی دیگــر درونِ دیگِ تــن[۲] ۴۲۰۶

من هم مراتب هستی را از جمادی تا انسانی طی کرده‌ام.

زین دو جوشش قوّتِ حس‌ها شدم　　روح گشــتم پس تـو را اُسـتا شـدم ۴۲۰۷

در اثر جوشیدن در این مراحل به پختگی رسیدم و این پختگی سبب تقویت و کمال یافتن حواسِ باطنی‌ام شد؛ سپس به قوّت حواسِ باطنی به کشف و شهود حقایق نایل آمدم و با ارتقا و استکمالِ جان، از قیود عالم مادّه و حس رهیدم و با ظهور در واحدیّت و فنا در احدیّت[۳] به مقام «جمع‌الجمع» رسیدم و اینک که به منزلهٔ «روح» ساری در همهٔ حقایق به شمار می‌آیم، استاد تو شده‌ام.

در جــمادی گـفتمی: زآن مـی‌دوی　　تــا شـوی عـلم و صـفاتِ مـعنوی ۴۲۰۸

در مرتبهٔ جمادی که بودم، با خود می‌گفتم: تلاشِ تو برای رسیدن به «عالمِ معنا»ست.

چون شدم من روح، پس بـار دگـر　　جوشِ دیگر کـن ز حـیوانـی گـذر ۴۲۰۹

هنگامی که از مرتبهٔ جمادی و نباتی عبور کردم و به مرتبهٔ حیوانی رسیدم؛ یعنی انسانی بودم که فقط حیات مادّی داشتم و روحم در نازل‌ترین سطح خود که روح حیوانـی است، بود، با خود گفتم: باز هم بکوش تا از این مرتبه نیز فراتر روی.

از خـدا مـی‌خواه تـا زیـن نکـته‌ها　　در نَــلَغزی و رســی در مُـنْتَها ۴۲۱۰

از خدا بخواه تا از شنیدن این نکته‌ها، دچار درک ناصواب و گمراهی نشوی و به مقصود برسی.

زانکـه از قـرآن بسـی گـمره شـدند　　زآن رسن[۴] قومی درونِ چَهْ شـدند[۵] ۴۲۱۱

زیرا گروه کثیری از مردم به وسیلهٔ قرآن گمراه شدند؛ چون قادر به درک مفاهیم و معانی والای آن نبودند؛ بنابراین به سبب استنباط ناصواب، به جای آنکه از این حبل المتین برای خروج از چاه دنیادوستی و خودپرستی بهره یابند، توسّط آن به درون چاه رفتند.

مر رسن را نیست جُرمی ای عَنود[۶]　　چون تو را سـودایِ سـربالا نـبود[۷] ۴۲۱۲

ای حق‌ستیز، طناب مقصّر نیست، تو خودت تمایلی به ارتقا نداری.

---

۱ - اشاره است به مرتبهٔ نباتی.　۲ - اشاره است به جوشیدن در مرتبهٔ ناسوتی.

۳ - اشاره است به مقام انسان کامل محمّدی(ص) که جامع جمیع مراتب وجودی است.

۴ - **رَسَن**: طناب، اینجا رشتهٔ ارتباط و پیوند بنده با حق تعالیٰ است.

۵ - اشارتی قرآنی؛ بقره: ۲۶/۲: ...یُضِلُّ بِهِ کَثِیراً وَ یَهْدِی بِهِ کَثِیراً...: بسیاری را بدان گمراه و بسیاری را راهنمایی می‌کند.　۶ - **عَنُود**: معاند، ستیزه‌گر.

۷ - اشاره است به این نکته که در تعالیمِ شرایع و کاملان نقصی نیست؛ امّا برای بهره‌مندی از آن طلب و شایستگی ادراک حقایق الزامی است.

باقیِ قصّهٔ مهمان آن مسجدِ مهمان‌کُش و ثبات و صدقِ او

آن غـــریبِ شـــهرِ ســربالاطلب[1] گفت: می‌خُسبم در این مسجد به شب ۴۲۱۳

آن میهمان غریب که مشتاق ادراک حقایق بود، گفت: من امشب در این مسجد می‌خوابم.

مســجدا! گـر کـربلایِ مـن شـوی کـعبهٔ حـاجتْ روایِ مـن شـوی ۴۲۱۴

ای مسجد، اگر کربلای من باشی و اینجا کشته شوم، کعبهٔ حاجت‌روایِ من شده‌ای.

هین! مـرا بگـذار ای بُگْـزیده دارا! تـا رَسَـن بـازی کـنم مـنصوروار[2] ۴۲۱۵

ای قتلگاهِ برگزیده، بگذار امشب اینجا بخوابم و مانندِ منصور، عاشقانه جان ببازم.

گر شدیت اندر نـصیحت جـبرئیل می‌نخواهد غَوثْ[3] در آتش خـلیل[4] ۴۲۱۶

اگر شما در اندرز جبرائیل هم باشید، بدانید که مانندِ ابراهیم(ع) جانباز هستم و از کسی یاری نمی‌خواهم.[5]

جـبرئیلا! رو کــه مــن افـروخته بهترم چـون عـود و عـنبر سـوخته ۴۲۱۷

ای جبرائیل، برو که از آتشِ عشق افروخته‌ام و بهتر است که این وجودِ عطرآگین، مانند عود و عنبر بسوزد.

جـبرئیلا! گـر چـه یـاری می‌کُنی چــون بــرادر پـاسْداری مـی‌کُنی ۴۲۱۸

ای جبرائیل، هرچند که مقصودِ تو مانندِ یک برادر، یاری و حراست من است،

ای بــرادر! مــن بــر آذر چـابکم[6] من نه آن جانم که گردم بیش و کـم ۴۲۱۹

ای برادر، من رنج و سختیِ راه حق را تـحمّل مـی‌کنم؛ زیـرا حـیاتم روحـانی است نـه جسمانی که با سوختن زیاد و کم شود.

---

۱ - **سربالاطلب :** مشتاق رسیدن به کمال. ۲ - **منصور حلاّج :** ر.ک: ۲۸۹۷/۱ و ۳۹۴۹/۱.

۳ - **غوث :** فریادرس. ۴ - **ابراهیم**(ع) : ر.ک: ۵۵۱/۱.

۵ - بیضاوی در تفسیر آیهٔ ۶۹ سورهٔ انبیا می‌نویسد: ابراهیم(ع) در پاسخ جبرائیل که پرسید: آیا حاجتی داری؟ فرمود: أَمّا إِلَیْكَ فَلا. امّا به تو احتیاجی نیست. چون جبرائیل به او گفت: از خداوند استدعای رهایی کن، جواب داد: حسبی مِنْ سؤالی عِلْمُهُ بِحالی: شرح مثنوی مولوی، دفتر سوم، ص ۱۳۱۵.

۶ - **بر آذر چابکم :** رنج‌ها و سختی‌های راه حق را به خوبی تحمّل می‌کنم.

جانِ حیوانی[1] فزاید از عَلَف[2]   آتشی بود و چو هیزم شد تلف ۴۲۲۰

«جانِ حیوانی» که در صمیم ذات نارِ معنوی[3] و آتشین است، مانندِ هیزم می‌سوزد و از میان می‌رود و یا با شهوات و لذایذ دنیوی فربه‌تر و نازل‌تر می‌گردد.

گر نگشتی هیزم او مُثْمِر بُدی   تا ابد معمور[4] و هم عامِر[5] بُدی ۴۲۲۱

اگر «روحِ حیوانی» به عالم معنا توجّه می‌کرد به «روحِ انسانی» مبدّل می‌شد و مانندِ هیزم نمی‌سوخت و پس از رشد روحِ دیگران را هم آباد می‌کرد.

بادِ سوزان است این آتش، بدان   پرتوِ آتش بود، نه عینِ آن[6] ۴۲۲۲

این نکته را بدان که این آتش بادی سوزان است. پرتوی از آتش است، خودِ آتش نیست.

عینِ آتش در اثیر[7] آمد یقین   پرتو و سایهٔ وی است اندر زمین[8] ۴۲۲۳

«آتش» به یقین در «فلکِ اثیر» است، تنها پرتو و سایهٔ آن بر زمین افتاده و خودِ «آتش» از تجلّی و ظهورِ وجود حصول یافته است.

لاجرم پرتو نپاید ز اضطراب   سویِ معدن باز می‌گردد شتاب[9] ۴۲۲۴

پرتو آتش، نمی‌تواند پایدار بماند و به سوی مبدأ خود باز می‌گردد.

قامتِ تو بر قرار آمد به ساز   سایه‌ات، کوته دَمی، یکدم دراز ۴۲۲۵

برای آنکه موضوع بهتر تفهیم گردد، می‌توانیم «قامت» تو را در نظر بگیریم که تغییر

---

۱ - **جانِ حیوانی** : جانِ انسان در نازل‌ترین مرتبهٔ آن که فقط به دنیا و تمتّعات آن می‌اندیشد.

۲ - **علف** : اینجا اشاره به شهوات و لذایذ دنیاست.   ۳ - **نارِ معنوی** : ر.ک: ۹۱۱/۲.   ۴ - **معمور** : آبادان.

۵ - **عامر** : آباد کننده.

۶ - اشاره به این نکته است که نفس آدمی که در نازل‌ترین مراتب خود و در صمیم ذات خویش نار معنوی است، در واقع از صُوَر جزئی در نَفْسِ کلّی، یعنی ناشی از ظهور و تجلّی رقایق وجود عقل است؛ پس این «باد سوزان» یا «نفس آدمی» تنها پرتوی نازل از آتش است که در مراتب گوناگون وجوه متفاوتی می‌یابد: ر.ک: ۴۲۲۰/۳.

۷ - **اثیر** : عالم اثیری، عالم ماورا، کرهٔ نار که بالای کرهٔ هواست، کرهٔ آتش، آسمان، به عقیدهٔ بعضی از فلاسفهٔ قدیم روح عالم است، ملکوت اعلیٰ.

۸ - اشارتی قرآنی؛ هُمَزه : ۱۰۴/۷-۶ : نَارُ ٱللهِ ٱلْمُوقَدَةُ ٱلَّتِى تَطَّلِعُ عَلَى ٱلأَفْئِدَةِ: آتش الهی فروزان همان که بر دل‌ها راه یابد.

عارفان نار مُوقَدَه را آتش محبّت دانسته‌اند که اگر ذرّه‌ای از آن در دنیا افتد همهٔ اهل دنیا را بسوزاند و کوه‌ها را بگدازد: قرآن، تفسیر ادبی و عرفانی، عبد الله انصاری، ذیل آیهٔ شریفه و در تفسیر آن.

۹ - به اعتبار آنکه وجود مبدأ جمیع حقایق است و از آنجا که هر فرعی باید به اصل خود رجوع کند و «وجود» غایت الغایات و نهایت النهایات است؛ پس «پرتو آتش» هم به سوی اصل خویش باز می‌گردد.

نمی‌کند و ثابت است؛ امّا سایهٔ آن دراز یا کوتاه می‌شود؛ پس اصل این آتش که «آتشِ محبّت» و الهی است، ثابت می‌مانَد؛ امّا در وجودِ آدمی که در عالمِ مادّه زندگی می‌کند، می‌تواند به سمتِ «نار» متمایل شود یا با تهذیب به سویِ «نور» برود.

زانکه در پرتو نیابد کس ثبات   عکس‌ها واگشت سویِ اُمّهات[1] ۴۲۲۶

زیرا هیچ کس ثباتی در پرتو ندیده‌است و همواره بازتاب‌ها به سوی اصل و مبدأ خود بازمی‌گردند.

هین! دهان بربند، فتنه لب گشاد   خشک آر، اَللهُ اَعْلَمْ بالرَّشاد ۴۲۲۷

اینک مولانابه خود می‌فرماید: به خود بیا و خاموش باش که دهان مردم فتنه‌جو گشاده شده است و بداندیشان کوته‌فکر از این حقایق منحرف‌تر می‌شوند؛ پس بهتر است چشمهٔ سخن از جوشش باز مانَد. خدا راه راست را بهتر می‌دانَد.

ذکرِ خیالِ بداندیشیدنِ قاصرْفهمان

این قطعه که در ادامهٔ «قصّهٔ مهمانِ مسجدِ مهمان‌کش» به تقریر می‌آید، در واقع پاسخی است به حسدِ حاسدان و طعنهٔ طاعنان که خرده‌گیری‌هایی بر مثنوی داشته‌اند و مثنوی را دارای زبانی ساده و غیر علمی می‌یافتند: «کین سخن پست است، یعنی مثنوی».[2]

پیش از آن کین قصّه تا مَخْلَص رسد   دُود و گَندی آمد از اهلِ حسد ۴۲۲۸

پیش از آنکه این حکایت به پایان برسد، از سوی حاسدان دود و گندی برخاست.

من نمی‌رنجم از این، لیک این لگَد[3]   خاطرِ ساده‌دلی را پی کُند ۴۲۲۹

من آزرده خاطر نمی‌شوم؛ ولی شاید این اعتراض و طعنه، ذهن مرید ساده‌دلی را آشفته کند.

خوش بیان کرد آن حکیمِ غزنوی[4]   بهرِ محجوبان مثالِ معنوی ۴۲۳۰

حکیم غزنوی در ارتباط با آنان که از ادراکِ حقایق عاجزند مثال خوبی بیان کرده است.

---

۱ - **اُمَّهات**: جمع اُمّ به معنی مادر، اصل.   ۲ - توضیح مبسوط آن: ر.ک: ۴۲۳۳/۳.

۳ - **این لگد**: اشاره به اعتراض و طعنه مخالفان مثنوی است.

۴ - **حکیم غزنوی**: حکیم سنایی، ر.ک: ۱۹۱۴/۱.

کـه ز قـرآن گـر نـبیند غـیرِ قـال[1] این عجب نَبْوَد ز اصـحابِ ضَـلال ۴۲۳۱

که اگر گمراهان از قرآن چیزی جز حرف نبینند، امر شگفت‌آوری نیست.

کـز شـعاعِ آفـتابِ پُـر ز نـور غـیرِ گـرمی می‌نیابد چشمِ کـور ۴۲۳۲

زیرا چشم نابینا از پرتو تابناک خورشید چیزی غیر از گرمی را نمی‌تواند حس کند.

خـربطی[2] نـاگـاه از خـرخـانه‌یی[3] سـر بـرون آورد چـون طَـعّانه‌یی[4] ۴۲۳۳

ابلهی ناگهان سر از طویله‌ای بیرون آورد و همانند پیرزنی عیب‌جو به طعنه و نکوهش پرداخت.

کین سخن پست است، یعنی مثنوی قـصّهٔ پـیغمبر است و پـی‌رَوی[5] ۴۲۳۴

که این سخن، یعنی مثنوی، سخن پستی بیش نیست. قصّهٔ پیامبران و نحوهٔ پیروی از آنان است.

نـیست ذکـرِ بـحث و اسـرارِ بـلند کـه دَوانـند اولیـا آن سـو سَـمَند[6] ۴۲۳۵

عاری از مباحث و اسرار بلندی است که اولیا، اسب همّت و فصاحت را در آن به جولان می‌آورند.

---

۱ - آنچه مولانا بدان نظر دارد این بیت سنایی است:

عجب نبود گر از قرآن نصیبت نیست جز حرفی که از خـورشید جز گـرمی نـبیند چشـم نـابینا

۲ - **خربط** : مرغابی گنده، ابله، معترض نادان. ۳ - **خرخانه** : اصطبل، محلّ اقامت و زندگی این آدم ابله.

۴ - **طَعّانه** : عیب‌جو، طعنه‌زن. اشاره است به طعنه و یا خرده‌گیری‌هایی که احتمالاً اصحاب و مریدان صدرالدّین قونوی در ارتباط با مثنوی داشته‌اند؛ زیرا چنانکه می‌دانیم عصر مولانا در تاریخ اسلام بی‌نظیر بود، بزرگانی همانند: ابن عربی، مولانا و صدرالدّین قونوی در آن می‌زیستند، عرفان نظری و عملی در اوج خویش می‌درخشید و می‌بالید. اصحاب و مریدان صدرالدّین که با آثاری چون «تائیّه‌های ابن فارض» و «فصوص الحکم» یا «فتوحات مکّیّهٔ ابن‌عربی» که ظاهراً در آن ایّام در قونیه و مخصوصاً در حوزهٔ «شیخ صدرالدّین» مورد توجّه فوق‌العاده بوده‌اند، آشنایی داشتند و به دشواری‌های ویژهٔ این متون و زبان فنّی آن که از ادراک غیر عالمان خارج بود، خوگرفته و همان را به عنوان معارف ممتاز می‌شناخته‌اند و در تقابل با آن، مثنوی را دارای زبانی ساده و غیر علمی می‌یافته‌اند که از دیدگاه ایشان مجموعه‌ای از قصّه‌های ساده است که کودکانِ خُرد به فهم آن نایل می‌آیند و عاری از هرگونه دقایق اسرار است.

مولانا هم که مثنوی را الهام ربّانی و وحی‌آسا می‌شمارد، در پاسخ طعّانه می‌گوید: همواره طاعنان در ارتباط با حقایق والا چنین بوده‌اند، با نزول قرآن، منکران همین ایرادات را بر آن وارد دانستند و گفتند که تعمیق و تحقیق بلندی نیست، زبان ساده‌ای دارد، ابداً تخصّصی نیست، اساطیر اوّلین است و برای خواص نیست.

۵ - **پی روی** : آداب و تکالیف شریعت. ۶ - **سَمَند** : اسب، اسب زرد رنگ.

از مـــقاماتِ تَـــبَتُّل[1] تــا فــنا[2] پـــایه پــایه تــا مــلاقاتِ خــدا ۴۲۳۶

از مرحلهٔ «قطع تعلّقات» تا رسیدن به «مقام فنا»، مراتب و مراحل گوناگونی است که باید پایه به پایه و پلّه به پلّه طی شود تا مقام اتّصال و شهود حاصل آید.

شــرح و حــدِّ هــر مـقام و مـنزلی که به پر[3] زو بر پَـرَد صـاحبْ دلی ۴۲۳۷

از توصیفِ مقامات و حدِّ هر مقام و منزل از منازلِ سلوک که به امدادِ آن صاحبدلی بتواند پر و بالی بیابد و پروازی کند، شرحی در آن نیامده است.

چون کـتابُ اللّـه بـیامد هـم بـرآن این چـنین طـعنه زدنـد آن کـافران ۴۲۳۸

با نزول قرآن هم منکران و کافران همین طعنه را زدند.

که اساطیر است[4] و افسـانهٔ نـژند[5] نیست تـعمیقی[6] و تـحقیقی بـلند[7] ۴۲۳۹

که قصّه‌های پیشینیان، داستان‌های کهن و فاقد موضوعات عمیق و تحقیقات والا است.

کــودکان خُــرد فــهمش می‌کُنند نیست جُـز امـرِ پـسند و نـاپسند[8] ۴۲۴۰

کودکان خُردسال هم موضوعاتش را درک می‌کنند، جز اوامر و نواهی در آن نیست.

ذکرِ یوسف، ذکرِ زلفِ پُـر خَـمَش ذکـرِ یـعقوب، و زلیـخا و غـمش[9] ۴۲۴۱

سخن از یوسف و زلف پرچین‌وشکن او و از یعقوب و زلیخا و اندوه آنان است.

ظاهر است و هر کسی پی می‌برد[10] کو بیان که گم شـود در وی خِـرَد؟ ۴۲۴۲

مطالب ظاهری و سطحی دارد که هر کسی آن را درک می‌کند، کو مباحثی که در آن عقل حیران شود؟

---

۱ - **تَبَتُّل :** قطع تعلّقات دنیوی، انقطاع از دنیا و مقامات آن اشاره به طیّ مراحل سلوک تا فناست.

۲ - اشارتی قرآنی؛ مُزَمّل : ۸/۷۳: وَٱذْكُرِ ٱسْمَ رَبِّكَ وَ تَبَتَّلْ إِلَيْهِ تَبْتِيلاً: و نام پروردگارت را یاد کن واز همه گسسته و با او پیوسته شو. ۳ - **به پَر :** به امدادِ آن.

۴ - **اساطیر :** جمع اسطوره به معنی افسانهٔ کهن. اشارتی قرآنی؛ انفال : ۳۱/۸ : ...إِنْ هٰذا إِلاَّ أَسَاطِيرُ ٱلأَوَّلِينَ : این جز افسانه‌های پیشینیان نیست.

اشاره است به کافران که چون آیات حق بر آنان خوانده می‌شد، آن را افسانه‌های پیشینیان می‌دانستند.

۵ - **افسانهٔ نژند :** داستان‌های پیش پا افتاده و بی‌ارزش. ۶ - **تعمیق :** ژرف‌نگری.

۷ - **تحقیقی بلند :** حقایق اصیل و والا، نکات تحقیقی باارزش.

۸ - **امر پسند و ناپسند :** اوامر و نواهی شریعت. ۹ - اشاره به قصص انبیا که در قرآن کریم آمده است.

۱۰ - کافران و معاندان با سطحی‌نگری و عدمِ ادراکِ حقایقِ والا و معانیِ بلندِ قرآنِ کریم در ارتباط بـا آن چـنین قضاوت می‌کردند.

گفت: اگر آسان نماید این به تو   این چنین آسان، یکی سوره بگو[1] ۴۲۴۳

خداوند هم در پاسخِ منکران فرمود: اگر قرآن به نظرت آسان جلوه می‌کند، سوره‌ای مشابه آن را بیاور.

جِنّتان[2] و اِنْسِتان[3] و اهلِ کار[4]   گو: یکی آیت از این آسان بیار[5] ۴۲۴۴

به جنّ و انس و علمای اهل فنّ بگویید به معاونتِ یک‌دیگر، چنین آیهٔ آسانی بیاورند.

تفسیرِ این خبرِ مصطفی علیه السَّلام که:
لِلْقُرآنِ ظَهْرٌ وَ بَطْنٌ وَ لِبطْنِهِ بَطنٌ اِلیٰ سَبْعَةِ اَبْطُنٍ

این قطعه در تفسیر حدیثی[6] است که بنا بر آن: قرآن دارای ظاهر و باطنی است و باطن آن باطن دیگری دارد و به همین ترتیب تا هفت بطن تو در توست.

حرفِ قرآن را، بدان که ظاهری‌ست   زیرِ ظاهر، باطنی بس قاهری‌ست ۴۲۴۵

بدان که حروفِ قرآن کریم ظاهری دارد و در ورایِ ظاهر، باطنی بس عظیم نهفته است.

زیرِ آن باطن، یکی بطنِ سِوُم   که در او گردد خِرَدها جمله گُم ۴۲۴۶

در زیر آن معنی باطنی، باطن سومی وجود دارد که عقل انسان قادر به ادراک آن نیست.

بطنِ چارم از نُبی[7] خود کس ندید   جز خدایِ بی‌نظیرِ بی نَدید[8] ۴۲۴۷

بطن چهارم قرآن را هیچ کس جز خداوند بی‌مثل و مانند ندیده است.

تو ز قرآن ای پسر! ظاهر مبین   دیوْ آدم را نبیند جز که طین ۴۲۴۸

ای پسر، مانندِ شیطان که از آدم(ع) جز قالب ندید و در آن به حقارت نگریست، به ظاهرِ قرآن بسنده نکن.

---

۱ - اشارتی قرآنی؛ بقره: ۲۳/۲: ...فَأْتوا بِسُورَةٍ مِّنْ مِثْلِهِ...: سوره‌ای همانند آن بیاورید: ر.ک: ۴۷۵/۱.

۲ - **جِنّتان**: جِنّة + «ان» علامت جمع فارسی، جنّ. ۳ - **اِنْسِتان**: اِنْسَة + «ان» علامت جمع فارسی، انسان.

۴ - **اهل کار**: اهل فنّ، ماهر.

۵ - اشاره به مضمون آیهٔ ۸۸ سورهٔ إسراء است که می‌فرماید: اگر انس و جنّ جمع شوند نمی‌توانند کتابی همانندِ قرآن بیاورند. ۶ - ر.ک: ۱۸۹۸/۳. ۷ - **نُبی**: قرآن. ۸ - **بی ندید**: بی‌مانند، بی‌نظیر.

ظاهرِ قرآن چو شخصِ آدمی‌ست — که نقوشش ظاهر و جانش خفی‌ست ۴۲۴۹

ظاهر قرآن هم، مانند جسم آدمی حدودی آشکار دارد؛ امّا در آن، جانی عظیم نهان است.

مرد را صد سال عَمّ و خالِ[1] او — یک سرِ مویی نبینند حالِ او ۴۲۵۰

ممکن است صد سال بگذرد و وابستگان آدمی نتوانند از حقیقتِ حالِ درونی او باخبر شوند؛ زیرا احوال روحانی را چشمی بصیر و جانی آگاه در می‌یابد.

بیانِ آنکه رفتنِ انبیا و اولیا به کوه‌ها و غارها، جهتِ پنهان کردنِ خویش نیست، و جهتِ خوف[2] تشویقِ خلق نیست، بلکه جهتِ ارشادِ خلق است و تحریض[3] بر انقطاع[4] از دنیا به قدرِ ممکن

آنکه گویند: اولیا در کُه بُوَند — تا ز چشمِ مردمان پنهان شوند ۴۲۵۱

اینکه می‌گویند: اولیا به کوه‌ها پناه می‌برند تا از چشم خلق نهان شوند، صحّت ندارد.

پیشِ خلق ایشان فرازِ صد کُه‌اند — گامِ خود بر چرخِ هفتم می‌نهند ۴۲۵۲

کوه حقیرتر از آن است که پناهگاهِ اولیا باشد. این بزرگان چنان عظیم‌اند که در حضورِ خلق نیز جسمشان بر زمین و جانشان برتر از آسمان هفتم است.

پس چرا پنهان شود، کُه‌جو بُوَد؟ — کو ز صد دریا و کُه ز آن سو بُوَد ۴۲۵۳

پس چرا ولیّ حق خود را در کوه پنهان کند؛ زیرا مقامِ او برتر از صدها کوه و دریاست.

حاجتش نَبْوَد به سویِ کُه گریخت — کز پی‌اَش کُرّهٔ فلک صد نعل ریخت[5] ۴۲۵۴

او نیازی ندارد به کوه پناه ببرد؛ زیرا فلک مانندِ کرّه اسبی در پیِ حقیقتِ او می‌تازد و به گَرَدَش نمی‌رسد.

چرخ گردید و ندید او گَردِ جان[6] — تعزیت جامه بپوشید آسمان ۴۲۵۵

فلک هرچه گشت نتوانست به گَردِ «جان» برسد و از اندوه، جامهٔ کبود پوشید.

---

۱ - **عَمّ و خال**: عمو و دایی، مراد نزدیکان آدمی است. ۲ - **خوف**: بیم و ترس.

۳ - **تحریض**: ترغیب و وادارکردن. ۴ - **انقطاع**: قطع و بریدگی، مفارقت. «مفارقت از دنیا»: از دنیا بریدن.

۵ - اشاره است به مقام انسان کامل محمّدی(ص) که مبدأ جمیع تعیّنات و ممکنات است.

۶ - اشاره است به تقابل «مادّه» و «جان»، یعنی ظلمت و نور.

گر به ظاهر آن پَری پنهان بُوَد   آدمی پنهان‌تر از پَریان بُوَد ۴۲۵۶

هرچند ما انسان‌ها بنا بر عادت می‌اندیشیم که پریان موجوداتی غیبی و پوشیده‌اند و آدمیان آشکار و ظاهر؛ امّا چنین نیست، انسان ظاهری آشکار و حقیقتی بس نهان دارد.

نزدِ عاقل زآن پَری که مضمر است[1]   آدمی صد بار خود پنهان‌تر است ۴۲۵۷

خردمندان و غایت‌اندیشان به خوبی می‌دانند که آدمی موجودی نهانی‌تر از پری است.

آدمی نزدیکِ عاقل چون خفی‌ست   چون بُوَد آدم که در غیب او صفی‌ست[2] ۴۲۵۸

هنگامی که خردمند، انسان را موجودی مستور و نهانی می‌دانَد و «عقل جزوی» را از معرفتِ حقیقتِ او ناتوان می‌یابد، بنگرید که روح آدم(ع) که از عالمِ غیب مصفّا شده و نفخه‌ای ربّانی است، چگونه می‌تواند باشد؟

تشبیهِ صورتِ اولیا و صورتِ کلامِ اولیا، به صورتِ عصایِ موسی و صورتِ افسونِ عیسی علیهما‌السَّلام

این قطعه در تقریر حقیقت آدمی است، آن‌گاه که بر آن وصول یافته و در جایگاه کمال، جامع جمیع اسما و صفات حضرت باری تعالیٰ گردیده باشد که اولیا مظهری از آن به شمار می‌آیند. صورتِ ظاهرِ آنان و کلامشان به صورتِ ظاهرِ عصایِ موسیٰ(ع) مانند شده است که قدرت شگرف تبدیل را دارد و باگذشتن از صورت و نگریستن به حقیقتِ ایشان، کیمیایِ انوارِ وجودِ آنان، می‌تواند تحوّلات و تبدّلات عظیمی را در جان آدمی حاصل آوَرَد، یا مانند افسون عیسی(ع)اند که به ظاهر حرف و صوتی بیش نیست؛ امّا مُرده را زنده می‌کند و دل مُردگانی را که به نان زنده‌اند به جان زنده می‌دارد و حیاتی جاودان می‌بخشد.

آدمی همچون عصایِ موسی است   آدمی همچون فسونِ عیسی است[3] ۴۲۵۹

انسان شبیه عصای موسیٰ(ع) و یا دمِ مسیحایی عیسی(ع) است.

در کفِ حق بهرِ داد[4] و بهرِ زَین[5]   قلبِ مؤمن هست بَیْنَ اِصْبَعَیْن[6] ۴۲۶۰

قلب مؤمن برای مصالحِ دو جهان و رسیدن کلّیِ به کمال معنوی، میان دو انگشتِ دستِ قدرتِ حق است.

---

۱ - **مُضْمَر** : پوشیده، نهان.   ۲ - **صَفِيّ** : صفی الله، لقب آدم(ع)، خالص و گزیده، صفا یافته.

۳ - اشاره است به انسان در مقام کمال که قادر بر انجام کارهای معجزه‌آساست.

۴ - **بهرِ داد** : برای دادگری، برای خیر و صلاح، برای اعتدال.

۵ - **بهرِ زَیْن** : برای زینت یافتن، اینجا به زیور کمالات آراسته شدن.

۶ - اشاره است به تجلیّات جمالی و جلالی حق تعالیٰ: حدیث: ر.ک: ۷۶۴/۱.

ظاهرش چوبی، و لیکن پیشِ او کَوْن یک لقمه چو بگشاید گلو ۴۲۶۱

عصای موسی(ع) به ظاهر چوب است؛ امّا اگر دهان بگشاید، کائنات برایِ او لقمه‌ای بیش نیست.

تو مبین ز افسونِ عیسی حرف و صوت آن ببین کز وی گریزان گشت موت[۱] ۴۲۶۲

تو فقط حرف و صوتِ عیسی(ع) را نبین، به این توجّه کن که از قدرتِ حقّانیِ کلامِ او مرگ می‌گریخت.

تو مبین ز افسونْش آن لَهْجاتِ پست[۲] **آن نگر که مُرده بر جَست و نشست** ۴۲۶۳

به کلماتِ معمولی که در افسونِ او به کار می‌رود، توجّه نکن، مهم این است که در اثر آن مُرده زنده می‌شد و می‌نشست.

تو مبین مر آن عصا را سَهْل یافت[۳] **آن ببین که بحرِ خضرا**[۴] **را شکافت** ۴۲۶۴

تو این را نبین که عصای موسیٰ(ع) چوب بود، به این توجّه کن که رود نیل را شکافت.

تو ز دُوری دیده‌ای چتر سیاه[۵] **یک قدم فا**[۶] **پیش نِهْ، بنگر سپاه** ۴۲۶۵

تو از اولیا جز جسم که مانندِ چتری سیاه حقیقتِ پاکشان را از دیدهٔ اغیار نهان داشته است، نمی‌بینی. برای درکِ این مهم باید به عالم معنا روی آوری و سپاه حقایق را که در لباس اسما و صفات باری تعالیٰ در ایشان تجلّی یافته است، مشاهده کنی.

تو ز دُوری می‌نبینی جز که گَرد[۷] **اندکی پیش آ، ببین در گَردْ مرد** ۴۲۶۶

تو به سبب بُعد از حقایق چیزی جز «گَرد» را نمی‌بینی؛ یعنی فقط قادر به درکِ آثار و نشانه‌های مردان حق هستی، اگر از عالم حس گامی فراتر بگذاری در میان آثار و نشانه‌ها، می‌توانی «حقیقتِ» آنان را ببینی.

دیده‌ها را گَردِ او روشن کُند کوه‌ها را مردیِ او بر کَنَد ۴۲۶۷

انسان کامل واصل به حدّی از کمال الهی رسیده که قالب عنصری او نیز در پرتو جانِ

---

۱ - اشاره است به دم مسیحایی و کیمیای نظرِ انسان کامل که مُرده‌دلان را حیات ابدی می‌بخشد.

۲ - **لهجات پست** : الفاظ معمولی و ساده.

۳ - **سهل یافت** : چیزی که حصول آن آسان باشد، کنایه از بی‌اعتبار بودن.

۴ - **بحر خضرا** : مراد رود نیل است.

۵ - **چتر سیاه** : اشاره است به عالم محسوس و قابل رؤیت که مادّی است و بسان چتری سیاه حقیقت ساری و جاری در کلّ جهان هستی را در خود نهان داشته است.

۶ - **فا** : حرف اضافه به معنی «با» و گاهی به معنی «به» نیز به کار می‌رود.

۷ - **گرد** : اشاره است به آثار ظاهری خلقت و اینجا قالب عنصری و جسمانی ولیّ حق است.

کامل و منوّر با جان سنخیّت و جنسیّت یافته و متبرّک شده است؛ بنابراین حضور در محضر چنین کاملِ واصلی چشم آدمی را به نور حقایق منوّر می‌سازد و همّت بلند و قدرت روحانی تامّ او می‌تواند کوهِ هستیِ موهومیِ آدمیان را از جای برکَنَد و آنان را متعالی سازد.

چون بر آمد موسی از اقصایِ دشت　　کوهِ طور از مَقْدَمش رقّاص[1] گشت[2] ۴۲۶۸

هنگامی که موسی(ع) از دورترین نقطهٔ بیابان به سوی کوه طور آمد، کوه طور به یُمن قدم مبارک او به رقص آمد.

تفسیرِ یا جِبالُ اَوِّبی مَعَهُ وَ الطَّیْر[3]

در ادامه و تأیید ابیات پیشین که در تقریرِ قدرتِ روحانی و معنویِ انبیا و اولیا بود، در این قطعه نیز همان مضمون تکرار می‌گردد و به عنوانِ مثالِ عالی، انسانی که به فضل الهی به برترین درجاتِ اتّصال و اتّحاد با مبدأ هستی رسیده است، داوود(ع) و احوال و معجزات وی نمونه آورده می‌شود که بنا بر اشارت قرآنی، ص: ۱۹/۳۸-۱۸ و انبیاء: ۷۹/۲۱، ارادهٔ حق تعالیٰ کوه‌ها را برای وی رام گردانید و هر صبح و شام که به تسبیح مشغول می‌شد، همراه او تسبیح می‌گفتند و هرگاه زبور راکه مکشوفات قلبی و اشعار ملهمهٔ او و هستند بر فراز صهیون و وادی‌های بیت‌لحم می‌سرود، پرندگان در آسمان باز می‌ایستادند و آن را همراه وی تکرار می‌کردند، گویی که به عنایت و فضل باری تعالیٰ تمامِ موانع میان او و هستی از میان رفته بود و حقیقت وجود او با حقیقت ساری و جاری در کوه‌ها و پرندگان و موجودات امکانی گره خورده بود و همگی همراه او به نکوداشت و پرستش پروردگار همگام بودند.

رویِ داوود[4] از فَرَش تابان شده　　کوه‌ها اندر پی‌اَش نالان شده ۴۲۶۹

چهرهٔ داوود(ع) در پرتو شکوه و جلالی که از حق بر وی تافته بود، می‌درخشید و هر صبح و شام که به تسبیح مشغول می‌شد، کوه‌ها همراه او به تسبیح خالق یکتا می‌پرداختند.

کوه با داوود گشته همرهی　　هر دو مُطرِب، مست در عشقِ شهی ۴۲۷۰

کوه با داوود(ع) همنوا بود؛ زیرا هر دو مستِ عشقِ شاهِ وجود، در مقام تجلّی جمالی، مقهور و متحیّر و نغمه‌خوان بودند.

---

۱ - اشاره است به تجلّی خداوند بر کوه طور و مندک و متلاشی شدن آن.

۲ - اشارتی قرآنی؛ اعراف : ۱۴۳/۷؛ ر.ک: ۸۷۲/۱.

۳ - تفسیر آیهٔ شریفهٔ «ای کوه‌ها و ای پرندگان با او همنوا شوید».　۴ - **داوود**(ع) : ر.ک: ۴۹۵/۲ و ۱۴۵۱/۳.

۴۲۷۱ **یــــا جِــــبالُ اَوِّبــی[1] امــر آمــده هــر دو هــم آواز و هــم پــرده شــده**

به کوه‌ها فرمان رسیده بود که «ای کوه‌ها با او همنوا شوید»؛ بنابراین هر دو هم‌آواز شدند.

۴۲۷۲ **گفت داوودا ! تو هـجرت دیـده‌ای بـهرِ مـن از هـمدمان بُـبریده‌ای[2]**

حق فرمود: ای داوود، تو به هجران مبتلا شده‌ای، آتش محبّت من در دلت شراری افکنده که تو را از همهٔ یاران جدا کرده است.

۴۲۷۳ **ای غریبِ فردِ بی مونس شده[3] ! آتشِ شــوق از دلت شـعله زده**

ای غریب، که تنها و بدون همدم مانده‌ای و آتش شوق از دلت زبانه می‌کشد.

۴۲۷۴ **مـطربان خـواهـی و قَـوّال و نـدیم کــوه‌ها را پــیشت آرَد آن قــدیم**

آیا تو خواهان نوازندگان و خوانندگانی همدل و همنوا هستی؟ پروردگارت برای تو از کوه‌ها نوازنده و خواننده می‌سازد.

۴۲۷۵ **مــطرب و قــوّال و سُـرنایی کـند[4] کُــه بــه پـیشت بـادْپیمایی کـند[5]**

تا برایت بنوازند و بخوانند و سرنا بزنند و در همنوایی با تو چالاک باشند.

۴۲۷۶ **تا بدانی: نـاله چـون کُـه را رواست بی لب و دنـدان ولی را نـاله‌هاست**

تا ببینی که کوه چگونه می‌تواند ناله کند و بدانی که ولیّ حق نیز بدون آنکه لب و دندانش حرکت کند، از دل ناله‌ها و نغمه‌ها دارد.

۴۲۷۷ **نـغمهٔ اجـزایِ آن صـافی جسـد[6] هر دمی در گوشِ حسّش می‌رسد**

نغمه‌های اجزای بدن، یعنی نشأء عنصری آن ولیّ پاک سرشت هر لحظه به گوشِ جانش می‌رسد.

---

۱ - اشارتی قرآنی؛ ص: ۱۹/۳۸-۱۸: إِنَّا سَخَّرْنَا ٱلْجِبَالَ مَعَهُ يُسَبِّحْنَ بِٱلْعَشِيِّ وَ ٱلإِشْرَاقِ وَ ٱلطَّيْرَ مَحْشُورَةً كُلٌّ لَهُ أَوَّابٌ: ما کوه‌ها را همراه او رام کرده بودیم که شامگاهان و بامدادان همنوا با او تسبیح می‌گفتند و پرندگان را که گرد آینده بودند و همه بازگردنده.

۲ - اشاره است به خلوت‌هایی که داوود(ع) بر فراز کوه صهیون و وادی‌های بیت‌لحم با خدای خویش داشت و در طیّ آن مزامیر که اشعار ملهمهٔ وی هستند به زبان عبرانی سروده می‌شد.

۳ - اشاره به غربتی که انسان کامل واصل در دنیای محسوس دارد؛ زیرا هیچ کس قادر به درک احوال روحانی او نیست.

۴ - **سرنایی کند**: سرنا بزنند.

۵ - **بادپیمایی کند**: تند حرکت کند، اینجا مراد چالاک بودن کوه‌هاست در همنوایی.

۶ - **صافی جسد**: اشاره به کوه است و همچنین می‌تواند اشاره به کوهِ هستی، یعنی نشأهٔ عنصری ولیّ حق باشد که از اوهام و پندار رهیده است.

هـــمنشینان نشـــنوند، او بشـــنود ای خُنُک جان، کو به غیبش بگرود ۴۲۷۸

همنشینان او نمی‌توانـند آن صـدا را بشـنوند؛ زیـرا گـوش جـانشان نـاشنواست؛ امّـا او می‌شنود. خوشا به روحی که به عالم غیب و اصوات نهانی‌اش ایمان دارد و آن را می‌شنود.

بنگرد در نَفْسِ خود صدگفت و گو هـــمنشینِ او نَـــبُرده هـــیچ بـــو ۴۲۷۹

عارفان و کاملان گفت و گوها و نغمه‌های درونی بسیاری دارند که دیگران از آن بی‌خبرند.

صد سؤال و صد جواب انـدر دلت مـــی‌رسد از لامکـان[1] تـا مـنزلت[2] ۴۲۸۰

در مورد تو و عام خلق هم این موضوع وجود دارد؛ امّا به نحو دیگری کـه بـا تـوجّه بـه آن می‌توانی تا حدودی نغمهٔ درون اولیا را باور کنی و آن مطلب این است که اگر دقّت کنی درمی‌یابی که همواره صدها سؤال و جواب در مواردگوناگون از عالم غیب در دلت القا می‌شود.

بشـــنوی تـــو نشـنود زآن گـوش‌ها گـــر بـــه نـزدیک تـو آرَد گـوش را ۴۲۸۱

تو سؤال و جوابی راکه از عالم غیب به دلت القا می‌شود می‌شنوی؛ امّا اگر دیگری گوش خود را به تو نزدیک کند، نمی‌تواند آن را بشنود.

گیرم ای کَرّ! خود تو آن را نشنوی چون مثالش دیده‌ای، چون نگروی؟ ۴۲۸۲

ای کَر باطن، هرچند نغمهٔ درون اولیا را نمی‌شنوی، ولی نمونهٔ ساده‌اش راکه در خـود دیده‌ای، چرا باور نمی‌کنی؟

جوابِ طعنه زننده در مثنوی از قصورِ فهم[3] خود

در این قطعه، مولانا علی‌رغم آنکه قبلاً[4] در ارتباط با دود وگندی که از اهلِ حسد آمده بود، گفته بودکه من از حسدِ حاسدان و طعنِ طاعنان نمی‌رنجم؛ امّا به سبب غیرتی که به مثنوی و مشتاقان آن دارد، ایـنک پـاسخی سـخت و دندان‌شکن به کسانی می‌دهدکه مثنوی راکتابی ساده و عاری از معانی بلند می‌یابند.

ای سگِ طاعن[5]، تو عَوْعَوْ مـی‌کُنی طعنِ قـرآن را بـرون شـو[6] مـی‌کنی ۴۲۸۳

ای سگ نکوهش کننده، تو پارس می‌کنی و با طعنه زدن به مثنوی که شـرحِ مـفاهیم و معانیِ بلند قرآن است، می‌پنداری که از طعنه زدن صریح به قرآن کریم، گریزگاهی یافته‌ای.

---

۱ - **لامکان** : عالم غیب. ۲ - **منزلت** : منزلِ تو، اشاره به دلِ آدمی. ۳ - **قصورِ فهم** : کوتاه فکری.
۴ - ر.ک: ۴۲۲۹/۳. ۵ - **طاعن** : طعنه زننده، نکوهشگر. ۶ - **برون شو** : گریزگاهی.

این نه آن شیر است کز وی جان بَری — یا ز پنجهٔ قهرِ او ایمان بَری[1] ۴۲۸۴

این شیر، دنیایی نیست که بتوان از دستش جان به در برد. پنجهٔ قهرش ایمانت را بر باد می‌دهد.

تا قیامت می‌زند قرآن نِدا — ای گروهی جهل را گشته فِدا ۴۲۸۵

قرآن تا قیامت ندا سر می‌دهد و می‌گوید: ای کسانی که قربانی جهل و نادانی خود شده‌اید.

که مرا افسانه می‌پنداشتید — تُخمِ طعن و کافری می‌کاشتید ۴۲۸۶

شما منکران، مرا «اساطیر الاوّلین» می‌پنداشتید، طعنه می‌زدید و کُفر می‌گفتید.

خود بدیدیت آنکه طعنه می‌زدیت — که شما فانی و افسانه بُدیت ۴۲۸۷

ای گروه طعنه‌زن، اینک به چشم خود می‌بینید چیزی که فانی و افسانه بود، شما بودید.

من کلامِ حقّم و قایم به ذات[2] **— قُوتِ جانِ جان و یاقوتِ زکات** ۴۲۸۸

من کلام پروردگارم و قائم به ذاتِ خداوند. غذایِ معنوی و روحانی جانِ پاکانم و گوهری پاک و بی‌آلایش دارم.

نورِ خورشیدم، فُتاده بر شما — لیک از خورشید ناگَشته جدا ۴۲۸۹

من، نوری تابناکم که از خورشیدِ حقایق بر شما تابیده است و از ذاتِ خورشید جدا نیستم.

نَک منم یَنْبُوعِ[3] **آن آبِ حیات — تا رهانم عاشقان را از مَمات** ۴۲۹۰

اینک من چشمهٔ آبِ حیات هستم که عاشقان حقایق را از مرگ می‌رهانم.

گر چنان گند آزتان نگیختی — جرعه‌یی بر گورتان[4] **حق ریختی** ۴۲۹۱

اگر حرص و آز شما این بوی گند را پراکنده نمی‌کرد، خداوند جرعه‌ای از این آب حیات را بر وجودِ مُرده‌تان می‌ریخت.

---

۱ - مولانا که مثنوی را کتابی مُلهم از حق می‌داند و در دیباچهٔ منثور دفتر اوّل، آن را اصلی‌ترین ریشه‌های ارکان دین برای کشف اسرار حقیقت و یقین خوانده است، طعن به آن را چونان طعن در قرآن می‌یابد و طاعنان را اسیران سرپنجهٔ قهر الهی می‌داند.

۲ - اشاره است به مسألهٔ حدوث و قدم قرآن که مولانا در ارتباط با آن چنانکه از ابیات گوناگون مثنوی بر می‌آید، حالتی بینابینی را در مورد آن پذیرفته است؛ یعنی می‌فرماید: کلام الهی دارای دو جنبه است، یکی جنبهٔ قیام به ذات قدیم حق تعالیٰ، دیگر جنبهٔ صدور و تعلّق آن به مخلوق حادث، نظیر شعاع خورشید که از یک سو به مبدأ نور و از یک سو به اشخاص مستنیر مربوط می‌شود. به اعتبار جنبهٔ اوّل ثابت و به اعتبار جنبهٔ دوم متجدّد و متغیّر است. اهل حدیث معتقد بودند که قرآن کلام قدیم است؛ امّا معتزله آن را حادث می‌دانستند: مولوی چه می‌گوید، استاد همایی، ج ۲، صص ۹۰۹-۹۰۸.

۳ - **یَنْبُوع** : چشمهٔ آب.

۴ - **گورتان** : کنایه از وجودی که مثلِ مُرده بی‌جان است و حیات روحانی ندارد.

نه، بگیرم گفت و پندِ آن حکیم   دل نگردانم به هر طعنی سقیم ۴۲۹۲

نه، بهتر است که علی‌رغم طعنِ طاعنان، سخن را ادامه دهم و همان گونه که حکیم سنایی اندرز داده است، از بدگویی نکوهش کنندگان روی برنتابم و به نظمِ مثنوی ادامه دهم.

مَثَل زدن در رمیدنِ کُرّهٔ اسب از آب خوردن،[۱] به سببِ شُخولیدنِ[۲] سایسان[۳]

کُرّه اسب با مادرش به آب خوردن ایستاده بودند. مادر آب می‌خورد؛ امّا کُرّه از بانگ و صفیرِمهتران می‌هراسید و می‌رمید. سرانجام مادر از کُرّه پرسید: چرا هر لحظه از آب خوردن باز می‌ایستی؟ کُرّه پاسخ داد: از بانگ و صفیر این گروه بیمناکم. مادر گفت: تا دنیا بوده از این کارافزایان[۴] فراوان بوده‌اند، باری تو کار خویش کن که ایشان ریش خود را بر می‌کَنَند.[۵]

در این تمثیل که پس از جواب به طعّانهٔ مثنوی و به جهت آرام ساختنِ دلِ مخاطبانِ جلساتِ تقریرِ آن و متقاعد کردن آنان آمده، جانِ کلام ارشاد سالک راه حق است که طالبِ مشتاق راستین هرگز از بانگ و صفیر مخالفان نمی‌هراسد و صفای وقت خویش را تیره نمی‌دارد و توصیه‌ای است به سالکان اهل دل که جویای علم تحقیقی باشند و از شُخولیدنِ مهترانِ علم تقلیدی نهراسند و بدانند که تا جهان بوده است از این «کارافزایان بُدند اندر زمین»، پس تو کار خویش کن ای ارجمند.

آنکه فرموده‌ست او اندر خطاب   کُرّه و مادر همی خوردند آب ۴۲۹۳

حکیم سنایی در ضمن گفتار فرموده است: کرّه اسبی همراه مادر آب می‌خورد.

می‌شُخولیدند[۶] هر دم آن نَفَر[۷]   بهرِ اسبان که: هلا! هین! آب خَور ۴۲۹۴

مهتران هر لحظه سوت می‌زدند و بانگ بر می‌داشتند که آهای، اسب‌ها آب بخورید.

---

۱ - این تمثیل مأخوذ است از گفتهٔ حکیم سنایی: احادیث، ص ۳۳۳.

آن کُرّه‌ای به مادر خود گفت چون که ما   آبی همی خوریم صفیری همی زنند
مادر به کره گفت برو بیهده مگوی   تو کار خویش کن که همه ریش می‌کنند

۲ - **شخولیدن:** فریاد و بانگ و نعره زدن. ۳ - **سایسان:** نگهبانان اسب‌ها، متولّیان امور.

۴ - **کارافزا:** مزاحم. ۵ - **ریش خود بر می‌کَنَند:** تشویش بیهوده دادن.

۶ - **می‌شخولیدند:** فریاد می‌زدند. ۷ - **آن نفر:** آن گروهی که نگهبانان و مهترانِ اسبان بودند.

آن شُــخولیدن بـه کُــرّه مـی‌رسید   سر همی برداشت و از خور می‌رمید ۴۲۹۵

صدای سوت و فریاد به گوشِ کُرّه می‌رسید، سر را بلند می‌کرد و آب نمی‌خورد.

مــادرش پــرسید کِـای کُـرّه! چـرا   می‌رمی هر سـاعتی زیـن اِسـتقا[1] ؟ ۴۲۹۶

مادر پرسید: ای کرّه، چرا هر لحظه می‌رمی و دست از آب خوردن بر می‌داری.

گفت کُـرّه: مـی‌شُخولند ایـن گـروه   زاتّـفاقِ[2] بـانگشان دارم شکـوه[3] ۴۲۹۷

کُرّه گفت: این مهتران سروصدا می‌کنند و از بانگشان دچار نگرانی و وحشت می‌شوم.

پس دلم مـی‌لرزد، از جـا مـی‌رود   زاتّـــفاقِ نـعره خـوفم مـی‌رسد ۴۲۹۸

بنابراین، دلم می‌لرزد و ناراحت و نگران می‌شوم.

گفت مادر: تا جهان بوده‌ست، از این   کـارافـزایـان، بُـدَند انـدر زمـین ۴۲۹۹

مادرگفت: تا دنیا دنیاست، همین بوده است و از این مزاحمان روی زمین بوده‌اند.

هین! تو کارِ خویش کن ای ارجمند!   زودْ، کایشان ریشِ خود بر می‌کَنَند[4] ۴۳۰۰

ای عزیز من، آگاه باش و به کار خود بپرداز، این‌ها با مزاحمت آبروی خود را می‌برند.

وقتْ تـــنگ، و مـی‌رود آبِ فـراخ   پیش از آن کز هَجر گردی شاخ شاخ[5] ۴۳۰۱

فرصت اندک است و آب فراوان جریان دارد، به خود بیا و پیش از هلاکت سیراب شو.

شُهره[6] کاریزی‌ست[7] پُر آبِ حیات[8]   آب کَش، تـا بـر دَمَـد از تـو نـبات ۴۳۰۲

چشمه‌ای مشهور و سرشار از آب حیات است، بخور تا سرسبز و باطراوت شوی.

آبِ خضر[9] از جویِ[10] نطقِ اولیـا   مـی‌خوریم ای تشـنهٔ غـافل! بـیا ۴۳۰۳

ای تشنهٔ غافل، بیا که می‌توانیم تشنگی خود را از طریق دانش وسیع و گسترده‌ای که در وجود انسان کامل واصل متجلّی گشته است، فرو بنشانیم.

---

۱ - **استقا**: آب خواستن. ۲ - **اتّفاق**: با هم یکی شدن. ۳ - **شکوه**: بیم، ترس.

۴ - **ریش خود بر می‌کنند**: آبروی خود را می‌برند.

۵ - اشاره به عمر کوتاه آدمی و آب حیاتی که از چشمهٔ جوشان جان کاملان جاری است. ۶ - **شهره**: مشهور.

۷ - **کاریز**: قنات.

۸ - در اصطلاح عارفان، «چشمهٔ مشهور» اشاره است به «چشمهٔ زمزم» که جایگاه واصلان است و مقامی جاودانی و حیاتی ابدی. روییدن نبات اشاره است به درخت وجود انسانی که کمال می‌یابد و شاخه‌های سرسبز این درخت رمزی است از صفاتی که حامل علم الهی برای عارفان هستند. ۹ - **آب خضر**: آب حیات.

۱۰ - **جو**: جویبار، اشاره است به دانش گستردهٔ حق که در واصلان تجلّی یافته و متحقّق گردیده است.

گر نبینی آب، کورانه،[۱] به فن[۲] سویِ جو آور سبو[۳]، در جوی زن ۴۳۰۴

اگر «آب حیاتِ» وجود واصلان را درک نمی‌کنی، مانندِ کوران سبوی وجودت را به تقلید از بینایان، کورکورانه به این جویبار زلال نزدیک کن و در آب بینداز.

چون شنیدی کاندر این جو آب هست کور را تقلید باید کار بَست ۴۳۰۵

چون شنیدی که در این وجود آب حیات هست؛ پس چاره‌ای جز تقلید نداری.

جُو فرو بَر مَشکِ آبْ‌اندیش[۴] را تا گران بینی تو مَشکِ خویش را ۴۳۰۶

جانِ مشتاق خویش را در اختیارِ چترِ حمایت معنوی او قرار بده تا ببینی که جانِ تو نیز از حقایق بهره‌مند و گرانبار می‌شود.

چون گران دیدی شوی تو مُستَدِل[۵] رَست از تقلیدِ خشک، آنگاه دل ۴۳۰۷

هنگامی که وجود خویش را با ادراک حقایق فربه و گرانبار یافتی، دلت از تقلیدِ بی‌جان می‌رهد و آرام آرام تقلید جای خویش را به تحقیق می‌دهد؛ یعنی حقایق در جانِ خودت متحقّق می‌گردد و با آن عجین می‌شود.

گر نبیند کور آبِ جو عِیان لیک داند، چون سبو بیند گران ۴۳۰۸

اگر نابینا آب جویبار را نمی‌بیند، سنگین شدن کوزه‌اش را می‌فهمد.

که: ز جُو اندر سبو آبی برفت کین سبک بود و گران شد ز آب و زفت ۴۳۰۹

می‌فهمد که کوزۀ سبک با آبِ جویبار سنگین شده است.

زانکه هر بادی[۶] مرا در می‌ربود باد می‌نربایدم، ثِقْلم فزود[۷] ۴۳۱۰

زیرا پیش از این وزش هر بادی مرا از جای می‌بُرد، اینک سنگین و وزین شده‌ام و باد نمی‌تواند مرا تکان دهد.

مر سفیهان را رُباید هر هوا زانکه نَبْوَدشان گرانیِ قُویٰ[۸] ۴۳۱۱

سبک‌مغزان با وزش هر باد تغییر مسیر می‌دهند؛ زیرا جانشان منوّر و پربار نیست.

---

۱ - **کورانه** : اینجا مانندِ کوران و مقلّدوار. ۲ - **به فن** : اینجا برای آزمونِ خودت که بهره‌ای می‌یابی یا نه؟

۳ - **سبو** : اینجا کنایه از وجود، سبویِ وجود.

۴ - **مَشکِ آبْ اندیش** : جانی که مشتاق رَشَد و هدایت است؛ امّا هنوز راه آن را نیافته است.

۵ - **مُستَدِل** : اثبات کرده شده با دلیل و برهان. ۶ - **باد** : کنایه از باد نَفْسانی یا بادِ حوادث.

۷ - **ثقلم فزود** : وزنم زیادتر شده است، سنگین و وزین شده‌ام.

۸ - **گرانیِ قُویٰ** : سنگین و وزین بودن توانایی‌ها و قوای معنوی و روحانی.

کشتیِ بی‌لنگر آمد مردِ شر　　　که ز بادِ کژ[1] نیابد او حذر ۴۳۱۲

انسان بی‌مایه و بدکار، مانندِ کشتی بی‌لنگر از وزش باد مخالف در امان نیست.

لنگرِ عقل است عاقل را امان　　　لنگری دریوزه کن از عاقلان ۴۳۱۳

خردمند، لنگری به نام «عقلِ معاد» دارد و از وزش باد نَفْسانی درامان است؛ پس سائل درگاه کسی باش که به عقل کلّ اتّصال یافته است تا به امدادِ او «عقلِ معاد» تو به کمال برسد.

او مددهایِ خِرَد، چون در رُبود　　　از خزینه دُرِّ آن دریایِ جُود ۴۳۱۴

او به کمال الهی رسیده و توانسته است مرواریدِ عقلِ خزاینِ الهی را به امداد بگیرد.

زین چنین امداد، دل پر فن شود　　　بِجْهَد از دل، چشم هم روشن شود ۴۳۱۵

با مددهای الهی، دل منوّر و سرشار از علم و حکمت می‌شود و در پرتو نورِ دل، چشم هم منوّر می‌گردد و حقایق را می‌بیند.

زانکه نور از دل بر این دیده نشست　　　تا چو دل شد، دیدهٔ تو عاطل است ۴۳۱۶

زیرا نور بصیرتِ چشم از دل می‌تابد و اگر دل تاریک شود، چشم نیز بصیر نیست.

دل چو بر انوارِ عقلی نیز زد　　　زآن نصیبی هم به دو دیده دهد ۴۳۱۷

دل که منوّر شود؛ یعنی از انوارِ عقلِ برتر بهره یابد، نصیبی به چشمان نیز می‌رسد.

پس بدان کآبِ مبارک ز آسمان[2]　　　وحیِ دلها باشد و صدقِ بیان ۴۳۱۸

پس بدان که آب فرخنده‌ای که از آسمان نازل می‌شود، وحی، الهام و صدق گفتار است.

ما چو آن کُرّه هم آبِ جو خوریم　　　سویِ آن وسواسِ طاعن ننگریم ۴۳۱۹

ما نیز باید مانندِ آن کرّه اسب از جویبار علوم و معارف پاکان سیراب شویم و به وسوسهٔ نکوهش‌گران توجّه نکنیم.

پیروِ پیغمبرانی، رَهْ سپر　　　طعنهٔ خلقان همه، بادی شمر ۴۳۲۰

اگر تو پیروی از پیامبران می‌کنی؛ پس به راه خود ادامه بده و نکوهش خلق را بادی بیش مدان.

---

۱ - **بادِ کژ :** بادِ مخالف، اینجا وزشِ بادهایِ نفسانی است.

۲ - اشارتی قرآنی؛ ق : ۹/۵۰ : وَ نَزَّلْنَا مِنَ السَّمَاءِ مَاءً مُبَارَكاً... : و از آسمان آبی پربرکت فرو فرستادیم. ظاهر این آیهٔ شریفه به نزول باران و رویش گیاهان اشارت دارد و باطن آن به نزول انوار الهی، وحی و الهام ربّانی و القائات حقّانی بر دل پاکان.

آن خداوندان[1] که ره طی کرده‌انـد[2]   گوش فا بانگِ سگان[3] کی کرده‌اند؟ ۴۳۲۱

بزرگانی که به عالی‌ترین مدارج معنوی و روحانی رسیدند، هرگز به بانگ سگان توجّه نکردند.

بقیّهٔ ذکرِ آن مهمانِ مسجدِ مهمان‌کُش

بـــاز گـــو کآن پـــاک‌بـــازِ شـــیرْمرد   اندر آن مسجد چه بنمودش؟ چه کرد؟ ۴۳۲۲

مولانا به خویش می‌فرماید[4]: بگو که آن مرد پاک‌باختهٔ دلاور در آن مسجد چه دید و چه کرد؟

خُفت در مسجد، خود او را خواب کو؟   مردِ غرقه گشته چون خسبد؟ به جـو؟ ۴۳۲۳

مرد پاکباز در مسجد خوابید؛ امّا خواب کجاست؟ شخص غریق چگونه می‌تواند بخوابد؟

خوابِ مرغ و مـاهیان بـاشد هـمی   عــاشقان را، زیــرِ غــرقاب غـمی ۴۳۲۴

عاشقانی که در دریای غم و اندوه هجران یار حقیقی غرق‌اند، خوابشان شبیه خوابِ پرندگان و ماهیان است؛ یعنی خوابی است که به بی‌خوابی می‌مانَد.

نـــیم‌شب آوازِ بـــا هـــولی رســید   کآیم آیم بـر سـرت ای مُسْتَفید[5]! ۴۳۲۵

نیمه‌های شب صدای هولناکی به‌گوش رسید که می‌گفت: ای مرد سودجو، دارم می‌آیم، هم‌اکنون می‌رسم.

پنج کَـرّت[6] ایـن چـنین آوازِ سـخت   می‌رسید و دل همی شد لَخت لَخت[7] ۴۳۲۶

این صدای هولناک پنج بار تکرار شد و هر بار با شنیدنش دل آدمی پاره پاره می‌گشت.

---

۱ - **خداوندان**: اشاره به صاحبان حکمت و علوم الهی است.

۲ - **ره طی کرده‌اند**: منازل متفاوت سیر إلی الله را طی کردند و به فنای در حق رسیدند.

۳ - **سگان**: اشاره به سگ‌صفتان و سگ‌سیرتان، معاندان و منکران و مخالفان.

۴ - بازگشت به قصّه‌ای که از بیت ۳۹۲۳ همین دفتر آغاز شده و هنوز به انجام نرسیده است.

۵ - **مُستَفید**: سودجو.   ۶ - **کَرّت**: دفعه، نوبت.   ۷ - **لَخت لَخت**: پاره پاره.

تفسیرِ آیتِ وَ أَجْلِبْ عَلَیْهِمْ بِخَیْلِکَ وَ رِجلکَ

صدای هولناکی که شبانگاه به گوش مرد دلاور پاکباز و از جان‌گذشته در مسجد مهمان‌کش رسید، آزمونی بود که فقط پاکبازان و از جان‌گذشتگان می‌توانند در برابر آن که ارکان دل آدمی را از هم می‌گُسَلَد، مقاومت کنند و به گنجی عظیم دست یابند. مقاومت در برابر این بانگ هولناک که طلسم «مسجدِ مهمان‌کُش» است، ذهن تداعی‌گر مولانا را متوجّه طلسم «دنیایِ مهمان‌کُش» می‌کند و سیلِ تداعی کلامِ را به تفسیر آیهٔ شریفه می‌رساند، إسراء : ۶۴/۱۷ : وَ أَجْلِبْ عَلَيْهِمْ بِخَيْلِكَ وَ رَجْلِكَ... : و لشکر سواره و پیاده‌ات را بر آن‌ها گسیل دار.

که اشاره است به آزمونی همگانی در صحنهٔ زندگی دنیوی و این جهانی. به شیطان که با سرکشی در برابر فرمان باری تعالی مطرود شده است، امکان بقا و فعالیّت داده می‌شود تا به عنوان طلسمی در این «دنیای مهمان‌کش» در نهان بانگی هولناک سر دهد و با وسوسه‌های گوناگون، دلِ فرزندانِ آدم(ع) را «لخت لخت» کند و جز پاکبازان و از جان‌گذشتگان کسی را یارای ایستادگی در برابر این طلسم نیست.

تو چو عزمِ دین کنی با اجتهاد[1] دیوْ بانگت بر زند اندر نهاد[2] ۴۳۲۷

هنگامی که تصمیم بگیری در تقویت دین و ایمان بکوشی، شیطان از درونت به فریاد می‌آید.

که: مرو زآن سو، بیندیش ای غوی[3]! که اسیرِ رنج و درویشی شوی ۴۳۲۸

که ای آدم گمراه، به آن سو مرو و بیندیش؛ زیرا به رنج و فقر دچار خواهی شد.

بی‌نوا گردی، ز یاران وابُری خوار گردی و پشیمانی خوری ۴۳۲۹

شیطان با وسوسه می‌گوید: تقویت دین و ایمان چیزی جز بینوایی و تنهایی نصیبت نمی‌کند. دچار خواری و پشیمانی می‌شوی.

تو ز بیمِ بانگِ آن دیوِ لعین واگریزی در ضلالت، از یقین ۴۳۳۰

تو از ترس بانگِ شیطان ملعون از ایمان به گمراهی باز می‌گردی و اعتقاد و یقین را رها می‌کنی.

که: هلا! فردا و پس فردا مراست راهِ دین پویم که مُهلت پیش ِ ماست ۴۳۳۱

می‌اندیشی که هنوز فرداها هست و مهلت دارم که بالاخره راه دین و ایمان را پیش بگیرم، فعلاً به امور دنیوی بپردازم.

مرگ بینی باز، کو از چپّ و راست می‌کُشد همسایه را تا بانگ خاست ۴۳۳۲

امّا هنگامی که صدای شیون همسایگان را که در ماتم از دست دادن عزیزی در سوگ نشسته‌اند می‌شنوی، می‌بینی که مرگ مهلت نمی‌دهد و چپ و راست آدمیان را در کام خود می‌کشد.

---

۱ - **اجتهاد** : جهد کردن، کوشش. ۲ - **اندر نهاد** : در درون. ۳ - **غَوی** : گمراه.

بــاز عـزمِ دیـن کـنی از بـیمِ جـان   مَردْ سازی خـویشتن را یک زمـان ۴۳۳۳

باز از ترس جان به دین و ایمان روی می‌آوری و می‌کوشی تا مردصفت در راه حق گام برداری؛ امّا این جهد کوتاه مدّت است.

پس سِلَح[1] بربندی از علم و حِکَم   که مـن از خـوفی نـیارم، پـای کـم ۴۳۳۴

و در همین دوران کوتاه که عزم دین کرده‌ای، خود را به علم و حکمت می‌آرایی و این دانش‌ها را همچون اسلحه‌ای برای تقویت خود به کار می‌بری و می‌اندیشی من از بیم فقر و زیان دنیوی، راه خدا را ترک نخواهم کرد.

بـاز بـانگی بـر زنـد بـر تـو ز مَکْـر   که بـترس و بـازگـرد از تـیغِ فـقر ۴۳۳۵

باز شیطان از درون وسوسه‌ات می‌کند و بانگ می‌زند و حیله‌گرانه مـی‌گوید: از فـقر و ناداری که همانندِ شمشیر بُرنده تو را به هلاکت می‌رسانَد، بترس و بازگرد.

بــاز بگــریزی ز راهِ روشــنی   آن ســلاحِ عــلم و فــن را بـفکنی ۴۳۳۶

بار دیگر از راه روشن رستگاری می‌گریزی و آن سِلاح علم و حکمت را فرو می‌گذاری.

ســال‌ها او را بــه بــانگی بـنده‌ای   در چنین ظلمت نـمد افکـنده‌ای[2] ۴۳۳۷

سال‌هاست که به وسوسهٔ او تن در می‌دهی و در تاریکی باقی مانده‌ای.

هــیبتِ بــانگِ شــیاطین خـلق را   بـندکـرده‌ست و گـرفته حـلق را[3] ۴۳۳۸

هیبت بانگ شیاطین خلق را اسیر کرده و نَفَسشان را بریده است.

تا چنان نومید شد جـانشان ز نـور   کــه روانِ کـافران زاهْـلِ قـبور[4] ۴۳۳۹

آنان را به حالی رسانده که جانشان از دریافت نور هدایت ناامید شده است، همان‌گونه که روحِ کافران درگورها از رستاخیز و نجات ناامید است.

ایـن شکـوهِ بـانگ آن مـلعون بُـوَد   هیبتِ بـانگِ خـدایـی چـون بُـوَد؟ ۴۳۴۰

هیبت بانگِ آن ملعون که چنین باشد، هیبت بانگ خدایی چگونه خواهد بود؟

---

۱ - **سِلَح**: اسلحه. ۲ - **نمد افکنده‌ای**: ماندگار شده‌ای.

۳ - **گرفته حلق را**: گلویشان را فشرده و به مرگ تهدیدشان کرده است.

۴ - اشارتی قرآنی؛ ممتحنه: ۱۳/۶۰: ای کسانی که ایمان آورده‌اید! با قومی که خداوند آنان را مورد غضب قرار داده است دوستی نکنید. آنان از [نجات در] آخرت مأیوس‌اند همان گونه که کافران مدفون در قبرها مأیوس می‌باشند.

هـیبتِ بـاز است بـر کـبکِ نـجیب [۱]   مر مگس [۲] را نیست زآن هیبت نصیب ۴۳۴۱

هیبتِ آن بانگ، مانندِ هیبتِ باز شکاریِ تیزپرواز برای کبکِ اصیل است که می‌ترسد و به دلهره دچار می‌شود، در حالی که مگسِ حقیر از آن صدا هیچ بیمی ندارد.

زانکـــه نَـبْوَد بـــازْ صـیّادِ مگس   عنکبوتان [۳] می مگس گـیرند و بس ۴۳۴۲

زیرا باز شکاری با طبعی والا به شکار مگس که صیدی پست است، نمی‌پردازد، فـقط عنکبوت‌ها مگس را شکار می‌کنند.

عنکبوتِ دیو [۴]، بر چون تو ذُبـاب [۵]   کرّ و فر دارد، نه بر کبک و عُقاب [۶] ۴۳۴۳

شیطان برای مگسی حقیر، مانندِ تو بزرگی و عظمت دارد، نه برای کبک و عقاب.

بـانگِ دیـوان، گـلّه‌بانِ اشـقیاست [۷]   بـانگِ سـلطان، پـاسبانِ اولیـاست ۴۳۴۴

بانگ شیاطین، مانندِ چوپان، گمراهان را در سیطرهٔ خود نگاه می‌دارد و بانگ الهی هم نگهبان اولیاست.

تـــا نـــیامیزد بـدین دو بـانگ دور   قطره‌یی از بحرِ خوش با بحرِ شور [۸] ۴۳۴۵

وجود این دو بانگ در این عالم بدان سبب است که «نیکی و بدی» یا «حق» و «باطل» که در کنار یک‌دیگرند، با هم آمیخته نشوند؛ یعنی در عین حال که «سعید» و «شقی» در این دنیا در کنار یک‌دیگر زندگی می‌کنند، از هم ممتاز و متمایز باشند.

رسیدنِ بانگِ طِلسمی نیم‌شب مهمانِ مسجد را

بشنو اکنون قصّهٔ آن بانگِ سـخت   که نرفت از جا بدان، آن نیکبخت ۴۳۴۶

اکنون به قصّهٔ آن مرد نیک‌بخت گوش فراده که از آن بانگ هولناک نهراسید.

---

۱ - **کبکِ نجیب** : انسان مؤمن.   ۲ - **مگس** : مراد شخص بی‌ایمان است، اهل دنیا، کافر.

۳ - **عنکبوتان** : جمع عنکبوت، اشاره به شیطان و شیاطین است.   ۴ - **عنکبوتِ دیو** : اشاره به شیطان.

۵ - **ذباب** : مگس.   ۶ - **کبک و عقاب** : مراد مؤمن و عارف است.   ۷ - **اشقیا** : گمراهان.

۸ - اشارتی قرآنی؛ فرقان : ۵۳/۲۵: و او کسی است که دو دریا را به هم بر آمیخت. این یکی شیرین و خوشگوار و آن یکی شور و تلخ. و در میان آن دو برزخ و حایلی جداگر قرار داد.

گفت: چون ترسم؟ چو هست این طبلِ عید[1] تا دُهُل[2] ترسد، که زخم او را رسید ۴۳۴۷

میهمان آن مسجد با خود گفت: چرا از این صدا بترسم؟ این بانگ برای من طبلی است که فرارسیدن عید را نوید می‌دهد. طبلِ میان تهی باید بترسد که این بانگ همچون ضرباتی بر آن فرود می‌آید، نه من.

ای دُهُل‌هایِ تهیِ بی قلوب قِسمِتان از عیدِ جان شد زخمِ چوب[3] ۴۳۴۸

ای کسانی که همانند طبل‌های توخالی هستید؛ یعنی فاقدِ «دل و جان»اید، نصیب شما از عیدی که برای جانِ آدمیان مقرّر شده، یعنی قربان کردن «هستیِ موهومی» و یافتنِ «هستیِ حقیقی»، ضربه‌های چوب است.

شد قیامت عید، و بی‌دینان دُهل ما چو اهلِ عید، خندان همچو گُل ۴۳۴۹

رستاخیز برای «اهلِ ایمان» عید است که در آن چونان گل خندان و شادمان‌اند و در آن روز «اهلِ ضلال» همانندِ طبل باید ضربه‌ها را تحمّل کنند.

بشنو اکنون این دهل چون بانگ زد دیگِ دولتبا[4] چگونه می‌پزد؟ ۴۳۵۰

اکنون بشنو که این طبل چگونه به صدا در آمد و دیگِ آشِ سعادت، چه‌سان جوشید.

چونکه بشنود آن دهل آن مردِ دید[5] گفت: چون ترسد دلم از طبلِ عید؟ ۴۳۵۱

هنگامی که آن مرد بصیر صدای طبل را شنید با خود گفت: چرا باید دلم از طبل عید بترسد؟

گفت با خود: هین! ملرزان دل، کزین مُرد جانِ بددلانِ بی یقین[6] ۴۳۵۲

با خود گفت: به هوش باش و هراسی به دل راه نده که از چنین بانگی فقط جانِ بدنهادانِ بی‌ایمان می‌ترسد.

وقتِ آن آمد که حیدروار من مُلک گیرم یا بپردازم بدن ۴۳۵۳

اینک وقت آن است که من، مانند حیدر(ع) با شجاعت مقاومت کنم تا پیروز شوم یا جان ببازم.

---

۱ – میهمان مسجد که پاکبازی عاشق است آن بانگ را چونان نویدی برای ایثار جان و قربان شدن در راه حق می‌یابد؛ بنابراین آن صدای هولناک را همانند طبلی می‌داند که برای قربان شدن او نواخته می‌شود.

۲ – **دُهُل**: طبل، اشاره به آدم میان تهی، یعنی عاری از معرفت، اهل دنیا.

۳ – **زخم چوب**: اشاره به ضربات رنج‌ها و مشقّت‌هایی است که اهل دنیا برای بهره‌مندی هر چه بیشتر از تمتّعات آن بر خود هموار می‌دارند و جز تنزّلِ جانِ آنان حاصل دیگری برای آخرتشان ندارد.

۴ – **دولتبا**: دولت‌با، آش بخت و اقبال. ۵ – **مردِ دید**: کسی که دارای بینش و بصیرت است.

۶ – **بی یقین**: بدون ایمان، کافران، منکران.

بر جهید و بانگ بر زد: کـای کـیا ! حـــاضرم، ایـنک، اگـر مـردی بـیا ۴۳۵۴

ناگهان از جای برجست و فریاد زد: ای مرد بزرگ، من حاضرم، اگر جرأت داری بیا.

در زمان بشکست ز آواز، آن طِلِسم زر همی ریزید هر سو قِسم قِسم[1] ۴۳۵۵

در لحظه از بانگ میهمان طلسم مسجد شکست و از هر طرف انواع طلاها بر زمین می‌ریخت.

ریخت چندان زرکه ترسید آن پسر تـــا نگـــیرد زر ز پُـرّی راهِ در ۴۳۵۶

آن قدر طلا فرو ریخت که آن جوان بیمناک شد که توده‌های بزرگ طلا راه خروج را سد کند.

بعد از آن برخاست آن شیرِ عَـتید[2] **تا سـحرگه زر بـه بـیرون مـی‌کشید** ۴۳۵۷

سپس آن جوانمرد که مانندِ شیر نیرومند بود، برخاست و تا سپیده‌دم طلاها را خارج کرد.

دفـــن مـــی‌کرد و هـمی آمـد بـه زر بـــا جــوال و تــوبره بــارِ دگــر ۴۳۵۸

طلاها را در بیرون مسجد دفن می‌کرد و باز با کیسه و توبرهٔ خالی به مسجد باز می‌گشت.

گـــنج‌ها بـــنهاد آن جـــانباز از آن کـــوریِ تـــرسانیِ واپسْ خــزان[3] ۴۳۵۹

آن جانباز به کوریِ کسانی که از آن بانگ هراسیدند و واپس خزیدند، نهراسید و صاحبِ گنجِ عظیمی شد.

این زرِ ظـاهر بـه خـاطر آمـده‌ست در دلِ هـــر کـــورِ دورِ زربَـرَست ۴۳۶۰

زرّی را که از آن سخن می‌گوییم، در نظر اهل دنیا که از حقایق سخت دور و کورند، طلای ظاهری جلوه می‌کند، در حالی که مُراد جانِ طلاصفت یا «گنجِ حقایق» است.

کـــودکان اِســـفال‌ها[4] **را بشکـــنند نـــامِ زر بـــنهند و در دامـــن کُـنند** ۴۳۶۱

این از ویژگی‌های کودکان است که با چیزهایِ غیرحقیقی سرخوش و شادمان می‌شوند. به عنوان مثال، سفال‌ها را خُرد می‌کنند و آن‌ها را تکّه‌های طلا می‌نامند و در دامان خویش جمع می‌کنند. اهل دنیا هم چنین‌اند. اطفالی بیش نیستند که از «عقلِ خداجو» بهره ندارند و به جمع‌آوری متاعی می‌پردازند که در جهان آخرت خریداری ندارد.

---

۱ - **قِسم قِسم** : قسمت قسمت، کُپه کُپه. ۲ - **عَتید** : تنومند و قوی.
۳ - **واپس خزان** : آنان که از خطرات ادراک حقایق بیمناک‌اند و حاضر به مقابله با آن نیستند.
۴ - **اِسفال** : سفال.

۴۳۶۲ **انـدر آن بـازی چـو گـویی نـامِ زر   آن کـند در خـاطرِ کـودک گُـذَر**

اگر هنگامی که کودکان به آن بازی مشغول‌اند، نامِ طلا را بر زبان آوری، کودک می‌پندارد که مقصود، تکّه‌های سفال است.

۴۳۶۳ **بـل زرِ مـضروبِ ضـربِ ایـزدی[1]   کو نگردد کـاسد[2]، آمـد سـرمدی[3]**

طلایی که ما می‌گوییم در ضرّابـخانهٔ الهـی ضـرب مـی‌شود و هـرگز بـازار آن از رونـق نمی‌افتد؛ زیرا خریدار آن خداوند است و طلایی ابدی است.

۴۳۶۴ **آن زری کین زر از آن زر تاب یافت   گـوهر و تـابندگی و آب یـافت[4]**

آن جانِ زرّصفتی که به اعتبار اتّصال با عقلِ کُلّ، احکامِ عـقل کُـلّ بـر او جـاری است، تابندگیِ موجوداتِ متفاوت پرتوی از انوار متجلّی در او یا «اصل وجود» است که بر آنان تافته.

۴۳۶۵ **آن زری کـه دل از او گـردد غـنی   غـالب آیـد بـر قَـمَر در روشـنی**

آن جانِ زرّصفتی که در پرتو انوارِ هدایتش جان انسان‌ها تعالی می‌یابد و دلشان با ادراک و شهود حقایق از تمتّعات بی‌قدرِ دنیوی بی‌نیاز می‌گردد و درخشندگی‌اش از ماه و هر چیز درخشان مادّی افزون‌تر است.

۴۳۶۶ **شمعْ بـود آن مسـجد و پـروانـه او   خویشتن دربـاخت آن پـروانـه‌خو**

آن مسجد، مانند شمع و میهمان چون پروانه بود و می‌خواست جان را فدا کند.

۴۳۶۷ **پر بسوخت او را و لیکن سـاختش   بس مـبارک آمـد آن انـداخـتش**

شمع پرِ او را سوزاند و به رنج و سختی مبتلا شد؛ امّا جانش ساخته و پرداخته گردید و در واقع پری دیگر یافت و خود را در آتشی که همگان از آن پرهیز می‌کردند، انداخت که برای وی بسیار بابرکت بود.

۴۳۶۸ **همچو موسی[5] بود آن مسعودْ بخت   کآتشی دید او به سوی آن درخت**

آن عاشق نیک بخت، مانندِ موسی(ع) بود که آتشی در کنار درخت بر بالای کوه دید.

---

۱ - اشاره به جانِ زرّصفت بزرگان و کاملان که در اثر کمال الهی گنجینه‌ای از حکمت و علوم و اسرار شده است.

۲ - **کاسد** : بی‌رونق.   ۳ - **سرمدی** : ابدی.   ۴ - اشاره به انسان کامل واصل محمّدیّه(ص) است.

۵ - موسیٰ(ع) بر کوه طور: ر.ک: ۱۹۴۳/۱ و ۲۸۰۱/۱.

چون عنایت‌ها بر او مَوْفُور[1] بود ناژ می‌پنداشت و خود آن نور بود ۴۳۶۹

چون عنایات الهی شامل حالش بود، آنچه را که آتش می‌پنداشت، نور بود.

مردِ حق را چون ببینی ای پسر! تو گمان داری بر او نارِ بشر ۴۳۷۰

ای پسر، هنگامی که مرد حق را می‌بینی، «نور» او را «نار» می‌پنداری و گُمان می‌کنی که انسانی همانند دیگران و دارای وجوه نَفْسانیِ نازله است.

تو ز خود می‌آیی و آن در تو است نار و خار ظنّ باطل این سُو است ۴۳۷۱

تو مردِ حق را با خود قیاس می‌کنی. «آتش نفسانی» و «خارِ گُمان و پندار» مربوط به تو و کسانی است که از قیودِ عالم حس نرهیده‌اند.

او درختِ موسی است و پُر ضیا نور خوان، نارش مخوان، باری بیا ۴۳۷۲

او، مانندِ درختِ موسیٰ(ع) سرشار از نور حق است. حدّاقل بیا و آن را نور بخوان نه نار.

نه فِطامِ[2] این جهان ناری نمود؟ سالکان رفتند و آن خود نور بود ۴۳۷۳

مگر برای خلق بریدن از «تعلّقات دنیوی» و تحمّل «تهذیب و ریاضت» سخت و عذاب‌آور نیست؟ امّا می‌بینیم که سالکان با شهامت به میان این آتش می‌روند و حاصلِ آن را نورِ درون می‌یابند.

پس بدان که شمعِ دین بر می‌شود این نه همچون شمعِ آتش‌ها بُوَد ۴۳۷۴

پس آگاه باش که شمع دین و ایمان هر لحظه افروخته‌تر می‌شود. این شمع، مانندِ شمع دنیوی در اثر افروختن کاستی نمی‌یابد.

این نماید نور و سوزد یار را و آن به صورت نار، و گُل زُوّار[3] را ۴۳۷۵

شمعِ دنیوی به صورت نور جلوه‌گر می‌شود؛ امّا عاشق خود را می‌سوزانَد، در حالی که شمعِ فروزانِ «دین و ایمان» به صورتِ آتش دیده می‌شود و برای واصلان، مانندِ گل لطیف است.

این چو سازنده، ولی سوزنده‌ای و آن گَهِ وُصلت[4] دل افروزنده‌ای ۴۳۷۶

شمع مادّی به ظاهر سازنده و روشنایی‌بخش است، ولی می‌سوزانَد، شمع دین بر خلاف این، هنگام وصال دل آدمی را منوّر می‌کند.

---

۱ - **موفور**: بسیار، تمام. ۲ - **فطام**: بازگرفتن از شیر، بریدن از تعلّقات دنیوی.
۳ - **زوّار**: جمع زائر، زیارت گنندکان، اینجا واصلان. ۴ - **گَهِ وُصلت**: هنگام وصال، هنگامی که به آن برسی.

شکـلِ شـعلهٔ نـورِ پـاکِ سـازوار[1] حاضران[2] را نور و دُوران[3] را چو نار ۴۳۷۷

شعلهٔ ظاهریِ نورِ پاکِ حقایق برای اهل ایمان نور و برای اهل دنیا آتش است.

ملاقاتِ آن عاشق با صدرِ جهان

آن بُخاری[4] نیز خـود بـر شـمع زد گَشته بود از عشقش آسان آن کَبَد[5] ۴۳۷۸

عاشق صدرجهان نیز که خود را به دست شعلهٔ عشق سپرده بود، رنج و سختی را آسان و هموار می‌دید.

آهِ سـوزانَش سـویِ گـردون شـده در دلِ صـدرِ جـهان مِـهر آمـده ۴۳۷۹

آه سوزانش به آسمان رسیده و در دلِ صدرِ جهان مهری پدیدار شده بود.

گفته با خود در سحرگه کِای اَحَـد! حـالِ آن آوارهٔ مـا چـون بُـوَد؟ ۴۳۸۰

صدر جهان در سحرگاهی با خود گفته بود: ای پروردگار یگانه، آن آوارهٔ ما در چه حال است؟

او گـناهی کـرد و مـا دیـدیم، لیک رحـمتِ مـا را نـمی‌دانست نـیک[6] ۴۳۸۱

او مرتکب خطایی شد و ما متوجّه شدیم؛ امّا او از رحمت بسیار ما بی‌خبر بود.

خـاطرِ مُـجْرِم ز مـا تـرسان شـود لیک صـد اومـید در تـرسش بُـوَد ۴۳۸۲

هرچند که بندهٔ گناهکار از ما می‌ترسد؛ امّا ترس او همراه با صدها امیدواری است.

مـن بـترسانم وقـیح[7] یـاوه[8] را آنکه ترسد، مـن چـه تـرسانم ورا؟ ۴۳۸۳

من انسان‌های بی‌شرم را که در برابر خداوند بی‌باک و بی‌پروا هستند، می‌ترسانم؛ چرا باید کسی را که خود از عدم رضایت حق بیمناک و ترسان است، بترسانم؟

بـهر دیگِ سـرد آذر مـی‌رود نه بدان کـز جـوش از سر مـی‌رود ۴۳۸۴

ترساندن بندگان از قهر الهی و یا عدم رضایت حق همانند آتشی است که بـرای جـوشاندن یک دیگ به کار می‌رود، دیگی که مدام در حال جوشش است به حرارت زیاد احتیاجی ندارد.

---

۱ - **نور پاک سازوار**: نور پاک حقایق. ۲ - **حاضران**: اشاره به اهل حقایق.

۳ - **دوران**: اشاره به اهل دنیا که از حقایق دور هستند.

۴ - بازگشت به قصّهٔ «عاشق صدر جهان»، ر.ک: ۳۶۸۷/۳. ۵ - **کَبَد**: رنج و سختی.

۶ - در این قصّه، «صدر جهان» رمزی از معشوق حقیقی است. ۷ - **وقیح**: بی‌شرم. ۸ - **یاوه**: بیهوده.

آمـــنان[1] را مـن بـترسانم بـه عـلم[2]   خایفان را، ترس بردارم بـه حـلم[3] ۴۳۸۵

کسانی که خود را از «قهر حق و عذاب الهی» ایمن می‌دانند، آگاه می‌کنم و به آنان می‌فهمانم که هیچ چیز جز پرهیز از بدی‌ها و اجرای اوامر حق نمی‌تواند بنده را در امان بدارد و آنان را که از حق بیمناک‌اند، با حلم و بردباری خویش امنیّت خاطر می‌بخشم.

پـــاره‌دوزم پـــاره در مـــوضع نـهم   هر کسی را شربت اندر خـور دهـم ۴۳۸۶

همان‌گونه که پاره‌دوز هر تکّه را در جای مناسب قرار می‌دهد، من نیز به هر کس چیزی را که مناسب اوست، می‌دهم.

هست سرِّ مـرد[4] چـون بـیخِ درخت[5]   زآن بروید برگ‌هاش از چوبِ سخت[6] ۴۳۸۷

«جانِ انسان» مانندِ ریشهٔ درخت‌است و «صفات و اسرار نهانی»‌اش مانندِ برگ‌ها، ازآن نشأت می‌یابند.

در خـــورِ آن بـــیخْ رُســـته بـرگ‌ها   در درخت و در نـفوس و در نُـهیٰ[7] ۴۳۸۸

ویژگی‌ها و صفاتی که در درختِ وجود، یعنی نفوسِ آدمیان یا عقل آنـان وجـود دارد، نشأت گرفته و متناسب با اصلِ[8] آن‌هاست.

بـر فـلک پَـرهاست ز اشجارِ وفـا   اَصْلُها ثـابتٌ وَ فَـرْعُهُ فـی اَلسَّـما[9] ۴۳۸۹

بندگانی که به میثاق روز اَلَست[10] وفادارند، وجودشان، مانندِ درختانی محکم و استوار است که شاخ و برگِ مؤثر وفایشان به آسمان می‌رسد.

چون بِرُست از عشقْ پر بر آسـمان   چون نـروید در دلِ صـدرِ جـهان؟ ۴۳۹۰

در حالی که بر اثر عشق، پر و بال در آسمان می‌روید، چرا در دل صدر جهان نروید؟

---

۱ - **آمنان**: کسانی که خود را در امان می‌دانند.   ۲ - **به علم**: این دانش و آگاهی را به آنان می‌دهم.

۳ - **حلم**: بردباری.   ۴ - **سِرّ مرد**: باطن آدمی.   ۵ - **بیخ درخت**: ریشهٔ درخت.

۶ - اشاره است به تأثیر باطن بر ظاهر.   ۷ - **نُهی**: جمع نُهْیَه به معنی عقل.

۸ - اشاره است به اقتضا و طلبی که در «عین ثابت» هر موجودی وجود دارد؛ یعنی هر موجودی بر حسب قابلیّت و استعدادی که در «عین ثابت» خویش دارد، خداوند را به لسان حال و استعداد خویش می‌خواند و حق تعالیٰ به اعتبار اسمی که بر آن موجود حاکم است با وی ارتباط دارد.

۹ - اشارتی قرآنی؛ ابراهیم: ۲۴/۱۴: آیا ندانسته‌ای که خداوند چگونه مثلی می‌زند که کلمهٔ پاک [ایمان] همانند درختی پاک [و پرورده] است که أَصْلُهَا ثَابِتٌ وَ فَرْعُهَا فِي ٱلسَّمَآءِ. ریشه‌اش [در زمین] استوار است و شاخه‌اش سر به آسمان دارد.   ۱۰ - **روز الست**: ر.ک: ۱۲۴۶/۱.

۴۳۹۱ مـوج مـی‌زد در دلش عـفو گُـنَـه   کـه ز هــر دل تــا دل آمــد روزنـه

التماس و لابهٔ وکیل در دل صدر جهان اثر کرده بود و امواج بخشش و عفو، دلش را به تلاطم آورده بود؛ زیرا دل به دل راهی نهان دارد.

۴۳۹۲ کــه ز دل تــا دل یـقـیـن روزن بُـوَد   نـه جـدا و دُور چـون دو تـن بُـوَد

به یقین دل به دل راه دارد. دو دل همانند دو تن نیستند که از هم جدا باشند.

۴۳۹۳ مـتّـصل نَـبْـوَد سـفـالِ دو چـراغ   نورشان ممزوج باشد در مَساغ¹

بدنه و روغندان دو چراغ از هم جداست؛ ولی نورشان در هم آمیخته و ممزوج است.

۴۳۹۴ هیچ عاشق خود نباشد وصل‌جو   که نـه معشوقش بُوَد جویایِ او²

تا معشوق خواهان عاشق نباشد، عاشق نمی‌تواند عاشق و طالب و جویای وصل باشد.

۴۳۹۵ لیک عشقِ عـاشقـان تـن زه کُـنَد³   عشقِ معشوقان خوش و فربه کند

امّا عشق، جسم عاشقان را ضعیف و نزار و تن معشوقان را زیبا و فربه می‌کند.

۴۳۹۶ چون در این دل برقِ مِهرِ دوست جَست   اندر آن دل دوستی می‌دان که هست

اگر در دلِ عاشق برق محبّت بدرخشد، بی‌گمان در دلِ معشوق نیز عشق وجود دارد.

۴۳۹۷ در دل تو مِهرِ حق چون شد دوتُو⁴   هست حق را بی‌گمانی مِهرِ تو⁵

اگر محبّت و عشق حق در دلت افزون شود، بدون تردید خداوند هم تو را دوست دارد.

۴۳۹۸ هیچ بـانگِ کف زدن نـایـد به در   از یـکـی دستِ تـو بی‌دستی دگر

همان‌گونه که تا دو کف دست بر هم نخورد، هرگز صدایی ندارد.

۴۳۹۹ تشنه مـی‌نالد که: ای آبِ گُـوار!   آب هم نـالد که کو آن آب‌خوار؟

همان‌طور که تشنه می‌نالد و خواستار آب گواراست، آب هم به زبانِ حال جویای تشنه است.

---

۱ - مَساغ: جاری شدن، روان شدن، جریان.

۲ - اشاره است به این نکته که عشقِ عاشقانِ حق و عارفان ناشی از عنایت و فضل الهی و جذبه‌ای است که آنان را در کمند خویش کشیده است.   ۳ - تن زه کند: تن را لاغر و ضعیف می‌کند.

۴ - دوتُو: دولایه، زیاد شدن.

۵ - توجّه به این نکته است که محبّت و عشق یک جریان دوطرفه است و اشارت قرآنی آن: مائده: ۵۴/۵ [ر.ک: ۱۷۵۴/۱]، مراد آن است که تا خداوند به فضل خویش بنده‌ای را دوست نداشته باشد، بنده نمی‌تواند خدا را دوست بدارد.

جذبِ آب است این عطش در جانِ ما ‌ ‌ ‌ ما از آنِ او و او هم آنِ ما ۴۴۰۰

اینکه تشنگی و عطشِ ما با آشامیدن آب فرو می‌نشیند، در نتیجهٔ جاذبه و اثری است که خداوند در آب نهاده است و خاصیّتِ فرو نشاندن عطش را به آن عطا کرده؛ پس این امر، یک تعلّق دوجانبه است؛ یعنی عشقِ عاشق چیزی جز جذب و کششِ معشوق نیست.

حکمتِ حق[1] در قضا[2] و در قَدَر[3] ‌ ‌ ‌ کرد ما را عاشقانِ همدگر ۴۴۰۱

«علم الهی» در آفرینشِ «عالم امکان» و پدیده‌های این عالم اقتضا کرده است که اضداد به یک‌دیگر بپیوندند و جذب شوند؛ زیرا[4] **ظهور حق تعالیٰ** به صورت **اضداد** است و پیوند عاشق و معشوق، تحقّقِ اهدافِ آفرینش و جذبِ اضداد است.

جمله اجزایِ جهان زآن حکم پیش ‌ ‌ ‌ جُفت جفت، و عاشقانِ جُفتِ خویش ۴۴۰۲

بنا بر حُکم ازلی اجزای جهان جفت آفریده شده‌اند و هر جُفت جویا و خواستار جفتِ دیگر خویش است.

هست هر جزوی ز عالَم جفت‌خواه ‌ ‌ ‌ راست همچون کهربا و برگِ کاه ۴۴۰۳

در عالم هر جزوی جویای جفت خویش است، همان گونه که کهربا، کاه را جذب می‌کند.

آسمان گوید زمین را: مرحبا! ‌ ‌ ‌ با توأم چون آهن و آهن‌رُبا ۴۴۰۴

آسمان که زمین را جفتِ خویش می‌داند، به زبان حال می‌گوید: مرحبا بر تو، من و تو مانندِ آهن و آهن‌ربا هستیم و به سبب جاذبه‌ای که به یک‌دیگر داریم، مخلوقات این جهانی پدید می‌آیند.

آسمانْ مرد و زمینْ زن در خِرَد ‌ ‌ ‌ هر چه آن انداخت این می‌پرورد[5] ۴۴۰۵

نزدِ عقل، آسمان، مانندِ مرد و زمین مانندِ زن است؛ زیرا آنچه از آسمان می‌بارد، زمین می‌پرورَد.

چون نمانَد گرمی‌اَش، بفرستد او ‌ ‌ ‌ چون نمانَد تری و نم، بِدْهد او ۴۴۰۶

اگر زمین گرما نداشته باشد، آسمان به او گرمی می‌دهد و اگر آب و رطوبت نداشته باشد، آسمان به آن آب و رطوبت می‌رسانَد.

---

۱ - **حکمت حق**: علم حق و مشیّت الهی که حکم اوست.

۲ - **قضا**: حکم اجمالی است به احوال موجودات که تابع علم ازلی حق است به موجودات؛ یعنی پیدا آوردن آنچه می‌دانست. ۳ - **قَدَر**: آنچه که پیدا آورده است و به اقتضای اعمال و افعال ما هست، قَدَر اوست.

۴ - با استفاده از شرح مقدّمهٔ قیصری، صص ۱۳۵-۱۳۲.

۵ - اشاره به این طرز تفکّر است که آبای علوی، یعنی افلاک و ستارگان را پدران خلقت می‌دانستند و در سرنوشت آدمیان مؤثّر و عناصر اربعه، یعنی خاک، آب، آتش و هوا را امّهات یا مادران خلقت می‌نامیدند.

برجِ خاکی، خـاکِ ارضـی را مـدد　　　بـرجِ آبـی تـرّی‌اَش انـدر دَمَـد[1] ۴۴۰۷

برج خاک به زمین امداد می‌رساند و برج آب، به آن رطوبت می‌دهد.

با توجّه به «قوّهٔ فاعله و منفعله»ای که قُدَما برای هر یک از «برج‌های دوازده‌گانهٔ صُوَر فلکی» قـائل بودند، مولانا می‌فرماید: به اقتضای حکمت و مشیّت الهی، طبایع گوناگون این برج‌ها در احوال آدمیان اثر دارند و در هر زمان و فصل شرایط لازم را در خاکیان و خاک پدید می‌آورند.[2]

بـرجِ بـادی ابـر سـویِ او بَـرَد　　　تـا بـخارات وَخِـم[3] را بـر کَشَـد ۴۴۰۸

«برجِ باد» ابرها را به سوی زمین می‌کشاند تا بخارهای زیان‌آور را جذب کنند؛ یعنی در اثر گرما و تبخیر، بخارهای زیان‌آور از زمین دور شوند.

بـرجِ آتش گـرمیِ خـورشید از او　　　همچو تابهٔ سرخ ز آتش پُشت و رو ۴۴۰۹

«برجِ آتش» که گرمای خورشید از آن ناشی می‌شود، همانند تابه‌ای است که هر دو روی آن از آتش سرخ شده باشد.

هست سـرگردان فـلک انـدر زمـن　　　همچو مردان گِـردِ مَکسَبْ بـهرِ زن ۴۴۱۰

احوالِ فلک که در اطراف زمین سرگردان است، به حال مردانی مـانند است کـه بـرای زنانشان به کسب و کار می‌پردازند و همواره در چرخش و گردش‌اند.

ویـن زمـین کـدبانویی‌ها مـی‌کند　　　بـر وِلادات و رِضـاعش[4] مـی‌تَنَد ۴۴۱۱

این زمین هم مانند زنان خانه‌دار فعّالیّت می‌کند، بچّه‌هایی می‌زاید و می‌پرورد.

---

۱ - همان‌گونه که قبلاً هم گفته شد، ۷۵۵/۱، به دلیل حرکت زمین به دور خورشید چنین به نظر می‌رسد که خورشید جابه‌جا می‌شود و در این مسیر سالانه در هر ماه محاذی یکی از صورت‌های فلکی قرار می‌گیرد که مجموعهٔ این صورت‌های فلکی را برج‌های دوازده‌گانه می‌نامند. قدما برای هر یک از **بروج دوازده‌گانه فلکی**، قوّهٔ فاعله و منفعله قائل بودند؛ یعنی آن‌ها را گرم و سرد یا تر و خشک می‌پنداشتند. به همین جهت دوازده برج را به چهار دسته آبی، خاکی، آتشی و بادی تقسیم کرده بودند. **برج‌های آبی** که شامل: سرطان (مطابق با ماه تیر)، عقرب (مطابق با ماه آبان) و حوت (مطابق با ماه اسفند) که دارای مزاج گرم و تر به شمار می‌آمده‌اند. **برج‌های خاکی** که شامل: ثور (مطابق با ماه اردیبهشت)، سنبله (مطابق با ماه شهریور) و جدی (مطابق با ماه دی) که دارای مزاج سرد و خشک بـه شـمار می‌آمده‌اند. **برج‌های آتشی** که شامل: حَمَل (مطابق با ماه فروردین)، اسد (مطابق با ماه مرداد) و قوس (مطابق با ماه آذر) که دارای مزاج گرم و خشک به شمار می‌آمده‌اند. **برج‌های بادی** که شامل: جوزا (مطابق با ماه خرداد)، مـیزان (مطابق با ماه مهر) و دَلوْ (مطابق با ماه بهمن) که دارای مزاج گرم و تر به شمار می‌آمده‌اند.

۲ - با استفاده از دهخدا، ذیل لفظ برج.　　۳ - **بخاراتِ وَخِم** : بخارهای زیان‌آور.

۴ - **رضاع** : شیر خوردن، اینجا به معنی ارضاع: شیردادن به کار رفته است.

پس زمین و چرخ را دان هوشمند   چونکه کارِ هوشمندان می‌کنند[1] ۴۴۱۲

پس زمین و آسمان را که کارهایی هوشمندانه انجام می‌دهند باید خردمند دانست.

گر نه از هم این دو دلبر می‌مَزَند[2]   **پس چرا چون جُفت در هم می‌خزند** ۴۴۱۳

اگر آسمان و زمین، مانندِ مرد و زن از یک‌دیگر لذّت نمی‌برند، چرا در آغوش هم‌اند؟

بی زمین کِی گُل بروید وَ ارغوان؟   پس چه زاید ز آب و تابِ آسمان؟ ۴۴۱۴

اگر زمین نبود، هرگز گل و ارغوان نمی‌رویید و بارش و تابش آسمان حاصلی نداشت.

بهرِ آن، میل است در ماده به نر   تا بُوَد تکمیلِ کارِ همدگر ۴۴۱۵

اینکه دو جنس به یک‌دیگر تمایل دارند برای هدفی است که از پیوندِ کار آن‌ها به وجود می‌آید.

میل اندر مرد و زن حق زآن نهاد   تا بقا یابد جهانْ زین اتّحاد ۴۴۱۶

خداوند این کشش و میل دوجانبه را در مرد و زن از آن‌رو قرار داده است تا از اتّحاد و همبستگی میان آنان، جهان و امور دنیوی برقرار باشد و اهداف آفرینش تحقّق یابد.

میلِ هر جزوی به جزوی هم نهد   ز اتّحادِ هر دو تولیدی زَهَد[3] ۴۴۱۷

خداوند هر جزوی را به جزو دیگر متمایل کرده است تا از اجتماع آن‌ها موجودی پدید آید.

شب چنین با روز اندر اِعتناق[4]   **مختلف در صورت، امّا اتّفاق** ۲۲۱۸

شب و روز همواره به دنبال یک‌دیگر و گویی در آغوش هم‌اند؛ یعنی هر یک از آغوش دیگری بیرون می‌آید و علی‌رغمِ ظاهر متفاوت در معنا متّحدند و هر دو یک هدف واحد دارند.

روز و شب ظاهر دو ضدّ و دشمن‌اند   لیک هر دو یک حقیقت می‌تَنَند ۴۴۱۹

روز و شب در عین تضادِّ ظاهری، یک حقیقت واحد را دنبال می‌کنند که بقایِ جهان و جهانیان است.

هر یکی خواهانْ دگر را همچو خویش   از پیِ تکمیلِ فعل و کارِ خویش ۴۴۲۰

هر یک خواهان دیگری است، همان‌گونه که خویشاوندان خواهان یک‌دیگرند و این امر برای آن است که کار و عمل خود را کامل کنند.

---

۱ - اشاره است به اینکه: حقیقت وجود در تمام ماهیّات و اعیان ثابته متجلّی و ظاهر است. احاطهٔ حقیقت به اشیا، احاطهٔ قیّومی و احاطهٔ این فعل بر اشیا، احاطه و ظهور سریانی است؛ پس اشیا در مقام تفصیل و ظهور مجلاّی همان حقیقت‌اند: با استفاده از شرح مقدّمهٔ قیصری، صص ۱۲۳-۱۲۲.   ۲ - **می‌مزند** : می‌مکند، اینجا لذّت می‌برند.

۳ - **زَهَد** : بتراود، پدید آید.   ۴ - **اعتناق** : دست درگردن یک‌دیگر انداختن.

زانکه بی شب دخل نَبْوَد طبع را   پس چه اندر خرج آرَد روزها؟ ۴۴۲۱

زیرا اگر شب نباشد، طبیعتِ بشری نمی‌تواند نیرویی ذخیره کند و بدون آن چگونه در روز به فعالیّت بپردازد؟

جذبِ هر عنصری جنسِ خود را که در ترکیبِ آدمی محتبس[1] شده است به غیرِ جنس

در ابیات پیشین، سخن از چگونگیِ پیوند نهانی پدیده‌های گوناگون جهان بود و اینکه چگونه عوامل آسمانی و زمینی دست به دست یک‌دیگر می‌دهند تا اهداف آفرینش تحقّق یابد، اینک در عین حال که سرّ سخن در شرحِ همان معناست به این نکته می‌پردازد که: ترکیب عناصر اربعه، یعنی خاک، آب، هوا و آتش که در تشکیل قالب عنصری موجودات دخیل هستند پس از نابودی و مرگ جسمانی آن موجود، به عنوان امّهات یا اصل و مبدأ، هر یک از قسمت‌های تشکیل دهندهٔ قالب عنصری را که با آن‌ها سنخیّت و جنسیّت داشته باشد به سوی خویش جذب می‌کنند، در واقع هر چیز به سوی اصل خود باز می‌گردد.

خاک گوید خاکِ تن را: بازگَرد   ترکِ جان کن، سویِ ما آ، همچو گَرد ۴۴۲۲

«خاک» به زبانِ حال به خاکِ تنِ آدمی می‌گوید: جان را رها کن و به شتاب به سوی ما بازگرد.

جنسِ مایی پیشِ ما اَوْلیتری   بِهْ که زآن تن وارهی، وز آن تَری ۴۴۲۳

تو از جنس ما هستی و باید نزد ما باشی، بهتر است که از بدن و رطوبت آن رهایی یابی.

گوید: آری لیک من پا بسته‌ام   گرچه همچون تو ز هجران خسته‌ام ۴۴۲۴

خاکِ تن می‌گوید: آری؛ امّا من مقیّد به قیودی هستم که مشیّت الهی برایم قرار داده است، هرچند که همانندِ تو از هجران خسته‌ام و مشتاقم که به اصل خویش بازگردم.

تریِ تن را بجویند آب‌ها   کای تری! باز آ ز غربت سویِ ما ۴۴۲۵

«آب»های زمین هم جویای رطوبت قالب جسمانی آدمی هستند و می‌گویند: ای رطوبت، از غربت به سوی ما بیا که اصلِ تو هستیم.

گرمیِ تن را همی خواند اثیر[2]   که: ز ناری، راهِ اصلِ خویش گیر ۴۴۲۶

«آتش»، جویای گرمایِ تن آدمی است و به زبانِ حال می‌گوید: اصل تو آتش است، بدان بازگرد.

---

۱ - مُحْتَبَس : گرفتار.   ۲ - اثیر : فلک ناری، کرهٔ آتش، آتش: ر.ک: ۴۲۲۳/۳.

هست هفتاد و دو[1] علّت در بدن — از کشش‌هایِ عناصِر، بی رَسَن[2] ۴۴۲۷

بیماری‌های گوناگونی که آدمی بدان مبتلا می‌شود، نتیجهٔ همین کشش و جاذبهٔ نهانی عناصر متفاوت است.

علّت آید تا بدن را بِسْکُلَد[3] — تا عناصر همدگر را واهِلَد ۴۴۲۸

بنابراین بیماری بر بدن عارض می‌گردد تا تعادل و توازنِ این عناصر ناهمگون را که در «تن» جمع آمده‌اند، از هم بپاشد و عناصر مختلف از قید یک‌دیگر رهایی یابند.

چار مرغ‌اند این عناصر بسته‌پا — مرگ و رنجوری و علّت، پاگُشا ۴۴۲۹

عناصر اربعه، مانند چهار پرنده‌اند که پاهایشان به یک‌دیگر بسته شده است. مرگ و بیماری عواملی هستند که موجب رهایی آنان می‌شوند.

پایشان از همدگر چون باز کرد — مرغِ هر عنصر یقین پرواز کرد ۴۴۳۰

هنگامی که مرگ و بیماری، بند را از پایِ عناصر بردارد، هر عنصر به اصل خود باز می‌گردد.

جذبهٔ این اصل‌ها و فرع‌ها — هر دمی رنجی نهد در جسمِ ما ۴۴۳۱

جاذبه و کشش این اصل‌ها و فرع‌ها، هر لحظه آدمی را در معرض رنج و بیماری قرار می‌دهد.

تا که این ترکیب‌ها را بر دَرَد — مرغِ هر جزوی به اصلِ خود پَرَد ۴۴۳۲

تا روزی که بیماری و رنج بتواند به کلّی تعادل و توازن آدمی را به هم بزند، عناصر ناهمگون را از هم بپاشد و هر عنصر به سوی اصل خود بازگردد.

حکمتِ حق مانع آید زین عَجَل[4] — جمعشان دارد به صحّت، تا اجل ۴۴۳۳

مشیّت الهی اجازه نمی‌دهد این عناصر به سرعت از هم بپاشند و آن‌ها را به سلامتی و توازن در جوار هم نگاه می‌دارد تا زمانی که مرگ فرا رسد.

گوید: ای اَجزا! اجلْ مشهود نیست — پر زدن پیش از اَجَل‌تان سود نیست ۴۴۳۴

مشیّت الهی طبق قوانینی که برای عالم حس و موجودات مقرّر داشته است به زبانِ حال به این اجزا گوید: هنوز مرگ فرا نرسیده و کشش شما برای جدایی کامل ثمری ندارد.

---

۱ - اشاره به کثرت است نه عددی خاصّ. ۲ - **رَسَن** : طناب، ریسمان. ۳ - **بُسْکلد** : بگسلد.
۴ - **عَجَل** : شتافتن.

چونکه هر جزوی بجوید اِرتفاق[1] چون بُوَد جانِ غریب اندر فراق؟ ۴۴۳۵

با توجّه به اینکه طبق قوانین الهی، هر جزو مادّی از اجزای وجود آدمی مشتاق بازگشت به اصلِ خویش است؛ پس می‌توان دریافت جان انسان که از مبدأ هستی مهجور است، چه‌سان غریبانه در این تن رنج می‌کشد.

مُنجذِب شدنِ جان نیز به عالمِ ارواح و تقاضایِ او و میلِ او به مقرّ خود و منقطع شدن از اجزایِ اجسام که کُندهٔ پایِ بازِ روح‌اند

این قطعه، در ادامهٔ ابیات پیشین که در شرحِ بازگشتِ اجزای وجودِ عنصری انسان به اُمّهاتِ خویش بود، به بیانِ این نکته می‌پردازد که پس از فنای جسم مادّی و منجذب شدن هر جزوی به اصل خود، جانِ آدمی نیز که از عالمِ عِلوی و مجرّدات است، مشتاق بازگشت به اصل خود است و بنا بر مرتبه‌ای که کسب کرده توسط عالم ارواح جذب می‌شود.

گوید: ای اجزایِ پستِ فَرشی‌ام[2]! غربت من تلخ‌تر، من عرشی‌ام[3] ۴۴۳۶

روح به اجزای عنصریِ «تن» می‌گوید: غربتِ من که از عالم برین‌اَم، از مهجوری شما تلخ‌تر است.

میلِ تن در سبزه و آبِ روان زآن بُوَد که اصلِ او آمد از آن ۴۴۳۷

تن آدمی به سبزه‌زار و جویبار علاقه‌مند است؛ زیرا اصل او از همین مواد است.

میلِ جان اندر حیات و در حَیْ[4] است زانکه جانِ لامکانْ اصلِ وی است ۴۴۳۸

چون جان آدمی از لامکان یا «عالم مجرّدات» است، مشتاقِ حیات ابدی و خداوند است.

میلِ جان در حکمت است و در علوم میلِ تن در باغ و راغ[5] است و کُروم[6] ۴۴۳۹

جان به حکمت الهی و علوم و اسرار حق تمایل دارد؛ امّا تن به باغ و صحرا و تاکستان.

میلِ جان اندر ترقّی و شرف میلِ تن در کسب و اسبابِ علف[7] ۴۴۴۰

«جان» مشتاق ارتقا و مراتب عالی است؛ امّا «تن» به امور دنیوی و راحتی و لذّت تمایل دارد.

---

۱ - **ارتفاق**: رفاقت کردن. ۲ - **اجزایِ پستِ فرشی**: اجزای عنصری و مادّی قالب جسمانی آدمی.
۳ - **عرشیم**: متعلّق به عالم برین و عالم ارواح، عالم مجرّدات. ۴ - **حَی**: حَیّ: از نام‌های پروردگار.
۵ - **راغ**: دامن کوه، صحرا. ۶ - **کُروم**: جمع کَرْم به معنی مو یا درخت انگور.
۷ - **اسبابِ علف**: کنایه است از لوازمی که موجب گذران امور دنیوی و تمتّعات مادّی است.

۴۴۴۱ **میل و عشقِ آن شرف[1] هم سویِ جان   زیـن یُـحِبْ را و یُحِبُّونْ[2] را بـدان**

«حق» نیز مشتاق ارتقای جان آدمی و نیل او به عالی‌ترین مراتب است. اشارت قرآنی، مائده: ۵۴/۵، همین معنا را دارد.

۴۴۴۲ **حاصل آنکه هر کـه او طـالب بُـوَد   جـانِ مـطلوبش در او راغب بُـوَد**

خلاصهٔ کلام آنکه: هر کس که طالب و مشتاقِ حق است مطلوب نیز به او مشتاق است.

۴۴۴۳ **گر بگویم شرحِ ایـن، بـی‌حد شـود   مـثنوی هشـتـاد تـا کـاغذ شـود**

اگر بخواهم این موضوع را به‌طور مبسوط شرح دهم، مثنوی هشتاد جلد و کثیر می‌شود.

۴۴۴۴ **آدمـی، حـیـوان، نـباتی و جـماد   هـر مُـرادی[3] عـاشقِ هـر بی‌مراد[4]**

«انسان، حیوان، نبات و جماد» همه از مبدأ خویش مهجورند و مشتاقِ بازگشت به اصلِ خویش‌اند که مُراد آنان محسوب می‌گردد. هر اصل نیز مشتاقِ جذبِ جزو خویش و بازگشتِ جزو به کلّ است.

۴۴۴۵ **بـی مُـرادان بـر مُـرادی مـی‌تَنَند   و آن مُرادانْ جذبِ ایشان مـی‌کنند**

تمام اجزای عالم هستی، هر یک بنا بر مرتبه‌ای کـه در آن‌انـد، از اصـل خـویش دور و مشتاق بازگشت‌اند، این اشتیاق ناشی از جذبِ مبدأ آن جزو است.

۴۴۴۶ **لیک مـیـلِ عـاشقان لاغـر کُـند   میلِ معشوقان خوش و خوش‌فر کُند[5]**

امّا میل و اشتیاقِ عاشقان، آنان را نحیف و زار می‌کند؛ ولی میل و اشتیاقِ مـعشوقان و

---

۱ - **آن شرف :** اشاره به مراتب عالی هستی و مدارجی که برای نیل بدان باید گذراند.

۲ - اشارت قرآنی: ر.ک: ۱۷۵۱/۱.

۳ - **هر مُراد :** اشاره به اصل و مبدأ هر چیز است، مثلاً اجزای عناصر که مُرادشان عناصر اربعه است.

۴ - **بی مُراد :** اشاره به هر جزوی که از کلّ خود مهجور است.

۵ - اشاره است به دیدگاه عُرفایِ اسلامی که قائل به وحدت حقیقت وجود هستند و کثرت در مظاهر و قوس صعود و نزول. وجود به اعتبار آنکه مبدأ جمیع حقایق است؛ پس آخر و انتها و غایت الغایات و نهایت النهایات است و چون حق به حسبِ فیض مقدّس و وجود منبسط، عینِ هر موجودی و به اعتبارِ ظهور در ملابسِ اسما و صفات و ظهور در عالمِ خلق عین هر ذی‌وجودی است و به اعتبار اصل ذات و تنزّه آن از حدوث و لوازم مادّه و تکوین، غیر اشیا است و به اعتبار آنکه هر فرعی باید به اصل خود رجوع کند و چون حق در تمام حقایق متجلّی است و ظهور دارد، متّصف به اسمِ ظاهر و چون در عینِ ظهور، خفی است و هر موجودی از اسمِ باطن بهره‌ای دارد، متّصف به اسمِ باطن است؛ بنابراین علی‌رغم آنکه ذات مطلق حق تعالیٰ اوسعِ از وجود ذهنیِ و خارجیِ است و مقیّد به قیدی، نیست، حتّی عاری از قید اطلاق است و غنی مطلق و بی‌نیاز از هر دو جهان؛ امّا از حیث اسماء خود طالب وجود عالم است و به اعتبار آنکه ذات حق تعالیٰ با تجلّی در مقام احدیّت و واحدیّت تنزّل یافته و درکسوت صور خارجیّه و صور ادراکیّه ظهور یافته است، مقتضای آن، قوس نزول، یعنی خلق عالم امکان و پس از آن برای اتمام دایرهٔ وجود، قوس صعود است؛ یعنی ترقّی موجودات امکانی از عالم طبع و بازگشتشان به مبدأ هستی: شرح مقدّمهٔ قیصری، صص ۲۱۶ و ۱۵۳ و ۱۴۳ و ۱۱۵ و ۱۱۱.

مطلوبان برای جذب عاشقان، زیبایی و شکوه آنان را آشکار می‌کند و در اثرِ بازگشتِ جزو به کلّ، کمال افزون‌ترشان جلوه‌گر می‌شود.

۴۴۴۷ **عشقِ معشوقان دو رُخ افروخته عشقِ عاشق جانِ او را سوخته**

در کُلِّ «عالم امکان یا عالم خلق»، عشقِ هر معشوق دو وجه دارد، یک وجه آن «معشوقی» است که عاشق را جذب می‌کند، وجه دیگر، آن که خودِ او «عاشق» مطلوبی است که نسبت به او در مرتبهٔ بالاتری از مراتب هستی است و عشق جانِ او را می‌سوزانَد.

۴۴۴۸ **کهربا[1] عاشقْ به شکلِ بی‌نیاز کاه[2] می‌کوشد در آن راهِ دراز[3]**

«حقیقتِ وجود» که در گوهر و ذات خود «واحد» و در «صفات و اسما» متکثّر است، همان دریای بیکران هستی است که در مقام ربوبیّت، در عین بی‌نیازی، عاشق و خواستار امواجی است که بر سطح این دریا هویدا می‌شوند، بندگان و مخلوقات که امواج این دریا هستند، در مقام عبودیّت و خلق، عاشق و مشتاق طیّ این راه بس طولانی و بازگشت به مبدأ خویش‌اند.

۴۴۴۹ **این رها کن عشقِ آن تشنه دهان تافت اندر سینهٔ صدرِ جهان**

بهتر است این سخنان را رها کنیم و به قصّهٔ «عاشق صدر جهان» باز گردیم و بگوییم که چگونه عشق آن وکیل تشنه جان در دل صدر جهان تأثیر گذاشت.

۴۴۵۰ **دودِ آن عشق و غمِ آتش‌کده رفته در مخدومِ او، مشفِق شده**

دودِ آهِ او و غم عشق سوزانش در دل سَروَرش اثر کرد و او را مهربان ساخت.

۴۴۵۱ **لیکش از ناموس[4] و بَوش[5] و آبِ‌رو شرم می‌آمد که واجوید از او**

امّا به سبب مقام و موقعیّتِ ممتاز و حفظِ ظاهر، ترجیح می‌داد که جویای احوال او نشود.

۴۴۵۲ **رحمتش مُشتاقِ آن مسکین شده سلطنت زین لطفْ مانع آمده**

لطف و رحمت او مشتاق عاشق بینوا بود؛ امّا مقامِ سلطنت مانع ابراز لطف می‌شد.

۴۴۵۳ **عقلْ حیران کین عجب او را کشید؟ یا کَشِش زآن سو بدین جانب رسید؟**

عقل در این موضوع سرگشتهٔ حیرانی بیش نیست که آیا جذبِ باطنی صدر جهان موجبِ بازگشت و شیدایی عاشق شد یا پرتوِ اشتیاق و عشق وکیل سبب جذب معشوق شد؟

---

۱ - **کهربا**: اشاره است به حقیقتِ وجود. ۲ - **کاه**: اشاره است به موجودِ امکانی یا مخلوق.
۳ - **راه دراز**: طیّ قوس صعودی. ۴ - **ناموس**: آبرو، به اقتضای عرف اجتماع و حرف مردم.
۵ - **بَوْش**: شکوه و جلال و خودنمایی، شهرت.

ترکِ جَلدی[1] کـن، کـزین نـاواقـفی　　　لب بـــبند، اَللهُ اَعْـــلَمْ بـــالخَفی ۴۴۵۴

چون چگونگی این رابطه را نمی‌دانی، بی‌باکی نکن و خاموش باش. خداوند اسرار نهان را بهتر می‌داند.

این سخن را بعد از این مدفون کنم　　　آن کَشنده[2] می‌کَشد، من چون کنم؟ ۴۴۵۵

بعد از این، می‌کوشم که در ارتباط با این امر سخن نگویم؛ امّا آن جاذب نهانی خواهان حقایق است، من چه کنم؟

کیست آن کِت می‌کشد؟ ای مُعْتَنی[3]!　　　آنکــه مـی‌نگذاردت کـین دَم زنـی ۴۴۵۶

ای انسان آگاه، چه کسی تو را می‌کشد؟ همان که نمی‌گذارد در این مورد، بیشتر سخن بگویی.

صــد عــزیمت مـی‌کنی بـهرِ سـفر　　　مــی‌کشانَد مــر تــو را جــایِ دگـر ۴۴۵۷

کسی که تا کنون صدها بار تصمیم تو را برای عزیمت تغییر داده و به جای دیگری کشانده است.

زآن بگردانَـد بــه هـر سـو آن لگـام　　　تا خبر یابَد ز فارِسْ[4] اسبِ خـام[5] ۴۴۵۸

علّت اینکه علی‌رغم میل و تصمیمت تو را به جای دیگـری مـی‌کشانَد، ایـن است کـه متوجّه شوی در سیطرهٔ نیرویی برتر از خویش هستی.

اسبِ زیرکسارْ[6] زآن نیکوپی[7] است　　　کو همی دانَد که فارِس بر وی است ۴۴۵۹

بندهٔ آگاه که به «عالم معنا» روی آورده است، توسّط آن نیروی قاهر به هـر سـو کشـانده نمی‌شود و می‌تواند راه حق و منازل آن را به خوبی طی کند؛ زیرا از نفوذِ احکـامِ الهـی در جریان امور باخبر است.

او دلت را بر دو صد سودا بـبَست　　　بی مرادت کرد، پس دل را شکست ۴۴۶۰

همان نیرویِ مسلّط، تو را به آمال و آرزوهای دور و دراز دلبسته مـی‌کند، سـپس مـانعِ رسیدنِ تو به همهٔ آن‌ها می‌شود و دلت را می‌شکند.

---

۱ - **جَلْدی** : زرنگی.　۲ - **کشنده** : اشاره است به الهام ربّانی.

۳ - **معتنی** : اعتنا کننده، اهتمام کننده، یعنی آدم آگاه.

۴ - **فارس** : سوار، مراد همان کشنده یا نیروی الهی و مسلّط است که آدمی را به هر سو می‌کشانَد.

۵ - **اسبِ خام** : آدمِ خام و ناآگاه، کسی که از حقایق بی‌خبر است.

۶ - **اسبِ زیرکسار** : انسانِ آگاه که از حقایق باخبر است و دست نیرومند حق را در امور می‌بیند.

۷ - **نیکو پی** : رهوار.

چون شکست او بالِ آن رایِ نخُست[1] چون نشد هستیِ بالْ اِشکن[2] درست؟ ۴۴۶۱

هنگامی که بال و پرِ اوّلین تصمیم‌ها و آمال و آرزویت را شکست و تو را بی‌مراد کرد، چرا نپذیرفتی و قبول نکردی که نیرویی مافوقِ قدرت آدمی برای حصول نتایج وجود دارد؟

چون قضایش[3] حَبْلِ[4] تدبیرت سُکُست[5] چـون نشـد بـر تو قـضایِ آن درست؟ ۴۴۶۲

هنگامی که قضایِ الهی رشتهٔ تدبیر و چاره‌اندیشی‌هایت را از هم می‌گُسَلَد و پاره می‌کند، چرا باور نمی‌کنی که حکم و فرمانروایی از آن اوست.

فَسْخ[6] عزایِم[7] و نَقْض‌ها، جهتِ باخبر کردنْ آدمی را، از آنکه مالک و قاهرْ[8] اوست، وگاه‌گاه عزمِ او را فسخ ناکردن و نافذ داشتن، تا طمع او را بر عزم کردن دارد، تا باز عزمش را بشکند، تا تنبیه[9] بر تنبیه بُوَد

این قطعه نیز در تأییدِ همان معنایِ ابیات پیشین است: خداوندِ قادر که قدرتش بر مُلکِ هستی سیطره و تسلّط تامّ دارد، آدمی را به تصمیم‌گیری در ارتباط با امور متفاوت وامی‌دارد و با پدید آوردن عوامل گوناگون وی را از رسیدن به مُرادِ خویش بازمی‌دارَد تا انسان بداند که «مالکِ حقیقی و قاهرِ مطلق» اوست. گاه نیز عزم آدمی را برای رسیدن به هدفی خاصّ امداد می‌کند تا با رسیدن به مقصودی که داشته است، امیدوار شود و برای رسیدن به سایر اهداف عزم خویش را جزم کند و باز او را از رسیدن به آن نامُراد می‌سازد و بدین ترتیب برای آنان که مشتاق ادراک حقایق هستند، آگاهی بر آگاهی افزون می‌گردد.

عــــزم‌هـــا و قــصدها در مــاجرا گــاه‌گــاهی راست مــی‌آید تــو را ۴۴۶۳

گاهگاهی تصمیمات و تدابیری که برای هدفِ خاصّی اندیشیده‌ای، نتیجه‌بخش‌اند و خواسته‌ات برآورده می‌شود.

تــا بــه طــمعِ آن دِلت نیّت کـند بـــارِ دیگــر نــیّتت را بشکــند ۴۴۶۴

تا به طمعِ آن امیدوار شوی که می‌توانی به خواسته‌هایت برسی و تصمیم مجدّد برای امید یا آرزویی دیگر سبب می‌شود خداوند موانعی در راهت ایجاد کند و نگذارد تلاش و کوشش تو به نتیجه برسد.

---

۱ - **رأی نخست** : اشاره است به آمال و آرزوها. ۲ - **بال اِشکن** : اشاره به خداوند است.
۳ - **قضا** : ر.ک: ۹۱۵/۱. ۴ - **حَبْل** : رشته، ریسمان. ۵ - **سُکست** : پاره‌کرد. ۶ - **فسخ** : باطل شدن.
۷ - **عَزایم** : جمع عزیمة به معنی ارادهٔ مؤکّد. ۸ - **قاهر** : غالب. ۹ - **تنبیه** : آگاه‌کردن.

ور بــه کــلّی بــی مـرادت داشـتی دل شدی نومید، اَمَل[1] کِی کـاشتی؟ ۴۴۶۵

اگر خداوند تمام تصمیمات تو را باطل می‌کرد و در هـمهٔ امـور نـامُراد بـودی، دلت از ناامیدی لبریز می‌شد و هرگز نمی‌توانستی امید یا آرزویی داشته باشی.

ور نکـاریدی[2] اَمَـل، از عـوری‌اش کِی شدی پـیدا بـراو مـقهوری‌اش؟ ۴۴۶۶

و اگر خداوند هیچ آرزو و امیدی را در دل انسان قـرار نـمی‌داد، چـون دل او عـاری از هـر خواسته‌ای بود، نامُرادی مفهومی نداشت و آدمی درنمی‌یافت که مقهورِ قدرتِ قاهری است.

عاشقانْ از بی‌مرادی‌هـایِ خـویش بـاخبر گشـتند از مـولایِ خـویش ۴۴۶۷

«عاشقانِ حق» به سبب نامرادی‌ها به معرفتِ حقایق و «معرفتِ نفس» که چیزی جز «معرفت حق» نیست، نائل آمدند.

بـی مـرادی شـد قَـلاوُوز[3] بـهشت حُفَّتِ الجَنَّه[4] شنو ای خوشْ سرشت! ۴۴۶۸

ناکامی و نامرادی، راهنمای بهشت است. ای انسان پاک نهاد، به این حدیث توجّه کن: *بهشت در سختی‌ها و ناملایمات پیچیده شده است*؛ یعنی راه رسیدن به آن، عبور از ناملایمات است.

که مراداتت هـمه اِشکسـته پـاست پس کسی باشد کـه کـامِ او رواست ۴۴۶۹

اینکه همهٔ خواسته‌ها و تصمیم‌هایت بـا نـامرادی روبـرو مـی‌شود، تـو را بـه ایـن فکـر وامی‌دارد که من ناکام و نامراد شدم؛ امّا نامرادی‌ام عینِ مُراد شخص دیگری است و آن کس، جز خداوند قادر و قاهر نیست.

پس شدند اِشکسته‌اش آن صادقان لیک کو خود آن شکستِ عاشقان؟ ۴۴۷۰

و به این ترتیب «عاشقانِ صادقِ حق» در می‌یابند که نامرادیِ آنان عینِ مرادِ دوست است؛ پس از نامرادی نیز دلشادند، همان‌گونه که از مراد؛ امّا چنین عاشقانِ صادقی بس کمیاب‌اند.

عـاقلان[5] اِشکسـته‌اش از اضـطرار عاشقان اِشکسته بـا صـد اخـتیار[6] ۴۴۷۱

«عاقلان» که «عقلِ معاد یا عقلِ خداجو»، آنان را در راه حق قـرار داده است، ایـن نـامرادی و

۱ - **اَمَل** : ارزو. ۲ - در نسخهٔ کهن «ور بکاریدی...» است. نیکلسون هم این ضبط را در پاورقی آورده است.
۳ - **قلاووز** : پیشاهنگ و راهنما. ۴ - اشاره به حدیث: ر.ک: ۱۸۳۹/۲.
۵ - **عاقلان** : اشاره به کسانی است که عقلِ معاد آنان را راهی کوی دوست کرده است؛ امّا هنوز خویشتنِ خویش را در حق نباخته و فانی نکرده‌اند و به مقام عاشقی که فنای در محبوب است نرسیده‌اند.
۶ - تقابلی است میان عاقلان و عاشقان.

ناکامی‌ها را از حق می‌دانند و به آن تن در می‌دهند؛ زیرا «حکمت الهی» را که به تقلید آموخته‌اند، به ایشان می‌گوید که تنها قدرتِ قاهر و مسلّطی که بر کلّ عالم هستی سیطره دارد، قدرت باری تعالیٰ است؛ پس از سر ناچاری ناکامی‌ها را می‌پذیرند؛ امّا عاشقانِ صادق با کمال میل و رغبت خواهانِ خواستِ دوست‌اند؛ حتّی اگر ناکامی و نامرادی آنان باشد.

عاقلانش بندگانِ بندی‌اند[1] عاشقانش شکّری و قندی‌اند[2] ۴۴۷۲

عاقلان را ناچاری و اضطرار به قیدِ بندگی حق در آورده است، در حالی که عاشقان در نهایت رضایت و رغبت بندگی می‌کنند و وجودی سرشار از رضایت و شادمانی دارند.

اِئْتِیا کَرْهاً[3] مِهارِ عاقلان اِئْتِیا طَوْعاً بهارِ بی‌دلان ۴۴۷۳

«از روی بی‌میلی بیایید» افسارِ عاقلان است و «با میل و رغبت بیایید» بهار عاشقان است.

نظر کردنِ پیغامبر علیه السَّلام به اسیران، و تبسّم کردن و گفتن که: عَجِبْتُ مِنْ قَوْمٍ یُجَرّونَ اِلی اَلجَنَّةِ بالسَّلاسِلِ وَ اَلأَغْلالِ[4]

در ابیات پیشین تقابل میان «عاقلان» و «عاشقان» به تقریر آمد و اینکه عاقلان از سر بی‌میلی و به تقلید از بزرگان و عارفان در راه حق گام می‌نهند؛ امّا عاشقان به رغبت و بی‌محابا، در ادامهٔ آن اشارت قرآنی، **فصّلت**: ۱۱/۴۱: *...به آن [آسمان] و به زمین فرمود: خواه یا ناخواه رام شوید.*

تقابل میان عاقلان و عاشقان و اشارت قرآنی که به رام و مطیع شدن اختیاری و یا اجباری نظر دارد، تداعی‌گر شرح حدیثی[5] می‌شود که عنوان این قطعه بدان اختصاص یافته و در ارتباط با جنگ بدر است با این مضمون[6] که

---

۱ - **بندگانِ بندی**: بندگی از سر اضطرار و ناچاری.

۲ - مصراع دوم اشاره به عاشقانی است که شاکرانه و عاشقانه بندگی می‌کنند.

۳ - اشارتی قرآنی؛ فصّلت : ۱۱/۴۱ : ر.ک: ۲۹۸۴/۳.

۴ - نگاه کردن پیامبر(ص) به اسیران و تبسّم کردن و گفتن او که: از قومی که آنان را با غلّ و زنجیر به بهشت می‌کشانند متعجّبم.

۵ - اشاره به حدیث: وَ عَنْهُ(ص) عَجَبَ رَبُّنا مِنْ قَوْمٍ یُقادُونَ اِلَی الْجَنَّةِ فِی السَّلاسِلِ وَ هُمْ کارِهُونَ: از رسول خدا(ص) نقل شده که خداوند از گروهی در شگفت است که آنان را با غل و زنجیر به بهشت می‌برند! و این [اسارت] برایشان ناخوشایند است: احادیث، ص ۳۳۵. اشاره به کفّاری است که اسیر مسلمانان شده بودند.

۶ - خلاصه‌ای از روایت فیه مافیه، صص ۳-۲.

پس از پیروزی سپاه اسلام، تعداد اسیران بسیار بود و مسلمانان آنان را که عمّ پیامبر(ص) عبّاس نیز در میان ایشان بود، گرفته و بند بر دست و پایشان بسته بودند. اسیران آن شب را در بند و عجز و مذلّت می‌گریستند و منتظر تیغ و کشتن بودند. مصطفی(ص) در ایشان نظر کرد و بخندید. آنان گفتند: در ما نظر می‌کند و اسیر در این غلّ و زنجیر می‌بیند و شاد می‌شود، همان‌گونه که اهلِ نَفْس چون بر دشمن ظفر یابند و ایشان را مقهور خود ببینند، شادمان می‌شوند. پیامبر(ص) ضمیر آنان را دریافت و فرمود: حاشا که من از این‌رو می‌خندم. من از آن شاد می‌شوم که می‌بینم با چشم سرّ که قومی را از تونِ دوزخ با غلّ و زنجیرکشان‌کشان و به زور به بهشت و رضوان می‌برم و ایشان در فغان و نفیرکه: ما را از این مهلکه در آن گلستان و مأمن چرا می‌بری؟ با این همه، چون شما آن نظر حق‌بین را ندارید که آنچه را که می‌گویم به عیان ببینید، حق تعالیٰ می‌فرماید: به اسیران بگو که شما لشکرها جمع کردید و با خود می‌گفتید که مسلمانان را مقهور می‌گردانیم و قادرتری از خود نمی‌دیدید و قاهری برتر از قهر خود نمی‌دانستید، لاجرم هر چه تدبیر کردید، به عکس شد. اینک هم که در خوف هستید، توبه نکردید؛ پس لازم است که شوکت و قدرتِ مرا ببینید و خود را مقهور خداوند بدانید تا کارها میسّر شود. اکنون نیز در حال خوف، امید از من مبرّید که قادرم شما را از این خوف برهانم و ایمن کنم.

اشارت قرآنی[1]، **انفال: ۷۰/۸:** *ای پیامبر به اسیرانی که در دست شما هستند بگو اگر خداوند خیری در دل‌های شما سراغ کند، به شما چیزی می‌بخشد که از آنچه از شما گرفته‌اند، بهتر است و شما را می‌آمرزد، و خداوند آمرزگار مهربان است.*

نویری در نهایة الارب فی فنون الادب، ج ۲، ص ۵۴ می‌نویسد: پس از آنکه پیامبر(ص) اسیران را میان اصحاب پخش کرد و از آنان خواست تا با ایشان خیرخواه باشند، جبرائیل در مورد اسیران پیامی آورد که اگر بخواهید می‌توانید آن‌ها را بکشید یا فدیه بپذیرید و در آن صورت در آیندهٔ نزدیک هفتاد نفر از شما شهید خواهند شد. اصحاب گفتند: فدیه می‌گیریم و می‌پذیریم که هفتاد نفر از ما با شهادت به بهشت بروند.

دید پیغمبر یکی جوقی[2] اسیر که همی بُردند و ایشان در نَفیر ۴۴۷۴

پیامبر(ص) گروهی از اسیران را دید که داشتند آنان را می‌بردند و آن‌ها ناله و فغان می‌کردند.

دیدشان در بند، آن آگاهْ شیر[3] می‌ نظر کردند در وی زیر زیر ۴۴۷۵

آن پیامبر آگاه(ص) دید که آنان را به زنجیر بسته‌اند و اسیران زیرچشمی به حضرتش نگاه می‌کردند.

تا همی خایید هر یک از غضب بر رسولِ صدق، دندان‌ها و لب ۴۴۷۶

هر یک از اسیران با خشمی که نسبت به آن پیامبر راستین(ص) داشتند، لب و دندان را می‌جویدند.

زهره نه با آن غضب که دم زنند زانکه در زنجیرِ قهرِ دَه مَن‌اند[4] ۴۴۷۷

علی‌رغم آن همه خشم جرأت سخن گفتن نداشتند؛ زیرا گرفتار غلّ و زنجیرِ گرانِ قهرِ حق بودند.

---

۱ - جنگ بدر: ر.ک: ۲۲۴۱/۱. ۲ - **جوق** : گروه. ۳ - **شیر** : شیر حق، اشاره به پیامبر(ص) است.
۴ - **دَه مَن** : ده منی، یعنی زنجیر بسیارگران، بسیار سنگین.

می‌کشانَدشان موکَّل[1] سوی شهر[2] می‌بَرَد از کافرستانْشان به قهر ۴۴۷۸

مأموران آنان را کشان کشان از دیار قهر و کفر به سوی دیار امن و ایمان می‌بردند.

نه فدایی می‌ستانَد، نه زری نه شفاعت می‌رسد از سروری ۴۴۷۹

اسیران می‌اندیشیدند: این چه رسولی است که از ما نه سربها می‌گیرد، نه طلا می‌پذیرد و نه می‌خواهد که شخصِ بزرگی از یارانش به شفاعتِ ما برخیزند؟

رحمتِ عالَم[3] همی گویند و او عالَمی را می‌بُرَد حلق و گلو ۴۴۸۰

می‌گفتند: به این رسول، رَحمَةً لِلعالَمین می‌گویند، در حالی که حلق و گلوی مردم را می‌بُرَد.

با هزار انکار می‌رفتند راه زیرِ لب طعنه‌زنان بر کارِ شاه ۴۴۸۱

اسیران با هزاران انکار راه می‌رفتند و زیرِ لب به کارهای آن سلطان ایراد می‌گرفتند و طعنه می‌زدند.

چاره‌ها کردیم و اینجا چاره نیست خود دلِ این مردْکم از خاره نیست ۴۴۸۲

می‌گفتند: ما همواره قادر بودیم که مشکلاتمان را حل و فصل کنیم؛ امّا اینک کاری از ما بر نمی‌آید؛ زیرا دلِ این مرد کمتر از سنگِ خارا نیست.

ما هزاران مردِ شیر، اَلْپ ارسلان[4] با دو سه عریانِ سستِ نیمْ جان[5] ۴۴۸۳

در جنگی که رخ داد ما گروه کثیری از مردان جنگاور بودیم در حالی که این مردِ دلاور جز چند عرب بی‌حال و نیمه‌جان یار و یاوری نداشت؛ امّا شکست خوردیم.

این چنین درمانده‌ایم، از کژ روی‌است؟ یا ز اختر هاست؟ یا خود جادوی‌است؟ ۴۴۸۴

اینک که این چنین درمانده و شکست‌خورده‌ایم، نمی‌دانیم که این امر از طالعِ بد ماست یا از سحر و جادوست؟

---

۱ - **موکَّل**: مأمور، کارگزار. ۲ - **شهر**: اشاره به دیار ایمان است.

۳ - اشارتی قرآنی؛ انبیاء: ۱۰۷/۲۱: وَ مَآ أَرْسَلْنَاكَ إِلاَّ رَحْمَةً لِّلْعَالَمِينَ: و ما تو را جز مایهٔ رحمت برای جهانیان نفرستادیم: ر.ک: ۱۸۰۵/۳.

۴ - **اَلْپ ارسلان**: اسم خاصّ که اینجا در معنی عام به کار رفته است؛ یعنی شیر دلیر، مرد دلاور.

۵ - اشاره است به تعداد قلیل مسلمانان در بدرالقتال که حدود سیصد نفر بودند و تعداد مشرکان و معاندان که با نیروی امدادی که به سرکردگی ابوجهل به آنان رسید، حدود سه برابر مسلمانان بودند: ر.ک: ۲۲۴۱/۱.

بختِ مـا را بـر دریـد آن بـختِ او   تختِ ما شد سـرنگون از تـختِ او ۴۴۸۵

بختِ بلند او اقبالِ ما را سرنگون کرد و در هم پاشید. جایگاهی که او بر آن تکیه زده، حشمت و شوکت ما را نابود کرده است.

کارِ او از جـادویی گـر گشت زَفت   جادویی کردیم ما هم، چون نرفت؟ ۴۴۸۶

اگر کار او از جادو قوّت گرفته است، ما هم که از جادو استمداد جستیم؛ پس چرا اثری نداشت؟

تفسیرِ این آیت که : «اِنْ تَسْتَفْتِحُـوا فَقَـدْ جٰاءَکُـمُ اَلْفَتْـحُ »[1] الایه، ای طاعنان! می‌گفتید که: از ما و محمّد علیه السَّلام، آنکه حـقّ است فتح و نصرتش دِه، و این بدان می‌گفتید تا گمان آید کـه شـما طـالبِ حقّ‌اید بی‌غَرَض، اکنون محمّد را نصرت دادیم تا صاحب حق را ببینید

این قطعه در ادامهٔ سخن اسیران کافر است که بنا بر روایت[2]: ابوجهل پیش از آغاز نبرد فریاد می‌کشید که «اَللّهُمَّ اَنْصُرْ أَحَبَّ الْفِئَتَیْنِ إِلَیْكَ : خدایا هر یک از دو گروهی را که نزد تو محبوب‌ترند یاری کن»؛ بنابراین در استمرار اندیشهٔ اسیران، تفسیر آیهٔ شریفه تقریر می‌شود که آنان از بت‌ها و از خداوند خواسته بودند که هر گروهی که بر حق است، پیروزی بده و اینک با مغلوب شدن در می‌یابند که بر حق نیستند؛ امّا باز هم ترجیح می‌دهند که مقهور شدن خویش را نشأت گرفته از بختِ بد خود بدانند، نه برحق بودنِ پیامبر(ص).

از بُـتان و از خـدا در خـواسـتیم   کـه: بکَـن مـا را اگـر نـاراسـتیم ۴۴۸۷

اسیران می‌گفتند: ما از بت‌ها و از خداوند خواستیم که اگر باطل و ناراست هستیم، ریشهٔ ما را برکَن و نابودمان کن.

آنکه حقّ و راست است از مـا و او   نُـصرتش دِه، نُـصرتِ او را بـجو ۴۴۸۸

از میان ما و او هر کدام که بر حق هستیم و به راه راست می‌رویم، یاری کن و پیروزی ده.

---

۱ - اشارتی قرانی؛ انفال : ۱۹/۸ : إِنْ تَسْتَفْتِحُوا فَقَدْ جَآءَكُمُ اَلْفَتْحُ وَ إِنْ تَنْتَهُوا فَهُوَ خَيْرٌ لَكُمْ وَ إِنْ تَعُودُوا نَعُدْ وَ لَنْ تُغْنِيَ عَنْكُمْ فِئَتُكُمْ شَيْئاً وَ لَوْ كَثُرَتْ وَ إِنَّ اللهَ مَعَ اَلْمُؤْمِنِينَ : اگر از خداوند داوری می‌خواستید، [نتیجهٔ] داوری او برایتان پیش آمد، و اگر [از کفر] باز ایستید برایتان بهتر است، و اگر باز گردید ما نیز باز می‌گردیم و گروه شما، ولو انبوه باشد، به کارتان نیاید، و بدانید که خداوند با مؤمنان است.

۲ - شرح مثنوی مولوی، دفتر سوم، ص ۱۳۳۴ به نقل از شرح کبیر، ج ۹، ص ۱۶۸۵.

این دعا بسیار کردیم و صَلات[1] پیش لات[2] و پیشِ عُزّیٰ[3] و مَنات[4] ۴۴۸۹

در برابر لات و منات و عُزّیٰ این دعا را مکرراً خواندیم و بر آن‌ها سجده بردیم.

که اگر حقّ است او، پیداش کُن ور نباشد حق، زبونِ ماش کُن ۴۴۹۰

که اگر حق با اوست، مشخّص کن و اگر نیست وی را مغلوب ما بگردان.

چونکه وادیدیم، او منصور بود ما همه ظلمت بُدیم، او نور بود ۴۴۹۱

عاقبت او را یاری کردند و معلوم شد که ما در جهل و کفر به سر می‌بریم و او نورِ حقایق است.

این جوابِ ماست، کآنچه خواستید گشت پیدا که: شما ناراستید ۴۴۹۲

جواب ما این بود که آنچه می‌خواستید، معلوم شد و باید بدانید که شما بر حق نیستید.

باز این اندیشه را از فکرِ خویش کور می‌کردند، و دفع از ذکرِ خویش[5] ۴۴۹۳

اسیران می‌کوشیدند که این اندیشه را از ذهن و فکر خویش پاک کنند.

کین تفکّرْمان هم از اِدبار[6] رُست که صوابِ او شود در دل درست ۴۴۹۴

و برای محو کردن اندیشهٔ حقّانیّت پیامبر(ص) می‌گفتند: اگر فکر می‌کنیم او برحق است، به دلیل این بدبختی عظیمی است که بدان گرفتار شده‌ایم.

خود چه شد گر غالب آمد چند بار؟ هر کسی را غالب آرد روزگار ۴۴۹۵

چه اشکالی دارد که چند بار پیروز شده باشد، ایّام بالاخره هر کسی را روزی به پیروزی می‌رساند.

ما هم از ایّامْ بخت‌آور شدیم بارها بر وی مظفّر آمدیم ۴۴۹۶

ما هم بارها اقبال بلندی داشته‌ایم و به دفعات بر او غلبه کرده‌ایم.

باز گفتندی که: گرچه او شِکَست چون شکستِ ما، نبود آنْ زشت و پست ۴۴۹۷

باز می‌گفتند: هرچند او شکست هم خورده است؛ امّا هرگز شکستِ او، مانندِ شکستِ ما زشت و پست نبوده است.

---

۱ - **صلات :** نماز، اینجا نماز در برابر بُت‌ها.

۲ - **لات :** نام بتی از قبیلهٔ ثقیف در طائف که مورد پرستش قریش و دیگر قبایل عرب بود.

۳ - **عُزّیٰ :** نام یکی از دو بت معروف طایفهٔ قریش در عهد جاهلیّت و بت دیگر لات نام داشت.

۴ - **منات :** بتی که قبایلی از عرب آن را می‌پرستیدند مانند: هُزَیل و خزاعة.

۵ - **دفع از ذکر خویش :** می‌کوشیدند که ذهن خود را از این اندیشه پاک کنند. ۶ - **اِدبار :** بدبختی.

زانکه بختِ نیکْ او را در شِکَست — داد صد شادیِ پنهان زیرْدست[1] ۴۴۹۸

زیرا هنگامی هم که شکست خورد، اقبالِ بلند در نهان او را شادمان می‌داشت.

کو بـه اشکسته نـمی‌مانِست هـیچ — که نه غم بودش در آن، نه پیچ پیچ[2] ۴۴۹۹

زیرا در آن حال، شباهتی به شکست خوردگان نداشت، نه غمی داشت و نه اضطرابی.

چون نشـانِ مـؤمنان مـغلوبی است — لیک در اِشکستِ مؤمن خوبی است ۴۵۰۰

نشان ظاهریِ مؤمنان این است که به‌طور معمول با غلبهٔ زورمندان مغلوب می‌شوند؛ امّا در شکستِ آنان هم لطفِ خاصّی هست.

گر تـو مشک و عـنبری را بشکـنی — عـالمی از فَـوح[3] ریـحان پُـر کُـنی ۴۵۰۱

زیرا وجودشان که مانندِ مُشک و عنبر معطّر است، از شکستن، همه‌جا عطر می‌پراکَنَد.

ور شکستی نـاگـهان سـرگینِ خـر — خـانه‌ها پُـر گَـنْد گـردد تـا بـه سـر ۴۵۰۲

امّا اگر پشگل درازگوش را بشکنی می‌بینی که همه جا را بوی گند پر می‌کند.

وقتِ واگشتِ حُـدَیبیّه بــه ذُلّ — دولتِ اِنّـا فَـتَحْنا زد دُهُـل ۴۵۰۳

از حُدَیبیّه که با سرشکستگی باز می‌گشتند، طبل سعادت به صدا در آمد که: «اِنّا فَتَحْنا».

سرِّ آنکه بی‌مراد بازگشتن رسول علیه السَّلام از حُدَیْبِیَّه[4]، حق تعالی لقبِ آن فتح کرد که: اِنّا فَتَحْنا، که به صورت غَلَق[5] بود و به معنی فتح چنانکه شکستنِ مُشک به ظاهر شکستن است و به معنی درست کردن است مُشکیِ او را، و تکمیلِ فوایدِ اوست

همان‌گونه که قبلاً نیز در داستان صلح حدیبیّه آمد، علی‌رغم آنکه پیامبر(ص) و مسلمانان در سال ششم هجری به عزم عمره به سوی مکّه حرکت کردند؛ امّا مخالفت قریش با ورود ایشان به مکّه و سرانجام با قرارداد عدم تعرّضی که میان پیامبر(ص) و قریش منعقد گردید، ناچار به بازگشت شدند و هنگام مراجعت به مدینه، سورهٔ فتح نازل شد و بشارت عظیمی را برای پیامبر(ص) و مؤمنان به ارمغان آورد.

---

۱ - **زیردست**: نهانی، مخفیانه. ۲ - **پیچ پیچ**: اضطراب و پریشانی.
۳ - **فَوْح**: دمیدن بوی خوش، بوی خوش. ۴ - داستان صلح حدیبیّه: ر.ک: ۲۶۱۵/۱.
۵ - **غَلَق**: بستن، بستن گره سخت.

اینک مولانا در تفسیر آن می‌فرماید: اینکه خداوند بازگشت بی‌نتیجهٔ رسول(ص) از حُدَیبیّه را که ظاهراً «منع و بستن» به نظر می‌رسید، «فتح» لقب داد، بدان‌مناسبت بود که این امر به ظاهر بستن بود و در معنا گشودن؛ همان‌گونه که مُشک با شکسته شدن به‌کمال می‌رسد و فایده‌اش که عطری دل‌انگیز است، ظاهر می‌شود.

آمـــدش پـیغامْ از دولت کــه: رو　　　　تو ز منعِ ایـن ظـفر غـمگین مشـو ۴۵۰۴

از بارگاه الهی به پیامبر(ص) وحی رسید که برو و از این عدم موفقیّت غمگین مباش.

کاندر این خواریِ نَقْدت فتح‌هاست　　　　نَک فلان قلعه، فلان بُقعه، تو راست ۴۵۰۵

زیرا در این خواری، پیروزی‌هایی نهان شده و اینک فتح و گشایش فلان قلعه و فلان بقعه برایت رقم خورده است.

بـنگر آخِـر چونکه واگـردید تَـفت　　　　بر قریْظَه و بر نضیر[1] از وی چه رفت؟[2] ۴۵۰۶

توجّه کن که به محض آنکه پیامبر(ص) به شتاب از حدیبیّه باز گشت، بـر سـر قـبیله‌های قُریْظَه و نضیر چه آمد؟

قــلعه‌ها هــم گِــردِ آن دو بُـقعه‌ها　　　　شـــد مُسَــلَّم وز غــنایم نــفع‌ها ۴۵۰۷

قلعه‌ها و زمین‌های اطراف آن دو بقعه و غنایم بسیاری به تصرّف سپاه مسلمانان در آمد.

ور نباشد آن، تو بنگر کـین فـریق[3]　　　　پر غم و رنج‌اند، و مفتون و عشیق[4] ۴۵۰۸

اگر این فتوحاتِ بعد از حُدَیبیّه هم نبود، نکتهٔ مهم و قابل توجّه آن است که مؤمنان به سببِ نور ایمان که دل و جانشان را تابناک می‌کند، عـلی‌رغمِ رنـج‌ها و غـم‌هایِ راه حـق، روحیه‌ای شاد و سرشار از نیرو دارند؛ زیـرا عـاشقِ حق‌انـد و خـواریِ راهِ او را بـه نـشاط می‌پذیرند.

زهرِ خواری را چو شکّر می‌خورند　　　　خارِ غـم‌ها را چـو اشـتُر مـی‌چرند ۴۵۰۹

مؤمنان، حقارت و خواری را که برای خلق غیر قابل تحمّل است، به شیرینی می‌پذیرند؛

---

۱ - در متن کهن «قُرَیْضَه و نُظَیْر» آمده و خطاست.

۲ - در اینجا مختصر اشتباه تاریخی روی داده است؛ زیرا جنگ بنی‌نضیر که به سبب غدر و مکر آنان با پیامبر(ص) بود در سال چهارم هجری رخ داد و غزوهٔ بنی‌قُرَیْظَه در سال پنجم هجری؛ و این هر دو قبل از صلح حُدَیبیّه بوده و آنچه پس از بازگشت از حُدَیبیّه رخ داد فتح قلعهٔ خیبر است؛ امّا آنچه که در این مورد مولانا بدان نظر دارد فتوحات بعد از حُدَیبیّه و به‌طور کلّی عنایت و فضل الهی است که همواره شامل حال پیامبر(ص) و مسلمانان بوده است: نهایة الأرب فی فنون الأدب، ج ۲، صص ۱۲۴ و ۱۶۸.　　۳ - **فریق** : گروه.　　۴ - **عشیق** : عاشق، عشق‌ورزنده.

زیرا دستِ حق را در جریان امور می‌بینند و شکست را خواستِ او می‌دانند؛ بنابراین خارِ غم را که برای دیگران گلوگیر و برهم زنندهٔ تعادل روانی است، آنان به سهولت هضم می‌کنند، همان‌گونه که شتر خار را.

بـهرِ عـینِ غـم، نـه از بـهرِ فَـرَج[1] این تَسافُل[2] پیش ِ ایشان چون دَرَج[3] ۴۵۱۰

این کار برای آن است که غم را برای نفس ِ غم می‌خواهند که سببِ خواری نَفْس است. مؤمنان دریافته‌اند که تنها راه طی کردن مدارج ترقّیِ روحانی و قُربِ وصالِ حق، خـواریِ «نَفْس» است.

آنـچنان شـادند انـدر قـعرِ چـاه که هـمی تـرسند از تـخت و کـلاه ۴۵۱۱

در عین ناکامیِ دنیوی شادند و همان قدر که از نامرادی‌ها خـرسندند از کـامرانـی‌های دنیوی و جاه و مقام بیمناک‌اند.

هر کجا دلبـر بُـوَد خـود هـمنشین فـوقِ گـردون است، نـه زیـرزمین ۴۵۱۲

انسان هر جا که با معشوق همنشین باشد، سعادتمند و بر فراز آسمان‌هاست، نه زیر زمین.

تفسیرِ این خبر که مصطفی علیه السَّلام فرمود:
لا تُفَضِّلُونی عَلیٰ یُونُس ِ[4] بنِ مَتّیٰ[5]

ابیات پیشین در تقریر این معنا بود که مؤمنان راستین در هر امر دستِ قدرتمند حق را می‌بینند و چون مطلوب آنان تقرّب به حضرت باری است؛ پس در ناکامی کامیاب‌اند و در ناخوشی، خوش. اینک نیز به شرحِ همان معنا در مدارج عالی آن که در ارتباط با انبیاست، می‌پردازد و می‌فرماید بر اساس خبری که از پیامبر(ص) روایت شده است[6]: لاَ یَنْبَغي ِلأَحَدٍ أَنْ یَقُولَ أَنا خَیْرٌ مِنْ یُونُسِ بْنِ مَتّی : شایسته نیست کسی بگوید: من از یونس بن متّی بهترم.

که با اندک تفاوت در منابع مختلف آمده و اشاره است به معراج که پیامبر(ص) فرموده است: معراج من برتر از معراج یونس نیست.

---

۱ - **فَرَج** : گشایش. ۲ - **تَسافُل** : شکست و خواری. ۳ - **دَرَج** : راه، پلّه، نردبان، در اینجا پایه‌ها، مراتب.
۴ - **یونس**(ع) : ر.ک: ۳۱۴۳/۲. ۵ - «مرا بر یونس پسر مَتّی برتری ندهید».
۶ - احادیث، ص ۳۳۶، به نقل از: حلیة الاولیا، ج ۵، ص ۵۷ و با اختلاف در تعبیر مسند احمد، ج ۱، صص ۲۰۵، ۲۴۲، ۲۵۴، ۴۴۰، کنوزالحقایق، ص ۱۶۷.

چنانکه می‌دانیم معراج رسول خدا(ص) به افق اعلیٰ و لامکانی که ماورای فهم و وهم سالکان بود، در بیست و ششم ماه رجب رخ داد و حضرتش را به مقامی رسانید و به تشریف و تخصیصی مُشرف و مُکرّم گردانید که هیچ یک از انبیا و رُسُل را به آن مُشرف و مُکرّم نگردانیده بود. اشارت قرآنی: إسراء:۱/۱۷، همچنین می‌دانیم که یونس بن متیٰ(ع) که از انبیای الهی بود و در سوره‌های انبیاء و صافّات از او سخن به تفصیل رفته و در نساء: ۱۶۳/۴، انعام: ۸۶/۶، یونس: ۹۸/۱۰، صافّات: ۱۳۹/۳۷ نیز از وی یاد شده و در سورهٔ انبیاء: ۸۷/۲۱ با لقب ذوالنّون و در سورهٔ قلم: ۴۸/۶۸ با لقب صاحب الحوت یادکرده است به رسالت به سوی قومش که در نینوا در سرزمین موصل عراق بودند فرستاده شد و چون به او ایمان نیاوردند و از آنجاکه بر خلاف ادّعای وی عذاب نشدند، آزرده‌خاطر شد و از آن دیار رفت و سوار کشتی شد و با آشفته شدن دریا، قرعه زدند و چون بارها قرعه به نام او در آمد، یونس(ع) را به دریا افکندند و ماهی بزرگی او را بلعید و چهل شبانه‌روز در شکم ماهی بود تا ماهی او را به صحرا انداخت و در نهایت به سوی قوم خویش و برای ابلاغ مجدّد رسالت بازگشت، صافّات: ۱۴۸/۳۷-۱۳۹.

اینک در تأیید همان معنایی که در ابیات پایانی قطعهٔ پیشین آمد و به استناد خبری که از پیامبر(ص) روایت شده است، می‌فرماید که تقرّب به هر صورت که باشد، برای مقرّبان دل‌انگیز است کمااینکه معراج رسول خدا(ص) بر اوج آسمان‌ها بود و معراج یونس(ع) در اعماق دریا؛ زیرا در تقرّب، بُعد مکان مطرح نیست و نزدیکی به خداوند رهیدن از هستیِ موهومی و انانیّت است.

گفت پیغمبر که: معراجِ مرا   نیست بر معراجِ یونس اِجتبا[1] ۴۵۱۳

پیامبر(ص) فرمود که معراج من برتر از معراج یونس نیست.

آنِ من بر چرخ و آنِ او نشیب   زانکه قربِ حق بُرون است از حساب[2] ۴۵۱۴

معراج من عروج به آسمان‌ها بود و معراج او فرورفتن در اعماق دریا؛ زیرا تقرّب با معیارِ انسانی سازگار نیست.

قرب، نه بالا، نه پستی رفتن است   قربِ حق از حبسِ هستی رَستن است ۴۵۱۵

تقرّب به خداوند ارتباطی به معیارهای انسانی و بالا یا پایین رفتن ندارد، رهیدن از «هستیِ موهومی و پندارهای ذهنی» است.

نیست را چه جایِ بالا است و زیر؟   نیست را نه زود، و نه دُور است و دیر ۴۵۱۶

کسی که هستیِ خود را در هستیِ حق درباخته و فانی شده، از قید زمان و مکان رهایی یافته است؛ بنابراین بالا و پایین یا دیر و زود برای وی مفهومی ندارد.

---

۱ - **اِجْتِباء**: برگزیدگی.   ۲ - به صورت ممال «حسیب» بخوانید.

کـارگاه و گـنجِ حـق در نـیستی‌ست   غَرّهٔ هستی، چه دانی نیست چیست؟ ۴۵۱۷

«کارگاهِ صنعِ حق» و «خزاینِ بیکران» او هـمه در لامکـانی است کـه تـا آدمـی فـریفتهٔ ایـن هستی‌های مجازی است، هرگز آن را در نمی‌یابد.

حاصل، این اِشکستِ ایشان ای کیا !   مـی‌نماند هـیچ بـا اِشکستِ مـا[1] ۴۵۱۸

ای مرد بزرگ، خلاصهٔ کلام این که عـدم مـوفقیّت پـیامبر(ص) و مسـلمانان در حُـدَیبیّه، شباهتی به شکست ما ندارد؛ زیرا آن شکست نیز در عین تقرّب بود و نشانِ قهر نداشت.

آنـچنان شـادند در ذُلّ[2] و تَـلَف[3]   همچو مـا در وقتِ اقـبال و شـرف ۴۵۱۹

آن مؤمنان در هنگام شکست و زیان چنان شادمان‌اند که ما در هنگام پیروزی و سروری.

بـرگِ بـی‌برگی[4] هـمه اِقْـطاع[5] اوست   فقر و خواری‌ش افتخار است و عُلوست ۴۵۲۰

این «بی‌نیازی» از غیرِ حق، مانندِ ثروتی است که سلطان وجود به آنان عطا کرده تا از همه جز پروردگار بی‌نیاز باشند. غِنای درونی موجب شده تا فقر و خواری را نیز که بر اهل دنیا سخت است، افتخار و سربلندی بدانند.

آن یکی گفت: ار چنان است آن نَدید[6]   چون بخندید او، که ما را بسته دید؟ ۴۵۲۱

یکی از اسیران گفت: اگر این طور است؛ پس چرا آن انسان بی‌نظیر، هنگامی که ما را در غُلّ و زنجیر بسته و خوار دید، خندید؟

چونکه او مُبْدَل شده‌ست و شادی‌اش   نیست زیـن زنـدان و زیـن آزادی‌اش ۴۵۲۲

اگر او واقعاً صفاتش تبدیل یافته و شادی‌اش از جنسِ شادیِ دنیوی نیست و آنچه را که ما با معیارِ دنیایی آزادی می‌نامیم، آزادی نمی‌داند،

پس به قهرِ دشمنان چون شاد شد؟   چون از این فتح و ظفر پُر باد شد؟ ۴۵۲۳

پس چرا هنگامی که ما را مقهور دید شاد شد؟ چرا از این فتح باد به غبغب انداخت؟

---

۱ - ادامهٔ سخنان اسیران است و بازگشت به داستان.   ۲ - **ذُلّ** : ذلّت، خواری.

۳ - **تَلَف** : از بین رفتن، تلف کردن، از بین بردن.

۴ - **برگِ بی‌برگی** : آزادگی از ما سِوَی الله، عدم تعلّق به هر چیز جز خدا.

۵ - **اِقْطاع** : چیزی را از خود بریدن و قطع کردن و اصطلاحاً بخشیدن زمینی یا ملکی به کسی که از فواید آن بهره‌مند گردد.   ۶ - **ندید** : نظیر. «بی‌ندید»: بی‌نظیر، اشاره به پیامبر(ص).

شاد شد جانَش، که بر شیرانِ نر   یافت آسان نصرت و دست و ظفر ۴۵۲۴

جانِ او شاد شد؛ زیرا دید که به سهولت بر جنگجویان کارآزموده فتح و ظفر یافته است.

پس بدانستیم کو آزاد نیست   جز به دنیا دلخوش و دلشاد نیست ۴۵۲۵

همین حالت، نشان آن است که او هم از تعلّقات رها نیست و جز به دنیا دلشاد نمی‌شود.

ور نه چون خندد؟ که اهلِ آن جهان   بر بد و نیک‌اند مشفق، مهربان ۴۵۲۶

و گرنه چگونه به رنج و درد ما می‌خندید؛ زیرا اهل معنا با خوب و بد مهربان‌اند.

این بمُنگیدند[1] در زیرِ زبان   آن اسیران با هم اندر بحثِ آن ۴۵۲۷

اسیران این سخنان را به آهستگی و زیرزبانی با هم پچ‌پچ می‌کردند،

تا موکّل نشنود، بر ما جَهَد   خود سخن در گوش آن سلطان بَرَد ۴۵۲۸

تا مبادا مأمور سخنان آنان را بشنود و تندی کند و خبر را به‌گوش آن سلطان عالم معنا برساند.

آگاه شدنِ پیغامبر علیه السّلام از طعنِ ایشان بر شماتتِ او

گرچه نشنید آن موکّل آن سخُن   رفت در گوشی که آن بُد مِنْ لَدُن[2] ۴۵۲۹

گرچه مأمور سخنان آهستهٔ آنان را نشنید؛ امّا به گوشِ باطنی رسول(ص) که از سوی حق شنوا بود، رسید.

بویِ پیراهانِ یوسف[3] را ندید   آنکه حافظ بود و یعقوبش کشید ۴۵۳۰

کسی که پیراهن یوسف(ع) را می‌برد، بوی آن را در نیافت؛ امّا یعقوب(ع) آن را استشمام کرد.

آن شیاطین بر عَنانِ آسمان[4]   نشنوند آن سِرِّ لوحِ غیبْ‌دان[5] ۴۵۳۱

همان‌گونه که شیاطین بر خلاف زمینیان می‌توانند در اطراف آسمان بگردند؛ امّا اجازه ندارند از سرِّ لوحِ محفوظ چیزی دریابند.

---

۱ - **مَنگیدن** : زیر لب حرف زدن، نجوا و پچ‌پچ کردن. ۲ - **مِنْ لَدُن** : آگاه از سوی حق.
۳ - **بوی پیراهن یوسف**(ع) : ر.ک: ۳۲۴۲/۲. ۴ - **عَنانِ آسمان** : اطراف آسمان.
۵ - **لوحِ غیب‌دان** : لوحِ محفوظ، اشاره به علم و حکمت باری تعالی است.

آن محمّد خُفته و تکیه زده   آمده سِر، گِردِ او گردان شده ۴۵۳۲

امّا حضرت محمّد(ص) تکیه زده و خوابیده بود؛ امّا اسرارِ هستی به سوی او می‌آمد و در اطراف سر مبارک او می‌گردید.

او خورَد حلوا[1] که روزیش است[2] باز   آن نه کانگشتانِ او باشد دراز ۴۵۳۳

کسی از «علوم و اسرار» بهره‌مند می‌شود که «لیاقت و قابلیّت» دریافت و درکِ آن را داشته باشد، در غیر این صورت، جُست‌وجویِ «حکمت الهی» از طریق کسب و تقلید عاریتی است.

نجمِ ثاقب[3] گشته حارس[4]، دیوْران[5]   که: بِهِل دزدی، ز احمد سِرستان ۴۵۳۴

همان‌گونه که خداوند در قرآن کریم، صافّات: ۱۰/۳۷، می‌فرماید که با شهاب ثاقب شیاطین رانده می‌شوند تا از علوم و اسرار الهی باخبر نگردند، کسی را که نصیبی الهی ندارد، از اینکه خودسرانه در کسب آن بکوشد، باز می‌دارند؛ زیرا این کار دزدی محسوب می‌شود، چون صاحبِ حقیقی آن، حقیقتِ محمّدیّه(ص) است و باید علوم را از طریق صاحبِ آن کسب کرد.

ای دویده سویِ دکّان از بگاه[6]!   هین به مسجد رو، بجو رزق اِله ۴۵۳۵

برای کسب هر چیز باید آن را از منبع و مبدأ اصلی خواست، همان‌گونه که علوم الهی را باید از منبعِ آن استدعا کرد، رزقِ دنیوی را نیز باید از حق طلب کرد.

پس رسول آن گفتشان را فهم کرد   گفت: آن خنده نبودم از نبرد ۴۵۳۶

پیامبر(ص) سخنان اسیران را با اشراف بر ضمایر و امداد الهی دریافت و گفت: خندهٔ من به سبب پیروزی در جنگ و اسارت شما نبود.

مُرده‌اند ایشان، و پوسیدهٔ فنا   مُرده کشتن نیست مردی پیشِ ما ۴۵۳۷

زیرا آنان که جانشان به نور حق زنده نیست، در نظر ما مُرده و پوسیده‌اند و کُشتنِ مُردگان نزد ما مردانگی نیست.

---

۱ - **حلوا:** اشاره به علوم الهی و اسرار حق.   ۲ - اشاره به «عین ثابت» در علم الهی.

۳ - **نجم ثاقب:** ستارهٔ بلند و درخشان، مراد شهاب ثاقب است که در صافّات: ۱۰/۳۷، سخن از آن است که با شهاب ستارگان، شیاطین به قهر رانده می‌شوند تا از وحی و سخنان فرشتگان، هیچ در نیابند.

۴ - **حارس:** نگهبان.

۵ - **دیو:** اشاره به شیطان و کسانی که خودسرانه و بدون متابعت محمّدی(ص) درکسب علوم و اسرار نهان می‌کوشند، یا اشاره به مرید خودسر.

۶ - کسی که از صبحگاه برای کسب به دکان می‌رود و به امید روزی و رزق است.

خود کی‌اند ایشان؟ که مَهْ گردد شکاف[1]   چونکه من پا بفشرم اندر مصاف[2] ۴۵۳۸

در برابرِ من که می‌توانم ماه را بر آسمان به دو نیمه کنم، این خاکیان چه شأن و اعتباری دارند که بتوانند عرضِ وجود کنند؟

آنگهی کآزاد بودیت و مَکین[3]   مر شما را بسته می‌دیدم چنین ۴۵۳۹

آن زمان که به تصوّر خودتان آزاد بودید و قدرتی داشتید، شما را اسیر و دربند می‌دیدم.

ای بنازیده به مُلک و خاندان !   نزدِ عاقل اُشتری برناودان[4] ۴۵۴۰

ای که به ثروت و حَسَب و نَسَب می‌نازیدی، احوال تو نزد خردمند به شتری می‌مانَد که بر ناودان است.

نقشِ تن را تا فُتاد از بامْ طشت[5]   پیشِ چشمم کُلُّ آتٍ[6] آتْ گشت ۴۵۴۱

از روزی که «تن و تعلّقاتش» را رها کردم، «علوم و اسرارِ الهی» برایم آشکار شد و آینده را به وضوح می‌دیدم.

بنگرم در غوره، میْ بینم عیان   بنگرم در نیست، شی بینم عیان ۴۵۴۲

اگر به غوره نگاه کنم، شراب را در آن می‌بینم. هرگاه به «نیستی» می‌نگرم، «هستیِ» نهان در آن را عیان می‌بینم.

بنگرم سِر، عالمی بینم نهان   آدم و حوّا نرُسته از جهان[7] ۴۵۴۳

هنگامی که به عالم اسرار می‌نگرم، جهانی را می‌بینم که در آن هنوز آدم و حوّا به وجود نیامده‌اند.

مر شما را وقتِ ذرّاتِ الَست[8]   دیده‌ام پابسته[9] و منکوس[10] و پست[11] ۴۵۴۴

من ذرّات وجود شما را در روز اَلَست در حالی که اسیر و سرنگون و خوار بودید، دیده‌ام.

---

۱ - اشارت قرآنی، قمر: ۱/۵۴: ر.ک: ۱۱۸/۱ و ۱۰۸۲/۱.   ۲ - **پا بفشرم اندر مصاف :** در جنگ پافشاری کنم.

۳ - **مکین :** دارای مکنت و توانایی.

۴ - اشاره به ضرب‌المثل معروف: شتر بر نردبان، کنایه از قدرت‌های ناپایدار دنیوی و یا هر چیز ناپایدار.

۵ - **طشت از بام افتادن :** کنایه از رسوایی است.   ۶ - **آتٍ :** آینده، هر چیز یا هر کس آمدنی.

۷ - اشاره به حدیث: مردی نقل کرده است که از رسول خدا پرسیدم: چه موقع به پیامبری رسیدی؟ فرمود: وقتی که آدم در مرحلهٔ دمیده شدن روح به جسمش بود: احادیث، ص ۳۳۷.

اشاره است به مقام و مرتبهٔ حقیقت محمّدیّه(ص) که او ادنیٰ است و حقایق سایر انبیاکه از تجلیّات آن تعیّن یافته‌اند، قهراً متأخّر از آن است: شرح مقدّمهٔ قیصری، ص ۲۲۱.   ۸ - **روز اَلَست :** ر.ک: ۱۲۴۶/۱.

۹ - **پابسته :** اسیر.   ۱۰ - **منکوس :** وارونه، سرنگون.

۱۱ - اشاره به مقامِ انسانِ کاملِ محمّدی(ص) که احاطه به مراتب اطلاقی الهی و تقیّدی عبدی دارد و وجودش نسخهٔ ظاهر و باطن است و به اعتبار جهتی که منسوب به حضرت غیب وجود است و مبدأ جمیع تجلیّات خلقی، ربّ است و به اعتبار جهتی که دارای وجود عنصری و مادّی است، عبد به شمار می‌آید: شرح مقدّمهٔ قیصری، ص ۲۲۱.

از حُـــدوثِ آســمانِ بـی عُــمُد[۱]   آنـــچه دانســـته بُـدم افـزون نشـد ۴۵۴۵

با آفرینشِ آسمانی که بدون ستون افراشته است و دیگر موجودات امکانی، چیزی بر آنچه که می‌دانستم، افزوده نشده است.

مــن شـــما را ســرنگون مـی‌دیده‌ام   پیش از آن کـز آب و گِـل بـالیده‌ام ۴۵۴۶

پیش از آنکه قالبِ مادّی من از آب و گل آفریده شود، شما را سرنگون می‌دیدم.

نــو نــدیدم تــا کـنم شـادی بـدان   ایــن هــمی دیـدم در آن اقـبالتان ۴۵۴۷

خواریِ شما برای من چیز تازه‌ای نیست که با دیدن آن شادمان شوم. در ایّامی که در اوج بخت و اقبال بودید، نیز همین را می‌دیدم.

بستهٔ قـهر خـفی[۲]، وانگـه چـه قَـهْر   قند می‌خوردید[۳] و در ویْ دَرجْ[۴] زهر ۴۵۴۸

در اوجِ قدرت به زنجیر قهر الهی بسته بودید. آن هم قـهری شـدید؛ زیـرا آنـچه را کـه تمتّعات و جاه و مقام و آبرو می‌دانستید، خواری و هلاکت روحانی بود.

این چنین قندی پر از زهر، ار عدو   خوش بنوشد، چتْ حسد آید بر او؟ ۴۵۴۹

اگر دشمنِ شما قندِ زهرآلود را با خوشی بخورد، به او حسد می‌ورزید؟

با نشـاط آن زهـر مـی‌کردید نـوش   مرگتان خُفیه گـرفته هـر دو گـوش ۴۵۵۰

شما آن زهر را با لذّت می‌خوردید و هلاکتِ باطنی مخفیانه گوش‌هایتان را گرفته بود و شما را به سوی مرگ می‌برد.

مــن نــمی‌کردم غـزا از بــهرِ آن   تــا ظـفر یـابم، فـرو گـیرم جـهان ۴۵۵۱

من برای غلبه بر شما و دیگر معاندان جهاد نمی‌کردم تا جهان را به تصرّف در آورم.

کین جهانْ جیفه[۵]ست و مُردار و رَخیص[۶]   بر چنین مُـردار، چـون بـاشم حـریص؟ ۴۵۵۲

زیرا این جهان در نظر من لاشه و مرداری بی‌قدر است. چگونه بر چنین دنیای ناپایداری که هستیِ حقیقی ندارد، حریص باشم؟

---

۱ - **عُمُد** : جمع عَمُود، ستون و پایه.   ۲ - **قهر خفی** : قهرِ نهانی، قهری که ظاهراً لطف به نظر می‌رسد.
۳ - **قند می‌خوردید** : از جاه و مقام برخوردار بودید.   ۴ - **دَرْج** : پیچیدن چیزی در چیز دیگر.
۵ - **جیفه** : مردار، لاشه.   ۶ - **رَخیص** : ارزان، بی‌بها یا کم‌بها.

سگ نی‌ام تا پرچمِ[1] مُرده کَنَم عیسی‌ام، آیم که تا زنده‌ش کُنم ۴۵۵۳

من درنده‌خو نیستم که کاکُلِ مُردگان را برکَنَم، مبعوث شده‌ام تا امثالِ شما مُردگان را با «حیاتِ حقیقی» زنده کنم.

زآن همی کردم صُفوفِ جنگ چاک تا رهانم مر شما را از هلاک ۴۵۵۴

در جنگ‌ها صفوف را در هم می‌شکستم که مقهورتان کنم و شما را از هلاکت روحانی برهانم.

زآن نمی‌بُرّم گلوهایِ بشر تا مرا باشد کَر و فَرّ[2] و حَشَر[3] ۴۵۵۵

در جنگ‌ها معاندان را به هلاکت نمی‌رسانم که بر شکوه و جلالِ قدرتم افزوده شود.

زآن همی بُرّم گلویی چند تا زآن گلوها عالمی یابد رها ۴۵۵۶

بلکه با بریدن گلوی چند نفر، جهانی را از شرّ آنان می‌رهانم.

که شما پروانه‌وار از جهلِ خویش پیشِ آتش می‌کنید این حمله کیش[4] ۴۵۵۷

زیرا شما به سبب نادانی پروانه‌وار به آتش حمله می‌کنید و این کار آیین‌تان شده است.

من همی رانم شما را، همچو مست از در اُفتادن در آتش با دو دست ۴۵۵۸

من نیز بی‌محابا می‌کوشم تا با دو دست، شما را از افتادن در آتش باز دارم.

آنکه خود را فتح‌ها پنداشتید تخمِ منحوسیِّ خود می‌کاشتید ۴۵۵۹

تمام مواردی را که برای خویش فتح و نصرت می‌پنداشتید چیزی جز تخم نکبت و نحوست نبود.

یکدگر را جِدِّ جِد می‌خواندید سوی اژدرها فَرَس می‌راندید[5] ۴۵۶۰

هنگام مواجه شدن با سپاه حق، یکدیگر را به جدّیت فرامی‌خواندید و اسبِ همّت را به سوی اژدهایِ هلاکتِ حقیقی می‌راندید.

---

۱ - **پرچم** : مراد موی پیشانی و کاکل است. ۲ - **کَروفَرّ** : شکوه و جلال، خودنمایی.

۳ - **حَشَر** : سیاهی لشکر، کنایه از قدرت دنیایی.

۴ - اشاره به حدیث: شما همچون پروانه‌ها خود را به درون آتش می‌افکنید؛ ولی من می‌کوشم تا شما را [از سوختن] نگاه دارم: احادیث، ص ۲۳۰، همین مضمون در بیتِ ۲۸۶۳/۲ نیز آمده است.

۵ - مصراع دوم: اسب همّت به سوی اژدها راندن؛ یعنی جدّ و جهدِ خود را مصروفِ نابودیِ خویش کردن.

قهر می‌کردید و اندر عینِ قهر[1] خود شما مقهورِ قهرِ شیرِ دَهْر[2] ۴۵۶۱

شما بر ما چیره می‌شدید و در عین چیرگی، مغلوب و مقهورِ قدرتِ باری تعالیٰ بودید که باز هم به شما فرصتی دیگر داده بود.

بیانِ آنکه طاغی[3] در عینِ قاهری[4] مقهور[5] است و در عینِ منصوری[6] مأسور[7]

دزد قوی پنجه، خواجهٔ ضعیف و ناتوان را مقهور کرد و زرّ و مال وی را به ستم سِتاند؛ امّا در همان حال والی به ناگاه سر رسید و دزد را به عقوبتِ کار مورد قهر خویش قرار داد.

در این قصّهٔ تمثیلی، دزد همان «نَفْسِ امّاره» یا به عبارتی همان «ذهنیّت‌های پندارگرا»ی انسان است که دار و ندار عقلِ جزویِ آدمی را به ستم وسوسه‌های گوناگون از وی می‌سِتانَد و در عینِ قاهری، مقهورِ والی که تمثیلی از «حق» است، می‌شود و به عقوبتِ آن عذاب اُخروی را نصیب می‌یابد.

دزدْ قهرِ خواجه کرد و زر کشید او بدان مشغول، خود والی[8] رسید ۴۵۶۲

دزدی بر شخص ثروتمندی غلبه یافت و در حال بردنِ طلاها بود که حاکم رسید.

گر ز خواجه آن زمان بگریختی کِی بر او والی حَشَر[9] انگیختی؟ ۴۵۶۳

اگر همان موقع از خواجه می‌گریخت، چگونه حاکم مأموران را بر سر او می‌ریخت که دستگیرش کند؟

قاهریِّ دزد مقهوری‌ش بود زانکه قهرِ او سرِ او را رُبود ۴۵۶۴

غلبهٔ دزد بر خواجه، مغلوب شدن خودِ او بود و این غلبه سرش را بر باد داد.

---

۱ - اشاره به موفّقیّت ظاهری کافران و معاندان در حُدَیبیّه است.

۲ - **شیرِ دهر** : شیرِ روزگار، کنایه از قدرتِ حق تعالیٰ است. ۳ - **طاغی** : سرکش، نافرمان.

۴ - **قاهری** : چیرگی. ۵ - **مقهور** : مغلوب. ۶ - **منصوری** : پیروزی. **مأسور** : اسیر.

۷ - مأخذ این قصّه، توجیه‌گونه‌ای از یک حکمت عامیانه است که در امثال به صورت «دست بالای دست بسیار است» و «آن کس که بر ضعیف‌تر از خود ستم کند به قهر قوی‌تر از خود گرفتار می‌آید» نقل می‌شود، همان گونه که مولانا می‌فرماید: «طاغی در عین قاهری مقهورست و در عین منصوری مأسور»: بحر در کوزه، ص ۲۸۹.

۸ - **والی** : حاکم، مأمور دولت. ۹ - **حَشَر** : جمع، انبوه.

غالبی بر خواجه دامِ او شود تا رسد والی و بستاند قَوَد[۱] ۴۵۶۵

غلبه بر خواجهٔ ثروتمند، همانند دامی است تا حاکم سر برسد و او را به کیفر اعمالش برساند.

ای که تو بر خلق چیره گشته‌ای در نبرد و غالبی آغشته‌ای ۴۵۶۶

ای که بر خلق غلبه یافته‌ای و با آنان می‌ستیزی و دستت را به خون آلوده کرده‌ای،

آن به قاصد[۲] منهزم[۳] کرده‌ستشان تا تو را در حلقه[۴] می‌آرد کشان ۴۵۶۷

خداوند تعمّداً آنان را مغلوب و مقهور کرده است تا تو را کشان کشان به دام بیندازد.

هین! عنان درکَش[۵] پیِ این مُنهَزِم در مران تا تو نگردی مُنْخَزِم[۶] ۴۵۶۸

آگاه باش و عنان خودکامگی را بکش و با شکست خوردگان در مپیچ تا خودت مغلوب و مقهور نیروی غالب و مسلّط خداوندی نشوی و به هلاکت نیفتی.

چون کَشانیدت بدین شیوه به دام حمله بینی بعد از آن اندر زِحام[۷] ۴۵۶۹

هنگامی که تو را به این ترتیب به دام افکندند، به تو حمله می‌کنند و در تنگنا قرارت می‌دهند.

عقل از این غالب شدن کی گشت شاد؟ چون در این غالب شدن، دید او فساد ۴۵۷۰

«عقل معاد» از این چیرگی‌ها شاد نمی‌شود؛ زیرا در پیروزیِ دنیوی، فساد و تباهی می‌بیند.

تیزْ چشم آمد خِرَد بینایِ پیش که خدایش سُرمه کرد از کُحلِ خویش ۴۵۷۱

«عقل کمال یافته» یا «عقل معاد»، چشمی تیزبین و عاقبت‌اندیش دارد که آینده را می‌بیند؛ زیرا خداوند به او بصیرت داده و گویی با سرمه که بر چشم او کشیده، نورِ دیدگانش را به درک حقایق افزون کرده است.

گفت پیغمبر[۸] که: هستند از فنون اهلِ جنّت در خصومت‌ها زبون ۴۵۷۲

پیامبر(ص) گفت: اهلِ بهشت به سبب صفات و خصلت‌های پسندیده در دشمنی و کینه‌توزی ناتوان‌اند و کینه نمی‌ورزند.

---

۱ - **قَوَد**: قصاص و کیفر. ۲ - **قاصد**: به عمد. ۳ - **مُنْهَزِم**: شکست خورده. ۴ - **حلقه**: دام.

۵ - **عنان درکش**: جلوتر نرو.

۶ - **مُنْخَزِم**: کسی که گوش و بینی‌اش را سوراخ کرده باشند، کنایه از مغلوب شدن است.

۷ - **زِحام**: مزاحمت، انبوهی کردن و ایجاد تنگنا.

۸ - بعضی از شارحان آن را اشاره به حدیثی دانسته‌اند که در ص ۳۳۸ احادیث آمده است؛ ولی چندان مناسبتی با این مضمون ندارد.

۴۵۷۳ **از کمالِ حزم و سوءُ الظَنّ[1] خویش — نه ز نقص و بَدْدلی و ضعفِ کیش[2]**

امّا اینکه مؤمنان راستین در خصومت‌ها ناتوان‌اند به سبب نقص یا ترس و ضعفِ ایمان نیست، به دلیلِ دوراندیشیِ آنان است.

۴۵۷۴ **در فِره دادن[3] شنیده در کُمُون[4] — حکمتِ لَولاٰ رِجٰالٌ مُؤْمِنُون[5]**

هنگامی که پیامبر(ص) به دشمنان در حدیبیّه امتیاز می‌داد، علی‌رغم **بیعت رضوان** که در مسجد شجره به وقوع پیوست و بر خلاف آنکه رسم نبود که کسی را از مناسک حجّ باز دارند و قریش چنین کرد، باز هم رسول خدا(ص) راضی شد که به مدینه باز گردد و با آنان صلح کند، این بود که در درون پاک خویش حکمت آیهٔ شریفه «اگر مردانِ مؤمن نبودند» را شنید و گرنه صلح حُدیبیّه به جنگ مبدّل می‌شد و مسلمانان پیروز می‌گشتند.

۴۵۷۵ **دستْ کوتاهی[6] ز کفّارِ لعین — فرض شد بهرِ خلاص ِ مؤمنین**

برای نجات مؤمنانی که در مکّه مانده بودند، واجب بود مسلمانان به صلح تن در دهند و از کشتن کافران صرف نظر کنند.

۴۵۷۶ **قصّهٔ عهدِ حُدَیبیّه[7] بخوان — کَفَّ اَیْدیکُمْ[8] تمامت زآن بدان**

قصّهٔ «صلحِ حدیبیّه» را بخوان تا حکمتِ اینکه خداوند فرمود: «دست‌های شما را از ایشان باز داشت» را به وضوح دریابی.

۴۵۷۷ **نیز اندر غالبی هم خویش را — دید او مغلوبِ دامِ کِبْریا**

پیامبر(ص) در حالت غلبه بر کافران نیز خود را مغلوبِ دامِ اراده و عظمتِ الهی می‌دید؛ زیرا ارادهٔ او در ارادهٔ حق تعالیٰ مستهلک شده بود.

---

۱ - اشاره به حدیث: ر.ک: ۲۶۸/۳. ۲ - **ضعف کیش** : ضعف ایمان.

۳ - **فِره دادن** : رجحان دادن، اینجا امتیاز دادن. ۴ - **در کُمُون** : در نهان، در باطن.

۵ - اشارتی قرآنی؛ فتح : ۲۵/۴۸ : آنان بودند که کفر ورزیدند و شما را از مسجدالحرام باز داشتند و نگذاشتند قربانی [شما] که باز داشته شده بود به محلّ [قربانگاه] اش برسد و اگر [در مکّه] مردان و زنان [مستضعف] با ایمانی نبودند که [ممکن بود] بی‌آنکه آنان را بشناسید، ندانسته پایمالشان کنید و تاوانشان بر شما بماند [فرمان حمله به مکّه می‌دادیم] تا خدا هر که را بخواهد در جوار رحمت خویش در آورد. اگر [کافران و مؤمنان] از هم متمایز می‌شدند، قطعاً از میان آنان کافران را به عذاب دردناکی معذّب می‌داشتیم.

۶ - **دست کوتاهی** : عدم تسلّط. ۷ - صلح حدیبیّه: ر.ک: ۲۶۱۴/۱.

۸ - اشارتی قرآنی؛ فتح : ۲۴/۴۸ : وَ هُوَ الَّذِي كَفَّ أَيْدِيَهُمْ عَنْكُمْ وَ أَيْدِيَكُمْ عَنْهُمْ بِبَطْنِ مَكَّةَ مِنْ بَعْدِ أَنْ أَظْفَرَكُمْ عَلَيْهِمْ... : و او کسی است که دست آن‌ها را از شما و دست شما را از ایشان در دل مکّه کوتاه کرد، بعد از آنکه شما را بر آنان پیروزی داد.

زآن نمی‌خندم من از زنجیرتان   که بکردم ناگهان شبگیرتان[1] ۴۵۷۸

حضرت فرمود: تبسّمِ من برای آن نیست که بر شما شبیخون زدم و اسیرتان کردم،

زآن همی خندم که با زنجیر و غُل   می‌کَشَمْتان سویِ سروستان و گُل ۴۵۷۹

من برای آن می‌خندم که شما را با غُل و زنجیر به سوی باغ و گلزار می‌کشانم.

ای عجب کز آتشِ بی‌زینهار   بسته می‌آریمتان تا سبزه‌زار ۴۵۸۰

عجیب آن است که ما دستِ شما را بسته‌ایم و از آتشی بی‌امان به سبزه‌زار می‌کشانیم.

از سویِ دوزخ، به زنجیر گران   می‌کَشَمْتان تا بهشتِ جاودان ۴۵۸۱

شما را با غل و زنجیرهای محکم از دوزخ بیرون کشیده‌ام و به سوی بهشت جاودان می‌برم.

هر مقلّد[2] **را در این ره نیک و بَد   همچنان بسته، به حضرت می‌کَشَد** ۴۵۸۲

در این راه هر مقلّدِ خوب یا بدی را همین‌گونه با زنجیری نهانی بسته‌اند و به پیشگاه الهی می‌کشانند.

جمله در زنجیرِ بیم و ابتلا   می‌روند این ره، به غیر اولیا ۴۵۸۳

همهٔ مردم راهِ حق را با زنجیرِ ترس و رنج طی می‌کنند، بجز اولیا که کمندِ شوق و عشق آنان را به گنج حقایق رسانیده است.

می‌کَشَند این راه را بیگارْوار   جز کسانی واقف از اسرارِ کار ۴۵۸۴

مردم این راه را مانندِ یک کار اجباری و به ناچار طی می‌کنند، چون حقایق را نمی‌دانند؛ امّا عارفان که از علوم و اسرار آگاه‌اند، جبری برای خویش نمی‌یابند و بدان مشتاق‌اند.

جهد کن تا نورِ تو رُخشان شود   تا سلوک و خدمتت آسان شود ۴۵۸۵

بکوش تا جانِ تو نیز به نور معرفت تابناک گردد، آنگاه می‌بینی که سلوک یا طاعت و عبادت برایت آسان و دلپذیر است.

کودکان را می‌بری مکتب به زور   زانکه هستند از فواید چشمْ کور[3] ۴۵۸۶

کودکان را به زور و بی‌میلی به مکتب‌خانه می‌برند؛ زیرا از فواید کسب دانش بی‌خبرند.

---

۱ - **شبگیر** : حمله در شب.

۲ - **مقلّد** : کسی است که هنوز چشمش به رؤیت حقایق روشن نشده است و به تقلید از بینایان که همان عارفان بالله‌اند گام بر می‌دارد.

۳ - در این تمثیل، مقلّد که از معارف ناب و ادراک حقایق ناآگاه است به کودکی مانند شده است که به زور و با بی‌میلی به مکتب می‌رود.

چون شود واقف به مکتب می‌دود   جـانش از رفـتن شکـفته مـی‌شود ۴۵۸۷

هنگامی که کودک به نتایجِ کسب دانش آگاه می‌شود، با شادی به سویِ مکتب می‌دود.

می‌رود کودک به مکتب پـیچ پـیچ[1]   چون ندید از مُزدِ کارِ خویش هـیچ ۴۵۸۸

تا کودک محصولِ تلاش و آمد و شد خود به مکتب را نبیند، با بی‌میلی و به سختی به مدرسه می‌رود.

چون کند درکیسه[2] دانگی[3] دستْ‌مزد   آنگهان بی‌خواب گردد شب چو دزد ۴۵۸۹

امّا هنگامی که در خود اندک ثمری از رفتنِ بـه مکـتب بـیابد و حس کـند چـیزهایی را آموخته که قبلاً نمی‌دانسته است، از شوق آموختنِ هرچه بیشتر، شب‌ها را بیدار می‌مانَد و به کسب دانش می‌پردازد، همان‌گونه که دزد از شوق ربودن مال، شب را نمی‌خوابد.

جهد کن تـا مُـزدِ طـاعت در رسـد   بـر مـطیعان آنگـهت آیـد حسـد ۴۵۹۰

بکوش که طاعات و عباداتت خالصانه باشد تا مزد آن که رضایت خداوند و درکِ عوالم معنوی است، برسد. آنگاه درمی‌یابی که نتیجهٔ اطاعتِ خالصانهٔ مطیعان یا عارفان، دستیابی به گنج حقایق است و به آنان غبطه می‌خوری.

اِئْـتیا کَـرْهاً[4] مـقلِّدگشـته را   اِئْـتیا طَـوْعاً صـفا بِسْـرِشته را ۴۵۹۱

خطابی که به اهل تقلید است: «با بی‌میلی بیایید» و خطابی که به اهل تحقیق یا اهل صفاست: «با میل بیایید» است.

ایـن، مـحبِّ حق، ز بـهرِ عـلّتی   و آن دگر را، بی‌غرض خود خُلّتی[5] ۴۵۹۲

مقلّد به سببی خاصّ، دوستدارِ حق شده است، در حالی که «محقّق»، یعنی «عارف یا ولیّ»، بدون غرض و علّت خدا را دوست دارد.

این محبِّ دایـه، لیک از بـهرِ شـیر   و آن دگر دل داده بـهرِ ایـن سَـتیر[6] ۴۵۹۳

«مقلّد»، مانندِ طفلی است که دایه را برای شیر دوست دارد؛ امّا «محقّق» مانندِ مردی است که به زن عفیفی عشق می‌ورزد.

---

۱ - **پیچ پیچ**: با ناراحتی و سختی.   ۲ - **کیسه**: کنایه از وجود آدمی است.
۳ - **دانگی**: پول خرد، پول اندک.   ۴ - اشارتی قرآنی؛ فصلت: ۱۱/۴۱: ر.ک: ۲۹۸۴/۳.
۵ - **خُلّت**: دوستی.   ۶ - **سَتیر**: مستور، پوشیده، عفیف و پاکدامن.

طفل را از حُسنِ او آگاه نه   غیرِ شیر او را، از او دلخواه نه ۴۵۹۴

طفل به سبب عدم بلوغ عقلانی، تنها به نیازهای خود می‌اندیشد و به غیر از شیر چیز دیگری را از دایه نمی‌شناسد و نمی‌خواهد، او درکی از زیبایی آن زن ندارد.

و آن دگر خود عاشقِ دایه بُوَد   بی‌غرض در عشقْ یک رایه بُوَد ۴۵۹۵

و آن دیگری عاشقِ دایه است و بدون غرض و علّت در محبّت یکدل و ثابت‌قدم است.

پس محبِّ حق به اومید و به ترس   دفترِ تقلید می‌خوانَد به درس ۴۵۹۶

پس کسی که با امید و ترس خدا را دوست دارد، هنوز از دفترِ تقلید درس می‌خواند؛ زیرا کاملانِ واصل نه خوفی دارند و نه حُزنی.

و آن محبِّ حق ز بهرِ حق، کجاست؟   که ز اَغْراض و ز علّت‌ها جداست[1] ۴۵۹۷

کجاست آن کسی که بدون هیچ علّت و دلیل، خداوند را دوست دارد؟

گر چنین و گر چنان، چون طالب است   جذبِ حق او را سویِ حق جاذب است ۴۵۹۸

کسی را که مشتاق تقرّب به حق است، چه بی‌علّت و چه باعلّت، یعنی عارفانه یا عامیانه، محقّقانه یا مقلّدانه، در هر حال چون طالب است، جاذبهٔ حق به سوی خود می‌کشد.

گر محبِّ حق بُوَد لِغَیْرِهِ   کَیْ یَنالَ دایِماً مِنْ خَیْرِهِ ۴۵۹۹

اگر کسی خدا را دوست داشته باشد و بخواهد که به سبب این محبّت همواره خیر و نعمت و خوبی‌ها به او برسد،

یا مُحبِّ حق بُوَد لِعَیْنِهِ   لا سِواهُ، خایِفاً مِنْ بَیْنِهِ ۴۶۰۰

یا اگر کسی خدا را برای ذاتش دوست داشته باشد و از حق جز حق نخواهد؛ یعنی به سبب این محبّت چشم امیدی به خیر و نعمت و خوبی‌ها نداشته باشد، و از جدایی و مهجوری بیمناک باشد،

هر دو را، این جُست‌وجوها زآن سری است   این گرفتاریِّ دل زآن دلبری است ۴۶۰۱

این دو نوع سلوک بنا بر مشیّت حق است. محبوب ازلی دل یکی را به این صورت و دل دیگری را به آن صورت بُرده است.

---

۱ - اشاره است به اولیا و عارفان.

جذبِ معشوق عاشق را مِنْ حَيْثُ لا يَعْلَمُهُ ٱلعٰاشِقُ وَ لٰا يَرْجُوهُ وَ لٰا يَخْطُرُ بِبٰالِهِ وَ لٰا يَظْهَرُ مِنْ ذلِكَ ٱلجَذْبِ اَثَرٌ فی ٱلعٰاشِقِ اِلاّ ٱلخَوْفُ ٱلمَمْزُوجُ بِالْيَأسِ مَعَ دَوامِ الطَّلَبِ

جذب کردن معشوق عاشق را از راهی که عاشق نداند و بدان امیدوار نباشد و به خاطرش هم نرسد و از آن جذب هم در عاشق جز بیم توأم با ناامیدی و ادامهٔ طلب اثری نباشد.

در این قطعه باز هم مولانا به قصّهٔ صدر جهان باز می‌گردد[1] و پس از ابیاتی چند باز هم آن را نیمه تمام رها می‌کند و به معانی گوناگون دیگر می‌پردازد.

جان کلام در بیانِ این معناست که عشق یک جریان دوطرفه است؛ امّا عشق عاشق با سروصدا همراه است؛ ولی عشق معشوق نهان و محجوبانه است.

۴۶۰۲ **آمدیم اینجا که در صدرِ جهان گر نبودی جذبِ آن عاشق نهان**

به اینجا رسیده بودیم که اگر در وجود صدر جهان توانایی و قدرت جذب آن عاشق نهفته نبود،

۴۶۰۳ **ناشکیبا کِی بُدی او از فراق؟ کِی دوان باز آمدی سوی وثاق[2] ؟**

عاشق بخارایی هرگز از فراق و مهجوری بی‌تابی نمی‌کرد و با شتاب به سوی خانهٔ محبوب نمی‌دوید.

۴۶۰۴ **میلِ معشوقان نهان است و سَتیر[3] میلِ عاشق با دو صد طبل و نفیر[4]**

عشقِ معشوقان نهان و محجوبانه است؛ امّا عشقِ عاشق پر سروصدا و همراه با طبل و دهل است.

۴۶۰۵ **یک حکایت[5] هست اینجا ز اعتبار[6] لیک عاجز شد بخاری ز انتظار**

حکایت عبرت‌انگیزی را باید بگوییم؛ امّا عاشق بخارایی از شدّت انتظار به تنگ آمده است.

۴۶۰۶ **ترکِ آن کردیم، کو در جُست و جوست تا که پیش از مرگ بیند رویِ دوست**

چون او در تکاپوی دیدار روی دوست پیش از مرگ است، از شروع آن حکایت خودداری کردیم.

---

۱ - که از بیت ۳۶۸۷/۳ آغاز شده است. ۲ - **وثاق**: اتاق. ۳ - **سَتیر**: مستور، پوشیده.

۴ - **نفیر**: نوعی آلت موسیقی.

۵ - این داستانِ عبرت‌انگیز احتمالاً «قصّهٔ عاشقِ دراز هجران» است که در ابیات پایانی دفتر سوم، بیت ۴۷۵۰ آغاز می‌گردد و در دفتر چهارم ادامه می‌یابد. ۶ - **زاعتبار**: برای عبرت گرفتن.

تا رهد از مرگ[۱]، تا یابد نجات   زانکه دیدِ دوست است آبِ حیات ۴۶۰۷

عاشق بخارایی در آرزوی دیدار است تا از مرگ نجات یابد؛ زیرا دیدار معشوق، مانندِ آب حیات است.

هر که دید او نباشد دفعِ مرگ   دوست نَبْوَد، که نه میوه‌ستش، نه برگ[۲] ۴۶۰۸

هر که دیدارش، دفع مرگ نباشد، نه دوست است و نه معشوق؛ زیرا برگ و باری ندارد.

کارْ[۳] آن کار است ای مشتاقِ مست!   کاندر آن کار ار رسد مرگت، خوش است ۴۶۰۹

ای عاشقِ مست، کاری کار است که اگر در حین انجامش مرگ فرا رسد، خوشایند باشد.

شد نشانِ صدقِ ایمان ای جوان!   آنکه آید خوش تو را مرگ اندر آن ۴۶۱۰

ای جوان، نشانهٔ صدق ایمان آن است که مرگ برایت گوارا باشد.

گر نشد ایمانِ تو ای جان! چنین   نیست کامل، رو بجو اِکمالِ[۴] دین ۴۶۱۱

ای عزیز من، اگر ایمانت به این حدّ نرسیده، ناقص است. برو و برای کمال آن بکوش.

هر که اندر کارِ تو شد مرگ دوست   بر دلِ تو بی‌کراهت[۵] دوستْ اوست ۴۶۱۲

هر کس برای تو بمیرد، بدون تردید او را دوست می‌دانی. خدا هم همین‌طور است و بنده‌ای را که برای او بمیرد، دوستِ حق می‌شمارد.

چون کراهت رفت، آن خود مرگ نیست   صورتِ مرگ است و نُقلان کردنی‌ست[۶] ۴۶۱۳

هنگامی که مُردن در نظر آدمی کریه و زشت نباشد؛ یعنی دیدگاه انسان نسبت به مرگ عوض شود، دیگر مرگ، مرگ نیست، بلکه انتقال از این جهان به آن جهان است.

چون کراهت رفت، مُردن نفع شد   پس درست آید که مُردن دفع شد ۴۶۱۴

وقتی که به مردن، همانندِ امری زشت و کریه نگاه نکنیم، مرگ هم مثل سایر پدیده‌ها، امری طبیعی و خوشایند به نظر می‌آید و می‌توانیم بگوییم که مرگی نیست و انتقال است.

---

۱ - **مرگ**: اشاره است به مرگِ معنوی یا مرگِ دل.

۲ - اشاره است به دیدار مراد و حضور در محضر وی که دفعِ مرگِ معنوی یا روحانی است.

۳ - **کار**: تنها کار با ارزش و با اعتبار، طلبِ حق در سلوک است. سالکان از مرگِ جسم نمی‌هراسند و آماده‌اند که جان خود را قربانِ دوست کنند.   ۴ - **اکمال**: کامل کردن.   ۵ - **کراهت**: نفرت، بی‌میلی.

۶ - اشاره به این خبر است: أَلاَ إِنَّ أَوْلِيَاءَ اللهِ لاَ يَمُوتُونَ بَلْ يَنْقُلُونَ مِنْ دَارٍ إِلىٰ دَارٍ: بدانید که دوستان خدا نمی‌میرند. فقط از خانه‌ای به خانهٔ دیگر نقل مکان می‌کنند: احادیث، ص ۳۳۹.

دوستْ حقّ است و کسی کِش گفت او   کـه: تُـویی آنِ مـن و مـن آنِ تـو[1] ۴۶۱۵

دوستِ راستین، حق است و کسانی که خداوند در ارتباط با ایشان فرموده است: تو به من تعلّق داری و من به تو.

گوش دار اکنون که عاشق می‌رسد   بسته عشقْ او را به حَبْلٍ مِنْ مَسَـد[2] ۴۶۱۶

گوش فرا ده که اینک عاشق می‌رسد، عشق او را با ریسمانی از لیف خرما بسته است.

چون بدید او چـهرهٔ صـدرِ جـهان   گـوییا پـرّیدش از تـن مـرغِ جـان ۴۶۱۷

عاشقِ بخارایی که چهرهٔ صدر جهان را دید بیهوش شد، گویی جان از تنش پرواز کرد.

همچو چوبِ خشکْ افتاد آن تنش   سرد شد از فرقِ جـان تـا نـاخنش ۴۶۱۸

جسمش، مانندِ چوب خشک بر زمین افتاد، بدنش از فرقِ سر تا نوکِ پا سرد شده بود.

هر چه کردند از بـخور و از گُـلاب   نـه بـجنبید و نـه آمـد در خـطاب ۴۶۱۹

هر قدر موادّ خوشبو سوزاندند، بخور دادند و گلاب پاشیدند، تکان نخورد و حرفی نزد.

شاه چون دیـد آن مُـزَعْفَر[3] **رویِ او   پس فـرود آمـد ز مـرکب سـویِ او** ۴۶۲۰

صدر جهان که رنگ زردِ چهره‌اش را دید، از اسب فرود آمد و به سوی او رفت.

گفت: عاشق دوست می‌جوید به تفت[4] **چونکه معشوق آمد، آن عـاشق بـرفت** ۴۶۲۱

گفت: عاشق با اشتیاق جویای معشوق است؛ امّا با آمدن او از خود بیخود می‌شود.

عاشقِ حـقّی، و حـقّ آن است کـو   چون بـیاید، نـبْوَد از تـو تـایِ مـو ۴۶۲۲

تو عاشق «حق» هستی و حق آن است که اگر در تو متجلّی شود، تارِ مویی از «هستی»ات را بر جای نمی‌گذارد.

صد چو تو فانی‌ست پیشِ آن نظر   عاشقی بر نفی خود خواجه! مگـر؟ ۴۶۲۳

در برابر «نظرِ» عنایتِ حق به بندهٔ عاشق که سبب «فنای تامّ» در ذاتِ باری تعالیٰ می‌گردد، صدها تن نابود شده‌اند. ای خواجه، مگر مشتاق نابودیِ خود هستی؟

---

۱ - اشاره به حدیث: مَنْ کانَ لِلّٰهِ کانَ اللهُ لَه: هرکس که برای خدا باشد، خدا هم برای اوست: ر.ک: ۱۹۴۸/۱.
۲ - **حَبْلٍ مِنْ مَسَد**: طنابی از لیف خرما، در این مصراع اقتباس لفظی از آیهٔ پنجم سورهٔ لهب شده است.
۳ - **مُزَعْفَر**: زعفرانی، زرد. ۴ - **به تفت**: به شتاب.

سایه‌ای و عاشقی بر آفتاب   شمس آید، سایه لا گردد شتاب ۴۶۲۴

تو، مانندِ «سایه»ای که عاشقِ آفتاب شده است و با طلوعِ خورشید، اثری از سایه برجای نمی‌ماند.

دادخواستن پشّه از باد به حضرتِ سلیمان علیه السَّلام[1]

پشّه‌ای به محضر سلیمان(ع) رفت و از باد شِکوه کرد و داد خواست. سلیمان(ع) گفت: خصمِ خود را حاضر آوَر که نمی‌توان سخن خصمی را بدون خصم دیگر شنید. پشّه گفت: خصمِ من باد است که در فرمان توست. سلیمان(ع) باد را فرا خواند تا به عدالت میان آن دو حکم براند؛ امّا به محض اینکه باد عزم محضر سلیمان(ع) را کرد، پشّه راه فرار پیش گرفت و هنگامی که سلیمان(ع) از وی خواست تا توقّف کند که میان ایشان فرمانی رَوَد، پشّه گفت: مرگ من از بودِ اوست، **«او چو آمد، من کجا یابم قرار؟»**.

سرِّ سخن در این تمثیل در تقریر این معناست که غلبهٔ عشق، عاشق را مقهور می‌دارد و معشوق نزد عاشق فانی است. «چونکه معشوق آمد، آن عاشق برفت»

پشّه نمادی از «هستی» آدمی است که خواستار حضور خداوند در دل و جان خویش است، حال آنکه با آمدن خدا، جوینده نیست می‌شود. شرطِ «بقایِ ابد»، «فنای در احد» است. باد نیز نمادی است از بادِ عنایتِ الهی که اگر بر دل و جانِ سالکِ متعالی وزان شود او را به مرتبهٔ فنایِ فی الله می‌رساند.

پشّه آمد از حدیقه[2] وز گیاه[3]   وز سلیمان گشت پشّه دادْخواه ۴۶۲۵

پشّه‌ای از میان باغ و سبزه‌زار برای دادخواهی به محضر سلیمان(ع) آمد.

کِای سلیمان[4]! معدِلت[5] می‌گستری   بر شیاطین، و آدمی‌زاد و پری ۴۶۲۶

گفت: ای سلیمان، تو بر شیطان‌ها، انسان و پری فرمان می‌رانی و عدالت را برقرار می‌داری.

مرغ و ماهی در پناهِ عدلِ توست   کیست آن گم گشته کِش فضلت نَجُست؟ ۴۶۲۷

همهٔ موجودات، در پناه دادگری تو در امنیّت‌اند. کدام گمگشته‌ای خواهان عدالت تو نیست؟

---

۱ - مأخذ این قصّه به احتمال قوی اسرارنامهٔ عطّار است که بیداد را متوجّه باد نمی‌داند و اشکال را متوجّه پشّه می‌سازد که یارای ایستادن ندارد. عراقی در کتاب لمعات این حکایت را بدین گونه آورده است: پشه پیش سلیمان از باد به فریاد آمد. سلیمان گفت که خصم خود را حاضر کن. پشه گفت اگر مرا طاقت مقاومت کردن بودی، از باد به فریاد نیامدمی: احادیث، ص ۳۴۰.   ۲ - **حدیقه** : باغ.   ۳ - **گیاه** : اشاره به علفزار است.

۴ - مواهبی که به سلیمان(ع) داده شد: ر.ک: ۲۶۱۶/۱.   ۵ - **معدلت** : عدل و داد.

داد دِه مـا را کـه بس زاریـم مـا بی نـصیب از بـاغ و گُـلزاریم مـا ۴۶۲۸

به فریاد ما برس که بسیار پریشانیم و از باغ و گلزار بی‌نصیب مانده‌ایم.

مشکلاتِ هـر ضـعیفی از تـو حـل پشّه بـاشد در ضـعیفی خـود مَـثَل ۴۶۲۹

تو مشکل گشای ضعیفان و ناتوانان هستی، پشّه هم که در ضعف و ناتوانی مَثَل شده است.

شُهره ما در ضعف و اِشکسته پری شُهره تو در لطف و مسکینْ پروری ۴۶۳۰

ما در ناتوانی و شکسته بالی شهره‌ایم و تو در لطف و ناتوان‌پروری شُهره‌ای.

ای تو در اَطـباقِ[1] قُـدرت مـنتهی[2] مـنتهی مـا در کَـمی و بـی‌رهی ۴۶۳۱

تو در عالی‌ترینِ مراتبِ قدرت هستی و ما در بیشترین حدّ کمی و کاستی به سر می‌بریم.

داد دِه مـا را از ایـن غـم کـن جـدا دست‌گیر ای دستِ تو دستِ خـدا ۴۶۳۲

ای که دستت دستِ خداست، به دادِ ما برس و از اندوه نجاتمان بده.

پس سلیمان گفت: ای انصافْ جو[3]! داد و انصاف از که می‌خواهی؟ بگو ۴۶۳۳

سلیمان(ع) گفت: ای دادخواهنده، شکایت تو از کیست و از چه کسی داد می‌خواهی؟

کیست آن کالِم[4] که از باد و بُروت[5] ظلم کرده‌ست و خراشیده‌ست روت؟ ۴۶۳۴

آن متجاوز ستمکاری که به سبب غرور برتو ظلم کرده و آزارت داده است، کیست؟

ای عجب! در عهدِ ما ظالم کجاست؟ کو نه اندر حبس و در زنجیرِ ماست ۴۶۳۵

تعجّب‌آور است که در دوران حکومت ما، ستمگر باشد و در زندان محبوس نباشد.

چونکه ما زادیم، ظلْم آن روز مُـرد پس به عهد ما، که ظلمی پیش برد؟ ۴۶۳۶

با تولّد ما، ظلم مُرد؛ پس در دوران ما چه کسی می‌تواند ستم کند؟

چون بر آمد نور، ظلمت نیست شد ظلم را ظلمت بُوَد اصـل و عَـضُد[6] ۴۶۳۷

با تابشِ نور، تاریکی محو می‌شود. تاریکی اصل و ریشه و یاری دهندهٔ ظلم است.

---

۱ - **اطباق :** جمع طَبَق، بشقاب یا ظرف که بر آن چیزی می‌خورند، اینجا به معنی مرتبه و درجه است.

۲ - **منتهی :** به پایان رسیده، کامل. ۳ - **انصاف جو :** دادخواه، مدّعی. ۴ - **کالِم :** کالُم یا کالَم؛ عوان.

۵ - **باد و بروت :** غرور و تکبّر. ۶ - **عَضُد :** بازو، در اینجا یاری کننده.

نَک شیاطین کسب و خدمت می‌کنند   دیگران بسته به اَصفادند[۱] و بند[۲] ۴۶۳۸

هم‌اکنون شیاطین به کار و خدمت اشتغال دارند و آن‌ها هم که خدمت نمی‌کنند، در زنجیر اسیرند.

اصـلِ ظـلمِ ظـالمان از دیـو بـود   دیو در بند است، اِستم چون نمود؟ ۴۶۳۹

ریشهٔ ستمِ ستمگران از شیطان است که به بند کشیده شده، چگونه می‌تواند ستم کند؟

مُلک، زآن دادست ما را کُنْ فَکان[۳]   تـا نـنالد خـلقْ سـویِ آسـمان ۴۶۴۰

آفرینندهٔ هستی، به ما سلطنت و قدرت عطا فرموده تا نالهٔ خلق به آسمان بلند نشود.

تـا بـه بـالا بـر نـیاید دودهـا   تا نگردد مضطرب چـرخ و سُـها[۴] ۴۶۴۱

تا دود آه و نالهٔ خلق به بالا نرسد و اهل آسمان مضطرب نگردند.

تـا نـلرزد عـرشْ از نـالهٔ یـتیم[۵]   تـا نگـردد از ستمْ جـانی سقیم[۶] ۴۶۴۲

تا عرش الهی از نالهٔ یتیم به لرزه نیفتد و هیچ کس از ظلم دردمند نشود.

زآن نـهادیم از مـمالک مـذهبی   تـا نـیاید بـر فـلک‌ها یـارَبی ۴۶۴۳

ما با راه و روش‌هایی در حکومت عدالت را حکمفرما کردیم تا فریادِ یاربّ به آسمان بلند نشود.

مـنگر ای مـظلومْ! سـویِ آسـمان   کآسـمانی شـاه داری در زمـان ۴۶۴۴

ای مظلوم، دیگر به آسمان نگاه نکن؛ زیرا در این دوران پادشاهیِ الهی حکومت می‌کند.

گـفت پشّـه: دادِ مـن از دستِ بـاد   کو دو دستِ ظلم بـر مـا بـرگشاد[۷] ۴۶۴۵

پشّه گفت: من از باد شکایت دارم؛ زیرا به من ستم فراوان می‌کند.

مـا ز ظـلمِ او بـه تـنگی انـدریم   با لبِ بسته، از او خون مـی‌خوریم ۴۶۴۶

ما از ستمِ او به تنگ آمده‌ایم. با لبانی بسته و خاموش از دست او خون دل می‌خوریم.

---

۱ - **أَصفاد :** جمع صَفَد، بند.

۲ - اشارتی قرآنی؛ ص : ۳۸/۳۸-۳۷ : وَ ٱلشَّیَاطِینَ کُلَّ بَنَّاءٍ وَ غَوّاص. وَ ءَاخَرِینَ مُقَرَّنِینَ فِی الْأَصْفَادِ: و دیوانی را که همه بنّا یا غوّاص بودند [مسخّر او ساختیم] و دیگر شیاطین را هم به دست او در غل و زنجیر کشیدیم.

۳ - اشارتی قرآنی، یس: ۸۲/۳۶ : ر.ک: ۱۷۹۸/۱ و ۲۱۳۴/۱.

۴ - **سُها :** ر.ک: ۱۶۲۷/۲، اینجا مراد از چرخ و سُها اهل آسمان یا کرّوبیان است.

۵ - مطابق است با مضمون این خبر: إِذَا بَکَی الْیَتِیمُ اهْتَزَّ الْعَرْشُ لِبُکَائِهِ : هنگامی که یتیم بگرید عرش خدا از اثر آن می‌لرزد: احادیث، ص ۳۴۰. ۶ - **سَقیم :** بیمار، دردمند.

۷ - **دو دست ظلم بر ما برگشاد :** کنایه از آن است که نسبت به ما بسیار ستم کرده است.

امر کردنِ سلیمان علیه السّلام
پشّهٔ متظلّم را، به احضارِ خصم به دیوانِ حُکم

۴۶۴۷ **پس سلیمان گفت: ای زیبا دَوی[1] امرِ حق باید که از جان بشنوی**

بنابراین سلیمان(ع) گفت: ای خوش صدا، فرمان حق را باید با جان و دل بشنوی.

۴۶۴۸ **حق به من گفته‌ست: هان! ای دادْوَر مشنو از خصمی تو، بی‌خصمی دگر**

حق به من گفته است که ای قاضی، سخن مدّعی را بدون خصمِ او نپذیر و در جلسهٔ دادگاه حضور طرفین دعوی الزامی است.

۴۶۴۹ **تا نیاید هر دو خصم اندر حضور حق نیاید پیشِ حاکم در ظهور**

تا طرفین دعوی حضور نیابند، حقیقت نزد حاکم آشکار نمی‌گردد.

۴۶۵۰ **خصمِ تنها، گر بر آرد صد نفیر هان و هان! بی‌خصمْ قولِ او مگیر[2]**

اگر مدّعی به تنهایی حضور یابد و ناله و فریاد سر دهد، آگاه باش و بدونِ حضور طرف دیگر، سخن او را نپذیر.

۴۶۵۱ **من نیارم رُو زِ فرمان تافتن خصمِ خود را رو بیاور سویِ من**

من نمی‌توانم از فرمان الهی سرپیچی کنم. برو و دشمن خود را نزد من بیاور.

۴۶۵۲ **گفت: قولِ توست بُرهان و دُرُست خصمِ من باد است، و او در حکمِ توست**

پشّه گفت: سخن تو حجّت و صحیح است؛ امّا دشمن من باد و در امرِ توست.

۴۶۵۳ **بانگ زد آن شَه: که ای بادِ صبا! پشّه افغان کرد از ظلمت، بیا**

آن شاه فریاد زد و گفت: ای باد صبا، پشّه از ستم تو ناله کرده است، بیا.

۴۶۵۴ **هین! مقابل شو تو و خصم، و بگو پاسخِ خصم، و بکن دفعِ عدو**

به سرعت در برابر این مدّعی حاضر شو، جوابش را بده و از خود دفاع کن.

۴۶۵۵ **باد چون بشنید، آمد تیز تیز پشّه بگرفت آن زمان راهِ گریز**

به محض اینکه باد این فرمان را شنید، به سرعت حضور یافت و در همان دم پشّه فرار کرد.

---

۱ - **دَویّ**: بازتاب، پژواک، پیچیدن صدا، صدایِ مگس و پشّه. ۲ - **قول او مگیر**: سخن او را باور نکن.

پس سلیمان گفت: ای پشّه! کـجا ! باش تا بـر هـر دو رانـم مـن قـضا ۴۶۵۶

سلیمان گفت: ای پشّه کجا می‌روی؟ صبر کن تا میان شما قضاوت کنم.

گفت: ای شَه! مرگِ من از بودِ اوست خود سیاه این روزِ من از دودِ اوست ۴۶۵۷

گفت: ای شاه، اگر او حضور داشته باشد، من نابود می‌شوم. روزگار من از دود قهر او سیاه است.

او چو آمـد، مـن کـجا یـابم قـرار؟ کـو بـر آرَد از نـهادِ مـن دمـار ۴۶۵۸

او که حضور یابد، من چگونه آرام و قرار داشته باشم؟ زیرا او دمار از روزگارم برمی‌آوَرَد.

هـمچنین جـویایِ درگـاهِ خـدا چون خـدا آمـد، شـود جـوینده لا ۴۶۵۹

طالبِ حق نیز همین وضع را دارد، هنگامی که حق متجلّی گردد، وجود سالک فانی می‌شود.

گرچه آن وُصلت بقا انـدر بـقاست لیک ز اوّل آن بـقا، انـدر فـناست ۴۶۶۰

هرچند که وصالِ حق بقای ابدی است؛ امّا رسیدن به بقا مستلزمِ فناست.

سـایه‌هایی کـه بُـوَد جـویایِ نـور نیست گردد چون کند نورش ظهور ۴۶۶۱

وجودِ طالبانِ حق، مانندِ سایه‌هایی‌اند در اشتیاقِ نور که به محضِ ظاهر شدنِ نور، محو می‌شوند.

عقل کِی مانَد چو باشد سرده[1] او؟ کُـلُّ شَـیءٍ هـالِک اِلاّ وَجْـهَهُ[2] ۴۶۶۲

هنگامی که هستیِ عاشق در «هستیِ حق» فانی می‌شود، عقلِ خداجویِ او کـه از تـجلیّات و رقایقِ عقل کلّ است، کمال می‌یابد و از عقول لاحقه می‌گردد و برایِ وی مقام «فنافی‌الله» و پس از آن «بقاء بالله» حاصل می‌گردد و این امر چیزی جز تحقّقِ این آیهٔ شریفه نیست «همه چیز نابود شدنی است، جز ذات او»؛ بنابراین در «انسان کامل واصل»، عقل با پالایشِ کامل نَفْس، تجرّدِ تام یافته است.

هالک آید پیشِ وَجْهش هست و نیست هستی اندر نیستی، خود طُرفه‌ای‌ست ۴۶۶۳

در برابرِ ذات حق موجودات، «فنا» می‌یابند و «بقایِ» پس از فنا هم شِگفت‌آور است.

اندر این محضر خِردها شد ز دست چون قلم اینجا رسیده شد، شکست ۴۶۶۴

در پیشگاه حق تعالیٰ، جمیعِ عقل‌ها مات و متحیّر می‌گردند. چون قلم به اینجا رسید، شکست.

---

۱ - سَرده: قدح شراب، ساقی. [عقلِ عارف ابتدا تحت سیطره اسما و **صفات جمالی** به هیجان می‌آید و با تجلّی جلالی اسم **قهّار**، دچار مقهوریّت و تحیّر و هیمان می‌گردد. سپس در پس پرده‌های صفات و حجب اسما، در ذات فنا می‌یابد.] ۲ - اشارتی قرآنی؛ قصص: ۸۸/۲۸ : ر.ک: ۳۰۶۵/۱ و ۳۳۳۳/۲.

نواختنِ معشوق عاشقِ بیهوش را تا به هوش باز آید

مـی‌کشید از بـیهشی‌اش در بیان   اندک انـدک از کَـرَم صـدرِ جـهان[۱] ۴۶۶۵

صدرِ جهان از سر لطف می‌کوشید وکیل را که بیهوش بود، اندک اندک به هوش آوَرَد.

بانگ زد در گوشِ او شَه:کِای گدا !   زر نـثار آوردمت، دامـن گشـا[۲] ۴۶۶۶

صدرِ جهان در گوش او بانگ برآورد: ای فقیر، دامن را بگشا تا طلا نثارت کنم.

جـانِ تـو کـاندر فـراقم مـی‌طپید   چونکه زنهارش رسیدم، چون رمید؟ ۴۶۶۷

جان تو که در دوری از من با پریشانی می‌تپید، اینک که به سراغش آمده‌ام، چرا از من می‌رَمَد؟

ای بـدیده در فـراقـم گـرم و سـرد   با خود آ از بی‌خودی و بـاز گـرد[۳] ۴۶۶۸

ای که در فِراق من ناملایمات را تحمّل کرده‌ای، به خود بیا و به حال طبیعی باز گرد.

مـرغِ خـانه اُشـتری را، بی‌خِرَد   رسـمِ مـهمانش بـه خـانه مـی‌بَرَد[۴] ۴۶۶۹

مرغِ خانگی از بی‌خردی، شتری را به عنوان میهمان به خانه برد.

چون به خانهٔ مـرغ، اشـتر پـا نـهاد   خانه ویران گشت و سقف اندر فُتاد ۴۶۷۰

هنگامی که شتر به خانهٔ مرغ پا نهاد، خانه خراب شد و سقفش فرو ریخت.

خانهٔ مـرغ است هـوش و عـقلِ مـا   هـوش صـالحْ[۵] طـالبِ نـاقهٔ خـدا[۶] ۴۶۷۱

«هوش و عقلِ» ما، مانندِ لانهٔ مرغ خانگی است و نمی‌تواند میهمان عظیمی، مانندِ شتر را در خود جای دهد، شخصی مثلِ صالح(ع) که ظرفیّت و قابلیّتی فوق بشری یافته است، می‌تواند جویایِ ناقهٔ خدا یا «عشق و علوم و اسرار الهی» باشد.

---

۱ - عاشق که با دیدار معشوق بیهوش می‌شود، اشاره به سالک است که تاب تحمّل انوار الهی و فیض ادراک علوم و اسرار را ندارد.   ۲ - اشاره است به فناء فی الله و رسیدن به گنج حقایق.

۳ - اشاره است به سالک که توانسته است رنج و سختی تهذیب و ریاضت را تحمّل کند؛ امّا تاب و توان تحمّل وصل را ندارد.

۴ - در این تمثیل، طالبِ سالک به مرغ خانگی مانند شده که خواستار عشق حق و علوم و اسرار است که در اینجا شتر نمادی از آن به شمار می‌آید.   ۵ - صالح(ع): ر.ک: ۲۵۱۹/۱.

۶ - **ناقهٔ خدا:** اشاره به عشق و علوم و اسرار الهی.

ناقه چون سر کرد در آب و گِلَش نه گِل آنجا ماند، نه جان و دلش ۴۶۷۲

چون عشقِ الهی به وجود صالح(ع) که از آب و گِل سرشته شده بود، تابید، از وجودِ فردی و صوری او چیزی بر جای نماند و در ذاتِ حق محو و فانی گشت.

کرد فضلِ عشق، انسان را فضول[1] زین فزون جویی ظَلوم[2] است و جَهول[3] ۴۶۷۳

امانتی را که خداوند به آسمان‌ها و زمین و کوه‌های عالم عرضه داشت و همه از تحمّل آن امتناع ورزیدند؛ یعنی قابلیّت تکامل به صورت نامحدود از طریقِ «عشق الهی»، آدمی را افزون‌طلب کرده است؛ امّا او افزون‌طلبی را که در سیر استکمالی بسیار پسندیده است در تمام وجوه زندگی اعمال می‌دارد و به سبب همین زیاده‌خواهی‌هایش، خداوند او را موجودی ستمکار و نادان خوانده است.

جاهل است و اندر این مشکل شکار می‌کَشَد خرگوش شیری در کنار ۴۶۷۴

انسان که ناآگاه است در این شکارِ دشوار، مانندِ خرگوشی است که می‌خواهد شیر را در آغوش بگیرد.

کِی کنار اندر کشیدی شیر را؟ گر بدانستی و دیدی شیر را ۴۶۷۵

اگر خرگوش، شیر را می شناخت و از عظمتِ او آگاه بود، هرگز آرزویِ آغوشِ او را در سر نمی‌پرورانید.

ظالم است او بر خود و بر جانِ خَود ظلم بین کز عدل‌ها گو می‌بَرَد ۴۶۷۶

انسان که در عین ناتوانی مشتاق و آرزومند عشق حق و علوم و اسرار الهی است، به خود و به جان خویش ستم روا می‌دارد؛ زیرا با ظرفیّت اندک خواهان درکِ اسرار بی‌منتهای عالم غیب است، در نتیجه به تهذیب و ریاضت و کُشتنِ نَفْس می‌پردازد و به خود و جان خویش ستم می‌ورزد؛ امّا این ستم از هر عدل و داد برتر است.

جهلِ او مر علم‌ها را اوستاد ظلم او مر عدل‌ها را شد رَشاد ۴۶۷۷

جهلِ انسانی که آرزومندِ عشقِ حق و علوم الهی است، از علمِ غیر عارفانهٔ اهلِ ظاهر برتر

---

۱ - **فضول** : یاوه‌گو، افزون‌طلب. ۲ - **ظَلوم** : ستمکار. **جَهول** : نادان.

۳ - اشارتی قرآنی؛ احزاب : ۷۲/۳۳.

مقایسه کنید : کلیّات سعدی، ص ۴۶۷ :

من آن ظلوم جهولم که اولم گفتی / چه خواهی از ضعفا ای کریم و از جهال؟

مرا تحمل باری چگونه دست دهد / که آسمان و زمین بر نتافتند و جبال؟

است؛ زیرا جهلِ او به امدادِ عشق حق بـه عـلمی عـارفانه و از عـلوم اهـل مکـاشفه مـبدّل می‌شود. ظلم او که ستم بر خود و نفسِ خویش است، مرشد عدالت‌هاست.

دستِ او بگـرفت کـین رفـته دَمَش آنگهی آیـد کـه مـن دَم بـخْشمش[1] ۴۶۷۸

صدر جهان دستِ وکیل را که نَفَسَش بند آمده بود، گرفت و گفت: نَـفَسِ بـاز رفـته‌اش زمانی باز می‌گردد که من به او نَفَسی ببخشم.

چون به من زنده شود این مُرده تن[2] **جانِ من باشد کـه رُو آرد بـه مـن**[3] ۴۶۷۹

چون این تنِ مرده توسّط نَفَسِ من حیات یابد، جانِ من است که به سویم روی آورده است.

من کنم او را از این جان[4] **مـحتشم جان که من بخشم، ببیند بـخششم** ۴۶۸۰

من با جانِ خویش به او حیات می‌بخشم و او را به شکوهمندی و عظمت می‌رسانم. در این جایگاه از منظری تازه، می‌تواند عطای مرا مشاهده کند.

جـــانِ نـامحرم نـــبیند رویِ دوست جز همان جان کَاصلِ او ازکویِ اوست ۴۶۸۱

«جانِ نامحرم»، که با عوالمِ غیبی آشنا نیست، نمی‌تواند جمال دوست را مشاهده کند، مگر جانی که به حق اتّصال یافتهَ و لیاقتِ وصال حق را داشته است.

در دَمَم قصّابْوار[5] **ایـن دوست را تا هِلَد آن مغزِ نـغزش**[6] **پـوست**[7] **را** ۴۶۸۲

من، مانندِ **قصّاب** که در حیوانِ ذبح شده می‌دمد تـا پـوست را جـدا سـارد، در ایـن دوست می‌دمم و به امدادِ فیوضات ربّانی به او کمک می‌کنم تا جان پاکش تعلّقات این جهانی را رها کند.

گــفت: ای جـــانِ رمـیده از بـلا! وصــلِ مـا را درگشـادیم، اَلصَّـلا[8] ۴۶۸۳

صدر جهان گفت: ای جانی که از بلاگریخته بودی، دوران حرمان و هجران به پایان رسید و ما درِ وصال را به رویت گشوده‌ایم، بیا.

---

۱ - اشاره است به بیعتِ مراد با مرید و دم که در او می‌دمد. ۲ - **مُرده تن**: کسی که در حق فنا یافته است.

۳ - اشاره است به بقای بالله پس از فنای فی الله. عارفِ کاملِ واصل پس از فنای در حق به وجودِ حق بقا می‌یابد؛ بنابراین وجودِ صوری و فردی او در ذاتِ حق محو شده و اینک حق است که به سوی حق روی می‌آوَرَد.

۴ - **از این جان**: اشاره به هستی مطلق، ذات هستی.

۵ - همین معنا در غزلی از دیوان کبیر: غزل ۷۶۵، ص ۳۱۵:

نه که قصّاب به خنجر چو سر میش ببرد نـهلد کشـتهٔ خـود را کُشـد آنگـاه کشـاند

چو دم میش نـماند ز دم خـود کـندش پـر تـو ببینی دم یـزدان بـه کـجاهات رسـاند

۶ - **مغز نغز**: اشاره به حقیقت و اصل آدمی است، روح عالی. ۷ - **پوست**: اشاره به تعلّقات این جهانی.

۸ - در این قصّه، «صدر جهان» نمادی است از حق و «وکیل بخارایی» نمادی از بندهٔ عاشق.

ای خودِ ما بی‌خودی و مستی‌اَت ای ز هستِ ما همارهٔ هستی‌اَت ۴۶۸۴

ای که بی‌خودی و سرمستی‌ات از ماست. ای که همواره هستی‌ات از هستی ما نشأت می‌یابد،

با تو بی‌لب این زمان من نو به نو رازهایِ کهنه گویم، می‌شنو ۴۶۸۵

اکنون گوش بده که من چه‌سان بدون سخن در هر لحظه اسرار را به‌گوش جانت می‌گویم.

زانکه آن لب‌ها از این دم می‌رمد بر لبِ جویِ نهان بر می‌دمد ۴۶۸۶

زیرا لب‌ها، یعنی «اسباب و علل»، ابزارِ این جهانی‌اند که از اسرار الهی می‌گریزند و قابلیّتِ بیان حقایق را ندارند. این علوم و اسرار، مانندِ گل و گیاه‌اند که بر لبِ جویبارِ دل و جان می‌رویند.

گوش ِ بی‌گوشی در این دَم برگشا بهرِ رازِ یَفْعَلُ اللّه مایَشا[1] ۴۶۸۷

گوش ِ جان و دل را برگشا تا راز این آیهٔ شریفه «خداوند هر چه را که بخواهد انجام می‌دهد» را دریابی.

چون صلایِ وصل بشنیدن گرفت اندک اندک مُرده جنبیدن گرفت ۴۶۸۸

هنگامی که عاشق دعوتِ وصال را شنید، آرام آرام تنِ مُرده و بی‌حرکتش به حرکت آمد.

نه کم از خاک‌است کز عشوهٔ صبا سبز پوشد، سر بر آرد از فنا ۴۶۸۹

عاشق حق کمتر از خاک نیست؛ زیرا می‌بینیم که خاک در اثر وزش لطیف باد صبا از انجماد و افسردگی می‌رهد و گیاهان سبز و باطراوت را می‌رویاند.

کم ز آبِ نطفه نَبْوَد، کز خطاب یوسفان زایند، رخ چون آفتاب ۴۶۹۰

یا مگر عاشق حق از نطفهٔ انسان کمتر است که از خطابِ الهی، یعنی به ارادهٔ حق و قوانینِ مشیّتِ الهی، زیبارویانی، مانندِ یوسف(ع) را به وجود می‌آورد.

کم ز بادی نیست، شد از اَمرِ کُنْ در رَحِمْ طاووس و مرغِ خوش سخُن[2] ۴۶۹۱

«عاشق حق» کمتر از باد نیست که به فرمانِ «باش» در رحم پرندگان به طاووس و طوطی خوش‌نوا تبدیل می‌شود.

---

۱ - اشارتی قرآنی؛ آل‌عمران : ۴۰/۳ : ر.ک: ۱۶۲۲/۲. در تبیین نفوذ اراده و مشیّت الهی است که حق تعالیٰ مبدأ و علّت‌العلل است و ارادهٔ او می‌تواند هرگاه که بخواهد قوانین عادی و جاری در نظام هستی را باطل و بی‌اثر کند.

۲ - اشاره به اعتقادی است که قدما در ارتباط با باروری و تولید مثل بعضی از پرندگان داشتند. در نزهة‌القلوب آمده است که وقتی دو کبک نر با هم می‌جنگند از نَفَس آن‌ها، تخم کبک ماده بار می‌گیرد و ارسطو پنداشته است که کرکس از باد حامله می‌شود: مثنوی، دکتر استعلامی، ج ۳، ص ۴۵۴.

کـم ز کـوهِ سـنگ نَبْوَد، کـز وِلاد نـاقه‌یی، کآن نـاقه نـاقه زاد، زاد[1] ۴۶۹۲

او از کوهِ سنگی کمتر نیست که ناقه از دل خویش بیرون آورد و آن ناقه، ناقهٔ دیگری زایید.

زین همه بگذر، نـه آن مـایهٔ عـدم[2] عـالَمی زاد و بـزایـد دَم بـه دَم[3] ۴۶۹۳

از این مثال‌ها بگذر و به این نکته توجّه کن که مگر مشیّت الهی هر لحظه از کَتمِ عدم که همان مبدأ آفرینش است، جهانی نو را پدید نمی‌آورد؟

بر جـهید و بـر طـپید و شـاد شـاد یک دو چرخی زد، سُجود اندر فتاد ۴۶۹۴

عاشق بخارایی از جای جست و از سر شور و شادی یکی دو چرخ زد و به سجده در آمد.

با خویش آمدنِ عاشقِ بیهوش و روی آوردن به ثنا و شکرِ معشوق

گفت: ای عنقایِ[4] حقْ[5] جان را مطاف[6]! شُکـر، کـه بـاز آمـدی زآن کـوهِ قـاف[7] ۴۶۹۵

عاشق گفت: ای عنقای الهی که وجودت محلّ طواف جان است، شکر که از کوه قاف بازگشتی و اینک توجّهات به عاشق از مقام کبریا و استغنا[8] نیست، بلکه از عنایت است.

---

۱ - اشاره به داستان صالح(ع) است که به فرمان خداوند به رسالت به سوی قوم ثمود فرستاده شد و به اعجاز بنا بر خواست آن قوم متمرّد، ماده شتری از سنگ برآورد و باز بنا بر خواست آن قوم، بلافاصله ماده شتر زایید.

۲ - **مایهٔ عدم :** اشاره به جوهر و اساس آفرینش که ذات حق است.

۳ - اشاره است به «خلق جدید» و «تجدّد امثال». صوفیّه معتقدند که با تجلّی و ظهور حق در مراتب گوناگون، آفرینش روی می‌دهد و چون تجلّی حق تکرار نمی‌پذیرد، آفرینش همواره در تغییر و تبدّل است که آن را «خلق جدید» می‌نامند. اشارت قرآنی، ق: ۱۵/۵۰، همچنین برخی از صوفیّه و اشعریّه هم معتقد بوده‌اند که تغییر و تبدّل نه تنها در اعراض بلکه در جواهر نیز روی می‌دهد و جهان را جوهر واحدی دانسته‌اند که اعراض گوناگون بر آن جاری است و این اعراض پیوسته در تغییر و تبدّل‌اند و این قاعده را «تجدّد امثال» می‌نامند: «خلق جدید» و «تجدّد امثال»: ر.ک: ۱۱۴۹/۱ و ۲۰۵۲/۱ و ۲۲۳۲/۱. ۴ - **عنقا :** سیمرغ. ۵ - **عنقای حق :** اشاره به انسانِ کاملِ واصل.

۶ - **جان را مطاف :** محلّ طواف جان، اشاره به دلِ انسانِ کاملِ واصل که محلّ ظهور و تجلّی حق است.

۷ - **کوه قاف :** ر.ک: ۱۳۹۳/۱، اینجا اشاره است به بازگشت معشوق از استغنا به عنایت و رحمت.

۸ - مقایسه کنید : حافظ :

گریهٔ حافظ چه سنجد پیش استغنای عشق کاندرین دریـا نـماید هـفت دریـا شبنمی

* * *

به هوش باش کـه هـنگام بـاد اسـتغنا هزار خرمن طاعت به نیم جـو نـنهند

ای سـرافـیلِ قـیامتگاهِ عشـق! ای تو عشقِ عشق و ای دلخواهِ عشق![۱] ۴۶۹۶

ای اسرافیل رستاخیز عشق، ای حقیقت عشق، ای معشوقی که عشق عاشق توست.

اوّلین خلعت[۲] **کـه خـواهی دادنم گوش خـواهم کـه نـهی بـر روزنـم**[۳] ۴۶۹۷

از تو می‌خواهم که به عنوان اوّلین مرحمت در حقّ من، به سخنان دلم گوش فرادهی.

گرچه می‌دانی به صَفوت[۴] **حالِ من بـنده‌پرور، گـوش کـن اقـوالِ مـن** ۴۶۹۸

هرچند که به سببِ صفایِ درون بر ضمایر اِشراف داری و از احوال من باخبر هستی؛ امّا باز هم از بنده‌پروری به سخنانم گوش بده.

صد هزاران بـار ای صـدرِ فـرید[۵]**! ز آرزویِ گـوشِ تـو هـوشم پـرید** ۴۶۹۹

ای صدر یگانه، تاکنون صدها هزار بار در آرزوی اینکه به سخنانم گوش فرادهی، هوش از سرم پریده است.

آن سمیعیِ تـو، و آن اِصـغایِ[۶] **تـو و آن تـبسّم‌هایِ جـان‌افـزایِ تـو** ۴۷۰۰

اینکه جان متعالیِ تو به ناله‌های عاشق گوش می‌سپارد و آن لبخندهای جان‌بخشت،

آن بـنوشیدنْ[۷]**کـم و بـیشِ مـرا عشـوهٔ جـانِ بـدانـدیش مـرا** ۴۷۰۱

آرزوی من بود که به سخنان بی‌سروته‌ام گوش دهی و فریبِ جان بداندیشم را تحمّل کنی.

قلب‌هایِ[۸] **من که آن معلومِ تـوست بس پذیرفتی تو چون نقدِ دُرُست**[۹] ۴۷۰۲

هر فعل و عمل غیر صادقانه‌ام را که بر چگونگی‌اش آگاه بودی، به عنوان فعل و عمل صادقانه و خالصانه پذیرفتی.

بـهرِ گسـتاخیِ شـوخِ غـرّه‌یی[۱۰] **حِـلم‌ها در پـیشِ حـلمت ذرّه‌یـی** ۴۷۰۳

در برابر گستاخیِ آدمِ بی‌شرم و حیایی مثل من، چنان حلیم بودی که حلم‌ها در برابرِ آن ذرّه‌اند.

---

۱ - عاشق بخارایی، سخنان مهرآمیز و التفات صدر جهان را که به جان افسرده و تن بی‌رمق او حیاتی تازه بخشیده است، همانند اسرافیل توصیف می‌کند که با دمیدن در صور مردگان را زنده می‌کند.

۲ - **خلعت** : جامه که شاهان به افراد طراز اوّل می‌داده‌اند، اینجا مرحمت و عنایت.

۳ - **روزنم** : مراد روزنِ دل است، حرفِ دل.

۴ - **صَفْوَت** : خالص و برگزیدهٔ چیزی، اشاره به دل منوّر و ضمیرِ تابناکِ انسانِ کاملِ واصل است.

۵ - **فرید** : یگانه. ۶ - **إصْغاء** : شنیدن، گوش فرادادن. ۷ - **بنوشیدن** : بنیوشیدن، شنیدن و گوش کردن.

۸ - **قلب** : سکّهٔ تقلّبی، اینجا مراد عمل غیر صادقانه است.

۹ - **نقد درست** : سکّهٔ خالص، اینجا مراد عمل صادقانه است. ۱۰ - **غِرّه** : مغرور، خودبین، گستاخ.

اوّلا بشنو که چون ماندم ز شَست[1] اوّل و آخِر ز پیشِ من بجَست[2] ۴۷۰۴

اوّلاً بشنو که با دور شدن از حیطهٔ قدرت و اقتدار تو، گویی آغاز و انجامم، یعنی همه چیزم را از دست دادم، چون همهٔ وجود من در آن محدوده مفهوم می‌یافت.

ثانیا بشنو تو ای صدرِ وَدود[3] که بسی جُستم تو را ثانی[4] نبود ۴۷۰۵

ثانیاً ای صدرِ مهربان، بسیار جست‌وجو کردم؛ امّا برایت نظیری نیافتم.

ثالثا تا از تو بیرون رفته‌ام گوییا ثالِثْ ثلاثه[5] گفته‌ام ۴۷۰۶

ثالثاً از روزی که از تو جدا شدم، گویی دین و ایمانم را از دست داده و ترسا شده‌ام.

رابعا چون سوخت ما را مزرعه می‌ندانم خامسه از رابعه ۴۷۰۷

رابعاً چون آتش هجرانت مزرعهٔ وجودم را سوزانده است، خامسه را از رابعه باز نمی‌شناسم و حساب از دستم در رفته است و قوّهٔ تشخیص ندارم؛ بنابراین بی‌آنکه به عواقب کار بیندیشم به سوی تو باز گشتم.

هر کجا یابی تو خون بر خاک‌ها پی بَری، باشد یقین از چشمِ ما ۴۷۰۸

هر جا خونی بر روی خاک ببینی، بی‌شک می‌دانی که از چشمِ ماست.

گفتِ من رعد است، و این بانگ و حنین ز ابر خواهد تا ببارد بر زمین ۴۷۰۹

سخنانِ من رعد و نشانِ باران است. ناله و فغانم سوزِ دلم را افزون می‌کند و مرا به گریستن وامی‌دارد.

---

۱ - **شست** : قلاّب ماهیگری، اینجا مقصود حیطهٔ تسلّط است.

۲ - بندهٔ مؤمن هنگامی که به دلیل ارتکاب جرایم و خطا به بُعد از حق مبتلا می‌شود، بینش و بصیرت و در واقع امنیّت و آرامش درونی خود را از دست می‌دهد، گویی که همه چیزش را از دست داده است.

۳ - **ودود** : نامی از نام‌های خداوند، بسیار با محبّت. ۴ - **ثانی** : مثل و مانند.

۵ - اشارتی قرآنی؛ مائده : ۷۳/۵ : لَقَدْ كَفَرَ الَّذِينَ قَالُوا إِنَّ اللهَ ثَالِثُ ثَلٰثَةٍ... : به راستی کسانی که گفتند خداوند یکی از [اقانیم] سه‌گانه است کافر شدند.

تثلیث یا ثالوث در مسیحیّت، عبارت است از سه‌گانگی خدا از جهت شخصیّت، در عین اینکه ذات او واحد است. این سه شخصیّت عبارت‌اند از: پدر، پسر (که در عیسی تجسّد یافت) و روح‌القُدُس و آن‌ها را اقانیم ثلاثه یا اقنوم سه‌گانه خوانند. اغلب علمای مسیحی معتقدند که تثلیث از اسرار است؛ یعنی معرفت کیفیّت آن از قوّهٔ ادراک بشر خارج می‌باشد. کلمهٔ تثلیث و اعتقاد صریح به آن در عهد جدید نیامده است؛ ولی گاه از «پدر»، «پسر» و «روح‌القُدُس» در جنب یک‌دیگر نام برده شده است. در قرون اوّلیّهٔ مسیحیّت، اقانیم ثلاثه ابتدا سه جلوه از ذات الهی و سپس در قرن چهارم سه وجه یا سه اقنوم از یک جوهر شمرده شد و به صورت تثلیث رسمیّت یافت. لازم به توضیح است که در میان مسیحیان فرقه‌ای به نام موحّدان هستند که قائل به وحدانیّت خدا و منکر الوهیّت عیسی(ع) و منکر تثلیث‌اند: ر.ک. قرآن، ترجمهٔ خرّمشاهی، ذیل آیهٔ شریفه، مائده: ۷۳/۵.

۴۷۱۰ **مــن میانِ گـفت و گـریه مـی‌تَنَم[۱] یا بگـریم یـا بگـویم، چـون کـنم؟**

مشتاق‌ام با تو سخن بگویم؛ امّا سوزِ دل که مرا به گـریه واداشـته، مـردّدم کـرده است، نمی‌دانم بگویم یا بگریم؟

۴۷۱۱ **گـر بگـویم، فـوت مـی‌گردد بُکـا[۲] ور نگویم، چون کنم شکـر و ثـنا؟**

اگر سخن بگویم، از گریستن که صادقانه‌ترین حالتِ بیانِ احساسِ قلبی من است، بـاز می‌مانم و اگر نگویم؛ چگونه به مدح و ثنای تو بپردازم؟

۴۷۱۲ **مــی‌فُتد از دیـده خـونِ دل، شـها ! بین چـه افـتاده‌ست از دیـده مـرا؟**

ای شاه، خون دل از دیدگانم فرو می‌بارد. ببین این دیده که به جمال تو گشوده شد، با من چه کرده است؟

۴۷۱۳ **این بگفت و گـریه در شـد آن نـحیف که بر او بگریست هم دون هم شریف[۳]**

آن عاشق زار این سخنان را گفت و های های گریست و چنان بود که همه با او گریستند.

۴۷۱۴ **از دلش چندان بر آمد هـای هـوی حــلقه کـرد اهـلِ بـخارا گِـردِ اوی**

از دلش چنان ناله‌های سوزناک عاشقانه برخاست که مردم بخارا در اطرافش حلقه زدند.

۴۷۱۵ **خیره‌گویان، خیره‌گـریان، خـیره‌خند مرد و زن، خُرد و کَلان، حیران شدند**

حیران سخن می‌گفت، مبهوت گریه می‌کرد و با سرگشتگی اشک می‌ریخت، چنانکه زن و مرد و کوچک و بزرگ از حال او متحیّر بودند.

۴۷۱۶ **شهر هم هم‌رنگِ او شـد اشکْ‌ریـز مرد و زن در هم شده چون رستخیز**

مردم بخارا با او همنوا شدند و اشک می‌ریختند، و در آن غلغلهٔ عجیب که مرد و زن در هم ریخته بودند، گویی رستاخیز برپا بود.

۴۷۱۷ **آســمان مـی‌گفت آن دم بـا زمـین گــر قــیامت را نــدیدستی، بـببین**

در آن لحظه آسمان به زبانِ حال به زمین می‌گفت: اگر تا کنون قیامت را ندیده‌ای، ببین.

۴۷۱۸ **عقل حیران که چه‌عشق است و چه‌حال؟ تــا فـراق او عـجب‌تر یـا وصـال؟**

عقل در احوال او متحیّر بود که این چه عشق و چه حالی است؟ فراق او عجیب‌تر است یا وصال او؟ چرا اینک در عین وصل می‌نالد و می‌زارد؟ چرا در میان ناله‌های سوزناک به ناگاه می‌خندد؟

---

۱ - **می‌تنم** : تردید دارم. ۲ - **بُکاء** : گریه. ۳ - **هم دون و هم شریف** : دانی و عالی، همه.

چرخْ برخوانده قیامت نامه را   تا مَجَرّه[1] بر دریده جامه را ۴۷۱۹

گویی آسمان نامهٔ طالع شدن روز رستاخیز را خوانده و جامه‌اش را تا کهکشان دریده بود؛ یعنی نه فقط مردم بخارا با او همنوا شده بودند و می‌گریستند، بلکه شورِ عاشقانه و سوزِ بیکرانی که در ناله‌هایش موج می‌زد، چنان صادقانه و خالصانه بود که گویی حجاب میان او و هستی را از میان برداشته بود و همهٔ عالم با او همصدا، همنوا و هماهنگ می‌نالیدند. سوز و دردش رستاخیزی برپا کرده بود.

با دو عالم، عشق را بیگانگی   اندر او هفتاد و دو[2] دیوانگی[3] ۴۷۲۰

«عشقِ حقیقی»، دارای کمال راستین است و ذات حق که واجد تمام کمالات است، «عاقل و معقولِ بالذّات» و «عاشق و معشوق» است[4]؛ پس عشق کمالی است که با معیارهای این جهانی و آن جهانی توصیف‌پذیر نیست. هرکس بنا بر استعداد و قابلیّت و ادراک خویش به نوعی عاشقِ عشق است؛ یعنی بنایِ جوش و خروشِ جهانیان بر «محبّت و عشق» استوار است.

سخت پنهان است و پیدا حیرتش   جانِ سلطانانِ جانْ[5] در حسرتش ۴۷۲۱

علی‌رغم آنکه حقیقت عشق سخت نهان است، هیجان، تحیّر و مقهوریّت عاشق به شدّت آشکار است و حالِ عارفِ عاشقِ مستغرق، حسرتی را در دلِ کاملانِ واصل می‌نشانَد که خواهان ازدیاد «حیرت» در خویش شوند.

غیر هفتاد و دو ملّت کیشِ او   تختِ شاهان تخته‌بندی[6] پیشِ او ۴۷۲۲

مذهب و آیینِ عشق، ورای مذاهب و درک آدمی است. عظمت‌های این جهانی که تخت پادشاهان نمونه‌ای از آن به شمار می‌آید، در تقابل با عظمتِ عشق، بیش از تخته‌پاره‌ای به حساب نمی‌آید.

مطربِ عشقْ این زند وقتِ سماع[7]   بندگیْ بَند و خداوندیْ صُداع[8] ۴۷۲۳

مطرب عشق هنگام سماع این نغمه را می‌نوازد: بندگی بند است و امارت دردسر؛ یعنی عاشقی، نه بندگی است و نه خواجگی.

---

۱ - **مَجَرّه** : راه کهکشان.   ۲ - **هفتاد و دو** : هفتاد و دو ملت، پیروان مذاهب گوناگون.

۳ - **دیوانگی** : مراد احوال عاشقانه است که برای خلق قابل درک نیست و آن را دیوانگی می‌نامند.

۴ - با استفاده از ف. سجّادی، صص ۵۸۳-۵۸۲.   ۵ - **سلطانان جان** : کاملان واصل.

۶ - **تخته‌بند** : چوب‌های کوچک که به دست و پای شکسته می‌بندند.   ۷ - **سماع** : ر.ک: ۱۳۵۲/۱.

۸ - **صُداع** : درد سر.

پس چه باشد عشق؟ دریایِ عدم   در شکسته عقل را آنجا قدم ۴۷۲۴

پس عشق چیست؟ دریای نیستی، یعنی فنای تامّ در حق که عارف عاشق واصل در نهایت استکمال، با رها کردن حدّ وجودی خویش، در اصل خود استتار می‌یابد و در باطنِ وجود مخفی می‌گردد.[1] این امر ورایِ درکِ عقل جزوی است.

بندگی و سلطنت معلوم شد   زین دو پرده عاشقی مکتوم شد ۴۷۲۵

ویژگیِ بندگی و سلطنت آشکار است و هر یک در پردهٔ مخصوص خویش استقرار دارد. به مناسبت همین پرده‌ها عاشقی و ماهیّت آن که نه این است و نه آن در حجابِ «غیرت» از «غیر» نهان داشته شده است.

کاشکی هستی زبانی داشتی   تا زِ هَستان پرده‌ها برداشتی[2] ۴۷۲۶

ای کاش «هستی» زبانی در خورِ فهم ما داشت و با ما سخن می‌گفت، آنگاه در می‌یافتیم این چیزهایی را که در جهان محسوس دوروبر خود می‌بینیم و لمس می‌کنیم و آن‌ها را موجودی دارای وجود می‌پنداریم و «هستان» می‌دانیم، موجودیّتی امکانی دارند، هستی آن‌ها «هستیِ موهومی» است و وجودِ حقیقی ندارند.

هر چه گویی ای دَم هستی[3]! از آن   پردهٔ دیگر بر او بستی، بدان ۴۷۲۷

ای انسان که به موجب اشارت قرآنی، حجر: ۲۹/۱۵، از «روح هستی» در تو دمیده شده است، هرچه که در ارتباط با ماهیّت و چگونگی **عشق** سخن بگویی، پردهٔ دیگری بر حجاب‌هایش افزوده‌ای و شناخت او را دشوارتر کرده‌ای؛ زیرا عشق کیفیّت‌پذیر نیست و چند و چون در آن راهی ندارد.

آفتِ ادراکِ آن قال است و حال   خون به خون شُستن محال است و محال ۴۷۲۸

چیزی که سبب می‌شود آدمی نتواند به ادراکِ عشق حقیقی نایل آید؛ یعنی آنچه که نمی‌گذارد او به مقامِ عاشقانِ راستین ارتقا یابد، **قال** و **حال** است. بدین معنا که مباحثِ عقلانی و احوالِ گوناگونی که در طیّ سلوک بر سالک عارض می‌گردد از قبیل:

---

۱ - با استفاده از شرح مقدّمهٔ قیصری، ص ۸۳۳

۲ - مولانا در طیّ چند بیتِ اخیر خارج از قصّهٔ وکیل بخارایی؛ امّا بنا بر تداعی ذهن، که قصّه وکیل شرح عشق و عاشقی است، به تقریر حقیقت عشق پرداخته است و اینک می‌فرماید: «حقیقتِ هستی» یا «هستیِ حقیقی» همان «عشق» است که این همه نهان است و این «هستان» که ما می‌بینیم؛ یعنی موجودات این جهانی که آن‌ها را این همه حقیقی می‌پنداریم، فاقد وجود حقیقی‌اند.

۳ - **دمِ هستی** : خطاب به انسان است: ر.ک: ۳۸/۱ و ۳۳۳۰/۱.

«خوف و رجاء»[1] یا «قبض و بسط»، او را به صفات «جمال یا جلال» مشغول می‌دارد، در حالی که خام‌طمعیِ طلبِ حظوظ همچنان در وی هست و صفایِ تامّ نیافته است، این حجابِ رقیق که برخیزد، نورِ ذات به قلب سالک می‌تابد و دست کرامت حق، او را خلعت محبّت ذات می‌پوشانَد.

در مصراع دوم می‌فرماید: ناپاکی را با ناپاکی نمی‌توان زدود؛ پس برای رسیدن به نورِ ذات که اصلِ همهٔ پاکی‌هاست، «مباحثِ عقلانی و استدلال» پایی چوبین و «احوالِ متفاوت»، توقّف در صفات است.

من چو با سودائیانش[2] محرمم روز و شب اندر قفص در می‌دمم ۴۷۲۹

چون من محرم عاشقان حق هستم، روز و شب معانی و مفاهیم گوناگونی از درونم می‌جوشد و در قالب کلمات جاری می‌گردد؛ امّا این امر همانند دمیدن در قفس است؛ یعنی حاصلی ندارد.

سختْ مست و بی خود و آشفته‌ای دوش ای جان! بر چه پهلو خفته‌ای؟ ۴۷۳۰

اینک مولانا خطاب به خویش می‌فرماید: ای جانِ بی‌تاب، سخت مست و مدهوش و آشفته‌ای، دیشب به کدام پهلو خوابیده‌ای که چنین حالی داری؟

هان و هان! هُش‌دار بر نآری دمی اوّلا برجِه، طلب کن محرمی[3] ۴۷۳۱

به هوش باش و به خود بیا. سخنی نگو و سکوت کن. ابتدا محرمی بیاب.

عاشق، و مستی و بگشاده زبان اللّه اللّه، اُشتری بر ناودان ۴۷۳۲

عاشقی و مستانه زبان به سخن گشوده‌ای، خدا را، خدا را که توجّه کن؛ زیرا اینک احوال تو، مانندِ شتری بر ناودان در خطرِ هلاکت و سقوط است.

چون ز راز و نازِ او گوید زبان یا جمیلَ آلسِّتر[4] خوانَد آسمان ۴۷۳۳

هنگامی که زبان به افشای اسرار حق گشوده می‌گردد و از راز و ناز او سخن می‌گوید، اهل آسمان به درگاه باری تعالیٰ دعا می‌کنند که به مرحمت و عنایت خویش، عاشق شوریده را از افشا و پرده‌دری باز دارد و اسرار را مکتوم بدارد.

---

۱ - **خوف و رجاء:** ر.ک: ۳۶۲۹/۱. ۲ - **سودائیان:** عاشقان حق.

۳ - مقایسه کنید: حافظ:

به مستوران مگو اسرار مستی حدیث جان مگو با نقش دیوار

* * *

تا نگردی آشنا زین پرده رمزی نشنوی گوش نامحرم نباشد جای پیغام سروش

۴ - **یا جَمیلَ السِّتر:** ای که پوشش زیبایی برای اسرار خود داری.

سِترِ چه؟ در پشم و پنبه آذر است　　　تا همی پوشیش، او پیداتر است ۴۷۳۴

پرده‌پوشی چه معنایی دارد؟ اسرارِ عشقِ الهی در دلِ ما، مانندِ آتش در میان پشم و پنبه است، هر چه نهان کنی، آشکارتر می‌شود.

چون بکوشم تا سِرش پنهان کنم　　　سر بر آرد چون عَلَم، کاینک منم ۴۷۳۵

هرگاه می‌کوشم اسرارش را نهان کنم، مانندِ عَلَم سر بر می‌آوَرَد که این منم.

رَغْمِ اَنْفَم[1]، گیرَدَم او هر دو گوش　　　کای مُدَمَّغ[2]، چونش می‌پوشی؟ بپوش[3] ۴۷۳۶

بر خلاف میلم دو گوشم را می‌گیرد و می‌گوید: ای نادان، چگونه مرا می‌پوشانی؟ بپوشان.

گویَمش: رو، گرچه بر جوشیده‌ای　　　همچو جان پیدایی و پوشیده‌ای ۴۷۳۷

می‌گویم: هرچند که در دل و جانم می‌جوشی و می‌خروشی؛ امّا برو که مانندِ جان پیدا هستی و حضورت حس می‌شود؛ ولی همه از ماهیّت و چگونگی آن بی‌خبرند.

گوید او: محبوسِ خُنب[4] است این تَنَم　　　چون مِیْ اندر بزمْ خُنبک می‌زنم[5] ۴۷۳۸

عشق می‌گوید: من در وجود مادّیِ تو محبوس‌ام وگرنه همانندِ مِیْ در بزم‌ها، شور و غلغله برپا می‌کنم.

گویمش: زآن پیش که گردی گرو[6]　　　تا نیاید آفتِ[7] مستی، برو ۴۷۳۹

به عشق می‌گویم: جوش و خروش و تبلور خویش را از من نهان کن و برو؛ زیرا این همه سرمستی آفتی در پی دارد و من ناچار می‌شوم تو را نهان کنم.

گوید: از جام لطیفْ آشامْ[8] من　　　یارِ روزم تا نمازِ شامْ من ۴۷۴۰

عشق در پاسخ من که خواستم برود و تبلور و جوشش را از من نهان بدارد، می‌گوید: من «ولیِّ» پُر از «بادهٔ عشق» را سبب می‌شوم تا «نمازِ شام»، یعنی تا «فنایِ جسمِ» او «یارِ روز» باشد و عالم مجازی را روشن سازد.[9]

---

۱ - **رَغْمِ اَنْفَم** : بر خلاف میل من.　　۲ - **مُدَمَّغ** : گول، نادان، کسی که خود را دانا می‌داند، متکبّر.
۳ - وحدت حقیقی عشق بر اهل آن آشکار است.　　۴ - **خُنب** : خم، کنایه از قالب جسمانی آدمی.
۵ - **خنبک زدن** : کف زدن، غلغله برپا کردن.　　۶ - **گردی گرو** : گروگان گرفته شوی، محبوس شوی.
۷ - **آفت** : اینجا اشاره به افشای اسرار الهی است.　　۸ - **جام لطیف‌آشام** : ولیِّ پُر بادهٔ عشق.
۹ - شرح مثنوی معنوی، نیکلسون، ج ۳، ص ۱۳۵۰.

چون بیاید شام و دُزدد جام من گویمش: وادِه که نامد شام من ۴۷۴۱

عشق می‌گوید: هنگامی که روزگار عمرِ او به پایان برسد و شب مرگ فرود آید و جام مرا به کام کشد؛ یعنی قالب جسمانی تو را که جانت به امدادِ آن باده نوش پیالهٔ من بود، بگیرد، می‌گویم: جامم را بده که شام من فرا نرسیده است؛ یعنی عشق و اسرار الهی پس از مرگ هم با جان عارف همراه و عجین است؛ زیرا در آن تحقّق یافته و متّحد شده است.

زآن، عرب بنهاد نام مِیْ مُدام[1] زانکه سیری نیست مِیْ‌خور را مُدام[2] ۴۷۴۲

چون شرابخوار هرگز از خوردن شراب سیر نمی‌شود، عرب آن را «مدام» نامیده است.

عشق جوشد بادهٔ تحقیق را او بُوَد ساقی نهان صِدّیق را ۴۷۴۳

«عشق»، بادهٔ اسرارِ الهی و درکِ حقایق را در جان عارف به جوشش و قوام می‌آوَرَد تا معارف را در دل و جان خویش متحقّق بیابد و در نهایتِ اختفا، صدّیقان را سیراب می‌کند.

چون بجویی تو به توفیقِ حَسَن باده آب جان بُوَد، ابریقْ[3] تن ۴۷۴۴

اگر طالب باشی و توفیق الهی شامل حالت باشد، در می‌یابی که «شراب حق یا می اَلَست» همان «آب حیات» است که لحظه به لحظه جانت را ارتقا می‌دهد و «تن» صراحی این باده است.

چون بیفزاید مِیِ توفیق را قوّت مِیْ بشکند ابریق را ۴۷۴۵

اگر بادهٔ «توفیق و عنایت حق» از ظرفیّت و توانایی تنِ عارف بیشتر شود، قدرتِ آن «صراحیِ تن» را می‌شکند؛ یعنی تن او در برابر تجلیّات حق مضمحل می‌شود و تاب نمی‌آورد.

آبْ گردد ساقی و هم مستْ آب چون مگو، وَاللهُ اَعْلَمْ بِالصَّواب[4] ۴۷۴۶

هنگامی که «ابریقِ تن» عارف در برابر تجلیّات حق مضمحل می‌گردد؛ یعنی وجه عنصری نَفْسِ او به کلّی فنا می‌یابد، آنگاه «ساقی» و «مست»، معانی و مفاهیم مستقلّی نیستند، همان «باده»اند. نپرس که چگونه این امر رخ می‌دهد؟ خداوند مصلحت را بهتر می‌داند.

---

۱ - **مُدام**: شراب، همیشه.

۲ - عارف هرگز از نوشیدن می حقایق و اسرار الهی سیراب نمی‌شود و همواره مشتاق ازدیاد آن است.

۳ - **اِبْریق**: معرّب آبریز، کوزه، مشربه.

۴ - اشاره است به اتّحاد عبد با حق، این اتّحاد نظیر انعدام قطرات آب در مقام اتّصال به دریاست و یا اتّحاد فروع و اشعات و ظلال در مقام اصل وجود شمس حقیقی عالم وجود و ایجاد: شرح مقدّمهٔ قیصری، ص ۸۵۰.

پرتوِ ساقی‌ست[1] کاندر شیره[2] رفت　　شیره بر جوشید و رقصان گشت و زفت ۴۷۴۷

پرتوی از ساقی بر شیره تابیده است و در اثر تابش آن، آب انگور جوشیده و قوام یافته و کف کرده است؛ پس اگر «می» می‌جوشد این جوش و خروش از عشق است.

اندر این معنی بپرس آن خیره[3] را　　که: چنین کِی دیده بودی شیره را؟ ۴۷۴۸

در ارتباط با این معنا از آن بداندیش سرگشته بپرس کی آب انگور چنین حالی دارد؟

بی تفکّر[4] پیشِ هر داننده هست　　آنکه: با شوریده شوراننده هست ۴۷۴۹

هر انسان دانایی به خوبی می‌داند که هر شوریده‌ای را شوراننده‌ای به شور آورده است.

حکایتِ عاشقی، درازْ هجرانی بسیار امتحانی[5]

جوانی شیفته و دلدادهٔ زنی شد. هرچه در طلبِ وصل او کوشید، جز محنت نیافت. هشت سالِ آزگار بر این منوال و در تب و تاب گذشت تا اینکه شبی از شب‌ها که دیرگاه از خانه بیرون مانده بود، از بیمِ عَسَس[6] خود را در باغی افکند و در نهایتِ حیرت محبوب را آنجا یافت.

اینکه عاشق پس از سال‌ها به شکلی کاملاً غیرمنتظره معشوق را یافت، تداعی‌گر تقریر یکی از مبانی مهمّ تصوّف می‌شود که «طلب» است و چون در وجودِ سالک «درد حق‌جویی» و طلب باشد، در نهایت به مقصود خواهد رسید؛ زیرا که جوینده یابنده است و اگر سایهٔ حق بر سر بنده باشد به مراد خویش می‌رسد و حتّی اگر در راه مجاهده پایِ جانِ سالک آسیب یابد، حق به او بال و پری عنایت می‌کند و از قعر چاه دری می‌گشاید، چون مفتاح راه اوست.

ادامهٔ این قصّه در ابتدای دفتر چهارم[7] به تقریر آمده است.

در ابیات پایانی قطعه‌ای که پیش از آغاز این قصّه آمد، سخن در شرحِ معنیِ «عشق» و «سرّ عشق» بود و اینکه آفتِ عدمِ ادراک و حصول آن «قال» و «حال» است. اینک در «حکایت عاشق دراز هجران»، در عین حال که اشاره به خونریز بودن و غیرت عشق هست که غیر را دورباش می‌دارد، برای آنکه یأس و ناامیدی از عدم حصول مقصود بر دل سالکان سایه نیفکند، داستان به طریقی ادامه می‌یابد که عاشق ناکام در عین نامرادی همچنان طالب است و در نهایت امر این طلب به شکلی معجزه‌آسا

---

۱ - **ساقی**: اشاره به عشق است.　۲ - **شیره**: آب انگور.　۳ - **خیره**: بداندیش، سرگشته.

۴ - **بی تفکّر**: بدون فکر کردن.　۵ - **بسیار امتحان**: بسیار محنت دیده.

۶ - **عَسَس**: جمع عاسّ، نگهبان شب، شبگرد، در فارسی به معنای مفرد به کار می‌رود.　۷ - ر.ک.: ۴۰/۴.

او را به معشوق می‌رساند و نتیجه‌ای که حاصل می‌شود آن است که با هر شوریده، شوراننده‌ای هست و هر طالبی را مطلوبی به طلب واداشته است، استمرار طلبِ صادقانه روزی عنایت مطلوب را به سوی خویش معطوف می‌دارد.

دفتر سوم رو به پایان است و هنوز قصّهٔ «وکیل صدر جهان» به پایان نرسیده که مولانا قصّهٔ «عاشق دراز هجران» را به تقریر می‌آوَرَد که ادامهٔ آن را در دفتر چهارم می‌خوانیم.

یک جوانی بر زنی مجنون بُده‌ست — مـی‌ندادش روزگـارِ وَصـلْ دست ۴۷۵۰

جوانی دیوانه‌وار عاشق زنی بود؛ امّا وصال نصیبش نمی‌شد.

بس شکنجه کرد عشقش بر زمین[1] — خود چـرا دارد ز اوّل عشـقْ کـین؟ ۴۷۵۱

عشق او را در این دنیا بسیار آزرده کرد. راستی چرا عشق در آغاز به عاشق سخت می‌گیرد؟

عشـق، از اوّل چـرا خـونی بُـوَد؟ — تـا گـریزد آنکـه بـیرونی بُـوَد ۴۷۵۲

چـرا عشق از ابـتدا آزاردهـنده و خـونریز است؟ زیـرا هـر کس کـه اهـلِ آن نـیست و شایستگی‌اش را ندارد، بگریزد و سودای آن را از سر به در کند.

چون فرستادی رسـولی پـیشِ زن — آن رسـول از رشک گشـتی راهْزن ۴۷۵۳

اگر عاشق، شخصی را به عنوان قاصد نزد زن می‌فرستاد، قاصد دلباختهٔ آن زن می‌شد در نتیجه به عاشق حسد می‌ورزید و کارشکنی می‌کرد.

ور بـه سـوی زن نـبشتی کـاتبش — نامه را تصحیف[2] خواندی نایبش[3] ۴۷۵۴

اگر نامه برای معشوق می‌نوشت، پیشکارِ محبوب نامه را با تغییر و تصرّف یا بر خلاف می‌خواند.

ور صـبا را پـیک کـردی در وفـا — از غـباری تـیره گشـتی آن صبا ۴۷۵۵

اگر بادِ صبا را به عنوانِ پیکِ اعلامِ وفا می‌فرستاد، گَرد و غباری بادِ صبا را تیره می‌کرد.

رُقعه[4] گـر بـر پـرِّ مرغی دوخـتی — پـرِّ مـرغ از تَـفِّ رُقـعه سـوختی ۴۷۵۶

اگر نامهٔ عاشقانهٔ پُر سوز و گداز به بال پرنده می‌بست، پرِ پرنده از گرما مـی‌سوخت و نمی‌توانست پرواز کند.

---

۱ - **بر زمین** : مراد آن است که این عشق هرگز موجبات شعف و شادمانی و پرواز دلش در آسمان‌ها نبود، بلکه همواره او را بر زمین و در میان غم و اندوه نگاه می‌داشت.

۲ - **تصحیف** : قرائت چیزی بر خلاف آنچه که نوشته شده است؛ یعنی با تغییر و تصرّف خواندن.

۳ - **نایب** : پیشکار.   ۴ - **رُقْعَة** : قطعه کاغذی که در آن نویسند، نوشتهٔ موجز، نامه.

راه‌هـــایِ چــاره را غـیرت[۱] بِبَست　　　لشکرِ انـدیشه را، رایت[۲] شکست ۴۷۵۷

غیرتِ عشق، راه‌های چاره را بسته و نیرویِ اندیشه را شکسته بود.

بـــود اوّل، مـــونسِ غـمْ انــتظار　　　آخرش بشکست، کیْ؟ هم انـتظار! ۴۷۵۸

در آغاز با انتظارِ وصل، مونسِ غم و اندوهِ فِراق را تحمّل می‌کرد؛ امّا سرانجام انتظار او را از پای در آورد.

گاه گـفتی: کـین بـلایِ بی‌دواست　　　گاه گفتی: نه! حیاتِ جان مـاست[۳] ۴۷۵۹

گاه می‌گفت: این عشق دردِ بی‌درمان است و گاه می‌گفت: نه، مایهٔ حیات من است.

گــاه هسـتی[۴] زو بـرآوردی سـری　　　گــاهْ او از نـیستی[۵] خـوردی بَـری ۴۷۶۰

گاه احوالِ هستیِ مادّی بر او غلبه می‌یافت و گاه هستیِ مادّی‌اش محوِ احوالِ عاشقانه و تلاطمِ عشق می‌شد و مانندِ دیگر عاشقان هر لحظه در حالی بود.

چونکه بر وی سرد گشتی این نهاد　　　جوشْ کـردی گـرمْ چشـمهٔ اتّـحاد ۴۷۶۱

هنگامی که خواستهٔ سرشتِ بشری‌اش رو به خاموشی می‌رفت، چشمه‌ای از درونش می‌جوشید که در پرتو آن خود را با معشوق متّحد می‌یافت؛ یعنی وقتی مصفًا می‌شد و گامی فراتر از «هستی» و «نیستی» بر می‌داشت و «خود» را در میان نمی‌دید و به اتّحاد خود و محبوب می‌رسید.

چونکه با بی‌برگیِ غربت[۶] بساخت　　　برگِ بی‌برگی[۷] بـه‌سوی او بـتاخت ۴۷۶۲

چون «عاشقِ دراز هجران»، بینوایی و درماندگی را پذیرفت و تسلیم شد؛ یعنی قبول کرد که عاشقی همین است و تدبیر و جهد در آن حاصلی ندارد، رهایی و آزادگی از تعلّقات و غِنا را حس کرد و متوجّه شد که می‌تواند همه چیز و تعلّقات را در راه عشق از دست بدهد.

خــوشه‌هایِ فکــرتش بی‌کاه شـد　　　شبْ روان[۸] را رهنما چون ماه شـد ۴۷۶۳

اندیشه و تفکّرش، مانندِ خوشه‌هایِ گندم از کاه جدا شده به پختگی رسید و چنان تابناک شد که می‌توانست سالکانی را که در تاریکیِ زندگیِ دنیوی مانده بودند، یاری و راهنمایی کند.

---

۱ - **غیرت**: غیرت حق، حق توجّه بنده را به ماسِوی الله نمی‌پسندد. ر.ک: ۱۷۲۱/۱ و ۱۷۸۱/۱.

۲ - **رایت**: پرچم، اینجا توان و نیرو.　۳ - اشاره به حالِ متلاطم عاشق.

۴ - **هستی**: اشاره به هستیِ مادّی و امور زندگی.　۵ - **نیستی**: اشاره به فنای عاشق در عشق و معشوق.

۶ - **غربت**: اشاره به هجران و دوری عاشق از معشوق است.

۷ - **برگ بی برگی**: آزادگی از هر چیز جز خدا، غنای درونی که سرمایهٔ عدم تعلّق است و خداوند به فقرای راستین که اهل دل‌اند عطا می‌فرماید.　۸ - **شب روان**: سالکانی که در تاریکی زندگی مادّی دست و پا می‌زنند.

ای بسا طوطیِ گویایِ خَمُش[1] ای بسا شیرین روانِ رُوتُرُش[2] ۴۷۶۴

بسیاری از مردان بزرگ که به کمال رسیده‌اند و سخنانی شکربار از درونشان می‌جوشد، سکوت اختیار می‌کنند. بسیاری از بزرگان که دل و جانی تابناک و مانندِ شهد و شکر شیرین دارند، چون محرمی برای گفتن نمی‌یابند، چهره در هم می‌کشند و خاموش‌اند.

رو به گورستان دمی خامُش نشین آن خموشانِ سخن‌گو را ببین ۴۷۶۵

لحظه‌ای به گورستان برو، ساکت بنشین و در دیار خاموشان، سخنگویان خاموش را ببین.

اشاره به این نکته که: در دیار خاموشان نیز با برافکنده شدن حجاب جسمانی، حقایق در مراتب گوناگون و متناسبِ با تعالیِ رفتگان جلوه‌گرند؛ بنابراین اینک آنان نیز با ادراک حقایق به نوعی «طوطی گویای خَمُش»اند.

لیک اگر یکرنگ بینی خاکشان نیست یکسان حالتِ چالاکشان ۴۷۶۶

اگر خاکِ همگان یکسان می‌نماید، سیر و تحرّکات‌شان در عوالم غیبی یکسان نیست.

شَحم و لَحمِ[3] زندگانْ یکسان بُوَد آن یکی غمگین، دگر شادان بُوَد ۴۷۶۷

انسان‌های زنده نیز از نظر ظاهر و گوشت و پیه یکسان‌اند؛ امّا یکی غمگین و دیگری شادمان است.

تو چه دانی تا نَنوشی قالشان؟ زانکه پنهان است بر تو حالشان[4] ۴۷۶۸

تو از غم و شادی آنان چیزی نمی‌دانی و تا با آن‌ها سخن نگویی احوالشان بر تو پوشیده است.

بشنوی از قالْ های و هوی را کِی ببینی حالتِ صدتُوی[5] را؟ ۴۷۶۹

اگر از سخنِ آنان هم هیاهویی را بشنوی، کی می‌توانی از حالات پیچیده‌شان، آگاه شوی؟

---

۱ - **طوطی گویای خَمُش**: اشاره به مردِ حق که علی‌رغم سخنان شکرباری که از درونش می‌جوشد، خاموش است. [در بیت قبل گفته شد: عاشقِ دراز هجران به پختگیِ فکری رسید و می‌توانست به راهنماییِ دیگر سالکان بپردازد؛ امّا رسالت و مسؤولیّتی از این بابت نداشت؛ بنابراین «طوطیِ گویای خَمُش» بود.]

۲ - **شیرین روانِ رُوتُرُش**: اشاره به بزرگانی که از جانِ تابناک و مانندِ شکر شیرین برخوردارند؛ امّا خاموش و رُوتُرُش‌اند و از باطن منوّر اثری در ظاهر آنان نیست.

۳ - **شَحْم و لَحْم**: پیه و گوشت، مراد زندگی دنیوی است؛ یعنی به هر حال همه زنده‌اند و زندگی می‌کنند.

۴ - اشاره به این نکته است که: عامِ خلق با دیدن ظاهر افراد نمی‌توانند احوال درونی‌شان را دریابند.

۵ - **حالت صد تُوی**: پیچیدگی‌های درونی.

نقشِ ما یکسان، به ضدها مُتّصِف[1] خاکْ هم یکسان، روانْشان مختلف ۴۷۷۰

ما انسان‌ها ظاهری مشابه و باطنی متفاوت و گاه متضاد داریم؛ جسم‌ها یکسان و جان‌ها مختلف‌اند.

همچنین یکسان بُوَد آوازها این یکی پُر دَرد و آن پُر نازها ۴۷۷۱

ظاهرِ صداها هم شبیه یک‌دیگر است؛ ولی یکی پر از درد و دیگری پر از ناز است.

بانگِ اسبان بشنوی اندر مصاف[2] بانگِ مرغان بشنوی اندر طَواف ۴۷۷۲

شیههٔ اسب‌ها در کارزار یا نغمهٔ پرندگان در آسمان هر دو صداست؛ ولی معنیِ یکسانی ندارد.

آن یکی از حِقْد[3] و دیگر زِ ارتباط[4] آن یکی از رنج و دیگر از نشاط ۴۷۷۳

شیههٔ اسب از سرکینه و نغمهٔ پرنده برای ارتباط با پرندگان و از شادی است.

هر که دور از حالتِ ایشان بُوَد پیشش آن آوازها یکسان بُوَد ۴۷۷۴

هر که از احوال آن‌ها بی‌خبر باشد، اصوات را یکسان می‌شنود و تفاوتی نمی‌بیند.

آن درختی جُنبد از زخمِ تَبَر و آن درختِ دیگر از بادِ سَحَر ۴۷۷۵

درختی از ضربات تبر تکان می‌خورد و درخت دیگری را باد سحرگاهی تکان می‌دهد.

بس غلط گشتم ز دیگِ[5] مُرده‌ریگ[6] زانکه سرپوشیده می‌جوشید دیگ[7] ۴۷۷۶

این دنیایی که سرشار از ظواهرِ بی‌قدر است، تاکنون مرا بسیار به اشتباه افکنده است؛ زیرا مانند دیگِ سربسته نمی‌دانیم در آن چه می‌جوشد.

جوش و نوش[8] هر کست گوید: بیا جوشِ صدق و جوشِ تزویر و ریا ۴۷۷۷

هر کس با صفات نیک یا بد، آدمی را صادقانه یا ریاکارانه به خود فرامی‌خوانَد.

---

۱ - **متّصف** : صفتی پذیرفتن، به صفتی شناخته شدن. ۲ - **مصاف** : جمعِ مصفّ: میدان نبرد.

۳ - **حِقْد** : کینه، غضب. ۴ - **ز ارتباط** : برای برقراری ارتباط با پرندگان دیگر.

۵ - **دیگ** : کنایه از عالم ظاهری و مادّی، ظاهر زندگی و جنبه‌های مشهود آن.

۶ - **مُرده‌ریگ** : میراث، در مثنوی نشانهٔ تحقیر است مثل وامانده، فرومایه، منفور و مکروه.

۷ - اشاره است به حقیقت هر چیز که در دنیای مادّی نهان است و ظاهر آن عیان.

۸ - **جوش و نوش** : اشاره است به چیزی که در درون انسان‌ها می‌جوشد، اعمّ از نیکی یا بدی.

گـر نـداری بـو ز جـانِ روشـناس　　رو دمـاغی دست آور بـوشناس[1] ۴۷۷۷

ای انسان، اگر به درجه‌ای نرسیده‌ای که بتوانی بویِ «صدق و کذب» را که از جوشش درون افراد بر می‌خیزد، بشناسی، جویایِ «شامّه‌ای بوشناس» باش که از بوی غذا در می‌یابد که درون دیگ چیست.

آن دِماغی[2] که بـر آن گـلشن تَـنَد[3]　　چشمِ یعقوبان[4]، هم او روشن کـند ۴۷۷۹

«جان انسان کامل» که در اتّصال با حق است، چنان قوّتی دارد کـه مـی‌توانـد چشـمِ بـاطنِ یعقوب‌صفتانِ مهجور از حقایق را به شهودِ «عالمِ معنا» روشن کند.

هین! بگو احوالِ آن خسـته جگـر[5]　　کز بُخاری[6] دور مـاندیم ای پسـر! ۴۷۸۰

ای پسر، باز گردیم و از احوال آن خسته‌دل بگوییم که از قصّهٔ عاشق بخارایی دور ماندیم.

یافتنِ عاشق معشوق را، و بیانِ آنکه جوینده یابنده بُوَد، که: «وَ مَنْ یَعْمَلْ مِثْقالَ ذَرَّةٍ خَیْراً یَرَهُ»[7]

در بیانِ این مطلب که «جوینده یابنده است» و چون عاشقِ درازِ هجران، جوینده و طالب بود، معشوق را یافت.

کآن جوان در جُست و جو بُد هفت سال　　از خـیالِ وصـلْ گشـته چـون خـیال[8] ۲۷۸۱

آن جوان هفت سال در جست‌وجو بود و از خیالِ یار، مانند خیال شده بود.

سـایهٔ حـق بـر سـر بـنده بُـوَد　　عـاقبت جـوینده یـابنده بُـوَد[9] ۴۷۸۲

سایهٔ لطف خداوند همواره بر سر بندگان هست و به آنان امداد می‌کند که جوینده یابنده باشد.

---

۱ - اشاره است به انسان کامل مکمّل که «جانِ روشناس» و «دماغِ بوشناس» دارد و می‌تواند هدایت و ارشاد و امداد سالکان را بر عهده گیرد.　۲ - **دِماغ :** مغز سر، محلّ قوت نفسانی.

۳ - **بر آن گلشن تَنَد :** با عالم غیب در ارتباط باشد.　۴ - اشاره به زندگی یوسف(ع): ر.ک: ۳۱۶۹/۱.

۵ - **خسته جگر :** اشاره به عاشق دراز هجران است.

۶ - اشاره به اینکه قصّهٔ وکیل صدر جهان هنوز پایان نیافته است و تا پایان دفتر سوم هم فرصتی برای بازگشت به ان پیش نمی‌آید.

۷ - اشارتی قرآنی؛ زلزال : ۷/۹۹ : فَمَنْ یَعْمَلْ مِثْقالَ ذَرَّةٍ خَیْراً یَرَهُ : هرکس به قدر ذرّه‌ای کار نیک کرد [پاداش] آن را خواهد دید.　۸ - **چون خیال شده بود :** کنایه از نحیف و زار شدن.

۹ - مجاهدهٔ خالصانه با مساعدت الهی همراه است.

گفت پیغمبر که: چون کوبی دری — عاقبت زآن در برون آید سری[1] ۴۷۸۳

پیامبر(ص) فرمود: اگر دری را بکوبی، عاقبت از آن در سری بیرون می‌آید و پاسخ می‌دهد.

چون نشینی بر سرِ کویِ کسی — عاقبت بینی تو هم رویِ کسی ۴۷۸۴

اگر بر سر کوی کسی بنشینی، سرانجام روی او را می‌بینی.

چون ز چاهی می‌کَنی هر روز خاک — عاقبت اندر رسی در آبِ پاک ۴۷۸۵

اگر هر روز از چاهی مقداری خاک بیرون بیاوری، بالاخره به آب زلال می‌رسی.

جمله دانند این، اگر تو نگروی — هر چه می‌کاریش، روزی بدروی[2] ۴۷۸۶

همه می‌دانند که هرچه بکاری، روزی همان را درو می‌کنی، هرچند که تو باور نکنی.

سنگ بر آهن زدی، آتش نَجَست — این نباشد، ور بباشد نادِر است ۴۷۸۷

نمی‌شود که سنگ را بر آهن بزنی و جرقّه تولید نشود، اگر نشد، امر نادری است.

آنکه روزی نیستش بخت و نجات — ننگرد عقلش، مگر در نادرات ۴۷۸۸

کسی که بخت و اقبالی برای نجات و رستگاری ندارد، همیشه به همین امور نادر و بعید فکر می‌کند.

کآن فلان کس کِشت کرد و بَر نداشت — و آن صدف بُرد و صلف گوهر نداشت ۴۷۸۹

می‌گوید: فلانی بذر کاشت و نتوانست محصولی بردارد، یا آن دیگری صدفی صید کرد که مروارید نداشت.

بلعم باعور و ابلیسِ لعین — سودْ نامدشان عبادت‌ها و دین[3] ۴۷۹۰

یا می‌گوید: بلعم باعور و ابلیس ملعون هم متدیّن بودند و عبادت‌ها کردند که سودی نبردند.

صد هزاران انبیا و ره‌روان — نآید اندر خاطرِ آن بدگمان ۴۷۹۱

آن بداندیش هرگز فکر نمی‌کند که صدها هزار پیامبر و رهروان حق با دین و عبادت به سرمنزل مقصود رسیده‌اند.

---

۱ - سرانجامِ جهد توفیق است.

۲ - اشاره به اینکه: مجاهده در راه حق بی‌ثمر نیست و چه بسا که به مشاهده می‌انجامد.

۳ - انسانِ بی‌اقبال این مثال‌ها را می‌آورد که بگوید: ایمان و عبادت بی‌حاصل است.

این دو را گیرد، که تاریکی دهد   در دلش، اِدبار[1] جز این کِی نهد؟ ۴۷۹۲

این دو را نمونه می‌آورد که بر تاریکیِ دلش می‌افزاید. کی بدبختیِ باطنی‌اش ره‌آوردی جز این خیالات دارد؟

بس کسا که نان خورَد دلشادْ او   مرگِ او گردد، بگیرد در گلو ۴۷۹۳

به این انسان‌های بداندیش باید گفت: تا کنون بسیار کسان با شادی نان خورده‌اند؛ امّا لقمه در گلوشان گیر کرده و مُرده‌اند.

پس تو ای اِدباررو، هم نان مَخور   تا نیفتی همچو او در شور و شَر ۴۷۹۴

پس تو هم ای آدم بدبخت، نان نخور تا مثل آن‌ها به شرّ و بدی گرفتار نشوی.

صد هزاران خلق نان‌ها می‌خورند   زور می‌یابند و جان می‌پرورند ۴۷۹۵

صدها هزار نفر نان می‌خورند، قوّت می‌یابند و به پرورش جسم و جان خود می‌پردازند.

تو بدآن نادر کجا افتاده‌ای؟   گر نه محرومی و ابله زاده‌ای[2] ۴۷۹۶

اگر تو از نجات محروم نیستی و احمق به شمار نمی‌آیی، چرا به پدیده‌های نادر استناد می‌کنی؟

این جهان پُر آفتاب و نورِ ماه[3]   او بِهِشته، سر فرو بُرده به چاه[4] ۴۷۹۷

این جهان از نور خورشید و ماه سرشار است؛ امّا او به نور و روشنی توجّه نمی‌کند، سرش را به درون چاه فرو می‌برد و از میان تاریکی همه جا را تیره می‌بیند.

که اگر حقّ است پس کو روشنی؟   سر ز چَهْ بردار و بنگر ای دنی[5]! ۴۷۹۸

از میان تاریکی چاه می‌گوید: اگر جهان پر نور است؛ پس این نور کجاست؟ ای فرومایه، سر را از چاه بیرون بیاور و ببین.

جمله عالم شرق و غرب آن نور[6] یافت   تا تو در چاهی، نخواهد بر تو تافت ۴۷۹۹

سراسر جهان، از شرق تا غرب، سرشار از نور است؛ امّا تا در چاه هستی، بر تو نمی‌تابد.

---

۱ - **اِدبار**: سیه‌روزی، بدبختی.   ۲ - کسی که محروم از عنایت حق است فقط به موارد نادر متمسّک می‌شود.
۳ - **آفتاب و نور ماه**: اشاره به نور حقایق.   ۴ - **چاه**: اشاره به ظلمات نفس امّاره.
۵ - **دنی**: پست فطرت، فرومایه.   ۶ - **نور**: اشاره به نور حقیقت.

چَهْ رها کن[1] رو به ایوان[2] و کُروم[3] — کم ستیز اینجا، بدان کَاللَّجُ شُـوم[4] ۴۸۰۰

چاه را رها کن، بخواه که از نور حقایق بهره‌مند گردی و به عوالم معنوی روی بیاور. بدان که لجاجت شوم است.

هین! مگو کاینک فلانی کشت کـرد — در فلان سالی، ملخ کَشتش بـخَورد ۴۸۰۱

آگاه باش و به خود بیا، نگو که فلانی در فلان سال کشت کرد و ملخ کشتزارش را نابود کرد.

پس چرا کارم که اینجا خوف هست — من چرا افشانم این گـندم ز دست؟ ۴۸۰۲

پس وقتی که بیم زیان و ضرر هست، چرا کشت کنم و گندم را از دست بدهم؟

وانکه او نگـذاشت کِشت و کـار را — پُـر کـند، کـوریِّ تـو، انـبار را ۴۸۰۳

به کوری چشم تو، آن کس که کشت و کار را رها نکرد، انبارش را پر خواهد کرد.

چون دری می‌کوفت او از سَـلْوتی[5] — عـاقبت دریـافت روزی خـلوتی ۴۸۰۴

چون آن جوانِ عاشق برای تسلاّی دل و به امید درِ وصال را می‌کوفت، سرانجام روزی با معشوق خلوت یافت.

جست از بیم عسس[6] شب او به باغ — یارِ خود را یافت چون شمع و چراغ ۴۸۰۵

شبی از ترس داروغه به درون باغی پرید، ناگهان معشوق را بسان شمع و چراغی تابناک در برابر خویش جلوه‌گر یافت.

گـفت سـازندهٔ سـبب را آن نَـفَس — ای خدا ! تو رحمتی کن بـر عَـسَس ۴۸۰۶

در آن لحظه داروغه را دعای نیک گفت و از خداوندِ سبب‌ساز خواست که او را مشمول لطف و رحمت خویش قرار دهد.

نـاشناسا تـو سـبب‌ها کـرده‌ای — از درِ دوزخ، بـهشتم بُـرده‌ای ۴۸۰۷

خداوندا، بی‌آنکه من متوجّه شوم، تو سبب‌ها را پدید آوردی و به وساطت آن‌ها مرا از درِ دوزخ به بهشت رهنمون شدی.

---

۱ - **چه رها کن**: بخواه که از نور حقیقت بهره‌مند شوی. ۲ - **ایوان**: صُفّه و طاق، درگاه، کنایه از آسمان.

۳ - **کُروم**: جمع کَرم، رز، تاکستان، اینجا باغ و بوستان عالم معنا. ۴ - **اَللَّجُ شُؤمٌ**: لجاجت ناخجسته است.

۵ - **سَلْوت**: آرام و خوشی، خرسندی، مایهٔ تسلّیِ دل.

۶ - **عسس**: جمع عاسّ، داروغه، نگهبان شب، شبگرد.

بهر آن کردی سبب این کار را تا ندارم خوارْ من یک خار را ۴۸۰۸

این کار را برای آن کردی که من هیچ چیز؛ حتّی خاری را بی‌مقدار و حقیر ندانم.

در شِکَستِ پایْ بخشد حق پَری هم ز قعرِ چاه، بگشاید دری ۴۸۰۹

هنگامی که خداوند پایی را می‌شکند، در عوض پروبالی عطا می‌کند و در قعر چاه هم دری به سوی نجات می‌گشاید.

تو مبین که بر درختی یا به چاه تو مرا بین که منم مِفتاح راه ۴۸۱۰

ای بنده، تو به این توجّه نکن که بر بالای درخت هستی یا در قعر چاه، مرا ببین که کلیدِ درهای بسته و گشایندهٔ راه‌های دشوار هستم.

گر تو خواهی باقی این گفت و گو ای اخی! در دفترِ چارُم بجو ۴۸۱۱

ای برادر، اگر مشتاق شنیدن ادامهٔ این قصّه هستی باید آن را در دفتر چهارم جست‌وجو کنی.

A Commentary on the Mathnavi

A Fresh Approach to the Foundations of Theoretical Mysticism

Vol. III

Authur : Nahid Abghari

2016